编 委 会

编委会主任： 罗文利

编委会副主任： 周魁英　赵　强

编　　　委： 贾　强　钱继奎　马宝收　张　进　陆　武
　　　　　　　王如冰　范桂强　韩建武　马　涛　赵　昆
　　　　　　　唐　龙　刘宏斌　郝　荔　王琼波　刘　璇
　　　　　　　王　林

主　　　编： 姜宝莲　徐卫民　赵　强

编写组成员： 姜宝莲　徐卫民　刘林西　杨天民　蔡　博
　　　　　　　杨秋颖　赵　强　谭前学　左汤泉　李杨俊
　　　　　　　曾丽荣　段春娥　马雪翎　秦莹莹　宋凯丽
　　　　　　　于　雯

秦岭文化遗产

陕西省秦岭文化遗产资源调查与研究

上

陕西省文物局 编
陕西省文物保护研究院

陕西师范大学出版总社　西安

图书代号　SK24N2482

图书在版编目（CIP）数据

秦岭文化遗产：陕西省秦岭文化遗产资源调查与研究. 上 / 陕西省文物局，陕西省文物保护研究院编. — 西安：陕西师范大学出版总社有限公司，2024. 12
　ISBN 978-7-5695-3317-0

　Ⅰ.①秦… Ⅱ.①陕… ②陕… Ⅲ.①秦岭－文化遗产－资源调查－调查研究－陕西　Ⅳ.①K928.3

中国版本图书馆CIP数据核字(2022)第224553号

秦岭文化遗产：陕西省秦岭文化遗产资源调查与研究（上）
QINLING WENHUA YICHAN: SHAANXI SHENG QINLING WENHUA YICHAN ZIYUAN DIAOCHA YU YANJIU（SHANG）

陕西省文物局　陕西省文物保护研究院　编

出 版 人	刘东风
策划编辑	刘　定
责任编辑	陈君明
责任校对	张　佩
封面设计	张潇伊
出版发行	陕西师范大学出版总社
	（西安市长安南路199号　邮编　710062）
网　　址	http://www.snupg.com
印　　刷	中煤地西安地图制印有限公司
开　　本	889 mm×1194 mm　1/16
印　　张	40.25
插　　页	4
字　　数	1048千
版　　次	2024年12月第1版
印　　次	2024年12月第1次印刷
书　　号	ISBN 978-7-5695-3317-0
审 图 号	陕S（2022）019号
定　　价	368.00元

读者购书、书店添货或发现印装质量问题，请与本公司营销部联系、调换。
电话：（029）85307864　85303629　传真：（029）85303879

序

秦岭，从茫茫昆仑自西向东逶迤而来，以三千里丛山叠岭巍峨身躯横亘于中华大地中部，容纳万物生命，孕育历史文化，经久不衰地发挥着和合南北、泽被天下的突出作用，成为极具魅力的中华祖脉，是中华文化的重要象征。秦岭西起甘肃临潭，中贯陕西南部，东抵河南鲁山，东西长约1600公里，南北宽三四百公里，主峰太白山海拔3771.2米。陕西省境内的秦岭，西起宝鸡市的陈仓区，东到渭南市的潼关县，东西长约500公里，南北宽约150公里，平均海拔1000米以上。保护好秦岭，对实现"两个一百年"奋斗目标、实现可持续发展具有十分重大而深远的意义。

秦岭孕育了中华民族灿烂的历史文化。人类在此生息繁衍，从蓝田猿人遗址到洛南盆地旧石器遗址群，再到秦岭山脉南北众多新石器时代遗址，说明这里得天独厚的生态环境适宜人类长期生存。周、秦、汉、隋、唐等十三朝定都关中，西安作为都城的时间长达千余年，很大程度上也得益于秦岭一带优越的生态环境。在悠悠历史长河中，秦岭以一方美丽丰饶的山水养育了一方众生。我们的祖先在这里创造了波澜壮阔的人类文明，对中华文化的形成和发展产生了重要作用。秦岭厚重的文化内涵和历史底蕴，见证了大自然沧海桑田的造物传奇和人世间风起云涌的历史进程，以宽博的胸怀承载了各个历史阶段的中华文化和中华文明，是自古及今当之无愧的"中华祖脉"。

陕西省文物局历来高度重视秦岭区域内文化遗产的保护工作，在第三次全国文物普查期间，我们积极将在秦岭范围内的重要发现上报陕西省政府，省政府很快将其公布为各级保护单位。2010年，陕西省完成第三次全国文物普查工作之后，为加强秦岭区域内的文化遗产保护，陕西省文物局迅速启动了对秦蜀古道的专项调查，为推进秦岭区域内文化遗产资源调查打下了基础。

党的十八大以来，习近平总书记高度重视对秦岭的整体保护工作，多次做出重要指示批示，为秦岭保护指明了方向，提供了根本遵循。为贯彻落实习近平总书记重要讲话和重要指示批示精神，全面落实党中央、国务院决策部署，认真落实《中共陕西省委关于全面加强秦岭生态环境保护工作的决定》，近年来，陕西省文物局委托陕西省文物保护研究院开展"秦岭文化遗产资源调查"项目，全面调查掌握陕西秦岭区域内文化遗产资源的分布和数量，并对重要文化遗产资源进行价值评估和专门研究。此次调查可为进一步保护和利用秦岭文化遗产资源提供翔实、科学的基础资料，为各级政府制订、实施秦岭保护方案提供支持。

此次资源调查的范围包括商洛市全部行政区域及西安市、宝鸡市、渭南市、汉中市、安康市的部分行政区域，共计6市39区县，分布面积约为6.5万平方公里；共调查登记不可移动文物点12922处

（古遗址3586处、古墓葬5514处、古建筑2768处、石窟寺及石刻423处、近现代重要史迹及代表性建筑544处、其他87处），其中世界文化遗产2处，全国重点文物保护单位62处，省级文物保护单位275处，市县级文物保护单位888处。陕西省秦岭范围内的文化遗产资源具有数量多、等级高、时代跨度大的特点，是我们伟大民族悠久历史的体现，也是中华民族优秀文化和灿烂文明的反映。西安蓝田县和商洛洛南县的旧石器时代遗址，是研究人类起源与进化、农业起源与发展的珍贵材料；姜寨遗址、半坡遗址、元君庙—泉护村遗址等新石器时代遗址充分展现了当时的社会组织、生产状况、家庭制度；丰镐、秦咸阳城、汉长安城、隋大兴城、唐长安城等都城遗址诉说着中国古代辉耀四方的盛世图景；秦始皇陵、西汉帝陵、唐帝陵以其系统严谨的规划布局、宏大的体量格局成为世界陵墓景观和规划设计的杰出范例；子午道、傥骆道、褒斜道、陈仓道等古道路遗址全方位展现了中国古代交通发展的历史进程，展示了古代道路筑造技术的精华，是极其珍贵的交通历史资源；佛教六大祖庭、楼观台、玉泉院、大清真寺等建筑遗存体现了秦岭地区在文明交流互鉴、文化融合发展中的独特作用；渭华起义革命旧址、红二十五军军部旧址等革命文物书写了秦岭地区在中国革命斗争史上光辉灿烂的一页；宝成铁路、襄渝铁路等工业遗产资源见证了新中国建设的辉煌。对这些文化资源的调查和重新登记，进一步摸清了我省秦岭地区文化遗产的家底，为今后各部门开展秦岭地区内各项专题工作创造了良好的条件。

《秦岭文化遗产——陕西省秦岭文化遗产资源调查与研究》一书，是秦岭区域内文化遗产资源专项调查的成果记录，全书分为上、下两册，从古遗址、古墓葬、古建筑、石窟寺及石刻、近现代重要史迹及代表性建筑、工业遗产资源、非物质文化遗产等方面系统记录了秦岭区域内文化遗产的基本情况，梳理了秦岭文化遗产资源研究与保护利用的现状，并对今后秦岭文化遗产的保护利用提出了思路。秦岭的复杂地理环境，使文化遗产保护任务更加繁重艰巨。深入开展秦岭文化遗产资源的调查和研究，按照"保护第一、加强管理、挖掘价值、有效利用"的新时代工作方针，保护好、利用好文化遗产，深入挖掘其多方面的价值，是弘扬中华民族优秀文化、增强民族凝聚力的需要，是文物工作者义不容辞的责任。

本书的编辑出版，凝结着项目组成员踏遍青山的辛劳，饱含着编写人员呕心沥血的奉献，在此向他们表示衷心感谢，同时也向为本书付出辛苦努力的专家学者、出版单位表示诚挚的谢意。希望本书的出版，能够有助于面向社会普及文化遗产知识，吸引社会各界广泛关注秦岭文化遗产保护；更希望各地区政府以优势文化资源为依托，加快文物保护、利用步伐，以高度的文化自觉和文化自信，为弘扬中华优秀传统文化，彰显中华文化魅力，促进文化遗产创造性转化和创新性发展做出积极贡献。

罗文利

2023年7月

目　录

绪　论 ………………………………………………………………………………………… 001

第一章　秦岭概述 ………………………………………………………………………… 005
第一节　秦岭的地理分布 ………………………………………………………………… 005
第二节　秦岭的风貌与文化精神 ………………………………………………………… 013
　　一、文献记载中的秦岭 ……………………………………………………………… 013
　　二、秦岭风貌 ………………………………………………………………………… 022
　　三、秦岭文化精神 …………………………………………………………………… 029

第二章　秦岭区域文化资源调查 ………………………………………………………… 047
第一节　古遗址资源 ……………………………………………………………………… 052
　　一、秦岭区域早期人类遗址及远古洞穴遗址 ……………………………………… 052
　　二、秦岭区域聚落与城市遗址 ……………………………………………………… 074
　　三、秦岭区域矿冶及手工业遗址 …………………………………………………… 175
　　四、秦岭区域寨堡与军事设施遗址 ………………………………………………… 182
　　五、秦岭区域宫苑遗址 ……………………………………………………………… 218
　　六、秦岭区域古代道路遗址 ………………………………………………………… 222
　　七、汉江流域航运与水利工程遗址 ………………………………………………… 295
第二节　古代墓葬资源 …………………………………………………………………… 303
　　一、秦岭区域分布的崖墓 …………………………………………………………… 304
　　二、秦岭区域分布的重要人物墓葬 ………………………………………………… 321
　　三、具有时代特征的重要墓葬 ……………………………………………………… 345
第三节　秦岭区域古代建筑资源 ………………………………………………………… 386
　　一、古代宗教建筑 …………………………………………………………………… 386
　　二、传统村落、古镇、民居等乡土建筑 …………………………………………… 454

三、秦岭里的会馆与戏楼建筑 ··· 473
　　四、秦岭里的古代桥梁建筑 ··· 486

第四节　秦岭区域古代石窟寺及石刻遗产 ··· 491
　　一、秦岭里的古代石窟寺遗产 ··· 491
　　二、秦岭区域古代石刻遗产 ··· 501

第五节　秦岭区域近现代重要史迹及代表性建筑 ··· 541
　　一、革命史迹遗产 ··· 542
　　二、秦岭区域近现代历史时期遗存以及当代文化名城、文化街区 ··· 578

第六节　秦岭区域工业遗产资源 ··· 595
　　一、铁路建设 ··· 596
　　二、工业生产遗产 ··· 598
　　三、矿产及水电开发 ··· 599

第三章　秦岭区域非物质文化遗产 ··· 602

一、商洛市非物质文化遗产 ··· 603
　　（一）民间山歌、戏曲、诗歌资源 ··· 603
　　（二）手工艺技术资源 ··· 605
　　（三）民间文学 ··· 607
　　（四）舞蹈、美术资源 ··· 608
　　（五）竞技、体育、杂技、民俗资源 ··· 610

二、汉中市非物质文化遗产 ··· 611
　　（一）民间山歌、戏曲、诗歌资源 ··· 611
　　（二）手工艺技术资源 ··· 613
　　（三）茶文化资源 ··· 617
　　（四）舞蹈、美术资源 ··· 617
　　（五）传统医药 ··· 619
　　（六）竞技、体育、杂技、民俗资源 ··· 619

三、安康市非物质文化遗产 ··· 620
　　（一）民间山歌、戏曲、诗歌资源 ··· 620
　　（二）手工艺技术资源 ··· 622
　　（三）茶文化资源 ··· 624
　　（四）民间文学 ··· 624
　　（五）舞蹈、美术资源 ··· 625
　　（六）竞技、体育、杂技、民俗资源 ··· 626

四、渭南市非物质文化遗产 ··· 627
　　（一）民间山歌、戏曲、诗歌资源 ··· 627

（二）手工艺技术资源 ……………………………………………………………………… 629
　　（三）民间文学 …………………………………………………………………………… 629
　　（四）舞蹈、美术资源 …………………………………………………………………… 629
　　（五）竞技、体育、杂技、民俗资源 …………………………………………………… 630
五、西安市 ………………………………………………………………………………… 631
　　（一）民间山歌、戏曲、诗歌资源 ……………………………………………………… 631
　　（二）手工艺技术资源 …………………………………………………………………… 631
　　（三）民间文学 …………………………………………………………………………… 631
　　（四）舞蹈、美术资源 …………………………………………………………………… 632
　　（五）竞技、体育、杂技、民俗资源 …………………………………………………… 632
六、宝鸡市非物质文化遗产 ……………………………………………………………… 632
　　（一）民间山歌、戏曲、诗歌资源 ……………………………………………………… 632
　　（二）民间文学 …………………………………………………………………………… 633
　　（三）舞蹈、美术资源 …………………………………………………………………… 634
　　（四）竞技、体育、杂技、民俗资源 …………………………………………………… 634

绪　　论

一、秦岭文化遗产资源调查与研究的意义

秦岭以其独特的地理位置横亘于中华大地。从地理分布来看，秦岭不仅是中国南方和北方的分界线，同时也是长江、黄河的分水岭和重要的水源地。秦岭北坡是黄河一级支流渭河的主要水源补给地，南坡是长江一级支流嘉陵江和汉江的源头区。秦岭为我国黄河、长江两大流域提供了水源保障，是名副其实的中央水塔。陕西省境内的秦岭，西起宝鸡市的陈仓区，东到渭南市的潼关县，全长约500公里，主要的山峰有太白山、终南山、骊山、华山等。其中太白山是秦岭陕西段的主峰，位于陕西省宝鸡市太白县、眉县和西安市周至县三县交会处，海拔3771.2米。位于陕西南部的汉中、安康、商洛全部位于秦岭与巴山之中，此区域内著名的山峰有米仓山、紫柏山、南宫山、莲花山、天竺山、塔云山等。秦岭孕育和形成了中华民族灿烂的历史文化，人类在此生息繁衍，从蓝田发现的距今212万年、被列入2018年中国科学十大进展的上陈遗址，到距今约80万—115万年的蓝田猿人以及洛南盆地旧石器遗址群，再到秦岭山脉南北发现的众多新石器时代遗址，说明秦岭得天独厚的生态环境适宜人类的长期生存。周、秦、汉、隋、唐等十三朝定都关中，西安作为古代王朝和政权都城的时间长达千余年，很大程度上得益于秦岭优越的生态和地理环境。在漫漫的历史长河中，一方美丽的山水养育了我们的祖先，他们创造了波澜壮阔的人类文明。

文化遗产保护是我国现阶段一项重要的国策和战略需要。保护文化遗产，深入发掘其历史、艺术、科学价值以及社会价值、文化价值，不仅是弘扬中华民族优秀文化、增强民族凝聚力的需要，而且也是国家文物保护战略的需要，是文物工作者义不容辞的责任。习近平总书记对文物工作提出了重要指示：文物承载灿烂文明，传承历史文化，维系民族精神，是老祖宗留给我们的宝贵遗产，是加强社会主义精神文明建设的深厚滋养。保护文物功在当代、利在千秋。因此，深入开展秦岭文化遗产资源的调查和研究是文物保护工作者的主要责任和历史担当。陕西省是文物大省，位于陕西省南部区域的秦岭山地亦分布有大量重要的文化遗产，在城镇化快速发展的历史进程中，秦岭文化遗产资源保护工作意义重大。根据"保护为主、抢救第一、合理利用、加强管理"的文物工作方针，文化遗产保护不仅要加大文物保护力度，更要推进文物合理适度利用，让文物活起来，使文物保护成果更多惠及人民群众。同时，文化遗产保护要走出一条符合国情的文物保护利用之路。

"秦岭文化遗产资源调查"项目的调查范围是根据陕西省秦岭文化遗产分布的类型特点和相互关联，同时参考了秦岭生态环境保护范围确定的。陕西秦岭文化遗产资源分布范围为陕西境内的秦岭段和汉水南岸分布在陕西境内的巴山部分区域。陕西秦岭段东、西以与河南省、甘肃省的省界为界限。

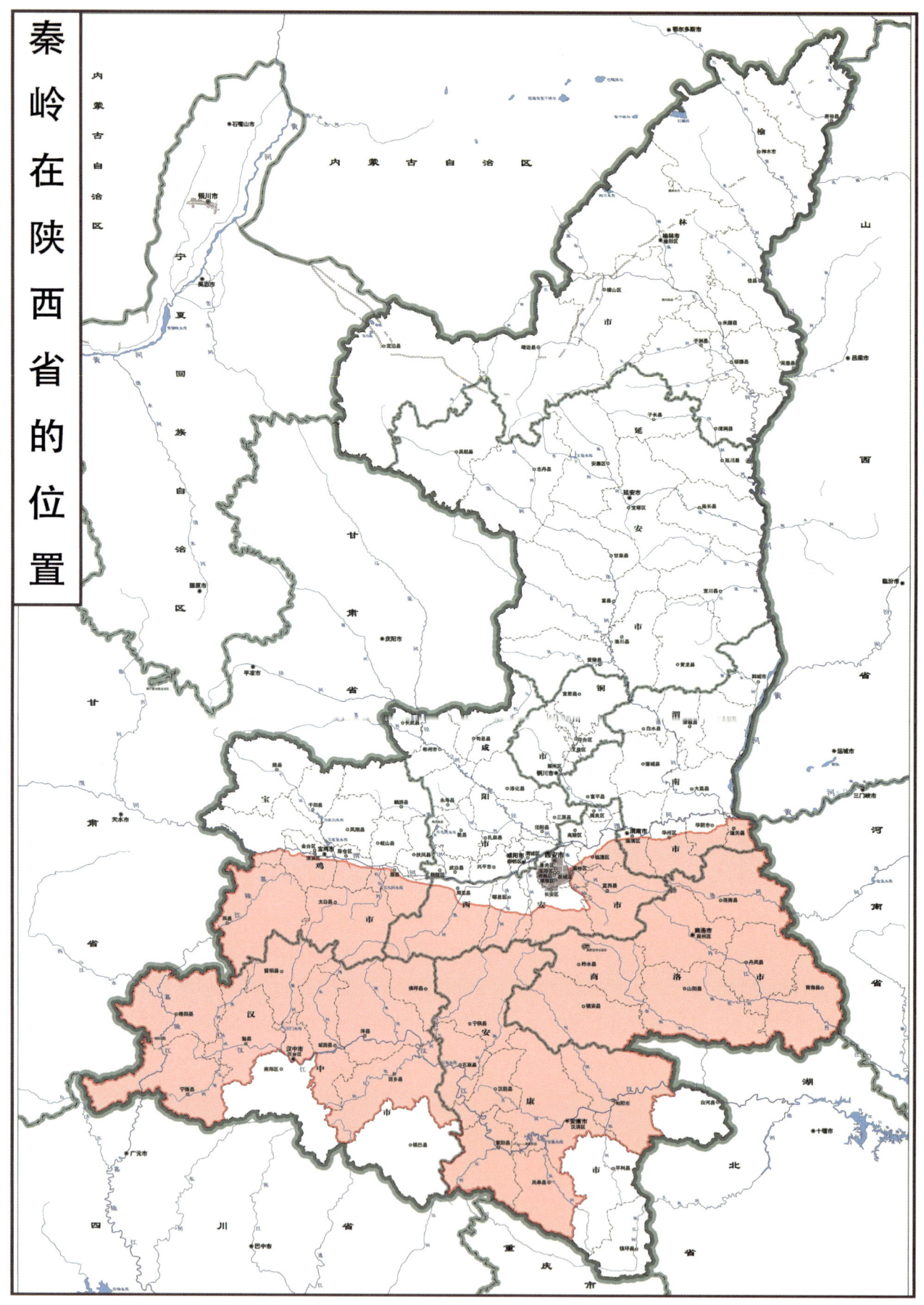

秦岭区域在陕西省的位置

秦岭南坡包括汉中市、商洛市、安康市管辖的大部分区域，秦岭北坡自西向东包括宝鸡市、西安市、渭南市的南部山地区域。秦岭北坡位于宝鸡市的范围包括西山片区以渭河为界以南区域，国道310（西宝南线）以南地区，310国道在周至县马召镇与107省道（环山路）相接进入西安市区域。西安市范围包括周至县、鄠邑区、长安区107省道（环山路）以南区域，蓝田县107省道与库峪河—浐河交界处向北浐河以东地区，并以灞桥区和108国道交界处向东为界一直延伸到临潼区108国道以南地区。渭南市范围包括108国道和310国道以南地区，潼关县渭河与黄河交汇处以南地区。

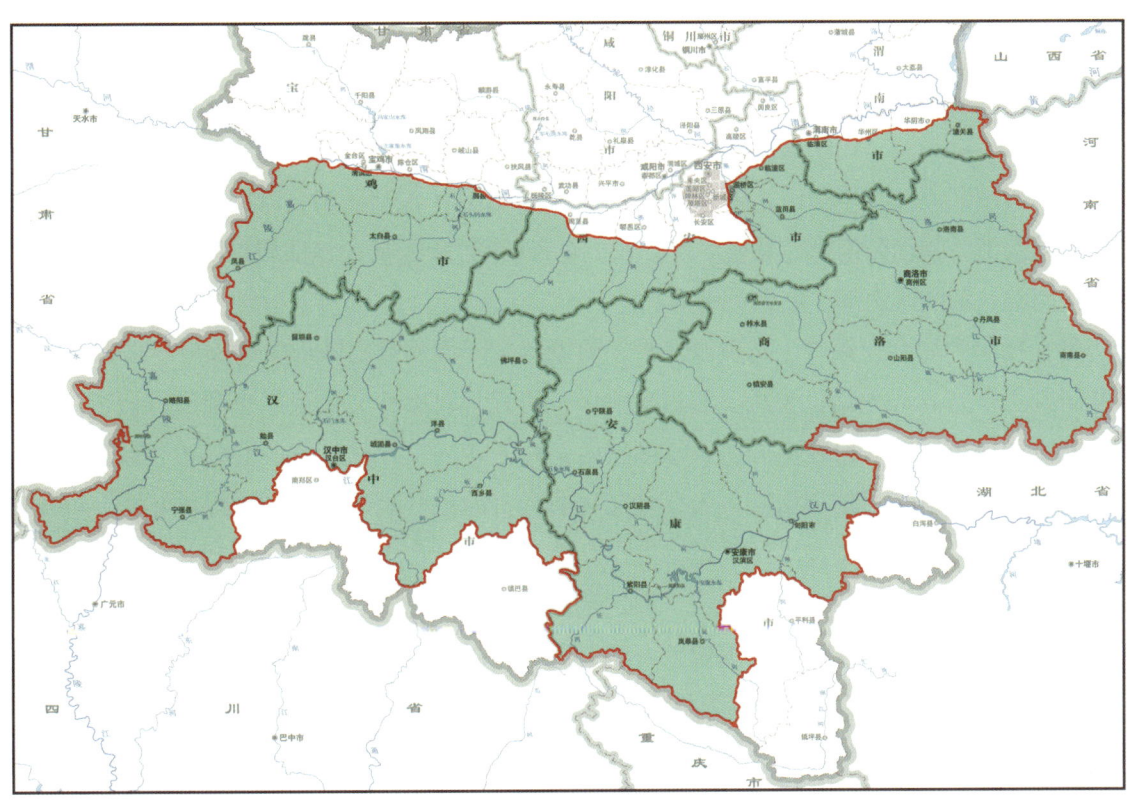

陕西省秦岭文化遗产资源调查范围示意图

根据不可移动文化遗产分类，陕西境内秦岭文化遗产资源可分为6类，即古文化遗址、古墓葬、古建筑、石窟寺及石刻、近代现代重要史迹及代表性建筑及工业遗产资源。根据文化遗产特征及时代特征又对每个类别进行了分类。古文化遗址资源包括早期人类及远古洞穴遗址、聚落与城市遗址、矿冶遗址、军事设施遗址、秦岭山地古代道路资源；古代墓葬资源包括秦岭分布的崖墓、名人墓葬、具有时代特征的明清墓葬；古代建筑资源包括古代宗教建筑，具有代表性的传统村落、古镇、民居等乡土建筑，会馆建筑与戏楼（戏台），古代桥梁等；秦岭古代石窟寺及石刻资源包括秦岭石窟寺、古代石刻资源；秦岭近代现代重要史迹及代表性建筑包括革命战争遗迹、革命活动纪念地、革命人物故居，以及近现代乃至当代各个特定历史时期的具有代表性和纪念性的建筑、历史文化名城和历史文化街区，另外还有具有代表性的工业遗产和工业建筑、农业遗产等。秦岭非物质文化遗产种类包括非物质文化遗产的所有类别，主要有民间文学、传统美术、民间山歌、曲艺、传统体育、游艺与杂技、传统手工技艺、民俗、传统舞蹈、传统音乐、传统医药等项目。

二、调查研究工作基本目标

根据陕西省第十三届人民代表大会常务委员会第十三次会议修订的《陕西省秦岭生态环境保护条例》划定的秦岭生态环境保护范围（以下简称秦岭范围），陕西省行政区域内秦岭山体东西以省界为界、南北以秦岭山体坡底为界的区域，包括商洛市全部行政区域以及西安市、宝鸡市、渭南市、汉中市、安康市部分行政区域。从行政区域上来看，陕西省秦岭地区包括6市39区县，文化遗产大约分布在海拔410—1500米处。39区县分别是分布于秦岭南坡的商洛市7个行政区县，包括商州区、镇安县、丹凤县、商南县、洛南县、山阳县、柞水县；汉中市9个行政区县，包括汉台区、城固县、洋县、西乡县、勉县、宁强县、略阳县、留坝县、佛坪县；安康市7个行政区县，包括汉滨区、汉阴县、石泉县、宁陕县、紫阳县、岚皋县、旬阳市。分布于秦岭北坡的行政区域有渭南市4个行政区县，包括临渭区南部、潼关县、华州区南部、华阴市南部；西安市6个行政区县，包括蓝田县南部、长安区南部、鄠邑区南部、周至县南部、临潼区南部、灞桥区部分；宝鸡市6个行政区县，包括眉县南部、太白县、凤县、陈仓区西山南部、渭滨区南部、岐山县南部。

陕西省文物局为配合大秦岭生态资源保护，贯彻落实陕西省委省政府关于秦岭保护精神，立足省情，精准研判工作方向和思路，委托陕西省文物保护研究院对秦岭文化遗产资源进行调查保护。"秦岭文化遗产资源调查"项目旨在全面调查掌握陕西秦岭区域内文化遗产资源的分布和数量，并对重要文化遗产资源的价值进行评估与研究，为秦岭文化遗产资源进一步的保护利用提供翔实、科学的基础资料，为各级政府制订、实施秦岭保护方案提供支持。因此，在考虑秦岭区域规划分区保护范围的基础上，结合秦岭文化遗产资源的分布特点，划定陕西省秦岭文化遗产分布区域。这一区域的划定范围比秦岭区域生态保护规划分区保护范围要大一些，这是为了更全面地反映陕西秦岭文化遗产资源的特点。目前该项目已取得有效成果，调查秦岭文化遗产资源分布面积约为65000平方公里，统计完成陕西省秦岭区域分布的文化遗产总名录，共调查、核实、统计文化遗产资源12922处。其中世界文化遗产和全国重点文物保护单位共64处，其中的2处世界文化遗产即"丝绸之路：长安-天山廊道路网遗址点"之一——汉中城固县张骞墓和西安临潼秦始皇陵及兵马俑坑，全国重点文物保护单位62处，其中汉中市18处、安康市3处、商洛市6处、西安市20处、宝鸡市4处、渭南市11处；省级文物保护单位共275处，其中汉中市68处、安康市82处、商洛市50处、西安市27处、宝鸡市25处、渭南市23处；市县级文物保护单位888处，其中汉中市136处、安康市390处、商洛市213处、西安市61处、宝鸡市75处、渭南市13处。秦岭区域文化遗产资源分类统计：古遗址3586处、古墓葬5514处、古建筑2768处、石窟寺及石刻425处、近现代重要史迹及代表性建筑544处、其他85处。按地域划分，秦岭南坡分布文化遗产资源10425处，秦岭北坡分布2497处。另外，陕西秦岭区域分布有重要工业遗产14处。

第一章　秦岭概述

第一节　秦岭的地理分布

广义的秦岭是横亘于中国中部的东西走向的巨大山脉，西起甘肃省临潭县北部的白石山，以迭山与昆仑山脉分界，向东经天水南部的麦积山进入陕西。秦岭山脉全长1600公里，南北宽三四百公里，位于北纬30°—40°之间，面积广大。秦岭是中国南北国家地理标识，可称之为"中华祖脉"。

陕西省境内秦岭的北部西起宝鸡市的陈仓区，东到渭南市的潼关县，主要的山峰有太白山、华山、终南山、骊山、莲花山、牛背梁等。秦岭南部的汉中、安康、商洛大部分位于秦岭与巴山之中，在此区域内著名的山峰有天竺山、紫柏山、米仓山、南宫山、塔云山等。这些山峰层层叠翠，奇妙变换，正如司马相如所记，秦岭"崇山矗矗，巃嵷崔巍，深林巨木，崭岩参差"。古代的秦岭山高谷深，林密水长，有着大面积的原始森林，丰富的自然资源，像木材、矿物矿产、奇珍异兽等，皆为朝廷所需、民间所求，因此，在山间盆地、河谷平坝都留下了人类活动的痕迹。

陕西省第十三届人大常委会第十三次会议表决通过了第二次修订的《陕西省秦岭生态环境保护条例》（下简称《条例》）。为了突出保护优先原则，《条例》确定了"核心保护区、重点保护区、一般保护区"的范围。其中，《条例》第十五条规定："秦岭范围下列区域，除国土空间规划确定的城镇开发边界范围外，应当划为核心保护区：（一）海拔2000米以上区域，秦岭山系主梁两侧各1000米以内、主要支脉两侧各500米以内的区域；（二）国家公园、自然保护区的核心保护区，世界遗产；（三）饮用水水源一级保护区；（四）自然保护区一般控制区中珍稀濒危野生动物栖息地与其他重要生态功能区集中连片，需要整体性、系统性保护的区域。"

《条例》第十六条规定："秦岭范围下列区域，除核心保护区、国土空间规划确定的城镇开发边界范围外，应当划为重点保护区：（一）海拔1500米至2000米之间的区域；（二）国家公园、自然保护区的一般控制区，饮用水水源二级保护区；（三）国家级和省级风景名胜区、地质公园、森林公园、湿地公园等自然公园的重要功能区，植物园、水利风景区；（四）水产种质资源保护区、野生植物原生境保护区（点）、野生动物重要栖息地，国有天然林分布区，重要湿地，重要的大中型水库、天然湖泊；（五）全国重点文物保护单位、省级文物保护单位。"

《条例》第十七条规定："秦岭范围内除核心保护区、重点保护区以外的区域，为一般保护区。"

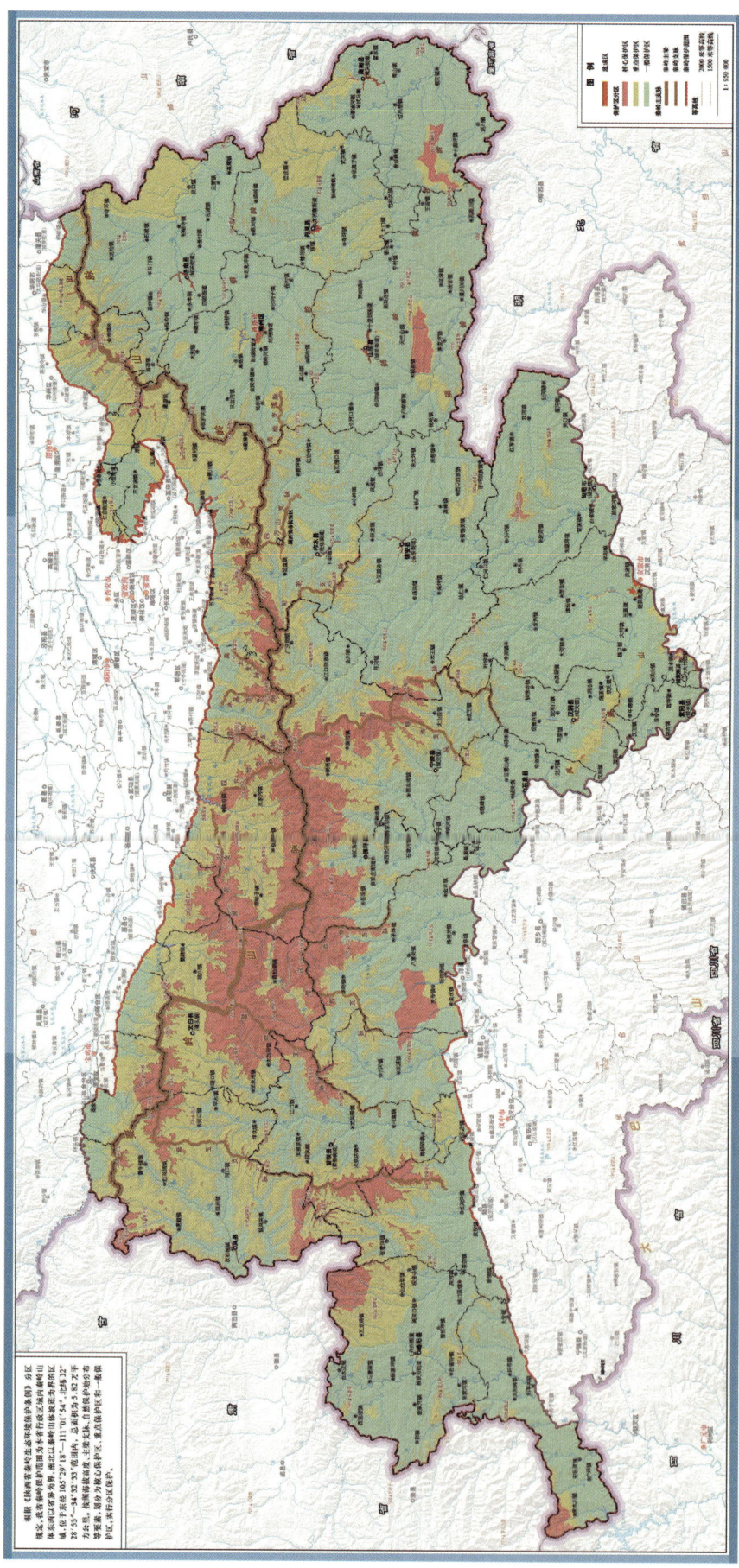

陕西省秦岭生态环境保护规划示意图

《条例》第二十条规定:"重点保护区、一般保护区实行产业准入清单制度。省发展改革、自然资源、生态环境行政主管部门根据国家和本省主体功能区规划、自然保护地体系、省秦岭生态环境保护总体规划的要求,制定重点保护区、一般保护区产业准入清单,报省人民政府批准公布。各级人民政府应当根据产业准入清单的要求,严格建设项目审批,落实生态环境保护责任,加强事中事后监管。"

《条例》对植被、水资源、生物多样性保护及开发建设活动的生态环境保护进行了明确。其中,第三十二条第三款明确:"在核心保护区、重点保护区内不得新建水电站。核心保护区内已建成或者在建的水电站,由县级以上人民政府依法组织限期退出、拆除,恢复生态;重点保护区内已建成或者在建的水电站,由省水行政主管部门会同省级有关行政主管部门制定评估整治标准及处置方案,由县级以上人民政府依法组织限期整治或者退出、拆除,恢复生态。"

《条例》第四十三条规定:"禁止在核心保护区、重点保护区勘探、开发矿产资源和开山采石,禁止在秦岭主梁以北的秦岭范围内开山采石。已取得矿业权的企业和现有采石企业,由县级以上人民政府依法组织限期退出。"

秦岭牛背梁

秦岭山脉（一）

秦岭山脉（二）

华山山峰

华山山顶

终南山

骊山

天竺山山峰

天竺山云雾

紫柏山

秦岭日出

第二节　秦岭的风貌与文化精神

作为中国的一个意义独特的地理标识，秦岭的重要性不仅仅单纯地体现在自然地理和生态环境上，而且还体现在历史生态和文化生态上。秦岭哺育了中华文明，也深刻地影响着中华文明的发展，它不仅是中国版图中部东西横亘的中央山脉，而且是中华文化内在灵魂的主要塑造者。从古至今，秦岭对中国历史和中华传统文化的影响是其他任何山脉都无法比拟的。秦岭历史源远流长，追溯它的历史以及文献记载，可以探究其历史发展与文化位置。秦岭是中华传统文化的张本之地，是中国人的精神家园，也是中华文化的祖脉所在。

一、文献记载中的秦岭

秦岭是一座巨大的山系，千百年来对它的称谓不是一成不变的。关于秦岭的历史，首先要从"秦岭"这一名称的由来说起。

（一）秦岭名称的由来

1.秦岭与古昆仑

秦岭东西绵延约1600公里，山岭很多，所以很难有一个统一的称谓，可以称之为大秦岭。然而，整座山脉在秦汉时期就出现了"秦岭"这个名称，还有"南山""终南山"等称呼。秦岭及其他名称的由来，古往今来，莫衷一是，有舶来说，有南山说，有因诗而得名说，有史记记载说。

在先秦时期，"秦岭"这个称谓还没有出现之前，这座山被称为古昆仑。古老的地理学认为，中国大陆众多山脉的根是昆仑山。在秦始皇统一中国之前，秦岭被称为昆仑。昆仑山，又称昆仑虚、中国第一神山、万祖之山、昆仑丘或玉山，名字数不胜数。昆仑之"昆"上为"日"，日为阳，为父；下为"比"（妣），比为月，为阴，为母；阴阳为太极。昆仑之"仑"为神仙，是三皇五帝等神仙的居住地，也是华夏先民伏羲、女娲等父系、母系氏族的居住地。简言之，"昆仑"的本意就是太极、阴阳、日月、父母、神仙等，是华夏民族最早的发源地，也是三皇五帝及夏代、商代初期建都的地方。

而"昆仑"一名，远古就有。中国上古流传下来的神话传说很多都与昆仑山有关。昆仑山有神，被先民所崇拜。古人尊昆仑山为"万山之宗""龙脉之祖""龙山"，因而编织出了许多美丽动人的神话传说，如妇孺皆知的嫦娥奔月、西游记、白蛇传等都与昆仑山有关。昆仑山是产生中华民族神话传说的摇篮，因此也被认为是中华民族的发源地。

远古时期的昆仑并不是现在的昆仑山。清人万斯同有《昆仑辨》一文，综合了历史上诸家论述昆仑地理位置的说法，有十余种。近年来，有学者通过"以山证山""以水证山"的新思路，考察了古代典籍中的昆仑，包括《山海经》、屈原作品、《穆天子传》、《竹书纪年》、《淮南子》、《尔雅》等中有关昆仑的记载，最后认定：古昆仑即为秦岭。[①]

[①] 黄崇浩：《昆仑即秦岭考》，载《中国文化研究》2007年第3期。

传说昆仑山多玉，这与秦岭的特征也是相符的。秦岭蓝田玉是我国开发利用最早的玉种之一，被誉为中国四大名玉之一，迄今已经有4000多年的历史。蓝田县位于西安市东南，县境除东、南部为秦岭山区外，余为川原丘陵地带，绕流长安的"八水"中的灞河、浐河即发源于此，著名的白鹿塬便夹居于灞、浐之间。战国时期，秦置蓝田县，因为玉之美者曰蓝，县产美玉，故名蓝田。玉石产地在辋川内秦岭山中的核桃沟一带。

2. 秦岭的由来

秦岭的由来，一般认为有两种说法。

一种说法认为，"秦岭"这一称谓的出现与"秦人、秦国、秦王朝"有密切关系。秦岭北部被称为八百里秦川，是战国时期秦国的核心地区。秦岭经过的甘肃陇南山地、关中平原和川西北、鄂西、河南西部秦岭山区，是秦人最初的家园和最早建国立业的地方。商朝灭亡后，作为殷商王朝盟友的秦人先祖被剥夺嬴姓，成了周人的奴隶，被从山东半岛的泰安一带发配到西汉水上游的西秦岭山地，开始了长达数百年忍辱负重、披荆斩棘、筚路蓝缕的创业生涯。秦人在戎狄丛生的西垂艰难求生的岁月，是秦岭山区丰茂的水草养育的战马，让他们赢得了周王室信任，重新获得了标志一个部族尊严的秦姓，并有了自己的封邑；在与诸侯列强争霸过程中，是秦岭黄河之间退可防守、进可攻伐的地理环境，成就了秦人从周王室的马夫，到横扫六和、独霸天下的霸主。秦人最早的安身之地，在西秦岭北坡的西汉水上游。在秦文公东猎进关中到秦始皇建立大秦帝国的500多年间，秦人先后五次迁都的地点，都没有离开过秦岭的怀抱。在秦称霸春秋、称雄战国的时候，以秦岭为轴心，西到天水，东到函谷关，南及汉中和湖北西部的秦岭山区，是秦国最初的国土范围。秦先祖西陵——甘肃礼县大堡子山秦先祖陵，在西秦岭之中；秦始皇为自己死后选择的陵寝，在秦岭支脉骊山脚下。在长期求生、发展、壮大的过程中，秦岭对秦人的影响巨大，被视为与秦人兴衰存亡攸关的"龙脉"。所以秦人就把这座山岭推向了寄托自己民族精神和理想的高度，使之成为他们共同崇拜的精神图腾。正如人们之所以把汉江南岸古代巴人活动中心区的那座山称为巴山一样，这座横贯八百里秦川，并与秦人的崛起、兴盛、灭亡息息相关的山岭，便被称为秦岭。可以说秦岭就是秦人生活过奋斗过的山岭，或者说秦岭就是秦人赖以生存、发展和壮大的山岭。不管怎样理解，"秦岭"之"秦"应该是与"秦人、秦国、秦王朝"有密切关系的。

还有一种说法，认为"秦岭"一词是从西方传入中国的。两位地质学界的泰斗赵亚曾与黄汲清在20世纪30年代考察秦岭后所著的《秦岭山及四川之地质研究》一书中说："秦岭之名乃外国学者所定，而并非吾人习用之名。此与外人呼大江为扬子江同一例。"[①]据史书记载，西方世界最早知道的中国是秦国。秦穆公时期，秦国已经成为西边大国，可以腾出手解决数百年来如影随形、给秦人带来太多麻烦的敌人了。公元前623年，秦穆公采用由余的作战方案，一举将盘踞在陇山以西和关中西北部的众多西戎部族击败，因此，史书称秦穆公"遂霸西戎"。西戎这些长期与秦人既邻又敌的游牧部族，面对秦人强大攻势，一路向西逃窜，其中有一部分逃到了欧洲。当时尚处在氏族社会末期的西戎，对中国的所有认识，都来自秦人和秦国，所以到了欧洲，在向他们后代讲述自己种族历史时，遥

[①] 赵亚曾、黄汲清：《秦岭山及四川之地质研究》，实业部直辖地质调查所、国立北平研究院地质研究所，1931年，第6页。

远的记忆里只留下一个古老国度的名字：赛尼、希尼。成书于公元前四五世纪的古波斯弗尔瓦丁神赞美诗称中国为塞尼（Sinoa），古希伯来称中国为"希尼"，后来印度史诗《摩诃婆罗多》《罗摩衍那》称中国为支那（chini），都是"秦"的音译。

由此看见，无论从秦人与秦岭的经历，还是西方人对秦和秦岭的称谓，都可以断定："秦岭"一词的来源，与秦人从甘肃到陕西又走向全国并建立统一帝国有莫大关系。

3.秦岭与南山、终南山

秦岭在陕西境内起于宝鸡陈仓区，东到渭南潼关县。面对绵长逶迤的山岭许多人都给自己家乡所面对、所倚靠的山岭起了名字，如西安人将他们所对的秦岭叫终南山，蓝田人叫他们的秦岭为王顺山，华阴人把他们的秦岭叫华山，眉县人称呼他们所对的秦岭为太白山，宝鸡人称面对的秦岭为鸡冠山……不一而足。若把秦岭山系中有名有姓的山列出来，会有上百个。秦岭中还有许多叫岭的山，比如，华山的南面就有海拔2600多米的草链岭，宝鸡与凤县之间有凤岭，太白山的南面就分布着九道岭——青杠岭、老君岭、卡峰岭、父子岭、财神岭等，秦岭的东部由掌指状叉开的几道岭组成，包括蟒岭、流岭、鹊岭、新丹岭等。

秦岭在古代普遍被称之为南山、终南山。当然，这里称的南山是针对长安和关中而言的一个地理位置概念。东汉班固的《西都赋》中有"前乘秦岭，后越九嵕"及"睨秦岭，睋北阜"的说法。《三秦记》上说："秦岭东起商雒，西尽汧陇，东西八百里。"这就是八百里秦川的来由。《汉书》上也说："秦地有南山。"《汉书·东方朔传》记载得更加明确："夫南山，天下之阻也，南有江淮，北有河渭，其地从汧陇以东，商雒以西，厥壤肥饶。"明确表示古秦岭的地域并不像现代意义上的秦岭那么大，而是被限定在商洛至宝鸡陇西一带。大概从唐朝开始，"秦岭"一词开始被大量使用，唐人有很多描写秦岭的诗作，终南山、南山也经常被提及。唐代韩愈贬潮州诗所云"云横秦岭家何在，雪拥蓝关马不前"之后，"秦岭"随各种文献记载而逐步远扬，被人们沿用至今。

因矗立在秦国都城、汉唐长安城之南，所以被称为终南山或者南山，这是秦岭比较重要的名称，一直被沿用至今。

据史载，此名由来已久。在古代文献中，多处提到南山或终南（山）。如《尚书·禹贡》有载："黑水、西河惟雍州。弱水既西，泾属渭汭，漆、沮既从，沣水攸同。荆、岐既旅，终南、惇物，至于鸟鼠。原隰底绩，至于猪野。三危既宅，三苗丕叙。"《汉书·东方朔传》载："夫南山，天下之阻也，南有江淮，北有河渭，其地从汧陇以东，商雒以西，厥壤肥饶。汉兴，去三河之地，止霸产以西，都泾渭之南，此所谓天下陆海之地，秦之所以虏西戎兼山东者也。其山出玉石，金、银、铜、铁、豫章、檀、柘，异类之物，不可胜原，此百工所取给，万民所印足也。又有粳稻、梨、栗、桑、麻、竹箭之饶，土宜姜芋，水多蛙鱼，贫者得以人给家足，无饥寒之忧。故丰镐之间号为土膏，其贾亩一金。"这和《括地志》中提到的终南别名秦山相一致。张衡《西京赋》有句："于前终南太一，隆崛崔萃，隐辚郁律，连冈乎嶓冢，抱杜含户，欱沣吐镐，爰有蓝田珍玉，是之自出。"晋代潘岳《关中记》载："终南，一名中南。言在天下之中，居都之南也。"

汉唐时期，都城长安的居民、手工业者所用的薪炭、木材、石材、药材等大都取于终南山。终南山与人们的生活息息相关。唐文宗诏曰："每闻京师旧说，以为终南兴云，即必有雨；若晴，虽密云他至，竟夕不沾濡。"同时，终南山的佛、道、隐等文化也影响着汉唐时人的文风与思想，这在许多诗歌中都有所体现。

唐以后的文献，依然有许多关于南山、终南的记载。宋人所撰《长安县志》载："终南横亘关中南面，西起秦陇，东至蓝田，相距八百里，昔人言山之大者，太行而外，莫如终南。"顾祖禹《读史方舆纪要》则说："盖终南脉起昆仑，尾衔嵩岳，钟灵毓秀，宏丽瑰奇，作都邑之南屏，为雍、梁之巨障。其中盘纡回远，深岩邃谷不可殚究。关中有事，终南其必争之险也。"《明史》记西安府，"长安，倚，治西偏。洪武三年四月建秦王府，北有龙首山，南有终南山，西南有太一山，又有子午谷，谷中有关"。清代《宁陕厅志》也载："山，太乙山即今之南五台，终南山，秦岭，九顶万华山。"毕沅的《关中胜迹图志》记载："南山，在西安府城南五十里。《一统志》：西自凤翔府郿县入境，连亘盩厔、鄠县及长安、咸宁四县之南，又东抵蓝田县界。一名终南。"

关于终南山的具体地理范围，有广义、中义、狭义之分。广义的终南山即为秦岭山脉的中段。《三秦记》曰："秦岭东起商洛，西尽汧陇，绵亘千里，经万壑千谷，不能断绝，行者必造其巅而后逾。盖南山之脊，江河之水所由分处，故岭南之水皆谓之江，岭北之水皆谓之河。"宋人程大昌《雍录》卷五"南山"条也记载终南山的地理范围为："终南山横亘关中南面，西起秦、陇，东彻蓝田，凡雍、岐、郿、鄠、长安、万年，相去且八百里，而连绵峙据其南者，皆此之一山也。"也就是说，终南山是指秦岭在陕西境内的部分。

中义的终南山则指该山绵亘关中地区数县的部分。唐代李吉甫的《元和郡县图志》称："（终南山）自户郿武功以至长安万年，每县皆着终南。"清朝《陕西通志》卷八采纳《福地记》的记载："终南山，东接骊山、太华；西连太白，至于陇山；北去长安城八十里；南入楚塞，连属东西诸山，周回数百里。"这里提到的终南山所属诸县名称不同，与历代行政建制的变化有关，以现代行政区划而言，终南山应位于西安市周至县、鄠邑区、长安区境内。

狭义的终南山则专指正对长安城的山体。北宋学者宋敏求在《长安志》中认为终南山"在县南五十里，东自蓝田县界，西入县界石鳖谷，以谷水与长安县为界，东西四十里"。何景明《雍大记》观点与之相似："终南山，在西安府南五十里，东自蓝田县界，西入咸宁县界。"明朝赵廷瑞修，马理、吕柟纂的《陕西通志》说："终南山乃关中南山，西起陇凤，东逾商洛，绵亘千里有余，其南北亦然，随地异名，总言之则曰南山耳。旧志曰在城南五十里者，以山之对城者言也。"对广义与狭义的终南山概念做了注解。

综上所述，终南山是秦岭的一部分，或用以指代陕西境内的秦岭。现代因关中西部眉县、太白境内的太白山，东部临潼的骊山、华阴的华山、蓝田的王顺山等都比较有名，自成体系，故常用的是其中义，它东始长安，西经鄠邑区至周至境内。通常意义上所讲的终南山是指其广义的中段，又称太一、太乙、南山、橘山、楚山、秦山、周南山，这种说法是比较普遍的。

（二）秦岭北麓在文献中的记载

秦岭北部的关中平原是我国历史与文化的核心区域之一。在远古时代，秦岭北麓的关中平原就有原始人类居住，留下了诸多遗迹。《尚书·禹贡》中称，雍州土壤为上上等，关中属雍州，因富饶而得名。富饶的秦岭北麓，孕育了中国历史上的十三个王朝。

殷、周之际是我国文化由神文转向人文之关键时代。若以都邑转移而言，夏、商两代帝都皆在东土，唯周人崛起于西土，建都于岐下、丰镐之间，乃有不同于夏、商之西土文化。今天陕西北山以南、秦岭北麓地区，即周人所谓西土之核心，实为西周新文化的发祥地。

周部落活动在中国西部渭水中游黄土高原上，即黄河中游，隶属于商朝。早期在邰（陕西武功县西南），从事农业生产，后迁到豳（今陕西彬州一带），又迁往周原（今陕西岐山），开始筑城建室。传到周文王和周武王时，周的势力逐渐强大，甚至与商可以抗衡。武王即位第二年，率诸侯军东渡黄河向商朝进攻，在著名的"牧野之战"中大败商军，随之攻克朝歌，商王帝辛（纣）自焚而死，商亡。周武王灭商后，把都邑从文王时期的丰邑扩展到沣河东岸的镐（今西安市长安区），开始了中国历史上第三个王朝的统治，也就是史称的西周。西周以丰镐为都邑直至公元前770年周平王东迁，时间长达276年。自始至终，西周王朝以关中为据点，以秦岭为靠山，不断向外扩张。初时以武王伐殷、周公东征为代表，东出函谷关，经营黄河中下游；继而以平王伐楚为契机，越过秦岭南出武关，向江汉，经营南阳、南郡一带及淮河流域；然后以周穆王西征的行为昭示，全力经营西方。西周盛时，势力所及，南过长江，东北到今辽宁省，西至今甘肃省，东到今山东省。直至今天，秦岭脚下的周原上还有无数精美的青铜器出土，昭示着周王朝灿烂的文明。

春秋战国至秦统一以后，关中地区主要是在秦的控制之下。秦的开国君主是秦襄公，因护送周平王东迁有功，被封为诸侯。襄公的儿子文公击退犬戎，占有岐山以西之地。春秋时秦德公建都于雍城（今陕西凤翔南），占有陕西中部和甘肃东南端。秦灵公时迁都泾阳（今陕西泾阳西北），秦献公又迁都栎阳（今西安阎良）。秦孝公任用商鞅变法，国力强盛，再迁都咸阳（今陕西咸阳东北），成为"战国七雄"之一。秦惠王夺回被魏占领的河西，攻灭巴蜀，夺取楚的汉中。秦昭王时不断夺取魏、韩、赵、楚等国地方，至此，秦国的疆域，北有上郡（今陕西北部），南有巴蜀，东有黄河与函谷关（今河南灵宝），基本上等同于项羽所谓广义的关中之地的区域。司马迁《史记》说："论秦之德义不如鲁卫之暴戾者，量秦之兵不如三晋之强也，然卒并天下，非必险固便形势利也，盖若天所助焉。"由此可见秦岭独特的地缘优势。其后，秦逐渐统一全国。"秦为天下之脊，南山则秦之脊也。"① 由此，南山不仅被称为秦岭，而且秦人倚靠矗立在身边的南山，一统山河；甚至，秦始皇为自己选定的坟地，就位于秦岭北侧的一个支脉——骊山北麓。

秦末天下大乱，公元前207年刘邦率先攻入关中，后被项羽封以"巴蜀汉中四十一县"，称汉王。刘邦凭借秦岭汉中之地，掀起楚汉之争，逐鹿天下，最终建立西汉政权。《史记·项羽本纪》记载："人或说项王曰：'关中阻山河四塞，地肥饶，可都以霸。'"说明以秦岭山脉为屏障是帝王择都关中的重要原因之一。而后，刘邦战胜项羽，采纳张良之策定都关中成就汉室大业，《史记·留侯世家》记载张良进言建都关中时说："夫关中左殽函，右陇蜀，沃野千里，南有巴蜀之饶，北有胡苑之利，阻三面而守，独以一面东制诸侯。……此所谓金城千里，天府之国也，刘敬说是也。"《汉书·地理志》说秦地"号称陆海，为九州膏腴"。班固《两都赋》云："汉之西都，在于雍州，实曰长安。左据函谷、二崤之阻，表以太华、终南之山。右界褒斜、陇首之险，带以洪河、泾、渭之川。华实之毛，则九州岛之上腴焉；防御之阻，则天下之隩区焉。是故横被六合，三成帝畿，周以龙兴，秦以虎视。及至大汉受命而都之也，仰寤东井之精，俯协《河图》之灵，奉春建策，留侯演成，天人

---

① 毛凤枝撰，李之勤校注：《南山谷口考校注》，三秦出版社，2006年，原序第1页。

合应，以发皇明，乃眷西顾，实惟作京。于是睎秦岭，睋北阜，挟酆灞，据龙首。图皇基于亿载，度宏规而大起，肇自高而终平，世增饰以崇丽，历十二之延祚，故穷奢而极侈。"在汉代人看来，秦岭地区表里关河，物产丰沃，地脊中衡，诸州雄长，横被六合，三成帝畿，实为天下之隩区、龙兴之都会。

西汉都城为长安，这是秦岭北麓第三次成为全国一统王朝的政治中心，也首次点明中华民族的政治理想——长安，长治久安，正如《汉书·贾谊传》所言："建久安之势，成长治之业。"

《雍录》记载："汉长安城在龙首山上，周丰、镐之东北也。龙首山来自樊川，其初由南向北，行至渭滨，乃始转折向东。汉之未央，据其折东高处，以为之基。地形既高，故宫基不假累筑，直出长安城上。……《水经》《关中记》及《三秦记》所载形势略同，且曰：'此山长六十里，头入渭水，尾达樊川，头高二十丈，尾渐下可六七丈，色赤，旧传有黑龙从南山出，饮渭水，其行道因行成迹也。'"

《元和郡县图志》记载："终南山，在（万年）县南五十里。""樊川，一名后宽川，在县南三十五里。本杜陵之樊乡，汉高祖赐樊哙食邑于此。"万年县为周明帝所置，县治在长安城内。以道里论，樊川毗邻南山，龙首山又南接樊川，万年县距樊川三十五里。若以此论之，则汉都长安距秦岭不过五六十里。若以山脉论，龙首山出樊川，为秦岭北麓之条支，汉长安城即建在秦岭支脉之上。

这一时期的秦岭北麓，号称陆海、天府，是"百工所取给，万民所仰足"的富饶之地。《史记·货殖列传》记载："关中自汧、雍以东至河、华，膏壤沃野千里，自虞夏之贡以为上田，而公刘适邠，大王、王季在岐，文王作丰，武王治镐，故其民犹有先王之遗风，好稼穑，殖五谷，地重，重为邪。……昭治咸阳，因以汉都，长安诸陵，四方辐辏并至而会。"汉代贾谊评说："秦地披山带河以为固"，"始皇之心，自以为关中之固，金城千里，子孙帝王万世之业也"。

隋唐时期，秦岭北麓的龙首原又一次成为全国统一政权的政治核心，也毫无争议地被称为世界文化的核心区域。唐代柳宗元说："盖闻名山之列天下也，其有能奠方域，产财用，兴云雨，考于《祭法》，宜在祀典。惟终南据天之中，在都之南，西至于褒、斜，又西至于陇首，以临于戎。东至于商颜，又东至于太华，以距于关。实能作固，以屏王室。"国都在名山之下，名山随国威而远扬，清晰地昭示了秦岭与国家政治中心的相互依赖、相互衬托的密切联系。对当时的人们来说，不管是帝王和精英阶层，还是普通士庶百姓，终南山从来都不仅仅是一处秀丽怡人的风景，而是心中的乐土，是"达则兼济天下，穷则独善其身"的精神归宿。

周、秦、汉、隋、唐等朝代是中国古代最繁盛的统一王朝，它们的政治核心，不管是西周的丰镐，还是秦都咸阳及西汉长安和后来的隋大兴城、唐长安城，都兴起于秦岭北麓的八百里秦川中部，即现在的西安及其附近一带，这绝不是历史的巧合。周、秦、汉、隋、唐时期的繁盛文明，无论是完善的政治制度还是璀璨的科技文化，可以说都是以秦岭为背景而展开并向四面八方逐步传播的，秦岭这条山脉是其不可或缺的天然依托，福荫着这一方富饶的土地和密集的人口。（见表1-1）

唐代之后，中国的政治核心不可避免地东移，随后北上，中国的经济、文化中心也随政治核心的东移而东移，随后与政治中心分裂而南下至长江中下游地区。秦岭北麓虽然是周、秦、汉、唐根基所在，但随着政治、经济、文化中心的迁出，中国政治、经济、文化的核心区域产生了变化。然而，秦岭脚下的这块土地依然占据着地利方面的优势和文化传承上的制高点。赵匡胤建立宋王朝，就曾经希望定都长安,"据山河之胜而去冗兵,循周、汉故事,以安天下"①。明太祖朱元璋也曾说过:"天下山川惟秦中号为险固。"②虽然,唐代之后由于各方面的原因,再没有王朝在秦岭北麓建都立业,但是,历朝历代,秦岭都是城池的巨大背景和有效依托,正如明代陕西巡按察使龚懋贤的《钟楼歌》所说:"挹终南兮云为低,凭清渭兮衔朝曦。"

表1-1 周、秦、汉、隋、唐都城基本信息一览表③

朝代	都城名称	与河流关系	相互距离和关系	城池形状	城池面积	迁、建都城时间
西周	丰、镐	沣河两岸	丰、镐隔沣河相望	不详	不详	公元前1046—前770年,共276年
秦国—秦朝	咸阳	从渭河北岸扩展到南岸	渭河南岸宫殿区距离镐京甚近	发散形	有宫城遗迹	公元前349—前207年,共142年
西汉	长安	渭河南岸支流汇流区	汉长安城在秦都渭河以南遗址上	"斗城"形状	实测城墙周长为25.7公里,面积为36平方公里	公元前206—公元23年,共229年
隋朝	大兴	渭河南岸支流散流区	隋大兴城西北角与汉长安城东南角相距13里	基本为方形	实测城墙周长为36.7公里,面积为84.1平方公里	582—618年,共36年
唐朝	长安	渭河南岸支流散流区	在大兴城基础上改扩建而成	长方形	实测城墙周长为36公里,面积为83.42平方公里	618—903年,共285年

资料来源:(1)夏商周断代工程专家组:《夏商周断代工程1996—2000年阶段成果报告(简本)》,世界图书出版公司,2000年;(2)史念海主编:《西安历史地图集》,西安地图出版社,1996年;(3)徐卫民:《秦汉都城研究》,三秦出版社,2012年

(三)秦岭南麓在文献中的记载

秦岭的南坡位于秦巴山区之间,跨越商洛、安康、汉中等地区。据记载,建立于汉中的最早政权是褒国。褒国是我国第一个王朝"夏后"所封的同姓诸侯国。《史记·夏本纪》载:"禹为姒姓,其后分封,用国为姓,故有夏后氏、有扈氏……褒氏……"清嘉庆《汉中府志》载:"禹封其子为褒君,是有褒国。"褒国立国之地在今汉中平川中部、留坝县以南地区,都城遗迹在今汉中市汉台区河东店东三里骆驼坪。西周时,褒国雄踞秦岭以南,为"南国领袖"。从城固、洋县出土的大批商代青铜器及发掘的冶炼窑可以看出,褒国在冶炼、农业等方面生产技术水平不亚于关中及中原等殷商周政权中心区域。《诗经》中,称这块地方为"南山""周南"。这里土壤肥美,气候温和,物产丰饶,是梁州之域最为膏腴的地区。其优美的民歌如"汉有游女,不可求思!汉之广矣,不可咏思"及"沔彼流水"等,早在周初已流行于岐周之地。后褒人为秦人所灭。时至今日,在汉中市北一带仍有许多地名以褒命名,如褒河、褒河镇、褒城县、褒姒铺、褒联区等,考其渊源,应该说消失了2000多年的褒国及其文化还有着一定的影响。

汉中,是诸多王朝兴盛繁荣的摇篮。公元前206年,楚汉相争,刘邦被项羽分封至"巴蜀汉中

---

① 李焘:《续资治通鉴长编》卷十七,"太祖开宝九年四月癸卯"条,中华书局,2004年,第369页。
② 张廷玉:《明史》卷一百十五,"兴宗孝康皇帝",中华书局,1974年,第3550页。
③ 侯甬坚:《周秦汉隋唐之间:都城的选建与超越》,载《唐都学刊》2007年第2期,第3页。内容稍有改动。

四十一县"，称汉王。在汉中，刘邦广纳人才，登坛拜将用韩信"明修栈道，暗度陈仓"之策，率兵北入大散关，奇袭"三秦"，一举占领关中，并趁势挥兵东出，逐鹿中原，逐渐扫除群雄，统一全国。根据史料记载，刘邦在汉中仅仅驻留不过数月，但这对刘邦一生的事业，对中国的历史进程，都具有非同寻常的意义。刘邦把新建立的王朝命名为"汉"，他本人的年号也是从汉中时算起，可能在刘邦的心目之中，汉中是他的"始封之地、兴王之所"的缘故。兴盛的汉朝，当时与罗马帝国并列。随着战争与贸易，匈奴人开始称汉人士兵为"汉子"，称中原人为"汉人""汉民"，这个称呼后来被契丹人、蒙古人及边疆其他一些民族所沿用，称中原民族为"汉族"，这就是现代"汉族"称谓的由来，进而有了"汉字""汉语"种种称谓。汉文化中展示出的统一、宽大、包容和开阔的心胸，使之成为后人向往的时代。汉文化更获得了持久的影响力，放射出永远的魅力：我们的民族叫"汉族"，人叫"汉人"，语言叫"汉语"，文字叫"汉字"，外国研究中国叫"汉学"……

东汉末年，群雄蜂起，社会动乱。群雄之一的张鲁于初平二年（191）在汉中建立起政教合一的政权，他以"五斗米道"教化人民，以政权、教权首领的双重身份，统治汉中。张鲁采取宽惠的政策管理当地，"民夷便乐之"。因此，在汉末天下大乱之际，张鲁统治的巴、汉成为比较安定的地区，尤其汉中盆地，经济发展，人民安居乐业、其乐融融，俨然一个世外桃源。张鲁雄踞巴汉近30年，至建安二十年（215），曹操攻汉中，张鲁投降，政权随之消失。

三国时期，因汉中地处魏蜀两国兵戎相见的前沿战场，一时多少英雄豪杰在此粉墨登场。老将黄忠在汉中定军山下刀劈夏侯渊；骁将赵云汉水之滨大败曹军；刘备自立为汉中王；一代名相诸葛亮在汉中屯兵7年，度过了他一生中最为呕心沥血的岁月，北伐曹魏，鞠躬尽瘁，死后归葬定军山下。

从汉末到隋唐统一的300多年间，汉中地区的政区变迁较为简单。先是东汉末年，张鲁居汉中建立政权，将汉中改为汉宁郡，曹操平定张鲁政权之后，又改为汉中郡。

唐代的安史之乱、藩镇割据、黄巢起义，玄宗、德宗、僖宗等都是经汉中逃亡蜀中，秦岭深处的汉中盆地天然地成了这些大唐皇帝的避难所，并成为重新收拾破碎山河的力量蓄积地。

安康位于陕西东南部，地处我国南北分界线秦岭之南、巴山以北，长江最大支流汉江流经全境。安康历史悠久，旧石器时代就有先民在这里繁衍生息。商周时期，汉滨所在地成为庸国的封地，史称上庸，为"群夷之国"。东周汉滨隶楚、隶蜀、隶秦，变更频繁。安康郡设于天宝元年（742），古称金州。据《太平寰宇记》载，金州"战国时为楚附庸地，后为楚所灭，复为楚地"。春秋战国时期被称为秦头楚尾，地扼南北要冲，公元前611年庸国被秦、巴、楚三国分割，这里成为秦楚必争之地。《史记·秦本纪》载，秦惠文王更元十三年（前312），秦攻取汉水中上游，取地六百里，设汉中郡于汉江北岸台地（今陕西安康汉滨区江北办中渡台），在今汉滨区设西城县，汉中郡治即在西城。秦统一六国后，划汉水上游为汉中郡，西城县为汉中郡治，领12县，辖今汉滨、汉阴、石泉、紫阳、岚皋、平利、镇坪7县区。西汉时，西城县为汉中郡治，汉中郡下设西城、安阳、长利（今平利县）、旬阳、锡（今白河县）5县，西城县辖今汉滨区大部和紫阳、岚皋全境。东汉西城县仍属汉中郡，建武元年至六年（25—30）刘秀遣将军李通领兵，与巴蜀公孙述战于西城，取汉中地，郡治改迁南郑，隶益州刺史部。建安二十年（215），汉中郡改名汉宁郡。建安二十一年（216），曹操攻占汉中，分郡之东部即今安康部分地区为西城郡，辖今汉滨、岚皋、紫阳、平利和镇坪5县区，划归荆州。建安二十四年（219），汉中郡属蜀。三国曹魏黄初二年（221），取"曹魏兴盛"之义，设魏兴郡，治所西城县，辖今汉滨、岚皋、紫阳3区县。

晋朝西城县仍为魏兴郡治所，隶荆州。据《兴安府志》载，晋武帝太康元年（280）为安置巴山一带流民，取"万年丰乐、安宁康泰"之意，将安阳县更名为安康县，"安康"从此得名。南北朝时期，西城县为魏兴郡治，隶梁州。汉滨先属南朝，后属北朝，先称直州，西魏废帝三年（554）设金州，治所魏兴郡西城县。北周武成二年（560），撤西城县改称吉安县，天和四年（569）治所迁回西城县，县城改建于汉江南岸，辖今汉滨、岚皋、平利和镇坪4县区。北周末年废县，复设魏兴郡。隋代复设西城县。开皇十八年（598）改称吉安，属金州。大业三年（607）撤金州，设西城郡，吉安改称金川，辖今汉滨、岚皋、平利、镇坪4区县，隶西城郡。大业十三年（617）郡县俱废。唐武德元年（618），设西城县，并在城内复设金州，属山南道。开元二十一年（733），金川、西城划属山南东道。天宝元年撤州设安康郡。至德二年（757）改名汉阴郡。乾元元年（758）又撤郡复设金州，治所西城。五代十国时期沿用唐制，西城县属前蜀、后蜀统辖。北宋至道三年（997），西城县辖今汉滨、岚皋2区县，为金州治所，隶京西路，熙宁五年（1072）划归京西南路，南宋建炎四年（1130）改属利州路，绍兴十四年（1144）划属利州东路。元朝设金州，属陕西行中书省兴元路。至元年间（1279—1294）金州改为散州，撤销西城及平利、旬阳、汉阴、石泉诸县，至此废西城县，金州下不辖县，辖区相当于今汉滨、平利、镇坪、白河、旬阳、紫阳、岚皋、汉阴、石泉和镇安10县境地。明代仍设金州，属兴元路，万历十一年（1583）汉江洪水覆没州城，于赵台山下筑新城，改名兴安州，属汉中府。万历二十三年（1595）兴安州从汉中府划出，直属陕西布政使司，领汉阴、平利、旬阳、紫阳、白河、石泉等县。清初设兴安州，顺治四年（1647）兴安州迁回老城。乾隆四十七年（1782）改设兴安府，以原兴安州并汉阴地在府城设县，称安康县，取"安民康泰"之意，领安康、平利、旬阳、白河、紫阳、石泉等6县。乾隆五十五年（1790），分出汉阴地，设立汉阴厅。道光二年（1822），分出安康县南部三铺，设立砖坪厅。此后县的辖区相对稳定。

商州，位于秦岭腹地，因商山而得名。汉以名县，北周以名州。历代设州置县，或州县同设，交替沿革复杂。远古时期商地为虞司徒契所封之国，夏时属梁、豫之交；周属雍、豫。春秋战国，先是分属秦、晋（魏），后统属于秦。秦时设商县，秦始皇二十六年（前221）置，为商鞅封邑，治所在今丹凤县城西2.5公里处的古城岭子，属内史郡南境（包括今商州区、丹凤、商南、山阳4区县）。西汉时为上洛县，辖境包括今商州区、洛南县两地。上洛，战国古地名，因居洛河上游故名。汉朝忌水，将上洛改为上雒以为县，地属弘农郡（治所在今河南灵宝），隶司隶校尉部（辖区相当于今关中平原西安以东、渭南及商洛地区）。东汉时上雒县地属京兆尹，仍隶司隶校尉部。正始五年（244），三国魏文帝曹丕又改"雒"为"洛"，复为上洛县，辖今商州区、洛南县地，属曹魏之京兆郡，治所在长安。西晋为上洛郡。泰始二年（266），晋武帝分京兆南部置上洛郡，治所在上洛，领上洛、商、卢氏（今属河南省）3县，地属司州（辖区相当于今河南省东部、中部、西部和山西省西南部及陕西省商洛地区，州治洛阳）。东晋时郡县俱废，上洛侨置荆州。北魏复置上洛、拒阳县，属洛州（治所上洛，今商州区）。西魏为上洛郡，领上洛县（今商州区）、拒阳郡（今洛南县）等6县区，属洛州（治所上洛）。北周宣政元年（578）改洛州为商州，治所设上洛（今商州区），领上洛郡（含今商州、山阳、丹凤、商南4区县及镇、柞部分地域）、拒阳郡（今洛南地）。隋开皇三年（583）撤上洛郡等，保留商州。大业三年撤商州复设上洛郡，治所仍设上洛，领上洛县（今商州区）、商洛县（即从前的商县，这是"商洛"二字连用称呼地名的开始）、洛南县、丰阳县（今山阳、镇安县及柞水县东南部）、大兴县东南部（今柞水县西北部）、上津县（今湖北省境内）等。

唐武德元年改上洛郡设商州，贞观元年（627）划归山南道，开元二十五年（737）归山南东道，天宝元年撤商州又改为上洛郡。乾元元年撤上洛郡再改为商州，治所设上洛，领上洛（今商州区）、商洛县（今丹凤、商南两县）、洛南县（今洛南）、丰阳县（今山阳）、乾元县（今镇安及柞水县东南部）、上津县（今湖北省境内）。今柞水县西北部属京兆府。五代十国时期行政建制基本沿用唐制，略有变更，洛南改属华州，改乾元县为乾佑县。北宋为商州，初属陕西路，后属永兴军路，治所设上洛，领上洛、商洛、洛南、丰阳、上津5县。贞元二年（1154）将商洛、丰阳两县降为镇，并入上洛、洛南两县。元至元元年（1264）废上洛县，以州代县，定名商州，辖地包括今商州、丹凤、商南、山阳及柞水县南部，并统领洛南县地。元仍设商州（上洛在郭由州直管），下领洛南一县。明洪武七年（1374），降商州为县制；成化十三年（1477）三月复升为州，领洛南、商南、山阳、镇安4县；天启元年（1621）为避明兴宗朱常洛名讳，又改"洛"为"雒"。

清雍正三年（1725），升商州为省直隶州，领商南、雒南、山阳、镇安4县。中华民国二年（1913），废商州改设商县（辖今商州区、丹凤县西南部）；民国二十四年（1935）在商县城设第四行政督察专员公署，辖商县、雒南、商南、山阳、镇安、柞水6县。

二、秦岭风貌

文学作为一种社会意识形态，是社会生活的反映。早期文学的产生和兴盛与人民的劳动、生产力的发展密不可分。关于秦岭的记载，除了史书、方志等文献外，还存在于大量的诗文中，它们更多地记录了人们观察到的自然与生活，展现了当时秦岭的自然人文风貌。

（一）《诗经》中的"南山""终南山"风貌

早前的诗歌中没有出现"秦岭"一词，但有关秦岭古称南山、终南山的诗篇在《诗经》中已经存在。它们在一定程度上展现了先秦时期的秦岭自然和人文风貌。

《诗经》中提到"南山"或"终南山"的诗有11首，分别是《召南·草虫》《召南·殷其雷》《齐风·南山》《曹风·候人》《小雅·天保》《小雅·南山有台》《小雅·斯干》《小雅·节南山》《小雅·风俗之什·蓼莪》《小雅·信南山》《秦风·终南》。前4首"国风"中的诗篇，其中的"南山"与现在的秦岭没有关系，可能与大禹、涂山氏传说中的会稽山有关。后7首"小雅"中的诗篇以及"秦风"诗篇里的"南山"均与周王畿镐京以南的终南山（秦岭中间段）有关。

这些诗中的"南山"描写了秦岭的山水林风，也借"南山"从不同侧面重点展现秦岭的人文风貌。

1.采用赋的手法正面描写终南山，突出展示先秦人生息繁衍、生产发展的美好家园

《小雅·斯干》，全诗九章，就内容来看，可分两大部分：一至五章，写周民修建屋舍；六至九章写诗人对屋舍主人周民的祝愿和歌颂。"秩秩斯干，幽幽南山"正面描写了幽远横亘的终南山。这里是周人的栖息地，他们在这里修建屋舍，繁衍生息。

《小雅·信南山》首章写道："信彼南山，维禹甸之。昀昀原隰，曾孙田之。我疆我理，南东其

亩。"此诗展现了南山的山势及山下成片的原野，整饬的田垄、沟渠，以及冬日里南山水气氤氲的景象，显示出一派生气勃勃的景色，写出了终南山下周人耕种劳作、丰收祭祀的情景。

2.以"南山"美好的地理特征起兴，表达先秦人的情感精神

《小雅·南山有台》，全诗五章，每章开头均以南山、北山的草木起兴。"南山有台""南山有桑""南山有杞""南山有栲""南山有枸""北山有莱""北山有杨""北山有李""北山有杻""北山有楰"，十句中出现了10种的树木，这既是写实，真实地反映了西周时期南山上丰富多样的植物，同时又暗含比意，高大的树木就像是拥有美德的君子。

《小雅·天保》是一首臣子祝颂君主的诗。"如山如阜""如冈如陵""如川之方至""如月之恒""如日之升""如南山之寿""如松柏之茂"，九个连用的比喻体现出诗人对新王的深切期望与美好祝愿。其中"如南山之寿，不骞不崩"，将终南山的坚固恒久与日月之恒定、松柏之长青联系在一起作为最高的祝福，后世以"天保九如""寿比南山"为祝颂之辞，可见南山的影响之巨大。

《小雅·节南山》是一首周幽王时大夫斥责执政者尹氏的诗，控诉了尹氏的暴虐，希望周王追究尹氏罪恶，任用贤人，使万邦安居乐业。诗中有"节彼南山，维石岩岩""节彼南山，有实其猗"两句，表现巍巍的终南山高耸入云端，层层叠叠的山石危立险矗，山谷幽深木可参天。诗人是以"维石岩岩"的终南山来起兴，以引起对朝中权臣尹氏地位显赫、非同一般的描写。

《小雅·风俗之什·蓼莪》是一首悼念父母的诗，诗人深痛自己久役贫困，不能在父母生前尽孝养之责。诗的最后二章写道："南山烈烈，飘风发发。民莫不谷，我独何害！南山律律，飘风弗弗。民莫不谷，我独不卒！"以终南山艰危难越、山中飙风呼啸，渲染艰危困厄、肃杀悲凉的气氛，象征着诗人遭遇父母双亡的巨痛与凄凉，这些景象也是诗人悲怆伤痛心情的外化。

《秦风·终南》中"终南何有？有条有梅""终南何有？有纪有堂"的句子是对《小雅·南山有台》中"南山有台""南山有桑""南山有杞""南山有栲""南山有枸"的学习与仿效，展现终南山上有高大山楸树也有杏梅绽放，有杞柳轻拂也有漂亮甘棠，自然环境优越，借终南山表达"美""刺"或"美中有刺"的主旨。

《诗经》中的"南山"诗以"南山"起兴，既写实又暗含比意，或表达美好愿景，或表达忧虑与悲痛，这与先民"仰者观象于天，俯者观法于地，观鸟兽之文，与地之宜，近取诸身，远取诸物，于是始作八卦，以通神明之德，以类万物之情"的思维特点有关，也从侧面体现出秦岭与先秦人民的生活密切相关，寄托了他们的情感和思想。

（二）《山海经》中的秦岭风貌

《山海经》是一部产生于战国秦汉之际的地理书，其中夹杂了许多神话传说，反映了上古先民的知识和经验。《山海经·西山经》首篇便记载了今秦岭山脉，从华山西逶迤至西倾山，涉及今华山以西陕西境内的广大地区，展现了部分秦岭山系的自然风貌。

"松果之山，濩水出焉，北流注于渭，其中多铜。有鸟焉，其名曰螐渠，其状如山鸡，黑身赤足，可以已暴。"松果山，濩水发源于此山，向北流入渭水，水中含铜。有一种叫螐渠的鸟，身形像山鸡，黑色的身体，红色的爪子。松果之山应该是今陕西潼关县治南10公里的安乐乡的松果山，其地理位置在华山以东。按《潼关县新志》记述，西潼峪佛头崖下有铜矿，官府曾经开采，因矿苗未成熟

而终止。清代还有矿师勘查，立石标记。佛头崖，在今陕西潼关县治南10公里的安乐乡的松果山上，因其形似佛头而得名，是秦岭在潼关境内最高的山峰。

"太华之山，削成而四方，其高五千仞，其广十里，鸟兽莫居。有蛇焉，名曰肥遗，六足四翼，见则天下大旱。"太华山，山势陡峭像是用刀削成的，呈四方形，山高可达五千仞，占地达十里，飞鸟野兽无法在这里栖居。山中有种蛇，名字叫肥遗。这里的太华山指的就是今天的华山，其最大的特点就是险峻。

"小华之山，其木多荆杞，其兽多㸲牛，其阴多磬石，其阳㻬琈之玉。鸟多赤鷩，可以御火。其草有萆荔，状如乌韭，而生于石上，亦缘木而生，食之已心痛。"小华山，其上多是牡荆树和枸杞树，山中的野兽大多是㸲牛，山北阴面多磬石，山南阳面盛产㻬琈玉。山中有许多赤鷩鸟，还有一种叫作萆荔的草，形状像乌韭，但生长在石头上面，也攀缘树木而生。小华之山就是现在的少华山，位于陕西省渭南市华州区莲花寺镇刘家河村南，在县城东南约5公里处，东连小夫峪，西邻白石峪，与西岳太华山峰势相连，遥遥相对。

"符禺之山，其阳多铜，其阴多铁。其上有木焉，名曰文茎，其实如枣，可以已聋。其草多条，其状如葵，而赤华黄实，如婴儿舌，食之使人不惑。符禺之水出焉，而北流注于渭。其兽多葱聋，其状如羊而赤鬣。其鸟多鴖，其状如翠而赤喙，可以御火。"符禺山，山南阳面盛产铜，山北阴面盛产铁。山上有一种树，名字叫文茎，结的果实像枣子。山中生长的草大多是条草，形状与葵菜相似，开的是红色花朵而结的是黄色果实，果实的样子像婴儿的舌头。符禺水从这座山发源，然后向北流入渭水。山中的野兽大多是葱聋，山中的禽鸟大多是鴖鸟。《清一统志·同州府一》引《华州志》："符禺山，即今之涧谷，在州西南四十里。"在今渭南市华州区西南20公里。

"石脆之山，其木多棕枏，其草多条，其状如韭，而白华黑实，食之已疥。其阳多㻬琈之玉，其阴多铜。灌水出焉，而北流注于禺水。其中有流赭，以涂牛马无病。"石脆山，山上的树大多是棕树和楠木树，而草大多是条草，形状与韭菜相似，开的是白色花朵而结的是黑色果实，人吃了这种果实就可以治愈疥疮。山南面盛产㻬琈玉，而山北面盛产铜。灌水从这座山发源，然后向北流入禺水，这条水里有硫黄和赭黄颜料。依《山海经》给出的地理位置来看，石脆之山应该在今陕西蓝田境内，考虑到《山海经》提到石脆之山多玉，有观点认为其就是现在的王顺山。王顺山原名玉山，蓝田玉就产于此处。

"竹山，其上多乔木，其阴多铁。有草焉，其名曰黄雚，其状如樗，其叶如麻，白华而赤实，其状如赭，浴之已疥，又可以已胕。竹水出焉，北流注于渭，其阳多竹箭，多苍玉。丹水出焉，东南流注于洛水，其中多水玉，多人鱼。有兽焉，其状如豚而白毛，大如笄而黑端，名曰豪彘。"竹山，山上到处是高大的树木，山北面盛产铁。山中有一种草，名字叫黄雚，形状像樗树，但叶子像麻叶，开白色的花朵结红色的果实，果实赭色。竹水从这座山发源，向北流入渭水，竹水的北岸有很多的小竹丛，还有许多灰白色的玉石。丹水也发源于这座山，向东南流入洛水，水中多出产水晶石，又有很多人鱼。山中有一种野兽名叫豪彘。竹山在今陕西渭南市东南20公里。《水经·渭水》："渭水又东与竹水合，水南出竹山。"《水经注疏》谓"俗名大秦岭，亦名箭谷岭"。

"浮次之山，漆水出焉，北流注于渭。其上多棫橿，其下多竹箭，其阴多赤铜，其阳多婴垣之玉。有兽焉，其状如禺而长臂，善投，其名曰嚣。有鸟焉，其状如枭，人面而一足，曰橐𩇯，冬见夏蛰，服之不畏雷。"瑜次山，漆水发源于此，向北流入渭水。山上有茂密的棫树和橿树，山下有茂密的小竹丛，山北阴面有丰富的红色铜，而山南阳面有丰富的可制成佩戴在脖子上的婴垣玉。山中有一种野兽名叫嚣，还有一种禽鸟名叫橐蜚。毕沅在校注中指出，《水经注》把渭河北岸的支流横水河当作漆水是错误的，漆水应该是《水经注》中长安西面的柒渠，以此看则瑜次山在西安西南。

"时山，无草木。逐水出焉，北海注于渭，其中多水玉。"时山，山上没有花草树木，逐水从这座山发源，向北流入渭水。水中有很多水晶石。周运中《〈山海经·西山经〉地理新释》中说："上古音，逐为定母觉部，竹为端母觉部，竹、逐叠韵，端、定旁纽，读音极近，逐水得名于'竹水'，即今周至县竹峪河，时山在今周至县西部。"①

"南山，上多丹粟。丹水出焉，北流注于渭。兽多猛豹，鸟多尸鸠。"南山上到处是粟粒大小的丹沙。丹水从这座山发源，向北流入渭水。山中的野兽大多是猛豹，而禽鸟大多是布谷鸟。郦道元《水经注》云："《地理志》曰：（武功）县有太一山，《古文》以为终南，杜预以为中南也。亦曰太白山，在武功县南，去长安二百里，不知其高几何。俗云：武功太白，去天三百。山下军行，不得鼓角，鼓角则疾风雨至。杜彦达曰：太白山，南连武功山，于诸山最为秀杰，冬夏积雪，望之皓然。"自魏晋以后太白山成为专名，而太一山、太乙山此后则多指今终南山；又因汉唐时武功县治即今之眉县，可见此处南山即今位于眉县境内秦岭主峰太白山。

（三）汉赋中的秦岭风貌

西汉定都长安，依托秦岭南北优越的地理形势，在渭河南岸、龙首原北麓，与秦咸阳隔渭河相望，建造起雄伟壮丽的长安城。作为"一代之文学"的汉赋，所润色的"鸿业"的主要方面，就是讴歌秦岭南北壮丽的山川风物，用以显示汉长安城的盛大与壮丽。前文提到的《西都赋》中，班固将秦岭作为汉长安城最重要的靠山和衣食资源，展现了关中南面秦岭巍峨磅礴的风貌。

《后汉书》中记载东汉初年的政治家、文学家杜笃向光武帝刘秀力荐迁都长安时，也曾阐明秦岭南北山川的险要："夫雍州本帝皇所以育业，霸王所以衍功，战士角难之场也。《禹贡》所载，厥田惟上。沃野千里，原隰弥望。保殖五谷，桑麻条畅。滨据南山，带以泾、渭。号曰陆海，蠢生万类。梗楠檀柘，蔬果成实。畎渎润淤，水泉灌溉，渐泽成川，粳稻陶遂。厥土之膏，亩价一金。田田相如，镂镂株林。火耕流种，功浅得深。既有蓄积，厄塞四临：西被陇、蜀，南通汉中，北据谷口，东阻崤岩。关函守峣，山东道穷；置列汧、陇，雍假西戎；拒守褒斜，岭南不通；杜口绝津，朔方无从。鸿、渭之流，径入于河；大船万艘，转漕相过；东综沧海，西纲流纱；朔南暨声，诸夏是和。城池百尺，厄塞要害。关梁之险，多所衿带。一卒举摧，千夫沈滞；一人奋戟，三军沮败。地势便利，介冑剽悍，可与守近，利以攻远。士卒易保，人不肉袒。肇十有二，是为赡腴。用霸则兼并，先据则功殊；修文则财衍，行武则士要；为政则化上，篡逆则难诛；进攻则百克，退守则有余：斯固帝王之渊囿，而守国之利器也。"在这段文辞优美的辞赋中，杜笃全面论述了秦岭南北的险要地形和丰饶物产。

东汉张衡也盛赞秦岭南北形胜之美，他在《西京赋》中说："左有崤函重险，桃林之塞，缀以

---

① 周运中：《〈山海经·西山经〉地理新释》，载《古代文明》2012年第1期，第100页。

二华，巨灵赑员，高掌远跖，以流河曲，厥迹犹存。右有陇坻之隘，隔阂华戎，岐梁汧雍，陈宝鸣鸡在焉。于前则终南太一，隆崛崔萃，隐辚郁律，连冈乎嶓冢，抱杜含鄠，欱沣吐镐，爰有蓝田珍玉，是之自出。于后则高陵平原，据渭踞泾，澶漫靡迤，作镇于近。其远则九嵕甘泉，涸阴沍寒，日北至而含冻，此焉清暑。尔乃广衍沃野，厥田上上，实惟地之奥区神皋。"太一、终南怀抱鄠杜，欱饮沣流，吐水镐川，蓝田山中出产美玉，九嵕甘泉聚阴藏寒。又融入神话传说，河神巨灵擘裂太华、少华二山，秦文公获取颇类雄鸡的若石，引起陈宝鸡鸣，等等，遂使关中山川蒙上一层神秘的色彩。

对关中的山川形胜，《西都赋》《西京赋》是宏观描绘，而扬雄《河东赋》写华山"参天地而独立兮，廓荡荡其亡双"，李尤《函谷关赋》"惟夸阔之宏丽兮，羌莫盛于函谷"等，则是专题描绘。司马相如的《上林赋》，着意渲染源自秦岭"八水绕长安"的胜景："终始灞浐，出入泾渭，沣镐潦潏，纡余委蛇，经营乎其内。荡荡乎八川分流，相背而异态。"所谓"终始""出入"，虽是映衬上林苑之大，却也凸现了秦岭八水分流对关中大地的润泽，使长安城呈现出绿波荡漾之美。

除了描写秦岭自然风貌，汉代一些辞赋还表现出秦岭在南北与东西部文化融合中的重要地位。《汉司隶校尉杨孟文石门颂》强调了秦岭在南北经济文化联系方面的意义："斜谷之川，其泽南隆。八方所达，益域为充。……自南自北，四海攸通。君子安乐，庶士悦雍。商人咸憘，农夫永同。"蔡邕的《汉津赋》则描述了秦岭在东西文化融通中的作用："配名位乎天汉兮，披厚土而载形。发源自乎嶓冢兮，引漾沣而东征。……于是游目骋观，南授三洲，北集京都，上控陇坻，下接江湖。导财运货，懋迁有无。"秦岭雄踞天下之中，南有江汉，北有河渭，西连甘青高原，东接淮泗平川，是中华内陆腹地四方百族文化融合的中心。

（四）唐诗中的秦岭风貌

刘勰在《文心雕龙·物色》篇中讲："岁有其物，物有其容；情以物迁，辞以情发。" 王志清在《盛唐生态诗学》中说"自然山水是客观的存在物，但它却有着和人类共处的生命形式和关系"，相当精辟地概括了文学创作和自然景物的关系。自然山水不但能加深诗人对大自然的热爱，也能加深他们对社会生活的热爱，在哲学层面上更能加深他们对人生意义和人生价值的思考。

唐人对自然山水是充满向往与热爱的，人们怡情自然山水，描写自然山水在有关终南山的诗歌中占有很大的比重，可以从中窥探秦岭的自然人文风貌，也展示出一定的文化心态。

1.望山之作

望终南山之作，以唐太宗李世民的《望终南山》为代表。"重峦俯渭水，碧嶂插遥天。出红扶岭日，入翠贮岩烟。叠松朝若夜，复岫阙疑全。对此恬千虑，无劳访九仙。"这首诗作可算是唐代终南山诗的滥觞。诗人以帝王的胸襟和眼光遥望终南山，气象恢宏。起句"重峦俯渭水"便是大手笔，从宏观方面把关中的自然地理一山"秦岭（终南山）"和一水"渭河"的形象展现在人们面前。"碧嶂插遥天"一句把远迤似巨龙横卧的终南崇岭高峻的一面表现出来；从"出红"到"疑全"都是对终南山景色的描写，鲜明的色彩对比"红"与"翠"，松树之多的形象比喻"朝"与"夜"都融入诗歌，将终南山景色写得幻化多彩。此诗既体现了天道自然的"上"（插遥天）与"下"（俯渭水），又道出了人世间"朝若夜"与"阙疑全"的奥妙道理。结语的"无劳访九仙"给予终南山崇高的精神地位，将终南山列于九仙之上这也正说明终南山的景致之美之妙，如此恬旷的境地就是人间的仙境，让人心生淡泊之意，以至于无须再去费神寻访九仙。

孟郊有《登华岩寺楼望终南山赠林校书兄弟》："地脊亚为崖，耸出冥冥中。楼根插迥云，殿翼翔危空。前山胎元气，灵异生不穷。势吞万象高，秀夺五岳雄。一望俗虑醒，再登仙愿崇。青莲三居士，昼景真赏同。"诗中的"势吞万象高"道出了终南山的气势和雄姿，"秀夺五岳雄"可以使人想象终南山不仅拥有雄伟挺拔的一面，同时也具备柔美秀色的一面。"一望俗虑醒，再登仙愿崇"句是望终南山给人带来的心理感受，和唐太宗《望终南山》中的"对此恬千虑，无劳访九仙"句，有异曲同工之妙，仅仅是望终南山就可以让人从俗虑中醒来，仿佛具有净化人心的功效。

祖咏也有一首望终南山之作——《终南望余雪》，是其在长安应试时所作："终南阴岭秀，积雪浮云端。林表明霁色，城中增暮寒。"此诗写了特定时段的终南山，前两句写望终南山的雪，紧扣题目的"余雪"，重在写终南山雪后背阳的山岭秀丽的一面；"浮云端"运用夸张手法写出了积雪居高的特有景色。后两句则对余雪展开进一步地描绘。此诗写终南山的余雪，并未从正面落笔而是另辟蹊径，从侧面精心描摹。雪霁天晴，冬日的一抹斜阳映涂于林梢，更给长安城的傍晚增添了一层寒意。

除以上诗作，还有诸多望终南山雪景之作。同样是望冬季之雪景，贾岛有《冬月长安雨中见终南雪》："秋节新已尽，雨疏露山雪。西峰稍觉明，残滴犹未绝。气侵瀑布水，冻着白云穴。"此诗望终南山雪景的时间是在冬季的一个雨天。天严寒必下雪，但此时只是下雨，长安城中的雨与终南山上的雪形成比照，雨中的终南雪景别具特色。皎然有《晨登乐游原望终南积雪》，描写了终南积雪佳景："雪霁山疑近，天高思若浮。琼峰埋积翠，玉嶂掩飞流。曜彩含朝日，摇光夺寸眸。"琼峰与积雪在朝阳的照耀之下，光影摇曳闪烁。最后两句"清眺何人得，终当独再游"表达了诗人想再次游览终南，向往终南佳境的心情。

望春季之雪景，李子卿有《望终南春雪》："山势抱西秦，初年瑞雪频。色摇鹑野雾，影落凤城春。辉耀银峰逼，晶明玉树亲。尚寒由气劲，不夜为光新。荆岫全疑近，昆丘宛合邻。"起句便点出终南的总体山势和雪景，既是咏春雪此诗必然也突显出了春天的特点。望秋季之雪景，有刘禹锡的《终南秋雪》："南岭见秋雪，千门生早寒。闲时驻马望，高处卷帘看。雾散琼枝出，日斜铅粉残。偏宜曲江上，倒影入清澜。"起句便点明望见终南雪景。此诗作者重在渲染季节的特点。诗人望雪的时间是在秋季，秋季即有雪，故曰"生早寒"；颈联描写景色颇具匠心，比喻生动形象；尾联可见望终南山所在的地点——曲江。白居易亦有望终南雪景之作《和刘郎中望终南山秋雪》，为与刘禹锡的唱和之作。

终南山的雪景，因季节的不同在文人笔下所展现的风貌亦是不同。因海拔2000多米的终南山并不算高，故雪景是终南的一大特色，文人花大量的笔墨来描绘终南山的雪景，可见雪景算是终南的招牌之景。

前面提到刘禹锡在曲江遥望终南山之作，高适亦有《同薛司直诸公秋霁曲江俯见南山作》，储光羲亦有在曲江俯见南山之作《同诸公秋霁曲江俯见南山》。这两首诗都是于曲江望终南山，确切地说是望终南在曲江中的倒影。望山亦都在特定的时间：秋霁。对于终南山秀景的描写，碧色苍山、清澈流水与鱼鸟之禽构成一处人间仙境，幽静的山林、闲适的渔父、怒放的百花为终南增光添色，让众多士子欣然向往。两首诗作遥望终南的地点都在长安城的曲江，由此可见，终南山与长安在地理位置上的关系，正如李商隐诗所云："终南与清都，烟雨遥相通。"

另有林宽《终南山》，一句"标奇耸峻壮长安，影入千门万户寒"，对终南山的高峻作了生动而细致的刻画；张乔《终南山》中的一句"横天占半秦"，仅着一"半"字，终南山在秦岭山脉的地位便可见一斑；贾岛《晚晴见终南诸峰》中的"秦分积多峰，连巴势不穷"，则将终南山此起彼伏的峰峦引向了绵绵无绝的境界，开阔大气之感油然而生；裴说《终南山》"苍翠绝纤尘"、贾岛《望山》"浩翠写国门"、王贞白《终南山》"列翠满长安"等，均从终南的青翠山色、悠然深远等角度，对终南山的俊秀进行了刻画描摹，使终南山在唐代大诗人们的笔下熠熠生辉。

2.游山之作

王维曾在终南别业过着亦官亦隐的生活，他有一首气势雄浑、意境开阔的《终南山》："太乙近天都，连山接海隅。白云回望合，青霭入看无。分野中峰变，阴晴众壑殊。欲投人处宿，隔水问樵夫。"

太乙山又名翠华山，是终南山的主峰，因山色青翠秀丽而得名。汉武帝曾于此祭祀过太乙神，故又名太乙山。这里绿水青山、风景秀美，号称终南山之冠。王维此诗首联以夸张的写法给读者勾勒出了终南山的概貌，山之高可与天相连。终南山除了高之外还绵延不断直至海边，可见其山脉的绵延之势。颔联写诗人游山时一路走来，四望群山，都弥漫着白色的云雾，那白色的云雾在苍山之中似乎也被衬成了青色。颈联高度概括，"变"和"殊"体现出多元的观山意识和觉悟，蕴含着随观察视角的转变所见各有不同，终南山的万壑千沟在阳光的照耀下浓淡不一；就是在同一时间内，各山谷的阴晴明灭变化也不尽相同。尾联着重突出了终南山的幽深，一句"隔水问樵夫"使全诗境界为之一转，"樵夫"这一形象如一个避世的隐者，展现山中隐士的生活。

孟郊的《游终南山》："南山塞天地，日月石上生。高峰夜留景，深谷昼未明。山中人自正，路险心亦平。长风驱松柏，声拂万壑清。到此悔读书，朝朝近浮名。"此诗写了终南山的高大，但更突出了它的峻俏奇险；从赞叹终南山的万壑清风到生发对功名利禄的厌恶之情，以山中人心的正而平来反衬世俗中的人心叵测。

姚合亦有同名之作："策杖度溪桥，云深步数劳。青猿吟岭际，白鹤坐松梢。天外浮烟远，山根野水交。自缘名利系，好此结蓬茆。"诗人所选取的一组意象"溪""云""青猿"和"白鹤"，衬出山之幽静与清雅。张说有《和张监游终南》："宿怀终南意，及此语云峰。夜闻竹涧静，晓望林岭重。春烟生古石，时鸟戏幽松。岂无山中赏，但畏心莫从。"诗人对终南山常怀有趣意，终南"夜闻竹涧""晓望林岭"的景致是要有心之人观赏的。

登临终南山之作，王湾有《奉使登终南山》："常爱南山游，因而尽原隰。数朝至林岭，百仞登崒嵂。石壮马径穷，苔色步缘入。物奇春状改，气远天香集。虚洞策杖鸣，低云拂衣湿。倚岩见庐舍，入户欣拜揖。问性矜勤劳，示心教澄习。玉英时共饭，芝草为余拾。境绝人不行，潭深鸟空立。一乘从此授，九转兼是给。辞处若轻飞，憩来唯吐吸。闲襟超已胜，回路倏而及。烟色松上深，水流山下急。渐平逢车骑，向晚睨城邑。峰在野趣繁，尘飘宦情涩。辛苦久为吏，劳生何妄执。日暮怀此山，悠然赋斯什。"首句"常爱南山游"，表明游历南山的次数之多且突显出对南山的热爱，正是出于这种喜欢才爱常游于此。王湾在诗中既展现了终南的景色，又表达出了自己对终南佳境的向往。

岑参的《终南东溪中作》："溪水碧于草，潺潺花底流。沙平堪濯足，石浅不胜舟。洗药朝与暮，钓鱼春复秋。兴来从所适，还欲向沧洲。"岑参不仅游历终南并生活于此。通过此诗，可见诗人在终南山东溪的生活是多么惬意。此中溪水澄澈，沙石圆润，诗人亦是过着神仙般的生活，在山中采的中草药用溪水洗涤，时常可在溪边垂钓消遣。

李白的《登太白峰》："西上太白峰，夕阳穷登攀。太白与我语，为我开天关。愿乘泠风去，直出浮云间。举手可近月，前行若无山。一别武功去，何时复更还。"诗的开头两句就从侧面烘托出了太白山的雄峻高耸。李白从西攀登太白山，直到夕阳残照，才登上峰顶。三四两句诗人浮想联翩，仿佛听到太白星告诉他，愿意为他打开通向天界的门户。在这里，李白并没有直接刻画太白峰的高峻雄伟，只是写他和太白星悄语密话的情景，就生动鲜明地表现出太白山高耸入云的雄姿。这是一种化实为虚、以虚写实的手法。李白另有一些诗用写实的手法描绘了太白山的高峻，如《古风·其五》中："太白何苍苍，星辰上森列。去天三百里，邈尔与世绝。"《蜀道难》中，也正面描写了太白山的险峻雄奇："西当太白有鸟道，可以横绝峨眉巅。""愿乘泠风去，直出浮云间。举手可近月，前行若无山。"在这样壮观开阔的山景面前，诗人不禁产生幻想乘泠风，飞离太白峰，神游月境的想象。

三、秦岭文化精神

山岳之于人类而言，不仅仅是自然地理上的存在，更重要的是其背后蕴含的丰富文化内涵。中国诗歌素有"诗言志""诗缘情"两大传统，与秦岭相关的诗文将秦岭山脉与文人的心态联系在了一起。

对于中华文明的发生、发展、流变，秦岭的影响是独一无二的。秦岭既孕育了中国的早期文明如蓝田猿人、半坡人等，也哺育了周、秦、汉、隋、唐的辉煌，更见证了中华民族艰难曲折的跋涉道路。秦岭也是中国古代"立儒、生道、融佛"之地，儒、道、释三足鼎立，构建了中国人内在的精神世界，铸造了中国人的核心价值观。此外，秦岭还是中国传统隐士文化的符号，也是中国归隐文化的发祥地。秦岭是一座地理名山、宗教名山、文化名山，人们赋予了它非比寻常的象征意义。

（一）秦岭意象与人文情志的寄托

秦岭山脉的自然风光是吸引文人走向其中的一个重要原因。文人对山本身所具有的天然美的鉴赏能力，以及他们对自然景物的色彩、形状及光影的明暗变化、动静之美的把握都是相当敏锐，因而常常对终南山给予特别的关照。汉魏六朝"南山"意象就是在这山人同源一体的背景下生成的，寄托着人们的理想。

1.寄托理想的"南山"意象

从汉魏六朝开始，"南山"逐渐发展成一种具有独特文化内涵的意象，它不再仅仅是现实世界里具体的山脉，而是人内心的向往之处、理想寄托。

唐前文人诗主要保存在南朝梁萧统编的《文选》、南朝陈徐陵编纂的《玉台新咏》中，今人逯钦立辑录有《先秦汉魏晋南北朝诗》。

汉代文人诗歌中最早提及"南山"的诗篇是杨恽的《歌诗》。《歌诗》写道："田彼南山，芜秽不治。种一顷豆，落而为萁。人生行乐耳，须富贵何时。"大意是南山有一块地，杂草丛生，种了百亩豆，只剩下没用的豆萁；人生就是行乐罢了，要到什么时候才算富贵呢？这首诗写于杨恽被贬为庶人时，诗中的"南山"指的应该就是汉长安城南的终南山。此诗的真正用意是讥讽朝政荒废，忠臣遭弃。

三国时曹植有《种葛篇》，诗中有"种葛南山下，葛藟自成阴"之句。这首诗中的"南山"具有理想色彩，用于烘托诗人失志的悲哀。西晋诗人郑丰，写有《南山》诗五章。郑丰在《南山》序中说："《南山》，酬至德也。君子在衡门，修道以养和，弃物以存神，民思其治，士怀其德，或思置之列位，或思从之信宿。"诗中的南山成为君子修道养性、弃物存神的理想所在，也是治理者德治的所在。曹植、郑丰诗中的南山已远离了现实中的具体山脉，更多地承载了诗人的理想与寄托，这就是"南山"意象的生成。

陶渊明诗歌中也多次出现南山，其诗中的南山不是现实世界里具体的山脉，亦是诗人的向往之处、理想寄托。《饮酒》其五："结庐在人境，而无车马喧。问君何能尔？心远地自偏。采菊东篱下，悠然见南山。山气日夕佳，飞鸟相与还。此中有真意，欲辨已忘言。"写诗人身在尘世而心远世俗的生活态度和陶醉于自然之中的乐趣。诗人手把秋菊，情怀悠悠，寄畅在所因，寓目理自陈，现实生活中的不和谐被理想化的和谐所消融，人境的大伪被南山的真意所化解。这是陶诗中传诵最广的一首，它的突出特点是意境幽远，思与景谐，表现出诗人在南山边找到了人生真谛的快慰心情。陶渊明既以南山为其精神的归宿，自然希望死后也魂归彼处。《杂诗》其七："家为逆旅舍，我如当去客。去去欲何之？南山有旧宅。"南山显然是诗人的理想所在，而非实实在在的眼前景象。

谢朓的《之宣城出新林浦向板桥》是一首旅途抒怀诗，诗中表达了谢朓倦于行旅、希望远离都城去过隐居生活的强烈想法。诗的最后一句"虽无玄豹姿，终隐南山雾"，用的是《列女传》中的一个故事。谢朓在诗中用这个故事有两层意思：第一，借出仕宣城，隐遁远祸；第二，以淡泊的心境来处理政务，实现德治理想。寥寥数字，就宣泄了"幽居山林，避害全身"的情志。而且诗意浓郁，情理相兼相融，意境蕴藉微远，可以引起人们反复品味，唤起广泛的联想，有言有尽而意无穷之妙。

除上文所举诗歌外，用南山意象寄托情志的诗文还有很多。此后，盛唐的诗歌创作，使秦岭成为诗唐之山，是一座人类诗歌创造的诗山和灵山。唐诗中将秦岭称作南山、终南山，除了自然地理实体描写外，更赋予了其正面的人文情感意蕴。

2.抒发家国情怀的"秦岭"意象

因周秦汉唐的帝都均在秦岭北麓，秦岭也常常被寄以家国情怀，被作为家乡的象征。这在唐诗中体现得尤为明显。与积极赞美的南山意象不同，在这类诗作中，秦岭往往带有一种悲壮慷慨的意味，常以秦山、秦岭等名称出现，比如韩愈著名的"云横秦岭"就蕴含着个人悲剧与国家悲剧。

杜甫《同诸公登慈恩寺塔》中写道："秦山忽破碎，泾渭不可求。"诗人通过登临高塔之所见所想，暗示了李唐王朝君昏臣佞、风雨飘摇，表达对政治时局的忧虑和感慨，包含诗人的家国之情。再如杜甫的《阆州奉送二十四舅使自京赴任青城》："闻道王乔舄，名因太史传。如何碧鸡使，把诏紫微天。秦岭愁回马，涪江醉泛船。青城漫污杂，吾舅意凄然。"此诗既有诗人离开京畿长安的悲，也有泛船漂泊之凄。

岑参《登总持阁》："高阁逼诸天，登临近日边。晴开万井树，愁看五陵烟。槛外低秦岭，窗中小渭川。早知清净理，常愿奉金仙。"总持阁高峻直逼云天，登上楼阁好像接近太阳。晴天俯视，万井之树尽收眼底，五陵烟雾迷茫引起人的愁思。凭靠栏杆，看那秦岭低矮；站在窗边，看那渭水细小。以"逼诸天"的高阁，衬出"低秦岭"和"小渭川"，抒发出诗人的愁思。

白居易《初贬官过望秦岭》："草草辞家忧后事，迟迟去国问前途。望秦岭上回头立，无限秋风吹白须。"此诗写于白居易被贬官赴江州途中，诗人离开长安时匆匆忙忙连家属也来不及带走。"望秦岭上回头立"之"回"字亦照应前句，表现出诗人对京城的依恋。这种依恋之感是真挚、深刻、持久的。最后"无限秋风吹白须"说明诗人伫立之久，对前途的茫然之感和对政治环境日趋险恶的焦虑。

再如尚颜的《冬暮送人》："长安冬欲尽，又送一遗贤。醉后情浑可，言休理不然。射衣秦岭雪，摇月汉江船。亦过春兼夏，回期信有蝉。"同样是离开长安，因而也以"秦岭"表现出对帝都的留恋。

上述诗作表明，在诗唐文化语境中，秦岭在表现留恋帝都和家国情怀时，带有否定性和悲剧性色彩。在后代的怀古诗中，这种依托秦岭抒发对家国山河情感的形式被加以沿用，最具代表的就是元代张养浩的《山坡羊·潼关怀古》："峰峦如聚，波涛如怒，山河表里潼关路。望西都，意踌躇。伤心秦汉经行处，宫阙万间都做了土。兴，百姓苦；亡，百姓苦！"诗人站在潼关要塞的山道上，眼前是华山群峰，脚下是黄河湍流，遥望古都，内心思潮起伏。在这里，尽管散曲中未出现"秦岭"二字，但沿用了秦岭的特征，秦岭在这里仿佛是朝代兴衰的分界岭，进而引发诗人抚今追昔，由历代王朝的兴衰引到人民百姓的苦难，一针见血地点出了封建统治者与人民的对立。怀古实乃伤今，沉重实乃责任，借助秦岭表达了诗人深切的人文关怀。

"文变染乎世情，兴废系乎时序"，社会、文化、精神氛围与文学创作互为因果。秦岭其独特的地缘因素，也被寄予深沉的家国情怀。

（二）秦岭与儒家文化精神

2000多年来，儒家文化一直在中国最有影响力，是华夏民族价值体系的一种表现。它的起源与振兴都是在秦岭北麓完成的。秦岭是中国儒家学派发祥、衍生、发展之地。自西周以至晚清，秦岭地区实为孕育先秦儒家之圣地、经学昌明与极盛之中心、理学发生发展之重镇，在整个儒学发展史上的地位十分突出。一些有关秦岭的诗文中也体现出儒家精神。

1.秦岭山中儒家文化发展概况

儒家文化起源于周文化。周族有着悠久的历史，据史料记载，周的祖先姬姓部落发祥于秦岭北麓的邰地（今陕西武功县境内），周人长期活动在陕甘一带，后来定居于岐山之南的周原。公元前1046年，周武王灭商，定都于沣水两岸的丰镐（今西安西南）。周武王去世，其子成王较年轻且政治经验不足，因此由武王的弟弟周公旦辅佐，摄政六年。《尚书大传》载："周公摄政，一年救乱，二年克殷，三年践奄，四年建侯卫，五年营成周，六年制礼作乐，七年致政成王。"《礼记·明堂位》亦载："周公践天子之位以治天下。六年，朝诸侯于明堂，制礼作乐，颁度量，而天下大服。"可以说，周公摄政时期的政治架构及管理思想是周文化的核心和精髓，周文化集中在周公所制礼乐上。

周公推行分封制、宗法制，确立嫡长子继承制，将政权及族权紧密结合起来。周公所制的礼、乐，既包括周王朝的政治典章、王位世袭、宗法等级、分封世袭制度等，又包括体现在政治、经济、社会生活、家庭生活等方面按尊卑等级观念确定下来的政治法律准则和思想道德规范，还包括同政治制度、伦理思想观念相配合的情感艺术系统。就中华文化资源而言，周公的礼乐思想及实践活动，是儒家思想的重要源头。到春秋时期，孔子就认为周礼是理想的制度，发出"周鉴于二代，郁郁乎文哉！吾从周"的呼吁，同时，孔子从周的物质文化当中，也悟出许多道理。因此，起源于秦岭脚下的周文化在齐鲁大地上通过齐鲁士人的演化和弘扬，构成了中国传统文化的核心——儒学。

儒家的振兴也是在秦岭北麓完成的。定都于秦岭脚下的西汉王朝经过60多年的休养生息，取得了政治上的稳定和经济上的繁荣，到汉武帝时期统一思想文化的任务再一次提到议事日程。当时，明确主张尊儒崇儒是被称为汉代孔子的今文经学家董仲舒，他在回答汉武帝策问中说："《春秋》大一统者，天地之常经，古今之通谊（义）也。今师异道，人异论，百家殊方，指意不同，是以上亡（无）以持一统；法制数变，下不知所守。臣愚以为诸不在六艺之科、孔子之术者，皆绝其道，勿使并进。邪辟之说灭息，然后统纪可一而法度可明，民知所从矣。"汉武帝接受了董仲舒的建议，下令表彰"六经"，崇奉孔子之术。儒学被定为一尊，经孔子删定整理的周文化史册的《诗》《书》《易》《礼》《乐》《春秋》，被钦定为"六经"，到了清代孔子被尊为"大成至圣先师"。其实，汉武帝所独尊的儒术，也并非单纯是儒家之思想。汉初儒家受荀子学说影响很大，如"六经"之学中的易、诗、礼、乐等学，都有荀学的传承，而荀子礼法兼用的思想也普遍为汉儒所接受。从董仲舒本身的思想来说，也早已不是单纯的原始儒学了。他不仅大力倡导"礼法""德刑并用"的理论，而且大量吸收墨家的"兼爱""尚同"理论。而更为突出的是，在他专攻的春秋公羊学中，充满了阴阳家的阴阳五行学说，使阴阳五行思想成为儒家学说中一个重要有机组成部分。西汉大儒董仲舒建议武帝使"诸不在六艺之科、孔子之术者，皆绝其道，勿使并进"，为以后武帝"罢黜百家，表彰六经"之所本。

这一过程从学派上看，自然表现为儒学对黄老学派主流地位的取代；从基本国策上看，则是从"无为"到"有为"的转换。实际上，这也是西汉在国力强盛的基础上，逐步强化中央集权的思想文化表现。其实，这种思想不是孔孟所创立的原儒家文化，而是融合了道、法、阴阳等诸家思想文化因子，特别是融合了秦文化的另一支——法家文化的思想理论因素。《汉书·元帝纪》记载，汉宣帝曾说过"汉家自有制度，本以霸王道杂之，奈何纯任德教，用周政乎？"可见历代思想文化史家认为的"外儒内法"或"阳儒阴法"的说法是正确的。

东汉时期的杨震出生于秦岭北麓的华阴，少年时即好学，跟随太常桓郁学习《欧阳尚书》，通晓经术，博览群书，专心探究。当时的儒生称赞他为"关西孔子杨伯起"。

到宋、元、明、清时期，随着儒、释、道等各家学说的不断交锋与融汇，秦岭北麓的关中地区形成了儒家的一个重要派别——关学。关学在宋明理学中与河南洛学、福建闽学鼎足而立，影响全国，流传于后世。北宋时期，理学大师张载在秦岭北麓的眉县横渠讲学，他倡导正学，以礼为教，主张"学贵于有用"，注重实际，不尚空谈。张载的门人多讲习兵法，议论周代井田制度谋求解决土地兼并的问题，借以消除西夏和辽的外患。张载的"为天地立心，为生民立命，为往圣继绝学，为万世开太平"这四句话最能表达儒者的襟怀，也最能开显儒者的器识与宏愿。到明代，冯从吾在关中书院讲学，"从者如流，门下士多至千余人，一时称关西夫子"，使关中书院很快成为全国闻名的学府之一。明代著名学者王阳明曾说："关中自古多豪杰，其忠信沉毅之质，明达英伟之器，四方之士，吾见亦多矣，未有如关中之盛者也。"就是对秦岭北麓儒家文化的赞扬。

总之，就儒学而论，秦岭地区是儒学渊薮、经学中心、理学重镇，对我国文化的发展贡献甚大。

2.诗文中秦岭里的儒家文化精神

有关秦岭的诗文中体现儒家精神的代表作当属韩愈的《南山诗》。《南山诗》是韩愈诗歌写景状物的名篇，全诗51韵，204句，4句一韵。诗作产生于韩愈51岁贬谪潮州的事件。从开句的"吾闻京城南"到"粗叙所经觏"10句，是《南山诗》的缘起背景。从第11句"尝升崇丘望"到"脱险逾避臭"，韩愈用100句写山。从"昨来逢清霁"到结束，韩愈用94句写水，写昆明池，写水幻观。基本上是前半部分写"山"，后半部分写"水"；"仁者乐山，智者乐水"，韩愈的《南山诗》是一个围绕秦岭南山的仁智审美世界。并且，诗歌首引八卦方位，以写南山位置之重要，又采汉赋之法为诗，诗中用51个"或"字，"或"句中连引《剥》《姤》《离》《夬》四卦，以显南山雄奇之貌。

在写《南山诗》前两年，韩愈写了《左迁至蓝关示侄孙湘》："一封朝奏九重天，夕贬潮阳路八千。欲为圣明除弊事，肯将衰朽惜残年！云横秦岭家何在？雪拥蓝关马不前。知汝远来应有意，好收吾骨瘴江边。"是全唐诗中著名的一首诗，也是唐代一首与秦岭相关的诗，讲述的是一位仁者的南山故事。

韩愈《南山诗》是秦岭终南山迄今为止唯一的写景叙情史诗，既有昆明湖水的阴晴明灭，又有秦岭山的春夏秋冬，更有一位仁者获得感悟的四季心情。这首诗引后天八卦方位，采易传修辞句式，善用象征之法，化裁易象，尚取奇特卦象，又精于营构虚象。在深层次上，更汲取易《干》《坤》两卦之精神，故《南山诗》可谓诗学与易学融洽为一的代表作，是儒家思想与秦岭精神的相互映照。

（三）秦岭与道教文化精神

道教历史悠久，源远流长。我国最早的治国与养生理论和方法相传源自黄帝，而黄帝的活动地区就在今陕西境内。春秋战国时期，道家学说的传播，关注的焦点仍在天道与生命本身，随着老子西入函谷关到楼观台传播道家思想，黄老之学在陕西出现了融合的景象，西汉初年以黄老思想为治国理念，造就了"文景之治"。东汉末黄老之学开始宗教化，出现了有关黄帝、老子的神话与崇拜祭祀，并掺杂进来民间的方术巫鬼信仰，于是道教文化在这里开始萌芽。秦岭成了道教人士修炼的上选之地，是道教发展的沃土。

秦岭是众多仙真高道隐居修仙之地，道观数量众多，还是几大道派祖庭所在地，在中国道教发展史上占据着重要地位。从传说中的尹喜结草楼观、老子讲经于说经台，到张良隐居紫柏山、孙思邈采药太白山、陈抟修道于华山，更至王重阳结庐终南山、丘处机隐居龙门洞，秦岭山中曾隐藏着无数的世外高人。与他们的修行活动相伴，道教宫观和相关文献也颇多。起源于黄老道的道教文化自诞生之日起，发展经历可谓波澜起伏，始终绵延不绝，显示出顽强的生命力。

1.秦岭山中道教文化发展概况

道教是中国土生土长的宗教，研究道教发展的历史，秦岭始终是一个不可忽视的地理概念。道教产生于东汉末期，自汉、魏、隋、唐至宋、元、明、清，秦岭山中的道教香火绵延不绝。道教始于汉代，黄老道是道教的最早组织形态，《天官历包元太平经》是道教最早的经典，长安地区是道教形成和传播的主要地区，后来发展到推春秋时期的老子李耳为始祖，尊《道德经》为根本经典。终南山道教之始一般被追溯到老子入关传经设教之时。终南山西段有楼观台，在周至县东南15公里的山中。相传周大夫函谷关令尹喜最先于此结草为楼，以观星气，故名草楼观，后来简称楼观。老子在楼观南筑台为尹喜授经，故台称说经台，又因位于楼观境内，故亦称楼观台。

南北朝时期，秦岭道教有了新的发展。唐代，李唐皇室认道教始祖老子为自己的远祖，道教得到了发展的好时机。搜检史籍可知，这一时期在秦岭山中著名道教宫观众多，而秦岭的终南山中有记载的隋唐时期所建道观就有14所，实际应超过这个数字，可见终南山在隋唐时期称得上是道教名山、洞天福地。五代、宋时期，有陈抟、吕洞宾、刘操、张无梦、种放等著名道士居华山修道，秦岭道教中心向东偏移。这与自五代起，政治中心由长安东迁至河南境内有关。

至金、元朝，王重阳及其弟子创立并弘扬全真教，终南山道教发展至顶峰时期。重阳宫位于今西安市鄠邑区境内，是道教全真派三大祖庭（陕西重阳宫、北京白云观、山西永乐宫）之一，乃道教全真派祖师王重阳早年修道悟真和羽化遗蜕之所，被誉为"天下祖庭""全真圣地"，在元代曾盛极一时，为天下道都。秦岭北麓也再次成为全国道教的中心。

秦岭还是道教祖庭文化区。道教的一些主要派别如楼观派、全真派、龙门派的祖庭均在秦岭山中。秦岭山中的道教圣地楼观台、重阳宫、仙游观等数十座道观与秦岭一起辉映古今，将秦岭列为道教名山可谓名副其实。

近年，在长安子午谷发现了金可记摩崖石刻，记载了曾在子午谷修道的元逸人、金可记的事迹，是秦岭山中中外道教文化交流的遗迹。结合《续仙传》记载，新罗留学生有很多人在留唐时期都学习过道教教义，金可记堪称其中的代表人物。

秦岭与道教文化渊源最深的当属华山与终南山，其上诞生了许多神仙故事，也吸引了不少文人前往，因而也留下了不少描写道教的洞天福地、神府仙界、人神交往等的诗文。

2.诗文中秦岭里的道家文化精神

（1）华山与道家文化

华山位于秦岭东段的支脉，在今陕西华阴境内。北魏郦道元的《水经注》中，对华山已有详细介绍："华岳本一山，当河，水过而曲行。河神巨灵手荡脚踏，开而为两。今脚迹在东首阳下，手掌在华山，今呼为仙掌，河流于二山之间。"关于其得名，《水经注补疏》引《白虎通》文曰："西方为华山，少阴用事，万物生华，故曰华山。"而唐代《初学记》则认为是因山顶有千叶莲花而得名。因其西边有少华山，故华山又叫太华山。

华山以奇、险、雄、秀著称于世，最高峰落雁峰海拔为2610.5米，居五岳之首。崖壁陡峭，怪石嶙峋，让人不由得慨叹大自然的鬼斧神工。宋代寇准《华山》诗中写道："只有天在上，更无山与齐。举头红日近，回首白云低。"同时，华山又不失秀美，郦道元称其"远而望之若花状"，山间泉水、溪流、瀑布的柔美与山石的刚硬挺拔相互映衬，相得益彰。站在高耸入云的山峰上，似乎与天界很近，加之四季景色变幻多姿，充满了神仙境界的神秘气息，唐代诗人王维诗云："西岳出浮云，积翠在太清。连天疑黛色，百里遥青冥。"

自古以来华山就受到历代帝王的敬仰，在《庄子》《尚书》等先秦文献中有尧、舜巡狩西岳华山的记载。有确切文字记载的中国帝王中，最早祭祀、拜谒华山的是秦昭王。汉武帝时，开始祭祀国中五方山岳，其中以华山为西岳，祭祀黄帝之子少昊和西方之神蓐收，少昊为主神，蓐收为神辅佐。武帝还在华山皇甫峪建集灵宫，后改称西岳庙，华岳祭祀从此正式进入国家祀典，并为历朝所沿袭。北周时，华山道教势力大盛，与其他许多名山佛寺、道观并存不同，华山成为道教的专属领地。

① 华山神仙传说与汉魏六朝游仙诗

自古以来华山就与神仙崇拜密不可分，流传着许多传说。

远古时代，人们就想象这里是神仙之居所，如《西岳华山志》曰："莲花峰，上有三峰，上接三光，中有石池二十八所，应二十八宿。……怀蕴金玉，蓄藏风雷，为大帝之别宫，乃神仙之窟宅也。"既然神仙众多，故史籍载："黄帝之所常游，与神会。"相传黄帝之子为少昊，《华山经》记载："白帝少昊司之，百神之所冢也。盘古死，委厥足巨灵掌辟以通河曲。轩辕氏莅止乃会神祇。"《天中记》也称："华山名太极总仙之天，即少昊为白帝，治西岳。"

关于华山最早的传说巨灵开山，在《水经注》的基础上，晋干宝的《搜神记》说："二华之山，本一山也。当河，河水过之而曲行。河神巨灵以手擘开其上，以足蹋离其下，中分为两，以利河流。今观手迹于华岳上，指掌之形具在；脚迹在首阳山下，至今犹存。"在古代，人们不了解华山高峻耸峙与黄河峡谷幽深下切的原因，于是他们以丰富的想象力，将自然人格化，创造出引人入胜的神灵造物神话。

与华山上的自然景观相联系，至今流传着许多道教神话传说，其中有名的如观棋烂柯、吹箫引凤、沉香劈山救母等。其中的主人公有不少道教神仙与高士，故事也展现了神界仙物的威力，但也包含着人间的真情，反映了人民对爱情、亲情、正义、勇气的赞美与追求。

道教为多神崇拜，尊奉的神仙是将道教对"道"之信仰人格化的体现。汉代以前就有道家歌赋，比如《庄子》就通过"游"的描写以表现逍遥世界；秦始皇好神仙，曾"使博士为《仙真人诗》"。继此之后随着阴阳五行神仙思想和早期道教的不断发展，汉乐府及魏晋六朝诗中出现不少反映道家仙人思想的作品。这些作品不少都以华山为依托。

《乐府诗集》第三十卷《相和歌辞五》收汉代乐府作品《长歌行》，其中第二首为："仙人骑白鹿，发短耳何长。导我上太华，揽芝获赤幢。来到主人门，奉药一玉箱。主人服此药，身体日康强。发白复更黑，延年寿命长。"歌辞叙写了现实中的凡人到太华——华山仙界游历，通过服药而长寿延年的故事，情节具体、完整，富有表演性，就像一幕神仙剧。

此外，汉、魏、晋时期与游仙有关的作品还有很多。

汉乐府《步出夏门行》："邪径过空庐，好人常独居。卒得神仙道，上与天相扶。过谒王父母，乃在太山隅。"《善哉行》："经历名山，芝草翻翻。仙人王乔，奉药一丸。"《王子乔》："王子乔，参驾白鹿云中遨。"

曹操《秋胡行》其二："愿登泰华山，神人共远游。愿登泰华山，神人共远游。经历昆仑山，到蓬莱。飘遥八极，与神人俱。思得神药，万岁为期。歌以言志，愿登泰华山。"

曹丕《折杨柳行》："西山一何高，高高殊无极。上有两仙童，不饮亦不食。与我一丸药，光耀有五色。"

曹植《平陵东》："阊阖开，天衢通，被我羽衣乘飞龙。乘飞龙，与仙期，东上蓬莱采灵芝。"《桂之树行》："桂之树，得道之真人咸来会讲仙。"《当欲游南山行》："东海广且深，由卑下百川。五岳虽高大，不逆垢与尘。良木不十围，洪条无所因。长者能博爱，天下寄其身。大匠无弃材，船车用不均。锥刀各异能，何所独却前。嘉善而矜愚，大圣亦同然。仁者各寿考，四座咸万年。"

成公绥《仙诗》："盛年无几时，奄忽行欲老。那得赤松子，从学度世道。西入华阴山，求得神芝草。珠玉犹戴土，何惜千金宝。但愿寿无穷，与君长相保。"

潘尼《游西岳诗》："驾言游西岳，寓目二华山。金楼琥珀阶，象榻瑇瑁筵。中有神秀士，不知几何年。"

上述诗作内容庞杂，有的写仙人，有的写仙药，有的写仙山或仙境，有的写追求长生不老，有的描述自由飞行、上下天地，还有的描述神奇之物，均是与秦岭道家一并发展的游仙诗。

② 唐以后道教在华山上的崛起

山之名，以人著；山无名，人山不名矣。华山是道教徒们修炼养生的上佳之处，不过，因道路难行，直至南北朝时期，入华山修道者相对来说并不多。

唐代以后，华山才真正成为道教重镇。唐金仙、玉真二公主曾在华山修道，李白《玉真仙词》云："玉真之仙人，时往太华峰。"韩愈云："华山女儿家奉道，欲驱异教归仙灵。"玄宗为两个妹妹修建了仙姑观、金仙观（白云宫）。《华岳志》记载："金仙公主，唐睿宗女，明皇妹也。景云元年与玉真公主皆度为道士，筑观京师，后入华山，于上方白云峰构舍修道，骑鹤上升。后人名其地为驾鹤岭。"唐末五代时的著名道士钟离权、吕洞宾、刘操先后入华山游历，隐居修道。《历世真仙体道通鉴》记载钟离权入华山，居正阳洞修炼，吕洞宾修道华山之事见于《华岳志》。在钟离权、吕洞宾的影响下，曾为燕王刘守光丞相的刘操也弃官学道，入华山修炼，成为继吕洞宾之后的全真道第四祖。

宋代著名道士陈抟（871—989），曾隐居华山，是华山道教发展史上划时代的人物。陈抟老祖，又称清虚处士、白云先生、希夷先生，他隐居华山修道，得到宋太宗的赏识，华山在道教界的地位也得以提升，也将华山与道教的关系推向了新的高度。据《宋史·陈抟传》以及元代赵道一《历世真仙体道通鉴》记载，陈抟本为儒生，以科举为业，参加科举考试名落孙山后，他的思想开始倾向道教，入武当山九室岩隐居学道，"服气辟谷"达二十余年。后周显德年间（954—960），陈抟"移居西岳华山云台观"，其间周世宗曾请他出山辅政，但他不求闻达，世宗只好放他归山。他在华山一住就是四十多年。华山道教之所以在五代、宋初迅速成长，与他有着很大的关系。

陈抟虽隐居山中，不求名利，但他并非两耳不闻窗外事，只求独自逍遥。宋太宗赵光义也曾屡次请他入京讲道，《复召陈抟》诗云："三度宣卿不赴朝，关河千里没辞劳。凿山选玉终须得，点铁成金未是烧。紫袍绰绰宜披体，金印累累可挂腰。朕赖先生相辅佐，何忧百姓辍歌谣。"宋太宗以高官厚禄相诱，陈抟却推辞说："山野之人，于时无用，亦不知神仙黄白之事、吐纳养生之理，非有法术可传。"并且赋诗《答使者辞不赴诏》以明志，诗曰："九重特降柴泥宣，才拙深居乐静缘。山色满庭供画障，松声万壑即琴弦。无心享禄登台鼎，有意学仙到洞天。轩冕浮云绝念虑，三峰只乞睡千年。"后来在北宋太平兴国年间（976—984），他被宋太宗强行征召入京。临别华山时，他写下了"流连华岳伤心别，回顾云台望眼穿"的诗句，表达了自己对华山这一仙境般的隐居修道之地的留恋。

除身体力行修炼道法，陈抟还撰写了不少作品，道教著述有《正易心法注》《易龙图序》《先天图》《无极图》《指玄篇》等，诗文集有《高阳集》《钓潭集》等，可惜多已散佚，现存的仅有《正易心法注》《易龙图序》。

金、元时期，全真派大盛，原来曾先后属于楼观道派、太华道派的华山成为全真道场，全真七子中的王处一居华山，撰写了《华山志》，郝大通更开创了全真教华山派。元代有全真派道士贺志真在云台观西建全真观而居。

明太祖从未到过华山设坛祭祀，却也为华山的仙灵之气所吸引，梦游华山，醒后写下了《梦游西岳文》。文中以华山为神境，称自己的祈愿得到了山神、玉帝的认可，自己乃"感天之造化，必民获丰年"。此文先被后人刻碑立于西岳庙，后移至游岳坊，可见到了明代华山作为道教名山的地位仍很稳固。

还有许多著名文人墨客在华山留下了墨迹，除前文提到的李白之外，还有杜甫、白居易、徐霞客、顾炎武等。

（2）终南山与道教的洞天福地

① 终南山与唐代游道观诗文

唐代，由于统治者的大力提倡，道教极为兴盛，具体表现为道教社会地位的提高，道士与道观数量大增。并且，唐人渴求长生，好神仙之术，他们注重自我、注重生活，希望通过炼丹服药，追求神仙与永生境界，习道之风盛行。

道教在唐代如此盛行，作为道教名山的终南山在唐代也受到了格外地重视。古人云："关中河山百二，以终南为最盛；终南千峰耸峙，以楼观为最佳。"终南山的山水之秀正是隐居修炼的佳境。

位于陕西周至县终南山北麓的楼观台向来被称为洞天之冠、天下第一福地，是道教的祖庭。相传西周大夫函谷关令尹喜在此结草为楼，夜观天象，称故宅为草楼观。一日见紫气东来，预感将有真人从此经过，尹喜便守候在函谷关，后来果然老子西游入秦，尹喜便迎请老子于草楼观。老子在楼观著《道德经》五千言，并在草楼观楼南高岗筑台授经，故称说经台。这说明楼观台很早便与道教产生联系。楼观台是道教最早的道观，始建于周，后在此修建老子庙，历经数代沧桑，到唐高祖李渊，尊老子李耳为远祖，重修扩建为宗圣观。从周代至今2700多年，经历二十多个朝代，道教一直在这里、传播、发展，留下了大量的文物、胜迹和文化遗产。

唐代是楼观道派发展的鼎盛期。卢纶有诗《过楼观李尊师》："城阙望烟霞，常悲仙路赊。宁知樵子径，得到葛洪家。犬吠松间月，人行洞里花。留诗千岁鹤，送客五云车。访世山空在，观棋日未斜。不知尘俗士，谁解种胡麻。"诗中多处显现出道教的踪影。东晋的葛洪正是道教学者，诗人所言"葛洪家"指道士修行的场所道观。诗人一路走至道观，所经之处松树林立。"松"四季常青，是长寿的象征，诗人此处提及松树并非无心之举，与后句的"千岁鹤"照应；"鹤"也是长寿的象征，中国传统文化中道教的仙人多以仙鹤为坐骑；长寿正是道家所追求的"仙道贵生"。结语处用"种胡麻"来比喻道家求仙的活动，但诗人终究是一个"尘俗士"，未能解"种胡麻"之术，这句中既饱含诗人想得道成仙却不能的无奈，又对道家的长生与了然脱俗产生向往之心。

与楼观台相关的诗歌，孟郊有《同李益崔放送王炼师还楼观兼为群公先营山居》："十年白云士，一卷紫芝书。来结崆峒侣，还期缥缈居。霞冠遗彩翠，月帔上空虚。寄谢泉根水，清冷闲有余。"本诗中亦处处可见道家的影踪，诗中的"白云士"指道士，"紫芝书"则指道教书籍，用"崆峒侣"指代道人。诗歌表现出诗人对居于清冷环境、拥有闲暇心态、保持心地清净境界的向往。

除了楼观台之外，终南山中的著名道观还有白鹤观、白鹿观、太乙观等，名气虽不如楼观台大，但因离长安较近，从皇帝到普通文人，前去参拜游览的也不在少数，留下了许多诗文，比如张乔的《题终南山白鹤观》、刘长卿的《过白鹤观寻岑秀才不遇》、郑谷的《终南白鹤观》、于鹄的《早上凌霄第六峰入紫溪礼白鹤观祠》、李乂的《幸白鹿观应制》等等。

张乔的《题终南山白鹤观》："上彻炼丹峰，求玄意未穷。古坛青草合，往事白云空。仙境日月外，帝乡烟雾中。人间足烦暑，欲去恋松风。"郑谷的《终南白鹤观》："步步景通真，门前众水分。怪萝诸洞合，钟磬上清闻。古木千寻雪，寒山万丈云。终期扫坛级，来事紫阳君。"两首均是写白鹤观的诗歌，既描写道观，又将道家的清心寡欲、清静无为和求仙思想俱包含其中。张乔称道士修行之处为"仙境"，道教修行者追求的就是安静而空旷的环境，清新宜人的气候，修道者在这样的环境修行，自然集天地灵气于一身，能返璞归真、清心寡欲，成就一身仙风道骨。诗歌通过自然环境的安静，衬托出人内心的宁静。郑谷诗通过"扫坛级"这个"终期"的动作，可见侍奉紫阳君的诚意。紫阳君即道教的南宗始祖紫阳真人，其意在说明求道的真心和诚意，望能羽化而登仙。两首诗都流露出了诗人对终南山道家修行之地这种仙境的向往。

唐代社会对道教表现出极大热情，身处这样的社会文化之中而又灵心善感的唐代文人受这种社会风气的影响，很多人前往终南山中求仙访道，与修道者交游。

李白是著名的诗人兼道教徒，他曾两次入终南山楼观台和玉真公主别馆。第一次是与友人一起游山玩水而来，并献《玉真仙人词》。第二次是拜谒宰相张说未果，张说之子张垍就让诗人暂时住在终南山楼观台附近的玉真公主别馆。在此暂居期间，诗人有感而发，创造了很多诗歌。在等待一段时间无望之后，李白不得不离开玉真公主别馆，沿着终南山西行，写下了《登太白峰》，抒发自己怅然若失的心情。又有《下终南山过斛斯山人宿置酒》："暮从碧山下，山月随人归。却顾所来径，苍苍横翠微。相携及田家，童稚开荆扉。绿竹入幽径，青萝拂行衣。欢言得所憩，美酒聊共挥。长歌吟松风，曲尽河星稀。我醉君复乐，陶然共忘机。"此诗描绘了诗人山中所见，淳朴的风俗、醉人的美景使诗人似乎忘记了一切的世俗烦恼，进入了理想的桃花源。而《望终南山寄紫阁隐者》："出门见南山，引领意无限。秀色难为名，苍翠日在眼。有时白云起，天际自舒卷。心中与之然，托兴每不浅。何当造幽人，灭迹栖绝巘。"生动地描绘了终南山难以名状的秀美风景，白云舒卷自如，心情宁静平和，自己造访的那位幽人生活在人迹罕至的绝壁山峰，而这种无拘无束的自在生活正是诗人所追求的。

终南山中隐藏着许多得道高人，文人入山中与他们交游，一方面可以有机会与他们谈玄论道，提高自己的哲思修养；另一方面，自在洒脱的道士也可以让文人暂时抛却机心，感受精神上的自由。受当时整个社会风气的影响，唐代士人大多都怀有积极入世、建功立业的想法，帝都长安便是他们实现理想的地方。可是当他们来到终南山中，不由得被这里清幽自由、无拘无束的生活所吸引，原来对功名利禄的热切渴望被暂时忘记，只想追求悠闲自适的山林生活，产生了强烈的超脱现实的愿望。尤其是对那些历经生活艰辛或仕途遭受挫败的士人而言，山中的一切可以抚慰心灵的创伤，缓和世俗生活对他们的压迫和生命的焦虑，使他们有了一个新的精神归宿。

② 金、元以后终南山上的道教

终南山北麓在鄠邑区境内的部分，风景秀丽，自古以来就是高道、名僧隐居修行的好去处。在唐、宋以前，这里佛教兴盛，寺院林立，道教虽然也有一席之地，但比起佛教势力就逊色多了。相传唐、宋两代，先后有刘操、刘海曾修道于今鄠邑区曲抱村玉蟾台。金、元时期，由于王重阳与全真教的出现，道教得到了蓬勃发展。

王重阳（1112—1170），金时道士，全真道的创立者。青壮年时期的王重阳，生活在少数民族政权的统治之下，深感大宋沦亡之痛、民生多艰之哀。由于生逢乱世，仕途不顺，壮志难酬，他开始留心道教，寻求精神寄托。据《终南山神仙重阳子王真人全真教祖碑》《终南山重阳祖师仙迹记》等道教资料的记载，金正隆五年（1160），他已经48岁，但仍无从施展儒家学子"齐家、治国、平天下"的抱负，志趣逐渐转向了道教。相传他三次遇仙，清《西安府志》载：遇仙观"在（户）县甘河镇。王重阳于此监酒税，有二人时来饮酒。一日复邀重阳饮，于甘河以瓢酌甘水，即良酒也。醉饮而别。重阳由是弃家学道，门人建观，曰'遇仙'"。当地老百姓传说王重阳所遇的仙人就是吕洞宾。所谓仙人吕洞宾指点当然只是传说，但应确有道士向王重阳传授丹道口诀，于是他"辞官解印，黜妻屏子，拂衣尘外"，进入终南山中修道。《中国道教史》认为，与王重阳同时入终南修炼，而且师传渊源相同者，还有李灵阳和刘操二人。全真道不是王重阳心血来潮创立的，而是秦岭地区道教长期发展的产物，国师尹《重阳教化集·序》曰："自太上出关之后，有关令尹喜传袭其道，下逮钟离处士、吕洞宾、陈图南者，皆相继而出，于今得重阳真人及丹阳先生，亦接踵于世。"清晰地勾画出了自春秋战国至金元时期秦岭道教传承的脉络。

修道不是王重阳的最终目的，他的目标是建立新的道教派别，并将之推广普及，他曾说："吾将来使四海教风为一家耳。"王重阳宣传的全真道超越了汉、唐以服食仙丹、追求长生不老为目的的道教，宋代插手政治、谋求世俗利益的恶道更不可与全真道同日而语，在教义、教规、教团组织各方面，全真道都以一种全面革新的姿态出现在金元时期的历史舞台上。全真教主张三教同源、三教圆融、三教平等、三教合一，在全真道中兼融儒、释，全真道每个会社都冠以"三教"之名，合称为三教五会。金源璹在《全真教祖碑》中说道："凡立会，必以三教名之者，厥有旨哉！"在唐代以来三教融合的历史大背景下，王重阳做出了顺应历史的明智选择，他主张"儒门释户道相通，三教从来一祖风"。这种思想认识，既使全真道避免与生存环境中可能存在的各种阻碍发生冲突，又赢得了广大儒、释信仰者的认可，起到了借儒、释影响力弘扬全真道的良好效果，为全真道拓宽了发展道路。因此，全真派道士必读的经典为《道德经》《孝经》《心经》等。在儒、道关系上，因早年深受儒学熏染，故王重阳创立的道教全真派虽以道教为主，但也极力调和道教超凡脱俗的宗教信仰与儒家积极入世、建功立业的人生理念之间的矛盾，将道教注重个人"真功"内修与儒家讲求匡世济民的"真行"结合在一起，故称"全真"。在佛、道关系上，王重阳宣称"释道从来是一家，两般形貌理无差"。因此，全真道的修炼原则主张性命双修，先修心性，再修性命。在道教内部派别问题上，鉴于传统道教服食外丹，造成伤身害命的恶果，全真道修炼方式则注重内丹心性的修炼，不重服食外丹延寿续命之说。早在五代宋初，吕洞宾、陈抟、刘操、张伯端等内丹派大师创立了内丹学理论，但影响有限，经全真教以教团组织的力量传播后，内丹学才得以发扬光大。王重阳著有《重阳全真集》《教化集》《金关玉锁诀》《重阳立教十五论》等。

重阳万寿宫创于金，兴于元，衰于明，毁于清，距今800余年，是道教全真派祖师王重阳修真悟道及遗蜕归葬之所，为我国道教全真派的三大祖庭之首，金代即有"天下祖庭"之称，历来享有"全真圣地"之盛名。金章宗时赐名灵虚观，元世祖敕赐为"大重阳万寿宫"。鼎盛时期，宫域东至涝峪河，西到白马河，南抵秦岭，北近渭水，殿堂楼阁多达5000余间，住道士近万。重阳宫在明清以后逐渐衰落，宫院面积日趋减少，现存的灵官殿、七真殿均为清朝同治年间重建。重阳宫内保存着80余通有关道教全真派历史的碑石，其中著名的有《王重阳祖师及七真画像碑》，王重阳书写的《无梦令诗词碑》，元代书法家赵孟頫书写的《大元敕藏御服之碑》和《皇元孙真人道行碑》，汉、蒙文合刻的元代皇帝圣旨碑5通和唐吴道子《钟馗戏鬼图碑》，明代正一派三十八代天师张与材题额的《天下祖庭碑》等，均有极高的历史文化价值。

王重阳先住在今鄠邑区境内南时村，掘地为穴，封土数尺，隐居其中修道，称居处为"活死人墓"，他又以疯子自称，在居处悬挂方牌，上书"王害疯灵位"。元太宗七年（1235），在王重阳曾修道的南时村活死人墓，全真道掌门尹志平命人建起了成道观，十余年后，改称成道宫，并刻石竖碑，即《活死人墓碑》和《重阳成道宫记》。尹志平后来迁往刘蒋村，在他死后，这里发展成为道教全真派的祖庭，道教著名宫观重阳宫就坐落在这里。

在山东传教过程中，王重阳收徒多人，其中以马钰、谭处端、丘处机、刘处玄、王处一、郝大通、孙不二七人最为突出，合称七朵金莲。其中，马钰以终南山为基地，在关陇传教，为全真道在这一区域的发展做出了巨大的贡献。丘处机西入磻溪（今陕西宝鸡南）修道，元朝初年，由主持关陇全真道事务的于庆善主持在这里修建了磻溪观，后升格为长春成道宫。丘处机后移住陇州（今陕西陇县）龙门山长达7年，是全真教龙门派的创立者，元朝皇帝先后封他为长春演道主教真人、长春全德神化明应主教真君。金大定二十一年（1181），马钰东归时将关陇全真道事务托付给丘处机，丘处机说："吾道东矣，予虽在褵发中，不能出关。余若出关，秦中教风扫地无余矣。" 他为了保留全真道在关中地区的火种，毅然冒着违反朝廷禁令的危险，利用10年来在陕结交的各种关系，经过努力，终于获得了留在龙门山修道的许可，在秦岭这一全真道发源地扛起了坚守的大旗。大定二十六年（1186），他应京兆府官员的邀请，由龙门山迁居终南重阳宫，在他的努力下，以终南山为中心的全真道得以继续发展，重阳宫规模进一步扩大，"构祖堂轮奂，余悉称是，诸方谓之祖庵，玄风愈振"。

金、元全真教在继承和阐扬传统道家与道教思想的同时，也进行着思想的回归、深化与升华，创造了独具特色的全真文化。以王重阳和"全真七子"为代表全真教徒创作有许多诗词，始终以生命的终极意义为关注对象。他们以终南山为依托，将宗教活动及文学创作围绕个人与他人生命存在的时空拓展与境界提升这一主题而展开，由此生发了一系列宗教视阈的伦理思想。

全真道初创于金，鼎盛于元中期，但由于过度受到元统治者的敬奉，全真道上层逐渐脱离了早期追求真道的向上精神，生活趋于奢侈腐化；同时，道徒队伍不断壮大，良莠不齐，故元末全真道已呈现颓势。明初建都江南，崇奉正一道，全真道受到压制。清初，由于顺治、雍正、乾隆等几位帝王的重视，全真道出现了一些复兴之势。

（四）秦岭与佛教文化精神

秦岭中段的终南山自古以来就是佛教丛林圣地，跻身于中国佛教十大名山圣地之列，有"长安三千金世界，终南百万玉楼台"的誉称。秦岭陕西段的佛教活动以西安市境内的秦岭山脉为中心，兼及太白山、华山以及秦岭南麓区域。

佛教徒喜取幽静深邃的自然环境，以利于其实现"远者尘世，念经静修"的目的，修习场地选址较重视利用山岩、洞穴、溪涧、深潭、清泉、奇石、丛林、古树等自然要素。秦岭群山巍巍，水草丰茂，四季分明，历来是僧人崇尚之地。因此，以终南山为中心的秦岭游寺诗及与山中僧人的交游诗数量颇多。这些诗有的清新朴素，有的气象阔大，有的充满禅思，有的空灵洒脱。这些诗寄情于景，以景见心，显示出高远幽深的境界，使得山水皆有禅思，林泉俱含哲理，同时也充分体现了士人尤其是唐代士人对大自然的喜爱以及他们对佛理禅思的洞见。

1.秦岭山中佛教文化发展概况

秦岭北麓的关中地区长期作为中国的政治、文化、经济中心，又是丝绸之路的起点，沟通中西，有天时、地利、人和之便，因此佛教较早就在关中地区繁荣起来。自两汉之际佛教沿着丝绸之路传入中原后，作为长安"后花园"的秦岭以秀美的山水、宽阔的胸怀、丰富的物产为汉传佛教的孕育发展提供了自然、人文及物质资源，使其成为汉传佛教孕育的摇篮与发展的重地，中国佛教经典的译传中心，中国佛教历史上养僧护僧中心，中国佛教宗派的祖庭中心，中国佛教历史上慕道、学道、修道、悟道、证道的中心，同时也是中国佛教文化对外传播的中心。

俗谚云："天下名山僧占多。"终南山是中国佛教名山，山中的祥峪沟、沣峪口、嘉午台、南五台、栗峪口、皂峪、谭峪、太平峪、高冠峪、圭峰山、紫阁峪、蓝田峪、王顺山等处有众多寺院，几乎是"无地不寺，无寺不奇"，形成了一个寺院群。

佛经的翻译过程其实就是佛教中国化的过程，秦岭之终南山也是中国佛经译传的重要基地。

终南山还是中国佛教各宗派创立发展的源头。中国佛教宗派中有五宗的祖庭或中心寺院在终南山中。汉传佛教八大宗派中，秦岭及关中就集聚了三论宗、净土宗、律宗、法相唯识宗、华严宗、密宗六大宗派祖庭（若包括三阶教之百塔寺则为七大派别之祖庭）。对三论宗、华严宗和律宗来说，终南山也可谓是它们的发祥地。

终南山是中国佛教僧伽信仰的圣地。唐宋时期几百年间，终南山一直是中国佛教四大朝圣地之一。佛教典籍中记载的迦舍佛道场在终南山，至今迦舍佛说法的三会道场仍在终南山。《高僧传》中记载有近百位高僧在终南山山居。

秦岭脚下的佛事活动频繁，是佛教从亚洲宗教发展为世界宗教的策源地。由于唐代长安佛教兴盛，不远千里来长安求佛法的四方僧徒较多，他们来自印度、西域诸国和朝鲜、日本等地。这些僧人来到长安后，大都慕名住在秦岭脚下或秦岭山中的名刹之内，或拜谒名师，就学门下；或周咨博访，礼拜胜迹。

2.诗文中秦岭的佛教文化精神

唐代是佛教文化繁荣时期，也是中国诗歌发展的鼎盛期。一方面，唐时漫游之风盛行，士人们多喜于山林读书，山林之中的最佳去处就是佛寺，"游居寺院在唐代诗人中已形成了一种带有普遍性的习尚"，因此，文士游览寺院留下的作品不在少数。另一方面，佛教的思想能给士人带来精神的解脱，佛寺成为他们寻找精神寄托的场所。唐代有不少士人是在家修行的居士，他们研究佛理，相互之间也少不了交流，于是促进了和佛教相关的诗文创作。

（1）游终南山中寺庙僧堂诗作

从佛教寺庙来看，我国汉传佛教共有八大宗派，终南山附近就集中了其中的五大宗派祖庭，如净土宗的香积寺、悟真寺，华严宗的至相寺、华严寺，律宗的净业寺、丰德寺，法相唯识宗的兴教寺，三论宗的草堂寺。因而，很多唐代诗人留有不少有关终南寺观的诗歌以及文人和僧人交往的诗歌，如孟郊的《游终南龙池寺》，马戴的《寄终南真空禅师》、刘得仁的《题终南麻先生寂禅师石室》、吕温的《终南精舍月中闻磬声诗》、独孤申叔的《终南精舍月中闻磬》、严维的《僧房避暑》、齐己的《题终南山隐者室》、王维的《过香积寺》、白居易的《游悟真寺诗》、钱起《登玉山诸峰偶至悟真寺》、宋之问的《游法华寺》、王昌龄的《香积寺礼拜万回平等二圣僧塔》、卢纶的《过仙游寺》、薛能的《宿仙游寺望月生峰》、岑参的《终南云际精舍寻法澄上人不遇归高冠东潭石》等。

香积寺是中国净土宗的祖庭，修建于唐高宗永隆二年（681），为纪念净土宗创始人善导大师而建，是我国佛教净土宗正式创立后的第一个道场。王维的《过香积寺》诗描写该寺："不知香积寺，数里入云峰。古木无人径，深山何处钟。泉声咽危石，日色冷青松。薄暮空潭曲，安禅制毒龙。"诗人还未到寺，远远望去就可见塔寺高耸入云，"数里入云峰"同时也映衬出香积寺的幽静，其幽远便可想而知，这点在后面的诗句中也得到印证。香积寺所在的丛林古木参天，却杳无人迹，展现出荒僻而幽静的境界；时时传入耳中的是佛寺中用以报时劝人精进修持的钟声，这钟声在远山旷野中回响，使得原本就寂静的山林又蒙上了一层迷惘、神秘的情调，显得愈发静谧。如果说这钟声暗示着"深山藏古寺"，那尾联的"安禅制毒龙"一句则直接和寺院联系，点明佛法的高深。当诗人日暮时分立于水潭边，望着潭中透彻澄清的水，再闻听钟声联系到寺内修行学佛的僧人，此情此景使得诗人的心迹自然流露，禅的"自然适意"与"内心澄净"成为诗人此时的心理状态，诗人的心性在此中得到修行，世俗欲念被抛却一边。

在唐代秦岭佛教文化鼎盛期之后，仍有一些诗人在此游览佛教寺庙并题写相关诗文，如宋人李弥逊有《题兴教寺》，清代诗人王弘度有《游百塔寺》，清代朱集义有诗云草堂寺："烟雾空蒙叠翠生，草堂龙象未分明。钟声缥缈云端出，跨鹤人来玉女迎。"等等。

（2）终南山中佛教寺僧诗作

诗人探访秦岭山中的古寺幽境，不免与寺僧有所往来，或题诗留念，或交游唱和。在僧人中也有很多名贯古今的诗僧，如皎然、王梵志、贯休、齐己、寒山子等，他们并不像通常的和尚一样整日做佛事、念经文，而是出入于社交场合，与文人们一起品酒唱和。因此，秦岭也留有不少与寺僧相交或展现寺僧生活的诗文。

孟浩然来长安参加科举考试，落第之后往终南山中游览，写下了《宿终南翠微寺》："翠微终南里，雨后宜返照。闭关久沈冥，杖策一登眺。遂造幽人室，始知静者妙。儒道虽异门，云林颇同调。两心相喜得，毕景共谈笑。"诗人在雨后游历翠微寺，造访寺僧，在安静的环境中与之坐而论道，禅门机锋影响了诗人，所以"两心喜相得"，心灵的净化与顿悟令作者欣喜不已。

（3）以禅入诗

在唐代，很多文人都是佛教徒，他们的诗歌创作难免受到佛教的影响，如王维、柳宗元、刘禹锡、白居易等等，他们把自己对佛教教义的理解融汇到自己的世界观与人生观中，并在诗歌中以内心体验的方式表现出来，取得了杰出成就，并在诗歌艺术上做出了很大开拓。终南山佛教对文人的文化心态影响巨大。最典型的就是"诗佛"王维。他是虔诚的佛教徒，佛教思想对其诗独特艺术风格的形成起了一定作用。王维早年胸怀大志，但是仕途不顺利，屡受打击，心中自有愤懑不平，在诗歌中常常能表现出来。其实王维对现实也有不满与抱怨，但他却经常用容忍、逃避的态度来消弭内心的不平之感。其作品中这种矛盾的心理，正表现出了佛教观念对王维的影响。王维在秦岭山中的辋川别业也成为其佛教禅思的实践之地。

（五）秦岭与隐逸文化精神

国学大师南怀瑾曾说："中国几千年影响最大的是什么人？不是孔孟，不是老庄，是隐士。"他们或是厌离俗尘的无名隐者，或是志慕仙佛的修道者，或是筑庐读书著述者，或是结炉炼丹者，或是终身不仕者，或是辅佐君王平定天下功成身退者……他们各取所需选择了不同的隐逸方式，却又一致与方士、田园诗、山水画、茶道、医药、园林、农学、奇行等脱不开干系。在我国历史发展的漫漫长河中，中国隐士创造出了世界上独特、个性、多样的隐士文化，他们构成了中国传统文化不可或缺的重要组成部分。终南山的人文环境为隐修者提供了基本保障，终南山隐士及其形成的隐士文化成为中国隐士文化的代表，在国内外产生了深远的影响。

1.秦岭隐逸文化概况

从古至今，秦岭都是隐士的天堂。秦岭山脉自然风光秀丽，四季景色皆宜，可以说是一个世外桃源，是古今文人雅士的向往之地，诗人骚客的吟诵之地，更是隐士们的心灵归宿之地。隐士们在这里或终生精心修炼，明理悟道，终成一代大师；或潜心修行，等待时机，有朝一日走出秦岭，终成大名，名流百世；或归隐山林，纵情山水，释放自我，悠然自得。

从某种意义上可以说，秦岭是中国传统隐士文化的符号，也是传统归隐文化的发祥地。古人云"自古神仙出终南"，也从一个方面说明了古代隐士与秦岭的不解之缘。相传西周的开国元勋姜子牙，入朝前就曾在终南山的磻溪谷中隐居，他用无钩之钓，引起周文王的注意，后以八十高龄出山，结束隐逸生涯，辅佐武王伐纣，建功立业，成为一代名相。秦末汉初，有东园公、夏黄公、绮里季、甪里四位先生，年皆八旬有余，须眉全白，时称四皓，先隐居商山，后隐居终南，终成大业。"西汉三杰"之一的张良功成身退后辟谷于终南山南麓的紫柏山，得以善终。晋时的王嘉，隋唐五代的新罗人金可记，药王孙思邈，仙家钟离权、吕洞宾、刘操以及金元时全真道创始人王重阳，明清时江本实等都曾隐居终南山。名人志士、文人雅客经由终南山或隐或仕，使终南山隐士文化大放光彩。

隐逸文化是中华民族传统文化的重要组成部分，先秦诸子的思想中就已出现了这种趋势，《荀子·非十二子》《荀子·正论》《庄子·缮性》《文子·精诚》都有所提及。可以说，隐士就是潜居避世的人，他们多隐居于山林、草野，都是以不求闻达、不入仕途为主要特征，他们也被称为处士或高士。《后汉书·逸民列传》把隐士分为如下六类：或隐居以求其志，或回避以全其道，或静己以镇其躁，或去危以图其安，或垢俗以动其概，或疵物以激其清。隐士代表了中国古老的价值观，他们寻遁于山野林谷中，去寻找天人合一、永恒固定的规律，专心于个人的修为，养心养身。秦岭为隐士提供了精神文化上的滋养，丰富了他们的内心世界，而隐士群体也造就了独特的秦岭隐士文化。

2.诗文中的秦岭隐逸文化精神

（1）半官半隐——以唐代文人园林别业诗为代表

在唐代，隐逸在承传前代的模式上又有了自身鲜明的特征，表现出了一些新变。面对"道统"与"政统"双重压迫时，中国士人选择了一种介于大隐与小隐之间的中隐道路——半官半隐，既可以免除饥寒之患，又可以躲避朝堂的纷争。这种半官半隐的模式作为调和仕隐矛盾的产物，是中国古代文人士子随社会环境改变对仕与隐两种不同的处世方式不断探索的一种表现。中隐将隐逸生活从山林、庙堂搬到了私家园林别业，从精神上构筑自己的乐园，因而可以让士人纵情山水，专心治学。

唐代的士大夫多有自己的别业，如王维、孟浩然、祖咏、李颀、钱起、卢纶、李端、裴迪、储光羲等人。根据李浩《唐代园林别业考论》一书的考证，终南山附近的园林包括储光羲的幽居、御史中丞某别业、钱起别业、田明府别业、卢纶别业、薛据别业、朱子真别业、李端别业、令狐峘别墅、裴氏山庄、阎防草堂等，在周至附近的包括李观别业、玉真公主山庄、卢率别业等，在蓝田地区的有崔兴宗林亭、王维辋川别业等。其中，以王维的辋川别业最为出名，王维也是唐代践行半官半隐的代表人物。终南山自然和田园的美丽与清新，激发了他的灵感，使他创作了许多优美的山水田园诗。

辋川，位于蓝田县城西南约5公里的尧山间，这里青山逶迤、峰峦叠嶂，奇花野藤遍布幽谷，瀑布溪流随处可见，是秦岭北麓一条风光秀丽的川道。川水自尧关口流出后，蜿蜒流入灞河。古时候，川水流过川内的欹湖，两岸山间也有几条小河同时流向欹湖，由高山俯视下去，川流环辏沧涟，如同车辆形状，因此得名"辋川"。在我国历史上辋川不仅有"秦楚之要冲，三辅之屏障"之称，而且是将相贤达、文人骚客十分向往的游赏隐居之地，即所谓"终南之秀钟蓝田，茁其英者为辋川"。

王维40岁得辋川，辋川给他的生活带来新境界。据《旧唐书·王维传》载："辋水周于舍下，别涨竹洲花坞，与道友裴迪浮舟往来，弹琴赋诗，啸咏终日。"这极大地激发了他的创作冲动。他在这一时期创作的诗歌，许多都是围绕着辋川写的，如《辋川别业》《辋川闲居》《积雨辋川庄作》《别辋川别业》《归辋川作》等等。辋川显然成了诗人生活的中心。诗人如果偶尔要离开几天，就显出依依不舍之情："依迟动车马，惆怅出松萝。忍别青山去，其如绿水何？"归来时，人未到，就远远地先听到谷口传出的声音了："谷口疏钟动，渔樵稍欲稀。悠然远山暮，独向白云归。"偶一兴起，又有《戏题辋川别业》："柳条拂地不须折，松树披云从更长。藤花欲暗藏猱子，柏叶初齐养麝香。"诗人对于辋川之深情，溢于言表。

然而，所有这些仍然不足以表达诗人对辋川的情感，他一定要正式地歌咏一回，将辋川的无尽美妙与诗人的幽然情思永留人间。于是，王维与裴迪互相唱和，为辋川二十景各作五言绝句一首，共计40首，王维亲自结集并序，这便是《辋川集》。《辋川集》显示诗人隐居秦岭辋川的可赞可叹，可谓篇篇佳作。

岑参在终南也有别业，他的诗歌中以"别业"为题的有近30首。岑参描写终南别业的诗歌如《终南山双峰草堂作》《下外江舟怀终南旧居》《早发焉耆怀终南别业》《过酒泉忆杜陵别业》等。从这些诗歌的题目来看，诗人人在边塞，连年征战以至有家难归，怀念别业实则是在怀念那种安详平静闲居的日子，把别业作为家园乡愁的象征，把园林别业作为心态闲适的象征。

有唐一代的文人既然选择在环境秀丽的幽处而居，那么在心态上也定是放松和闲适的，这也正是他们享受自然、享受人生，在心态上呈现出满足感的体现。

（2）其他隐逸文化

① 专心治学

专心治学，是古代文人雅士的毕生追求。终南山幽远静谧、世外桃源般的环境，为古代隐士提供了良好的读书、治学条件。东汉时，挚恂隐居南山，用儒术教授门徒，马融也入其门，不应州郡征聘，名垂关西。后郑玄又拜马融门下，创立了郑学。

北宋时，张载曾在终南山读书讲学，名动关内外。金末元初的杨奂在终南山下建紫阳阁，收门人弟子百余人，植柳千株，号曰柳塘。

明末清初"关中三李"之一的李雪木终身不仕，立志"归老空林隐此身"，长期隐居太白山"力耕心田忙读书"，一生著有《槲叶集》《一笑集》《勤学通录》等。清末民初隐士高鹤年曾著《名山游访记》，全书所记名山100余座，佛教寺、院、庵约500余所，道教官观21所，访问僧俗340余人，是一部重要的人文地理著作。

不少外国僧人也前来终南山学习，其中以古代朝鲜僧人为最多，有名字可考的达200余人，名气比较大的有神昉、圆测、智仁、胜庄、义寂、玄范、顺憬、元晓、圆安、慧超、慈藏、孝忠、胜诠、道亮、宝壤等。

② 寻医问药

终南山主峰太白山，一称太乙山或太一山，自古以来，就以高、寒、险、奇、秀、神秘的特点闻名于世，被誉为中国人的中央国家公园和亚洲的天然博物馆。

太白山有中草药千余种，独有的药材就有数百种，素有"草药王国"之称。民谣唱"太白山上无闲草，满山遍野都是宝"。正是由于这些原因，一些隐者，选择长期隐居在终南山，终年采集药物，寻访当地名医或者药农，丰富自己的医学实践，药王孙思邈就是一例。据《旧唐书·孙思邈传》载："周宣帝时，思邈以王室多故，及隐居太白山。"《本草纲目·序例》载："孙思邈隐于太白山，隋唐征拜皆不就，年百余岁卒。"明《耀州志》载："太白、终南、峨嵋、五台皆真人隐居之地，而在太白最久，故史称隐居太白山。"《旧唐书》还记载说孙思邈长期隐居太白山，不仅在隋朝时称疾不赴征召，而且入唐以后还多次拒绝做官。唐太宗知道孙思邈在医学界久负盛名，乃"召诣京师，嗟其容色甚少"，"将授以爵位，固辞不受"。孙思邈经历了北周、隋、唐三代，隋文帝、唐太宗、唐高宗等多次给他封官加爵，他都拒绝了，所以人们又称他为孙处士。

隐于太白山期间，孙思邈潜心医学，撰写了《千金要方》《千金翼方》《摄生真录》《福禄论》《枕中素书》《会三教论》《老子注》《庄子注》《龟经》《明堂经图》《孙思邈经》《孙真人丹经》等诸多著作。

③ 急流勇退

认清形势，急流勇退，以终南山作为自己的退身之地，以隐求保，当以汉代张良为代表。楚汉战争结束，刘邦定都关中后，张良的身体越来越差，所以刘邦没有让张良担任具体官职，仍然让他充任顾问和参谋。张良虽仍为刘邦出计献策，但他也知道刘邦生性疑忌心较强，要想与这样的君王共享安乐和荣华富贵是很难的。从这样的认识出发，张良谢绝了刘邦的三万户封赏，请求做一个小小的留侯，并且在家颐养身体，修仙学道。他曾对身边的人说："今以三寸舌为帝者师，封万户，位列侯，此布衣之极，于良足矣。愿弃人间事，欲从赤松子（传说中的仙人）游。"于是他隐居在紫柏山专心修道。张良身体不好，这是事实，但也是托词，他闭门不出，整天在家修炼道家养生之术的真正原因是要明哲保身。

④ 终南捷径

隐士及其时代发展逐渐形成的隐士文化对我国古代社会影响很大。隐士们的社会名声和社会地位不仅没有因他们逃名避世、隐而不仕而湮没无闻，反而愈隐愈大。无论帝王将相还是公侯大臣，甚或平民百姓，都把隐士当作有德有行的君子加以敬重和对待。"终南捷径"这个词来自唐人卢藏用，《大唐新语隐逸》中载卢藏用的言行："卢藏用始隐于终南山中，中宗朝累居要职。有道士司马承祯者，睿宗迎至京，将还，藏用指终南山谓之曰：'此中大有佳处，何必在远？'承祯徐答曰：'以仆所观，乃仕宦捷径耳。'"

终南捷径古已有之，在唐代大的社会背景下，这种以退为进的入仕方式更为流行，甚至形成了社会风气。唐代的士子在践行这条道路时也显得更加积极主动，这一方面与唐人积极昂扬的心理状态有关，另一方面，与唐代社会现实因素也有关。唐代科举考试中常开征召隐士制举科，与层层遴选然后授官的进士、明经考试不同，隐士制举之科一经登第便可授官。此种晋身之阶无疑对众多落第或不遇的士子有着巨大的吸引力，所以很多士子选择隐居山中，博取声名，等待皇帝赏识与征召。唐代的吴筠、司马承祯、吕向、王知远、李泌、潘师正、李渤等人就是通过这种方式走上仕途的。他们隐逸的目的就是求取仕途功名，隐逸只是他们通往功名的一条道路。这样的文人在唐代比比皆是，这也构成了唐代隐逸的一个独特面貌。这一现象的隐逸主体是众多踌躇满志渴望功名的文人士子，他们"身在江湖之上，心游魏阙之下，托薛萝以射利，假岩壑以钓名，退无肥遁之贞，进乏济时之具"。

唐代这种隐居读书修行、待时权变、以图进取的隐逸风气的兴盛正是唐代儒风渐盛、士人奋发有为的表现，如果说陶渊明因"性本爱丘山"而选择归隐，那么唐人更多的是曲线求仕，欲为苍生谋。

第二章　秦岭区域文化遗产资源调查

文化遗产是历史留给人类的财富。从存在形态上分为物质文化遗产和非物质文化遗产。而物质文化遗产又包括不可移动文物和可移动文物。根据《中华人民共和国文物保护法》分类，不可移动文物分为古文化遗址、古墓葬、古建筑、石窟寺、石刻、壁画、近现代重要史迹和代表性建筑。其中近现代重要史迹和代表性建筑资源主要分为革命史迹资源和近现代乃至当代各个特定历史时期的建筑资源，前者又包括革命人物故居、革命战争遗迹、革命活动纪念地、革命人物墓、革命标语，后者包括工业遗产、代表性建筑、历史文化名城、农业遗产。非物质文化遗产指被各群体、团体、有时为个人所视为其文化遗产的各种实践、表演、表现形式、知识体系和技能及其有关的工具、实物、工艺品和文化场所。

秦岭文化遗产资源丰富，不可移动文物包括古遗址、古墓葬、古建筑、石窟寺及石刻、近现代重要史迹及代表性建筑等，种类齐全，内容丰富。非物质文化遗产覆盖了非物质文化遗产的九大类别，主要包括民间文学、传统美术、民间山歌、曲艺、传统体育、游艺与杂技、传统手工技艺、民俗、传统舞蹈、传统音乐、传统医药、文化空间等项目。

通过对秦岭文化遗产资源的调查核实，秦岭文化遗产资源不可移动文物共有12922处。具体分布与类型见表2-1、表2-2，图2-1、图2-2：

表2-1　陕西省秦岭文化遗产资源统计表（单位：处）

序号	地区名称	区县名称	总数	世界文化遗产及国保	省保	县保	其他
1	汉中市	汉台区	244	2	8	4	230
2		城固县	408	4（其中1处为世界文化遗产）	13	25	366
3		洋县	589	4	16	30	539
4		西乡县	474	2	9	25	438
5		勉县	580	2	5	13	559
6		宁强县	442	3	3	16	420
7		略阳县	380	1	7	10	362
8		留坝县	166	1	3	3	159
9		佛坪县	137	0	4	10	123
10	安康市	汉滨区	1363	1	21	157	1184
11		汉阴县	467	1	13	45	408
12		石泉县	284	0	10	32	242
13		宁陕县	325	0	10	28	287
14		紫阳县	511	1	3	32	475
15		岚皋县	207	0	10	14	183
16		旬阳县	627	0	15	82	530
17	商洛市	商州区	482	3（其中崖墓1处包括了商州区、洛南县、镇安县、柞水县、丹凤县、商南县、山阳县）	8	15	456

续表

序号	地区名称	区县名称	总数	世界文化遗产及国保	省保	县保	其他
18	商洛市	洛南县	461	2	4	53	402
19		丹凤县	265	0	9	8	248
20		商南县	137	0	4	45	88
21		山阳县	630	1	5	37	587
22		镇安县	721	0	15	31	675
23		柞水县	525	0	5	24	496
24	西安市	灞桥区	61	4	0	0	60
25		临潼区	162	5（其中1处为世界文化遗产）	3	2	152
26		长安区	235	2	2	9	222
27		鄠邑区	77	3	3	6	65
28		周至县	219	4	10	25	180
29		蓝田县	394	4	9	19	362
30	宝鸡市	陈仓区	128	0	1	1	126
31		渭滨区	177	2	9（其中高新区3）	30（其中高新区29）	136
32		太白县	123	0	1	8	114
33		凤县	232	0	6	20	206
34		岐山县	49	0	1	0	48
35		眉县	151	2	7	16	126
36	渭南市	临渭区	63	0	4	2	57
37		华州区	111	4	9	8	90
38		华阴市	201	4	6	3	188
39		潼关县	114	3	3	0	108

注：1. 汉中市文化遗产资源总计3420处，其中世界文化遗产及国家重点文化保护单位19处，省级重点文物保护单位68处，县级文物保护单位136处。

2. 安康市文化遗产资源总计3784处，其中世界文化遗产及国家重点文化保护单位3处，省级重点文物保护单位82处，县级文物保护单位390处。

3. 商洛市文化遗产资源总计3221处，其中世界文化遗产及国家重点文化保护单位6处，省级重点文物保护单位50处，县级文物保护单位213处。

4. 西安市文化遗产资源总计1148处，其中世界文化遗产及国家重点文化保护单位21处，省级重点文物保护单位27处，县级文物保护单位61处。

5. 宝鸡市文化遗产资源总计860处，其中世界文化遗产及国家重点文化保护单位4处，省级重点文物保护单位25处，县级文物保护单位75处。

6. 渭南市文化遗产资源总计489处，其中世界文化遗产及国家重点文化保护单位11处，省级重点文物保护单位13处，县级文物保护单位13处。

7. 秦岭39区县总计12922处，世界文化遗产及国保64处，其中2处世界文化遗产，全国重点文物保护单位62处。省级重点文物保护单位275处。县级文物保护单位888处。

表2-2 陕西省秦岭文化文化遗产资源分区分类统计表

地区名称	区县名称	古遗址	古墓葬	古建筑	石窟寺及石刻	近现代史迹及代表性建筑	其他	总数
汉中市	汉台区	51	31	125	1	36	0	244
	城固县	106	84	166	8	38	6	408
	洋县	138	143	263	20	23	2	589

续表

地区名称	区县名称	古遗址	古墓葬	古建筑	石窟寺及石刻	近现代史迹及代表性建筑	其他	总数
汉中市	西乡县	65	222	162	11	13	1	474
	勉县	163	230	134	18	30	5	580
	宁强县	48	303	60	11	17	3	442
	略阳县	75	188	95	9	10	3	380
	留坝县	72	59	19	11	5	0	166
	佛坪县	34	69	28	1	5	0	137
安康市	汉滨区	318	769	200	36	35	5	1363
	汉阴县	103	239	97	16	7	5	467
	石泉县	85	161	30	5	2	1	284
	宁陕县	116	136	46	17	10	0	325
	紫阳县	103	328	42	18	20	0	511
	岚皋县	55	107	28	8	7	2	207
	旬阳市	163	308	98	27	27	4	627
商洛市	商州区	106	210	153	4	8	1	482
	洛南县	303	76	65	1	16	0	461
	丹凤县	44	79	117	5	18	2	265
	商南县	48	39	45	0	5	0	137
	山阳县	85	356	156	2	27	4	630
	镇安县	131	467	94	8	16	5	721
	柞水县	43	392	80	2	7	1	525
西安市	灞桥区	8	41	9	0	1	2	61
	临潼区	73	63	12	0	9	5	162
	长安区	116	25	55	29	6	4	235
	鄠邑区	36	5	14	14	8	0	77
	周至县	108	38	52	11	7	3	219
	蓝田县	144	85	103	21	26	15	394
宝鸡市	陈仓区	65	27	14	6	16	0	128
	渭滨区	100	27	19	4	26	1	177
	太白县	77	25	11	8	2	0	123
	凤县	129	59	25	8	11	0	232
	岐山县	37	5	1	1	5	0	49
	眉县	87	33	21	2	8	0	151
渭南市	临渭区	27	14	8	0	14	0	63
	华州区	55	6	33	9	7	1	111
	华阴市	27	36	60	71	3	4	201
	潼关县	42	29	28	0	13	2	114

注：1. 汉中市古遗址752处，古墓葬1329处，古建筑1052处，石窟寺及石刻90处，近现代史迹及代表性建筑177处。其他20处。

2. 安康市古遗址943处，古墓葬2048处，古建筑541处，石窟寺及石刻127处，近现代史迹及代表性建筑108处。其他17处。

3. 商洛市古遗址760处，古墓葬1619处，古建筑710处，石窟寺及石刻22处，近现代史迹及代表性建筑97处。其他13处。

4. 西安市古遗址485处，古墓葬257处，古建筑245处，石窟寺及石刻75处，近现代史迹及代表性建筑57处。其他29处。

5. 宝鸡市古遗址495处，古墓葬176处，古建筑91处，石窟寺及石刻29处，近现代史迹及代表性建筑68处。其他1处。

6. 渭南市古遗址151处，古墓葬85处，古建筑129处，石窟寺及石刻80处，近现代史迹及代表性建筑37处。其他7处。

7. 秦岭39区县古遗址3586处，古墓葬5514处，古建筑2768处，石窟寺及石刻423处，近现代史迹及代表性建筑544处，其他87处，总计12922处。

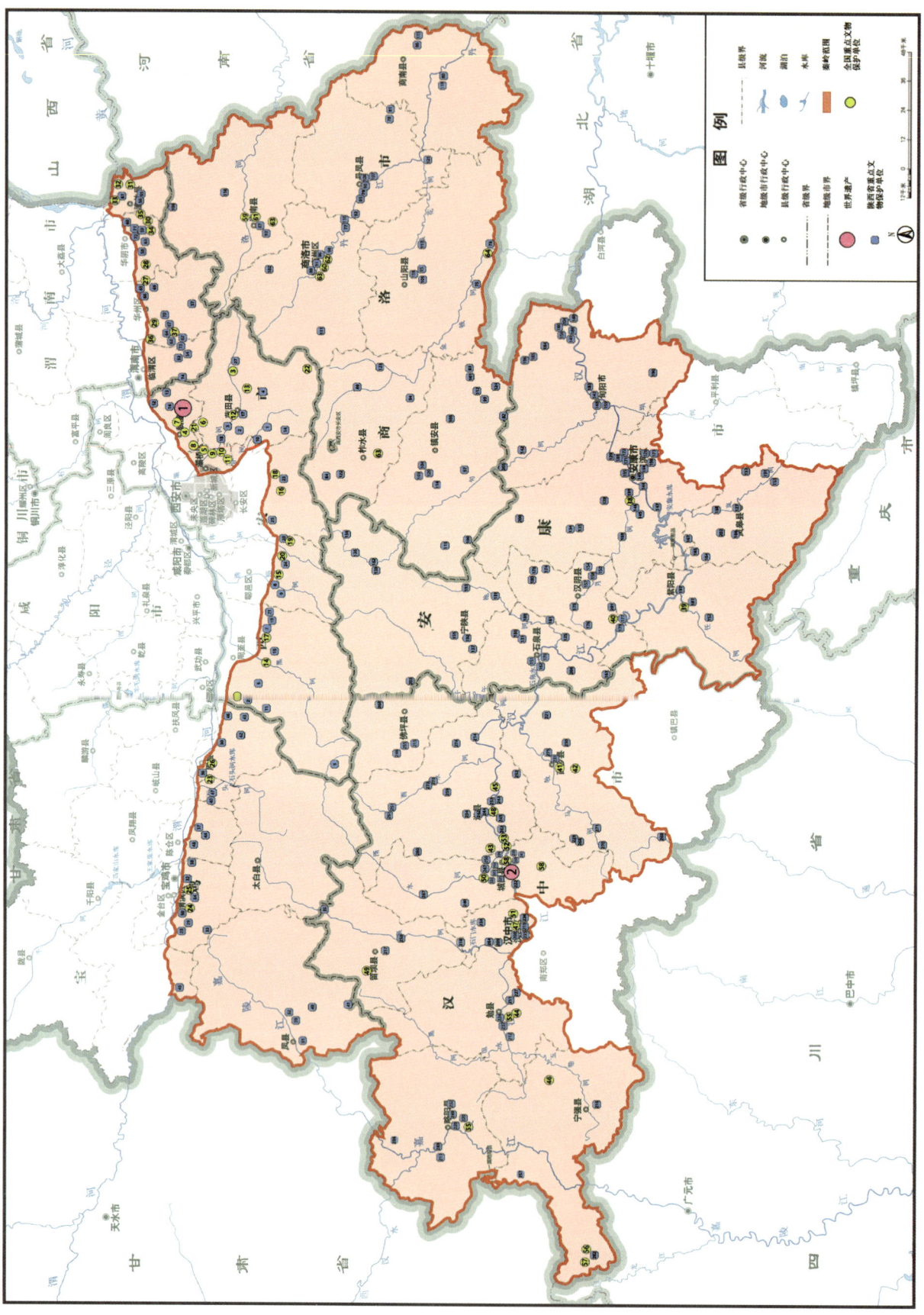

图2-1 陕西省秦岭区域文化遗产国家级和省级文物保护单位分布图

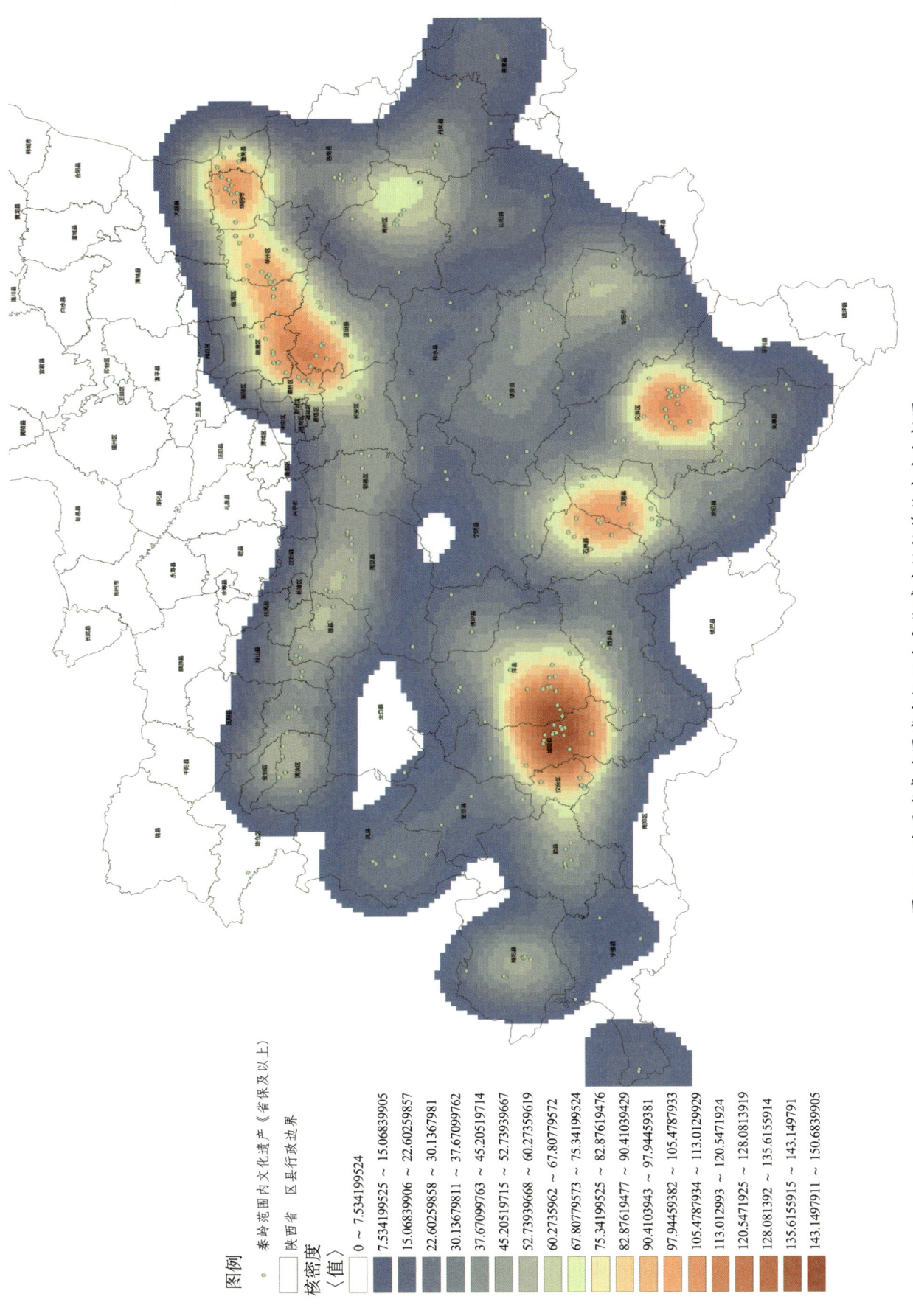

图2-2 陕西省秦岭区域省级以上文化遗产保护单位密度分析图

经统计，陕西省秦岭区域文化遗产资源分布情况如下：古遗址3586处、古墓葬5514处、古建筑2768处、石窟寺及石刻423处，近现代重要史迹及代表性建筑544处、其他87处。按地域划分秦岭南坡分布文化遗产资源10425处，秦岭北坡分布为2497处。

第一节　古遗址资源

古遗址资源主要分为人类早期遗址及远古洞穴遗址、聚落和城市遗址、矿冶遗址、军事设施遗址、秦巴山地古代道路资源、汉江流域的水利工程遗址。现对陕西境内秦岭区域分布的古遗址资源分类分区说明如下。

一、秦岭区域的早期人类遗址及远古洞穴遗址

早期人类遗址及远古洞穴遗址是指古代人类利用山岩自然洞穴及河谷台地进行活动，在此生活，或一度埋葬死者，从而留有原生文化堆积的一种遗址类型。古文化遗物和化石由洞外被水冲入洞内形成再生堆积的那种洞穴遗存，不属于洞穴遗址。洞穴遗址的年代主要为旧石器时代和新石器时代，个别的可到较晚时期。它们反映出人类生产力低下、依赖洞穴作为栖息地、就近利用所处地理环境进行狩猎和采集活动的历史。在陕西境内秦岭区域的39个区县中，最具典型性、最有影响力的早期人类遗址及远古洞穴遗址位于秦岭山地的蓝田县和洛南县，在西安蓝田县境内发现的上陈遗址距今大约212万年，蓝田猿人距今至少已有115万年的历史，是整个北半球最早的直立人；商洛洛南花石浪龙牙洞遗址是远古洞穴遗址的典型代表，它的发现对中国乃至世界旧石器时代早期人类文化的发展和交流、早期先民的经济和生活类型以及第四纪以来的生态环境变迁等课题具有极高的学术价值。同时在商洛的商州区、镇安县、山阳县，汉中的南郑区、城固县、洋县、西乡县、勉县，安康的汉滨区、石泉县、岚皋县、旬阳市均分布有早期人类遗址及远古洞穴遗址或旧石器出土点。目前秦岭区域内发现旧石器出土点约256处，洞穴遗址及旧石器时代遗址共39处，现分区介绍如下。

（一）西安市早期人类遗址及远古洞穴遗址

西安市秦岭段4区县有蓝田县、长安区、鄠邑区、周至县，其中蓝田县发现5处远古洞穴遗址及旧石器出土点，其中有全国重点文物保护单位2处，省级文物保护单位1处。

蓝田县旧石器时代遗存数量在秦岭北麓位居各区县之前列，这与蓝田县山、川、岭、塬纵横交错的地形有很大关系。可以确定早在115万年前今蓝田公王岭一带就生活着亚洲北部最早的直立人，即我们所说的"蓝田人"。其古文化的内涵远远丰富于元谋人，并把元谋人和北京人之间的历史连接起来，是我国古人类史上的重要里程碑。目前境内已发现的旧石器时代洞穴遗址和化石出土点绝大多数分布在灞河及其支流两岸的半坡地带与台地边缘。

（1）全国重点文物保护单位

蓝田猿人遗址（公王岭—陈家窝） 旧石器时代。蓝田猿人是旧石器时代早期人类，属直立人，分别发现于陕西蓝田县的公王岭和陈家窝两地。公王岭遗址位于蓝田县城东20公里，陈家窝遗址位于县城西北约10公里，二者直线相距约22公里。公王岭是个东西走向的黄土梁，海拔855米。1964年5月在公王岭红土底部的钙质结核土壤中，发现一个不完整的中年女性头骨化石。这个头骨宽阔而圆钝，轮廓呈楔形，高度很小，头骨壁板厚，前额低而宽平，眉脊粗壮，眼眶略呈方形，鼻子短而扁，颌部前伸，牙齿粗大，齿冠粗短；头颅耳高71毫米，脑容量778.4毫升，低于北京猿人的850～1300毫升，更低于现代人的1400毫升，而与印尼爪哇人脑容量775～900毫升大体相同。这些都表明它是一种刚刚脱离古猿类不久的人类，显示了蓝田猿人有明显的原始性。公王岭蓝田猿人头盖骨化石出土地是目前亚洲北部发现的最早直立人化石出土点，时代距今约80万～115万年。蓝田人较北京人更为原始。1963年在陈家窝蓝田猿人遗址区内发现了一具完整的老年女性下颌骨化石，她与北京人下颌骨化石标本大体一致，距今约65万年。

公王岭蓝田猿人使用的石器主要有大尖状器、刮削器、砍砸器等，加工技术粗糙。陈家窝遗址出土的石器有砍砸器、刮削器和有人工打制痕迹的石核、石片等，打制石器的材料主要是石英岩和脉石英，石器有交互打击和二次加工的痕迹。与公王岭蓝田猿人遗址出土的旧石器相比较，陈家窝蓝田猿人遗址出土石器具有较大的进步性。

从1965年4月到1966年6月考古工作者先后在公王岭进行多次发掘工作，发掘出蓝田猿人用火的黑色粉末物质和200多件石器，同时发掘出与公王岭蓝田猿人共同生存的哺乳动物化石42种。公王岭动物种群具有强烈的南方色彩，其中的大熊猫、东方剑齿象、华南巨貘、中国貘、毛冠鹿和秦岭苏门羚等，都是华南及南亚更新世动物群的主要成员。公王岭动物群中存在着这么多的南方森林性动物，一方面表明

蓝田公王岭猿人遗址发掘地点

当时蓝田一带气候温暖、湿润，林木茂盛；另一方面也表明那时的秦岭不像今天这么高，还未隆起成为妨碍南北动物迁移的地理屏障。陈家窝与公王岭不同，缺少带有强烈南方色彩的哺乳动物，软体动物也基本上都是现代生活于华北的种类。两个地点的直线距离只有约22公里，动物种群却存在如此大的差别，这一事实也反映了时代的差异性。公王岭—陈家窝蓝田猿人遗址现为全国重点文物保护单位。

蓝田猿人复原图

公王岭遗址剖面图

公王岭遗址中出土的动物化石

公王岭遗址中出土的三门马化石

公王岭遗址中出土的石器

（2）省级文物保护单位

锡水洞遗址　旧石器时代，位于蓝田县辋川镇锡水行政村东500米处的天然溶洞，即锡水溶洞内。洞口高于河床65米，洞体分上、下两层，人类遗存位于下洞之内，发现的文化堆积厚约8米，内含石器、骨器、烧骨、动物化石等。出土石器以大理岩、花岗岩、脉石英为主，有刮削器、砍砸器、尖状器、石锤等。石器大多采用单面反向打击，制作较粗糙。同时出土的有西藏黑熊、豪猪、中国犀、水鹿、葛氏斑鹿、羚羊、水牛等哺乳动物化石。该遗址属中更新世早期遗存。

锡水洞遗址

锡水洞遗址内部

（3）其他遗址

上陈遗址 旧石器时代，位于西安蓝田县玉山镇上陈村。上陈遗址地处秦岭北侧，在早更新世十七层黄土或古土壤层中发现了原地埋藏的96件旧石器，石器主要有石核、石片、砍砸器、刮削器、尖状器、钻孔器等。另外，还发现有鹿的下颌骨断块，以及牛科动物（反刍偶蹄哺乳动物）和其他动物的骨骼化石碎片。研究人员综合运用黄土-古土壤地层学、沉积学、矿物学、地球化学、古生物学、岩石磁学和高分辨率古地磁测年等多学科交叉技术方法测试了数千组样品，认为这些石器的年代为126万年～212万年。这一发现表明，古人类可能很早就出现在非洲以外的地方，比之前认为的更早，应该是最原始的东北亚人类的起源。

上陈遗址化石发掘地点

上陈遗址出土化石及石器

人类的起源和演化是世界重大前沿科学问题，秦岭区域发现的上陈遗址为这一重大人类起源课题提供了重要资料，上陈遗址的发现证明人类在212万年前已经出现在非洲以外了。同时，在上陈遗址地层发现当时此处有很多森林、草原，水源充足，气候较为温暖潮湿，是当时古人类的宜居地。这一遗址的发现为深入探索古人类的生存环境及其演化过程提供了重要的线索，确立了非洲以外已知的最古老的与古人类相关遗址的年龄及气候环境背景，对于我们理解人类进化有着巨大的影响，是中国科学的重大成果，这个发现刷新了目前的历史记载。上陈遗址的发现入选2018年度"中国科学十大进展"，英国《自然》杂志2018年7月11日对此发现进行了报道。随着今后更多资料的发现和研究，这一问题会得到最终的结果。

涝池河遗址　旧石器时代，位于蓝田县厚镇涝池河沟一带，北距三官庙镇陈家村500米。遗址处在琴河东岸台地上，面积约16万平方米，冲沟两侧断崖暴露有动物化石。沟底有冲出的石器。1964年在晚更新世土层中出土人骨化石一段。从遗址出土和采集的石器共有2000多件，器类有砍斫器、尖状器、削器等，石料为脉石英、石英岩和少量燧石。遗址同时出土的还有剑齿象等13种哺乳动物化石。

（二）商洛市早期人类遗址及远古洞穴遗址

商洛是秦岭山中一处神奇的土地，不仅林壑优美、韵致高雅，而且有着丰厚的人文历史融汇于雄山秀水之间。考古发现，早在100多万年前的旧石器时代，商洛境内的洛南、商州、镇安、山阳境内就有先民利用山岩自然洞穴居住，就近进行狩猎和采集以维持其生存和发展，形成了留存至今的洞穴遗址。除此之外，在商洛境内有些区县还发现了一些旧石器出土点，这也说明了该地区在旧石器时代便有人类活动轨迹，丰富了地区历史。目前在商洛市境内共发现旧石器出土点约252处，洞穴遗址2处，现对其代表性遗址介绍如下。

1. 洛南县早期人类遗址及远古洞穴遗址

洛南地处我国地理和环境的南北过渡地带，处于人类演化和迁徙的过渡和敏感地区，这里发现了数量众多、分布密集、特点鲜明的旧石器时代遗址。洛南的旧石器遗址涵盖了旷野遗址和洞穴遗址两种类型，遗址的密集度和文化遗存的丰富性在中外的同期同类遗存中鲜有堪比者。这些遗址发现有丰富的地层地貌、古环境和年代信息，包含典型的手斧、手镐、薄刃斧等在内的石制品组合，在中国旧石器遗存中独具特色，对探讨远古人类的演化、适应、迁徙和互动提供了重要资料。这里旧石器时代文化发展延续时间长，可以与盆地内新石器时代和历史时代的遗存相连接，对构建区域内完整而系统的人类演化历史和考古学序列，具有得天独厚的优势。目前境内重要的远古洞穴遗址及石器出土点中，洞穴遗址2处，石器出土点200多处，其中全国重点文物保护单位2处，县级1处。

（1）全国重点文物保护单位

花石浪遗址　旧石器时代早期，位于洛南县城关镇东河村，南洛河二级阶地上。遗址最初发现于20世纪60年代。龙牙洞为发育在石灰岩山体上的裂隙型溶洞，洞内面积约20平方米。1995—1997年，经陕西省考古研究所、商洛地区文管会及洛南县文管会发掘清理证实，龙牙洞遗址是一处罕见的、保存基本完整的、内涵十分丰富的旧石器时代早期人类文化遗址。中国科学院地质研究所以热释光测年法测定

花石浪遗址远景

其文化层堆积的时代为距今50~25万年间。

花石浪龙牙洞遗址出土了极为丰富的早期人类文化遗址及遗物，包括旧石器时代早期人类生活活动踩踏面、用火遗迹以及熊猫、貘、河狸、鹿、野猪、牛等十余种哺乳动物和鱼、龟化石。除此之外还出土有旧石器时代早期人类制造的石制品，数量达6.5万件以上。这些石制品多以取自于河边的石英岩、石英砂岩、石英等砾石为原材料打制而成，类型有石核、石片、打制石器形成的断片及刮削器、尖状器和雕刻器等工具。花石浪龙牙洞遗址对中国乃至世界旧石器时代早期人类文化的发展和交流、早期先民的经济和生活类型以及第四纪以来的生态环境变迁等课题具有极高的学术价值。现为全国重点文物保护单位。

花石浪龙牙洞遗址

花石浪龙牙洞遗址考古发掘现场

花石浪龙牙洞遗址发掘遗物

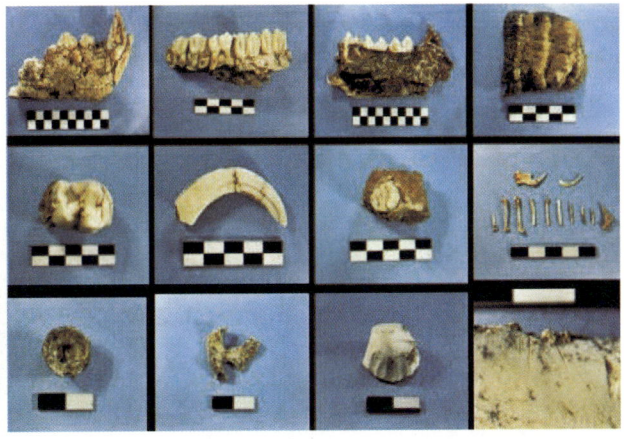
花石浪龙牙洞遗址出土动物化石

花石浪龙牙洞遗址出土石器

洛南盆地旧石器地点群 旧石器时代。洛南盆地自1995年发现旧石器以来，通过来自陕西省考古研究院、洛南县博物馆、中国科学院古脊椎动物与古人类研究所、南京大学、加拿大皇家安大略博物馆和澳大利亚La Trobe大学等国内外不同研究机构学者持续不懈的努力，到目前为止已发现旧石器遗址300余处，分布密度在国内外已知的发现旧石器遗址的地区中绝无仅有。遗址时代跨越了距今60万年～5万年左右漫长的历史时期。洛南盆地的旧石器遗址既有以花石浪龙牙洞遗址为代表的洞穴类型居址，也有极为丰富的旷野类型旧石器露天地点群，这里已经成为中国旧石器考古发现和研究的又一个中心，引起国内外学术界的高度关注。这些发现对现代人类起源以及在亚洲大陆的演化与扩散、古人类生产与生活方式、聚落形态和石器工业等一系列学术领域的研究产生了十分重要的影响。发现的旷野石器点大多分布于洛河流域两侧阶地或山梁上。石器大多被雨水冲刷，零散地暴露在地表和浅土层中，有石片、石核、刮削器、手斧等，为石英石质地，较坚硬。

旧石器研究是世界性课题，以花石浪龙牙洞遗址为代表的300余处旧石器遗址的发现，不仅说明洛南的历史悠久，同时也奠定了洛南成为中国乃至世界旧石器时代考古的重要研究区域之一的重要地位。2013年在陕西省洛南盆地郭塬、十字路口和张豁口南等6个旷野型旧石器地点的发掘过程中，再次发现西方旧石器时代早期流行的阿舍利石器工业类型的手斧、薄刃斧和手镐等工具组合。这是迄今在我国甚至整个东亚地区阿舍利工业器物最为集中的发现。这一重大发现对探讨远古人类生存、演化、迁徙和互动提供了重要资料，在中华文明探源工程中具有极其重要的学术价值。洛南盆地旧石器研究已经取得了丰硕的成果，目前已经出版洛南盆地旧石器时代考古调查和发掘研究报告《花石浪Ⅰ》《花石浪Ⅱ》二部，一些专题性研究论文已在《人类学学报》《考古》《第四纪研究》《考古与文物》《中国文物报》等国内外核心期刊发表，另外在英国还出版英文学术专著一部。相信在未来多学科的参与下，通过对洛南盆地旧石器的深入研究，在早期人类起源与行为演化、气候变化及动植物演替之间的关系等一系列科学问题上必会取得新的突破。

洛南盆地旧石器遗址环境

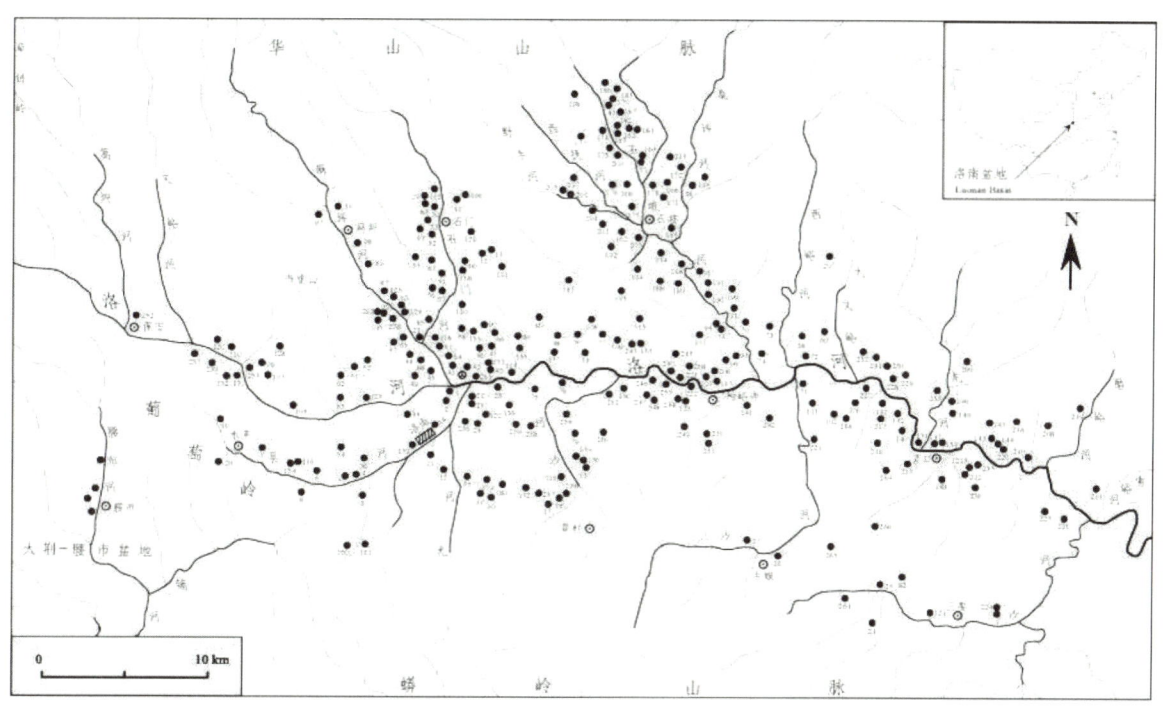

洛南盆地旧石器遗址分布

洛南盆地旧石器遗址出土石器——手镐

洛南盆地旧石器遗址出土石器——手斧

洛南盆地旧石器时代地点群的发现不但填补了秦岭山区旧石器时代考古的空白，而且为研究我国南方砾石石器工业和北方石片工业二者的关系提供了十分重要的资料。整个南洛河流域从上游的洛南盆地到中游的卢氏，甚至三门峡、灵宝一带直至下游的河南巩义都有旧石器旷野地点发现，时代从中更新世中晚期到晚更新世，也即由旧石器时代早期到旧石器时代晚期，石制品由大到小。这些沿洛河流域分布的大量旧石器旷野地点群的重要发现，对研究整个南洛河流域旧石器时代聚落考古及古人类从山区到平原地区迁徙过渡提供了不可多得的资料。2013年3月，旷野旧石器地点群被国务院公布为全国重点文物保护单位。

洛南盆地旧石器遗址群代表性遗址有：

孟洼遗址 2010年10月—2011年5月，为了配合榆（林）商（洛）高速公路洛南—岔口铺段引线工程的建设，陕西省考古研究院、中国科学院古脊椎动物与古人类研究所和洛南县博物馆联合组队，对该路段所穿越的洛南盆地孟洼旷野旧石器地点进行了抢救性考古发掘。

孟洼旧石器地点位于洛南盆地西部，遗址东距洛南县城约6公里。遗址所在地属南洛河干流与南部支流县河之间第二级阶地四十里梁塬地带的南缘、靠近县河一侧部分。2010年8月28日，在对公路建设工地沿线黄土堆积地层进一步复查时，从新开挖的黄土剖面上采集到石器制品13件，包括石核、石片、刮削器和薄刃斧等类型，其中薄刃斧是洛南盆地自1995年发现旧石器以来，首次记录的有确切出土层位的同类器物。发掘共揭露遗址面积430平方米。孟洼地点地层堆积为第二级阶地上部的黄土堆积物。从发掘过程结合施工现场开挖后暴露的黄土地层剖面看，遗址所在地的整个黄土堆积地层厚度最少不小于9米，其中，上部地层4米左右以上为含古人类旧石器文化遗物的地层堆积，而下部层位为长期经水浸泡的灰绿色黄土状地层堆积物。在对遗址附近更大的区域黄土地层普查时，曾在其他地点观察到下部经水浸泡的灰绿色黄土状地层堆积物直接叠压于第二级阶地底部的沙砾层之上，该层位不包含任何人类文化遗物。

发掘中从上部不同黄土及古土壤层位中共出土各类石制品1000余件，此外，还在公路开挖剖面及其滑坡体黄土堆积物中陆续采集到石制品100余件。石制品的种类包括石核、石片、修理的工具和碎片屑（块）等，其中在修理的工具种类中，既包含有重型的砍砸器、手镐、薄刃斧和石球等器物，又含有轻型的刮削器和尖状器等。部分石制品出土时还可以在原地拼合起来，这说明遗址中相当一部分的石制品为原位加工时废弃后，被黄土沉积物快速掩埋起来。

孟洼遗址发掘现场

该遗址考古发掘是洛南盆地旷野旧石器地点第一次系统的正式清理工作。经过十余年持续不断的野外调查，在洛南盆地发现了丰富的流行于非洲和欧亚大陆西部阿舍利工业的器物种类，如手斧、大型石刀、三棱手镐和薄刃斧等。薄刃斧等器物向来被认为属于非洲和欧亚大陆西部流行的阿舍利石器工业的器物类型。考古发掘第一次从地层关系上证明了阿舍利类型石器工业的典型器物如薄刃斧等在洛南盆地出现的年代当不晚于第二级阶地上部黄土堆积物形成的时代。最近几年来的黄土地层及其年代学研究已经证实，洛南盆地中南洛河及其支流第二级河流阶地的旷野旧石器遗址的年代不晚于距今15万年左右。孟洼地点的发掘对洛南盆地遗址年代学和古人类生存环境背景研究以及旧石器工业性质的确定产生了重要的影响。

张豁口遗址 旧石器时代。2011年4—10月，由陕西省考古研究院、中国科学院古脊椎动物与古人类研究所、洛南县博物馆和南京大学对洛南盆地南洛河干流与南部支流县河之间第二级阶地的城关镇中心村张豁口地点进行了考古发掘，发掘面积170平方米。从已发掘的深3米左右的

张豁口遗址发掘探方

黄土沉积地层堆积物观察，中间部位地层堆积可划分为三个不同的地层：自上而下依次为耕土层、古土壤层和黄土层。第二层下部所含石制品最为丰富。考古发掘从不同时代形成的黄土及古土壤堆积地层中清理出各类石制品20000余件，类型包括石料、石锤、石砧、石核、石片、经过二次加工修理的工具以及碎片屑（块）。此外，还在探方T3第二层中部东南角、探方T6第三层上部东南角和探方T5第三层上部东北角等区域内分别发现了原始人类打制石器时遗留的作业面。

张豁口遗址发掘现场

张豁口旷野旧石器地点发现原位埋藏的包含非洲和欧亚大陆西侧旧石器时代早期阿舍利类型的手斧、薄刃斧、大型石刀、三棱手镐和石球等工具在内的、十分丰富的旧石器文化遗存，对认识中国南北自然地理过渡地带秦岭山区的旧石器遗址年代学、石器工业性质、古人类生存环境、东西方旧石器文化比较研究、早期人类行为和技术交流与传播等具有极为重要的学术价值。

槐树坪遗址 旧石器时代，位于洛南县麻坪镇槐树坪村东麻坪河与石门镇南岭村石门河之间的第四级阶地上。该地点发现于1999年。2005年4—5月、2006年6—7月和2013年4—6月，该遗址先后经过来自陕西省考古研究院、洛南县博物馆、中国科学院古脊椎动物与古人类研究所、南京大学、加拿大皇家安大略博物馆和澳大利亚La Trobe大学等国内外多家研究机构三次发掘，发掘面积60平方米，出土石制品1000余件。槐树坪遗址的发掘首次将洛南盆地旧石器遗存的年代顺沿到了距今5万～9万年前后。考古发掘中，除在遗址周围陆续采集到脱层石制品数百件外，还从该遗址6个不同时代形成的黄土及古土壤堆积地层中出土各类石制品5000余件，石制品种类包括石料、石锤、石砧、石核、石片、经过二次加工修理的工具以及碎片屑（块）等。工具既包含有手斧、手镐、薄刃斧、砍砸器、大型石刀和石球等重型器物，又含有轻型的刮削器和尖状器等。发掘过程中可以见到一些可以在原地拼合起来的石制品。

郭塬遗址 旧石器时代。2012年9—12月，陕西省考古研究院、中国科学院古脊椎动物与古人类研究所、洛南县博物馆和南京大学在配合省道S202线洛南过境公路建设中，对线路穿越的第二级阶地四十里梁塬东部的郭塬等6个旧石器遗址进行了抢救性发掘，清理遗址面积1300余平方米。其中郭塬遗址南距洛南县城不足1公里，海拔约1013米，本次发掘面积500余平方米。在洛南盆地郭塬、十字路口和张豁口南等6个旷野旧石器地点发掘中，出土石制品18000余件，在郭塬和十字路口地点一些探方还发现了原始人类打制石器时遗留的作业面。引人注目的是，郭塬、十字路口和延岭地点再次发现西方旧石器时代早期流行的阿舍利石器工业类型的手斧、薄刃斧和手镐等工具组合，它是迄今为止在我国甚至整个东亚地区阿舍利工业器物最为集中的发现，这充分说明以往在洛南盆地发现阿舍利工业类型工具组合不是偶然的，这里保存着数量惊人的该类遗址。手斧、薄刃斧、手镐和大型石刀等重型工具向来被认为是属于非洲和欧亚大陆西部流行的阿舍利石器工业的标志性器物，田野考古发掘再次从地层关系上证明了阿舍利工业类型的典型器物在洛南盆地流行的年代与第二级阶地上部黄土堆积物形成的时代相当。这对认识东亚地区旧石器工业面貌、东西方旧石器文化比较研究以及与现代人类起源有关的环境变迁与技术行为关系等具有极为重要的学术价值。

郭塬遗址发掘现场

洛南盆地旧石器地点群其他地点　除了以上经过考古发掘的旧石器地点之外，经过多年的考古调查，还发现多处洛南盆地旧石器出土地点，如表2-3：

表2-3　洛南盆地旧石器出土点一览表

序号	名称	地点	时代
1	薛楼化石出土点	灵口镇东院村南洛河北岸	旧石器时代
2	吕家岭化石出土点	石门镇下铺村二组	旧石器时代
3	樊沟化石出土点	石门镇王桥村六组	旧石器时代
4	居湾旧石器出土点	景村镇居湾村	旧石器时代
5	东渠沟石器出土点	景村镇居湾村砖厂	旧石器时代
6	居湾一队旧石器出土点	景村镇居湾村北	旧石器时代
7	居湾砖厂旧石器出土点	景村镇居湾村	旧石器时代
8	铁湾旧石器出土点	景村镇杨圪崂八一村	旧石器时代
9	杨底石器出土点	景村镇杨圪崂八一村	旧石器时代
10	庵子沟旧石器出土点	城关镇庵底村	旧石器时代
11	曹湾石器出土点	城关镇刘涧村曹洼组	旧石器时代
12	范塬砖厂旧石器出土点	城关镇七岔口村范塬组	旧石器时代
13	丰陵塬旧石器出土点	城关镇七岔口村	旧石器时代
14	告湾旧石器出土点	城关镇刘湾村告湾组	旧石器时代
15	郭岭旧石器出土点	城关镇刘湾村郭岭组	旧石器时代
16	何后旧石器出土点	城关镇祖师村何后组	旧石器时代
17	和尚沟旧石器出土点	城关镇庵底村六组上	旧石器时代
18	贺岭旧石器出土点	城关镇尖角村贺家岭组	旧石器时代
19	黑石浪石器出土点	城关镇刘湾村组	旧石器时代
20	老关梁砖厂旧石器出土点	城关镇刘涧村曹洼组	旧石器时代
21	老虎穴旧石器出土点	城关镇王岭村	旧石器时代
22	李沟石器出土点	城关镇八里桥李涧组	旧石器时代
23	后岭石器出土点	城关镇李家村三组	旧石器时代
24	刘湾石器出土点	城关镇刘湾村夹滩组	旧石器时代
25	柳树洼砖厂旧石器出土点	城关镇祖师村柳树洼组	旧石器时代
26	东河旧石器出土点	城关镇尖角村东河组	旧石器时代
27	露水沟脑旧石器出土点	城关镇尖角村东河组	旧石器时代
28	吕村砖厂旧石器出土点	城关镇八里桥村吕村组	旧石器时代
29	沙梁旧石器出土点	城关镇尖角村东河组	旧石器时代
30	陶川砖厂旧石器出土点	城关镇陶川村	旧石器时代
31	下塬旧石器出土点	城关镇陶川村	旧石器时代
32	马桥砖厂旧石器出土点	城关镇马桥村	旧石器时代
33	三疙瘩旧石器出土点	城关镇尖角村东河组	旧石器时代
34	石桥砖厂旧石器出土点	城关镇石桥村	旧石器时代
35	唐村砖厂旧石器出土点	城关镇唐村	旧石器时代

续表

序号	名称	地点	时代
36	王岭旧石器出土点	城关镇王岭村	旧石器时代
37	西寺砖厂旧石器出土点	城关镇西寺村	旧石器时代
38	阳面坡旧石器出土点	城关镇尖角村东河组	旧石器时代
39	杨川旧石器出土点	城关镇杨川村	旧石器时代
40	张塬石器出土点	城关镇贺岭村	旧石器时代
41	赵村旧石器出土点	城关镇刘湾村赵村组	旧石器时代
42	赵寺岭石器出土点	城关镇周村	旧石器时代
43	庄塬旧石器出土点	城关镇三塬村庄塬组	旧石器时代
44	张塬南岭旧石器出土点	谢湾乡张塬村南岭组	旧石器时代
45	东河砖厂旧石器出土点	谢湾乡卢村	旧石器时代
46	白塬砖厂旧石器出土点	永丰镇白塬村	旧石器时代
47	崔湾旧石器出土点	永丰镇崔湾村	旧石器时代
48	黑沟旧石器出土点	永丰镇刘沟村	旧石器时代
49	杨村旧石器出土点	永丰镇杨村东	旧石器时代
50	师家沟旧石器出土点	永丰镇师家沟村东	旧石器时代
51	齐洼旧石器出土点	永丰镇齐洼村	旧石器时代
52	马泉石器出土点	永丰镇冀洼村	旧石器时代
53	贾渠石器出土点	永丰镇冀洼村贾渠组	旧石器时代
54	周坡石器出土点	永丰镇周坡村	旧石器时代
55	李家山旧石器出土点	石坡镇刘塬村李家山	旧石器时代
56	罗窑砖厂旧石器出土点	石坡镇罗窑村	旧石器时代
57	李河村南岭旧石器出土点	石坡镇李河村	旧石器时代
58	碾子梁旧石器出土点	石坡镇周湾村	旧石器时代
59	前坡旧石器出土点	石坡镇洞湾村	旧石器时代
60	屈家岭旧石器出土点	石坡镇桑坪村	旧石器时代
61	桑坪后岭旧石器出土点	石坡镇桑坪村	旧石器时代
62	桑坪旧石器出土点	石坡镇桑坪村	旧石器时代
63	桑树沟旧石器出土点	石坡镇肖湾村钻岭组	旧石器时代
64	桑树岭旧石器出土点	石坡镇肖湾村钻岭组	旧石器时代
65	山岭子旧石器出土点	石坡镇纸房村	旧石器时代
66	石梯根旧石器出土点	石坡镇周湾村	旧石器时代
67	石塬岭旧石器出土点	石坡镇罗窑村洞石塬岭	旧石器时代
68	糖坊岭旧石器出土点	石坡镇石湾村贺家岭组	旧石器时代
69	田岭旧石器出土点	石坡镇李河村田岭组	旧石器时代
70	瓦岭旧石器出土点	石坡镇纸房村	旧石器时代
71	王岭旧石器出土点	石坡镇罗窑村王家岭组	旧石器时代
72	吴家岭旧石器出土点	石坡镇石坡街村吴岭组	旧石器时代
73	小河村旧石器出土点	石坡镇石湾村小河村组	旧石器时代

续表

序号	名称	地点	时代
74	穴岭旧石器出土点	石坡镇樊岭村	旧石器时代
75	燕岭旧石器出土点	石坡镇王窑村燕岭组	旧石器时代
76	杨家岭旧石器出土点	石坡镇石坡街村杨家岭组	旧石器时代
77	野牛岭旧石器出土点	石坡镇周湾村	旧石器时代
78	站马岭旧石器出土点	石坡镇桑坪村	旧石器时代
79	张塬旧石器出土点	石坡镇李河村张塬组	旧石器时代
80	罗窑赵岭旧石器出土点	石坡镇罗窑村赵岭组	旧石器时代
81	周湾赵岭旧石器出土点	石坡镇周湾村赵岭组	旧石器时代
82	纸房砖厂旧石器出土点	石坡镇纸房村	旧石器时代
83	周湾旧石器出土点	石坡镇周湾村扬中组	旧石器时代
84	钻岭旧石器出土点	石坡镇肖湾村钻岭组	旧石器时代
85	安沟旧石器出土点	石坡镇周湾村	旧石器时代
86	拗子山旧石器出土点	石坡镇肖湾村钻岭组	旧石器时代
87	北岭旧石器出土点	石坡镇东南桑坪村	旧石器时代
88	北坡旧石器出土点	石坡镇郝家村	旧石器时代
89	背坡跟旧石器出土点	石坡镇华星村石鸡湾组	旧石器时代
90	边坡旧石器出土点	石坡镇边坡村	旧石器时代
91	菜园子旧石器出土点	石坡镇纸房村菜园子组	旧石器时代
92	大北沟旧石器出土点	石坡镇王村大北沟组	旧石器时代
93	东岭旧石器出土点	石坡镇郝坪村东岭组	旧石器时代
94	洞湾石塬旧石器出土点	石坡镇洞湾村石塬岭	旧石器时代
95	段岭旧石器出土点	石坡镇李河村段岭组	旧石器时代
96	冯家疙瘩旧石器出土点	石坡镇华星村肖湾组	旧石器时代
97	高疙瘩旧石器出土点	石坡镇洞湾村	旧石器时代
98	高岭旧石器出土点	石坡镇李河村高岭组	旧石器时代
99	疙瘩槐旧石器出土点	石坡镇纸房村东山岭	旧石器时代
100	郭岭旧石器出土点	石坡镇周湾村西沟组	旧石器时代
101	郝村旧石器出土点	石坡镇梁头塬郝坪村	旧石器时代
102	贺岭旧石器出土点	石坡镇石湾村贺家岭组	旧石器时代
103	黑油沟旧石器出土点	石坡镇周湾村杨家岭	旧石器时代
104	花梁旧石器出土点	石坡镇周湾村张沟组	旧石器时代
105	金鞍沟旧石器出土点	石坡镇李河村金鞍沟	旧石器时代
106	老虎沟旧石器出土点	石坡镇老虎沟村	旧石器时代

（2）其他遗址

薛楼化石点 旧石器时代，位于灵口镇东院村南洛河北岸。化石在沉积砂岩的石块中散乱分布，清晰可见。从采集到的化石标本观察，主要有动物牙齿及大小骨骼，石化程度一般。该化石点的发现对研究该地区旧石器时代生态、气候、动植物种群生存环境具有重要价值。

吕家岭化石出土点 旧石器时代，位于石门镇下铺村二组。从20世纪50年代至今，村民在垦种土地时，经常挖出各种动物化石，俗称龙骨窑。吕岭化石点地质时代较早，为更新世时期，属陕西境内洛河上游一处主要化石出土点。

樊沟化石出土点 旧石器时代，位于石门镇王桥村六组。遗址呈南北长、东西宽片状分布，为河湖积红砂土质，厚度近20米，包含物有砾石层，石质有石英石、石灰石等，化石比较少，仅采集到3片。该处化石点是洛南县境内分布面积较大的一处化石点。

2.商州区早期人类遗址及远古洞穴遗址

在丹江的滋润下，商州这片土地，尤其是丹江及其支流两岸很早就为人类的活动提供了适宜的土壤。粗糙的石核、石片等旧石器将商州的历史追溯到了数万年前。商州区境内的旧石器文物点主要发现于腰市、白杨店两镇的低山丘陵地带，目前石器出土点共有13处。

黄龙架石器出土点 旧石器时代，位于腰市镇上集村砖窑厂西约20米处。遗址地处丹江支流沙河西岸的低山丘陵地带，在该处发现石片、刮削器、尖状器等6件。在砖厂以北约20米处的小丘陵上发现少量石核、砍砸器。这些石器原料为石英岩、砂岩等。文化层堆积较薄，土壤中含有红色砂层堆积。

黄龙架石器出土点出土的石器

后坡石器出土点 旧石器时代，位于白杨店镇李塬村丹江北岸二级台地。遗址东西长150米，南北宽约100米。东部剖面发现有厚达十余米的黄土堆积，夹有厚1.5米的红褐色土壤，距地表6米，在该土壤带中发现有石英石质石片、石核，在乱石堆中采集到一件完整的手镐。

董家塬村旧石器出土点 旧石器时代，位于张村镇董家塬村北50米，丹江支流王山底河西岸的二级台地上。台地西高东低，向河谷方向倾斜，高出王山底河约30米。在南北长约200米、东西宽约80米范围内，黄土发育良好，堆积厚度达8米左右，可见数层古土壤条带。旧石器点发现于董家塬砖厂的弃石堆中，出土器形主要为石核，石英岩质。该旧石器点的发现，填补了商州境内东部地区旧石器时代文化遗存的空白，扩大了旧石器时代遗存的分布范围，为开展丹江上游地区旧石器时代考古提供了新资料。

董家塬村旧石器点出标本

恐龙蛋化石出土点 白垩纪，位于陈塬街道办事处蟒龙峪村老虎沟内。该出土点所在的山体呈红褐色沙石岩质，岩石裸露，山上植被较少。2000年6月蟒龙峪村村民上山打猪草时发现化石并报告商洛市博物馆，经过对其周边进行详细调查、确认后将化石整体凿下运回该馆收藏。该化石整体长1.3米，宽0.6米，上有恐龙蛋16枚。白垩纪是地质年代中中生代的最后一个纪，历经7900万年。白垩纪时期，地球变得温暖、干旱，许多新的恐龙种类开始出现。白垩纪第三纪是地质年代规模最大的灭绝年代之一，恐龙也在这一时期灭

出土恐龙蛋化石现场

绝。秦岭发现的这一批恐龙蛋化石，是秦岭区域在久远的地质年代古生物变迁的遗物，因此，尽管恐龙蛋化石属于地质年代，也把它列于此，目的是为研究秦岭远古时期的气候及生物提供资料。

3.镇安县早期人类遗址及远古洞穴遗址

早在远古时期，镇安地区原始先民就在旬河、乾佑河两岸繁衍生息。在阳坡坪旧石器遗存点采集到人工打制的石核、石片、刮削器等4件石制品，说明最迟10000年前左右，镇安大地已经有了人类活动的足迹，目前只发现1处旧石器遗存点。

阳坡坪旧石器出土点　旧石器时代，位于高峰镇双寨村冷水河北岸二级阶地之上，是在阳坡遗址中调查发现的早期文化遗存。此处黄土堆积达10米以上，上层黄土较为松散，夹杂大量角砾石，厚度在3米左右；下部黄土缜密坚硬，厚度达6米以上，在南缘的断面内采集到4件石制品，器形有石核、石片等。该旧石器点的发现，使商洛地区旧石器点的分布向西南延伸了近200公里，填补了镇安旧石器遗存的空白，丰富了镇安县旧石器出土点的分布空间。

阳坡坪旧石器出土点出土的砍砸器（正面）　　　阳坡坪旧石器出土点出土的石核

4.山阳县早期人类遗址及远古洞穴遗址

在漫川关发现的旧石器分布点，将山阳的人类历史向前推进了数万年，目前发现1处。

靳家河土岭旧石器出土点　旧石器时代，位于漫川关镇前店子村寨湾组靳家河东侧的三级阶地上，下距河面约200米。从砖厂取土断面可见黄土堆积厚达十余米，从黄土层中采集的4件标本均为石

核。土岭旧石器点的发现填补了山阳旧石器时代的空白。

（三）汉中市早期人类遗址及远古洞穴遗址

汉中市11区县中，在南郑区、城固县、洋县、西乡县、勉县发现旧石器时代遗址27处，旧石器出土点2处。

1.南郑区早期人类遗址及远古洞穴遗址

整个南郑区位于汉江以南，与汉中市隔汉江相望，自然环境相同。尽管南郑区没有包括在秦岭生态保护范围中，但由于其位于汉中盆地的边缘，是早期人类重要的活动区域，分布的遗址是秦岭文化遗产资源的重要内容。此处的远古洞穴遗址及旧石器出土点，遗产资源十分丰富，包含内容特别重要。多年来文物考古工作者在区域北部的梁山、龙岗等地发现的旧石器时代遗址证明，汉江流域早在120万年以前即有古人类生息繁衍，留下了以龙岗寺遗址为主的一批旧石器时代遗址。

龙岗寺遗址 旧石器时代—新石器时代，位于南郑区的梁山地区。这一区域的龙岗寺、黄家山、中梁山等地发现了数以千计的旧石器，类型众多，有砍砸器、石球、尖状器、刮削器、石砧、石锤等，与大熊猫、剑齿象、羚羊等第四纪哺乳动物化石伴生。经测定距今120万年以上，地质时代为中更新世，文化上属旧石器时代早期后一阶段。遗址面积约为1万平方米。20世纪50—80年代，文物工作者曾在此地进行多次考古调查，共采集各类石制品3000余件，质地以石英岩、脉石英、火山岩为主，器形主要有砍砸器、砍斫器、刮削器、尖状器、石锤、手斧、石核、石片等。石器硕大，制作粗放，长度一般为10～20厘米。石器中二次加工较少，以砾石石器为主，石片石器较少。这些遗物属于中更新世遗存。龙岗寺旧石器显示了原始、古拙、粗犷的风貌，兼具我国华北、华南旧石器文化共有的特征。龙岗寺旧石器的发现填补了陕西南部旧石器文化的空白，对研究我国旧石器文化的分布和传承关

龙岗寺遗址

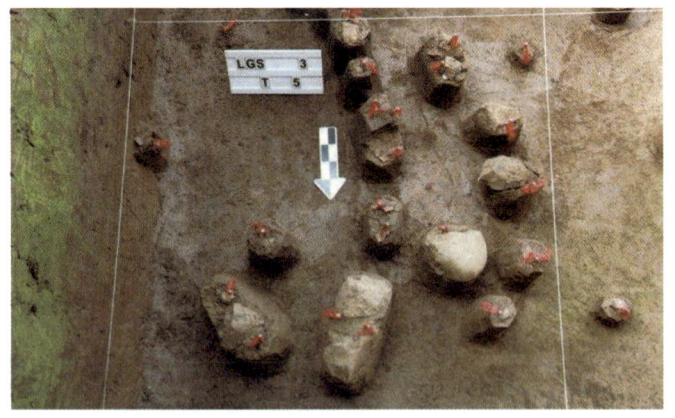

龙岗寺遗址第三级阶地原位埋藏的旧石器制品

系提供了新的宝贵资料。该遗址是我国少数的几个手斧文化分布区之一，对于研究我国旧石器文化的分布及时代延续有着重大意义。通过调查发现，该遗址一直延续到新石器时代。1983年10月—1984年年底，陕西省考古研究所对该遗址进行了部分考古挖掘，清理了新石器时代的430座墓葬，出土了人面壶、彩陶罐、船形壶、兽头尖底瓶、人头彩陶壶等文物。该遗址的发掘为研究我国新石器时代仰韶文化的渊源、分期和发展脉络等提供了宝贵的资料，也证明了7500年前龙岗寺人类最早培育了豆科植

物。该遗址也是一处有时代发展序列的重要的古文化遗址。2006年龙岗寺遗址被公布为第六批全国重点文物保护单位。

南寨遗址 旧石器时代，位于南郑区梁山镇南寨村五组（殷家梁）。该遗址分布面积约28000平方米。据史料记载，在此处原采集有石英岩、脉石英砍砸器、石球、刮削器、石核等60余件，石器长10~20厘米，属中更新世遗存。现仅采集到砍砸器及石核。现今遗址上多为耕地。

凤凰山遗址 旧石器时代，位于南郑区阳春镇凤凰村二组凤凰山上。该遗址在凤凰山半山腰偏南，采集有各类石质品标本6件，质地以石英岩、脉石英为主，器形主要有砍砸器、刮削器、尖状器、石刀、石片等。石器中几乎没有二次加工的痕迹，制作粗放，长度一般为10~15厘米。

疥疙洞遗址 旧石器时代，位于南郑区疥疙洞。此处地层堆积厚约1.6米，可划分为十三层，其中第三至第十层为旧石器时代文化层。人类活动面位于第四层以下，具有明显的踩踏面。考古人员在原生地层中发现2枚早期现代人牙齿化石，并在早年被人工搬运至洞外的、含石制品和动物化石的堆积中筛洗发现人类牙齿4枚、头骨残块3块，这些筛洗出土的人类遗骸石化程度多与原生地层中出土的人类化石相当。遗址出土有石制品1500余件，类型包括石锤、石核、石片、工具、断块和片屑，构成了石器生产和使用的不同环节。工具大多以石片为毛坯，多为中小型刮削器，存在少量尖状器，偶见个体较大的重型刮削器，主体属于华北小石片石器工业。还出土了动物化石及烧骨8000余件，初步鉴定有鹿、麂、牛、剑齿象、犀、野猪、大熊猫、熊、狼、最后斑鬣狗、黄鼬、豪猪等20余种，其中鹿科和牛科动物占绝大多数，属于晚更新世"大熊猫—剑齿象"动物群。

疥疙洞遗址是近年来我国旧石器时代考古非常关键的新突破，具有重大的学术意义和科学价值。第一，它是中国旧石器时代遗址中罕见的、保留了距今1.5万~10万年间人类化石和丰富文化遗存的洞穴遗址，地层堆积基本连续，层位关系清楚，出土遗物性质明确，进一步丰富了中国境内距今5万~10万年间的关键考古资料。第二，中国早期现代人化石的出土地点中包含文化遗物者极少，疥疙洞遗址不仅出土有距今3万年左右的现代人化石，还发现有丰富的、共生关系清晰的小石片工业系统的石器，为中国乃至东亚地区早期现代人演化自本土古人群的学说提供了重要的考古学证据。第三，填补了汉中盆地旧石器时代晚期人类洞穴类型居址的空白，对研究早期人类洞穴和旷野阶地两种类型的居址形态和生计方式提供了重要的资料。第四，出土数量众多、种类丰富的动物化石，且与人类活动密切相关，极大地丰富了秦岭地区晚更新世的动物化石材料。因其学术意义重大，被评为2019年度"全国十大考古新发现"之一。

疥疙洞遗址

疥疙洞遗址地层堆积

疥疙洞遗址出土的石器工具

疥疙洞遗址出土早期现代人牙齿化石情况

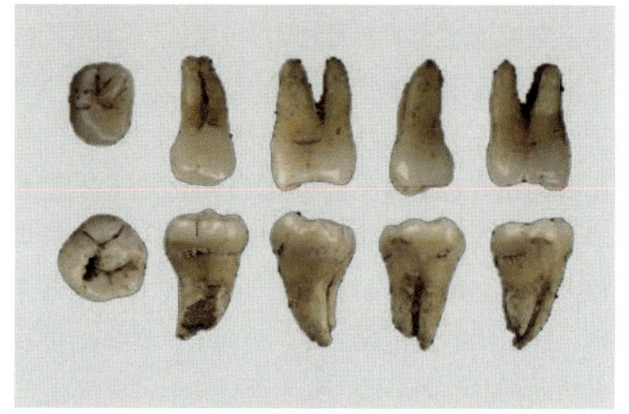

疥疙洞遗址出土的2枚早期现代人牙齿化石

2. 洋县早期人类遗址及远古洞穴遗址

洋县地处汉江之滨，北依秦岭，南靠巴山，环境优越，资源丰富，早在旧石器时代已有先民在这里定居，代表性遗址有金水遗址和大坝河遗址。

金水遗址 旧石器时代，位于金水镇油房湾村金水河西岸的三级阶地上。面积不详。在红黄色含钙结核的亚黏土层中，出土脉石英、石英岩、火山岩质的石球、砍砸器、尖状器、刮削器等多件。属中更新世遗存。

大坝沟遗址 旧石器时代，位于马畅镇大坝沟村北，汉江北岸的三级阶地上。面积不详。在灰黄色含钙结核的砂质亚黏土中，出土石英岩、脉石英质的石球、砍砸器、尖状器、刮削器等多件。同时出土了大熊猫、熊、东方剑齿象、中国犀牛等动物化石。

范坝遗址 旧石器时代，位于洋县谢村镇范坝村。2016年2—6月配合西安至成都高速铁路建设，陕西省考古研究院、中国科学院古脊椎动物与古人类研究所和南京大学地理与海洋学院联合组队，对西安—成都铁路客运专线穿越的谢村镇范坝旧石器遗址进行了发掘，发掘遗址面积175平方米。在原生的黄土和古土壤条带中共出土各类旧石器制品800余件。石制品类型包括石核、石片、石片屑和断块，石器工具有砍砸器、刮削器等。范坝遗址是汉中盆地首次发掘的位于第二级阶地的旧石器遗存，初步估计其形成年代在距今5万～14万年。该遗址的发掘填补了汉中盆地中更新世末期到晚更新世阶段人类旧石器文化的空白，具有非常重要的学术价值。

3. 勉县早期人类遗址及远古洞穴遗址

勉县是汉水上游古文化发源地之一，以诸葛村遗址、金寨遗址为代表的旧石器时代遗址，证明了该县境内旧石器时代便有人类活动的足迹，目前共有14处旧石器时代遗址，1处旧石器出土点。

岳家营遗址 旧石器时代，位于温泉镇郭家湾村岳家营，汉江南岸三级阶地上。面积不详。在含钙的亚黏土层中，出土有脉石英、石英岩、火山岩质的石球、砍砸器、砍斫器、尖状器、刮削器等石器十余件，长10～20厘米，风格粗放。

小中坝东遗址 旧石器时代，位于温泉镇光明村东500米的观子山上。据第二次文物普查记载，该遗址面积约1万平方米。从地表层采集有尖状砍砸器、片状刮削器等多件石器及多种动物化石，石器风格粗犷。

诸葛村遗址 旧石器时代，位于定军山镇诸葛村内，原名武侯墓村遗址。分布面积近8万平方米。遗址地表多次被挖掘，所存遗物较少，采集有砍砸器、石球、石核等。据《中国文物地图集·陕西分册》记载，该遗址位于丘陵地带，地表层采集有砍砸器、砍斫器、石球、石核等数十件。石器石质为石英岩、脉石英和火石岩等，长10～20厘米，风格粗放。

苏家山遗址 旧石器时代，位于金泉镇雍西村南4公里处的丘陵地带。面积不详。《中国文物地图集·陕西分册》记载，该遗址地表采集有石英岩、脉石岩、火山岩质的砍砸器、石球、石核等石器数十件，长10～20厘米。

雍东村遗址 旧石器时代，位于金泉镇雍东村一组北550米。面积不详。《中国文物地图集·陕西分册》记载，该遗址曾在距地表3米的含钙结核褐黄黏土土状堆积层中出土有石英岩、脉石英、火山岩的砍砸器、砍斫器、石球、石核等石器数十件，长10～20厘米。

金寨遗址 旧石器时代，位于褒城镇金寨村东100米。面积不详。从该遗址处采集有石英岩、火山岩、脉石英的砍砸器、砍斫器等石器6件，长10～20厘米。

赤土岭遗址 旧石器时代，位于老道寺镇范寨村四组，汉江北岸三级阶地上，阳安铁路北侧。面积约12万平方米。曾在淡褐红色含钙结核的砂质亚黏土中出土脉石英、火山岩质的石球、砍砸器、尖状器、刮削器等多件，长10～20厘米。

混家沟遗址 旧石器时代，位于金泉镇墓上村混家沟。从该遗址地表采集有火山岩、石英岩质的砍砸器、石球等石器十余件，长10～20厘米。

黄沙遗址 旧石器时代，位于周家山镇黄沙村，汉江北岸三级阶地上，北临黄沙河，南邻川陕公路。面积不详。曾在距地表6～7米的含钙结核红黏土层中出土火山岩质的打制手斧和砍砸器等石器多件，长10～20厘米。

元山北遗址 旧石器时代，位于定军山镇元山村村级道路两侧，地处丘陵地带。面积5.2万平方米。地表采集有石英岩、脉石英、火山岩质的砍砸器、砍斫器、尖状器、手斧及石球、石核等打造石器20余件，长10～20厘米，风格粗放。

杨家湾遗址 旧石器时代，位于新街子镇杨家湾村二组汉江北岸三级阶地上。面积不详。在遗址红黄色含钙结核的黏土层中出土脉石英、石英岩、火山岩质的砍砸器、石球、尖状器、刮削器等石器多件，长10～20厘米。

胡家渡遗址 旧石器时代，位于镇川镇小河村三组王儿沟半山腰，汉江南岸三级阶地上。遗址面积约3000平方米。曾在含钙结核的亚黏土中出土石英石、脉石英质的砍砸器、尖状器、刮削器、石球等石器多件，同时还出土有哺乳动物化石。

王儿沟遗址　旧石器时代，位于镇川镇小河村三组王儿沟北山梁上，汉江南岸三级阶地上。遗址面积约14万平方米。地表采集有脉石英质的尖状器、砍砸器、石球等多件石器。

罗家营遗址　旧石器时代，位于定军山镇罗家营村，漾家河东岸台地上。面积14万平方米。从地表采集有砾石打制的石刀、石斧、砍砸器、刮削器等石器多件。

马鞍山旧石器出土点　旧石器时代，位于温泉镇马鞍山。出土有大量石球、砍砸器、尖状器。此处是汉水流域古人类活动的重要遗址，对研究汉中古人类活动提供了重要的实物资料。

水塘沟化石出土点　年代不详，位于勉县镇川镇廖漕村。面积约2平方公里。自20世纪70年代以来在此处多次发现古生物化石。近年来，当地农民在建住房时多次出土有树木化石、脊椎动物化石。在文物调查时，在该出土点所在地的断层处可见动物化石。

水塘沟化石出土点

五丰化石出土点　年代不详，位于新街子镇五丰村六组南300米一小山坡上。化石出土点面积约为1000平方米。据《中国文物地图集·陕西分册》记载，1988年3月，于距地表5.8米的土梁砾石层中，出土有象牙齿、肢骨化石4块，长0.28～0.62米。该遗址为寻找当地旧石器时代人类活动提供了线索。

茅草梁化石出土点　年代不详，位于阜川镇黄草梁村八组（茅草梁）。据记载，1971年，该地曾在红色亚黏土中，出土有乳白色剑齿象门齿化石，通长2.34米，中部周长0.46米，根部周长0.48米。同时出土的还有象骨架化石碎块。该地现已辟为茶园。该出土点为研究古代生物种群和活动区域提供了一定的实物资料。

（四）安康市早期人类遗址及远古洞穴遗址

安康市境内10区县中，汉滨区、石泉县、旬阳市有洞穴遗址和旧石器出土点，目前共有6处旧石器时代遗址和2处旧石器出土点。

1.汉滨区早期人类遗址及远古洞穴遗址

汉滨雄踞秦巴腹地，荟萃南北风光，素有"陕南明珠"的美称。这里历史悠久，旧石器时代就有先民在此繁衍生息，出现了以关庙遗址为代表的一批旧石器时代文化遗址，目前共有5处遗址，其中区县级3处。

关庙遗址　旧石器时代，位于关庙镇东站村关庙沟东约100米处的汉江北岸二、三级台地上。遗址南至镇政府，北距后湾约50米，西距关庙沟约50米，东为村庄，东西长50米，南北宽30米。在此处曾出土脉石英、石英、砂岩质的砍砸器、刮削器、雕刻器、尖状器等80余件，属更新世中晚期遗存。

关庙西遗址　旧石器时代，位于关庙镇东站村镇政府西约500米处的汉江北岸二、三级台地上。遗址北至关庙中学，南距316国道约50米，东距关庙沟约200米，西为村庄，东西长50米，南北宽30米。此处出土了刮削器、雕刻器、石锥、砍砸器等。现为县级文物保护单位。

后湾遗址　旧石器时代，位于关庙镇东站村村委会西北约500米后湾。遗址北距襄渝铁路约200米，南至关庙镇政府约100米，西为后湾，分布于汉江北岸二、三级阶地上。二级阶地为全新世堆积，主要出土细小石器；三级阶地为晚更新世末段，出土尖状器、刮削器、石核、石片等。现今遗址表面被村民住宅及耕地覆盖。现为县级文物保护单位。

2.石泉县早期人类遗址及远古洞穴遗址

石泉县境内目前有1处远古洞穴遗址，1处旧石器出土点，其中区县级文物保护单位1处。

山岭子旧石器出土点　旧石器时代，位于中池镇裕民村东北1公里处，海拔429米。遗址分布面积约350平方米，是石泉县至今发现的唯一一处旧石器点，填补了石泉县境内没有旧石器点的空白，丰富了陕南地区旧石器时代遗址的分布，对认识和了解这一区域旧石器时代文化面貌具有重要的意义。当地农民在生产活动中曾挖出手斧、砍砸器等旧石器时代器物。在文物调查中，共采集到标本7件，石器打制痕迹明显。现为区县级文物保护单位。

山岭子旧石器出土点遗物

3. 旬阳市早期人类遗址及远古洞穴遗址

张家栈子旧石器采集点 旧石器时代，位于仙河镇仙河口村汉江北岸二级台地。遗址所在地为地势平缓的农耕地。暴露的文化层为第四纪红褐色黏土，包含有较多的石英、砾石块。在此处采集到多件打制的尖状石器、刮削器、砍砸器和砾石、石英石片等。同时在遗址东约百米处发现有新石器时代遗址，类似李家村类型。该旧石器时代文化遗址的发现，填补了本地区这一时期文化的空白，同时也和相邻的湖北郧西旧石器时代文化相互印证，为汉水流域旧石器时代文化研究提供了新的资料。现为县级文物保护单位。

（五）渭南市早期人类遗址及远古洞穴遗址

秦岭北麓渭南段旧石器时代遗址 旧石器时代，位于秦岭北麓的渭南地区，主要分布于潼河、洛河、桥峪河、箭峪河、沈河等渭河支流沿岸的黄土台塬地带。此地带是我国旧石器时代遗存的重要分布区。2020年陕西省考古研究院联合中国科学院古脊椎动物与古人类研究所、渭南市博物馆（渭南市文物保护考古研究中心）对陕西秦岭北麓旧石器时代遗址进行了较系统的田野调查，调查面积约140平方公里，新发现旧石器遗址33处，获得石制品、动物化石等标本400余件。绝大多数旧石器遗址的文化遗存埋藏于黄土—古土壤地层中，自中更新世早期至晚更新世晚期的黄土地层中，均有人类文化遗存发现；另有极少数人类文化遗存埋藏于黄土底部的河流相地层中。中更新世早、中期地层中发现的石制品原料以脉石英为主，其次为石英岩，工具多见简单修理的石片刮削器，兼有少量砾石砍砸器，属于简单石核—石片技术的产品。中更新世晚期至晚更新世早期地层中发现的石制品原料仍以脉石英和石英岩为主，大多仍属于简单石核—石片技术的产品，存在少量阿舍利石器技术的产品。在晚更新世晚期地层中发现的石制品，在原料方面未有显著变化，但在尺寸上呈现出更加小型化的趋势，从目前发现的材料看，均属于简单石核—石片技术的产品。在一些遗址中，还发现有哺乳动物化石，属种以牛科、鹿科动物为主，还发现少量犀牛化石。此次调查发现对研究秦岭区域的旧石器时代遗存分布具有重要的意义。

二、秦岭区域聚落与城市遗址

陕西境内秦岭区域分布着丰富的聚落和城市遗址，目前共有961处，见证了人类在秦岭的活动足迹。其中商洛市190处、汉中市110处、安康市181处、渭南市124处、西安市89处、宝鸡市267处。

（一）商洛市聚落和城市遗址

商洛，因境内有商山、洛水而得名，位于陕西省东南部，秦岭南麓，与鄂、豫两省交界；东与河南省的灵宝、卢氏、西峡、淅川县市接壤，南与湖北省的郧阳区、郧西县相邻，西、西南与陕西省安康市的宁陕、旬阳和西安市的长安区、蓝田县毗邻，北与陕西省渭南市的潼关县、华阴市、华州区相连；辖商州、洛南、丹凤、山阳、商南、镇安、柞水1区6县。商洛地跨长江、黄河两大流域，河流众多，气候温和，雨量充沛，四季分明，属半湿润山地气候。独特的地理和气候条件，赋予商洛良好的生态环境和丰富的森林和生物资源，因此自石器时代开始，洛河、丹江、金钱河、乾佑河、旬河沿岸，先民便在此聚居，繁衍生息，给后人留下了众多的聚落和城市遗址，在境内1区6县中均有分布。其中全国重点文物保护单位2处，省级文物保护单位7处，区县级29处。

1. 商州区聚落和城市遗址

商州区的古遗址以丹江谷地及其主要支流两岸分布最为密集。史前至商周遗址主要分布在城关、沙河子、张村、白杨店、夜村、孝义等乡镇丹江主流两岸的第二、三级台地上，尤其以东龙山、紫荆、岱塬等遗址最具代表性，其文化内涵包括了关中地区新石器时代老官台、仰韶、龙山诸文化类型和荆楚地区的屈家岭文化因素，对黄河流域与长江流域诸文化的交流、影响有重要参考价值。岱塬遗址是继东龙山遗址之后的又一重大发现，其二里头文化时期遗物对于丹江上游地区二里头文化的分布和演变研究有重要意义。陈塬尖角遗址则由新石器时代一直延续到汉代，发掘出的窖穴、房址等文化遗迹，出土的器物，既有与关中西周中晚期的同类器物有较强的趋同性，也有很明显差异，与江汉平原地区西周时期的楚文化也有着密切的联系。其中2处东龙山遗址、紫荆遗址为全国重点文物保护单位，小圆坪遗址为省级文物保护单位，贾塬遗址、贾圪塄遗址、七亩墹遗址、赵塬遗址、西坪遗址、庾塬遗址、吉塬遗址、房湾遗址、代街遗址、商州古城等10处为商州区文物保护单位。

（1）全国重点文物保护单位

东龙山遗址 新石器时代—汉，位于商州区城关街道办事处东龙山村，丹江北岸二、三级台地上。遗址东西长约1000米，南北宽约200米，总面积20万平方米。1956年首次发现，后经多次考古调查、复查。1997—2002年6年间，陕西省考古研究所、商洛市博物馆、商州区文物管理办公室先后进行了5次考古发掘，发掘面积2030平方米，共计发现房址20余座，窖穴300座，墓葬100余座，出土了一大批以石、骨、陶质为主的生产生活用具。这些都证明此处是一处分布面积大、文化堆积厚、延续时代长、内涵非常丰富的古代聚落遗址。东龙山遗址包括了新石器时代仰韶—龙山文化、夏文化、商文化、周文化以及汉代的遗存，文化序列清晰，是丹江盆地古文化遗址的典型代表。其中属仰韶文化遗存的有房址2座、窖穴2个，器物以陶器为主，器类多见敛口钵、窄沿曲腹盆、双唇口或环状口尖底瓶、深腹罐、深腹缸等。属于龙山文化遗存房址5座、窖穴6个、墓葬6座，出土石、骨、蚌、陶质生产工具和生活用具，日用陶器主要有高领斝、单把鬲、釜形鼎、双耳斝、双耳带流盉、深腹罐、双耳罐、宽沿盆等。

夏代文化遗存的可分四期，各期的年代基本上与河南偃师二里头遗址一至四期相对应。早期墓葬50座，排列有序，数座有墓上建筑遗迹，8座使用木棺葬具，随葬只有陶器、石器、玉器，出土遗物十分丰富。生产工具以穿孔石刀、石镞、石斧最多，并有一定数量的骨铲、骨锥、骨镞和陶纺轮等。日用陶器以夹砂和泥质灰陶为主，器类主要有长颈斝、双耳罐、三耳罐、圜底罐、口沿外带花边长颈圆腹罐、高领鬲、盆形鼎、釜形鼎、觚、簋等。饰品和礼器则以石璧、玉璧、牙璋、玉戚、玉圭为主。此外还有大量卜骨及动物遗骸等。晚期遗存发现窖穴30余个，墓葬15座，出土陶器数量最多，主要有鼎、鬲、尊、豆、盘、盆、甑、瓮、缸等，文化面貌亦与二里头文化三、四期基本相同。商代文化遗存以陶器为大宗，主要有鬲、簋、尊、豆、盆、甑、罐、罍、盉、壶等，还有各种质料生产工具、武器、礼器以及卜骨等，并发现一定数量的铜器和铜炼渣等遗物。日用陶器形式复杂多变，早晚差异明显，但总体文化面貌与以郑州二里岗为代表的商代文化基本一致。周代文化遗存以陶器为大宗，主要器形有鬲、盆、豆、罐等，其文化面貌与关中地区同期周文化有一定差别，而与江汉平原地区所发现的同期先楚文化关系密切。

　　东龙山夏、商、周文化遗存的发掘与发现，是陕西夏代考古的一项重大突破，进一步完善了陕西东南丹江上游考古学文化的编年序列。夏代早期墓上建筑遗迹的发现，为我国墓上建筑的起源研究提供了新的证据，而周代遗迹遗物的发现，为楚文化起源研究提供了新的重要线索。2003年东龙山遗址被公布为陕西省文物保护单位，2006年被公布为第六批全国重点文物保护单位。2011年12月已有由科学出版社出版的《商洛东龙山》考古发掘报告，由陕西省考古研究院、商洛市博物馆编著。

东龙山遗址外景手绘图（自南向北）

（图片来源：《商洛东龙山》）

东龙山遗址出土陶器

东龙山遗址出土商代卜骨正面　　东龙山遗址出土商代卜骨背面　　东龙山遗址出土龙山文化陶罐

东龙山遗址出土石圭　　东龙山遗址出土铜镞　　东龙山遗址出土夏代早期陶壶

东龙山遗址出土玉牙璋

紫荆遗址　新石器时代—西周，位于商州区东南约7公里，紫荆村附近的丹江南岸第二级阶地上。遗址东西长约500米，南北宽400米，面积20万平方米。该遗址于1953年发现。1953年、1982年进行了两次考古发掘，发现房址多处、窖穴200余座、墓葬50余座以及陶窑、壕沟等，出土完整的石、骨、角、蚌、陶质等生产生活用具2000余件。这些表明紫荆遗址是丹江上游商州境内一处面积较大、文化堆积厚、文化延续时代长、文化类型复杂且保存完整的古聚落遗址。

遗址第一期属于前仰韶文化老官台类型。发现的遗迹主要有窖穴等，遗物主要为日用陶器，典型器物有侈口深腹直壁三足罐、三足钵、平底罐、圈足钵等。文化层较薄而性质单纯，被覆压于仰韶文化半坡类型之下。第二期为仰韶文化半坡类型。发现的遗迹有窖穴、壕沟、陶窑、墓葬等，遗物较为丰富，日用陶器主要有钵、碗、盆、尖底瓶、罐、瓮、杯，纹饰有人面鱼纹等。生产工具质地有石、骨、陶等，类型有石砍砸器、斧、刀、铲、锛、凿、网坠、镞、骨匕、针、锥及纺轮、陶锉等。第三期为半坡晚期类型。主要遗迹有窖穴、陶窑、墓葬等。遗物较前期更为丰富，工具类器物数量明显增多。日用陶器主要有喇叭口束腰尖底瓶、平底钵、宽沿盆、带流盆、假圈足碗及瓮、壶、罐等。第四期为龙山文化遗存。遗迹有房址、窖穴、墓葬、陶窑等。遗物最为丰富，出土数量最多，器类繁杂，代表性器物有圈足杯、单耳杯、双耳杯、三耳杯、鬲、鼎、圜底缸、漏、壶、斝、豆、盉、甑、鬶、斝、花边沿罐、尊等。该期的文化类型大体包括了庙底沟二期文化、屈家岭文化、客省庄二期文化、二里头文化等多种类型。第五期属于西周文化，仅发现少量窖穴，遗物相对单纯，主要有日用陶器，典型器物有瘪裆鬲、尊、豆、盉、罐、甗等。

紫荆遗址考古成果为建立陕西东南地区史前考古学文化编年奠定了基础，也为黄河与长江流域史前文化的交流、互动、研究提供了重要的考古学史料和信息。1992年被公布为陕西省文物保护单位，2013年被公布为全国重点文物保护单位。

紫荆遗址出土石磨棒

紫荆遗址出土石刀

紫荆遗址出土石铲

紫荆遗址出土骨铲

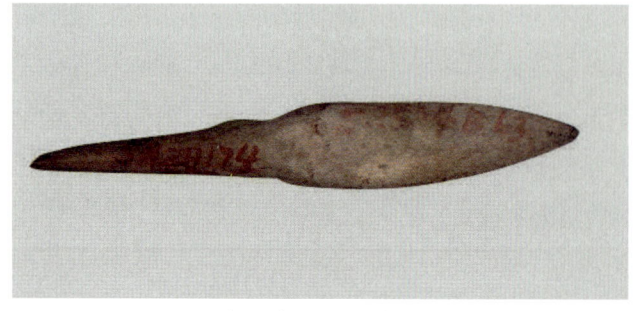
紫荆遗址出土骨镞

紫荆遗址出土骨锥

紫荆遗址出土陶钵

紫荆遗址出土陶尖底瓶

紫荆遗址出土双耳罐

紫荆遗址出土陶鼎

紫荆遗址出土陶鬲

紫荆遗址出土陶罐

（2）省级文物保护单位

小圆坪遗址　新石器时代—汉，位于商州区夜村镇杨塬村丹江北岸的二、三级台地上。遗址面积4.96平方米。在紧邻丹江的断层上，有断续文化层暴露，文化层距地表0.8～1.5米，厚0.5～2米，灰色土质，其间夹杂红烧土块、兽骨、陶片，偶见人骨、残石器等。在此处采集到完整石斧、石环和一定数量的陶片，陶质有泥质红陶、夹砂红陶、泥质和夹砂灰黑陶，以灰陶居多；纹饰有绳纹、刻划纹、篮纹等；可辨器形有钵、盆、罐、瓶、豆、鬲和板瓦。1992年被公布为陕西省文物保护单位。

（3）县级文物保护单位

赵原遗址 新石器时代，位于张村镇董家涧村南、王山底河西岸二级阶地上。遗址东西宽约100米，南北长约400米，面积4万平方米。1980年10月发现。在临王山底河一侧断面上，发现有带状灰坑及残存陶窑明显挂露。遗址代表的文化类型包括庙底沟文化和客省庄二期文化。庙底沟文化器物多为夹砂红陶和细泥红陶，可辨器形有卷沿彩陶盆等。

庾塬遗址 新石器时代—汉，位于沙河子镇庾塬村。遗址东西长约300米，南北宽约400米，总面积12万平方米。遗址西、南、东三面断崖上均见断续的文化层和不少灰坑，文化层厚0.6~2米，内夹杂红烧土粒，出土陶片及残石器。陶片以泥质红陶居多，泥质灰陶和夹砂灰陶次之，可辨器形有仰韶文化中晚期的双唇口尖底瓶、钵、灶、罐、瓮等，同时还可见大量龙山文化和周代的鬲、罐、豆等器物残片和汉代墓砖，内涵丰富。现为商州区文物保护单位。

七亩涧遗址 新石器时代—唐，位于夜村镇夜村西二级台地之上。在遗址南侧断面发现文化层，长约200米，厚约0.6米。出土遗物有夹砂红陶罐口沿、鼎足等。遗址中部还发现有唐代砖、瓦。现为商州区文物保护单位。

代街遗址 新石器时代—唐，位于孝义镇代街村西的丹江南岸三级台地上。遗址东西长约700米，南北宽约200米，面积14万平方米。遗址地表高低不平，文化遗存丰富。南部发现汉代窑址，东西绵延约500米，窑址范围内红烧土随处可见。暴露文化层1处，厚1.7~2米，遗物分布密集，主要为汉代板、筒瓦片。另外在遗址南部和东部各发现唐墓1座，已遭破坏，墓葬形制、规模无从考证。唐墓墓砖长0.29米，宽0.13米，厚0.04米。在村内还发现有汉代子母砖，砖长0.33米、宽0.15米、厚0.06米，说明遗址内有汉墓存在。据调查，此地曾为汉阳城所在地。代街遗址属丹江上游一处面积较大、文化内涵丰富、延续时间较长的古文化遗存，对陕西东南地区史前及历史时期文化序列等具有重要意义。

西坪遗址 商—战国，位于夜村镇于塬村西南二级台地上。遗址平面略呈长方形，东西长400米，南北宽100米，总面积约4万平方米，文化遗存密集区在遗址南部。断面上发现文化层，长约100米，厚约1米，紧靠地表。南部断面上还发现2个窖穴，距离地表0.4米。两个灰坑中均发现有泥质、夹砂红陶和灰陶，纹饰以绳纹、网纹、旋纹为主，可辨器形有壶、罐口沿等。另外还发现兽骨以及穿孔贝壳等。现为商州区文物保护单位。

（4）其他遗址

李家塬遗址 新石器时代，位于刘湾街道办事处李家塬村，地处丹江北岸三级台地之上。遗址东西长约1000米，南北宽约200米，面积约20万平方米。沿丹江一侧和龟山公园东部坡腰断面上有文化层暴露，厚0.6~2米，呈灰色土质，内夹杂有陶片、烧土块及兽骨残段。采集的陶片以泥质红陶、夹砂红陶为主，纹饰以绳纹居多，可辨器形有钵、尖底瓶、盆等。

西塬顶遗址 新石器时代—商，位于张村镇张村西三级台地之上。遗址南部文化遗存较为密集，在断面上发现1座窖穴，腹径1.5米，深1.2米，灰土中夹杂有泥质、夹砂红陶、灰陶和褐陶陶片，纹饰主要有绳纹、弦纹、线纹，器形有罐、盆、缸、鬲等。

南沟口遗址 新石器时代—商，位于张村镇南沟口二级台地之上。遗址呈扇形分布，东西长100米，南北宽60米，面积约6000平方米。台地北部断面发现长约25米、厚1米的文化层，距离地表0.8米。发现窖穴1个，口部已破坏，残存部分径2米、深约0.5米。灰土内发现有泥质、夹砂红陶和灰陶陶片，以及大量红烧土，可辨器形有鬲肩部、缸、罐口沿等。另在灰土内还发现1件残石锛。

麻坪遗址 新石器时代—周，位于张村镇董家塬村北二级台地。遗址南北长100米，东西宽80米，面积大约8000平方米。文化层暴露于南北走向的断崖上。还发现1处窖穴，灰土中夹杂大量的陶片、红烧土块、木炭屑、碎骨头等。遗物有夹砂褐陶、泥质灰陶和夹砂灰陶，纹饰有绳纹、弦纹等，器形有罐、鬲等。

陈塬村尖角遗址 新石器时代—汉，位于陈塬街道办事处陈塬村西北部山前台地上。遗址南北长300米，东西宽200米，面积6万平方米。地层断面可见文化层、窖穴和汉代墓葬等遗迹暴露。遗物有细泥红陶、夹砂红陶、少量褐色陶、泥质灰陶和夹砂灰陶等，可辨器形有钵、盆、甑、罐、鬲、环等，另采集到残石斧、石刀。2004年在遗址西发现房屋基址1处，全长37.5米，仅存白灰地面，地面残留少量陶片。在遗址南端也发现保存较好的3处房址，共10间，长11.7米，进深2.36~2.8米。从房址内清理出较多的鬲、盆、豆、罐、瓮、甗等生活器皿残片，穿孔石刀、骨器、陶纺轮等生产工具及龟甲和碳化植物颗粒。在房址以西不远处还清理出壕沟1条，口大底小，与房址走向基本一致。从陶器器形来看既与关中西周中晚期的同类器物有较强的趋同性，也有很明显的差异，有差异之处与江汉平原地区西周楚文化有着较为密切的关系。

刘二村岭子遗址 新石器时代—汉，位于孝义镇刘二村附近。遗址南北长200米，东西宽150米。文化遗存丰富，发现1处长约30米，厚2米的文化层和1处灰坑。采集到的陶片以泥质红陶、夹砂灰陶、泥质灰陶等为主，纹饰以绳纹、网格纹多见，可辨器形有盆、罐、釜口沿。地表堆积大量汉代绳纹板瓦、筒瓦残片。

董家塬遗址 新石器时代—汉，位于张村镇董家塬村南二级台地。遗址南北长300米，东西宽200米。遗址表面平坦，在其东部断面上发现有2个窖穴，深1.5米、腹径2.2米。采集到的陶片有泥质红陶、夹砂红陶、灰陶，纹饰以绳纹为主，可辨器形有罐、鬲。另发现有动物骨骼和残石刀等。

后坪遗址 商—汉，位于腰市镇南王肠沟河南岸的台地上。遗址呈东西向分布，东西长约100米，南北宽约100米，文化层厚约1.5米。在北缘断面上发现少量的陶片、瓦片，陶片多夹砂灰陶，瓦片为粗绳纹板瓦。据标本判断，此处秦汉时期的遗存比较丰富。

唐塬遗址 商—唐，位于白杨店镇唐塬村。遗址东西长约260余米，南北宽约120余米。遗址东侧断面上可见长5米、厚0.3米、距地表1米的文化层。采集到的陶片为泥质红陶、泥质灰陶、夹砂红陶、夹砂灰陶、泥质黑陶，纹饰有绳纹、布纹等，可辨器形有鬲足、筒瓦、板瓦、罐等。遗址表面分布陶片也相当丰富。同时在遗址上层发现唐代墓葬1座、陶窑2座。

乐园遗址 春秋—汉，位于白杨店镇乐园村东丹江南岸三级台地上。遗址东、南侧临丹江，北至西南铁路，西为乐园村村民居住地。台地呈扇形，表面平坦，西北高，东南低，东西长约300米，南北宽约250米。在遗址东部的断面底部发现夹砂灰陶片，纹饰有绳纹、旋纹等，器形有罐、盘口沿等。

南坪遗址 秦—汉，位于腰市镇兴胜村九组。遗址东西长约100米，南北宽约50米，文化层厚约1.5米。在村民郭云家屋后的地层断面上可见密集分布的陶片、瓦片。采集到粗绳纹板瓦、细绳纹筒瓦和少量陶片。

刘家塬遗址 汉，位于孝义镇刘一、刘二村，丹江南岸二级台地上。遗址北至丹江，南接312国道，东、西均为村民居住点。遗址形状不规则，东西长约500米，南北宽约300米，南高北低。在刘二村西北侧约300米处发现有明显文化层，长约100米、厚0.4米，文化层内遗存极为丰富。该遗址遗存比较丰富，发现有大量汉代绳纹板瓦、筒瓦，少量陶片和动物骨骼。

王塬遗址 汉，位于夜村镇杨塬村王塬组，处于丹江东岸的二级台地之上。台地北高南低，遗址面积约2.6万平方米。在台地西缘断面下部发现1处窖穴遗存，深约1.3米、腹径0.9米。在灰坑内采集到泥质红陶、灰陶片，纹饰有旋纹、绳纹等，可辨器形有罐口沿、钵口沿、缸底以及绳纹板瓦等。

古城村城址 汉，位于孝义镇代街村七组（原古城村），处于丹江南岸三级台地之上，南为312国道，其余三面均临丹江。城址略呈扇形，南高北低，东西长约900米，南北宽约300米，面积约27万平方米。城址西部残存夯筑墙垣，残高1.4米。遗址表面文化遗存丰富，可见大量汉代瓦片及少量泥质红陶、灰陶片。城址南部发现窖穴1座，深0.8米，距地表0.25米。该城址保存状况较好。

王家巷遗址 汉、唐，位于孝义镇陈巷村王巷组北侧的丹江南岸二级台地之上，东至通村公路，北至312国道，西、南均为农田。台地呈扇形，南高北低，南北长80米，东西宽40米。在遗址边缘发现2座唐墓：一号墓位于遗址北部断面之上，发现少许唐代瓦片；二号墓位于遗址北部，发现唐代墓砖，砖长0.3米、宽0.15米、厚0.05米。另外在遗址表面还发现有泥质灰陶和夹砂灰陶片，可辨器形为罐等。

寺坪遗址 唐，位于大荆镇薛沟村五组寺坪河北岸的二级台地上。遗址平面呈带状，南北长约100米，东西宽约20米，文化层厚约1.5米。在遗址东缘断面上发现少量的陶片、瓦当残片和瓷片。陶片多夹砂灰陶，器形难辨。瓦有筒瓦和纹饰瓦当，瓷片为碗类残片。

商州古城遗址 元—明，位于商州区城关街道办事处莲湖公园内。康熙《续修商志》记载，元代对商州古城城墙进行了一次较大规模的修缮，四周夯筑土墙，周长五里。明代续修城楼、敌台、水门等附属建筑，城墙包砖，"高二丈二尺，底宽二丈，顶宽一丈二尺，垛口一千六百六十口，墩台十七座，角楼四座，腰铺二十一间"。清顺治二年（1645）春，李自成残部攻破商州，将城上建筑拆除。同年秋复修葺。自1954年开始，由于城市建设的需要将城墙逐步拆除，现仅存西城墙南段和南城墙西段共约600米。其中，南城墙西段现约487米，有敌台3座，西城墙南段现存119米。墙体剖面呈梯形，残高1.5～7米，基宽5米，上部宽2.5～3米。城墙外包砖部分已经脱落，上部表面后以水泥加固。现为商州区文物保护单位。

寺坪遗址

2. 镇安县聚落和城市遗址

镇安县地处秦岭南麓中段，远在5000多年前的新石器时代，乾佑河与旬河共同滋润的这片土地上便有人类繁衍生息的足迹，留下了以赵湾遗址为代表的一批文化内涵丰富的聚落遗址，在遗址中发现了红陶、灰陶盆、罐等器物残片和陶窑痕迹。在县境内目前发现聚落和城市遗址25处，其中县级文物保护单位2处。

（1）县级文物保护单位

赵湾遗址 新石器时代，位于镇安县米粮镇十字河交汇米粮河口北岸的三角地带一级台地上。该遗址受河水冲刷破坏严重，地面很少见到陶片，仅在被河水冲刷的断崖上，显露出灰色土层。土层中夹杂有泥质红陶片和夹砂红陶片，可辨的有钵、罐、尖底瓶等残片。纹饰以绳纹为主，线纹次之，线纹多饰在尖底瓶的残片。

赵湾遗址

前湾遗址 新石器时代，位于镇安县米粮镇前湾唐家河东岸二级台地上，自然环境优越。在遗址周围的断崖上均可见新石器时代文化层暴露，厚度在0.3~0.8米，层内含灰色和褐色陶片，并夹杂有兽类残骨。可辨器形有泥质灰陶平底罐、灰陶碗和褐陶碗。纹饰以绳纹、篮纹为主，素面次之。

（2）其他遗址

阳坡坪遗址 新石器时代，位于高峰镇阳坡坪，冷水河北岸二级台地之上。遗址面积约1.5万平方米。文化层堆积厚0.5~1.5米，其中包含有较丰富的夹砂陶、泥质陶陶片，另外还发现一些兽骨。可辨器形有陶罐、陶钵，纹饰以素面为主。该遗址面积大，堆积较厚，内涵较为丰富。

岩屋遗址 新石器时代，位于镇安县岩屋河北岸二、三级台地上。面积约3000平方米。遗址内涵单纯，夹砂红陶和泥质红陶约占

前湾遗址

70%，其余为夹砂灰陶和泥质灰陶；可辨器形有钵、尖底瓶等；纹饰有绳纹、线纹及附加堆纹。公路边土坎上一陶窑断面裸露于外。从残存的陶窑断面看，窑壁为青烧结，青烧结外为红烧土，再外为生黄土壤。

王家坪遗址 商—汉，位于镇安县永乐街道办事处王家坪村一组乾佑河西岸的二级台地上。遗址西边略高，南侧较低，南北长200余米，东西宽50余米，面积约1万平方米。有西（安）—安（康）铁路从遗址东侧中心穿过，对遗址损毁比较严重。在遗址南缘断面上发现夹砂褐陶、泥质灰陶器物残片，可辨器形有盆、罐等，纹饰为绳纹或素面。

中坪遗址 战国—汉，位于镇安县庙沟镇中坪村旬河左岸二级台地上。遗址面积2.4万平方米。在遗址中采集到的1件高柄豆，属战国时期典型器物。该遗址汉代遗存相当丰富，有板瓦、筒瓦，以及汉代墓葬和大量墓砖。中坪遗址位于旬河的中游，往西北30余公里与安康的宁陕接地，东南与安康的旬阳市毗邻，从地理位置和文化内涵推断，中坪遗址位于子午道的东侧，与安康境内子午道上所分布的驿站应该属于同一性质，可能是子午道整体驿站的组成部分。

（3）崖居遗址

铜关村崖居遗址 明—清，位于镇安县青铜关镇铜关村内镇政府西南1.2公里处的山脉崖壁山腰处。崖居共有3座，均坐西朝东。地势险峻无法攀登，崖居内部情形不明。洞口高约10米，宽约10米，距沟底约500米，距山顶约50米。洞口周围有大面积干扎垒砌石块，部分已坍塌。

马岩山崖居遗址 明—清，位于镇安县高峰镇银坪村一组马岩山的悬崖峭壁上。崖壁为页岩石质，面朝北，上距山顶约70米，下距河床约100米。在山体内凹处建筑，以片石及块石干打垒砌筑外墙，东西向，残存长约8米，高1~1.2米，厚度不详。崖壁上有三层约15个小方孔，是为崖墓墓口，间距0.5~1米。封门已经被打开，墓口有风化，不甚规整。

庙坡崖居遗址 明—清，位于镇安县永乐街道办事处庙坡村南面一座东西走向的山崖上，利用天然溶洞改建而成。洞口残存一段干扎垒石砌的墙体，长约4米，残高2米左右。从侧面可以看见洞内仍砌有石墙，内部结构不详。山崖下部东侧亦有1座崖居，应与上部崖居是同一时期所建，现已被当地村民改造为庙宇使用。

百神洞崖居遗址 明—清，位于镇安县庙沟镇蒿坪村桂花组北200米的山崖上部。崖壁为页岩石质。该崖居利用自然山洞，洞口朝东，高约10米，宽约5米。在洞口处有干打垒砌筑的外墙。墙体风化较为严重，大部分垮塌。

中坪朱砂寨崖居遗址 明—清，位于镇安县庙沟镇中坪村长沙组朱砂寨山山体上部。崖居均坐西面东，崖壁面平整美观，排列有序，立面面积约120余平方米。可见5个长方形洞口，左侧3个为人工开凿，上下排列，高在2~3米，宽1.2~1.6米；右侧为石条干打垒砌筑的墙面，上下开2个口，应为崖居之门，高2~2.2米。

太白庙村崖居遗址 明—清，位于镇安县月河镇太白村五组对面的峭壁山腰。崖居距地面高约30米，向西。崖居口部呈长方形，较为规整。崖居口外地面用石块干打垒砌筑而成，并用五根木条做成门框形状，高2.3米，宽2米。

莲池崖居遗址 明—清，位于镇安县米粮镇莲池村四组栗树河南岸的崖壁上。崖居距地面公路约100米，坐南面北，为一自然生成的山洞，高约5.5米，宽约3米。洞口用块石干打垒砌护墙，高约3米，左侧留有一门。由于无法攀登，洞内形制不详。

平安村崖居遗址 明—清，位于镇安县木王镇平安村四组甘岔河北岸一陡崖上。崖居下距河床约30米，为一自然生成的山洞。洞口呈椭圆形，高约6米，宽约11米。洞口用毛石干打垒工艺砌护墙基，上面用夯土筑墙。由于山体陡峭，无法攀登，洞内情况不明。洞口夯土墙有垮塌迹象，保存状况较差。

江西村崖居遗址　明—清，位于镇安县米粮镇江西村一组通村路南的陡峭崖壁间崖居所在山崖东西走向，山高70～80米。崖居位于山腰，坐南面北，利用自然山洞，在洞前端用干打垒工艺砌筑石墙而成。崖壁陡峭，无法进入。墙体长约7米，高约5米，基本保存完整，局部石块略有垮塌。墙体中部辟有小窗，高、宽均在0.7米左右。

水围城崖居遗址　明—清，位于镇安县庙沟镇双喜村一组水围城。崖居口均朝西，凿在一片南北长约30米、上下宽约50米、立面面积约1500平方米的崖壁上，共计崖居口4个，排列无序。最上层崖居口距山顶约15米，最下层距河床约100米，保存较为完整。因崖壁陡峭，无法攀登，内部结构不详。崖居Y1—Y3口呈横长方形，崖口用片石干打垒砌外墙，有垮塌，一侧置门，门高约1.5米，宽约2.1米。

菩萨殿崖居遗址　清，位于镇安县月河镇菩萨殿村一组月河北岸的崖壁上。崖居距下面通乡路地面约20米，坐北面南，为一自然生成的山洞，高约6米，宽约9米，进深约11米。洞口用毛石干打垒砌筑护墙，高约2米，中间留有一门。洞内中间用石砌墙，隔成两个小室。

3. 丹凤县聚落和城市遗址

丹凤县位于陕西东南部，秦头楚尾，自古为秦楚文化交汇之地，风俗兼具南北特点，在长期的发展过程中，留下了众多的遗址类文化遗产。丹江河谷南北两岸多宽阔平坦的台地，土层较厚，土壤肥沃，人口集中，适宜居住，古代劳动人民在此地繁衍生息，留下了许多古文化遗址，并集中分布在龙驹寨至棣花镇一段的丹江沿岸，例如商邑古城战国秦汉遗址、巩家湾新石器商周遗址等大型遗址。丹江沿岸以外多数比较偏远的山区村镇，受地理环境和生存条件的制约，大型遗址较少，发现的遗址一般面积都不大，而且遗址中的遗存物较少，文化内涵的延续性也比较单一，多数为一个或两个文化时代，形成彼此间文化内涵差异较大的现象。在县境内，有聚落和城市遗址29处，其中省级文物保护单位1处。

（1）省级文物保护单位

商邑遗址　战国—西汉，位于丹凤县县城西2公里丹江北岸的龙驹寨街道办事处古城村。遗址南北长约1000米，东北宽约300米，总面积约30万平方米。1979年首次发现，1996年陕西省考古研究所、商洛市博物馆和丹凤县博物馆联合对古城遗址进行了全面调查和抢救性发掘。在考古发掘中发现一段秦国修筑的城墙和长约1公里的城墙墙基，随后在遗址中采集到一面模印小篆"商"字半瓦当。依据这些发现并结合文献资料记载，基本确认了古城村即是商鞅封邑遗址。

商邑遗址　　　　　　　　　　　　　　　商邑遗址出土"商"字瓦当

商邑遗址夯土　　　　　　　　　　　　商邑遗址文化层堆积

秦国在秦孝公十一年（前351）曾在丹江通道修筑城池，修筑时代和地理位置方面都与商鞅封邑的记载相吻合。商邑遗址中大量的陶器和建筑材料等遗存，总体特征与关中和秦都咸阳所发现的战国中晚期以至秦代的陶器都是一致的，所以推断该城墙的修筑年代不晚于战国晚期，那么，这段城墙极有可能就是秦孝公"城商塞"时修筑的城墙遗存。卫鞅被封在这里，从此以后，历史上称卫鞅为商鞅。

1996年考古发现的秦代古城，不同于四面用墙体合围起来的城池，而是利用丹江和老君河两条河流，加上一条人工修筑的城墙，组成的一座独特的城池，以达到军事防御的目的。这座秦国修筑的古城，在秦始皇统一中国后，作为商县的县址加以利用和扩建，使商邑古城在相当长一段时间内，成为丹江流域上游地区一处政治经济中心。2014年第二次对遗址进行考古发掘，发现有城墙与环壕遗迹。环壕位于城墙以东3～4米处，与城墙平行，呈南北走向。由于多次平整土地，城墙遭到严重破坏，仅残存底部。残存城墙宽约10米，夯层厚度约0.1米，夯窝比较明显，城墙内夹杂有为数不少的瓦片和少量的铜镞等遗物。环壕宽约17米，横剖面呈"U"字形，底部发现有0.4～0.5米厚的青膏泥，同样夹杂有瓦片和少量铜镞等遗物。城墙、环壕中出土了大量板瓦、筒瓦残片，其工艺与形状特征符合春秋战国时代瓦片的典型特征，年代相对较为明确。同时，还发现16座早期墓葬，均为小型楚墓，集中分布在护城河以东区域。此次发现的墓葬均为竖穴土坑墓，近似东西向的墓葬有11座，近似南北向的5座，皆为仰身直肢葬，葬具为木棺，墓葬底部有青膏泥。随葬品有铁剑、陶豆、敦、壶、鼎、罐、鬲等。人骨、棺木、随葬陶器皆破碎度较高，大部分墓葬仅存人骨、棺木痕迹。这些楚墓的人骨虽然保存极差，但仍可看出其不同于秦人屈肢葬的仰身直肢葬，随葬品为典型楚式风格，时代为春秋到战国之间。商邑遗址的再次发掘有助于进一步了解它的布局及文化内涵。商邑遗址于1992年被公布为陕西省第三批文物保护单位。

（2）其他遗址

鹿池遗址　秦、汉、明、清，位于丹凤县龙驹寨街道办事处鹿池村。遗址面积约2万平方米，地表散布大量秦汉时期的绳纹筒瓦、板瓦及陶器残片。有些地方曾出土秦汉铜剑、三棱铜镞等。遗址内尚存明、清夯筑墙垣一段，残长10米，残高5米，夯层厚0.1米。

贾塬村遗址　新石器时代、西周，位于丹凤县棣花镇贾塬村丹江北岸的二级台地上。遗址东西向分布，东西长约100米，南北宽约80米。遗址北高南低，表面平坦，现为耕地。在遗址南缘断面上可见厚约2米的文化层，采集到的标本有泥质红陶、褐陶、夹砂红陶、灰陶和数件磨制石器。这些陶片新石器时代特征明显。此处还发现少量的西周时期文化遗存。

王塬村遗址　新石器时代、汉，位于丹凤县商镇王塬村四组、五组，丹江南岸的三级台地上。遗址处在圆丘形土塬，平面呈长方形，东西长约100米，南北宽约120米。在厚0.8～3米的文化层中包含大量陶片，以泥质灰陶为主，另有少许夹砂红陶，饰粗、细绳纹，可辨器形有罐、盆、鬲、鼎等。在文化层中还发现灰坑、墓葬等文化遗迹，灰坑开口于耕土层下，圆形锅底状，深2米，最宽处约2.8米，红褐色土质较质密，包含少许灰陶和筒瓦残片，据标本特征判断其年代为新石器时代和汉代。该遗址文化层较厚，内涵丰富。

老君殿西坡遗址　新石器时代、夏商、汉，位于丹凤县商镇老君殿村三组西约100米的老君河西面二级台地上。遗址东至老君殿村，西至山坡地，南至台地边缘，北至老君殿村砖厂取土厂，东西长约240米，南北宽约180米，总面积约4.32万平方米。遗址暴露的断面上文化层厚1.5米左右。在遗址南面和北面的断面上发现大量陶片，有泥质、夹砂陶，可辨器形有盆、罐以及较厚的绳纹板瓦。该遗址面积大，堆积丰富，根据所采集到的

老君殿西坡遗址

遗物判断，包括新石器时代仰韶文化、龙山文化，夏、商、汉等多个历史阶段的文化遗存，是目前在丹凤县境内发现的内涵丰富、面积较大、保存比较完整的一处大型古遗址。

李家湾村遗址　新石器时代、汉，位于丹凤县棣花镇李家湾村丹江北岸的二级台地上。遗址中部隆起，四周低缓，东西长约70米，南北宽约50米，文化层厚约0.8米。在遗址西南部采集到较多的陶片，有泥质红陶、褐陶、灰陶、夹砂灰陶，可辨器形有罐、盆、豆、尖底瓶。

雷家坡村遗址　汉，位于丹凤县棣花镇雷家坡村丹江北岸的二级台地上，东西长约200米，南北宽约120米，台面中心略微隆起，四周低缓。在断面上暴露的文化层厚约1.3米，发现椭圆形袋状灰坑2个，灰坑长2米左右。采集到的陶片有泥质灰陶、夹砂灰陶，可辨器形有豆、盘、罐等。

马鞍岭遗址　新石器时代，位于丹凤县棣花镇巩家湾村丹江南岸的二级阶地上。遗址东西长约50米，南北宽约40米，南高北低。从遗址南北部所暴露的文化层中，采集有泥质红、灰陶片，饰绳纹、线纹、篮纹，器形有尖底瓶、罐等，也有石斧、石杵出土，属仰韶文化和新石器时代晚期遗存。

水泉村遗址　新石器时代，位于丹凤县龙驹寨街道办事处水泉村东南一侧的二级台地上。遗址面积约20万平方米。文化层厚约1米，采集到仰韶文化半坡晚期类型的红陶钵、盆、尖底瓶、罐、瓮等残片，另有新石器时代晚期的灰陶片分布。

北岭遗址　新石器时代，位于丹凤县龙驹寨街道办事处北湾村丹江南岸的阶地上。遗址北临丹江，东临村庄，南、西两面均为耕地，面积约8000平方米。文化层厚0.6米，采集到红陶钵、盆、罐、

尖底瓶等残片。

竹林关村遗址 新石器时代—汉，位于丹凤县竹林关镇竹林关村六组。遗址东临丹江，平面基本呈椭圆形，地势由南向北倾斜，面积约8000平方米。文化层厚1.5米，在一条长100余米的地层断面中，采集到泥质红陶罐口沿、泥质灰陶罐底、灰陶鬲、灰陶豆等陶器残片，残片上纹饰有弦纹、附加堆纹等。

竹林关村遗址

磨子岭遗址 新石器时代—汉，位于丹凤县棣花镇两岭村丹江北岸的二级台上。台地高3～4米，遗址表面平坦，东西长约100米，南北宽约80米。文化层厚约1.3米。在南侧断面上发现1个深约1米的椭圆形灰坑，内土质以红褐土为主，夹杂大量炭粒和红烧土块，质较硬，包含大量陶片；陶片有夹砂红褐陶，也有少量泥质灰陶，可辨器形有盆、罐、豆、尖底瓶等；另发现铁锛1件，长约10厘米，宽约8厘米，锈蚀严重。遗址南缘断面上发现大量汉代陶片、瓦片。

下金盆遗址 新石器时代、西周、汉，位于丹凤县商镇老君殿村下金盆组。遗址面积约5000平方米，中部暴露灰层厚1.5米。采集到夹砂红陶、夹细砂红陶和泥质红陶片，器表素面或饰粗、细绳纹，可辨器形有盆、罐等。该遗址包含仰韶、龙山、西周、汉文化遗存，堆积丰富，延续时间长，为研究丹江流域的文化发展与演变提供了较重要的考古学资料。

邢家村遗址 商—周，位于丹凤县竹林关镇的丹江南岸。遗址面积约1万平方米。文化层厚0.6米。采集有夹砂红陶绳纹鬲、夹砂灰陶绳纹袋足鬲残片多件，磨光石斧1件。

老君殿村遗址 商、汉，位于丹凤县商镇老君殿村丹江北岸的二级台地上。遗址平面呈长方形，东西长约750米，南北宽约100米。表面现为耕地，仅在遗址表面发现少量陶片、瓦片；陶片以泥质灰陶为主，另有少量的夹砂红陶，纹饰为绳纹或素面，可辨器形有罐、鼎等。

陈家村遗址　西周，位于丹凤县龙驹寨街道办事处陈家村八组以东的二级台地上，东临老君河，西为通村水泥路。该遗址面积约1.2万平方米，文化层厚0.5米。采集到灰陶瓶、盆等残片。

葫芦塬遗址　汉，位于丹凤县龙驹寨街道办事处罗家村西北的葫芦塬上。遗址南北长70米，东西宽20米。采集到筒瓦、板瓦残片，残片上饰有粗绳纹、宽带纹。

张塬村遗址　汉，位于丹凤县竹林关镇张塬村二组。遗址面积约4000平方米。南侧断层中发现有绳纹板瓦残片、带耳罐口沿残片、扁口沿残片等遗物。

园潭村遗址　唐，位于丹凤县峦庄镇园潭村瓦屋场组园潭河西岸的二级台地上。遗址南北向分布，平面呈长方形，南北长约80米，东西宽约60米。表面现为耕地，北高南低，平坦开阔。南缘断面上发现厚约0.6米的文化层和少量的瓦片、砖块。

4. 商南县聚落和城市遗址

早在新石器时代，商南县内就有古代先民在这里繁衍生息，并创造出绵绵不断、灿烂辉煌的多样文化，奠定了商南历史悠久的文化地位。商南境内的古文化遗存大多分布在丹江两岸，北部区域内极少有面积较大的古遗址分布，县城周围以及位于县城东南的富水镇，古遗址相对分布较多，呈现出分布零散、文化内涵相对单纯的特征。从过风楼向西的丹江南北两岸，古遗址分布的数量较多；向东南沿丹江而下至河南边界，这一段的古遗址分布数量急剧减少，仅在湘河镇周围和靠近河南边界的梳洗楼发现4处古遗址。县域内已发现的各类古文化遗址分布于丹江两岸的各个村镇，共计有13处。在这些遗址中，以过风楼遗址最具代表性。过风楼遗址规模大，其文化堆积自新石器时代、西周至春秋战国，在遗址中发现的西周时期的排房，为探索丹江上游地区楚文化的踪迹具有重要的考古学价值。现藏于县博物馆精美的商代青铜鼎、体形硕大重达20多公斤的西周青铜大鼎，以及青铜罍、青铜剑等文物，都证明了商南在不同历史时期的重要地位。秦汉时期，富水古镇汉代大型遗址中堆积很厚的文化层，证明了古代商南区域经济发达和文化的繁荣。目前县境内聚落和城市文化遗址有27处，其中陕西省文物保护单位1处，县级6处。

（1）省级文物保护单位

过风楼遗址　新石器时代—战国，位于过风楼镇徐家店村郭家坪组南，丹江北岸的二级台地上。遗址东西长约800米，南北宽约100米，总面积约80000平方米，文化层厚1～2米。2000年、2006年陕西省考古研究院先后对其进行了两次考古发掘。发现的新石器时代龙山文化时期的房址多为红烧土居住地面，在房址附近有许多窖穴，其形状多为方形或长方形竖坑。已发掘清理出的1号墓葬墓主为一男性，头北足南俯身直肢而葬，据测量身高为1.93米，人骨显得异常粗壮。发现的龙山文化时期的遗物主要有生产工具和日用陶器两大类。生产工具中既有石斧、石铲、石刀等农作工具，也有大量的陶拍、陶垫以及陶质轮盘等制陶工具。日用陶器的类型主要有单把陶鬲、陶斝、陶盉、陶罐、陶杯等。在遗址西北部发现了西周时期村落遗址，遗迹主要有半地穴房屋、排房、灰坑等。西周村落主要由两组房子组成。其中1号房子为一座方形单体建筑，坐北朝南，面宽4.4米，进深3.4米。房子的墙体以木柱做骨，再用草拌泥垒筑夯打而成。墙体厚0.15～0.2米，残存高度0.1～0.3米，大部分墙体因火烧过而成砖红色。室内地面平整，灶坑位于居室南部，灶坑旁放置有光滑平整的石板和条形磨刀石，居室的东北部则出土有陶鬲、陶罐等日用陶器。房门前还敷设有较平整的院坝。2号房子位于1号房子的西侧，为一座由5间居室组成的排房，坐北朝南，东西面宽21米，进深5.5米。主体墙也为木骨、草拌泥

过风楼遗址

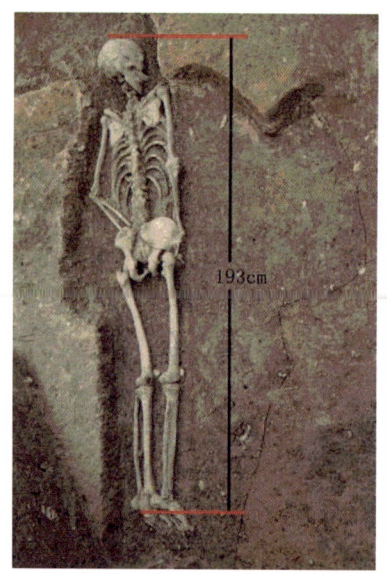

过风楼遗址1号墓葬墓主

过风楼遗址发掘现场

过风楼遗址出土石钺

过风楼遗址出土铜鼎

结构，厚0.15～0.2米，墙体外壁平整光滑，内壁则大都保留有木柱或木板印痕。分间隔墙比主墙体稍薄，一般厚0.1米左右。整座房子的墙体均因火烧而呈砖红色。2号房室内地面用草拌泥敷设，并因火烧烤而形成红色硬面，坚硬而平整。由于整座房址修建于早期灰层堆积之上，因而不少房间的居住面出现不同程度的下陷。从大量的倒塌堆积来看，当时房顶上架设有木椽，然后在木椽上敷设草拌泥，再在房顶表面和墙裙涂抹白灰。整座房子的房前有一道围墙，屋后发现有篱笆墙痕迹。出土的还有铜箭镞、陶纺轮、砺石等物，反映了当时人们傍水盖房建屋、依山耕作狩猎、采摘纺织悠然自足的经济生活内容。该遗址的考古发掘具有重要的学术价值。丹江流域自古以来就是一条沟通我国南北文化的重要通道，而过风楼遗址龙山文化遗存的集中发现，无疑为进一步研究我国史前时期的文化结构以及相互关系提供了较重要的实物资料。就西周时期考古而言，像过风楼小型村落的考古资料，目前在陕西乃至全国尚不多见。因此，过风楼遗址西周村落的发现，无疑对研究西周时期的社会结构以及经济状况具有重要意义。从出土陶器的陶色、器形等来看，过风楼遗址西周时期遗存的总体文化面貌与关中地区差别较大，因而具有浓郁的地方特点，其中有诸多文化因素与楚文化有较明确的嬗递演变发展关系，为探索早期楚文化提供了重要线索。

（2）县级文物保护单位

郭家坪遗址 新石器时代，位于商南县城西南20公里处的过风楼镇郭家坪村南，丹江北岸的第一、二级台地上。遗址三面环水，一面依山，东西长400米，南北宽100米，占地面积约4万平方米。由于长期深翻土地，多处暴露文化层。文化层厚度在0.5～1.5米之间，可见夹杂红烧土块、兽骨、残陶片等。在遗址的东南端发现窑址一处。发现的遗物有新石器时代仰韶文化西安半坡晚期类型的红顶式直口钵、小口尖底瓶、盆等残片，细绳纹红陶，灰褐色夹砂陶瓮、罐的残片，还有龙山文化的罐、鬲残片，同时还发现1件较完整的尖足圆底鼎。另外，收集到1把完整的陶锉，采集到石器6件，其中石铲2件、石斧3件、石凿1件，石铲和石斧都有钻孔，通体磨光。郭家坪遗址内涵丰富，经过三次考古调查以及对现有资料的初步整理发现的文化类型有三：一是新石器时代黄河流域仰韶文化西安半坡晚期类型，其典型器物是红顶式直口钵、小口尖底瓶、盆等残片，细绳纹红陶，灰褐色夹砂陶瓮、罐的残片，陶锉；二是新石器时代黄河流域龙山文化客省庄二期类型，其代表性器物有罐、鬲的残片。三是与长江流域江汉平原屈家岭文化青龙泉三期类型同时代的文化类型，代表器物是尖足圆底鼎及器物残足。1982年被公布为县级重点文物保护单位。

梁家湾遗址 新石器时代。位于商南县金丝峡镇梁家湾村，丹江南岸二级台地上。遗址东面为学校，南邻公路，西与范家村毗邻；东西长300米，南北宽200米，面积约6万平方米。文化层厚0.5～1米，断面暴露出大量红烧土块和数座陶窑。采集到泥质红陶片、夹砂红陶片、泥质褐陶片，可辨器物有鬲、盆、罐，纹饰有细绳纹、粗绳纹、弦纹。

胡家湾遗址 新石器时代、东周、

梁家湾遗址出土的陶片

汉，位于金丝峡镇寺湾村胡家湾上组，丹江南岸二级台地上。遗址东西长约80米，南北宽约40米，面积3200平方米。地表采集有细泥红陶钵、小口尖底瓶口沿残片，多为素面。在遗址断面发现有文化层，厚0.5～1米，暴露多处出灰坑，地层中可见陶片、骨质残片，可辨器物有豆、盘、鬲、罐等。

金花湾遗址　新石器时代、宋、元，位于湘河镇金花湾村，丹江北岸二级台地上。遗址南抵丹江，与南面的湘河遗址隔江相望，东为金花湾村；遗址东西长70米，南北宽300米，面积2.1万平方米，文化层厚0.6～1.2米。采集到泥质红陶、夹砂灰陶片，陶器纹饰有绳纹、篮纹，可辨器形有鬲、钵、罐等。另外，还发现宋元时期的瓷片。

余家湾遗址　商、周，位于过风楼镇柳树湾村余家湾组，西（安）合（肥）高速公路上喝组隧道西出口北侧的丹江南岸。遗址表面平坦，面积近万平方米。采集到的陶片有泥质灰陶和夹砂红陶绳纹罐、鬲等残片。

石人沟遗址　新石器时代、周，位于县城东南的湘河镇老湘河街村北，丹江与湘河相汇的三角地带。遗址台地高出河床5米左右，南北长100米，东西宽40米，面积4000平方米。遗址上层为周代文化层，厚约0.3米，下层为新石器时代仰韶文化层，厚0.3～0.6米。在文化层中发现灰坑1个，灰坑底部宽约1米。发现的遗物有仰韶文化细泥红陶钵残片，周代的鬲口沿、尊口沿、盆口沿、鬲足各1件，纹饰以绳纹为主，还有一些为素面。

（3）其他遗址

上河遗址　新石器时代—春秋，位于过风楼镇柳树湾村上河组，丹江南岸二级台地上。遗址面积约4500平方米，文化层厚0.8～1.4米，暴露有红烧土块等。考古调查在地表采集到春秋时期泥质灰陶片和夹砂红陶片，纹饰为绳纹，可辨器物为豆。

试马遗址　新石器时代、战国，位于试马镇试马村北，丹江二级台地上。遗址南至试马村，北邻312国道，东邻小山坡，西至通村路，中部为试马砖场，南北长200米，东西宽150米，面积3万平方米。在遗址北部发现较多陶片，地表采集有夹砂红陶片、泥质灰陶片、褐陶片，纹饰有篮纹、压印方格纹，可辨器形有罐、釜、鬲等。

徐家店遗址　新石器时代、周，位于过风楼镇徐家店村毛河西组商山公路南，丹江北岸阶地上。由于丹江常年冲刷，遗址南端的断崖上暴露出大量陶片。遗址面积约7000平方米，文化层厚0.5～1米。据资料记载，在此地地表采集到的陶片有夹砂红、灰陶和泥质灰陶，纹饰有绳纹，可辨器形有鬲、罐等，属新石器时代晚期遗存。1958年在遗址内曾出土周代铜剑1件，现藏于商南县博物。

徐家店遗址

徐家店遗址出土陶片

下湾遗址　新石器时代、商、周，位于金丝峡镇毕家湾村下湾组，丹江南岸二级台地上。据发表于《考古与文物》1981年第3期的文章记述，下湾遗址面积约4200平方米，文化层厚0.7米，采集到泥质和夹砂红灰陶片，纹饰主要有绳纹，器形有罐、甑等，属新石器时代和商周遗存。村民常年在遗址上耕地，遗址遭到破坏，加之西（安）合（肥）高速公路将遗址大面积覆盖，只在高速公路北边残存有遗址的一部分。

双垣遗址　新石器时代、商、周，位于过风楼镇双垣村上垣组，丹江北岸二级台地上，当地俗称八亩地。台地地势南高北低，面积约1万平方米，文化层厚1米。曾在表面采集到泥质红陶片和夹砂灰陶片，纹饰为绳纹和弦纹，大部分素面。因发现陶片碎小，大部分器形都难以辨识，可辨的有敛口钵、直口罐、陶锉等，属新石器时代晚期遗存。还发现商周时期的陶豆、鬲残片。因历年整修土地和村民在遗址上耕种，遗址破坏严重。

小栗园遗址　新石器时代，位于过风楼镇小栗园村一组，属于新石器时代龙山文化遗存。遗址东为小栗园村，西为耕地，南50米即有丹江流过，北部为山坡，东西长150米，南北宽50米，文化层厚0.7～1米。在遗址的断面上可采集到夹砂红陶片。考古调查时曾采集到石锛1件，现藏于商南县博物馆。

东岭遗址　新石器时代、商、周，位于商南县过风楼镇白玉村东岭组，丹江南岸一级台地上。遗址面积约1500平方米。据1981年第3期《考古与文物》记载，此遗址文化层厚0.4米，采集到新石器时代晚期及商周时期的陶罐、鬲、豆残片。由于修建西（安）合（肥）高速公路，遗址大部分被覆盖，破坏较为严重。

晒水台遗址　新石器时代，位于赵川镇晒水台村晒水河北岸的二级台地上。遗址北为山地，南临晒水河，北高南低，东西长约300米，南北宽约100米。遗址上黄土堆积层较厚，发现的文化层堆积较少。2004年农户在遗址上耕地时，发现了磨制的石斧3件。石斧现藏商洛市博物馆。

枣园遗址　新石器时代、商、周，位于湘河镇湘河村枣园组丹江北岸台地上。遗址东西长，南北宽，沿丹江线状分布，面积约3.9万平方米，文化层厚0.9米。《中国文物地图集·陕西分册》记载，1988年文物普查时采集到夹砂和泥质灰、红陶片，纹饰有绳纹、篮纹，可辨器形有鼎、罐、盆、盘；采集到的石器有石斧、石刀等，属新石器时代晚期遗存；还发现有商周时期的陶豆、罐残片。遗址破坏较为严重。

白家岗遗址　新石器时代，位于试马镇白家岗村东，清油河东岸二级台地上。台地平面呈长方形，平坦开阔，遗址分布面积1500平方米，文化层厚0.4米。采集到泥质和红陶片，属仰韶文化遗存。

姚楼村遗址　新石器时代、夏，位于金丝峡镇姚楼村范家组北，丹江北岸二级台地上。遗址地势开阔平坦，南距丹江约60米，东西长约300米，南北宽约50米，文化层厚0.8～1米。在遗址东部发现2座陶窑，断面明显暴露1座。在遗址南侧的地层断面上，可见较多的陶片。地表采集有绳纹夹砂红陶片和泥质褐陶片，可辨器形有钵、罐、豆等，有明显夏文化特征。这一遗址是商南境内丹江流域首次发现的夏文化遗存。

庙沟遗址　新石器时代、周，位于湘河镇庙沟村南岸二级台地上。东西长约800米，南北宽约100米，有一条由南向北的小冲沟，把遗址分割成东、西两段。文化层厚约1米。

圪垯滩遗址 商、西周，位于金丝峡镇西湾村南，丹江北岸二级阶地上。面积约5000平方米，南端临丹江一侧为断崖，断崖的剖面中暴露出文化堆积层，厚0.5~0.8米，还有灰坑的遗迹。文化层中夹杂有泥质灰陶和夹砂红陶片，饰绳纹、附加堆纹、弦纹等，可辨器形有罐、豆、鬲、石镞、石杵。

瓦房滩遗址 新石器时代、商、西周，位于过风楼镇柳树湾村瓦房滩组。遗址西侧紧临丹江，东侧为村民住宅，面积约5万平方米。在该处采集到新石器时代晚期和商、周时期的陶器残片。

杨坪铜器窖藏遗址 商，位于青山镇杨坪村三组村民杨永民家房后。遗址面积约10平方米。1993年在窖藏遗址内发现商代铜鼎1个，同时出土的还有铜俎、铜勺等5件铜器。铜鼎现藏于商南县博物馆，其他铜器均已流失。

梳洗楼遗址 商、周，位于湘河镇梳洗楼村上窑组，丹江北岸二级台地上。此遗址是与河南交界处丹江末端分布的一处重要古遗址。遗址东西长约150米，南北宽约50米，面积7500平方米。文化层暴露于西部，厚1~2米。在文化层采集到泥质灰陶片、泥质褐陶片，饰绳纹、交错绳纹、方格状绳纹，可辨器形有盆、罐、鬲等。遗址文化内涵中反映出楚文化的特征，是丹江上游地区楚文化遗存的组成部分，对于认识商洛境内楚文化的发展脉络具有重要研究价值。

梳洗楼遗址远景

梳洗楼遗址出土的陶片

湘河口遗址 西周、战国，位于湘河镇湘河村，丹江与冷水河交汇的三角形台地上。遗址西为冷水河，北为丹江，南北长约200米，东西宽25~80米，高出河床3~4米，文化层厚2米。在该处采集到夹砂红陶片、泥质红陶片、泥质灰陶片、泥质褐陶片，纹饰以绳纹、弦纹、带状绳纹为主，可辨器形有鬲、豆、罐等。此遗址为商南县文物保护单位。

丹南遗址 商、周、战国，位于金丝峡镇丹南村对面的丹江北岸。遗址面积约9000平方米，是一处商、周及战国时期的遗存。断面所暴露的文化层厚0.8~1.5米。采集到夹砂红、灰陶片，纹饰为绳纹和交错绳纹，器形有罐、鬲等，还发现了战国时期的灰陶方格纹、弦纹釜和罐的残片。遗址内涵丰富，文化延续时间长，特别是商、周遗存中所具有的楚文化特征尤为重要。

富水遗址 汉，位于富水镇富水街村南，黑漆河东岸二级台上。遗址表面平坦，南北长约500米，东西宽约250米，文化层厚约0.4米。在台地中心区域约1250平方米内分布有较为密集的陶片，以泥制灰陶、褐陶为主，另有少量夹砂灰陶，纹饰有绳纹、网纹，可辨器形有罐、盆、板瓦、筒瓦、砖等。该处是商南县境内最大的汉代文化遗存。另外，遗址周边密集分布有汉代墓葬。

董家堡遗址 汉，位于清油河镇清油河村董家堡组。遗址面积3000平方米，文化层厚0.6~1米。

西侧暴露出大范围文化堆积，内含大量陶片，采集到泥质灰陶、红陶残片，表面饰有绳纹、弦纹，可辨器形有盆、罐等。董家堡遗址是分布在清油河流域一处重要的汉代遗存。

洋桥遗址 汉、宋、金，位于清油河镇清油河村洋桥十组，清油河东岸的二级台地上。东西长70米，南北宽110米，面积约7700平方米，文化层厚0.4~1米。文化层中以汉代遗存为主要内涵，可见遗物有板瓦、筒瓦等残陶片和盆、罐残片。遗址中还包含较多晚期的陶片和宋、金时期的瓷片。

湘河遗址 宋、元，位于湘河镇湘河村河口组东100米，丹江西岸二级台地上。遗址南北长150米，东西宽20~40米，总面积约6000平方米，文化层厚0.8~1.4米。在遗址东端发现1个灰坑，高1.6米，宽0.98米，坑呈圜底形，出土器物有大量的褐色灰烬、瓷片、兽骨。采集到的器物有宋、元时期的黑釉碗残片、陶盆口沿、筒瓦残片、青瓷残片、宋代半釉瓷片、宋白瓷口杯残片、元代青瓷碗残片。在遗址南端发现砖室墓1座，为宋代墓葬。

窑上遗址 汉、唐、宋、金、元，位于清油河镇清油河村窑上组，清油河东岸二级台地上。遗址面积约1.78万平方米，断面暴露出的文化层堆积厚0.4~1.2米，断面中夹杂大量的瓦片、陶器残片、砖头残块、釉陶残块。在采集到的遗物中，可以辨识的器物有瓮、盆、罐、灯，以及云纹瓦当残块、几何纹砖等，这些器物为汉代的文化遗存。采集到数量较多的莲花瓦当、白釉瓷片、青釉瓷片、黑釉瓷片、酱釉陶器残片、绿釉筒瓦残块、釉陶龙形螭吻、釉彩陶构件等，为宋、金、元不同时期的文化遗存。根据遗址堆积和采集到的遗物分析，窑上遗址是一处汉、唐以及宋、元时期的文化遗存。宋、元时期修筑在遗址上的建筑遭到焚毁后覆盖在汉、唐遗址上。汉、唐时期，清油河镇地处蓝武道的必经之地，官方在这一线曾设置有青云驿，但是一直以来找不到青云驿的位置，窑上遗址恰好位于这一区域，为梳理商南境内不同时期文化的分布和古代驿站设置提供了重要的资料。

5. 洛南县聚落和城市遗址

洛南县聚落和城市遗址分布总的特点是点多面广，种类齐全。点多表现在数量上，面广表现在全县25个乡镇均有分布。而且遗址之间时代相连，说明古人在洛南生活活动的连续性。目前聚落和城市遗址有17处，其中县级文物保护单位10处。

（1）县级文物保护单位

河口遗址 新石器时代，位于柏峪寺镇梁头塬关帝庙村河口，又名鸡眼窝。遗址北至西峪河，南至梁沿，西至牛洼，东至路边，面积大约1000平方米，出土了大量石球打击片及石杵等。

曹洼遗址 新石器时代，位于县城东北约4公里处洛河桥南端的一片狭长坡地上。遗址面积大约4000平方米，主要出土有石珠、刮削器、灰陶尖底瓶、彩陶片等。

石坡遗址 新石器时代，位于石坡镇北边河东的二级台地上。遗址面积大约2000平方米，出土有大量陶片、石器、兽骨，并有数处灰坑和零星人骨等。

沟滩遗址 新石器时代晚期—商，位于灵口镇宋川村洛河南岸台地上。遗址面积约1.5万平方米，文化层厚1~3米，暴露有长约4米、厚1厘米的白灰层及部分灰坑。从地表采集到夹砂红、灰陶片和细泥红陶片，上饰绳纹、篮纹及黑彩，器形有钵、罐、尖底瓶、斝等，另有石斧、砧、杵、刀、网坠、石片刮削器、砍砸器等。

焦村遗址 新石器时代—汉，位于灵口镇焦村龙河与南洛河交汇处台地上。遗址面积约4万平方米，文化层厚1.5~6米，地表散布大量陶片。1978年考古发掘40平方米，发现有白灰居住面、红烧土及墓葬。出土有仰韶文化庙底沟类型的彩陶盆、钵、尖底瓶、瓮等陶器及石斧、石簇、骨器等。还出土了有二里头文化早期特征的陶瓶、罐、缸、鼎、盆及石斧，商代的陶灶、鼎、盆、碗等。遗址内曾暴露汉墓数座，出土陶釜、釉陶罐等，时代延续时间长，商周遗存更显重要。遗址内出土的红陶人头壶，人头与壶浑然一体，极具艺术价值。

焦村遗址出土人面陶壶（侧面）　焦村遗址出土人面陶壶（正面）

薛湾遗址　新石器时代—汉，位于柏峪寺镇薛湾村。遗址东西长约200米，南北宽约60米，面积大约1.2万平方米，文化层厚1.5米。在该遗址东边断崖上的4个洞穴内出土有敲砸器、刮削器等。地表采集有夹砂红陶、褐陶和泥质红陶片，纹饰有附加堆纹、绳纹、弦纹，器形有盆、罐、钵等。还发现有石斧和汉代灰陶鼎、陶罐残片。

杨河遗址　西周，位于柏峪寺镇东北约2公里处。遗址被积物覆盖，面积待考，出土有绳纹状夹砂灰陶罐残片等。

（2）其他遗址

高湾遗址　新石器时代—商，位于柏峪寺镇崔塬村高湾组洛河北岸二级台地上，高出河面约20米。遗址上部地势较平坦，东西约200米，南北约100米，大体呈扇形，文化层堆积厚度为0.4～0.8米。在遗址处采集到的有泥质灰陶、泥质红陶，纹饰以绳纹为主，少量附加堆纹，可辨器形有罐、器盖、鬲等。据出土遗物分析，该遗址的文化内涵主要为龙山文化遗存和商文化遗存。

苏湾遗址　战国—汉，位于灵口镇苏湾村西洛河北岸二级台地上。遗址呈长条形，面积约4000平方米，文化层堆积层较厚，包含物丰富。采集到夹砂和泥质灰陶片，纹饰有弦纹、绳纹等，器形有盆、罐等，还发现有石器。根据出土遗物分析，属战国、秦、汉时期文化遗存。

杨氏城址　清，位于石门镇杨城村四组，建在洛南通往关中的

苏湾遗址

咽喉要道，地理位置十分重要。城址平面呈长方形，东西长约40米，南北宽约20米；用砂石土夯打而成，当地群众俗称围城，占地面积约800平方米。现残存东、南、北三面城墙：东墙长约40米，残高2米；南、北墙均长约20米，高约3米。从城墙断面观察，城墙用土为较纯砂石土，土内不见砖、瓦片建筑遗物，也未见任何经夯筑或其他遗迹。存石碑1通，已被移到距城址西北约100米处的水井上。这是

洛南县境内仅存的1处古城遗址，丰富了洛南的遗址类型。

6. 山阳县聚落和城市遗址

山阳古文化遗址普遍分布在河流两岸，如县河两岸二级台地上的南庵遗址、雷家塬遗址等十余处，位于金钱河北岸的南宽坪遗址，位于靳家河西岸的乔村遗址。在这些区域内，遗址分布相对比较集中，但从整体上看，县域内的古遗址分布松散，呈现出文化形态差异较大的特征。县境内聚落和城市遗址目前有22处，其中省级文物保护单位2处，县级1处。

（1）省级文物保护单位

乔村遗址 新石器时代，位于漫川关镇乔家村靳家河以西的二级台地上。遗址东西100米，南北200米，总面积约2万平方米。临河的第一层断崖上有2~3.5米厚的文化层，第二层断崖上有1~2.5米厚的文化层和墓葬遗迹。在遗址南段有一小沟，由于雨水的冲刷暴露3个陶窑。采集到的陶片有细泥红陶、灰陶、彩陶以及少数细泥白陶，较多的为夹砂红陶、夹砂灰陶，器形有钵、碗、盆、瓶等。夹砂红陶为灶类或釜类器的残片，夹砂灰陶大部为罐类器残片。遗址文化层堆积较厚，内涵丰富，延续时间较长。

后村遗址 新石器时代，位于南宽坪镇下坪村。遗址东西250米，南北90米，总面积2.25万平方米。在紧临金钱河一侧的断面上，有文化层暴露，含较多陶片，以绳纹陶片和褐色夹砂素面陶片居多，可辨器形有侈口罐、直口罐、敞口瓮及圈足器等。小水文站附近的文化层内多为仰韶文化遗存，采集到的有细泥红陶钵、夹砂灰陶瓮残片，还有通体磨光的石斧。后村遗址中包含有老官台文化和仰韶文化的遗存，其中老官台文化遗存在商洛境内发现较少，具有重要的考古研究价值。

（2）县级文物保护单位

南庵遗址 新石器时代、周、汉，位于城关街道办事处南庵村南侧的县河南岸阶地上。遗址大部分被村落和工厂覆压，面积约5万平方米，文化层厚0.4~0.7米。采集到泥质红、灰陶和夹砂红陶片，纹饰以绳纹为主，器形有尖底瓶、钵、彩陶盆及周代的豆、鬲等，并发现鹿角和汉代绳纹瓦及瓦当等。

（3）其他遗址

下街遗址 新石器时代，位于南宽坪镇下坪村南金钱河北岸二级阶地上。遗址面积约15万平方米，文化层厚度不详。地表散布大量夹砂红、灰陶和泥质灰陶片，纹饰有粗、细绳纹或交错绳纹，可辨器形有三足钵、三足高筒罐、深腹缸等。

葫芦垣遗址 新石器时代、商、周，位于色河铺镇峪口村西南的阶地上。遗址面积约3000平方米，文化层最厚达1.5米，暴露灰坑1个。遗物有泥质红、灰陶和夹砂红陶片，器形有尖底瓶、钵、罐等。还采集到石斧、圭形石器各1件，属仰韶文化庙底沟类型遗存。同时还发现商、周时期的陶器残片。

西原遗址 新石器时代、西周，位于城关街道办事处南庵村西原村西侧。遗址面积约3万平方米，文化层厚约2米，暴露有袋状灰坑。采集到的陶片有泥质和夹砂红、灰陶，纹饰有线纹、绳纹及黑彩，器形有仰韶文化庙底沟类型的彩陶盆、钵、尖底瓶、釜、鬲、罐、器座等。还发现少量西周的陶罐、豆等残片。

九子碑村遗址 新石器时代，位于城关街道办事处九子碑村九村县川河南岸二级阶地上。遗址面积约1.5万平方米，文化层厚1~1.5米。采集到的陶片有细泥红陶和夹砂灰陶，器表多为素面，少数饰以弦纹、绳纹，可辨器形有钵、盆、罐及重唇口瓶等，属仰韶文化遗存。

甘沟遗址 新石器时代，位于城关街道办事处甘沟口村北40米县河北岸阶地上。遗址面积约5万平方米，暴露长约40米、厚0.3米的文化层。采集到的陶片以泥质红陶居多，夹砂红陶次之，器形有尖底瓶、钵、盆等，属仰韶文化遗存。

蔡家垣遗址 新石器时代，位于城关街道办事处乔家沟村蔡家垣村。遗址大部分被房屋建筑所覆盖，面积约3万平方米。采集到泥质红陶、夹砂红陶及少量泥质灰陶片，器形有罐等；还采集石刀1件，属仰韶文化遗存。

垭子遗址 新石器时代，位于银花镇垭子村南20米。遗址南临银花河，面积约3000平方米，断崖暴露最厚的文化层达1米以上。采集到泥质红陶钵口沿和尖底瓶残片，属仰韶文化遗存。

雷家塬遗址 新石器时代，位于十里街道办事处雷家塬村。遗址面积约1.5万平方米，文化层厚0.6米。采集有夹砂灰陶粗绳纹罐、瓮等残片。

南垣遗址 新石器时代，位于城关街道办事处三里南垣村。遗址面积约3万平方米，文化层厚1.5米，暴露灰坑多处。地表散布的陶片有夹砂红、灰陶，纹饰有绳纹、篮纹、方格纹，可辨器形有罐、鬲等。

石家湾遗址 新石器时代、汉，位于法官镇姚湾村。遗址面积约为3000平方米。新石器时代文化层土质呈灰褐色，厚1~1.4米，包含物有碎炭屑和碎陶片；陶片以红陶为主，可辨其为罐口沿、罐腹壁，纹饰以绳纹为主。汉代文化层土质为灰色，厚0.8~1.3米，有汉砖和碎陶片。

阎家湾遗址 新石器时代、周、汉，位于色河铺镇赵家垣村西北1公里的县河北岸阶地上。遗址面积约1.6万平方米，暴露长约80米、厚0.5米的文化层。采集到新石器时代晚期和周代的泥质红陶、灰陶片和夹砂红陶、灰陶片，器形有钵、鬲等，除此之外还发现大量汉代绳纹条砖残块。

曹家寺村遗址 新石器时代—商，位于金钱河北岸的二级台地上。遗址总面积约2万平方米，断面暴露出的文化层厚0.5~1.5米。采集到的陶片以夹砂灰陶为主，泥质灰陶较少，陶片表面以绳纹和篮纹居多，可辨器形有高领罐、双耳罐、豆、盘等。遗址面积大，内涵丰富，是金钱河流域一处重要的文化遗存。

任家塬遗址 夏、商、汉，位于城关街道办事处五里桥村北侧。遗址面积约为2万平方米。从采集到的少量陶片推断，其文化内涵包括夏文化以及较晚的商和汉代文化遗存。在任家塬遗址中发现的夏文化，进一步扩大了商洛夏文化的分布空间，为构筑陕西夏文化分布空间增添了新的支点。

蔡家塬遗址 西周，位于十里铺街道办事处蔡家塬村崔家塬村南侧的三级台地上。遗址面积约1.5万平方米，文化层厚约1米。采集到夹砂灰陶素面或绳纹平裆鬲、罐、豆等残片。

东塬遗址 春秋、战国、汉，位于城关街道办事处南庵村东南100米县河南岸的台地上。断面暴露有灰坑，文化层厚0.3~1米。采集到的陶片以泥质和夹砂灰陶居多，间有少量夹砂红陶，纹饰多见绳纹，器形有春秋至战国的鬲、豆、罐、釜和汉代的绳纹板瓦、筒瓦。还出土了春秋时期铜戈1件及残石斧等，现藏山阳县博物馆。

店岭子遗址 战国、汉，位于色河铺镇李家塬村西南100米。遗址分布于杨家沟河与峒峪河交汇处的高地上，文化层薄厚不一，普遍在0.3米左右。地层断面上暴露有灰坑，地表散布大量粗绳纹板瓦、绳纹筒瓦、夹砂灰陶罐残片，还有少量的泥质红陶片。

上坪遗址 战国—汉，位于高坝镇过风楼上坪村北面二级阶地上。遗址面积约2万平方米，地表散布有大量绳纹板瓦、筒瓦、瓦当及铺地方砖、条砖等，还采集到灰陶豆柄。

色河村干沟崖居遗址 清、民国，位于色河铺镇色河村干沟内，崖居在距地表高约100米的自然洞穴内。崖居高约10米，最宽处约15米，深8米。在建筑时对洞穴周围进行了打凿加工，洞穴正面版筑一堵土墙；崖居内部用片石砌筑出六层呈台阶状的居住平台。洞内的整体结构经过精心设计，而且规模较大，保存基本完整，代表了商洛晚清至民国时期的一种居住形式。

7. 柞水县聚落和城市遗址

地处秦岭南麓的柞水，文化遗存丰富。新石器时代的仰韶文化与龙山文化遗存在柞水分布广泛，主要分布于乾佑河下梁镇、金井河凤凰镇河道比较开阔地带的二级台地上。史料载，早在商代初期，在今柞水杏坪肖家院子就有先民在此生存，至今已有3600多年的历史。在柞水金钱河流域金井河和社川河交汇处附近二级台地发现的桃园村高塬遗址、肖台聚落遗址，乾佑河流域下梁镇红卫村窟窿山遗址等新石器聚落遗址，证明距今6000多年前柞水始有人类活动。由于秦岭的阻隔，柞水新石器时代的人类，应属于汉江流域最早迁徙于其支流聚居的人类的分支。商代以降，文化遗存发现较少。目前县境内聚落和城市文化遗址有6处，其中县级文物保护单位1处。

（1）县级文物保护单位

孝义厅古城址 清，位于营盘镇营镇村三组大山岔路口东300米处。《孝义厅志》载，清乾隆四十八年（1783），时朝廷以长安、蓝田的南山和镇安的北山一带"山大林密，易藏奸宄"为由，拨咸宁、蓝田、镇安三县地数百里置孝义厅于大山岔，派知事镇乱，划定地域命名孝义厅（取"孝义为本"之意），直属长安府，厅址设在营盘大山岔。据考证，大山岔孝义厅城墙为土筑，东、南、西三门楼为砖砌，东西长近600米，南北宽约180米。城垣平面呈长方形，城墙以方石和片石垒砌，内用黄土夯打，门道可容3人并排通过。基址深5.5尺，宽5.7尺。东高西低，高处1.1丈，低处6.7尺，城墙顶宽3尺，以屋瓦覆盖。同知署在城内东部，靠北面南，有房3楹，28间；巡检兼司狱署在同知署西，有房2楹，22间；都司署在巡检兼司狱署南，有房1楹，6间，门楼1座；城隍庙在城中心，房3间；文庙5间；兵房在营盘街，67间。城西山上，建炮台3处，有兵房12间。城东南山上建烽火台1处，兵房1间。乾隆五十三年（1788），城内仅有居民49户，多住木架、土墙瓦屋；城内有骡马店3处，饭馆、内铺各1处，京货店1处，其他商业、作坊均分布在营盘街。

嘉庆二年（1797），白莲教进攻厅城，官军据守，双方激战两日，城内房舍焚毁过半。嘉庆七年（1802）八月，大雨十多日，龙潭河水暴涨，冲毁厅城。嘉庆八年（1803），迁厅城于今柞水县城所在地。孝义厅故城现存城门墙体一段（北面墙体），残长约5米，高2.43米，城址仅存一南北长5.3米、东西宽5米的平面。遗址附近还散落有墙砖若干件。该遗址对于研究柞水历史政权建制沿革具有重要价值。

（2）其他遗址

桃园村高塬遗址 新石器时代，位于凤凰镇桃园村二组高塬。遗址东西长约180米，南北宽约100米，总面积近2万平方米。在近

高塬遗址出土陶片

百米长的断层上有文化层暴露，内含陶片、烧土块等遗存，文化内涵属于仰韶、龙山时期。地表采集到的陶片以泥质红陶、夹砂红陶为主，纹饰以绳纹、附加堆纹为主，个别陶片饰篮纹，可辨器形有卷沿直口钵、盆、瓶等。

窑沟口遗址 新石器时代—商、周，位于下梁镇金盆村一组。遗址东西长约30米，南北宽约20米，面积约600平方米。在遗址北侧断面上发现1个灰坑，当地村民曾在灰坑周围的土中挖出石斧1件、骨箭头1件，为新石器至商、周时期的文化遗存。

窟窿山遗址 新石器时代—商、周，位于下梁镇沙坪村三组。遗址东西长160米，南北宽50米，面积约8000平方米。采集到的陶片有夹砂红陶、泥质红陶、夹砂褐陶，可辨器形有罐、钵等。该遗址为乾佑河上游首次发现的新石器至商、周时期的古文化遗址，这一发现填补了柞水县没有这一时期人类文化遗存的空白。

王家沟崖居遗址 清—民国，位于小岭镇金米村四组。该崖居所处山体为沉积页岩，地势险要，林木茂密，人迹罕至，崖居开凿在高约200米的山腰间。共发现崖居3座，均坐东北面西南，呈"品"字形排列，上下有"Z"字形小路联通。3座崖居内部结构形式基本相同，平面均呈半椭圆形，洞口处砌有毛石基础，版筑七层土墙通高3.7米，两侧石墙长3.6米、高2.8米、厚0.33米。该崖居对研究清至民国时期山区居民居住形态有重要价值。

七木桥沟崖居遗址 年代不详，位于下梁镇老庵寺村二组七木桥沟。该崖居建造在一块东西长约10米、高约9米的经人工修整的光滑的崖壁之上，坐北朝南，下距沟底约15米，上距山顶约9米。崖居由主室、过道和小龛组成，结构比较复杂，整体基本保存完整，对研究古代人类居住方式及社会历史都有一定的参考价值。

（二）汉中市聚落和城市遗址

汉中市是陕西省西南部一个历史悠久的城市，因汉水而得名，众多的河流水系和丰富的资源使得该地区自古以来便是理想的人类聚居地，汉江沿岸的今梁山镇龙岗寺地区很早就有古人类活动，并创造了丰富的史前文化。汉中市辖2区9县，境内汉台区、南郑区、城固县、洋县、西乡县、勉县、宁强县、略阳县、镇巴县、留坝县、佛坪县均有聚落和城市遗址分布，目前共有110处，其中全国重点文物保护单位4处，省级文物保护单位6处，区县级10处。

1. 汉台区聚落和城市遗址

汉台区历史文化悠久，早在新石器时代，境内就有人类在这里繁衍生息，并创造出绵绵不断、灿烂辉煌的多样文化。汉台区内的聚落和城市遗址大部分集中分布于汉江北岸和汉台区北部的褒谷中。两汉三国遗存以及明清历史文化街区集中分布于城市中心区域，呈现出分布集中、文化内涵丰富的特征。

瓦渣坡遗址 汉、唐、宋、明、清，位于龙江街道办事处小店子村陈家山八组。遗址平面呈不规则形，长60米，宽50米。偏东北处现仅存一较高的梯形土台，高1.7米，长11.95米，宽1.5～4.4米，断面文化层清晰可见，文化遗存丰厚，文化层约厚1.5米。土台下面坡地上，有大量灰陶布纹板瓦、残瓦当、器物口沿等残片，该遗址起始汉代，延续至唐、宋、明、清，时间跨度较长，内涵丰富，为汉中地区历史文化的深入研究提供了实物资料。

2. 城固县聚落与城市遗址

城固现存古遗址105处，聚落和城市遗址有12处，其中宝山遗址为全国重点文物保护单位。淡家嘴遗址、莲花遗址、江湾遗址、野狐冢遗址、汉王城遗址、古胡城遗址、建基崖遗址、滴水崖遗址8处为城固县文物保护单位。

（1）全国重点文物保护单位

宝山遗址　新石器时代、商，位于原公镇宝山村后的一个山顶上，面积大约5万平方米。经过考古发掘，发现有房屋建筑，基础平面一般为长方形，多为木骨泥墙形式，结构清楚，保存良好。其中一个建筑基址面积超过100平方米，布局设置规格等级很高。同时还发现了很多小开间联作长条形建筑基址，最长的一处在15米以上。挖掘的墓葬有成年男女、幼童墓，有直肢葬、屈肢葬等多种墓葬形式，为研究当时的葬仪葬俗提供了翔实的实物资料。出土的遗物有商时期的大量陶器、骨器、石器以及铜器。其中的四棱体铜针，针身和尾端经过精心装饰，显示出别致的设计构思与考究的制作技艺，是迄今我国出土古代文物中最早的青铜针实例。商时期遗存的陶器种类达20多种，主要器类如豆、小底尊形杯等，形式多样，制作精致且造型美观，陶质普遍较好，烧制火候较高，器形规整。其中发现的目纹和蛙纹，都是刻划在作为主要陶礼器之一的高颈小平底尊的肩部，具有特殊的意义。另外，发现有仰韶文化半坡类型窑址、房屋遗址，发现一批烧烤坑。遗迹遗物的发现揭示出汉水上游地区从仰韶、龙山、商代延续着烤烧坑这样独特的生活习俗，这在全国考古发现中尚属首次，对于汉水上游青铜时代文化内涵及其文化性质的全面认识有重要意义。宝山遗址出土的青铜器与多年来在城固出土的青铜器，如鼎、罍、壶、盘、觚、爵、斝、矛、戈、刀、面具等有着密切的联系。宝山商时期丰富的遗迹遗物反映出它是具有独特面貌的文化遗存，因而被命名为宝山文化。该遗址2013年被公布为第七批全国重点文物保护单位。资料见西北大学文博学院《城固宝山》文物出版社2002年12月。

宝山遗址

宝山遗址发掘现场

宝山遗址陶平底尊

宝山遗址出土陶圈足尊

（2）县级文物保护单位

莲花池遗址　新石器时代，位于博望镇莲花办事处莲花池村一组。遗址面积约3600平方米，文化层厚1～1.5米。1978年曾经对此进行小面积考古发掘，揭露出灰坑、红烧土层草拌泥墙壁、芦苇编篱笆、木柱等遗迹，出土了部分陶器，以夹砂和泥质红陶为主，有少量的泥质黑陶及外红内黑陶，纹饰有粗细绳纹、附加堆纹、划纹，可辨器形有钵、盆、尖底瓶、壶、罐、瓮等。

淡家嘴遗址　新石器时代，位于原公镇丁家村北约500米处的渭水河东岸二级台地上。遗址面积约6万平方米，文化层厚度不详。地表遗物丰富，采集到泥质和夹砂红陶片，纹饰有绳纹及黑彩圆点纹、弧线三角纹，器形可辨重唇口尖底瓶、钵、盆等，属仰韶文化庙底沟类型遗存。

江湾遗址　新石器时代，位于博望镇三里桥办事处江湾村三组。遗址面积约3万平方米，文化层厚0.5米。地表遗物丰富，采集到夹砂和泥质红陶片，有绳纹、锥刺纹，可辨器形有钵、碗、杯、瓮、罐等，还采集到大量磨制石斧、石锛、石网坠、石圆形器等。

野狐冢遗址　商，位于原公镇西庙村南约100米。遗址底部呈长方形，东西长30米，南北宽26米，高约18米。从遗址的断面看，该遗址是由人工夯土组成，每一层夯土厚约0.4米，并见有圆形孔洞等。

野狐冢所在的原公镇共有这样的土丘7个，故称七女冢。《水经注》载，湑水又东经七女冢，冢夹水，罗布如七星，高十余丈，周回数亩。后来当地人根据其形状大小分别称之为：塔冢、方冢、小冢、野狐冢等。这类遗址的性质和用途还需要进一步研究。

古胡城遗址 汉，位于柳林镇古城东北侧，汉江北岸二级台地上。据《元丰九域志》《舆地纪胜》记载，汉博望侯张骞出使西域回国，携副使及胡妻归城固故里，筑此城而居，故名古胡城，后简称古城。遗址平面呈长方形，占地面积约3.3万平方米。现残存夯筑北墙和东墙各1段：北城墙长65.5米，顶宽3.5米，高4.2米；东城墙长12米，顶宽3米，高34米，东城门因修建村级道路而遭破坏。

汉王城遗址 汉，位于博望镇莲花办事处大草坝村湑水河西岸山梁上。城址平面略呈长方形，南北长约1000米，东西宽约180米。地表墙垣无存，仅见墙基址。城东南有一高2米、宽1米的夯土台，台中有一深孔，形似旗台。城址内散布绳纹板瓦、筒瓦、子母口方格纹条砖、瓦当等。1938年曾发掘汉代砖室墓，出土釉陶博山炉、陶仓、陶罐、铜器、残铁剑等。据《水经注》等史料记载，传说汉王刘邦曾驻于此城，因名汉王城。

（3）其他遗址

许家庙遗址 新石器时代—金，位于桔园镇许家庙村，湑水河西岸的一、二级台地上。遗址分布面积约600平方米，内分布着大小不等的土台，从断层上可以看到底部为河卵石，上面为文化层，厚度0.1~1.2米，有些断层可以看到石灰层，应是人工夯筑而成。遗址东边沿湑水河有人工筑起的夯土墙，长约5公里，残高0.5~2.8米，夯层0.15~0.2米，夯窝规格及城墙宽度不详。墙内包含有夹砂陶片、绳纹陶，颜色有灰、红，器形有罐、盆等，另外还发现砖、瓦砾石等。城墙以西地面亦分布大量夹砂红陶、夹砂灰陶片及砖、瓦片等。遗址时间跨度长，保存完整，对研究城固的历史有重要的价值。

3. 洋县聚落和城市遗址

洋县境内聚落和城市遗址以华阳镇、关帝乡分布最为集中，目前共有21处。

（1）县级文物保护单位

华阳城址 清，位于华阳镇高峰村，洋华公路边，属于清代华阳营驻地。城址平面呈不规则长方形，南北长约2500米，东西宽约500米。城墙夯筑，其中东、西、北墙尚存，残长共约2500米，残高0.8~3米。城门辟于东墙中部，残高3米，宽8米，进深3米。遗址内地表散布大量灰陶板瓦、城砖及瓷器残片。北部尚存华阳营弹药库5间，面阔17.6米，进深4.9米，坐北朝南，平面呈长方形，土木结构，土坯墙，抬梁式梁架，悬山屋顶，屋顶施灰布瓦。

（2）崖居遗址

深溪村罗家崖居遗址 清，位于溢水镇深溪村五组王爷梁。洞开凿于王爷梁东侧崖壁上，清嘉庆十二年（1807）由当地富户罗氏修建，用于躲避兵匪，当地又称其为罗家洞，今已废弃。崖居所在位置距地面7米，地势险要，难于攀登。建筑平面呈长方形，由主室及耳室构成，东部正中辟门，南侧设两耳室，平顶，地面平整，东北上角设圆形通风口，东南下角设出水口，室内设蓄水池1个。墙壁上阴刻"嘉庆拾二年""罗"。此崖居为研究陕南同类遗存提供了可靠的时代标尺。

4. 西乡县聚落和城市遗址

早在约7000年前，就有先民在西乡繁衍生息，现有聚落和城市遗址6处。

1958年，中国科学院陕西分院考古研究所成立，翌年即组成汉水考古队，对陕南地区进行调查，发现新石器时代遗址17处。1960年开始,中国科学院陕西分院汉水考古工作队对陕南地区进行了多次探掘和考察,发现牧马河及泾洋河沿岸的城关、杨河、板桥等地,有多处新石器时代的文化遗存。其中李家村、何家湾等史前文化遗址中存在的老官台文化李家村类型文化遗存,是早于仰韶文化半坡类型的新石器时代文化遗址,并以老官台文化李家村类型命名,成为我国新石器时代早期文化的重要标志。以李家村、何家湾为代表的两处新石器时代文化遗址的考古发掘工作,为我国新石器时代考古研究工作提供了丰富资料,均为全国重点文物保护单位。

李家村遗址 新石器时代,位于西乡县城关镇和平村。1960—1961年,中国科学院陕西分院汉水考古工作队对西乡李家村遗址进行了两次较大规模的发掘,发现以圈足碗、三足罐和平底钵为特征的陶器组合,引起国内考古界的注目,从而开始了陕南新石器时代的考古发掘工作。1982年又进行了补充考古发掘,总计发掘面积1310平方米,探明遗址面积约2.6万平方米。考古发掘揭露有灰坑、窖穴、红烧土居住面房址、陶窑、成人墓葬、瓮棺葬等。出土的陶器以泥质内黑外红(橘红)陶、夹砂灰陶为主,其次为泥质深灰陶、灰陶、红陶和夹砂陶;纹饰多见线纹、绳纹,还有附加堆纹、剔刺纹,未见彩陶;器形有圈足碗、三足器、平底钵、瓮、凹底罐、小杯等;陶质松脆,器壁匀整,较薄。发现的石器以打制为主,磨制石器也占一定比例,器形有扁平磨光双弧刃铲、锉、斧、凿、石球及有肩石锄等。1982年,在考古发掘的老官台文化李家村类型灰坑中采集到2个标本,其碳-14测定年代为距今7000年左右,首次从碳-14测定年代上证实了老官台文化李家村类型早于仰韶文化半坡类型。在中国考古学会第一次年会上,将西乡李家村遗址类型的文化内涵正式命名为老官台文化李家村类型,是我国新石器时代早期文化的标志。李家村遗址保存完整,在我国考古学史上具有较为重要的历史、科研价值,是我国20世纪50年代末至60年代初首次发现和较大规模发掘的一处新石器时代早期文化遗址。著名考古学家夏鼐先生在1964年撰文,首先确认李家村遗址的发现"是探索仰韶文化前身的一个较可靠的新线索"[①]。它对探讨前仰韶文化,研究我国新石器时代早期文化起了积极作用。2006年5月25日,李家村遗址由国务院核定公布为第六批全国重点文物保单位。

李家村遗址资料照片

---

① 夏鼐:《我国近五年来的考古新收获》,载《考古》1964年第10期。

李家村遗址

李家村遗址出土陶钵

李家村出土陶三足器

何家湾遗址 新石器时代，位于西乡县城南街道办事处泾洋村。遗址西距西乡县城5公里，北距阳平关至安康铁路2公里。遗址南北约300米，东西约150米，总面积约4.5万平方米。1980年到1982年间，陕西省考古研究所汉水考古队分五个阶段发掘，累计开挖5米×5米探方59个，发掘遗址面积1475平方米，揭露出房址20余处、灶坑1处、窖穴115个、墓葬（含瓮棺葬）25座。该遗址是当时在陕南发现的史前时期遗址中规模最大、保存最好、堆积最厚、出土文物最丰富的一处，并首次发现了老官台文化李家村类型叠压于仰韶文化半坡类型之下的地层关系。从地层顺序、出土文物来看，何家湾遗址包含着历时数千年的老官台文化李家村类型和仰韶文化。老官台文化李家村类型叠压于最下层，从而证实了老官台文化李家村类型早于仰韶文化。

何家湾遗址环境

何家湾遗址

遗址内出土器物的制作工艺较之老官台文化李家村类型大有改观，如石斧、石锛、石锄、石箭头、石网坠、石环等，品种多样，造型美观，磨制水平显著提高；骨针、骨锥、骨铲等工艺尤为精细，富有实用价值。陶器纹饰多样，有绳纹、锥纹、指甲纹等。典型器物有双耳尖底瓶、彩陶鱼纹钵、彩陶几何纹壶等。在出土的红烧土中发现有植物根茎和种子，其形态与稻谷非常相似，这与以种粟为主的仰韶文化显然不同，或可证明在汉水上游已有稻作农业。何家湾遗址中出土的骨雕和陶塑艺术品，为研究仰韶文化半坡类型时期的原始艺术提供了重要资料。其中一件骨雕人头像（现藏陕西历史博物馆）是我国目前发现年代最早的骨雕人头像，也是一件珍贵的原始骨雕艺术品。头像系用兽类肢骨的一部分雕成，通高2.5厘米、头顶直径1.6厘米、颈部0.9厘米。雕刻前先将骨料磨成人头的形状，然后用坚硬带尖刃的工具雕刻。眉毛是用雕刻工具反复刻划而成的横于眼睛之上的两道凹槽，两眉相连；眼周凹陷、中间凸起两个圆形眼睛，显示出眼眶，又突出眼球，使人感到炯炯有神；鼻子最为形象，鼻梁突出成三角立体状，显示出人面部的整个生态，写实性极强；嘴部隆起，下颚清晰，在凸起的嘴部刻划一横道即为口部；头部最宽处在耳部上端，头顶部磨平；整个头像雕刻技术古朴而粗犷。还有一件线刻人面纹骨管（现藏陕西历史博物馆），也是目前我国发现最早的原始骨雕艺术品。骨管用动物的管状肢骨制成，在骨管外壁用细线雕刻出三个人面像，人面分别表现出哀、怒、喜三种不同的表情。尽管这两件原始艺术品上的人面形象有失真之处，但它们仍不失为原始古朴、形象生动而又富于夸张和浪漫色彩的艺术珍品。另外出土的两件猪头形陶塑，造型亦颇生动，既是实用器皿口部的装饰，也是技艺精湛的独立的原始艺术品。这些原始艺术品闪耀着远古文明的火花，反映出先民们在骨雕和陶塑造型方面，已具有了一定的创作技艺，充分表现出6000年前仰韶文化先民的聪明才智。何家湾遗址现为全国重点文物保护单位。

何家湾遗址出土骨雕人头像

何家湾遗址出土线刻人面纹骨管

何家湾遗址出土线刻人面纹骨管展开描摹图

何家湾遗址出土陶罐　　　　　　　何家湾遗址出土尖底瓶

5. 勉县聚落和城市遗址

勉县地处秦巴山地，中部是汉江冲积盆地，北部是秦岭山地，南部是巴山丘陵、浅山区。古聚落和城市遗址大部分分布在汉江及其支流的冲积盆地两岸的台地上，共有26处，其中县级文物保护单位1处。

（1）县级文物保护单位

仓台遗址　新石器时代、汉，位于勉阳街道办事处仓台村四组仓台堡子村村委会西约50米处。遗址面积约6万平方米，文化层厚2~3米。遗址内存有汉代夯土台基，高约5米。地表采集有泥质红陶片，饰绳纹、黑彩宽带纹、变形鱼纹等，可辨器形有钵、盆、罐、瓮等。采集石器有石斧、打制石片、盘状砍砸器，还有骨针、陶锉、陶纺轮等，属老官台文化李家村类型的遗物。另外，还发现汉代板瓦、筒瓦、瓦当、铁器等。现为县级重点文物保护单位。

（2）其他遗址

罗家营村东遗址　新石器时代，位于定军山镇罗家营村东600米，漾家河以西的二级台地上。遗址面积约14万平方米，文化层厚1.2米。从地表采集到泥质红陶、灰陶片，饰细绳纹，可辨器形有尖底瓶、钵、罐、盆；采集到的石器有石锛、石网坠、石研磨器、打制石斧等。

罗家营村东遗址

杨寨北遗址 新石器时代，位于老道寺镇杨寨村三组。遗址平面呈不规则分布，东起河滩断层，西至水田边缘，南到阳安铁路，北至杨寨、小寨交界道路，面积约5400平方米，文化层厚约0.5米。从地表采集到泥质红、灰陶和夹砂红陶片，饰绳纹，可辨器形有钵、罐、瓮等；采集到的石器有磨制石斧。

红庙寨遗址 新石器时代，位于褒城镇红庙寨村一组和三组交界处的承包水田。遗址南北宽约200米，东西长约300米，面积约6万平方米，文化层厚0.5～1米。从地表采集到泥质红陶片，饰绳纹、附加堆纹及黑彩宽带纹，可辨器形有罐、盆等；采集到的石器有磨制石斧。

下街遗址 新石器时代，位于新铺镇铜钱坝村七组，南距108国道约150米，面积约5万平方米。从地表采集到素面泥质红陶罐残片及磨制石环等。

邓家坪遗址 新石器时代、春秋、战国，位于武侯镇土关铺村，汉江南岸一级台地上，遗址面积2000平方米。地表采集到仰韶文化的泥质红陶和夹砂红陶、灰陶片，上饰绳纹、附加堆纹，可辨器形有罐、盆、钵等。另外还发现有春秋、战国时期的泥质灰陶罐残片。

右所遗址 新石器时代、春秋，位于定军山镇右所村。遗址面积约1.2万平方米，文化层厚0.5米。地表采集有仰韶文化的泥质红陶和夹砂红、灰陶片，饰绳纹、线纹、弦纹，可辨器形有罐、钵、尖底瓶、筒形器等。还发现有春秋时期的泥质灰陶罐残片。

小中坝东遗址 新石器时代，位于温泉镇光明村东200米。遗址面积约1万平方米，文化层厚0.4米。地表暴露有大量红烧土堆积，采集的标本有泥质灰陶和夹砂红、褐陶片，可辨器形有罐等；石器有通体磨光石刀。

杨寨遗址 新石器时代、汉、宋，位于老道寺镇杨寨村三组。遗址面积约30万平方米，文化层厚约3米。在该遗址处采集到泥质红陶和夹砂红、灰陶片，饰绳纹、线纹、附加堆纹、横窝纹，可辨器形有罐、盆、钵、杯、尖底瓶、筒形器等；采集到的器具有石斧、石璧、陶锉。遗址北部为汉代遗址，二十世纪七八十年代地表曾暴露有陶窑及土坑墓、砖室墓多座，出土或采集有灰陶绳纹或篮纹盆、瓮、釜、甑、勺、器盖、陶俑、猪、狗、釉陶壶、井及绳纹筒瓦、云纹瓦当等。遗址内还有宋代墓葬，出土了舞乐俑、陶壶等。

左所遗址 西周—战国，位于定军山镇左所村一组。遗址面积约2800平方米，文化层厚0.5米。地表采集有泥质和夹砂灰陶片，饰绳纹、篮纹，可辨器形有罐、筒形器等；石器有磨制石斧。在一土坑墓出土了铜戈、陶茧形壶等器物。

潘家寨遗址 春秋，位于温泉镇中坝村潘家寨东100米。遗址面积约1500平方米，文化层厚0.5～1米。采集到夹砂红陶片，饰绳纹、方格纹，可辨器形有罐、平底器等。

左所遗址

张家坎遗址 春秋、汉，位于勉阳街道办事处仓台村，汉江河东岸台地遗址面积约12万平方米。地表暴露有灰坑、红烧土及墓葬，采集到春秋时期的泥质和夹砂灰陶片，饰绳纹、弦纹；西汉时期的细绳纹、线纹筒瓦及粗绳纹板瓦。可辨器形有盆、罐、鼎、鬲等。

沙家庄遗址 秦—汉，遗址位于老道寺镇沙家庄村。遗址面积约6万平方米，分布较广，文化内涵丰富。地表可见云纹瓦当、粗绳纹筒瓦、板瓦残片，形制较大的有方形绳纹铺地砖及形制不同的绳纹、菱形纹条砖等。这是一处重要的建筑遗址，可能为一较重要驿站，为研究秦汉历史提供了重要的实物资料。

许家庄遗址 战国，位于勉阳街道办事处马营村一组、社区居委会东约800米、汉江河北岸约500米处。遗址面积约1800平方米，文化层厚0.5米。地表暴露有红烧土层，采集到泥质灰陶罐残片，饰绳纹或弦纹；绳纹间抹带弦纹筒瓦、绳纹板瓦。

小白坡遗址 汉，位于老道寺镇小白坡村二组陈家梁。遗址平面呈不规则分布，面积约17.5万平方米，暴露文化层长约100米、厚0.5～1米。从地表采集到粗绳纹灰陶片、红陶片、青砖、器物口沿、绳纹板瓦、筒瓦、红烧土等器件。遗址上存有多处汉墓。

季寨遗址 汉，位于老道寺镇季寨村四组的水田内。遗址平面呈不规则分布，东起河滩断层处，西到季寨村东居民区，南至长林中学，北至季、杨两寨交界。遗址面积约5万平方米。从地表采集有绳纹板瓦、筒瓦残片，还有菱纹砖及少量泥质红陶。

陈寨遗址 汉，位于老道寺镇陈寨村南200米处。遗址西面紧邻华阳河，面积约2700平方米。在该处采集到泥质灰、红陶粗绳纹平底钵、罐残片及绳纹板瓦、筒瓦。

韩家滩遗址 汉，位于褒城镇邹寨村四组。遗址东距柴长路50米，距褒河2000米，南距联合村一组100米，面积约3万平方米。在地表采集到外绳纹、内布纹板瓦及云纹瓦当、文字瓦当残片。

元山遗址 东汉，位于定军山镇元山村元山脚下。遗址面积约3.8万平方米，文化层厚3～4米。地表暴露有灰坑，采集有绳纹筒瓦、板瓦、文字瓦当、青（褐）色板瓦等。

嶓冢县故城 北魏，位于新铺镇铜钱坝村七组，北距108国道约150米。在此处采集到北朝条砖、瓦等。条砖长42.5厘米，宽20.5厘米，厚7.5厘米，一侧面饰"回""米"字纹。据《辞海·地理分册》《沔县志》等载，北魏正始年间（504—508）设嶓冢县，隋大业二年（606）改名西县，所记地望与此地相合。

6.宁强县聚落和城市遗址

宁强地处秦岭、巴山两大山系交会地带，历史悠久，自金牛道辟，秦惠王伐蜀，宁强县即为川陕之咽喉。独特的地理位置，促使秦、蜀、楚文化在这里交融渗透，演变更迭，加之古老游牧民族羌族在境内的繁衍生息，劳动创造，给我们留下了丰富的文化遗产。目前境内聚落和城市遗址共8处。

枣林坝遗址 新石器时代，位于燕子砭镇枣林坝村一组，嘉陵江南岸二级台地上。遗址面积约450平方米。1988年普查时发现遗址上文化层厚约2米，内含夹砂红陶和泥质红、灰陶片，饰篮纹、弦纹，器形可辨罐等。同时出土的还有动物肢骨。属新石器时代晚期遗存。它为研究新石器时代文化遗存分布提供了实物资料。

子龙山遗址 秦—汉，位于阳平关镇小鱼山村子龙山上，北面山下为宝成铁路，南面山下为阳安铁路。该遗址面积约7.5万平方米，文化层厚0.5～1.5米。在该遗址采集到铜镞、铜器残片、铁蒺藜、

"富王天"文字瓦当及绳纹筒瓦、板瓦残片。还出土了陶俑、陶碗、陶杯等。遗址中部发现房屋基础、烧烤遗迹和大量的粗绳纹、细绳纹板瓦、筒瓦及红陶器皿口沿残片等。

子龙山遗址

白岩洞遗址 汉—宋，位于大安镇白岩洞村八组。该遗址文化层被严重破坏，仅采集到篮纹陶片、动物骨骼、箭头等物，疑似为汉文化遗存。该遗址对研究秦巴山区先民迁徙有一定的价值。

三泉县遗址 唐—元，位于阳平关镇擂鼓台村四组阳青公路边。城址平面呈不规则长方形，东西长约1000米，南北宽约500米。地表城墙无存，城址内暴露瓦砾层，厚2.5米，出土了唐至宋代的黑、白、青花或豆绿釉瓷片及陶片、砖瓦等。在该城址还出土了南宋《三泉县图碑》《仪制令碑》2通碑石。现今在遗址处立青石质碑碣1通，高1.5米，宽0.9米，正面首题"中国第一京师直辖县"，中部阴刻"三泉县故城遗址"，背面碑文记载三泉县初建于北魏，再建于唐。根据古城的特定地名和当地历史文化遗存，可证该古城址也为嘉牟县遗址。

7. 略阳县聚落和城市遗址

略阳县是一个历史悠久、文化底蕴浓厚的文化大县，自史前时代的仰韶文化后期开始，就有先民在这片土地上活动，为我们留下了丰富的文化遗存。这些遗存主要分布在徐家坪镇、两河口镇、观音寺镇一带，目前有聚落和城市遗址6处，其中县级文物保护单位1处。

（1）县级文物保护单位

吴王城遗址 南宋，位于白水江镇大沙坝村长峰小组、嘉陵江西岸、南距村委会约6公里的山坳中的平阔地带。据全国第二次文物普查记载，该遗址占地面积约225万平方米，地表残留有城墙遗迹。在遗址处发现碑碣数通，其中有一残碑，下部埋于土中，露于地面部分高1.5米、宽1.18米，南宋嘉定十四年（1221）立石，额篆"仙人关重建宣相安公生祠记"，碑文多漫漶。该碑所记载的宣相安公即为南宋宁宗时四川宣抚使安丙，字子文，是继吴玠、吴璘后的抗金名将。该地的嘉陵江东岸半山崖壁上有一摩崖框痕，幅宽约3米，高约6米。其下部嵌青石碑，碑文内容不详。据《宋史·高宗》《徽州志》《汉中府志》《略阳县志》等载，自南宋绍兴年始，吴玠、吴璘等据守仙人关吴王城，抗金达数十年之久。

（2）其他遗址

居家院遗址　新石器时代、秦、汉，位于五龙洞镇垭河村垭河组，属中川河东岸二级台地。遗址面积约800平方米。地表暴露文化层，长6米，厚0.8米。采集到老官台文化李家村类型的泥质红、灰陶和外红内黑陶片，器表素面或饰线纹，器形可辨圜底器等。这些陶片火候低，陶质松脆。另采集到新石器时代晚期的夹砂红陶和泥质灰陶片，可辨器形有罐、盆等，饰绳纹、篮纹、附加堆纹、刻划纹、网纹、波折纹。另外，还发现秦、汉时期的铁镞等。

长峰遗址　汉，位于白水江镇大沙坝村长峰小组、嘉陵江西岸。遗址面积约3万平方米。地表暴露有灰坑及红烧土，采集到绿釉陶罐、灰陶壶及石斧、骨针等。

骆驼梁遗址　汉，位于马蹄湾镇马蹄湾村鱼剪坝小组。遗址面积约2万平方米。地表陶片丰富，采集到泥质灰陶、黑陶、红陶片，器形可辨罐、盆、豆；还发现了石器及残砖等。

中川遗址　宋—明，位于五龙洞镇中川坝村老院组。遗址面积约3600平方米，暴露文化层长约180米、厚0.6米。

勉略分县遗址　清，位于观音寺镇街上村。遗址面积约600平方米。遗址上存碑1通，石柱础3件。碑为《勉略分县告示碑》，大理石质，圆首，碑额阴刻花卉纹。碑文主要记载了禁止放火毁林，保护山林等事宜，落款"同治五年三月十九日立"。石柱础均为青石质，其中两件形制相同，均为圆鼓形，腰部高浮雕二龙戏珠。一通高32厘米，最大直径55厘米；一通高25厘米，最大直径63厘米。另一件为上圆下方柱础石，通高34厘米，上圆直径43厘米，下方边长40厘米。清道光元年（1821），清政府在该地设分县，曰黑河县。咸丰至同治年间（1851—1874）改名沔略分县。光绪年间（1875—1908）又复名黑河县，置县丞。清末撤销县丞，置观音寺巡检司。中华民国初，沿清制，复设分县，置县丞；民国四年（1915）起，县丞改名县佐，隶属略阳县署。分县辖略阳境内八牌：观音寺、娘娘坝、仙台坝、张家坝、斑竹园、两河口、五郎坪、大黄院，以废家垭、大帽垭、黑河为界；勉县境内四牌：毛坝、二沟、张家河、长坝子。民国二十年（1931）撤销分县建制。

8. 留坝县聚落和城市遗址

留坝县境内的古遗址主要分布在青桥驿镇、马道镇、武关驿镇、江口镇等地区，它们纵贯县城南北，蜿蜒百里。目前留坝县有聚落和城市遗址3处，其中省级文物保护单位1处，县级1处，其他遗址1处。

（1）省级文物保护单位

留坝厅故城遗址　清，位于紫柏街道办事处老街太平山上，又称太平山城、留坝厅新城。清嘉庆十三年（1808）留坝厅同知任奎光在太平山承修新城，嘉庆十六年（1811）竣工。新城建成后，又经多次维修，续建坛、祠等。整个故城气势雄伟磅礴。城墙用糯米浆与石灰掺沙土版筑，直至中华民国元年（1912），城墙及城楼仍存。故城有东、西两门，东门在今留

留坝厅故城遗址

坝县老街西端路中位置，后因附近居民取砖修房，城墙及城楼被毁。故城现存太平山东沿山东城墙一段，长约230米，残高最高10米，宽约3.5米，城墙夯土层厚0.15～0.2米，顶部现存烽火台一座；太平山西留坝县委西北角西城墙一段，长约50米，城墙夯土裸露在外，夯土层厚0.16～0.18米；太平山顶留坝气象站西侧悬崖有北城墙一段。

（2）县级文物保护单位

宝宁城址 清，位于留侯镇营盘村。城址平面呈长方形，东西长约200米，南北宽约150米。城墙夯筑，现仅存南端残城墙和壕沟各一处。南端残城墙墙体长约2.5米，残高2.1米，底残宽1.2米，顶宽0.9米。壕沟长约6米，宽0.9米，深0.7米。在城址北端还发现一段城墙基础，长约12米。

（3）其他遗址

叶家院子遗址 新石器时代，位于玉皇庙镇石窑坝村叶家院子。遗址北距石窑坝村村委会约10米，西为空地。20世纪90年代初，遗址区出土2件新石器时代石器，之后又在蒿坝河北岸的二级台地上出土青石质的石斧、石铲各1件。这些出土物说明新石器时代这里就有人类活动。

9. 佛坪县聚落和城市遗址

佛坪历史源远流长，自古以来，先民们在这片土地上生生不息，创造出了大山深处的灿烂文明。佛坪县境内文物在全县皆有分布，其中古遗址大都分布在石墩河镇、岳坝镇、长角坝镇、袁家庄镇、大河坝镇。目前境内聚落和城市遗址共5处。

蕲林湾遗址 新石器时代，位于石墩河镇蕲林湾村一组，蒲河以西二层台地上。遗址面积约1000平方米，出土磨制石斧3件。

城山梁遗址 秦、汉，位于大河坝镇五四村一组城山梁，子午河西马家沟口二级台地上。遗址北距大河坝街300米，西北距大河坝镇政府约500米，呈不规则形状，南北长70米，东西宽40米，地势开阔。现地表为稻田覆盖。地层断面上可见灰层，距地表0.3～0.5米，长约20米、厚约0.2米。遗址内地表分布有很多陶片，陶片有凸弦纹红陶片、细绳纹灰陶片、外绳纹内麻点筒瓦片、绳纹板瓦片、瓦当残片、砖块等。这一带古地名为"城山梁"，从发现的遗迹遗物来看，此处应该是秦汉时期官方设置的一处驿站。

柑园居址 宋，位于大河坝镇五四村三组柑园。遗址占地约360平方米，暴露部分有砖砌墙体、砖铺地面和一口砖砌水井。砌墙、铺地用砖砖长29厘米，宽16厘米，厚4厘米。2006年当地村民在修建住宅时发现铜钱2枚，圆形方孔，一枚上的字为"天禧通宝"，另一枚上的字为"元丰通宝"。该遗址对研究古代子午道交通有一定参考价值。

（三）安康市聚落和城市遗址

安康市地处陕西省东南部，居川、陕、鄂、渝交接部，南依巴山北坡，北靠秦岭主脊。辖汉滨区、汉阴县、石泉县、宁陕县、紫阳县、平利县、镇坪县、旬阳市、白河县、岚皋县。目前境内聚落和城市遗址共181处，其中国家级文物保护单位1处，省级文物保护单位9处，区县级38处。

1. 汉滨区聚落和城市遗址

汉滨区的古遗址多分布于汉江、月河等流域广袤平坦的阶地和缓坡上。新石器时代遗址中李家村文化、大溪文化、仰韶文化都有迹可循，如五里柳家河遗址、花园柏树岭遗址等。商周时期遗存具有巴文化和楚文化特色，如关庙王家坝遗址等。汉至明清时期由于本区地处秦楚巴蜀交会区，是扼南北交通的要冲，从关中入汉中到魏兴郡（安康）开辟有一条子午道，沿途的大河、五里等乡镇有大量汉至明清时期的古城镇遗址。目前境内聚落和城市遗址共有54处，全国重点文物保护单位1处，省级文物保护单位2处，县级文物保护单位15处。

（1）全国重点文物保护单位

刘家营遗址　战国—秦、汉，位于五里镇刘家营村月河南岸一、二级台地上。1981年文物普查时发现，遗址北临月河，南靠山麓，东西长约1000米，南北宽约400米，西面有文化层暴露。从地表采集到板瓦、筒瓦以及大形陶瓮残片等，在中部几处取过土的断层里，能看到瓦砾和陶片。采集到的器物有云纹瓦当、板瓦、瓦井圈、砖井圈、罐、盆、瓮、鬲等。出土有秦汉时期的铜双鱼纹釜、柳叶剑、钫、箭镞、铁釜和原始青瓷等。

刘家营遗址保护标志碑

刘家营遗址

出土双耳釜

出土陶溷

出土铜戈

出土铜蒜头壶

（2）省级文物保护单位

柳家河遗址 新石器时代，位于五里镇龙头村柳家河平地，月河北岸二级台地上。遗址东西长约1000米，南北宽约200米，文化层厚约2米。地表及文化层中可见夹砂绳纹红陶、打磨石器等，可辨器形有钵、盆、尖底瓶、罐、瓮等，石器有斧、刀、铲。遗址处还有袋状灰坑及大量红烧土。

鱼翅遗址 秦、汉，位于旱阳镇龙泉村村委会西约2公里。遗址东西长700米，南北宽300米。地表可见残陶片，纹饰有绳纹、篮纹，可辨的有器物口沿、板瓦等。遗址北部有鱼翅上墓群。

王家坝遗址 西周，位于汉滨区关庙镇王家坝村。遗址区处于汉江的第一台地上。1981年、1989年进行两次考古调查，调查遗址面积约1000平方米。遗址南侧临江处受江水冲蚀，塌毁严重，形成明显断层。断层长约100米，在其范围内可见褐色灰土层，含有西周时期的夹砂陶片、大量蚌壳、石器等，陶器可辨器形有鬲、鼎、盆、罐等。历年村民取土时还发现有铜剑、铜蒺藜等物。1986年，在遗址南侧塌陷处发现青铜史密簋1件。簋敛口、鼓腹、圆底，口径20.5厘米，腹径25.5厘米，口沿外壁饰云地窃曲纹，器内底部有铭文93字，记载了周王征调汉水部落同伐东国事。史密簋为研究周代历史以及当时此地部族邦国活动情况提供了重要资料。遗址现为陕西省文物保护单位。

汉王坪遗址 战国—南北朝，位于大河镇关坪村汉王坪，恒河东岸缓坡台地上。遗址东西长约600米，南北宽约500米，面积约30万平方米。地表散见大量灰色、红色绳纹瓦砾。遗址区暴露多处断层，可见文化层厚1～2米。在断面采集到绳纹板瓦、筒瓦、云纹瓦当、红陶鼎足，时代自战国、秦、汉到南北朝依次叠压。在遗址东端及恒河西岸还发现两处南北朝时期的墓群。在遗址附近还发现有栈道遗存。汉王坪遗址内涵极为丰富，是目前秦岭南麓发现的较大规模的城镇遗址。据当地村民讲，遗址所在的汉王坪，原名汉王城，化传为今名。据说刘邦曾经路过此地，当地还有太子坟的传说。

王家坝遗址

史密簋铭文拓片

汉王坪遗址

汉王坪道路遗址

（3）县级文物保护单位

张家坝遗址　新石器时代，位于五里镇张家坝村，地处月河南岸一级阶地上。月河冲刷遗址北部形成断崖，暴露厚1米文化层。文化层中夹杂有红烧土、陶片等遗物，采集到泥质红陶、灰陶、夹砂红陶和内黑外红陶钵、罐等器物残片及石斧、石刀等石器。

花园遗址　新石器时代，位于五里镇郭家湾村西侧柏树岭上，又名柏树岭遗址。遗址面积约2万平方米，发掘面积140平方米，揭露圆形灰坑2个、不规则灰坑1个、柱洞11个及部分居住面，出土的陶器有泥质红陶和夹砂红、黑陶等。

金罐滩遗址　秦、汉，位于恒口镇庆丰村西南约2公里的金罐滩。遗址分布于月河南岸缓坡地带，面积约5000平方米。地表散布红烧土块和大量灰陶绳纹板瓦、筒瓦残片，还采集有磨制石斧。

江店遗址　汉，位于五里镇江店村，月河北岸阶地上。遗址南北600米，东西500米，占地面积约30万平方米。遗址区可见明显文化层，其间发现大量陶片，有泥质红陶和夹砂红、灰陶，纹饰有绳纹、篮纹、线纹，仅见器物口沿。另外还采集到云纹瓦当、板瓦、残铁器等。遗址与江家店墓群叠压，内涵丰富，是一处规模较大的汉代遗址。

鲁家营遗址　汉，位于五里镇四岭村鲁家营、四树等村月河北岸阶地上。遗址东西长500米，南北宽200米，面积约10万平方米。地表可见大量泥质红陶和夹砂红陶、灰陶片，饰绳纹、篮纹等，仅见器物口沿。另发现板瓦、筒瓦残片等。在遗址东部分布有汉代墓群。

黄洋铺遗址　汉、南北朝，位于县河镇红升村村委会南约1公里的黄洋河西岸黄洋铺。地表散见大量绳纹板瓦及陶片。

尹家营遗址　汉、南北朝，位于五里镇西桥村尹家营。遗址东西长约150米，南北宽约100米，地表散落极少量青瓷片、篮纹红陶片等器物残片。

永丰遗址　汉，位于恒口镇永丰村。遗址北依新街村，南临恒河，东西长约800米，南北宽约200米，面积约16万平方米。在断层中可见大量红烧土和砖瓦、陶器残片相杂。地表散见绳纹砖和绳纹板瓦、筒瓦残块。

沙台子遗址　宋，位于建民镇宋家营村月河以北、付家河以东的台地上。遗址文化层较厚。当地村民耕作时经常发现大量的绳纹、篮纹陶片，素面红陶片，以及素面宋砖、残瓦片等。

（4）其他遗址

郭家湾遗址　新石器时代，位于五里镇郭家湾村村委会东北约600米。遗址面积约4万平方米，文化层厚1~2米。

塘房遗址　新石器时代、秦、汉、南北朝、宋，位于石梯镇烟岭村。遗址大致呈椭圆形，东西长120米，南北宽40余米。在临江和塘房沟的地面断层中可见明显的文化层，距地表1米左右，厚0.5~1.3米，内涵物较丰富，有灰烬、红烧土、石化的河蚌、夹砂红陶片、上戳印较为少见的几何图案的泥质红陶缸口沿。采集到的器物有钻孔石器等。暴露有丰富的秦、汉和南北朝时期的板瓦、筒瓦、陶纺轮、铜镞、铜矛等遗物，除此之外，还发现大量的汉、魏、南北朝及宋代砖室墓葬。

2. 汉阴县聚落和城市遗址

汉阴县地貌山川相间，秦岭、凤凰山和大巴山三条山夹着汉江、月河两条谷地，两江（河）横贯东西，盆地自然生成。三山两川的优越自然环境和河谷两岸广袤平坦的阶地及缓坡，便成为古今人类理想的栖息地和良田开发区,因此县境内的聚落和城市遗址多分布在这些地方,目前共有17处。

龙王潭遗址　新石器时代,位于漩涡镇梓中村村委会东南约2公里处的大田坝。遗址南北长约1000米,东西宽约100米。在地表散见夹砂红陶和泥质红陶。

阮家坝遗址　新石器时代,位于汉阳镇交通村阮家坝,汉江北岸一级台地上。遗址接凤凰山余脉,南临汉水,为冲积阶地;地势平坦,表层是耕地,除南部受汉水冲刷外,其余保存较好。遗址东西长约660米,南北宽约150米,面积约9.9万平方米。文化层厚约2米,夹杂大量红烧土、炭渣、陶片和石器残件。文化层的中下层有新石器时代的陶鬲、瓮、钵等,陶质以夹砂红陶为多。另外还有磨光石器等。1987—1988年陕西省考古研究所对其进行了考古发掘,发掘面积8000平方米。该遗址的文化遗存可分为四期,分别是老官台文化李家村类型、仰韶文化半坡类型、庙底沟类型和夏商时期遗存。遗存暴露有新石器时代老官台文化李家村类型的锅底状灰坑、瓮棺葬等,其中瓮棺葬葬具为上盆下瓮,且底部留有小孔。出土陶器以泥质和夹砂红陶为主,纹饰有绳纹、线纹、弦纹,器形有罐、钵、碗、尖底瓶、细颈壶等。还出土了石斧、刀、球、磨盘、磨棒等。这些出土物反映了当时先民已开始大规模以氏族为中心成聚落定居。阮家坝遗址的发掘丰富了汉江上游地区考古学文化内涵,对建立该地区考古学文化序列、对各文化类型本身的分期及探讨与周邻地区考古学文化的关系等具有积极的意义。资料参考见《陕西考古报告集》三秦出版社1994年6月。

阮家坝遗址

阮家坝遗址出土磨石　　阮家坝遗址出土陶碗　　阮家坝遗址出土陶三足罐　　阮家坝遗址陶三足罐

观音堂遗址　秦、汉，位于漩涡镇三塘村村委会800米处的观音堂。遗址东西长约300米，南北宽约100米。在地表散落大量绳纹、方格纹板瓦残片。田坎间可见大量的方砖残块，砖厚0.12米，宽0.22米，残长0.3米。

堂湾遗址　秦、汉，位于漩涡镇三塘村观音堂西300米处。遗址面积约3万平方米，文化层厚度不详。在遗址上采集到泥质灰陶绳纹或弦纹罐、盆残片，绳纹或棱形几何纹板瓦，其他还有网坠、蚌壳和铁渣等。

瓜园遗址　汉，位于漩涡镇田堰村南2.5公里处。遗址东西长约200米，南北宽约60米，面积约1.2万平方米。有明显的文化层，内有红色烧土。出土有绳纹筒瓦、板瓦、粗砂陶片、小口鼓腹灰陶罐、石斧等。

李家台遗址　汉，位于城关镇杨家坝村西南约300米处的李家台。遗址南北长200米，东西宽80米。在断层上可见少量板瓦、器物残片，采集到云纹瓦当、绳文筒瓦、板瓦等。

柏树园遗址　汉，位于城关镇太平村村委会西南约2公里的柏树园。遗址东西长225米，南北宽100米，暴露有夯土层。

平梁铺遗址　汉，位于平梁镇棉丰村村委会北约80米的平梁铺。遗址东西长约230米，南北宽约200米。曾发现大量泥质灰弦纹或绳纹罐、斧残片及粗绳纹板瓦、筒瓦等。

柏树坝遗址　汉，位于城关镇月河村村委会东约50米的柏树坝。遗址东西长约1000米，南北宽约5600米。在遗址范围内可见板瓦、筒瓦、墓砖残块，板瓦为灰色，面饰绳纹内饰布纹；筒瓦为灰色，饰粗绳纹。

小街遗址　汉，位于蒲溪镇小街村东南约250米的小街。在遗址南侧断层中可见大量砖和少量瓦，文化层厚约0.4米；在西侧断层中可见残墙，高约0.4米，宽0.37米。在遗址上采集到粗绳纹筒瓦、绳纹板瓦及菱形几何纹砖。

平顶梁遗址　汉、晋、南北朝，位于涧池镇军坝村西约1公里米处的平顶梁。遗址占地面积约2万平方米，文化层厚0.5米。遗址东南部暴露砖室墓多座，出土汉、晋时期的陶器、铜器和大量绳纹砖，以及南北朝时期的绳纹板瓦、筒瓦、菱形几何纹灰砖、宝相花纹瓦当等。

庙坪遗址　汉、南北朝，位于汉阳镇交通村村委会西100米处庙坪的缓坡地带。遗址地面散见大量汉代灰、红陶绳纹板瓦、筒瓦。

王家营遗址　汉、南北朝，位于城关镇前进村村委会西北约200米处的王家营开阔地。遗址南北长约200米，东西宽约150米。

高梁铺遗址　汉、明，位于平梁镇高梁铺村村委会西约200米的坎子上。遗址面积约1万平方米，文化层厚1.3米。文化层下层约0.2米处为汉代遗存，内含绳纹板瓦、筒瓦；上层发现明代灰土及灰坑3个，内含灰陶瓦片和青花瓷片。

堰坪遗址　宋，位于漩涡镇茨沟村村委会南约200米的瓦房。遗址东西长200米，南北宽80米。在该遗址上曾采集到内红外灰陶片、灰陶素面板瓦、条砖、方砖及饰莲花纹或有冰裂纹的青釉瓷片。

花屋遗址　宋，位于漩涡镇茨沟村村委会北400米处的花屋。遗址南北长约100米，东西宽约60米。在遗址区内采集到灰陶素面板瓦、筒瓦、勾头滴水瓦、条砖等。遗址区的南部暴露砖室墓多座。

3. 石泉县聚落和城市遗址

位于秦巴汉水之间的石泉县，历史文化悠久。在新石器时代，石泉境内的汉江两岸就出现了文明的曙光。历史文化遗存在县境内均有分布，但主要集中在汉江东岸。汉江南部是巴山山脉，北部为秦岭山脉，石多土少，风景秀丽，适宜居住。清朝前期湖广两地大量移民来到石泉定居，使当地出现了地域文化交融的现象，因而产生了后柳古镇、熨斗古镇、饶峰古镇、迎峰古镇四大集镇。汉江沿岸以外比较偏远的山区村镇，受地理环境和生存条件的制约和限制，大型遗址较少，发现的遗址一般面积都不大，而且遗址中的包含物较少，文化内涵的延续性也比较单一，多数为一个或两个文化时代，形成彼此间文化内涵差异较大的现象。目前县境内的聚落和城市遗址共有7处，其中省级文物保护单位1处，县级文物保护单位1处。

（1）省级文物保护单位

马岭坝遗址 新石器时代—秦、汉，位于池河镇马岭坝村，池河一、二级台地上。在该遗址范围内先后采集到老官台文化李家村类型的泥质红陶、褐陶、外红内黑陶和夹砂褐陶片，纹饰为细线纹、细绳纹及黑彩宽带纹，可辨器形有钵、三足器、圆足碗等；还采集到少量石器。该遗址内仰韶文化半坡类型的陶器有泥质夹砂陶、夹砂红陶的圈底钵、彩陶盆、

马岭坝遗址出土陶片

尖底瓶、罐、瓮、鸟兽形器柄等，石器有斧、刀、砺石等。同时还发现有大量秦、汉时期的粗绳纹筒瓦、板瓦和半两、五铢钱等。

（2）其他遗址

长安坝遗址 新石器时代，位于城关镇长安坝村及其周边地（小地名叫新堰村）。遗址东西长约600米，南北长约200米。在遗址断面发现有粗绳纹陶片、网纹红陶残片、泥质红烧土等遗存。

丝银坝遗址 秦、汉，位于城关镇银丝坝村。遗址面积约2万平方米，文化层堆积0.4～0.6米，距地表1.2米。在地层中采集有绳纹夹砂红陶、灰陶，红陶板瓦、筒瓦，泥质

长安坝遗址

细绳纹灰陶罐、绳纹陶釜等器物残片。遗址保存状况相对较好。据史料记载，在汉代，穿越秦岭的子午道新道就经过该地区，现遗址隔河就是西万公路。该地因古代盛产丝绸而得丝银坝的地名。

丝银坝遗址

毛家湾遗址 汉，位于城关镇双桥村二组。遗址南北长约370米，东西宽约50米。已暴露出2处砌筑的青砖墙，1处红烧土，地表零星散落有粗绳纹板瓦、细绳纹陶片、素面青砖、红烧土块等遗物。二十世纪六七十年代当地农民曾多次在此地发现汉代墓葬，20世纪80年代在采金过程中也曾出土过汉代铜器。从表露的迹象和历年出土文物看，该遗址为一汉代遗址和墓葬区。

饶峰遗址 汉、宋、明、清，位于饶峰镇饶峰村石桥西100米处。遗址面积约6000平方米，文化堆积层较薄，但包含物较丰富。地表散布有大量的陶片、瓷片。代表性遗物有底部灰白胎、白釉的邢窑瓷碗，白胎青釉的龙泉窑瓷片，灰白胎黑釉的建窑瓷片以及夹砂红陶片。

4. 宁陕县聚落和城市遗址

宁陕县位于安康市西北部，地处秦岭南麓。在古代这里是关中地区与陕南、巴蜀往来的必经之地，战国时期开通的子午道贯穿县境南北，使这里成为重要的商旅通道，南北文化交融汇聚，留下了众多遗迹。古遗址在全县皆有分布，主要集中在县境内的旬河、蒲河、汶水河、池河、长安河流域。其中210国道（子午古道）沿线以及汶水河、池河、旬河一带分布的遗址较早，城关、江口、龙王、皇冠、四亩地等乡镇分布的较为集中。县境内有新石器时代石器采集点，新庄村新城遗址是宁陕县迄今已发现的唯一一处秦汉聚落遗址，明清时期的城址也有一定数量。目前县境内共有10处聚落和城市遗址，其中省级文物保护单位1处，县级文物保护单位6处。

（1）省级文物保护单位

宁陕厅故城遗址 清，位于城关镇老城村。城址平面呈长方形，南北长约800米，东西宽约300米。墙体依山梁起伏修筑，主要以三合土筑成，残高4~5米，基宽3.3米，顶宽1.5米。南墙有马面1座，宽约4米。据史料记载，乾隆四十八年设五郎厅，嘉庆五年改名宁陕厅，民国二年厅改县。

宁陕厅故城城墙遗址

（2）县级文物保护单位

新庄村新城遗址　秦—南北朝、明，位于江口回族镇新庄村。遗址东西长约100米，南北宽约60米，文化层不详。地面散见灰色粗绳纹和细绳纹筒瓦、板瓦残片及素面砖残块等。遗址上叠压明代城址。明城依山势而建，《中国文物地图集·陕西分册》记载："新庄城址平面呈长方形，东西长约600米，南北宽约300米。城墙以石灰与黄土夯成，尚存西、南、北墙，残高5米。城内有石蹲狮2件、石柱础3件、阴刻楹联的石门枋1对。"之后在城址内又发现拴马桩1个，正方体，边长0.31米，每面均有2个正方形孔，孔的边长0.07米。该遗址位于旬河北岸古子午道旁，遗存丰富，是宁陕县迄今所发现的唯一一处包含秦汉时期的古遗址。它与石泉县的郭家坪遗址、谭家坝遗址，旬阳市的龙脖子遗址、两河关汉代驿站遗址以及镇安县新发现的某些遗址关系十分密切，极大地拓宽了古道路研究的视野。2011年5月17日该遗址被公布为县级文物保护单位。

龙王坪遗址　汉、明、清，位于筒车湾镇龙王坪村。此地曾暴露汉代砖室墓，地表散布大量汉代泥质灰陶绳纹盆、罐残片；粗绳纹筒瓦、板瓦；素面方砖及绳纹砖，砖侧面模印人物、马、车、鱼、鹿等图案。还发现明、清时期的柱础石20余个，砖舍利塔2座。

胭脂坝崖居　清，位于太山庙镇胭脂坝村。遗址坐西向东，位于自然崖洞内，有人工打凿的痕迹，通面宽8米，进深4米，高5米。内壁及石面上有圆形柱孔6个，分为上、下两排，每排3个。在自然崖面上凿出石床，石床长2米，宽1米。2011年5月17日该遗址被公布为县级文物保护单位。

5．紫阳县聚落和城市遗址

紫阳县境内的古遗址分布于全县，具有鲜明的时代和地域特点。新石器时代遗址、秦汉遗址大多都沿汉江分布。目前境内共有4处聚落和城市遗址，其中县级文物保护单位2处。

（1）县级文物保护单位

白马石遗址　新石器时代、夏、商，位于双安镇白马石村东的操场坪。遗址面积约1.5万平方米。1986—1987年陕西省考古研究所对该遗址进行了发掘。白马石遗址文化遗存分为早、晚两期：一期是老官台文化李家村类型向仰韶文化半坡类型的过渡形态；二期年代相当于新石器时代晚期至夏商时期，与巴蜀文化接近。白马石遗址的发掘为研究汉江上游地区新石器时代文化提供了不可多得的资料，并为研究汉江上游地区巴蜀文化提供了新的线索。资料见《陕西考古报告集》三秦出版社，1994年6月。

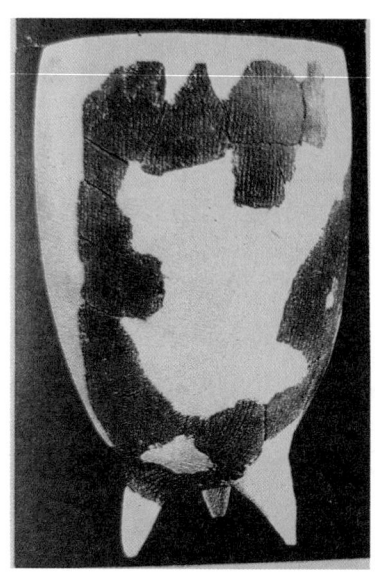
白马石遗址出土陶三足罐

白马石遗址出土陶纺轮

白马石遗址出土陶钵

马家营遗址　新石器时代、夏、商，位于汉王镇马家营村南。遗址面积约1.38万平方米。1986—1987年陕西省考古研究所对该遗址进行了考古发掘。从发现的遗迹和遗物来看，此处文化遗存可分为四期，分别是老官台文化李家村类型、仰韶文化半坡类型、庙底沟类型和夏商时期遗存。马家营遗址的发掘为研究汉江上游地区新石器时代文化提供了不可多得的资料。资料见《陕西考古报告集》三秦出版社，1994年6月。

马家营遗址发掘

马家营遗址房址

马家营遗址出土陶罐

马家营遗址出土陶钵

（2）其他遗址

金坪遗址 秦、汉，位于双安镇白马石村东金坪。遗址东西长约150米，南北宽约70米，文化层厚0.3~0.5米。暴露有不规则的灰坑，地表散见较多的秦汉板瓦、筒瓦及绳纹青灰色墓砖，陶器口沿及盆、罐、碗等器物。

天池遗址 汉、南北朝，位于焕古镇金塘村南的庙坪。遗址东西长150米，南北宽100米，占地面积1.5万平方米。采集到汉代的泥质红、灰陶片，鼎残片及南北朝时期的绳纹板瓦、筒瓦。

6. 岚皋县聚落和城市遗址

岚皋县内的文物分布在岚河、大道河和洞河流域的低、中、高山区域。低、中山区域的文物点约占整体的40%，以古遗址和古民居遗存居多。岚河流域发现的肖家坝、李家坝和关州坝遗址，从新石器时代一直延伸到秦、汉时期，证明岚皋这一地区在新石器时代就有古人类活动，并且延续时间长。高山区域文物点数量较少，约占10%，且级别较低，以盐道和聚落遗址为主。目前境内聚落和城市遗址共7

处，其中省级文物保护单位1处，县级文物保护单位1处。

（1）省级文物保护单位

肖家坝遗址 新石器时代，位于城关镇耳扒村肖家坝南侧岚河北岸台地上。遗址西、北、南三面临岚河，东临缓坡，地势平坦，面积约15万平方米，文化层厚1～2米。1981年，经过考古发掘，采集陶片有夹砂红陶和泥质红、灰陶，饰绳纹、划纹、弦纹、附加堆纹及白衣黑彩，可辨器形有钵、盆、罐、鼎、尖底瓶、葫芦形器等。同时还出土有完整的泥质灰白陶圜底钵及打制和磨制石斧、石铲、网坠、石核、砺石等，属仰韶文化遗存。另外还发现汉代绳纹板瓦、筒瓦，唐代手印砖及元代兽面瓦当等。1992年被公布为第三批陕西省文物保护单位。

肖家坝遗址

（2）其他遗址

李家坝遗址 新石器时代—战国、秦、汉，位于蔺河镇光明村一组水泥厂东南侧，岚河西岸一级台地上。遗址长约200米，宽约80米，高出河床2～4米。遗址表面均分布有夹砂红陶片、篮纹红陶片、夹砂红陶篮纹器物口沿、平底器陶片、石器、绳纹残砖、绳纹板瓦残片。在距遗址不远的河对岸田坎中有汉砖遗存。

关州坝遗址 战国、秦、汉，位于城关镇四坪村东南约700米的关州坝，岚河东岸一级阶地上，遗址所处地势较为平缓。遗址呈不规则形分布，面积约3万平方米，文化层厚约0.4米，包含较多的炭屑、烧土块、夹砂陶片、打制石器等。在遗址中部及东南地表可见大量汉砖、子母砖、扇形卷顶砖，其面饰绳纹，侧面饰花卉和菱形几何纹。遗址区还散见较多的绳纹板瓦、筒瓦片。

关州坝遗址

湘子坝遗址　明、清，位于佐龙镇佐龙村湘子坝。遗址面积约6200平方米，边缘由卵石垒砌，可见一些散落的青砖和瓦。青砖长0.32米，宽0.18米，厚0.08米，侧面中部有一隆起纹；瓦中部有一隆起纹，均具有明清时期的典型特征。

（3）崖居遗址

段家崖居遗址　清，位于滔河镇柏坪村北约300米。崖居南北向分布，南北长约7.4米，东西宽约3.6米，面积约50平方米。房屋已毁，距地面2.6~3米处现存桩孔6个，分上、中、下三层，上层3个，中层2个，下层1个；桩孔呈方形，长、宽0.19米，深0.21米。

百子洞崖居遗址　明、清，位于南宫山镇展望村百子洞。该遗址有人工开凿的洞穴40余个，排列在高约60米、宽约100米的崖壁上，大部分因山体崩塌滑坡被掩埋，仅暴露19个洞，多为横向分层排列，洞间距1.5~5米，层距3~6米，可登临者12座。洞穴编号1、4、5、6、7塌毁淤积，其余保存较为完整，多为横穴式，洞顶以不规则穹庐顶为主，平顶少见，洞内壁修凿较为平整。洞穴2的洞门呈拱形，下部淤积，残高0.9米、宽1.8米。洞穴3的洞门呈三角形，高1.6米，底宽2米，门壁南侧有片石垒砌残墙；室内空间略大内有烟熏痕迹。洞穴8的门近长方形，高1.65米、宽0.7米，洞顶部分崩塌。洞穴9与洞穴8在一处崖面，相距约1.8米，形制与洞穴8基本相似，进门处有打凿石坎，内壁平整，保护最好。洞穴10、11两洞洞门较大，门壁两侧有安装门栅凿槽；横穴近方，进深3~3.5米，宽3.6米，高3米，内壁平整。洞穴10后壁下部有排水孔道。

7. 旬阳市聚落和城市遗址

汉江横贯旬阳东西，是古今交通的黄金水道。旬河、蜀河、坝河、神河为汉江在旬阳市境的四大支流，又分别与市境内43条较大的河沟连接形成庞大的水系网。在这些水源和阳光充足的河谷两岸有广袤平坦的阶地和缓坡，是人类理想的栖息地和良田开发区，因而旬阳市的聚落和城市遗址主要分布在旬河、汉江两岸一、二级台地上。新石器时代遗址和战国、秦、汉遗址在这些地方发现较多。从遗址出土的遗物可以看出，早期遗址有屈家岭文化、李家村文化、巴蜀文化、楚文化的因素。汉至南北朝时期的遗址，在河谷阶地分布甚广。目前境内聚落和城市遗址共43处，其中县级文物保护单位8处。

（1）县级文物保护单位

武家后湾遗址　新石器时代—南北朝，位于仙河镇仙河口村武家院子后湾。遗址南北长250米，东西宽85米。断层随处可见新石器时代陶片、石器残片。采集到的陶器标本有泥质红陶钵、盆、尖底瓶和夹砂红陶罐、瓮等器物残片，石器标本有石斧、石凿。

龙脖子遗址　新石器时代—秦、汉，位于仁河口镇方家湾村，旬河南岸的一级阶地上。遗址面积3320平方米。地表暴露的遗物有夹砂红陶鼎足，罐、盆、鬲等器物口沿残片；粗绳纹灰色砖瓦片堆积较厚，分布面广。

李家那遗址　新石器时代，位于城关镇李家那村。遗址东西长约200米，南北宽约150米。文化层大部分外露，村民住宅前后皆有不连续断层，可见约1米厚的黑褐色灰土。采集到的石器有石矛1件，两边开刃，两面有脊，柄端有孔；石斧5件，大部分磨光，有弧形刃，有的刃为不规则形。采集到的陶器有夹砂褐陶罐及泥质红陶钵残片等。

新添铺遗址　新石器时代，位于构元镇构元村，汉江北岸二级台地上。遗址面积约12万平方米，文化层厚0.3~0.6米。遗址处散见夹砂内黑外红陶片、红陶片、褐陶片、泥质红陶片、磨光黑陶片和饰细线纹、绳纹陶片等，器形可辨三足器、圈足碗、罐、瓮、盆等；石器有锛、斧、磨盘、磨棒等。

田湾遗址 秦、汉，位于甘溪镇十字岭村，旬河一级台地上。遗址面积约8000平方米，文化层厚0.3～1.4米。地表遗物灰陶绳纹板瓦、筒瓦残片甚多，弦纹、戳印纹陶器残片随处可见，可辨器形有罐、盆、碗、鼎等。在遗址西南不远处的坡地上，暴露有6座已毁的汉代砖券墓。

杨家河遗址 秦、汉，位于棕溪镇杨家河村，汉江二级台地上。遗址面积约33万平方米，文化层厚0.5～1.5米。采集到的文物标本有绳纹、附加堆纹、弦纹、指甲印纹灰陶片。曾出土罐、瓮、碗、盘、壶、镢、镰、叉、戈、矛、剑、斧及大量的筒瓦、板瓦、瓦当等。在遗址的东南不远处有古代粮仓遗址。

田湾遗址

杨家河遗址

（2）其他遗址

陈家坎遗址 新石器时代，位于城关镇河湾社区。遗址北边公路旁断层中可见东西长20～30米的灰土层，其内含有陶片和红烧土。村民挖地窖时曾挖出过石斧。采集到的有石斧1件，其形状扁平，通体磨光；另有1件为夹砂陶罐残片，罐高领敛口，领部饰两道弦纹。

龚家梁遗址 新石器时代，位于城关镇龚家梁。在遗址内发现有灰坑，长、宽均约2米，深1米，其内清理出了百余件石器和陶片。发现的石器有砍砸器、盘状器、刮削器及石锛、石斧、石球等，陶器有泥质红陶纺轮、夹粗砂红陶锉、附加堆纹饰件、鸟首形把手、饰黑彩三角纹陶盆残片等。

黑蒿遗址 商、周，位于棕溪镇洪蒿村汉江一级台地上。遗址面积约6万平方米。采集到的标本有夹砂褐陶和红、灰陶陶片，饰绳纹；还有早期瓷片，厚壁，青釉灰白胎。

小河北遗址 战国—秦、汉，位于城关镇小河北社区。遗址面积约1.2万平方米，文化层厚0.4～0.6米，绳纹板瓦和筒瓦残片堆积较厚。在当地搞基建工程时曾发现3座战国时期楚墓，出土文物有铜钲、铍、鬲、敦、鼎、匜等。在遗址北约300米处发现数座汉代墓葬，出土文物有象牙算筹、龟钮银印、玉璧、玉瑗等。

（3）崖居遗址

登崖包崖居遗址 年代不详，位于城关镇木场村郭家沟柳树河南的山崖上。东西方向开凿洞穴5

个，洞口向北，近"一"字形排列，各相距8～20米不等。洞穴形状有近方形、长方形、袋状三种，面积6.8～13.5平方米不等。最高的洞穴高2.31米，最矮的高1.46米。崖壁烟炱较厚，洞门崖石光滑长期在此生活形成痕迹。

（四）渭南市聚落和城市遗址

渭南，地处关中平原东部，东邻黄河，西接古都西安，南倚秦岭，北枕桥山，是西部进入中东部地区的"东大门"，也是中原地区通往大西北的咽喉要道，素有"三秦要道，八省通衢"之称。此地历史文化悠久，文化遗存丰富。渭南的南部区域分布于秦岭的北麓，早在20万年前，人类就在这片土地上生息繁衍。7000年前这里的先民已会使用磨制的石器，种植粟类作物，饲养猪、狗等家畜，过着定居的聚落生活。境内聚落和城市遗址涵盖了从新石器时代、西周、战国、秦、汉到唐、明、清各个时期，其中位于秦岭段的潼关县、华州区、华阴市、临渭区，共有聚落和城市遗址124处，有全国重点文物保护单位5处，省级文物保护单位11处，市级文物保护单位1处，县级文物保护单位31处。

1. 潼关县聚落和城市遗址

潼关县是陕西的东大门，整个县域均位于秦岭的范围之内。潼关县聚落和城市遗址主要分布在秦东镇、城关镇、安乐镇，目前共有15处，有全国重点文物保护单位1处，省级文物保护单位3处，县级文物保护单位3处。

（1）全国重点文物保护单位

潼关故城遗址 唐—明，位于秦东镇南街村。潼关故城始建于唐天授二年（691），明代扩建重修。故城平面略呈长方形，东西长约2500米，南北宽约1500米。北城垣较直，南城垣两端向北呈弧形弯曲，使城西南、东南呈弧形凸出。今北墙已被黄河冲塌，尚存不完整的东、西墙北段。墙体夯筑，其外砖壁基本已被拆剥。基宽约7米，高3～6米，夯土层厚0.12～0.15米。关城原设东、南、西、北四门和南、北水关，西城门址保存较好。城内散布大量砖瓦残片。砖长0.45米，宽0.24米，厚0.09米。城内主街道为东街、南街和西街。潼洛河自南向北横穿流入黄河，河道两侧砌石护坡。潼关故城始建于唐代，宋、金、元各代均在此设防，明、清扩建重修。1937—1945年，因遭日军炮击、空袭和驻军拆毁，关城

潼关故城位置图

破坏严重。1959年因修建三门峡水库，县城由潼关故城所在地搬迁至今县城，城门建筑及部分城垣被拆除。现存有东城门和西城门遗址。东城门关楼为故城最东边的标志性建筑，也是入潼关的交通要冲。城门面向东北，其外为箭楼，内为城楼，中有不规则形状的瓮城相连。东门以奇异的建筑及独特的地势成为潼关天险的重要组成部分。现存遗迹仅有一城墙残段，东西宽7.7米，南北长7.8米，高5.8米。潼关史称"畿内首险"，地处秦、晋、豫三省之交，为秦地东大门，素有"三秦锁钥""四镇咽喉""北二重关"之誉，威名雄甲天下。东城门为故城最奇特的关楼，地域狭隘，杜甫有诗言其"窄

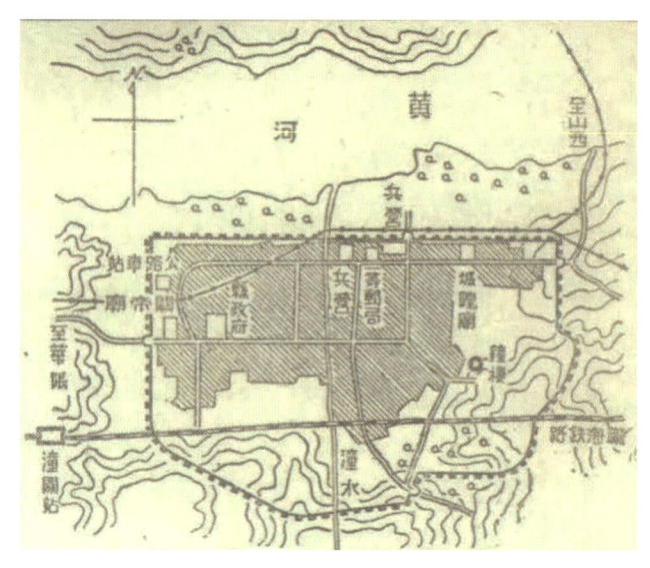

潼关故城平面图

狭容单车"，因其前楼酷似一只半蹲老虎，故有"雄关虎踞"之誉。西城门是潼关故城的重要组成部分，现存主要为瓮城部分。瓮城内有城楼，外有箭楼，为内外两门，内门向西，外门向南。外楼建在瓮城之上，南、北、西三面砖砌墙体，留有射箭垛口。内外两楼遥相对应，浑然一体。瓮城基址略呈长方形，东西长91米，南北宽86米，其中瓮城东墙残宽30米，北墙残宽3.5米，西墙残宽13米，南墙残宽10.8米，各墙高低不等，最高达8.4米。墙顶面有砂浆硬结面，坚固硬实。西城门是潼关城出入的重要交通通道，也是关中东部著名的军事要隘。其建制非常考究，外观精巧壮观，宏伟异常。"潼关八景"之一的"谯楼晚照"即指西门城楼在落日余晖中的壮观美景。城楼正中原悬挂的木制大牌匾上有"中流砥柱"四个大字。《冯玉祥施政碑》《悼二十烈士碑》等文化遗迹也与西城门有着密切的联系。另外还有潼关城南水关遗址，位于潼关南门西，遗址东西长32.2米，南北宽13米。南水关建于穿越关城的潼河上，半圆拱三孔砖石结构。拱墩以条石砌筑，砌石高2.6米。桥墩宽5.6米，券洞高6米，进深13米。桥体为砖混结构，桥面长32.2米，宽12米，两侧有砖砌护栏，高0.63米，宽0.24米，每侧有栏柱7个。潼关故城南依陡峭山崖，北障滚滚黄河天险，不仅是进入陕西省的交通要道，也是历史上闻名遐迩的军事重镇。潼关故城、禁沟和十二连城共同构成了"飞鸟不能逾"的军事天险，有效地屏护着古都长安。该遗址不仅历史意义非常突出，而且对研究古城的结构和关楼建置有重要价值。

潼关古（故）城东门遗址保护标志碑

潼关故城遗址

潼关故城资料照片

1949年前潼关故城东门外景

潼关故城南水关遗址资料照片

潼关故城西门及城墙资料照片

（2）省级文物保护单位

泗州城遗址（南巡遗址） 西周，位于太要镇南巡村北一处高台上。城址呈不规则长方形，现可见残存的城墙。地表可见较多的陶片，采集到泥质灰陶、夹砂灰陶及少量红陶片，饰以粗细绳纹、抹带纹、回纹等，可辨器形有罐、器足、板瓦、铺地砖残块等。

南寨遗址 新石器时代，位于城关街道办事处南寨子村。遗址南北长3000米，东西宽1500米。文化层堆积厚度为0.5～2.5米，包含物丰富，在断面发现

泗州城遗址城墙豁口

40处灰坑堆积。灰坑形状有袋状、不规则方形，其中一处灰坑高约4米，宽约3米，内含大量陶片及石器、骨器、红烧土块等。遗址表面可见大量陶片，以红陶为主，褐陶次之，器形有盆、尖底瓶、罐、钵以及模子等制陶工具、石器等。该遗址对研究关中东部的新石器时代聚落分布、区域类型和文化谱系等有极为重要的价值。

（3）县级文物保护单位

张家湾遗址 新石器时代，位于秦东镇南刘村张家湾村西台地上。遗址东西长约300米，南北宽约200米。崖面暴露有灰坑2处，其中一处距地表0.8米，可见灰坑宽度2.5米，包含物有泥质红陶、夹砂红陶、夹砂褐陶残片，还夹杂有红烧土块。

潼关汉城遗址 汉—唐，位于秦东镇杨家庄村一组陶家庄村东北。遗址东西约180米，南北约350米，四周有夯土城墙。城墙高2~6米，厚约3米，夯土层厚0.1~0.12米。地表可见灰陶片和少量白瓷残片。该遗址处于杨家庄汉城遗址范围之内，类似于"城中城"遗址，对研究潼关地区在汉、唐时期的军事布防、生产、生活情况提供了可靠的实物依据。

（4）其他遗址

梁家城村遗址 新石器时代，位于城关街道办事处梁家城村。遗址南北长约1000米，东西宽约50米。北部断层及道路旁有多处灰坑。文化层堆积厚1.5~3米，包含物丰富，内含大量陶片及石器、红烧土块等。遗址表面可见大量陶片，以红陶为主，器形有尖底瓶、盆、钵、灶、罐、石环及石器等。

巡底寨遗址 新石器时代，位于太要镇巡底村西北约1公里处。遗址东西长约350米，南北宽约250米。地表遗物较多。遗址西部暴露文化堆积层，长约2米，厚约1米，采集到的陶片有泥质灰陶、夹砂黑皮红陶等，饰以篮纹、绳纹、划纹等，可辨器形有罐、豆等。

窑上遗址 新石器时代，位于太要镇窑上村北的农田内。遗址东西约200米，南北约300米。地表陶片分布较为密集。遗址西侧断面上暴露有文化层，厚0.5~1米，长约5米。采集到的陶片有泥质红陶、夹砂红陶、泥质灰陶、泥质褐陶，饰黑带彩纹、绳纹、划纹，有的素面，可辨器形有尖底瓶、盆、钵、罐等。

水星遗址 新石器时代，位于城关街道办事处水星村东北的三级台地的断面上。遗址东西长约150米，南北宽约100米。距地表1.5米处可见上、下两层白灰面，夹有1厘米厚的草拌泥，下有10厘米厚的红烧土。两基址同在一个水平面上，间隔距离8米。在遗址东南20米处发现同时期陶窑1座。

寺底遗址 新石器时代，位于太要镇寺底村北。遗址东西约300米，南北约200米。遗址表面较平坦，遗物丰富，以陶片居多。采集到的陶片有泥质灰陶和夹砂灰陶等，饰以篮纹、绳纹、弦纹，可辨器形有盆、罐、釜及石器残件等。

东埝遗址 汉、明、清，位于代字营镇东埝村东北。遗址东西宽约100米，南北长约150米。遗址东、南、西、北均为深约40米的沟壑，仅西北方向有一条小路可连通外界。因遗址上有明清时期所建寨址，故遗址表面西北入口处及北部存有高约4米、宽约2米的残夯土墙。遗址东沿夯土墙仅存0.4米左右，夯土及地表中可见汉代绳纹板瓦、筒瓦残片。

张尧遗址 汉—宋。该遗址位于城关街道办事处张尧村南。遗址南北长100米，东西宽50米，堆积层厚约3米。堆积层中间夹杂有灰陶筒瓦、红陶筒瓦和灰坑，下面约有30厘米厚的红烧土层。遗址文化堆积深厚，遗物较多。

2.临渭区聚落和城市遗址

临渭区南邻距今约80万年的蓝田猿人遗址，其南部位于秦岭的山前塬地地带，黄土堆积较厚，古文化遗址非常丰富，从旧石器时代、新石器时代、夏、商、周、秦、汉至唐、宋、元、明、清历代连续不断。目前已知的旧石器时代晚期到新石器时代早期的有阳郭镇北庄遗址。新石器时代遗址发现较多，共有25处，主要分布于临渭区南部渭河支流沋河两岸一、二级台地上，较为密集，有桥南镇北刘遗址、白庙遗址、史家遗址、姜河遗址、三张镇紫杨遗址等。商周遗址发现相对较少，有向阳街道办事处南塬遗址等，其中一些遗址延续时间较长，从新石器时代延续至商、周时期，如紫杨遗址、花园遗址、阴王遗址等。秦汉时期遗址主要分布于南部东塬崇宁镇和西塬阳郭镇。这些古聚落和城市遗址既反映了临渭区社会发展的演变过程，又展示了该区历史文化的特点，也体现了历次考古发现与研究所取得的成果。目前区内聚落和城市遗址有27处，其中省级文物保护单位1处，县级文物保护单位19处。

（1）省级文物保护单位

北刘遗址 新石器时代，位于阎村镇北刘村西南侧。遗址南北长400米，东西宽200米，面积约8万平方米。遗址表面可见大量陶片，断崖上可见文化层，长40余米，厚1~3米，距地表约1米，其中夹杂大量陶片，内涵丰富。1979年秋和1980年秋，西安半坡博物馆和渭南文管会在此试掘，分东西两区进行，相距约40米，东区开探沟1条，探方3个；西区开探方2个。此次发掘面积238平方米，发现房屋、灶坑、围沟、墓葬、窖穴等遗迹，得到一批新石器时代早期偏晚的器物和一组与仰韶文化地层叠压关系相关的证据。北刘文化上层属仰韶文化庙底沟类型，出土彩陶片和三足陶灶，还有大量双唇口尖底瓶、曲腹盆、罐、甑等器物；出土的石器有石

北刘遗址保护标志牌

锛、石刀、石球，骨器有骨梭、骨镞、骨矛、骨锥、骨凿等。下层有老官台文化器物，出土的典型陶器有圆底钵、圈足钵、三足钵、球腹瓮、直壁罐等，石器有打制的斧、切割器、石片、石器等。1981年再次试掘，除上述器物外，还发现有骨器和粟壳。北刘下层上限距今8000年左右，与磁山裴李岗文化时间相近。从序列看，北刘下层文化上承沙苑细石器文化，下继仰韶文化半坡类型。2019—2020年中国社会科学院考古研究所、陕西省考古研究院、渭南市博物馆联合对北刘遗址进行勘探和考古发掘，探明遗址面积不小于50万平方米，除发现密集的房址、灰坑、红烧土面等遗迹外，还在遗址的西北部边缘地带发现有2条壕沟。2019年10—11月，考古发掘面积500平方米，发现有仰韶文化庙底沟类型的房址、灰坑、瓮棺葬等遗迹，以及1处用碎陶片铺就的生活面。同时发现有老官台文化的房址、灰坑等遗迹，以及三足钵、三足罐、筒形罐等典型遗物，并发现有一些打制的石制品。目前发现的材料显示，北刘遗址应是一处仰韶文化庙底沟类型大型中心聚落遗址，在庙底沟文化层下存在丰富的老官台文化遗存。北刘遗址对研究"早期中国"的文化面貌、寻找黄河流域最早的农业遗存、探讨黄河中游地区旧石器时代向新石器时代过渡等重大学术课题具有重要意义。1992年被公布为第三批陕西省文物保护单位。

北刘遗址出土三足罐

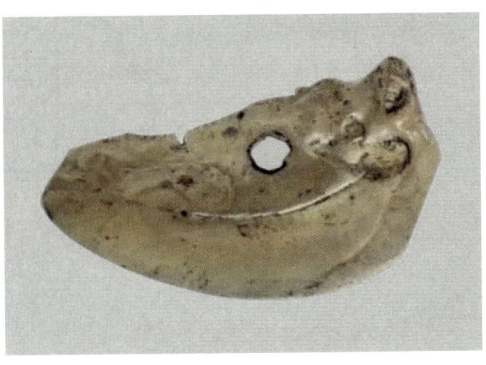

北刘遗址出土蚌锯

北刘遗址出土陶器

(2) 县级文物保护单位

北庄遗址 新石器时代，位于阳郭镇北庄村东北。遗址东西长约250米，南北宽约200米，面积约5万平方米。遗址北侧断崖上有文化层堆积，厚约3米，暴露有灰坑及红烧土遗迹。采集到的陶片多为泥质红陶和夹砂红、灰陶，饰绳纹、划纹、附加堆纹及黑彩，器形有盆、钵、罐、盂、尖底瓶等。还发现动物骨骼及人骨。

史家遗址 新石器时代，位于阎村镇史家村西北侧。遗址东西长约300米，南北宽约200米，面积约6万平方米。遗址表面可见大量陶片，断崖上偶见暴露的灰坑及文化堆积层，内夹杂大量陶片，内涵丰富。发掘窖穴4个，仰韶文化墓葬43座，人骨架733副，随葬陶器155件，石器29件，骨角器2件，还有大量动物骨骼。这些墓葬绝大多数系二次（迁葬）合葬墓，死者性别、年龄混乱，尸骨个体排列整齐，随葬品较少，系集体随葬，非个人陪葬品。这与过去发掘的仰韶文化类型氏族公共墓地的埋葬和随葬制度相吻合。史家遗址介于新石器时代半坡早期类型和庙底沟类型之间，是一个承上启下的新类型。

史家遗址

史家遗址墓葬

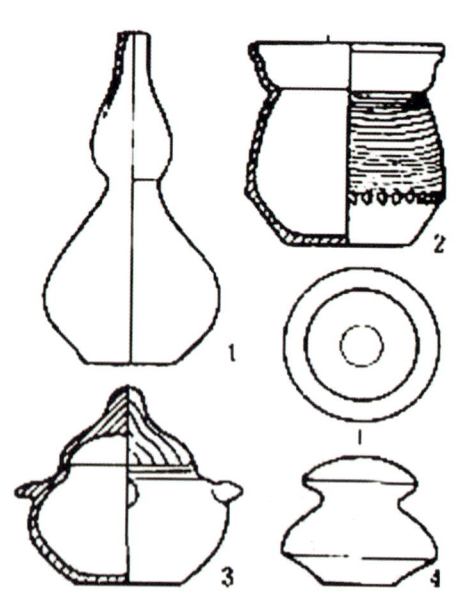

1 葫芦瓶　2 罐　3 四鼻罐　4 壶
史家遗址出土陶器

紫杨遗址 新石器时代，位于三张镇紫杨村东约200米的二级台地上。遗址南北长约500米，东西宽约200米，面积约1万平方米。文化堆积层厚0.3～0.5米，中夹杂大量陶片，并暴露1处长约4米，高约

0.5米的袋状灰坑。采集到泥质红、灰、褐陶及夹砂红、褐陶，饰细绳纹、粗绳纹、黑彩条带纹、褐彩条带纹、附加堆纹，可辨器形有钵、罐、尖底瓶、盆等。

白庙遗址 新石器时代，位于阎村镇史家村白庙组周围。遗址南北长约500米，东西宽约300米。遗址表面散布大量陶片，断崖上可见多处文化层，长十余米，厚1.5~3米。采集到的标本以红陶为主，灰陶次之，可辨器形有尖底瓶、钵、盆等，纹饰有黑彩、绳纹、交错绳纹、磨光、素面等。

姜河遗址 新石器时代、商，位于阳郭镇姜河村东100米处。遗址南北长约300米，东西宽约200米。遗址西侧、南侧断面可见文化层堆积，厚约2米。采集到泥质和夹砂红、灰陶片，纹饰以绳纹、附加堆纹为主，可辨器形有钵、盆、罐、杯形器、陶环、骨笄。另发现商代的泥质灰、红陶和夹砂灰陶片，饰绳纹、划纹，可辨器形有鬲、罐等。还出土了商代铜鼎、爵、钺、戈、刀、锛、镞等20余件遗物。

花园遗址 新石器时代—商、周，位于桥南镇花园村东南约200米处。遗址南北最长处约400米，东西宽约150米。采集到的标本材质有泥质和夹砂灰、红陶，纹饰有绳纹、篮纹，可辨器形有罐、钵、鬲、甗等。

（3）其他遗址

望岗岭遗址 新石器时代，位于桥南镇岭西村北1.5公里的望岗岭上。遗址南北最长150米，东西宽120米。采集到少量陶片，有夹砂红陶和泥质红、灰陶，纹饰以绳纹居多，另有篮纹，可辨器形有罐、钵、瓶等。

阳王遗址 新石器时代，位于桥南镇曹峪村阳王村西的台塬上。遗址南北长约300米，东西宽约100米。地表可见大量陶片，采集标本以夹砂灰陶为主，泥质灰陶次之；纹饰以绳纹、篮纹、附加维纹、素面为主；可辨器形有罐、鼎、豆等。根据遗物特征判断，该遗址为一处新石器时代龙山文化遗址，为研究渭南地区新石器时代龙山文化遗址分布及内涵提供了新的资料。

三孝村遗址 汉，位于丰原镇三孝村北约300米处。遗址东西长约100米，南北宽约80米，面积约8000平方米。地表散见少量陶片，采集到的标本以绳纹板瓦、筒瓦残片为主，还发现少量盆、罐残片等。

3.华州区聚落和城市遗址

华州区地处关中东部，北依渭水，南靠秦岭，是秦岭北麓与渭水之间一块肥沃的河流冲积扇塬地，很适合人类生存居住。古代先民早在5000年前就在此背山面水而居，繁衍生息，同时创造了璀璨的古代文化。华州区历史文化遗存丰富，它们多分布在柳枝镇、莲花寺镇、杏林镇、瓜坡镇、赤水镇、高塘镇、东阳乡、大明镇、金惠乡等。华州区新石器时代的泉护村遗址、元君庙遗址、老官台遗址、南沙遗址在我国文物界具有非常大的影响，尤其是泉护村遗址，已成为研究仰韶文化、探讨中国史前社会的代表性范例。泉护村二期文化过渡时期的陶祖是父权制取代母权制的重要证据，鲜明地反映了中国史前社会的一次飞跃发展。元君庙遗址半坡类型的埋葬风格和墓葬形制对了解仰韶文化提供了系统的新资料，为确定老官台文化早于半坡类型提出了地层根据。南沙遗址商代前期的刻划陶纹属我国古文字中罕见的珍品。

（1）全国重点文物保护单位

元君庙—泉护村遗址 新石器时代，位于柳枝镇泉护村，安堡村。遗址南依秦岭少华山，源自秦岭、北注渭河的沟峪河从其中流过，元君庙与泉护村遗址隔沟峪河相望。对此处的遗址曾进行过两次大规模考古发掘，取得很大成就，对建立关中渭水流域考古文化序列、认识中国考古文化的格局等均有非常重要的意义。该遗址中间高两边低，南北长500米，东西宽300米，总面积15万平方米。该遗址因保存完整的仰韶文化半坡类型墓葬而出名。该类型墓葬的特点是居住地和墓葬分开，男女陪葬品不同，陶器多细泥和夹砂粗红陶，多手制，纹饰为绳纹和弦纹。1958—1959年黄河水库考古工作队陕西分队华县队对该遗址进行了两次大规模考古发掘，全面揭露了一处保存基本完整的半坡类型墓地，探明墓地北面存在着同时期的居住地，还发现了很少的老官台文化遗存。后由北京大学历史系考古教研室编著了考古报告专刊《元君庙仰韶墓地》。墓地内共有57座墓葬，其中的45座分属东、西两个同时并存的墓区。每个墓区内的墓葬又分三期，按分期的早晚，由东向西分列成3个纵行。

泉护村遗址出土陶鹰鼎
（现藏国家博物馆）

同期的墓葬则是从北到南依次入葬的。两墓区各期墓葬中，除一部分单人墓外，28座墓葬是同时葬入的多人合葬墓。合葬墓大多数为二次葬（迁葬），单人墓则一、二次葬的都有。人骨均为仰身直肢，被整齐地成堆放置在一起，头皆向西。除个别墓葬用卵石垒砌椁室，都是无葬具的土坑竖穴墓。主要随葬器物有泥质红陶绳纹小口尖底瓶，饰绳纹、弦纹或素面的夹砂红陶罐以及磨光的细泥红陶钵，这也是随葬陶器组合的基本形式。个别墓随葬黑彩宽带纹或几何形图案的钵、碗、盆和罐，在少数墓葬中发现了蚌刀、陶纺轮、骨针、骨镞一类生产工具和骨笄、骨珠等装饰品。元君庙墓地反映了当时存在的家族、氏族、部落的社会组织情况。从对一次葬、二次葬兼有和纯为一次葬的多人合葬墓内成员死亡年龄的比较分析，确知有些是不同辈分成员的合葬墓。在元君庙没有发现可判定为一夫一妻的合葬墓。合葬墓中成年男、女人数往往不成比例，这说明家族成员的构成，没有因婚姻关系得到调整，家族是以血缘关系结合起来的集体。这里各类女性墓的随葬品一般多于各类男性墓，还存在着对少数成年女性和女孩实行厚葬的现象，说明在财产方面的母女继承制。元君庙遗址为了解仰韶文化半坡类型的埋葬风俗和墓葬形制提供了系统的重要资料。

泉护村庙底沟类型（即泉护村一期文化）的主要文化特征，包含绘有两种花形图案、一种鸟形图案的彩陶盆（钵），并有重唇小口尖底瓶、葫芦小口平底瓶和砂陶罐。5种陶器特征鲜明，从早到晚发展的连续性清楚，阶段性明显，可分为"成熟、转折、退化"三个阶段。在该类型遗存中，发现有半地穴式方形房基、带斜坡或台阶、坑底有烧灶的居穴，两三座一组的横穴式陶窑群等主要遗迹。出土的文物有石器、骨器、陶器，其中有生产工具、生活用具，如石斧、石刀，骨叉、骨针，灰陶、黑陶、红陶等。其中细砂陶罐、瓶、钵、甑、豆、盂、轮等，有的表面装饰着绳纹、篮纹、方格几何纹和动植物图形画像，做工精细，构思巧妙。庙底沟文化为其主要内涵。出土陶器以红陶为主，次为灰陶和黑陶，泥质陶比例大于夹砂陶。陶器以平底器为主，其次为尖底器；种类主要有曲腹平底碗、钵、卷沿曲腹盆、双唇口尖底瓶等。陶器纹饰丰富，主要有绳纹、线纹、弦纹。其中在遗址区内出土的一件陶鹰鼎，是古代艺术的杰作。彩陶也很发达，图案分为两类，鸟纹和花卉纹。在该遗址发现的一座大型"房子"，引人注目。考古人员还在此发现了房屋、窖穴、圈栏、火塘等人类居住遗迹。在此处出土了成堆的粟壳，证实了先民们已从游猎谋生，迈向以耕种谷物为主的农业文明；发掘出的布痕，由棉麻纤维组成，每平方厘米含经、纬线各10根，揭示了先民正从树叶蔽体向简单的裙服演进。

该遗址为确定老官台文化早于半坡类型提出了地层依据。2001年6月该遗址被公布为第五批全国重点文物保护单位。中国20世纪考古重大发现之一。资料见《元君庙仰韶墓地》和《华县泉护村》，北京大学考古学系，中国社会科学院。科学出版社2003年10月；《华县泉护村：1997年考古发掘报告（上、下册）》、陕西省考古研究院、渭南市文物旅游局、华县文物旅游局。文物出版社，2014年11月。

泉护村遗址

元君庙遗址发掘现场

元君庙遗址墓地

泉护村遗址出土的陶器

南沙遗址　新石器时代—商。该遗址位于瓜坡镇南沙村西南。遗址东西250米，南北1200米，总面积约30万平方米，文化层厚1.5～2米。1958—1959年、1983—1984年考古工作者曾两次对该遗址进行考古发掘，发掘面积约1200平方米，发现仰韶文化、龙山文化、二里头文化、商代早中期的房址、窑址、灶炕、墓葬、陶窑等约90座。这些遗迹以商代遗存最具特点，出土的陶器以夹砂和泥质灰陶居多，有少量泥质红陶和釉陶，纹饰有绳纹、弦纹、附加堆纹和圆圈纹，器形有鬲、斝、甗、罐、钵、大口尊、瓮、盆、簋、豆、鼎等，有的陶器上还发现有陶文。还出土了铜戈、矛、刀、铲、镞、石刀、凿、纺轮、骨铲、卜骨等。其后文物调查的有墓葬、灰坑和堆积层，发现有夹砂灰陶、兽骨、和贝类等，陶器上的纹饰有网格纹、绳纹，可辨器物有陶罐、陶盆、陶瓶、陶鬲等。在遗址南部、南沙村西南方发现遗址断面，可见文化层和窑址，文化层厚0.2～1.5米，长约0.3米，距地面0.5米。窑址残存窑壁厚0.08米，残长0.4米。文化层内夹杂大量灰陶泥质、夹砂陶片和兽骨，陶器可辨的器形有罐、鬲、鼎等，外饰绳纹和附加堆纹，器形较大，为典型的商代遗存。其中鼎腿长0.25米，径0.01～0.15米，并饰有附加堆纹和绳纹。在遗址南部的龙山文化墓地中发现二具埋葬规划的完整马骨架，为眼睛马的驯化史提供了珍贵标本。这些发现为研究华州地区商时期文化提供了宝贵的实物资料。2013年公布为全国重点文物保护单位。

南沙遗址　　　　　　　　　　　南沙遗址出土陶钵

（2）县级文物保护单位

北沙遗址　新石器时代，位于瓜坡镇北沙村东南侧。遗址东临北沙河，北至北沙村，西、南两面均为耕地；东西300米，南北500米，总面积约15万平方米，平面略呈长方形。遗址东部断面断续暴露有文化层，厚0.5~1.5米。在地表采集到泥质红陶、灰陶，夹砂红陶残片等；纹饰有附加堆纹、弦纹等；可辨器形有钵、盆、尖底瓶、罐等。据标本分析此处属仰韶文化遗址。该遗址对研究华州地区新石器时代文化遗存具有重要意义。

唐安遗址 新石器时代，位于大明镇唐安村台塬西侧的缓坡地带，南北均为沟，西南200米处为唐安六组。遗址南北长1000米，东西宽400米，面积约40万平方米。遗址表面平整，文化层暴露可见大量陶片，有十多处灰坑和红烧土遗迹；灰坑直径约3米；两处红烧土，直径约2.5米。在此处采集到大量的红陶及少量灰陶片，饰粗绳纹、细绳纹、黑彩宽带和素面等，可辨器形有尖底瓶、钵、盆、罐、陶饼等，属于新石器仰韶文化半坡类型、庙底沟类型、仰韶晚期、龙山文化等。这些为研究中原文化和关中文化的衔接、过渡及渭南地区新石器文化聚落分布、区域类型、文化谱系等提供了重要的新资料。

西坡遗址 商、周，位于高塘镇西湾村西坡组西偏南，涧峪河西岸的高台地上。台地呈弧形凸出，台面东低西高，缓坡状，现修为梯田，东面地势较陡峭，南、北面均临断崖冲沟，西面背靠渭南市临渭区长寿塬。遗址坐落于台面前沿，南北约250米，东西约200米，面积约5万平方米。地表可见遗物较少，田坎断面上暴露有文化堆积，厚0.2~0.3米。采集到的标本以泥质灰陶为主，夹砂灰陶次之；纹饰以绳纹较多，还有戳刺纹、雷纹等；可辨器形有罐、簋等。此为一处商、周时期文化遗址，对研究关中地区商周时期聚落分布、文化内涵等提供了实物资料。

（3）其他遗址

罗家凹遗址 新石器时代，位于大明镇李岩村罗家凹北侧。遗址北至沟边，南至村庄，西距兴国河1公里，东至通村，地表呈阶梯状，南高北低；长200米，宽100米，面积约2万平方米。遗址表面可见少量陶片，以红陶、夹砂红陶为主，纹饰有粗绳纹、细绳纹，属新石器时代仰韶文化。

千家堡遗址 新石器时代，位于高塘镇堡底村北的土塬上。在该遗址采集到的标本较多，有夹砂灰陶、夹砂红陶、泥质灰陶、泥质红陶等陶片，纹饰多为细绳纹、粗绳纹和素面等，可辨器形有罐、小平底盆、敞口盆等。

岳家遗址 新石器时代，位于大明镇唐安村岳家组岳家塬西侧缓坡地带。遗址北距唐家堡500米，南临汉沟，有两条通村路从遗址上经过；南北长1000米，东西宽300米，面积约30万平方米。岳家一组叠压在遗址上。在遗址断面上发现灰坑11处，其中南边有4处，北边有7处。灰坑长1.5~3米，深0.2~0.8米。由于自然因素和农业生产的影响，遗址表面存留陶片较少。在村庄以北采集到的陶片以红陶为主，灰陶较少，陶片纹饰有粗绳纹、细绳纹、素面和黑彩宽带等，可辨器形有钵、盆、罐、釜等，属于仰韶文化。在村庄以南采集到的陶片以灰陶为主，红陶较少，陶片纹饰有粗绳纹、细绳纹、素面和黑彩宽带等，可辨器形有罐、盆、缸、甗等，属于龙山文化。

长畛遗址 新石器时代，位于高塘镇柿村长畛组北，涧峪河东岸的高台地上。台面较平坦，呈南高北低带状，西距涧峪河约500米，东有小壕沟，台下南临柿村，北距寺城子约600米，西岸因水冲刷形成不规则断崖。遗址南北约300米，东西约200米，面积约6万平方米。在西部断崖上暴露有文化堆积，中夹杂陶片，最厚处约0.5米。地表可见遗物较少。采集陶片以夹砂灰陶为主，还有泥质红陶、夹砂褐陶等，纹饰有绳纹、弦纹以及黑色彩绘等，可辨器形有钵、罐、尖底瓶等。根据标本特征分析，该遗址为一处新石器时期仰韶文化遗址，为研究关中东部新石器时期仰韶文化聚落分布、文化内涵等提供了资料。

李家湾遗址　新石器时代，位于大明镇李岩村李家湾西北的塬顶上。遗址西、北、南临沟，东至缓坡地带，长200米，宽100米，面积2万平方米。遗址地表可见少量陶片，有泥质红陶片、夹砂红陶片，夹砂红陶片施绳纹，属新石器时代仰韶文化。

里寺遗址　新石器时代，位于高塘镇里寺村南的高台上。整个遗址近似椭圆形，台地明显高于四周，地势较平坦。遗址西侧有一条南北向深沟，宽约30米，深约15米。遗址面积约6000平方米。从地表采集有泥质红陶、泥质灰陶、夹砂灰陶、夹砂红陶等陶片，可辨器形有鬲、罐、钵、盆等，纹饰有绳纹、弦纹、篮纹，还有部分红陶黑彩绘等。从器形特征分析此处应为仰韶文化遗址。

良侯遗址　新石器时代，位于瓜坡镇良侯村西。现存遗址平面略呈长方形，南北长约300米，东西宽30米，总面积约9000平方米。遗址地表散落有大量泥质和夹砂红陶片，饰线纹和黑彩绘，可辨器形有钵、罐、盆、尖底瓶等，均为新石器时代仰韶文化庙底沟类型遗存。

南侯沟遗址　新石器时代，位于高塘镇南侯沟村南部。遗址整体形状接近长方形，面积约2万平方米，地势呈台梯状。遗址西侧为箭峪河，与箭峪河落差约为30米，箭峪河西为崇宁塬。遗址地表现为耕地。采集到的陶片有灰陶、红陶，均饰绳纹，可辨器形有罐、盆等。据此分析判断此处应为仰韶文化遗址。

弋家遗址　新石器时代、清，位于高塘镇老年村弋家组西侧，箭峪河东岸的高台地上。遗址距箭峪河约200米，台面上平缓，西低东高；东侧部分被村庄覆盖，隔箭峪河与临渭区长寿塬相望。南北约150米，东西约100米，面积约1.5万平方米。东侧断崖上可见新石器时期仰韶文化残陶片和大量清代庙宇残瓦片等。遗址中心区原有庙宇1座，庙宇旧址堆积层打破仰韶文化堆积层。采集有泥质红陶、夹砂褐陶等，可辨器形有尖底瓶、罐等。

泽口遗址　新石器时代，位于高塘镇泽口村西北一个台塬地带，为河川旁二级台地。遗址南北长约800米，东西最宽处约300米，面积约20万平方米。在遗址南部砖场取土的断面上可见较多灰坑。在地表和断面采集有仰韶文化泥质红陶、夹砂红陶、泥质灰陶、夹砂灰陶等，可辨器形有尖底瓶、环、盆、瓶、钵、石斧等，纹饰有细绳纹、附加堆纹、弦纹，部分泥制红陶饰有圆点勾叶图案，部分夹砂红陶残片口沿部饰有饼形堆积纹。另外还发现有石器。从器物形制特征判断，此处应属于仰韶文化半坡和庙底沟类型。

武家堡遗址　新石器时代，位于高塘镇寺底村武家堡组西北，箭峪河与涧峪河所夹台地上。遗址所处地势南高北低，南北长约600米，东西宽70～150米，面积约6万平方米。南部田坎暴露有文化堆积，最厚处约1.1米，暴露灰坑1座。地表采集有泥质红陶、灰陶和夹砂褐陶等，纹饰有绳纹、划纹、附加堆纹及黑色彩绘残片等，可辨器形有尖底瓶、瓮、盆等。另外有磨光黑陶残件1件。根据特征分析，此处属新石器时代仰韶文化庙底沟类型。

铁王遗址　新石器时代，位于瓜坡镇铁王村，东临吉家河水库。遗址南北200米，东西50米，面积约2万平方米。在断崖处可见厚约2米的文化层。遗址区内散落大量陶片，采集有泥质红陶、夹砂红陶，夹砂灰陶残片，饰黑点彩绘、网格纹、细绳纹等，可辨器形有罐、盆、尖底瓶等。据采集标本特征分析，属新石器时代仰韶文化遗址。

寺城子遗址　新石器时代，位于高塘镇寺城子村，涧峪河东岸的高台地上。遗址西距涧峪河约500米，台面较平坦，东有小壕沟，西岸因水冲刷形成不规则断崖。遗址南北约150米，东西约100米，面积约1.5万平方米。在西侧断崖有灰坑暴露，夹杂早期陶片。地表可见泥质、夹砂红陶和灰陶残片等，纹饰有绳纹、黑色彩绘等，可辨器形有钵、罐、盆、豆等。根据其特征分析，此处为一处新石器时期仰韶文化、龙山文化遗址。

二合遗址 新石器时代，位于高塘镇二合村东南，涧峪河东岸的高台地上。遗址东临壕沟，西距箭峪河约0.5公里，台面上较平缓。遗址南北约150米，东西约80米，面积约1.2万平方米。在遗址西侧断崖上断续暴露有文化堆积，厚0.2米，其中夹杂有陶片。地表采集泥质、夹砂灰陶等，纹饰有篮纹、绳纹、附加堆纹等，可辨器形有钵、罐等。根据其特征分析，此处为一处新石器时期龙山文化遗址。

郝垚遗址 新石器时代，位于大明镇里峪口村郝垚组，里峪河东岸的一级台地上。遗址表面呈阶梯状，面积约3000平方米。遗址东北角暴露灰坑3个，西南角暴露灰坑1个，灰坑直径为1～3米，残深0.5米，距地面1.5米，中夹杂少量的陶片。地表可见少量陶片，采集有泥制红陶、夹砂陶和素面陶片，纹饰有绳纹、附加堆纹、划纹及黑彩弧线三角纹等，可辨器形有罐、钵、盆等，属仰韶文化庙底沟类型遗存。另有泥质黑陶和泥质褐陶，纹饰有篮纹和附加堆纹，器形不可辨，属龙山文化遗存。

水渠村遗址 新石器时代，位于大明镇水渠村水渠组西。遗址长500米，宽500米，面积约2.5万平方米。遗址表面呈台阶状，仅发现少量陶片，采集有红、灰陶片，纹饰多为绳纹。

同家村遗址 新石器时代，位于高塘镇同家村东南，涧峪河与箭峪河所夹的台地上。遗址东距涧峪河约500米，西距箭峪河约400米，两侧较平缓，中间稍高，呈条带状。南北约100米，东西约200米，面积约2万平方米。地表采集有红、灰陶片等，纹饰有绳纹、篮纹、附加堆纹等，可辨器形有盆、罐等。根据其特征分析，为一处新石器时代龙山文化遗址。

赵家巷遗址 新石器时代，位于大明镇兴国村赵家巷南侧，西距兴国河300米。地表呈阶梯状，南高北低。遗址东西500米，南北200米，面积约1万平方米。遗址表面可见少量陶片。在遗址西北部发现2处灰坑，长2～3米，深0.3～0.5米，距地表1.2～1.5米。在灰坑内采集有泥质灰陶、夹砂灰陶，纹饰以粗绳纹、细绳纹为主。依据采集标本分析，遗址属新石器时代龙山文化。

忠王遗址 新石器时代，位于高塘镇忠靳村忠王组西南高台上。遗址向北约3公里通向312国道，东距涧峪河300米，西接临渭区长寿塬，南为沟壑地带，地势较为平坦。南北长约80米，东西宽约100米，面积约8000平方米。地表采集有泥质灰陶和夹砂灰陶残片，纹饰有绳纹、附加堆纹等，可辨器形有罐、盆等。据标本特征分析，属新石器时代龙山文化遗存。

南堡遗址 新石器时代、商、东周，位于高塘镇南堡村东南侧，涧峪河东岸的高台地上。遗址距涧峪河约300米，台面上较平缓，东临吉家河村约500米，西北距高塘镇政府约1公里。遗址南北约500米，东西约400米，面积约20万平方米。在多处断崖上可见暴露有文化堆积，最厚处约2米。地表可见陶片分布，采集到的陶片有泥质、夹砂两种，以红陶为主，灰陶、红褐陶次之，纹饰有绳纹、素面、附加堆纹、戳刺纹以及圆点勾叶、弧线三角黑色彩绘，可辨器形有尖底瓶、罐、钵、瓮等。根据其特征分析，为一处新石器时期仰韶文化庙底沟类型及东周遗址。

安家河遗址 新石器时代、商、周，位于瓜坡镇安家河村南。遗址所处地势南高北低，310国道与陇海铁路将遗址南北切断。遗址东西宽100米，南北长300米，面积约3万平方米，文化层0.3～1.5米。遗址区散落有大量陶片，采集有泥质红陶、夹砂灰陶、夹砂红陶和少量兽骨。陶器上饰绳纹、弦纹和黑三角彩绘，可辨的器形有钵、盆、尖底瓶、罐、鬲等。此处属新石器时代仰韶文化庙底沟类型和商周时期。

李村遗址 新石器时代、汉，位于瓜坡镇洪黄李村北侧。遗址南北100米，东西300米，面积约3万平方米，可见文化层厚约0.4米。灰坑长3米、高约0.7米，内含泥质灰陶、夹砂红陶残片。地表采集有泥质红陶、泥质灰陶、夹砂红陶残片，饰弦纹和黑点彩绘，可辨器形有钵、盆、罐等。遗址区内还发现有大量汉代墓葬，出土器物有绿釉博山奁残片、陶罐、铁剑残段与大泉五十铜钱。

井家堡遗址 新石器时代、汉，位于瓜坡镇井堡村南，马峪河东岸的二级台地之上。遗址东、南至陕化厂公路，西至冲沟，北至陇海铁路。遗址南北500米，东西200米，面积约10万平方米。文化层分布较广，在台地断面上随处可见，厚0.6～2米。断崖上可见多处灰坑、陶窑。灰坑深0.8～1.5米、宽0.6～2.5米，陶窑残高2.5米、宽1米。从地表采集的标本有泥质红陶、夹砂红陶、泥质灰陶残片，纹饰有网格纹、附加堆纹、黑彩绘鱼纹，可辨器物有罐、盆、碗、钵、尖底瓶等和一些汉代泥质灰陶残片。

寺前头遗址 新石器时代、商、周，位于高塘镇寺前村西北，箭峪河西岸的高台地上。台地凸出，呈"U"形，台面上较平缓，东低西高，现修为梯田。台地东面地势较陡峭，南、北二面均临断崖冲沟，西面背靠临渭区长寿塬。遗址南北约200米，东西约150米，面积约3万平方米。东部田坎断面暴露有灰坑残迹2处，偶见文化堆积。地表可见遗物较少，采集标本以泥质灰陶为主，夹砂灰陶次之，纹饰有绳纹、附加堆纹、素面等，可辨器形有罐、瓮等。

老年堡遗址 新石器时代、商、周，位于高塘镇老年村西南高台上，当地人俗称"老年堡"。台面较规整，呈长方形。遗址东、南、北三面较低，西临箭峪河，地势较独特。地表可见遗物较少。采集有泥质红陶、灰陶以及夹砂红、褐陶等，纹饰有绳纹、素面、戳纹等，可见器形有鼎、鬲、钵等。

柿村遗址 新石器时代—商、周，位于高塘镇柿村东，涧峪河东岸的高台地上。台面呈鱼脊状，两侧稍低，中间较高，西岸因水冲刷形成不规则断崖，台下为柿村，西距箭峪河约500米。遗址南北约300米，东西约200米，面积约6万平方米。在断崖上零星暴露有文化堆积，夹杂早期陶片。采集有泥质灰陶、夹砂灰陶、褐陶等，以夹砂灰陶居多，纹饰以绳纹为主，还有附加堆纹、划纹等，可辨器形有罐、鬲、盆等。

史家湾遗址 商、周，位于高塘镇西湾村史家湾组西，箭峪河西岸的高台地上。台地自西向东逐渐收窄，台面上较平缓，南、北二面均临断崖冲沟，西面背靠临渭区长寿塬。遗址南北约250米，东西约300米，面积约7.5万平方米。地表可见遗物较少。田坎断面夹杂有少量陶片，西侧断面上间断暴露有文化层堆积，厚约0.3米。采集标本以泥质灰陶为主，夹砂灰陶次之，纹饰有绳纹、附加堆纹、素面等，可辨器形有鬲、斝、罐、瓮等。

东尧遗址 商、周、秦、汉，位于高塘镇吉河村东尧组西。遗址南北约350米，东西约170米，面积约6万平方米。地表采集有泥质、夹砂红陶、灰陶器物残片，饰绳纹，可辨器形有盆、罐、瓮等，还有一些板瓦残片。

刘家堡遗址 战国、秦、汉，位于高塘镇刘家堡村北，涧峪河东岸的台地。台地南高北低，较为平坦，西距涧峪河约500米。遗址南北约300米，东西约200米，面积约6万平方米。遗址北侧田坎暴露文化层堆积，厚0.2～0.4米。地表可见遗物较少。采集陶片以泥质灰陶为主，夹砂灰陶极少，纹饰主要为粗、细绳纹，可辨器形有罐、鬲等，以及内为布纹或麻点纹的绳纹板瓦残片。

薛西遗址 秦、汉，位于高塘镇薛底村薛西组西，渭河三级阶地上。遗址北临陇海铁路，东距赤高公路100米，西濒涧峪河。遗址略呈长方形，南北约150米，东西约200米，面积约3万平方米。遗址现大部分被农民居住地覆盖，地表可见遗物甚少。采集有泥质灰陶和夹砂灰陶残片，器表多饰绳纹，器形有盆、罐等及板瓦残片。

三留遗址 汉，位于瓜坡镇三留村南，渭河南岸二级台地上。遗址东至公路，西至塬西侧边沿，南至台塬；东西20米，南北200米，面积约4000平方米。断崖上明显可见文化层，厚0.6~1.6米，其间可见灰坑和陶窑。文化层内含罐、盆、瓮、碗等器物残片，其中发现一陶罐高0.8米、直径0.6米，外壁以素面为主，罐内壁饰麻点纹。遗址内还发现陶窑2处，窑壁厚0.04米、宽0.9米、高2.4米、烟道直径0.2米、残高约1米；窑内可见器物残片。

瓜底遗址 秦、汉，位于瓜坡镇瓜底村西的台地上。遗址东、西至台塬边缘，北至台地断崖处，南北300米，东西400米，面积约12万平方米。从断崖上可见多处文化层和灰坑、窑址等。陶窑壁厚0.07米、宽2.5米、残高0.6~0.8米。灰坑深1.5~2.5米，内含泥质灰陶罐、盆、瓮、碗以及陶质建筑构件等。

罗家遗址 汉，位于瓜坡镇罗家村南的二级台地上。台地东、西、北三面环沟，台面略呈长方形。遗址东西200米，南北20米，面积约4000平方米。在台地南部断崖上暴露有大量灰坑、墓葬，文化层厚约1.6米。从灰坑中采集到泥质灰陶，纹饰以素面为主，少部分内有麻点纹，可辨器形有罐、碗、瓶和陶质建筑构件等。

张岩堡遗址 清，位于瓜坡镇张岩村南300米的塬顶上。塬上地势较为平坦，东北面临冲沟，南为耕田。遗址东西长90米，南北宽60米，总面积5400平方米；城墙仅剩西侧与东北侧残段，西侧残段为25米，东北侧残段约80米，墙高约1~8米，夯层厚0.07~0.11米，墙厚约3米。据当地老百姓讲，城堡废弃多年，原城门开于南侧，现有一东西向公路从城堡内穿过。根据城堡特点，其应为清代所建。该城堡在华州西北地区较为少见，为研究该地区古城堡提供了具体的实物资料。

4. 华阴市聚落和城市遗址

华阴市是省级历史文化名城，是中华文明的发祥地之一，其历史延续7000余年，给后人留下了丰富的聚落和城市遗址。其中史前遗址绝大多数依河流走向分布，集中在罗敷河、柳叶河、长涧河等河流沿岸。秦汉时期遗址主要分布在柳叶河、凤凰岭一带及现市区周边，规模较为庞大，历史遗存比较丰富，且部分遗迹埋藏较浅，以大型建筑基址和人类生活遗存为主。北魏时期历史遗存，集中分布在长涧河与柳叶河之间的五方地区。隋、唐、宋、元、明、清时期的遗址，主要分布在今华阴市市区及华山周边，多为古城镇遗址。目前境内聚落和城市遗址共有11处，其中全国重点级文物保护单位1处，省级文物保护单位4处，县级2处。

（1）全国重点文物保护单位

横阵遗址 新石器时代，位于罗敷镇横上村。遗址面积约21万平方米。该遗址文化堆积丰厚，其中仰韶文化层厚1米左右，龙山文化层厚2米左右。经过考古发掘，在该遗址仰韶文化层中发现陶窑1座、土坑墓24座、瓮棺葬5座、出土器物有石器、骨器、陶器三大类。出土各类陶器280件，其中有饮食器钵、碗、盆、盘、杯等，还有小口尖底瓶以及盛储器陶罐等。这些器皿造型美观，有的表面还绘有彩色的几何图案，色彩和谐，古朴优美，充分显示了仰韶文化时期彩陶的工艺特点。在龙山文化层中发现居住遗迹5处、墓葬1座，出土器物有陶器、石器、骨器、蚌器等。其中出土陶器783件，有炊具鬲、筝，饮食器壶、单耳罐、双耳罐等。出土器物明显分为早期和晚期。早期的双刃石刀在出土的石器中属罕见之物，反映出龙山文化时期石器制作的技术已逐步提高，也表明当时生产力水平较仰韶文化时期有了较大程度的发展，骨器、蚌器已经被普遍使用。遗址中龙山文化早期的文物与庙底沟二期文化出土物近似，当归属龙山文化庙底沟二期文化范畴。横阵遗址规模庞大，内涵较为丰富，是早期文化遗址中的重要遗存之一。2006年5月被国务院公布为第六批全国重点文物护单位。

横阵遗址保护标志碑

横镇遗址

横镇遗址出土陶钵

横阵遗址出土陶罐

（2）省级文物保护单位

瓦碴梁遗址　新石器时代、战国、汉，位于岳庙街道办事处王家城村。地表遗物较多，多为汉代建筑遗物。在遗址中部田埂断面暴露有汉代文化堆积层，长7米，厚0.2～0.5米，中夹杂大量建筑材料。采集到的标本属新石器时代的有泥质红陶素面瓶沿、罐沿、钵沿，属汉代的有罐口沿、绳纹板瓦、筒瓦等。该遗址延续时间长，面积较大，遗物丰富。20世纪80年代初在此处发现战国兵器作坊遗址，该遗址与宁秦故城及京师仓应有一定关系。这些对研究关中东部的文化发展及连续性问题有较大价值。

华阴故城遗址　汉，位于五方管区杨家城村。遗址东西长约1000米，南北宽约750米。地表可见大量堆积的陶片、瓦片、砖块等遗物。局部文化层堆积厚度约1.5米。采集到的标本有灰色泥质外饰绳纹板瓦、筒瓦残片及文字瓦当残块等。历年出土有"与华相宜""与华无极""千秋万岁"等瓦当，以及各类云纹、菱形纹瓦当，回纹铺地砖等建筑材料和大量瓮、缸、盆、甑等陶器。该遗址对研究华阴地区的建制年代、地理位置及历史沿革具有重要的资料价值。

华阴故城遗址

"与华无极"瓦当

东嘴遗址 新石器时代、汉，位于岳庙街道办事处周家城村。遗址东西宽200米，南北长300米，面积6万平方米，略呈椭圆形，表面较平坦。文化内涵以仰韶文化为主，西部和北部有文化层暴露，厚0.5~1.2米。在遗址南部可见少量汉代绳纹瓦。东嘴遗址面积较大，保存相对较完整，对研究关中仰韶文化的分布及谱系有一定价值。

东嘴遗址

司家村寨墙 清，位于孟塬镇司家村。南北长200米，东西宽90米。寨址四面为保存较为完整的夯土城墙，夯层厚约0.1米，城墙高5~6米，上顶部宽约1.5米，下宽4.6米。东面城墙正中有一砖砌两层门楼，门额上书"东临蓬莱"，顶部为一箭楼。

司家村寨墙一

司家村寨墙二

司家村寨墙保护标志碑

(2)县级文物保护单位

杨家城村遗址 新石器时代。该遗址位于华山镇五方管区杨家城村,属渭河一级阶地南沿,南依秦岭山脉,东距渭河支流柳叶河约1000米,北距老西潼公路约1500米。遗址分布大致呈方形,东西宽约200米,南北长约250米,面积约5万平方米,地势平坦,现为耕地。表面暴露遗物甚少且残碎,未发现有文化层堆积。采集到的标本仅有泥质和夹砂红陶片,上饰细绳纹、弦纹、素面等,器形不可辨。

大寨遗址 新石器时代。该遗址位于孟塬镇大寨村。遗址地表散落陶片较多,地堰边,尤其是公路两侧断面上文化层堆积较厚,灰坑暴露明显,灰坑内陶片较多。

(4)其他遗址

东泉遗址 战国,位于岳庙街道办事处双泉村当地称为古城坡的高台地上。遗址东西宽100米,南北长300米。在遗址处采集有泥质灰陶陶片,纹饰以绳纹为主,可辨器形有罐。根据采集到的标本分析,该遗址属战国时期,对研究当地战国历史具有一定的价值。

阴晋故城遗址 南北朝,位于岳庙街道办事处岳东村。现城址仅见北墙,长约70米,最高4.5米,底宽4米,顶宽1.2米,夯层厚0.1米;墙砖长0.33米,宽0.16米,厚0.05米。采集有泥质灰陶和夹砂灰陶绳纹陶片及外绳纹内布纹筒瓦、板瓦。

定城故城遗址 汉,位于岳庙街道办事处延家城村。遗址东西长300米,南北宽100米,因郑西高速铁路垫路基取土,已挖成东西长200米、南北宽70米、深17米的大坑。现仅在西南角可见到部分城墙遗迹,地表有少量汉代板瓦、筒瓦残片。《读史方舆纪要》记载:"定城去潼关三十里,汉末镇远将军段煨造,夹道各一城,渭水经其北。"所载地望与此地相合。

云霄村遗址 清,位于孟塬镇云霄村。城址呈长方形,城墙南北宽约86米,东西长约100米,高约6米。东城墙辟一门,门宽约1.8米,高约2.7米。城墙断面夯土层厚约0.1米。

(五)西安市聚落和城市遗址

西安地处关中平原腹地,南为横贯东西的秦岭山脉。辖区内数条河流两岸的台地上分布着众多的聚落和城市遗址。大面积的黄土台塬上是周、秦、汉、唐等各时代遗址最为集中的区域。目前西安市秦岭段蓝田县、长安区、鄠邑区、周至县,共有聚落和城市遗址89处,其中省级文物保护单位3处。

1. 蓝田县聚落和城市遗址

蓝田是人类的发祥地之一。6000多年前的新石器时代,先民们就在蓝田建造聚落,成为中国母系氏族时期的典型代表。新石器时代的遗址位于河流沿岸的二级阶地上,在灞河及其支流浐河、汤峪河、岱峪河、鲸鱼沟、辋峪河等河流沿岸分布较为集中。商周时期遗址主要分布在灞河、辋峪河、鲸鱼沟沿岸的二级台地上,规模均较小,文化内涵较为简单。秦汉时期遗址主要分布在灞河、岱峪河和鲸鱼沟沿岸,规模均不大,堆积不甚丰富。隋唐时期遗址主要分布在今蓝田县县城周围和秦岭地区。目前蓝田县境内聚落和城市遗址共有17处,其中省级文物保护单位3处。

(1)省级文物保护单位

怀珍坊遗址 商,位于孟村镇怀珍坊村四组。此遗址1973年发现,1987年10月对其进行了科学试掘,试掘面积282平方米。遗址东西长约250米,南北宽约200米,文化层厚0.4~1.4米。经两次发掘,揭露商代冶铜窑炉1处、灰坑7个、竖穴土坑墓5座，出土的陶器有簋、瓮、鬲、斝、罐、瓯、豆、鼎、大口尊等，其纹饰有绳纹、篮纹、圆圈纹、涡纹、弦纹；出土铜器有鼎、刀、戈、锯等；另有石铲、刀、镞、锥、骨镞、卜骨、蚌镞、蚌饰等。还发现部分二里头文化遗存。经过科学试掘证明此处系商代聚落及早期冶铜作坊遗址。

怀珍坊遗址

泄湖遗址 新石器时代、西周，位于泄湖镇泄湖村北，灞河东岸台地上。遗址面积约150万平方米，文化层厚3~9米，暴露灰坑、墓葬、居址等多处。遗存主要有仰韶文化、客省庄二期文化和西周文化。仰韶文化遗存包括半坡史家、庙底沟、西王村等类型，出土的陶器以泥质和夹砂红陶为主，有部分灰陶，纹饰多见绳纹及各种图案的黑彩，器类有尖底瓶、钵、盆、釜、罐等。同时还出土有石斧、锛、网坠、打制刮削器、骨锥、镞、笄等。遗址内发现客省庄二期文化的半地穴式居址7座、灰坑9个、墓葬1座，出土陶器以灰陶为主，红陶极少，纹饰以绳纹为主，篮纹次之，还有带状附加堆纹、弦纹等。西周遗物有陶鬲、豆、罐等，还清理西周车马坑1座。该遗址是目前陕西地区已发掘过的遗址中新石器时代地层最多、最完整的一个，它代表了陕西地区除前仰韶文化以外，目前已知的全部新石器时代文化序列，对研究陕西地区新石器时代文化发展序列具有标本作用。

泄湖遗址

泄湖遗址地形

（2）其他遗址

新街遗址　新石器时代，位于华胥镇新街村西北300米。遗址面积约10万平方米，文化层厚0.5～3米。遗址上暴露有灰坑，采集到的有泥质或夹砂红陶片，纹饰以绳纹、篮纹为主，器形有钵、盆、罐等。灰坑内有大量田螺壳。从遗迹判断，该遗址应属仰韶文化和庙底沟二期文化遗存。2010年，陕西省考古研究院对其进行了抢救性发掘，在该遗址中首次发现了陶砖遗物。这次考古发掘发现的陶砖是新石器时代最早的建筑材料。

新街遗址出土动物形鼎

新街遗址

聚庆遗址　新石器时代，位于汤峪镇巨二村，汤峪河以西约1公里的二级阶地上。遗址东西80～120米，南北200～250米。文化层堆积多在2米左右，暴露灰坑十余处，形状有袋状、桶状等。

黄沟东遗址　商，位于蓝关街道办事处黄沟村。文化层厚0.5～0.7米，曾暴露铜器窖藏1座，出土商代晚期的饕餮纹簋、垂叶纹斧及镞、刀等。采集有泥质灰陶绳纹鬲、尊等残片。

兀家岩遗址　战国，位于洩湖镇兀家岩村砖厂内。遗址面积约12万平方米，文化层厚2～3米，暴露袋状灰坑多处。在遗址内采集到泥质和夹砂灰、红陶片，纹饰有绳纹、刻划纹、锥刺纹，器形有鬲、罐、盆等。1981年，在该遗址出土铜镜1面，径23.5厘米，厚0.2厘米。

误饭遗址　战国、秦、汉，位于三官庙镇误饭村。遗址东西长50米，南北宽30米，文化层厚约1米。遗址发现灰坑1个，开口距地面约2米，坑中含有泥质红陶片、炭屑等。现场采集到粗绳纹板瓦等。据当地群众讲，1980年曾在此地发现铜钱窖藏，铜钱总重约350千克。

许庙村遗址　唐，位于玉山镇许庙村。遗址面积约30万平方米。距地表1米处发现遗址外侧有以大型长条砖围砌的陶水管道。地表遗物丰富，有圆形陶水管、绳纹砖、板瓦等。陶水管外素面，内饰布纹，长0.56米，大口径0.145米，小口径0.09米；绳纹砖长0.36米，宽0.175米。

荣家沟遗址　新石器时代、西周，位于焦岱镇荣家沟村二组与九组之间，岱峪河东岸的二级台地上。遗址东靠白鹿塬，地势高亢，南北约630米，东西约170米，面积约11万平方米。遗址被自然冲沟分为南、北两部分，南部发现遗迹较少，遗物仅见零星陶片；北部遗存较为丰富，文化层堆积在2米左右，暴露灰坑十余处，形状有袋状、桶状等，陶片散落，俯拾即是，其中以夹砂红陶、泥质红陶为主，夹砂灰陶、泥质灰陶较少，可辨器形除有仰韶文化的瓶、折沿盆、罐、敛口钵、平沿缸、敛口瓮等，还有西周时期的鬲、盆、罐。荣家沟遗址是在蓝田县西南部岱峪河流域发现的为数不多的史前遗址之一，对探讨秦岭山前台塬地带的仰韶文化面貌、内涵及分布规律有重要意义。

嘴头遗址 新石器时代，位于焦岱镇侯家碥村。遗址东距蓝田县城20余公里。该遗址地处焦岱河与汤峪河交汇处的三角地带。在对遗址的考古调查中发现了房址，根据房屋的建筑形式分析推断，或是一处氏族聚落重要的公共活动场所，或为氏族聚落中地位显赫者的居所。对它的调查发现，丰富了仰韶文化同一时期类型的内涵。

嘴头遗址　　　　　　　　　嘴头遗址上的房址遗迹

野村遗址 新石器时代—汉，位于玉山镇前程村二组（野村）与一组（北王）之间。遗址东西约100米，南北约150米，面积约1.5万平方米，连续分布，地势相对平坦。遗址南部有一断面，暴露出文化层，距地表约0.3米，文化层厚0.5米，包含物以汉代的遗物为主。在遗址范围内的地表散落着各个时期的大量遗物，有仰韶时期的红陶片、西周时期的鬲足、战国的细绳纹板瓦片等。该遗址为蓝田县东部地区现存较少的聚落遗址之一，延续时间长、分布范围广、堆积物丰富，对研究蓝田县灞河上游流域史前时期至汉代聚落形态、文化特征有重要价值。

野村遗址　　　　　　　　　野村遗址地层剖面图

2. 长安区聚落和城市遗址

长安区文物点众多，其中史前聚落遗址多分布在古河道和川塬台地上。目前区域内重要聚落遗址有5处。

上堡子遗址 新石器时代，位于杨庄街道办事处上堡子村东，两条小河沟冲积形成的台地上。遗址东西约300米，南北约400米，面积约12万平方米。遗址东南部为农田，西、北部均压于村庄下，东部被作为打谷场，因生产生活活动，地层遭到破坏。遗址西侧局部有断面暴露，其灰层堆积厚度0.6~1.5米，土质疏松，土色浅灰，包含有少量红陶或灰陶片、兽骨等。现地表下即有灰坑开口，未见其他遗迹，堆积最深处达4米。地表陶片散落，泥质红陶多见，夹砂红陶、夹砂灰陶有少量发现。在遗址范围内发现灰坑多处，选取比较典型的灰坑两处，编号H1、H2。H1位于遗址西部断崖，袋状，开口距地表约1.3米，口宽1.2米，底宽2.3米，深1.1米，填土疏松，夹杂有大量火烧土颗粒；H2位于遗址西部断崖，锅底状，开口距地表1.5米，口宽1.9米，深1.4米，填土较为疏松，土色灰褐，夹杂有大量陶片。遗物主要为陶片，村民家中收藏有陶罐、石斧等遗物。陶片以泥质红陶为主，次之为夹砂红陶、夹砂灰陶；纹饰以细绳纹为主，还有交错绳纹、弦纹、戳刺纹等；彩陶数量较少；器形有盆、罐、钵、缸、瓮等。该遗址对研究仰韶文化中晚期，山区到平原之间过渡地带遗址的文化面貌、聚落形态具有重要作用。

塔山村遗址 新石器时代，位于鸣犊街道办事处塔山村东部浐河、库峪河交界处的八里塬顶部北端，库峪河与浐河相交处的台塬高地上。遗址依八里塬走势呈西北—东南方向分布，其北、东、西皆下临川道，南部为塔山村八里塬顶耕地。遗址分布面积较大，南北长约290米，东西宽约100米。现存遗迹现象主要分布于内外壕沟及壕沟断面上，晚期堡址的残堡墙夯土中也夹杂有大量早期遗址中的残陶片、田螺壳等，地表散落有零碎陶片。遗址所在区域内有两条长约90米的壕沟，北壕宽约12米，深约1.7米；南壕宽约14米，深约3米；两壕间间距约80米。从壕沟的断面上可见遗址文化内涵的陶片，初步推测这两条壕沟为遗址的内、外壕沟。壕沟的断面上可见连续分布的文化层，距地表约0.6米，厚1~2米，土质较为疏松，土色为灰褐色。该遗址是少有的保存有内、外两条壕沟的新石器时代聚落遗址之一，其包含的残陶片具有仰韶文化晚期到龙山文化时期的特征。

青禅寺村遗址 新石器时代，位于王莽街道办事处青禅寺村南部台地。遗址南至二里村北，北至青禅寺村南侧，东、西均至台地边缘；东西约500米，南北约1500米。通过对遗址中部局部暴露的断面观察，遗址文化层厚达0.5~2米。从已暴露的文化层分析，此处文化层多呈灰褐色，土质疏松，颗粒较大，夹杂有黑斑、红烧土粒，含有大量泥质、夹砂红陶片及少量灰陶片。

将军庙村遗址 新石器时代—秦、汉，位于鸣犊街道办事处将军庙村浐河东岸二级阶地上，白鹿塬西塬畔。遗址依白鹿塬走势呈西北—东南方向分布，其南、北皆接冲沟，东依白鹿塬，西临浐河川道，面积较大，南北约230米，东西约240米。遗址所在地现为耕地，在地表可见夹砂红陶片、泥质红陶片、彩陶片等。在土坎断面上可见连续分布的文化层，距地表0.5~0.8米，厚1~2米，土质较为疏松，土色为褐色，其中夹杂灰土、陶片、料姜石、田螺壳等。在路旁的南北向土坎断面上可见灰坑，选取具有代表性的灰坑两处，编号H1、H2。H1呈锅底状，开口距地表约1米，口宽约1.8米，土质疏松，土色为灰黑色，其中夹杂大量陶片、石块、螺壳等；H2呈锅底状，开口距地表1.5米，口宽约3.1米，土质疏松，土色为灰黑色，其中夹杂大量陶片、螺壳等。该遗址是浐河东岸二级阶地上的新石器时代聚落遗址之一，陶片具有仰韶文化中期的特征。

古刘村遗址　新石器时代，位于魏寨街道办事处古刘村西北部，浐河北岸向南凸出的平整台塬上，背塬面水，地势开阔。遗迹主要分布在东西长约80米、南北宽约30米的方形范围内。在断崖上发现灰坑2座，体量较大，均呈袋状，灰坑内填土疏松，含灰量大，其内夹杂陶片的仰韶中晚期特征明显。其中一座灰坑开口距地表约3米，坑深1.2米，宽约2米，内填大量灰土，土质致密，包含较多陶片和烧土块。另外，还发现疑似墓葬的遗迹2处，竖穴土坑，填土紧密、似经夯实。两遗迹相距较近，其中一座内夹杂数块碎陶片，另一座底部残留人骨数块。遗迹现象内暴露的陶片以夹砂红陶为主，纹饰中素面最多，另外有少量的素面和篮纹灰陶，器形主要为罐、钵。该遗址为研究浐河流域新石器时代仰韶中晚期的文化面貌、聚落分布提供了新的实物资料。

3. 周至县聚落和城市遗址

（1）全国重点文物保护单位

西峪遗址　秦、汉，位于竹峪镇西峪村东台地上。遗址东、北均临竹峪沟，南至刘家塬北侧，西至村庄，地势高亢，开阔平坦；南北长约600米，东西宽约500米，面积约30万平方米，文化层堆积厚约1.5米。在遗址东部沿竹峪沟断崖处发现有城墙一段，现存长度约300米，高约2米，系分层夯筑而成，极为坚硬，夯土内夹杂有细碎的陶片、石块等。遗址内散落有大量瓦片，主要有绳纹板瓦、筒瓦，还发现少量麻点纹的筒瓦，还发现有少数排水管道残片、几何纹铺地砖及底部有圆球形装饰的铺地砖残片。此外，村民家中还收藏有遗址中出土的完整的排水管道和云纹、葵纹瓦当，排水管道长0.78～0.81米，断面呈五角形。西峪遗址的发现为寻找汉代的大型城址及研究汉代上林苑宫殿分布提供了极为重要的资料。现已公布为第七批全国重点文物保护单位。

（2）省级文物保护单位

马营遗址　新石器时代，位于侯家村乡东风村马营西侧孙家塬，马家河东岸二级阶地上。遗址东西470米，南北500米，面积约24万平方米。现该遗址地形为一高台地，文化层厚1.5～2.5米，曾发现瓮棺葬、白灰居住面及灰坑多处。采集有陶片、陶球、骨针及磨光石刀、石斧等。属仰韶文化的陶片有泥质红陶，饰绳纹、划纹及黑彩几何纹，器形有钵、瓶、杯等；属龙山文化的有泥质灰、黑陶和夹砂橙黄陶，饰绳纹、篮纹，器形有鬲、罐等。地表散落有泥质红、灰陶片，夹砂红、灰陶片，饰绳纹、篮纹、网纹，可辨器形有罐、刻槽盆、器盖等。另外还发现汉代的陶鸡、陶狗等。该遗址时代早，规模大，文化内涵丰富，且遗址原貌保存较为完整，为研究史前人类生活及其居住地的选择提供了实物资料。现已公布为第四批陕西省文物保护单位。

北留遗址　商，位于广济镇北留村，阳化河东岸的台地上。遗址西至阳化河东岸，东到村中，南至北留村与小留村交界水塔附近，北至北留村南侧；平面约为北宽南窄的梯形，南北约260米，东西280～370米，面积约8万平方米。在遗址西部断面发现有厚约0.8米的文化层堆积，未发现其他遗迹现象。遗物主要为陶片，多见夹砂褐陶、夹砂灰陶，纹饰主要为绳纹、附加堆纹，可辨器形主要有商代的罐、鬲、甗等。北留遗址是阳化河流域发现的极少数商代遗址之一，面积较大，保存状况相对较好，对于研究周至地区商代遗存的分布特征、文化面貌有重要意义。现已公布为第六批陕西省文物保护单位。

佛坪厅故城遗址　清，又俗称周至老县城，位于厚畛子镇老县城行政村，秦岭南北分界岭以南，太白山东岭下龙洞湾5公里处古傥骆道的一侧,湑水河南岸。佛坪厅故城坐南朝北,为清道光五年(1825)同知景梁曾始建,民国二年改为县治,民国十四年(1925)遭遇匪患,民国十五年(1926)县治迁至今佛坪县址,之后故城逐渐废弃。佛坪厅故城遗址现包括衙署遗址、监狱遗址、文庙遗址等。现已公布为第四批陕西省文物保护单位。

佛坪厅故城城门

佛坪厅故城衙署遗址 清,位于佛坪厅故城内中部偏北。衙署现有大堂遗址1处,前院遗址1处,二堂遗址1处,后院遗址1处,三堂遗址1处,门墩石4座,柱础石3个,石碑1通。大堂遗址已被现代建筑覆盖,其基址东西长17.7米,南北宽44.7米,东西两侧有12间廊房;门墩形制基本相同,为长方形汉白玉质,上刻有花卉图案。二堂基址东西为17.7米,南北10.3米,现存柱础石3个,形制基本相同,均分上、下两部。后院位于二堂及三堂之间,长14.3米,现已被农田覆盖。三堂基址东西长17.7米,南北12米。后院与三堂基址处有门墩石2座,汉白玉质,正面为博古图,两侧为花卉图案。石碑位于大堂西侧,汉白玉质,碑身破裂,碑座已佚,

佛坪厅故城遗址

佛坪厅故城衙署遗址出土的石刻构件

可见通高1.88米，宽0.81米，厚0.13米；碑额楷书"皇清"二字，可见年款为"道光十六年"。该遗址的发现为研究老县城村官衙设施及城市布局提供了重要而丰富的实物资料。

佛坪厅故城监狱遗址　清，位于佛坪厅故城内西北部，狱墙为两重墙，外包砖，内为土坯，中为流沙。基址整体东西长26.3米，南北宽20.4米。现存西部及其西北部一段墙体，残长11.2米，宽8.3米，最高处约5.1米，后墙厚0.9米，山墙厚0.6米，因可能发生过火灾，故砖现为红色。该遗址的发现为研究老县城村清代官衙设施及城市布局提供了实物资料。

佛坪厅故城文庙遗址　清，位于佛坪厅故城内东北角。文庙由照壁、泮池、棂星门、天地德配坊（西）、道冠古今坊（东）、大成殿、崇圣祠八部分构成，其中大成殿、棂星门存建筑基址，照壁保存较完整。崇圣祠位于文庙最北端，仅余砖瓦等建筑构件。大成殿坐北朝南，面阔19米，进深7.8米，仅余汉白玉石质地基。门前有一级石台阶，石条长1.2米；正门南2米处有一块汉白玉质神道碑，高2.08米，宽1.35米，上为浮雕龙形纹饰。

佛坪厅故城衙署遗址出土的建筑构件

大成殿至棂星门间距离25.1米。棂星门进深3米。棂星门北5米处有一碑座，砂岩质，长0.94米，宽0.45米，高0.37米。棂星门南约20米处为文庙照壁，以砖垒砌而成，顶部为砖砌两面坡结构，壁身中部砖上抹泥，其上原有彩绘。现存两对柱础石，属于文庙建筑。柱础1：上部为圆，下为正八面体，通高0.36米，有浅浮雕乳钉纹及莲花纹饰；下部正八面体，边长0.18米，浮雕有士兵、龙、博古图、人物、树、梅花、菊花，另一件下部分别刻有仙鹤、牡丹、香炉、人物、葫芦、麒麟、剑。柱础2：上部鼓形座，下部为须弥座，有乳钉纹及莲花纹；八面体一半为花卉，另一半为卷草纹；须弥座分别为莲花、花卉、供桌、鹿形纹饰。佛坪厅故城文庙遗址提供了当时社会生活习俗等方面的实物资料。

佛坪厅故城文庙遗址

（3）县级文物保护单位

嘉会堡遗址　新石器时代，位于青化镇青化村二、三组嘉会堡。遗址面积约6000平方米，文化层厚1~2米，暴露袋状灰坑多处。采集到的陶片有泥质灰、红陶和夹砂褐陶，纹饰有绳纹、篮纹、划纹、附加堆纹，可辨器形有鬲、罐等。此处属龙山文化遗存，为研究渭河南岸史前聚落分布、文化面貌等提供了重要资料。

（4）其他遗址

齐家堡遗址　新石器时代，位于青化镇青化村四组（齐家堡）东北约200米的台地上。遗址东西宽约230米，南北长约350米，文化层厚约1米。采集有泥质和夹砂灰、红陶片，饰绳纹、方格纹，可辨器形有鬲、罐等。

周一遗址　新石器时代，位于楼观镇周一村东北角。遗址东西长约200米，南北宽100~150米。在遗址西侧断面发现有厚约1.5米的文化层堆积，遗迹主要有灰坑，发现的遗物主要为陶片，以泥质红陶为主，有少量夹砂红陶和灰陶，可辨器形有尖底瓶、钵、缸等，纹饰以细绳纹为主。此外还发现有一定数量的圆形磨制石器，形制规整，有明显的使用痕迹。

4. 临潼区聚落和城市遗址

临潼位于关中平原中部，文物点众多。史前遗址多分布在古河道和川塬台地上。目前区境内有全国重点文物保护单位1处，省级文物保护单位1处，重要聚落遗址8处。

（1）全国重点文物保护单位

姜寨遗址　新石器时代，位于骊山街道办事处姜寨村南，临河东岸的台地上。此遗址是黄河中游地区新石器时代以仰韶文化遗存为主的遗址。1972—1979年，考古工作者对姜寨遗址进行了11次大规模发掘，揭露面积1.658万平方米，是迄今为止中国新石器时代聚落遗址中发掘面积较大的一处。从考古发掘的情况看，该聚落遗址保存得比较完整，整个聚落由居住区、陶窑场和墓地组成，布局严谨，有条不紊。居住区周围有天然河道和人工壕沟，西以临河为屏障，东、南、北三面为人工挖修的防护沟，东边围沟与公共墓地分开。居住区中心有大广场，面积达4000多平方米。广场周围分布着100余座房屋，分为5个建筑群，每个建筑群包括一座大房子和若干中小型房子。房屋有圆形和方形两种。屋内设有炉灶，均朝向中心广场。居住区内还有窖穴、牲畜圈栏和若干瓮棺葬等分布。

姜寨遗址复原图

姜寨遗址发掘现场

遗址出土上万件文物，可分为生产工具、生活用品、装饰品、殉葬品等四大类200多个品种。生产工具以石、骨、陶、角、蚌等材料为主，共3811件。其中，石材加工的生产工具种类不同、形态各异，有石斧、石锛、石铲、石凿、石刀、石钻、石球、石敲砸器、石臼杵、石砚、石弹丸、石砍器、石磨盘、石磨棒、石镞、石网坠、石纺轮等30余种，充分突出了新石器时代石具的特点。骨制工具则占据出土工具数量的第二位。除此之外，人们还意外地发现了黄铜片、黄铜管金属物。生活用品以陶器为主，计3000余件100余种，其特点是彩绘艳丽、花纹齐全、形态奇特。姜寨先民把各种颜料在石砚上磨成粉并拌好，然后在陶器上绘成各种图案，包括人面纹、鱼纹、几何纹、网纹、鸟纹等几十种，由此可见，绘画早在母系氏族社会就已经存在了。器具类型也千奇百怪，有凹底、尖底、圈足形瓮、罐、曲腹碗、钵、双唇口尖底瓶、鸡冠耳罐、双耳高裆三袋足鬲、釜形三足斝、三耳罐等30余种。这些陶具在制作工艺上不断突破、创新，形成了既有使用价值又有观赏价值的生活用品，一直影响着中国古代的陶器制作和手工业发展。装饰品主要由骨、陶、石等经过精细加工后制成。姜寨遗址出土的装饰品中，有玉圭1件、牙饰1件、陶簪600件、骨簪44件、陶环382件、石环6件、骨珠饰14077颗，其他装饰品385件。随葬品基本全是生活用品，只不过这些生活用品全部出土于墓地区。棺内最多放2件，其他地方多少不等。碗、盆、瓶、壶、盂、盘、杯等用具是随葬品中比较普遍的类型。除此之外，还在儿童墓和十五六岁女子墓中出土了2170余颗骨珠。

陶器及装饰品

带刻画符号的陶盆

彩绘葫芦瓶

姜寨遗址出土遗物

姜寨遗址出土陶埙，说明6000多年前的姜寨先民已经开始使用乐器并创作音乐了。陶埙，这一原始吹奏器的产生，应该说与古时人们的生产生活息息相关。它用陶土捏塑而成，呈卵形、兽形、橄榄形等多种形态，中空，有的仅有吹孔，有的吹孔、音孔俱全，通过气息冲击吹孔边棱，引起埙体内气柱振动而发出声音。吹奏时，能否准确地表现出陶埙的固有性能——音高、音色、音质等，除取决于埙体自身的形制、材质外，还与吹奏者发出的气息的强度以及冲击边棱的角度密切相关，吹奏者的经验与技术水平对埙类乐器的测试，起着相当重要的作用。姜寨遗址的发掘，为研究当时的社会性质、社会组织、生产技术、家庭婚姻制度、社会生产状况及解决新石器时代的序列问题都提供了宝贵资料，向人们展示了一幅原始人类丰富多彩的生活画卷。姜寨遗址的发掘还说明，早在6000多年前人们就已经开始了原始农业、家禽饲养，发明了烧陶、编织、防御、挖窖穴、造房屋、绘画、装饰等技术，把人类文明向前推进了一大步。

（2）省级文物保护单位

西段遗址　西周，位于零口街道办事处西段村与南罗村之间的广大区域。遗址东西长约500米，南北宽约300米。在遗址范围内，发现的铜器窖藏有2处，包括1976年发现的西段铜器窖藏和1979年发现的南罗铜器窖藏。西段铜器窖藏出土物丰富，时代大多为春秋时期，有礼器、乐器、兵器、车马器等；南罗窖藏主要出土物为铜器、乐器等，为西周遗存。新石器时代遗存主要表现为龙山时代，汉代遗存主要是汉墓。

英里遗址　新石器时代，位于马额街道办事处英里村，属骊山一级黄土台塬地。遗址北靠零塬，东临渭南，渭河的两大支流龙河与土门河流经此地，遗址恰处于两河交汇的台塬地带，分为东、西两部分，隔沟相望。遗址分布面积约10万平方米，在不同高度的台地断面上，暴露遗迹现象有房址、灰坑、窑址等。共发现房址十余座，均为白灰地面，房址地面残长大部分在3～6米之间，最长的一处约12米，厚约0.3～1厘米，白灰面下有草拌泥，厚约1.5～5厘米。个别房址的地面经过火烤处理，平整坚硬，烧土层厚约3～5厘米。在这十余座房址中，其中6座有两层平行的白灰地面，间距约0.3～0.5米，表明房屋曾经经过多次处理和使用。发现陶窑1座，高1.5米，内壁有青灰色烧结面，厚0.05米；残存火道2条，间隔约0.2米，每条宽约0.23米。发现灰坑多处，形制有筒状、锅底状，填土多灰褐色，土质松软，包含物有陶片、石块、炭屑、烧土块等。遗址区内地面陶片散落，多为泥质灰陶和夹砂灰陶，纹饰有指窝纹、附加堆纹、绳纹、凹弦纹等，可辨器形有盆、瓮、瓶、罐等，具有龙山文化遗物特征。还发现有少量仰韶文化的器物残片，另发现有石斧、砺石等。英里遗址是一处保存完整、内涵丰富的新石器时代大型聚落遗址，对于研究该区域龙山时期的文化面貌、分布规律都具有重要价值。

（3）县级文物保护单位

零口遗址　新石器时代，位于零口街道办事处霍家村以北。遗址面积约10万平方米。该遗址发现于20世纪60年代，1995年陕西省考古研究所曾对该遗址进行过发掘，发掘面积约为490平方米，发现有老官台文化和仰韶文化遗存，包括房址、灰坑、陶窑、墓葬等，出土了大量陶器、石器及骨器。此外，考古工作者发现的介于老官台与仰韶早期之间的文化遗存，包括长方形半地穴式前、后室房址及大量遗物，并被命名为零口二期文化，它的发现填补了老官台与仰韶早期之间的缺环。

井深沟遗址　新石器时代，位于斜口街道办事处马斜村井深沟村西南约50米，洪庆沟北岸的二级台地上。该遗址东西距离约110米，南北相距约200米，文化层厚约1.5米。地面上可见灰色、褐色夹砂、泥质陶片。井深沟遗址为一处仰韶文化遗址。

马斜遗址 新石器时代，位于斜口街道办事处马斜村西北约50米，韩峪河南岸的二级台地上，所在区域为耕地和石榴树林。遗址东西距离约500米，南北相距约200米。在遗址中心区断崖上可见其文化层深厚，内涵丰富，包含有大量红烧土、炭粒等，夹杂大量夹砂、泥质红色、灰色、褐色陶片，可辨器形有钵、罐、缸等。马斜遗址为一处仰韶文化遗址。

李家沟遗址 新石器时代，位于斜口街道办事处杨寨村李家沟村北350米处。遗址东与芷阳湖西岸相接。面积约3万平方米。在遗址范围内发现大量灰坑，一般长1.5~3米，厚0.3~0.8米。李家沟遗址是一处龙山文化遗址。

南坪遗址 新石器时代，位于穆寨街道办事处姚坡村南坪组南。遗址西、南、北三面环沟。地表可见泥质灰陶和夹砂灰陶器物残片，可辨器形有罐、盆，纹饰有绳纹等。从发现的陶片可推断，此遗址为新石器时代龙山文化遗存。

邓家庄遗址 新石器时代、西周，位于铁炉街道办事处铁炉村邓家庄村东300米处耕地内。文化层厚2~5米，断面上有大型袋状灰坑多处。遗存分为三期。一期为仰韶文化庙底沟类型，出土的陶器有彩陶钵，泥质红陶碗，粗砂红陶罐、瓮、杯、瓶、缸及陶刀、环、纺轮，骨器有锥、铲、锄等，石器有锛、斧、铲、笄，还出土陶塑人像1件。二期为龙山文化，出土灰陶罐、器盖、陶环残片及石笄。三期为西周早期，出土有陶三足瓮、罐、盆、簋残片及石犁、石铲等。还在遗址断面发现瓮棺1件，夹砂灰陶，侈口平沿方唇，口径0.63米，肩径0.695米，高1米，底径0.2米，胎厚0.6~1.7厘米。

麻街遗址 唐，位于骊山街道办事处东安村牡丹沟和西安沟的麻街、营背后一带。遗址面积约75万平方米。在西安沟东岸发现城墙的残段，高约4米，长约15米，宽约3米，夯层厚约0.1~0.3米，在夯层内发现红烧土颗粒、板瓦残片、铁器残片等；另在此城墙残段西北约10米处亦发现明显夯土层，与此城墙残段中间相隔一条南北向土路，原应为一体，后被路断开。

北南坡遗址 唐、宋。该遗址位于斜口街道办事处岳家沟村八组。遗址面积12万平方米，文化层厚约1.5米，内涵丰富，暴露灰坑数处，中包含有大量草木灰、炭粒、陶片、板瓦残片、瓷片等。在遗址中发现的一段夯土遗迹，高约5米，残长约25米，该遗址此为会昌城城墙残段。

5.灞桥区聚落和城市遗址

灞桥区地处关中平原腹地，位于秦岭北麓的山前塬地，东有骊山丘陵，南有狭寨台塬，浐、灞、渭三河穿境而过。史前聚落遗址多分布在川塬台地上，目前区境内有重要聚落遗址5处，其中全国重点文物保护单位1处。

（1）全国重点文物保护单位

老牛坡遗址 新石器时代、商，位于洪庆街道办事处燎原村北、西侧。遗址东北至安家庄南侧，东南至许沙河北岸台塬边缘，西南至老牛坡顶部，西北至安家庄西侧。1985—1989年西北大学对该遗址进行了6次发掘，共发掘面积5000平方米。遗址文化层厚1.5米，发现遗迹有灰坑、车马坑、马坑、窑址、房址、冶铜和铸铜遗址以及大型夯土建筑基址，时代从仰韶文化、客省庄文化、老牛坡类型（二里头文化期）到商代系列文化，其中商代文化层与墓地是其主要内涵。老牛坡是商文化西部的一处重要遗址，面积大，遗存丰富。大型建筑基址、青铜冶铸和较高等级墓葬的发现，说明这里是商王朝在渭水流域的一处中心聚落，为研究商代方国的分布、商代文化面貌等提供了重要资料。2010年以来，陕西省考古研究院对老牛坡遗址进行了持续考古发掘，特别是发现的二里头文化时期的老牛坡类型墓葬和灰坑，出土有陶罐、石璧、绿松石珠和绿松石片、海贝等随葬品，为研究陕西商代时期文化的分布、文化面貌、时代特征以及与周边同时期文化的交流提供了宝贵资料。现公布为第五批全国重点文物保护单位。

老牛坡遗址出土商代马坑

老牛坡遗址出土玉琮

老牛坡遗址考古发掘现场

老牛坡遗址发掘墓葬

老牛坡遗址出土陶器

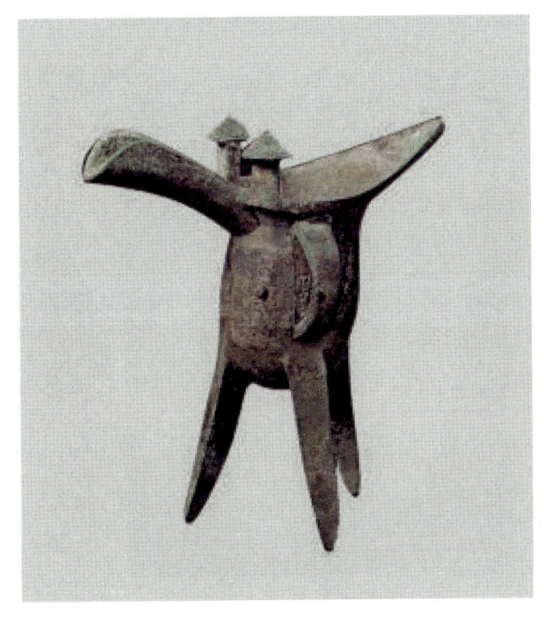
老牛坡遗址出土铜爵

老牛坡遗址出土铜觚

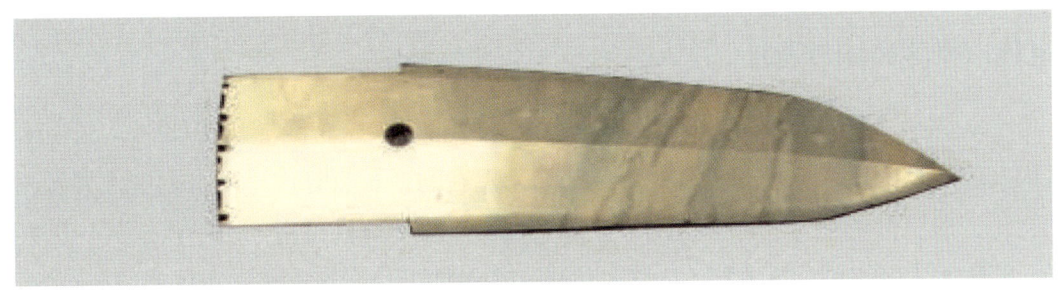
老牛坡遗址出土玉戈

（2）其他遗址

赵庄遗址 新石器时代，位于洪庆街道办事处赵西村一组北侧、赵东村四组南侧台地之上。遗址南邻灞河，东西长约500米，南北宽80～120米，面积约5万平方米。遗址中部暴露文化层堆积，厚1～3米，包含物有火烧土块、兽骨、陶片等。遗址范围内发现少量灰陶、红陶片，可辨器形有罐、钵、壶等。赵庄遗址是灞河中下游地区龙山文化遗址，为研究浐灞流域龙山文化聚落的分布规律、文化面貌等提供了重要资料。

许沙河遗址 新石器时代，位于灞河东岸的二级台地上，洪庆街道燎原村一组（许沙河）东侧台塬顶部。遗址北邻许沙河，南距312国道200米，东西约200米，南北约300米，面积约6万平方米。遗址文化层厚1～4.5米，暴露的遗迹有灰坑、房址等。遗物主要为陶片，可辨器形有仰韶文化的瓶、盆、罐、钵、缸、瓮等。许沙河遗址是灞河下游发现的仰韶文化遗址，保存较为完整，为研究灞河流域新石器时代聚落遗址的分布及变迁提供了重要资料。

许家寺遗址 西周，位于洪庆街道办事处燎原村五组（许家寺）村西北约300米，灞河东岸二级阶地上。遗址东西200～300米，南北约400米，面积约10万平方米，文化层厚约4米。采集有夹砂或泥质灰陶绳纹鬲、罐等残片。1979年出土铜爵、觚、鼎、锛、戈及石斧、玉戈等。1988年全国第二次文物普查时，曾采集到打制刮削器、磨制双孔刀等石器，以及玉璧、陶环、骨镞、锥、凿等。

许家寺遗址

（六）宝鸡市聚落和城市遗址

宝鸡古称陈仓，地处关中平原西部，南半部分位于秦岭北麓。这一区域历史悠久，文化积淀深厚，是中国古代文明的重要发祥地之一。远在距今8000年左右的新石器时代早期，远古人类就在此地创造了灿烂的文化，即后世所称的老官台文化。在宝鸡市秦岭段的眉县（南部）、太白县、凤县、陈仓区（南部）、渭滨区（南部）、岐山县（南部）浅山和台塬地带分布着丰富的聚落和城市遗址。

1. 眉县聚落和城市遗址

眉县文物众多，古遗址类占有很大比例。眉县古遗址主要特征有三：一是史前社会遗存密集，在众多的河流两岸台地上均有分布，时代内涵有老官台文化、仰韶文化、龙山文化等。老官台文化只是在第二坡遗址和北兴遗址见到遗存；仰韶文化居多，早、中、晚各期的半坡类型、姜寨二期（史家类型）、庙底沟类型、半坡晚期类型均有较多分布，诸如列入省级文物保护单位的清湫遗址、岭堡遗址、韩家沟遗址、第二坡遗址以及县级文物保护单位的马池村遗址、西柿林遗址等，它们共同点是面积大，内含丰富，往往是多个文化类型共存，马家窑文化遗存在白家村遗址也有零星发现。二是商周遗存十分重要，西周文化在渭河两岸多有分布。三是秦汉遗址具有重要学术价值。其中成山宫遗址最具代表性，它不但弥补了古文献记载的不足，而且证明了秦汉时期成山宫殿就在此地。赵家庄遗址、西岭遗址的相继发现，加之这两处遗址均出土"郿"字瓦当，对研究两汉时期眉县地望问题提供了珍贵的实物证据。由于赵家庄遗址伴有"与天无极""长乐未央"等众多文字瓦当和云纹瓦当以及五角形、圆形陶水管遗物的发现，可以确认是一处大型汉代建筑遗存。

（1）省级文物保护单位

第二坡遗址 新石器时代，位于营头镇上第二坡村东，临红河谷的二级台地上。遗址面积约12万平方米，文化层厚度在1.5～4.5米。暴露的灰坑堆积断续相连，主要以袋状和圆形为主，方形灰坑次之，内含物以灰土、陶片居多，还有少量骨、石器。陶色以红陶为主，灰陶次之，陶片上纹饰主要是绳纹、线纹、麻点纹、附加堆纹等，器形有仰韶时期的陶罐、尖底瓶、红陶钵等。在遗址区中还发现2

座半地穴式残房址，陶窑1座。从遗迹遗物判断该遗址应属仰韶文化庙底沟类型。

清湫遗址 新石器时代，位于槐芽镇清湫村，渭河南岸1公里处的二级台地上。遗址面积约28万平方米。在遗址东北部断面上可见到清晰的文化层，长约30米，厚1~1.5米，部分地段厚达3米。遗址中部距地表2米处可见龙山文化半地穴式房址的白灰面一处，长约2.6米。采集到的遗物有夹砂褐陶、泥质灰陶、泥质红陶、彩陶，纹饰有绳纹、交错绳纹、篦齿纹、网纹、附加堆纹，可辨器形有钵、罐、盆、缸等。另外还发现有石斧。

清湫遗址

东坡遗址 新石器时代—商、周，位于汤峪镇西北10公里处的黑峪河西岸法牛嘴台塬上。遗址总面积18万平方米，文化层厚度1.5~4.5米。暴露有陶窑、灰坑等。陶窑残高1.3米，宽1.48米，壁孔0.25米；灰坑以袋状灰坑为主，方形坑次之。在遗址区地表可见仰韶文化陶片，以红陶为主，灰陶次之，纹饰有绳纹、线纹、附加堆纹等，同时还发现西周时期的墓葬多座。出土陶甫、铜觯、铜觚、玉璧等。该遗址属新石器时代仰韶文化及夏、商、周聚落遗址，对研究关中平原聚落分布、区域类型和文化谱系等有重要价值。

韩家沟遗址 新石器时代，位于首善镇第五村乡葫芦峪村韩家沟，渭河南岸的二级台地上，地势平坦。该遗址呈不规则长方形，面积约18万平方米，文化层厚约2米。发现半地穴式房址1处，土色深灰，距地表约3.5米，还发现陶窟一座。出土遗物以夹砂红陶、泥质红陶为主，纹饰以绳纹为主，器形有陶盆、钵等。从这些遗迹判断，此遗址属新石器时代聚落遗址。该遗址对研究渭河流域新石器时代人类活动的分布以及历史文化面貌有一定意义。遗址两侧各有一条南北向山洪冲刷形成的沟壑，雨水侵蚀及村民生产生活对遗址造成了一定程度的破坏。

（2）县级文物保护单位

西柿林遗址 新石器时代，位于槐芽镇西柿林村，渭河南岸3公里处三级台地上。遗址呈不规则形，面积约3.45万平方米。在遗址东部高约8米的断崖上发现带状灰坑1处，灰坑距地表约1米、宽约1.5米、深0.8米。另外发现仰韶文化半地穴式房址2处，距地表约2米。房址编号为F1和F2，平面近圆形，F1直径2.8米，F2直径2.6米。遗址区内可采集到夹砂灰陶、泥质灰陶、夹砂褐陶、泥质褐陶等陶器残片，纹饰有粗细绳纹、指甲纹等，可辨器形有罐、盆等。遗址属新石器时代仰韶晚期文化和龙山文化。

风池遗址 汉，位于横渠镇风池村东沙河东岸1.5公里处的三级台地上。遗址面积约1.7平方米。遗址表面分布有大量的泥质灰陶陶片，多饰粗绳纹，另有少量的细绳纹陶片分布，还发现极少瓦当残片。器物种类多为生活用器和建筑材料，基本可以证明该遗址为汉代村落聚址。

（3）其他遗址

吕家庄遗址 新石器时代~汉，位于汤峪镇豆家河村吕家庄。遗址面积8万平方米，文化层堆积厚0.4~1米。在断层上暴露有一段夯土遗迹，长3.5米，厚0.55米，夯层厚0.04~0.06米。

石龙庙村遗址 新石器时代、汉,位于齐镇石龙庙村清水河东岸的二级台地上。遗址平面略呈长方形,面积约9万平方米。遗址南部(东干渠以南山坡地)的断崖上可见仰韶文化堆积层,厚度最深约为5米。发现灰坑2座:H1呈锅底状,宽约1.7米,深约1.5米;H2呈不规则形,含灰量少,宽约3.4米,深约4米。采集到泥质灰陶、红陶,夹砂红陶三种,器形有板瓦、筒瓦、陶罐、陶缸、陶钵、尖底瓶等,主要为新石器时代仰韶文化、龙山文化及汉代遗存。

东堡子遗址 商、周~汉,位于槐芽镇东堡子村,渭河南岸3公里处的三级台地上。遗址呈长方形,面积约2000平方米。在遗址北部暴露有文化层,距地表约1米,厚0.5~1米,长约2米。在西端距地表0.5米处发现1座残存陶窑,窑室为圆形,窑壁呈青灰色,厚0.03~0.04米,窑内有红烧土块及陶片堆积。在遗址区内采集到夹砂灰陶、泥质灰陶、泥质红陶等陶器残片,纹饰有绳纹、方格印纹、附加堆纹等,可辨器形有商、周时期的罐、鬲、缸等。

槐芽遗址 西周、汉,位于槐芽镇西街村,渭河南岸2公里处的二级台地上。遗址大体呈正方形,面积约1.1万平方米。在遗址西部断面上发现长约9米,厚0.3~0.7米的文化层,距地表1.2米。堆积层中有灰陶鬲足、灰陶器物、绳纹板瓦等残片。在遗址区内采集到的遗物有鬲、罐、板瓦、豆等,纹饰有绳纹、麻点纹等。该遗址对研究眉县槐芽地区西周至汉代人类聚落分布、区域类型和文化谱系有一定价值。

赵家庄遗址 汉,位于槐芽镇赵家庄村,渭河南岸2公里处二级台地上。遗址大体呈长方形,面积约6万平方米。在遗址区中部有一处断面,距地表约0.8米。在遗址内采集有回纹、菱纹铺地砖、墙面砖残块,各式瓦当及筒瓦、板瓦、脊瓦残块,均为泥质,青灰色,火候较高,属于汉代遗物。

2. 太白县聚落和城市遗址

秦岭主峰太白山位于太白县境内,是中国南北方的分界岭,也是黄河与长江两大流域的分水岭,同时把太白县分为南、北两个部分。从水系上看,太白县的主要河流有石头河、湑水河、红岩河、太白河、黄牛河。其中石头河是渭河水系的支流,属渭河流域;湑水河、红岩河、太白河、黄牛河均为汉江水系的支流,属汉江流域。

石头河在太白县境内流域最长,鹦鸽镇位于石头河中游,自然条件较为优越,因此古聚落和城市遗址分布较为密集,且时代延续性较长,种类丰富,特别是早期聚落遗址密集,太白县4处新石器时代聚落遗址,鹦鸽镇就占了2个,分别为楚家坪南遗址和牟家坪遗址,同属仰韶文化晚期类型,填补了斜水流域没有早期人类聚落遗址的空白。另外还有西周、汉、唐、宋等时期的文物遗存。

红岩河属汉江二级支流,源于咀头镇上河村北之秦岭梁南麓,是太白县境内流程最长的河流,贯穿咀头、王家堎两个镇。咀头镇位于红岩河上游,这里地势平坦,地形开阔,土地肥沃,气候温和,是太白县最主要的粮食生产区,也是今天太白县县城所在地,因此古文化人类聚落遗址主要分布在这一区域。

(1)县级文物保护单位

北坡遗址 新石器时代,位于咀头镇黄凤山村,红岩河支流黑龙江河东侧台地上。地势北高南低,呈缓坡状。遗址平面略呈长方形,面积约2.7万平方米。发现文化层多处,距地表0.8~1.2米,长2~8米,厚0.5~1.2米。在遗址南部暴露一平面呈椭圆形的灰坑,直径约5米,深度不详。还在灰坑西约3米的地埂上发现房址一处,距地表2.3米,暴露居住面(经过火烤处理)一段,长约1米,居住面下叠压灰土，可能为一处半地穴式房址。地表散落大量陶片，采集到的陶片有仰韶文化庙底沟类型的泥质尖底瓶陶器残片和半坡晚期类型的夹砂红陶、泥质红陶等陶器残片，可辨器形有缸、罐、瓮、钵、尖底瓶等。遗址区大部分为耕地，西侧断崖受河水冲刷对遗址造成一定的影响。

李家沟遗址 西周、春秋。该遗址位于咀头镇李家沟村李家沟河西岸二级台地上，地势西高东低，呈阶梯状。遗址平面大致呈簸箕状，面积约8000平方米。在遗址区地表采集到西周、春秋时期的夹砂褐陶、夹砂灰陶、泥质灰陶片，纹饰主要为绳纹，可辨器形有鬲、罐等。2008年被公布为太白县文物保护单位。

（2）其他遗址

刘家窑遗址 新石器时代、西周，位于靖口镇关上街村刘家窑西南。遗址面积约5000平方米。遗址区断崖上暴露有长约30米、厚0.3~0.6米的文化层，采集有新石器时代仰韶文化半坡晚期类型的罐、钵、盆以及西周时期的绳纹灰陶器物残片。

楚家坪南遗址 新石器时代，位于鹦鸽镇瓦窑坡村楚家坪。遗址面积约为3000平方米。在遗址中部的断崖上暴露有长约6米、厚0.3~0.8米的文化层，并发现袋状灰坑1座，采集到新石器时代仰韶文化半坡晚期的尖底瓶、陶罐等残片和石凿等。

南瓦窑坡遗址 西周、汉，位于鹦鸽镇瓦窑坡村南瓦窑坡东北的平缓坡地上。遗址面积约2万平方米。在地表采集到西周时期的陶鬲、陶罐，汉代的陶钵、陶罐等残片。

王家堎遗址 汉，位于王家堎镇中明村二组，红岩河西岸台地上。遗址面积约3000平方米。在遗址中部断崖上暴露长约10米、厚0.2~0.5米文化层，内含大量陶片。采集到汉代绳纹板瓦、筒瓦残片。

北瓦窑坡遗址 宋，位于鹦鸽镇瓦窑坡村北瓦窑坡以北的山坡上。遗址面积约8000平方米。在遗址区地面采集到宋代的板瓦、陶罐等残片。

楚家坪遗址 宋，位于鹦鸽镇瓦窑坡村楚家坪西北的坡地上。遗址面积约为5000平方米。在遗址区东部断崖上暴露有长约3米、厚约0.3米的文化层，褐色土质。采集到宋代瓷罐、陶罐等残片。

鹦鸽嘴遗址 宋，位于鹦鸽镇鹦鸽街村四组，石头河西岸半山腰坡地上。遗址面积约8000平方米。遗址区西部断崖上暴露有长约10米、厚约0.6米的文化层，褐色土质，内含板瓦残片较多。

3. 凤县聚落和城市遗址

凤县古遗址主要分布于嘉陵江、小峪河、红岩河沿岸的台地上，这些地段也是凤县古人类的主要活动区域。凤县的聚落和城市遗址，时代涵盖新石器时代、商代、西周、春秋、战国直至秦、汉等历史时期，文化形态以仰韶文化为主要特征，同时也有其他文化特征的遗址，例如郭家湾遗址出土了带有寺洼文化特征的器物，梁鹿坪遗址含有龙山文化特征，草店遗址出土了带有巴蜀文化特征的器物，这些表明，凤县是一个以仰韶文化为主，多种文化相互交流、融合、发展的地区。目前凤县境内聚落和城市遗址共54处，其中省级文物保护单位1处，县级3处。

（1）省级文物保护单位

梁鹿坪遗址 新石器时代、春秋、秦、汉，位于凤州镇凤州村，安河与嘉陵江交汇的二级台地上。遗址面积约35万平方米，文化层堆积1~1.5米。此地出土了大量仰韶时期的红陶器、石器及春秋时期的灰陶器，另外还发现有秦、汉墓葬，证明这里为秦岭南麓古栈道上一处重要的居住地。出土有钵、盆、尖底瓶、罐等，该遗址对研究仰韶文化与龙山文化、陕甘两省羌族文化和巴蜀文化的交流关系以及秦汉时期中原与巴蜀的政治、经济、文化交流等具有重要价值。

梁鹿坪遗址

（2）县级文物保护单位

桑园遗址 新石器时代、西周，位于凤州镇桑园村，嘉陵江南岸的二级台地上。遗址面积约8万平方米，曾出土属仰韶文化的尖底瓶、陶罐、陶钵、瓮等，泥质为红色细泥陶和夹砂陶，石器有石斧、石棒、石磨等。采集有西周时期的陶罐等残片。

桑园遗址

左家崖遗址 新石器时代、西周，位于双石铺镇西庄村，嘉陵江南岸的二级台地上。遗址面积约5600平方米。在遗址东侧断崖上发现断续文化层，长约10米，厚约0.8米。在地表采集到新石器时代仰韶文化的尖底瓶、陶罐等残片，西周时期的陶罐、陶甗等残片，纹饰有划纹、绳纹等。

草店遗址 新石器时代、西周，位于双石铺镇草店村，嘉陵江北岸的二级台地上。遗址面积约2万平方米。在遗址区的北侧断面上见到断续文化层，长5～10米，厚0.3米左右，曾出土细泥红陶钵、陶罐、灰陶罐、夹砂陶等残片。采集有新石器时期仰韶文化泥质和夹砂红陶残片，器形有钵、罐等，还有西周时期的夹砂灰陶瓮等。

永红遗址 商，位于红花铺镇永红村五组西北，嘉陵江东岸的台地上。遗址南距嘉陵江约40米，西、南两面低缓，平面略呈长方形，面积约5000平方米。遗址中部的公路东侧断面上暴露有1座不规则形灰坑，口宽约3.5米，深约3米，坑口距地表约2米，坑内包含物较少，采集有商代夹砂、泥质灰陶、褐陶片，饰有细绳纹，可辨器形有高领圆肩罐、尖底罐、陶鬲等。该遗址是凤县境内首次发现的商代遗址，对研究商代文化、聚落分布等方面具有重要价值。212省道从遗址中心穿过，公路两侧的台塬上为耕地。

永红遗址

（3）其他遗址

郭家湾遗址 新石器时代、西周，位于凤州镇白石铺村，嘉陵江东岸的二级台地上。遗址面积约7万平方米。在遗址区西南侧断崖上发现袋状灰坑1座，灰坑东北约2米处发现陶窑1座，采集有仰韶文化的陶罐、陶钵残片，西周时期的陶鬲残片，纹饰有绳纹。1955年曾发掘600平方米，揭露灰坑23座、陶窑1座，属于仰韶文化和龙山文化遗存。

陈家湾遗址 新石器时代、西周、唐，位于双石铺镇陈家湾村。遗址面积约4000平方米。在遗址区的三层阶地上，从下到上依次分布着唐、西周、新石器时代仰韶文化遗迹，其中唐代遗迹最为丰富。遗址文化层长约30米，厚0.6米左右，内含主要是灰土和建筑用的筒瓦残片和陶器、瓷器残片等。

龙口遗址 西周、汉，位于凤州镇龙口村。遗址面积约5000平方米。在遗址区东侧断崖上发现断续文化层，长约15米，厚约2米，距地表约3米，发现灰坑多座。采集有西周时期的陶罐等残片，汉代的板瓦等残片，纹饰有绳纹。

凤州村遗址 西周、汉，位于凤州镇凤州村。遗址面积约8000平方米。采集有西周时期的陶鬲、陶罐、陶甗等残片，纹饰有绳纹；汉代的绳纹板瓦等残片。

边山遗址 西周、宋，位于双石铺镇十里店村。遗址面积约4000平方米。地表采集到西周时期的陶鬲等残片，宋代的瓷碗、陶罐等残片，纹饰有绳纹、篮纹等。

凤州城遗址 明、清，位于凤州镇凤州村，凤州城始建于明代，清乾隆二十八年（1763）重修。

平面呈不规则长方形，南北长约1000米，东西宽约300米，面积约30万平方米。在城址东、西南、北、西面分别保留残长约20米、250米、30米、150米的城墙，墙基宽约5.5米，顶宽2.5～3.5米，墙体夯筑，夯层厚0.08米。城址内尚保留部分清代民居和文庙大成殿、城隍庙、官衙等建筑遗迹。

凤州城遗址

煎茶坪遗址 汉、宋、明、清，位于黄牛铺镇东河桥村四组北，秦岭梁西的山岇间。遗址面积约5400平方米。在地表采集到少量汉代绳纹板瓦、筒瓦和宋代瓷片以及明、清时期筒瓦等残片。

4. 陈仓区聚落和城市遗址

陈仓区历史源远流长，自古以来，先民们在这块肥沃的土地上用自己勤劳的双手创造出一个又一个灿烂的历史文明。从地上到地下，从姜水之滨到渭河两岸，从川原到秦岭腹地，每一片土地都埋藏着深厚的历史文化和珍贵文物宝藏。从遗址的分布情况可以看出，在新石器时代，渭河南岸到秦岭的台塬地带是人类开发的重点区域。仰韶文化是我国新石器时代的文化繁荣时期，这个时期的遗址分布广及全区，数量多，文化层堆积厚，文物内涵丰富，为陈仓区古遗址保存的重要时期。渭河是陈仓区境内一条主要河流，从陈仓区凤阁岭镇建河村入境，穿流在沉积岩及砂岩组成的山地中，峡内谷窄流急，不利人类的生活，在个别曲流宽谷地段，零星分布着古人类活动的遗迹，如关道塬遗址、坪头遗址、凤阁岭遗址。渭河南岸，因为属于秦岭北麓，这里支流密布，呈羽状分布，但河流普遍短促，河岸沟壑纵横，起伏不平，多呈梁岇状，这里的史前遗址主要分布在支流与渭河交汇处的三角地带台塬上，如伐鱼村遗址、贺家湾遗址等。

（1）省级文物保护单位

伐鱼村遗址 新石器时代，位于天王镇伐鱼村伐鱼河西岸二级台地上。遗址所处地势西高东低，南部叠压在村庄下，北为耕地。遗址平面呈长方形，南北长约300米，东西宽约200米，面积约6万平方米。在遗址西部耕地断崖上采集到新石器时代仰韶文化庙底沟类型的盆、罐、缸、钵、鬲、尖底瓶等残片并有石斧、石刀等石器。该遗址对研究陈仓区渭河南岸新石器时代仰韶文化聚落遗址的分布和内涵有一定的价值。

伐鱼村遗址

（2）县级文物保护单位

刘家台遗址 新石器时代、西周，位于磻溪镇（高新区）任家山村六组东二阶台地上。地势东高西低，呈陡坡阶地，西距马尾河约150米，南距通村水泥路约80米。遗址平面呈长方形，东西宽约50米，南北长约200米，面积约2万平方米。在断崖上暴露有文化层，长约30米，厚0.5～1.5米。距地表约2米的灰土内含红烧土块和泥质红陶、夹砂红陶器物残片，残片外饰粗绳纹，部分陶片素面磨光。可辨器形有钵、罐、尖底瓶等。另有西周的泥质和夹砂灰陶绳纹罐、鬲残片及陶丸。

斜坡堡遗址 新石器时代、西周，位于磻溪镇斜坡村三组东南台地上。台地地势南高北低，呈缓坡状。在村东南的南北向断崖处，暴露文化层长30～50米、厚0.6～1.5米、距地表0.5～1.2米，内含灰土、石块、红烧土块和陶片。遗址平面呈长方形，东西宽约100米，南北长约200米，面积2万平方米，文化层厚1～2.5米，暴露灰坑多处。采集有泥质和夹砂红陶片，纹饰多为线纹、绳纹、附加堆纹，可辨器形有钵、盆、罐、尖底瓶等，属仰韶文化遗存。另有西周的泥质陶绳纹鬲等残片。

程家崖遗址 新石器时代，位于钓渭镇程家崖村一组南侧约100米的台塬上。地势南高北低，为缓坡台地。遗址略呈长方形，南北长约200米，东西宽约150米，面积约3万平方米，东、北、西均为断崖，南至台地。遗址西侧断面上可见长35～50米、厚0.6米的文化层，暴露不规则形状灰坑1处。灰坑底径约1.5米，距崖面深约2.5米，含灰量较大。遗址地表散布较多陶片，有夹砂红陶、泥质红陶片，可辨器形有新石器时代仰韶文化半坡晚期类型的罐、钵、石斧等。

杨家崖遗址 新石器时代，位于磻溪镇磻河村杨家崖村东的塬顶上。地势东高西低，呈缓坡状，西距磻河约25米，东距台塬约25米。遗址平面呈长方形，南北长约200米，东西宽约100米，面积约2万平方米，文化层厚1～1.2米。遗址西侧断崖上暴露新石器时期龙山文化层，长约15米，厚0.3～0.6米，内含杂色土和泥质红褐陶片。在遗址西侧暴露灰坑1座，底径2.9米，残高1.8米，开口距地表约2.5米，内含灰土。采集有夹砂灰陶片，器形为罐；泥质红陶上饰有篮纹，器形为罐。此外还采集到骨笄1枚，长21厘米。该遗址对研究新石器时代龙山文化聚落的分布、文化面貌诸方面提供了实物资料。

程家崖遗址

颉头遗址 新石器时代，位于钓渭镇颉头村五组东北台地上。地势东高西低，东为台地，西邻通村水泥路，南距颉头村五组约100米，北为耕地。遗址平面呈不规则的长方形，南北长约250米，东西宽约100米，面积约2.5万平方米。遗址区耕地地表上散落有少量的泥质红陶片。在遗址区西侧的断崖上发现灰坑1处，白灰面房基1处。灰坑距地表约1.8米，呈不规则环底状，暴露宽约1.5米、高约1.2米，内含大量的草木灰、兽骨、红烧土以及夹砂红褐陶、灰陶器物残片，纹饰有篮纹，还有石斧等。房基位于遗址西侧的崖面上，暴露宽约1.4米、高约1米，距地表约2.6米，地面有厚约0.5厘米的白灰面，其间夹杂有红烧土等。

颉头遗址

孟家窑遗址 新石器时代，位于磻溪镇马尾河村孟家窑西北马尾河二阶台地上。地势东高西低，呈缓坡状。遗址东临断崖，西距马尾河约150米，南距孟家窑村西约200米，北为坡塬梯地。遗址平面呈长方形，东西宽约60米，南北长约100米，面积约6000平方米。《中国文物地图集·陕西省分册》载其"位于马尾河东岸二阶台地上,面积约2万平方米,文化层厚0.4米。采集有夹砂红陶和泥质红褐陶片,主要饰交错绳纹,器形可辨罐等。属老官台文化遗存"。在遗址西侧的断崖上有龙山文化的白灰面房址遗迹暴露,长约2.5米,厚约0.3厘米;北端暴露龙山文化的断续文化层,最长段约25米,厚0.4米,距地表1~2米,内含灰土、红烧土块,泥质红陶罐残片,泥质灰陶罐残片。

杨家店遗址 新石器时代、西周,位于磻溪镇杨家店村二组东南的台塬上。遗址面积约15万平方米。在遗址西侧的断面上暴露断续文化层,长约300米,厚1.5~3米,内含灰土和新石器时代的器物残片。断面上灰坑密集,大多为袋状,底径在1.5~5米之间,深2~6米,内含主要是灰土和新石器时代的陶器残片。采集有仰韶文化庙底沟类型尖底瓶、罐、钵、缸、盆等器物残片,在地表还采集到西周时期的夹砂灰陶罐等器物残片。

八庙村遗址 春秋时期,位于天王镇八庙村,渭河南岸约1.5公里的台地上。地势南高北低,东临毛家沟。遗址平面呈长方形,东西长约1000米,南北宽约200米,面积约20万平方米。在遗址北部高6~7米的断崖上发现不规则形灰坑2座(H1、H2)。H1开口距地表约0.5米,宽约1.8米,深约1.2米,坑内土质疏松,含大量灰土和红烧土,内含少量器物残片;H2开口距地表约0.2米,宽约2米,深约1米,坑内含灰量大,土质呈青灰色,夹杂大量器物和建筑材料残片。采集到春秋时期的槽形板瓦、弧形板瓦、筒瓦、空心砖、楔形砖等建筑材料和甗、罐、鬲、釜、盆等器物残片以及石夯工具。该遗址分布面积大,堆积层厚,内涵丰富,时代特征明显,可能与秦宁公向东迁都于平阳邑的历史相关,对研究陈仓区春秋时期的秦人文化遗存具有重要价值。

八庙村遗址

下站遗址 战国—秦、汉,位于磻溪镇下站村。遗址地处秦岭北麓渭河南岸的台塬上,东西两侧均为河谷,台地南北狭长,长约4.3公里,北缘距渭河河道仅800余米。2020年,中国国家博物馆联合陕西省考古研究院、宝鸡市考古研究所、陈仓区博物馆对下站遗址进行了考古发掘,发掘面积800平方米,发现灰坑、房址和各类祭祀坑总计50余处。出土了大量战国、秦、汉时期的砖、瓦、瓦当等建筑材料以及较多陶器和铁器。其中祭祀坑内埋藏大量马、牛、羊等牺牲,数量惊人。考古发掘为确定遗址性质、内涵提供了重要的实物证据。根据遗址地望、发现的祭祀坑,初步确定这处遗址为秦宣公设置的密畤，用于祭祀青帝。遗址位于台塬中部偏北，距台地北缘约1.9公里，距秦岭山脉约2.4公里，东西宽540米，南北约430米，总面积约23万平方米。在遗址中心有一处面积较大的砖瓦堆积区，约2000平方米，平面呈不规则"凹"字形，砖瓦堆积区及周边分布有各类祭祀坑。祭祀坑形制主要分为长方形和长条形两种类型。长方形祭祀坑较多，主要分布于砖瓦堆积区西侧，方向基本为东西向。长条形祭祀坑分布于砖瓦堆积区东侧，南北向平行分布，分布范围约7万平方米，宽窄相间，宽则1米，窄则0.6米，长度一般约120米。《史记·封禅书》记载，秦宣公四年（前672），"作密畤于渭南，祭青帝"。秦宣公是秦德公的长子，秦德公时期将秦国的都城迁到雍城，即今陕西凤翔县城南。下站祭祀遗址正北距秦都雍城21.8公里，距血池祭祀遗址约35公里，距吴山祭祀遗址约59公里，所以此应为秦时期一处重要的祭祀遗址。

下站遗址考古发掘现场祭祀坑分布

下站遗址出土的建筑材料

5. 渭滨区聚落和城市遗址

渭滨区的地形地貌可分为东、西两大板块，即渭滨区西部山区区域和东部关中盆地区域。秦岭山脉由甘肃延伸入陕境，其主要特征是山脉呈东西走向，形似屋脊长梁，山脊起伏多变。北侧山梁南北走向。各山梁之间，属渭河一级支流的河流11条。它们的特点是河流短促，流向大致平行，多以直角或接近直角与渭河相汇。两部山区河道窄狭，沟壑纵横，山陡沟深，唯渭河两岸较宽平，是区境地势特点。渭河水系的山地深切曲流河段，大都源短流急，在渭河两侧形成比较典型的对称型羽状水系。这些羽状水系的两岸和渭河两岸均有文物分布，有新石器时代、商、西周和春秋时期文物遗址，对研究早期人类的分布、性质及其文化面貌等方面具有非常重要的意义。东部关中盆地区域位于秦岭北麓，属关中盆地地貌。渭河主河道河床加宽，比降骤减，变为典型的平原型曲流河段。南岸支流源于陡峻的秦岭北坡，流程短，比降大，具有土石山地河流特征。渭河支流两岸环境优越，土地丰腴，这里既是人类理想的繁衍生息地，也是璀璨文明的发祥地。众多的文物点也就集中分布在绵延区内的渭河南岸和源于秦岭北麓的渭河支流两岸的台地上。本区域属于秦岭范围的是以渭河南岸的310国道为界以南的区域。属于这一区域的聚落和城市文化遗址共有19处，其中全国重点文物保护单位1处，省级文物保护单位5处，区县级2处。

（1）全国重点文物保护单位

茹家庄遗址 西周，位于神农镇茹家庄村西南约70米处的清姜河东岸二级阶地上。遗址面积约10万平方米，文化层厚0.5～1.5米。采集有西周时期的高领袋足鬲、瘪裆鬲、折肩罐、豆等残片，纹饰有绳纹、弦纹。遗址中发现有同时期的窖藏、墓葬、车马坑、灰坑等。窖藏中出土铜鱼尊、刖刑奴隶守门方鼎，虎、鹿、狗及鸟形器盖等。遗址范围内发掘清理了4座墓葬，3座车马坑，其中较大的2座墓葬均由斜坡墓道和长方形竖穴墓室组成。1号墓的墓室南北长5.2米，东西宽8.48米；木椁长3.2米，宽4.2米，有甲、乙两个椁室，甲室置一棺，乙室置双棺，殉葬7人。出土的铜礼器有鼎、簋、鬲、甗、尊、卣、爵、觯、罍、盘、鸟形尊、编钟等30余件，其中8件有"強伯自作用器"铭文；同时出土有铜戈、剑等兵器，

刖刑奴隶守门方鼎

鹿、虎、鸟、鱼、项链、串珠等玉石饰品及陶器等。2号墓室长4米，宽3.2米，内置双棺，殉葬2人。出土有铜鼎、铜鬲、铜簋、铜甗、象尊、羊尊、鸟尊等20余件，多数有"強伯作井姬用器"铭文。依据出土铜器铭文判定，1号墓为西周时期的強国的国君強伯之墓，2号墓为強伯的妻子井姬之墓。強伯夫妇墓的发掘不仅为宝鸡地区周文化提供了重要的实物资料，而且为研究西周时期的分封制度、丧葬制度和青铜器的序列分期等方面提供了重要的考古资料，也为研究古強国的地望、分布及其文化面貌等方面提供了重要的实物资料。

茹家庄遗址出土的青铜圆鼎

青铜圆鼎腹内铭文

茹家庄遗址出土的青铜獏尊

青铜獏尊盖内铭文

茹家庄遗址出土的青铜象尊

茹家庄遗址出土的青铜鱼尊

茹家庄遗址出土的青铜立人一

茹家庄遗址出土的青铜立人二

茹家庄遗址出土的青铜鸟尊

茹家庄遗址出土的青铜母子虎

茹家庄遗址出土的玉鹿

茹家庄遗址出土的玉鱼

（2）省级文物保护单位

贺家湾遗址　新石器时代—战国，位于渭滨区八鱼镇贺家湾村。遗址所处地势北高南低，呈缓坡状，西距贺家湾村约200米，南临砖厂，距马尾河约200米，北侧为耕地。遗址平面呈长方形，东西长约50米，南北宽约100米，面积约5000平方米。文化层厚0.2～1米。采集到泥质和夹砂红陶片，纹饰以线纹、绳纹为主，可辨器形有尖底瓶、瓮、罐、瓶、钵、缸等，属仰韶文化遗存，另外还发现战国时期的遗物。

塔稍遗址　新石器时代、商、西周，位于高家镇塔稍村南约20米处的塔稍河东岸的二级台地上。遗址西距塔稍河约300米，地势南高北低，呈阶梯状。遗址平面略呈长方形，面积约1万平方米。遗址北部断崖上可见文化层，厚1.5～2.5米，土质松散，土色浅灰，含陶片丰富。还发现陶窑1座，窑室内有大量红烧土块。采集有新石器时代仰韶文化半坡类型的罐、盆、钵、尖底瓶等残片，纹饰有绳纹；龙山文化的罐、鬲等残片，纹饰多见绳纹、篮纹。曾发现有商代的绳纹瘪裆鬲、折肩罐等残片。1972年曾出土1件西周铜簋。

高家村遗址　新石器时代、商，位于高家镇高家村西约300米处的渭河南岸二级阶地上。遗址面积约3.7万平方米。1989—1990年，曾对此遗址进行过考古发掘，发现的墓葬为土圹竖穴，也有偏洞式，葬式直肢。出土的器物几乎全是陶器，器形分类简单，只有高领袋足鬲和陶罐两大类，与扶风刘家姜戎墓出土的同类器物相似，被归入刘家文化，其时代大致相当于商代晚期。采集有仰韶文化的陶钵、尖底瓶等残片，纹饰有线纹；还采集有龙山文化的陶罐残片，纹饰有篮纹。该遗址为研究新石器时代仰韶、龙山文化的聚落分布和商文化提供了实物资料。

高家村遗址

旭光村二号遗址　新石器时代、西周，位于马营镇旭光村东约300米处。遗址东西700米，南北400米，总面积约28万平方米。在旭光村东南约1米高的断坎上发现文化层，长约30米，厚1～1.5米，内含丰富有红烧土、

旭光村二号遗址

灰土和陶片，也有大量灰坑和墓葬。采集到新石器时代仰韶文化的陶钵、尖底瓶、陶罐等残片，纹饰多见绳纹。还曾发现有西周时期的三足瓮、陶盆、陶甗、陶罐、陶鬲等残片。1984年发现西周时期墓葬

2座，清理发掘了其中1座，出土了铜甗、铜簋、陶鬲、陶罐、漆盘、玛瑙等。

石嘴头一号遗址　新石器时代—汉，位于石鼓镇石嘴头村三组北约100米处的石鼓山上，茵香河西岸与渭河南岸交汇的三角台地上。地势西高东低，呈缓坡状。遗址西至山顶，东至茵香河西岸，南、北均为断崖，平面呈长方形，面积约15万平方米。在遗址南部断崖上暴露一处长约10米、厚0.3～1.8米的文化层，土色青灰，内涵丰富。采集有新石器时代仰韶文化的陶钵、陶盆、尖底瓶等残片，龙山文化的陶罐残片，春秋时期的陶鼎、陶鬲等残片。1985年对该遗址进行了发掘，发掘面积1400平方米，发现平面"凸"字形半地穴式房址9座、灰坑39座，出土器物以陶器为主，有仰韶文化的钵、碗、盆、瓮、尖底瓶和客省庄二期文化的鬲、双耳罐、折肩罐等。还揭露西周车马坑1座、秦代墓葬5座，并发现汉代的绳纹筒瓦残片。1992年发掘了西周墓葬及车马坑，出土铜鼎、觯、戈、軎、辖、当卢、銮铃、铜泡，以及玉璧、玉柄形器、蚌泡等。石嘴头一号遗址是宝鸡市一处重要的聚落居址，该遗址内涵较为丰富，对研究宝鸡地区新石器时期仰韶文化、龙山文化、西周、春秋以及秦、汉时期的文化发展和区域分布具有较为重要的价值。

姜城堡遗址　新石器时代、西周，位于神农镇姜城堡村，清姜河东岸的二阶台地上。遗址面积约14万平方米，文化层厚0.5～1米。采集有新石器时代仰韶文化的陶钵、尖底瓶、陶盆、陶瓮等残片，纹饰有绳纹。还采集有西周时期陶鬲残片。

（3）县级文物保护单位

晁峪遗址　新石器时代、西周，位于高家镇晁峪村的缓坡阶地上。遗址面积约1.2万平方米。在遗址西南部的断崖上发现1座宽约3.6米、深约2.1米的不规则形灰坑，坑内土质疏松，呈灰褐色，夹杂少量陶片。采集有新石器时代仰韶文化晚期的陶缸、陶瓮等残片，龙山文化的陶罐、陶钵等残片，西周时期的陶罐残片。

晁峪遗址

（4）其他遗址

桑园铺遗址　新石器时代，位于高家镇桑园铺村西约20米处的清姜河西岸二级台地上。遗址面积约4万平方米。在遗址南部断崖上发现一处厚约0.5米、长约6米的文化层。

疙瘩下遗址　新石器时代，位于石鼓镇沙家湾村疙瘩下组东约10米处的茵香河东岸的二级台地上。遗址面积约2万平方米，文化层厚约1米。采集有新石器时代仰韶文化的陶罐、尖底瓶、陶瓮等残片，纹饰有绳纹、线纹、刻划纹。

赵家崖遗址　新石器时代，位于高家镇赵家崖村东北约50米处的太寅河西岸二级台地上，距离太寅河约200米。地势西高东低，呈缓坡状。遗址东、北至断崖，南至赵家崖村村委会，西至山坡根，平面略呈长方形，面积约2万平方米。在遗址断崖上可见文化层，长1米，厚0.3～1.5米，距地表约2米。遗址北侧发现陶窑1座，形制不明，仅可见烟道的上半部分。烟道呈圆形，内壁青灰色，径0.45米，暴露高度0.9米，距地表约3米。采集有新石器时代仰韶文化晚期的陶缸、尖底瓶等残片，纹饰有绳纹、划纹。

巨家村遗址 新石器时代，位于高家镇巨家村西北约1公里处的渭河南岸二级台地上，距渭河约100米。地势南高北低，呈缓坡状。遗址西、南为耕地，北至断崖，东至药王洞，平面略呈长方

赵家崖遗址

形，面积约2.4万平方米。遗址断崖上有一处长约3米、厚0.3~0.7米的文化层。采集有新石器时代仰韶文化的陶钵、陶盆、尖底瓶、陶罐等残片，纹饰有绳纹、附加堆纹。

安底下遗址 新石器时代，位于高家镇新安村安底下东南约30米的晁峪河南岸一级台地上。遗址面积约1.2万平方米。采集有前仰韶文化的陶盆、陶罐等残片。

温泉遗址 新石器时代，位于马营镇温泉村南约100米处的清水河西岸，温水沟东岸的二级台地上，东距清水河约250米，西距温水沟约20米。地势南高北低，呈突起坡状。遗址东临宝钛公路，西临温水沟，南接温泉寺，北距温泉村

安底下遗址

约100米，平面近似长方形，面积约6000平方米。遗址断崖上可见长约30米、厚0.5~1.2米的文化层，内含红烧土及少量陶片。断崖下的麦田中亦可见零星陶片。采集有新石器时代仰韶文化半坡晚期类型的陶盆、尖底瓶、陶瓮、陶罐等残片，纹饰有绳纹。该遗址对研究秦岭北麓清水河流域新石器时代文化遗存的分布有一定价值。

坡上遗址 新石器时代、西周，位于八鱼镇苇子沟村坡上村南约30米处的马尾河西岸二阶台地上，距马尾河约100米。地势西高东低，呈缓坡状。遗址东依台塬，南、北两侧为耕地，略呈长方形，面积约7500平方米。断面上暴露有厚0.3~0.6米、长约100米的文化层。采集有新石器时代仰韶文化的尖底瓶、陶罐等残片，纹饰多为绳纹、线纹；龙山文化的陶罐残片，纹饰有篮纹、绳纹。还采集有磨制石斧、石刀等。另外采集有西周时期的陶罐残片，纹饰为绳纹。

安家窑遗址 新石器时代、西周，位于马营镇柘沟村安家窑南约100米处的茵香河东岸的二级台地上。地势东北高西南低，呈阶梯状。遗址东临土丘断崖，西距茵香河约50米，南临冲沟，北距安家窑约100米，平面近似长方形，面积约1.5万平方米。在柘沟至安家窑水泥路边的断崖上，暴露有厚0.5~1

米、长约30米的文化层，上有多处灰坑。其中H1呈不规则形，宽0.45米，深0.6米，内含灰土和红烧土。采集有新石器时代龙山文化的陶罐残片，纹饰有篮纹、绳纹。该遗址为研究秦岭北麓冲积塬地带新石器时代仰韶文化和周文化提供了实物资料。

安家窑遗址

湾东遗址 新石器时代、西周，位于马营镇凉泉村南湾村东约100米处的渭河南岸的二级台地上，距渭河约800米。地势南高北低。遗址东临冲沟，西距南湾村约100米，南依山丘，北为耕地，平面近似正方形，面积约4万平方米。遗址北部断崖上暴露厚0.6～1米、长约50米的文化层，内含零星红烧土、零星木炭和较多陶片。遗址东北部断崖上暴露灰坑1座，口宽约2米，深约2米，内含灰土、红烧土和大量陶片。采集有新石器时代仰韶文化半坡晚期类型的陶罐、尖底瓶等残片，纹饰有绳纹、刻划网纹等；西周时期陶罐残片，纹饰为绳纹。

太寅遗址 新石器时代、西周、战国，位于高家镇太寅村北崖北约100米处太寅河西岸、渭河南岸交会的二级台地上，北距渭河约50米，东距太寅河约200米。地势西高东低，呈缓坡状。遗址东、北为断崖，南为北崖村，西至山坡根，平面略呈长方形，面积约6万平方米。遗址中部有太寅村至宝鸡峡的柏油路穿过，路北段两侧断崖上发现有长2～3米、厚0.3～0.4的米文化层。西侧断崖上发现1座口宽2.5米，深度约0.5米的灰坑，坑内土色深灰，土质松散，内含较多陶器残片。采集有新石器时代龙山文化的陶罐残片，纹饰有篮纹；西周时期的陶鬲、陶罐残片，纹饰有绳纹、篮纹；战国时期的陶鬲残片，纹饰有麻点纹。该遗址为研究龙山文化、周文化以及战国秦文化发展序列提供了资料。

朴东遗址 新石器时代，位于马营镇朴东村东约500处的东沙河西岸的二级阶地上。遗址面积约7500平方米。遗址区内的断崖上暴露有长约30米、厚0.5～1米的文化层，内含红烧土和零星陶片。在遗址内还发现不规则形灰坑2座，内含少量灰土和陶片。1958年曾对该遗址进行考古发掘，发现有房址、灰坑、墓葬等，其中房址2座，平面方形，白灰居住面中设一圆形灶坑，出土有陶鬲、陶罐、陶盆等，为新石器时代龙山文化晚期遗存。

清庵堡遗址 新石器时代，位于八鱼镇清庵堡村南150米处清水河东岸的二级台地上。遗址面积约

1500平方米，断面上暴露有厚0.3—0.6米、长约10米的文化层。采集有新石器时代仰韶文化的陶罐、尖底瓶、盆、陶缸等残片。

三、秦岭区域矿冶及手工业遗址

陕西境内秦岭区域发现的矿冶遗址从种类看，主要分为冶银、冶铁、冶金、冶铜、开采矿石的古矿洞等；从地区分布来看，商洛、汉中、安康、渭南、西安、宝鸡境内均有涉及；从文物保护等级来看，除有1处全国重点文物保护单位外，有小部分为区县级。同时，矿冶属于古代手工业范畴，因此对涉及的其他手工业遗址一并在此篇章中说明，主要涉及窑址，还有少量造纸遗址。目前秦岭陕西段矿冶及手工业遗址共有62处，其中商洛市13处、汉中市16处、安康市16处、渭南市5处、西安市4处、宝鸡市5处。

（一）商洛市矿冶及手工业遗址

商洛境内矿冶及手工业遗址在商州区、镇安县、丹凤县、洛南县、柞水县有分布，共13处。

1. 商州区矿冶及手工业遗址

西背街冶银遗址 汉，位于商州老城区西背街。面积为16平方米。暴露锅底形土坑1个，径约2.5米，暴露深度2.1米；平面略呈椭圆形的竖坑1个，径3.5米左右，深5米多。两坑内及附近堆积大量矿渣、废弃的坩及细绳纹板瓦。坩体积小，可分为三式，残高10~26厘米，外径6.2~9厘米，壁厚0.6~1厘米。经化验分析，矿渣中含铅、锌、金等金属。

唐塬窑址 唐，位于白杨店镇唐塬村西，处于丹江南岸二级台地上。共有窑2座，两窑之间有唐墓1座。窑址坐西向东，窑身为土坯砌筑，圆形窑口，窑膛为直壁，直径0.9米，残高1.2米，因顶部坍塌严重无法测量窑深。

牛寺沟窑址 清，位于白杨店镇牛寺沟三组。共发现2座东西相邻的窑址，均为烧瓦窑。窑1废弃后，在其东又建一窑。故窑1后壁下部开一洞口，成为窑2口。两窑均呈圆筒形，西边开有一窑口，其余三面开有竖向烟道，穹窿形顶，顶部用土坯砌成，窑壁已烧成灰青色，窑1直径3.1米，窑壁高2.7米，顶残高0.75米；烟道呈"U"形。

2. 镇安县矿冶及手工业遗址

镇安县境内目前发现1处矿冶手工业遗址。

九龙顶古矿洞 商—清，位于镇安县东川镇八盘村东北约10公里处的九龙顶梯子沟。洞口朝东，呈长方形，宽3米，高2.5米，右上方岩壁上刻有题记，可见王、刘、石姓氏。矿洞长100余米，在主矿道南壁开有长25米的侧洞，内壁开凿规整。矿洞外堆积大量矿渣，发现捡矿用的铁耙、竹筐各1个。新《镇安县志》记载："商周时便开采鼓铸，至唐代尤盛，古矿洞遗存多达千余处；1977年，陕西地质队曾在这一区域进行过长时间的调查勘探，并在矿洞内发现人体骨骸和唐代生活用具，但这些遗物都已散失。"在九龙顶发现古矿洞100多处，是目前商洛乃至陕西境内发现面积最大、数量最多、开采延续时间最长的古矿洞遗存，对于陕西古金属开采历史研究提供了重要实物资料。

3. 丹凤县矿冶及手工业遗址

丹凤县境内有1处矿洞遗址，1处窑址。

武关窑址 汉，位于武关镇南坪村北武关河南岸的二级台地上。窑址残存3座，南北方向"一"字排列暴露在田坎上。坎长约18米，高1.5～0.3米不等，南高北低，暴露有大面积红烧土。窑内有较多板瓦残片，在窑址周围的耕地中散布有大量的残陶片，少量瓦片里面和表面还有"武"字戳记。这些陶窑应是为烧制修建武关城的建筑材料而建。这些陶窑修建在武关河的河边上，与武关城隔河相望。建于此处，可能是考虑就地取土的方便和建筑材料运输方便。

普陀村矿洞 清，位于蔡川镇普陀村东。洞口距地面约5米，矿洞内部深约50米，宽约8米，高约6米；洞口底部及壁部有明显打凿的痕迹，不甚规整。洞内地面散布少量陶片。该古矿洞遗址对研究早期的采矿选址及矿产开采技术有一定的参考价值。

4. 洛南县矿冶及手工业遗址

洛南县境内现有矿冶遗址4处，均为县级文物保护单位。

河口矿洞遗址 新石器时代—商、周，位于柏峪寺镇关帝庙村河口组西峪河畔。古矿遗址沿着西峪河，集中分布在河谷两侧约200米的崖壁上，可分为南、北两个区域，西峪河南岸发现6个矿洞，北岸发现4个，其中河口遗址规模最大。河口遗址3个洞口在距河床约2～5米的山体上呈"一"字排列，洞内连通为一体，较为宽敞。洞内高18米，宽8米，深22米。这些矿洞均采

河口矿洞遗址

用平巷洞开凿模式，岩壁留有敲砸痕迹。洞穴内散落着油页岩风化剥落的石块，将原遗址表层覆盖，可采集到少许石器标本。最早在洞内采集到大量带槽的砍砸器，现存于洛南县博物馆。2010—2015年，北京科技大学与陕西省考古研究院对河口遗址周边进行了数次调查，发现的这批洞穴规模较大，采集到的遗物较为丰富，主要为石器和陶片。在遗址中采集到的带槽石锤为一种古代的采矿工具。洞穴内发现的蓝色矿石经过定性分析，确认为绿松石，因此判断这批洞穴为古代开采绿松石的矿业遗址。据有关专家研究，从发现的陶片、开采工具的年代以及碳-14测年等判断，其开采年代主要处于新石器时代晚期到青铜时代，有可能延续到春秋时期。河口古代绿松石矿业遗址的发现，为研究我国早期绿松石的来源、开采、使用、流通提供了重要信息，对解决中原及其周边地区新石器时代至青铜时代绿松石的来源和开采加工技术，具有重要意义，为揭示绿松石这一珍稀矿产资源的利用产业链及其对社会文明进程的影响提供了宝贵资料。2016年《考古与文物》刊载了由北京科技大学冶金与材料史研究所、陕西省考古研究院撰写的《陕西洛南河口绿松石矿遗址调查报告》。

河口矿业遗址内出土的绿松石矿石

河口矿业遗址内出土的石锤工具

银洞沟古矿洞遗址群 年代不详，位于巡检镇蜂王村四组银洞沟内东边一座山崖下。整座山崖高10米、宽20米的范围内均有前人火烧岩体的痕迹。在岩体根部有一较大矿洞口，呈不规则方形，宽3.3米，洞口向北，原开采的火烧痕迹保存比较完整。洞内现仍有人采矿，原有开采痕迹已被破坏。在洞口上北部有一小洞口，呈不规则圆形，东西走向，高2.1米，宽1.25米，深3.6米，内已废弃。巡检镇地处秦岭山区，矿产蕴藏丰富，数百

银洞沟古矿洞

年间这一带的采矿业一直十分兴盛，历经公采私挖，在秦岭山中留下无数大大小小的古矿洞遗迹。

石人洼古矿洞 年代不详，位于巡检镇蜂王村四组银洞沟内，当地称石人洼。古矿洞洞口向北，呈不规则三角形，高2.2米，下宽2.3米。洞口前3米相对开阔，岩体表面有多处明显火烧痕迹。洞内部呈不规则圆形，直径0.9米，深2米，已垮塌。

富银沟古矿洞 年代不详，位于巡检镇王安村四组富银沟口一个断崖上。此处共有4个洞，其中3个洞分布较为集中，另外一个在北30米处。整个矿洞分布在比较松散的岩体上，由于山体垮塌已被土石掩埋，仅存1个洞口。现存洞口呈不规则椭圆形，直径约0.9米，深约20米，内垮塌。

5. 柞水县矿冶及手工业遗址

柞水矿产资源丰富，据有关资料记载，在唐代以前就有采矿、冶炼历史。新发现的上洞沟古矿洞、大河村古矿洞、铜厂冶炼遗址等充分印证了柞水悠久的采矿历史。目前境内有此类遗址4处，其中县级文物保护单位1处。

（1）县级文物保护单位

铜厂冶炼遗址 年代不详，位于瓦房口镇老庄村三组铜厂。遗址面积约4000平方米，文化堆积厚0.6米。堆积物以灰陶布纹板瓦为大宗，还有炼铜渣，青、红色烧土块和矿渣等。遗址处现为耕地，断面已用石块垒砌，在断面与耕地面上发现陶片、炼铜渣、烧土块等遗迹现象。该遗址为陕南地区较常见的冶炼遗址，为研究当地的古代挖矿业、冶炼业等生产活动提供了一定的信息。

（2）其他遗址

大河村古矿洞 年代不详，位于瓦房口镇大河村六组，村委会东北1公里处通村水泥路东侧山脚处。洞口向西，略呈圆形，直径1.5米，洞内深不可测。此洞岩质为橙红色片状石灰岩，据调查原开采银、铅矿石，现废弃已久。

上洞沟古矿洞 年代不详，位于曹坪镇谢街村二组严家沟内小支沟上洞沟。该矿洞开凿在距地面10余米的山坡上，洞口朝南，前方有一以石砌筑的平台，面积约6平方米。在山体开凿有一凹槽，宽1.5米，长2米。在凹槽靠山体处凿有一个外宽内窄的三角形通道。矿洞口呈三角形，底宽1米，高1.4米。进入通道约10米处，有一个向下斜坡，坡下就是采矿区。矿洞内斜坡长2米、宽2.3米、高2米；洞壁凿痕清楚；底部斜坡状，下端有一个集水坑，坑长0.6米、宽0.45米、深0.3米。

掌上村古矿洞 清，位于红岩寺镇掌上

大河村古矿洞

上洞沟古矿洞

村二组西北约500米处的一座山崖下端。洞口为圆形，直径1.6米。由于修路将洞口下半部遮挡，仅留上半部洞口可见，内有积水，洞深不可测。据当地群众介绍，该洞在清末时期曾开采银、铅矿。

（二）汉中市矿冶及手工业遗址

汉中境内的手工业遗址以窑址、铜器出土点居多，仅略阳县有矿洞遗址和冶炼遗址，目前共有16处。

1. 城固县矿冶及手工业遗址

陈家梁窑址 清、民国，位于小河镇小河村朝阳组陈家梁。在面积约90平方米的范围内分布有红烧土，窑部分暴露，形制不详。地表散见红陶、夹砂红陶、粗瓷等，器物主要有盆、碗、罐、甑、壶等。此窑为城固民间最大的窑址之一。

2. 洋县矿冶及手工业遗址

联合村窑址 宋，位于磨子桥镇联合村，汉江南岸的台地上。2003年修建西（西安）汉（汉中）高速公路时在此发现窑址2处、宋墓1座。窑址平面呈马蹄形，口大底小，窑壁外鼓，系人工挖掘土坑，用砖封堵烟道，砌筑火门而成，整座窑由操作间、火门、火膛、火道、窑室、烟囱等六部分组成。

3. 略阳县矿冶及手工业遗址

五龙洞纸厂遗址 明—清，位于五龙镇五龙洞森林公园管理处北约1.2公里处。据传，此处当年为加工生产草纸而建。据调查发现，该遗址所在地地势自南向北依次递增，中部与最高地基处有石砌台阶相连，地基内残存石碾、石条等。遗址分布面积约450平方米，残存地基3处，通长120米，宽3～5米，高0.3～0.75米。该遗址为了解略阳县山区的手工业发展情况提供了实物资料。

（三）安康市矿冶及手工业遗址

安康境内矿冶及手工业遗址有矿洞、铜器、窑址、造纸等，目前共发现16处。

1. 汉滨区矿冶及手工业遗址

矿洞沟矿洞遗址 秦、汉，位于石梯镇烟岭村西北约700米的矿洞沟口。遗址分布于矿洞沟腹地的一处地质断裂层，东靠山崖，北距汉江300米，西为坡地，南为陡崖。矿洞沟从矿带穿过，一沟两岸。遗址东西走向，宽5～10米，高约200米，其附近为陡峭山崖，自上而下排列矿洞5层。矿洞口径大小不一，形状不规则，保留有早期矿洞5孔。在洞内曾发现较多王莽时期的货币、铁器，洞内有早期生活的用具灰烬等堆积。由于早年开采从地表可以看到明显的山体下塌现象。

2. 汉阴县矿冶及手工业遗址

蒋家梁砂金矿洞遗址 秦、汉，位于双乳镇三同村村委会北约100米的蒋家梁，月河北岸的阶地之中。在当地村民挖土的断层中清晰可见直径0.9～1.2米的竖井2个，其内填充大量的砾石和沙土，还有少量的其他杂物，形状和颜色明显区别于周围的原生地层。据村民介绍，在这两个矿井周围曾经挖掘出形状大致相同的竖井20余个，它们排列有序，各矿井的间距在2.5米左右。现地表还能辨认出若干个圆形遗迹。

南窑遗址 清，位于双乳镇南窑村东约100米的大槽罗某宅下方的地中。此为陕南常见的龙窑。在该窑址处发现大量的陶片，均为釉陶，纹饰以同心圆和网格为主，在雨水冲刷的地方可以发现明显、清晰的陶片堆积断层，同时可以看到烧土的痕迹。

3. 宁陕县矿冶及手工业遗址

干家碥金矿遗址 清，位于筒车湾镇龙王坪村。金矿洞口宽3米，高5米，深度不详。矿洞由上而下呈45度角进行开凿。

银洞沟矿洞遗址 清，位于梅子镇南昌村，俗称银洞子。此处原有矿洞2处。其一洞口宽1.8米，高1.7米，深度不详；矿洞平行开凿，洞口有明显的凿痕，洞壁光滑，洞内有积水。另一处洞口已坍塌。

4. 紫阳县矿冶及手工业遗址

李家河坝造纸作坊遗址 清，位于高滩镇红庙村的李家河坝作坊西依崖壁，东临绕溪河、距通村水泥路约40米，南、北为河道。遗址南北长20米，东西宽3米，由人工水渠、栽孔两部分组成。人工水渠南北向分布，长3.9米、宽0.6米。栽孔为一组，共7个，呈线状分布，孔长0.16～0.2米不等、宽0.16～0.18米不等、深0.23～0.29米不等。由遗址残留的痕迹及布局可断，遗址原身应为造纸作坊。

5. 岚皋县矿冶及手工业遗址

卡房采矿遗址 清，位于佐龙镇西厢村北3公里的卡房。遗址长600米，宽250米，包括冶炼场1个，矿洞2个。两个矿洞呈南北分布，两洞相距200米。其中北侧矿洞洞口呈不规则长方形，宽1.9米、高1.4米、深约82米，洞前有开采时残留的石渣；南侧矿洞洞口呈长方形，高1.5米、宽1.2米、深约26米，洞口边沿有长满绿锈的矿石。冶炼场位于矿洞西部600米左右，呈长方形，南北长36米，东西宽12米，遗址区残留有冶炼过的矿渣。

6. 旬阳市矿冶及手工业遗址

旬阳北区公馆至竹筒河一带分布着庞大的古矿遗址，有专家学者考察认为，这里的汞矿可能开采于秦、汉时期，并推测秦始皇陵中的水银可能来源于此。

旬阳汞矿遗址 秦、汉～清，位于小河镇公馆张良村至红军镇庙湾村。主矿区范围延伸至方圆4～5公里。陕西省地质一队曾对该地矿体做过详细勘探工作，探明矿体含矿系数在0.73以上，汞品位在0.3%～0.4%，汞总储存量达1.48万吨左右。地质部门探明并予以编号的古矿洞有600余处，实际数量超过1000处。其主要分布在罗家沟、宋家沟、塔洞沟一带。矿洞深十多米到数十米、数百米不等。在清理古矿洞时，曾出土有铁镢、瓷碗、陶罐。这些器

旬阳汞矿遗址

物具备汉、宋、明代器物特征；又根据遗址开采的规模推断，该地汞矿开采由来已久。因此有学者认为，秦始皇陵的水银很可能来源于此。旬阳古矿洞的开采方法，除了常见的铁器挖掘外，还有古老的火焚水淬法。清理古矿洞时曾发现多处火烧过的痕迹。当地广有山林，洞中又不缺水源，凿洞之时，有时因石坚硬，便积薪燃石，再以水激之，使之裂缝以致破碎，然后再行挖掘。据推测，此处古矿洞

中被采走的金属汞有1000吨左右，或许更多。现为县级文物保护单位。

（四）渭南市矿冶及手工业遗址

渭南市手工业遗址均位于潼关县，境内的手工业遗址主要是窑址，共5处。

下窑场窑址　明、清，位于潼关县秦东镇下窑村村中。据传该村明、清时有砖瓦窑数十座，专为潼关故城的建设提供建筑材料，但由于后来的生产建设，多数砖窑现已被夷为平地。目前在村民家中仍留有宽2米、高0.5米的砖窑窑壁遗迹。村南可见当年烧砖取土的断崖。该窑原是关中东部少见的规模巨大的建筑材料烧造地，是潼关故城建造过程中材料的主要来源地。

毛沟窑址　明、清，位于潼关县安乐镇毛沟村十组东。窑址平面呈长方形，东西长7.8米，南北宽2.4米，高2.1米，分前后两部分。窑壁烧土呈灰色，大部分已坍塌裸露。填土中有大量陶器残片。

水星窑址　明、清，位于潼关县安乐镇水星村村委会东北的三级台地的断面上。窑址南面30米为冲沟，东西为耕地，北部为四级台地。陶窑基本呈方形，口小进深较大，顶部呈斜坡状，高1.8米、宽2.2米，开口距地表1.6米。后壁顶端有三道烟窗，烟窗直径0.2米，中部烟窗距底面2米。四周壁面均有加工痕迹，痕迹宽约0.05米。窑壁烧土呈灰色，厚约0.18米。内壁周围及窑面顶部有垮塌现象。

段喜窑址　明、清，位于潼关县城关街道办事处段喜村西约300米。这是一个单体窑，平面呈椭圆形，东西长约3.17米、高约2.1米，窑壁光滑，呈灰色，质地坚硬。窑址墙面上可见多处夹杂陶片、板瓦残块等。

南寨窑址　明、清，位于潼关县城关街道办事处南寨子村四组西约300米。原窑址面积不详，现仅存1个单体窑。窑炉平面呈方形，窑壁有土坯，整体高约2米、宽2.4米，烧结厚0.2米，呈灰色，窑壁光滑，质地坚硬，有不规则裂缝。窑址内可见少量板瓦、陶片等。

（五）西安市矿冶及手工业遗址

西安市矿冶及手工业遗址集中在蓝田县，主要是玉石开采。

玉川蓝田玉石开采点　清，位于辋川镇玉川行政村三组玉川河东岸山崖上。此处至今仍然是一处蓝田玉的开采点。在玉川河东岸的山崖上到处可以见到被挖掉的玉石石层。蓝田玉为中国名玉之一，是中国开发利用最早的玉种之一，已有4000多年的历史，早在石器时代，人们就已经开始开采利用蓝田玉。蓝田玉雕工艺源远流长，已经被申报为陕西省非物质文化遗产项目。据近年勘测，蓝田玉储量达100万立方米以上，主要分布在辋川镇。据调查，该地点作为玉石开采地点，因为常年反复开采，原有的面貌已经不复存在。但作为蓝田玉开采地点，对于研究蓝田玉的开采历史提供了有力的证据。

（六）宝鸡市矿冶及手工业遗址

宝鸡境内秦岭段的手工业遗址目前发现共5处，有1处矿洞遗址、2处造纸遗址、1处冶铁遗址、1处制瓷遗址。

1. 太白县矿冶及手工业遗址

大沙沟造纸作坊遗址　清，位于桃川镇店子上村大沙沟。遗址面积约1.5万平方米。在遗址东侧有一条片石垒砌墙体；在遗址中部有石碾盘1个，砂岩质，直径2.2米，在其侧面有楷书"道光乙未年□□□黄置"等字样的刻铭，道光乙未年即1835年；遗址中部偏北，有一用圆石垒砌的瓢状石坑，长约6米,宽约4米,据村民介绍此处为水磨臼房所在地;在水磨臼房坑北侧有一处白灰堆,应是用来腐蚀竹子造纸的辅料。该遗址区内分布有制纸作坊所应有的基本设施和遗物,虽然地方史志没有相关记载,但是从这些遗迹遗物分析,此处应该是一处造纸作坊。

2.凤县矿冶及手工业遗址

高崖造纸作坊遗址 清,位于唐藏镇辛家庄村高崖自然村。遗址占地面积约600平方米。在遗址区地表遗留有大小不一的弧状条石4块,砂岩质,长1.1~1.6米、顶宽0.56米、高0.44米,在其顶面中部有一半圆凹槽,凹槽也呈圆弧状。保存有1个石碾轮,砂岩质,这些弧状条石是民国以前当地制纸作坊的遗物,条石拼接起来就形成一个直径约6米的大圆圈,同时半圆形凹槽也形成一个完整的圆槽,在凹槽内放置切碎的枸树皮和榆树皮,再加上麦草等原料,用一根直径约0.1米的圆木,在其两头各按一个石碾轮,放置于凹槽内,用牲畜牵引来碾碎原料,制作比较粗糙的厚板纸。

四、秦岭区域寨堡与军事设施遗址

寨堡及军事设施遗址是指古代人类为了保护自己,确保生存和发展需要,因战争或者防御而留下来的各种寨堡及军事类遗存,包含长城、烽燧、城墙、古战场以及各种具有地域特色的堡址、寨址等,在秦岭区域独特的地理环境中具有特别的含义。这类遗址一般分布在地势险峻的交通要道、十字路口或者地区交界处。秦岭陕西段因独特的地理优势而留下众多的军事设施类遗存,目前在秦岭区域内共有该类遗址380处,其中商洛市81处、汉中市62处、安康市110处、渭南市44处、西安市35处、宝鸡市48处。

(一)商洛市寨堡及军事设施遗址

商洛市地处秦岭山地,与今湖北、河南交界,是荆楚文化与秦文化的交融之地,也是秦楚争战之地、冲突之地,在战争时期,一直都是非常重要的军事通道,因而留下了众多的军事设施遗址。这些遗址从类型来看,分为烽燧、城墙、古战场、寨址,以寨址居多;从分布地域来看,主要集中在镇安和丹凤两县,这和两地独特的地理位置有关。目前商洛境内寨堡及军事设施遗址共81处,其中省级文物保护单位3处,县级文物保护单位1处。

1.商州区寨堡与军事设施遗址

商州区境内的寨堡与军事设施遗址分为烽火台和寨址,共有13处,分别是将军寨址、铺上村堡寨遗址、商州烽火台遗址、堡子村寨遗址、三皇沟寨遗址、砚池河寨遗址、鼎龙山寨遗址、堡子台寨遗址、牛寺沟烽火台遗址、黑山村玉皇庙遗址、铺上村堡寨遗址、解放沟寨遗址、老堡子烽火台遗址。

将军寨遗址 清,位于阎村乡大西沟村西南的山顶上,海拔1564米。寨址平面呈不规则

将军寨遗址

四边形，面积约为1800平方米。寨墙为毛石垒砌，残高1~4米。寨门向南，门洞宽1.8米，高2.1米，深3.4米。寨内有建筑3座9间。清嘉庆年间（1796—1820）白莲教起义，当地乡绅修建山寨时，挖出一石像，形似将军，故名将军寨。后同治元年（1862）"粤寇犯秦"，当地群众等捐资修建将军寨正房3间，外修墙垣。现存山寨寨墙应为清代晚期修筑。山寨四面环山，山崖陡峭，地势险要，只有一条羊肠小路与山寨相通。

铺上村堡寨址 清，位于麻街镇铺上村六组，修筑在村东一座南北走向的山梁上。山梁北高南低，呈不规则长方形。寨址南北长260多米，东西宽约40米，面积约1万平方米。寨墙顺山势砌筑，残高0.66~0.87米，均由毛石块砌筑。西侧寨墙有一宽1.5米的豁口，应为寨门。

老堡子烽火台遗址 战国，位于孝义镇甘河村西山顶之上，当地人称老堡子。遗址呈圆锥状，中部毛石砌筑成圆形烽燧，直径8米，高约3

铺上村堡寨址

米，烽燧台基直径约25米，高约5米。该烽火台地势较高，四周群山环绕，是武关之西丹江通道众多烽火台中保存较好的一座，曾出土有战国时期的铜镞等兵器，同时发现有瓦片及有模印图案的方砖。

2. 镇安县寨堡与军事设施遗址

地处西安与安康之间的镇安，自古以来就是关中地区，特别是京师长安与荆楚、汉中等地交往的重要驿站，是中原文化与荆楚文化交融的地方。因境内山大岭多，层峦叠嶂，河沟密布，谷峰相连，形成山、川、坪、滩纵横一体的掌形叶脉状地貌，因而在明清时期产生了许多山寨并留传至今。目前境内寨堡及军事设施遗址共有28处，其中省级文物保护单位2处。

（1）省级文物保护单位

茅坡寨址 清，位于西口回族镇石门村四组凤凰山巅。此寨四周是悬崖峭壁，为清末聂、石、孙、柯四姓民众依山势而建。寨内平面略呈椭圆形，面积1000余平方米，寨墙、寨门保存基本完整。于西北方开一寨门，高8米、宽5米、深4米。寨墙高5~10米，厚1.4米。墙上有垛口，高0.6米、宽0.8米、厚0.7米。寨墙全部以片石干打垒砌筑。山寨地势险要，易守难攻。嘉庆三年（1798），白莲教义军据险坚守，在关坪河与清军决战，歼灭官兵数千人。

茅坡寨遗址

茅坡寨寨门

茅坡寨寨墙　　　　　　　　　　　茅坡寨寨墙片石结构

茅坡寨寨墙垛口防御结构

茅坡寨建筑屋顶结构

白塔寨遗址　清，位于米粮镇店垭子的东龙山上。山寨东为老寨，西曰迎合寨，白塔寨踞中，三寨成犄角之势。白塔寨系清代毛、张姓二大户联合民众为避险所建，寨内房舍、学校、仓库、掩体、射击孔等一应设施俱全。原名新寨，民国初年改称白塔寨。白塔寨也是革命旧址。1934年年底，红二十五军在此宣布建立鄂豫陕革命根据地；次年2月，宣布成立镇安县苏维埃政府；1935年5月，国民党四十军围攻白塔寨，数名赤卫队员壮烈牺牲；1946年以后，解放军和地方游击队又以白塔寨为中心建立根据地，直至镇安解放。

白塔寨遗址

（2）其他遗址

茅坪村湖北关　清，位于茅坪回族镇茅坪村东约4公里处，湖北十堰市郧阳区与陕西交界的山岭顶部。此处系陕鄂之间的通关咽喉。现存南北走向的石筑分界墙，长约370米，宽2.4米，高1.9米。在其一侧位置有新建的高大门楼作为通关大门，门楼上嵌1940年刻制的"湖北关"石匾。建筑虽为后期新建，但其关隘位置不曾变化。

东铺村月亮寨遗址　明、清，位于灵龙镇东铺村二组西南约1公里的山顶上。遗址平面略呈椭圆形，东、南面为悬崖，西面紧连群山，仅存北面残墙，长约20米，宽约1.2米，高约2.5米。寨墙以块石、片石干打垒工艺垒砌而成，现大部分已坍塌。遗址上现有观音庙1座。

象园村太平寨遗址　明、清，位于达仁镇象园村三组西南山顶。山寨依山势环形而建，平面呈椭圆形。寨内地势西高东低，东西长约80米，南北宽50米，占地面积约4000平方米。寨墙均以毛石干打垒工艺砌筑，残存寨墙高2~8米，厚在0.7~1.2米间，采用内低外高两侧构筑，外层高7.6米，内层高5.2米。南侧开辟寨门。

七里峡寨遗址　明、清，位于米粮镇七里峡村西300米处的山顶上，地势险要。寨址平面呈长方形，东西长约300米，南北宽约130米。寨墙以民间干打垒工艺片石垒砌，残高1.7~7米。东、西寨墙各辟一门，东门为抬梁式，高2.8米、宽2米、进深1.8米；西门为拱形，高4米、宽2.8米、进深3米。

朝阳村斧头寨遗址　明、清，位于木王镇朝阳村二组达仁河南岸一座孤立突起的山巅上。寨址平面呈不规则椭圆形，南北长30米，东西宽15米。寨墙以块石、片石干打垒工艺砌垒，周长近90米。东南部寨墙高2~2.5米，宽0.8米。西北部寨墙保存较完整，高4~5米，宽0.8~1.8米。寨门南墙高2.1米，宽1.4米，南寨墙有方形瞭望孔一个。

小黑沟寨遗址　明、清，位于东川镇八盘村沟内约3公里处。小黑沟呈东西走向，狭长深幽，林密树高，东西落差较大。山寨筑于沟谷最狭处，采用拦坝形式，南北向横截沟谷，筑石墙两道。靠南侧开辟一寨门。第一道寨墙长30米，残高5米，寨门处墙厚约3.8米，门高2.5米、宽1.7米。第二道寨墙处在第一道寨墙东约500米处。镇安县境内石山寨多建于大山顶，而这种采用拦坝形式、建于河谷内的石寨则较少发现。

马狼寨遗址　明、清，位于铁厂镇安泰村一组南北走向的山顶上。寨子四周为悬崖沟谷，地势险峻，易守难攻。遗址平面呈长方形，顺山顶地势而建，南北长约200米，东西宽约50米。寨墙有些地段已垮塌，残高1.8~5.5米，下宽上窄，均以块石、片石干打垒工艺垒砌，墙心有夯土。北端寨墙上部由东向西设有3个"一"字排列的瞭望孔。西寨墙有寨门1座。

八盘村寨遗址　明、清，位于东川镇八盘村五组西侧山顶。遗址平面大致呈瓢形，面积约2000平方米。寨墙保存较完整，中部隆起，两侧平缓，均以毛石干打垒工艺砌筑，东西两侧开辟寨门。残存寨墙高2~4米，厚在2~3米之间；东门高2米、宽1.1米，西门残高3米、宽1.2米。寨子整体布局情况清晰可见，是保存较好的一处石筑山寨。

滕华寨遗址　明、清。位于大坪镇园山村二组南约500米一座孤立突起的山峰之巅。山寨四面为陡坡，沟谷环绕。山寨东西长约110米，南北宽71米。寨墙以片石干打垒工艺砌筑，高6米，宽3.5米，北墙部分坍塌。寨门东向，高2.1米，宽2米。

界河村寨遗址　明、清，位于灵龙镇界河村五组南约1公里的山顶上。山寨南、北、西三面陡坡，东与另一山峰相接，地势险要。遗址南北长约28米，东西宽约15米，以块石干打垒工艺垒砌寨墙，周长约90米。南部寨墙残高7~9米，宽2~3.2米；西北部寨墙高6~8米，宽1~2.5米，中部残留有2个垛口，11个瞭望孔；北墙辟一拱形寨门，高2.4米，宽1.1米，深1.3米，保存完整。

新寨寨址 清，位于大坪镇街道背后。此山寨建于光绪年间（1875—1908），为何姓人所修，寨内共住30多户人。寨子的临街面有汪姓小寨相连，东面有贾姓开凿的悬岩山洞。从大坪街道通往寨子有三道关口。

铁厂村倪家寨遗址 清，位于铁厂镇铁厂村四组南高山之巅。遗址大致呈长条状，整座寨址长约70米，宽10~30米。寨址四周有寨墙，由块石和片石干打垒搭建，内填夯土，残高1.5~3米。寨墙均为上、下两层，下部石墙垒砌宽厚，宽1~3米，于其上另筑较低矮且狭窄的石墙。在东南墙外侧下方，砌筑一半弧形石栏。西边靠近南端有一排墙垛列于石墙上方，宽1米。其旁有一拱形寨门，四周以块石干打垒搭建，高1.94米，宽1.6米，保存完整。

灵龙毛家寨遗址 清，位于灵龙镇东铺村五组北约2公里的山峰之巅。寨子南北长约55米，东西宽约16米。寨墙以块石、片石干打垒砌筑而成，周长约150米。东北寨墙高8~11米，宽1.5~2.1；西南寨墙高7~9米，宽1~1.5米；墙体高大，砌筑规整，防御功能较强。

钻天岭寨遗址 清，位于米粮镇红卫村三组西南1.5公里的钻天岭山顶上。寨子依山势而建，南、北高，中间凹下，平面略呈长方形，狭长如船。南北长约300米，东西宽6~7米，最宽处约12米。片石干打垒砌寨墙，残高5.3~8米。东、西寨墙各有一券门，均高3.6米，宽2.6米，进深3米。寨内有娘娘庙3间及嘉庆九年（1804）立的庙碑1通。寨顶中部有长11米、宽7米的石砌房基。

灵龙毛家寨遗址

钻天岭寨遗址

毛家寨遗址 明—清，位于西口回族镇石景村三组外湾山顶。山寨东、西、北三面地势险要。遗址东西长80米，南北宽35米。南、北、西三面寨墙保存较为完整，东边寨墙倒塌严重。寨墙最厚处达3米，上有射击孔2个，垛口3个。寨门南开，高4米，宽2.3米。

龙洞川寨址遗址 清，位于西口回族镇聂家沟村东约500米的山顶上。遗址南北约50米，东西约40米。块石干打垒砌寨墙，东、南、北三面保存较好，西侧寨墙倒塌严重。寨墙残高1.5~6米，最宽处达2.8米，最窄处1.2米。寨门向南，门洞高2.8米、宽1.2米、深2.8米。

娘娘寨北寨遗址 清，位于米粮镇联盟村四组的娘娘寨山北侧紧邻的山顶上。遗址南北长约120米，东西宽10~15米。干打垒工艺石砌寨墙，东侧寨墙中部垮塌较严重，其余墙体保存相对较好，高3~8.6米，宽0.8~1.2米，北端最厚处墙体厚4米；南、北寨墙上各辟一拱形寨门，北寨门保存完整，南寨门顶端略有垮塌；北寨门高2.5~2.9米，宽1.4~1.5米，进深2~2.3米。寨墙上的枪眼、炮眼等设施均保存较好。寨顶有石砌房屋7间，呈东西对称排列，残存部分墙体和墙基，面宽4.6~8米，进深4~4.5米，墙体辟有小门。

农科村尖尖寨遗址 清，位于高峰镇农科村二组西南300米的玉笋山山巅。遗址东西长约50米，南北宽约40米。寨墙以块石干打垒砌筑，环山筑双重石墙，保存较为完整，高1.5~5米，宽1.2米。寨内原建有一菩萨庙，庙前右侧立有咸丰八年（1858）刻菩萨庙碑1通。

农科村尖尖寨遗址

朱砂寨遗址 清，位于米粮镇树坪村西南约200米的朱砂梁山头上。遗址东西长165米，南北宽约40米。石砌寨墙，高5米，宽3米，东、西墙上各辟一寨门，均高3米。寨墙东北角及南侧寨墙中部垮塌较严重，其余墙体保存相对较好，寨墙上的枪眼、炮眼等设施均保存较好。

联盟村娘娘寨遗址 清，位于米粮镇联盟村四组的娘娘寨山上。遗址南北长60~70米，东西宽20~25米。干打垒工艺石砌寨墙，残高4.5~7.8米，宽0.8~1.2米。南、北墙上各辟一拱形寨门，寨门顶端略有垮塌，高2.2~2.5米，宽1.4~1.5米，进深2~2.3米。

庙梁寨遗址 清，位于东川镇太白庙村梁庙山顶。遗址呈东西走向，依山势环形而建，平面呈不规则形，东西长约60米，南北宽5米。寨墙均为毛石干打垒砌筑，东侧寨墙开辟寨门，南部寨墙保存较好，残存寨墙高2~4米不等，厚在1~1.2米，门已坍塌，残存门洞宽1.8米。

东阳村太平寨遗址 清，位于月河镇东阳村三组太平山之巅。遗址南北长约40米，东西宽约25米。环山筑有两重寨墙，由块石及片石干打垒工艺砌筑而成。

米金台寨遗址 清，位于东川镇先锋村二组米金台。遗址东西长约20米，南北宽10米。寨墙均为毛石干打垒工艺砌筑，南墙开辟寨门，东寨墙保存较好。残存寨墙高2~4米，厚1~1.4米。门已坍塌，残存门洞宽1.4米。

双寨寨址 清，位于高峰镇双寨村一组冷水河口内3公里处。此处阴阳二山自然形成犬牙交错状，冷水河从山脚下弯曲绕过。阴阳二山山巅各建一座山寨，左寨因近年开山取石，破坏严重；右寨除2米许寨墙坍塌之外，寨门等保存完整。寨墙下的崖壁上遗存摩崖石刻1方："盖闻古今秦境汉南之所，山壁田地荒芜，寨迹重重，朽败有形，庶民往来哪知根由。今致（值）皇清嘉庆元年（1796）群贼扰乱数载，来如蜂拥，伤妻杀母，痛恨莫堪。老弱转乎沟壑，少者离散四方，生民涂炭，最苦难当，无奈只得集众捐资重修。告诸往而知来者矣。皇清嘉庆七年岁次壬戌（1802）春季月姓公立。"此摩崖石刻是研究清代当地寨堡修建原因的重要材料。

嘉庆寨遗址 清，位于庙沟镇庙沟口街北山上。此寨为镇安熊、刘、倪、王、党五大家族之一的王氏修筑。寨墙用毛石块干打垒依山巅山势筑构，残存寨墙2~9米，保存基本完整。寨子利用自然地形而建，西、南两面是陡崖，易守难攻。据说，由于寨墙修筑坚固，清时太平军曾围困寨子两个多月,无功而返。

3. 丹凤县寨堡与军事设施遗址

丹凤县的寨堡与军事设施遗址主要为军事城址、烽燧和寨址,现共有19处,其中省级文物保护单位1处。

（1）省级文物保护单位

武关城遗址 战国、秦、汉,位于武关镇武关村老街道。武关是关中四大名关之一,自春秋、战国时便闻名遐迩,是关中通向中原大地和长江平原的捷径。无论是春秋时期的五霸争斗,还是战国时期的连天烽火,武关通道始终保持着其在政治、军事、经济上绝对的重要地位。武关城是武关通道上重点的节点。目前,城墙大部分被当地村民的房屋遮挡或破坏。城址东、南面残留几段夯土城墙,由黄土、沙石混合夯筑而成。南面城墙残长约15米,宽约2.1米,高约8米；东北面城墙残长约23米,宽约6米,高3~6米。东、西两墙各辟一砖石砌券门。东门外额题"武关",内额题"古少习关"；西门额题"三秦要塞"。城内发现汉代云纹瓦当、文字瓦当、五角形陶水管道、绳纹瓦等。关城内外还多次暴露汉代墓葬、窑址。历史悠久的武关,远在春秋时期已有建置。公元前490年,楚人谋北方,即有"将通于少习以听命"之语。"少习"即武关,战国时,秦改少习关为武关,取向东方耀武扬威之意。武关关城,建立在峡谷间一块高的平地上,北依高峻的少习山,南临浩浩的武关河,周围崇山峻岭,途多险阻。武关是秦地的"南大门",旧为"秦楚之衿要"。武关居于秦、梁、予之间,大山长谷,动数千里。汉代的杜笃说武关是:"一夫守垒,万夫沉滞。"秦始皇东巡皆经武关,刘邦取道武关定关中,郭子仪于武关招亡卒使吐蕃夜遁,黄巢出武关转战中原,李自成屯兵商洛后出武关而进军北京。1932年,贺龙将军曾率部与敌激战武关。武关西有牧护关,东有富水关,南有白阳关、竹林关、荆紫关、漫川关,北有铁锁关、鸡头关,关关相望,可相依设防。

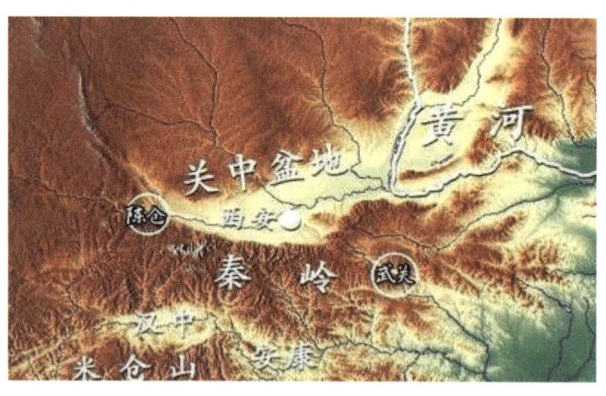
武关在秦岭中的地理位置

武关遗址保护标志碑

武关城墙遗迹

武关城遗址南侧武关河

1956年，在武关小学西墙附近取土时，发现汉代五角形陶质下水道管。2003年在古城遗址处发现了一处陶窑。这处陶窑位于武关古城遗址西边200米的一处缓坡地带，4座陶窑南北向"一"字排开。这些陶窑的顶部已被削平成为耕地，仅在东1米左右的地坎侧面可以看到焦结着厚厚炼渣的窑壁，窑腔里堆积的土层中夹杂有大量的瓦砾和烧结块。在窑址中采集的板瓦表面和内面，模印着"武"字及盖有"武"字的方形戳记。由此可知，这些"一"字排列的陶窑，是专门为修筑武关城时烧制建筑材料而建的。从瓦当的制法和形制特征分析，"武侯"瓦当应是秦代遗物，模印的"武"字板瓦和筒瓦中，时代有秦有汉，但最晚不晚于西汉早期。采集到的模印"城"字的青砖则是清代武关城门楼上的用砖。这一发现为研究秦、汉至明、清武关城池的变迁提供了实物佐证。1992年该遗址被公布为陕西省文物保护单位。

武关秦楚分界墙 春秋、战国，位于武关镇东约2.5公里吊桥岭上。秦楚分界墙长约3500米，底宽2米，顶宽1米，高3.5米，由片石砌成。墙西为秦，东为楚，系春秋战国时两国疆界。这一分界墙为武关"外廓"，古代出入武关只此一途。该岭高峻而陡峭，其路不容并骑。《史记》载："秦关百二，势如建瓴"，历来为兵家必争之地。历年来在秦楚分界墙附近发现不少箭镞、戈、矛等兵器。此处曾筑有城楼，与铁峪铺、桃花铺、资峪岭、龙驹寨、商山、棣花诸台相呼应，为古代战争传递消息之主要设施。分界墙初建于春秋，现存界墙为明代所建。今存《重修龙宫碑》上镌有"大明国置立武关衙"字样，为明崇祯四年（1631）三月立。

秦楚分界墙

（2）其他遗址

龙驹寨遗址 春秋—民国。龙驹寨，即今丹凤县城，古称龙龟寨，后因传说刘邦伐秦，其坐骑产驹此寨，遂有龙驹寨之名。亦谓项羽神骥乌骓产此而得名。宋《元丰九域志》称唐、宋"商洛县有青云镇"，俗传即此。明设巡检司，清乾隆二十六年（1761），龙驹寨设商州州同衙门。民国四年，设商县县佐公署。龙驹寨早在春秋战国时，即是由西北通往东南之交通要冲，亦系军事要地，自古有"陕东南第二门户"之称。旧城始建无考，仅知明末农民起义军张献忠部攻城时毁于战火。清顺治九年（1652），重修寨城，"设成防守，通商惠工"。民国二十四年再次重修城墙、城楼，旧有"五里长街"。西城门楼在今老街与西环路交会处，门额书"陕南屏障"；东城门楼在今老街与东环路交会处的大石桥，门额书"三秦要津"；南城门楼在今中心街南端；北城门楼在今中心路与北新街相交处。城墙系夯土版筑，约高7米，厚3.3米。门楼为砖石结构。城内四隅和东涧、白家塬、冠山沟口各有炮楼1座。该城城墙于扩街时拆除。龙驹寨城外，北横鸡冠山，山势峥嵘，海拔955.9米，至今山顶尚有古寨；东有鹿池城，古称东寨；西有古城岭，古称西寨；南有寨子沟大寨。

鹿池坪战场遗址 秦，龙驹寨街道办事处东约1公里处。遗址处有一塬突兀，经考古人员勘察，发现有城墙夯土，并有一段高5米的残墙。城址南北长200米，东西宽100米。西临绝涧，涧下为涌峪河，南北均为高山，地势险要，为一军事屏障，近年在当地多次发现大量箭镞。此处应为秦代建筑遗址。

巩家湾烽火台遗址 明、清，位于棣花镇巩家湾村南面的老虎山上。遗址圜丘状，西高东低，平面呈不规则长条形，东西长约70米，南北宽约30米；顶部较平坦，四周向下三四米有一平台，宽8～10米，其上散布少量瓷片、瓦片。此处为明、清时流行的防御建筑。

古城烽火台遗址 明、清，位于龙驹寨街道办事处古城村南300米，丹江南岸一座高山顶部。遗址

巩家湾烽火台遗址

存夯筑圜丘状烽火台，夯土层大致为七层，面积约2000平方米。

白果树烽火台遗址 明、清，位于铁峪铺镇白果村西沟口组西北的小山丘上，向西北3公里与压岭烽火台，向东2公里与铁峪铺烽火台连为一体，组成一条防御体系。

橡子岭寨遗址 明、清，位于花瓶子镇花中村张家沟脑。寨址平面呈长方形，连绵占据四座山峰，南北长约1000米，东西宽20～30米。寨墙就地取材用片石砌筑，墙体残高1.5～2.8米；南北墙各辟寨门，北门残高0.45米，宽1.8米。寨内存圆首无座碑1通，落款"民国七年□□"。

竹林关村桃花寨址 明、清，位于竹林关镇竹林关村南山顶。山顶为一长方形的平地，寨墙沿山顶平地围筑，东西长约60米，南北宽约80米。寨墙采用较大的卵石砌筑，多处垮塌，残高1.2～3米，宽0.7米。南墙有寨门，门高2米，宽1.5米，顶部为恢复新建。寨西南500米的山顶上矗立石砌瞭望哨楼1座，由此再向西80米，山头筑有一小山寨。小山寨围绕山头而建，寨墙残高1.2～3米，宽0.7米，为卵石砌筑，寨北500米的山腰处砌筑一瞭望哨楼。这些建筑构成了桃花山寨的防御体系。

孤山坪村石山寨遗址 清，位于竹林关镇孤山坪村上坪组西北的山顶上。山顶呈月牙形，东西长约40米，南北宽2～15米。山寨四周皆为陡峭险峻的沙石质山体，东边有一条开凿出的小路可以进出山寨；西端北崖下开凿一洞，洞口呈椭圆形，宽1.8米、高1.5米、深1.1米。

高台寺山清安寨遗址　清，位于寺坪镇牌路河村高台寺组的高台寺山上。寨址平面呈不规则长条形，东西长约240米，南北宽30～40米。石筑寨墙，北侧墙体保存较好；东、西墙上各有石筑城门，门顶部用条石棚架，西寨门上条石下留有5根残朽木条，其建筑方式为先架木条后架石条。寨门两侧皆有寨墙残迹。存《清安寨纪事碑》，现立于寨顶高台寺庙前，砂石质，圆首，两面刻字，碑阳碑首中书"皇清"，两侧为双龙纹；碑文记述清安寨修建原因及经过，"以御贼乱，名曰清安"，落款为"大清嘉庆六年孟冬月中旬之五月与众吉立"，嘉庆六年即1801年。

纸坊寨子山寨遗址　清，位于土门镇纸坊村二组北面高约300米的山顶上。此为一座清代晚期石筑山寨。寨子东、西、南三面皆陡峭险要。寨墙长约100米，高1～3米，宽1.5～2米。因寨墙倒塌，周围有大量石块堆积。

苇园洼寨遗址　清，位于武关镇碾子村下湾组南一孤立的山顶上。遗址面积约5000平方米。寨墙就地取材选用片石和块石围绕山顶而建，墙芯为夯土，垮塌严重。

光明村杨岩寨遗址　清，位于竹林关镇光明村北面一山顶上。寨子东西长80米，南北宽60米，占地面积约480平方米。寨墙大部分已坍塌，残存寨墙均为块石砌筑，最高处1.8米，宽0.6米。

4. 商南县寨堡与军事设施遗址

商南县地处秦岭山地，是东南进入西北的第一道门槛，是一条政治、军事、经济交织在一起的咽喉要道。明清时期，由于躲避匪乱，留下了一些寨址遗存。目前境内该类遗址共有6处，其中县级文物保护单位1处。

（1）县级文物保护单位

生龙寨遗址　清，位于富水镇王家楼村东南的金钟山上。寨子顺山势修筑。原建筑占地面积1800平方米，大部损毁，仅存3段寨墙，寨墙下部根基保存完整。寨墙残高3.2～3.4米，宽1.5～1.7米，为毛石稍经加工砌筑而成。内存石碑3通，碑刻依次记载生龙寨地名演变历史及富水八景。生龙寨原来规模较大，据传农民起义领袖李自成在此屯兵。

（2）其他遗址

玉皇顶寨遗址　明、清，位于赵川镇老府湾村晒水台组西面山顶上。寨子四面环山，山势陡峭，仅有一条小道可达寨内，面积约1万平方米。寨墙以片石和条石砌垒，残高3.5米，宽1米。南北墙上各辟一门。

八宝寨遗址　明、清，位于金丝峡镇江西沟村三岔组。寨子北、西、南三面临悬崖，东连山脉。寨址东西长约65米，南北宽约31米；其北侧和东侧以山脉作为天然防护屏障，南侧及西侧用毛石垒砌寨墙，寨墙厚1.1米，残高2米，中间寨门宽1.2米。寨内有用毛石砌筑的一条长16米、宽5米、深1米的长沟，规模较大，用途不明。

东岳坡寨遗址　明、清，位于赵川镇石堰河村罗面沟组一道西北—东南走向的山巅。遗址所在山势陡峭，地势险要。寨址平面呈不规则的长方形，南北长约200米，东西宽10～15米，面积3000平方米。寨墙依山势而建，由块石、片石垒筑。修筑寨门三道，有南门、中门和北端东门：南门高2米，宽1.2米；中门高2米，宽1.8米；东门高2.3米，宽1.5米；门上有射击孔。寨门遗存有房屋基址、田字格蓄水池等附属建筑物。

荆家河寨遗址　明、清，位于清油河镇洋桥村三组北面的九寨岩上。山寨遗址面积约2500平方米。山寨坐落在山岭顶部三个孤立突起的山峰上，由东、中、西三个寨子组成，山寨之间由块石砌筑的寨墙相连接。寨墙有内、外两重，部分已经倒塌残损。荆家河山寨设计巧妙，工程规模宏大，是商南县境内著名山寨之一。

朱家寨遗址 清，位于城关街道办事处索峪河村朱家组。寨峰高耸，周山显低，其东南是悬崖峭壁，西北是陡峻山坡，丹江支流索峪河、县河交汇于寨之东南坡下，因朱家在此建寨而得名。寨址呈长方形，东西长约150米，南北宽约60米，周长约330多米。寨墙依山体陡面逐层用块石和片石上砌，形成了外面墙体高大、寨内墙体低矮的差异，外面墙高1.2米左右，寨墙宽1.4米。寨门顶部垮塌，两壁尚存。寨内地面南高北低，起伏较大，西侧与远处山脉之间有一条深沟隔断。据《商南文史》一书记载，朱家寨始建于清嘉庆六年（1801），竣工于嘉庆七年。

5. 洛南县寨堡与军事设施遗址

洛南县寨堡与军事设施遗址目前发现4处，如文显山寨址、盈耳沟寨址、寨子山寨址、下湾炮楼，其中文显山寨址是其代表。

文显山寨址 清，位于高耀镇高耀村庆门沟组东约2公里的云架山主峰峰顶。文显山顶为一平台，平台四周用板石砌寨墙，高约5米，寨墙修有垛口和东、西、北三门，寨内有玉皇庙。南侧悬崖上开凿约300米的栈道，十分险要。寨内有清代至民国时期的石碑5通：分别是立于乾隆四十四年（1779）三月的《重修文显山碑》，碑面石质风化，字迹不清；嘉庆十六年所立碑，记修庙捐款人姓名；道光二十三年（1843）仲冬月所立碑；民国十八年（1929）年所立碑；另有上书"皇帝万岁"碑首一个。

6. 山阳县寨堡与军事设施遗址

县境内有7处寨址。

黄土凸寨遗址 明、清，位于高坝店镇黄土凸村东北2公里的山顶上。寨址平面近似圆形，东西长约50米，南北宽约40米。寨墙用片石和块石混合砌筑，残高1米，宽2米。南面寨门已塌毁。

青梁寨遗址 明、清，位于色河铺镇马滩青梁寨村南200米处孤立的山崖上。寨址平面呈长方形，规模较小，东西长约50米，南北宽约20米，条石垒墙。西面存有木寨门，高2米，宽1米。

红土坪寨遗址 明、清，位于户家塬镇赛鹤岭乡红土坪村东400米处。寨址平面呈椭圆形，东西约100米，南北约80米。片石砌墙，墙体残高1～1.6米。西面寨门已塌毁。

红岩川寨遗址 明、清，位于南宽坪镇湖坪老林村北2公里的寨子山上，地形险要。寨址平面呈长方形，东西长约240米，南北宽约80米。寨墙就地取材，用石块和片石混合砌筑，残墙高4米，宽1.5米。东面辟有寨门，寨门顶部坍塌，仅存残拱门。

西山寨遗址 明、清，位于漫川关镇莲花池乡花园沟村西。寨址平面呈长方形，南北长约500米，东西宽约10米。采用片石砌筑墙体，墙体残高6米，宽3.5米。南、北两墙开辟券顶形寨门，门高2.4米，宽1.3米。寨内有石砌残窑洞17孔，依次排列在东面寨墙的下部，这些窑洞是躲避袭击时的栖身之所。

夏家村寨遗址 明、清，位于色河铺镇夏家村南300米。寨址平面呈长方形，东西长约50米，南北宽约20米。寨墙用石块和片石垒砌，墙体高4米，宽1.3米。南面砌筑一寨门，宽1.2米，高2米，顶部前端垮塌，门前有开凿在山体上的台阶。

同安山寨遗址 清，位于漫川关镇同安山薄岭村西的山顶上。寨址平面为长方形，尚存石墙138

米，高2.7～3.3米，宽2米左右。东面辟寨门，高2.5米，宽1.2米。山寨内地面起伏较大。

7. 柞水县寨堡与军事设施遗址

县境内有明清时期的寨址4处。

掌上寨遗址 清，位于红岩寺镇掌上村二组。寨子东西长10～15米，南北宽90米。寨墙以块石砌筑而成。东部寨墙坍塌严重，南、西、北寨墙较完整。寨墙高3～6米，宽0.8～1.2米，存有垛口13个，瞭望孔9个，寨门开在西墙高2.1米、宽0.9米。寨内建筑已毁。

掌上寨址局部寨墙

掌上寨址瞭望孔

阳坡山寨遗址 清，位于杏坪镇中山村一组冷水沟阳坡山。寨子南北长约60米，东西宽约20米。墙体以条石和片石垒砌，墙宽2～2.2米，高2.4～3.6米。四周墙上有寨垛15个，东部寨门高2.2米，宽1.5米，寨内长满荒草。

（二）汉中市寨堡与军事设施遗址

汉中境内的军事设施遗址有城墙、烽燧、战场、关隘、山寨，目前境内共有军事设施遗址62处。

1. 汉台区寨堡与军事设施遗址

汉台区的寨堡与军事设施遗址主要是汉中城墙和三国时期留下来的军事设施，其中省级文物保护单位3处，市文物保护单位1处，县级文物保护单位1处。

汉台遗址 西汉，位于东大街汉中博物馆内。遗址东邻汉台巷，西距青年路200米，南距中山街500米，北邻东大街。遗址坐北朝南，由三级台地构成，又名七星台，台高8米，面积1万多平方米，是典型的秦汉高台建筑。汉台是刘邦"王巴、蜀、汉中，都南郑"时，驻跸汉中的行宫。北宋张少愚有诗云"留此一抔土，犹是汉家基"，即指此台之土。1958年，汉中市博物馆成立，以汉台为馆址。现已公布为第三批陕西省文物保护单位。

汉台遗址

饮马池遗址 西汉，位于南团结街饮马池巷，西距吴家大院100米，南临将坛路。饮马池原名东湖，水域面积6358平方米。相传公元前206年刘邦被封为汉中王后，以今汉台为宫殿，常常饮马于东湖，故称东湖为饮马池。饮马池作为汉中"汉初三遗址"之一，有着悠久的历史。饮马池四周用青砖砌有高1米多的花墙，墙顶覆以鱼脊形石条。西南墙中嵌有几方石刻，正中行书"有龙则灵"，两边对联："神龙能作苍生雨，饮马常怀赤帝风。"该对联书法遒劲，字字有力，气势浩然。清朝嘉庆年间（1796—1820），汉中知府严东园整修城墙的水洞，乃消积潦并于池周插以竹筒，在池东城墙角修建一座重檐复宇、秀丽雄壮的三台阁。登阁俯瞰湖水，朱楼画阁映入水中，景色十分美丽。尤其是皓月当空、碧水与皓月交相辉映时，阁影更加迷人。所以，三台阁即成为人们夜游赏月之佳地。当年，登临三台阁，信步于古城之上，透过池水尚能见到净明寺塔影。"东塔西影"即成为"汉中八景"之一。现已公布为第七批陕西省文物保护单位。

1948年的饮马池与三台阁遗址

饮马池遗址现状

拜将坛遗址 西汉，位于汉中路街道南大街将坛路。拜将坛始建于公元前206年，是《史记·淮阴侯列传》所记载的汉王刘邦"择良日、斋戒、设坛场、具礼"拜韩信为大将的古坛场遗址。韩信被拜为大将后，首先统帅三军"明修栈道，暗度陈仓"，攻取了关中；继而北征东进，逐鹿中原，百战百胜，从军事上辅佐刘邦成就了帝业，建立了西汉王朝。因此，拜将坛是不拘一格重用人才，得人才者得天下的历史物证。拜将坛经过明代正德年间（1506—1525）、清代康熙年间（1662—1772）、1941年、1985年和2007年五次大的修缮，形成了今天的状貌和规模。坛场平地而起，四周由灰色花岗岩和青砖砌筑，外观呈秦汉时期典型的覆斗形，底部东西长30米、南北宽25米，坛体高4.5米，坛顶向内斜收3米，仍然保持了夯土原状。扩建后的拜将坛遗址占地面积5.05万平方米。现已公布为第五批陕西省文物保护单位。

1974年的拜将坛遗址

拜将坛遗址现状

（2）市级文物保护单位

汉中城墙遗址 明，位于汉中路街道民主街西端。遗址南距将坛西路200米，北距西大街300米。汉中城墙周长5592米。明清时期对汉中城有过多次大规模的维修、扩建。明洪武三年（1370），知府费振重筑汉中城，城墙周九里八十步，高三丈，上宽一丈五尺，下阔二丈五尺。四城门东曰朝阳，西曰振邦，南曰望江，北曰拱辰。明正德五年（1510）知府周东"始砖之，建层楼于上"。明万历三十年（1602），知府崔应科"禁人耕于畔，以固城根，环以池，阔十丈，深八丈八尺"。天启元年，汉中城内因建瑞王府，向北扩建二十步。清康熙年间，知府滕天缓重建四门城楼，并建城身、月城、炮台等。清嘉庆年间，知府严如煜"重修府城，砖砌城墙二百七十丈，重建城楼四座，均为上下两层，砖墙木柱"。四门南、北、西三门为二道门，东为三道门，内有瓮城。东、西、北三门都正向开，南门向东。城门均二扇，以铁皮包裹，鼓钉扎边，刷以红漆，十分壮观。门前吊桥与外相连，早放晚起，以保安全。门侧有马道可登城墙，遇险供士卒登墙守卫，平常供游人登临。城墙上建有月城炮楼4座，大炮台2座，小炮台10座，供守卫。后又在城东南角建重檐三台阁，供游人登高览胜。

（3）县级文物保护单位

虎头桥遗址 汉—清，位于东大街街道办事处虎头桥居委会内。相传此地为三国时蜀汉马岱斩魏延处。魏延，随刘备入蜀，英勇善战，数有战功。刘备夺取汉中自立为汉中王后，迁都成都，出人意料地选择魏延镇守汉中。魏延于219—227年驻守汉中，这期间蜀汉发生了孙吴毁盟、关羽被杀、夷陵进军、白帝托孤、孙权臣魏、雍闿叛乱等一系列不利政权巩固的事，但汉中在魏延镇守之下稳如泰山，使蜀汉集团无北顾之忧，稳住了形势。后魏延被处死于汉中，今天汉中有两处关于他的古迹：一处是虎头桥，另一处在石马坡。石马坡位于汉中市北2公里，因昔日有两石马，故名。据传蒋琬继诸葛亮为蜀相，给魏延平反，在虎头桥将其尸骨收葬，并雕刻石马、石羊、石人各一对立于墓前守护。石马今尚存一匹，石人头部被破坏，现都已搬迁到汉台望江楼脚下。

2. 城固县寨堡与军事设施遗址

城固境内的寨堡与军事设施遗址有烽火台，还有明清时期为避免匪乱而修建的堡寨，如磬山烽火台、头道场遗址、双溪镇赖家寨遗址、二里山村陈家寨遗址。

头道场遗址 南宋，位于老庄镇大木厂村头道场山脊上。头道场山寨遗址平面呈长方形，东西长10米，南北宽8米。地表散布石柱础、石雕底座、砖、石碌碡、石片等遗物。另有1尊石雕武士，通高0.7米，底座高0.25米、宽0.5米、厚0.3米；武士坐姿，两腿分开，双手置于膝盖上，身着战袍，束袖，敞胸凸肚，束宝带。

赖家寨遗址 清,位于双溪镇水磨村一组的高山之巅。遗址东西长100米,南北宽10~30米,现仅存残墙,周围可见建房用瓦和青砖。

3.洋县寨堡与军事设施遗址

洋县境内的寨堡与军事设施遗址有烽火台和寨址,包括关岭村遗址、迎子山烽火台遗址、石坎寨遗址、铁瓦寨遗址,共4处,其中关岭村遗址为省级文物保护单位。

关岭村遗址 秦、汉,位于金水镇关岭村五组窑家山中寨坪顶。遗址北高南低,呈"品"字形分布于三个高台上,占地面积约10万平方米,北端平台高约8米,中间平台高约7米,两平台相距60米。遗址内散布大量绳纹板瓦、筒瓦残片及部分文字瓦当("高□平安")、星纹瓦当残片,并发现少量汉砖、铁质箭头等,还有大量形制相同的河卵石,部分区域有红烧土。该遗址属于汉代军事戍守遗址。《太平寰宇记》载:"黄金戍,按《梁州记》云:戍,水陆艰险,在县西北八十里。即张鲁所筑,南接汉川,北枕古道,俗号为铁城是也。"关岭村遗址所在的位置正好在汉江北岸,处于子午古道边,南面为缓坡,与史料记载的地方大致符合,应为这一时期所筑的黄金戍。关岭村遗址所处位置为一山顶,视野开阔,易守难攻,位置极为重要,应该为一处具有重要军事性质的古代遗址。该遗址对研究秦、汉时期军事戍守、古道交通、建筑风格等都具有很高的价值。现已公布为第六批陕西省文物保护单位。

关岭村遗址环境　　关岭村遗址全貌

关岭村遗址遥感航空照片

关岭村遗址石墙

关岭村遗址出土的"高□平安"瓦当

4.勉县寨堡与军事设施遗址

勉县境内的寨堡与军事设施遗址主要形成于汉代，分布在岗峦起伏、山环水抱的丘陵和山地地带。目前勉县境内这类遗址共有省级文物保护单位2处。

（1）省级文物保护单位

阳平关遗址 汉，位于武侯镇莲水村老城，地处咸河与汉江交汇处东侧的台地上。据记载，该城平面略呈方形，城墙原为内夯筑外包砖。原东城门建有城楼，上有清代"古阳平关"匾额，并有冯玉祥题"古阳平关"木匾。该城址现存西、南墙，总残长约500米，残高0.5～4.5米，基宽6米，外包砖无存；西墙南端仅存砖砌西门，上部券额已毁，残高约7米，门道宽3.5米，进深13米；城内外散布明、清砖瓦残片。据了解，其余

阳平关遗址

均毁佚于1970年。该城在汉代至南北朝时期称为关城、白马城，明、清时期设立沔县，历来为军事重镇。据《沔县新志》载，明洪武四年（1371）知州王昱迁沔州于西山谷口，即为此地。

阳平关遗址城门

复建的阳平关城门

修复后的阳平关城墙

刘备设坛遗址 东汉，位于勉阳街道办事处旧州铺村。遗址为一长方形土台，四周石条砌护，东西长4米，南北宽3米，高1米。台正中有碑亭1座，内嵌青石质石碑1通，碑高1.95米、宽0.9米、厚0.2米，正中书刻"先主初为汉中王设坛处"，上款"光绪癸卯（1903）仲春月"，下款"署沔县事杨恩锡立石"。据《三国志·蜀书·先主传》《资治通鉴》载，东汉建安二十四年（219）刘备

刘备设坛遗址

在沔阳设坛，自立为汉中王，设坛地即为此地。2004年在坛北侧建房3间，坐北向南，砖混结构，内供奉刘备、药王、观音等木质造像15尊。其余三面建有围墙。该遗址现为独立的院落，占地面积约800平方米。该遗址对研究汉中王刘备在汉中的活动情况提供了实物资料。2008年被公布为陕西省文物保护单位。

（2）市县级文物保护单位

诸葛亮制木牛流马处遗址 三国，位于周家山镇黄沙村一组。据调查，该遗址北距川陕公路约25米，东距黄沙河约100米，西距黄沙镇政府约800米。遗址处现仅存石碑1通，石灰岩质，圭首方趺，通高1.18米、宽0.59米、厚0.13米；碑阳楷书刻"汉诸葛武侯制木牛流马处，知沔县事莫增奎同治五年（1866）重立石"。据《三国志·蜀书·后主传》记载，建兴十年（232），诸葛亮作木牛流马于黄沙，即为此地。

定军山古战场遗址 三国、南宋，位于定军山镇诸葛村。定军山叠秀峰十二，与群山绝殊。十二峰按山脉走向，由西向东以次排列为：石山子、大山、定军山、中山子、小陡山、八阵山、千户山、一字山、卧牛山、鸡心山、黄猫山、元山子。主峰中山子，峰顶旧有"古定军山"石碑1通。山旁有斩将桥、八角琉璃井以及相传供诸葛亮屯兵的仰天洼等。山南有养家河，山北武侯坪为当年诸葛亮布八阵图设督军坛之地。218年，刘备与魏将夏侯渊交战于此，219年老将黄忠在山腰处刀劈夏侯渊。

227年，诸葛亮北伐曹魏屯兵沔阳石马，曾在定军山上设立营寨，在山下武侯坪操练兵马，推演八卦阵。《沔县新志》载："南宋绍兴三十年（应为三年，即1133），金人陷洋州（今洋县），逼兴元（今汉中），刘子羽邀吴玠同守定军山，即此山也。"

（3）其他遗址

张鲁城与烽火台遗址　汉、明、清，位于勉县武侯镇莲水村西的跑马梁东端。遗址东西宽约30米，南北长约50米，随处可见明、清时期的瓦片和残砖。据调查，张鲁曾在该遗址所在地建城。上有烽火台遗址，是一处重要的军事要塞。

鸡头关遗址　隋、唐、明、清，位于褒城镇连峰村北2公里的七盘山上，鸡头因此处有一巨石形如鸡头而得名。据调查，此处现存青石条砌筑的关城基址，东西长15米，南北宽10米；关址内外原有碑石百余通，现已被汉台博物馆收藏；现修建亭子1座，南面立混凝土碑1通，阴刻楷书"鸡头关"；还存有民国十八年刻摩崖碑刻1幅。据记载，隋唐至明清，褒斜道南段改道，避石门而越七盘山，经鸡头关达褒城，沿线有栈道遗址多处。该关址为古代主要关隘，为研究古代交通提供了实物资料。

定军山古战场遗址

张鲁城与烽火台遗址

鸡头关遗址

5.留坝县寨堡与军事设施遗址

留坝境内现有寨堡及军事设施遗址5处，分为遗址、城址、寨址三大类，其中有市级文物保护单位1处。

（1）市级文物保护单位

诸葛亮点将台遗址　三国，位于留侯镇营盘村南。据传此地为诸葛亮操演军队、点兵、点将的指挥台。台体为人工夯筑，高约4米，南北长约35米，东西宽约20米，占地约700平方米，顶部平坦如砥。现点将台中部有村民搭建庙宇1处，占地约2平方米。点将台台基主要受自然灾害影响，水土流失较严重。

（2）其他遗址

三交城遗址 战国—清，位于江口镇江西营村褒水（北栈河）东岸的土塬上。据《留坝县志》记载，三交城为汉高祖北定三秦时的军事重镇，后成为三国至晋代的军事战略要地。在南北朝蜀道交兵及战争频繁的唐末五代时，三交城被毁。后来，历代都对三交城进行过重建。明洪武年间（1368—1398），在梭椤城东南建洪武寺，城内建筑城中城，设武衙门，建兵房，平整教场。现洪武寺和梭椤城遗迹依存。现三交城遗址东西狭窄，面积约1平方公里。1971年村民抬田修地时，挖掘出一段古城墙，城墙墙基一周约2000米。城墙墙基由石条和汉砖砌就，长5~6米，宽4米。

铁笼山寨遗址 东汉—三国，位于留侯镇营盘村铁笼山山顶。寨址呈不规则长方形，东西长约40米，南北宽约10米，面积约400平方米。现存有东、西、南三面用片石垒砌的寨墙，残长约40米，厚约0.9米；寨址外墙残高约3.5米，内墙残高0.2~1.2米。据调查，该处为三国时期的军事遗址。

铁笼山寨残留寨墙

6．佛坪县寨堡与军事设施遗址

佛坪自古便是兵家必争之地。县境内军事设施遗址8处，有城墙、堡址和寨址，如冷水沟口堡子遗址、擂鼓台城址、新兴堡遗址、高桥村铁瓦寨遗址、凤凰山太平寨遗址、寨子梁寨遗址、石印沟佛爷寨遗址、橡子寨遗址。这些堡寨时代最早可追溯到宋金时期。现有市级文物保护单位1处，县级1处。

（1）市县级文物保护单位

冷水沟口堡子遗址 南宋，位于长角坝镇沙坝村老长角坝冷水沟口。遗址面积约3000平方米，南北长约100米，东西宽约30米。此处为古代佛坪袁家庄出山经上沙窝至宁陕柴家关、佛坪厅城（佛爷坪）的要隘，依山傍水，地势险要，为一军事要塞。现为市级文物保护单位。

擂鼓台寨遗址 清，位于大河坝镇五四村四组擂鼓台山顶。寨址面积约2000平方米。山寨遗址现存石砌围墙两道寨墙砌筑方式为石片垒砌，较为坚固。现为县级文物保护单位。

冷水沟口堡子遗址

擂鼓台寨遗址

（2）其他遗址

高桥村铁瓦寨遗址 清，位于大河坝镇高桥村七组铁瓦寨山顶。遗址面积约8000平方米。现存道光（1821—1850）和咸丰年间（1851—1861）碑刻各1通，有青石质石造像1尊。

凤凰山太平寨遗址 清，位于十亩地镇联合村三组凤凰山山顶。遗址面积约1500平方米。现存有石筑寨墙，可见有寨门遗迹。

凤凰山太平寨遗址

（三）安康寨市寨堡与军事设施遗址

安康境内的寨堡与军事设施遗址，有大量古战场、寨址、城墙、古军设施，尤其以汉阴、平利、紫阳、岚皋、旬阳居多。目前境内该类遗址有省级文物保护单位9处，区县级15处。

1.汉滨区寨堡与军事设施遗址

汉滨区是汉水文化的主要分布区。汉江横贯本区东西，自古至今都是黄金水道，也是兵家必争之地。从战国、秦、汉、三国、魏、晋、南北朝至近代，多方争夺，尤其在宋代，此处更是抗金的前沿阵地，在五里、吉河、关庙等地留下了大量兵营、古战场。明清时期，农民起义军在陕南活动频繁，近百座中、小型寨堡遍布各乡镇的高山峻岭之中，由于这些寨堡比较偏僻，一般保存较好。吉挹古城遗址现为陕西省文物保护单位。

吉挹古城遗址 东晋，位于吉河镇吉河坝村南吉河口3公里处的巍山之巅。古城城墙依山势而蜿蜒起伏，地势东、西、南、北皆险绝，唯西北一面可通人行。吉挹古城因其特定的地理位置自为兵家必争之地，得此则能东控荆楚，西扼汉中。北魏郦道元著《水经注·沔水》载："汉水又东，右得大势，势阻急溪，故亦曰急势也。依山为城，城周二里，在峻山上，梁州都护吉挹所治，苻坚遣偏军韦钟伐挹，挹固守二年，不能下，无援，遂陷。"城址呈不规则方形，面积约2500平方米。墙体由页石垒砌，周长250米，最高处3米，低处1米。吉挹古城因吉挹而得名，后人在吉河口修建吉公庙祭祀。遗址现为陕西省文物保护单位。

吉挹古城遗址

2.汉阴县寨堡与军事设施遗址

汉阴县的寨堡与军事设施遗址有城墙、堡址。在明清时期，匪患不断，地方乡绅、宗族为保护地方利益，建立了大大小小的寨堡。这类遗址遍布在全县的高山峻岭中，它们一般远离人烟，因而留存情况较好。

（1）省级文物保护单位

汉阴城墙遗址 明，位于城关镇城区，南距月河约50米。《中国文物地图集·陕西分册》记载："据《汉阴县志》载，明成化元年（1465）年筑汉阴县城于此……"该城墙墙面砌长0.38米、宽0.2米、厚0.1米的大砖，背全用卵石砌筑，中间填土而成。现留西、南面残墙和西门。南墙长约500米，西墙残长300余米，上窄下宽，底宽4米，顶宽3.5米，高4.2米。城墙东南有清代修建文峰塔1座。汉阴城墙城门及文峰塔周围箭垛历年均有所修砌。

（2）其他遗址

致祥堡遗址 清，位于汉阳镇金红村村委会北约3公里的林家堡子。遗址南北长约100米，东西宽约80米，南、西各有门楼1座，均由青石块、石条砌成。

云雾寨遗址 清，位于涧池镇安全村西北约2公里的刘家庄西侧的山顶上。遗址南北走向，平面略呈"日"字形，南北长200米，东西宽35米。

同寨遗址 清，位于涧池镇仁河村村委会西南约4公里处的同寨。寨址南北长约50米，东西宽约30米，寨墙、寨门保存良好。

冯家堡子遗址 清，位于漩涡镇东河村。遗址东西长60米，南北宽约50米。堡子内建筑沿东西轴线延伸，主体建筑面阔5间，土木结构，搭墙及台梁穿斗构架，悬山顶，合瓦覆顶。建筑部分已修复，整体风貌犹存。

白云寨遗址 清，位于蒲溪镇响洞河村村委会东北约2公里的白云山顶。遗址面积约1000平方米。寨顶北部有同治初年建祖师庙1座。

漩涡镇冯家堡子

3.宁陕县寨堡与军事设施遗址

宁陕县历代为兵家必争之地，唐在此设五郎关，明设巡检司，清代更取"安宁陕西"之意而置宁陕厅。古时子午道横穿此地，沟通关中和陕南，因其重要的地理位置而产生了一些重要的军事设施遗址，如柳家堡寨遗址、宁陕马棚军营遗址、平康堡遗址、七里村佛爷寨遗址、万福寨遗址、彭大王寨遗址、汤坪村青龙寨遗址。现有4个县级文物保护单位。

宁陕马棚军营遗址 清，位于城关镇关二村。遗址面积约2.2万平方米。遗址上原有柱础石5个、拴马桩2件及巨型条石、残砖、几何纹瓦当等。拴马桩为方柱形，桩首圆雕狮猴，高0.81米，边宽0.22米。另有碑石3通，其中嘉庆二十年（1815）《宁陕营建修马棚碑》，螭首，高2.7米，宽1.1米；碑文记载嘉庆十六年奉旨建修汉中镇宁陕营马棚,并于其侧修建庙宇、乐楼一事。同年的《宁陕营马步兵丁姓名碑》,刊宁陕营总领旗队马步兵丁690余人的姓名。文物普查资料显示,遗址内仅存石碑2通、拴马桩1件。2002年6月20日该遗址被公布为县级文物保护单位。

关二寨遗址 清,位于城关镇关二村。遗址平面略呈长方形,东西长约700米,南北宽约600米。现残存东、南、北三面夯筑寨墙,墙残高0.5～3米,基宽1.5米,顶宽0.5米,夯层厚10.1厘米。地表内散布砖、瓦等。2002年6月20日被公布为县级文物保护单位。

七里村佛爷寨遗址 清,位于筒车湾镇七里村。遗址南北长约80米,东西宽50米。寨子依靠自然山势修建,南部为绝壁,其他三面寨墙仍存。寨墙为块石垒砌,残高3～6米。遗址分为上、下两层,上层为寺庙遗址,下层为居住遗址。北面开寨门,门高2.1米,宽1.9米,块石垒砌。南部残存房基数处。村民在原庙宇基础上新建房屋1间,房屋内存放石造像1尊。房后存放石碑2通,其中一通为乾隆五十一年(1786)所刻功德碑。

万福寨遗址 清,位于旬阳坝镇旬阳坝村。遗址平面呈椭圆形,南北长约220米,东西宽40米。寨墙用块石垒砌,残高3～5米,宽1.2～1.4米。南、北墙各辟一石质门,高3.3米,宽2.1米,南寨门门额阴刻楷书"万福寨"。2002年6月20日该遗址被公布为县级文物保护单位。

彭大王寨遗址 清,位于新场镇新场村。遗址呈南北向分布,北高南低,南北长200米,东西宽2米。寨子可分为大寨、小寨,小寨位于大寨东南约100米处,仅存块石垒砌的寨墙。大寨残存南寨门和寨墙,寨门为石质,高2.6米、宽1.5米,两侧石柱上阴刻楷书楹联:"存忠厚守先民矩护,养和平贻后世规模。"寨墙用块石垒砌,残高2～9米,宽0.9米,四面墙体上均有数个枪眼。寨内房屋墙体用青砖和块石修葺,东、西两面甬道与其连为一体。2002年6月20日该遗址被公布为县级文物保护单位。

彭大王寨遗址

汤坪村青龙寨遗址 清,位于城关镇汤坪村。遗址平面呈长方形,东西长约70米,南北宽约50米。无寨门,寨墙石块垒砌,保存较好。

4.紫阳县寨堡与军事设施遗址

紫阳县境内目前寨堡与军事设施遗址共28处,其中县级文物保护单位1处。

(1)县级文物保护单位

观音寨遗址 清,位于毛坝镇观音村。遗址南北长约50米,东西宽约40米。寨内有寺庙房基,嘉庆二十五年(1820)刻《重修观音庙石梯石碑》1通,道光二十年(1840)《补修观音庙捐资碑》1通,碑文记载村民聚义山寨以抗官军等事。

观音寨遗址

（2）其他遗址

汉城村划子寨遗址　清，位于汉王镇汉城村西南。遗址南北长200米，东西宽约30米。

谭家湾太平寨遗址　清，位于东木镇关庙村西北的太平寨主峰上。寨址平面呈"回"字形，有内外两重寨墙。

5.岚皋县寨堡与军事设施遗址

岚皋县境内目前共有寨堡与军事设施遗址17处，其中县级文物保护单位2处。

（1）县级文物保护单位

羊角寨遗址　清，位于南宫山镇展望村崔家梁东100米。遗址南北长约80米，东西宽约50米。寨址位于突出的山顶之上因其形似羊角而得名，寨内原有一庙，现残存石碑构建、柱础等。其中一碑碑额刻"经堂石碑"，"嘉庆十五年"款。

（2）其他遗址

松林寨遗址　明、清，位于城关镇东风村东500米的松林山顶。遗址分为前寨、后寨、营寨，总面积约750平方米。前寨平面呈不规则椭圆形，长径约35米，短径5~15米，现仅存部分寨基、由块石垒砌而成。后寨位于松林山主峰顶呈不规则圆形，寨墙已毁，仅存部分寨基，由块石垒砌而成。营寨位于后寨下方45米处。呈不规则长方形，长40米，宽10米，作为住宿、库房之用。该遗址曾为明末农民起义张献忠驻扎地。

药王寨遗址　清，位于南宫山镇金寨村村委会东南200米。寨子分为前、后两寨，前寨分布面积约2000平方米，分上、中、下三层，寨墙保存基本完整。

漳河坪寨堡遗址　清，位于滔河镇青岩村南约1公里的漳河坪寨子梁。寨堡原有四道寨门，也称为"四道门"。寨堡分二部分，北部筑城，南部建寨，城寨浑然。现在河岸边可见石砌残墙。其中东寨墙依山势或台阶状，墙体由片石垒砌。

6.旬阳市寨堡与军事设施遗址

（1）县级文物保护单位

烟墩岭烽燧遗址　清，位于城关镇鲁家坝社区烟墩岭。烽火台由石块垒筑，近似长方形，长11.3

米，宽8.26米，残垣高0.53～1.62米。土层断面可见灰层。清代《旬阳县志》记载烽燧甚多，但因年久，遗迹多数无存。该烽燧遗址能保留下来实属不易，是研究军事史的珍贵资料。

烟墩岭烽燧遗址

文家寨遗址 明，位于蜀河镇汉江南岸显明村的山沟脑山梁上。遗址长61米，宽42.3米，保存较好。遗址东南侧岩石上单行竖书："朱朝崇祯十五年修寨正月"。据史料记载，明末高迎祥、张献忠率领农民起义军转战陕南，起义军曾破旬阳逼兴安府。陕南城堡遗址甚多，而明确自铭纪年的尚不多见。

河坝街石寨遗址 明—清，位于麻坪镇丝铺村河坝街东头山上。遗址长70米，宽30米。寨墙可见遗迹。

骡马寨遗址 清，位于甘溪镇河沿村。遗址平面近似长方形。寨墙基本完整，外高8.3米，内高6.2米，宽1.52～1.63米，顶端设堞墙，残存墙垣总长66米。

骡马寨遗址

骡马寨寨墙遗迹

（2）其他遗址

旬阳石长城遗址 战国—清，位于赤岩镇的水磨、太山、铜钱关一带的山岭上。墙体盘山绕梁、断断续续，长百余里，全为石砌。1982年5月有关部门对石长城进行踏查。从现存遗迹看，有的墙体时代较晚，有的时代较早，部分风化极为严重的墙体时代可能更早。一般认为时代最早的部分为楚长城，1983年2月22日《人民日报》头版曾以《陕南发现楚长城遗迹》为题做过报道，一度引起了文物考古工作者和史学工作者的关注。据初步分析，旬阳石长城大致可分为三部分：与白河县相接地区时代较晚的部分，系清嘉庆五年白河知县为防御白莲教起义军入境而筑的"界墙"（见《白河县志》）；时代较早的部分，疑为清初李自成余部郝摇旗、李来亨等在郧阳西部山区拥立"韩王"、坚持抗清时所筑（参见《小腆纪年附考》）；时代最早的部分，可能为战国中期楚国为遏止秦国，确保上庸（今湖北竹山县境）而筑的楚长城（见《史记》《战国策》）。

两河关遗址　秦、汉，位于小河镇两河关村的旬河北岸一级台地。遗址面积约1.2万平方米。地表面可见大量瓦片和器物残片，陶片多数饰绳纹，少量饰布纹，可辨器形有鬲、斧、盆、罐。文化层厚1～1.5米，内含有红烧土块、动物骨骼、绳纹瓦片和残砖等。该遗址的发现，为《汉书·郦商传》和《水经注》中所记载的秦汉时期"旬关"建置问题，提供了佐证。可能为旬关遗存。

刘秀寨遗址　汉，位于仁河口镇王莽山村水泉坪西北方的一个山岗上。遗址平面呈椭圆形，墙体块石砌筑，城墙西头设有矩形门洞，东边有哨台。残存城墙高1.5～3.7米，周长约183米。寨堡三面为绝壁，靠西南有一山岭，与寨堡之间有一羊肠小道相通。据说此寨为西汉末年王莽与刘秀战争之所。传说为"刘秀寨"。陕南境内寨堡遗址甚多，但大多数都是元、明、清时期农民战争的产物，倘若该寨堡如传说中所讲，即可谓陕南目前所发现的最早的寨堡遗址。寨堡的时代还需要再研究。

蜀河石堡遗址　清，位于蜀河镇蜀河社区，蜀河与汉江的汇合处西侧。蜀河石堡创建于清嘉庆六年。据兴安府知府周光裕《洵阳县创修蜀河石堡记》载："堡周四百余丈，土筑石甃，插地四尺，外高一丈八尺，基厚盈寻，顶厚减寻之二；女墙半寻，疏为五门，楼橹备具。"今遗迹尚存。此堡东临蜀河，西依后坡，南靠汉江，北齐黑沟，规模比旬阳市城大。其西墙外，依据山势向南（汉江）、北（黑沟）两方各挖有一道深约2米、宽2～3米的壕沟。现存城墙均系页岩石块砌筑。除后坡尚可见到300米的壕墙之外，其余三面已无遗迹可寻。原设5门，东门1983年毁于洪水，西门尚存。门为青砖券顶，其他部分石砌。因其处于要冲，仍可通行。蜀河石堡是清代中期农民战争的产物。光绪本《洵阳县志》载："嘉庆初，教匪（指川、楚白莲教起义军）扰境，知县严如煜因此地当贼（指义军）冲，在汉江北岸捐修石堡一座。"此堡于嘉庆六年五月动工，到当年八月建成。

蜀河石堡石墙

严如煜在创修蜀河石堡的同时，还在蜀河以东的鄂、陕交界地区建造了"仙河十七寨"。

陶家寨遗址　清，位于蜀河镇三官村晏家庄。遗址平面呈不规则四边形，围墙总长214米，墙体块石砌成，高4.1米，宽1.2米，设置有门道和方形窥孔。寨内有数间房舍遗迹。遗址左临悬崖，崖下便是蜀水，地势险要，易守难攻，系清朝同治初年由当地一陶姓主持修筑。同治三年（1864）腊月，农民起义军领袖蔡昌龄率其部，进驻蜀河一带，攻占寨子。陶家寨遗址历经了百年风雨，残垣至今犹存。

（四）渭南市寨堡与军事设施遗址

秦岭渭南市段4区县的寨堡与军事设施遗址目前共有44处，主要分布在潼关县和华阴市，这与两地重要的战略地位密不可分。目前有全国重点文物保护单位2处，县级3处。

1.潼关县寨堡与军事设施遗址

潼关地处黄河之滨，踞秦、晋、豫三省之要冲，是古代长安至洛阳交通线上的关防要塞，也是中原西入关中、西域的必经之地。其独特的地理位置、险要的自然地势使其自古以来就是兵家必争之地，因而也就留下了诸多军事设施遗址。目前这类遗址共有20处，其中省级文物保护单位1处，县级2处。

（1）省级文物保护单位

十二连城烽火台遗址 周—明，位于城关镇东约3公里的禁沟西岸上，北起秦东镇港口社区苏家塬村头，南至安乐镇秦岭落岔口。遗址南北绵延约15公里，东西宽约50米，分布范围较广。从地形上来看，位于禁沟西安现存20个烽火台，呈圆锥体的有10个，呈方锥体的有10个，台体夯筑，底径5～15米。十二连城烽火台作为军事防御设施沿用时代长、数量多，构架完整，总体保存较好，是不可多得的烽火台群遗址，与潼关古城，金陡关组成系统的防御体系。对陕西东部秦岭与黄河之间古代军事防御体系构筑的研究有重要价值。

潼关十二连城与古城

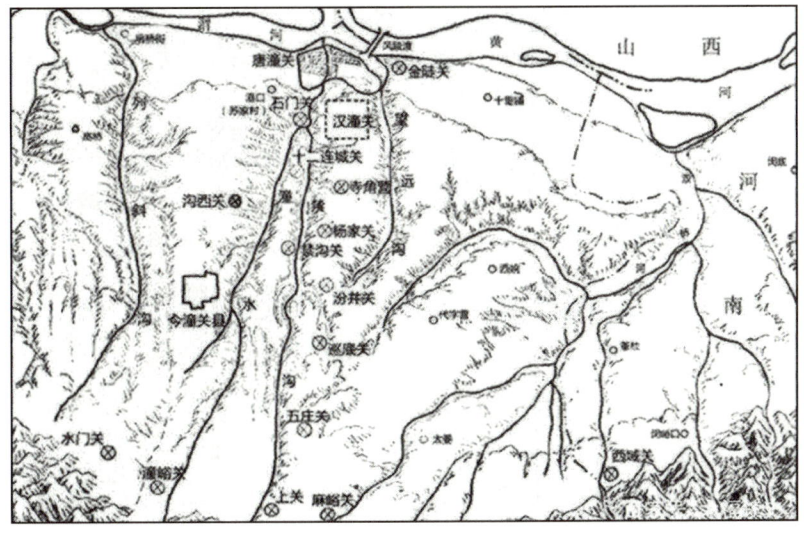

十二连城与潼关县分布图

十二连城烽火台墩台一

十二连城烽火台墩台二

十二连城烽火台墩台三

十二连城烽火台墩台四

十二连城烽火台墩台与周围环境

墩台夯土结构

（2）县级文物保护单位

秦王寨址　明、清，位于太要镇窑上村老村内一处独立的高台地上，四面均为深沟。寨址平面略呈椭圆形，东西长约500米，南北宽约300米。

（3）其他遗址

南巡村堡址　明、清，位于太要镇南巡村北。堡址平面呈长方形，东、西、南三面均达沟壑边缘，地势险要。

金陡关遗址　唐—清，位于秦东镇凹里村西北约500米，连（连云港）霍（霍尔果斯）高速和港太公路交会处。遗址东西长约220米，宽约30米，北距黄河约300米，南临连霍高速公路。现存北侧断垣残墙，长约13米，基宽10米。南侧的断壁上可见沙灰土平台，长6米，厚度为0.4～0.45米，夯层厚0.12～0.15米。金陡关凭借自然天险的防御条件，稳固完备的城防工事，成为历史上著名的军事关隘。

从东面进入关中的第一道放线就是金陡关。金陡关建于唐代圣历元年（689），杜甫写诗"丈人视要处，窄狭容单车。艰难奋长戟，万古用一夫。"金陡关横匾上有乾隆的手笔"第一关"，内额书"金陡关"。该遗址位于秦、晋、豫三省交会处，素有"鸡叫一声听三省"之说，不仅是古潼关的东门户，而且是进入关中的第一关。今已毁仅存遗迹。该遗址对研究古代关隘建制和军事设施有着重要意义和参考价值。

金陡关遗址资料照片

金陡关道路资料照片

东里堡址 明、清，位于代字营镇东里村南约1公里铁沟的台地上。堡址充分利用地形地势，东、西、南三面临沟，现存地表距铁沟沟底垂直高度约60米，地势险要，易守难攻。仅在北面夯筑有北墙，现北墙西端长约20米的一段已被村民取土挖掉。

留果东堡址 清，位于代字营镇留果村七组东约100米东沟的台地上。堡址三面临沟，现存地表距东沟沟底垂直高度约100米，地势十分险要；南面与留果塬相接部分挖有宽10米、深5米的壕沟。堡址为闭合式建筑，平面呈不规则四边形。堡墙为夯筑，南墙、北墙、东墙保存较好，西墙保存较差，除南端尚余长约20米的残墙外，其他大部分已经坍塌。现存南墙最高，约为4米，若计算南墙外壕沟深度，则南墙外侧墙高接近10米；基厚3米、顶厚1米，墙顶部有垛口，高约2米、厚约0.4米。东、西、北三面由于紧临断崖，墙体较低，一般高约2米、厚1米，无垛口。夯层比较清晰，夯质坚硬，土质纯净。南堡墙正中偏东有原堡门门洞，宽约2米。西南墙角被破坏，开辟新出入口。城堡原为躲避战乱所用。

留果西堡址 清，位于代字营镇留果村七组西约1公里西沟的孤立台地上。堡址四周均为断崖，现存地表距西沟沟底垂直高度约100米，地势十分险要。堡址为闭合式建筑，平面呈不规则四边形。堡墙为夯筑，北墙、南墙保存较好，东墙、西墙大部分已经坍塌。现存墙高0.5米～5米，基厚3.5米，顶厚0.3米。夯层比较清晰，夯质坚硬，土质纯净。在堡址的东南墙角有三个直径0.12米的圆孔，可能为近现代战争留下的瞭望、射击口。

马涧堡址 明、清，位于安乐镇马涧村西南200米。堡址南北长70米，东西宽50米，四周有壕沟。堡子四周均有城墙残段，南城墙现存有瞭望角楼墩台和向西延伸25米的土墙，角楼墩台残高7米、长5米、宽4米，总体略呈圆形；延伸土墙残高约2米、宽4米。北面城墙东北部残高0.35～0.8米，宽1～2.5米；北部西段残高1～2.8米，残宽1米。西南角城墙残高3米，宽1～1.5米。其余部分已倒塌。城墙夯层明显，夯层厚0.1~0.15米，土质纯净，且坚硬。原南、北均有一处城门，两处皆有出入城门的坡道，宽2~3米。该堡子为躲避战乱所建。

高桥堡址 清，位于城关街道办事处高桥村内，四面均至巷道。堡址平面略呈长方形，东西宽100米，南北长175米，占地面积约1.75万平方米，周长约550米。堡址现存西北拐角和部分西墙及西南拐角，遗留城墙总长约120米：其中北墙长35米，西墙长63米，南墙长22米。墙残高约5米，厚1.4米，夯层厚0.1~0.13米，夯质坚硬。堡内共分三道巷，南巷称"银钱势广"，中巷"裂皮大王"，北巷"随庙烧香"。东、西各有两门楼，现已不存。

寨子城堡址 明、清，位于城关街道办事处高桥村西约200米处。堡址平面略呈正方形，面积约8490平方米，周长约146米。北、东、西三面均残存高3~5米的城墙，南面城墙几乎不存。夯层厚度0.1~0.15米，夯质坚硬，中可见瓦片、瓷片等物。西面城墙正中有城门遗迹。城墙四周均为沟壑，深5~15米，似为防御所用。据堡墙夯层内含有明清时期的瓷片判断，该堡可能修建于清代晚期，应为当地村民防御土匪所筑。

梁家城村东堡址 明、清，位于城关街道办事处南梁家城村东约100米。堡址平面呈长方形，东西长约100米，南北长约170米，三面均已损毁，现仅存西侧城墙及城门。西城墙高约8米。城门位于西墙正中，为砖券门，高7米、宽5米、进深5米。门洞上部正中有一匾额，字迹不清，仅剩白灰底，匾额上部有两道棱角牙子，上部有夯土城墙高2米。

上汾井堡址 清，位于代字营镇上汾井村内。堡址平面呈矩形，东西长约210米，南北宽约180米，面积约3.78万平方米。

东埝堡址 清，位于代子营镇东埝村东北约1公里，高约30米的塬台之上，四周以沟壑为障。堡址平面呈椭圆形，面积约2万平方米。堡址入口位于堡西北方向，城墙断续存在，北同夯土墙最高处约6米，底宽约3米，夯层厚0.12米左右；东侧残留高约0.4米、长约100米的夯土城墙；其他夯土墙尽毁。城墙夯层坚硬，四周无角楼墩台。

马家堡址 清，位于代子营镇川城子村西约500米处。寨址平面呈椭圆形，东西长约150米，南北宽约200米，面积约3万平方米。现存东北入口处夯土寨墙高约6米，厚约4米。南向夯土寨墙自东向西逐渐降低，残存约50米长，高1~2米。东寨墙自南向北断续残存，长约80米，高2~3米。其余尽毁。寨址四周环沟，仅东北方向有宽约1米的羊肠小路与川城子村连接。四周沟深30余米，起到很好的防御作用。另在寨址以东约400米处，今川城子村二组巷道北端发现原位于寨址内的石碑1通。

西潼峪烽火台遗址 明、清，位于安乐镇西潼峪村西南2公里。遗址东临潼河与潼洛公路，南依秦岭山脉，西、北部为农田。遗址近方形，烽火台底部长、宽约8米，顶部长、宽约6米，高约5米。台顶部燃火坑呈圆形，直径约2.8米，深1米，夯土层厚10~12厘米，夯层明显，坚硬，填土纯净。西侧有登顶坡道。烽火台遗址是古军事设施，保存相对完整。

水星烽火台遗址 明、清，位于安乐镇水星村东北300米。遗址平面略呈四边形，南北残长5.3米，东西残长3.9米，残高约4.5米。由于风化剥蚀，烽火台台体平面略呈圆形。从烽火台下部剥落面观察，台芯部分夯层厚达10~12厘米，夯土坚硬，内夹杂有少量的河卵石与料姜石以及砖块，基部有较多大石块。

2.临渭区寨堡与军事设施遗址

临渭区现存此类遗址主要是寨址，有2处。

曹峪西寨遗址　清，位于桥南镇曹峪村西沟内，当地人称其为寨子。寨址略呈椭圆形，北窄南宽，北、西、南三面环沟，东筑有寨墙。东寨墙总长约70米，残高2~3.5米，底部宽3.5米，顶部宽1~2米，黄土夯筑，夯层明显，厚8~9厘米。东北原辟有寨门。

岭西堡遗址　清，位于桥南镇岭西村北1.5公里的塬畔上，北、东、西三面环沟。遗址平面呈长方形，南北长约150米，东西宽120米，总占地1.8万平方米。南堡墙保存较好，残高约6米，底部宽6米，顶部宽1~1.5米；东墙毁，留有墙基，长100米，高3~4米，夯层明显，层厚10~12厘米；北墙厚约2.5米。堡南有护城河，宽15米，深7~8米。南、北墙上各辟一门，南门残高2米，宽3米；北门残高4米，宽4米。门内建有瓮城，瓮城长10米，宽6米，从瓮城通向堡内的甬道长约10米。该城堡瓮城保留完整，对研究当地清末战事及防御设施具有重要价值。

3. 华州区寨堡与军事设施遗址

张岩堡遗址　清代，位于瓜坡镇张岩村南300米的塬顶上。遗址东西长90米，南北宽60米，总面积5400平方米。堡墙仅剩西侧与东北侧残段，西侧残段为25米，东北侧残段约80米，墙残高1~8米，厚约3米，夯层厚7~11厘米。

4.华阴市寨堡与军事设施遗址

华阴独特的地理位置留下了丰富的军事设施遗址，以城墙、城门、堡址、寨址为主。魏长城遗址华阴段是特别重要的文化遗产，是全国重点文物保护单位。

（1）全国重点文物保护单位

魏长城遗址　战国，位于华阴市长涧河西岸，华山镇所属的朝元洞、南洞、城南、河湾、西关等村。魏长城南起华山北麓全真观西侧，沿长涧河向北，过渭水，经大荔、澄城、合阳到韩城，抵黄河岸边。战国时，七雄割据，战争频繁，魏国为防御西邻强秦，于东周显王十七年（前352）在与秦交界处修筑了边城，并在其要害位置设置烽火台和堡塞，始称魏长城，是战国时秦国与魏国的分界线。魏长城全长150余公里，华阴境内遗址约有8处，散播十余里。从残垣现状看，长城整个用细土夯筑，异常坚实，且保护较为齐全，全真观西侧30米城垣残迹和太华路办事处城南村东约800米城垣残迹保留较好。城墙残高5~7米，素土夯筑，夯层平均约8厘米，墙基底宽7~8米。城墙基址断面土层内夹新石器时代陶器残片。在河湾村北的魏长城遗址上，保留着一座比较完整的烽火台，高约10米，非常壮观。

魏长城华阴段遗存

魏长城墙体夯筑结构

魏长城华阴段墙体遗存

修复后的华阴段魏长城

（2）其他遗址

仿车烽燧遗址　战国，位于华山镇仿车村。烽燧整体呈上下小、中部大的方形纺锤形，高约8米，西侧长5.8米，南侧长6.3米，北侧稍小，夯层厚9～12厘米，面积约36平方米。东北方有一城堡遗址，据史料记载该烽燧附近有魏长城遗址。初步判断此为战国时期烽燧。

仿车烽燧遗址

仁和堡堡门遗址　清，位于太华路街道办事处河湾村。门洞东西长约6米，南北宽约4.8米，高约5米，为拱形，开有两道门，城门早已不存。券顶部分和城门下部用青石条垒砌，上部由青砖砌墙。门楼上部刻有"仁和堡"三字，右侧刻有"光绪"，左侧字已不可辨。城门原与河湾村城墙相连。

云霄村遗址　清，位于孟塬镇云霄村。遗址平面呈长方形，城墙南北宽约86米，东西长约100米，城墙断面夯层厚约10厘米。东城墙辟一门，门宽约1.8米，高约2.7米，高约6米。此城墙应为清末民间村民为防止土匪而修建。

营门卡遗址　清，位于罗敷镇葱兴村2公里处的葱峪内。该处原是利用天然地形修筑的防御设施，中辟门，两侧与山相连，形成一个关卡。现仅存两端石墙，残长18米，高5米，宽1.5～3米。该遗址对研究清末民初民间防御建筑提供了新的依据。

宋峪村城址　清—民国，位于孟塬镇宋峪村。城址平面呈长方形，南北长约100米，东西宽约150

米。城墙现存东、西、北三面，高4～5米，下宽3～4米，上宽0.8～1.8米；黄土夯筑，夯层厚1厘米。城址现保留有东城门，为砖砌券门，宽1.9米，高2.1米，砖券门上雕门额"旭日东升"。该城作为防御设施，保存较完整。

郝堡城堡 民国，位于华山镇郝堡村内。城堡南北长46米，东西宽32米。堡墙为石砌，宽2米，残高1～4米。东、西两墙洞开东城门和西城门。城门均分上、下两部分，下部分为城门洞，由条石砌成，外圆内方，门洞宽2.6米、高2.3米、进深2米；上部分为硬山式门楼，土坯做墙，灰瓦两面坡，西墙壁上有一圆孔。

（五）西安市寨堡与军事设施遗址

秦岭西安段4区县中，寨堡及军事设施遗址目前共有35处，其中蓝田县6处、长安区12处、鄠邑区8处、周至县9处，以堡址为主。

1.蓝田县寨堡与军事设施遗址

蓝田县境内堡寨与军事设施遗址目前共有6处，有蓝关遗址、袁家坡遗址、洪家寨堡址、沙河堡子遗址、堡子沟堡子遗址、六郎关碉楼遗址等。

袁家坡遗址 战国，位于焦岱镇吴家寨村五组。该遗址处历年陆续出土有战国时期秦、楚两国的兵器及车马部件多件，计有铜戈、剑、匕首、镞等。此处应为一战场遗址。

蓝关遗址 商、周—清，位于蓝田县蓝桥镇蓝桥河村东侧。蓝关是秦楚大道上的重要关隘，是长安通往东南的咽喉要道。蓝关也是蓝关古道上的重要节点。蓝关古道大约始于商周，成于秦汉，绵延至当今，是秦始皇统一六国后修建的秦楚大道，也是九大驰道之一，秦始皇五次出巡有两次经过这里。唐代皮日休在《蓝关铭》中写道："千岩作锁，万障为栓。难图其形，莫状其秀。双扉未开，天地如斗。"蓝关古道又名武

蓝关遗址

关道、蓝武道，唐时亦称商山路；行经路线是：从蓝田县南火烧寨村上岘山，登七盘道、乱石岔、蟒蛇湾、鸡头关，经风门（封门）、六郎关，下十二筝坡（大、小坡脑），过蓝桥到古蓝桥镇（蓝桥驿），再经蓝关（牧护关）入商洛，出武关至内乡而入南阳盆地。蓝关（牧护关），距蓝田县城35公里，雄踞秦岭之巅，海拔2000多米。从历史发展来看，秦时建关，称为峣关，据《括地志》载，此即为蓝田关，是蓝田古道上九大雄关之一，关口两山对峙，南岸山峰陡峭。北周武成元年（559）关隘移置青泥故城，改名为青泥关，建德二年（573）又改称蓝田关。隋炀帝大业元年（605）"徙复旧所"，又在原来关口（牧护关）恢复蓝田关，唐代因之，这一遗址就是蓝关遗址。

但也有人认为青泥关、峣关是蓝关。因为与蓝关有关系，所以在此将青泥关、峣关一并介绍。

青泥关遗址在今大寨乡营上村北的北城子，位于蓝田县城南1公里的灞河南岸，因晋时青泥军前哨设寨于此而得名"大寨"。大寨向东南连绵至火烧寨有六七个屯兵的村寨。这一段的道路也被称为青泥道。青泥道就是从火烧寨崾山口到蓝桥段的山岭脊梁，古称青泥岭。蟒蛇湾相传是神仙斩蟒除害的地方，鸡头关传说是神鸡下凡灭蝎的地方。青泥岭最高

蓝关遗址地理位置

处的风门又称封门，意为过封门后再也不能回头眺望秦川了，所以韩愈说"云横秦岭家何在，雪拥蓝关马不前"。而六郎关，传说是北宋名将杨六郎的驻扎之地。崾关是明清时期修建于蓝田南崾岭上的关隘，也被称为蓝田关。前206年九月，刘邦趁秦都空虚，攻破武关，北上蓝田崾关与秦军做最后决战。他一面派郦食其与秦将议和，另一面依张良计"绕崾关，逾蒉山，击秦军，大破之蓝田南"。

1958年，蓝关古道被废弃，建成了一条可通汽车的简易公路，称崾山公路，但古道依然可见。据调查，从北坡而上，过去曾有刻"蓝田关"三字的石门，1958年修崾山公路时被炸毁不存。蓝关遗址究竟在哪个位置，可能随着时代的不同而为之有所改变。还需要今后进一步的调查和研究。

2. 临潼区寨堡与军事设施遗址

穆寨大型古代防御设施遗址 年代不详，位于穆寨街道办事处南坡村，戏河东岸两自然沟壑之中。该防御设施分为东、西两部分，相距约500米。遗址东、西、北三面环自然沟壑，南面为人工壕沟。东部防御设施断面呈竖立的曲尺形，南高北低，高差约8米。北部台面呈长方形，南部高台南侧有一近似三角状平台，东南部有一直径3米、深度不详的巨洞。遗址北端东、西两侧各有一拱形通道联通，自西向东渐低，东洞口较高，西口极低，洞壁上有脚窝。与之对应的东、西沟道两对面，也有对应洞窟暴露于断面，推测应为联络两地的交通要道。位于南坡村南骆组西沟中的西部防御设施，其地形地貌，人工堑壕，出入交通设置，都与东部设施极为相似。该设施三面依凭天然沟壑作屏障，后面可与外界联络，可守可退，具备相当完备的防御功能，有极为重要的战略地位，是目前临潼地区发现的唯一一处古代防御设施，对研究当地的军事地理具有极为重要的意义。

3. 周至县寨堡与军事设施遗址

周至县境内的寨堡与军事设施遗址目前共有8处，其中代表性的寨堡有2处，兰梅塬堡遗址为省级文物保护单位。

丁家凹堡遗址 清，位于翠丰镇丁家凹村二组东北。遗址东西宽约80米，南北长约90米，原有城墙一周。东、北、西三面以海子沟为天然壕沟，南面有人工开挖的沟。

兰梅塬堡遗址 清，位于竹峪镇兰梅塬村。遗址平面大致呈方形，东西约160米，南北约150米，面积约2.4万平方米。堡有城墙，城外有城壕一周。城墙原高约8米、宽约4米，城壕宽约10米，深约5

米、因长年取土，村民建房、修路等原因，城墙、城壕大部分已毁。城墙现仅西北角处残存，残长约15米，残高3～4米，厚1～2米；城壕仅南城壕中段尚存，残宽3～5米，深约3米。原在东城墙、北城墙开有城门。现北城门已毁。东城门尚存，砖混结构，城门高约8米、宽4.75米、深4.9米，拱形门洞，门洞宽2.35米、高3.5米，顶部为两面坡式，底部由碌碡铺垫，墙体上嵌有石碾盘，中心孔用于插门闩，城门内部南侧有门房。城内有南北向街道1条，东西向街道2条，村民均沿街居住。清代中晚期，关中地区社会动荡不安，匪盗横行，较大的村庄均建有城堡，用于自身防御。兰梅塬堡是周至县西北地区唯一一处城门楼保存基本完整的清代村堡，为研究当地清代晚期村堡建筑方式、社会历史、民族关系等提供了重要实物资料。现为陕西省文物保护单位。

（六）宝鸡市寨堡与军事设施遗址

秦岭宝鸡段7区县中，寨堡与军事设施遗址以堡址为主，目前共有48处，其中省级文物保护单位1处，县级文物保护单位1处。

1. 眉县寨堡与军事设施遗址

眉县南部地区遗留较多明清时期修建的堡寨，基本可以分为两类。一是在地势平坦的地方，沿村落周围筑城墙挖壕沟，城门数量多寡不等，一般因地理位置而变化，诸如上宣窝堡址。二是在村庄旁的丘陵、塬头上修筑城堡，一般没有人居住，一旦土匪流寇来袭，大家迅即入堡躲避，中豆堡址就属此类。现有遗址共18处，有义安堡址、祁家堡遗址、西堡子堡址、下宣窝堡址、保佛沟堡址、咀头村四组堡址、张家堡村堡址、法牛嘴城址、中豆堡址、郝北堡村堡址、小寨堡址、屯庄村堡址、文家村堡址、三圣庙遗址、年家庄堡址、齐镇城址、韩家沟城址，多为清代所筑。

义安堡址　清，位于槐芽镇东堡子渭河南岸3公里处的台地上。堡址面积约1.4平方米。东墙已被破坏，唯东北、东南拐角尚存，南墙外有宽约8米的壕沟，西、北凭依地势，以断崖为西、北城墙，高差达30多米。

义安堡大门

义安堡道路

2. 太白县寨堡与军事设施遗址

太白境内的寨堡与军事设施遗址基本上都是堡址，除靖口镇外，其他乡镇均发现有堡址。它们据险而建，依山削凿，居高临下，易守难攻，是一种特殊的防御设施。太白县与甘肃、四川毗邻，清嘉庆年间爆发的白莲教起义，同治年间爆发的陕甘回民起义，均波及太白县，义军与清军多次激战于县境之内，百姓深受战乱之苦，人口锐减。众多的堡址反映了当时百姓结寨为堡，凿崖为居，聚众自保的情况，对研究清代晚期白莲教与回民军的活动范围有一定价值。现境内有记录的遗址共5处，分别是路平沟寨遗址、陈家坪堡址、黄柏塬堡址、六家村堡址、大庄村寨址。

路平沟寨遗址 清，位于桃川镇路平沟村南。遗址东邻山坡，平面呈长方形，南北长约150米，东西宽约80米，总面积约1.2万平方米。墙垣系用片石和圆石堆砌而成，层层有收分，墙高1.5～5.5米，墙基宽约6.5米，顶宽约1.4米。唯在北侧设一个门道，宽约2米，未见门框和门墩遗迹。在寨堡内东北角和西北角两处建有登城石踏步台阶，城内东西两侧沿城墙各有一个石砌水槽，长约100米，宽约4米，深约0.8米。

3. 凤县寨堡与军事设施遗址

凤县境内的寨堡与军事设施遗址有关口、堡子、寨址三种，有留凤关遗址、鲍山岭寨址、黄牛铺夯土台址、南坡堡址。其中县级文物保护单位1处。

留凤关遗址 秦、汉，位于留凤关镇留凤关村关岭子村，寺沟河与野羊河交汇处的山梁上此处形势险要，为兵家必争之地。《凤县志》记载，留凤关于秦、汉时为废丘关，清同治元年陕西布政使毛震寿更其名为留凤关。留凤关自古地势险要，为栈道要隘，同时也是连云栈道上的主要驿站。清《云栈纪程》记载，废丘本汉时屯运积储之所，其地平衍，四面皆山，易于防守，故谓之陈仓道。清代设巡检把总，民国设县佐衙门，现今川陕公路从其穿过。现为县级文物保护单位。

留凤关遗址

鲍山岭寨遗址 宋，位于黄牛铺镇黄牛铺村鲍家庄自然村的鲍山岭上。鲍山岭突兀在嘉陵江右岸拐弯处，是一座独立的东西向山梁。岭顶南北两侧十分陡峭，为临谷断崖，岭东端向嘉陵江边逶迤延伸，略为低缓。岭顶较为平坦，东西长约100米，南北宽约15米，面积约1500平方米，平面大致呈船形。遗址边沿略高出中心，北部残存寨墙一段，长约8米，高约0.7米。山岭上灌木丛生，暴露有零星块石。据当地村民讲，多年前鲍山岭周围经常发现铁蒺藜等物。《凤县志》记载，南宋与金曾在和尚塬、大散关多次交战。鲍山岭地处陕入川要道咽喉，推测此寨堡当为宋代军事堡寨遗存。

鲍山岭寨遗址

南坡堡遗址 宋，位于凤州镇凤州村南山梁上。遗址地势南高北低，面积约1000平方米。堡址东南角保留堡墙一段，长约10米，墙体自下向上渐收，墙基宽约1.5米，上宽约0.3米；墙面暴露夯筑痕迹，夯层厚8～10厘米，夯窝直径约12厘米，夯土中夹杂料姜石、砂石等杂质，土质疏松。凤州民间称此堡为吴曦堡，传说此堡为南宋抗金名将吴玠之孙吴曦为抗击金兵所建。据《凤县志》载，该堡"在凤州城南，南

南坡堡遗址

宋吴曦筑堡屯兵于此。分东西两堡，为凤州城的南大门。现堡基和壕沟犹存"。南坡堡地理位置险要。

4.渭滨区寨堡与军事设施遗址

大散关遗址 北魏—南宋，位于神农镇大散关村二组二里关自然村西约50米的清姜河西岸，秦岭北麓的散关岭上，东距清姜河约200米。大散关，亦称散关，因临古散谷水（清姜河）而得名，是关中四大门户之一，自古为"川陕咽喉"，兵家必争之地。汉王元年（前206），刘邦"明修栈道，暗度陈仓"就从这里经过。三国时期，曹操西征张鲁亦经此地。据陈寿《三国志》记载："建兴六年春，亮复出散关，围陈仓，曹真拒之。"大散关是一个交通枢纽，是很重要的战略位置。关口地势险要，西依高山，东、南、北三面为断崖，大有"一夫当关，万夫莫开"之势，地势高耸，陡峭山崖壁立伸向河床，其间唯栈道可通，是关中通往蜀地的重要通道。遗址面积约为5000平方米。现关隘两侧山崖间残留有石砌关墙残段。关下崖壁存有1936年赵祖康题"古大散关"四个楷书大字。据史料记载，在大散关曾发生战役70余次。因它特殊的地理位置，

大散关石刻

从古到今，皆是文人墨客、达官贵人及普通老百姓的游览之地。曹操过大散关留下了《晨上大散关》的诗。唐代王勃、王维、岑参、杜甫、李商隐等，也都有诗作。南宋著名诗人陆游《书愤》其一有句"楼船夜雪瓜洲渡，铁马秋风大散关"。大散关是陈仓古道的重要关口，大概在商州时期就开始重视。大散关遗址对于研究古代军事活动、交通情况具有重要价值。现为陕西省文物保护单位。

大散关遗址地理环境

大散关遗址

1935年大散关遗址

大散关遗址现状

五、秦岭区域宫苑遗址

自西周定都关中开始，历史上有十三个王朝在关中大地建都，由此，在关中修建了数量和规模庞大的各类宫苑建筑。特别是秦岭区域，不仅孕育了千年帝都长安，创造了辉煌灿烂的历史文化，而且，各个朝代还依托其独特的地理环境在秦岭北麓，倚山势修筑了规模宏大的楼台馆殿。

鼎湖延寿宫遗址 秦、汉，位于西安市蓝田县焦岱镇焦岱村三组西南。遗址面积约3万平方米，文化层厚1～3.5米。在该处揭露宫殿夯筑基址7座、宫墙遗址2道，回

鼎湖延寿宫远景

纹砖铺地面长3.6米，宽2.9米。从遗址内出土有陶质五角形管道，灰、红陶绳纹板瓦、筒瓦，回纹铺地砖，回纹空心砖，柱础石，等。从遗址中采集有"鼎湖延寿宫"瓦当、长乐未央、千秋万岁瓦当，云纹瓦当。鼎湖延寿宫是汉武帝时修建在上林苑最东部的一处离宫。该遗址对于研究秦、汉时期的建筑格局和宫殿布局，对验证史籍资料的准确性提供了证据。该遗址的发现为上林苑内其他宫殿遗址的发现与考证，提供了重要的参考资料。

"鼎湖延寿宫"瓦当

"长乐未央"瓦当

崇宁宫遗址 战国—秦，位于渭南市临渭区崇凝镇靳尚村南200米处的河东岸。遗址面积约16万平方米，尚存夯土台基，长50米，残高0.8～1.5米，夯层厚5～6厘米，夯窝径6～8厘米。在田坎断面暴露有排水管道及陶窑遗迹。采集有绳纹板瓦、筒瓦、云纹瓦当、几何纹砖、龙纹空心砖、方形铺地砖，出土了铜戈、铜镞等兵器多件。根据

崇宁宫遗址地理环境

《史记》记载，秦始皇在统一六国之后，在关中地区建造有300多离宫，崇宁宫就是其中之一。该遗址对研究战国至秦代的宫殿分布及布局、建造方法等有一定的历史价值。

步高宫遗址 秦，位于渭南市临渭区阳郭镇张胡村东北500米处的沈河西岸黄土台塬上。遗址平面略呈正方形，边长200米，面积约4万平方米。其中心区域有一夯土台基，长约100米，宽约80米，残高0.5～1米，夯层厚6厘米。遗址内发现大量陶水管道，夔文瓦当，龙凤纹空心砖，绳纹板瓦、筒瓦等。《水经注》中记载，"沈水出石楼山，北流经步高宫"。《关中胜迹图志》载"步高宫在渭南城南三十里"，所记步高宫地望与此地相符。2011年步高宫遗址被公布为区级文物保护单位。

成山宫遗址 秦、汉，位于宝鸡眉县首山镇第五村，因在秦汉遗址出土了"成山"瓦当，被确认此处原为成山宫。成山宫是秦、汉时期著名的离宫。2000年有关方面对该遗址进行了调查，发现了多处夯土台基、灰坑，还有散水、水井、排水设施等，并清理出大半圆形瓦当、莲花纹瓦当、云纹瓦当以及筒瓦、板瓦、砖块等。特别是夔凤纹大半圆形瓦当，直径近0.8米，号称"瓦当王"，从一个侧面显示了成山宫宫殿建筑的规模。2013年，成山宫遗址被国务院公布为第七批全国重点文物保护单位。

成山宫遗址

成山宫遗址出土云纹"成山"瓦当

成山宫遗址出土"成山"瓦当

成山宫遗址出土夔凤纹瓦当

华清宫遗址 唐，位于西安市临潼区境内，南依骊山，北瞰渭河。华清宫始建于唐初，鼎盛于唐玄宗执政以后，是唐代帝王游幸的别宫，后也称华清池。华清宫倚骊山山势而筑，规模宏大，建筑壮丽，楼台馆殿，遍布骊山上下。

从文献记载和考古调查中可知，华清宫的建筑布局严谨，曲折萦回，规模宏大。华清宫的范围是南至骊山西绣岭第一峰（即周烽火台），北到今临潼区北什字，东至石瓮谷（寺沟），西到牡丹沟。宫城（即罗城），南至山根，北到临潼区南什字，东至东窑村。1967年新华书店在南什字西北角修建营业楼，发现了用青石砌成的宫城北墙的墙基。1981年春，城建单位在西街"丁"字形路北，也发现了同样的北墙基。1982年冬于寺沟村南的山坡上探出东缭墙两段。

近年来，对华清宫内的汤池遗址进行了考古发掘，发现有海棠汤、莲花汤、星辰汤、尚食汤、太子汤等。海棠汤始建于唐天宝六载（747），因其平面像一朵盛开的海棠花而得名。汤池小巧玲珑，设计独特，为上、下两层台式结构，由18组青石拼砌而成，东西长约3.6米，南北宽约2.9米。池中曾出土沐浴时专用的长条石，还有刻有"杨"字的石块。池底中间有一直径为10厘米的进水口，上有汉白玉雕刻的莲花底座，底座上接莲花喷头，下接陶制水管与总水源相通，温泉水因自然压力通过管道从莲花喷头四散喷出。

莲花汤汤池全用墨玉石砌成，上平面略似椭圆形，下平面呈八边形，东西长为10.6米，南北宽6米，建筑面积400多平方米。汤池储满水近100立方米，俨然就是一座室内的游泳池。池壁内石外砖，用6组弧形石块砌筑成莲花形状。池中有双进水孔、双排水口，并安有双莲花底座。

华清池遗址

华清宫遗址

星辰汤汤池的造型平面呈北斗七星状,分为斗池和魁池两部分。斗池东、西壁结构相同,内石外砖,用青石质券石叠砌而成,壁面弧形,自然流畅。池南壁双层结构,内石外砖,表面用打磨光滑规整的青石砌成二层台式。池南北全长16.8米,南端宽6.1米,北端宽1.45米,面积约100平方米。魁池为长方形,东西长约16.5米,南北宽约3.95米,总面积约60.2平方米。魁池和斗池中间以1.45米见方的流水口连接,使两池成一个整体,两池总面积约160平方米。星辰汤西侧设有便殿,为皇帝沐浴前更衣,沐浴后休息的小型宫殿。

尚食汤汤池是专供近臣及为嫔妃服务的尚食局官员沐浴用的,形制较小,工艺简单,面积约30平方米。汤池南北有对称的两个台阶,底部有一排小窝用于防滑和蹭脚跟,中间小墙是高级官员与低级官吏的分界线。尚食汤始建于唐开元十一年(723),历经五代、宋、元、明,一直沿用至清末。民国时期,冯玉祥将军还曾维修过,供老百姓使用,更名曰香凝池。

太子汤建于贞观十八年(644),是唐太宗令阎立德修星辰汤时,专为皇太子修建的沐浴汤池。太子汤废弃较早。从644年建成,到723年废弃,前后历时近80年。

华清宫朝元阁遗址

华清宫汤池遗址

2018—2020年对华清宫朝元阁遗址进行了持续考古发掘,发现了大量唐代建筑构件和铭文板瓦,一座保存较为完整的唐代高台建筑遗址已显露真容。朝元阁遗址位于临潼区骊山西绣岭第三峰峰顶北端,始建于唐天宝年间(742—756)。从2018年开始对朝元阁遗址开展发掘工作,发掘面积1550平方米,全面揭露了夯土高台、主体建筑、东西踏道、廊房等,厘清了遗址的层位关系,发现了叠压在唐代遗址上方的晚期建筑基址,探明了唐代夯土的范围与深度,清理了残存的唐代建筑木构件。朝元阁为唐代华清宫骊山禁苑内规模最大的建筑群，是迄今为止发现的唯一一处唐代高台建筑遗址，是盛唐皇家建筑设计最高水平的代表。作为唐代华清宫骊山禁苑内的中心建筑，朝元阁的兴废伴随着华清宫的盛衰。朝元阁最晚至北宋开宝三年（970）彻底塌毁，此后北宋、元初分别在原址上进行了两次重建。

唐玄宗之后，华清宫楼殿汤池渐次遭到破坏，自宋以至明清，其原有建筑已荡然无存。现华清宫遗址是著名风景旅游区，供广大人民群众游览。1956年8月6日被陕西省公布为第一批文物保护单位，并提出保护好华清池内所藏的北魏《温泉颂碑》、北魏三道士石刻和唐汉白玉老君像等。1996年11月，华清宫遗址被公布为第四批全国重点文物保护单位。

翠微宫遗址　唐，位于西安市长安区滦镇街道办事处黄峪寺行政村，秦岭山脉北麓、青华山东南方的山间阶梯状台地上。翠微宫是工部尚书阎立德为唐太宗李世民避暑而主持修建的，贞观二十一年（647）建成后，太宗即开始在此避暑，处理朝政。宫"笼山为苑"，正门面向北方，正殿名云霞殿，朝殿名翠微殿，寝殿名含风殿。旁有太子别宫，正门西开，取名金华门，殿名安喜殿。唐太宗李世民有咏翠微宫诗——《秋日翠微宫》："秋日凝翠岭，凉吹肃离宫。荷疏一盖缺，树冷半帷空。"贞观二十三年（649）四月，唐太宗最后一次来到翠微宫，五月驾崩于翠微宫含风殿。《元和郡县图志》《新唐书·地理志》皆言翠微宫元和中废为寺，骆天骧《类编长安志·寺观》中也承袭了这种说法。开元、天宝间（713—756），诗仙李白曾与友人在一年秋末从子午峪口西行，作有《答长安崔少府叔封游终南翠微寺太宗皇帝金沙泉见寄》："初登翠微岭，复憩金沙泉。践苔朝霜滑，弄波夕月圆。"可见至迟到李白生活的时代，翠微宫已废弃为寺。翠微宫废为寺后，成为密宗胜地。唐代最著名的法师玄奘自天竺归来后，曾在翠微宫内翻译佛经，所在之处称为弘法院。宋太宗太平兴国三年（978）改称永庆寺，后又复其原称。明中叶时此处已鲜有人至，以至于碧藓封碑。目前遗址东西约460米，南北约750米，在农田和道路中散见佛像、石狮、柱础及建筑瓦片等。

翠微宫遗址环境

翠微宫遗址

六、秦岭区域古代道路遗址

秦岭山区古代主要的交通道路系统，由西向东依次为陈仓道（故道）系统、褒斜道系统、傥骆道系统、子午道系统、武关道系统以及秦岭东部潼关、华阴翻越秦岭通往豫、楚之地的古代道路系统；

同时汉中与安康南面的秦巴山中自西向东有金牛道系统、米仓道系统、荔枝道系统等。除了这些南北向道路以外，还有处于秦巴山区中部汉水沿线的道路系统。这些道路纵横交织，构成了古代秦岭山区的道路网。秦岭古道路是历史上重要的经济、文化、政治、军事通道，是古代道路工程的精华，展示着古代道路规划者和建设者超群的智慧和高超的工程技术。秦岭栈道的开通，不只是秦岭地理空间中的几条线路，而且是有其道路伸展的纵深系统；同时也不只是历史时间中的几个主要时段，而是见证了历史发展的脉络。

从目前的考古发现来看，在旧石器时代、新石器时代，秦岭因其得天独厚的自然环境，北麓和山中盆地就有人类生存发展。随着时代的发展，古代人类为了方便沟通南北，越过巍峨山岭中的绝壁陡崖，于群山中开辟出多条越岭通道，横穿秦巴山地。这些处于深山的险峻道路中，有一种古人发明的特殊的架空道路，名曰栈道。周秦以来，秦巴山区古道中构建有大量栈道，这些翻越秦岭的古道通往四川、湖北、重庆，以及东南沿海等地，被后人称作"秦蜀古道""秦楚古道""秦巴栈古道"等。其中秦蜀古道是自秦达蜀之道，也就是从关中平原到达成都平原的道路，其中道路均须经过汉中盆地。汉中盆地位于秦岭南坡，其间有汉水流过，气候温暖，土地肥沃，以特殊的地理位置成为秦蜀古道上的天然中转站。汉中盆地的中心城市汉中市，是秦巴古道的枢纽，其北越秦岭可达三秦，南越巴山通于巴蜀。汉江中游的安康盆地，也是古代道路的枢纽之地。

秦岭山区古道路，以工程艰巨、道路险峻而名扬天下。其中有一特殊的建造方式为栈道。这些道路并非全部由栈道构成，栈道只是其中的一种构筑方式，但栈道是在其中最为艰险、最难通行之处架

秦岭古道路走向示意图

设的古代道路。正如北魏时崔浩说的那样，栈道就是"险绝之处，傍凿山岩而施板梁也"。秦岭巴山间的道路，险峻难行，自古以来即被视为畏途。但这些古道，经过多个朝代大力开辟，改善了秦岭南北交通的不足。古人利用栈道技术，穿越天险，沟通南北，加快了秦岭巴山南北的联络，促进了区域间经济、文化、政治、军事的交流往来，对中国古代历史的发展进程产生了巨大而且深远的影响。战国时，秦岭山区便已经"栈道千里，通于蜀汉"。北宋时，随着工程技术的发展虽然有许多栈道已经为碥道取代，但自凤州至成都，架空之桥梁栈道，依然存有9万多间。如此惊人的工程规模，令后人几乎不敢想象。所以，秦岭中的古代栈道，不仅是中国历史上的奇迹，在世界上，这样的规模也绝无仅有，也是世界交通史上的奇观。

近代一直到现代，随着工程技术的发展，公路与汽车出现并进入山区，山区交通形式发生巨变，萦绕山间的山区公路，取代了许多栈道，栈道的使用频率越来越小直至荒废。而现代铁路与高速公路在山区大规模的修筑，进一步加剧了这种变化，古栈道遗存不断被新修道路破坏沦为荒路废途，时至今日，曾经在历史上极具盛名的秦巴栈道大部分已经不存，只有一些遗迹淹没于深山之中。延续了两三千年的古栈道日渐湮灭。栈道千里的景观，也成为人类交通史上不可再现的绝唱。因此，将这些人类宝贵的文化遗产记录下来，是时代赋予的责任。秦岭古道的开通还带动了一批道路沿线的城市、村镇、驿站等的发展，也留下了大量文物古迹、摩崖碑刻，传承着古代的文明与文化。秦岭栈道的确是古人给我们留下的一份珍贵厚重的历史文化遗产。

秦岭古道路主要有栈道、栈桥、碥道、垒道、槽道、土石路，究其特点分述于下。

栈道，栈道是一种结构特殊的道路，是一侧依靠山崖，另一侧凌空的高架道路。秦岭山地的古代栈道，大多依山凿孔，内插木梁或者石条，伸出石壁，然后于其上架设道路。栈道由梁柱、柱孔两大结构组成，形式复杂，只用于越险路段。栈道用材有木质、石质二种，能够保留较为完整的建筑结构遗存的均为石质栈道。石质材料坚硬耐用，而木质易腐朽，所以在古道沿线木质结构栈道的遗存极少，但就古道沿线遗存的大量栈孔推断，木质结构的栈道应占绝大多数。用木质材料修筑栈道因其易于加工，而且秦岭山中林木遍布，用料来源便利。但木质构件特别易析，古人便在栈道上搭架起栈阁，防止风雨侵蚀，延长栈道使用寿命，即使木构腐朽也易于更换。石质虽然寿命长于木质，但更换维修相对困难。总体上来说木质材料，在耐腐朽及坚固程度上与石质材料有差距，但其使用成本远低于石料，投入耗费少，建造周期短。从现存的石质栈道遗存来看，其结构与木质栈道相同，并无实质的区别。石质栈道采用长短不一的长条形花岗岩作为横梁，平插或斜插入崖壁所凿孔内，横梁上亦搭有条形石板或片石，垒砌成路面，上可以行走。

栈道修筑方法。首先，修筑栈道要勘察地形，根据河流水量的季节性变化、水的流速，来设计栈孔距离河面的高度、栈孔的布局及栈孔的大小、受力程度等，防止河水冲刷对栈道结构的破坏。同时，还要注意栈孔的排水性能，特别是木制横梁，遇水易朽，寿命缩短。据对目前分布栈孔的观察，在栈孔两侧刻有排水槽，或者加大下方孔壁的倾斜面，以便于排水。栈道是在悬崖绝壁上凿孔架木而成的窄路，其修筑方法，凿壁开孔是关键一步。现在大部分栈道只留下了绝壁上的这些凿孔。从现存的栈孔遗迹来看，主要有方形、圆形两种。方形为梁孔，圆形为柱孔。梁孔呈方形，内插梁木，以防其转动；柱孔呈圆形，利用圆木立柱，减少加工难度，同时降低水流对立柱的冲刷力度。因此，栈道的修筑以栈孔为根本，立足于或方或圆的石孔，与横梁立柱结合，支撑起整个栈道结构。

栈阁筑于栈道上，大多在崖壁上凿成0.3米见方、0.5米深的孔洞，洞中插木柱或石柱。完整栈道分上、中、下三排，上排搭遮雨棚，形如屋顶，以遮半山流下来的泉水或滚落的石块；中排铺板成路；下排支木为架。相互间用榫卯连接，远望如空中悬阁。其施工方法是：遇大石塞路，则以锤碎而通之；遇峭壁悬崖，则在崖壁之上凿孔，架横木，上覆木板，钳钉以通之；遇深沟险涧，则架长枔，覆厚板以通之；如遇险陡壁立，则在路旁打桩立栅，砌石栏以通之。修栈阁还要开山破石。由于石坚不受斧凿，发明了采用火焚水激之法进行开山修路。

栈道的结构主要有平梁无柱式、平梁立柱式、平梁斜柱式、斜坡搭架式。

平梁无柱式，为单层结构，有梁无柱。其结构特点是简单易于修建，但承重略逊于有梁柱结构的多层式栈道。为了进一步增加其承重性，通过缩短栈孔间距，加大梁木直径等方式加强承重结构。这种结构主要受制于地形环境的影响。横梁栈孔的上下分布位置，还要充分考虑河流水位高低，崖壁是否垂直，在深渊、陡崖地段，难以立直柱或斜柱，仅安横梁，铺板成栈。

平梁立柱式，为多层结构，形式多样。梁、柱的具体形制，主要在立柱的变化上，梁与柱的衔接固定，推测为榫卯抑或用铁钉加固。有单梁单柱、单梁多柱、多梁多柱，梁柱越多，承重性越好，相应的修建难度就越大，耗费材料多，不易维护。如果栈道位置较低，靠近河面，还要充分考虑河流对立柱的冲刷。栈桥的建筑结构多采用这种形式。

平梁斜柱式，即平梁直柱加斜撑结构或平梁斜柱结构。此种栈阁多是在崖陡水深、无法安装立柱的情况下修筑，或是立柱过高，为了加强支撑力量而设计的一种结构。

斜坡搭架式多，为两层结构，即在崖岸倾斜、坡度比较平缓的坡面上，依坡凿排柱孔立木柱，上装木梁，连接梁柱构成框架，梁上铺板，构成路面，临水一侧施以栏杆。此种栈道形制类似多跨式桥梁。

栈道其建筑结构近似于桥梁。传统意义上的路，最根本的部分有路基的托垫，而栈道多凌空飞架，凿绝壁而建，其总体的建筑结构，只是由梁柱与栈孔两部分构建而成，并且这种建筑形式，在很长的历史时期内，主体结构没有太大的变化，因此对不同时期的建造时期确定较为困难。

栈桥，秦岭山高谷深，所经区域河溪密布，为了跨越山间沟壑，在山区道路过沟涧处多以木材架构桥梁，称为栈桥。栈桥有单跨与多跨之分。单跨比较简单，仅有一组立柱；多跨架设于相对较宽的河面上，有两组以上的立柱。梁柱与孔亦是栈桥修筑的两大基本要素。山区栈桥多跨者往往借助河溪中稳定坚固，且凸出水面的巨石为立柱基础，在其上开凿成对柱孔。柱孔以圆形为主，主要是为减少河水对立柱的冲击。孔中插圆木以立桥柱，柱上架梁以铺设桥面。现在发现的栈桥遗迹只有柱孔，其梁柱结构已不可知。栈桥与栈道在结构上有相似之处，都有木质结构，采用梁柱结合的建筑主体，桥的立柱需要凿孔安放。

碥道，这种道路形式是指在山坡或崖壁上削坡铲石筑成的土石道路。碥道是一种传统的道路结构形式，根据修筑材料的质地又可分为石碥道、土石碥道两种。碥道的修筑，需要顺山势而行，并且要随坡上下、削崖、砌岸、铺石、填土以成路面，所以碥道不像栈道那样平直近捷，里程要长，坡度有增加，但比栈道经久耐用、安全，且维修省工。同时，碥道的承载性巨大，结构简单，维护便捷，修筑成本低，技术要求不高，且运输流通效率高，甚至可以随意加宽，从而增加物流效率，还可以承载大型的交通工具。山区道路经过长期发展，其道路结构也有所改变。自汉代起，即有将栈道改为碥道之事，自唐宋以降，更多栈道为碥道取代。

槽道，槽道是人工在石壁上开凿的石槽状道路，其下底为路面，顶部有凸出的形似棚的石崖。槽道顶部为半圆弧形，内壁愈下斜直，平底，外有粗糙的道沿，槽道内壁光滑，表面有密集的凿痕。槽道开凿十分困难，需要开凿大量石方，且路面狭窄。其坚固性取决于岩石的质地，建成后无须维护，不易被山洪冲毁。

垒石道，也被称为石积道，是用石块叠砌修建而成。路基坚固，路面呈缓坡状，通行便利。

秦岭古道是沟通以长安为中心的西北与四川、湖北、重庆以及中国东南部的重要途径。秦岭古道促进了贸易和物资的交流，对古代经济和生产生活的发展起到了推动作用。关中为古代十三朝都城所在地，可以经过秦岭古道与中国南部进行经济交流和贸易往来，互通有无，调剂余缺，促进了商业发展。《史记·货殖列传》中描述京都与南方贸易关系时说："栈道千里，无所不通，唯褒斜绾毂其口，以所多易所鲜。"后来的荔枝道就因其所运送的物产而得名，也因此而为世人知道。

秦岭古道修造工程是中国古代交通建筑史上的伟大创举。特别是阁道工程的结构形式，既完成了道路"敞而宴平"的效果，又形成了似台如阁的造型；在陡壁中配以阁道，使其凌驾流泉绿波之上，人行阁道如置身于图画之中。这种造型，近看如廊，远眺如阁，台阁相配，亭廊成趣，行息适宜，雨晴两便，达到了人类工程与自然环境的高度和谐。同时，秦岭栈道的修建代表了当时最高的工程技术水平，特别是发明的火焚水激开石法，利用大自然的特性，凿石开道，穿梁建阁，开凿隧道等在国内外都是最早的，对中国古代科技的发展具有重大的研究价值。秦岭古道是中国历史上最古老的道路之一，对中国古代政治、经济、文化的发展起过重大作用，在交通史上占有极其重要的地位。①

（一）陈仓道陕西段道路系统

陈仓道又称嘉陵道、陈仓故道；从陈仓向西南出散关，沿嘉陵江上游（故道水）谷道至今凤县，折西南沿故道水河谷，经今两当（汉故道）、徽县（汉河池）至今略阳（汉嘉陵道）接沮水道抵汉中，或经今略阳境内的陈平道至今宁强大安驿接金牛道入川，"计险四百八十里"。据史书记载，刘邦准备出兵三秦时，就是按照韩信的计策，"明修栈道，暗度陈仓"，"出故道（凤县），战陈仓、好畤（乾县），又战废丘（兴平），遂东至咸阳"。这条道路从关中出发，由大散关进入秦岭，路途较长，但相对比较平坦，且有嘉陵江水运之便。商周、秦、汉末至南北朝分裂时期，汉中、关中、四川之间战争很多，多数沿这条古道通行。隋唐定都长

陈仓道陕西段线路示意图

---
① 参考秦建明《秦巴栈道》陕西师范大学出版社，2017年6月。

安，汉中及四川成为唐王朝的一个大后方，长期没有战争。长安、南郑、成都间的交通十分频繁，秦岭嘉陵江道沿线驿站不断，仅大散关至宝鸡一段不到100公里的路程就有15处之多。明清之际，陈仓道是"商贩自秦州赴汉中之路"，沿途有居民住宅、香火庙宇、商旅集市、客栈酒肆，较为兴旺繁盛。

陈仓道位于跨越秦岭陕西段五条通道的最西面，所以和邻区的一些道路也有联系。陈仓道向西北联系的道路主要有：从凤县附近循红岩河北行至宝鸡凤铃阁再北到陇县西南的关山道，由徽县通往天水的祁山道，由徽县经成县通西和县的道路，由徽县经成县通武都的道路，由略阳经马关（甘肃康县东）到武都的道路等。

这条古代道路最大的特点是碥道遗迹较多。陈仓道位于凤县的长坪河流域，河谷曲折狭长，宽度60~150米，沿途分布有大大小小的河谷间冲击盆地，部分地段通行困难，需要借助地形，开凿栈道，方能通过。秦岭古道以主线为纲，辅以支线，将此作为一个交通网，介绍其在漫长的历史时期内的各种变化。从秦岭古道资源的角度进行呈现叙述。

1. 陈仓道宝鸡、凤县段遗址

陈仓道在不同时期，道路的走向有所变化。将陈仓道分为两个大的部分，即陈仓道宝鸡、凤县、留坝段和略阳、勉县、汉中段。

陈仓道在宝鸡境内涉及清姜河以及嘉陵江上游地区。清姜河流域，川道狭长，河谷宽度约80~450米，沿途分布有河岸台地及山间冲积平原。嘉陵江河谷较宽，所经区域河谷通直，水流舒缓，滩多水浅，地势开阔平坦，绝大部分路段采用传统的筑路方法，以土石为路基，铺以砂石路面，无须开凿栈道亦可方便出行，下面将主要路段遗迹作一介绍。

陈仓道遗址凤县段 战国—清，起于凤县黄牛铺，经红花铺、凤州、三岔，至南星镇。陈仓道凤县段由宝鸡市渭滨区向南延进入凤县黄牛铺镇，自东向西沿嘉陵江而下，至凤州镇折向东南，经三岔镇、南星镇至留坝县，全长约90公里，系连通关中与巴蜀的古道路。此道始通于战国，公元前206年，刘邦即由此道自汉中出陈仓还定三秦。《史记·河渠志》载："抵蜀从故道，故道多阪，回远。"即指此。故道全线发现栈道遗

陈仓道经过的灵官峡

址及摩崖题刻十余处。其中凤州东南一段又称连云栈道，该栈道的开通使陈仓故道缩短了距离。陈仓故道对研究关中与巴蜀之间的古道路等具有重要价值。现故道遗存散点式分布于嘉陵江沿岸。

长桥栈道遗址 战国—清。该段栈道是陈仓道凤县境内的一段，位于红花铺镇永生村，主要分布于嘉陵江东岸的石崖上。东靠山崖，崖上为宝成铁路49号隧道，崖下212省道沿嘉陵江东岸修筑。栈道为西北—东南走向，全长15.41米，距河面高12米，原有方形栈孔10个，孔距1~3.5米，孔边长0.37米，

深0.37米。另外还发现8个栈孔，还有2个栈孔全被荒草淹没。该段栈道遗迹对研究陈仓道，特别是嘉陵江上游道路史等方面有重要价值。风雨侵蚀等自然因素对其有一定的影响，现在石崖上有保护标志碑1通。1984年被公布为县级文物保护单位。

庄房坝栈道遗址 战国—清，位于凤县留凤关镇长坪村，长坪河东岸崖壁上。遗址西距长坪村至瓦房坝村土路约30米，地势北高南低，为山间谷地。栈孔分布于长约50米的南北走向的崖壁上，距离水面1.5～2米，现存栈孔33个。该栈道遗址对于研究古陈仓道在凤县的分布及其相关问题具有一定价值。岩石自然风化和泥石流以及人的生产生活活动对栈孔遗迹造成一定影响。

庄房坝西北栈道 战国—清，位于凤县凤留关镇长坪村五组西北约1公里处的长坪河西岸崖壁上。遗址东距长坪村至瓦房坝村土路约30米，东北距水泥桥约40米。栈孔分布于长约80米的南北走向的崖壁上，距离水面1.2～2.5米，现存栈孔53个，其中方形栈孔36个，边长0.12～0.18米，深0.24～0.28米；圆

长桥栈道遗址

庄房坝栈道遗址

形栈孔17个，直径0.1～0.15米，深0.18～0.22米；栈孔间距0.3～0.6米。其中13个栈孔内插有长条形的石质横梁，梁上铺有大小不一的石板垒砌成的路面，结构较为完整。

鸡冠崖栈道遗址 战国—清，位于凤县坪坎镇倒贴金村谭家坝（自然村）鸡冠崖崖面上，紧邻中曲河。栈道遗址所在的崖面上方东约50米为坪坎至倒贴金砂石路，南距吊坝子约800米，西南距谭家坝约180米，北距碾子坝约2000米。在鸡冠崖底部有一长约20米的巨石延伸至中曲河中，在巨石靠近崖体部位有一栈孔，方形，边长为0.18米，深0.12米。在巨石与鸡冠崖相连的部位有人工开凿的踏步6级，长约6米，宽0.6～0.8米，高0.17米。考古人员推测，该栈道在栈孔上打入石桩，铺设路面，紧靠鸡冠崖顺河流方向修造，踏步是为了方便河边栈道与上方道路上下通行。鸡冠崖栈道遗址沿河边分布，因地震、河水冲刷以及年久失修等原因破坏严重，今石桩与路面保存状况较差。

杨家河栈道遗址 清，该栈道应为陈仓道的支线，位于凤县平木镇杨家河沿岸。从平木村至雷神庙约20公里的河道上发现有郭齐沟门、松树角、黑湾、桥头、黄家老庄、北坪等多处栈桥遗址，在石界沟口和北坪还发现有清代道光年间（1821—1850）的修桥记事碑各1通。其中桥头栈桥遗址位于桥头西约30米处的杨家河河道中，为东西走向，桥已毁，现存桩孔16个，凿于8块大石头上。其中圆形桩孔1个，方形桩孔15个，分布在长约17米、宽约2.5米的范围内。桩孔距离河面高约0.6～2.5米。

庄房坝西北栈道遗址

杨家河栈道多为沿山碥道，沿河岸宽阔平坦处延伸，时而在河之东岸，时而在河之西岸，所以在杨家河河道上留下了多处栈桥遗址。部分路段有用石块垒砌的石阶，大石块上开凿有脚窝。据调查，该栈道是从平木通往宝鸡的一条古道，过去当地群众用骡马将山货、木板沿该道驮往关中，再将食盐、布匹运回齐心、平木等地。杨家河栈道南接平木至江口栈道（西河栈道），向北经过杨河村、齐心村，沿杨家河北上，越过山梁进入嘉陵江支流东峪河河岸，最后与从宝鸡入蜀的陈仓故道相连，全长约

杨家河栈桥遗址

40公里。它是从宝鸡至汉中较为便捷的路线，向南经过坪坎镇至江口与褒斜栈道连接，直达汉中。这条道路是连接陈仓故道和褒斜道的一条道路，是陈仓故道交通网不可分割的一个组成部分。杨家河栈道遗址的发现对研究宝鸡秦岭山区古交通网络的布局和交通、商贸等提供了重要实物资料。杨家河栈道时隐时现，现存6处栈桥遗址、2通修桥碑及部分石砌道路。2010年12月该遗址被公布为县级文物保护单位。

北坪栈桥遗址 清，位于平木镇刘家庄村北坪。栈桥东西向横跨于杨家河上，现已毁。河道中的3块磐石上现存圆形桩孔6个，每两个为一排，每排孔间距0.8～1米。桩孔距河床高约0.5～2.5米。栈桥全长约15米。在桥西的河岸上，有一通横卧的花岗岩质石碑，长方形，高1.02米、宽0.99米、厚0.13米；碑文模糊不清，可辨识的有"……取众姓修立过桥一座永固……"及捐资者姓名、捐资金额等，落款为"大清道光四年（1824）十月"。

北坪栈桥遗址

2. 陈仓道略阳、勉县段遗址

陈仓道略阳段遗址分布于嘉陵江沿线及其支流上的略阳县白水江镇、徐家坪镇、横现河街道、两河口镇一带，遗存包括栈孔、碥道、题记等，据调查共有30余处。这些栈道遗址的发现，为进一步研究故道历史提供了珍贵的实物资料。

朱儿坝栈道遗址 战国—清，位于略阳县徐家坪镇朱儿坝村朱儿坝组，嘉陵江东岸江边崖壁上，东距横马公路约40米。遗址呈南北走向，现存栈孔23个，上、下两排分布，距水面高1~1.5米。栈孔均为方形，大栈孔高0.34米、宽0.27米、深0.43米；小栈孔高0.2米、宽0.16米、深0.3米。两排栈孔之间有摩崖题刻1处，表面

朱儿坝栈道遗址

风化严重，文字漫漶，可辨为篆书。该遗址对研究蜀道交通史具有一定价值。

张岩沟栈道遗址 战国—清，位于略阳县横现河街道办事处横现河村张岩沟组，张岩沟采石厂西侧崖壁上。遗址呈南北走向，长约500米。崖壁上可见凿痕、碥道及栈孔3个。其中，碥道路面宽约1米，栈孔为方形，"一"字排列，高0.3米，宽0.36米，深0.15米。

坪垭一线天栈道遗址 战国—清，位于略阳县横现河街道办事处横现河村坪垭组一线天崖壁上。遗址呈南北走向，现存栈孔5个，方形3个，圆形2个，呈"一"字排列，距水面高1~2米。

任家坝栈道遗址 战国—清，位于略阳县乐素河镇任家坝村黑沟子地，乐素河西岸崖壁下。据记载，该遗址呈南北走向，路面下崖壁原有栈孔数个，孔长0.3米、宽0.2米。调查发现，现存人工开凿石路1条，长约70米，路面宽约0.5~3米，距河面高1~2米。受雨水影响未见栈孔。

张家坝观音岩栈道遗址 战国—清。此为陈仓道支道，位于略阳县两河口镇张家坝村大路坎组，观音岩石窟北侧栈坝河西岸崖壁上。该遗址呈南北走向，单排，长约10米，距水面高3米。现存方形栈孔2个，一孔长0.15米、宽0.14米、深0.14米，另一孔长0.1米、宽0.1米、深0.1米。该遗址的发现为研究沮水古道路提供了实物资料。

陈仓道勉县段遗址 战国—清，位于长沟河镇火神庙村。据县志载，陈仓道由汉中入境，沿金牛道至黄沙，折向北进，经龙王沟，沿百丈坡、土地梁、火神庙、汪家河、九台子、火烧关、铁炉川、大石崖、陈仓沟、连云寺接褒斜古道。该段道路为古陈仓道在长沟河镇火神庙村境内的一段。该遗址部分已被杂草所覆盖。此处道路有十里梨树桠段、十里长沟段、十里大拐段、十里黑沟段、十里欢喜坡段。陈仓故道勉县段为我国古代蜀道上一支重要的交通要道。

张家坝观音岩栈道遗址

陈仓道勉县段道路遗迹

3. 连云栈道遗址

连云栈道也称连云栈，是陈仓道的一条支线，也可以说是连接了陈仓道和褒斜道的一条古道路，是一条从陈仓道到汉中的捷径。连云栈道取故道北段上的宝鸡、凤县段，在凤县转入此道，然后又从留坝县武关驿和褒斜道相连，转入褒斜道南段而达褒城，节省了交通的时间。从连云栈所处的地理位置来看，其开凿时间应该晚于陈仓道和褒斜道。从史书记载来看该古道路大约开辟于北魏年间，初名回车新道，得名连云栈在其后。连云栈在元、明、清时最为兴盛，其时是秦蜀间大道，由宝鸡经凤县、留坝入褒斜道南段，再接金牛道入蜀地。

连云栈道示意图

连云栈道重要驿站分布图

元、明、清时期，连云栈成为入蜀的主要道路，影响巨大，甚至被冠以"陕西栈道"之名。《关中胜迹图志》引《舆程记》云："陕西栈道，长四百二十里，自凤县东北草凉驿为入栈之始。至褒城之开山驿，路始平，为出栈之始。"由此看来，连云栈北自故道上的凤州始，南达姜窝子，即与褒斜道相接处止。其北段与故道重叠。明人杨廷宣有《连云栈赋》，对当时这条栈道进行了艺术描述："秦带蜀方五百里兮……盘七曲而肠回兮，眴高目之瞇矇。瞰龙江之窀窀兮，泻白练之霓虹。……乃渡木阁，驰青桥，涉凌兢而惘口

连云栈古道路

兮，列御风而凭空；侧身阰而撇捷兮，足秦法之重重。嘛飞栋巇峣崖兮，矼浮柱而增崇，截王孙之便给兮，碥碨礧而青葱。霭云楼与雾霾兮，比朝暮之仙踪。"说其险峻处"骑不得方，人不得比"。凤岭之南的心红峡，道中有摩崖石刻多处，如"大手笔""长虹饮涧""幽丽奇处"等。峡南一路青松翠柏，流泉飞沫，风光可人，多明、清题刻，有"云栈第一佳处""千流飞雪，万叠堆青"等。

连云栈道碥道遗存较多，且多集中分布于翻越凤岭的连云栈道上，以土石碥道为主，包括仓坪古道、董家坟古道、烂泥池古道。石碥道遗迹均位于凤县留凤关镇心红铺村以南的心红峡西岸的崖壁上。连云栈道从凤州开始所经道路为凤州到凤岭、心红铺、三岔、废丘、南星、松林驿、柴关岭、庙台子、留坝、画眉关、青羊铺、姜窝子，一直到留坝县的武关驿。

位于连云栈道上的主要遗迹有：

董家坟碥道遗址 北魏—清，位于凤县留凤关镇心红铺村西北约2.5公里的董家坟东北。此栈道位于陡坡山地，地势西北高东南低。西南距烂泥沟约5米，东北靠山崖。碥道为西北—东南走向，长约

300米，宽约1～3米。道路削坡而建，路面为土石铺成，部分路段在岩基上凿成，至今尚可通行。

心红铺南碥道遗址 北魏—清，位于凤县留凤关心红铺村南约1.5公里，为两山夹一川的峡谷地带，地势北高南低。东距心红峡河约6米，西临山崖，呈南北走向。在距路面高约3米的山崖上，遗存石凿路面，长150米，宽1～3米。心红铺南碥道遗址是石碥道的代表性遗址。

董家坟碥道遗址

心红铺南碥道遗址

三岔村驿站遗址 北魏—清，位于留坝县留凤关镇三岔村。地势北高南低，较为平坦。遗址平面略呈南北长东西窄的长方形，面积约9000平方米。现存民国时建筑26座，分布于南北长约150米，东西宽3～3.5米的街道两边。其中街道东侧有建筑12座，面西；街道西侧有16座，面东。面阔3～5间，均为砖木结构硬山顶，大部分前檐存有木面，部分山墙存有砖雕花卉、博古图案。该驿站处在连云道必经之地，是心红峡南端要冲，对于研究连云道的历史及其相关问题具有重要价值。

八里关栈道遗址 北魏—清，位于留坝县紫柏街道办事处青羊铺村村委会东南3公里处，北栈河南侧崖壁下。遗址为东南—西北走向，单层排列。栈道全长约16米，距河面约0.8米。现存圆形、椭圆、方形栈孔共12个，孔距多为0.5～0.6米，孔径0.1～0.13米、深0.11～0.15米。栈孔位于北栈河西岸。栈孔仅距平常水面0.8米，因此常年受流水侵蚀。

八里关栈道遗址

斩龙垭驿道遗址 北魏—清，位于留坝县紫柏街道办事处青羊铺村新开岭，北距316国道300米。驿道长约150米，宽约1～1.5米，断续见磨光青石路面。路面石块长0.2～0.8米，人长年行走，已经磨光。由于驿道处于山腰密林深处，年久失修，又遭自然侵蚀，破坏比较严重。

大桥坝驿道遗址 北魏—清，位于留坝县紫柏街道办事处青羊铺村大桥坝，北栈河西岸河边。驿道为石积式垒制，依附周围石壁空隙而建，坚固耐用。整个驿道长约30米，与它连接的离河面高约8米的悬崖栈孔因修路开采片石而遭到破坏。驿道虽经流水等自然环境的破坏，保存不多，但石积式路基依然有所保留。是连云栈道中保存较好的驿道遗址。

金洞子栈道遗址 北魏—清，位于武关驿镇武曲铺村南约2公里的金洞子。遗址保留路面以土石为主，长约2000米，宽1.3～1.5米，路面高出河床40～50米。还保存有一座石块砌筑的桥梁，为平桥，部分跨坍，桥面长6米，残宽0.6米。

石峡沟栈道遗址 北魏—清，位于留坝县紫柏街道办事处陶沙坝村石峡子沟头道水库大坝前。该栈道全长约100米，高出地面0.8米。现存圆形栈孔1个，直径0.17米，深0.14米。石台阶1

石峡沟栈道遗址

段，长2米，宽0.8米。石积式栈道1段，长约30米。石峡子沟现为留坝县饮用水源地保护区，区域内几乎没有居民。受水库修建影响，遗址大部分被毁，现仅存部分遗址。

（二）褒斜道陕西段道路系统

褒斜道的开辟，大概在商末周初。在周原出土的甲骨文中就有周文王"伐蜀"的记载。后周幽王征伐褒国得美女褒姒。甲骨文记载周文王伐蜀虽未指明具体路线，但褒斜道的入口斜谷口就在周原以南，距离更近，且翻越秦岭的道路相对要容易一些，因此，周文王当和周幽王一样，都是经褒斜道向秦岭南边进军。褒斜道也可能是最早的一条通向汉中的古代道路。《史记·货殖列传》载，春秋时期，"秦文、（孝）[德]、缪居雍，隙陇、蜀之货物而多贾"，秦蜀间经褒斜道多有贸易往来，至秦昭襄王时（前306—前251），将褒斜道的山谷道路凿筑为栈道，使"栈道千里，通于蜀汉，使天下皆畏秦"，成为战国时期秦蜀间的交通干道。褒斜道循渭水支流斜水与汉水支流褒水两条河河谷而行，由长安穿越秦岭通往陕南、四川。因其北入口在眉县斜谷口，南出口在汉中褒谷，故称褒斜道。古代由长安去汉中，先入斜谷，后入褒谷，故亦称斜谷道。

斜水（今名石头河）发源于太白山西侧，北流经太白县五里坡东侧又折东北出斜谷口注入渭水。褒水发源于秦岭南麓，在太白县境内源头很多，最东的源头位于五里坡西侧的西沟、塘口街一带。斜、褒二水相邻的五里坡是长五六里的一个缓坡，过此缓坡，斜谷和褒谷

褒斜道示意图

即相通。因此，褒斜道实际上是一谷二口，虽纵穿秦岭却不必翻越大山。就其大势而言，褒斜道是秦岭诸道中较平夷捷近的谷道。但其路经的褒谷南段峡谷，水深流急，绝壁凌空，唐人欧阳詹在《栈道铭·序》中形容山崖险绝，"连高夹深"，"阴溪穷谷，万仞直下，奔崖峭壁，千里无土……麋鹿无蹊，猿猱相望，自三代而往，蹄足莫之能越"。褒斜道在未修栈道之前仅为谷道，其绝险处须攀缘而行，艰难辛劳，不可言状。至战国时期秦昭襄王使范雎为相，在路经的悬崖绝壁间凿山为孔，插木为梁，铺木板连为栈阁，接通道路，此后褒斜道才成为常行驿道。秦、汉时期，褒斜道是首都咸阳或长安通往陕南、四川的主要驿路，其经行路线大体为：由斜谷口入山，沿斜水东侧南行，经鹦鹉嘴、下寺湾过斜水，翻老爷岭（即古八里坂），进入斜水中游的桃川谷地，再西过灵丹庙、杜家坪，登五里坡（古称五里岭）进入褒水上源之一的红岩河上游（今太白县咀头镇），然后折向西南，经两河口、关山街（即古河池关）、上白云、下白云、古迹街、高桥、王家堎、柘栗园，到褒河上游三源交汇处的西江口镇（古代附近有三交城），经孔雀台、下南河、武休潭、马道镇、褒姒铺，穿石门或越七盘岭出褒谷口，再经褒城到达汉中。

战国中期，秦国为了伐蜀，在褒斜古道的基础上，逢山开路，凿孔架栈，沿褒、斜二水的峡谷，首次把古道扩修成栈道。秦惠文王更元十一年（前314），派司马错等人率军经褒斜栈道入汉中，复自沔县（今勉县）而西南，经剑阁入蜀，于是年冬十月灭蜀。秦王通过整修褒斜古道成石道栈道，达到了政治、军事目的。褒斜道自秦昭襄王年间凿通栈道后，因人为破坏和自然原因多次阻塞，多次修治，途经路线也多有变化。

秦末刘邦、项羽相争时，刘邦被项羽封于汉中，刘邦为迷惑项羽，示无归意，"烧绝所过栈道，示天下无还心"，褒斜道可能由此一度断绝。西汉武帝元狩年间（前122—前117），为充实京都粮食库存，发展运输，采纳御史张汤的建议，拜张卬为汉中守，发数万人作褒斜道五百余里。这次大规模整修褒斜栈道时，还计划利用褒、斜二水进行漕运，即"漕从南阳上沔入褒；褒之绝水至斜，间百余里，以车转，从斜下渭"。后由于水湍石大，不可漕，水运未成。

东汉永平四年（61）开通褒斜道的石门隧道，后东汉明帝永平六年至九年（63—66），汉中太守鄐君"以诏书受广汉、蜀郡、巴郡徒二千六百九十人，开通褒斜道"。这次工程共"用工七十六万六千八百余人，瓦三十六万九千八百四，器用钱四十九万九千四百余斛"，"始作桥阁六百二十三，大桥五，为道二百五十八里"。汉安帝延光四年（125）十一月，司隶校尉杨涣（字孟文）奏请结果，朝廷罢子午道，通褒斜路。遂整修褒斜栈道，化险为夷，行旅称便。

三国时期魏蜀相争，褒斜道一度断绝，但其间也曾有四次大的修葺。第一次为蜀后主建兴六年（228），蜀将邓芝、赵云拒魏，烧毁赤崖栈道，之后诸葛亮组织人力修治。第二次在魏太和四年（230），曹真伐蜀，数道并入，深入险阻，"凿路而前……治道功大，战士悉作"。第三次在蜀建兴十二年（234），诸葛亮为六出祁山，大举修道并治斜谷邸阁。第四次在魏元帝景元四年（263），魏将李苞"将中军兵石木工二千人，始通此阁道"。三国时，诸葛亮屡为水患之苦，随着工程技术的不断改进，遂改褒斜栈道，取其立柱，改成"千梁无柱式"。

西晋泰始元年（265）至太康元年也曾两度修治褒斜道。《石门铭》载："自晋氏南迁，斯路废矣。"自北魏以后，褒斜道线路多次变化，北魏正始四年（507）修治自回车至褒谷的栈道，也就是连云栈道，这条道连接了陈仓道和褒斜道，因此，陈仓道和褒斜道可以互通，进入蜀地和汉中都有了捷径。

北魏宣帝正始三年（506）梁秦二州刺史羊祉奏请"修石门阁道"，朝廷遣左校领贾三德"领徒一万人、将帅百人"，修复褒斜栈道，至永平二年（509）竣工。这次整修，对褒斜栈道路线进行了改变，即将栈道北段入斜谷改为越紫柏山、柴关岭至回车经凤县出散关到宝鸡。

唐代前期，褒斜旧道仍通行旅，但非驿路。唐敬宗宝历二年（826），兴元节度使裴度奏修褒斜路，其路线仍沿秦汉褒斜道旧线，但在西江口东北太白河至今太白县城咀头镇之间，选用了一条更为近捷的路线，即由咀头镇往南经方才关、蒋家坟、鲁家崖、磨房沟，沿太白河而下，至田坝子入留坝县境，再经桑园坝至江口与褒斜旧道合，此即《元和郡县图志》所载的太白山路。今太白县太白河镇苟家河至王家庄一带，仍留有栈桥孔遗迹。唐开成四年（839），山南西道节度使归融修治秦蜀通道，北至散关，南至剑门，凿修栈道千余里以通驿路。驿道北段所走路线，在宝鸡、散关、凤州间为陈仓故道，凤州至武休潭间为北魏所开的回车道，武休潭以南仍为秦汉褒斜道旧线。

宋、元、明、清以来，均以唐斜谷道为入蜀大驿道。明、清时期，秦汉褒斜道多年失修，南段已阻塞不通，但由城固北出小河口，经西江口，沿秦汉褒斜道东行，仍有间道通于眉县。明洪武二十五年（1392），重修栈道时，增修栈道于七盘岭山腰，盘山而行，经鸡头关到褒城。自鸡头关至姜窝子共计栈阁1526间。由姜窝子折向西北经凤县越散关至宝鸡，即明代连云栈之路线。明万历十三年（1585），汉中太守崔应科对栈道又进行重修。可见，褒城鸡头关到留坝武关驿，山高路险，为重点修整路段。

褒斜道最后一次大规模整修，为清康熙三年（1664）巡抚贾汉复所为。《贾大司马修栈道记》载，贾汉复要巡视汉南，深感此路多阻，遂发动凤翔府与汉南巡使共同谋划，"捐金募工"，于九月开工，"修险□凡五千二百丈有奇，险石路凡二万三千八十九丈有奇，险土路凡一千七百八十一丈有奇，修偏桥一百一十八处，计一百五十七丈"。从以上记载来看工程，占栈道总长近一半。这次修整的仍是北魏以后改线后的褒斜栈道。

在漫长的旅途之中为便于行人途中食宿、公文传递、驿卒驿马更替、货物交流和信件中转，褒斜栈道沿途设有驿站、邮亭和其他附属设施。史书记载，东汉明帝时整修了258里栈道，修葺了邮亭、驿置、徒司空、褒中县官寺等并64所。早期的邮驿多系官办，具有多种职能，后随着沿途居民点的增多，私人客舍也随即产生，官驿职能逐渐转向单一，数量随之减少。由于道路和交通工具的改进，驿间距离也就拉长，其中的驿站名称也有所变化。褒斜栈道南段较大的驿站有褒城驿、青桥驿、马道驿、武关驿、江口驿等。留坝县江口镇有一处汉唐建筑遗址，面积较大，均密布阁道工程遗迹，应该是汉代和唐代一处比较大的驿站和邮亭建筑遗址。唐代褒城驿在当时的县城所在地，即今天的汉中市新沟桥乡打钟寺一带，《褒城驿》一诗写道："严秦修此驿，兼涨驿前池。已种千（万）竿竹，又栽千树梨。"元稹《黄明府诗序》讲："元和四年（809）三月，予奉使东川，十六日至褒城东数里，遥望驿亭，前有大池，楼榭甚盛。"孙樵《书褒城驿壁》也讲"褒城驿，号天下第一"。栈道北段的驿站记载有仙岭驿、白云驿、临溪驿等8处，现遗址均无存。

褒斜道的开通通行3000多年，在社会发展、人类进步过程中发挥了巨大作用。随着科学技术的进步，公路的兴建，古老的褒斜栈道也发生了新的变化。民国二十三年（1934）四月，沿栈道勘察设线修建宝汉公路。勘察至栈道石门和对岸石虎附近，因涉及石门及摩崖石刻等重要文物，时任国家经济委员会公路处处长赵祖康与工程师张发端、张佐周商定，由鸡头关北架桥跨河，沿褒河东岸设线，又恐有损石虎虎形，特在下部开凿连环三隧道，共长66米。鸡头关大桥将褒河西岸的沿溪线引向东岸，转弯成南北向与河西栈道石门轴线平行。当时大桥施工时，工程处主任张佐周常去栈道石门观看栈道遗迹和摩崖石刻，为恢复一段古栈道的面目，曾在石门北口外依遗迹孔洞用木材修复了一段仿古栈道，并在终端峭壁的顶部修筑一亭。河东公路隧道口，又由交通界叶恭绰先生命名题字"新石门"，刻于洞口崖石上。设计鸡头关大桥的钱予格工程师也即兴作诗曰："绝壁深深立，寒波咽咽流。削平石虎脚，直下古梁州。"新石门附近壁崖上还有多人题字刻石，称赞古、新石门。当时临于谷口溪流之上，西有古石门及其摩崖石刻和仿古栈道、凉亭，北有现代化的鸡头关铁桥，东有古石虎、新石门及新摩崖石刻和公路，南有"衮雪""玉盆"奇石胜迹。

褒斜道重要遗址可以分为三大段，即褒斜道眉县与太白县境内遗址，褒斜道宁陕县、留坝县境内遗址，褒斜道汉中市遗址。现分述如下。

1.褒斜道眉县、太白县段遗址

褒斜道从眉县的斜谷口进山，谷口较为宽敞，现存道路大多为土石路。进入太白县境内后，山势高耸，多有栈道遗迹留存。

褒斜古道北口眉县斜谷口

褒斜道遗址太白段 秦—清。褒斜道遗迹在太白县境内沿红岩河、石头河岸分布。该段栈道在太白县境内北起鹦鸽镇，向南入桃川镇后，再向西折，经咀头镇向南，贯穿王家堎镇，延伸到汉中留坝县。褒水南注汉水，谷口在今汉中市汉台区褒河；斜水北注渭水，谷口在今岐山县斜峪关。《读史方舆纪要》载："褒斜之道，禹贡发之，而汉始成之，大约宜于陆不宜于水。今南褒北斜，两谷高峻，中间褒水所经。春秋开凿，秦时已有栈道。"由此可知，褒斜栈道开凿历时已久。秦昭襄王四十一年至五十二年（前266—前255），秦国宰相范雎大规模修筑褒斜栈道，经十余年乃成，并置驿站11处，其中在太白境内5处，分别是：松岭驿（鹦鸽）、连云驿（桃川）、平川驿（咀头）、白云驿（白云）、芝田驿（白云）。蜀汉之争时，汉王刘邦退入蜀中，烧毁百里栈道，后用韩信之计"明修栈道，暗度陈仓"，派樊哙、周勃率卒万余大规模修复栈道。汉武帝元狩六年（前117），发动数万人再次修复加固褒斜栈道。《史记·河渠志》载："今穿褒斜道，少阪，近四百里（较故道）。"自汉以后，褒斜道就成为连通关中、巴蜀的重要通道之一。褒斜道沿红岩河、石头河分布，经太白县王家堎镇，至咀头镇折向东，翻越山梁进入桃川镇，再折向北，经鹦鸽镇进入眉县。太白县境内全长约110公里，全线发现栈道、栈桥等遗址多处。包括鲁班桥栈道遗址、凉水泉栈道遗址、夹马石栈桥遗址、西坝栈道遗址、铁炉沟口栈道遗址、油房坪栈桥遗址等。其中王家堎镇段的遗迹分布密集，保存较好。褒斜栈道是古代由陕西关中进入汉中、四川的重要交通要道之一，对研究当时的人类迁徙、商贸交通等各方面状况有重要价值。

褒斜栈道断断续续分布于太白县的红岩河、石头河两岸，近年来修建公路、村庄建设以及山体崩塌等因素造成了栈道多处损毁。1992年，褒斜栈道遗址太白段被公布为陕西省文物保护单位。

鲁班桥栈道遗址　秦—清，位于太白县鲁班桥。栈道有条状栈桩8个，方形栈孔3个，栈桩距栈孔5米。栈桩高低、宽窄、薄厚均不一，最高者高0.9米，宽0.23米，厚0.2米。栈孔孔距1.5米。孔1斜方形，孔口边长及孔深均为0.19米；孔2长方形，孔口长边0.25米，短边及孔深均为0.24米；孔3长方形，孔口长边0.28米，短边0.22米，深0.19米。

褒斜栈道遗址保护标志碑

石质栈桩

分布的成组栈孔

方形栈孔及开凿痕迹

凉水泉栈道遗址　秦—清，位于太白县鹦鸽镇凉水泉。遗址处的悬崖上有圆形壁孔2个，口径0.2米，深0.24米；孔内插木头。其上方有一口径0.05米小孔，深0.2米，可能为插扶手用。

夹马石栈桥遗址　秦—清，位于太白县鹦鸽镇夹马石村。夹马石栈桥距凉水泉栈道500米处，有栈桥柱孔7个，圆形，口径0.24米，孔深不一，最深者0.2米，浅者0.05米。

西坝栈道遗址 秦—清，位于太白县王家堎镇西坝村南200米，红岩河西岸。栈道开凿于垂直崖壁之上，随山势折转，分成南北两段，全长约30米。红岩河原流经栈道下方，后改道。栈道下距原河面1.5～2.3米。栈道呈南北走向，现存有栈孔11个，皆为方形横孔，栈孔边长0.27～0.3米，深0.35～0.4米，孔间距1.8～3.3米。

油房坪栈道遗址 秦—清，位于太白县王家堎镇油房坪村西北，红岩河东岸。栈道呈南北走向，有上、中、下三排排布的27个栈孔，但排布并不对称，分布长度14.5米，上排栈孔4个，中间栈孔13个，下排栈孔10个，每排之间间距0.4米，下排已近河床，部分为河沙埋没。栈孔皆为方形横孔，边长0.15～0.22米，深0.2～0.25米，孔间距0.5～1米。

油房坪栈道遗址

2.褒斜道留坝县段遗址

石垭子栈道遗址 秦—清，位于留坝县江口镇锅厂村，红岩河东岸石垭子山崖壁下。栈道属单层排列，为南北走向，全长6米，距河面1.7米。现存长方形栈孔5个，孔距1.2米，孔边长0.23米、宽0.21米、深0.2米。

江西营栈道遗址 秦—清，位于留坝县江口镇江西营村东北280米左右的褒河南岸崖壁下。栈道属多层排列，东西走向，全长约120米，下层距河面0.12米。栈道共有方形栈孔54个，孔距0.24～1.2米，孔边长0.15～0.23米、深0.15～0.2米。栈孔内尚存石栈桩13个，石栈桩露出长度0.28～0.39米。调查发现，在河道南岸，有呈多层排列东西走向的栈道遗址，由方形和圆形石孔组成，可见石孔十余处，栈道最下层已被河水淹盖。

磨桥湾栈道遗址 秦—清，位于江口镇磨桥湾村，褒河西岸的崖壁下。栈道为南北走向，全长约12米，由上、下两排方形石孔组成，上层3个，下层10个。该栈道遗址风化、流水侵蚀严重。

阎王碥栈道遗址 秦—清，位于留坝县武关驿镇南河村黑营坝组阎王碥，褒河西岸崖壁上。栈道沿河呈带状分布，共有栈孔40个，分上、下两排，上层为27个方形孔，下层为13个圆形孔。遗迹保存基本完整。近年在修建210省道时将遗址上方山体炸毁，完全破坏了遗址环境，对遗址构成潜在威胁。该栈道遗址为秦汉、唐时期褒斜道的部分路段。

阎王碥栈道遗址

倒水湾栈道遗址 秦—清，位于留坝县武关驿镇武关河村姜窝子小组北的倒水湾褒河河床西侧。在临水的石质河床上保存栈孔4个，分布无规律。栈孔为圆形，竖立垂直于河床，直径0.1～0.2米。该栈道遗址濒临河水，经常受到河水冲刷，栈孔削减严重。

孔雀台栈道遗址 秦—清，位于留坝县武关驿镇孔雀台村孔雀台。孔雀台为秦岭南麓褒河谷地一座独立山峰，遗址即位于孔雀台临河断面上。遗址呈带状分布，南北长约33米，东西宽约2米，下距河水约10米。遗址包含有路面、栈孔、石梁等。

武关驿栈道遗址 秦—清，位于武关驿镇武关河村。武关驿栈道遗址是褒斜道的重要遗存之一。遗址呈带状分布，纵向30米，横向5米。现存遗迹以栈孔为主，共分上、中、下三层。近年随着水土流失严重，河床抬高，栈道遗址受到洪水、滑坡、生物等自然环境的多种损坏。武关驿栈道遗址是研究古代山地交通的重要遗址。

武关驿栈道遗址

青桥驿段遗址　秦—清，位于留坝县青桥驿镇青桥铺村南1公里处。褒斜道在青桥驿镇分布有12公里，现已发现遗迹2处，呈南北走向单层排列，两处遗迹分布长约1000米。遗迹距现在的河面高3.8~10米，现存方形栈孔6个，孔距约为3米，孔径0.4米，孔深不详。

青桥铺栈桥遗址　秦—清，位于青桥驿镇青桥铺村村委会东北200米，为褒斜道上的石桥遗址。青桥铺是历史上著名的驿站，为了褒河的东西岸方便交通，人们在此修桥。利用天然石块做桥墩，两头桥墩石较小，上各凿有1孔，中间2块桥墩石较大，分别凿有4个孔，在石墩孔里立柱，再搭桥。石孔大小分别为0.1米×0.12米和0.15米×0.2米。孔距1.5~2米。现在该遗址遗留4个天然的大石块桥墩，东西各有2个，每个桥墩上有1个或4个方形石孔。

小土地梁栈道遗址　秦—清，位于留坝县江口镇桑园坝村小土地梁，太白河东侧河床上。栈道为自北向南，总长约200米。该遗址分上、下两层。下层遗址成双层排列，长约50米，存方形栈孔18个，圆形栈孔3个，孔距0.23~2.47米。方孔最大孔边长0.38米，深0.33米，最小边长0.18米，深0.19米，其中两方孔间有一长方形孔槽，长0.6米，宽0.1米，深0.1米。圆孔直径0.12米，深0.15米。下游约100米处崖壁上有3个横方孔，无法测量。上层距河面4~10米，属栈道残段，有石路基，全长约50米。

老堰嘴栈道遗址　秦—清，位于留坝县江口镇磨坪村，红岩河北岸公路上方约2米处的山崖上，距太白县和留坝县交界处约200米。栈道遗址西边有石柱1个。遗址现存栈道石孔3个，上1下2，栈孔长0.28米、宽0.25米、深0.24米；支撑栈道所用石柱1个，长0.65米、宽0.18米、厚0.17米。

寒水沟栈道遗址　秦—清，位于留坝县江口镇青岗坪村寒水沟3公里处，褒河东岸崖壁间。栈道属多层平梁重叠连缀式栈道，呈南北走向。栈孔分为上、中、下三层排列，每层有方型栈孔19个，孔距2~3米，孔边长0.25米，深0.2~0.3米，层距约1米，下层距河面3~4米。

关子河栈道遗址　秦—清，位于留坝县江口镇田坝村碾子沟口西南关子河崖上，下方距公路约5米处。遗址自南向北有8个方形栈孔，其中2孔有石横梁，全长约45.6米。栈道上方楷书"阿弥陀佛"，字迹已模糊不清。该栈道遗址对研究当地栈道分布、宗教信仰提供了依据。

白果树栈道遗址　秦—清，位于留坝县江口镇青岗坪村南2公里处，在古银杏树北200米。栈道属单层多处排列，东西走向，全长约100米，共有数组方形孔和圆形孔共32个。其中方型孔20个，边长0.1~0.18米，深0.2~0.23米。孔距0.6~1.2米，最高孔距水面7米，最低孔浸入水中。栈道内侧石壁有人工开凿碥道一段，宽0.6米。

白果树栈道遗址

锅厂栈道遗址　秦—清。该遗址位于留坝县江口镇锅厂村，红岩河以西。栈道为南北走向，几乎和水平面平行。共有9个栈孔，孔径0.12~0.2米。部分栈孔被水淹没。

田大湾栈道遗址　秦—清，位于留坝县江口镇江西营村。栈道处在一崖壁上，现可见栈孔3个，间距1米。另有3个不是很明显的栈孔。栈道遗址距水面约1米。

猴子岭栈道遗址 秦—清，位于留坝县江口镇锅厂村，红岩河东岸崖壁上。栈道属单层排列，为南北走向，全长约80米，距河面高2～3米。现存数组长方形栈孔共22个，孔距0.74～1.5米，孔边长0.36米、宽0.34米、深0.28米，其中8孔插有石桩。

倒角树栈道遗址 秦—清，位于江口镇江口村（倒角岩湾）。遗址现存方形栈孔8个，孔距0.4～0.7米，孔边长0.25～0.3米，孔深0.28～0.3米。下层距河面约1.2～3米。孔内插有石栈桩8个，桩露出0.4～0.7米。该遗址处另有人工开凿的碥道一段。倒角树栈道位于褒斜河的东面崖壁上，山势陡峭。

倒角树栈道遗址

马家湾栈道遗址 秦—清，位于江口镇马家湾村（手扒崖），褒河南岸崖壁下。栈道为东西走向，全长137米，呈上、中、下三层排列，最高处距河4米，最低处离河面0.2米。共有栈孔43个，孔距0.46～0.7米，孔边长0.15～0.3米，深0.2米。栈孔、栈桩清晰完整，保存较好。现修碥道利用原栈孔、栈桩铺砌石板，今仍能通行。

马家湾栈道遗址

白岩山手扒崖道路遗址 秦—清，位于留坝县马道镇白岩山村，褒河东岸崖壁上。手扒崖遗址呈弧状分布，中间高两端低，长约100米，最高处距常规水面约5米。遗址一步一脚窝，脚窝呈长方形。该遗址保存较好。

川眼寨栈道遗址 秦—清。该遗址位于留坝县江口镇徐家坝村村委会西南约800米。栈道为南北走向，现存栈孔4个，平均分布于两平行的巨石上，栈孔边长0.14～0.27米，深0.2米，孔距1.02米。其中一巨石高出水面1.5米，另一巨石在小川子河沟之中，受水流冲刷，保护条件较差。该遗址为河道中栈桥的桥墩。

杨家河坝栈道遗址 秦—清，位于留坝县武关驿镇铁佛殿村杨家河坝组，下为褒河水，上为断崖，东西接河滩。栈道沿河流方向分布，长约150米，呈上、下两排。保存方形栈孔、圆形栈孔共11个。该遗址与纱帽山栈道遗址隔河相望，疑为桥梁遗迹。该遗址基本保存完整，下部栈孔在洪水季节，会受到河水冲刷，有磨损现象。

纱帽山栈道遗址 秦—清，位于武关驿镇铁佛村杨家坝组，褒河河滩的两个独立的巨石上。栈道遗址长约30米。每石上各有3个栈孔。遗址与杨家河坝栈道遗址隔河相望，疑为桥梁遗址。此为研究褒斜栈道提供了新材料。

七个眼栈道遗址　秦—清，位于武关驿镇五里铺村当地人称为"七眼洞"的绝壁上。遗址呈线形分布，长约15米，距离水平约5米，人不能至。现存方形人工凿孔5个。

金洞子栈道遗址　秦—清，位于武关驿镇武曲铺村金洞子。它是褒斜栈道遗址在武关驿段的遗存之一。遗址在距路面高3米处，距河床约1米。栈道现存栈孔3个，均为圆形，其中2个小栈孔孔径0.1米、深0.2米，大栈孔孔径0.2米、深0.3米。两个小栈孔均在一块巨石上且间距0.3米；大栈孔在另一巨石上，与小栈孔相距为5米。这些栈孔比较完整。

庞家嘴栈道遗址　秦—清，位于马道镇庞家嘴村东1.7公里龚家河河边。遗址全长约16米，距河面0.6~1米。现存栈孔呈单层排列，共10个。方孔5个，边长18~20米，宽0.14~0.16米；圆孔5个，孔径0.15~0.16米，深0.13~2米。孔距1.6~2.3米。栈孔清晰，保存完整。

手扒崖栈道遗址　秦—清，位于马道镇龚家院村手扒崖崖壁下。栈道呈单层排列，东西走向。全长约30米，距河面约1.5米。现存栈孔2个，相距6米，东方西圆。方孔边长0.3米，深0.2米。圆孔径0.28米，深0.25米。该栈道是褒斜栈道重要支线上的遗址。

石门子栈道遗址　秦—清，位于玉皇庙镇汪家沟村石门子口，东、西为山脉，南距汪家街4公里，北距竹园800米。栈道处于陡峭的山崖上，地势险要，是古代商旅和军事要道。栈道现仅存栈孔18个，孔长和宽多为0.26米，孔距0.9~2.9米，距河床0.2~2.2米。还有部分栈孔已残。

滴水岩驿道遗址　秦—清，位于玉皇庙镇汪家沟村滴水岩沟口，东、西为山脉，南距汪家街1.3公里，北距竹园1公里。该栈道是古时人们生产生活、商旅的交通要道。现存石板路长约150米。该路路面较窄，上下踏板残损，两边荒芜。

上田坝栈道遗址　秦—清，位于玉皇庙镇汪家沟村上田坝，东、西为山脉，南距汪家街1公里，北距石门子栈道2.8公里。栈道呈单层排列，南北走向，距河面高约2.4米。现存栈孔8个，孔距0.26~0.5米，孔边长0.16~0.24米，深0.17米。

汪家沟驿道遗址　秦—清，位于玉皇庙镇汪家沟村汪家沟老街，东、西为山脉，南距汪家街1公里，北距石门子栈道2.8公里。遗址南北长200米，东西宽约50米，现存的台阶高0.3~1.5米，街道宽1.5~1.8米，仅存4处房基和中间道路。

关房子栈道遗址　秦—清，位于玉皇庙镇关房子村西河东岸崖壁间，东临山脉，西、南距村民居住点约500米，北距观音庙约80米。该栈道属于褒斜道支线上的古栈道，呈单层排列，南北走向。栈孔遗迹全长约50米，现存长方形栈孔23个，孔距2.3米，距河床0.9~1.3米，孔边长0.15~0.2米，宽0.16~0.2米，深0.22米。由于栈孔分布在河边崖壁上，受河水的冲刷，略有残损。部分栈孔内有淤泥，生长杂草。该栈道遗址对研究古栈道的分布、结构等有一定的价值。

磨坪栈桥遗址　秦—清，位于江口镇磨坪村二组红岩河水中。遗址为南北走向，分布在两块磐石上。其中一块石头在河中，上有栈孔3个，孔距为0.84米，3孔大小相近，孔长为0.15米，宽0.12米，深0.14米。另一块在河岸边，上有圆形栈孔，孔径0.09米，深0.02米。

石家湾栈道遗址　秦—清，位于玉皇庙镇天峰村三组西河南岸崖壁上，东、南临山脉，西、北距天峰村约100米。该栈道属于褒斜古栈道支线。遗址呈单层排列，东西走向，全长约150米。栈道有单层排列的长方孔27个，圆孔7个，孔距0.4~0.7米。方孔边长0.1~0.19米，宽0.1~0.18米，深0.12~0.21

米。圆孔径0.15米，深0.12～0.14米。该栈道遗址是研究古栈道的重要实物资料。

台子栈道遗址 隋唐—清，位于江口镇徐家坝村南1公里，瓦房子山小川子西侧河床。栈道为南北走向，全长5.7米，高出河面约1米。现存方形和圆形栈孔8个，孔距0.42～1.07米。圆孔直径0.08米，方形孔边长0.04～0.11米，孔深约0.11米。可能为褒斜栈道的支道太白山道。

石家湾栈道遗址

3.褒斜道汉中、勉县段遗址

鸡头关栈道遗址 隋、唐—清，位于勉县褒城镇连峰村北2公里处。由于关口大石状如鸡头，故名。隋、唐至明、清褒斜道南段改道，避石门而越七盘山，经鸡头关到达褒城，因此，鸡头关栈道就成为褒斜道中秦蜀间行旅通商的必经之道。据文物调查，鸡头关沿线有栈道遗址多处，其中还有在巨石中开辟的碥道，宽1.8～2.9米，同时在崖壁上可见修筑道路时留下的凿痕。这一道路遗址的发现，为研究秦岭交通史提供了宝贵的资料。

鸡头关遗址碥道遗迹

石门栈道遗址 秦—清，位于汉中市北17公里河东店镇河东店村，是褒斜道的南口。遗址现已经为石门栈道风景区。石门是褒斜道上的隧道工程。石门位于褒谷口河西岸，这里有一高耸的山嘴一直伸入河中，山嘴陡峭，近乎直立，人无法通过，便凿通山嘴，建成隧道，称作石门。石门隧道与河床平行，大体呈南北向。隧道内东壁长16.5米，西壁长15米；南口高3.45米，宽4.2米；北口高3.75米，宽4.1米。石门内岩石坚硬，表面平整，没有斧凿痕迹，有汉魏摩崖石刻，明确记载石门是褒斜道上人工开凿的一条隧道工程。

褒斜道石门，开凿原因是此处山崖陡峭，壁立千丈，河水湍急，褒斜道至此难进，所有的栈道修筑手段都显得无能为力。在火药、钢钎尚未发明，生产工具较为低劣，生产力水平较低的情况下，古人采用火焚水激的原始办法，开凿了这条"世界上最早用人工开凿的穿山隧道"，是一项空前的壮举和伟业。在石门洞壁内和附近山石上，留下了东汉至近代的177方或记述开凿石门盛事、褒斜道和山河堰（与石门为邻的一项古代水利工程）兴衰历史，或为文人骚客、达官显贵经此触景生情而挥毫的摩崖石刻。这些石刻，汇集一处，成为石刻艺术宝库，也是见证褒斜古道盛衰的重要遗产。褒斜道石门，见证了一幕幕历史活剧，褒姒踏栈道离故里；秦人依栈道，灭蜀亡巴得荆楚；刘邦明修栈道暗度陈仓得天下；诸葛亮鞠躬尽瘁于栈道；唐明皇在危难之时艰难行走于栈道；张浚、吴玠急驰于栈道上，抵御金人南侵；陆游奔走在栈道，既抗金，又咏诗，成《剑南诗稿》……

褒谷口

石门栈道环境

褒斜道修复的栈道

石门摩崖石刻有着重要的史学、经济、文学、书法价值，在中外享有很高的声望。我国最具权威的大型工具书《辞海》的"辞海"二字，就是从石门《石门颂》中集得的。此外，石刻中的"玉盆""石虎""衮雪"相传分别为"西汉三杰"之一的张良、隐士郑子真、三国曹操所书，影响久远。这些汉魏摩崖，记事的形制宏阔，体态博大，使人能感受到汉代那种囊括天地、气吞八荒的精神，有"补史之阙，参史之错，详史之略，继史之无"之功；状物写景的又能让人领悟到古人的睿智和大气。石门石刻之价值引起历代学者专家的重视，如欧阳修、文同、赵明诚、康有为、于右任等人。康有为称石门书法是"书中仙品""不食人间烟火"，可见推崇之至。1969年修建石门水库，褒斜道石门石刻"石门十三品"被搬迁至汉中博物馆内陈列保护。1981年，为了保护这些珍贵的石刻，陕西省文物局拨专

复建的新石门

款，在汉中博物馆内兴建"石门十三品"专题陈列室，使这些国宝得到妥善的保护。

石门槽道遗址　秦—清，位于汉中市北17公里河东店镇河东店村，石门北15米处，是与石门隧道同时开挖的一处工程。褒斜栈道遇有山嘴不便通行，便在山嘴岩上开一道凹槽，路从凹槽中通过。凹槽呈南北向，长4.6米，东西宽2.9米，深约1.9米，槽底与石门隧道路面处在同一水平上。在石门以南还有一处这样的凹槽，河岸边有一突出的方形山嘴，将山嘴凿成凹槽，道由槽中通过。凹槽南北长7.25米，东西宽3.23～3.95米，凹槽两端连接阁道。在栈道的其他相同地形地段，都有形制相同的凹槽通道工程。

4. 文川道遗址

文川道为褒斜道的支线，古代由长安南下汉中的驿道之一。唐代文川道经郿（眉）县、西江口、城固至汉中，只需800里。在唐代，汉魏时期修通的褒斜道南段褒谷绝壁凌空，主要依靠栈阁通达。但木结构栈阁，易腐朽，易水毁，交通往来时断时通。唐宣宗大中三年（849），兴元节度使郑涯、凤翔节度使李玭，在权衡利弊得失之后，奏请修筑文川道。

文川道以西江口为界分为两段，北段行经路线与汉魏时期褒斜道重合。南段是从西江口向西南到磨桥湾，从磨桥湾离开河谷东南行，翻越山岭沿河谷到达上南河，经过桅杆石梁，进入桃源河上游。桅杆石梁虽为山梁，但地势较为平坦。之后，沿桃园河河谷而下，达于湑水河，即今城固县小河乡，沿湑水河南行，到达双溪驿。今城固县的双溪镇就是文川道上遗留下来的古地名之一。自双溪向南翻越天苍岭、马盘山，顺文川河河谷到达文川驿，入汉中平原。文川驿一带地势平旷，物产丰饶，人口密集，是文川道上一个大驿站，因而以"文川"名道。这是到达汉中一条较为近捷的古道路。

明清时期的文川道作为驿路，由城固经小河口、江口入褒斜道去长安的道路，仍是陕南和关中之间一条重要通道。清代中叶汉中知府严如煜在所著《三省边防备览》的《道路考》中记其路线和里程为："由城固县东北行三十里至许家庙。又二十里鸡冠梁。又三十里石堰坪。又三十里双溪。又三十里小河口。又六十里桅杆石梁。又六十里（险）西江口（属留坝厅）。"清代这一路线，大体即唐文川道所经。从交通意义上说，汉唐以来文川道始终存在，明清时称其为"小河口道"。

文川道道路遗迹

碥道

石阶道路

道路旁雕刻的佛龛　　　　　　　　　　　文川古道调查

沙岭栈道遗址　汉—清，位于留坝县武关驿镇上南河村沙岭侯纪元家河坝南河东岸的崖壁上，下方为深水潭。遗址呈带状分布，全长约50米，宽约1米，包括开凿的路面、深槽和栈道孔等。该栈道保存基本完整，但近年来河床的升高，对遗址造成很大程度的破坏。

马溜岩栈道遗址　汉—清，位于城固县小河镇小河村南马溜岩，距镇政府西南2.3公里处城石公路垂直上方的峭壁上，湑水河东岸。长约60米，分部面积约为300平方米，呈南北走向，最北端为2梁1孔，中间有8根石梁，南端为5根石梁，石梁为长方体。距城石公路路面垂直距离约为6～8米，石梁露出孔外长度约为0.3～0.6米。此处遗址的发现，为深入研究秦岭山区古代交通状况，提供了新的实物资料。

马溜岩栈道遗址一　　　　　　　　　　　马溜岩栈道遗址二

（三）傥骆道道路系统

傥骆道又称骆谷道，是长安、汉中之间穿越秦岭的一条古道。北出山口在渭水支流西骆峪水，由此进入关中平原；南出山口在汉水支流傥水，由此进入汉中平原，因此称为傥骆道。如果由长安去汉中走傥骆道，则需要先入骆谷，故又被称为骆谷道。

傥骆道始通于三国时期，是一条开通较晚的翻越秦岭的古道路。与陈仓道、褒斜道等道路相比起来，傥骆道是长安通达汉中距离最短的一条越岭道路，但也是一条最险峻的古道路。《华阳记》记载："子午、骆谷、褒谷并为汉中北道之险，而骆谷尤近。"与诸道相比，此道开辟较晚，翻越大山甚多，一路重山叠峦，道路陡险，山高林密，歧道纷纭，是诸道中最难行走之路。顾祖禹《读史方舆纪要》说："谷长四百二十里，其中路屈曲八十里，凡八十四盘。"《元和郡县图志》曰："（长安）西南至洋州六百三十里。"其山道长400多里。傥骆道在隋、唐时期较为通畅，战时主要用于军事活动，和平年代则用于商贸往来。唐代于道中设十一馆驿，五代之后，骆谷道路渐渐荒凉，道路多有失修。傥骆道由于地形险要较为复杂，是通过迂回曲折的众多谷道所组成的一条线路。时至今日，仅能够看到隐没于在高山峡谷中的道路遗迹。

傥骆道之名，历史记载始见于三国时期。曹魏正始五年（244），曹爽率兵伐蜀，西至长安，"大发卒六七万人，从骆谷入"。之后，魏甘露二年（257），魏大将军诸葛诞叛于淮南寿春，蜀将姜维乘虚兵向秦川，率兵数万人出骆谷。到三国末期，魏将钟会统10万余众，分道从斜谷、骆谷出兵灭蜀。隋朝对傥骆道又开通利用，并在今周至县骆谷关"设关官"。唐武德七年（624），亦"开骆谷道以通梁州"。唐代中后期傥骆道使用最为频繁，特别是安史之乱，皇帝、官员为求便捷，多取傥骆道往返于长安、汉中之间。至唐宪宗元和年间（806—820）朝臣文士途经傥骆道者甚多，行旅益盛。著名诗人白居易、岑参、元稹、韩琮、崔觐等均曾著诗于傥骆道。柳宗元在贞元年间作《馆驿使壁记》，列举当时京都长安通向四面八方的驿路，入川驿路，独举骆谷，由此可见，唐中期以后傥骆道使用频繁。北宋时期，傥骆道一度仍为驿道。宋敏求《长安志》曾记载其间所经驿馆多处。南宋时与金兵军事对峙，傥骆道也发挥了重要作用，金帝完颜亮分道攻宋，宋吴璘部别军姚仲出傥骆道反击。陆游《怀南郑归游》诗有"千艘漕粟鱼关北，一点烽传骆谷东"之句。元、明、清时期，骆谷道可能已荒塞不通。据明嘉靖《汉中府志》记："洋县之北，林深谷邃，蟠亘余千里，为梁、雍第一奥阻。"作为驿道不通，但作为一条沟通秦岭南北的通道，其中路段一直被使用到明、清时期。清代，蓝大顺领导的农民起义军由云南进入陕南，又由陕南洋县沿骆谷北上，出黑水峪，攻占盩厔县城。后因清军强大，又退还秦岭山中。

傥骆道虽得名于傥谷和骆谷，但二谷并不直接相通，中间要经过西骆谷水、黑水、清水、酉水、傥水等河谷，翻越西骆谷水与黑水之间的十八盘岭、黑水与渭水之间的秦岭正脊、渭水与酉水之间的兴隆岭、酉水与傥水之间的牛岭或贯岭梁等四五道主要分水岭。西骆谷（全长20余公里）和傥水河谷（全长约50公里）的路段只有近百里，仅占全程的七分之一。傥骆道线路是从西骆谷口入山，越骆谷关，循黑河西支流陈家河上游，再越老君岭，沿八斗河、大蟒河河谷、溯黑河西源越秦岭至都督门，进入渭水上源。再向西南翻越比秦岭主脉更高的兴隆山，进入酉水上源的华阳镇。由华阳镇向东南沿酉水经茅坪过八里关，又越贯岭梁经白草驿，出傥谷口；或由华阳镇向西南，越牛岭顺酉水支流八里河至八里关；或由八里河谷的黑峡、大店子越岭过四郎出傥谷；也可由牛岭折西南至铁冶河，循傥水河谷至洋县，由洋县沿汉水北岸渡清水，经汉王城、城固县、柳林镇达于汉中。根据史书记载和发现的遗迹，傥骆道途经今长安、周至、黑水峪口、西骆峪口、七里关、茅草坪、案子沟、西老君岭、八斗河、灯台寺、厚畛子、钓鱼台、都督门、吊沟、烂店子梁、桦树坪、两河口、擦耳岩、板桥、华阳镇、小华阳、小牛岭、新店子、铁河街、峡口、古路山、四郎庙、洋县、汉中。

傥骆道陕西段线路示意图

傥骆道虽较近捷，但其要翻越的几座分水岭的高度，远远超过其他各道，路途异常艰险。据文献记载，骆谷关附近有著名的十八盘和老君岭。老君岭至都督门一段道路，蜿蜒于秦岭主峰太白山南侧黑河各支流间，升降起伏于人烟稀少、野兽出没的原始森林中。洋州真符县境有著名的崎岖八十四里的八十四盘，不仅绝栏萦回，危栈绵亘，而且有被称为"黄泉"的险地，其中分布着一些有毒的动植物，行人视为畏途。故此道开辟利用较晚，直至三国时期始见于历史记载，被用作官驿大道的时间亦比较短。骆谷道作为驿道，唐朝后期最为兴盛，使用频繁。官员赴任、述职，使臣出使，多由此路。北宋之后，此道逐渐荒落，经常处于阻塞不通状态。傥骆道经周至县、太白县、佛坪县、洋县，三次翻秦岭，其主线及支脉一线的栈道、栈桥、摩崖碑刻等遗存共发现50余处，主要分布于西骆河、黑河水、傥水等河谷，其架木或架石的栈孔多开凿于河流一侧的悬崖壁上下，个别地点的栈孔多达70余个。栈孔以方形和圆形为主，也有呈马蹄形、三角形的。栈道的修造方式使用平梁立柱式、平梁无柱式、依坡搭架式以及凹槽式道路。傥骆道最靠近秦岭

傥骆道北出口骆峪口

主峰太白山，途中要翻越太白山周围的五六座分水岭，依次翻越海拔超过1500米的官岭梁、西老君岭、秦岭梁、财神岭、兴隆岭、大牛岭、马道梁等七道山梁，其中长的超过10公里，短的也在2.5公里以上，冬季积雪重重，冰封难行。傥骆道中海拔超过2000米的山梁有三条，分别是老君岭、财神岭和兴隆岭，都是秦岭山脉中赫赫有名的山岭。夏秋季节，这些山岭烟岚雾罩，阴雨连绵，河溪湍流如飞；冬春时分，寒风砭骨，冰凌垂路，积雪封山。对艰险旅程的发出慨叹。写高寒积雪的如唐代元稹《南秦雪》诗云："帝城寒尽临寒食，骆谷春深未有春。才见岭头云似盖，已惊岩下雪如尘。"写荒凉残破的如宋代文同《骆谷》诗云："龙蛇纵横虎豹乱，古栈朽裂深埋苔。"写军旅生活的如宋陆游诗："雪云不拥平安火，一点遥从骆谷来。"

傥骆道重点遗址简述如下：

1. 傥骆道周至县段遗址

傥骆道周至段经过骆峪、厚畛子、沙梁子、安家岐、陈河乡，北口位于西骆峪。傥骆道自骆峪镇骆峪谷口开始，沿西骆峪河向西南，经七里关、串草坡、大麦场、碾子坪、茅草坪等地越秦岭支脉，沿八斗河、大蟒河谷至黑河谷折向西，沿黑河经老庄子、磨子口、六角子、姜家坪、厚畛子、观音崖等地，偏向西南再越秦岭支脉至都督门，再折向西，沿湑水河经大房子、烂店子延入太白县境。另一线路自都督门向西南越秦岭主脉直至洋县华阳。其中大蟒河口沿黑河向东有支脉。傥骆道周至县境内全长约90公里，全线共发现栈道、栈桥、碥道、摩崖题刻等遗存26处。该栈道为研究我国古代道路提供了实物资料。现傥骆道北出口骆峪口建成了骆峪水库。

骆口驿遗址 三国—清，位于骆峪镇骆峪村，是傥骆道控扼北口的著名驿站。遗址面积约1.5万平方米，地表散布条砖、板瓦及黑釉、青花瓷片。城址一部分已经被骆峪水库淹没。现仅存3段城墙，均夯筑，东西两侧城墙仅存南段。东城墙残长265米，基宽42米，残高13米；西城墙残长48米；南城墙大部分仍存在，长56米，基宽3米，高3.4米。地表现为玉米地，城砖已无存，在城墙断面中发现有青花瓷片、陶片等遗物。

九沟碥栈桥遗址 三国—清，位于陈河镇九沟碥村东800米，黑河东岸。遗址处分布有栈孔7个，上下不规则排布，间距不等，孔径0.1～0.25米，孔深0.03～0.05米。

偏牛岔栈道遗址 三国—清，位于骆峪镇碾子坪村偏牛岔南200米西侧悬崖上。现存2处栈道遗址点。第一处栈道全长10余米，距河面高1.2米；存方形栈孔7个，孔距1.5～1.7米，孔径0.18～0.2米。第二处栈道遗址长22.1米，有栈孔11个，呈长方形；栈孔长0.13米，宽0.1米，深0.1米。栈道距水面高0.05～2.4米，分布不规律。偏牛岔栈道为研究古傥骆道历史沿革，古代筑路技术提供了重要的实物资料。

夏家沟栈道遗址 三国—清，位于骆峪镇碾子坪村西骆峪河西岸的崖壁上，北距碾子坪村头道岭2.5公里。栈道全长78米，高于河床1.8米。存圆形孔、方孔共63个，孔距1～1.2米。圆孔径0.21米，深0.26米；方孔边长0.2米，深0.28米。因后期此地开矿，河道被填，该遗址现距河面0.48～1.05米不等，存64米，栈道、栈桩和棚物俱佚，仅存栈孔。圆形栈孔直径0.15～0.23米，深0.18～0.21米；方形栈孔边长0.15～0.21米，深0.2～0.21米。两种栈孔交错分布，孔为横伸稍斜上。栈道与河床水平向西南而行。对于研究这一地区古代交通状况，栈道的修建模式、方法、结构及布局等提供了重要的实物资料。

立碑子栈道遗址 三国—清，位于骆峪镇碾子坪村西南4.5公里的立碑子，西骆峪河西岸，西依悬崖峭壁。栈道南北长25米，下距水面8米，现存栈桩18个。桩长方体状，高1.23米，边长0.14米，呈30度倾斜插入崖中。桩上棚架石条，石条多为打制，其中一块有方形卯槽，卯槽边长为0.08米、深0.05米。路面宽1米。栈道内侧有一大一小两石碑底座，北侧的大南侧的小。北部碑座长0.6米、宽0.18米，榫眼长0.22米、宽0.125米、深0.1米；南部碑座长0.33米、宽0.12米，榫眼长0.12米、宽0.09米、深0.08米。两块石碑均散佚丢失。栈道南端15米处有一卧石，石上人工刻有一图案，鱼形。此栈道是现今保存较好的栈道之一。

三合店栈道遗址 三国—清，位于陈河镇陈河村易家沟河口的陈家河北岸，东距村民焦家约500米。遗址大致呈东西向分布，长约25米，现仅存24个大小基本相同的方形人工凿孔。凿孔基本处于同一水平面上，孔距0.8～1米，距地面1.2米，孔径0.18～0.2米，深0.2～0.22米。该古栈道遗址保存相对较好。

左家坪栈道遗址 三国—清，位于厚畛子镇左家坪村东的黑河南岸。栈道东西向分布，全长10米，现存14个栈孔，上、下两排排布，上下间距2米，下排分布10个，为圆孔或方圆孔。孔距0.3～1.1米。有的孔内插有石条，伸出约0.2米。

立碑子栈道遗址

左家坪栈道遗址

姜家坪栈道遗址 三国—清，位于厚畛子镇姜家坪村西北300米处的黑河北岸。栈道自西向东分布，全长25米，有栈孔共16个，上、下两排排列，上下间距1米。上排分布10个，皆为方形横孔，边长约0.15～0.25米，孔间距约0.4～1.5米，孔内全部插有石条，露出部分大约0.1米，下距河面8米左右。下排栈孔共有6个，亦为方形横孔，里面插有石条。

钓鱼台栈道遗址 三国—清，位于厚畛子镇钓鱼台村东南600米的黑河南岸。栈道自东向西分布，全长70米，有栈孔共19个，皆为方形横孔，边长约0.2～0.25米，孔间距约0.5～1.2米。栈孔内都插有石条，露出部分长度0.5～1米，部分石条之间保留有横石条铺砌的路面。

姜家坪栈道遗址

钓鱼台栈道遗址

易家坪栈道遗址　三国—清，位于厚畛子镇老县城行政村易家坪手把崖，东距都督门约2公里。此段栈道共分三部分，西段长14.25米，中段长10米，东段长5.15米，总长29.4米。西段栈道共有17个栈孔，12方5圆，其中横方孔6个，竖方孔6个，其中一个带石质榫头，横圆孔2个，竖圆孔3个。横方孔长0.27米，宽0.22米，深0.2米；竖方孔长0.14米，宽0.14米，深0.1米；横圆孔孔径0.14米，深0.2米；竖圆孔孔径0.17米，深0.16米。西段栈道上部高约0.8米处有长约10米的古道，宽约0.3～0.6米。中段栈道共有4孔，其中2方2圆，均横向，距河床约5米。西段与中段相距约7米。东段位于距河6.5米的崖壁上，有6方孔，均横向，其中偏西4孔有石质榫头，榫头长0.9米、宽0.34米、厚0.25米。上铺石条以示路界，路约宽0.4米，为石条铺成。中段与东段相距约90米。

湑水河桥遗址　三国—清，位于厚畛子镇老县城行政村湑水河北岸，东距佛坪厅故城西门1.4公里。遗址残存石质桥墩2个，可见通高1.01米、边长0.3米，上有榫头，长0.3米、宽0.13米、高0.08米。桥外宽2米，内宽1.36米。桥墩两侧有桥护堤，长14.1米、宽4.2米、高2.1米。在护堤之上有一砂岩质碑座，应为《重修湑水河石桥碑记》碑座，长0.85米、宽0.61米、高0.46米，凹槽长0.75米、宽0.16米、深0.12米。该碑年款为清道光二十八年（1848），现存于佛坪厅旧城文管所内。

三合观音庵栈道遗址　三国—清，位于集贤镇三合村四十里峡谷八号桥东侧，田峪河东岸的崖壁上。栈道已毁，仅存栈孔。在长约90米的遗址分布范围内"一"字形分布有108个栈孔。栈道具体可分为两段，两者相距20米。第一段栈道在长约20米的范围内连续分布有34个栈孔，有方形和圆形两种，但大部分为方孔。方孔边长0.16米，圆孔直径0.16米，两者的深均为0.2～0.23米，孔距0.2～0.7米不等，平均间距0.3米。栈孔高低不等，大致呈南高北低之势，距其下的水泥路面和桥面1～2米。第二段栈道位于第一段栈道的南侧，八号桥南15米处，九号桥北侧30米处，含74个栈孔，"一"字形绵延45米。栈孔有方形和圆形两种，方孔居多。方孔边长0.16米，圆孔直径0.16米，两者深均约0.2米，孔距0.5～0.7米，栈孔高低稍有差异，大致呈南高北低之势，距现在的田峪河河面4～6米。此外，在第一段栈道南侧2米处的崖壁上残存一段古道，长约20米，宽0.5～0.7米。古道修筑方式是在道路外侧底部插入石条，又在石条上垒砌石块而成路面。该古道是周至县发现的唯一一处残存的配合栈道使用的山路，较好地展示了古栈道的使用情况。这一古道为傥骆道的一条支道。

三合东河口栈道遗址　三国—清，位于集贤镇三合村四十里峡谷六号桥北侧35米处，田峪河西岸崖壁上，其下为山路。栈道已毁，仅存栈孔。在长约18米的范围内发现连续"一"字分布的栈孔23个，有方形和圆形两种，圆形仅占少数几个。方孔边长0.15～0.17米，圆孔直径约0.15米，两者均深0.17～0.22米，孔距0.7～0.9米，栈孔高低略有差异，大致呈南高北低之势，距其一侧的现代水泥路面1～1.5米不等。此外，在栈道南端40米处的田峪河中央、六号桥东侧1.5米处，有一最大径为6米的巨石，其上残留有当时人依石头形状而凿成的14级拱形台阶。三合东河口栈道遗址是周至县东南部地区少数现存的栈道遗址之一，可能为傥骆道的一条支道。

2. 傥骆道太白县段遗址

傥骆道遗址太白段位于太白县黄柏塬镇境内的湑水河沿岸，地势北高南低，为山间河谷。傥骆道自周至县都督门向西延入太白县黄柏源镇，沿清水河，经偏桥子、核桃坪、古字梁、杨家院子、大坝、田坝、高家坝、二郎坝、白家庄折向南，入石塔河沟上山，经石板沟、石桥、凉桥翻越秦岭入洋县华阳镇。也有认为此道自周至县都督门向西南越秦岭主脉直至洋县华阳镇。傥骆道在太白县境内全长约45公里，沿线发现栈道、栈桥、碥道等遗址20余处。

彦家庄石桥遗址 三国—清，位于靖口镇水蒿川村彦家庄西南约1公里的朱长沟上。桥已毁，河两岸各有一块磐石，磐石上各凿有2个方形桩孔，桩孔内斜插有方形石柱，石柱用来支撑桥面石。桥面石近似长方形，略有弧度，两侧面凿有圆形穿孔，长约6米，宽约0.7米，已落于河中。在河东岸一块砂岩质石头立面上，阴刻楷书题记，共6行，满行14字。内容为修桥缘由、捐资人及石匠姓名等。年款为道光十四年（1834）三月吉立。彦家庄石桥修造年代明确并涉及当时行政区划，为研究清代太白县桥梁建筑史及行政区划提供了资料。

牛尾河栈桥遗址 三国—清，位于黄柏塬镇皂角湾村西牛尾河与湑水河交汇附近的牛尾河上。在牛尾河东岸残存一段石栈桥，长约2.5米，宽2米，高1.8米。桥面由方形石柱支撑，石柱高1.6米，宽0.3米，厚0.15米。两根石柱上横置一根石条，其上又顺置四根石条，构成桥面。在河西岸岩基上现存4个方形栈孔。此处河宽约7.5米，水中散落四根条石，一根上凿有长方形槽。在残桥西侧紧靠岩壁处，竖立石碑一通。碑花岗岩质，圆首连体。碑首上横刻"永垂万古"四字，年款为"大清咸丰八年戊午岁五月初九日"。碑文16行，文字漫漶，不能辨识，疑记修桥事由及捐资人姓名。在残桥西侧的山中有宽不盈尺的道路。

3. 傥骆道佛坪县段遗址

傥骆道佛坪段是傥骆道中段的支道，位于佛坪县西部的金水河流域。因下游沙内含金，农民常在河口处淘金而得名金水河。傥骆道佛坪段经过佛坪县岳坝镇的西河、黄桶梁。傥骆道不仅贯通南北，还衍生出许多分支古道，分布于金水河流域的栈道就是明证。在金水河两岸的山崖石壁上，多有大小不等的石孔、脚窝、步道，有的孔洞中还插着石料横梁，这些都是架设栈道的遗迹。

鹰嘴岩栈道遗址 三国—清，位于岳坝镇草岭村鹰嘴崖岳坝河东岸石岩上。栈道遗址随河流分布，全长13米。两排栈孔上下对称分布，上下相距1.3米，共78个，孔距0.5米，孔径0.15米，孔深0.2米，下距河面约2米。遗址面貌保存基本完整。

二道桥栈道遗址 三国—清，位于岳坝镇大古坪村北约8公里处，人迹罕至。栈道遗址由头道桥栈桥和二道桥栈道两部分组成，头道桥栈桥位于

鹰嘴岩栈道遗址

二道桥下游1公里处。遗址分布于东河河谷及东岸崖壁上，总长度约1公里；现存桥梁柱孔4个，孔径0.2米，深0.25米，皆位于河中磐石上，呈四边形分布。二道桥栈道现存栈道4段，均为平梁式结构，栈道形制保存完整。

栗子坝栈道遗址 三国—清，位于岳坝镇栗子坝金水河东西两岸崖壁上。栈道遗址沿金水河分布，全长27米，有单排栈道孔30个，其中圆孔12个，方孔18个。圆孔直径0.15米、深0.15米；方孔为长方形，大小不一。遗址下距水面0.8～2米。现保存基本完整。

二道桥栈道遗址

栗子坝栈道遗址

碉楼栈桥遗址 三国—清，位于岳坝镇碉楼村金水河床东侧基岩上。遗址处原有柱孔9个，5个柱孔在修建吊桥时被炸毁，现存圆孔4个。孔距1.6米，孔径0.27米，深0.2米。

八亩田栈道遗址 三国—清，位于岳坝镇八亩田村上八亩田河坝，金水河东岸崖壁上。栈道遗址沿河分布，全长27米，现存栈道孔40个，其中圆形孔36个，正方形孔4个，孔距0.7~1米，距水面3~8米。圆孔直径0.15米，深0.16米；方孔边长0.15米，深0.16米。有两个孔内残存石梁。现保存基本完整。

碉楼栈桥遗址

八亩田栈道遗址

狮子坝栈道遗址 三国—清，位于岳坝镇狮子坝村北约2公里，狮子坝河西岸悬崖上。栈道遗址沿河分布，全长50米，现存栈道孔32个，有圆形和方形，单排分布，孔距1.1~2米。圆栈孔直径0.1米，深0.1米；方孔边长0.2米，深0.25米。遗址北约1.5公里处有栈桥遗址，位于河床基岩上，分布有栈道孔19个，桥柱孔4个。岸上山坡分布石台阶一段。

龙潭子栈道遗址 三国—清，位于岳坝镇龙潭村南200米，龙潭河东岸崖壁上。遗址沿河分布，全长约20米，现存圆形栈道孔12个，孔距1~1.6米，单排分布。栈道孔直径0.13米，深0.15米。栈孔基本保存完整。

狮子坝栈道遗址

西华栈道遗址 三国—清，位于岳坝镇西华村以北800米，西河南岸崖壁上。栈道遗址沿河流分布，现存圆形栈道孔8个，孔距0.4～1米，距水面高约3米。栈孔直径0.22米，深0.38米。保存基本完整。

庙坝栈桥遗址 三国—清，位于岳坝镇庙坝村清水塘的西河两岸岩基上。现存圆形立孔2个，已淹没于水下。

王八砭栈道遗址 三国—清，位于袁家庄街道办事处黄家湾村王八砭，椒溪河东岸崖壁间。遗址呈南北走向，全长约30米，有圆形、方形栈孔32个，上、下两层交错排列，两层间距0.3米，孔距0.3～0.4米，下层距河面高2～3米。圆形栈孔孔径0.17米，方孔边长0.12～0.2米不等，孔深约0.13米。栈孔未遭破坏。栈孔周围岩壁上石纹清晰，酷似鱼形，被称为石鱼。

西华栈道遗址

王八砭栈道遗址

4.傥骆道洋县、城固县段遗址

傥骆道洋县段古道路遗址主要集中于华阳镇。华阳镇始于秦、汉；唐设华阳县，唐天宝八载（749），更名真符县；明设华阳里；清设华阳营并再设华阳县；至今已2000多年历史。华阳镇因傥骆道而兴，是傥骆古道上的重要驿站。华阳镇不仅是古道驿站，也是军事要冲、经济政治的重镇。古镇北、东、西皆高而南低，位于南端小盆地中，周边众多溪流汇聚于此，具有富水之利，为乐居之所。唐代有两位皇帝南避汉中均曾在此驻跸。

华阳古镇

华阳古街

傥骆道溜皮石段遗址 三国—清，位于洋县华阳镇石塔河村一组窑窝沟的溜石皮，距石塔河约10米。此段路长5.8米，宽0.8米，存13级石台阶，台阶高0.14～0.3米。为研究傥骆道及洋县古代的疆域划界提供了资料。

得意阁栈道遗址 三国—清，位于洋县华阳镇华阳街村一组西河西岸的崖壁上。遗址分布面积约25平方米，现存柱孔9个，1方8圆。圆孔孔径0.2～0.36米，深0.04～0.4米，孔距0.2～5.7米；方孔边长0.28米，深0.05～0.09米。柱孔上方的崖壁上原有唐建中三年（782）修造的"得意阁"摩崖，高0.75米、宽0.4米，右行楷书4行，前三行每行6字，后一行9字，27字。内容为："建中三年造此得意阁并回何镇同节度副使张大侠石工沈光俊记。" 1977年6月发现，1981年修路时摩崖被毁，为研究唐代建筑和古傥骆道提供了实物资料。

杉树坪栈道遗址 三国—清，位于洋县华阳镇杉树坪村北500米的东河西岸。栈道南北走向，全长约20米，有方形栈孔7个，孔间距1～1.5米，下距水面2～3米。栈孔边长0.15米。最南端两孔内插有石条，伸出长度0.5米。

石峡栈道遗址 三国—清，位于洋县华阳镇沙坪东2～2.3公里处的平堵河东岸。遗址处栈孔分布两处：一处11个，一处18个，均为方孔，边长0.17～0.2米，孔间距0.6～1.9米，下距河面大约0.5米。

白果树栈道遗址 三国—清，位于城固县白果树村北700米的湑水河西岸。栈道南北向分布，有栈孔10个，皆为方形横孔，孔间距1.2～2米，下距水面2～3米。栈孔边长约0.15米。

陈家梁栈道遗址 三国—清，位于城固县陈家梁南300米湑水河南岸。遗址有栈孔3个，孔间距约0.5米，下距水面约8米。皆为方形横孔，边长0.12～0.13米。

罗家营村栈道 三国—清，位于城固县小河镇罗家营村将军山。遗址分布于湑水河边距水面20米高的地方。平行排列的28根

傥骆道栈桥孔遗迹

傥骆道溜皮石段遗址

杉树坪栈道遗址

石峡栈道遗址

插进山崖中的石条，每根长0.65米，与山崖结合紧密。还发现有平行排列绵延2公里余凿在山崖上的四方或圆形石孔，孔径和孔深各0.3米左右，间距1米。

石槽河河口古桥遗址 三国—清。该遗址位于城固县石槽河村村西5公里，石槽河与湑水河交汇处。现存桥孔3个，呈南北走向单排排列。其中河北2圆孔，孔径0.38米，孔深0.2米，间距2.2米；河南1方孔，宽0.3米，深0.28米，距圆孔8.4米。遗址西边约30米有一吊桥遗址，仅存桥基基座1处，上有护桥规章牌1块。

（四）子午道陕西段道路系统

子午道是自京城长安通往汉中、巴蜀及其西南各地的又一条重要道路。因在秦岭穿越子午谷，且从长安城南行开始一段道路方向正南北向而得名。子午道与子午谷的得名，一般认为当与这条河谷及从长安南行开始一段道路的走向基本取南北方向有关。古代称北方为子，南方为午，南北走向的大道就被称为子午道。但就子午道全线而言，并非正南正北，而是由长安到秦岭正脊就稍折西南，其后又转为由东南向西北，最后一段基本上转为东西方向。《汉书》和《资治通鉴》均载："莽以皇后有子孙瑞，通子午道。"说明，通子午道与皇后有子孙瑞是有重大关系的。据《汉书》载："时年十四，始有妇人之道也。子，水；午，火也。水以天一为牡，火以地二为牝，故火为水妃。今通子午以协之。"此道历代都有修缮和线路变化，使用最多的是汉、唐两个朝代，东汉及唐时期曾一度成为国家驿道。子午道最早出现在汉以前，汉高祖刘邦在前206年的鸿门宴后，被迫由霸上去南郑就汉王位时，就是取道子午道，并派张良烧子午栈道。东汉的摩崖石刻《石门颂》也有记载"高祖受命，兴于汉中，道由子午"。《水经注·沔水》亦把张良护送刘邦去汉中途中烧绝的栈道指为池水上源子午道上的"荗阁"。在西汉时期，特别是汉武帝时，秦岭北麓从周至到蓝田均辟为皇家宫苑上林苑，禁止百姓进入。之后到汉平帝元始五年（5），王莽下令修凿子午道，并设置子午关，这是子午道作为官道的开始。《汉书·王莽传》中颜师古注："子，北方也；午，南方也。言通南北道相当，故谓之子午耳。今京城直南山有谷通梁、汉道者，名子午谷。"《汉书·王莽传》还有另一段记载："［居摄元年（6）十二月］莽白太后下诏曰：故太师光虽前薨，功效已列。太保舜，大司空丰，轻车将军邯，步兵将军建，皆为诱进单于筹策，又典灵台、明堂、辟雍、四郊，定制度，开子午道，与宰衡同心说（悦）德，合意并力，功德茂著。封舜子匡为同心侯，林为说德侯，光孙寿为合意侯，丰孙匡为并力侯。益邯、建各三千户。"这是一份封赏大臣的诏书。从这份诏书可以看出，最迟至居摄元年，子午道就已经开通，而开通子午道是与"诱进单于筹策""典灵台、明堂、辟雍、四郊，定制度"等同等重要的国家大事。唐代时由涪州进贡长安的荔枝，就是从荔枝道西乡驿转道沿子午河入谷，走子午道抵达京城的。

子午道秦岭中的一段路线在不同历史时期走向不一。王莽时子午道的开通有协瑞的成分，位于汉长安城正南的子午谷成了具有特定含义的特定选择，道路进入子午谷后又并入了沣峪，然后仍然沿沣峪谷南行。但这条古道从最初开通到西汉武帝之前，秦岭北端入口可能为沣峪。因此，汉晋时期子午道的走向，大致由汉长安城出发，经南郊杜城村，到子午谷口，溯谷而上20公里，至子午谷与沣峪东侧支流的分水岭土地梁，越梁后顺沣水支流而下到喂子坪附近沣水河谷，沿谷向南约10公里至关石，即子午关，又名石羊关，从关石南行，越秦岭主脊到宁陕县沙沟街，复循汉江支流旬河上源而下，

子午道陕西段线路示意图

经高关场至江口镇，南经沙坪街、大西沟，翻月河梁至月河坪，南渡月河后溯腰竹沟而上，于古桑墩附近越腰竹岭进入汉江另一支流池河（又称直水或迟水）流域，循池河南下，经营盘、胭脂坝、东腰岭关、新矿、龙王街、铁炉镇进入石泉县境，经梧桐寺、迎凤街、石佛寺、筷子铺、后营等地到池河镇，从池河镇折西北上马岭，过马岭关，绕汉江北侧的九里十三湾，经石磨铺、窑湾到石泉县城，从石泉县城向西北，经古堰到饶峰街，折西上饶峰岭，顺牛羊河至西乡县子午镇，过子午河入洋县境，向西北绕汉江黄金峡大湾曲，经金水镇、酉水镇、龙亭等地进入汉江平原，过洋县、城固县城达汉中。西晋以后，秦岭以北的子午道北段和西乡县子午镇以西的子午道南段仍依旧道，秦岭以南至西乡县子午镇的子午道中段走向发生变化。大致是从宁陕县江口镇折向西南，溯冷水河谷至关帝庙，又折南翻越鸡公梁至七里沟口，进入月河河谷，沿谷而上过旬阳坝，越平梁，入长安河谷并顺谷而下，经火地塘、西腰岭关、宁陕老城、关口（今宁陕县城）和汤坪入石泉县境，过青草关、斩龙垭、堰平、两河口到西乡县子午镇。唐、宋以后子午道走向再无大变动，仅有局部调整。如清代将由两河口西南去子午镇再折西北去金水镇的曲折路线，改为由子午道新线两河口直接向西经扇子坡、湘子山、土门垭、铁门关至金水镇的直西路线。晋代子午道改行新线后，旧线并未废弃。新线去汉中比旧线近，但旧线去汉阴、安康比新线近。唐天宝年间（742—756）开辟的荔枝道，西乡县子午镇以北使用子午道新线，以南则经西乡、镇巴到四川涪州（现重庆涪陵），成为继金牛道之后由秦入蜀的另一捷径。唐、宋时期一直到明、清，子午道仍被利用，除了子午谷作为入口外，石砭峪也成了一个常用的入口。进山之后，归入沣峪后南行，成为商旅由长安去洋州和金州的主要道路，"承平时商旅由子午谷入金、洋之路"（《续资治通鉴》）。南宋时，马池镇以西的子午道旧线成为从西北边境经汉中、安康、襄阳达于首都临安（杭州）东西驿道的一段。清乾隆年间（1736—1796），陕西巡抚毕沅规定，传递四川文报不取连云栈道而由子午道走递，驿路可近七八日之程。随着子午道的频繁使用和秦岭山区人口增加，清代子午道上出现宁陕厅这一县级城市和江口镇、旬阳坝、迎凤坝、两河口等集镇。子午道开辟新线后，旧路因其所处的地理位置，仍继续发挥着作用。南宋著名的饶峰关之战，就是一个例证。南宋和金对峙时期，金军为了夺取汉中、四川，屯兵长安，扬言要由子午道直取汉中。南宋金州守将王彦信以为真，紧急调兵到池河河谷，扼守子午道。不料，金军却绕道商州、上津、安康、汉阴、石泉一线向汉中进攻。南宋急调吴玠部，与金军相遇于饶峰岭，苦战六天六夜，金军绕道偷袭，取得洋州、汉中。东汉及唐时期，均曾一度成为国家驿道。东汉安帝初年，由于居住在甘肃南部、青海东部的羌族部落不满东汉朝廷的徭役，结聚起义，屡败汉军，战争持续十余年之久，战火燃及陕西、山西、四川北部，汉中多次失守，陈仓故道和褒斜道两条国家

子午峪口

沣峪口

驿道不能通行，子午道遂被辟为长安、汉中、四川间的国家驿路。这也是子午道最重要的一段时期。

子午道沿线分布有众多的道路遗迹，择其重要遗址简述如下。

1.子午道长安区段遗址

子午栈道遗址 战国—清，位于长安区子午街道办事处子午谷。长安区境内的子午古道基本呈南北走向，北口自子午谷入，进谷道向西南越山入沣峪，沿沣峪河向南，经喂子坪、黑沟口、红岩子、千佛崖、鸡窝子等地越秦岭主脉，经甘沟口与宁陕子午道连通。

二道桥栈桥遗址 战国—清，位于长安区子午街道办事处七里坪村子午谷河沟西侧。栈桥高于河沟约2米，现存方孔、圆孔各1个。此栈桥传为子午古道上第二道桥，故名。据当地村民反映，此桥原为铁索桥。栈孔北侧河中有一巨石，上为清代所刻《兴隆碑》。碑高2.5米，宽1.62米；题刻有大字15行，行约20字，上刻"兴隆碑"三字。碑文前五行半为唐朝大诗人杜甫的《玄都坛歌寄元逸人》诗，内有"故人今居子午谷，独在阴崖结茅屋"的诗

子午栈道遗址

句；其后为以《金可记传》为题的有关记事。元、金二人为曾在子午谷隐居修炼的文士、道士。结合附近高崖上尚有"万福之口"的石刻题字，汉武帝修建的玄都坛就位于子午道旁。

皂角树道路遗址 战国—清，位于长安区子午街道办事处七里坪村子午谷河沟东侧崖壁上。栈道呈南北走向，长5米，宽1.55米。现存方形栈孔1个，距河面约15米，下距水面约20米。栈孔内水平插有石栈桩，石栈桩上再铺设石板。另有一段碥道，全长约20米，路宽0.8~1.2米，道路由块石、石板垒砌而成。

康阳坡栈道遗址 战国—清，位于长安区子午街道办事处七里坪村康阳坡子午谷河西侧。栈道呈南北走向，长4米，宽1米。道路左侧由3根直径约0.1米的原木搭建而成。另有一段碥道，呈南北走向，

玄都坛遗址

全长约110米，路宽约0.8~1.3米，可分为南北二段。北段利用自然石块，经人工修整铺砌而成；南段长约6米，是在一整块岩石上凿挖12级台阶。碥道有长期使用的痕迹。

沣峪沟口栈桥遗址 战国—清，位于长安区滦镇街道办事处沣峪沟口村。在沣河东西两岸及河中，发现栈孔6个，据此判断，此处应是一座栈桥遗址。在拦水坝下的河中发现2个方形栈孔。在201国道966公里处的河中存有栈孔4个。这些位于河中的栈孔，应是栈桥遗迹。

黑沟口栈道遗址 战国—清，位于长安区滦镇街道办事处黑沟口大桥南北，有栈道、栈桥、碥道，在栈道种类上是一处具有代表性的遗址。栈道位于沣河河谷东岸，全长150米，共发现栈孔100余个。栈孔呈横向单排分布，孔间距0.8米左右；有圆形和方形两种，多为圆孔。圆孔直径0.09~0.21米，深0.11~0.21米；方孔边长0.15米左右，深0.09~0.18米。部分地段在横孔之下有立孔，作为柱孔支撑。部分栈孔内残存有石条。栈桥遗迹位于黑沟口大桥南60米。在河中的岩石上分布有圆形立孔2个，孔径0.25米，相距1.5米。南侧间隔2米处为另一时期的栈桥，崖壁据水面3米处存有圆形横孔3个，其下有圆形立孔3个。

沣峪沟口栈桥遗址

黑沟口栈道遗址

黑沟口栈道上残存的栈桩

黑沟口栈道遗址

黑沟口栈孔遗迹

黑沟口栈道与河道的关系

石砭峪道路遗址 隋、唐—清，位于长安区五台街道办事处石砭峪村石砭峪河中和东西两岸，有栈道、栈桥、碥道等。其中栈桥遗迹有6处。栈道呈南北走向，全长约14，现保存栈孔18个，均为方形横孔，分上、中、下三排布局，上排孔4个，间距1.1～2.3米，边长0.19～0.24米；中排栈孔12个，下排栈孔2个。石砭峪古道为子午道进入秦岭的另一条支道。

石砭峪道路遗迹

2.子午道宁陕县段遗址

广货街段遗址 战国—民国，位于广货街镇沙沟村。子午道广货街段南起沙沟村鸳鸯沟口，北止于长安区滦镇街道办事处大坪村，全段长约10公里。沿途经下歇马台、上歇马台、乍午口、小岭湾至银丝沟，道路主要修建在鸳鸯沟西侧边坡。银丝沟以北经三个盘道至药王庙，翻越小岭至大坪。乍午口以北至小岭梁大部分路面保存完整，宽2.5米，系挖掘山坡形成的，仅在药王沟处可见块石垒砌的路面，长约10米、厚4米。小岭梁上约有5万平方米的平坦开阔地，原为屯兵和防御之所，当地人俗称衙门口。全段沟谷狭窄，但海拔高差较小，沟谷水量小，便于修筑和养护。

高碥子栈道遗址 战国—民国，位于广货街镇沙沟村。遗址呈南北走向，全长约15米，高出河面约3.5米，残存方形栈孔7个，其中带栈桩的3个。孔长0.12～0.13米，宽0.14～0.22米，深0.18米，孔距0.6米，栈桩长0.5米。岩壁南侧有一摩崖题刻，内容为"□保河南人氏王世华嘉庆十八年款二十一日"。

曼沟栈桥遗址 战国—民国，位于广货街镇沙沟村。该遗址分布于曼沟东西两侧的岩石上，全长约14米。河道西侧岩石上有桥孔6个，其中圆形栈孔4个，孔径0.2～0.4米，深0.25～0.4米，间距1.4～2.1米；方形栈孔2个，长0.15米，宽0.12米，深0.1米，间距0.7米。河道东侧仅有1个桥孔。

曼沟栈桥遗址

梯子沟道路遗址 战国—民国，位于宁陕县广货街镇沙村。该遗址南起于沙沟村梯子沟口，北止于长安区大坪，全长约5公里。道路沿梯子沟东侧边坡向上修筑，路面宽1.5～2米。沿途可见块石垒砌的护坎。道路沿途的老屋场尚存块石垒砌的栈房房基，长10米，宽6米，高3.5米，栈房系客商途中歇脚之处。沿途险要处以不规则石块铺砌台阶，梯子沟由此得名。2011年5月17日该遗址被公布为宁陕县文物保护单位。

梯子沟道路遗址

江口猫儿梁道路遗址 战国—民国，位于江口回族镇江镇村。遗址北起江镇村猫儿梁，南止于冷水沟村的冷水沟，全段长约3公里，道路主要修建于旬河西侧边坡上。古道虽已废弃，但路面仍可见，宽2～2.7米。沿途可见石凳，系挖掘山坡形成的，长约0.65～0.8米，宽0.16～0.3米，高0.07～0.15米。2002年6月20日该遗址被公布为宁陕县文物保护单位。

江口菜籽梁道路遗址 战国—民国，位于宁陕县江口回族镇江镇村。遗址全段长约1公里，沿途经菜籽梁、漆树湾，向北过旬河与广货街镇苦竹沟口相接。道路主要修建于旬河东岸的边坡，用块石铺砌，险要处有块石垒砌的护坎，路面宽2.1～3.2米。

江口猫儿梁道路遗址

江口菜籽梁道路遗址

西腰岭关遗址 战国—民国，位于宁陕县江口回族镇至西乡县南子午镇间子午道新路上，今西（安）万（源）公路165.4公里东南山岭上，其得名是以旧道上的关西移于新道而来。在关南山腰发现一段数里长的傍山险道，蜿蜒曲折于树丛中。岭上垭口处有设关的建筑遗迹，自然石被凿成整齐的凹形，宽2.44米，应为关门，纵深1.88米，应为前后关门间距，四角分别存有直径0.23米、深0.15米的圆形柱孔，应为关门的立柱孔。古代为使关门牢固，所筑关门多为重门式。关门以北在自然石上凿出石阶路，关门以南是用长1.95米、宽0.15米、厚0.17米的大石条铺成的石阶路。路旁一块略呈圆形的自然石，上为清代所刻的修路题记"陈云祥专修，道光二十七年三月立"。在腰岭关山下长安河中，有桥柱孔遗迹数处，表明子午道是由长安河西岸渡河上山通过腰岭关。

白杨岭栈桥遗址 战国—民国，位于城关镇老城村白杨岭。栈桥南北向跨河，现存圆形立孔6个，分别位于河东西的两块岩石上。东部岩石上有栈孔4个，其中两孔内木桩尚存，孔径0.3~0.4米，孔距0.6米。西部岩石上有栈孔2个，孔径0.3米，孔深0.32米，孔距0.92米。该遗址现为陕西省文物保护单位。

白杨岭栈桥遗址

白杨岭栈桥横跨月河遗址

手扒崖栈道遗址 战国—民国，位于太山庙镇双建村。遗址呈南北走向，全长约120米。遗址内可见斜向栈桩15个，桩径约0.17米，桩距0.5米。另残存圆形栈孔10个，排列为三层，孔径0.18米，深0.2米。

吴家坪栈道遗址 战国—民国，位于太山庙镇太山村。栈道路面、栈桩已毁，现存23个栈孔。栈孔分上、下两层，均凿于池河东岸崖壁上，为直进式，距河面高约1.5～2.8米，层间距约0.8米，孔距2.5～3米，孔径0.13～0.2米。由于水患，此处栈道历有变迁，从遗留栈孔看，最下层时代较晚。2002年6月20日该遗址被公布为宁陕县文物保护单位。

队伍坝栈道遗址 战国—民国，位于太山庙镇胭脂坝村。遗址全长约80米，由栈道遗址和跨越池河的桥梁遗址组成。栈道遗址现存栈孔约60个，分上、中、下三层分布，均凿于池河西岸崖壁上，为直进式，最下层距河面约2米，最上层距河面约5米，层间距约1.5米。中层和下层栈孔为圆形，孔径约0.1～0.18米，深约0.2～0.25米不等。下层栈孔排列整齐，间距约1.2米。上层为方形栈孔，由于无法攀登，尺寸不详。桥梁遗址东西横跨池河，宽约13米，在河心巨石上凿有三排桥梁桩洞，每排2个，孔距约1.9米，每排最大跨度约5米，桩洞圆形，直径0.33米，深0.29米。该遗址是古子午道的重要组成部分。2002年6月20日该遗址被公布为宁陕县文物保护单位。

鸡公梁栈道遗址 战国—民国，位于龙王镇鱼洞子村。遗址北起鸡公梁山下油坊，南止鸡公梁顶铁杨树，全段长约1公里。栈道用稍加打磨的整块砂岩板石逐级铺就，每级台阶宽1.4米、高0.3米、深0.13～0.2米。油坊处大竹河两岸有石砌桥台，宽2米，高约2.5米。从山脚至栈道的四分之一处台阶西侧岩壁上有题记，竖3行，字径约0.6米。此栈道系安康、汉阴经古子午道通往长安的必经之路，与汉阴县两河发现的栈道在同一线路上，对研究当地的历史地理具有一定价值。2011年5月17日该遗址被公布为宁陕县文物保护单位。

队伍坝栈道遗址

鸡公梁栈道遗址

北沟砭子栈道遗址 战国—民国，位于龙王镇鱼洞子村。遗址北起永红村池河渡船口，东南止于大竹河油坊西北200米处栈道与村道交会处，全长约8公里。路面为开挖山体及石砌形成的土石路面，宽约1.5米，高出河面100余米。渡船口处原建有桥梁，桥面已毁，仅存石砌桥墩。此栈道址系安康、汉阴经古子午道通往长安的必经之路，与汉阴县两河发现的栈道在同一线路上。

鱼洞子栈桥遗址 战国—民国，位于龙王镇鱼洞子。栈孔位于池河河中一巨石上，现存栈孔2个，均为圆形立孔，孔径0.3米、深0.2米、孔间距0.3米。

鱼洞子栈桥遗址周边环境

鱼洞子栈桥遗址

吊楼潭栈道遗址 战国—民国，位于龙王镇永红村，池河西岸。现存栈孔10个，呈南北走向，均为方形立孔，边长0.12～0.16米，孔间距1.2～2米，下距水面0.5～1米。

板桥沟口栈道遗址 战国—民国，位于城关镇关二村。遗址呈南北走向，总长约50米，存栈孔16个。其中方形栈孔5个，边长约0.12～0.15米，深0.1～0.2米；圆形栈孔11个，孔径0.13～0.18米，深0.1～0.2米。

花崖沟口栈道遗址 战国—民国，位于皇冠镇八宝村，花崖沟口两河西岸崖壁上，这是子午道支道。遗址南北走向，长约80米。崖壁上可见栈孔30余个，"一"字排列，高出河床1～3米，圆形，孔径和深均为0.2米，间距0.4米。栈孔上方有摩崖石刻3处，主要记载捐资修路者姓名和捐资数目，字迹漫漶。

吊楼潭栈道遗址

花崖沟口栈道遗址

纸坊沟栈桥遗址 战国—民国，位于皇冠镇双河口村。原桥梁已毁，仅存柱洞4个，遗址南岸巨石上有1个，东峪河中有2个，北岸有1个。柱洞为圆形，孔径0.33米，深0.25米，有两个柱洞内可见残损的圆木桩。

老古桥栈桥遗址 战国—民国，位于皇冠镇双河村。遗址西岸巨石上存柱孔10个，圆形，大小不一，直径0.14～0.34米，深0.3米，纵向间距2米，横向间距1米，有两个柱孔内可见残损的圆木桩。遗址东岸有桥墩1座，块石垒砌，残高2米，宽5米。遗址北约15米处的巨石上存柱洞3个，圆形，直径和深均为0.4米。东岸栈桥南端可见长约50米碥路。

庄房栈道遗址 战国—民国，位于皇冠镇双河口村。遗址全长约100米，共有三处遗迹。东端可见栈桥遗址一处，河床巨石上可见栈桥柱洞2个，圆形，直径0.3米、深0.35米。西端东峪河南岸可见栈桥遗址一处，巨石上可见柱洞6个，南北向双排排列，圆形，直径0.35～0.42米、深0.35米。东峪河北岸可见栈道遗迹一处，高出河面2米，现存圆形栈孔14个，栈桩2个，东西向分布。

郭家坪栈道遗址

郭家坪栈道遗址 战国—民国，位于皇冠镇八宝村。遗址全长约50米，崖壁上存栈孔30余个，高出河面1～2米，南北向"一"字排列。栈孔均为圆形，直径0.15米，深0.2米，间距0.4米。

大白沟口栈道遗址 战国—民国，位于皇冠镇朝阳村。遗址全长约80米，现仅存50余个栈孔，高出河面2.5米，南北向呈两排排列，间距0.3米。栈孔大部分为圆形，孔径0.2米，深0.2米。另有方孔2个，栈桩2个。

大北沟栈道遗址 战国—民国，位于皇冠镇朝阳村。遗址全长约250米，现存栈孔100余个，高出河面0～5米，南北向排列。栈孔多为圆形，孔径0.2米，深0.2米，间距0.3米。其中北部遗址现存栈孔80余个，还有石条铺设的道路，长约20米，栈桩20余个。距北部遗址约60米处可见栈孔18个。

乌龟颈栈道遗址 战国—民国，位于广货街镇和平村五台河北岸崖壁上栈道东、西、南皆为河道，北依山崖。遗址呈东西走向，高出河床约2～3米，现存圆形栈孔约50个，上、下两排排列。栈孔孔距为0.8～1米，孔径0.1～0.12米，深0.1米。栈孔密集处尚存人工打凿的古堰渠遗迹。

白杨树坪栈道遗址 战国—民国，位于广货街镇和平村五台河西侧崖壁上栈道东临五台河，西依崖壁，南、北为五台河河道。遗址呈南北走向，全长约50米，现存圆形栈孔15个，分上、下两排。栈孔孔径0.1～0.12米，深0.1米，间距0.8～1米。

狗犁田栈道遗址 战国—民国，位于广货街镇五台村。该遗址沿五台河北岸分布，全长约15米，现存圆形栈孔6个，上、下两排分布。孔径0.14米，深0.1米，孔距2～2.3米。

3. 子午道石泉县段遗址

子午道逶迤从长安向南翻越秦岭，直通陕南，石泉是其必经之路。子午道在石泉境内的道路先后有三条：一是自县城东南行，沿池河北上，即走子午旧道；二是从县城西北行，经饶峰镇，走汤坪，过关口北上长安，为子午新道；三是清嘉庆十三年卫宁朴另修的子午新道，由县城经古堰滩，沿大坝河北上，经银杏坝，翻火地岭，至关口接新子午道去长安。子午道进入石泉县，沿池河河谷而行，河谷较为平敞，发现有栈道、栈桥、碥道。其中碥道的路程较多，主要有胡家砭碥道、悬天空碥道、歇马台碥道、石佛寺碥道、阴沟口大石包碥道、南湾碥道、椿树梁碥道、雷神殿碥道、一马跳三坑碥道、关帝庙碥道、紫荆坪碥道等。栈道有天灯石栈道、土桥沟栈道、筷子铺栈道。栈桥有凳子沟口栈桥、双营村古桥遗址。驿站遗址有谭家湾遗址、郭家坝遗址、万家堡遗址。渡口遗址有洪河口遗址。

子午道南段驿站遗址　汉、宋、明、清。此处遗址包括谭家湾遗址、郭家坝遗址、万家堡遗址。2008年，三处遗址一起归入子午道南段驿站遗址，被公布为第五批陕西省文物保护单位。

谭家湾遗址　汉、宋、明、清，位于池河镇谭家湾村村委会西侧30米处。遗址东至迎丰公路西30米处，西临池河，南至洪河北岸，北至汉王城，海拔356.2米。遗址坐落于池河东岸一级台地上，南北2000米，东西200米，总面积约40万平方米。文化堆积深厚，厚1~3.8米。在谭家湾村抽水房以及水渠附近，均可看到村民倾倒的大量绳纹板瓦残片，偶见汉代楔形砖块。村民在打井、挖红薯窖、建房过程中曾发现有铜镞、铁镞、五铢铜钱、板瓦等物。遗址出土的陶片均为泥质灰陶，饰绳纹、弦纹，可辨器形有罐、盆、鼎、碗等，多属秦、汉时期遗存。另有南北朝时期的宝相花纹瓦当、菱形纹砖及金镯、鎏金压胜钱等物。国家一级文物汉代鎏金蚕是村民在该地池河中淘金取沙时发现的。谭家湾遗址对子午道及汉代聚落、军事、交通、蚕桑、池河台地的功能划分等研究均有重要的参考价值。

谭家湾遗址

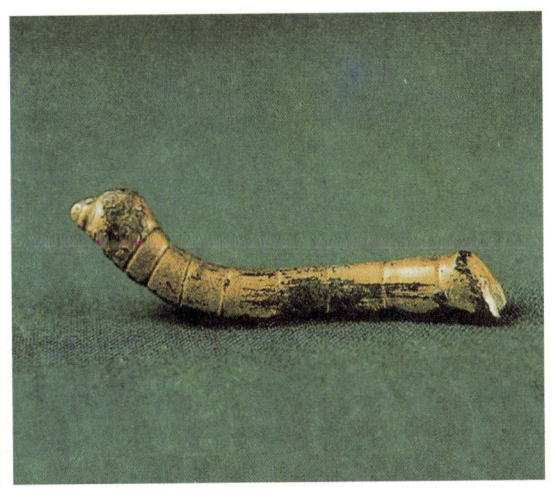

遗址出土鎏金铜蚕

郭家坝遗址　汉、宋、明、清，位于中池镇五坪村南500米的郭家坝，池河西岸的二级台地上。遗址文化层厚0.4~6米，面积约4000平方米，重点区域1000余平方米。采集到的遗物有泥质灰陶、红陶板瓦残片，饰粗绳纹、网格纹，器形有带耳陶罐等，属西汉中晚期，东汉早中期遗存。郭家坝遗址是中池地区首次发现且唯一一处大型汉代遗址，是子午道沿线的驿站或兵站性质的建筑遗存。

万家堡遗址　汉、宋、明、清，位于迎丰镇万家宝村万家宝水坝西北约20

万家堡遗址

米处。遗址面积约1.53万平方米。在村民取土的断层中可见少量泥质灰色、褐色筒瓦及板瓦残片，弧形壁面饰纵向绳纹。地表散见汉代瓦砾及明、清瓷器。

洪河口渡口遗址 战国—清，位于池河镇五爱村。遗址东、西为河道，南面为洪河坎，北面为池河东坎，海拔345米。遗址东西长20米，南北宽5米，分布面积约100平方米。该渡口联系了池河南岸和北地的村民，成为子午道的渡口，地界归五爱村。渡口本位于河床和水流下，由于采金、挖沙等原因水位降落，渡口遗址才暴露于地面。渡口两边均为石灰石质巨石，石头上有人工凿痕。池河东坎暴露八处人工凿痕，有斜向和竖向圆孔，孔径0.05~0.08米，孔深0.03~0.17米；南洪河坎暴露三处人工凿痕，为竖向圆孔，孔径0.03~0.06米，孔深0.05~0.1米。遗址上大面积种植油菜，也种有桑树、蔬菜等。渡口已停止使用，保存基本完整。该遗址是石泉县境内发现的极少的渡口遗址，对研究古驿道的路线及交通运输、军事均有重要的价值。

双营村古桥遗址 战国—清，位于池河镇双营村三组村委会西侧300米处。遗址东至池河东岸30米，西至池河岸边，南北长5米，东西宽25米，分布面积约125平方米。池河自北向南流淌，古桥东西横穿。遗址现存木桩22根：河东石滩6根，水中16根，木桩呈"Z"字形排列。木桩现残高0.1~0.3米，直径0.1~0.15米，横距2.36米，纵距2.81~3.16米。从木桩横距推测，桥面宽度当在3.5米左右。水位降低时，东岸河滩可见桥桩数根，反之，全部淹没水中。桥桩上部，被河卵石碰击、剥蚀，呈锥体状。河中木桩挂有树枝、杂物，正在被侵蚀，保存现状较差。木桩为松木，古时此处一直被作为渡口，子午道从双营村四组北石山梁通过，至池河，有桥经草庙寺通往马岭关，再由马岭关分道，一条通往石泉县城，一条到紫阳。此遗址属于池河段首次发现的子午道古桥遗址，对研究古代的桥梁、交通、军事有重要的参考价值。

4. 子午道柞水县段支道遗址

大凹沟栈道遗址 战国—清，该栈道是乾佑河古道西南行连接子午道的古道路，位于营盘镇新丰村一组大凹沟内。栈道遗迹在一块裸露光滑的石壁上，为长方形，面积约30平方米。石壁上分布有14个栈孔，为方形和圆形，孔距1.2~2米。圆形栈孔直径0.16~0.2米，孔深0.1米；方形栈孔边长0.1米，深0.07米左右。在岩壁旁还存有石道1条，与栈道相接，现残长约7米，宽0.65~0.78米。石道北端被土覆盖，两侧与栈道连接处有人工开凿痕迹。当地村民介绍，该大凹沟通向乾佑镇的七坪马房子村，长约15公里，连接两乡镇，栈道即为沟内道路，直通乾佑镇。

5. 子午道汉滨区段遗址

新屋院子栈道遗址 战国—秦、汉，该栈道为子午道通向安康的支道，位于叶坪镇中沟村。此栈道是清代叶坪通往宁陕的交通要道，呈东西走向，分布于中沟河两岸，东距岩湾20米，西距新屋院子50米，南距东沟5米，北靠山崖。现存栈孔18个，最大孔直径0.8米，最小孔直径0.04米，间距0.8~2米。

穿洞子道路遗址 战国—秦、汉，此道路为子午道通向安康的支道，位于中原镇骆驼村。古道路地处恒河北岸，沿恒河依山势修建而成，东西走向，全长约100米，呈台阶式，距河床高1~10米。台阶由页岩条石铺就，长1~1.5米，宽0.5~0.8米。

金盆湾栈道遗址 战国—秦、汉，该栈道为子午道通向安康的支道，位于叶坪镇金盆村。栈道全长约30米，东西向分布，北靠山崖，南距交沟约15米。现存20余个圆形或方形栈孔，高出河床约1.8~4米，孔间距约0.5米，最大栈孔直径约0.4米、深0.35米，最小栈孔直径约0.1米、深0.1米。

穿洞子道路遗址

金盆湾栈道遗址

（五）武关道陕西段道路系统

武关道又名蓝关道、商山道、商於道等，是从长安出发斜向东南由蓝关进入并翻越秦岭通达荆楚地区及东南地区的重要古道路。此道虽然需翻越秦岭，但除了少部分山高路险之外，多数沿河谷而行，较为平坦。这条道路开辟很早，大约商末周初就已经开辟。荆楚部族首领鬻熊受封为楚子，在率领族人自关中翻越秦岭移居江汉的迁徙过程中开拓了此道。周公奔楚亦自武关道经蓝田去丹阳（今商州），可见，春秋时代此路已经成为秦楚间的大道。因其途中有著名的武关，地处险要，故多称之为武关道，也有以其途经之地而名之为商於古道、蓝关道、商山道。由于武关道是古代长安经蓝田、商州通向南阳、邓州、荆襄以至江南和岭南的交通要道，其在军事上的特殊作用更加备受重视。唐德宗时明确规定："从上都至汴州为大路驿，从上都至荆南为次路驿。"即其地位在诸驿路中仅次于"大路驿"潼关道。唐代以后，武关道虽失去国道地位，但作为西北与东南地区间联系的捷径，仍发挥重要作用。

武关道是连接关中地区与江汉地区的重要道路。春秋战国时期，秦与楚等国多次兵出武关道进行征战。如秦穆公二十五年（前635）、二十八年（前632），先后两次出兵攻打并占领位于秦楚邻界处的鄀国；秦康公十年（前611），出兵荆襄助楚攻灭庸国；秦哀公三十一年（前506），派子蒲、子虎率兵车五百乘沿武关道南去救楚；战国时期，楚数次伐秦，与秦军战于蓝田；周赧王十六年（前299），楚怀王在武关被秦劫持，囚于咸阳；秦昭襄王十五年（前292）、二十八年（前279），秦大将白起先后出兵武关道，夺取了楚国宛城以及邺、邓五城；秦王政二十四年（前223），派大将王翦率兵十万，出武关道，攻入楚都寿春，楚王负刍被俘。秦始皇统一全国后，武关道成为秦国驰道的一部分，秦始皇四次出巡东方，其中两次都是通过武关道而行。可见武关道是翻越秦岭的大道。

秦末汉初，刘邦也数次出入武关道。西汉时期，武关道主要用作经济、文化的沟通往来。至东汉末年，武关道仍为长安通往东南之大道。《三国志·魏书·华歆传》记，汉献帝初年，华歆为避西京之乱，"求出为下邽令，病不行，遂从蓝田至南阳"。魏、晋、南北朝时，国家陷于分裂，武关道上的军事征战频繁，如东晋永和十年（354）桓温伐前秦，义熙十二年（416）刘裕伐后秦，东魏天平四年（537）丞相高欢举兵攻打西魏，等等。梁承圣三年（554）西魏由武关出兵，经襄阳，陷江陵，俘杀梁元帝。

武关道线路示意图

隋、唐时，武关道为京城通往荆汉、江淮间的重要古道，诸多文士、官吏经由此道游学、取仕或赴任，故有人称武关道为"名利路"。王贞白《商山》诗云："商山名利路，夜亦有人行。"白居易《登商山最高顶》诗曰："高高此山顶，四望唯烟云。下有一条路，通达楚与秦。或名诱其心，或利牵其身。乘者及负者，来去何云云。我亦斯人徒，未能出嚣尘。七年三往复，何得笑他人！"此外，诸多贬官如韩愈、元稹、颜真卿、周子谅、杨志诚、顾师邕等被贬去潮州、荆襄、岭南等地时，亦均走武关道。

五代至宋，都曾置兵于武关道，作为商、洛、宛、邓间的交通防御之用。明、清时期，武关道在物资运输上的作用颇为显著。明宪宗成化以后，由于河套地区失陷，西北边防吃紧，粮食和物资多靠内地转运，湖广地区的粮食物资就是经郧阳运入陕西，再由陕西雇用民力北输边地。《读史方舆纪要》卷五二记载："今繇河南南阳、湖广襄、郧入秦者，必道武关。"

武关道是利用秦岭北侧灞水河谷及其支流和秦岭南侧丹水河谷连接开辟而成。由长安东出，溯灞河西侧南行，经今蓝田县城，过灞河至坡底村，上七盘岭，绕芦山北侧，经六郎关、大坡脑过蓝桥镇，溯蓝桥水而上至新店子，经牧护关翻越秦岭，顺丹江支流七盘河而下至黑龙口，沿丹江河谷而下，经麻街抵商州，又东南经丹凤县，穿越丹江北侧丘陵，过桃花铺、铁峪铺到达武关。汉武关道由今商南县西境折东南行，越四道岭，过湘河，沿丹江北侧，经荆紫关、淅川老城东行到达南阳。唐代时武关道又称商山路，文献记载其走向及途经比较明确：由长安东行，到长乐驿，过灞桥后折向东南，经蓝田县坡底村，上七盘岭，绕芦山南侧，过蓝桥到蓝桥镇，溯蓝桥河而上，经牧护关（唐时称蓝田关）翻越秦岭梁，顺丹水支流七盘河下至黑龙口，折东行经商州、丹凤县出武关，又东经商南县富水镇出今陕西境，再经西峡、内乡县至南阳。

武关道在今西安境内段除沿灞河上七盘岭，经蓝桥镇、牧护关而去的干线外，还有其他几条支线：其一，由今西安市向东上白鹿塬，经灞水支流辋川河下游，在蓝田南与七盘岭的干道相接。其二，由蓝田县城南沿灞河至水陆庵，又折南溯蓝桥河谷而上，经南石河至蓝桥与干线相接。其三，自蓝田县城东溯灞河右侧，东北经普化、马楼、玉山，再折东南分别沿灞河的两条支流流峪河谷或道沟峪河谷而行，史称玉山路；由玉山溯流峪河谷，经柿园子、上石家、张家坪、魏家沟越秦岭，沿丹江支流东南行至黑龙口与干线相接；溯道沟峪河谷，经冯家湾、曹家山、南石门沟口南折西南行，与流峪河支线会合于张家坪。其四，沿浐河河谷东南行，从秦岭汤峪口进入秦岭后向南，翻过秦岭梁东南行，到达商州，与干道相接。

武关道越秦岭后路段沿丹水北侧行走，夏秋季节江水上涨，经常冲毁道路，曾多次修整。唐德宗贞元七年（791），商州刺史李西华在加宽旧道的同时，于阻水涧处别开偏路，以避水淹。偏路的里程据《嘉庆重修一统志》记载："自武关西北行五十里至桃花铺，又八十里至白杨店子，又八十里至麻涧，又百里至新店子，又百里至蓝田县，皆行山中，即所谓偏路也。至蓝田县始出险就平。"全程共410里，仍沿秦汉武关道旧线。这次工程很大，征发工役十余万"修桥道，起官舍"，由蓝田至河南内乡共700余里，开偏路后"人不留滞，行者为便"。唐宪宗元和年间（806—820）及宣宗大中年间（847—860），亦先后修治。北宋时期，根据欧阳修在《漕河议略》奏折中关于解决西北边境军粮运输的建议，也曾修治武关道。除国家修整外，明、清两代还多次以地方或民间自筹资金的形式整修武关道。明嘉靖时（1522—1566）陕西巡抚郗元洪、清乾隆时（1736—1796）陕西巡抚陈宏谋先后整修。

武关道上有许多著名的驿站，史书记载的有蓝田驿、青泥驿、韩公驿、蓝桥驿、蓝溪驿、四皓驿、洛源驿、棣花驿、层峰驿、武关驿、青云驿、阳城驿等。诸多过往诗人都对武关道沿途景象有过美妙的盛赞，现存诗歌有200余首。唐朝诗人温庭筠路行商州时就留下了《商山早行》："晨起动征铎，客行悲故乡。鸡声茅店月，人迹板桥霜。槲叶落山路，枳花明驿墙。因思杜陵梦，凫雁满回塘。"诗人的生花妙笔给后世读者留下一幅商於六百里古道的生动画面。

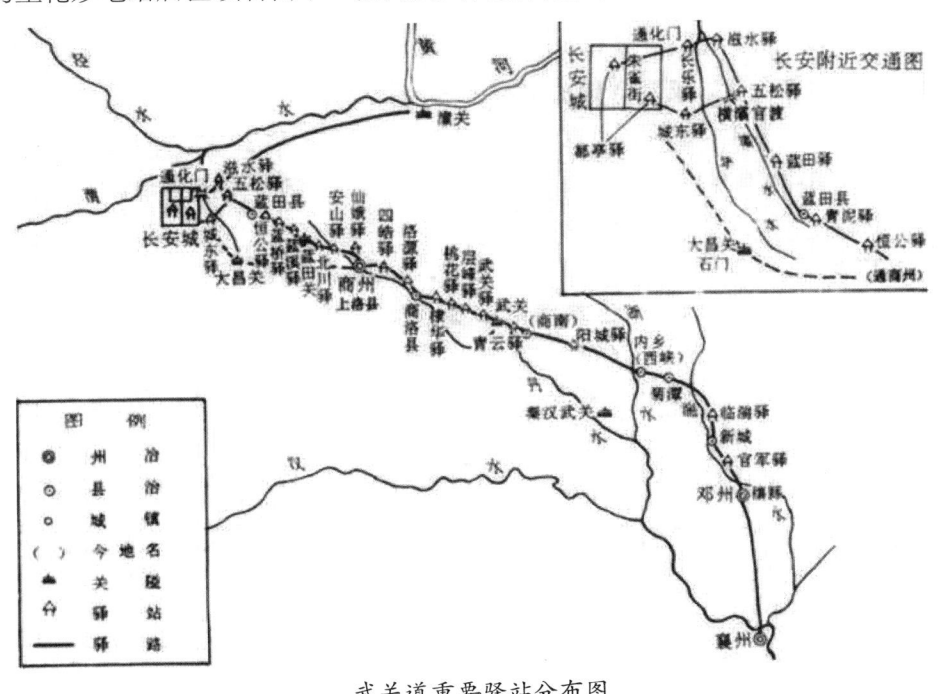

武关道重要驿站分布图

如今，武关道上仍保存大量古代栈道遗迹和摩崖石刻，择其重要者简述概况。

1. 武关道蓝田县段遗址

武关道蓝田县境内的栈道遗址集中分布在蓝桥河谷与流峪河谷。古道在蓝田线有两条主要线路。其一沿蓝桥河河谷分布，起自普化镇的王滩村南，向南经清水河口、甘塘、蓝桥镇的蓝田关、蓝桥河、窄坡关折向东，再经桃花碥、扇车沟口等地延入商州市。全线发现栈道、关隘、修路题刻等遗存十余处。其支线沿蓝关镇坡底村，向南经七盘坡、鸡头关、风门子折向东，再经毛石湾、六郎关、草坪等地至蓝田关，与蓝桥河栈道连通。其二沿流峪河河谷分布，起自九间房镇的柿园子，向东南，经栗树坪、大岔口、张家坪越秦岭，延入商州市。全线发现各类栈道遗迹十多处。两线在商州市黑龙口会合，与武关道遗址商州段连通。史载秦昭襄王诱楚怀王入秦、秦始皇三次东巡、刘邦入秦、唐末黄巢军自长安撤退，均经由此线路。

蓝桥栈道遗址 商、周—清，位于清水河口至甘塘一带蓝桥河西岸约3.5公里长的崖壁上。此处有栈道遗迹10处，55个壁孔，226个底孔，有些底孔上方的岩石上有人工凿成的槽痕。这段遗迹的突出特点是，与一个壁孔相对，凿有数个至十数个底孔，底孔高度密集。底孔排列并非绝对作直线，而是从壁孔到最下层的底孔，有的纵列7个底孔，有的依山势由上而下从一排增加到两排，以增加栈道山体一侧的强度。最下层的底孔有一种特殊的排列形式，即两两并列，是为了使承重最大的立柱直立不偏，以免栈道上交行驶重车时折毁梁柱。另在壁孔上方，即当时的路面之上约3米处凿有12道纵向石槽，南边纵向石槽下又有两道利用天然石缝加工而成的横向石槽，这可能是为了避免山岩上流下的雨水和泉水直接滴注路面而采取的防护措施。总其栈孔遗迹，发现同一处的栈孔形制并不一致，有方有圆，可见栈道开通之后，又历经多次维修。

蓝田峪口

蓝桥栈道遗址

流峪古道遗址 商、周—清，位于三里镇张家坪以东魏家沟，在李家槽口经上石家、大岔口、栗树坪至柿园子之间8.5公里的区段内尤为密集。此处栈道遗迹以人工刻凿的石道居多，即在山崖上开凿宽度不大的路面，在险要处凿壁孔，嵌入斜上撑起的石梁，上面架设栈板以加宽路面，栗树坪一带多见残留的石梁。在柿园子地段，还将突出的山石由外侧向内切凿，从凹入处通过道路。在魏家沟口附近，河中巨石上有石孔，似为古代架桥时所留。在岸边石板坡道上，还发现人工刻凿的线槽，4米长的距离内并列43道，长度均在0.68米左右，间距0.04～0.12米，用意显然在于行路防滑。这段路面上接4级石阶，其宽分别为1.35米、1.05米、1.05米、1.02米，高分别为0.12米、0.07米、0.06米、0.12米。另外有记录捐资修路的功德石刻4处。

流峪古道遗址

岱峪河栈道遗址 商、周—清，该段栈道为武关道支道，位于小寨镇岱峪河上游两岸。上岱峪村东沟口、下岱峪村二龙洞共发现栈道栈桥遗址3处。上岱峪村东沟口几处栈道遗址，长度从10米到150米不等，均仅存栈孔。栈孔数量从9个到56个不等，距现河床高0.5~4米，孔间距0.2~2.9米，多在0.8米左右。栈孔分为圆形和方形两种：圆孔直径0.12~0.28米，深0.12~0.22米；方孔边长0.14~0.16米，深0.15~0.22米。个别孔中残存石条。下岱峪村二龙洞栈道遗址规模较大，绵延长度约60米，存栈孔56个，其东段分上、中、下三排

岱峪栈道遗址

排列，排间距1.5~2.2米。岱峪河栈道遗址分布虽不甚集中，但保存状况相对良好，为研究岱峪河上游地区的交通历史、关中与陕南地区的文化交流、修路筑桥技术、当地社会生活等提供了重要的实物资料。

双龙栈道遗址 商、周—清，位于辋川镇双龙行政村七组，属武关道支道。遗址共存留栈孔9个，按地理位置可划分为两个部分。第一部分位于双龙行政村七组山川河西的石崖上，南距毛军场家约100米。在南北向的山川河西岸发现大小6个栈孔，均为横式栈孔，上、下两排，大孔1个，小孔5个，东西间距0.3~1.9米，上下间距0.6米。大孔孔径0.15米，孔深0.1米；小孔孔径0.06米，孔深0.07米。第二部分位于双龙行政村七组山川河东的石崖上，北距毛福仓家约60米。在南北向的山川河东岸发现3个栈孔，均为横式栈孔，一排分布，东西间距0.4米。栈孔孔径0.13米，孔深0.1米。

汤峪栈道栈桥遗址 明、清，位于汤峪镇汤峪河上游两岸。此处遗址南至汤四斗井沟口，北至汤一棋盘山，应为武关道的支道。史书记载，汤峪又称石门谷，山口处有"石门关""石门镇"，谷

中栈道也可称"石门栈道"。在近20公里的范围内共发现栈道、栈桥遗址13处。栈道长度从4米到70米不等。每处栈孔数量亦不等，最多的连续排列83个，最少的为5个。栈孔距现河床0.5～5米，孔间距0.4～1米，大多数在0.8米左右。栈孔分为圆形和方形两种，圆孔直径0.14～0.18米，深度0.15～0.2米；方孔边长0.14～0.16米，深度0.15～0.22米。在个别栈孔中残存有石条。在这些栈道中，以汤一大槽口栈道遗址规模最大，主要分布于汤峪河东岸崖壁上，长约70米，残存栈孔80余个，分为上、下两排，上下间距1.5米。汤峪河栈道栈桥遗址规模宏大，分布较为集中，保存状况较好，为研究武关道及其支道的分布和走向以及古代修路筑桥技术等提供了重要的实物资料。

汤峪栈桥遗址

汤峪栈道遗址一

汤峪栈道遗址二

汤峪栈道栈孔

汤峪石阶路

2. 武关道商州区段遗址

黑龙口栈道遗址 商、周—清，位于黑龙口镇前街村北沟谷边的台地上。栈道遗址由南向北延伸2.5公里。现残存有栈道孔10个，由南向北排列；由南向北第五个为圆形，其他均为方形。方孔边长0.15米，宽0.13米，深0.12～0.15米。圆孔直径0.16米，深0.1～0.22米。栈孔现保存较好。其中一处壁孔上方0.3～0.4米处凿刻有横槽，可能是为了装置木质或石质栈板而修凿。

黑龙口栈道遗址

3. 武关道丹凤县段遗址

武关道丹凤段的重要遗址是武关遗址，位于丹凤县武关镇武关村，它不仅是关中的四关之一，而且也是武关道丹凤段遗址重要的组成部分。在武关遗址发现有汉代云纹瓦当、文字瓦当、五角形陶水管道、绳纹瓦等，无论是春秋时期的五霸争斗，还是战国时期的连天烽火，武关通道保持着其在政治、军事、经济上绝对的重要地位。武关道是关中通向中原大地和长江平原的捷径。

武关道丹凤段

保定村栈道遗址 商、周—清，位于商镇保定村一组大峪河口东面崖壁下。栈道全长28米，共有斜向栈孔一层36个，距河底高约1.9米。栈孔均为方形，孔距约0.5米，孔边长及进深均为0.1米。

（六）金牛道陕西段道路遗址

金牛道亦名石牛道，是汉中盆地通往蜀地的一条重要通道，与陈仓道相接，连接秦、蜀二地。这条道路开通的应该也比较早，应该与陈仓道同开于商、周时期。金牛道的来历，与一著名的计谋有关。战国时期，秦王答应赠送蜀王一头金牛，蜀王为了接回秦王赠送的金牛，就需要增修或拓宽翻越秦岭的道路，于是，蜀王命五丁力士开通了此道。但实际结果是为秦国修平了入蜀的道路。公元前316年，秦将司马错、张仪率大军沿金牛道长驱直入，先后灭蜀、苴（古蜀属国）、巴等国，分置郡县。金牛道的起点和终点，顾祖禹在《读史方舆纪要》中曰："自沔县而西南至四川剑州属保宁府。之大剑关口，皆谓之金牛道，即秦惠王入蜀之路也。"金牛道北自汉中的褒城始；自褒城南行十余里至长寨，再沿汉水北岸西行至宁强；自宁强西南行，经牢固关（百牢关）、黄坝驿、棋盘关（七盘关），转斗铺、神宣驿至朝天驿；自朝天驿沿嘉陵江东岸南下，经明月峡、飞仙阁、千佛崖、广元、昭化而达于剑门，此段道路传统上也是金牛道。

金牛道在秦蜀古道中以险要知名，其最险地段在陕西大安至四川广元间，这一路关山重重，峡谷深险，行道艰难。安史之乱爆发后，唐玄宗匆忙逃往蜀中，便是行经此道，因道路过险，大臣甚至要求停驾一日。唐、宋以来，许多文人经行金牛道吟诗赋文，留下了很多行旅诗文。

1. 金牛道勉县段遗址

勉县境内的金牛道也是陈仓道的一部分，起于褒城，自褒城南行十余里至长寨，再沿汉水北岸西行，经扭项铺、黄沙、旧州铺、勉县、武侯镇、沮口、青羊驿、大安、烈金坝（金牛驿），沿宽川河南下，越五丁峡、滴水铺至宁强，在汉水北岸到金牛驿和陈仓道重合。自褒城向南折的部分一直到宁强应该是金牛道的主要部分。

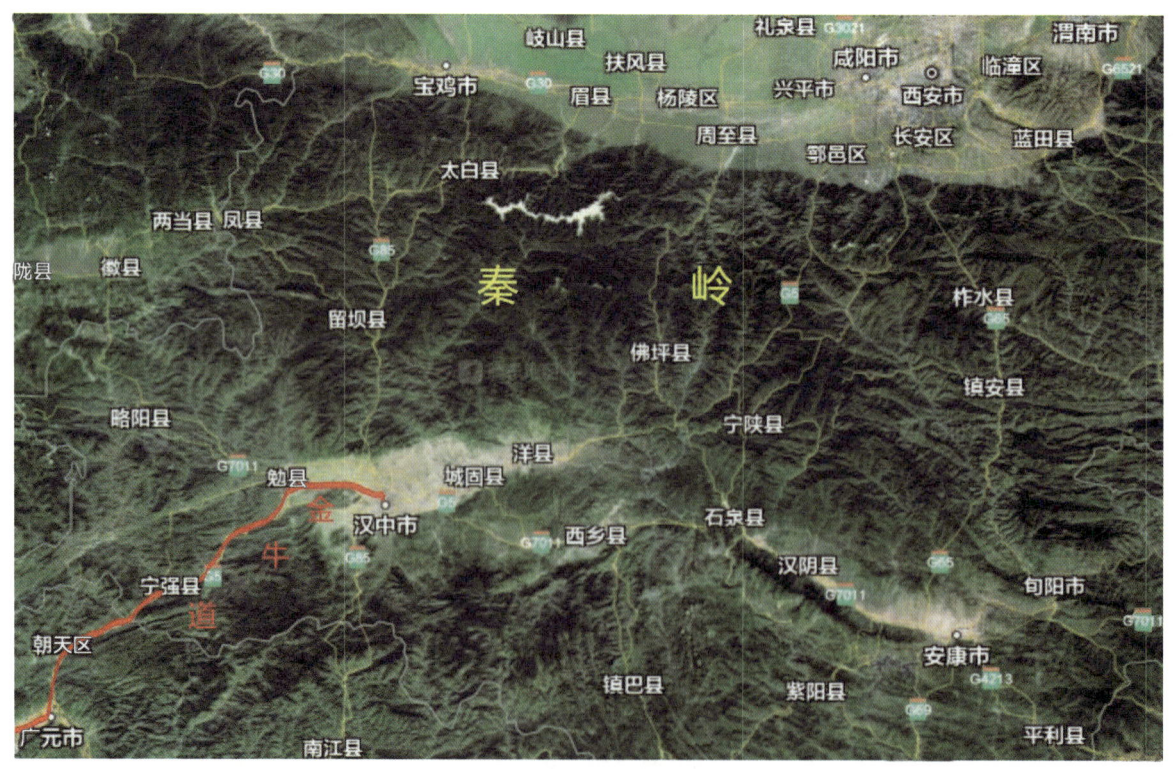

金牛道陕西段线路示意图

黄沙镇老街

金牛道上的石桥

2. 金牛道宁强县段遗址

金牛道宁强段线路是经牢固关（百牢关）、黄坝驿，经棋盘关（七盘关）出陕西再到达四川的转斗铺、神宣驿至朝天驿。

七盘关遗址 春秋战国、元，位于宁强县川陕交界处的汉源街道办事处黄坝驿关沟口，当地人称卡门子。关卡由人工在石壁上开凿成豁口，然后安装门。豁口宽2.2~2.4米，长55米，石壁上现有当年安装门的遗迹。现存石门框2道，宽0.25米，深0.05~0.15米；门闩窝3个（西壁2个，东壁1个），边长0.15米、深0.2米，距地面1.6米；残存门蠹石1块，长0.62米、宽0.46米、高0.2米，蠹窝直径0.2米、深0.05米。西壁门框南侧有长1.55米、宽0.73米、深0.16米的方形匾槽，距地面1.5米。东壁匾槽长2米，宽1米，深0.2~0.25米，距古道路路面2.6米。周边石道上还留有碎坏的石块、马踏的蹄窝以及脚夫打杵留下的印记。南崖面上的柱痕和因风雨侵蚀难以辨清的文图，隐约可见。七盘关是金牛道上的重要关隘，为研究古代的军事、交通、商贸提供了重要的实物资料。

七盘关遗址　　　　　　　　　　　　　　七盘关遗址构件

七盘关道路遗迹　　　　　　　　　　　　七盘关关门凹槽遗迹

梯子崖栈道遗址　清，该栈道为金牛道的一条支道，位于青木川镇长沙坝村二组金溪河东岸崖壁上。遗址距水面约8米，现存方形栈孔2个，边长0.25米，深0.2米。另存石刻题记1处，楷体竖书，共57行，满行30字，记述青木川当地民众集资投劳修筑青木川至甘肃省道路情况及捐资人姓名，落款为道光二十二年（1842）。金溪河发源于甘肃省境内，是联系陕、甘、川的天然通道，历史悠久，可以上溯到明代。青木川镇是古代一个重要的驿站和商贸集散地，青木川是陕西通往四川、甘肃的一条重要通道，可以汇入金牛道主干道。

（七）米仓道陕西段道路遗址

汉中盆地与巴蜀之间，有大巴山脉横阻。大巴山脉中有米仓山，穿越米仓山的道路，汉、唐时称米仓道，两宋时称大竹路。《读史方舆纪要》曰："自南郑而南，循山岭达于四川保宁府之巴州为米仓道。"这条道路被称大竹路的同时，因行于巴山，又名巴岭路。米仓道北起汉中盆地的汉中，南达四川盆地的巴州，全长460里，是秦巴山区一条重要的古道。

梯子崖栈道遗址

米仓道之开辟，时代也非常早。距今3000年前，武王伐商时，大军中就有巴蜀之师跟从。《华阳国志》载："周武王伐纣，实得巴蜀之师。巴师勇锐，歌舞以凌殷人。"可见，米仓古道在商、周时已然通畅。春秋秦穆公时，巴人慑于秦的威力，开始向秦纳贡。秦、巴之间有了正式交通往来。巴人入贡之道，即后来之米仓道。其后的秦惠王吞并巴中，始与巴人联姻。

米仓道是巴蜀、汉中间的一条要道、捷径。较早述及此道的《太平广记》记："昔汉祖（刘邦）不用韩信，信遁归西楚，萧相国追之。及于兹山（米仓山），故立庙貌（淮阴侯庙）。"若此，则秦末汉初，米仓道即广泛为人们所用。另据历史记载，东汉献帝建安二十年，曹操出兵汉中征伐张鲁，张鲁兵败后即奔米仓山入巴中。三国时，魏将张郃守汉中，由米仓道进兵巴中，攻至宕渠之蒙头、荡石，为蜀将张飞所败，又循米仓道还汉中。此后，凡入"三巴"者多取道于此。

刘邦被封于巴蜀，不入于巴蜀建都而建都于南郑，巴蜀既然为其封地，都南郑而必连接巴蜀。后汉高祖自汉中出师，亦借重巴人之锐卒，定三秦，灭强楚。《汉书》记刘邦北定三秦时"留萧何收巴蜀租，给军粮食"，说明汉初汉水流域与巴地间之交通，已可以大规模运输粮食。这些粮食要由巴蜀入汉中，再由汉中转输至关中。路线是巴地之粮要通过米仓道入汉中，再由汉中经褒斜道入关中。而蜀地之米则由嘉陵江沿故道运入关中。汉初因战乱天下大饥，汉王朝实行特殊移民政策，向巴蜀移民。汉初楚汉之战，为巩固关中形势，巴蜀向关中大规模运输粮食。而到了汉武帝时，情形又一度翻转了过来，为了开辟和巩固南方战场，开始由南阳和汉中向南方调运粮食。这一时期的米仓道，真是一条名副其实的运粮之道。秦、汉之后，由于各地的军事割据，米仓道在军事上的作用日渐显现。张鲁逃巴，张郃攻蜀，皆行经米仓道。

西魏恭帝元年（554），巴人谯淹据南梁州（治所即今四川阆中），李迁哲和贺若敦自汉中进讨，李迁哲走米仓道先至巴中。五代时，王仁裕辅佐褒梁帅王思同南伐巴人，往返登涉米仓道。

南宋开禧二年（1206），吴曦叛变，引金人入凤州，兴元帅程松行经米仓道，由阆州顺流至重庆。南宋绍定四年（1231），蒙古兵入洋州，分遣其将莫哥汗自洋州趋米仓道，在降人李进（李昌国）的引导下，沿巴江、渠江一直打到合州。莫哥汗进军时，曾砍伐山林，修治山道700余里。

南宋时期，秦岭以北被金人占领，汉中盆地处于宋的国防前线，川东各府、路支援前线的各种物资，亦多由米仓道输送。当时，贩运大竹县山货土特产品的商贩，络绎于途，常年经行不绝。在茶、盐由官府实行专卖时期，米仓道也是盐商走私的一条山路。今勉县金泉镇贾村坝南侧的石梯坡，有南宋时禁止私运食盐告示的摩崖石刻。告示言："一应盐榷不得从此出。如有违戾，许（就）地抓人。把捉赴所属送衙根勘问罪。追赏五十贯给告人。"此摩崖石刻位于米仓道北端"西路"旁，说明当时的盐商越过米仓山后，是沿濂水向西县、褒城县方向走去，以避开兴元府关卡的检查。

元军南下攻宋时，米仓山也是攻防要地。

明、清时期，米仓道亦设卡查禁私贩盐、茶。明武宗正德年间（1506—1521）置巡检司。《明律》规定："凡贩私茶和私盐者同罪""出境及失察者并凌迟处死"。由于关卡林立，查禁严密，走私商贩日少，米仓道渐趋荒废。

米仓道北端，由城固、南郑、沔县南去，均有路口。唐、宋时期，由梁州越大巴山去巴蜀主要有西、中、东三条路径会于米仓道。其中，西路沿濂水西侧而上，经今汉中市南郑区郭滩、高台、新集、濂水、圹口、庙坝、越米仓山，到焦家河后，或溯焦家河东至大坝，再折南经关坝，沿南江（古称难江）而下至南江县，或顺焦家河西去，到白头滩后折东南行，经中坝子、新民、杨坝亦至南江县。此路险居岩侧，陡临深渊，上下攀登，十分难行。中路由南郑南去，经草堰、周家坪、青树、红庙塘到喜神坝后，或折西南至庙坝，接合西路至南江，或南行5公里至庙坪（南郑至南江公路经地），再折东行，翻越一个小垭口，下褒城坡，约2.5公里至小坝，复由小坝沿冷水河上源东支流而去，越米仓山至大坝，再南行经关坝顺南江而下亦至南江县。此路庙坝附近的牛脑壳（牛头岭），山势高峻，登顶北望，可览南郑全貌，是控制米仓道之险地。东路溯冷水河而上，经油房街、高家岭、牟家坝至郑家坝后，或折西南经秦家坝至小坝与中路合，或折东南经清石关、回军坝、西河至碑坝后，再折西南沿沙坝河而下，亦可至南江县。由碑坝沿碑坝河南行，或沿后河而下，可达通达县。这是唐、宋时期沿子午道或傥骆道经汉中去东川的道路。南宋时，川东夔州路支援汉中的军需物资，多经由此路运给张浚的军队。

米仓道陕西段线路示意图

米仓道所经山谷

米仓山古道路

大高桥遗址 秦、汉—清，位于南郑区红庙镇喜神坝乡大田坝村西南400米，喜神坝河东西两岸。此为单桥墩石板桥，长14.1米，宽1.25米，下距河面4.35米，桥面用6根石条铺成，东西各3根。桥墩和两侧桥基由石条垒砌。石桥下发现栈孔4个，皆为圆形立孔，孔径0.23米，深0.25～0.27米。

观音堂栈道遗址 秦、汉—清，位于南郑区黄官镇庙坝村观音堂南200米的庙坝河东岸。南北向分布圆形立孔2个，孔径0.12～0.15米，深0.14～0.15米，孔间距1.7米，下距河面6米。栈孔上侧分布石凿踏步10级。

（八）荔枝道陕西段道路遗址

荔枝道是由长安翻越秦岭和巴山通往四川万源、重庆涪陵的一条古代道路。荔枝道在唐代开元盛世时因为为杨贵妃快运荔枝而极具盛名，并在这一时期作为官道而使用频繁。但荔枝道的开通应该早于唐代。唐以前的文献中较早提及荔枝道的是《晋书》，据该书卷一《宣帝纪》载，魏太和四年，"迁大将军，加大都督、假黄钺，与曹真伐蜀。帝自西城斫山开道，水陆并进，溯沔而上"。司马懿的军队从安康溯汉水到西乡，走的是子午道南段，由西乡南下，则是取洋巴道入开县、万县、朐肭。由此可见，三国初年这条道路就已存在了，所以司马懿能循此道进军。因此，这条古道的开通也许在三国之前，但还需要今后的进一步调查和研究。

荔枝道因荔枝北运而得名，在多条秦蜀古道中，是唯一以植物命名的道路。历史上由关中翻越巴山去巴蜀主要有三条道路，东为荔枝道，西为金牛道，中为米仓道，而且，主干道之间，还有支道相连。三道目的地各有不同，金牛道通往成都；米仓道通往巴中，沿巴江可至川东南诸地；荔枝道则是通往万源、涪陵，进而联系重庆诸地。在关中越大巴山到四川盆地的三条蜀道中，荔枝道约1000公里，里程最短，称得上是捷径；而且其所联系通达的对象，指向了以重庆为中心的峡江地区，这在秦蜀古道系统中是颇为独特的。这条古道经历了开元、天宝的极盛时期，又在安史之乱后随着唐王朝的衰落而衰落。

荔枝道的走向线路，可以分为南北两部分：北段沿用的是较为成熟的子午道，从长安到达西乡县的子午镇；南段则由子午镇至今重庆涪陵区，故南段亦称洋巴道，又因穿越巴山，也叫小巴间道。

荔枝道因杨贵妃的关系，被掺杂了许多政治因素和人为因素，也被赋予了更多的文化内涵。杨贵妃与荔枝是唐代诗人笔下常见的题材，自杜甫开创以来，其后经过杜牧等人的踵事增华，在唐人诗作中似乎已成为一种咏荔模式。如杜牧的《过华清宫绝句三首》的第一首："长安回望绣成堆，山顶千门次第开。一骑红尘妃子笑，无人知是荔枝来。"杨贵妃与荔枝的话题虽是唐代荔枝北运进贡的副产品，却给荔枝道注入了丰富的文化内涵。同时，唐代以荔枝为代表的南方果品不断北运，拓宽了南北经济、文化交流的范围。荔枝道如今成了文化遗产的重要组成部分。

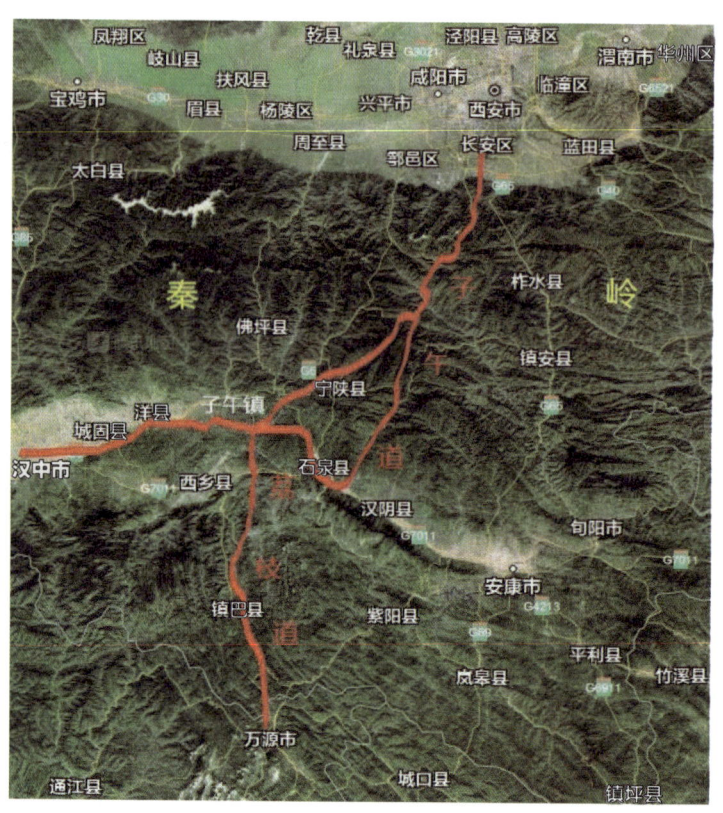

荔枝道陕西段线路示意图

1. 荔枝道西乡县段遗址

白勉峡铧炉栈道遗址　唐，位于白勉峡镇白勉峡社区，白勉峡水电站滚水坝东侧的崖壁上，西侧是湍急的白勉峡河。遗址整体呈南北走向，栈孔清晰。现存栈孔51个，呈方孔，垂直于崖壁，孔宽0.16～0.22米、高0.16～0.22米、深0.1～0.16米，距现河床高1.7米，孔距0.4～0.81米，孔口略高于孔底部。该栈道向南过什字路、玉灵寺、马家湾古街、双庙子、洋溪古街至镇巴平安、观音，至通江达四川；向北经白勉峡古街、树林坪、柳坝，过汉江至子午镇接子午道至西安。

白勉峡铧炉栈道遗址

白勉峡铧炉栈道栈孔

在白勉峡镇柳坝村还发现一段约200米长的古道路，宽1.6米，距河床1～3米，修筑在白勉峡河东岸，也是荔枝道上的一处重要遗迹。另外，还在马家湾、洋溪、司上乡田坝村都发现了栈道遗址，这些遗址都为研究荔枝道的走向提供了丰富的实物资料。在西乡县西南区域通往四川通江方向的峡口镇杨泗庙窑口村，骆家坝镇李坪村、骆镇村三泉村等地也发现有古栈道遗迹存在，这些应该是荔枝道的支道，为荔枝道和米仓道的联通道路提供了研究的资料。这些古道路遗迹，对这一地区政治、商贸往来、军事战略地位等都具有重要的历史价值。

2. 荔枝道镇巴县段遗址

荔枝道镇巴段位于大巴山中，为了表现线性道路文化遗产的联系，因此，也将有关栈道遗址资料收集于此。

荔枝古道遗址　唐。荔枝道经四川万源入镇巴县境，经盐场关、响洞子、渔渡坝大毛垭、碗厂沟、固县坝（今泾洋镇）、拉溪塘、杨家寺接西乡入子午谷，长达80公里。荔枝古道历代不断修缮，成为一条兼具沟通川陕南北文化、商贸往来、交通运输和军事战略功能的主要通道。

何家坝栈道遗址　唐，位于长岭镇联青村后槽组的何家坝，九阵河西岸，东距长仁公路30米。该遗址位于九阵河西侧的崖壁上，总体呈南北走向，现存栈孔50余个，长约300米。栈孔双排，有方孔和圆孔。该栈道向南过仁村乡达四川，向北经长岭街、九阵齐家店，至泾洋河，向陈家滩、杨家河至西乡接子午道。同时，泾洋镇也当属于这条古道上的驿站，是荔枝古道交通枢纽的组成部分。该遗址的发现丰富了研究荔枝道的资料。

（九）库谷道、义谷道、锡谷道、太乙谷道遗址

库谷、义谷、锡谷道还有太乙峪道均是由秦岭终南山直穿秦岭至金州（治所西城县，即今安康）直至楚地、蜀地的古代道路。库谷、义谷、锡谷三条谷道翻越秦岭后到达柞水营盘，太乙谷道则是翻越终南山主梁后到达营盘，自营盘开始则均沿着乾佑河向南，在镇安以南合为一条道路，经旬阳到达金州。这一秦岭通道不仅是去金州的一条捷径，而且，在镇安县境内有支道向其西南沿谷道前行也可与子午道相合，直通汉中。

1. 库谷、义谷、锡谷道遗址

库谷、锡谷、义谷为长安城东南侧秦岭北麓的几个山谷。锡谷即今小峪谷，义谷为今大峪谷，亦称大义谷、大峪口。库谷为今库峪河源出之山谷，距长安城60里左右。锡谷道和义谷道分别沿二谷越秦岭后，并为一路，沿乾佑河南下至唐安业县（即宋乾佑县，清孝义厅），也就是今柞水县营盘。由营盘沿乾佑河谷道南下，经今镇安县境，至旬阳市两河关后，又循旬河谷道至旬阳市，再由旬阳沿汉江北岸通道或汉江水道达于金州。

秦汉以来，秦岭南北凿修多条栈道，但没有一条长安直接通往金州的驿路。终南山东端的蓝田武关道，主要是通往南阳郡宛县、邓州、南郡江陵。唐代在商州、上津县间开辟上津道后，由上津折西南行，循汉江水道或汉江北侧的陆路经旬阳可达金州，路线呈弯弓形，路程迂远。子午道的主要作用是经过汉中通往四川，但由石泉县沿汉江北侧通道东去，也可直抵金州，这是一条较捷近的路线。但当子午道废塞时，长安、金州间惯行的路线是褒斜道、傥骆道。这些路线均斜向秦岭西端，因此，隋、唐时期及以后的很长时间一般商贩行旅另辟库谷、锡谷、义谷道。

据《续高僧传·静蔼传》记，北周武帝时，释静蔼以为佛法被灭，曾由义谷道潜遁。说明在此以前，义谷道已为人们踩踏出来。如果由长安城沿浐水侧畔南行，即入义谷。据《庾子山集注·终南山义谷铭》记，北周武帝保定二年（562）曾对义谷加以拓凿，其目的主要是运送终南山上的木材。

唐时由长安城去义谷，当先至朱坡，再沿河南行转向东南至大峪河、小峪河交汇处转而入谷道。元代曾开辟义谷道，取捷径至金州。《南山谷口考》称："由大峪口至孝义，其正南通兴安（即金

库峪谷口

库峪古道上的栈孔

义谷道古道路

秦岭梁脊古道路

州），其西南通汉中，与古路（子午道）合。唯山路峻峭，较栈道尤险。"《咸宁县志》记述明、清时期由西安府入义谷道的途程为："由西安省城南行二十五里曰鲍坡，又二十里引驾回，又十五里大峪口，又二十五里枪风铺，又二十里板庙子，又三十里秦岭（入孝义厅界），又五十里炉子石，又三十里大山岔（孝义老城），又三十里药王堂，又二十里孝义厅城，计程二百七十里。大峪口逼近省垣，为孝义赴西安孔道。"进大峪口上下七十里，山势陡峭，一径羊肠，蟠折于丛林悬岩之间，稍不戒，则人马坠深涧。大山岔在秦岭南侧，地稍平夷。又南则为孝义厅城，乃南山扼要之处。

2. 太乙峪古道路（秦楚古道）遗址

太乙峪古道路又称秦楚古道，是从太乙峪翻越秦岭到柞水营盘的古道路，向南过镇安、山阳等地，到达楚地。

花门楼古道遗址　战国，位于柞水县营盘镇秦丰村花门楼。古道路从长安出发，沿着太乙峪翻越秦岭的终南山，沿着山脊向南延伸。山脊上道路大部分为石铺小路，宽1.5～3米。花门楼是古代道路的驿站，客商兵马的补给地。传说唐太宗李世民从长安经秦楚古道到镇安视察防务时，就曾在花门楼安营扎寨，休养练兵。现已经将这一段古道路进行保护并进行有限的开发，成为终南山秦楚古道景区。现被公布为第七批省级文物保护单位。

花门楼古道遗址

花门楼古道遗址环境

炉子石秦楚古道遗址 战国—清，位于柞水县营盘镇杨四庙村一组杨四庙沟内，是秦楚古道中重要的一部分。南北长约2公里，路宽1.8～3米，路边残存块石垒砌的路基。该古道对了解古代交通道路史、经济商品交流情况等历史文化内容都具有重要的意义。

马耳峡栈道遗址 战国—清，位于柞水县曹坪镇马房湾村四组，马房湾村村委会西约4公里的马耳峡北侧的悬崖上。该栈道是沿社川河谷通往西安的一条古道。遗址距地面13米，东西沿马耳峡谷延绵2公里左右，古栈道宽约1米。遗址处有长方形和圆形栈孔16个，孔距0.64～1.2米，孔边长或孔径0.26米。个别孔内有石桩残端，部分地段有后人用石块垒筑修复痕迹。

沙岭栈道遗址 战国—清，该栈道为秦楚古道支道，位于柞水县曹坪镇沙岭村三组，踩玉河西岸的崖壁上，下距河床6米。山崖东西走向，栈孔分布长度约15米，有栈孔11个。其中方形孔7个，边长0.18～0.2米、深

炉子石秦楚古道遗址

马耳峡栈道遗址

0.1米；圆形孔4个，直径0.1米、深0.1米；孔间距0.4～1.5米，保存基本完整。沙岭栈道为秦楚古道主要支线，是历史上沟通西安和柞水县南部地区的主要通道。该遗址对于研究古代交通运输、贸易流通具有一定价值。

银碗村栈道遗址 战国—清，该栈道是秦楚古道支道，位于柞水县草坪镇银碗村一组。古栈道处于银碗村通村水泥路南侧小河中间，东西走向，残长5米，上有栈孔6个。栈孔规格一致，均为方形，边长0.2米，深0.2米。该遗址的发现有力地证明了当地悠久的社会历史和便利的古代交通网络。

沙岭栈道遗址

银碗村栈道遗址

老庙沟栈桥遗址 战国—清，位于柞水县曹坪镇老庙村二组雪花街北便民桥下。遗址南北相距15米，有栈孔两组，北岸4个，均为方形孔，呈方形排列，孔距0.39～0.48米，孔边长0.3米、深0.2米；南岸有栈孔2个，为圆形栈孔，呈水平排列，孔距0.46米，孔径0.25米、深0.15米；保存基本完整。老庙沟栈桥为金井河古道主要支线上的桥梁，是沟通柞水县南部地区的捷径。

高桥栈道遗址 战国—清，位于柞水县营盘镇镇曹店村二组大石板沟口。栈道全长约20米，高出河面约0.5米。共有斜向圆形、方形栈孔二层20余个，分布于四块直径2.1～3.3米的大石块上，圆孔孔径0.25～0.33米，进深0.4米；方孔边长0.2～0.35米；整体保存状况较好。

（十）陕西东部穿越秦岭古道路遗址

陕西东部的渭南市潼关县、华阴市以及华州区，有多处进入秦岭深处的峪口。从目前分布的道路遗迹来看，这些古道路是从秦岭北部峪道穿过秦岭到达南麓的洛南县，从桥峪翻过草链岭可以到达洛源，顺洛河可达洛南、商州然后南行到达安康等地。这些道路史书并无记载，且山道险峻，应该不是官方驿道，但很早以前这些峪道就是翻越秦岭的古道，是民间用于经贸商旅的捷径。

1. 桥峪古栈道遗址

桥峪栈道遗址 汉—清，位于渭南市华州区大明镇南部秦岭余脉桥峪峪道东侧。遗址沿桥峪河东岸绵延20余公里，断续分布。共发现遗址7处，85个栈孔。栈孔形状为方形和圆形，其中大部分孔呈口大底小的楔形。择其要者，由北向南分述如下。

1号栈道：距桥峪水库4.2公里，在长度30米的范围内共有栈孔15个。栈孔均为水平向壁孔，孔内无栈桩，距水面3～5米。圆孔14个，方孔1个，孔距1.2～1.94米。圆孔孔径0.09～0.21米，深0.085～0.17米；方形栈孔边长0.2米，宽0.15米。

2号栈道：距1号分布区2.2公里，在长度4米的范围内有长方形栈孔4个，距水面1.2～1.5米。孔长0.32～0.33米，宽0.15米，深0.165米。

3号栈道：距2号分布区800米，在长度50米的范围内共分布栈孔30个，距水面1～2米。其中圆孔5个，方形25个，孔距0.5～1.5米。圆孔孔径0.11米，深0.11米；方形栈孔长0.2～0.27米，宽0.14～0.25米，深0.12～0.2米。

4号栈道：在长度30米的范围内有栈孔5个，距水面1.3～2米。其中正方形的2个，边长0.12米，深0.1米；长方形的3个，长0.14～0.17米，宽0.13～0.15米，深0.12米。孔距1.5～2米。该遗址点现为县级文物保护单位。

东坪古道遗址　汉—清，位于渭南市华州区金堆镇东坪村北。该遗址从村口经七道沟、蜈蚣台至仙人沟，全长约10公里，路面宽约0.5～1米，用鹅卵石或片石铺成，部分为台阶。路边有驿站遗址2处，较大石面上可见方形或长方形栈孔6个。驿站遗址1：距东坪村村口约2.5公里，只剩房基，石头砌成，残高0.5米，宽约6米，进深3米。驿站遗址2：距东坪村北口约8.5公里，只剩房基，石头砌成，高约1.5米，宽约4米，进深3米。方形栈孔边长0.15米，深0.1米，孔内呈方形；长方形栈孔边长0.2米，宽0.12米，深0.1米，孔内呈长方形。东坪古道为原洛南、金堆进入华州的必经之路，为研究历史上的华州道路、文化、商业繁荣和历史演变提供了重要的资料。

桥峪峪口

桥峪栈道遗址一

桥峪栈道遗址二

2. 仙峪栈道遗址

仙峪栈道遗址 汉—清，位于华阴市华山镇五方管区仙峪村，仙峪谷道位于华山西峰之下，东西两侧陡峭崖壁。谷道狭窄，呈南北走向，落差较大，地势险要。栈道从峪口沿仙峪谷道呈断续分布，共发现8处，每处长10～200米，绵延十余公里。其修筑方法是在崖壁上凿出不等间距的圆形栈孔，大部分孔呈口大底小的楔形，孔内插入石柱，其上铺砌石条或原木以成路面。该栈道地处险要，为一通往陕南的栈道，为研究历史上关中与陕南的交通、商贸往来等提供了新的资料。由峪口向内分述如下。

1号栈道：距峪口陇海铁路约100米，位于仙峪谷道东西两岸陡峭崖壁。东壁栈孔延续约150米，距水面约2～3米，现存圆形栈孔近百个。栈孔为水平向或斜向，个别孔内有残栈桩。孔距0.6～2.2米，孔径0.08～0.1米，深0.07～0.09米。

2号栈道：距峪口陇海铁路约500米，位于峪道东岸崖壁下。栈道全长25米，下距河面1～2米，现存圆形栈孔21个。孔距1～1.2米，孔径0.08～0.09米。

3号栈道：距峪口陇海铁路约800米，在峪道西岸崖壁上。栈道长约50米，分布有栈孔30余个，距水面1～2米。圆孔孔径0.11米，深0.11米，孔距0.5～1.5米。

4号栈道：距峪口陇海铁路约1.5公里，在峪道西岸崖壁上。栈道长约80米，有栈孔24个，距水面1.3～2米。孔径0.1米，深0.12米，孔距0.8～2米。

5号栈道：距峪口陇海铁路约2.8公里，在峪道东岸崖壁上。栈道长50米，有栈孔15个，距水面

仙峪峪口

仙峪峪道

仙峪栈道遗址一

仙峪栈道遗址二

0.3~0.5米。孔径0.06~0.1米，深0.05米，孔距2~2.7米。

6号栈道：距峪口陇海铁路约7.5公里，位于峪道东岸崖壁上。在长约10米的范围内有栈孔8个，距河道0.5~1.5米。孔径0.09~0.1米，深0.1米，孔距1~1.5米。

7号栈道：距峪口陇海铁路约8公里，位于峪道西岸崖壁上。在长约10米的范围内有栈孔12个，距河道1.5米。孔径0.11~0.13米，深0.1米，孔距0.9~1.8米。

8号栈道：距峪口陇海铁路约1公里，位于峪道东岸崖壁上。栈道全长约40米，现存圆形栈孔36个，下距河床约1米。孔径0.08~0.1米，深0.05~0.1米，孔距0.9~1.2米。

（十一）秦巴古盐道陕西段遗址

秦巴古盐道绵延于崇山峻岭、深峡绝谷之中，是秦蜀古道的重要组成部分，其开凿时代可能更早。之后，这条古代道路成为重要的贩运盐、茶等生活物资的道路，是具有特殊意义的古盐道。这条道路存续时间很长，部分道路使用至今，为人们留下了珍贵的文化遗产，为历史考古研究提供了诸多珍贵的资料。

秦巴古盐道遗址陕西段主要分布在安康、汉中、商洛等地，是川盐运往陕西的重要通道。秦巴古盐道最盛期为明、清，但作为民间的商贸通道，很早就开通了。古盐道自四川大宁盐厂顺大宁河北上，翻越大巴山，经鸡心岭（为陕、鄂、渝交界处，号称一脚踏三省），进入陕西镇平县境内。在镇坪县古盐道又向北、向东、向西分为三支古道路。向北的路线是主要的线路，道经瓦子坪、石砭河，到曾家琉璃垭，翻越平利县秋山垭，进入安康，到达汉水之滨的旬阳吕河，再沿着汉水向西到达汉中，向北抵达商洛、关中。

陕、渝、鄂三省交界地古盐业开发和利用的历史非常悠久，古盐道既是民生的道路，也是物资流通、社会往来的大通道，尤其在长达数千年的盐运史中发挥了极其重要的作用。它为陕南、鄂西北地区食盐运销及沿革研究提供了重要史料，而且对于研究区域经济文化交流、民俗风情及地域文化形成等具有一定参考价值。

1.镇坪县古盐道遗址

镇坪县古盐道遗址主要有车湾盐道遗址、鸡心岭山垭盐道遗址、代安河盐道遗址等组成。

车湾盐道遗址 汉—清，位于钟宝镇金岭村老树杆南3公里，南江河支流小河峡谷地带。该遗址由老崖湾石碥道、童子山石碥道、观音崖石蹬道和客栈房基四部分组成，三处间断分布在长约500余米的河谷岸边崖壁山坡上。老崖湾石碥道在小河东岸，距河面高约20米。在老崖湾突出山嘴向内凹进打凿成石碥道，凹进空间上下约2.5米，路面平整，长约20米，宽约1.2~1.8米。碥道南端有片石垒砌路面残迹，大部分为修建207省道废渣掩埋。童子山石碥道位于镇平县童子山下峡谷小河东岸山根，长60余米。峡谷被巨石壅塞，南口路面几近水面，中部及北段部分低处为水淹没。现存路面可见三种打凿形式：一是在峡谷南口岩石上的打凿石台阶，宽1.25~1.56米，高0.1~0.21米，进深0.3~0.4米。二是紧接台阶向北山嘴部分，向内凹进打凿成高约2.5~3.2米、宽1.5~2.3米、残长10米的碥道，路面及内壁打凿平整，内壁可见打凿钎痕小洞，直径约0.04米。在近南端路面有对称柱洞，圆形，直径约0.14~0.17米，深0.17~0.18米。在路面之下可见一方形栈孔，边长0.2米，深0.16米，孔口下沿中部可见半圆排水小沟。三是在岩石斜坡向下竖切开凿成的路面，大部为水淹没，残长约20余米，残宽0.5～0.95米，内壁及路面平整，凿痕明显。观音崖石蹬道位于小河西南山崖，从河谷底部沿山坡向上开凿成石台阶，大部为现代修路所毁。现存10余级，台阶宽0.8～1.2米，高0.15～0.17米，进深0.18～0.52米。客栈遗址也位于镇平县童子山，距童子山峡谷南约80米处。客栈在小河东岸依山用块石垒砌，高约3米，面积约40平方米。

老崖湾石碥道

童子山石碥道

鸡心岭山垭盐道遗址 汉—清，位于镇坪县钟宝镇金岭村南的鸡心岭山垭上，依山势弯曲盘旋，由百步梯、碑梁子和石碥道组成，长约1.5公里，宽约0.6～2.2米。

代安河盐道遗址 汉—清，位于曙坪镇代安村代安河河谷内，由峡口石碥道，娃娃潭栈桥、栈道，长桥栈桥、栈道三部分组成，共有29座木桥，断续分布在长约7.5公里的河谷及两岸崖坡上，是镇坪境内古盐道的重要组成部分。此盐道在清代兴盛，现在所见道路为20世纪50—60年代在原来栈孔、柱洞和碥道的基础上修复而成的。峡口石碥道位于代安河口西北侧山嘴，在近河崖壁上开凿而成，长120余米，距河面高度约0.8～1.2米，宽约1.5～2米，路面有明显现代加宽修补痕迹。娃娃潭栈道、桥梁位于代安河娃娃潭西北侧，可见长约50余米、宽约0.8～1.2米的栈道，距河面高约2.5～4米。另有五段相连的栈桥，每段由4根直径约0.35米、长约8～10米的原木拼成，为现代在利用

鸡心岭山垭盐道遗址

清代栈孔和柱洞基础上修葺而成。栈孔分方、圆两种，方孔边宽约0.2米，圆孔直径约0.18米；柱洞圆形，直径约0.3米。长桥栈桥、栈道是从娃娃潭处过代安河，转向代安河谷东南崖坡，呈东北—西南向延伸的一段道路。石台阶、栈桥在长约3公里的范围内断续相连，至长桥形成连续长约200余米的凌空栈道，下距河谷约80—100米。栈桥桥面一般由4根直径约0.35米、长约8～10米的原木拼成，横梁支撑。梁、柱、桥面为现代在利用古代栈孔和柱洞基础上修葺而成。栈孔分方、圆两种，方孔边宽约0.2米，圆孔直径约0.18米；柱洞圆形，直径约0.3米。桥面和路边可见大量朽毁原木。

代安河盐道遗址一

代安河盐道遗址二

叮当沟古盐道遗址 汉—清，位于镇坪县，盐道遗址掩藏在山林中。从巴山地区运来的大量食盐，通过陕西镇坪古盐道运往各地，它也是巴山地区通往陕南、关中和鄂西北的唯一通道。该古盐道北端翻越山峦，较为陡峭，盐道下约30米为南江河崖畔深潭。历史上因崖砭子栈道易毁难修，故于清代末期新凿这段道路，以绕过栈道畏途，并与崖砭子古道连通，系入川古盐道残留路段。这条古盐道大部分处于悬崖上，中段有约0.5米的路基，呈阶梯式分布，系沿山势在崖壁上稍加修凿，并以块石垒砌路基，宽1.2米，踏步高0.25米。残留栈桩3处，路侧崖面有明显人工打凿痕迹。

叮当沟古盐道遗址

杨家槽栈道遗址 汉—清，位于镇坪县华坪镇渝龙村西南小渝河南岸的青石崖壁上。遗址东西向间断分布，长约40米，现残存12个栈孔，部分孔内可见钻凿的痕迹。栈孔孔口多呈正方形，边长0.19～0.26米，深0.11～0.3米，孔距0.8～1.5米。东边四孔呈斜向分布，下距水面1.5～2米。西边八孔分上、下两排，上排1孔，下排7孔，上、下两排间距1.1

杨家槽栈道遗址

米。下排7孔略呈平行分布，距水面2.5～3米，其中一孔中残留有石桩，石桩长0.5米。距最东边栈孔3.6米处有石砌小道，小道长5米，宽0.5～0.6米，石砌墙体高0.2～1.2米。

鸡冠石栈道遗址 汉—清，位于曾家镇花坪村村委会东北约2.2公里处的鸡冠石。栈道分布于洪石河北岸崖壁上，距河床高约0.28~5米，有方形和圆形栈孔120余个，长约1100米。栈孔呈东—东南—东北—东向分布，方形栈孔长0.15~0.29米，宽0.14~0.24米，深0.1~0.16米；圆形栈孔深0.21~0.53米。残留栈桩20余个，呈不规则形，高0.22~0.45米。栈孔、栈桩间距0.36~1.5米，上铺毛石以成路面。残存石基路面长约50米，宽0.2~1.5米。部分路面现仍作便道使用。

鸡冠石栈道遗址

滴水岩栈道遗址 汉—清，位于钟宝镇青林村滴水岩西15米大河西岸的青石崖壁上。栈道呈南北向分布，残存5个栈孔，上排3孔，下排2孔，上、下两排间距1.5米。上排三孔大体呈平行排列，孔距0.8~1.2米，孔深0.1~0.15米；大孔口呈长方形，宽0.18米，高0.3米；小孔口呈方形，边长0.2米。下排两孔，孔距4.3米，孔口呈圆形，孔径0.3米，孔深0.1~0.12米，距大河水面约2米。

滴水岩栈道遗址

兵潭栈道遗址 汉—清，位于兵潭。栈道自东向西分布于飞渡河北面崖壁及南面河床的岩石上，下部有三阶踏步与栈孔对应排列。栈道东西长约500米，南北宽约6米。现存不规则圆形栈孔十多个，栈孔依崖壁不规则排列，孔径约0.08~0.4米，孔深0.15~0.2米，孔距0.6~0.7米，最下层距河床高约3米。栈道南面修村级公路时被毁，现已废弃。

浪河栈道遗址 汉—清，位于牛头店镇红星村浪河（小地名）北岸的悬崖上，依山势蜿蜒修筑而成。朱家河坝一段现残存圆形栈孔6个，孔径0.4米，孔深0.1~0.4米；人工打凿台阶一段，宽1米，高0.45米。鬼门关处有正方形栈孔2个，边长0.3米，孔深0.35米；打凿有石碥道20余米，原有木蓬桥2处。百步梯处有人工打凿痕迹的石台阶近百步，台阶宽1~1.5米，高0.15~0.2米；道旁曾立有光绪年间捐资修路碑1通。

兵潭栈道遗址　　　　　　　　　　　浪河栈道遗址

2.岚皋县古盐道遗址

灯盏坝栈道遗址　汉—清，位于石门镇大河村西北约300米的灯盏坝。古栈道依山崖修筑，全长约500米，分布在村北灯盏坝和村南杨家河坝，现存圆孔及栈桩十多个，最下层栈孔距河床高约2米。栈孔径0.18~0.25米，孔深0.18米；栈桩长0.3~0.5米；上铺块石以成路面，路面宽0.5~1米。

手扒岩栈道遗址　汉—清，位于石门镇油坊村西北约2.5公里的二道河。栈道在河北岸崖壁上，上起神仙河，下至二道河河口，全长200余米，宽约1.8米。现存方形栈孔三层数十个，最下层距河床高约3米，孔距0.2~0.35米，边长约0.17米，孔深0.18米。部分栈孔有石桩，桩长0.3~0.4米；上铺块石砌成的路面。

浪河盐道遗址　汉—清，位于滔河镇漆扒村西南10公里的浪河。盐道现存部分约6公里，北起谭家屋场，南至漆扒街，沿浪河西岸边坡至马头下架桥过浪河转东岸边坡，南北延伸，下距浪河6~20米。在密林中可见明显道路痕迹，可辨宽度1.5~2米。沿途可见石碥道，被水冲毁的石台阶、桥墩、居住遗址等遗迹。石碥道长约10米，高约3米，宽2.5米。石台阶共23级，用自然条石稍加打凿铺就，台阶高0.15米、进深0.5米、宽1.8米。桥墩现存2座，一座在西岸跨越山涧，跨度约4米，北侧利用山岩，南有石砌桥墩，高2.5米、宽2米；一座在马头下横跨浪河，跨度约14米，东部利用自然岩石为台墩，西侧用块石垒砌桥墩，高6米，宽约4米。

三溪口盐道遗址　汉—清，位于滔河镇东河村西南20公里的干沟。盐道现存部分约3公里，北起东河林区公路断头处，南至三溪口半边街，沿东河西岸边坡山崖南北向延伸，距东河河床5~50米。在密林中可见明显道路痕迹，可辨宽度1.5~2.4米。沿途可见石砌便道、桥墩、石碥道等遗迹。石砌便道共有下道湾、望乡台、断肠崖三处，总长约150米，全部采用页岩片石平叠砌成路基，高3~4米，宽2~3米。一处石碥道，在断肠崖，长约20米，是在山崖上开凿成1.5米宽的路面。桥墩现存2座，一座在下道湾跨越山涧，跨度约3米，南北两侧有石砌桥墩，高2.5米，宽4米；一座在半边街横跨西河，跨度约

10米，石垒砌桥墩，高3米，宽约3米。道路南端三溪口的半边街、罗家湾、唐家湾、陈家坪等处有大量居住遗址和耕垦痕迹，总面积约100万平方米。可见炉渣堆积和青花瓷片。

浪河盐道遗址

三溪口盐道遗址

茶园沟栈道遗址 汉—清，位于蔺河镇蔺河村村委会东南150米处。栈道分布于大查沟以南的崖壁上，距河床高约3米。栈孔由西向东排列，分布长度约10米。残留栈孔7个，最大栈孔边长0.15米，宽0.14米，深0.2米；最小栈孔高0.1米，宽0.085米，深0.15米。栈孔间距0.6～1米。

油房坪栈道遗址 明、清，该栈道属于古盐道的支道，位于石门乐景村西北约2.5公里的油坊坪。栈道全长约500余米，自北向南依山崖修筑，现存方形栈孔及插入崖壁的圆形或方形石桩数十个。栈孔最下层距河床约3米，孔径约0.17米，深0.18米，孔距0.2～0.35米。桩长0.3～0.4米，桩上叠砌块石、片石以成路面，其间以小路相连。

大湾栈道遗址 明、清，该栈道属于古盐道的支道，位于孟石岭镇柏杨林村东南600米。大湾栈道呈东西走向，分布长度约400米，下距岚河河床3米，可分为三段。东边第一段共有栈孔11个，方孔8个，圆孔3个，间距0.6～1.7米。方孔边长0.2～0.24米，宽0.18～0.2米，0.16～0.18米；圆孔径0.24～0.26米，深0.2～0.22米。第二段有方形栈孔9个，间距0.4～2米。第三段有方形栈孔4个，间距0.4～0.8米。

炸口石栈道遗址 明、清，该栈道属于古盐道的支道，位于滔河镇友谊村西约1公里高崖之上。栈道呈南北向分布，长约50米，宽约1.2～1.5米，依山崖用片石、块石、条石叠砌成。山崖上残存栈孔十余个，石柱30余根，石柱长0.8～1.1米，宽0.2～0.3米，厚0.15～0.25米，间距0.5米。

凉桥湾栈道遗址 明、清，该栈道属于古盐道的支道，位于滔河镇柏坪村南约800米炸口石。栈道沿炸石口山崖东西向分布，总长约60米，现存遗迹两处。一处为栈道、石砌便道，长约40米，路面宽1.5米，距路面20米。其中栈道部分长10余米，存有栈桩石柱3根，间距0.5米，石柱长0.8～1.1米、宽0.2～0.3米，厚0.15～0.25米。一处为古桥遗址，位于栈道南15米处。古桥南北横跨滔河，原为风雨桥，已毁，现存柱洞。河床边巨石上现存柱孔4个，间距1米，孔径0.15米，深0.2米。

漳河坪栈道遗址 明、清，该栈道属于古盐道的支道，位于滔河镇青岩村南约1公里的漳河坪。该栈道沿漳水河西侧山崖南北向分布，总长1公里，现存遗迹两处。一处为栈道、石砌碥道，长约200米，路面宽1.5米，距河床高2~5米。其中栈道部分长约40余米，可见栈孔27个，存有栈桩21根，间距0.32~0.6米。栈孔方形，边长0.15~0.22米，宽0.2~0.35米，深0.12~0.27米。栈桩外露部分近圆形，长0.9~1.15米。栈桩之上存有砾石垒砌路面。一处为古桥遗址，位于栈道南800米处，现存桥墩、柱洞等。东岸有块石砌成的桥墩，高4米，宽3米；西侧在断崖上，有开凿痕迹。河床中央巨石上现存柱孔2个，间距1.3米，孔径0.3米，深0.4米。

3. 汉滨区古盐道遗址

安康市汉滨区境内的古盐道主要由七里峡古栈道遗址、香河栈道遗址、马家河栈道遗址等组成，南接镇坪古盐道，是一条贩运盐、茶等的重要商贸通道。

七里峡古栈道遗址 汉—清，位于双龙镇谢坪村。栈道长约100米，依山势地形开凿于高出马家河河床约2米的悬崖上。现残留栈孔数个，孔深0.2米、宽0.2米；青石栈柱1个，长0.6米、宽0.25米。部分路段依自然岩面开凿石梯。

香河栈道遗址 汉—清，位于双龙镇香河村。该栈道开凿于香河东、西两岸，呈南北走向，总长约100米，下距河床0.2~2米，由石栈道和石碥道两部分组成。石栈道分布于香河西岸，依山势地形开凿，长约30米，残留方形、圆形栈孔30余个，部分栈道被沙石掩埋；石碥道分布于香河东岸，块石垒砌路面，长约100米，残留青石栈桩40余根。该栈道基本保持原貌，仍作为道路使用。

马家河栈道遗址 汉—清，位于双龙镇双龙村。栈道分布于马家河西岸和南岸，高出河面约3~7米。西岸段的栈孔共有8个，方形，深0.1~0.3米，残存石柱1根。南岸段有两处：第一处有栈孔8个，方形，深0.1~0.2米，残存石柱5根；第二处有栈孔9个，方形，深0.3~0.4米。

马家河栈道遗址

七、汉江流域航运与水利工程遗址

汉江，又名汉水，为长江最大支流，现代水文认为其有三源：中源漾水、北源沮水、南源玉带河，均在秦岭南麓陕西宁强县境内，流经勉县称沔水，东流至汉中始称汉水；自安康至丹江口段古称沧浪水，襄阳以下别名襄江、襄水。汉江干流发源于陕西宁强县的嶓冢山，在陕西省境内，基本上自西向东流，经汉中市勉县、汉台区、城固县、洋县，安康市石泉县、汉阴县、紫阳县、汉滨区、旬阳市，于白河县进入湖北省。

陕西省境内的汉江为汉江上游段，因此山地河流发育，支流众多，长度在50公里以上的河流有68条，在100公里以上的有18条。水系分布为不对称树枝状，北岸支流比南岸多而且长，河网密度也比南岸大，北岸为1.69公里/平方公里，南岸只有1.52公里/平方公里。北岸支流发源于秦岭南坡，主要支流有丹江、褒河、湑水河、金水河、子午河、旬河等；南岸支流源于大巴山北坡，较大的支流有玉带河、冷水河、牧马河、任河等。

丹江，俗称丹河，古称丹水，亦称丹渊、粉青江，在陕西省境又名州河，河南省淅川县境又名淅江，湖北省丹江口市段旧称均水。丹江是长江水系一级支流汉江的支流，也是汉江在秦岭南坡最大的一条支流。干流全长390公里，为汉江最长的支流，流域面积17300平方公里，占汉江流域总面积的10%。多年平均径流量174立方米/秒，自然落差1401米。较大的支流有银花河、武关河、老灌河、淇河、界河、石鼓河、白石河等。

在陕西境内，丹江干流发源于秦岭主脊海拔1964.7米（一说1984.7米）的位于陕西省商洛市商州区的凤凰山东南侧。其上源有二：东源从庙沟口向东南流入黑花峪，经商州区铁炉子乡至黑龙口与西源汇合；西源来自牧护关以东的秦岭，向东南流经郭家店、秦岭铺等地，至黑龙口与东源汇合。从黑龙口向下，丹江流向大致呈西北—东南向，流经商洛市商州区、丹凤县和商南县，于商南县汪家店月亮湾流入河南省。丹江在陕西境内的河段长249.6公里，从河源至省界高差1184.8米，比降为4.75‰，流域面积为7510.8平方公里，约占全流域面积的40%。陕西省境丹江支流众多，长度在25公里以上的支流有21条，10～25公里的干沟有79条，1～10公里的支沟有952条，1公里以下的毛沟多达34300条；其中流域面积在200平方公里以上的支流共有11条，流域面积在20～100平方公里的支流共有12条，流域面积在20平方公里以下的小支流为数众多。

褒河，古称褒水，又有山河、乌龙江、黑龙江之称，元代一度称紫金河，明代称褒谷水，为长江支流汉江上游左岸较大支流，位于陕西西南，地跨宝鸡、汉中两地市的太白县、凤县、留坝县、勉县、汉台区5个县（市）。东西二源均出秦岭南麓，两源在汉中市留坝县江西营汇合后，过马道后叫褒河，最后于汉中市汉台区孤山村投入汉江。褒河长175.5公里，流域面积3908平方公里，上游支流发育，下游支流短小，纳大小支流36条，河系上宽下窄。

湑水河，又名湑河、湑水，古称左谷水、壻水，是汉水水系的一条河流，汇入汉水上游左岸。河长167.5公里，流域面积2307平方公里，多年平均径流量40立方米/秒，自然落差1636米。湑水河上游水力资源丰富，太白县建有多级小型水电设施，中、下游洋县、城固段则适于引水灌溉，自汉代开始就建有五门堰、杨填堰等引水工程，历史上对汉中地区农业生产作用巨大。

金水河，汉江的支流，因下游沙内含金，农民常在金水河口淘金，故得名。金水河源于佛坪县秦岭光头山东南侧蛇草坪，流经佛坪县、洋县，由北向南，从金河口注入汉江。河道全长100公里，流域面积1239平方公里，天然落差1633米，河道窄狭，河床坡降不足五百分之一。该河水力资源丰富，佛坪县凭借此河实施了梯级开发。

子午河，汉江左岸支流，其在安康市石泉县以上有两条支流（源头）——汶水河、堰平河（长安河）。《石泉县志》以两者皆为其正源，《西乡县志》以堰平河为正源，《陕西省志·水利志》以汶水河为正源。以汶水河为正源，河水西南流，初名正河，过宁陕县皇冠镇双河名两河，左纳东峪河后名金鸡河，右纳西河后名汶水河，到佛坪县界三河口，再与北来的蒲河和由西北来的椒溪河相会，再蜿蜒于宁陕、佛坪两县边界南流入石泉县境内的两河，左纳东来过宁陕县的堰平河，再曲折西南行于西乡、洋县界上，到白沙渡投入汉江。流域面积3028平方公里，干流长153.8公里。子午河及其支流堰平河原为子午道（包括荔枝道）南段的重要线路，在军事、经济、社会发展过程中发挥过重要的作用。

旬河，一作洵河，古称旬水，汉江左岸支流，位于陕西省商洛市西南部和安康市东北部，源出西安市长安区西南角光头山东南侧的甘沟脑。上源称沙沟河，西南流经宁陕县、镇安县、旬阳市，在旬阳市东南面注入汉江。旬河是汉江上游的一条大支流，全长218公里，流域面积6307平方公里，平均比降2.9‰，年均径流20.67亿立方米，共有支流42条，以乾佑河最大。旬河历史悠久，旬阳市名便得名于此河。

玉带河，古称沔水，又名南河，汉江的源头，在汉中市勉县境内。其发源于宁强县西北箭竹岭水池垭。干流长87.5公里，流域面积1022.8平方公里。玉带河呈"V"字形展布于宁强县东部，水资源比较丰富，历史上建有许多水利工程，是宁强县主要的水资源来源。流域内以汉江源为主题的旅游资源相当知名。

冷水河，汉江的支流。其发源于安康市白河县境内的西五岭山，经西营镇杨家湾、油房、李家坡、十（十堰）天（天水）高速公路、朱家河口、仓上镇的石关、双河口，在冷水镇的冷水河口注入汉江。流长65.5公里，流域面积475平方公里。

牧马河，又名西乡河、木马河，汉江上游右岸支流，相传其源头因曾有木马城而得名。它源于城固、南郑、西乡三县交界处米仓山北麓的白熊山老鹰崖，大致东向流经城固县、西乡县，在西乡城南三花石乡回龙湾汇入汉江。全河干流长122.7公里，纳大小支流50余条，水域面积2807平方公里。牧马河流域以山地丘陵为主，在西乡县城周边有河谷盆地，为流域内主要工农业区，在支流上分布有金洋堰、马鞍堰等灌区。牧马河水力资源丰富，干流上建有马踪滩水电站等众多水电设施。

任河，是汉江上游最大的支流，源于重庆市城口、巫溪二县同陕西省镇坪县交界处的大燕山（古名万顷山），向北西流经重庆城口县、四川万源市，穿越大巴山后，进入陕西省境，折向北东，于镇坪县城南汇入汉江。全长211.4公里，流域总面积4871平方公里。

由于广布的河流，在秦巴区域生活的人们利用水力资源生产生活、水运交通，留下了众多的历史文化遗产。

（一）水运航线及航运码头遗址

龙驹寨码头遗址 秦、汉—清，位于商洛市丹凤县县城。在商洛的历史上，商於古道上唯一的一座水旱码头——龙驹寨的名气远远大于现在的丹凤县城，甚至超过作为直隶州府的商州城。在古代，它是"北通秦晋，南结吴楚"的交通要冲，更是丹江航道中水陆换载的著名码头。今天依然矗立在丹江岸边的船帮会馆，便是龙驹古寨昔日繁华的见证。《商州志》中是这样描述龙驹寨昔日的繁华景象的："康衢数里，巨室千家，鸡鸣多未寝之人，午夜有可求之市。是以百艇联樯，千蹄接踵，熙熙攘攘。"据载，鼎盛时期，这里的税收占到陕西全部税收的三分之一。

凤凰码头遗址 唐—清，位于柞水县东南45公里的社川河畔的凤凰古镇，是社川河、皂河、水滴沟三水交汇的地方。在唐代这里开始有集市，清顺治初，豫、鄂、川等地客商看中此处水运交通发达的优势，来凤凰镇经商并安居。在清末及民国初年，商埠字号、店铺钱庄遍布街道，形成了32个大的商号。凤凰镇成为秦岭以南、连接长江水系和黄河水系的重要商贸集镇。北方的山货土特产经马帮和人驮转至此，再经水路南下；而江南的丝绸、大米又经水路在此下码头，而后从旱路翻越秦岭送入关中。独特的地理位置和繁华的商贸活动，使这里拥有"水旱码头"和"小上海"之美誉。

杨家庵渡口遗址　明、清，位于汉中市汉台区铺镇杨庵村。该渡为旧时汉江大码头之一，是铺镇重要的物资转运站。昔日的杨家庵渡口客运货运繁忙，江面上船舶如织，从此往来于安康、汉口之间。20世纪30年代，汉（汉中）白（白河）公路建成，杨家庵渡口逐渐冷落。现仅存水泥铺筑码头一处，长12米，宽4.8米，距水面0.8米。

燕子砭码头遗址　汉—清，位于汉中市宁强县燕子砭镇镇政府西北角。1000多年前燕子砭便是一个热闹繁华的水旱码头，古名青乌镇。它东南邻渡口。清至近代，这里店铺林立，商贸繁荣。现存街道呈东西走向，全长约350米。临街店铺梁架结构保存较好，有少数四合院落，外墙面有所改建。房屋多为两层带木板楼，悬山灰瓦顶，叠瓦脊，门楣上有匾额，其中梁氏、李氏、魏氏、王氏民居最为典型。燕子砭老街民居是燕子砭作为水陆转运码头的历史见证者，为研究燕子砭的历史变迁及居民生产生活情况提供了宝贵的实物数据。

阳平关古码头遗址　唐—清，位于汉中宁强县阳平关镇阳平关社区居委会以北的嘉陵江南岸，鸡公山脚下。码头起于唐代，由于阳平关地处于陕、甘、川交界处，大量的物资要通过嘉陵江航运转运，所以此码头为嘉陵江最大的物资集散地，在古代非常有名，当地至今还流传着"日有千夫拉纤，夜有万盏明灯"的民谣。20世纪50年代，由于宝成铁路的建成，大量的物资通过陆路运输，码头停用。现存遗迹平面呈梯形，一边长约50米，另一边长约40米，分布面积约2000平方米。距码头约30米处有一块露出河床略呈鱼脊状的巨石，长15米，最宽处3.6米，高约1.6米。上存拴船孔4个，最大的孔径0.27米，深0.8米，其中两个孔由于长期承重磨损已成豁口。巨石上另存立柱孔1个，直径0.2米，深0.4米。该遗址对研究古代嘉陵江的航运、商贸有重要的价值。

阳平关古码头遗址

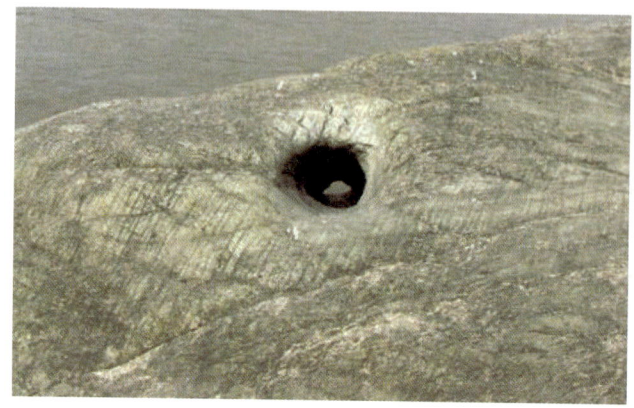

阳平关古码头拴船孔一

阳平关古码头拴船孔二

涂家院子纤道遗址　清，位于紫阳县向阳镇院墙村。纤道呈南北走向，西临渚河，东靠山坡，南、北与小路相接，总长度约20米，宽1米，由河岸便道及人工打凿的台阶组成的，部分已被河水淹没。渚河在此段由北向南流过，至喻家岩与任河交汇，流至任河嘴汇入汉江。该段河水湍急，地势险要，是古代渚河至汉江航运的重要路线。

权河口纤道遗址　清，位于紫阳县向阳镇钟林村的权河口。该纤道遗址地处任河南、北两岸距河面2～3米高的陡崖上，呈东西走向，南、北两岸靠山坡，东、西与小路相接，总长度100～150米，宽1米，由河岸便道及人工打凿的台阶组成，部分已被河水淹没。任河在此段由西向东流过，流至任河嘴汇入汉江。该段河水湍急，地势险要，是古代任河至汉江航运的重要路线。

权河口纤道遗址

木兰硐纤道遗址　清，位于紫阳县毛坝镇竹山村东南任河东岸。遗址南北向分布，距河面高2～5米，南距木兰硐约500米。纤道全长约200米，现仅存人工开凿踏步数处，踏步宽0.15、长0.3米、深0.15米。

汉江航运拉纤资料照片

木兰硐纤道遗址

（二）水利工程与堰坝遗址

山河堰　汉，位于汉中市汉台区北20公里的褒谷口河东店镇红旗村。山河堰因"褒水又名山河水"而得名，是汉中最早的并且还有部分存留的古代水利设施。山河堰始建于汉代，为西汉萧何、曹参所建。五代后唐应顺元年（934）对山河堰进行大规模凿修，宋代以后对山河堰的修葺更是频繁。南宋以后，山河堰灌区一直保持灌溉20万亩农田的水平。1969年，国家为了提高农业灌溉水平，在山河堰位置修筑高近百米的石门大坝，即石门水库，使灌溉面积扩大到50多万亩，并有了防洪、发电、养殖等综合功能。新中国成立以来，由

山河堰

于国家多次兴修水利，山河堰旧貌大多已不存，现仅留存93米，为原二堰。另有南宋时摩崖碑刻《山河堰落成记》，现存于汉中博物馆。山河堰是汉中历史上修建最早的水利工程，因此，它以悠久的历史驰名中外，并与关中的郑国渠、白公渠和四川灌县的都江堰一起被誉为"中国四大古堰"，享有盛名。1986年12月，山河堰遗址被汉中市人民政府公布为县级重点文物保护单位；2008年6月，其被确定为陕西省文物保护单位，2016年与五门堰、杨填堰一起被联合国教科文组织认定为"世界灌溉工程遗产"。

五门堰 元，位于城固县城北15公里的桔园镇下街村，湑水河西岸，因渠首并列五洞进水，故称五门堰。五门堰创于西汉居摄二年（7），初创时十分简陋，据《五门堰碑记》载，汉至北宋，由于斗山石咀所阻，水未到下坝，仅灌上游农田数百亩。到南宋绍兴年间（1131—1162），县令薛可光，扩建五门堰，于斗山石咀，"搭木槽渡引，水始下流"，扩灌三千水田。元至正七年（1347），县令蒲庸，发动灌区人民，并亲自领导修五门堰，"重修五洞，改创石渠"，用火烧水激之法，"凿开斗山后之石峡通水道，灌田四万零八百四十余亩，动磨七十"。不仅扩大了灌溉面积，又发展了农副业生产，"民获其惠，立（蒲庸）生祠于斗山，以为纪念"。明代弘治、万历年间（1488—1620），三次大规模的整修扩建，使五门堰效益剧增。据《五门堰碑记》记载，明弘治五年（1492），城固县令郝晟，主持重开斗山石渠，"深两丈，广倍之"，水量剧增。明万历三年至七年（1575—1579），县令乔起凤，扩建五门堰，"创修各洞湃水口，计田均水"，即现在控制水量的斗、升门，这个比较科学的均衡用水管理办法一直沿用至今。明万历二十三年至二十六年（1595—1598），县令高登明，"私捐俸金，更木易石"，又主持修建五门堰，至此，五门堰水利工程才大抵告成，"共有分水洞湃三十六处，浇田五万余亩"，居城固群堰之首。五门堰处还有龙门寺古庙一座，三进四院，有大佛殿、禹稷殿、太白楼、观音阁、望江楼、碑亭、官房等明、清古建筑30余间，历代均为五门堰局住所，现为城固县五门堰文物管理所和五门堰水管站住址。院内建有碑廊一处，保存着历代水利碑石40余通。

新中国成立后，党和政府十分重视五门堰这一古代水利工程，发动灌区人民投工投资进行整修。现存的五门堰规模宏大，建筑雄伟，拦河坝长374米，坝高1.2米，坝顶平台宽2.5米，坝坡宽15米。渠首五洞下500米处，设有进水龙门2孔，退水龙门4孔，可控制水量，设计科学合理，颇有四川都江堰建筑之风。干渠长8.9公里，引水量2.5立方米/秒，现灌溉农田7300余亩。五门堰历史悠久，工程建筑科

学合理，功效显著，对研究我国水利工程发展史具有重要价值。2006年6月被公布为全国重点文物保护单位。

五门堰坝

五门堰

杨填堰　南宋，位于城固县原公镇丁家村。据《汉中府志》《城固县志》记载，该堰为宋代知洋州开国侯杨从义所修。现存的杨填堰东经城固的丁家村、留村、原公镇至洋县马畅镇，折而向南，流至谢村，汇入汉江。遗迹包括：堰头、堰坝，系南宋所筑，原为土石修筑，后经历代维修全部改用石头垒成。堰坝通长120米，通宽5米，通高2米；堰头通长25米，通宽6米，高5米。石碑5通：碑1，清同治四年（1865）立，记录挑渠修堰章程及编夫格式序，高150米、宽0.77米、厚0.17米，楷书"钦加同知衔署洋县正堂加三级记录五次范为"；碑2，清同治九年（1870）立，高1.57米、宽0.78米、厚0.17米，楷书"钦加盐运使衔陕西潼商兵备道兼管水利驿站事务加五级记录十次谢"；碑3，清同治十二年（1873）立，高1.23米、宽0.67米、厚0.15米，楷书"三分堰修盖房屋碑记"；碑4，清光绪三十四（1908）年立，高1.63米、宽0.78米、厚0.18米，楷书"立案存吕家村吕潢侵占堰池危害堰坎事及西营村张成章开田淤塞堰渠事经县讼处理情况"；碑5，民国四年立，高1.5米、宽0.77米、厚0.17米，楷书"补修三分堰工笼厦房碑记"。800多年来，杨填堰一直为城固、洋县人民所使用，是汉中地区比较早的水利建设之一，在我国水利史上有重要的价值。2004年被公布为陕西省文物保护单位。

杨填堰

杨填堰坝

褒惠渠水利工程　近代，位于河东店镇河东店村。1934年陕西省水利局局长李仪祉视察陕南水利时，提出改建褒河引水工程计划。1938年，陕西水利测量设计队初步勘测设计；1939年进行复测，9月组建褒惠渠工程处；1940年冬，褒惠渠全面动工兴建；1942年6月通水；至1949年，褒惠渠灌溉面积扩大到12.74万亩。

湑惠渠水利工程 近代，位于城固县桔园镇，于湑水河出山口入平川处，横截湑水河而建。工程是在著名水利专家李仪祉倡议下，由著名的水利专家刘钟瑞设计的。工程于1939年开工，1948年竣工。整个工程由大坝、进水闸、冲水闸、28.8公里的东干渠、20.2公里的西干渠、216公里的支渠、毛渠及桥梁、斗门、水闸、塘库、抽水站、机井等水利设施构成。主体工程开挖土、石方233.9万立方米，砌石1.17万立方米。该工程是民国时期城固、洋县最大的一处水利工程，建成后当时灌溉城洋两县的土地10余万亩。新中国成立后，1952年、1956年、1964年对湑惠渠进行过多次维修、加固、完善，现在还灌溉城洋两县的土地14.25万亩。

三道堰 清，位于城固县沙河营镇袁家营村一组支八斗下游，东与博望镇杜家营相邻。该堰南北走向，堤坝呈梯形分布，长11.8米、宽7.8米、高4.9米，有石条砌筑的六层小堰坝，堰坝顶部修建有两个闸门，两侧护坡建造坚固，底部条石多层平铺，西侧用石碾子做基础。三道堰至今仍为当地村民的农田灌溉发挥着重要作用。2011年被公布为县级文物保护单位。

马鞍堰堰头 1958年，位于西乡县峡口镇境内峡河中游将军石下的瓦道子，以堰自流引水，穿越马鞍山而定名。马鞍堰流经原贯山、杨河、堰口三个区，干渠全长1.84公里，开支渠8条，是西乡县最大的水利灌溉工程。1958年6月破土动工，1960年8月因国民经济建设计划调整而暂停，1966年7月复工，1971年通水18公里，1975年通水48.6公里，1980年竣工。堰坝东西走向，呈梯形状，长45米，高4.5米，顶部宽4米，底部宽约7米；堰坝东侧有斗闸门1座、泄洪闸1个、进水闸2个。马鞍堰保存基本完整，是研究西乡水利建设、水文地质等重要的实物资料。

金洋堰 宋—清，位于西乡县泾洋河，因源自泾洋河水又名泾洋堰。堰渠自堰口引泾洋河水，由南向北而转西，全长17公里，于文峰塔下注入牧马河。始建年代不详，有资料可考者为明景泰二年（1451）复修。清代、民国历经浚修，至今仍为本县重要的水利灌溉工程。旧志云"作堰之始无考"，现据有关史志提出创修三说备征。第一种，据《汉书》载，高帝元年，刘邦接受汉王封号来汉中就国，采纳萧何等建议，推行"养其民"的政策，兴修水利，发展农业，以备军需民粮。《汉中地区名胜古迹》称："汉山河堰是汉中地区最早有史可查的水利工程。"金洋堰或亦创修于西汉。第二种，据《三国志》载，蜀汉建兴五年（227），诸葛亮屯兵汉中，劝农讲武，实行耕战，对西汉古堰"踵迹增筑"。西乡时为蜀地，金洋堰或即始于此时。第三种，南宋时，抗金将领吴玠、吴璘兄弟以秦岭作屏障，阻止金人南侵，汉中地区为抗金基地，吴玠与金兵大战饶风关，往返均经西乡。《宋史》载，乾道七年（1171）吴玠"尽修六堰，浚大小渠六十五里"，"璘至汉中，修复古堰，灌田数千亩，民甚便之"。本县堰口镇板桥湾街金洋堰西岸大路边，原立一巨石人头像，民称吴玠头，此石至今尚在，很可能此堰即为吴玠或其部下创修，人民竖石像以念其功。因此，金洋堰之创建当不晚于南宋。金洋堰扩建于清代，系引泾洋河水的灌溉工程，仍沿用。此处原有清乾隆、道光、光绪及民国等金洋堰碑14通，现存11通，自北向南依次嵌于金洋堰堰首西侧院墙上。碑文分别记述金洋堰管理条规，禁止堤坝上下捕鱼，金洋堰庙修戏房，禁止砍伐泾洋河沿岸树木，重修金洋堰堰渠等；书体有楷、行、草，均为青石质。

圣水堰 清，位于西乡县堰口镇民主村。自堰口小峡出，至古城下坝。据《分水碑》记载，此堰原名侯家牌古堰，兴建于清同治二年（1863）。

引酉工程长坝引水枢纽 1975年，引西水利工程也被称为茅坪堰，位于洋县茅坪镇，堰头位于长坝村一组。1944年提出工程方案，1975年投入施工，1987年一期工程竣工。这是洋县有史以来最大的水利工程，曾被誉为"陕西的红旗渠"，洋县的"翻身工程""富民工程"和"第二粮仓"。该工程是以灌溉为主，结合发电、养殖为一体的国有中型水利工程，设计灌溉面积15.8万亩，主要灌溉洋县东北部低山丘陵区，包括傥水河以东、酉水河以西、汉江以北700米高程以下地区。引酉水利工程对于弘扬引酉精神、记录人文地理有重要的史料价值。现为陕西省文物保护单位。

引酉水利工程

洛惠渠水利工程 1958年，位于洛南县洛源镇五龙村三组，是洛河最上游的人工渠，因当地百姓受洛河惠泽而得名。洛惠渠分布于县城西北20公里的梁塬，是引洛河水供给辖区灌溉和人畜饮水的大型水利工程。1958年，洛南人民拿着铁锹、铁镐，历时1年建闸门，沿着山腰劈山凿岭、架设渡槽，修起了这条引水渠。洛惠渠自洛源入水口经保安镇、永丰镇、城关镇，全长63.2公里，灌区辖保安、永丰、兑山3区和城关镇、卫东镇计9个乡镇52个村，灌溉面积3.82万亩，有效灌溉面积2.22万亩，属洛南县规模最大、灌溉面积最广的水利工程。洛惠渠使得"八山一水一分田"的洛南县拥有了10万亩水浇地，成为商洛市农业基础条件最好的县。

第二节 古代墓葬资源

在我国古代的墓葬形制结构中，"墓"与"葬"是既有联系又有区别的两种形式。"墓"是指放置尸体的固定设施，"葬"则是指安置尸体的方式，在考古学上，二者常被合称为墓葬。在古代墓葬中，往往还包含着各种随葬的器物。自古以来，由于受"祖先崇拜"以及"事死如生"等传统观念的影响，人们对丧葬十分重视。因此，古代墓葬所反映的就不仅仅是埋葬习俗和墓葬制度本身，往往也能在很大程度上反映出社会政治、经济、生产、生活、风俗、宗教、观念等方面的情况。所以，一个区域的古代墓葬所展现的埋葬制度、埋葬方式、埋葬习俗常常被视为当时社会的缩影，对墓葬的研究就具有相当重要的意义。

秦岭中分布着众多的古代墓葬，其中秦岭区域的崖墓、名人墓葬和具有时代特征的墓葬是有代表性的三大类型。崖墓依托秦岭特殊的地理环境成为具有区域特点的古代墓葬形式，主要分布在秦岭腹地的商洛地区。目前商洛境内共发现崖墓点680处，崖墓数量达4200多座，被列为全国重点文物保护单位。其次在汉中、安康地区也有一些分布，但数量远远少于商洛。在秦岭区域还有许多载入史册的名人墓葬，这类墓葬分布在汉中、安康、商洛等多个市县，其中汉中27座、安康11座、商洛24座、西安2座、宝鸡7座、渭南11座，总计82座。明、清时期，秦岭区域涌入大量移民，因而具有明、清时代特征的重要墓葬分布广泛，汉中和安康是集中分布的区域，目前经过调查统计，具有代表性墓葬汉中286座、安康265座、商洛167座、西安2座、宝鸡10座、渭南11座，总计741座。

一、秦岭区域分布的崖墓

崖墓是指古代开凿于山崖或岩层中的墓葬，是主要存在于战国至魏、晋、南北朝时期的一种特殊墓葬形式。崖墓在我国分布广泛，汉代黄河中下游地区的崖墓多为诸侯王陵或贵族大墓，一般有墓道、甬道、耳室、中室、后室，并随葬大量精美器物。在秦岭地区的商洛、汉中、安康境内均发现大量崖墓，但商洛地区得益于独特的地理环境，分布数量最多。由于崖墓分布集中、数量众多、形式多样，商洛地区的崖墓群已被列为全国重点文物保护单位。

（一）商洛市崖墓

商洛地处秦岭南麓，境内以低山和中山为主，有普遍暴露于地表且岩性软硬适宜的红砂岩、泥灰岩等地质条件，地理结构适合凿洞，具备凿制崖墓的客观条件。因此商洛崖墓多位于险峻之处，选择在河流两岸面水背山的陡峭崖壁上开凿，尤其是在大水系与小支流交汇处分布得较密集，距离地面高度从10多米到300米不等。商洛市的崖墓大体可分为单室墓、双室墓、三室墓、多室墓等类型；构造形式基本都是以前堂后室或中室为中心，在两侧或单侧配置厅室和耳室，并在室内凿置灶、井、池、厕和案龛等附属设施，有的还直接利用崖壁凿出石棺床。建造在悬崖峭壁上的这些崖墓依山顺势，其选址定位取向、布局之科学令人难以置信，好像经过统一规划设计。特别是墓与墓间的上下间距和横向距离总能掌握得恰到好处，有的上下位置相对应，崖层厚度仅20多厘米，却没有打穿；有的墓室间壁很薄，仅有10多厘米，却很难找到裂缝。在墓室的设计上一点也不浪费空间，卧房、厅房、厨房、贮藏室分工明确，水池、水井、厕所、灶台、壁龛等辅助设施应有尽有，与现代人居住的单元房颇有异曲同工之处。崖墓在当前商洛的7个县区都有分布，共发现崖墓点680处，崖墓数量达4200多座。国内崖墓考古专家称商洛崖墓是国内崖墓考古的又一重大发现，它不仅大大丰富了陕西考古学文化的内容，而且为开展秦岭大区域同类遗存的比较研究，提供了珍贵的考古学资料。择其代表性崖墓简述如下。

1. 商州区崖墓

商州区境内的崖墓主要分布在丹江及其主要支流两岸的石崖上，共登记134处，涉及单体崖墓2000余座，有的墓地成排连片，十分壮观。除北部地区部分为环山开凿外，余皆开凿在河流两岸距地面数米至200米不等的峭壁上。以梯子沟、老爷山、铜厂子为代表的崖墓群，墓葬形制大体可分为单式墓、双室墓、三室墓、多室墓、异形室墓等。单室墓墓室面积一般在10平方米以内，而最大的多室墓高可达2米左右，面积近百平方米。其格局普遍是以前堂后室或中心室为中心，在一侧或两侧配置厅室或耳室，有的室内凿置灶、井、池、厕和案龛等附属设施。墓顶以平顶、弧顶常见。崖墓外普遍留有圆或方形栈孔，偶见插入其中的残存木桩。大量考古调查证实，这些崖墓流行于汉、魏、南北朝时期，有的沿用到明、清。

铜厂子崖墓 汉—清，位于黑山镇铜厂村洞洼沟。此处南北向分布崖墓2座，均坐西面东，两墓之间相距4米。其一为双室墓，前、后室结构，方形墓口。前室长方形弧顶，墓室长4.3米、宽3.05米、高1.85米。后室前方后圆，穹隆顶，墓室长2.1米，宽2.2米，高1.7米，墓室四壁皆无雕饰，凿痕清晰。其二为多室墓，沿墓门向内，依次为甬道、前堂、侧室、后室。其结构是以前堂为中心，左右两侧各开凿出3个侧室，后侧凿出2个后室。墓室均方形平顶，前低后高。墓门高1米，宽0.9米；甬道长1米，宽0.8米；前堂长6.4米，宽2.9米，高1.9米；侧室、后室，长1.6～2.5米，宽1.45～2.1米，高1.4～1.75米。左、右两侧室墓壁上各凿有直径0.15米、深0.07米的圆形孔3个，墓门下方凿有0.06米封门槽。墓壁凿痕清晰。铜厂子崖墓为商洛典型的双室、多室墓结构，为研究商州崖墓的墓葬结构、墓葬形式和墓葬开凿方式等提供了珍贵的资料。

铜厂子崖墓墓室结构

铜厂子崖墓右侧耳室

洞底崖墓群 汉—清，位于白杨店镇洞底村北30余米。崖墓分布在上距山顶约10米、下距河谷地面约15米的山崖腰部。崖墓共有26座，坐西向东，呈带状分布，东西长约40米，上下宽约10米，立面面积约400平方米。墓口基本呈方形，大多数已风化，有12座墓墓口用石块封堵，墓口周围散布有数量不等的栈孔。

岩塬崖墓群 汉—清，位于白杨店镇口前村西南、塔沟河西岸南北走向的峭壁上。崖墓下距山底地面约30米，共19座，分布区域南北长约60米，上下宽

洞底崖墓群

10米，立面面积约600平方米。墓葬均坐西朝东，方形墓口，墓口周围分布有大量圆形栈孔。从坍塌的墓口可见墓室多为长方形，部分凿有耳室。

李塬崖墓群 汉—清，位于白杨店镇白杨店村（原李塬村洞底）。崖墓南北向分布，共计三层16座，分布区域东西长约25米，上下高约8米。上层分布较多，中层次之，下层仅1座。上层崖面风化严重，多座崖墓墙体坍塌，墓室暴露。

挡岩崖墓群 汉—清，位于白杨店镇牛寺沟村一座南北走向的山体上部，当地人称挡岩。崖墓南北排列，层次分明，上距山顶约20米，下距地面约80米，共计四层27座，分布区域南北长约30米，上下宽约7米。第二层数量较多，上、下层次之。由于崖壁陡峭，难以攀登进入墓内，其内部结构不详。

中山寺崖墓 汉—清，位于板桥镇西兴村北海拔1224米的高山顶上。山体属石灰岩质。墓葬坐北向南，计3座。崖墓前凿有约60平方米的平台，在崖墓上方2~3米处有人工凿出的向东倾斜的排水槽。墓室均呈长方形，长4.06~5.1米，宽2.7~3米，高1.9~2.44米。墓前有石碑3通，香炉1个。

高潮村西岭崖墓 汉—清，位于麻街镇高潮村三组东西走向的山崖上。发现崖墓1座，坐西南朝东北，高出地表约50米。墓口呈长方形，四周为裸露岩石。山势陡峭，无法进入，墓内情况不明。

郭安沟崖墓群 汉—清，位于杨斜镇秦华村六组南侧百余米的一座南北走向的山崖上。崖墓自上而下分为三层4座：第一层2座，第二层1座，第三层1座。下层高出地表约20米，上层距山顶约35米，分布区域立面面积约42平方米。

二郎山崖墓群 汉—清，位于杨斜镇秦岭沟村四组北30米的一座东西走向的山崖上。崖墓自上而下散乱分布12座，分布面积约450平方米，上层距山顶约35米，下层距地表约25米。部分墓葬坍塌，大量碎石堆积于墓口。

寨沟崖墓群 汉—清，位于杨峪河镇政府北侧200米处的寨沟山崖上。崖墓共上、下两层94座，依山体东、西开凿，连贯呈带状，排列较为规则整齐。上层崖墓距山顶约10米，下层距地表约50米，工程浩大，是丹江支流南秦河流域数量多、规模大、保存较为完整的一处崖墓群。

馒头山崖墓群 汉—清，位于杨峪河镇西院村九组北约500米处一东西走向的陡峭崖壁上部。共有崖墓6座，呈带状分布，平均间隔4米许。崖墓均坐北面南，方形墓口。因山势太陡，无法攀登进入墓内，墓室结构不详。

安沟崖墓群 汉—清，位于金陵寺镇郝庄村安沟东约200米处南北走向的峭壁上。发现墓葬28座，分布面积约400平方米，靠上部较为集中，下部零散。墓葬均坐北向南，方形墓口。目前保存较好。

北崖崖墓群 汉—清，位于金陵寺镇刘村一组（赵圪）北约300米东西走向的北崖上。北崖砂石岩质，立面陡峭。墓葬从距山顶约30米处顺山势逐层向下开凿，计三层12座，分布面积约500平方米，均坐北向南，方形墓口，开凿较精。目前整体保存较好。

李家源村崖墓群 汉—清，位于刘湾街道办事处李家源村西南的山腰上。山高约50米，在山腰处共发现墓葬9座，高出地面约35米，大体呈带状分布，分布区域东西长约50米，上下高约15米，立面面积约1500平方米。崖墓排列有序，均坐西向东，墓口大小不一，多呈长方形。

三岔河崖墓群 汉—清，位于三岔河镇三岔河村东河对岸150米处的山上。共发现崖墓4座，最上层距山顶约30米，最下层距地面约40米，均坐东向西，墓口均呈长方形。其中1座崖墓周围的木桩依然存在。

梯子沟崖墓群 汉—清，位于杨斜镇杨斜村三组北梯子沟一座东西走向的山体上。墓葬共计50座，分布比较零散，分布区域东西长约40米，上下宽约20米，立面面积约800平方米，距地面60余米。崖墓坐北向南，墓口均呈长方形，打凿较为规整，部分有风化。墓口的周围还分布有桩孔。

三岔河崖墓

梯子沟崖墓群

柏树坪村余架梁崖墓群 汉—清，位于黑山镇柏树坪村四组的余架梁山腰上。共有崖墓6座，均处于山体中上部，距山顶约9米，距地表约50米，立面面积50余平方米。墓葬均坐南向北，方形墓口。

张坪村滴水沟崖墓群 汉—清，位于黑山镇张坪村滴水沟内一座独立山崖的上部。崖墓共计38座，从上到下可分为三层，各层排列错落有序，第一层13座，第二层8座，第三层17座。崖墓立面面积约1000平方米，距地表约80米。此墓葬群是经过精心设计开凿的家族式墓地。

西川村周大沟崖墓 汉—清，位于黑山镇西川村十六组周大沟内北侧一座南北走向的山崖上。在接近山顶的位置，分布崖墓2座，均为单室墓。其一，坐东面西，墓室横置，平面呈梯形，长4.1米，前宽4.6米，后宽5.6米，平顶前低后高，前顶高1.7米，后顶高1.9米，地面前低后高。其二，坐南面北，弧形顶，由于墓内坍塌严重，内部结构情况不详。这两座崖墓打凿较为规整，形制结构较为典型。

上沙坪村崖墓群 汉—清，位于黑山镇上沙坪村八组一座南北走向的山岭上部。在接近山岭顶部的孤立峭壁上部有崖墓4座，分布比较集中，均坐北面南。一座为多室墓，其余三座为单室。多室墓位于崖壁上部，墓口向南，由墓门、厅室、主室、左右后室构成。墓门已坍塌，残高1.1米。厅室平面为长方形，长4米，宽2.8米，高1.8米，弧形顶，顶中部坍塌。右壁中部开凿有一弧形耳室，内凿有一直径为0.5米的灶台。厅室之后为右后室，两者之间用甬道相连。右后室平面呈长方形，长3.5米，宽2.5米，高1.7米，顶为弧形，前低后高。主室位于门厅左侧，两者之间有甬道相连。主室门高1.5米，宽0.7米，室内平面呈长方形，长5.8米，宽2.8米，平顶中部坍塌。主室之后为左后室，二室

上沙坪村崖墓群

之间有门道相连。左后室门高1.7米，宽0.9米，墓室平面呈长方形，长4米，宽2.3米，高1.7米，前壁右侧开凿一方形小窗，后壁正中部开有圆拱形壁龛。三座单室墓室内平面呈长方形，高1.5～1.9米，宽1.85～4米，进深2.5～3.2米，均为平顶且前低后高，顶局部有坍塌。

樊川村余家沟崖墓群 汉—清，位于黑山镇樊川村八组北侧200余米处。崖墓分别开凿于东西走向和南北走向的两座山崖上。山崖坡面较缓，砂石质。两壁崖墓相距约100米，按照崖墓墓口的方向，分别称之为北山崖墓和西山崖墓。北山崖墓共计3座，开凿于同一层，两两间隔3米。西山崖墓共计6座，开凿于同一层，两两间隔2.5米。两组崖墓大体开凿于同一水平线上。九座崖墓墓口尺寸均在1.7～1.8米间，分多室墓、单室墓两种。多室墓墓室内有前堂、左右室，室内还有左右壁龛。墓室均高1.7～1.95米，宽2.7～4.6米，进深1.5～2.45米。保存较好。

樊川村余家沟崖墓墓室结构

舒杨崖墓群 汉—清，位于沙河子镇舒杨村一组东约500米处的一座山的山腰。此山红砂砾光质呈东西走向，高约100米。山腰上有崖墓18座，由东向西呈带状分布，立面面积约为1500平方米，距地面约60米。墓葬均坐东向西，墓口大小不一，多为长方形。因陡峭危险，无法攀登，墓室结构不详。

罗汉洞崖墓群 汉—清，位于孝义镇李河滩村西，丹江北岸一座东西走向的山崖上。山崖高约80米，壁面陡峭光滑，难于攀登。崖墓分层开凿于山体腰部，共五层34座，分布区域东西长约40余米，上下宽约25米，立面面积约1000平方米，均坐北面南。整体保存较好。

黑岩沟崖墓群 汉—清，位于张村镇落旗河村一组南侧山沟内，开凿在一座山坡东侧坡面。山坡砂石质岩，坐西向东，东侧约200米处有李塬崖墓群。此处发现崖墓5座，呈"一"字形开凿，分布区域南北长约18米、上下宽约4米，立面面积约70平方米。墓门都有门框，保存较好。

鳖盖崖墓群 汉—清，位于夜村镇杨塬村会峪口沟内300多米处的一条南北走向的山崖上。山体为砂石质岩，北面与龙眼岩崖墓相邻。崖墓共三层24座，从北向南呈带状分布，分布区域南北长80米，上下宽15

黑岩沟崖墓群

米，立面面积约1200平方米，最上层距地面高约30米。墓口均呈长方形，风化明显，部分墓口的下方对称分布有圆形桩孔。因崖壁陡峭不易攀登，内部形制结构不详。

甘沟崖墓群 汉—清，位于杨斜镇林华村十一组北20米处一座独立的山崖腰部。有崖墓6座，东西长约50米，上下宽约6米，总立面面积约300平方米。崖墓均坐北向南，方形墓口，高度基本一致，分布较为零散。

燕子龛崖墓群 汉—清，位于夜村镇将军腿村西湘王沟内1公里处。这里有两座相对而立的山峰，两山之间形成一条峡谷，当地人称燕尾沟。在相对的两面崖壁上均发现有崖墓，其中一山北面共两层5座，一山南面共四层35座，均呈带状分布。墓口外壁上发现大量圆形或方形桩孔。该崖墓在《商州志》中有简略记载，大体为湘王沟山上有石窟，不知何人开凿，明代当地村民为躲匪患而凿孔架板居于其上。

甘沟崖墓群

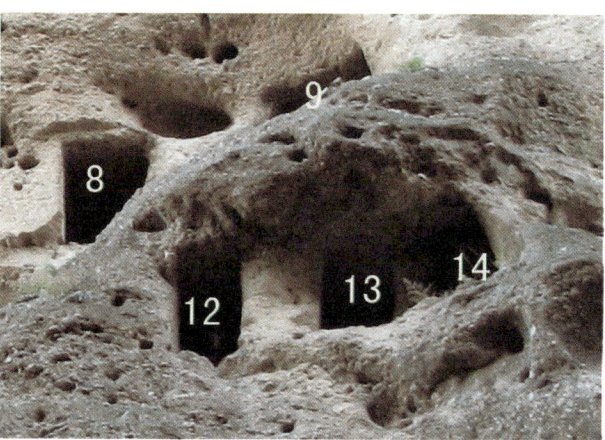
燕子龛崖墓群

乐园村崖墓群 汉—清，位于白杨店镇乐园村南，丹江西岸一座南北走向的砂岩质山体上。在东西长约15米，上下宽约5米的范围内，共发现崖墓两层6座，上层4座，下层2座，均坐北朝南。上层崖墓外壁全部垮塌，内室暴露，可见有双室结构。下层崖墓保存完整。

老虎嘴崖墓群 汉—清，位于杨峪河镇下赵塬村十组北200米，南秦河北岸一座东西走向的山崖之上。崖墓分层开凿，规模宏大，共计八层56座。最上层崖墓距山顶15米，最下层距地表约30米，立面面积约1800平方米，工程浩大，经过精心布局和设计，是南秦河流域数量较多、分布集中的一处崖墓群。

老虎嘴崖墓群

货咀头村崖墓群 汉—清，位于刘湾街道办事处货咀头村西南的山腰上。山崖高约50米，红砂岩。山上有崖墓共3组8座：第一组1座，第二组5座，第三组2座。分布区域东西长约50米，上下高约30米，立面面积约1500平方米，高出地面约35米。崖墓均坐北向南，洞口大小不一，多呈长方形，部分墓口因风化略有垮塌。

水滩崖墓群 汉—清，位于杨斜镇水平村一组东一处高约百米东西走向的山崖上。崖墓自上而下逐层分布，共发现50座，但层次不甚分明。墓口大致呈方形，部分洞口风化垮塌。因攀爬困难无法进入，故墓葬内部形制结构不详。

麻池河崖墓群 汉—清，位于杨斜镇金联村三组北侧30米东西走向的山崖上。山崖上灌木丛生，共发现崖墓11座，分布区域东西长约10米，上下宽约20米，立面面积约200平方米。最下层崖墓距地表高约45米，最上层崖墓距山顶约15米。均坐北朝南，方口。

柏朵山崖墓群 汉—清，位于杨峪河镇政府北侧200米处，南秦河北岸的崖壁上。崖墓上、下六层共80余座，逐层开凿，高出地面15～100米，最上层距山顶约30米，立面面积约3000平方米。墓口皆长方形，内部多为方形，平顶。中间两层以山体东西两端为起始，呈连贯带状分布，排列规则整齐，气势凸显，工程浩大，是南秦河流域数量多、规模大、保存较为完整的一处。

柏朵山崖墓群

大柳树湾崖墓群 汉—清，位于沙河子镇柴湾村东约300米的红砂岩质高山的山腰处。崖墓上、下三层共37座：第一层9座，第二层20座，第三层8座。分布区域东西长约150米，立面面积约4500平方米，距地面高约60米。

杨斜东崖墓群 汉—清，位于杨斜镇川明村一组北面百余米的山崖东侧最高处平整峭立的崖面上。崖墓顺山势分层有序开凿，共计37座，分布区域东西长约100米，上下宽约20米，立面面积约2000平方米。

杨斜崖墓群 汉—清，位于杨斜镇川明村七组东200米处一座东西走向的山崖崖壁上。崖墓逐层开凿，共计四层12座：一层2座，二层3座，三层3座，四层4座。下层距地表约30米，上层距山顶约60米，分布区域东西长约15米，上下宽约20米，立面面积约300平方米。墓口方形，有的墓口下方有方形桩孔。

杨斜西崖墓群 汉—清，位于杨斜镇杨斜村三组北梯子沟一座东西走向的山崖上。山为砂质岩，上部崖壁光滑陡峭。崖墓开凿于山腰处，共有36座，分布在东西长约50米，上下宽约20米，立面面积约1000平方米范围内。墓口基本呈长方形，部分风化坍塌，周围散见大小不一的方形桩孔。

杨斜崖墓群　　　　　　杨斜崖墓群墓口下方桩孔　　　　　杨斜西崖墓群

麻岭子崖墓群 汉—清，位于张村镇麻岭子村东南1公里，丹江北岸南北走向的山体上。山高70余米。崖墓三层共21座，高出地面50米，分布区域南北长约70米、上下宽约10米，立面面积约700平方米。崖墓均坐东向西，墓口呈方形，部分风化。

杨家塬崖墓群 汉—清，位于夜村镇杨塬村会峪沟口300余米处一座南北向的山崖上。山崖为砂质岩，高约70米。山崖上共有崖墓三层20座，从北到南排列，下距地表约30米。墓口呈长方形。部分墓室因崖壁坍塌暴露，大体可看出有前堂后室结构，并在后室的窟门两侧凿有碑龛。

高桥崖墓群 汉—清，位于夜村镇高桥村北部，丹江北岸东西走向的金水崖上。山体为红砂岩质，高约60余米。崖墓开凿于山体腰部，共计两层22座：第一层15座，第二层7座。分布区域东西长约100米，上下宽约10米，立面面积约1000平方米。崖墓均坐北向南。

林岔河崖墓群 汉—清，位于杨斜镇林华村九组南临河耸立的山崖上。山体高约60米，崖壁上分布有崖墓35座，上距山顶约10米，下距地面约35米，分布区域东西长约100米，上下宽约20米，立面面积约2000平方米。墓口基本呈长方形，有风化，部分墓口周围分布大量圆形桩孔。

2.镇安县崖墓

镇安县共发现崖墓140处。在镇安境内，除了发现战国至汉代的崖墓外，还发现了清代的崖墓，例如农丰村崖墓群。按一般说法，商洛崖墓流行于汉、魏、南北朝时期，但农丰村崖墓有清代的准确纪年和墓主人及修造工匠姓名。这一纪年崖墓，为商洛崖墓从汉、魏至清代的发展沿革以及清代崖墓的断代提供了重要考古学依据。同时镇安县也发现了由崖墓变为居所，又由居所变为墓葬的，例如梯子沟崖墓。这种崖墓形式对认识陕南地区以不同形式和内涵重复利用崖墓的现象，提供了典型实例。

白虎岩崖墓群 汉—清，位于高峰镇永丰村一组冷水河南岸的山崖上。崖体东西长约30米，上下宽约50米，立面面积约1500平方米。四座崖墓处于崖壁中部，呈散点状分布。墓口均朝北，崖壁陡峭，无法攀登，内部情况不详。其中一座崖墓的墓口呈三角形，高约2.2米，宽约1.5米；门前有毛石垒砌的封门墙，据测长约3米，残高约1.2米。

青河村崖墓群 汉—清，位于永乐街道办事处青河村乾佑河北岸的陡峭崖壁上。接近山梁顶部有4座崖墓，山腰有3座，近山底2座，共计9座，分布较为零散。墓口大部分呈长方形，由于岩质较硬，有的墓口不甚规整。有的墓口前还砌有狭窄的石坎。由于山势陡峭，攀登困难，墓室内部情况不详。

东河口村崖墓群 汉—清，位于永乐街道办事处东河口村一组锡铜沟河北岸的陡峭崖壁上。山体高70～80米，西侧崖壁

青河村崖墓群

的腰部略偏上方位置零散地分布崖墓5座。墓口均不甚规整，据测高约1.5米，宽约1.3米。

莲池村庙沟崖墓群 汉—清，位于米粮镇莲池村四组东北约四公里的庙沟内。在立面面积约300平方米的崖面上分布有四座崖墓，距山下坡地50～100米，均坐北面南。墓口基本呈长方形，部分墓口由毛石干打垒砌筑。

七里峡崖墓群 汉—清，位于米粮镇镇政府东约200米处的七里峡河东岸崖壁上。崖墓共计6座，均坐东面西。墓口略呈方形，不甚规整，墓口前端砌有狭窄的石坎。山势陡峭，攀登困难，墓室内部情况不详。

狮子崖崖墓群 汉—清，位于月河镇黄土岭村西南约100米的狮子崖山腰峭壁上。共有崖墓2

座，系用天然洞加工而成。墓室平面呈长方形，长4.1米，宽1.2米，高1.1～1.9米，横室斜顶。后壁凿痕明显，墓壁有题刻，字迹漫漶。墓口残损，内部不甚规整，墓口外崖壁用石块加宽。

石泉沟崖墓群 汉—清，位于庙沟镇东沟村四组石泉沟口东北一座独立山崖上部。崖墓排列有序，上层1座，距山顶约15余米；下层5座，大致呈线状排列；上、下层相距约18米，下层距河床100余米。大部分为长方形墓口，推测高约1.8米、宽约1.6米，个别为圆形墓口。保存相对较为完整。

石泉沟崖墓群

长哨村崖墓群 汉—清，位于永乐街道办事处长哨村三组乾佑河东岸的陡峭崖壁上。现存崖墓13座，上部、腰间、下部都有分布，较为零散。墓口大部分呈长方形，有的墓口不甚规整，有的墓口前还砌有狭窄的石坎。

西川村崖墓群 汉—清，位于月河镇西川村南约500米的陡峭崖壁上。在峭壁上较为集中地分布着16座崖墓，墓口大部分呈长方形，有的墓口打凿不甚规整，有的墓口处还留有土墙或石墙及木质材料。保存基本完整。

长哨村崖墓群

凤凰嘴崖墓群 汉—清，位于月河镇先锋村旬河东岸凤凰嘴山腰峭壁上。在山崖上由南到北分布3组共7座崖墓：第一组4座，处于凤凰嘴山梁北侧，南距二组约50米；第二组2座，居中，位置靠近山顶部，南距三组约100米；第三组1座，处南侧凤凰嘴位置。墓葬均坐东向西，距地面60～70米。墓口呈不规则形或方形，部分墓口残存石筑墙，辟门窗；部分墓口留有片石垒砌的石墙，外用黄泥涂抹。

风洞湾崖墓群 汉—清，位于柴坪镇建国村三组东侧崖壁上。崖墓凿在一片南北长约40米，上下宽约60米的崖壁范围内，共计10座，墓口均朝西，立面面积

凤凰嘴崖墓群

2400平方米，上层距山顶约30米，最下层距河床约180米。

凤凸岭崖墓群 汉—清，位于云盖寺镇云盖寺村八组东南一峡谷两边的山崖上。北边山崖上凿有崖墓4座，南边崖壁上开凿崖墓15座，有几座崖墓是借助天然岩隙加工而成，分布没有规律，其中有3座可以进去。

梯子沟崖墓 汉—清，位于茅坪回族镇腰庄河村四组，利用天然岩洞修整而成。此处崖墓之后被用作居住场所，墓中残存用青砖砌筑的生活设施。

农丰村崖墓群 汉—清，开凿西口回族镇农丰村一陡峭的崖壁上。现存9座崖墓，其中一座

凤凸岭崖墓群

为多室墓，由甬道及墓室组成，右壁有"嘉庆十九年（1814）邱长发修置，匠人邹宏仁、王占、蔡如松"的题刻。另有一座竖穴带耳室墓，由甬道及前、后室及耳室组成，甬道右壁也发现题记一处，可辨识"同治元年王士典"字样。其余均为单室。

3.丹凤县崖墓

大寨子山崖墓群 汉—清，位于商镇保定村一组东约100米的大寨子山顶上。崖墓所处的山顶呈不规则长方形，南北长约60米，东西宽约30米。崖墓自上而下大致分四层环绕大寨子山开凿，共计20座，每层墓前有宽约2～5米的台面。崖墓在山体上环绕开凿，是一种独特的布局形式，丰富了商洛崖墓的文化内涵。如崖墓9，位于第二层，坐东面西，单室墓，由墓门、墓室两部分组成；墓门宽0.7米，高0.9米，进深0.9米；墓室进深3.4米，宽2.2米，高1.7米，弧形顶；墓口部、顶部均有不同程度的垮塌。

大寨子山崖墓群

高峪崖墓群 汉—清，位于土门镇高峪村东侧的山崖上。崖墓开凿在距地表高约60米的陡峭崖壁上，自上而下逐层分布，表现出有规律开凿设计的特点。崖墓分四层，共计19座，均坐北面南，最上层距山顶高约20米，最下层距地面约60米，东西长40余米，立面面积约有800平方米。墓口均呈长方形，形制清晰了然，且保存基本完整。该崖墓群为丹凤县具有地方特点的一种特殊的墓葬形式，为研

究汉至魏、晋、南北朝时期的墓葬制度、社会经济等历史，都提供了很有价值的实物资料。

棣花村崖墓群　汉—清，位于棣花镇棣花村南的丹江南岸崖壁上。崖壁东西走向，高60～80米。崖墓开凿于腰部，上下共计六层32座：第一层7座，第二层7座，第三层6座，第四层6座，第五层2座，第六层4座，立面面积约600平方米。

西河崖墓　汉—清，位于龙驹寨街道办事处刘家河村南侧的峭壁上。峭壁高出河床20余米。崖墓墓门和墓顶部已风化，墓室暴露在崖壁上。从暴露的墓室看，该墓为横穴单室墓。

大峪崖墓群　汉—清，位于商镇商山村西约1公里的丹江南岸的崖壁上。山体是高约90米的独立山峰，呈南北走向，红褐色砂质岩，壁面陡峭，并向前倾斜。崖墓开凿在山体腰部，计30余座，上、下分层有序排列，墓口呈长方形，内部结构不详。

引猫沟西崖墓群　汉—清，位于棣花镇棣花村南约0.5公里的丹江南岸引猫沟西侧崖壁上。崖墓共86座，分布在呈东西走向长1公里的山脉上。山高约60～100米，西侧崖壁表面光滑陡峭。崖墓较集中地开凿于崖壁中上部，规模大，外观大方，系精心规划设计的家族式墓地，立面面积约2000平方米。

大峪沟崖墓群　汉—清，位于商镇商山村商山敬老院南约100米的大峪沟口东、西侧崖壁上腰部。崖墓8座，零散开凿，立面面积90余平方米。墓口形制不一，有方形和长方形，方形居多。

商山村崖墓群　汉—清，位于商镇商山村西约1公里的丹江南岸崖壁上。崖墓在山崖的腰部分层开凿，共五层73座：第一层13座，第二层17座，第三层18座，第四层20座，第五层5座，立面面积约为1200平方米。崖墓分布较集中，规模较大。从崖墓分布有序的现状看，这群崖墓的布局不仅是经过精心设计，而且是专职工匠打凿。

父子岭崖墓　汉—清，位于寺坪镇牌楼河村父子岭组丹（凤）牌（楼河）公路东的山腰上。崖墓距地面高约30米，由墓门、墓室两部分组成。墓室平面呈长方形，与墓门等高，平顶；墓室内部打凿规整，墓室前端及墓口凿有排水小槽，墓室门外两侧凿有对称布局的长方形小坑。崖墓前辟有宽约3.2米，长约16米的长方形平台，平台向上3～4米的崖面上有砖瓦残件。由此推测该崖墓被后期利用，墓前应有庙宇建筑，后庙毁弃。

土门村崖墓群　汉—清，位于土门镇西约200米的一座东西走向的山崖上。3座崖墓所处的位置距地表高约50米，呈"一"字排列。在西侧约200米的山上亦有崖墓1座。

穆家庄崖墓　汉—清，位于武关镇桥西村穆家庄组通村水泥路边一座东西走向山崖的半山上。崖墓开凿在一沟坎内，立面面积约30平方米，坐东向西。墓口呈长方形，距地表约30米，距山顶约15米。因难以攀登，墓内情况不祥。

黄坪村崖墓群　汉—清，位于庾岭镇黄坪村一组吴世春家房后的山坡上。崖墓开凿于距地面约10米高的山腰间，共4座，呈线状南北分布。其中一座崖墓中的人头雕像形象逼真，在商洛已发现的崖墓中较为罕见，是研究商洛崖墓的重要资料。

4.商南县崖墓

商南地区的墓葬主要分布在富水镇，其中面积最大、分布最为密集的富水汉墓群，是商洛境内首屈一指的大型墓葬遗存。

富水崖墓群　东汉，位于富水镇王家庄东山岗上。2008年经过考古发掘。崖墓均为单室，分两种形式：一种为崖洞砖室，一种为洞室崖墓。两种形式的崖墓墓室前面都有一段长短不一的墓道，都是凿山为室，但也有区别。一种是在凿好的洞室里面，依墓室形状用长条砖敷面砌筑，长条砖的侧面均有模印的几何纹饰，砌筑时有纹饰的一面向外，使墓室显得非常华丽。另外一种是在山体内部凿出方形墓室，不用长条砖敷面，这样的墓室要比敷砖的墓室空间大得多。经考古发掘的5座崖墓中，其中崖洞砖室墓中使用木棺，棺木下铺有垫木，墓室空间窄小，随葬器物以陶器为大宗，有盆、罐、水井、仓、灶、五铢铜钱、铜镜、铜带勾等。崖墓中亦使用木棺作为葬具，发现的全部为合葬墓，随葬器物与崖洞砖室墓的组合类型非常接近，其中出土的釉陶壶器形体量较大。在一个地方发掘出四种类型的墓葬形制十分罕见，富水崖墓群中有竖穴石坑墓7座、竖穴石坑砖室墓1座、崖洞砖室墓5座、崖墓3座。四种凿山为穴而形制不同的墓葬集于一地是十分特殊的。富水崖墓形制简单朴素，与丹江上游开凿在陡峭崖壁上的形制复杂多样的崖墓形成明显差异。这一发现为探索商洛以及陕西南部地区崖墓的起源与传播，演变与发展，具有十分重要考古学价值。

富水崖墓群考古发掘现场

富水崖墓墓室结构

泊河崖墓群 汉—清，位于赵川镇魏家台村泊河组一峡谷距地面高约50米的崖壁上。崖壁上分布崖墓7座，坐东向西。墓口因风化而呈不规则长方形，周围散布有方形小孔，下紧临河流。因山势陡峭无法攀登，崖墓内部情况不详。

5.洛南县崖墓

洛南地区的崖墓有57处，大都开凿于陡峭的山崖上。墓葬形式既有数座集中分布于一处的墓葬群，也有单独分布的单体墓葬。墓室有横穴和竖穴之分。个别为多室墓，内壁有小龛，墓室内没有发现遗物，墓口基本呈长方形，大小不一。崖墓均有不同程度风化。

巡检街崖墓群 汉—清，位于巡检镇街道对面山崖下部。此外，共有崖墓4座，均为单室墓，弧形顶，坐东朝西，呈"一"字形分

巡检街崖墓群

布。墓室所在的岩体为石灰岩质，崖墓凿制粗糙。其中之一墓室内空间较小，有烟熏痕迹。墓口呈方形，在其南侧墓壁凿有一壁龛。其余3座规模形制基本相同。

井儿沟崖墓 汉—清，位于城关街道办事处王院村一组井儿沟崖壁上。崖墓距地表约7米，坐西向东，为横穴单室墓，弧形顶。墓室进深2.18米，宽0.99米，高1.00米。墓口略有风化垮塌。崖墓凿制较为精细。

庙沟崖墓 汉—清，位于城关街道办事处东沟村六组庙沟内。此处崖墓为纵穴单室墓，平顶。墓室进深4.2米、宽2.98米、高2.28米，在墓室后部凿有一高0.32米、东侧宽0.9米、西侧宽0.6米的棺台。

白岩崖墓群 汉—清，位于城关街道办事处薛楼村三组西坪白岩一座东西走向的山崖上。共有崖墓4座，呈"一"字形逐层开凿，最下层距地表高约30米。该处崖墓群均为单室墓，两个平顶，两个人字顶，崖墓进深在1.01～1.45米之间，宽在1.59～1.89米之间，高在1.05～1.3米之间。

罗沟崖墓群 汉—清，位于古城镇史华村北50米罗沟北面山坡上。共有崖墓6座，山腰1座，山顶部5座。由于岩石自然风化，部分墓口已垮塌，但墓室保存基本完整。崖墓均为单室，墓室平面基本呈长方形，墓顶有弧形顶和穹窿顶两种。

董底崖墓群 汉—清，位于四皓街道办事处董底社区西边山崖上。此处共有崖墓5座，均坐西向东，呈线状分布，较为集中。墓口有不同程度风化垮塌迹象。

张湾崖墓群 汉—清，位于柏峪寺镇薛湾村张湾组洛河以北的山梁上。此处共有崖墓3座，水平分布，均为横穴单室墓，弧形顶。由于红砂岩质山体风化严重，两座崖墓墓口已垮塌，墓室暴露在外。另外一座墓口保存较好，清晰可见凿出的门框。

白岩崖墓墓口

6.山阳县崖墓

鹰嘴石崖墓 汉—清，位于户家塬镇磨坡村，一山崖山腰凹进去的石坎内。石坎内现存柏木棺一具，木棺长2米，宽0.75米，高约0.7米。从周围环境和遗存本身，鹰嘴石崖墓都比较完整地保存了当时的历史信息，这丰富了崖葬这一丧葬形式在商洛区域的分布和延续，对研究及探索中国西北、西南地区崖葬的起源、发展和传播具有重要的考古学价值。

7.柞水县崖墓

崖墓在柞水县的古代墓葬中占较大比例，发现227处，共计794座，分布范围遍及柞水县

鹰嘴石崖墓

全境。其分布特点：一是集中分布于乾佑河沿岸及其支流，社川河沿岸及其支流，金井河沿岸流域及其支流；二是沿秦岭主脊的乡镇分布较多，具有北多南少的特点，其中下梁镇、营盘镇、蔡玉窑镇、曹坪镇、红岩寺镇等分布最为密集。柞水崖墓从汉代开始一直延续到明、清，基本可以分为单室墓、双室墓、多室墓，以多室墓为最多。墓室均面积较大。在崖墓中还发现有题记，多达十几处，有纪年的，有记墓主人姓名的，有记姓氏的，等等。下梁镇明星村"永和"题记崖墓，是目前商洛崖墓中唯一带有明确纪年的崖墓，非常珍贵。柞水崖墓在商洛崖墓中占有非常重要位置，以其数量多、沿续时间长、形制复杂、墓室大而著称。

半边沟崖墓群 汉—清，位于下梁镇解放村六组半边沟沟口。此处共有崖墓16座，立面面积约300平方米。崖墓上距山顶20余米，下距山底50～70米，所在崖壁外围从山顶向两侧开凿有一条"∩"形兆沟。崖墓呈线形分层分布，排列基本有序。从上到下可分三层，有单室墓、双室和多室墓。从该崖墓群的分布、开凿形式以及内部结构和崖壁上开凿的兆沟可以看出，此处应为家族式墓地。

庙对门梁崖墓群 汉—清，位于营盘镇宽沟村庙对门梁山腰上。在庙对门梁山腰偏上部呈"一"字形分布5座崖墓，结构简单，开凿技术熟练，墓室空间较大，具有一定规模。这种形制的崖墓在柞水北山一带发现较多，丰富了商洛崖墓的内涵。在崖墓5中发现的竖穴石棺内残留有木棺板，以及封盖石棺口的木椽和木板，对商洛崖墓墓室中竖穴石棺作用的认定提供了证据。

"永和"题记崖墓 汉—清，位于下梁镇明星村乾佑河东岸杏园沟口崖墓群内。杏园沟口崖墓群共有6座崖墓，分上、中、下三层：最上层的3座均为多室墓，第二层有1座多室和1座双室，第三层1座为双室墓。"永和"题记位于第二层的多室墓内。此多室墓由墓门、前堂、左右后室和右侧室组成。

老庵寺三组崖墓群 汉—清，位于下梁镇老庵寺村三组。在山腰偏下较集中地分布有崖墓5座，呈"一"字形排列，为多室墓，由前室、东后室和西后室三部分组成，墓室东壁部分垮塌。墓口呈长方形，高1.7米，宽1米。前室平面呈长方形，宽4.6米，进深3.2米，高1.7米，墓室壁面留有打凿痕迹，光滑平整，在北壁上有阴刻"楊玉禎""張傳奕"字样。这是商洛崖墓中发现的较少带有墓主姓名题刻的崖墓。

老庵寺三组崖墓群

老庵寺三组崖墓墓室题刻

上窑村洞凹崖墓群 汉—清，位于曹坪镇上窑村洞凹沟山顶。崖墓群呈"V"字形分布在山顶，坐北朝南，从左向右统一编号为M1—M5。M1墓口略有风化垮塌，为横穴单室墓，弧形顶，东、西各有一个耳室。墓室平面呈长方形，进深4.1米，宽6米，高1.8米。东侧耳室长2米，宽1米，南壁上有一方形小龛，长0.5米，宽0.5米，深0.2米。西侧耳室长1.8米，宽1.7米。M2为多室墓，由前堂、后室和侧室组成，两个侧室均位于主墓室的西侧。墓口为长方形，高1.7米，宽1.2米。前堂和后室之间由拱形门相连通。前堂平顶，平面呈长方形，进深5米，宽4米，高2.5米。前堂中部有两个东西排列的长方形墓坑，形制基本相同，墓坑长3.7米，宽1.4米，深1.7米。后室为弧形顶，平面呈长方形，进深4米，宽4米，高2.8米。西侧室也由前、后室两部分组成，前堂和后室之间由拱形门相连通。前室平面呈不规则状，平顶，进深6米，宽4米，高2.5米；后室为

上窑村洞凹崖墓墓室结构

弧形顶，平面呈长方形，进深4米，宽4米，高2.6米。墓室最西侧也有一个小侧室，平面呈长方形，平顶，进深4.5米，宽3.5米，其北壁有高0.7米的石台。该崖墓凿制较精细，有的墓室东壁上凿有三角形小龛和耳室，弧形顶。该崖墓群分布在陕南的秦岭山中，反映出崖墓使用者在丧葬观念上，没有受财富差异、文化差异和民族差异等的束缚和影响。这批珍贵的文化遗存，不仅具有重要的考古学研究价值，同时也为中国西北地区增添了新的考古学内容。

梁子沟崖墓群 汉—清，位于下梁镇老庵寺村一组槐坪梁子沟。梁子沟是一个三面环山的山凹，在山凹西侧的砂岩质崖壁上南北向分布着16座崖墓，由南向北依次编号为M1—M16，均坐西朝东；山凹北侧东西向的砂岩质崖壁上分布着15座崖墓，由西向东依次编号为M17—M31，均坐北朝南，处于陡崖之上，无法攀登进入。西侧的崖墓中有5座能攀登入内，有3座的墓壁上凿有墓主人的姓名。M1为单室墓，整体保存完整。墓口为长方形，高1米，宽0.7米。墓室平面呈长方形，进深2.9米，宽3.1米，高1.8米，在墓室东壁上阴刻有"胡"字。M4和M5也均为单室墓，且在墓壁上凿有墓主人的姓名："張後長"。在M6内发现有阴刻的"魁"字。

梁子沟崖墓群

梁子沟崖墓墓室题刻

佛爷洞崖墓群 汉—清，位于下梁镇老庵寺村四组薛家沟邹家湾。此处共分布崖墓27座，下距沟底约12米，上距山顶约18米。

苟家湾崖墓群 汉—清，位于下梁镇老庵寺村四组薛家沟苟家湾。此处共分布20座崖墓。

茨沟崖墓群 汉—清，位于下梁镇沙坪村六组小茨沟。崖墓开凿在南北向的砂岩质山体上，共有3

座。M1为多室墓,是利用自然山洞改造而成,由前室、后室、西侧室和东侧室组成,整体基本保存完整。墓口为长方形,高1.7米,宽0.8米,厚0.9米。

茨沟东小沟崖墓　汉—清,位于下梁镇沙坪村茨沟东沟。此处崖墓为多室墓,由主墓室、耳室、北侧室和南侧室组成。整体保存完整。

鹭鸶洞崖墓　汉—清,位于营盘镇安沟村三组鹭鸶洞。崖墓开凿在东北—西南走向的砂岩山体半山腰上,下距山底约50米,上距山顶约30米。

七木桥沟崖墓群　汉—清,位于下梁镇老庵寺村二组七木桥沟。此处分布有崖居1座,崖墓5座,为秦岭山区崖居和崖墓共处一地提供了可靠的资料。

林家沟崖墓群　汉—清,位于下梁镇解放村六组林家沟口。此处从上到下分布崖墓四层14座,立面面积约500平方米。

(二)汉中市崖墓

汉中崖墓主要发现于西乡县、城固县、宁强县、镇巴县、留坝县境内。

1.西乡县崖墓

私渡崖墓群　东汉、魏晋,位于私渡镇四柏村。私渡崖墓群包括四柏崖墓、潘坝崖墓、何湾崖墓等,其中温家湾崖墓、何家洞子湾崖墓整体基本保存完整,是这一区域具有代表性的崖墓。温家湾崖墓坐东向西,墓室平面呈"凸"字形,有大小5间墓室,保存完整。在何家洞子湾崖墓所处的崖壁上可见墓门两处:一门呈半月形,一门呈拱券形。门向南,平面呈"T"形,还有大小7间墓室。留有券形门的墓室应为正室。正室呈长方形,后内间亦呈长方形;东面有阶梯状错落偏室2间,西面2间与主室并列且有小龛。现存崖墓墓室结构完整,保存完整,且有居住痕迹。此处崖墓选址多处于丛林崖壁间,且所处为边远丘陵山区,地理环境特殊,而且历史时期周围民众曾在此避乱。这些为进一步研究东汉以来形成的巴蜀丧葬习俗在这一地区的发展和延续,提供了可贵的实物依据。目前,此崖墓群已经被陕西省公布为省级保护文物单位。

温家湾崖墓

温家湾崖墓墓室结构

2.城固县崖墓

新洞子沟崖墓群 汉—清，位于二里镇高北村新洞子沟。墓群分布在新洞子沟北面山峰的峭壁上，由下而上分为四层12座：第一层2座，第二层4座，第三层2座，第四层4座，面积约3000平方米。12座墓已完工9座，未完工的3座。已完工的崖墓中6座为单室墓，3座为双室墓。墓口朝西或西南，都呈上部为弧线梯形状，通高1.45～1.8米，底宽0.9～1.3米，进深1.4～1.67米。墓室都呈弧状顶长方体，通高1.86～3.2米，长2.3～～5.7米，宽2.3～3.55米。墓室打凿平整，形制独特。

高北洞子湾崖墓 汉—清，位于二里镇高北村洞子湾东面山峰的峭壁上。崖墓开凿在高约2.5米、宽3.2米的崖面上。墓口向西，呈上部为弧线的梯形状，通高1.25米、底宽1米、进深1.45米。墓室呈弧状顶长方体，通高2.6米，长4.25米，宽3.1米。墓室后壁立面呈弧形。墓室打凿平整，形制独特。

水晶湾崖墓 汉—清，位于二里镇高北村水晶湾北面半山坡上。墓开凿在高约2.7米、宽2.2米的崖面上。墓口向西南，呈上部为弧线的梯形状，通高1米，底宽0.78米，进深1.7米。墓室呈弧状顶长方体，通高3.2米，长4.6米，宽2.9米。墓室后壁立面呈"∩"形。墓室前壁顶有一通孔。墓室打凿平整，形制独特。

高北洞子湾崖墓

水晶湾崖墓

周家崖墓 汉—清，位于二里镇高北村周士俊家的山坡上。墓口朝南，部分边缘垮塌。垮塌后墓口呈三角状，通高1.7米，宽2米。墓室呈弧状顶长方体，长10米，宽2米，通高1.6米。墓室后壁立面呈"∩"形。洞内打凿平整，无遗物。此类石洞当地人称难洞子。

高皇洞子湾崖墓 汉—清，位于二里镇高北村高皇洞子湾北面山峰的峭壁上。此为并列双墓口多墓室墓。墓口朝南，两个墓口形状一样，都为长方形，通高1.45米，底宽1.05米。墓室排列不规则且大小不一，但形状都呈弧状顶的长方体，通长18米，宽13.5米，高1.6米。靠东墓口内外都打凿有灶台，墓室内无遗物。该墓形制独特，为研究本地先民葬俗演变提供了重要资料。

西宫村洞子崖崖墓 汉—清，位于二里镇大沟洞子崖，因石洞子而得名。崖窟坐西南向东北，周围有方形桩孔，其中4个桩孔内还残留石桩，其余桩孔无法测量。这些桩孔当是为开凿崖窟而铺设的栈道遗迹。崖窟门为券洞形门，石室略呈方形，正中有一石柱，为支撑洞顶而设，柱与门之间有一方形地坑，里面有草木灰，门外右侧有人工开凿的踏步。从此处的崖窟结构形制来看，是崖居还是崖墓，还应该进一步研究。

3.宁强县崖墓

任家坝村崖墓群 汉—清，位于安乐河镇任家坝村一组。崖墓共2处，其一为新子上崖墓，其二为旋山湾崖墓群。当地村民讲，20世纪70年代后期在此山的崖墓群中曾出土过铜器、陶盘等。个别墓室由顶层神龛和底部墓室组成。

（三）安康市崖墓

安康地处秦巴山区东段，横跨汉江的南北北岸，高山陡峭，峡谷众多，是古代少数民族活动较为频繁的地区，而崖墓是古代少数民族葬俗的孑遗，因此安康境内崖墓多分布在临近河流的山崖峭壁间。安康崖墓分布在汉滨区、石泉县、紫阳县、岚皋县、旬阳市、平利县、白河县等地。

汉滨区古墓葬时代以汉至南北朝、唐、宋时期较多，分布广泛，其中在汉江及部分支流两岸分布有大量形制独特的崖墓，如早阳李家窝崖墓。

石泉县境内的古墓葬等遗存主要为清代墓葬，时代较早的古墓葬分布要少一些，因而目前发现的崖墓非常少。石泉境内具有代表性的崖墓有五爱村崖墓、祖师殿崖墓群、狮子洞崖墓。

紫阳县境内的古墓葬主要是汉墓和清墓。汉墓主要分布于汉江沿岸，如紫阳县汉王镇；清墓分布于县内山崖的山腰处，代表性崖墓有石峡崖墓、庙梁子崖墓。

草鞋垭崖墓群 汉—清，位于蔺河镇草垭村芳流小学北50米处。此崖墓群开凿于沿蔺河左岸陡崖之上，共4孔，依东北—西南方向编号为M1—M4。4座崖墓呈"一"字形排列，距地面高度3～5米，间距1～1.5米。墓口分别为长方形和六边形：长方形墓口宽0.49～0.91米，高0.7～1米，墓室深2.15～2.3米；六边形墓口宽0.5米，高0.7米，墓深2.2米。M3墓门用石块封堵，墓室尚未打开，保护基本完整。墓室直洞式，内部四壁打凿较为平整。M4为"人"字形顶，其余为平顶。在墓室中发现有汉代绳纹墓砖。

樟树沟口崖墓群 汉—清，位于酒店镇新四村村委会东北约1.5公里的樟树沟口。崖墓四周为陡坡，南为水田，南距东沙河约80米，距地面10米，呈"一"字形排列2座墓室，间距3米。两崖墓均为方门，人字顶，直穴式墓室。其一墓门高0.7米、宽0.6米，墓室宽1米、高1.1米、进深2.1米。其二墓门高0.6米、宽0.6米，墓室宽0.9米、高0.9米、进深2米。墓穴被打开后未发现随葬品。

二、秦岭区域分布的重要人物墓葬

陕西秦岭区域埋葬着历史上众多的杰出人物，包括具有影响力的政治家、军事家、改革家等。这些重要名人的墓葬反映了这一区域厚重的历史文化内涵。墓葬的形制、结构以及墓内陈设品，包括墓葬的地面建筑、设施等，都与死者的身份、地位以及当时的社会风俗、宗教信仰有密切的关系。这些墓葬对探讨不同时代、地区和社会阶层的埋葬习俗以及所属时代社会生活状况，都是特别重要的实物资料。这些墓葬中包括列入世界文化遗产名录的秦始皇帝陵及丝绸之路开拓者张骞墓等。

（一）汉中市重要人物墓葬

汉中境内发现较多重要人物墓葬，年代主要集中在汉代，其中张骞墓是世界文化遗产。

张骞墓 汉，位于城固县博望镇饶家营村。张骞（前164—前114），汉中城固人，西汉建元三年（前138），以郎应募，第一次出使西域，目的是联络大月氏共同夹击匈奴。中间被匈奴拘禁11年之久，虽未与大月氏达成夹击匈奴的协议，却亲历了大宛、康居、大夏、大月氏等，并了解到其他五六个国家的情形，13年后返回长安。公元前123年，张骞随卫青抗击匈奴，因熟悉匈奴情况，打了胜仗，立了功，被封为博望侯。元狩元年（前122），张骞奉命探索由巴蜀经西南夷通往身毒的道路。他赶到犍为（今四川宜宾），派遣五路副使进入西南夷地区。这次出使虽未到达身毒，但为汉朝后来经营西南夷打下了基础。元狩四年（前119），汉武帝接受了张骞关于联合乌孙共击匈奴的建议，任命他为中郎将，第二次出使西域。张骞率300余人顺利到达了乌孙，同时分派副使赴大宛、康居、大月氏、大夏、安息、于阗等地进行外交活动。张骞这次出使，历时4年，于公元前115年返回长安，随同而来的乌孙使者目睹了汉朝的富强。丝绸之路从此开通。中西交通线的贯通，使产自中国的丝织品大量运销西方，丝绸之路由此闻名于世。汉武帝元鼎三年（前114）张骞病逝于长安，归葬故里城固县。1938年，国立西北联合大学对张骞墓进行了初步发掘，探明张骞墓为砖室墓，斜坡墓道，出土有陶片、五铢钱、"博望造铭"封泥等文物，从考古上证明了该墓确为张骞之墓。现存墓冢坐北向南，南北长35米，东西宽26.5米，高4.26米，呈覆斗形；冢顶南北长19.5米，东西宽16.5米。附属文物包括汉代石刻1对，清乾隆陕西巡抚毕沅立碑1通，清光绪碑2通，1938年西北联大立碑1通，古柏15株。1983年城固县人民政府成立了张骞墓文物管理所，1990年更名为张骞纪念馆。2006年6月张骞墓被国务院公布为第六批全国重点文物保护单位，2014年被列入世界文化遗产名录。

张骞出使西域路线图

张骞纪念馆及世界文化遗产标志碑

复建的张骞墓汉阙

张骞墓封土

张骞墓碑楼

张骞墓前汉代石虎

"博望造铭"封泥

蔡伦墓祠 东汉—清，位于洋县龙亭镇龙亭村街南。蔡伦（？—121），字敬仲，桂阳（今湖南郴州）人。他改进了造纸术。明帝永平十八年（75）蔡伦入宫为宦，东汉章和元年（87），任尚方令。元兴元年（105），他总结前人经验，始用树皮、麻头、破布、旧渔网等原料经过挫、捣、抄、烘等工艺造纸，人称其造的纸为蔡侯纸。他对改革和推广造纸术有很大贡献，后世传其为造纸术的发明者。蔡伦历事明、章、和、殇、安帝，官至中常侍。元初元年（114），邓太后以蔡伦久在宿卫，封他为龙亭侯，邑三百户。龙亭村系蔡伦封地、卒地、葬地。汉安帝永宁二年（121），安帝"敕使自致廷尉，伦耻受辱，乃沐浴整衣冠，饮药而死，国除"。30年后，到了汉桓帝元嘉元年（151）朝廷才公开为蔡伦昭雪平反，敕令为之建祠修墓，命地方官员每年春、秋两季亲诣墓所致祭。1984年整修蔡伦墓冢时，在墓冢附近发现了大量汉砖以及陶灶、陶罐、五铢钱等；1985年翻修蔡侯祠时，祠区出土了印有"永初二年辛酉岁"（宋武帝刘裕年号，421）的铭文砖；1994年从献殿墙壁中发现了模印有晋"泰始五年"的铭文砖。这些证明蔡侯祠在东晋、南朝刘宋时即有修建，以后随着朝代更替，有毁有建，不绝如缕，绵延至今。现在的蔡侯祠为清代建筑，坐北朝南，祠院三进，占地面积2304平方米。中轴线自南而北依次为拜殿、献殿、蔡侯祠，两侧为配殿、厢房、乐楼等。主体建筑均面阔3间，悬山灰瓦顶，抬梁式构架，檐下施斗拱。祠内尚存明万历三十一年（1603）、清乾隆四十一年（1776）、清道光二十一年（1841）、清光绪三年（1877）等所立碑刻6通及清乾隆四十八年所铸铁钟等。2006年，蔡伦墓祠被公布为全国重点文物保护单位。

蔡侯祠与汉桂

蔡侯祠正殿

蔡侯墓正门

蔡侯墓

武侯墓 三国，位于勉县城南4公里的定军山下，又名诸葛坟。诸葛亮（181—234），三国时期杰出的政治家、军事家。建安十二年（207）刘备三顾茅庐，诸葛亮遂出山，佐备联孙抗曹。赤壁大捷后，刘备进占荆、益两州。蜀汉建立，诸葛亮官拜丞相，封武乡侯，后受遗诏辅政。建兴十二年北伐曹魏，病死五丈原军中，遗命葬定军山，谥号"忠武"。《三国志》载：

武侯墓大门

"……因山为坟侯。"《水经注》载："葬于其山，因即地势，不起坟垄。"墓园面积约21万平方米。现存墓冢系后代起封，坐西向东，前设拜殿，后设寝宫。拜殿内有明代泥塑像一组，惟妙惟肖。墓冢周环以八边形石雕围墙，周长60余米。封土呈覆斗形，底径约12米，高约6米。坟亭中有明万历二十二年（1594）陕西按察使赵健、清雍正十三年（1735）果亲王允礼所立碑各1通，明至近代碑刻近30通。还有古桂2株，高约19米，浓荫蔽冢；古柏24株，树围1.5米左右，经测定树龄在1700年以上。武侯墓文物遗存丰富，对研究三国时期的政治、经济、军事、文化等方面具有重要价值。1996年被公布为全国重点文物保护单位。

武侯墓封土

武侯墓园

李固墓 东汉，位于城固县柳林镇李固庙村。李固（94—147），字子坚，汉中南郑人，历任顺帝（刘保）、冲帝（刘炳）、质帝（刘缵）三朝太尉。他在任期间，正是外戚与宦官交替把持朝政、争权夺利最激烈的时候，为了国家社稷和黎民百姓，他忠心耿耿、刚直不阿，与外戚作斗争。梁冀专权，先后立褪褓婴儿刘炳和8岁刘缵为帝（即汉冲帝、汉质帝），两年内两个皇帝死后，李固提出立年富力强的清河王刘蒜为皇

李固墓

帝，梁冀却立了他十五岁的妹夫刘志为帝（即桓帝），并挟桓帝诬杀了李固。之后由李固的弟子董班护送其尸骨从京城洛阳回故里安葬。李固墓坐东向西，呈覆斗形。墓基东西长42米，南北宽23米，高6米；墓冢东西长14米，南北宽10米。墓前有碑3通：右边一通为南宋乾道六年（1170）城固县令阎苍舒立，碑高1.2米、宽0.64米，上刻隶书"汉忠臣太尉李公神道"；中间一通为清乾隆四十一年陕西巡抚毕沅书立，碑高1.8米、宽0.8米，上刻隶书"汉太尉李公固墓"；左边一通碑高1.15米、宽0.85米，上刻隶书"汉太尉李公固墓"，系1986年城固县人民政府所立。墓前有汉代石兽1尊（当地人称为石虎），长1.8米，高0.8米，雕工粗犷，姿态雄健。墓后侧有大药树1株，树围约1.5米，高15米。墓前30米处有李固庙1座，一进两院，系祭祀李固的专祠，始建无考，唯其正殿中梁有"光绪十九年

（1893）培修"的墨书标记。1992年被公布为陕西省文物保护单位。

樊哙墓 西汉，位于城固县五郎庙镇黄家村。樊哙（前242—前189），沛县（今江苏沛县）人，西汉开国元勋、大将军、左丞相、著名军事统帅，汉高祖刘邦第一心腹，楚汉时期是仅次于项羽的第二猛将。他是智勇双全、武功盖世、骁勇善战、锐不可当的大汉名将，封舞阳侯，谥"武侯"。樊哙墓又名樊哙台，平地起冢，圆形平顶，高20米，占地面积7000余平方米。墓前正中竖碑1通，上刻隶书"汉舞阳侯樊将军墓"，系清乾隆四十一年陕西巡抚毕沅所书。2008年被公布为陕西省文物保护单位。

萧何墓祠 西汉，位于城固县城东北1公里的博望镇谢家井办事处杜家漕村。此处的萧何墓为其衣冠墓。萧何（？—前193），沛郡（今江苏丰县），公元前206年随刘邦驻汉中，汉王朝建立后被拜为相国，封酂侯，谥"文终"，葬于咸阳五陵原。萧何当年随刘邦来汉中，在城固练兵、兴修水利，惠泽当地群众，后人为了祭奠他，修建萧何衣冠冢和萧何祠祭拜。墓坐西向东，墓冢呈椭圆形，长15米，宽10米，高5米。墓前有石碑3通：正中一通碑高1.87米、宽0.9米、厚0.15

萧何墓

米，上刻隶书"汉丞相酂侯萧公墓"，系清乾隆四十一年陕西巡抚毕沅所立；右侧一通碑高1米、宽0.7米、厚0.22米，上刻楷书"汉相国萧公讳何神墓"，系乾隆十一年（1746）城固知县臧应桐重立；左侧一通碑高0.7米、宽1.2米、厚0.12米，上刻楷书"创修酂侯陵园碑记"，道光二十五年（1845）立；具保存完整。2008年被公布为陕西省文物保护单位。

杨从仪墓 南宋，墓位于城固县原公镇丁家村。杨从仪（1092—1169），字子和，陕西凤翔人。金人侵宋，徽、钦二帝被掳，国难深重，他毅然应募参军，投到西北战场抗金将领吴玠、吴璘兄弟部下。战斗中，他勇猛顽强，屡立战功，逐步由士兵升为和州防御使，赐爵安康郡开国侯。宋孝宗乾道二年（1166），75岁高龄的杨从仪退休，因故乡沦陷，不能回家，便居住在城固县水北村，78岁病逝就地安葬。杨从仪墓坐北向南，封土呈圆形，底部直径8米，上部直径5.4米，高4.5米。墓前有碑2通。其一为"宋故和州防御史提举台州崇道观安康郡开国候，食邑一千七百户，食实封一百户杨公墓志铭"，高2.28米，宽1.08厘米，厚0.2米，碑文41行，行120字，共4000多字，南宋乾道五年（1169）立，详细记叙了杨从仪的生平事迹，是研究南宋抗金斗争的珍贵实物资料。另一通碑高1.8米、宽0.8米、厚0.16米，上书"宋安康郡开国候杨从仪墓"，系清乾隆四十一年陕西巡抚毕沅所立。墓前有香祠1间，始建待考，现存为清代建筑，面阔3.5米，进深2米。另有献殿1座，始建待考，现存为清代建筑，面阔15米，进深8米，土木结构，单檐歇山顶，屋面施灰色筒瓦，是当年祭祀杨从仪之所，现保存基本完整。1992年被公布为陕西省文物保护单位。

张鲁女墓 东汉，又名红庙梁汉墓、女郎庙或女郎祠，为东汉张鲁之女墓，位于勉县温泉镇光明村东50米观子山上。东汉末年，军阀割据，张鲁以汉中为根据地，创建五斗米教，实施政教合一的政权，占据汉中20余年，阳平关大战后，归附曹操，受官离开汉中。其女张琪瑛不随父从夫，只身留居沔阳习传五斗米教于观子山，死后就地安葬。该墓坐西向东，封土呈覆斗形，东西12.3米，南北6米，高3米。墓前有石虎1对，墓北原有女郎祠1座。2008年被公布为陕西省文物保护单位。

张鲁女墓

马超墓祠

马超墓祠 三国，位于勉县勉阳街道办事处继光村108国道北侧。马超墓面积1890平方米，封土覆斗形，底边周长90米，高约8米。墓前尚存清代建马公祠正殿3间，偏殿3间。正殿门额悬"汉鳌侯祠"木匾，殿内供马超塑像。清代修祠碑碣7通。墓正南约180米处有清乾隆四十一年陕西巡抚毕沅题马超墓碑，俗称望碑，高2.9米，宽1米，上刻隶书"汉征西将军马公超墓"；墓前另立一石碑，内容及年款与望碑相同，唯稍小。1992年被公布为陕西省文物保护单位。

张嶷墓 三国，位于汉台区龙江街道办事处柏花村街道中部北侧民居之中。张嶷（194—255），先为马忠部属，拜为牙门将。诸葛亮南抚夷越之后，张嶷出任越嶲太守，恩信并举，"和""抚"同施，蛮夷皆服。政通人和，"邦域安穆"达15年之久。后因病离任，"民夷恋慕，扶毂泣涕"。再拜为荡寇将军。后随姜维北伐于陇西作战时，捐躯疆场，安葬在汉中褒城驿，即今汉中市汉台区龙江街道办事处。2004年被汉台区确定为汉台区历史文化名城纪念地。

唐安公主墓 唐，位于洋县马畅镇安冢村。此为唐德宗长女之墓，她在随父亲南逃时病逝就地草草安葬，称其墓为安冢。唐安公主墓现存一圆形人工夯筑土台，底径约45米，高约14米。土台断面暴露灰层厚0.7米，其内夹有新石器时代陶片。地表散布夹砂红、灰陶片。1990年在土台西侧出土商代铜器6件，为一组大小不同的饕餮纹瓿。据《水经注》载，该土台北魏时已存在，并出土过铜器，与今考古调查相合，唐安公主墓也仅是传说了。冢南面有古柏一株，树围1.2米。2004年被公布为洋县文物保护单位。

戚氏墓 汉，位于洋县戚氏街道办事处戚氏村。相传为汉高祖刘邦的宠姬戚夫人之墓。《水经注》载："洋川者，汉戚夫人所生处。"《续修陕西通志稿》《汉中府志》《西乡县志》《洋县志》均载汉高祖刘邦宠姬戚夫人墓位于此。封土圆丘形，底径15米，高约4米。2004年被公布为洋县文物保护单位。

纪信墓 西汉，位于城固县柳林村四组。纪信（？—前204），秦末人，汉将。荥阳突围时，纪信佯装汉王出降，使刘邦逃生，遂被项羽烧死。刘邦称王后，封纪信为城隍，当地群众为了纪念他，在此修建纪信墓和城隍庙。柳林城隍庙当年规模宏大，在汉中地区颇有影响，解放后，城隍庙被毁。现存墓葬1座，封土为圆丘形，周长24.6米，高2.1米。

（二）安康市重要人物墓葬

安康市名人墓葬共计5座，其中1座被评定为省级文物保护单位，2座被评为县级文物保护单位。

孟达墓 三国，位于旬阳市东王家山。孟达（？—228），字子度，东汉末右扶风（今关中西部）人。初为益州牧刘璋部属，献帝建安十六年（211）冬，刘璋遣孟达同法正迎接刘备。刘备入蜀时，令孟达屯守江陵（今湖北江陵县）。平蜀后，刘备任命孟达为宜都郡太守。后率部曲4000多家归降曹魏。魏王曹丕敬慕孟达，拜其为散骑常侍、建武将军，封平阳亭侯。"魏朝遇之甚厚"的孟达，不久便"连吴固蜀，潜图中国"。蜀汉丞相诸葛亮既憎恶其背叛先主（刘备），又担心其后为患，遂施了借刀杀人之计，致使孟达城陷被斩。孟达墓封土呈覆斗形，周长35米，高5米。1957年被公布为陕西省文物保护单位。

孟达墓

蜀王冢 五代，位于蜀河镇吕关村徐家岭。传说五代后蜀主孟昶葬于此。2012年被公布为县级文物保护单位。

刘卿墓 明，位于汉滨区新城街道办事处屈家河村。刘卿，明万历八年（1580）进士，历任雷州兵备道、山东布政使。其墓坐南向北，由东向西呈"品"字形，墓前刊立龟趺螭首（首佚）碑刻3通：东侧为诰封碑，高2.4米，宽0.85米，厚0.16米，楷书碑文，文12行，行40字，记述刘卿抵御倭寇的事迹及其政绩，天启年款；中间为刘卿暨其妻刘王氏合葬墓碑，残高3.6米，宽1.4米，厚0.14米，碑文楷书，文7行，行42字，碑文记述墓主生卒年月，天启二年（1622）款；西侧碑为诰封碑，残高2.4米，宽0.85米、厚0.16米，长方形，边栏线刻卷云纹，碑文楷书，文9行，行43字，记述墓主生平诸事，天启二年款。刘卿墓尚存墓志盖1块，现置于杨家安宅东侧，高1米，宽1米，厚0.11米，四边栏阴刻缠枝卷云纹，碑文楷书，文6行，行5字，字径0.12米。该墓为县级文物保护单位。

沈天祥墓 清，位于旬阳城关镇鲁家坝社区李家山。墓地面积102平方米，墓冢无存。据当地村民讲，墓冢原为半圆形土丘，周围石砌。现存墓碑2通，保存完整，均记载墓主人的生平事迹。沈天祥爱惜民力，轸念民瘼之苦，为民请命，难能可贵，是难得的好官，至今旬阳民间仍在传颂他的事迹。2012年被公布为县级文物保护单位。

（三）商洛市重要人物墓葬

商洛市墓葬资源十分丰富，重要墓葬共计24座，涉及汉、隋、明、清等多个历史时期。

商州四皓墓　西汉，位于商镇商洛汽车运输集团公司院内。此处目前保存墓冢3座和四皓祠1座，历代碑石数通，以及四皓像石刻、拓片等文物。四皓即秦末汉初四博士，东园公唐秉、夏黄公崔广、绮里季吴实、甪里先生周术。四博士因逃避秦始皇焚书坑儒之祸，隐居商山。刘邦称帝之初，曾召四皓佐政，被拒绝。后刘邦欲废太子刘盈，盈母吕后采用张良计策，派盈舅至商山，迎四皓进京扶持刘盈。刘盈即位后，欲封四皓，均不受，仍回商山隐居，死后葬于斯。据相关记载，商州四皓墓、四皓祠原占地百亩以上，有圆丘状墓冢4座，呈南北不对称分布。现存3座墓冢各占地300～400平方米，高度在2～3米间。墓冢上、寺庙前古柏生长茂盛。"四皓古陵冲北斗"为商州八景之一。从汉代以迄明、清，历朝达官显贵、翰林学士、文学大家等留下了大量赞美四皓精神的诗文佳句。现为商州区文物保护单位。

四皓墓

四皓墓封土

王乔墓　东汉，位于洛南县灵口镇西侧南岭村。王乔，山西运城人，东汉孝明帝时任尚书郎，后隐居洛南香山，再徙居洛南灵口山（王乔山），卒葬于此。其墓坐南面北，封土为圆丘形，底径2.5米，高约1.2米。后封土夷平，仅存保护碑碑座。墓地原有墓碑1通，已佚失。现为洛南县文物保护单位。

张仲墓　西周，位于镇安县月河镇西川村翟家沟口安东山梁上。张仲为周宣王时的贤臣，辅助宣王改革朝政，深得民心。宣王因其孝义，名其故里东川为"孝义川"。张仲死后，葬于故里。其墓葬处于砂质土梁上，坐东西向，封土阔数十丈，长十余丈。现为镇安县文物保护单位。

王辩墓　隋，位于洛南县石门镇安沟村二组东约300米山坡上。王辩（562—617），今陕西渭南蒲城县人。隋开皇初擢大都督，仁寿中授车骑将军，与王世充讨伐李密，为密所败，溃渡洛河，溺水而亡。《隋书》《北史》有传。原墓冢封土较大，由于自然风化水土流失，现封土底径约12米，高约0.8米，形状已不甚明显。1988年普查资料记载，"墓前存清嘉庆年立的墓碑一通"，今已不存。墓前现存长方形石香炉1个。

张鹏墓　明，位于洛南县景村镇张村组西北。张鹏（1391—？），洛南古城人，官至浙江道监察御史、山东左布政使。其墓坐北向南，封土被夷平，现为耕地，存石翁仲1尊（藏于洛南县博物馆）。该墓是洛南县现存规格较高的墓葬之一。现为县文物保护单位。

艾选瑞墓　清，位于镇安县紫坪镇文家庙村二组西约50米处的山坡下。艾选瑞，明经进士，授征仕郎，系当地名医。其墓封土圆丘形，以石条砌边，长4.5米，宽0.75米，高1.6米，墓前立咸丰十年

（1860）墓碑4通。碑楼残损，墓碑和封土基本完整。现为镇安县文物保护单位。

程豫墓 清，位于山阳县高坝店镇过风楼凉水井村。程豫（1807—1889），字立斋，祖籍安徽休宁，光绪三年调任四川布政使。到任后力戒骄奢，杜绝行贿，赈济灾民，厉行财政收支。声望所树，清廷拟简授河南巡抚。程以年老乞休，诰封荣禄大夫。其葬于光绪十五年（1889），此处的墓葬为程豫夫妇合葬墓。封土圆丘形，高约2米。前立光绪十五年、二十年（1894）神道碑及诰封碑3通，均螭首龟趺，通高5米以上，上雕二龙戏珠及麒麟、龙凤图案，墓区存有石猪、石羊、石旗杆。

（四）西安市重要人物墓葬

西安的重要人物墓主要分布在临潼区、灞桥区、蓝田县、长安区、鄠邑区、周至县南部地区，其中有位于骊山脚下的世界文化遗产秦始皇帝陵。

秦始皇陵 秦。此为秦始皇帝嬴政的陵墓，世界文化遗产。陵墓位于临潼区，南依秦岭支脉骊山，北临渭水，地理环境十分优越。秦始皇陵建于公元前247，前208年竣工，历时39年，是中国历史上第一座规模庞大、设计完善的帝王陵寝。它由城垣、封土、地宫、宫墙、寝殿便殿、陪葬坑组成。

城垣：秦始皇陵有内、外两重城垣，内、外城廓有高8～10米的城墙，今尚残留遗迹。内城呈矩形，周长3840米，北墙辟有2门，东、西、南三面墙各有1门，内城里即为封土所在处。外城呈矩形，周长6210米，四角各有门址1处。墓葬区在南，寝殿和便殿建筑群在北。1974年7月，在陵园外城东门附近初步调查了门阙遗址，出土门础石和石条等建筑遗物；8月份对内城进行系统勘探，订正了1962年调查时认为内城是方形的认识，经实测内城形状是南北大于东西的长方形。

封土：秦始皇陵的封土呈三级阶梯，覆斗状，底部近似方型。《汉书·楚元王列传》载："秦始皇帝葬于骊山之阿，下锢三泉，上崇山坟，其高五十余丈，周回五里有余。"汉承秦制，秦时一尺约为23厘米，五十丈即约115米；秦时一里为414米，五里约为2070米，封土底面积约25万平方米。这大概就是秦始皇陵当初的规模。经过2000多年的自然侵蚀和人为破坏，现存的封土比原来的缩小了很多，现封土底面积约为12万平方米，高度为87米。

秦始皇陵封土

地宫：秦陵封土下面就是地宫。地宫呈方形，秦始皇陵的一切建筑都是以地宫为中心。考古发现，地宫面积约18万平方米，中心点的深度约30米。地宫是放置棺椁和随葬器物的地方，为秦始皇陵建筑的核心。用遥感和物探的方法分别进行探测，地宫就在封土堆下。规模宏大的地宫距离地平面35米深，东西长170米，南北宽145米，主体和墓室均呈矩形状。墓室位于地宫中央，高15米，周围有一圈很厚的细夯土墙，即所谓的宫墙。经验证，宫墙东西长约168米，南北141米，南墙宽16米，北墙宽22米。

寝殿便殿：在秦始皇陵封土以北发现三组大型宫殿建筑群遗址，南北长约750米，东西宽约250米，占地面积18.75万平方米，建筑密集，规模宏阔，是陵园的礼制性建筑，即陵寝建筑遗迹。甲组宫殿遗址位于陵墓封土北部偏西53米处。距离原先封土的北边沿10余米的地方，是一座近似方形的大型地面建筑，南北长65米，东西宽55米，面积3575平方米；建筑四面有散水，并绕有环廊，高出环廊1.2米的方形台座上为主体建筑。遗址上部覆盖有残碎瓦片及红烧土、灰土等。根据已知情况分析，这座建筑的结构是重层、瓦顶，中心建筑为双层或三层的大型建筑。乙组宫殿建筑遗址位于甲组的北侧10余米处，向南距离陵墓封土北边沿130米，西边与内城西墙相邻。此遗址东西长240米，南北宽20米，占地面积4800平方米。遗址内有6座建筑基址由东向西分布在一条直线上，而且面积从东到西逐渐增大，呈梯形，大者有1000平方米，小者只有60余平方米。有的建筑规格较高，装饰华贵，设有环廊和散水；有的建筑基址内出土了彩绘俑头残片及铁锭、铜镞等兵器。丙组宫殿建筑遗址位于乙组北侧仅2米处，南边距离陵墓封土150米。遗址内共有4座建筑基址，东西向作横"一"字形排列，成为一个建筑群。建筑基址内出土有铺地及贴墙用的大批青石板，有瓦当、板瓦、脊瓦、筒瓦等建筑材料，锛、锸、凿、铲、铺首、栓板等铁质器物，陶井圈、陶灶门及残铜器等。瓦当背后的半圆形筒覆扣于房脊的一端，瓦当遮住脊部的檩头，既起到防朽保护作用，又具有美观装饰的作用。在丙组建筑遗址以北，还发现有大批的建筑基址，并有石子路面、成排的石下水道及大量的碎瓦、红烧土等遗物，分布情况与乙、丙组遗址一样，也是由多座基址作东西向排列成组群，从而和甲、乙、丙三组一起构成由南向北一组大型建筑群。这批建筑可以笼统地称为秦始皇陵的陵寝建筑。

陪葬坑：已探明的有400多个，其中包括"世界第八大奇迹"兵马俑坑。2016年11月，在对秦始皇陵最新的钻探工作中，又新发现了大量陪葬坑，其中有的陪葬坑的面积甚至达几千平方米。1974年以来，在陵园东1.5公里处考古发掘兵马俑坑3处，呈"品"字形排列，面积共达2万平方米以上，出土陶俑8000件、战车百乘以及数万件实物兵器等文物。兵马俑1号陪葬坑，位于陵园东侧1.5公里处，1974年春被当地打井的农民发现。东西长230米，南北宽62米，深5米左右，长廊和11条过洞组成了整个坑，与真人马大小相同、排成方阵的6000多个武士俑和拖战车的陶马被放置在坑中。2号坑为"左军"，有陶俑、陶马1300余件，战车89辆，是一个由步兵、骑兵、战车等混合编组的军阵，也是秦俑坑的精华所在。3号坑有武士俑68个、战车1辆、陶马4匹，是统帅地下大军的指挥部。这个军阵是秦国军队编组的缩影。这些兵马俑，被誉为"世界第八奇迹"，为研究秦朝时期的军事、政治、经济、文化、科学技术等，提供了十分珍贵的实物资料，成为世界人类文化的宝贵文化遗产。

秦始皇陵实质上是按古代礼制"事死如事生"的要求特意设计的。秦王嬴政并吞六国，统一天下，为了显示他生前的功绩，以军队的形式来陪葬似乎是一种必然。另外，出土于陵园西侧的铜车马是以4匹马拉的战车，大小为真车马的二分之一。这是目前发现年代最早、形体最大、保存最完整的铜铸车马，对研究中国古代车马制度、雕刻艺术和冶炼技术等，都具有极其重要的历史价值。1号战车是立车、单辕双轮，车厢为横长方形，车门在车厢的后面，车上有圆形的铜伞，伞下站着御官，双手执缰驭马，前驾4匹马。2号车为安车，也是单辕双轮，车厢为前后两室，两室之间有窗，上车的门在后面，上有椭圆形车盖，车体上绘有彩色纹样。车马均有大量金银装饰。这两辆铜车马都是事先铸造而成，后又经过细部加工，工艺水平非常高。铜马身上璎珞和链条用的铜丝直径仅半毫米左右，有的则更细。据推测，铜车马坑当是秦始皇陵陪葬坑重要的组成部分。

秦始皇陵是世界上规模最大、结构最奇特、内涵最丰富的帝王陵墓之一，充分表现了2000多年前中国古代劳动人民的艺术才能，是中华民族的骄傲和宝贵财富。1961年3月4日，秦始皇陵被国务院公布为第一批全国重点文物保护单位。1987年12月，秦始皇陵及兵马俑坑被联合国教科文组织批准列入世界文化遗产名录。

秦始皇陵1号陪葬坑

秦始皇陵出土的陶俑

秦始皇陵出土的1号铜车马

秦始皇陵出土的2号铜车马

秦东陵 战国，位于临潼区斜口街道办事处韩峪古河道、武家坡、三家坡、牛深沟村之间，属战国晚期的秦王陵区。秦东陵区地处骊山西麓，是秦昭襄王夫妇、庄襄王夫妇以及宣太后、悼太子诸人的陵墓。陵区总面积约24平方公里，地表现存鱼脊形、覆形封土10座。其中有"亚"字形墓葬2座，"中"字形墓葬2座，"甲"字形墓葬5座，陪葬坑3座，陪葬墓区4处，地面建筑遗址7处，历年出土了大量铜器、铁器、陶器及筒瓦、板瓦、瓦当等建筑材料。秦东陵的发现使春秋早期至秦始皇时期的秦国陵园首尾相接形成序列，从而把秦国陵园制度的完整性全部展示出来，为研究秦国的政治、经济、军事、文化的发展演变提供了珍贵的资料。现为第六批全国重点文物保护单位。

秦东陵2号陵

寿陵 西汉，寿陵为汉成帝刘骜的陵寝也称废昌陵，位于临潼区斜口街道办事处窑村董家组南的鸡头山上，因辍工而废，故名。现地表散布绳纹板瓦、筒瓦残片，云纹瓦当和残砖等。早年曾在此出土过大型石雕及柱础若干。废昌陵区域内有砖窑场数座，对该陵破坏很大。断面上可见夯筑遗迹，夯层精细，厚0.07～0.2米。

扁鹊墓 战国，位于临潼区代王街道办事处南陈村东北扁鹊纪念馆内。扁鹊，姓秦，名缓，字越人，号扁鹊，战国时期伟大的医学科学家。1984年临潼县文化局对扁鹊墓进行重修，并成立东周秦越人扁鹊墓文管所。墓葬封土呈圆丘形，高约2.6米，周长约16米。扁鹊墓于1992年被公布为陕西省文物保护单位。

西汉帝陵霸陵 西汉，是汉文帝刘恒（前202—前157）的陵墓，位于灞桥区席王街道办事处毛窑院村南。刘恒，高祖第四子，薄姬所生，前180—前157年在位，执行与民休息和轻徭薄赋政策，使汉朝趋向安定、富庶。汉景帝因袭，史上将二位统治时期合称文景之治。世传霸陵位于灞河西岸白鹿塬北坡形似方锥的凤凰嘴，"因其山"，斩原为冢，凿洞为玄宫，"就其水名为陵号"。陵上"稠种柏树"，并"四出

霸陵凤凰嘴

道以泻水"（指排水设施）。其陵园"周围三百丈"，陵园区域辟有高大的阙门。史载永始四年（前13）夏，陵园东阙曾发生火灾。又载，文帝"治霸陵皆以瓦器，不得以金银铜锡为饰"。但《晋书》云，三秦人盗发霸陵时"多获珍宝"，可见臣子已违其遗嘱。今陵园设施已毁平无迹。陵北为逐层台地，最下有陵庙及碑林，今尚存清代陵碑及祭祀碑8通。孝文窦皇后陵位于霸陵东南1.9公里。霸陵邑在陵北5公里，今灞河东岸的田王村一带。陪葬墓区陪葬者见诸记载的有孝武陈皇后、窦太主（馆陶公主）、董偃及更始帝刘玄等。霸陵为全国重点文物保护单位。由于近年来江村大墓的考古发掘，被认定为文帝霸陵。因此，凤凰嘴可能仅是帝陵的象征。

江村大墓 西汉，位于灞桥区江村东侧，北距世传为汉文帝霸陵的凤凰嘴约2公里。经考古调查、勘探工作，江村大墓为汉文帝霸陵，所在的霸陵陵区范围近30平方公里。考古发掘工作自2017年开始一直持续，发掘面积总计6050平方米。考古资料表明，江村大墓及其周边的遗迹形成了一个较为完整的陵区，江村大墓位置显赫、规模大、外藏坑数量多，远远超过了诸侯王墓的等级。同时，根据霸陵陵区地质、地貌条件，结合西汉帝陵制度、墓葬形制，霸陵帝陵应为带4条墓道的"亞"字形竖穴土坑墓，并根据江村大墓的位置、规模、设施，结合文献记载，认为江村大墓即为汉文帝霸陵。江村大墓发掘了东北、西南区域的8座外藏坑，长度在6.5～7.2米之间，宽3～6米，深度6～9米，大多为带斜坡道的竖穴土圹形制，底部有木椁遗迹。坑内遗存主要有着衣陶俑（个别带有刑具）、陶器、铁器、铜器以及漆木器（包括木车马）遗迹等。值得一提的是，外藏坑中还清理出"车府""器府""中司空印""南䂂司空""北䂂司空"等明器铜印。2018—2019年，发掘了江村大墓西南约3.9公里处的23座

汉墓,其中4座"甲"字形大墓,均为竖穴木椁结构,最大者全长54米,墓室边长18~20米,深16米。该墓虽被盗严重,但仍清理出土玉衣片2000多枚,以及乐舞俑、陶编钟、编磬等珍贵文物200余件。另外,还出土了带有"襄城家"铭文的铜锏等文物。霸陵的双重陵园、帝陵居中、象征官署机构的外藏坑围绕帝陵布局等,均为西汉帝陵中最早出现的,表明了皇帝独尊、中央集权的西汉帝国政治理念的初步确立。江村大墓的发现否定了凤凰嘴为汉文帝霸陵的传统认识,确定了霸陵的准确位置,解决了西汉十一陵的名位问题。包括汉文帝霸陵在内的西汉帝陵规模、形制、布局及内涵的基本情况,为西汉帝陵制度形成、发展、演变的研究提供了翔实的考古资料,对中国古代帝王陵墓制度的深入研究奠定了基础。江村大墓并入霸陵公布为第八批全国重点文物保护单位。

江村大墓保护标志碑　　　　　　　江村大墓外藏坑出土陶俑

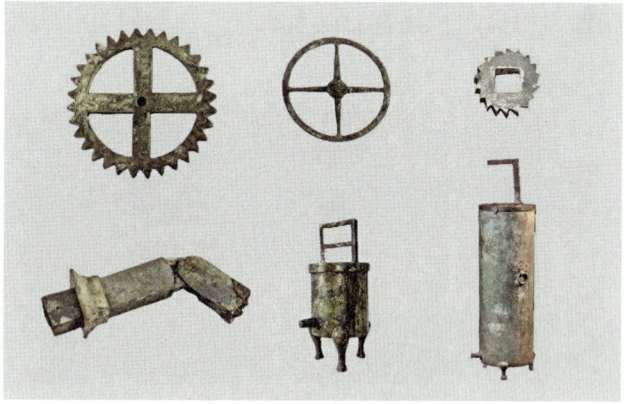

江村大墓外藏坑出土刑徒俑　　　　江村大墓外藏坑出土部分铜器

江村大墓　　　　　　　　　　　　江村大墓外藏坑出土铜印

薄太后陵 西汉，位于灞桥区狄寨街道办事处鲍旗寨村。薄太后陵俗称薄姬冢。薄姬（？—前155），会稽吴县（今江苏常州）人，汉高祖刘邦妃、文帝刘恒生母。刘恒即位，尊她为薄太后，汉元帝前元七年（前173）为母"特自起陵"。因陵在霸陵之南，故称南陵。其北距霸陵约4.5公里，与《史记》记载相近。原陵冢周围有墙垣（陵园），今已不存。调查发现阙门、墙基和卵

薄太后陵

石路面等遗迹。封土保存较好，为夯筑覆斗形，底边长173米，宽140米；顶边长55米，宽40米；高约24米。1975年在陵冢西北200米处发掘从葬坑20座，分布集中，为南北3行，每行6～7座，均为长方形竖穴坑，长1.42～3.1米，宽0.96～1.6米，深2.15～4米；坑内置陶棺、木椁或贴壁筑砖棺，出土彩绘女侍俑、陶罐及犀牛、大熊猫、马、牛、羊、狗等兽骨。以犀牛、大熊猫从葬，在中国尚属首次发现。经鉴定，犀牛属爪哇独角犀。在砌筑砖棺的条砖上，发现有"东园"戳印。东园系少府所属官署，主要负责"作陵内器物"。2018—2019年，对薄太后南陵进行了考古勘探和发掘工作。勘探发现南陵亦为"亞"字形墓葬，其墓室向东偏离封土，周围有20座外藏坑和2处建筑遗址，外围也以"石围界"形成陵园。考古发掘了封土西侧的3座外藏坑，其形制结构与江村大墓外藏坑基本相同，出土了塑衣彩绘陶俑、原大木车遗存，以及大量带有草原文化风格的金、银饰品等珍贵文物。现为全国重点文物保护单位。

薄太后陵外藏坑出土彩绘塑衣陶俑

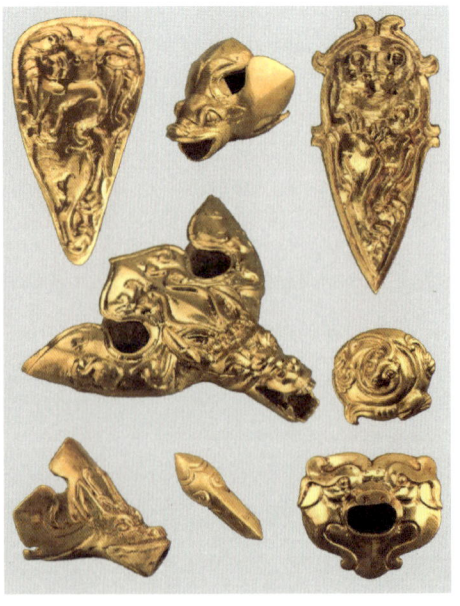

薄太后陵外藏坑出土金器

薄太后陵外藏坑原大木车遗迹

窦皇后陵 西汉，位于灞桥区席王街道办任家坡和刘家坡的耕地内。霸陵与窦皇后陵是同茔异穴合葬墓。窦皇后（？—前135），清河观津（今河北衡水）人，汉文帝皇后、汉景帝刘启生母。陵墓封土呈覆斗形，保存较为完整，底边长137～143米，顶边长30～35米，高19.5米。残留部分陵园西、南墙遗迹。陵西南遗存大型建筑基址、卵石路面、散水及绳纹板瓦、筒瓦、云纹瓦当。陵前原有清代陕西巡抚毕沅所书墓碑，今佚。1966年于陵园西1公里处发掘从葬坑47座。陵墓的西南方向建有大片的居民住房，对陵墓的保护造成一定威胁。现为全国重点文物保护单位。

后陵从葬坑位于灞桥区狄寨街道办事处江村东约400米的台塬上，1965年在平整土地时，曾发现49座从葬坑。陪葬坑南北向排列，自东向西，共有7排，每排1到11个不等，平面均为长方形，有以砖砌壁的，有的有陶棺。坑内随葬残留有牛、马、猪等动物骨骸，大部分坑内有着衣陶俑，高40～60厘米。从葬坑可能与窦皇后陵有关，现已回填。该从葬坑是在灞桥地区发现的较为珍贵的从葬坑，对研究汉代后陵的陪葬制度提供了重要的实物资料。

窦皇后陵

窦皇后陵封土

华胥陵 年代不详，是上古时代伏羲和女娲之母华胥氏的陵冢，位于蓝田县华胥镇孟岩村，北依骊山，南望灞河。陵墓封土高约20米，周长约200米。华胥氏是中国上古时期母系氏族部落的一位女首领，作为伏羲、女娲的生母，她是华夏的繁衍之根。远古时代曾经生活着一个叫华胥氏的繁荣的母系氏族部落，后人称为华胥古国，它与流传了几千年的中华文明有着密切的联系。据专家考证，华胥是我国最古老的母系氏族社会中杰出的部落首领，是炎帝和黄帝的远祖，伏羲和女娲的母亲。在距今8000多年前，华胥为了生存，带领部族民众不断游徙，足迹遍及黄河流域，共同创造了灿烂的华胥文化。华胥文化对人类历史文化的主要贡献有：制嫁娶之礼，使远古人类逐渐摆脱乱婚、群婚的状态；造网罟教渔猎，成为畜牧文化的源头；作书契以带绳结，有了简单文字；伏羲坐于方坛之上，听八方之气，乃画八卦，开始了人类从规律上认识大自然，后来被炎黄的后裔逐步发展成为《易经》；女娲作笙簧，产生了人类最早的乐器，成为中华音乐的起源。华胥氏生伏羲、女娲，伏羲、女娲生少典，少典生炎、黄二帝。华胥氏作为一种象征，成为中华民族的始祖母，是华夏之根、民族之母。从华胥到华夏，从华夏到中华，形成了一脉相承的中华民族文化。现为陕西省文物保护单位。

华胥陵保护标志碑

蔡文姬墓 东汉，位于蓝田县三里镇三里头行政村蔡王村西北部，文姬路东北侧，西南距汉丰药业约50米。此为东汉才女蔡文姬之墓。《蓝田县志》载："县西三里镇蔡王村有文姬墓，乃蔡邕之女。"蔡琰，字文姬，陈留（今河南杞县南）人，蔡邕女。博学，通音律，曾寓居匈奴12年，与左贤王生二子，后曹操以金璧赎归。其墓冢为覆斗形，底径东西14米、南北16米，顶部东西3米、南北4米，高约6米。墓域曾出土"□□冢当"文字瓦当。现筑有砖砌围墙。墓前立有一现代圭首碑，正面题刻"汉蔡文姬之墓"。1992年在墓冢所在处建成蔡文姬纪念馆，对外开放。

蔡文姬墓

蓝田吕氏家族墓地 北宋，为吕大临、吕大防等吕氏家族成员墓地，位于蓝田县三里镇五里头村西北的耕地内。2006—2011年，陕西省考古研究院对其进行了发掘。吕氏墓园主要由墓园兆沟、墓葬群、家庙遗址、神道四部分组成，共有29座墓葬，出土器物600余件组，包括陶、瓷、石、铜、铁、锡、金银、漆、骨、珠贝类，皆为实用器。吕氏家族墓地是迄今已发掘的最完整的古代家族墓园。家族墓葬群按纵横两系排列，关系明确，具有重要的研究价值。现为全国重点文物保护单位。

吕氏家族墓地

吕氏家族墓地M4形制

出土白釉瓷碗

出土錾花银盒

出土青釉刻花瓷碗

出土葵口瓷碗

出土青白釉执壶

出土白瓷香薰

出土温酒器与酒注

王维墓 唐，位于蓝田县辋川乡白家坪村东60米处。王维生于公元701年，字摩诘，祖籍山西祁县，唐朝诗人，外号"诗佛"。唐开元九年（721）中进士，任太乐丞。《蓝田县志》记载，王维墓位于辋川乡白家坪村东60米处，墓地前临飞云山下的辋川河岸，原墓地约13.3亩。墓葬现在向阳公司14号厂房下。墓前原有《唐右丞王公维墓》碑，墓前遗物有清乾隆四十一年，督邮程兆声和陕西巡抚毕沅竖立的碑石，后被毁。王维的母亲也同葬于此地。

老子墓 周，位于周至县楼观镇西楼关就峪村南侧200米处，距离就峪河南岸12米。北魏郦道元《水经注》载："就水出南山就谷，北迳大陵西，世谓老子陵。"老子墓依山为陵，陵山海拔730米。老子墓为圆冢，周长19米，高2.5米。墓冢北侧中部为原墓碑所在，碑上有碑楼，装饰琉璃瓦。石碑为清乾隆四十一年陕西巡抚毕沅立。碑上有毕沅隶书"周老子墓"四个大字，字径为0.23米。上款留楷书"赐进士及第兵部侍郎兼副都御史陕西巡抚毕沅敬书"，下款留楷书"大清乾隆岁次丙申孟秋"。老子即李耳，字聃，周朝任管理藏书的史官，之后，西出函谷关，隐于终南山之楼观台，在这里老子著《道德经》五千言。老子是我国春秋时期伟大的哲学家和思想家、道家学派创始人，世界文化名人，世界百位历史名人之一。其所著《道德经》的精华是朴素的辩证法。他主张无为而治，其学说对中国哲学发展具有深刻影响，体现了古代中国人的一种世界观和人生观，对中国的哲学、科学、政治、宗教等产生了深远的影响，是中国传统文化的源头之一。在道教中，老子被尊为道教始祖，与后世的庄子并称老庄。司马迁在《史记·老子传》中记载老子"居周久之，见周之衰，乃遂去。至关，关令尹喜曰：'子将隐矣，强为我著书。'于是老子乃著书上下篇，言道德之意五千余言而去，莫知其所终"。老子《道德经》以自己的生活体验和王朝兴衰成败、百姓安危祸福为鉴，溯其源，著上、下两篇，共五千言。《道德经》主题思想为道法自然，"人法地，地法天，天法道，道法自然"，这是老子思想的精华。"道"作为《道德经》中最抽象的概念范畴，是天地万物生成的动力源。"德"是"道"在伦常领域的发展与表现。"道"与"法"在规则、常理层面有相通点。"法"应效法自然之道，在辩证的反向转化之中发挥其作用。先秦以来，研老注老著作就超过了3000余种，具有代表性的不少于1000种，从侧面说明了《道德经》的巨大影响。《史记·老子传》记载，孔子曾

老子墓　　　　　　　　　　　　老子墓及保护标志碑

向老子问礼后说："鸟，吾知其能飞；鱼，吾知其能游；兽，吾知其能走……至于龙吾不能知，其乘风云而上天。吾今日见老子，其犹龙耶！"司马谈说："道家无为，又曰无不为，其实易行，其辞难知。其术以虚无为本，以因循为用。无成势，无常形，故能究万物之情。不为物先，不为物后，故能为万物主。有法无法，因时为业；有度无度，因物与合。故曰：圣人不朽，时变是守。虚者道之常也，因者君之纲也，群臣并至，使各自明也。"唐玄宗李隆基道说《道德经》"其要在乎理身理国。理国则绝矜尚华薄，以无为不言为教……理身则少私寡欲，以虚心实腹为务"。北宋欧阳修言："老子为书……其言虽若虚无，而于治人之术至矣。"鲁迅说："不读《老子》一书，就不知中国文化，不知人生真谛。"英国科学史家李约瑟："道家对自然界的推究和洞察，完全可与亚里士多德以前的希腊相媲美，而且成为中国整个科学的基础。中国人的性格中有许多最吸引人的因素都来源于道家思想。"德国哲学家尼采说："老子思想的集大成——《道德经》，像一个永不枯竭的井泉，满载宝藏，放下汲桶，唾手可得。"德国哲学家、启蒙运动学家康德说："斯宾诺莎的泛神论和亲近自然的思想与老子思想有关。"德国哲学家黑格尔言："中国人承认的基本原则是理——叫作'道'；道为天地之本、万物之源。中国人把认识道的各种形式看作是最高的学术……老子的著作，尤其是他的《道德经》，最受世人崇仰。"据联合国教科文组织统计，老子《道德经》是被译成外国文字发布量较多的文化名著之一。老子思想不仅对中国文化贡献是多方面的，而且，也是人类文明前行的灯塔。其为人们提供的处理一切事务的基本态度和原则，是老子思想的世界性和现代意义的主要体现之所在。1956年老子墓被公布为第一批陕西省文物保护单位。

（五）宝鸡市重要人物墓葬

西安—宝鸡分界线以南包括眉县、太白县、凤县、陈仓区（西山南部）、渭滨区（南部）、高新区（南部）、岐山县（南部）地区有重要人物墓葬7座。

张载墓 北宋，位于眉县横渠镇大镇村北的迷狐岭上，共有3座墓葬及数量众多的陪葬小墓密集分布。此处地势北高南低，东西166米，南北150米。墓上封土呈圆丘形，高3米，底直径10米，后人用砖包砌。墓前有清代"宋贤张横渠先生墓"碑1通，楷书碑文10行。碑文内容主要是对张载学问的赞颂和评价。与张载墓对称的西侧也有一圆丘形封土堆，此墓为张载之弟张戬之墓。神道正中有一大圆丘形封土，直径13米，为张载之父张迪之墓。墓前有"张氏先茔"石碑1通。保护区还有数量众多的陪葬小墓密集分布。张载墓始建于宋明道二年（1033），迄今有980余年。宋神宗、元成宗及清代康熙等朝屡次修葺。1995年政府出资对张载墓进行全面整修，环境得到很大改善，占地21185平方米，并对外开放。1957年公

张载墓

布张载墓为陕西省重点文物保护单位。

李柏墓 清，位于眉县汤峪镇屯庄村东北。墓葬呈南北向长方形，封土呈圆丘形，高0.55米，底直径约2.5米。李柏（1630—1700），字雪木，号太白山人，明末清初隐儒。墓前有清代乾隆年间（1936—1975）刻立的碑石1通，楷书碑文16行，正文字数不详，李柏之子、孙立石，王心敬书丹。碑文主要记载了李柏生平事迹。墓碑断为大小三块，后来重新拼接而成，风雨侵蚀严重。眉县槐芽镇曾家寨村西北30米处为李柏祠遗址，遗址内现有旧民房2间，年代不详。李柏作为明末清初一代隐儒，生前被列为"关中三李"之一，遗留的著作《槲叶集》一书对研究当时儒家隐世思想具有重要意义，对研究地方历史和李柏生平及学术思想均有较高价值。李柏墓于1956年8月被公布为陕西省重点文物保护单位。

李柏墓

（六）渭南市重要人物墓葬

渭南市有名人墓的地区包括潼关县、华州区、华阴市、临渭区的部分乡镇，共有名人墓葬11座，年代集中在北魏、隋、唐之间。

弘农杨氏家族墓地 汉—北魏，位于华阴市华山镇五方管区杨家城村。此处为弘农杨氏祖宗伯侨、杨震后裔之墓地。墓地面积约4平方公里，原有大冢18座，20世纪70年代农田基本建设平整土地时，陆续平掉了17座，现仅存大墓冢1座。1982年陕西省考古队曾清理过2座墓葬，1993年10月至次年春，陕西省考古研究所又清理了21座墓葬。墓葬内随葬品非常丰富，其中有很多珍贵文物。墓葬中墓道、墓门、墓室的结构多具北魏风格，从出土的8块墓志来看，墓主人多为北魏时期重臣。择其部分简述如下：

杨椿墓 北魏。杨椿（455—531），字延寿，杨懿之子，生于北魏文成帝兴光二年（455）。其弟杨顺为冀州刺史，从子杨侃为北中郎将。杨椿足智多谋，官至太保，永安二年（529）八月致仕归乡。其《诫子孙书》载："我家入魏之始，即为上客，给田宅，赐奴婢、马、牛、羊，遂成富室。"杨椿卒于北魏节闵帝普泰元年（531）。杨椿墓位于杨氏家族墓地西北隅，东距杨喜墓冢约30米。其墓地占地约30平方米，早年已被夷为平地，1994年陕西省考古研究所曾发掘过。华山镇五方管区杨家城杨氏宗亲联谊会已对魏丞相杨椿墓及汉赤泉侯杨喜墓合圈于院墙内，南北长60米，东西宽50米，并分别竖立碑记。该墓对研究北魏时期宗室贵族墓的形制、葬俗以及杨姓氏族世袭有一定的价值。

杨喜墓 汉，位于杨氏家族墓地西北隅，西距杨椿墓碑约30米。墓冢为圆丘形，残径15～16米，面积约250平方米。华山镇五方管区杨家城杨氏宗亲联谊会已对魏丞相杨椿墓及汉赤泉侯杨喜墓合圈于南北长60米、东西宽50米的院墙内，并分别竖立碑记。

杨舒墓 北魏。杨舒（470—515），在北魏为官，累官华州刺史，授镇远将军。封土早年被夷为平地。1984年7月对其墓进行发掘，发现其墓为斜坡墓道砖室墓，由墓道、甬道和墓室组成。墓室方形，穹隆顶，边长4.4米，高4.62米。出土瓷瓶、痰盂、陶罐、壶、盘、盆、碗、灶、仓、瓶、牛、马、鸡、狗及铁镜、石枕和墓志1方。

杨阿难墓　北魏。杨阿难（472—484），授中散大夫，永平四年（511）十一月十七日入葬。封土早年被夷为平地。曾出土墓志1方，青石质，长0.46米，宽0.41米，志文楷书，21行，满行19字，首题"魏故中散杨君墓志铭"。

杨颖墓　北魏。杨颖（474—511），官至华州别驾。封土早年被夷为平地。曾出土墓志1方，青石质，长0.52米，宽0.48米，志文楷书，24行，满行22字，首题"魏故华州别驾杨府君墓志铭"。

杨泰夫妇墓　北魏。杨泰（464—517），官至朔州刺史，追赠使持节、平西将军、汾州刺史。北魏熙平三年（518）二月入葬。妻元氏（479—549）封华山郡主，西魏大统十七年（551）三月入葬。墓封土早年被夷平。曾出土墓志2方。杨泰墓志边长0.65米，志文楷书，20行，满行22字，首题"魏故朔州刺史华阴伯杨君墓志铭"。元氏墓志边长0.55米，志文楷书，18行，满行18字，首题"魏平西将军汾州刺史华阴伯杨保元妻华山郡主元氏墓志铭"。

杨播墓　北魏。杨播（453—513），字延庆，少时好学，有勇谋，孝文帝时率兵屡征柔然，皆获胜。后随帝南征有功，累官卫尉少卿，华州、雍州刺史。因借民田，被御史王基弹劾，除官爵。卒复爵，谥"庄"，熙平元年（516）入葬。封土早年被夷为平地。曾出土墓志1方，青石质，边长0.68米，志文正书，32行，满行32字，首题"魏故使持节镇西将军雍州刺史华阴庄伯墓志铭"。

杨震家族墓　东汉，位于潼关县秦东镇四知村九组东200米处。杨震（？—124），字伯起，弘农华阴人。东汉时期名臣，隐士杨宝之子。杨震出身弘农杨氏，少时师从太常桓郁，随其研习《欧阳尚书》。他通晓经籍，博览群书，有"关西孔子杨伯起"之称。杨震不应州郡礼命数十年，至50岁时，才开始步入仕途。被大将军邓骘征辟，又举茂才，历任荆州刺史、东莱太守。元初四年（117），入朝为太仆，迁太常。永宁元年（120），升为司徒。延光二年（123），代刘恺为太尉。杨震为官正直，不屈权贵，最有名的是暮夜却金。杨震50岁时在州郡任职，四次升迁后为荆州刺史、东莱太守。他前往郡里路过昌邑时，从前他推举的荆州茂才王密正任昌邑县长，去看望杨震，晚上又送给杨震金十斤。杨震说："老朋友懂你，你为什么不懂老朋友呢？"王密说："现在是深夜，没有人会知道。"杨震说："天知、神知、我知、你知，怎么说没有人知道呢？"王密惭愧地离开。"四知拒金"的故事从此千古流传，后人称其为"杨四知""四知太守""四知先生"，表现了杨震一生为官清廉、不谋私利的品德。杨震为官屡次上疏直言时政之弊，因而被中常侍樊丰等所记恨。至延光三年（124），遭弹劾罢免，又被遣返回乡，途中饮鸩自尽。汉顺帝继位后，下诏为其平反。其事《后汉书·卷五十四》有载。杨震墓葬封土为圆丘形，周长14米，冢高2.5米，占地5.6平方米，冢下部四周砌高0.2米的青砖。周围还分布有其他家族成员的墓地。家族墓地平面略呈长方形，南北106米，东西167米，周长550米。1959年潼关县政府分别对杨震及其子孙杨牧、杨让、杨统、杨著、杨馥、杨彪墓共7座进行抢救发掘，出土有汉代陶磨坊、羊圈、陶望楼、孔雀灯等文物。现家族墓处留杨震复原墓冢1座。1996年12月潼关县人民政府在墓群南侧、潼关至华阴省道公路的北侧立"杨震墓址"标志碑。2006年11月立碑"汉太尉杨震墓"。杨震家族墓被公布为第八批全国重点文物保护单位。

杨素墓　隋，位于潼关县城关街道办事处亢家寨村一组东北约200米处。杨素（544—606），字处道，南北朝弘农华阴（今潼关县水峪口村）人。史载，他初仕北周，后从隋文帝定天下，历任大将军、州总管、右修仆射、大仆射、尚书、大司徒、太尉等职，因功加上柱国，封越国公。杨素墓东西10米，南北40米，平面略呈长方形。墓葬封土早年被夷平。杨素墓1967年被群众取土时挖开，发现墓葬甬道两侧绘有壁画。甬道全用青石铺砌，青石墓门上镌刻着两个不同姿态的神像，意态生动；门框上方有"天官赐福"四个笔力苍劲的字，有小石狮子一对。同时出土《杨素墓志铭》，边长0.92米，碑文稍有残损，楷书，45行，满行34字。其事《隋书》有载。

班超墓　东汉，位于华阴市桃下镇桥营村北约1公里的灰场内。班超墓封土已被夷为平地。据《中国文物地图集·陕西分册》记载，班超墓原有圆球形封土，底径9米，残高3米，墓前有清代"汉定远侯班超之墓"碑1通。班超（32—102），汉扶风平陵（今陕西咸阳东北）人，是东汉著名的军事家和外交家。班超是著名史学家班彪的幼子，其长兄班固、妹妹班昭均是著名的史学家。班超为人有大志，曾出使西域，为平定西域、促进民族融合，作出了巨大贡献。

李元谅墓　唐，位于潼关县城关街道办事处管北村东北约400米处。墓葬呈长方形，东西5米，南北40米。据出土墓志铭记载，墓葬主人原名李元光（727—793），后改名为李元谅，唐德宗时任华州刺史兼镇国军节度使，在平定朱泚之乱时屡立战功。现有《李元谅碑》，也称为《李元谅功德碑》，立于唐德宗贞元五年（789），现存于陕西省华州区人民政府院内，是当年华州百姓为纪念其而立，距今已有1200年历史。该碑青石质，六螭首，碑座埋于地下，碑身有收分，高4.45米，下宽1.54米，下厚0.4米，圭额篆书"大唐镇国军陇右节度使右仆射李公懋功昭德颂"，碑身边栏减地刻蔓草纹；碑文隶书，共32行，满行65字，记李元谅生平及功业十余条；上骑都尉张濛撰，守卫尉少卿韩秀弼书，李彝撰额。1957年公布《李元谅碑》为陕西省文物保护单位。

李元谅碑

蓝居易墓　明，位于潼关县桐峪镇善车口村五组。蓝居易官至武德将军，潼关正千户。墓东西25米，南北10米，原封土早年整修土地时被平，未见墓道、墓室等迹象。墓地仅存墓碑1通，圆首方趺，高3.07米，宽0.87米，厚0.25米，饰线刻卷云纹，额题篆书"明故武德将军潼关正千户蓝公墓碑"。每年有蓝氏后裔到此谒墓祭祖。

郭暧墓　唐，位于华州区杏林镇白家堡村东南8公里处的五龙山顶。这是唐郭子仪第六子之墓。郭暧为华州郑县（今陕西华州区）人，曾养病于五龙山，病故后葬此。郭暧墓封土为圆丘形，高8米，底径30米，占地面积约200平方米，墓前原有建筑已毁。墓葬四周3米处原有方形砖砌围墙，现仅余东、西两边及南墙根部，残高3米。墓前有一圆形石香炉。

胡景翼墓　民国，墓位于华阴市华山镇。胡景翼（1892—1925），字笠僧，又作励生，富平县长春乡陵怀村东窑人，念过私塾，清光绪三十四年入健本学堂，结交井勿幕、郭希仁等，宣统二年（1910），加入中国同盟会。胡景翼墓呈正方形，水泥基座，上有砖砌矮花墙，边长5.7米，占地34.49平方米，中间立民国十四年立"中华民国陆军上将延威将军胡公笠僧之墓"墓碑1通。墓后花墙上镶吴昌硕篆盖、于右任撰并书的墓志。原墓碑"胡上将军笠僧之墓"，民国十七年（1928）所立，由宋伯鲁题字，现置于墓旁。

卫定一将军墓 民国，位于华阴市华山镇五方管区坡上村。卫定一（1892—1928），华阴市五方管区坡上村人，国民革命军第五方面军南路第三军军长，杰出的军事家，中国共产党的好朋友，1926年西安守城的主要将领之一，杨虎城的亲密战友。1928年4月他驻军安徽阜阳，当时爆发了由我党领导的皖北起义，其为起义部队密送枪械弹药，不料被特务侦悉，被蒋介石下令于1928年11月27日枪杀。杨虎城从日本归国后便以其在守卫西安古城有功，葬其于华山脚下。

胡景翼墓

三、具有时代特征的重要墓葬

秦岭是人们重要的活动区域，在这一区域发现的一些重要墓葬遗产，是研究历史时期社会政治、经济、文化等各个方面珍贵的第一手资料。同时这一区域分布的大量明、清墓葬，也为研究乡村文化提供了丰富的资料。

（一）西安市具有时代特征重要墓葬

西安区位于秦岭一线的包括长安区、灞桥区、临潼区、鄠邑区、蓝田县、周至县南部地区。择其代表性墓葬简介如下。

1. 长安区具有时代特征的重要墓葬

至相寺墓群 唐，位于长安区子午街道办事处天子峪村南部，至相寺南部山坡上。墓群分布面积大致400平方米。墓群表面荒草丛生，遗迹现象难以寻觅。20世纪80年代在此墓群范围内出土墓志数方，现存4方（包括3方志石和1方志盖），分别为：《大唐故处士刘君之塔铭并序》，青石质，方形，边长0.46米，厚0.1米，表面有细线阴刻方格，约0.02米见方；《唐故处士梁君妻韩氏墓塔铭并序》，青石质，方形，边长0.45米，厚0.085厘米，表面有细线阴刻方格，约1.9厘米见方；《大唐云骑尉卫君故夫人刘氏空铭并序》，青石质，长0.43米，宽0.44米，厚0.1米；《大唐故二诵法师墓铭》，青石质，盝顶，高0.13米，底边长0.5米。至相寺墓群有部分僧人墓，还有处士信众墓，对研究至相寺的历史具有参考价值。

2. 灞桥区具有时代特征的重要墓葬

洪庆墓群 秦、汉、唐、宋、元，位于灞桥区洪庆街道办事处庆华北区院内。墓群面积达数十万平方米，1953—1956年发掘秦、汉、唐、宋、元墓近200座。其中，汉墓119座，多为小型竖穴土坑墓，还有少量砖室墓。唐墓多为小型土洞墓，出土铜盆、镜、灯、印章、五铢钱，铁剑、刀、釜，陶罐、灶、仓及墓志和少量瓷器等，共千余件。新莽时期墓葬所出的2件铜齿轮，较为少见。另于1956—1957年发掘了唐独孤思敬夫妇墓、独孤思敬夫人杨氏墓、李仁墓、吴韩氏墓等。1962年和20世纪70—80年代又暴露汉、唐墓多座。洪庆墓群是灞河下游地区经过考古发掘的少数秦、汉至宋、元时期墓群之一，延续时间较长，内涵丰富，为研究汉、唐乃至宋、元时期长安城东郊墓葬分布规律、葬式葬俗等提供了重要资料。

郝家村墓群 汉，位于灞桥区灞桥街道办事处郝家村东北约500米的一组耕地内，东邻砖厂，西距西禹高速公路约50米。墓群被当地人称为溜溜冢，面积约2.4万平方米，原有覆斗形封土十余座，呈东西向弧状排列，间距约20米。1988年调查时存封土2座，地面散布有绳纹板瓦、筒瓦及灰陶罐、盆等残片。调查发现，现在仅存封土1座，东西约30米，南北约20米，高约9米；封土夯筑而成，夯层明显，夯层厚约0.2米；封土周围被破坏较为严重，仅余中部。郝家村汉墓群是灞河下游发现的极少数封土尚存的汉墓群之一，为研究浐灞流域大型汉代墓葬形制、分布规律等提供了重要资料。

路家湾墓群 汉、唐，位于灞桥区洪庆街道办事处路家湾村东南、西南侧。此墓群面积约20万平方米。第二次全国文物普查资料《中国文物地图集·陕西分册》记载，该墓群于1956年发掘唐墓多座，出土显庆六年（661）郭敬善、永昌元年（689）独孤婉、天宝七载（748）右威卫兵曹吴巽、乾符四年（877）王张氏墓志等。1984年和1987—1989年发掘汉、唐中小型斜坡墓道土洞墓、砖室墓200余座，出土陶鼎、壶、罐、盒、碗、盘、仓、灶、人物俑、动物俑，铜镜、盆、五铢钱，铁器，银饰品及墓志等共3000余件。路家湾墓群是灞河下游经考古发掘的汉、唐墓群之一，墓葬数量多、延续时间长、出土文物丰富，为该地区汉、唐时期墓葬分布规律、葬制葬俗、历史文化等方面的研究提供了重要的考古学材料。

韦仁约夫妇墓 唐，位于灞桥区洪庆街道办事处田王村田王十字。韦仁约（611—689），字思谦，京兆万年（今陕西西安）人，曾任唐监察御史、尚书左丞、御史大夫等职，新、旧唐书有传。1984年发掘发现，韦仁约墓为斜坡墓道三天井土洞墓，墓室绘有壁画。韦仁约夫妇墓旁并列韦仕约继室王婉墓，形制相同，唯多一天井，西壁开一隧道与韦仁约夫妇墓相通。出土物有陶镇墓兽、男女侍俑、骑马俑、伎乐俑、三彩武士俑、文官俑，铜镜，剪刀，铅质马镫、镞，铁锁，白釉瓷注子、瓷盒，青釉四系罐，贝链、蚌饰及韦仁约夫妇墓志各1合，共计300余件。韦仁约夫妇墓是在唐长安城东郊发现的少数贵族墓葬之一，为研究唐长安城周围的墓葬分布、社会历史提供了重要的实物资料。

司马睿墓 唐，位于灞桥区洪庆街道办事处路家湾村东南约100米，四、五组进村门楼处。司马睿（583—649），字温怀，怀州河内（今河南沁阳）人。唐贞观年间（627—649）官至太子左内率，加宁远将军。司马睿墓为斜坡墓道土洞墓，1984年3月发掘。墓道长11.2米；甬道长0.65米，宽1.12米；墓室近方形，边长3.35~3.7米，正中有砖砌棺床。墓道、甬道、墓室内有壁画，其中墓道两侧绘朱色类似木结构的建筑图案。出土有粉彩镇墓兽、武士俑、文官俑、男女侍俑，骑马乐俑，牛、羊、猪、狗俑等100余件，另有木俑、陶磨、陶莲花座及贞观二十三年刻墓志1合。志石方形，边长0.43米，志文楷书，行27字，记墓主家世和生平。

向阳墓群 汉、北周、唐，位于灞桥区洪庆街道办事处田王村西南侧航天动力技术研究院（向阳公司）院内。1974年、1989年发掘汉、北周中小型竖穴土坑墓、砖室墓及唐代中型斜坡墓道带壁画土洞墓共百余座，面积13万平方米。出土了汉代铜镜、钵、洗、五铢钱，陶钟、钫、罐、仓、人物俑；北周人物俑；唐代陶塔式罐、铜镜、石经幢、独孤思行等人墓志等共千余件。向阳墓群是灞河下游地区经过发掘的汉、唐时期墓群之一，对于汉、唐时期长安城周边墓葬分布规律、分布范围、葬式葬俗及社会历史研究具有重要意义。

庆华墓群　汉、隋、唐、宋，位于灞桥区洪庆街道办事处中国兵器工业集团西安北方庆华机电集团有限公司院内。据第二次全国文物普查资料记载，当时尚存覆斗形封土1座，另有1座封土已夷平，墓前遗存石狮、武官翁仲各1对。20世纪50—80年代迄今相继暴露、清理和发掘数百座汉、隋、唐墓，有义阳公主墓、郭敬善墓、柳晟夫妇墓、韦成州墓、李则政墓、李椿夫妇墓等，面积约25万平方米。汉墓形制分为中小型土洞墓、土坑墓和砖室墓，出土陶器、铜器、铁器、五铢钱等；隋墓出土陶器、墓志等；唐墓多为土洞墓和砖室墓，出土陶器、人物俑、生肖俑、铜器、墓志等。

田王北墓群　西晋，位于灞桥区洪庆街道办事处田王村二组。1987年清理斜坡墓道单室土洞墓2座、双室土洞墓3座。双室墓由墓道（均带有二层台）、甬道、前后室及耳室组成。其中一座的墓室顶部北壁及甬道口上部壁面绘有北斗七星（七星以曲线相连），并书有"元康四年（294）地下北斗"的字样，墓室西壁南端画有圆月，并书有"月"字。共出土陶罐、盒、钵、甑、耳杯、果盒、影壁、猪、鸭、人物俑，铜簪、锁、"货泉"、"五铢"等共计106件。五座墓均呈南北向自东向西"一"字排开，此处当属其时的一家族墓地。该墓群是灞河下游发现的少数西晋时期墓群之一，为研究长安城周边西晋时期墓群的分布特点、墓葬形制等提供了重要资料。

3. 蓝田县具有时代特征的重要墓葬

支家沟墓葬　西汉，位于蓝田县华胥镇支家沟村西约500米的灞河东岸二级台地上，墓葬西北约5公里是汉文帝霸陵。2009年8月—2010年7月陕西省考古研究院对该墓葬进行了抢救性考古发掘，最终确认其为西汉时期一座高等级贵族墓。墓葬为覆斗状封土，现存封土边长26米。还发现了陵园墙垣、车辙、夯墙、祭祀坑等遗迹。陵园墙垣遗迹东西宽约110米。车辙遗迹为筑墓时遗留，主要分布于墓圹北部和东北部，双轮碾压，轮痕清晰，双轮间距约1.06米。墓葬由墓道、前室（车马室）、主墓室和12处放置随葬品的洞室组成。随葬品主要出土于墓道及车马室夯土台底部东西两壁的洞室内。出土有铜质的车马器，主要有铜泡、管络饰、铜环、盖弓冒、带扣、车軎、马衔、当卢等，还有铜臼、铜量匙、箭镞、铜钱等。出土陶器主要有着衣式男女人物俑、马、牛、猪、羊、犬、禽类等陶塑动物，以及茧形壶、仓、罐、灯等生活用品。另外，还有少量铁器，部分漆器残片以及玉石器。从出土遗物来

支家沟墓葬结构

支家沟墓葬出土陶俑

看，可能和霸凌有关系。

舒史军墓　西魏，位于洩湖镇大兴村一组（营坡村）。1997年，在距地表约10米处推出一座呈东南—西北向的西魏土洞墓，残存的墓室深1.2米、宽1.2米、高0.8米，出土陶俑12件、镇墓兽1件、铁镜1件、青石墓志1方。据志文记载，墓主为洛平广州鲁阳人，正始五年（508）任督殿中司马等职，62岁终于长安，葬于蓝田。墓主生平不见于史书，从所授职衔看，多为虚职。墓志刻于"元年岁次壬申二月癸巳朔十四日乙酉"即西魏废帝元钦元年（552）。西魏墓葬在蓝田还是第一次发现，因其有明确纪年的志石出土，为研究南北朝的文物分期和墓葬制度提供了重要线索。

李安墓　隋，位于三里镇乡乔村东约150米处。根据《蓝田县志》记载，李安，字玄德，陇西狄道（今甘肃临洮）人，授右领军卫大将军，封赵郡公。李安墓地面积约900平方米，原封土高约11米，已夷平，墓前建筑亦毁。

卢钧墓　唐，位于三官庙镇宋家坡村芦家坡组北侧，东距蓝金公路约50米。卢钧墓原封土呈圆丘形，底径约60米，残高4米，现已夷为平地。墓葬所在位置为芦家坡组现代公坟和村民的耕地，地面无任何标示。该墓葬对研究蓝田地区唐代的丧葬制度和埋葬习俗具有一定的参考价值。

4.周至县具有时代特征的重要墓葬

昆山律师衣钵塔　清，位于楼观镇楼观台国家森林公园内，希声堂北侧100米处。衣钵塔为六角攒尖三层楼阁式砖塔，始建于清道光四年，通高10米，底面边长0.95米；塔身层间叠涩出檐，转角处施砖雕斗拱，檐下有花草图案砖雕；塔身上镶匾书曰"昆山律师衣钵塔"。衣钵塔周围增筑了一正六边形石质围栏，塔稍有倾斜。衣钵塔为研究昆山律师其人其事、道教在楼观台的发展及清代的塔幢建筑艺术等提供了珍贵的实物资料。

黑山寺僧人墓群　明，位于广济镇曹家滩村南清凉寺西部100米。墓群面积约500平方米，原有砖砌墓塔数座，已毁。尚存砖碑楼1座，内嵌正德三年（1508）墓碑，花岗岩质，高0.9米，宽0.6米；碑正中开龛，内雕一结跏趺坐佛，施禅定印；龛下碑文楷书，记僧徒性慧、性广及徒孙、徒重孙11人为先师刊立墓碑等事。碑文多漫漶，墓主法名不可辨。据清凉寺僧人介绍，墓群埋葬明代僧人百余人，南北长200米，东西宽25米，地面之上不存任何遗迹遗物。此墓葬群是广济镇地区发现的唯一僧人墓群，对于研究当地明代以来佛教发展状况有重要意义。

钓鱼台村侯家墓群　清，位于厚畛子镇钓鱼台行政村观音崖。墓园长25.3米，宽15.8米。园内均为圆形封土墓冢，外围均砌一圈石条，墓葬之间以石条垒砌为界。墓葬共分三层，第一层有8座，第二层有2座，第三层有2座。中部有4级台阶，台阶长1.24米、宽0.33米、高0.18米，台基高0.81米。有两通墓碑，属于第一层墓葬。该墓葬群规模之大在山区十分罕见，且由墓碑可知该墓葬主人为外来移民，故该墓葬群为研究钓鱼台村清代历史及山区居民迁徙情况、墓葬埋葬习俗、石碑雕刻艺术、侯氏家族来源提供了宝贵的实物资料。

（二）宝鸡市具有时代特征的重要墓葬

宝鸡境内具有时代特征的重要墓藏主要分布在眉县南部、太白县、凤县、陈仓区（西山南部）、渭滨区（南部）、岐山县（南部）等地区的部分乡镇，以清代墓葬为主，且独具地域特色，多为家族式合葬。有的墓葬前竖有石刻碑楼，根据碑刻内容可知，原生土著民很少，多为外省移民，涉及湖南、四川、湖北、江西、安徽等地。

1. 渭滨区具有时代特征的重要墓葬

石鼓山墓地 西周，位于石鼓镇石嘴头村，渭河南岸台地上。墓地2012年6月发现，考古文博单位，连续两年对其进行考古发掘，共清理墓葬15座，出土了各类文物共计230余件（组）。墓地南北长约800米，东西约300米。根据墓葬聚散程度，可将整个墓地划分为北区和西南区。墓葬均为长方形竖穴土圹，按规模大小，可分为中型和小型两类：小型墓墓室面积不足3平方米，两区各有5座；中型墓墓室面积13平方米以上，共3座且仅见于北区，大体呈西北—东南分布，依次为M3、M4、M9。另外，北区还有形制、规模不明墓葬2座。墓向分南北向和东西向，多数墓室口小底大，墓底多有熟土二层台，个别为生土二层台；中型墓还有数量不等的壁龛。木质葬具，或一棺，或一椁一棺，或一椁两棺。葬式可辨者均为仰身直肢，墓主头朝地势较高的方位，即朝向台地中脊。小型墓大多于头端二层台上随葬1—2件陶器，或单鬲、单罐，或一鬲一罐，少见青铜器，随葬陶鬲以高领袋足鬲为主。其中备受关注的两座中型墓（M3、M4），随葬品种类丰富，数量多，尤以铜礼器为最，多出于壁龛内。墓地M3有6个壁龛，5个内出土青铜礼器14类31件，计有鼎、簋、卣各6件，禁、斗各2件，甗、彝、罍、壶、尊、觯、盉、爵、盘各1件；M4壁龛8个，出土青铜礼器11类50件，包括簋16件，鼎15件，罍、甗各4件，壶、簠、盉、牺尊各2件，甑、尊、盘各1件。两墓北壁西端壁龛各出土1件高领袋足鬲。另外，M3二层台及椁室顶部随葬有兵器、车马器及其他小件遗物。棺内均随葬有少量玉器。两墓相距不远，墓向一致，规模相若，形制相同，出土器物种类与摆放位置接近：两座墓葬的关系密切。而且，两墓均出土见"臣辰先"铭文铜器，更进一步支持这一判断。出土的92件青铜礼器，不仅数量多，种类丰富，而且铸工精湛，装饰绮丽，形制新颖，造型异特，皆弥足珍贵，如禁、簠、四耳簋、圆腹簋、方座簋、牺尊等都极具特色。其中，簠为长方形，侈口，斜壁，长方形圈足，壁饰竖向瓦楞纹及夔龙纹，两端有耳，一侧系铃，盖身形态近同，是考古发现的此类器中第一件西周早期器。牺尊，似鹿，有爪有翼，体饰云雷纹衬底浅浮雕的龙纹母题纹样，形态逼真。更重要的是，在这组青铜器上发现了包括"户""亞羌""父丁""史母庚"等26组铭文及符号。总体而言，这批铜器具有商器的一些因素，但又有差异。从组合上看，相对于商墓而言，少酒器而食器突出，体现出一种重食轻酒的文化特色。根据随葬陶器与铜器特征判断，墓葬年代集中于商末周初。该墓地既有如M3、M4这样规模大、随葬品丰富的中型墓，还有较多规模小、随葬品少的小型墓，显示出一般平民与高级贵族

石鼓山周边环境

石鼓山墓葬

两个层级的人群结构。两座中型墓,也是发现的高领袋足鬲文化等级最高的墓葬。高领袋足鬲伴同大量青铜器集群性出土于墓地,在宝鸡地区还是第一次。同时,发掘的数座同时期灰坑,内涵亦以高领袋足鬲为主,弥补了以往这类居址遗存甚少的缺憾。这有利于以前根据零散而多见的信息所作的、此类鬲代表的是姜姓族团考古学文化的观点;同时,改变了以往高领袋足鬲不可能晚到西周的观点。居址与墓地俱全,聚落基本要素俱有,由此确认这里当是一处商、周时期聚落(封国或采邑),为描绘西周特别是周初政治地理增添了浓墨重彩的一笔。石鼓山墓地的科学发掘,不仅是中国古代青铜文化又一次精彩的亮相,也堪称陕西乃至全国商周考古的一次重要发现。2019年10月,石鼓山墓地被公布为第八批全国重点文物保护单位。

石鼓山墓M3三号龛出土的卣、彝、禁等铜器　　　　　石鼓山墓M3出土的禁

石鼓山墓M4二号龛出土的鼎、簋、罍等器物　　　　　石鼓山墓M4出土的牺尊

石鼓山墓M4出土的四耳簋　　　　　　　　　　　　石鼓山墓M4出土的簋

竹园沟墓群　西周,位于神农镇竹园沟村一组东侧清姜河东岸的阶地上。此处地势东高西低,较为平坦,西距清姜河约200米,北距渭河约3公里,东依山体,西到断崖,南至竹园沟边,面积约5000平方米。墓群西南部的路旁断崖上暴露有竖穴土圹墓2座:M1宽2.8米,深4米;M2宽3米,深5米。1975年

发掘清理小型墓葬数十座。1976—1980年先后三次发掘，清理墓葬22座及马坑2座，墓葬均为东南向竖穴土坑墓，排列整齐有序，相互无打破关系。其中最大的M13，上口平面呈梯形，墓室长3.75米，头端宽4.4米，脚端宽3.8米。椁室周围有高1.15米生土二层台，葬具为一椁二棺，除墓主外，有殉葬；出土的随葬青铜礼器中，炊食器组合为鼎7件、簋3件、甗1件、豆1件，酒器组合为卣2件，尊、盉、爵、觯、觚各1件，纹饰以饕餮纹为主，夔龙纹、凤鸟纹、圆涡纹为辅，云雷纹衬底。M7出土有3件成组的编钟。M4出土有强季尊、强季卣等。竹园沟墓群共出土铜鼎、簋、甗、卣、尊、罍、爵、觚、觯、豆、鬲、铙、编钟、戈、剑及玉器、陶器等1000余件。通过对墓葬的随葬器物组合特点、形制、纹饰及铜器铭文等方面进行分析判定，竹园沟墓群为西周早期至恭王时期的强国贵族墓地，其文化特征显示出曾受到巴蜀文化与寺洼文化的影响。该墓群为研究西周时期的丧葬制度、墓群布局及青铜器分期等方面提供了重要的考古资料，也为研究古强国文化面貌以及不同文化之间的交流、融合和影响提供了实物资料。

铜方鼎　　　　　　　　铜兽面纹双耳方座簋

铜伯各卣　　　　　　　　伯各卣器底铭文

铜伯各尊　　　　　　铜爵　　　　　　铜筒形提梁卣

人头銎内钺

云纹编钟

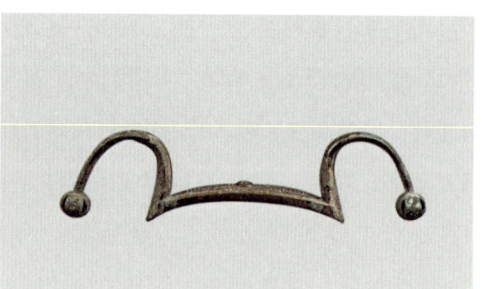
弓形器

竹园沟墓群出土铜器

龙形佩

玉龟

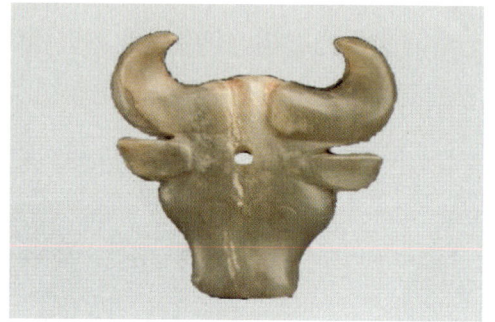
玉牛首

竹园沟墓群出土玉器

益门堡墓葬 春秋，位于神农镇益门堡村五组张宝山电信器材厂院内，渭河支流清江河东岸二级台地上。此处距清姜河约1.5公里。地势平坦，东为宝鸡桥梁厂家属院，南为益门堡村五组，东至山脚下，北距清姜路约50米。1993

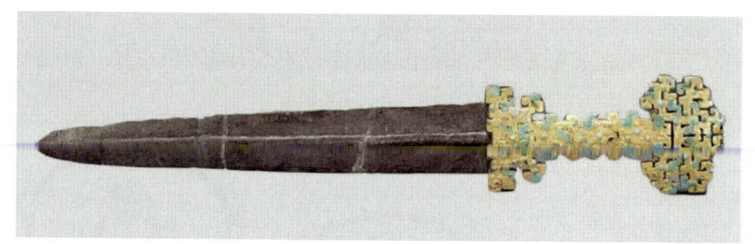
益门堡墓葬出土的铁剑

年5月宝鸡市考古工作队在此处发掘清理了1座长方形竖穴墓，长3.2米，宽1.5米，深5.5米，有熟土二层台，葬具一棺一椁，棺底发现朱砂，随葬品置于头箱和棺内。出土金柄铁剑、金环首铁刀、铜削、鸭首金带扣、鸳鸯金带钩、盘蛇金带钩、金串饰、金管、金环、兽面金泡等104件（组），玉璧、玉璜、玉环、玉璋、虎形玉佩、玉饰等81件（组），以及铜环、铜带扣、马衔、转珠和绿松石、料串珠等，共213件（组）。其中铁器多达20余件，金器总重量约3000克。益门堡墓葬为春秋晚期的秦人墓葬。益门堡春秋墓为研究春秋时期的秦文化、铁器冶金工艺、金器制作技术以及玉文化等方面提供了重要的实物资料。

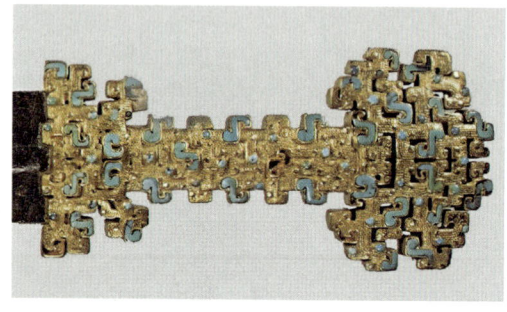
铁剑剑柄

益门堡墓葬出土的蟠螭纹玉璜

益门堡墓葬出土的玉环

永清堡墓群　汉，位于马营镇永清堡东部，叠压于村庄之下，地处清水河西岸约100米处的二级台地上。此处地势基本平坦，墓群平面近似长方形，面积约2000平方米。墓群暴露有砖室墓2座。M1为南北向，穹隆顶墓室，东西长约3.2米，南北宽约3米，高约3.2米，东、西、北三面均有耳室；耳室均为长方形砖券顶，宽约1.4米，高约1.3米，进深不详。M2墓室遭到破坏，仅存南部墓道和北耳室，墓道宽约1米，暴露深度约2.5米；北耳室为长方形砖券顶，南北长约3.2米，东西宽约1.5米，高约1.4米。该墓群暴露墓葬形制复杂，规模较大，对研究本地汉代的埋葬习俗有一定价值。

2. 眉县具有时代特征的重要墓葬

铜峪墓群　春秋，位于营头镇铜峪村水泥厂内。近年基建中屡次暴露墓葬。1993年，眉县文化馆在该墓葬区内抢救性清理出春秋时期秦人墓葬1座，为竖穴土坑墓，有二层台，墓向正北，葬具为一棺一椁，葬式为屈肢，有一殉人，出土铜器有鼎、簋、壶各1件，玉器有玉璧、璜、璋、玛瑙等26件。该墓群是眉县境内发现的为数不多的春秋时期秦人墓葬群，对于研究秦文化有着较为重要的意义。

3. 太白县具有时代特征的重要墓葬

牟家坪墓葬　汉，位于鹦鸽镇鹦鸽街村牟家坪以东的石头河西岸二级台地上。在此处发现墓葬1座，暴露土洞墓室上部，宽为1米，暴露高度0.5米。在附近田坎、耕地上可见长方形墓砖。当地村民回忆，1998年在此处平整土地时发现汉代砖式墓1座，出土了陶罐、陶仓、陶壶、铜镜、五铢钱等，现存于太白县文化馆。现所见的土洞墓室为当年发掘清理结束后，村民挖去墓砖再回填形成的。牟家坪汉墓对研究太白县汉代埋葬习俗提供了实物资料。

许祖麟墓　清，位于黄柏塬镇皂角湾村三组西南。此处地势北高南低，墓地占地面积1050平方米。许祖麟为清道光年间（1821—1850）本地乡绅。墓封土呈圆丘形，外有石砌围墙，现残长5米、高0.7米、厚0.48米。墓南现存二柱一间庑殿顶石门楼1座，通高3.1米，宽2.14米，门口高1.42米、宽1.18米；门两侧楹联为"龙飞凤舞起人文，水秀山环临吉地"，横额镌刻"永固佳城"，均为行书。墓前3米处存有道光四年所立长方形墓碑，上刻"钦赐国学六品许公祖麟字玉书大人"。许祖麟墓左侧为许祖尚墓及墓碑，右为甘氏墓及墓碑。墓地围墙大部分已垮塌，石条及石构件散落于地。2008年被公布为太白县文物保护单位。

蔡氏家族墓　清，位于王家堎镇中明村三道沟村以西的三道沟沿岸。现存墓冢3座，墓、碑齐全，墓冢均为圆丘形，表面覆以石块。其中三道沟北岸为蔡何氏墓冢和蔡学荣墓冢，均高约1.5米、直径2.7米；三道沟南岸保留蔡宏斌墓冢1座，建于宽约5米、高约1.2米的石质台基上，墓碑下有圆形碑座，墓冢东侧有直径约0.18米的松树1棵。部分墓碑两侧石构件有阴刻楹联，文字因石质开裂漫漶，立碑年代为道光、咸丰年间。从碑文看蔡氏祖籍湖南常德府桃源县下苏村，后迁居此地。蔡氏家族墓地对于研究清代中、晚期太白县南部人口迁徙、蔡氏家族谱系和丧葬习俗有重要价值。

熊大书墓　清，位于王家堎镇中明村三组以西荒坡上。熊大书（？—1854），道光至咸丰（1851—1861）年间本地乡绅，祖籍豫章（今江西南昌），后迁居此地。其墓葬封土圆丘形，底径4.5米，高2.5米。墓葬前有石构件多块，均叠压放置，其中一块上刻有"一念不忘俎豆"，另一块上刻有"竹风□书□凌云"，均为楷书。

杨郑氏墓　清，位于黄柏塬镇黄柏塬村杨家院子（自然村）东北的山梁上，当地人称月亮坪。此地三面环山，地势较为平缓。墓冢坐西北朝东南，长4.5米，宽3.4米，封土高1.2米，面积约15.3平方米。《中国文物地图集·陕西分册》载其存二柱一间重檐庑殿顶石碑楼，高1.46米，宽1.48米，内嵌嘉庆二十年杨郑氏墓碑。

杨世恒夫妇墓 清，位于黄柏塬镇黄柏塬村二组东南的坡地上。墓冢周围用石块堆砌，中部为封土，面积约22.5平方米。碑楼位于墓冢东部，顶为庑殿式，两侧用条石堆砌，内嵌墓碑为青石质，下部埋于土内。墓碑上部阴刻四个圆圈，圈内阴刻"辛山□向"四字。该墓葬保存较好，规格较高。

4. 凤县具有时代特征的重要墓葬

梁鹿坪墓葬 汉，位于凤州镇磨湾村梁鹿坪自然村。此处地面零星分布有汉代绳纹板瓦残片，1986年曾清理出夫妇合葬竖穴土坑墓。墓穴长3米，宽4.5米。墓主头向东南，仰身直肢葬。出土物有铜甑、钫、镦、蒜头壶、铃、洗、连弧蟠螭纹镜、印、铁剑、斧、陶罐及四铢半两钱等。铜印阳文"樊氏"二字，据考，该姓氏属巴郡南郡五姓之一。出土铜器属巴蜀文化轻薄型铜器。梁鹿坪汉墓对研究凤县境内巴蜀文化遗存和南部文化交流有一定价值。

辛思齐墓 明，位于唐藏镇辛家庄。辛思齐，明代万历年间（1573—1620）举人，官至天津兵备副使。其墓地所处地势北高南低，墓地平面呈长方形，面积5000平方米。现墓冢封土已被夷平，墓前尚存石人、石马各1对，还有石羊1只。两石人相对站立，身着宽袖长袍，头着高冠，双手抱于胸前，地表暴露高度1.1~1.5米；两石马相对站在石人南侧，其中一匹倒置田地里，一匹呈站立状，抬头远眺，身着鞍鞯、头系缰绳、笼头，口含马衔，地表暴露高度1.2米、通长1.6米、厚0.5米；石羊身子被埋入地下，头部露出地表。据村民介绍，神道上原来还有圆雕石猴等石刻，被埋入地下。1984年11月被公布为县级文物保护单位。

庄房坝墓群 清，位于留凤关镇长坪村七组。此墓群由M1、M2两座墓葬组成。M1为东西向，墓冢为长方形，东西长约5米，南北宽约4米，封土高约1.4米，分布面积约20平方米。墓冢南部为碑楼，顶为庑殿式，两侧及底部用条石堆砌，条石上刻有楹联"千里来龙种福地，子孙癸达万万年"，内嵌墓碑为青石质。碑上书"清故恩深先妣王母老孺人平性之墓位"，落款"大清咸丰十一年仲春月二十二日"，碑文介绍了王母的家族世系情况及生平经历。M2南北向，墓冢为圆丘形，直径约4.8米，高约1.8米，四周用石块堆砌。南部碑楼高约2.15米、宽1.47米、厚0.32米，为庑殿顶，两侧及底部用条石堆砌，条石上刻有楹联"青山藏龙光前代，绿水绕穴启后人"，内嵌长方形青石墓碑。上部减地浮雕"紫山丁向"四字，中书"皇清待赠（诰）恩深先考黎公讳进凰字门扬（妣母任氏）真性碑之墓"，落款"嘉庆十六年仲冬月班师钟永书修造吉日"，碑文介绍了黎进凰的家族世系情况及生平经历。

心红铺墓群 清，位于留凤关镇心红铺村。此处地势东高西低，为陡坡山地，存有墓葬10座，均圆丘形封土，高1~1.5米，前侧下方用块石堆垒成半圆形。其中9座墓前建有石碑楼，通高1.35~3.2米，宽0.85~2.97米；形制分为四柱三间歇山顶和二柱一间庑殿顶两种。前一种最大者为姚氏夫妇墓碑楼，庑殿顶上刻一"寿"字，下横刻"万古佳城"四字，立柱上刻墓联，内容为"父恩母德流芳远，青山绿水富贵长"，立柱两侧置雕花牌面抱鼓石，内嵌道光十八年（1838）墓碑3通。

（三）渭南市具有时代特征的重要墓葬

在渭南市发现的位于秦岭北麓的重要墓葬有秦代的、隋代的、明代的和清代的，山区大多为清代墓葬。

东阳墓群 商、周、春秋、战国、秦，位于华州区高塘镇核桃园村以东，江凹村以西，里寺村以南，郭村以北。墓群分布面积约300万平方米。一条南北向干沟将古墓群分为东西两部分，东部边缘也有一条南北向村沟，沟里有水流。该古墓群系商、周、春秋、战国、秦代古墓群。经考古工作者多次钻探发掘，发现古墓葬1100多座，分为A、B、C三部分，并对其中重点墓葬进行了考古发掘。在考古发掘过程中发现A、C两区墓葬明显不同：A区内墓葬带有浓郁秦文化特征，C区墓葬为商周时期。A区墓葬的竖穴土圹墓，年代以春秋中期到战国晚期为主，洞室墓为战国晚期至秦代；B区为竖穴墓，年代为春秋晚期。C区发掘的大型墓葬多随葬马匹和蚌质、青铜等饰件，并有车马坑，小型墓葬有殉人骨骸。这些墓葬对了解商、周、春秋、战国和秦代的墓葬形式、墓葬特点，商、周的冶炼业、手工业发展情况有着非常重要的意义。现为省级文物保护单位。

税村墓葬 隋，位于潼关县城关街道办事处税村北约110米。墓葬南60米开外对称分布一对石望柱柱础，说明早年地面原有石刻和神道。2005年陕西省考古研究所对墓葬进行了发掘。墓葬为长斜坡墓道多天井的单室砖墓，平面呈"甲"字形，坐北朝南，由墓道、7个过洞、6个天井、4个壁龛、砖券甬道和墓室等部分组成，水平总长度63.8米，墓室底距地表16.6米。墓室平面呈圆形，直径约5.9米，中部偏北置石棺1具，东西向，头部朝西。墓室和石棺内的随葬品已被洗劫一空。石棺全长2.9米、宽1.5米、高1.5米，由盖板、南北壁板、东西挡板和底板组成，外侧面满布浅减地线刻画，内容有朱雀、玄武、云中仙人车驾、瑞兽等，体量巨大，线条繁复，制作精美。盖板顶面以联珠纹带作框、莲花为节，分隔为龟背甲结构的六边形连续图案。墓室顶部为双层砖券穹隆顶，外层和内层顶距墓室地面分别为8.2米和6.5米。内层顶用烟火熏成黑色，绘星汉图。墓室四壁壁画已完全脱落，从残存的白灰墙皮看，绘有女性人物。还发现有骑马鼓吹俑、笼冠立俑、风帽立俑、小冠立俑、幞头立俑、各种动物俑等，陶俑形体较大，彩绘艳丽，描金涂银，制作精细。墓道长21米、宽2.3米，两壁均有壁画，绘出行仪仗图，布局对称，各有46个人物、1匹鞍马和1架列戟。壁画上的人物皆为男性，平均高1.25米，头裹幞头，身穿圆领直襟窄袖衫，足蹬靴或鞋，腰间悬挂仪刀、刀子、布袋、弓袋等物品，手中或执弓、擎旗、举仪刀，排成队列；人物姿态不一，面部表情丰富。列戟架位于第一过洞口两侧，每架列戟9杆，共计18杆。墓道北壁绘门楼图，门楼为3开间的庑殿顶楼阁建筑。墓道壁画基本采用线勾手法，填色只有黑、红色，线条流畅，技法纯熟。过洞平均进深2.5米、宽1.9米，拱形顶，顶部全部塌陷。过洞两壁仅用红色条框分隔，未绘其他内容。天井平面呈方形，与墓道等宽或稍宽。天井底部两壁各绘1个执弓站立的人物。壁龛对称开凿于第六、七过洞两壁，平面呈"吕"字形，进深约3米、宽1.2米、高1米。龛内放置随葬器物。随葬器物以粉彩陶俑为大宗，种类有镇墓武士俑、镇墓兽、甲骑。甬道为砖券拱形顶，壁面墙皮大面积脱落，顶部绘平棋，无纹饰，两壁绘影作木构。甬道内建石门1座，置墓志1合，已被盗。根据墓葬形制和随葬品与石棺线刻画的风格判断，该墓系隋代墓葬。根据壁画《列戟图》的列戟杆数分析，墓主人应系隋皇室成员，此墓很大可能是废太子赠房陵王杨勇墓。税村壁画墓是我国隋唐考古史和美术考古史上的重大发现，是迄今为止发掘的规模最大、等级最高的隋代墓葬，出土的壁画和石棺为隋代乃至南北朝至唐代的美术研究提供了宝贵的实物资料。

税村墓墓道东壁壁画一

税村隋墓墓道东壁壁画二

税村墓墓道西壁壁画

税村墓墓室顶部星汉图

税村墓出土的镇墓兽

税村墓出土的陶俑

夫南村屈氏墓 明，位于华阴市罗敷镇夫南村。墓地南高北低，20世纪90年代末期在此处取土时发现石棺2具，一有铭盖，墓地现为耕地。两具石棺四周雕刻工艺相同，大小微有变化，其中一具长2.3米、宽0.97米、高0.97米，由帮、盖、底三部分组成。底雕成桌腿形；帮上图案采用高浮雕与线刻相结合的技法，雕刻花鸟等，前挡高浮雕龙凤；盖为线刻云纹，中部篆书"明奉政大夫直隶真定府同知同宇屈公之柩"。

葱兴村党氏墓 清，位于华阴市罗敷镇葱兴村党家南，处于山沟内一平台上，三面临山，一面临水。党述，湖北县令，卒于光绪十九年。《华阴县志》有载。其墓坐东面西，用石条砌成，正面加门脸，青砖砌成，高3米，阔3.7米。中部有砖刻匾额2幅，大小相同，均楷书，一书"德发潜光"，一书"夜台婺焕"。封土为圆丘形，高1.5米，底径3.7米。

留果树葛氏墓 明，位于潼关县代字营镇留果村二组（新庄北村）北300米。葛大纪（1527—1582），嘉靖三十二年（1553）中进士，授郏县令；三十五年（1556），因其治才出众，政声远播，调职上海；为官多有政绩。墓封土已毁，墓葬形制不详。原有墓志、石羊、石马、石翁仲，现均藏于潼关县东门博物馆。

（四）汉中市具有时代特征的重要墓葬

在汉中市发现的具有时代特征的重要墓葬共计102座，其中省级文物保护单位1处，县级保护单位共14处。择其重点叙述如下。

1. 城固县具有时代特征的重要墓葬

韩氏家族墓 清，位于原公镇三官村村委会西1.5公里处。据韩氏后人讲，此处属于韩氏家族墓地，埋葬着从明代到清代韩氏家族多位先祖。现存墓葬1座，坐东向西，封土呈圆丘形，底径12米，高约3米，墓前有碑2通。其一青石质，方形，高1.6米，宽0.8米，厚0.2米，正中刻"诰授奉直大夫赐进士出身钦加知州卫江苏常州府无锡县知县署松江府拓林分府韩氏十三世考讳履宠号芸圃行四之墓，系韩氏十四世十五世孙奉祀"，落款为"道光六年（1826）"。其二青石质，圆首，高0.9米，宽0.5米，厚0.15米，碑首中部刻"明故"二字，碑正中刻"世袭武门候韩氏三世考讳襄 妣氏行一之墓，系韩氏后人奉祀"，落款为"大清道光三年（1823）"。韩姓在明代由于军功卓著，被皇帝嘉奖，由湖北迁至城固定居。现韩氏家族100多人主要居住在城固县原公镇，并保存有明、清修建的韩氏家族祠堂1座。城固县博物馆保存有清嘉庆皇帝给韩氏家族的圣旨2幅。现为省级文物保护单位。

2. 洋县具有时代特征的重要墓葬

石塔河明氏夫妇墓 清，位于华阳镇石塔河村四组。墓地面积约300平方米，现有墓冢3座，碑楼2座，墓碑1通。墓周围有不规则半圆形围墙，南北宽15米，东西长20米，由石条、石板砌筑而成，高0.9米，厚0.6米，顶部有人字屋脊。南面围墙基础高3米、宽1.8米，用石条砌筑。墓园门口有12级踏步，每级高0.2米。现为县级文物保护单位。

东韩村岳氏墓 清，位于谢村镇东韩村九组。岳震川（1755—1814），嘉庆六年进士，授内阁中书。后告归讲学，因其文才出众，德

明氏夫妇墓

教派衍关中，流波吴楚，与同县人王擅魁、勉县人严庆云并称汉南三杰。墓冢早年已平，尚存墓碑。墓碑高1.86米、宽0.68米、厚0.18米，贡生刘定铎撰文，民国十年（1921）立石，现存洋县博物馆。

九池村方氏墓 清，位于茅坪镇九池村五组九池坝，西距陈改焕民居约70米，当地人称小方家坟。墓冢呈长方形，坐东向西，长8米，宽7米，高3.5米。墓前立六柱五间三重檐庑殿顶碑楼1座，宽6.7米，残高3.3米，内嵌石灰石质方首碑。碑正中阴刻楷书"清故显考方正贵字定甲正性之墓"，落款为"大清嘉庆三年"，碑文风化严重，字迹模糊不可识。两次间碑高浮雕花草纹，两梢间碑风化严重，字迹无法辨认。二层碑佚，仅余碑柱。该墓为研究当地葬风、葬俗提供了实物资料。现为县级文物保护单位。

九池村方氏夫妇墓 清，位于茅坪镇九池村四组两河口，当地称大方家坟。墓地面积7500平方米，坐西北向东南，墓冢人鼻形，长15米，宽20米，高3.5米。墓前立六柱五间三层歇山顶碑楼1座，石灰石质，高10米，宽7米。碑楼嵌方首碑，高1.65米。神道碑宽0.65米，有碑龛，碑额正中竖写篆字"皇清"，正中阴刻楷书"皇清待赠方公行一讳光福字周盛孺人吴氏元基"，落款为"道光二十二年岁次季七月中旬吉日立"；次间碑宽0.6米、高1.65米，右次间碑记载了墓主人生前曾任陕西布政司、加三级钦命陕西按察使等官职及生平事迹，左次间碑，碑文模糊不可识；梢间碑高1.38米，宽0.62米；尽间碑高1.03米、宽0.6米。碑的两侧有抱鼓石，浮雕动物、花卉、人物等图案。碑文记载方氏夫妇生平，备赞方光福为官清正，不染一尘。墓周围有围墙，围墙用石条和石板砌成，南墙石板高浮雕瑞兽，距墓冢约75~100米，围墙高1~6米。墓园内踏步3级，由大门向碑楼呈阶梯状。该墓及墓园规模宏大，为研究清墓葬式、葬制提供了实物资料，同时为研究清代地方名人方光福及官制提供了实物资料。现为县级文物保护单位。

华阳村李氏夫妇墓 清，位于华阳镇小华阳村二组，当地俗称进士坟。墓冢坐西向东，封土人鼻形，宽5米，长6.3米，高1.8米。墓前立三柱两间重檐庑殿顶碑楼1座，内嵌大理石质方首碑。右碑是李建中墓碑，题款阴刻，楷书"皇清待赠李公讳建中府君之墓碑引"；正中为"清故严考李公讳建中府君先生之墓志"；左侧碑为李刘氏墓碑，题款为"皇清待诰李母刘孺人之墓碑"。碑文7行，满行可看见21字，落款为"大清咸丰二年岁次壬子孟夏月后旬穀旦"。碑柱内侧从左至右浮雕仙鹤、神话人物、鸟语花香、凤凰等图案。两侧抱鼓石浮雕龙和麒麟图案。该墓对研究当地葬风葬俗和移民有一定的资料价值。现为县级文物保护单位。

华阳村李氏夫妇墓

易氏家族墓地 清，位于华阳镇小华阳村四组。易氏原籍四川巴州，后迁至此地。墓地面积约500平方米，尚存圆丘墓冢数座；两柱一间庑殿顶碑楼3座，分别为易清发及其妻子易李氏、易童氏的墓，建于光绪三十一年（1905）。碑柱均阴刻墓联，两侧抱鼓石浮雕鸟、兽、花卉等图案。墓地周围有围墙，围墙用不规则石块砌筑，南北长22米，东西长24米，高0.5~2米，厚1.2米。该墓为研究清墓和移民姓氏提供了实物资料。现为县级文物保护单位。

3. 佛坪县具有时代特征的重要墓葬

上沙窝程氏墓群 清,位于长角坝镇上沙窝村二组河东岸山坡上。该墓群为程氏家族墓地,现存墓葬5座、碑楼4座、墓碑4通。墓冢均为圆丘形,高1.2~1.5米。程英琳夫妇合葬墓保存完整,墓地建在半山腰上,由两条高约1.5米、长10多米的石头护坎形成占地约300平方米的拜台,前立碑楼1座,四柱三间庑殿顶重檐三滴水。碑楼内嵌清代光绪二十一年(1895)墓碑,上部雕有祥云瑞龙,下部雕有双龙戏珠,雕工细腻,栩栩如生。中碑额题"皇清"二字,刻"四品中宪大夫故显祖"等字样,记载着墓主人的生卒年月、后代姓名;侧碑简要介绍了墓主人的生平及功绩。墓前有石头基座4个。

石印沟僧人塔墓 清,位于袁家庄镇石印沟村二组。该塔墓坐西北向东南,通高3.4米,底座面积为1.8平方米,重檐庑殿,为方身七级墓塔。塔墓顶层置宝瓶式塔刹;塔身内镶1碑,高0.68米,宽0.4米,刻"法号了贤原籍湖南常德,死后葬于此地……"落款"咸丰八年三月"。塔墓保存完整,碑刻字迹清晰。

三角树李氏夫妇墓 清,位于长角坝镇沙坝村三角树湾。李春台原籍湖北黄冈,其父李文奇迁居佛坪厅,后在同治年间(1862—1874)主持当地团练,李春台夫妇墓葬坐西向东,封土呈长方形,长7米,宽4.6米,高1.2米,周边用条石砌墙。墓前立四柱三间重檐庑殿顶石碑楼1座,汉白玉石质,高1.8米,宽4.6米,内嵌清代同治四年刻墓碑2通。

东岳殿村詹氏墓群 清,位于袁家庄街道办事处东岳殿村七组。墓群依山而建,坐西向东。墓冢为圆丘形,四周用毛石垒砌。现存光绪三年、光绪四年(1878)、光绪十七年(1891)所立碑楼各1座。詹芳进、詹江氏合葬墓,封土底径5.5米,三柱两间庑殿顶碑楼,碑楼宽4.1米,通高4.3米,内嵌清代光绪十七年刻墓碑1通、1923年立墓碑1通。另有詹李氏墓、詹作祥墓。该墓群为研究当地葬俗文化提供了实物资料。

地庄沟刘氏墓 清,位于长角坝镇教场坝村地庄沟上段。该墓坐西向东,占地约50平方米,东西长6米,南北宽5.9米,高2米,墓冢呈长方形,周围用石条砌护坡。墓前立碑楼1座,通高4.2米,宽5.6米,四柱三间庑殿顶重檐三滴水,内嵌清光绪十四年(1888)墓碑,碑文楷书,记述刘义顺悬壶济世并受朝廷封赠奉政大夫事。

郭家坝墓葬 清,位于陈家坝镇郭家坝村堰塘湾组刘姓屋后山坡上。墓葬坐东向西,墓冢东西宽8米、南北长10米、高2.5米,封土呈人鼻形,外侧用青石条砌筑,形体保存完整。墓前立有碑楼1座,汉白玉石质,通高2.2米,宽2.1米,二柱一间庑殿顶,有龙头、鱼尾、花草、云纹、"寿"字浮雕花脊,有"双童子展书卷"浮雕图案。碑楼内嵌圆首碑刻1通,高1.25米,宽0.68米,碑首饰双凤朝阳及祥云浮雕图案,碑额上楷书"天地正气"四字,碑正中楷书"皇清诰封太夫□妣陈母汪老太君之墓",落款为"光绪十五年吉日敬立",两侧楹联上联"万年佳域萱长秀",下联"一世清徽石共坚"。抱鼓石三层,饰浮雕图案。

教场唐氏墓 清,位于长角坝镇教场坝村四组。墓葬依山而建,面积388平方米。墓前立碑楼1座,汉白玉石质,中间高两边低,三碑并联呈仿楼式,三滴水,四柱落地,二角起翘。碑分三层,每层都有石檐覆盖,两侧有石鼓抵镶,鼓上雕花刻兽。碑楼内嵌墓志铭3方,皆楷书,花翎三品衔在任候补府佛坪厅抚民同知唐沛霖撰文,内阁中书衔正白旗拔贡李超顾书丹。横碑坊上有《三娘教子》

《双宫诰》《全家福》三组戏文浮刻，造型生动，刻工精细。碑有楹联2副：一副为"福地托钟灵，长此百年崇马鬣；吉嗣锦继续，从兹千载荷龙光"；另一副为"金玉铭心，竹松介性；山川毓秀，天地钟灵"。碑造于光绪三十一年。碑前立石旗杆1对，墓前有石马1对。该墓葬虽经历百年风雨剥蚀、人为破坏，但仍然庄严肃穆，巍峨高大，气势宏伟，在石碑、坊楼、石檐、方斗旗杆、马身、马镫、鞍铃、缰绳等物件上都刻有精美细致的花纹，各处文字、花、兽气韵非凡，活灵活现，对清中晚期石雕艺术的研究具有重要的价值。

西坡李氏夫妇墓　清，位于长角坝镇沙坝村三角树湾西坡。环封土有石护坡。清咸丰十年十一月初三由其子李昌和立墓前碑铭。墓碑为汉白玉石质，四柱落地，中间高两边低，仿牌楼式，雕工细腻，有清代石雕的典型风格。中碑上题"钦赐"二字，有"皇德""万古佳城""承先""启后"等字样。碑文楷书，记载墓主李文奇生平及其自鄂迁至此地之事。碑楼前石砌半圆形拜台，半径5米。1995年被公布为县级文物保护单位。

4. 西乡县具有时代特征的重要墓葬

梁家嘴子梁氏家族墓地　清，位于五里坝镇田垭河村六组梁家嘴子坡顶。墓地坐东向西，墓园西侧用石条砌成护墙，护墙正中有一石门，墓园内3座墓冢，墓前有四柱三间碑楼1座。石门与碑楼之间原为空地，相传置有石桌石凳。左、右门檐内侧上部均浮雕戏曲故事人物，下部浮雕花卉。右边门檐内侧中部刻"本是英豪辈，威名显汝方。身随归此地，誉已重乡邦"，左边门檐内侧中部刻"福人归福地，赐福应无疆。万水千山外，重重引脉长"。右侧石门框阴刻"福地千秋，山环水绕，毕世勋猷尽居此"，落款为"光绪二十六年（1900）孟冬月朔穀旦"；左侧门框阴刻"佳城万古，虎据龙蟠，一生事业全在兹"，落款为"班城愚姻侄张奉亭沐手书"。碑楼青石质，明间为官帽顶，两边次间为庑殿顶，两侧带抱鼓石；顶部有一弥勒佛石像，碑帽刻有浮雕龙纹图案，正中篆书"寿"字；明间内嵌圆首墓碑1通，主要记述墓主人生平及功德；墓联上半部分架于次间额梁之上，阴刻行书"义重恩深同福地，山盟海誓共佳城"，内侧刻有花草图案；两侧次间碑阴刻楷书"克昌厥后""永垂万古"。

田垭河村张氏家族墓地　清，位于五里坝镇田垭河村二组田湾阳坡。墓园坐北朝南，占地约200平方米，现存墓冢3座，一字排开，均被泥石掩埋。墓冢前各有碑楼1座，3座墓碑楼紧密相连。中间墓碑楼前方有1方祭台，青石质。碑楼均为双层两柱一间，庑殿顶，用石板覆盖碑顶。中间碑楼嵌于后人修建的墓道中。墓道进深0.65米，两侧壁上绘彩色壁画，内容是神话传说，但部分脱落。中间墓道左侧有1方首青石质石碑，碑额浅浮雕"永远佳城"，碑文为张氏家族世系谱，落款为"咸丰二年（1852）仲春月清明张美顺修造"，两侧有浅浮雕花草云纹饰。

5. 宁强县具有时代特征的重要墓葬

周家山石板墓　宋，位于广坪镇大茅坪村周家山山坳里。该墓封土形式不明，为并排双室石板墓，疑为夫妇合葬墓。墓室由多块石板——底石、两侧侧石和顶石——拼接而成，顶石与侧石之间有一做成斗拱形式的长枋，并有简单的榫卯斗拱。墓室顶部凿藻井，内壁雕刻人物、花卉、供物等。西侧墓室门口两侧雕刻武士形象，中部雕菊花、莲花图案，后部挡板刻对开门及主人探头张望图，顶部藻井雕刻八角形图案。东侧墓室后部挡板雕刻屏风及供桌，藻井为两凤图案。该墓葬与四川省、甘肃省发现的古代羌人流行的石棺葬特征一致，初步判断此亦为古羌人的墓葬。墓室内部设计为仿木结构，与汉中、四川等地发现的宋代汉人仿木结构砖室墓形制十分相似，以此断其时代应为宋代。该墓葬为研究羌文化提供了宝贵的实物资料。

周家山石板墓

周家坎周氏墓

树林坎石室墓 宋，位于庙坝镇大安村四、五组树林坎。该墓葬坐东向西，以坡起坟，用石条垒砌双石墓室，两墓室中间用石条分隔，面阔2.5米，墓室深2.4米、高0.9米。墓室藻井方框呈递减状。顶部石条长2.5米、高0.25米，上覆泥土。墓室中空，墓口堆砌砾石。该墓对研究宋代丧葬习俗提供了实物资料。

周家坎周氏墓 清，位于铁锁关镇周家坎村一组周家坎。封土圆丘形，底径5～6米。前立四柱三间庑殿顶石碑楼1座，内嵌道光二十七年所立周氏墓碑。碑楼坐西向东，长5米，宽4.2米，高1.8米，毛石砌挡墙。碑楼浮雕双龙戏珠、人物、花卉等图案，柱刻墓联。墓冢前修砌长方形拜台，条石铺面。该墓形制保存完整，碑楼做工精美。

火峰垭吴氏墓 清，位于太阳岭镇火烽垭村四组。封土圆丘形，墓前有六柱五间二层庑殿顶石碑楼，高4米，宽6米，脊、楼面雕人物43个，间饰动物、花卉等图案，上层嵌碑1通，下层嵌碑3通，均雕工精美。

毛家院唐氏墓地 清，位于舒家坝镇文家河村一组毛家院古墓坡。墓地面积约4000平方米，存人鼻形墓冢28座，为唐氏家族墓地，其中两座墓前有碑楼，一座墓前立碑1通碑楼及碑上内容显示分别为道光十七年（1837）墓冢、光绪十九年墓冢和咸丰九年（1859）墓冢。

火峰垭吴氏墓

6. 略阳县具有时代特征的重要墓葬

青枫树墓 宋，位于两河口镇唐家沟村青枫树组磨坊湾，两张公路西侧坡地上，南距瞿富荣宅约180米处。据村民介绍，该墓于2006年修建两张公路时发现。墓葬坐西向东，青砖砌筑，方室，墓室宽约1.2米、残长1米、残深1.3米，砖上雕刻鹿、鸟等图案，陪葬品不详。据调查，地表仅见条形砖、方形砖。该墓为研究当地葬风葬俗及居民生活提供了实物资料。

李家沟口墓　宋，位于两河口镇长坝村长坝组，李家沟口李维普家房后，西距长坝村村委会约350米处。调查发现，墓室暴露在外，部分已被房屋覆盖，地面散见大量墓砖。从现存残墓看，该墓为砖砌，坐西向东，由甬道、前室、后室组成，有壁龛和散水。另外还发现有铺地方砖、陶水管。

仙台坝村墓　宋，位于仙台坝镇仙台坝村安定沟侯继忠房后一山坡下。该墓葬于近年修房时发现，墓洞为券洞式，墓口用石板垒砌，由于施工需要，墓冢全部被毁。文物调查时，在墓冢周围发现大量墓砖，从其形制看属于宋代砖，故此墓初步定为宋代。墓道口所挡石板为沙石质，呈梯形。此墓是当地发现时代最早的一座墓。

高氏家族墓地　明—民国，位于徐家坪镇明水坝村明水坝组上坝。墓地坐北向南，面积约3500平方米。现有立碑墓葬150余座，墓冢300余座，最早为明万历三十三年（1605），最晚为民国所立。碑均为圆首，均高1.1～0.8米、宽0.8～0.4米。墓冢呈人鼻形，毛石砌护挡墙。

铁佛寺焦氏家族墓地　清，位于白水江镇铁佛寺村村委会东北约500米。墓地占地面积约5000平方米，为当地焦姓家族墓地，存墓冢几百座，均坐北向南，现仅存清代墓碑3通。

侯氏家族墓地　清，位于西淮坝镇西淮坝村二组。墓地面积约950平方米，尚存圆丘形封土数座。墓碑6通，圆首方座，其中乾隆（1936—1795）年款碑1通，其余为道光年间（1821—1850）立。

杨氏家族墓地　清，位于接官亭镇蹇家坝村岭湾组杨家坟。墓地坐南向北，面积约500平方米，有墓冢21座，墓碑10通，其中一碑为道光十五年（1835）所立。

杨家坟苟氏墓　清，位于接官亭镇蹇家坝村岭湾组杨家坟。此坟坐北朝南，墓冢呈人鼻形，两侧以毛石垒砌。冢前立石灰石质圆首碑1通，碑额线刻云纹，边栏饰蔓草纹；碑正中阴刻楷书"皇清故妣苟氏行一大人淑性之墓"，碑文主要记述了墓主人生卒年月，落款"道光十五年"。该墓为研究清墓和移民以及当地葬俗提供了实物资料。

磨坝村枸林驿刘氏墓　清，位于兴明街道办事处磨坝村枸林驿组。刘氏墓面积11平方米，坐西朝东，封土呈人鼻形；前端有石砌挡墙，高1.3米；有墓碑1通，圆首，中部竖书"皇清例赠七品孺人显妣刘氏行一大人之墓"，款题"光绪三十一年十月初七日"。

周家坝墓群　清—民国，位于徐家坪镇周家坝村张家坝组。此墓群坐北向南，现有立碑墓葬50余座，墓冢100余座，最早为乾隆三十一年（1766）所立，最晚为民国年间。碑均为圆首，高0.6～0.9米、宽0.4～0.55米；墓冢均呈人鼻形，毛石砌护挡墙。从墓碑形制、封土垒砌形式可以看出此地丧葬习俗有一定规则。

小湾王氏家族墓地　清—民国，位于乐素河镇小湾村大湾组居民区北侧。墓地依山而建，占地面积约230平方米。共有墓葬7座，均坐西向东，上、下两层排列，整体呈长方形分布，南北长18米，东西宽15米。墓冢"八"字形，墓头两侧用块石砌护。

7. 留坝县具有时代特征的重要墓葬

江西营南墓群　汉，位于江口镇江西营村。墓群面积约400平方米，原有圆丘形封土墓冢5座，墓冢底径均约2.5米，近年被平毁3座，暴露出长方形竖穴墓室。墓室石质，南北向，长4.5米，宽2.5米。

焦家坪墓群　宋，群位于江口镇江西营村二组（焦家坪）。墓群面积约400平方米，原有圆丘形封土墓冢5座，墓冢底径均约2.5米，近年来平毁3座，暴露出长方形竖穴墓室。墓室石质，南北向，长4.5米，宽2.5米。在此墓群曾出土有瓷碗、陶罐、陶瓶、铜镜、墓志等。

柿树坪古氏墓 清，位于江口镇小川子村小关长沟柿树坪耕地中。墓葬坐北朝南，墓冢封土为圆丘形，面积约7.2平方米。墓前有青石质残碑1通，无碑帽，高0.9米，宽0.6米，厚0.1米。碑身记载有"古氏祖籍四川酆都县，后迁于小川子居住"。碑文楷书，年款为"天运任（壬）子年二月初三日吉立"。两边碑柱文字风化严重，无法辨认。

桑园坝墓群 清，位于江口镇桑园坝村北约2公里处台地上。墓群面积约1200平方米，未见封土及残碑。墓群前堆砌有大量石碑楼构件，遗有碑柱联2件，一件书"左龙右虎祥阿藏"，一件书"光天日月临华表"；另有花纹构件4件，其他构件63件。

西河滩祝氏家族墓地 清，位于紫柏街道办事处小留坝村西河滩。祝氏先祖祝天碧于嘉庆元年从四川顺庆府蓬州石门坝迁徙至留坝青岩湾西河滩，死葬西河滩。祝氏家族墓前有三柱两间庑殿顶墓碑楼1座，通高1.85米，宽1.6米。墓联为"天马游来拥此地，卧龙拱向启人文"，落款为"大清咸丰元年（1851）岁次辛亥四月吉日"。该家族墓地为研究清代人口迁徙提供了实物资料。

庙台子村道人墓地 清—民国，位于留侯镇庙台子村车站组以南约1公里的山坡上。墓地坐南朝北，面积约1800平方米，存有东西并列圆丘形封土墓葬3座。墓葬底径约5米，高约2.6米，面积约50平方米，每座墓冢相距约4米。由西向东依次为纯九苏大方丈墓、了还真人墓、任永真人墓。纯九苏大方丈墓前有民国立石碑1通，楷书"纯九苏大方丈墓志碑"。了还真人墓前有清代立石碑1通，上楷书"太上继宗宏戒庙道柴老律师（上）明（下）至号了还真人之墓"；碑文记载了还真人俗姓柴，讳明玉，号了还，龙门第二十代法孙，原籍山西曲沃，同治年间（1862—1974）因匪乱出家及访师修道等事宜，留坝厅同知山东陈寿撰文，碑阴刻有了还真人画像及题联，落款"光绪壬寅（1902）仲秋月"。任永真人墓前有石碑1通，楷书"太上正宗全真道教演戒傅法老律师信阳任永真人之墓"。墓群四周用围墙加以保护。

洪武村刘氏夫妇墓 清，位于江口镇洪武村三组南侧。墓长3.2米、高2米，墓冢长4米。墓前立有墓碑，墓碑由墓文碑、碑帽、碑柱、碑座组成。碑帽、碑柱刻有花纹和文字，且比较精美清晰，碑文有少部分字迹不清。上刻"佳城永固"四字，下刻莲花图案，两侧各刻有一条蟠龙。右碑柱刻"万古钟毓秀"，左碑柱刻"千秋世泽长"。

江西营殷氏家族墓群 清，位于江口镇江西营村一组。墓群原有圆丘形封土墓葬70余座，现可见墓葬4座，二柱一间庑殿顶石碑楼4

洪武村刘氏夫妇墓

座。楼中分别嵌嘉庆十一年（1806）、光绪十年（1884）、民国二年等所刻墓碑。

狮子坝村储氏墓 清，位于青桥驿镇狮子坝村村委会西1.5公里的山腰处。墓葬坐东南向西北，呈人鼻形，长12米，宽8米，高2.4米。墓前立有石碑1通，碑为两柱一间两层石牌楼式，大部分被埋，只有0.6米露出地面，其上刻有"同治十四年"及"皇清待诰封故显考妣储"等字样。墓葬一周用青石砌护。

牡丹坪储门程氏墓 清，位于青桥驿镇麻家沟村村委会东北约1.5公里的牡丹坪。墓坐西向东，长4米，宽3米，高2米，墓冢呈人鼻形，墓四周用青石砌护。墓前有碑1通，从散落的墓碑部件推测碑有两柱一间庑殿式牌楼，下有底座，正中有"慈妣储门程老孺人墓"字样。墓碑为咸丰四年（1854）储门程氏的儿孙所立。此墓葬整体保存较好。

干沟门王氏家族墓 清，位于武关驿镇南河街村北4米的干沟门山坡上。墓地坐南向北，南北两排分布，每排4座墓冢。现存墓碑4通，分别立于清嘉庆三年（1778）、嘉庆八年、嘉庆十二年、咸丰八年。其中嘉庆十二年碑记述了王氏家族于清乾隆年间（1736—1795）从四川迁徙此处的史实。

龙潭坝谭氏夫妇墓 清，位于马道镇龙潭坝村西北1.3公里处。墓冢封土呈圆丘形，底径2.5米。墓前立二柱一间重檐庑殿顶石牌楼，高2.15米，宽3.75米，枋间雕刻花卉、鸟兽图案。柱刻墓联曰："山清水秀招前氏，虎踞龙盘启后贤。"楼内嵌光绪七年（1881）立墓碑。碑文记载了谭氏原籍四川重庆府丰都县，后迁居汉中府褒城县龙潭坝之事。

两河口墓群 清，位于玉皇庙镇两河口村，是杨家祖坟，至今还有后人祭祀。墓群面积约400平方米，存圆丘形封土墓葬3座，石碑楼3座。碑楼分别嵌嘉庆十二年、道光三年、道光二十九年（1849）立墓碑。该墓群3座墓冢完整，碑楼完整，部分石刻局部风化。

汪家沟墓群 清，位于玉皇庙镇汪家沟村汪家沟街后约300米。墓群面积约100平方米，共有墓葬4座，分布无规律，朝向不一。墓冢均呈圆丘形，墓葬分别是光绪三年陈氏墓、同治六年王老孺人墓、同治六年（1867）郭美皎夫妇墓。立碑楼1座。现该墓群周围杂草丛生，石碑风化严重。此墓群为研究当地葬俗和人口迁移提供了实物资料。

狮子坝墓群 清，位于玉皇庙镇天峰村尖角坝山腰。墓群有墓葬2座，墓冢封土为圆丘形，且用石条包砌。杨氏墓前有三开间重檐歇山顶碑楼，刘氏墓前庑顶碑楼，通高分别为2.83米、1.74米；各嵌碑一通。石碑风化，其中一通隐约见其记载杨刘氏祖籍江西，明初迁至湖北的生平事迹。

篾匠沟李氏墓 清，位于火烧店镇堰坎村五组漆村湾篾匠沟半坡。墓坐南向北，墓冢封土呈圆丘形，底径3.6米。墓前有碑刻1通，山字顶碑帽，通高2.1米，通宽1.22米，碑刻高1.2米、宽0.96米，其上为楷书文字，清嘉庆十五年（1810）所立，墓联"默佑儿孙万代兴，丢去人世百般业"。墓主李氏原籍湖北武昌，为研究当地葬俗和人口迁移提供了实物资料。

刘家湾周氏墓 清，位于马道镇村二十里铺村刘家湾。墓葬为西向，封土呈圆丘形，底径3米。墓前有两柱一间元宝顶碑楼1座，檐下雕有动物、花草图案，柱刻墓联"秦巴二省同日月，川陕两地共乾坤"，内嵌道光三年碑。碑文记载了周国登祖籍广西桂林府，后迁四川，继迁陕西之事。该墓在20世纪90年代曾遭盗掘，碑楼被毁，坟丘被挖。

丁家沟墓群 清，位于马道镇老店子村丁家沟。墓群面积约600平方米，可辨识的墓葬有3座：一个为土圹墓，墓葬上有一直径20厘米的盗洞；另一为石室墓，墓前有四柱三间庑殿盖碑楼1座，现已毁，墓前还存有一记事碑，记载了墓主原籍江南安庆府怀宁县，移城固回子坝，后迁褒谷五道梁等事。

佛爷坝汪氏家族墓群 清，位于火烧店镇佛爷坝村一组。墓群坐南向北，现存圆丘形墓冢封土1座，庑殿顶两柱一间石碑楼1座。碑楼碑帽已脱落。碑通高2.3米、宽1.6米，立于光绪九年（1883）。碑文记载了汪氏祖籍四川顺庆府，后迁居于此之事。

五里铺陈氏家族墓群　清，位于留侯镇桃园铺村五里铺组。墓群面积约200平方米，存有坐南朝北墓冢4座，墓碑4通。墓冢前立四柱三间二层庑殿顶石碑楼1座，通高2.8米，宽3.2米，额枋及下层次间均雕花卉图案，柱刻墓联，两侧置抱鼓石，下层嵌嘉庆十九年墓碑1通。另存道光二十年、道光二十六年（1846）、咸丰十年碑各1通。

下街北廖氏夫妇墓　清，位于留侯镇闸口石村下街北。墓葬封土为圆丘形，底径5米，高约2米，面积约10平方米。墓前有二柱一间石碑楼。楼面雕刻鸟、兽、花卉图案，石柱刻墓联"岭上梅花香百里，墓前秋月照三更"。楼内嵌咸丰八年墓碑，楷书。碑文记载了廖碧升原籍四川保宁府南江县，后移居陕西汉中府，以及迁居、训子、耕读等。

（五）安康市具有时代特征的重要墓葬

安康市的重要墓葬遗产众多，涉及时代有汉、南北朝、唐、宋以及明、清，其中位于汉滨区的唐代铜钱沟墓和太子坟坡墓群、许家台宋墓为省级文物保护单位。

1. 汉滨区具有时代特征的重要墓葬

铜钱沟唐墓　唐，位于新城街道办事处木竹桥村村委会以北约100米的王家院子。墓地中部隆起，四周为缓坡，西临通村公路，西北距王春山宅2米，南距五星小学约300米，东距钱家湾400米。此处原有墓冢2座，南北并列，现仅存北墓冢。封土为圆丘形，高约7米，底径为35米。现为省级文物保护单位。

太子坟坡唐墓　唐，位于新城街道办事处高井村村委会以南约1.2公里的缓坡地上，北距安康市气象站500米。此墓遭受深度破坏，地面可见绳纹子母砖，未见其他遗物。现为省级文物保护单位。

许家台宋墓　宋，位于建民街道办事处佘家窑村东约200米上许家台大桦栗扒，地处汉江北岸台地。该墓葬凿山为墓，坐西向东，东西长30米，南北宽20米。墓前神道两侧尚存石华表、石翁仲、石虎、石马各1对，石羊1件。表面暴露有大片素面青砖。1999年文物工作者对其进行考古发掘，墓道长7米，宽约7.14米，出土方砖条砖930余块，其中雕花砖170块。墓室为砖石仿木结构，呈长方形，砖券拱顶。墓室东部残存部分砖砌棺床。出土有铜镜鹿角、玉饰等。墓门左右有石碑，记载墓主为抗金名将王彦父母合葬墓。2005年回填。现为省级文物保护单位。

太子坡墓群　东周，位于新城街道办事处高井村。墓群分布于平缓的山梁上，面积约3万平方米。1984年考古清理竖穴土坑墓20余座，出土铜壶、钫、镜、印章及陶罐、釜、盆、鼎等。由于生产生活活动，墓群现已被深度破坏，被现代墓葬包围，界址及墓冢形制已无法辨别。现为县级文物保护单位。

石家台墓群　汉，位于恒口镇五档村委会东50米月河北岸的石家台。墓群四周为耕地，西距五档村村委会50米，北距汉白路150米，南北长约50米，东西宽约30米。《中国文物地图集·陕西分册》记载，该处曾暴露砖室墓数座。现地表散落少量绳纹墓砖。现为县级文物保护单位。

洪家沟画像石墓　汉，位于五里镇洪家沟村村委会西北约700米。墓地地处洪家沟西侧山坡，坐西向东，南北长70米，东西宽50米。20世纪60—70年代村民挖房基时曾挖出画像石墓1座，出土砌墓画像石、石门等遗物，皆减地刻牡丹、芭蕉叶、蔓草等图案，现墓门已封闭。现为县级文物保护单位。

东药王殿墓群　汉，位于新城街道办事处木竹桥村村委会东北。墓群南北走向，面积约500平方米。历年暴露砖券墓数座，出土陶灶、铜镜等。现墓地南北长150米，东西宽80米。地表可见少量绳纹、菱纹墓砖，未见其他遗存。现为县级文物保护单位。

烟土包墓群 汉，位于恒口镇五档村村委会东约300米月河北岸的烟土包。墓群四周为耕地，西距五档村村委会300米，南距铁路50米，南北长约80米，东西宽约60米。《中国文物地图集·陕西分册》记载，此地曾暴露砖室墓数座。现地表散落少量绳纹墓砖。现为县级文物保护单位。

郭家湾墓群 汉，位于五里镇党营村西南约1公里的小郭家湾。墓地处于冲河西岸二级台地，占面积约6000平方米。墓群表面暴露有绳纹砖、楔形砖、绳纹板瓦等，绳纹砖部分有子母口，文化层较为明显。

狮门包墓群 汉，位于紫荆镇复兴村西约1公里的狮门包。墓群历年暴露砖券墓数座，出土陶罐、五铢钱等。现墓群面积约1000平方米。

石香炉墓群 汉，位于县河镇枫树村村委会东南。墓群坐东南向西北，东南高，西北低，现开辟为水田梯地，东西长约80米，南北宽约50米。田坎中暴露砖室墓1座。墓砖长方形，绳纹，带子母扣，长0.38米，宽0.19米，厚0.07米。

小关梁墓群 汉，位于关家镇小关村东南约1公里的小关梁。墓群分布于缓坡地带，东西和南北长均约135米，面积约1.6万平方米。20世纪80年代末发现砖券单室墓2座，出土陶壶、罐等物。现墓地暴露砖券墓1座，墓室长2.3米、宽1.3米。地表散落大量正面饰绳纹、侧面饰几何纹的灰色墓砖。

四树墓群 汉，位于五里镇四树村。墓群分布于月河北岸阶地上，面积约2000平方米。墓群表面被新村及街道覆盖，住宅墙基上可见大量饰有绳纹、几何纹及回纹的墓砖。该墓群与四树遗址叠压，西部有飞机场墓群。

杨家砭墓群 汉，位于恒口镇新丰村西80米的杨家砭。墓群地处月河北岸，东西长40米，南北宽25米，面积约1000平方米。早年曾暴露砖室墓数座。现墓群被耕地覆盖，地表散布大量墓砖，墓砖侧面饰菱形几何纹。

柳林子墓群 汉，位于恒口镇柳林村南200米的柳林子。墓群地处月河北岸，东西和南北均长30米，面积约900平方米。早年曾暴露砖室墓数座。墓群现被耕地覆盖，地表散布大量墓砖，墓砖侧面饰菱形几何纹。

庙坡墓群 汉，位于恒口镇付营村北100米的庙坡。墓群地处月河北岸山坡上，东西长150米，南北宽100米，面积约1.5万平方米。早年曾暴露砖室墓数座。墓群现被农耕地覆盖，地表散布大量墓砖，墓砖侧面饰菱形几何纹。

黄土坡墓群 汉，位于恒口镇涧沟村村委会西北180米的黄土坡。墓群地处月河北岸山坡上，东西长120米，南北宽100米，面积约1.2万平方米。早年曾暴露砖室墓数座。墓群现被农耕地覆盖，地表散布大量墓砖，墓砖侧面饰菱形几何纹。

窑子口墓群 汉。位于恒口镇付营村村委会北约500米的吴家坡。墓群地处恒河西岸，南距恒大路10米，东西长100米，南北宽50米，面积约5000平方米。早年曾暴露砖室墓3座，出土铜鼎、镜及陶罐、壶、釜等。墓群现被耕地覆盖，地表散布大量绳纹墓砖。

筒车垭墓群 汉，位于吉河镇筒车村村委会西南约1.2公里的黄土包梁。墓群南北长80米，东西宽50米，面积约4000平方米。早年曾暴露砖券单室墓，长6米，宽4米，出土陶罐、五铢钱等。地表散见绳纹、菱纹子母砖，砖侧面模印菱纹、网纹、叶脉纹。

王家台墓群 汉，位于五里镇五里村西北约150米的王家上、下台。墓群南北200米，东西130米，占地面积约8000平方米。其表面被居民建筑、耕地及新修街道覆盖，地表散见绳纹带子母口的墓砖。墓群北部有南北长80米、东西50宽米、高1.2～5米的土堆，土堆上散布有绳纹墓砖。

王家坝北墓群 汉，位于关庙镇金星村村委会东北约800米的王家坝。墓群分布于汉江北岸的缓坡地上，东西长200米，南北宽100米。地表可见大量绳纹墓砖，砖侧饰菱纹、网格纹、缠枝纹、文吏画像等图案。

药王庙墓群 汉，位于吉河镇中河村。墓群呈东西向分布，四面临坡，地势较为平缓，东西长80米，南北宽30米，面积约2400平方米。历年发现大量墓砖。现地表为耕地，周围田坎散布带子母口长条形墓砖。砖长0.36米，宽0.17米，厚0.06米，上饰绳纹。

李家岭墓群 汉，位于吉河镇观新村村委会东北约500米的李家岭。墓群地处汉江东岸，东、南均为耕地，西距安（康）岚（皋）公路约200米，北距王开来养猪场200米。墓群南北长约50米，东西宽约30米，面积约1500平方米。地表散布叶脉纹、菱纹及绳纹墓砖。

堰塘湾墓群 汉，位于洪山镇大湾村村委会东南约200米处的堰塘湾缓坡地带。墓群南北长80米，东西宽50米，面积约4000平方米。历年暴露砖券单室墓3座，墓室宽1.3～1.5米，出土铜镜、釜及陶罐等。墓葬区现被耕地覆盖，在墓葬周围及居民院场内可见大量大面饰绳纹、侧面饰菱形几何纹的墓砖及子母口墓砖。

北沟垭子墓群 汉，位于洪山镇大湾村村委会南约5米处的北沟垭子（原大湾小学）。墓群地处流水河南岸缓坡地中，面积约300平方米。墓葬区现被耕地覆盖，地表散布大量大面饰绳纹、侧面饰菱形几何纹墓砖及楔形、子母口墓砖。

邓家堰塘墓群 汉，位于洪山镇周湾村村委会西南约200米处。墓群地处流水河南岸缓坡地中，面积约300平方米。封土早年被夷平。墓葬区现被耕地覆盖，地表散布大量大面饰绳纹、侧面饰菱形几何纹的墓砖及楔形、子母口墓砖。

何家院子墓群 汉，位于洪山镇太吉村东南约2公里处的何家院子。墓群东西长150米，南北长100米，面积约1.5平方米。墓群现被耕地覆盖，在墓群周围及居民院场散布大量大面饰绳纹、侧面饰菱形几何纹墓砖及子母口墓砖。历年曾暴露砖券单室墓6座，墓室宽2～3米，出土铜镜、釜及陶罐等。

段家坝墓群 汉，位于流水镇良田村村委会北约800米处的段家坝。墓群地处汉江北岸缓坡地带，东西长约500米，南北宽约200米，面积约10万平方米。曾发掘竖穴土坑墓6座、砖券单室墓21座。砖室墓长2.1～4米，宽1.5～2.3米，高1.3～2.1米。曾出土陶罐、剑、矛、戈、五铢钱等。地表散布大量大面饰绳纹、侧面饰菱形几何纹的子母口、楔形墓砖。

周家台墓群 汉—南北朝，位于关庙镇周家台村村委会东南。墓群分布于汉江北岸台地上，面积约10万平方米。历年暴露砖券墓8座，曾出土铜罐、印章、五铢钱及陶罐等物。地表有大量绳纹墓砖，砖侧饰网纹、菱纹等。现为县级文物保护单位。

徐家岭墓群 汉—南北朝，位于关庙镇柑树村村委会东南。墓群东西长500米，南北宽300米，地表散落少量花卉纹、菱纹、绳纹砖。现为县级文物保护单位。

皂树岭墓群 汉—南北朝，位于关庙镇皂树村村委会西南约700米皂树安置点。墓群西距东站六组约25米，南距汉江约30米，南北长约100米，东西宽约30米。墓群墓室已毁，存大量正面饰绳纹、侧面饰菱纹墓砖，砖长0.37米、宽0.16米、厚0.06米。现为县级文物保护单位。

陈家沟墓群 汉—南北朝，位于新城街道办事处陈家沟村。墓地呈南北走向，分布于缓坡地带，面积约5.5万平方米。尚存圆丘形封土1座，底径6米，高1.5米。封土附近曾暴露砖券墓3座，墓域东缘断层另暴露竖穴土坑墓2座、砖券单室墓1座。历年出土陶罐、钟、尊、鼎、铜剑、鼎及半两钱、五铢钱等。现墓地东部大部分被破坏，面积仅存约3万平方米，南北长约300米，东西宽约100米，地表仅见绳纹砖，部分有子母口，未见其他遗存。现为县级文物保护单位。

龙家沟墓群 汉—南北朝，位于新城街道办事处龙家沟村。墓地南北走向，分布于坡地上，面积约6万平方米。历年暴露砖券单室墓7座，墓室长2.4～2.6米，宽约1.8米。曾出土陶釜、甑、仓和陶狗等。现墓地南北长300米，东西宽200米，地表散见绳纹、菱纹墓砖，暴露砖券单室墓1座，未见其他遗存。现为县级文物保护单位。

徐家坪墓群 汉—南北朝，位于建民街道办事处黄沟村村委会西南约200米的徐家坪。墓群曾出土过铜镜、釜、钟及玉环、研磨石等物。现地表散布大量灰色绳纹墓砖，砖侧模印菱纹、叶脉纹等。暴露砖券单室墓1座，保存较好，墓砖侧饰乳钉、菱纹、叶脉纹及动物纹等。

崔家坡墓群 汉—南北朝，位于张滩镇双井村东北约300米的崔家坡。墓群南北长约180米，东西宽约100米，面积约1.8万平方米。曾发现砖室墓7座，出土铜鼎、钫、剑及陶仓、房、狗等。现地表暴露砖券单室墓2座，墓室宽1.5米。墓砖为灰色，饰绳纹，侧面模印菱纹、忍冬纹、叶脉纹。

杨庙垭墓群 汉—南北朝，位于张滩镇石门村西约2.5公里的杨庙垭。墓群分布于一平缓山梁上，东西长约700米，南北宽约300米，面积约20万平方米。暴露单室墓3座，墓室残长1.1米，宽1.8米，高1.3米。墓砖饰绳纹，侧面模印菱纹。

晏坝墓群（老君官墓群） 汉—南北朝，位于关庙镇金星村西约500米老君观。墓群地处汉江北岸阶地上，西距老岭河约70米，东西长200米，南北宽80米，面积约1.6万平方米。墓群表面被居民建筑及新修街道覆盖，墓砖被现代建筑使用，村民住宅墙基上可见大量鱼刺纹、绳纹、菱纹墓砖，少量墓砖上有铭文。现为县级文物保护单位。

高楼墓群 汉、南北朝位于恒口镇高楼村村委会北约20米月河北岸的高楼子。墓群南距高楼小学约10米，北为耕地，南北长约40米，东西宽约25米。20世纪80年代曾暴露砖室墓1座，出土大量饰绳纹墓砖。墓群现被民居及耕地覆盖。现为县级文物保护单位。

北坡墓群 汉、南北朝位于五里镇民兴村村委会北约1公里的缓坡地带。墓群东西长500米，南北宽400米，占地面积约2万平方米。表面被耕地覆盖，散落大量饰鱼纹、绳纹、几何纹及回纹的墓砖。曾出土铁剪、陶罐、石斧等物。

江家店墓群 汉、南北朝，位于五里镇江家店村，月河北岸阶地上。村级街道从墓群中心穿过。其东西长400米，南北宽250米，分布面积约12万平方米。墓群表面被村民建房扰乱，与江家店遗址相互叠压，地表可见大量饰有几何纹、绳纹、篮纹、回纹、网格纹的墓砖，部分墓砖上有少量铭文。

张家坝墓群 汉、南北朝，位于五里镇郝家坝村西张家坝，月河南岸阶地上。墓群南北长300米，东西宽200米，占地面积约6万平方米。表面被居民建筑及新修街道覆盖。居民住宅墙体上可见大量鱼纹、绳纹、几何纹及回纹墓砖。

力石滩墓群 汉、南北朝，位于张滩镇力石村北约500米的老坟湾，汉江南岸的坡地上。墓群东西长约500米，南北宽300米，面积约15万平方米。这里曾出土铜钫、盆和陶罐、灶、釜等。现北缘断层上暴露券顶砖室墓3座，墓室高1.5米、宽1.3米。地表散落大量灰色绳纹子母砖、楔形砖，砖侧模印菱纹、忍冬纹、叶脉纹。

金坑墓群 汉、南北朝，位于恒口镇金坑村东约50米的金坑，月河北岸坡地上。墓群面积约2.5万平方米，历年发现墓葬十余座，出土铁剑、釜及陶鼎、钫、猪、狗等。地表散布大量灰色绳纹条砖及楔形砖，砖侧模印叶脉、网格、忍冬纹和菱纹。

古墓梁墓群 汉、南北朝、宋，位于早阳镇早阳村，汉江北岸缓坡地带。墓群东西长700米，南北宽500米，占地面积约35万平方米。表面被居民建筑、耕地及襄渝铁路扰乱，居民住宅墙体上可见饰有绳纹、菱形纹及回纹的墓砖。现为县级文物保护单位。

金盆埫墓群 南北朝，位于叶坪镇叶坪村村委会西约2公里的金盆埫，恒河北岸。墓群坐北向南，东西长约100米，南北宽约30米，面积约3000平方米。封土早年被夷平，地表散布少量墓砖，墓砖侧面饰菱形几何纹。

坟园沟墓群 南北朝，位于恒口镇贺坝村村委员东300米的坟园沟，月河南岸山坡上。墓群四周为耕地，南北长40米，东西宽30米，面积约1200平方米。早年曾暴露砖室墓数座。墓群现被耕地覆盖，地表散落大量墓砖，墓砖大多侧面饰菱形几何纹。

李家沟墓群 南北朝，位于五里镇刘家营村西南约2公里李家沟，月河南岸的平缓山梁上。墓群南北长700米，东西宽60米，占地面积约42000平方米。表面被耕地覆盖，地表散见灰色绳纹长条砖和楔形砖。砖长0.36米，宽0.16米，厚0.04米。

干台墓群 南北朝，位于吉河镇福滩村西约600米的王家台，汉江南岸。墓群南北长80米，东西宽50米，面积约4000平方米。地面散见菱纹、绳纹墓砖。

马家坎墓群 南北朝，位于恒口镇庆丰村南约1.5公里的马家坎，月河北岸阶地上。墓群面积约2万平方米。历年暴露砖券单室墓20余座，出土铜壶、钫、釜及陶罐、灶、猪、鸡、狗等。地表散落大量灰色绳纹墓砖，侧面模印叶脉纹、菱纹。

阳坡墓群 南北朝，位于县河镇关沟村东北约300米。墓群东西长80米，南北宽50米，面积约4000平方米。历年发现砖室墓3座，曾出土铜剑、陶罐等。现地表散见菱纹砖、绳纹砖，部分有子母口。

肖家埫墓群（下许家台墓群） 南北朝，位于建民街道办事处红莲村村委会西北约100米的柿树梁。墓群南毗汉江，西临月河，南北长200米，东西宽50米，占地面积约1万平方米。墓群表面被居民建筑、新修街道及耕地覆盖。《中国文物地图集·陕西分册》载，肖家埫墓群分布于汉江北岸台地上，曾暴露南北朝竖穴墓及砖券墓20余座；清理出土过青釉瓷壶、碗和陶俑等。墓域散布大量武士、文吏、仕女画像砖及带忍冬、缠枝花纹等纹饰的墓砖。现为县级文物保护单位。

大营盘墓群 南北朝，位于坝河镇斑竹园村缓坡地带。墓群原有圆丘形封土数座，近年修整土地时被夷平。墓群西部暴露有砖券墓1座，地面散落大量绳纹、菱纹砖，部分为楔形。砖长0.32米，宽0.16米，厚0.04~0.06米。村民称土冢为太子坟，共有9个，又称大营盘。现为县级文物保护单位。

四岭头墓群 南北朝，位于建民街道办事处二档村北约500米处的四岭头。墓群南距村委会约500米，西接钢厂，南接丰阳寺。《中国文物地图集·陕西分册》记载，20世纪80年代暴露竖穴土坑墓6座、券顶砖室墓十余座，土坑墓出土铜剑、矛、戈等文物，砖室墓出土陶俑、狗、鸡、罐等。现地表可见少量绳纹子母口墓砖。现为县级文物保护单位。

那梁墓群 南北朝，位于张滩镇后偃村。墓群东西长约400米，南北宽约250米，面积约10万平方米。早年曾发现砖室墓十余座，近年暴露南朝陈砖券单室墓1座。墓室长约3.5米，出土铜镜、壶、灯、五铢钱及陶灶等。该墓群现为县级文物保护单位。

上许家台墓群 南朝、宋，位于建民街道办事处佘家窑村委会东约2公里上许家台自然村中，汉江北岸缓坡地。墓群东西长100米，南北宽50米，占地面积约5000平方米。表面被居民建筑及耕地覆盖，居民住宅墙体上可见忍冬纹、菱纹、几何纹墓砖。瀛湖干道施工工地曾暴露墓室1座。现为县级文物保护单位。

大坪梁墓群 南宋，位于晏坝镇双筒村村委会南约1.5公里的大坪梁山垭上。墓群南北长80米，东西宽50米，面积约4000平方米。墓葬区地势较为平坦，地表散布少量楔形子母砖。

老坟梁唐氏家族墓地 明，位于关庙镇金华村。墓葬坐东北向西南，人鼻形封土，前宽3.9米，高1.8米，中长3米。墓前建有碑楼1座，三开间，外"八"字形，青砖垒砌，重檐庑殿顶，楼檐施彩绘；前部有碑屏，高3.9米，宽3.5米，厚3.4米。碑为圆首，页岩质，首饰浅浮雕二龙戏珠图，边栏饰阴线刻蔓草纹；碑文楷书，共9行，记载墓主迁徙及其家族情况，并述重砌碑楼的缘由，崇祯三年（1630）款。现为县级文物保护单位。

老坟梁唐氏家族墓地碑楼

堰塘包吴氏墓（吴归山墓） 清，位于流水镇快活村堰塘包。墓葬北靠山坡，南距碳山路约50米，东、西两面皆为坡地，西侧有居民一户。原墓坐北向南，圆丘形封土，封土直径3.5米。墓冢前原立光绪八年（1882）墓碑3通，石柱2个，现碑及石柱均被移至星火村将军坟。后重新修建墓冢1座，原碑均移立于新墓冢前。墓前两石柱高3.5米，周长0.25米，柱上本各有石狮1尊，现仅存1尊，柱联"凤岭千寻奥衍堂室，龙童三锡贵流子孙"。碑文记载咸丰十年、同治十一年（1872）及光绪二年（1876）的三道圣旨；另一碑中书"诰封武功将军晋封武显将军太学生显祖吴公华林府君墓"，光绪八年款。石碑碑首皆饰双龙戏珠。现为县级文物保护单位。

花坟院王氏夫妇墓 清，位于梅子铺镇兴奋村陈家沟花坟院。墓葬坐北向南，人鼻形封土，前宽6米，高3米，中长8米。墓室进深2.5米，打凿规整，条石封顶。墓室后壁上彩绘墓主画像，两面侧壁上墨书文字和彩绘人物图案，文字记载墓主原籍湖南长沙府宁乡。封土后部石崖上圆雕男、女人物造像。

安岭梁李氏夫妇合葬墓 清，位于关庙镇大李村村委会西约1公里安岭梁。墓葬坐北向南，圆丘形封土用青砖包砌，封土底径7.5米，残高2.1米。墓前立重檐硬山顶砖砌碑楼1座，脊部饰花卉图案，进深2.5米、通高6.5米、厚0.5米，面阔三间5.2米，次间呈"八"字形内收。碑楼前有青石护栏，内嵌青石质碑3通：中碑浮雕瑞兽、花卉等图案；右碑首题"例赠文林太学生春荣李府君墓碑"，碑文记录墓主生平事迹，同治四年款。

2. 宁陕县具有时代特征的重要墓葬

宁陕县的古墓葬中，汉代至南北朝时期的墓群有3处，其余大多是清代墓葬。部分家族墓地墓碑和封土保存相对较好，有的目前还有石碑楼，雕刻细腻。

三元院墓群 汉，位于江口回族镇沙坪村，旬河东岸。墓群南北长50米，东西宽20米。《中国文物地图集·陕西分册》记载，三元院墓群在"（20世纪）80年代暴露砖券单室墓多座，出土灰陶绳纹罐、釜及'大泉五十'、'货泉'钱币等。地表散见素面灰砖"。现墓群被林地覆盖。该墓群对研究当地汉代墓葬形制和葬俗有一定价值。该墓群被公布为县级文物保护单位。

许家城墓群 汉，位于宁筒车湾镇许家城村。该墓群呈东西走向，东西长30米，南北宽10米。《中国文物地图集·陕西分册》记载，此处陆续暴露有券顶单室墓，出土灰陶绳纹罐、釜及铁器等，地表散布大量菱形纹、绳纹、素面青砖。该墓群被公布为县级文物保护单位。

白家坝墓群 汉，位于筒车湾镇许家城村，汶水河东岸。墓群南北长约100米，东西宽50米。当地村民曾在此挖出砖室墓1座，出土有陶罐和绳纹、几何纹墓砖。由于农业生产活动和2002年洪水的冲刷，墓室形制已不可辨。现墓群地表散见少量绳纹及几何纹墓砖。该墓群被公布为县级文物保护单位。

大坟山墓群 清，位于龙王镇永红村。墓群南北约50米，东西约40米，面积2000平方米，墓葬均坐南向北，现存圆丘形封土18座。墓前立两柱一间庑殿顶石碑楼共18座，其中2座为重檐庑殿顶，带抱鼓石，楼柱阴刻楹联；各通高2.8米、2.3米，宽1.4米、2.2米。楼内嵌清乾隆五十五年至光绪三十年（1904）所立墓碑，碑文均记述墓主祖籍、生卒年月、生平

大坟山墓群

事迹等。其中一墓为圆丘形封土，墓前立两柱一间重檐庑殿顶石碑楼，山字脊，前部镂空，额题"祥发百代"，碑楼局部浮雕动物、花卉图案，楼柱阴刻楷书楹联。二层额题"百世流芳"，碑文阴刻楷书，嘉庆十五年款。

江河村曹氏墓 清，位于江口回族镇江河村。墓坐北向南，圆丘形封土，块石包砌，底径3米，高1.2米，前立两柱一间庑殿顶带抱鼓石碑楼1座。碑楼高2.5米、宽1.34米，碑文中有"府君清河世族籍本荆南乃楚岳巴邑之一都旧江村曹家岭继迁楚北宣息又迁陕西平利……复迁陕江河四道河东沟口……母茔在安庙沟右手碑墓俱全"等字样及子孙姓名，牌楼前有3级台阶、1石香炉。现为县级文物保护单位。

叶家碥吴何氏墓 清，位于筒车湾镇龙王潭村。墓坐东北向西南，人鼻形封土，封土前立青石质两柱一间带抱鼓碑楼1座。碑楼高3.1米、宽2米，云朵形脊，上浮雕花瓶图案，重檐庑殿顶，楼柱上阴刻3副楷书墓联，碑楼上层楼柱内侧浮雕人物图案，中嵌石碑阴刻"皇清"二字，碑文阴刻楷书，记载墓主生平事迹、子孙姓名，宣统元年款。现为县级文物保护单位。

严家坪曹氏夫妇墓 清，位于四亩地镇严家坪村。墓坐南向北，圆丘形封土，封土底径4.8米、高2米，周围用条石垒砌。封土前有双重石砌拜台，第一重拜台宽3.5米、长13米。墓冢前立四柱三间重檐庑殿顶带抱鼓石碑楼1座，官帽形脊，两侧抱鼓上浅雕人物、瑞兽图案，碑楼高3.6米、宽3.3米。石枋上阴刻"克昌厥后"，枋两侧有小的石碑楼，上阴刻"明月照松间，清泉石上流"。碑楼下方嵌石碑3通，额题"钟灵毓秀"，中碑阴刻墓主姓名，高1.3米，宽0.7米；西侧碑为墓主墓志，载墓主祖籍湖北大冶。现为县级文物保护单位。

桃家院子姜氏夫妇合葬墓 清，位于金川镇黄金村。墓葬坐南向北，圆丘形封土。墓前立四柱三间重檐庑殿顶带抱鼓石碑楼，残高1.65米、宽3.6米，局部浮雕瑞兽、花卉及人物图案，楼柱阴刻楷书墓联。碑楼嵌墓碑3通，均方首；碑文阴刻楷书，记述墓主祖籍地、生平事迹、生卒年月等，光绪三十三年（1907）款。现为县级文物保护单位。

沙坪村左氏墓 清，位于江口回族镇沙坪村。墓坐北向南，人鼻形封土，前立大理石质四柱三间三重檐庑殿顶带抱鼓石碑楼1座。碑楼通高4米，宽3.4米。顶楼额题"流芳"，方柱阴刻墓联，中书"皇清"二字；横枋浮雕二龙戏珠图案；二层楼额阴刻"源远流长"，方柱正面浮刻两副墓联，两侧抱鼓浮雕人物故事等图案。明、次间均有门墩及台阶。该墓被公布为县级文物保护单位。

桅杆坝墓葬 清，位于筒车湾镇桅杆坝村。墓葬坐西向东，人鼻形封土。墓冢前立三柱两间石碑楼1座，重檐庑殿顶，脊佚，楼额浅浮雕男、女造像各一，额柱六棱形，正面阴刻墓联，侧面浅浮雕人物、花瓶；外侧4根楼柱皆正方形，正面均阴刻墓联；中间六棱柱与碑间隔呈回廊形；碑楼高3.33米、宽4米。碑楼内嵌青石质石碑2通，额上横枋浅浮雕动物、花卉纹饰，方首，碑文记载墓主祖籍、生平事迹、生卒年月及子孙姓名等，光绪十八年（1892）款。碑楼前5米处有石门楼1处，重檐庑殿顶，云头形脊，上浅浮雕花卉纹饰，额柱方形素面，额抱鼓浅浮雕花卉纹饰；门枋上浅浮雕花、兽纹饰；门楼柱呈方形，正面阴刻墓联"一世英名山并久，百年遗范水同长"，门楼两侧的抱鼓散落在地。现为县级文物保护单位。

大耳树刘氏墓 清，位于太山庙镇龙凤村。墓葬坐北向南，人鼻形封土，前立四柱三间重檐庑殿顶山字脊带抱鼓石碑楼1座。碑楼通高3.1米、宽4.5米，局部浮雕瑞兽、花鸟图案，内嵌方首碑1通。碑文记载墓主祖籍、生平事迹，道光五年款。墓前有石砌圆形拜台，石质护栏（局部被毁），高0.7米，栏身浮雕二十四孝人物图案，部分损毁，石雕工艺精湛。现为县级文物保护单位。

柏坟梁冯陈氏墓 清，位于筒车湾镇七里村。墓葬坐北向南，前立六柱三间带抱鼓石碑楼1座。碑楼三重檐庑殿顶，脊佚，顶部被盗墓者毁坏，两侧抱鼓上浮雕花卉图案。碑楼内嵌青石质石碑3通：中碑方首，额上横枋浮雕麒麟望月，有内、外两层方形柱，外层柱正面浮雕人物故事，内侧浮雕花卉、宝瓶图案，内侧柱上阴刻柱联"清品无瑕故能教子，名门有女不敢骄夫"；方形柱上阴刻墓联，碑文记载墓主生平事迹及生卒年月；西侧碑方形柱上阴刻"半世辛劳能抚子，一生勤俭善持家"，光绪十年款。

3. 旬阳市具有时代特征的重要墓葬

旬阳市古墓葬，东汉至南北朝的墓群较多，其次为明、清时期墓葬。明、清时期的家族墓葬分布广泛，墓碑和封土保存相对较好，石刻雕琢精美。

小河北墓群 战国—秦、汉，位于城关镇小河北。墓群面积约1.6万平方米。在基建过程中，曾暴露多处战国楚墓和汉墓，其中以竖穴土坑墓为多。1983年11月出土器物有铍、钲、戈、玉璧、玉瑗、象牙算筹、陶敦、陶匜、陶鼎、珠玑、楚式青铜剑等。其中象牙算筹是我国古代特有的计算器具，算筹长13.5厘米，直径0.4厘米。筹算在中国起源较早，在老子和汉书中就有记载，是古代重要的科学技术成就。现被公布为县级文物保护单位。

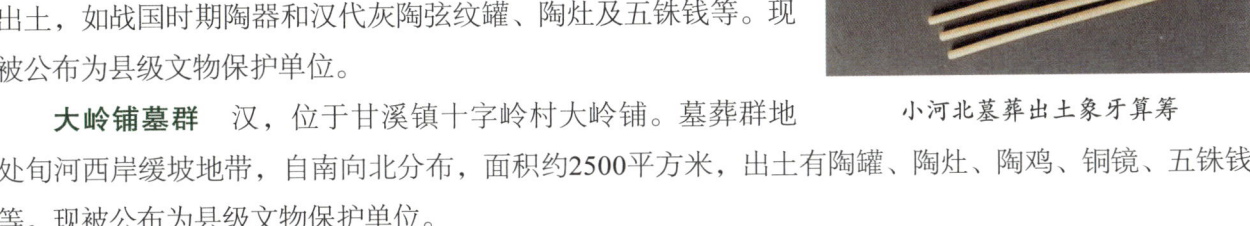

小河北墓葬出土象牙算筹

李家那墓群 战国—秦、汉，位于城关镇刘湾社区李家那。墓群南面不远为旬河，北临旬阳火车站，周围村落密集。其东西长约50米，南北宽约20米，大部分被居民住宅覆盖，但从取土的土坎上仍能见到暴露的多处砖室墓葬。在基建过程中也常有文物出土，如战国时期陶器和汉代灰陶弦纹罐、陶灶及五铢钱等。现被公布为县级文物保护单位。

大岭铺墓群 汉，位于甘溪镇十字岭村大岭铺。墓葬群地处旬河西岸缓坡地带，自南向北分布，面积约2500平方米，出土有陶罐、陶灶、陶鸡、铜镜、五铢钱等。现被公布为县级文物保护单位。

杨家河墓群 秦、汉，位于棕溪镇杨家河村。墓葬区分为两处，总面积约1.21万平方米。其中一处暴露竖穴土坑墓3座、砖室墓5座、石室墓1座，出土器物有陶壶、鼎、斧、罐、灶，铜钫、半两钱和五铢钱等。另一处暴露竖穴土坑墓和洞室砖券墓20余座，出土器物有陶楼阁模型、铁环、锄、铜钫、剑、矛、斧及大量半两钱、五铢钱。现被公布为县级文物保护单位。

黄坡岭墓群 汉，位于城关镇老城社区黄坡岭。墓群所在地为一山梁，其南北两面为坡地。坡地断层暴露数座土坑墓和砖室墓，分布范围约5.2万平方米。群众在建房过程中经常发现古墓葬。此墓群出土文物有汉代五铢钱、铜镜、铜鑑、铁釜、铁剑、绿釉陶罐、陶壶、陶鼎及印章、封泥等。现被公布为县级文物保护单位。

河湾墓群 汉、南北朝，位于城关镇河湾村。墓群分布范围约6500平方米。村民建房过程中，累计暴露墓葬20余座。墓葬多数为小型砖券墓，出土文物有陶鼎、壶、盆、弩机及陶灶、井、溷厕模型、动物俑等。从出土的大量文物及铭文砖推断此处为汉至南北朝时期墓群。

界碑石墓群 汉、南北朝，位于仙河镇仙河口村。墓群地处汉江北岸缓坡地带，距汉江约60米，范围约3200平方米。沿河断层随处可见墓葬暴露。在村民院落和田坎中可见大量绳纹墓砖现被公布为县级文物保护单位。

江北墓群 汉—南北朝，位于关口镇江北村二组。墓群由薛家塘、吕家塘两处组成，总面积约2万平方米，暴露墓葬较多。现被公布为县级文物保护单位。

龚家洲墓群 汉、清，位于棕溪镇狮子岩村龚家洲。墓群处于汉江南岸缓坡农耕地中，暴露汉代砖室墓多座；另外，还有为数不少的清代墓葬，墓前多有石碑。现被公布为县级文物保护单位。

李家嘴墓群 东汉—南北朝，位于仙河镇仙河口村。墓葬地处汉江北岸台地，分布范围约8020平方米。断层土坎上暴露砖券墓数座，墓砖表面饰绳纹、菱纹、双鱼纹、花卉纹，出土器物有陶罐、壶、鸡、狗、鸭俑、磨、溷厕、灶模型、铜镜、铁剑、五铢钱，还发现有"永元十二年"和"景平三年"铭文砖。现被公布为县级文物保护单位。

武家老院大块地墓群　南北朝，位于仙河镇仙河口村武家老院房后。墓群地处仙河口西岸缓坡农耕地中，自南向北分布，面积约5000平方米。墓地可见大量灰色纪年铭文砖。砖铭大多为"永嘉元年（307）……"。现被公布为县级文物保护单位。

险滩墓群　三国—金，位于吕河镇险滩村四组。墓群地处汉江与坝河交汇处的缓坡地中，自西向东分布，由相毗邻的黄花坡和罗家院子两处组成，分布面积约6000平方米。地表散见大量墓砖，曾出土许多珍贵文物。现被公布为县级文物保护单位。

李家庄渡口墓群　南北朝，位于段家河镇李家庄村。墓群处在吕河对岸码头以东沿河台地上，距河床约60米。田坎上暴露多处墓葬痕迹。在李家院子坎下和院子东头发现2座古墓葬，出土文物有陶灶、铁剑、陶壶、陶罐及大量铜钱。现该墓群被公布为县级文物保护单位。

仙河口墓群　南北朝，位于仙河镇仙河口村仙河口。墓群地处仙河与汉江交汇处的缓坡山地，自南向北分布，东西长约200米，南北宽约100米。暴露墓葬出土的文物有铜器和陶器，其中陶器有楼阁模型、猪、狗、鸡等。现被公布为县级文物保护单位。

太阳包墓群　南北朝，位于蜀河镇渡口村的江南山坡上。近年，村民在此修路、建房经常发现古墓葬。从暴露的大量墓葬及散见的绳纹楔形砖断定该处为南北朝时期墓群。墓群面积约3000平方米。现被公布为县级文物保护单位。

郭家坪墓群　南北朝，位于蜀河镇高桥村。墓群地处蜀河东岸一级台地，地势由西向东渐次抬高，面积约4000平方米，出土数量较多的南北朝时期墓葬铭文砖。这些铭文砖是墓群断代的重要依据。现被公布为县级文物保护单位。

余家湾墓群　南北朝—元，位于棕溪镇红号村余家湾。墓群处在汉江南岸缓坡地带，由余家湾、何家庄两处毗连的区域组成，总面积约1500平方米。此处发现砖室墓多座。现被公布为县级文物保护单位。

华家坪墓群　西晋，位于蜀河镇兰滩村华家坪。墓群地处汉江南岸二级阶地，面积2500平方米，曾暴露墓葬多处。现今在村民的猪圈、厕所墙根可见到红色铭文墓砖，砖铭文多为"太康元年（208）……"。在墓群东南250米处还发现一座已被毁坏的砖室墓，出土有陶灶、陶罐、陶猪、陶鸡等。现被公布为县级文物保护单位。

4. 紫阳县具有时代特征的重要墓葬

白马石墓群　东周、汉、明，位于双安镇白马石村的操场坪。墓群处在汉江北岸的坡地上，面积约10万平方米。1986年发掘战国小型竖穴式土坑墓8座，其中4座有二层台。墓穴长1.4～2.7米，宽0.83～1.3米。一墓平面呈"丁"字形，另一墓在墓穴东、西壁各嵌贴石板1块。出土铜剑、虎纹戈（其中一件带有未能识读的铭文）及玉管等。同年还发掘汉代砖室墓8座，土坑墓29座。砖室墓均带斜坡墓道，个别带甬道，墓门面积一般为5平方米。土坑墓仅1座带斜坡墓道，整体呈刀把形，墓道长8.2米，墓室面积14.8平方米，设二层台，埋夫妇二人。竖穴式墓多设有二层台，墓室及四壁多涂有青膏泥，墓底垫铺木炭，带有楚墓风格。出土物有陶罐、釜、壶、灶、盆、鼎、钫、瓶、彩绘盆、钫、铜釜、削及五铢、大泉五十、货泉等钱币、铁釜、斧、剑、削、锁、彩绘石板及料珠等。

马家营墓群　汉，位于汉王镇马家营村村委会西约600米的马家营。该墓群坐南向北，现地面散见大量绳纹、几何纹墓砖，侧面有菱形花纹的子母墓砖等。墓砖残长约0.36米，宽0.19米，厚0.06米。当地村民介绍，早年间修田造地之时，曾挖出大量墓砖。

双柳汉墓 汉，位于高滩镇双柳村村委会北约200米香河坝的缓坡地上，东靠陡坡，西临乡级公路，距绕溪河约25米，南、北为民居。此墓于2002年修建公路时掘土而出，为砖券单室墓，无器物出土。从墓砖中发现部分纪年砖、画像砖，还有大量砖侧饰菱纹、三角形纹砖。

小蜡烛园墓群 汉，位于焕古镇金塘村的大坪。墓地东靠宋家梁，北靠大梁，西、南临汉江，处在汉江北岸的缓坡地上，自南向北分布，面积约6万平方米。墓群所在地现为居民住宅区及农耕地。1986年发掘砖券单室墓数座，出土陶罐、盆、釜、鼎等30余件。现墓域内能采集到少量侧面饰菱形几何纹、蔓草纹，大面饰绳纹的墓砖。

金坪墓群 汉、南北朝，位于焕古镇金塘村村委会南约600米处的金坪缓坡地中。墓群东靠柑子湾，北靠金坪，西、南临汉江，处在汉江北岸的缓坡地上，占地面积约1200平方米。曾暴露砖券单室墓数座，现墓域内散布少量灰绳纹墓砖。在农耕时曾挖出过红、灰陶罐等。

江心寨墓群 汉、唐，位于焕古镇椿树垭村的高家山。墓地东靠高家山，西北临汉江，北靠江心寨，南靠通村便道，处在汉江东岸缓坡地中，自南向北分布，面积约1700平方米。历年暴露汉代砖室墓6座，出土陶罐、鼎、釜、镜及五铢钱等。另暴露有唐代墓葬，形制不详，出土金龟、陶器和"开元通宝"钱币等。现在墓域内可见大量灰色墓砖。

陈家院子墓群 南北朝，位于向阳镇江河村。墓群北距陈家院子300米，坐北向南，东、西均为坡地，南距渚河500米；东西50米，南北40米。当地村民讲，早年曾有村民在此耕种时挖出墓砖若干，发现残损墓砖4块，均为素面。

蜡烛园墓群 南北朝，位于焕古镇蜡烛村的蜡烛园。墓地在汉江南岸的缓坡地上，自南向北分布，面积约1.6万平方米。墓群所在地现为农耕地。1986年此处曾出土东魏天平元年（534）乐舞铜带版1套6件、六系盘口青瓷壶1件。现墓域内能采集到少量侧面饰菱纹、大面饰绳纹墓砖。

铁炉沟墓群 宋，位于洞河镇云峰村东南的曹家院子。墓群坐北向南，东距曹家院150米，西、南均为坡地，北临铁炉沟；东西14米，南北8.5米。当地村民讲，早年曾有村民在此耕种时挖出"崇宁通宝""崇宁重宝"若干。发现方形墓砖3块，均为素面，边长0.3米，宽0.14米，厚0.55米。据发现墓砖形制及钱币情况判断，该处应为宋代墓群。

双河口墓群 宋，位于双安镇双河口村倪家庄狮子沟西岸的小山坡之中，东临双安小学，西距小狮子沟约500米，南、北两面皆为坡地。墓群坐北向南，其所在地现为学校，已被现代建筑所叠压，周边居民建筑相对集中。墓地周围散见宋代墓砖。墓砖素面，残长0.15米、宽0.16米、厚0.05米。现为县级文物保护单位。

花坟院钟氏夫妇墓 清，位于双安镇珠珠村的钟家花坟院。墓葬坐南向北，人鼻形封土，前用块石包砌；前立砖砌碑楼1座。碑楼高3.米、宽3.4米，有彩绘图案，内嵌青石质石碑1通。碑圆首，额题"万古佳城"，碑文记载墓主人祖籍湖南长沙府浏阳县庞家坊，还记载墓主人生平事迹、生卒年月及子孙姓名，光绪十四年大吕月（十二）款。

鄢氏夫妇墓 清，位于双安镇珠珠村村委会西北500米处的老坟场。墓葬坐北向南，圆丘形封土，封土直径约10米；墓冢前立三层重檐庑殿顶塔形碑楼。碑楼高3米、宽0.47米，一层塔处有四根棱形楼柱，正、背面各有石碑1通，均高1.2米、宽0.82米。正面嵌有碑屏，屏上雕刻瓶插花卉、瑞草、铜钱图案；背面两侧刻墓联——"名著人间草木香，神龟天上得星显"，乾隆四十四年款。

计氏家族墓地 清，位于双安镇廖家河村东北的火星庙。墓葬坐西北向东南，人鼻形封土，前用块石包砌；墓冢前立有两柱一间碑楼1座。碑楼残高1.85米、宽1.2米，内嵌青石质石碑1通。石碑方首，边浅浮雕缠枝花卉，碑文记述墓主人祖籍江西九江府，另记其移民时间、生平事迹、生卒年月、子孙姓名等，嘉庆二十三年（1818）季春月款。

张家沟储氏家族墓地 清，位于双安镇大湾村北的张家沟。墓葬坐西向东，前用块石包砌，墓冢前立两柱一间碑楼1座。碑楼庑殿顶，山形脊，两侧有方柱墓联。墓碑额题"如在其上"，碑文记述墓主人祖籍江南太湖人氏，还记其生平事迹、生卒年月、子孙姓名，光绪二十六年款。

药王洞道士王氏墓 清，位于汉王镇兴塘村村委会西北约1.5公里的药王洞。墓葬坐西向东，前有二层石砌拜台，用块石包砌；墓冢前立两柱一间碑楼1座。碑楼高1.34米、宽0.98米，内嵌青石质墓碑1通。碑文记述墓主人祖籍湖北武昌、生平事迹、生卒年月、子孙姓名，同治九年款。

江家院余氏墓 清，位于红椿镇大青村东南的江家院子。墓葬坐东向西，人鼻形封土，前用块石包砌；前立两柱一间庑殿顶山字脊石碑楼1座。碑楼通高1.6米、宽1.05米，楼柱阴刻楷书墓联"千里来龙钟福地，一派秀水远明堂"；内嵌墓碑。碑文记载墓主生卒年月、祖籍地及生平事迹等，同治五年款。

赵家垱余氏墓 清，位于红椿镇大青村东北的赵家垱。墓葬坐南向北，人鼻形封土，前用块石包砌，前宽2.2米，高1.5米，长3.9米；前立两柱一间庑殿顶山字脊石碑楼1座。碑楼柱阴刻楷书墓联"正值芳规多古道，精英瑞气蔼佳城"。碑文记载墓主生卒年月、祖籍地及生平事迹等，同治五年款。

田坝张氏墓 清，位于洞河镇香炉村西北的田坝。墓葬坐东向西，前有碑楼。碑楼砂岩质，二柱一间带抱鼓及碑屏，山字形顶，通高2.6米、宽1.56米，额题"佳城永固"，两侧楼柱阴刻"万水拥晶盘祥锺洛润，群山排王笏瑞接嵩高"，两侧抱鼓上部雕石狮、面饰浮雕人物故事图案。墓碑楷书阴刻，记述墓主生平事迹及生卒年月等，光绪十四年款。

5. 石泉县具有时期特征的重要墓葬

茅屋墓群 战国—秦、汉，位于中池镇五坪村（茅屋子）西北200米处。墓群东距池河300米，西距车架沟200米，南至耕地，北距太平寨50米，海拔高477米。墓群中为土圹竖穴墓，由于该地土层较薄，现已暴露出大片五花土。曾出土过半两铜钱、铜戈、铜质柳叶剑等随葬品。该墓群是目前这一区域发现的一处战国至秦、汉时期的古墓葬遗存，不仅丰富了这一区域历史遗存的内涵，而且对于研究古子午道的路线、人文历史都有重要的价值。

秤沟湾墓葬 汉，位于城关镇秤沟湾村，东距汉江大桥约500米。此为汉代墓葬，分布面积5.95平方米，曾发现有绳纹陶罐、陶钟和长0.33米、宽0.15米、厚0.06米的子母口砖。

中心村汉墓群 汉，位于两河镇中心村一组何家湾垭壑。墓群分布面积约500平方米，坐北向南，处于小山丘缓坡地上，地表散落部分墓砖，有盗洞。2001年在此处挖出汉墓1座，出土陶器、青铜器等文物。有鱼鳞纹残方砖、线纹方砖。

倒开门墓群 唐，位于曾溪镇立新村村委会后坡。分布面积约1200平方米，暴露2个砖室墓。从暴露墓室形制看，其中一座为长方形砖室墓，墓室前部已被损坏，仅见部分墓室两侧砖墙及铺地砖。墓室梁3.5米、宽2米，两侧残墙高0.7米，填土中有大量的石块，周围有大量的瓦砾和灰色墓砖。

云雾山天台寺真人墓群 清—民国，位于云雾山镇天台寺东北200米处的低洼地带。墓地长12米、宽4米，有墓葬4座、墓碑4通，墓主为郭道、李明富、宋宗宽、黄诚章。墓葬皆为圆丘形封土，坐西向东，四周以粗糙的石块垒砌，墓前有碑楼。此墓群对研究晚清到民国时期石泉县天台寺道士的生平以及宗教活动有一定的价值。

6. 岚皋县具有时代特征的重要墓葬

太子坟 明、清，位于佐龙镇正沟村东南1公里的螺丝沟口。该墓东西宽约22米，南北长约40米，封土被夷平。相传此为张献忠三子之墓。据说张献忠曾驻扎在此地，适逢清兵进犯兴安府，遂派其三儿子出征。不久，三儿子得胜回归，并缴获了对方的战旗。谁知张献忠远看不是自己的战旗，误以为儿子兵败，敌方追来，遂下令开炮，将儿子打死了。事后张献忠伤心欲绝，将儿子厚葬在此地，当地人称其坟为太子坟。

下李家坝墓群 战国、秦、汉，位于蔺河镇光明村一组。该墓群分布面积约1000平方米。由于当地村民种植农作物，封土无存，但地表有大量绳纹和几何纹墓砖。有一座墓仅存墓底残砖。

肖家庄墓群 战国、秦、汉，位于蔺河镇蔺河村一组距肖家院20米。该墓群地处岚河以北缓坡地带，分布范围东西长约30米，南北宽约20米。村民在此处挖房庄基、种植农作物时曾暴露砖室墓葬2座，封土无存。地面散落有大量灰色楔形墓砖。

先进村祝氏家族墓地 清，位于民主镇先进村西。墓群有5座墓葬，呈三角形排列，前有2座，中间2座，后有1座，均坐西向东，面积80平方米。吴太君墓封土为半圆形，其余4座均为人鼻形。封土前有块石垒砌护栏，前宽8米，长10米，高1.78米。其中之一墓宽3.27米，前有两柱一间石碑楼。碑楼庑殿顶，额题"永垂千古"，两侧有花草纹修饰。记载祝墓主出生地和生卒时间，年款为乾隆四十四年十一月初四。

花子洞叶氏夫妇墓 清，位于孟石岭镇易坪村花子洞西。墓葬坐西向东，人鼻形封土。封土高1.4米，前宽3.5米，长约4米。封土前立石碑楼1座，两柱一间，庑殿顶，太极图顶饰，楼柱阴刻楷体"山清水秀刊碑不朽垂千古，贻谋堪羡福寿双全永流久"；两侧抱鼓浮雕麒麟、双鹿、凤凰纹饰，鼓面为莲花纹。碑文记墓主原籍湖北，乾隆五十五年款。

双喜村姜氏家族墓 清，位于佐龙镇双喜村西南500米。墓葬坐东朝西，圆丘形封土，高1.8米，底径4米；前立四柱三间庑殿顶石碑楼1座。碑楼通高4.4米、宽2.1米，顶雕"山"字形脊，额镌八卦图及对称双鱼纹；两侧抱鼓石浅浮雕花鸟、回纹；楼内嵌墓碑3通。墓碑均方首，青石质，碑文阴刻楷书，记载墓主人生平及祖籍、迁徙事，部分碑文漫漶，乾隆五十八年（1793）款。

毛家梁毛黄氏墓 清，位于石门镇天福村西北约2公里毛家梁。墓坐北向南，人鼻形封土，前用块石包砌。封土长4米，前宽4.6米，高1.1米。前立两柱一间山形脊带抱鼓石碑楼。两侧抱鼓石浅浮雕卷云纹，楼柱正面阴刻楷体墓联"水秀山环安吉穴，龙盘虎踞作佳成"。内嵌嘉庆年方首碑1通，额题阳文楷书"燕翼贻谋"，碑文记述墓主生平事迹及生卒年月，嘉庆九年款。

太红村王氏家族墓 清，位于民主镇太红村东北约50米处。墓坐北向南，人鼻形封土，宽4.6米，长6.5米，封土高1.6米，面积约30平方米。墓前有祭台。碑楼为三柱二间。半圆形楼脊，已残，中部饰浅浮雕双凤图案，边饰草叶纹。柱联"长有一般趣原□快乐佳城，善兴半点□好个逍遥□□"。

月显村郑氏墓 清，位于石门镇月星村三组。墓坐北向南，人鼻形封土，前用毛石包砌。封土长3.6米，前宽4米，高0.9米。前立两柱一间重檐庑殿顶山形脊带抱鼓石碑楼。脊上饰摩羯鱼，额题阳文楷书"山环水绕"，楼柱正面阴刻楷体墓联。抱鼓石浅浮雕镇墓兽。额题"癸山丁向"，正文"皇清诰封恩赐进士郑公……"。嘉庆二十三年款。

麻柳湾李氏家族墓地 清，位于官元镇吉安村北约4公里吉安寨麻柳湾。墓地坐东南向西北，现存人鼻形封土墓4座，前用块石包砌。封土长3.1~4.3米，前宽2.6~3.9米，高1.1~2.7米。墓前立石碑楼4座，内嵌道光至同治年墓碑4通。最具代表性的四柱三间山形脊重檐庑殿顶带抱鼓石碑楼，山形脊镂雕双龙瑞禽，脊残断，二楼顶端浮雕摩羯鱼，枋柱高浮雕福禄双星。二楼扇形额分题"根深""枝茂"，一层横枋浮雕双凤朝阳。次间分述"佑启尔后""长发其祥"。明间、次间楼柱正面各镌墓联一副。碑方首，两侧抱鼓石浮雕麒麟、兰草、牡丹纹。

学堂梁陈杨氏墓葬 清，位于民主镇枫树村学堂梁。墓地坐南朝北，封土为人鼻形，宽2.5米，长约4米，高约2.18米。碑与封土距离0.5米。碑楼为两柱一间，山字脊，庑殿顶。脊减地雕刻二龙戏珠。石碑楼通高2.2米、宽1.82米、厚0.36米。楼柱联为"山秀水明万古春、花红竹绿千秋景"，碑额为"清风白月"。碑名"皇清待诰陈母养老太君墓"，碑文记载墓主人祖籍及生卒年月，年款"大清道光十四年（1834）九月二十日立"。

庙评刘氏家族墓地 清，位于官元镇陈尔村西约600米的庙坪。墓葬均坐东北向西南，由西向东呈"品"字形排列，现存人鼻形、圆丘形封土墓9座，前用块石包砌。墓前立有碑楼9座，其中代表性碑楼7座。刘永盛墓前有两柱一间简易庑殿顶石碑楼，楼内嵌刘永盛墓碑，清咸丰年间（1851—1861）款。刘康略、刘熊氏合葬墓前有两柱一间庑殿顶石碑楼，屏风及两侧抱鼓石上均饰动物、花卉图案，楼内嵌刘康略、刘熊氏墓碑，光绪元年（1875）款。

杨家湾杨氏家族墓地 清，位于官元镇龙板营村东南约80米的杨家湾。墓地现存人鼻形封土墓2座，坐北向南，前用块石包砌。墓前立有碑楼2座，其中具有代表性的碑楼1座。此石碑楼为四柱三间重檐庑殿顶，通高2.6米、宽3米，脊佚，二楼中额阴刻楷书"光生俎豆"，明间横枋高浮雕花卉，次间楼柱正面各镌墓联1副且楼柱间雀替上分别阴刻行书"犹新""奕世"。明间墓门上浮雕万字格、动物图案。碑文楷书，记述墓主生平，咸丰年间落款。

吉安村陈氏家族墓 清，位于官元镇吉安村东南约100米的陈家院子。墓葬坐西向东，现存人鼻形封土墓2座，前用块石包砌。墓前立两柱一间山形脊庑殿顶石碑楼，通高2.36、宽1.9米，楼额阴刻"世代流芳"，两侧抱鼓石上饰动物花卉图案，内嵌方首碑。碑文记载墓主人生卒年月，清咸丰十一年（1861）款。

安家湾王氏墓葬 清，位于民主镇银米村东南安家湾。墓葬坐西向东，前有两柱一间碑楼，碑楼左右用砖砌起护墙。碑楼通高1.54米、宽1.58米、厚0.18米，冠形楼顶，高浮雕书卷框内阴刻行书诗句"莲叶顶上神仙府，阁道中间曾侯府"，左右浮雕花瓶、花篮、文房四宝等纹饰，扇形碑额内浮雕"福、禄、寿"三星，下阴刻楷书"佳城永固"，两侧石抱鼓高浮雕狮、象、花卉等纹饰。楼柱外侧刻奠联"双轮日月照乾坤恋知地府身魂，潜在山河同雨露不改江南墓"。光绪二十七年（1901）年款。

（六）商洛市具有时代特征的重要墓葬

1. 商州区重要墓葬

东龙山墓葬 西汉，位于大赵峪街道办事处东龙山村，又称尧女墓。2003年，陕西省考古研究所与商洛市博物馆合作对该墓进行了为期3个月的考古发掘，证实该墓是一座西汉晚期的双墓道、双券顶砖室墓。墓葬封土底径19米，斜坡墓道宽1.3米、长15米。主室边长5米，两侧各带一个放置陪葬品的耳室。主室中间砌一道砖墙，用来支撑两边砌券的券顶。男性葬于西室，女性葬于东室，墓室北侧留有通道连接两室。出土残存随葬品有方格纹陶罐、釉陶壶、龟首铜灯、铜香薰、铜鼎、铜镜和大量五铢钱以及铁釜、铁剑、玉蝉、玉挂件和车马器残骸等。根据形制、规格分析，东龙山汉墓应为西汉晚期郡王或侯王级别墓葬。现被公布为商州区文物保护单位。

党塬村墓群 汉—唐，位于沙河子镇党塬村南侧的高速公路路基中。陕西省考古研究院对此墓进行了考古发掘，共清理古墓葬28座。在这些墓葬中，发现的船形墓葬是一种独特的墓葬形式，与历代流行的墓葬形制有着实质的差异。这批唐墓按砌筑形式的不同，发现1座长方形并列卷棚式，4座方形穹窿顶式和船形墓。其中最具特色的船形墓均呈南北方向有序排列，多数为单人单室，双人合葬亦占一定比例，墓主普遍以头北脚南的方式放置，墓口均在墓主头向一端。船形砖室墓之间的砌筑形式基本相似，差异不大：第一种南端窄小，腰部向外鼓出，北端稍宽，墓口封砖砌出三角形船头状；第二种南北两端宽窄略等，腰部两侧微向外凸出成弧形，几近顺直，墓口封砖砌出三角形；第三种是第一种的放大，只不过在北端的东边一侧砌有卷棚式短墓道，墓道口的封砖依然砌作三角形。这三种船形墓共同的特征是自墓底的二三层时便开始向内敛收，上收至两侧墓壁相距约10厘米快要合龙时，于宽缝中用半截砖头斜插其间镶实，加之墓口三角形的封砖，使这类墓葬犹如一只倒扣在地的小船。党塬村船形墓群是在商州城区5～8公里的范围内分布，商州城所临丹江两岸是其主要分布区。这类颇具特色的船形墓葬，对研究丹江上游地区唐代的历史与民俗文化具有一定意义。

西芦山道士墓 清，位于闫村镇冷水沟村西芦山庙东约30米处。墓葬呈塔形，砖石构筑，由塔基和塔身两部分组成，通高1.5米。塔基由毛石垒砌，高0.5米。塔身由青砖垒砌，高1米，呈六边形，分三层，圆形塔顶。据西芦山道士及当地群众讲，此墓为西芦山第一代道士之墓，结合现存建筑风格及《重修西芦山庙碑》判断，此墓应为清代墓葬。

向阳川村周氏家族墓地 清，地位于北宽坪镇向阳川村五组。原墓地面积400平方米，现墓葬封土已平，仅存碑楼1座，内嵌墓碑。碑楼为两柱一楼山字脊。葬者为周氏族人共10人。墓群中央立有道光年间墓碑1通，碑文记载了清末由安徽太湖迁居于蒲池川的原因及经过。此家族墓地的发现为商州境内人口迁徙、分布等提供了实物史料。

2. 山阳县具有时代特征的重要墓葬

南垣墓群 西周，位于城关街道办事处南垣村。1957年，此处暴露土坑墓数座，出土陶鬲、罐、盆、簋等十余件随葬陶器。根据出土陶器特征判断，南垣墓群为西周时期墓葬。

鹃岭楚墓 战国，位于高坝店镇鹃岭村附近的山岗上，由金花沟和唐家沟两处墓地组成。墓地周围分布有东周时期的南庵、东塬遗址。1997年12月—1998年12月，考古工作者清理发掘出唐家沟1座墓葬和金花沟5座墓葬，这6座墓葬统称为鹃岭墓葬。鹃岭墓地的墓向基本为正东、正南向。战国中期墓葬集中分布在金花沟，墓向以南北向为主，主要受本地文化影响，墓主应是当地人。战国晚期墓葬分布在唐家沟，墓向为东西向，随葬铜兵器，可能是戍边楚人。从墓葬出土的随葬品有战国时期典型楚陶器组合：鼎、敦、壶。随葬品有铜礼器与车马器，出土有蟠螭纹带盖铜鼎。鼎为圆腹，平底，底部凸起一圈范缝。鹃岭墓地属于楚国墓地，主要受楚文化影响，因此墓葬形制、器物组合等方面都具有明显的楚墓特征。

鹃岭楚墓

鹃岭楚墓出土的铜鼎

赛鹤岭墓群 战国，位于户家塬镇赛鹤岭红土坪村。墓群面积不详。1990年此处暴露土坑墓数座，出土铜剑、戈、壶，陶罐、壶等共十余件随葬器物。

过风楼墓群 战国，位于山高坝店镇过风楼村。墓群面积不详。村办砖厂在取土时发现此墓群，为竖穴土坑墓。1989年暴露土坑墓数座，发现零星碎骨，出土铜戈、剑、壶，陶罐、壶、釜等多件随葬器物。根据出土器物判断，过风楼墓葬群为战国时期墓葬。

柳皮沟墓群 汉，位于色河铺镇柳皮沟村。1990年此处暴露墓葬数座，出土铜鼎、勺、印，铁剑及陶罐、壶等十余件随葬器物。

九里坪王氏家族墓（状元坟） 明，位于户家塬镇九里坪。墓前存断碑1通，碑上字迹多处模糊。经辨认，该碑为王聘碑。王聘初任荥泽，继任祥符，四任保宁。同时此地还保存有另外三四座墓冢，此处也许是一家族墓地。

盖子村王氏墓 明，墓位于户家塬镇龟盖子村。王静庵，廪生，其父曾任河南南阳知府。其墓封土已平，曾出土嘉靖三十三年（1554）墓志1合，边长0.7米。盖篆书"明廪膳生王季子静庵墓志铭"，志文楷书，记王氏家世及生平。

杨家湾杨氏墓 清，位于小河口镇二峪河杨家湾村。杨寿亭，陕西山阳人，授奉政大夫。其子杨继云官至知县，以用法严峻而著名。杨寿亭墓冢圆丘形，墓前立四柱三门式石碑楼1座。碑楼高2.6米，内嵌墓碑。碑文楷书，书法甚好，记述墓主人家世及生平事迹。乾隆年间（1736—1796），杨寿亭由湖北大冶迁居本县二峪河，勤恳种田，酿酒养猪，家业渐丰，纳捐为监生。

3. 商南县具有时代特征的重要墓葬

王家庄墓群 汉—南北朝，位于富水镇王家庄村东。20世纪60年代，在农田基本建设中不断有墓葬被发现，文物部门收回包括画像砖、几何纹砖、纪年砖、罐、盆等陶器。2008年8月，陕西省考古研究院、商洛市博物馆和商南县博物馆联合对富水镇王家庄汉墓进行了有针对性的考古发掘。经考古钻探，在这条山梁中段区域发现墓葬50余座，分布长东西0.5公里，南北2.5公里。发掘面积220余平方米，出土陶、铜、铁各类随葬器物计百余件。经发掘发现的墓葬可以分为四种类型：竖穴石坑墓、竖穴石坑砖室墓、崖洞砖室墓和崖墓。其中竖穴石坑砖室墓1座，是在竖穴石坑的四壁敷以条砖，大券顶上填土起封，内有棺床，墓口前端有一短斜坡墓道。这样四种不同类型的墓葬交错在一起，对于认识和研究汉代墓葬之间相互影响与演变具有重要的考古价值。现该墓群被公布为陕西省文物保护单位。

土地岭墓群 汉，位于富水镇富水街村北的土地岭上。墓群分布面积约6000平方米，是一处规模较大的汉代墓葬遗存。墓群所处的山梁呈东西走向，梁坡表面散落遭到破坏的不少汉代墓砖。1996年修建312国道时，商洛市考古队曾在这里清理出4座汉墓。随后的调查和对局部区域的考古钻探证明，这一区域墓葬分布密集，是除王家庄汉墓群外又一处规模较大的汉代墓群。这些大规模的墓葬遗存，都环绕富水镇东北一侧的山梁分布，由此可以推测富水镇所处地理位置的重要以及当年这个小盆地经济繁荣、人丁兴旺的景象。

白浪村周氏墓 明，位于湘河镇白浪村四组古墓凹山上。墓冢封土尚存，占地面积约12平方米。墓葬已被盗掘，墓口开敞。两侧有墓联1副，内容为"面朝中华三楚地，身座长安望江南"；墓口上方雕刻"地久天长"和"周氏坟墓"字样。墓室两侧的长条砖上，浮雕飞马、鹿、鹤等图案；墓室呈券顶，两侧及后墙均有彩绘壁画，部分剥落或被盗掘者破坏，墓室两侧墙壁上用宽边墨线勾边框，框内彩绘人物造像，共12幅。

秋木沟僧人墓 明、清，位于金丝峡镇太子坪村秋木沟组华祖山上。墓冢封土已平，原六角石舍利塔已坍毁，仅存塔身底层石雕构件。构件为沙石质，呈六棱台锥形，高0.3米，上边长0.2米，下边长0.22米；三面浮雕结跏趺坐佛，三面阴刻楷书题记，字迹模糊。其中一面题刻的文字为："上祖金壁峰禅师/智沧明朗禅师/慧东洋海禅师/清无幻真禅师/净铁山□禅帅/道宝藏文禅师/德古心智禅师。"应为此墓所埋僧人的法号。

姬家沟墓地 明，位于赵川镇松树垭村双庙岭组姬家沟内。墓葬封土略呈长方形，南北长8米，东西宽5米；墓口开敞暴露在外。墓碑已佚；墓室长3.95米、宽2.9米、高2.5米，券顶。第九层砖以上全部用白灰抹面，在后壁及两侧墙壁用墨线勾勒人物造像壁画，部分被破坏或剥落。

大屋场周氏家族墓地 清—民国，位于十里坪镇黑沟村大屋场组。周氏家族是清代中晚期至民国时本地的名门望族。墓地占地面积约150平方米，墓冢封土全部为人鼻形。两座墓冢前面立石碑楼，为两柱一楼庑殿顶式，楼柱正面刻有对联。对联为"圣德巍峨山并寿，芳名流播水同长"，光绪七年立。

黄家垭墓群 清，位于赵川镇石堰河村黄家垭组。封土呈圆丘形，坐东北面西南，占地面积约20平方米。墓前修筑石碑楼1座，高3米，宽0.9米，为两柱一楼式样，山字脊，两柱刻有行书对联"云对马鬃山川古，瑞绕龙堆雨露深"，横额"乔阴溪处"，柱内侧雕人物、花卉图案。墓碑高1.35米、宽0.6米，落款为道光三十年（1850）。现为县级文物保护单位。

4. 柞水县具有时代特征的重要墓葬

周太平夫妇墓 清，位于瓦房口镇马家台村，当地人称其为花墓。该墓坐北朝南，墓室开凿于山体中，墓前修建仿木结构重檐门楼1座。门楼通高6.5米、宽4米，檐下匾额上楷书"山川毓秀"，牌匾下的空间浮雕或半浮雕山水人物、祥云花卉图案。碑楼两侧刻楹联1副："追站去望来望行似逍遥府第，追前来看一看本是快乐宫中。"墓口呈长方形，顶部为拱形，高1.32米，宽0.78米。墓前存石碑2

通。一通为青石质，圆首，阴刻楷书，"故显考周公太平老大人显妣周母谢氏老妇人之墓"，碑文记述了墓主人原籍以及详细的生卒年月，落款为中华民国二十二年（1933）。另外一通为青石质，碑刻"故显考周公太平老大人显妣周母谢氏老妇人之墓"。墓前存青石狮1对、石羊3件、石猴1对、石猪头2件。该墓形制特殊，造型华丽，实为清代崖墓。该墓彩绘、浮雕保存基本完整，是陕西南部地区目前所发现的崖墓中时代最晚、建筑最为独特的，为商洛境内的崖墓增添了新的内容。现为省级文物保护单位。

周太平夫妇墓全景　　　　　　　　　　　周太平夫妇墓碑楼

状元坟曾氏墓　清，位于营盘镇中华村一组中华沟碑基坪。因墓主中过状元，其墓在当地被群众称为状元坟。封土圆丘形，底径2.3米，高1.2米，前立石碑1通。碑为圆首，上部稍残，雕双龙呈祥图案，碑面边栏为蔓草纹，刻字书法水平较高。碑首阴刻楷书"钦赐翰林院故显考曾公安世大人之墓"，碑文记载其生平事迹。此墓对于研究清代官员流放、墓制形式具有较高的价值。

常湾村党氏夫妇墓　清，位于小岭镇常湾村一组。墓葬坐西南面东北，圆丘形封土，直径3.6米，高1.4米，墓前竖碑楼1座。碑楼为庑殿顶，刻楹联"完成太仆还天地，留得和风惠子孙"，内镶嵌墓碑1通。碑文记载墓主生平及生卒年月等，落款为同治十三年（1874）黄钟月。

李砭村李氏夫妇墓　清，位于小岭镇李砭村一组。墓葬坐西南面东北，圆丘形封土，直径2.6米，高1.3米，墓前竖碑楼1座。碑楼为庑殿顶，楹联为"脉启陇西灵钟□，文分楚北派□□"，联额"佑启后人"，内镶嵌墓碑1通。碑文记载墓主身份及生卒年月等，落款为同治九年。从碑文看李习为安业书院李狄门之父。该墓保存较完整，碑楼古朴典雅，具有浓郁的地域特征。

5. 镇安县具有时代特征的重要墓葬

王家坪墓群　商—汉，位于永乐街道办事处王家坪村。墓群南北长200余米，东西宽50余米，面积约10万平方米。1997年11月，为配合西康铁路建设工程，陕西省考古研究所与商洛市考古队联合对这一线进行调查，在台地的北端发现3座墓葬，随即对其进行了发掘。2003年4月，王家坪砖厂取土时，在坑槽的面壁上暴露垮塌残损的墓葬，现场采集到陶罐、陶釜、铁釜、铜镞等散落的文物。商洛市考古队、镇安县文物管理所联合对这批已遭破坏的墓葬进行了抢救性清理，共清理墓葬8座。

中坪墓群　汉，位于庙沟镇中坪村桑坪组旬河东岸台地之上。墓群平面呈扇形，南北长约200米，东西宽约70米。20世纪80年代修整耕地和90年代修建移民新居时，曾在此处发现汉代砖式墓5座，形制不详。出土有陶灶、陶罐、铜镜等，现藏镇安县文物管理所。

红光村高氏夫妇墓　清，位于茅坪回族镇红光村一组。墓葬封土已平，现存歇山顶石碑楼1座。门楣正中题刻"永固佳城"，两侧带抱鼓石，抱鼓上浮雕八卦、花卉图案，内壁对称刻花瓶、仙鹤图案和题诗共8幅，嵌墓碑1通。碑身边栏刻动物、植物纹，碑文以阿拉伯文和汉文合刻，汉文楷书，记载由甘肃迁陕后克勤克俭，积置万贯家产，家道殷富等事迹，落款为咸丰十一年。此墓是研究镇安回民迁徙历史的重要实证资料。现为县级文物保护单位。

三台村齐氏夫妇墓　清，位于高峰镇三台村一组。墓葬坐北朝南，前立四柱三间碑楼1座。碑楼庑殿顶，双鱼山字脊；主楼柱联为"功烈偕河山并耀，汪行与日月同明"，外联为"龙蟠虎踞千秋壮，马鬃牛眠万古封"，额题"福荫无疆"，落款光绪十九年。现为县级文物保护单位。

王氏家族墓地　清—民国，位于庙沟镇中坪村六组骆驼岭上。墓地坐北面南，东西长约500米，南北宽约600米，现存墓葬48座、石碑楼18座。时间为清乾隆至民国年间，封土形状大体可分为长鼻梁状与圆丘形两种。碑楼保存完整的有4座，上浅浮雕人物故事、动物、花草等装饰图案。碑文记述王氏家族在乾隆年间（1736—1796）由湖广迁徙于此地的历史与墓主人生平。墓地规模较大，纪年明确，对研究当地人口迁徙及丧葬习俗有重要参考价值。现为县级文物保护单位。

悦爱村晏氏墓地　清，位于青铜关镇悦爱村三组晏家老庄南10米处。墓地共有清代墓葬5座，均坐东南朝西北。其中晏母金夫人墓封土呈圆丘状，底径2.25米，两侧块石垒砌台面，中立两柱单间碑楼1座。碑帽为硬山顶，两柱内侧阴刻楹联"文朗若贞珉勒石，气佳哉带水环山"，内嵌方首墓碑1通。碑文记述金夫人祖籍湖广武昌府以及详细生卒年月等情况，落款为同治九年。现为县级文物保护单位。

5.洛南县具有时代特征的重要墓葬

西寺墓群　春秋—战国，位于城关街道办事处西寺村东岭子。1982年、2000年发掘4座墓葬，均为长方形竖穴土坑墓，葬具为棺椁，出土器物有礼器、车马器、兵器等27件，质地有铜、陶、玉，主要有错金鸟篆纹铜戈、漆陶鼎、漆陶豆、漆陶壶、玉环等。西寺墓群是洛南县近年发现的规模比较大、等级比较高、出土器物比较典型的春秋至战国时期墓葬。它的发现与发掘是商洛近年考古所取得的重要成果，这一发现为秦、晋、楚在陕南的军事分界的划定，对周边地区所发生的重大历史事件的深入研究提供了重要依据，对洛南在春秋、战国时期的政治、经济、文化有着重要的研究价值。同时，根据研究分析可基本确定洛南境域在春秋晚期至战国中期早段属晋国或魏国的势力范围。出土器物现藏于洛南县博物馆和商洛市博物馆。该墓群现为陕西省文物保护单位。

李庙村东周墓群　东周，位于古城镇西李庙村。李庙村砖厂在取土时发现此墓地，后经钻探发现战国墓20余座，发掘清理6座，出土器物有车马件、铜剑、陶罐等。从出土器物分析，该墓为战国早期墓葬。这是首次在洛南东部地区发现比较早的一处墓葬遗存，分布集中，出土器物丰富，器物保存基本完整，对研究和认识洛南的历史及战国时期葬俗、葬制具有重要意义。

古城街墓群　汉，位于古城镇街村西南200米。20世纪60年代平整土地和近年砖厂取土对墓葬的破坏十分严重，墓葬封土已平，现已为村民耕地。有两座墓葬暴露于东西向田坎之中，墓葬形制为砖式墓，暴露墓砖。墓砖为榫卯结构，仍连接在一起。古城镇为洛南隋代之前的县治所在地，此墓群为古城镇新发现的分布集中的一处汉墓群。

6.丹凤县具有时代特征的重要墓葬

古城村墓葬　战国，位于龙驹寨街道办事处古城村。1996年6月在修建新312国道的考古调查中发现此墓。经过考古钻探，在这条东西长100米、南北宽30～60米的山梁上发现100座楚墓，已发掘72座。经过发掘春秋晚期至战国早中期的长方形竖穴土坑墓为楚人的墓葬。在这些墓中，墓主人头朝东、西方向居多。墓坑一般长2.4～2.8米，宽1～1.6米，深3～6米。墓葬未有打破现象，且多有夫妻合葬墓出现。结合墓地布局、墓葬形制、葬式、墓向等情况分析，古城村墓是一处经

古城村墓葬

过规划有序的墓地。春秋中期，楚在该地设商县，移民戍边。此墓地的墓主应是生活于古城的楚人，但所属族群不同，最明显的区别表现在墓向上。依据墓向可将此墓地所葬之人分为两大群：芈姓楚人移民族群与本土族群。根据墓葬的分布及它们之间的距离，分辨出一些小型家族墓葬。丹凤县作为商洛地区的中心区域，在楚人统治时期也是重要城邑。墓葬随葬品中以陶器数量最多，器形主要有鼎、敦、壶、豆、盘、匜以及鬲、盂、罐等，全部陶器均无明显的使用痕迹，应为明器。墓内随葬品还有铜剑、铜戈、铜匕首以及铜镞等青铜兵器，有些墓内还随葬有铜锛、铜削、车軎、马衔、盖弓冒、铜铃、铜环以及骨器、石环和海贝等物品。随葬陶器大都放置于墓主头一方的棺内或棺外，青铜兵器多置于墓主的体侧。《左传文公十年》记载，楚成王四十年（前632），曾使子西为商公，杜预注"商，楚邑，今上雒商县"。这表明至迟于春秋中期，楚国已在丹凤境内设有商县，这一地区已被纳入楚国统治范围内。而古城村遗址在春秋时期至战国中期是一处楚文化聚落遗址，因此该墓地的墓主应为同一时期生活于古城的楚人。

古城村墓葬墓室结构

古城村墓葬出土的陶鼎

冯家塬墓葬 战国，位于龙驹寨街道办事处冯家塬村。1956年此处暴露土坑墓，出土情况不详。后征集铜罍1件，通高0.38米，口径0.21米，腹径0.38米，有六兽衔环钮，饰回纹、夔龙纹。因该墓葬被村民房屋所覆盖，未发现任何遗物。

古城墓群 战国—汉，位于龙驹寨街道办事处古城村南侧。墓葬处现全部开垦为耕地。20世纪70年代以来此处多次暴露土坑墓，出土铜鼎、甗、敦、鍪、剑、带钩、铃、戈，三棱铜镞、铁鍪、釉陶

灯，陶鼎、罐、博山炉、仓、灶、缶、奁、钟、茧形壶、蒜头壶及买地券等。这些出土器物现藏于丹凤县博物馆。

凤麓墓群 汉，位于龙驹寨街道办事处凤麓村东侧。墓葬面积约80平方米，出土有陶罐、壶、钟、仓，铜镜、铲、缶、长颈壶、剑及铁鼎等。由于该墓群位于凤麓村中，当地村民建房、耕地等，破坏较为严重。

陈家村墓葬 汉，位于龙驹寨街道办事处陈家村八组。该墓于1984年被发现，出土有陶罐、陶仓等随葬品，汉墓所处位置现已被陈家村砖厂取土全部挖毁，当年出土器物现藏丹凤县博物馆。

堡子村墓葬 汉，位于商镇堡子村四组。1991年此处暴露土坑墓，出土陶钟、罐、仓等。该墓为研究当地汉代墓葬形制、分布规律及当地民俗均有不同程度的参考价值。

两岭村墓葬 汉，位于棣花镇两岭村。在两岭砖厂东北部的断面上，暴露有竖穴砖室墓1座，坐西面东，开口扰土层下，距地面约4.5米。墓砖长方形，一侧饰绳纹。根据墓葬形制及墓砖特征判断该墓为汉代墓葬。该墓的发现丰富了这一区域汉代遗存的文化内涵。

武关墓群 汉，位于武关镇武关村西北300余米的山坡地上。墓地所在山坡北高南低，现表面全为耕地，分布面积不详。1977年此处多次暴露土坑墓和砖室墓，出土铜钫等6件，同时出土的还有陶器。所出土的器物现藏于丹凤县博物馆。

商镇墓葬 宋，位于商镇街。此墓于1956年发现并清理。墓葬为仿木结构砖室墓，由墓道、甬道、前室、后室和4个耳室组成。前室六角形，攒尖顶，面积约9平方米，南面辟甬道门，其他各面都有过道分别通向后室和各个耳室；甬道和过道均为拱券顶；后室和耳室均呈方形，攒尖顶，大小高低相同，后部皆砌有宽1.4米、高0.3米的棺床。前室六角砌有方形砖柱，顶置转角铺作斗拱。过道顶部砌补间铺作斗拱，并施彩画。室壁均用石灰粉刷，在券门前的两侧壁上绘有牡丹等花卉。诸室顶部各悬挂铜镜1面；前室置瓷壶、盘；其他各室分别放置1个瓷碗和3具无头人骨架，骨架上各置"大观""崇宁""政和"等年号铁钱1串；后室棺床上置砖刻买地券1方，落款为宣和元年（1119）十一月。此墓系一座形制独特的多人合葬墓。出土器物现藏于丹凤县博物馆。

界牌村墓葬 清，位于商镇界牌村七组。墓冢平面呈长方形，墓顶呈鱼脊状，墓前有石碑1通。碑圆首，额中刻"皇清"二字，两侧刻"日""月"二字，碑正中题刻"始祖□登父举王公之墓"，落款清乾隆三年（1738），碑文记述墓主生平，大部分字迹不可辨识。该墓整体保存较为完整，是反映清代这一区域人口构成、家族迁徙等文化现象的重要遗存。

三岔刘氏墓 清，位于土门镇八龙庙村五组。墓葬坐北向南，封土表面已经被树木和杂草覆盖；墓门前1.5米处竖立石碑楼1座，碑楼两侧刻楹联"敬祖敬宗家道圣，存人存义子孙□"，碑楼内镶嵌长方形青石质墓碑1通。碑为方首，额题"□□碑记"，首题"皇上嘉庆□□□□"，碑正中题"刘门历代祖宗"，两侧题"刘公建元孝男□□"及"刘门彭氏孝媳□□"。

大屋场张氏墓 清，位于峦庄镇园潭村大屋场组后山下。墓葬坐西面东，圆丘形封土上杂草丛生。冢前有条石、块石砌筑的半圆形台面三级，第二级台面上立有带碑楼的石碑1通。石碑中书"清显妣陈母张老孺人之墓"，落款为"清道光六年十月十六日"。碑楼庑殿式顶，两端带龙首翘檐，下部刻有楹联"两水环城直使生留万古，诸山护穴偏易秀拱前曾"，横批"风月为友"，条石内侧上下方刻有龙、狮子图案，中部为赞母祭文，字迹清晰。该墓为丹凤山区较为典型的带碑楼的清代墓，碑楼楹联及书画保存完整，为研究张氏家族迁徙发展、当地丧葬习俗及民风民俗有一定的参考价值。

黄坪村宋氏家族墓地　清，位于庾岭镇黄坪村八组。该墓地的8座墓葬分布在东西长50米、南北宽10米的范围内，按两层排列，每层4座，多数墓葬坐北面南。墓葬封土呈长方形鱼脊状，毛石垒砌墓门。除1座墓葬无墓碑外，其余7座均有墓碑，年代有同治、咸丰（1851—1861）等。据墓碑记载，宋氏祖籍江南太湖县，于乾隆元年（1736）迁居陕西洛邑东乡南河保，落业粉壁沟。宋氏家族墓和墓碑碑文为研究历史上江南太湖人口西迁和丹凤县北部山区人口结构提供了宝贵资料。

碾子沟牛氏墓　清，位于商镇牛涧坪村五组杨永忠屋对面的山下台地上。墓葬坐南面北，墓冢呈长方形，墓前立青砖牌楼1座，内镶嵌墓碑2通。碑楼顶上为花脊，两侧带翘檐，上覆灰板瓦，檐前带滴水瓦，东西两侧对称；碑楼上方檐下饰有砖雕斗拱，上方有虎头瓦当，饰如意纹、波浪纹、祥云纹等；拱下饰小幅砖雕，上刻狮兽、花草纹；中部门额上雕有楹联"马鼠千秋古，馨香万代新"，横批为"永垂不朽"。碑楼前东、西两侧各立石碑1通，石碑周围均用砖块围砌形成拱形顶。

第三节　秦岭区域古代建筑资源

陕西省秦岭境内的古代建筑资源丰富，共计2768处，主要有寺庙古塔、道观、教堂、清真寺、古镇民居老街、会馆戏楼及桥梁建筑。这些现存的建筑资源中古代宗教建筑共有1418处，其中以佛教寺院为主，道观次之，教堂、清真寺占比最少；其次为古镇民居老街等乡土建筑，总数多达1107处；会馆戏楼与桥梁建筑共有249处。从这些建筑资源的分布情况来看，无论是宗教建筑，还是乡土建筑、会馆戏楼及桥梁建筑，多分布在秦岭南麓的陕南地区，且多数建于明清时期，整体保存状况良好；秦岭北麓分布着多处重要的佛教寺庙和道教道观，这些都对研究中国古代宗教传播发展史和秦岭地区的宗教文化发展交流、民间信仰及传统建筑布局、理念、技艺等提供了重要的实物资料。

一、古代宗教建筑

秦岭北麓是佛教传入中原的重要起点站，也是推动中国佛教迈向繁荣鼎盛的重镇，更是佛教从亚洲宗教发展为世界宗教的策源地。秦岭北麓的佛教文化内涵十分丰富，具有旺盛的生命力和持久影响力。对中国的本土宗教道教来说，秦岭的意义也非比寻常。秦岭是中国道教文化的诞生、演变之地，老子在此讲授《道德经》，开启了春秋、战国时期的道家学派；道教的雏形五斗米道在秦岭南坡兴起并进行了政教合一的实践；全真教在秦岭北坡薪火相传，绵延至今。基督教与伊斯兰教在秦岭地区也有传播。秦岭地区的人民对自然、先祖先哲、民间英雄、地方神的崇拜也非常盛行。因此秦岭地区现存有大量的古代宗教建筑，如佛教的寺庙古塔建筑、道教的道观建筑、基督教的教堂建筑、伊斯兰教的清真寺建筑、民间信仰的祠庙建筑等。

（一）佛教文化与寺庙建筑

1. 秦岭佛教圣地

秦岭北麓的关中地区长期作为中国的文化、经济、政治中心，又是丝绸之路的起点，沟通中西，有天时、地利、人和之便，因此佛教较早在关中地区繁荣起来。自公元1世纪佛教沿着丝绸之路传入中原后，作为长安"后花园"的秦岭以秀美的山水、宽阔的胸怀、丰富的物产为汉传佛教的孕育发展提供了自然、人文及物质资源，使其成为汉传佛教孕育的摇篮与发展的重地。秦岭之终南山是中国佛经译传的重要基地。佛经的翻译过程其实就是佛教中国化的过程。终南山地带的佛经翻译活动作为中国佛经翻译的起点，对2000年来的中国历史、政治、宗教、哲学、建筑、艺术和日常生活等诸多领域产生了不可估量的影响，已成为中国传统文化的重要有机组成部分。秦岭之终南山也是中国佛教各宗派创立发展的源头。佛教汉时从西域传入中国，首兴于两晋，再兴于隋唐，此后逐步中国化，自成体系，形成八大宗，即三论宗、禅宗、天台宗、华严宗、法相宗、律宗、净土宗和密宗，加上三阶教派，共有九大宗派，且每一宗派都有自己的祖庭。汉传佛教八大宗派中，秦岭及关中就集聚了三论宗、净土宗、律宗、法相宗、华严宗、密宗六大宗派祖庭（若包括三阶教之百塔寺则为七大派别之祖庭）。其中的净土宗，秦岭是其真正发源地。与秦岭密切相关的净土思想，后世中国人称念"阿弥陀佛"的普及以及净土往生法门的极度盛行，均与在秦岭山中修行的善导等人有直接关系，而善导活动的主要寺院是香积寺与悟真寺，所以，这两座寺院都被称为净土宗的祖庭。唐初高僧道宣住净业寺潜心著述，弘宣律学，开创了以研习和传授戒法的宗派——律宗，因道宣长期居住终南山，尊称他所弘的《四分律》为"南山律宗"，尊称他为"南山律祖"。

秦岭之终南山是中国佛教僧伽信仰的圣地。中国佛教信仰体系中最流行的观音信仰最早因为竺法护在这里翻译出《正法华经》的《观世音菩萨普门品》而开始流行全国，而后世观音信仰最权威也最重要最流行的经典依据则是鸠摩罗什在终南山下翻译的《观世音菩萨普门品》。终南山还是弥勒信仰的肇始地，竺法护在这里最早翻译弥勒经典，道安在这里开始推广弥勒信仰，鸠摩罗什在这里进一步译传弥勒经典，玄奘则将弥勒信仰进一步推向高潮。这里还是阿弥陀佛信仰的发源地之一，也是西方净土信仰最终在中国扎根和广泛推广的圣地。这里还有中国历史上第一个官方钦定的观音道场圣寿寺，比普陀山出现观音造像还要早300年。唐宋时期几百年间，终南山一直是中国佛教四大朝圣之地。

2. 秦岭里的寺院分布概况

秦岭北麓分布有太白、黑峪寺院群，鄠邑区段诸峪寺院群，沣峪、太和峪寺院群，南五台寺院群，嘉午台寺院群，蓝田峪佛寺群，秦岭东段佛寺这七个佛教寺院群。秦岭主峰太白山海拔3771.2米，位于秦岭西段宝鸡市，山顶经常白雪皑皑，天气晴朗时在百里之外也可望见银色山峰，山顶有古冰川遗迹，主脊偏居北侧，北坡陡而短，南坡缓而长。此间颇多胜景，吸引着无数道、僧来此修道、学佛。在太白山中，昔有九林寺，是九大寺院的总称，九寺之中今存铁佛寺。经过历代营建，山上寺院达数十座，构成了太白山独特的古建筑群。这些寺院多用铁瓦覆顶，佛像多为铁铸或木雕。如今，由远门口登山，于海拔1060米处有下坂寺、上坂寺；由营头口登山，于海拔2000米处有菩萨山（俗称大殿），往上又有平安寺、明心寺、向阳寺等。

佛教寺院主要集中于秦岭北麓中段的终南山脉。终南山又称太一、太乙、南山、橘山、楚山、秦山、周南山，在道教典籍中秦岭为大地的肺部，也称地肺山，是中国古代的佛教名山，也是中国古代文化孕育、诞生和发展的重要生发地。常说的终南山连亘于今西安市周至县、鄠邑区、长安区、蓝田县。这里靠近华夏帝都长安，加之神秀幽静，有佛教圣境形成的条件和资源。传统说法"秦岭七十二峪"，其中最有名的"二十八峪"正位于终南山地段，如从西向东有黑峪、祥峪沟、沣峪口、子午峪、天子峪、石砭峪、大和峪、南五台、栗峪口、皂峪、谭峪、太平峪、高冠峪、圭峰山、紫阁峪、库峪及蓝田峪等，在这些地方形成了一些寺院群，几乎是"无地不寺，无寺不奇"。

终南山中段周至县、鄠邑区境内，无论于古于今都是佛寺最多的地方。这里的寺院主要集中在山头和峪口，如黑水峪、栗峪、直峪、皂峪、谭峪、圭峰、太平峪、紫阁峪、高冠峪等地都有佛教寺院。黑水峪口有仙游寺，始建于隋文帝开皇十八年，原名仙游宫，系隋文帝行宫。仁寿元年（601），隋文帝为了安置佛舍利，于十月十五日命大兴善寺的高僧童真送佛舍利至仙游宫，建舍利塔安置，易宫为塔，改称仙游寺。此寺在唐代达到鼎盛，明、清多次修葺。仙游寺现存隋代法王塔、清代建筑大殿及配殿。栗峪口西有明阳寺，本为隋甘泉宫旧址，唐时改为佛寺，清代方毁于火，今仍存石碑、铁钟、舍利塔数座。栗峪口东慈云山山腰有大悲寺，创建年代不详，从文献记载来看应该不晚于隋、唐，康熙、雍正时颇具规模，今寺内尚存清代石碑3通。直峪口云台山下有新兴寺，始建于明洪武年间（1368—1398），后多次重修，现有大殿、韦驮殿、禅堂、厢房等建筑。皂峪、谭峪分水岭南端的九华山寺，因此地九峰相连，故名，周围茂林修竹，有十二佳景。山下阿姑泉村有弥陀寺，寺内有唐代石佛像1尊。这两座寺均建于唐代。乌桑峪、太平峪之间的圭峰山，风景秀美，植被良好，有"天上一轮月，圭峰十二圆"之称，山下有著名的佛教名刹三论宗祖庭草堂寺。龟兹僧人、大翻译家鸠摩罗什为后秦姚兴迎至长安后不久，即安住此寺译经，因其以草苫寺中一堂屋顶，故名。华严宗祖师之一的唐代高僧宗密大师也曾在此著书讲学，并以习禅称世。今草堂寺有大殿3间及鸠摩罗什舍利塔等。西圭峰之阳面祥峪的西侧有圭峰寺，圭峰宗密禅师住持草堂寺时曾来此坐禅。"圭峰月照草堂寺"让人体会到圭峰山和草堂寺的血脉相连。山的北面有重云寺，五代后梁开平五年（911）京兆僧智晖创建，时有叠云祥出于众峰间，故名，后唐明宗天成五年（930）改名长兴寺。其西之牛头山下有金峰寺，创建于隋朝，至唐代呈现鼎盛之势。据寺内所存明成化十年（1475）《重修金峰寺记》碑记，唐代高僧一行和尚（俗姓张，河北巨鹿人）曾住锡此寺。今寺内塑有一行立像。西圭峰东山脚下及太平峪口有太平宫寺，隋文建宫，大业末改为佛寺，以法藏（俗姓荀，颍川颍阴人）名望，补为上座。直至贞观时，太平峪内山水奇绝，唐高祖、太宗都到过太平宫寺游历避暑。由太平峪口入山，经重云寺下院，入长啸洞，过虎溪、凤池，然后可达云际寺。此寺创建于魏武之始，因寺在山巅，山峰孤高，白云缭绕，故称云际寺。此寺在唐代颇负盛名，与新罗求法僧有着密切关系。还有高冠峪西侧岭上的青龙寺，隋大业末年，高僧慧赜由长安至此静修，并因岩构室而成寺。紫阁峪口杜家庄南有大圆寺，传说汉时这里称子房庄，即所谓张良辟谷处。大圆寺由僧大圆于明嘉靖三十四年（1555）创建。寺踞终南之胜，南控黄崖，北看紫壁，西依仙掌，东俯量空，朱阁丹楼，修竹成林，内多名人题咏。"文革"前，寺内尚存韦驮铜立像和弥勒、如来佛铜像5尊，或说为五代时物。从紫阁峪口往里走6里，可达宝林寺。此为贞观年间（627—649）由大将尉迟敬德监修，寺南山峰顶有密檐式唐塔，俗称敬德塔，高15米左右。此寺又名紫阁寺，曾一度藏有高僧玄奘三藏的头盖骨。

秦岭终南山中段的西安市长安区境内山区也有多处寺院群。沣峪口寺院群除净业寺、丰德寺之外，在距离峪口3公里处有观音禅院。此寺周围又有南雅寺、金禅寺、万峰寺、水帘洞及东西南北四景池等殿宇。诸寺虽依岩而建，但周围都长满树木，寺院隐藏在茂林深处，显得更加幽静和神秘。太和峪寺院群包括翠微寺与龙田寺、黄峪寺以及西邻青华山的卧佛寺。考古调查时在这一带还发现有诸多佛寺遗址，如弥陀寺遗址、圆光寺遗址、永庆寺遗址、大寺遗址、百塔寺遗址、兴庆寺遗址、库峪口观音庙遗址、国清寺遗址、西林寺遗址、弥勒寺遗址。

南五台是终南山著名的佛教圣地，位于长安区南25公里，广袤十里许，有奇峰五座——观音、清凉、文殊、灵应、舍身，合之称为五台。如今，南五台仍可寻访到的佛教寺院和遗迹有西林禅寺、弥陀寺、圆光寺、圣寿寺、千佛寺、卧佛殿、柴竹林寺、五马寺、黑虎殿、印光大师影堂塔、甘露寺、五佛殿、莲花洞寺等。

嘉午台位于长安区引镇街道大峪乡白道峪村南，距西安39公里。嘉午台西有小峪，东近大峪，南依秦岭，北对少陵，是一处风光秀美的佛教名山。嘉午台远在唐贞观元年前，就名闻全国。唐代吐蕃的活佛达赖和班禅来京师长安考试时，就曾住在喇嘛洞中。从大峪十里庙上山，半山上有狮子茅棚，是虚云老和尚所建。寺内有一座白塔，现在已经改建成了一座云公塔。蛟峪的天池寺，原名龙池寺，今已修复建设，有一宋塔和大殿等建筑。隋唐年间，此寺为皇家寺院，山道石铺，恢宏庄严，煊赫如李世民者，也曾多次登临。距寺东北1里地有一隋塔，名为二龙塔。相传曾有二恶龙缠斗于此，搅得蛟峪山周围鸡犬不宁，后造此塔以镇之。除以上寺院外，还有白道峪嘉午台的兴庆寺和新安寺、大峪的莲花洞寺、小峪口的清禅寺等，历史也都很久远。

秦岭终南山东段王顺山下蓝田峪口有六朝古刹水陆庵。蓝田峪古称蓝田谷、蓝谷，又因沟口西北有皇家寺院水陆庵而称水陆庵峪。水陆庵对面的山巅建有悟真寺。该寺始建于隋开皇年间（587—600），唐代时扩建成规模宏大的上、下两寺。上寺在山巅，殿堂依山势而起伏，共4000余间，周围修竹成林，故上寺亦称竹林寺。下寺建于蓝田峪口，历代维修，明代成为皇家寺院水陆庵。

秦岭东段佛寺相较于终南山而言，明显减少，主要集中于西安市临潼区、渭南市华州区及潼关县境内。骊山位于西安市临潼区，是秦岭山脉的一条支脉，在其绣岭山腰有一座石瓮寺。唐开元年间以造华清宫余材建造此寺，初名福严寺。当时寺内有幽州所贡白玉佛像，另有名家杨慧之所塑佛像，寺旁飞泉上方的红楼内有玄宗皇帝题诗、王维的山水画。后寺毁复建，名石瓮寺，以悬泉瀑布激石成臼故。寺存至今，内有宋代石雕佛像3尊。由此往东，在华州区莲花寺镇迷虎峪内有潜龙寺、宁山寺、永庆禅院等，相传这三座寺院都与汉光武帝刘秀有关。

隋、唐时期秦岭南麓的汉中、安康、商洛佛教寺院也达到了兴盛，但保存下来的不多。从现存寺院看，宋、元、明、清时期的较多，这是与秦岭北麓最大的区别；而且以禅宗和净土宗寺院为主。这些寺院多居于山水之间，以风景优美、佛教文化遗迹丰厚、地方庙会特色显著而受世人关注。如勉县牛头寺、风云寺，汉台区宝峰寺，洋县谢村镇的智果寺、良马寺，南郑的龙岗寺、小南海、金华寺、圣水寺，略阳灵岩寺，商洛的大云寺，镇安云盖寺，山阳石佛寺，洛南华严寺等。

3. 秦岭寺庙建筑资源

秦岭境内现存佛教寺庙古塔建筑共442处，其中全国重点文物保护单位16处、省级文物保护单位44处、市级文物保护单位3处、县级76处。寺庙内多绘有壁画，如大云寺大雄宝殿东墙绘有《五戒本生》的壁画、罗汉殿的檐下及山墙彩绘山水人物故事；汉中良马寺觉皇殿中现存一铺巨型元代壁画；洛南华严寺天王殿和大雄宝殿中保留了4幅大型工笔重彩堆塑描金壁画；商洛三官庙、桐木青山寺中也存有精美壁画；渭南潜龙寺内有描绘僧人出行的壁画，永庆寺大雄宝殿的东西山墙绘龙、虎、凤鸟等吉祥动物壁画。寺庙内多建古塔，也有因塔建寺的情况。古塔多为佛塔，少数为墓塔、风水塔，一般由基座、塔基、塔身、塔顶四部分组成，平面形制多为正方形。从外观形式和结构做法来看，现存的古塔共有六种基本类型，即楼阁式塔、密檐式塔、喇嘛塔、多宝塔、五轮塔、幢式塔。唐塔和宋塔以密檐式塔、楼阁式塔为主，明代出现喇嘛塔。唐塔与宋塔的建筑材料以砖石为主，明代的塔建造材料多样，主要体现在贴面材料上，不仅有砖、石、木，还有铁、琉璃。塔面多以门、窗、斗拱、倚柱、阑额、刻绘花纹作为装饰，整体造型优美。现存的寺庙古塔为研究古代佛教在秦岭地区的传播发展以及佛教建筑形制、工艺及艺术风格提供主要的实物资料。

（1）商洛市佛教寺庙古塔建筑

商洛市共有106处佛教寺庙古塔建筑，主要分布在商州区与丹凤县境内，其中省级文物保护单位7处、县级17处，其余录入不可移动文物保护名录的佛教寺庙古塔建筑，如丰河村石佛寺、龙泉寺舍利石塔、铁佛寺、铁瓦殿等共82处。商洛市的佛教寺庙佛塔多建于元、明、清时期。

大云寺 明、清，位于商州区西街工农路东侧。该寺是商洛市区目前唯一保存较为完整的寺庙建筑。此寺初名西岩院，旧址在商州城北金凤山上，始建于唐代贞观年间（627—649），奉祀道教玄武大帝。武则天为借助宗教达到做女皇之目的，大力提倡佛教，下令诸州兴建大云寺，商州地方官也大兴土木，大云寺便应运而生。现存4座大殿，基本保持原貌为明、清时期建筑，寺内大雄宝殿东墙绘有《五戒本生》的壁画5组。寺庙占地面积7744平方米，建筑面积772平方米，整体建筑坐北向南，沿中轴线依次为山门、前殿、中殿、后殿等。山门面宽三间，长19.2米，进深6.1米，砖木结构，硬山顶，内墙山尖均有墨线壁画，共8幅。前殿面阔五间长17.9米，进深9.15米，悬山顶，屋面覆灰陶筒瓦，七架梁，前后檐下对称置斗拱22朵，拱眼之间用砖封堵，两侧白灰抹面，单线彩绘坐佛壁画，壁画保存基本完整，共40幅。内墙山尖部均饰有壁画，壁画用墨线描绘，共16幅，内容为花草、人物。中殿面阔五间，长18.2米，进深8.2米，硬山顶，屋面覆灰陶筒瓦，五架梁。后殿面阔五间，长17米，进深6.4米，硬山灰瓦顶，五架梁。山门西侧保留四柱三门式牌楼1座。现为陕西省文物保护单位。

大云寺前殿

大云寺后殿

元建寺 清，位于商州区夜村镇杨塬村东南400米。寺院创建年代不详，清光绪年间（1875—1908）重修。现存单体建筑7座，共23间，整体坐北向南，主要建筑依南北轴线排列。建筑均为砖木结构，硬山灰瓦顶，檐口梁枋上有彩绘，部分彩绘色彩现仍十分鲜艳。屋脊和山墙砖雕以莲花纹居多，另有蔓草、火焰等纹饰，檐前、后均有滴水，保存较完整。寺内现存石碑1通，青石质，圆首，额题"皇清"二字，正文为楷书，字迹已模糊难辨，落款为清光绪二十三年（1897），碑额边栏线刻牡丹纹饰。该寺院是目前商州境内规模较大的一处清代建筑，历史上曾作为夜村中学校舍使用，学校迁出后，长期闲置。现为陕西省文物保护单位。

松云寺 清，位于商州区杨斜镇松云村八组。寺院坐南向北，建筑由门楼、前殿、后殿和东西厢房组成，主体建筑砖木结构，占地面积约1000平方米。前殿为三架梁卷棚顶，面阔三间，长10.5米，进深6米。后殿面阔三间，长10.5米，进深6米，硬山五脊，五架梁。东、西厢房6间为土木结构，灰板瓦覆面。现存《重建关帝庙碑》，沙石质，圆首，额题篆书"皇清"二字，边栏线刻龙纹和蔓草纹；碑文记述重建修松云寺缘起、经过及捐资人姓名，落款为"光绪十六年（1890）岁次壬寅小杨月中浣吉日"。院中有1株千年古松，枝干曲折盘旋，树冠如云似伞，遮盖整个古寺禅院，寺也因名松云寺。现为陕西省文物保护单位。

云盖寺 明—清，位于镇安县云盖寺镇云镇街，地处凤凸岭下的小盆地中，北依秦岭，南望汉水。寺始建于初唐，因修造正殿时忽然乌云遮盖，故名；另一说是，寺南香炉山上有三眼天坑，下有瀑布泉，水气喷薄，化为云雾，时常弥漫寺院，故名。镇亦因寺而得名，是当时都城长安穿越秦岭南行的重要驿站，往来商贾不绝，文人墨客亦多有造访并题诗。贾岛有《夜宿云盖寺》诗，白居易《云盖寺寻无本上人不遇》，足证贾岛、白居易健在之时，云盖寺已享有盛名。据《大明一统志》载，云盖寺"唐大中元年（847）妙达禅师奉敕扩建，殿宇宏丽"。另据《重修镇安县云盖寺碑记》所述，时有"前后十八殿、九楼，僧僚千计"。可见扩建后的寺院规模之大，驻僧之多。北宋嘉祐年间（1056—1063）县令王衢在云盖寺附近的太阳山乾初洞内凿刻多方摩崖题刻，其中记述了云盖寺为长安通往

云盖寺大门

云盖寺建筑

汉水流域的官道这一事实。宋、金交兵之际，云盖寺破败。明、清之时，香火重续，寺及镇再现往日盛景和繁华。从长安来的客商走山路至云盖寺，转镇安柴坪码头换水路走汉江至安康。川、陕、鄂、豫的百货和晋商的食盐、陕南的特产多在此集散。清嘉庆初年白莲教王聪儿部、同治初年太平军蓝大顺部曾先后数次转战镇安，由于战火云盖寺屡遭破坏。至民国末年，云盖寺仅存前殿、后殿

和东西厢房。1950年后，前殿神龛拆除，厢房改作他用。至1980年代，仅存后殿1座，坐北朝南，砖木结构，面阔、进深各三间，硬山灰瓦顶，五架梁。殿中8个柱础石为唐代遗物。另存清代重修碑2通，其一残，首题可识"□□□□大唐敕建云盖寺碑记"，落款"乾隆□十二年"；其二为道光二十年刻《重修云盖寺高庙碑》，高1.78米，宽0.85米。1990年以来，当地陆续修复原寺院殿宇，并添建观音殿、财神庙等。云盖寺镇老街民居大部分为"四水归堂"的天井式庭院，砖土木结构，硬山顶加砌高耸的风火墙，有些建筑保存有精美的彩画、砖雕、扶栏，呈现出典型的江南徽派风格；院落以一进院居多，也有二进院和三进院的结构，每座院落都比较窄长，部分还有后花园。临街的门面房一般都建成二层阁楼形式，安装方便装卸的实心木板门。数百年间老街兴盛不衰，来此经商和谋生的民众络绎不绝。2008年9月，公布为第五批陕西省文物保护单位。

洛南华严寺　明，位于洛南县巡检镇大河村八组华耳寺沟内。寺坐北向南，占地面积938平方米。沿中轴线分布着天王殿、大雄宝殿、后殿各1座，均为砖土木结构。该寺院三面环山，在后殿次间半水墙内镶有石碑4通：东侧间墙外侧石碑为《重修华严寺碑》，内侧为《华严寺红契碑》，西侧间墙外侧石碑为《自建净土精舍碑》，内侧石碑文字全部被

华严寺布局

凿，无法辨识。此寺是商洛境内创建较早、规格较高、保存较为完整的著名寺院之一。据碑刻和梁上题记，以及天王殿、大雄宝殿檐下木枋上的纪年可知，华严寺于明正德年间（1506—1521）、乾隆四十八年、民国十四年、民国十五年、民国二十二年进行过多次维修和重修。华严寺整体建筑布局既尊崇佛寺的建筑格局，又巧妙地将富于生活气息的民居建筑形式融入其中，二者和谐统一，为陕西南部山地古建筑文化增添了新的范例。尤为珍贵的是在天王殿和大雄宝殿中保留的4幅大型工笔重彩堆塑描金壁画，描绘精细，折射出当年华严寺盛极一时和享有的较高规格。现为陕西省文物保护单位。

五星村毗卢寺　元，位于镇安县茅坪回族镇五星村五组西面的山坡下。寺庙坐北面南，面阔三间长12.4米，进深三间4.8米，五架梁，前后檐各带一单步梁，内部梁架彩绘祥云、花瓶、人物图案，明间六扇格子门，次间为格子窗，门额上亦绘花鸟图案，檐下有檐板装饰。在大殿外，散落一堆佛座、佛龛石构件残件，佛像已佚失，仅在殿内发现佛足1块，表面刻有明"成化"纪年字样。寺内有一排摆起的石构件，一块上有刻元代"至正"纪年字样。从散落的石构件分析，毗卢寺为建筑较早的寺庙，而且规模不小，寺院内发现的一座四边形石塔，较为少见。对于了解元、明时期佛教在这一区域的传播与发展都具有重要价值。现为县级文物保护单位。

华阳村观音庙　1917年，位于丹凤县蔡川镇华阳村一组东面的莲花山上。庙中建筑坐南面北，面阔一间4.1米，进深5.4米，砖木结构，硬山五脊，灰瓦顶覆面，五架梁。梁架基本保持原样，梁上有"民国六年重修莲花山庙一座"题记。两山墙梁架孔内及整面墙壁对称绘有壁画，西侧彩绘已剥落，

东侧为人物画。檐下有隔板，板上彩绘牡丹。门额上有3幅题记，自东向西依次为"风调雨顺""精忠贯日""仙方广大"，门两侧木雕对联"先武穆而王大汉千古，后文宣之圣山西一人"。砖雕墀头，局部彩绘依然鲜明。四扇雕花子门，八仙图窗棂，下方有龙、狮子、飞马、麒麟等装饰。砖砌山墙。台明宽1.2米、高1.1米。建筑较为独特，彩绘大部分保持原样，墀头砖雕、窗棂尤其精美，体现出较高的工艺水平。

万善佛堂 1936年，位于洛南县洛源镇张坪村。据万善佛堂院内《创修万善佛堂功德碑》记载，该佛堂创建于1936年。原建筑群规模较大，现仅存万善佛堂正殿。正殿坐西向东，面阔三间10米，进深两间8米，硬山顶，三架梁前带单步梁，明间有四扇棂格门，次间各有1扇菱格木窗，殿内带有佛堂；佛堂前有6扇木格门窗，棂格门绦环板上有蝙蝠、净瓶、菊瓣、菱格等装饰，顶部装饰有天花，上彩绘孔雀、花鸟等图案。

沙坪村三官庙 清，位于柞水县下梁镇沙坪村一组村中，汉乾佑县县城和唐代安业县、乾元县城所在地。据史料记载，该庙始建于唐圣历二年（699），为县境佛教朝谒圣地。永泰元年（765）羌族造反军与官军在乾元县城（今夜珠坪）大战，随之县城被毁。清嘉庆二十三年村民捐资复修，光绪二十七年重建。三官庙占地约980平方米，坐北朝南，由前殿、后殿及配殿组成院落，建筑皆为砖木结构。前殿、配殿均为硬山灰瓦顶，三架梁。前殿面阔9米，进深5米。配殿面阔12米，进深6米。后殿为硬山顶，七架梁，面阔13米，进深10米。殿内均有壁画和彩绘，后殿和配殿脊檩上各有光绪年重修题记。现仅存前殿和配殿。此庙原规模较大，是当地现存较少的古庙之一。墙上的壁画十分珍贵，对研究当地佛教文化传播、古代建筑技艺和壁画具有重要价值。现为县级文物保护单位。

丰阳塔 宋，位于山阳县县城西北隅的苍龙山顶上。此塔外形六棱，呈橄榄状，腹部空心，密檐楼阁式，因地处古丰阳县而得名。塔高21米，底围15.26米，下层最高，以上各层高度递减。各层有不同砖砌图饰，或为禽兽，或为花卉，传神生动。全塔以细泥座浆砌垒，工艺独特。塔身底层正面辟有拱形券门，以上隔层相间辟券门或隐作假门窗。层间砖雕斗拱、双排椽头、平砖加菱角牙子叠涩出檐。三层以上斗拱为双抄五铺作，以下为三抄六铺作，补间铺作一朵。二层以上增设平座栏杆。一层塔檐下有砖雕和线刻花卉、动物等图案装饰，以其风格判断，应为清代补修时所为。六层以上骤然收小，形成塔刹基座，以其做法和形制，也应

丰阳塔

为后代所葺补。有资料称该塔"始建于唐永徽三年（652），宋代重修，清咸丰年间（1851—1861）及民国时修葺"。据塔一层镶嵌的"咸丰庚申（1860）二月"《维修古塔碑记》载，古塔"未传建

自何时"。民国修《山阳县志》亦记载为"未传建于何时"。据专家实地考察和著文考证，该塔具有陕西宋塔建筑的风格与特征，应为宋代砖塔。丰阳塔是商洛境内现存年代最早、保存最为完整的砖塔。2014年被公布为陕西省文物保护单位。

东龙山双塔 明，位于商州区大赵峪街道办事处龙山村。双塔屹立在东龙山上，丹江东岸。双塔一南一北，相距300米。南塔九层，高约30.4米，为八角九级楼阁式砖塔。塔刹用砖砌成八瓣仰莲基座。塔身第二层正东、西面各有一券门。北塔七层，高24米，为八棱形七层楼阁式结构，塔檐的砌筑方式与南塔相同。塔刹用砖砌八瓣仰莲基座，塔刹无存。第一层塔檐下装饰动物和花卉图案砖雕，西北方向辟有券门；第五层各面刻有八卦图案。南塔虽高出北塔两层，但驻足城东关，放眼望去，双塔却高矮相等，这是利用了地势不同的视觉差，进行了双塔塔体的设计和建造，显示了古代建筑技术的高超精湛。现为陕西省文物保护单位。

东龙山南塔

东龙山北塔

十里铺观音庙 宋，位于山阳县城东十里铺街道办事处油坊村河南土垣上。庙坐南向北，始建于南宋宝祐三年（1255），清康熙二十七年（1688）重修，改变了原貌，咸丰九年和同治八年（1869）春维修，民国八年（1919）修缮，2001年又一次全面维修，2010年对其进行了全面维修。观音寺前后三进院，以院墙滴水为界，通宽50米，总进深200多米，总面积1万多平方米。寺中建筑沿中轴线南起依次为过殿、献殿、正殿，两侧有东西厢房（西厢已毁）。正殿面阔三间，进深一间，硬山灰瓦顶，五架梁；两侧附有东西耳房各3间。前院建筑有3门，戏楼和东西耳房各3间，楼宇对面场院西南角是钟楼，东南角为鼓楼。二门影壁内是中院，前排房5间，据说是寺院办的学堂，左右厢房各5间，后排正房9间，中央3间为过殿，前后廊、檐下额枋的牌匾有"西京古刹"四个大字，后廊匾额上还有"天竺妙境"四个金色斗字。过殿门前有3棵参天古柏，雄伟壮观。后院走进前殿看到一副对联："彼岸谁登西京宝塔传妙尒，迷途莫返香国慈航渡群生。"拜殿3间，东厢7间，西厢5间，正殿3间，东西耳房各3间。正殿后正中主佛是阿弥陀佛，两边是观世音菩萨和大势至菩萨。观音寺是山阳县最早也是规模最宏伟的一座佛教宝刹，在民间影响极深。寺中楼殿采用木构架结构，每块望砖都有福寿团花图案，均为琉璃瓦顶，雕梁画栋，金碧辉煌，布局严谨。寺中存民国十年《整顿庙课碣》1方。现为山阳县文物保护单位。

（2）汉中市佛教寺庙古塔建筑

汉中市共有123处佛教寺庙古塔建筑，主要分布在洋县与勉县境内，其中全国重点文物保护单位5处、省级文物保护单位7处、市级文物保护单位3处、县级17处，其余录入不可移动文物保护名录的佛教寺庙古塔建筑如净明寺、吴庄双龙寺大殿、张码头五佛寺、双泉寺等共91处。

智果寺 元—清，位于洋县谢村镇智果寺村。此寺始建于唐、宋、元重修。明万历初，宣文明肃皇太后颁赐智果寺御制《大藏经》678函（6780卷），并捐金，命太监会同知府督工，增建藏经楼，寺周围筑城约2里许，城外有壕，遂成为一座城高池深的城堡式寺院。寺院占地53亩，大门为原寺东门，名为"慈云堡"，现为简易门楼。原寺院城壕现仅存西、北段，城墙无存，唯余基础。寺内殿宇鳞次栉比，塔、碑林立，古柏参天，实为汉中名刹。现存大佛殿建于元代，明五暗三间，梁架为砌上明造，室内由四根金柱承二根大内额，硕大的内额承托二缝梁架，后金柱和檐柱置双步梁承托后内额，增大了当心间、次间的空间，属于典型的减柱、移柱造。檐梁、柱粗短，有显著"侧脚"和"生起"。前后檐置斗拱，五铺做出重昂，山檐和后檐斗拱出双抄。殿内山墙及檐墙原有彩绘壁画，现存5幅，约20平方米。屋面为单檐歇山顶，施灰筒瓦，收山较深，正脊较短，举折上陡下缓。藏经楼二层，重檐歇山顶，施黄绿色琉璃筒瓦。一、二层面阔三间，四周有廊，进深四间，室内四根金柱为通柱（通天柱），五架梁顶，檐下施斗拱，一楼明间腰檐顶前后出望台带围栏。格扇门和窗、梁、柱、檩、枋、斗拱藻顶彩绘。一楼上方刻"高阁藏宝"，二楼前悬赵朴初题"藏经楼"匾额。另智果寺尚存明万历至清光绪年间碑刻21通、明万历间御赐经书4139册、铜佛像4尊、石造像26尊，还有9株郁郁葱葱、苍翠欲滴的古柏。智果寺是陕西省为数不多的元代建筑之一，2013年公布其为第七批全国重点文物保护单位。

智果寺

智果寺大殿

良马寺觉皇殿 元，位于洋县谢村镇五丰村庞家店。《汉中府志》载："良马寺，（洋县）西三十五里，元中统二年（1261）建。"良马寺是一座元代建筑，其觉皇殿中的一幅巨型元代壁画，是元代绘画艺术的珍品。良马寺原是一座规模宏大、殿宇鳞次栉比的大寺院，后因渭水汜溢，兵燹破坏，两廊及山门、钟楼等俱已不存，现仅存觉皇殿和方丈院。觉皇殿坐北朝南，位于寺院建筑群中前位置，平面呈方形，占地面积约270平方米，明三暗五间，室内四根金柱，前后各承托一根大内额，硕大的内额承托了二缝梁架，增大了室内空间。前后檐置斗拱，前檐斗拱出双层假昂，后尾起秤杆，抵檐下平槫下。前檐下绘双龙戏珠、云纹、花卉及人物故事等，室内彩绘藻井。屋顶为歇山顶，

良马寺觉皇殿

施灰筒瓦、镂花脊，正脊当中饰重檐歇山顶子牙楼1座，两端饰螭吻，戗脊置仙人走兽。1933年6月红军北上抗日时，在这里播撒下了革命火种，红二十九军第十一游击大队在这里诞生，使这里成为中共地下党早期活动地点之一。2013年公布为第七批全国重点文物保护单位。

汉中东塔 南宋，汉中东塔又称净明寺东塔，位于汉台区东关正街净明寺院内西北角。该塔为方形单层密檐式砖塔，塔顶呈圆形，高15米，原为十三层，因年久失修，最上面两层已坍塌。1953年政府维修时，塔上部两层被取掉，现为十一层，各层高度和直径，自下而上逐层递减。底层为方形砖基，高3.3米，宽4.37米。其出檐结构是先自壁面叠涩一层，上施菱角牙子一层，再上叠涩砖四五层。塔身每面正中辟有券龛，龛两侧各砌单层小方塔一座。该塔整体构造端庄朴素，高耸云表，"东塔西影"昔日为汉中八景之一。明洪武八年（1375）在塔前建寺，从此塔寺合一，成为一个整体。现存建筑由前殿、后殿及东、西厢房组成，整体建筑为明清风格，面积720平方米。1995年，对塔身进行了保护；2000年，对东塔的配殿进行了维修。2013年公布为第七批全国重点文物保护单位。

开明寺塔 唐，位于洋县洋州街道办事处南街社区。此塔所在之处原为开明禅寺，

汉中东塔资料照片

开明寺塔

始建于唐代开元年间（713—741），现寺内仅存塔体巍然屹立。此塔为密檐叠涩式方形砖塔，高约22米，十三层。塔基有须弥座一层，第二层至第十三层，四面正中各有一券门小龛，两侧各有一亭式方形小塔。塔檐用砖叠涩与反叠涩出檐，两角起翘。塔顶用砖叠涩收顶，塔刹用青砖砌筑成圆球体。通观整个塔体，从须弥座开始，向上逐渐内敛，造型秀美，在建筑史上具有重要的地位。2006年5月25日被公布为第六批全国重点文物保护单位。

灵岩寺 唐、宋—清，位于略阳县兴州街道办事处玉文山下。寺庙由两个天然溶洞组成，前洞名曰金龟洞，后洞称玉柱洞，又名罗汉洞。两洞相邻，傍山临江，坐东向西。灵岩寺前洞中央，陈列着一尊高6.8米的毗卢遮那佛铜像，金童和玉女伫立两侧。在宋代，灵岩寺又称药水寺，据载寺内有一股清澈见底的水，饮之可以疗疾。北宋至和三年（1056），刘异题《游灵岩》诗："药水标题不记年，奇花深洞旧通仙。"后洞名曰白鹿洞，也称罗汉洞，两侧陈列的是十八罗汉塑像，各具形态，正中陈列一尊弥勒佛塑像。佛像的背后，有一钟乳石柱，仿佛支撑着整个洞穴，阳光照上去闪闪发光，人称其为"玉柱"。灵岩寺现存130余通摩崖石刻，号称陕南小碑林。历代许多著名的军事家、思想家和文人骚客，在这里留下了名篇绝句，如李白、

灵岩寺环境

灵岩寺

杜甫、吴道子、苏轼、李可染、于右任等历史名人都曾到寺内观光并遗诗，给古寺留下了一笔宝贵的文化遗产。寺内碑刻既有方正古拙的汉代摩崖石刻，也有风格鲜明的唐碑宋碣。嵌于灵岩寺前洞西侧崖壁上的东汉《郙阁颂》摩崖，是有书法研究价值的汉隶瑰宝，它同陕西汉中的《石门颂》、甘肃成县的《西狭颂》并称为我国的"汉三颂"，是研究中国文字、书法，尤其是东汉八分汉隶的重要实物资料。宋代诗人张俞，在灵岩寺留下了"玉文山后灵岩寺，四百年来选佛场。满地白云关不住，石泉流出落花香"的诗句。在北展厅，陈列着一通南宋哲宗皇帝御书碑，是哲宗皇帝为一代文豪司马光所题，上书"忠清粹德之碑"。还有宋《仪制令》碑，是我国迄今发现最早记载交通规则的石刻。其中汉至民国的灵岩寺摩崖2006年5月被国务院公布为第六批全国重点文物保护单位。

醴泉寺大殿 元，位于洋县磨子桥镇磨子桥村。唐开元中（713—741），云游僧人龙血禅师由四川入洋县，至汉江南麓祈子山，见江水清澈、万山岚霭、松柏叠翠，无限清幽，遂于祈子山西侧山脚下创建醴泉寺，寺成便有清泉涌出，水有酒气，称酒泉，寺取名醴泉，龙血禅师卓锡处也。元中统三年（1262）更名为开化禅院。寺分上、下二寺，上寺即今址，下寺即今磨子桥医院处。明弘治二年（1489）重修。现仅存元代建的大殿1座，唐代泉池一眼。大殿坐东向西，台基以石条砌筑，平面略呈正方形，进深11.1米，面阔明五暗三，共11.5米，单檐歇山顶，室内前后金柱各承托一根大内额，大

内额承托梁架，形成了减柱造，扩大了室内有效使用面积。檐下施斗拱，直棂窗，琉璃筒瓦顶，屋脊部分已缺失。酒泉又名灵泉，方形井口，条石砌筑井台，砖砌井壁。泉水清幽、甘冽，终年不涸。2008年被公布为陕西省文物保护单位。

醴泉寺大殿

周子垭至宝塔 清，此塔又称清净寺至宝塔，位于汉中市镇巴县泾洋街道办事处周子垭村南300米庙山上。清净寺始建于明代，清道光（1821—1850）、咸丰（1851—1861）年间曾修葺至宝塔，20世纪毁圮。至宝塔建于清光绪五年，为六角七级石舍利塔，通高8.5米，底边长1.23米。塔身条石砌筑，收分显著，整体呈锥状。一至五层出檐平薄，六、七层檐角起翘，顶置方形三级宝塔式塔刹。底层辟长方形浅龛，上饰半圆拱门楣，额题"至宝塔"，龛内嵌塔铭1方，可辨"……圆寂恩师印善老和尚觉灵之塔"字样。落款为清光绪五年。有关资料记载，明、清时期镇巴出入汉中的陆路从该寺旁经过，往来官差、商贾、旅人络绎不绝，现在此处还存有当时官道石桥1座，名安定桥。该寺兴盛时期，先后有7位住持在寺院周围修建了7座石舍利塔，至宝塔是其中最大的一座。民国时因陆路改道，香客渐少，寺院渐趋破败。建国初期，寺院改为学校，除至宝塔外，其他6座均遭破坏。唯至宝塔保存完整。2008年被公布为第五批陕西省文物保护单位。

真符寺 宋—清，位于洋县黄家营镇真符村。汉江黄金峡自古为北出子午至长安的水上交通要道，真符村便位于黄金古渡口，地理位置非常重要。唐初贞观年间（627—649）在此设黄金县，天宝年间（742—756），因凿山得"玉符"，故将黄金县改称真符县，直到明洪武（1368—1398）中县治被撤销，地仍称真符县。寺内宋砖遍布，可见至少真符寺宋代时即有。现存清代修建的大殿和南配殿2座，悬山顶，各面阔三间。大殿内存明代佛像2尊，分别为卢舍那佛和毗卢遮那佛。2004年被公布为洋县文物保护单位。

复兴寺 始建于唐代，20世纪90年代重修，位于佛坪县长角坝镇上沙窝村，古称佛爷庙。相传寺建于唐代，从石碑上依稀可看见落款处的"唐""弘道"等文字。由于所处位置旧时是佛坪出山且连接宁陕的要道，所以香火旺盛，后仅剩2垛山墙。20世纪90年代由信众自发筹资进行重建，经过数十年发展，已有一定规模。现复兴寺建有天王殿、大雄宝殿各1座，寺中人员宿舍楼1座。大雄宝殿里供奉有佛祖释迦牟尼、消灾延寿药师佛、阿弥陀佛、文殊菩萨、普贤菩萨，天王殿供有四大天王、护法佛陀、药王、财神和弥勒佛。寺外空地中散落石塔、砖瓦等遗物。寺内后来恢复宝箧印陀罗尼塔1座，高约2.5米。2011年公布为县级重点文物保护单位。

青桥驿风云禅寺 明、清、民国，寺位于留坝县青桥驿镇蔡家坡村东500米。该禅寺始建于明万历年间（1573—1620），建筑很多，后毁。1924年，重建大雄宝殿1座，坐东向西，砖木结构，面阔三间，进深二间，悬山灰板瓦，三架梁，前带单步梁，檐下施彩。前檐明间辟六扇格扇门，上雕龙凤图案。此大殿所用石柱颇大，上雕有浮龙，栩栩如生，柱柱雕有人物、动物、花草，其中正中一间的廊檐柱杵为一对石狮。寺庙存有文字碑5通、花鸟动物浮雕碑2通，其中有同治十二年重修风云寺碑一通，光绪二十年禁砍伐庙树告示碑一通，1924年修庙碑一通。现为县级文物保护单位。

（3）安康市佛教寺庙古塔建筑

安康市共有89处佛教寺庙古塔建筑，主要分布于汉滨区，其中省级文物保护单位13处，县级26处，其余录入不可移动文物保护名录的佛教寺庙古塔建筑如铁山三圣寺、神仙街龙头寺、塔坪舍利塔、云门寺等共50处。

白云寺 明、清，位于汉滨区瀛湖镇天柱山村天柱山顶，是陕南佛教四大丛林之一。相传建于唐代，初为道教观庵，嗣后佛道并祀，明、清历经扩建、重修，占地约5000平方米。现存建筑为三进四合院结构，坐北朝南，中轴线上自南向北依次为山门、过殿、大雄宝殿、后殿，两侧为东、西厢房。山门至祖师殿落差十余米，各殿间以高台相通。现有建筑均为砖木土石结构，抬梁式构架，硬山顶，合瓦覆顶，檐部有勾头滴水，堞头墙、山墙上均彩绘人物故事。祖师殿为民国建筑，其余均为清代建筑。大雄宝殿面阔三间，进深二间，七架梁，檐下施斗拱。寺内现存清代至民国时期的石碑17通、石香炉5个、石佛像3尊、铁钟1口、铁钵1个。其中3个香炉上落有年款，2个为"同治七年（1868）大吕月"款，一个为道光十二年（1832）款。铁钵上的落款为"乾隆四十七年十一月吉日"。铁钟位于白云寺正殿东侧，乾隆年间（1736—1795）铸造，高1.25米，口径1.28米，钟裙八瓣，上铸铭文，钟摆上铸八卦纹和花纹。

白云寺祖师殿

正性舍利塔 清，位于汉滨区瀛湖镇天柱山村塔包梁。此塔属于楼阁式砖塔，平面呈六角形，每边长1米，共三层，通高3.5米。塔为实心。塔基座用石块砌成，高约0.4米。塔第一层嵌石碑1通，圆首，碑高0.63米、宽0.32米，中书"恩师上月下宪老和尚正性觉灵塔龛"，光绪二十四年（1898）小阳月款。

印全舍利塔 民国，位于汉滨区瀛湖镇天柱山村塔包梁。此塔属于楼阁式砖塔，平面呈六角形，每边长1米，现存两层，通高3米。塔为实心。塔基座用石块砌成，高约0.4米。塔第一层嵌石碑1通，青石质，圆首，高0.63米，宽0.35米，中书"圆寂恩师上印下金大和尚一位觉灵塔龛"，民国十六年（1927）冬月款。1992年被公布为第三批陕西省文物保护单位。

金堂寺 清，位于汉滨区新城街道办事处高井村。《兴安州志》记载，金堂寺始建于宋嘉定六年（1213），寺内石碑记载重修于清道光二十九年。寺坐北向南，寺内建筑均砖木结构，由前殿、后殿及东、西厢房组成。后殿面阔三间，进深二间，硬山灰瓦顶，抬梁式构架，辟格扇门、窗，檐下及山墙彩绘莲花、人物故事。殿内壁上嵌道光二十九年《重建金堂寺》碣1方。2014被公布为第六批陕西省文物保护单位。

紫阳报恩寺塔 清，位于紫阳县向阳镇贾家坪村。该塔建于清咸丰年间（1851—1861），为六角七层阁楼式砖塔，攒尖顶，顶饰冲天铁戟，通高19.5米，底边长2.3米。塔身通体实心，层间叠涩出檐，檐角上翘，各层每面开一券龛。该塔原处于安康水库淹没区，20世纪80年代迁建于此。2014被公布为第六批陕西省文物保护单位。

显月寺 清，位于紫阳县蒿坪镇黄金村。显月寺坐北向南，西、南临通村公路，位于沟溪交汇的三角地带，面积约2.5万平方米。寺址现仅存山门。现有石造像3尊：中间释迦牟尼佛高1.15米、宽0.85米，西侧佛像高1.01米、宽0.67米，东侧佛像高0.99米、宽0.69米。释迦牟尼佛螺髻，褒衣广袖，双跏趺，莲花座，双手作说法状。寺内还有《显月寺补修功德碑》2通，

紫阳报恩寺塔

一方为嘉庆十四年（1809）款，宽0.67米、高1.71米、厚0.18米，碑文记述显月寺的兴衰及僧众捐资补修一事；另一为道光二十一年款，宽0.66米、残高1.44米、厚0.07米。另有《显月寺前殿新造妆绘碑记》石碑1通，长0.79米，高0.5米，四边饰云雷纹，道光二十五年十二月款，碑文记述显月寺前殿新建情况及捐资人姓名。现为县级文物保护单位。

岚皋观音庙 清，位于岚皋县城关镇水田村北500米的佛爷砭。观音庙现存正殿和东、西厢房，通面宽18.6米，通进深16.2米，建筑面积约100平方米。正殿坐北朝南，面阔三间，进深一间，硬山顶带封火墙，三架梁，为抬梁、穿斗复合式结构，明间前部凹进，面宽11.4米，进深4.8米；稍间进深6.1米。前檐明间有两扇板门，次间为圆形砖砌花纹窗，内有四柱，其他三面均为墙体。两厢面阔一间，宽16.2米，进深3.8米。前檐下及山墙墀头有二龙戏珠、书卷花卉等水墨绘画。正殿门前存乾隆二十八年修路碑、乾隆三十八年（1773）功德碑、乾隆五十五年功德碑各1通，石表炉1个，柱础石3块。庙西北有山门，门前有石狮1对。东侧下30米处有一石窟，洞口呈不规则长方形，高3米，宽2～2.6米，进深2.9～3.5米。现正殿供奉观音神像，东厢房为解签房，西厢房为功德堂。2008年被公布为第五批陕西省文物保护单位。

古鉴大士灵塔

古鉴大士灵塔 明，位于岚皋县石门镇月新村西北约800米的塔坡。该塔为三级幢式石舍利塔，青石质，塔刹残佚，存塔基及塔身，残高4.7米、底径1.2米。该塔系整石套雕而成，塔基为六角形须

弥座，上浮雕力士、宝象、莲花等。塔身底层为圆鼓形，套接六角形平檐，二、三层分别为六棱形、圆柱形，套接直壁圆檐，上有峰角起伏，饰团花、缠枝花卉。二层镌刻楷体塔铭一方，额题"偈世嗣鉴"。还有五言偈语："离幻得自在，真灵永不坏。常住不生灭，法身空劫外。"正文"临济二十五古嗣祖沙门古鉴大士灵塔"，落款为"大明岁次正德丁卯二年癸丑月庚午朔甲申日立"。现石塔各构件均有不同程度的残损、风化。20世纪70年代村民耕地时在舍利塔附近发现有地宫遗存，同时在洞口耳室发现有陶佛像、铜镜等遗物。2008年被公布为第五批陕西省文物保护单位。

旬阳东宝塔 明，位于旬阳市构元镇羊山村。东宝塔建于明正德年间（1506—1521），为古红安寺遗迹之一。塔为砖砌实心，六面五级，通高11.02米，通体为仿木结构，每级各面均有檐头、角脊、斗拱和门窗装饰。建筑构造精巧，古朴大方，是陕南地区古塔建筑中的精品，具有很高的艺术价值。2014年被公布为第六批陕西省文物保护单位。

东宝塔

东宝塔环境

鲤鱼山祖师殿 清，位于汉滨区五里镇鲤鱼山村鲤鱼山。此殿坐北向南，仅有正殿保持原貌，面阔9米，进深9.6米。整体建筑为砖木结构，硬山顶，灰瓦覆顶，叠瓦压脊，脊上有摩羯等鱼装饰，三角勾头滴水，青砖封檐。殿内可见青石质方首碑1通，通高1.08米、厚0.07米、宽0.47米，碑文阴刻楷体，内容为化恩法师生平及生卒年月，清光绪元年款。现为县级文物保护单位。

杨家营村罗汉殿 明、清，位于汉滨区恒口镇杨家营村村委会南30米月河北岸。罗汉殿坐北向南，南北长约23米，东西宽约22米，始建于明代，清乾隆四十四年及道光二十二年增修。沿中轴线自西向东依次为前殿、天井、正殿，两侧为东、西厢房。正殿面阔五间，进深三间，灰瓦硬山顶，抬梁式构架，辟格扇门、窗，檐下及山墙彩绘山水人物故事。有道光二十二年《重修罗汉殿》碣1方，宽1.7米、高0.8米，记载罗汉殿隐显及重修事宜。现罗汉殿已重修，为县级文物保护单位。

田坝石塔 明，位于宁陕县城关镇贾营村。该石塔为宝瓶式舍利塔，通高4.33米，底边长0.6米，由11块石料套合而成。塔基为六角形须弥座，每面刻蔓草纹，其上置仰覆莲座，承托圆鼓状塔身。塔身高近1米，东面辟拱形龛，内雕跏趺坐佛像1尊。塔顶为方形三重檐，置仰莲座，托宝瓶式塔刹。现为县级文物保护单位。

塔儿坪舍利塔　明，位于宁陕县广货街镇蒿沟村。此塔为四级幢式石塔，通高3.85米，底径1米。塔基为六角形须弥座，上承仰莲座。塔身各层均用整石雕成，底层为鼓形，二、三、四层为六角形，第二层各面浮雕人物、仙鹤、灵猴、狮等图案，第三层、四层浮雕网格状图案，各层檐均作六角形。该舍利塔是后来移到该处的，原为五级，现遗失一级。现为县级文物保护单位。

观音山莲花寺　清，位于宁陕县太山庙镇长坪村观音山顶东南约200米。寺坐北向南，始建年代不详，宣统元年重修，占地面积约430平方米，为砖木结构。沿中轴线自南起依次为大门、前殿、天井、后殿，另有左、右厢房。后殿有条石砌神龛4座，龛内浅浮雕瑞兽图案。寺内存石造像2尊、木雕像8尊、石狮1对、石香炉1件。该寺原貌保存较好，石造像及木雕像已佚。现为县级文物保护单位。

临崖寺　清，位于旬阳市城关镇李家台村王家山。因寺临崖而建得名，面积632平方米。据记载，此寺乃宋绍兴六年（1136）僧人明显建；明洪武年间（1368—1398），僧人海保、天顺、广泰对该寺进行过两次维修；弘治中（1488—1505），知县蒋昺建灵芝亭。相传吉水罗洪先读书于此，又有读书亭。嗣后因寺宇焚毁，清同治四年知县孙潍重修。现为县级文物保护单位。

圆通寺舍利塔　明，位于旬阳市赵湾镇高家坡村。塔共2座，相距3.2米：其一高3.1米，径1.32米；另一高3.46米，径1.37米。塔基均为须弥座，塔身由巨石打凿的六棱体垒砌而成，塔顶为石雕八棱攒尖顶。塔体石面上均镌刻有记事文字。现为县级文物保护单位。

桐木青山寺　唐—明，位于旬阳市桐木镇青山村。寺庙建筑占地面积650平方米，肇启于唐，历宋、元，至明。现存寺庙除两厢、前殿破败不堪外，正殿、石塔、古柏、石狮均完整。寺院后约200米处，有一座通高6.7米三级方形石塔。石塔一层边长3.2米，高1.3米；二层边长2.8米，高2.1米；三层边长2.1米，高1.9米；四角攒尖式顶，高1.4米，有石雕"宝珠"装饰。青山寺正殿及方塔通体石构，风格古朴、独特，建造时代较早，系陕南地区较为少见的古建筑。现为县级文物保护单位。

菩萨泉观音殿　清，位于汉阴县城关镇北街龙岗坡上。自古龙岗溢清泉，民间称菩萨泉，庙亦因名。建庙以来，融入道教和佛教因素，后被列为"汉阴八景"之一。清嘉庆年间（1796—1820），汉阴厅通判钱鹤年组织民众倡修大殿。后期增修门楼、厢房、"桂中明月""水厅幽林""万年戏楼"及木牌坊等建筑。民国二十三年增建百子门、百子堂、龙泉口，配置了锡铸银龙。民国二十五年（1936）整修菩萨泉周围林区。自20世纪90年代开始，陆续恢复菩萨泉正殿（俗谓观音殿）、药王祠、唐公祠、戏楼等建筑。庙宇坐北朝南，沿中轴线南起依次为戏楼、广场、菩萨泉正殿和后殿，西侧分布有药王祠、唐公祠及新添厢房等，总占地面积约3600平方米。菩萨泉正殿和后殿为一封闭院落。正殿面阔三间11米，进深三间6.3米，硬山灰瓦顶，七架梁，前、后檐明、次间辟四扇格扇门，次间置菱格窗。后殿面阔三间11米，进深三间6.4米，硬山灰瓦顶，七架梁，前后带双步梁，用四柱。前檐明间设四扇格扇门，次间置槛窗，东、西山墙另设圆形花格窗。菩萨泉（龙泉）泉眼位于后檐北次间内，有石潭储泉，可以观瞻。两殿硬山墙面为通连式高大风火墙，将殿宇封闭其内，中间隔空隙为天井。殿内、外分别以条砖、条石墁铺，前檐明间置青石踏跺。药王祠位于前殿西侧，坐西向东，为砖结构祠室套石窟建筑；祠室面阔一间4.75米，进深一间约4米，硬山灰瓦顶，施风火山墙，室内无立柱，梁架置于山墙内；前檐设六抹格扇门；室内条砖粗墁，室外设青石台明及踏跺；祠内石窟面宽2.4米，进深2.8米，内供药王塑像。唐公祠毗邻药王祠而建，坐西向东，为砖结构祠室套石窟建筑；祠室面阔一间4.74米，进深一间约4米，硬山灰瓦顶，施风火山墙，室内无立柱，梁架置于山墙内；前檐设六抹格扇门；室内条砖粗墁，室外设青石台明及踏跺；祠内石窟面宽2.8米，进深2.9米，内供唐公塑像。观音殿尚存清道光十八年立《鲁显敖捐地碑》、道光二十八年立《鲁代珍捐地碑》、咸丰六年（1856）立《张占魁王永祥捐地碑》碑碣3方，碑文详细介绍捐地过程及庙宇四至范围。2003年其被公布为第四批陕西省文物保护单位。

（4）渭南市佛教寺庙古塔建筑

渭南市共有11处佛教寺庙古塔建筑，主要分布在华州区与华阴市境内，其中省级文物保护单位5处，其余录入不可移动文物保护名录的佛教寺庙古塔建筑，如杜家菩萨庙、潜龙寺砖塔、柏庙村土塔等共6处。

潜龙寺 清，位于华州区莲花寺镇贺家崖村蟠龙山上。传刘秀曾在此隐藏，躲过新莽军追捕，其子汉明帝为报答此处隐藏先父行迹之恩，特下诏建潜龙寺。唐时僧人周钵驻寺，嗣后代有传人。明嘉靖三十六年（1557）重建，清乾隆十二年（1747）及道光（1821—1850）、咸丰（1851—1861）、光绪（1875—1908）年间相继重修，现存建筑为清代风格，部分殿宇和厢房于1994年重建。

潜龙寺

寺院现占地面积约3000平方米，坐北朝南，沿中轴线依次有山门、前殿、中殿、上殿，两侧各有厢房（配殿）13间。存明成化四年（1468）至清咸丰四年碑石7通，分别为：《重修殿宇并造藏经碑》，嵌于上殿东墙；《中兴终南山蟠龙寺碑记》和《重修潜龙寺记》，嵌于上殿西墙；《蟠龙山□方义林记》和《蟠龙山兴词导案碑记》，置于中殿背后东、西两侧；盝顶碑和六棱座圆首碑，置于东厢房内。另有明正统十四年（1449）款铁钟1口、清印藏经96套。上殿面阔五间15米，进深三间带前廊共10米，悬山灰瓦顶，透花脊，施吻兽，构架为五架梁，前后带单步梁。明、次间辟格扇门，梢间置槛窗。殿内供佛、菩萨塑像5尊，额枋与檐檩间残留有僧人出行内容的壁画。后院有一株传为汉代植入的柏抱槐，树径1.7米，冠径约10米，周身布满小孔，形若钉眼，亦谓挂甲柏。2008年被公布为第五批陕西省文物保护单位。

宁山寺 清，位于华州区莲花寺镇贺崖村蟠龙山上。北宋熙宁五年和元祐元年（1086）两次发生山崩，因建寺以镇山，故名。清乾隆至光绪年间（1736—1908）多次重修。民国二十三年慈云法师驻寺，再次整修山门、大殿，并扩建知客寮、司阁寮、退居堂、讲经堂、笔室、外廊等；于右任为山门题额"宁山净寺"，为大殿题写"天雨

宁山寺

虽宽不润无根之草，佛门广大难度不信之徒"楹联；朱子桥题写"退居"匾额。寺院坐南向北，另有竹园30余亩。今寺院为20世纪80年代至1995年间陆续修复和重建，占地面积千余平方米，由山门、前殿、大殿和东、西厢房组成。大殿面阔三间，进深三间带前后廊，硬山灰瓦顶，施莲花脊，置吻兽；明间辟格扇门，次间设槛窗，额枋饰"一整二破"旋子彩画。前殿结构同于大殿，但装修稍简。东、西厢房皆面阔五间，进深六椽带前廊，硬山灰瓦顶；柱头科为单翘装饰斗拱，平身科置一攒；明间辟格扇门，次、梢间置槛窗；额枋饰"一整二破"旋子彩画，明、次、梢间枋心分别饰凤、龙、锦图案。寺内尚存铜佛像5尊、碑碣2方、铁钟1口、六角三层砖舍利塔1座。2008年公布其为第五批陕西省文物保护单位。

蕴空禅院 宋—清，位于华州区大明镇蕴空山北麓，又称蕴空寺、大明寺。寺院东、南、西三面与山坡相连，北为深崖。寺始建于唐；北宋时名云寂院，后因蕴空法师重葬于此，易名蕴空寺；明、清臻于全盛，晚清后败落。现寺院占地面积约2800平方米，尚存大殿1座、僧寮2排12间，以及北宋蕴空法师塔、清普乾法师塔和无名氏墓塔各1座。大殿为明建清修，砖木结构，面阔三间10米，进深三间12米，硬山灰瓦顶，抬梁式构架，脊檩上有墨书"原籍山西太原府兴县出俗资福寺……创建"题记一则。殿内供释迦牟尼佛和文殊、普贤菩萨塑像3尊，置有木鱼、磬等法器，磬为清宣统年间（1909—1911）制。蕴空法师塔位于大殿西南20米处，为方形三层楼阁式砖舍利塔，北宋治平三年（1066）重建，残高约8米，底边长2.2米。塔身底层辟券门，二层设券龛。层间以平砖加饰菱角牙子共十一层叠涩出檐，檐下施转角铺作斗拱，补间置铺作一朵。塔顶平砖攒尖，塔刹无存。普乾法师塔位于蕴空法师塔东南5米处，为方形三层楼阁式砖舍利塔，建于清代早期，残高约7米，底边长2.82米。塔身底层北面辟券门，高1.55米，宽0.73米，门额篆书阳刻"了空踪迹"，内置普乾法师塑像1尊。二层东、西两面各镶有功德碑1方，均长0.46米、宽0.4米。塔身层间叠涩出檐较短，仅在第三层施一排菱角牙子。塔顶平砖攒尖，塔刹无存。东侧有小屋1间，可见塔下地宫。地宫为拱券顶，高2.2米，宽1.1米，进深2.16米，顶部有一凹槽，内置横向铁柱，以铁链悬棺1副。传普乾法师昌明乃崇祯第四子，明朝亡覆后，潜入佛门避难，因有"生不做清臣，死不沾清土"遗愿，圆寂后，弟子们遵嘱将其灵柩用铁链悬空，四周不着土，并置此墓屋，每日按时入墓诵经祈福。多年后，当地开始流传"蕴空禅院看悬棺"之语，且有大明镇、大明村、大明寺等，总以"大明"命名。2008年其被公布为第五批陕西省文物保护单位。

禅修寺大殿 元，位于华州区高塘镇寺前村北侧。寺始建于北宋，初名兴国寺；元代重修；明万历元年（1573）整修，易名禅修寺。原寺由三进院落组成，坐北朝南，有殿宇、厢房、僧舍72间，兴盛时僧侣多达百余人。民国后期衰

禅修寺大殿

落，1949年后一直由寺前村村委会管理使用。现仅存大殿及两侧朵殿。大殿平面呈"凸"字形，中央主殿面阔三间14.5米，进深六椽带前后廊14.1米；两侧朵殿各一间4.15米，进深两椽4.6米；均为单檐悬山灰瓦顶，施琉璃脊，置鸱尾。梁架为前后乳栿对四椽栿用四柱，平梁上置蜀柱、叉手。屋顶举折平缓，檐柱有显著"侧脚""生起"。大殿当心间、次间各辟六扇格扇门。前后檐下施斗栱：外檐为五铺作双下昂，昂下刻作华头子；内檐为六铺做出三抄，上跳偷心；补间铺作仅用一朵。两侧朵殿前檐施斗栱，为四铺做出单昂，斗栱后尾直接伸至脊檩下方，省去了平梁。该建筑大木结构的特点是用大内额和斜栿，因而扩大了殿内空间；朵殿则使斗栱后尾直接支承脊檩，而取消平梁。建筑整体呈现出明显的元代建筑风格。1992年被公布为第三批陕西省文物保护单位。

永庆寺 清，位于华州区柳枝镇黄安村东凤凰山，又称永庆禅院。清《续华州志》载，西汉末年到东汉之初，谶纬高士辛缮曾在此处隐居，弟子受业者600余人。时有大鸟伴栖于辛缮庐室巨槐树上，朝野称奇，人称鸾凤，因而命名其地为凤居山或凤凰山。另据寺内明宣德八年（1433）《凤居山永庆禅院碑记》载，此寺"始于汉室，隆于唐世"，贞观六年（632）太宗李世民曾来此降香祈福。高僧鸠摩罗什、玄奘等亦先后在此驻锡弘法，鼎盛时期有僧众300余人。今存建筑基本为清代重修，钟、鼓楼等近年由僧众集资重建。现寺院占地面积4342.8平方米，坐南朝北，平面呈长方形，南北长92.4米，东西宽47米。中轴线上依次有照壁、山门3间、中殿3间、正殿3间，两侧有东、西厢房各3间及钟楼、鼓楼等。主体建筑均为硬山灰瓦顶。正殿又名大雄宝殿，构架为三架梁，前檐带单步梁，明间辟格扇门，次间设直棂窗，梁枋施神话故事彩画，东、西山墙绘龙、虎、凤鸟等吉祥动物壁画。殿内存佛像3尊、铁钟2口。1984年曾予维修。殿前有明宣德八年刻《凤居山永庆禅院碑记》碑1通。院中原有传为汉代植黄杨2株，东西相向，又名罗汉树，今存东侧1株，冠若行龟，蔚为壮观。2008年被公布为第五批陕西省文物保护单位。

（5）西安市佛教寺庙古塔建筑

西安市共有94处佛教寺庙古塔建筑，主要分布于长安区、鄠邑区与周至县、蓝田县境内，其中全国重点文物保护单位10处，省级文物保护单位5处，县级15处，其余录入不可移动文物保护名录的如簣山寺、杜家沟青龙寺、玉山寺、山王观音庙等共64处。

水陆庵 明，位于蓝田县城东10公里的普化镇王顺山下，坐落在一个形似卧鱼的小岛尾部，三面环水，形似孤岛，旁有青山耸立，周有河水环流，故称水陆庵。水陆庵原为隋、唐名刹悟真寺下院山北道场的一部分，原名北普陀蓝渚庵，是山北道场举行"水陆大会""水陆斋""水陆道场"的水陆殿，始建于隋开皇九年（589）。明嘉靖三十四年（1555）十二月，蓝田地震，北普陀水陆庵临山处发生地陷，又恰逢暴雨如注山洪暴发，水陆殿南部连山处被洪水冲刷出一条新的河道，并与北河道形成了一个环状水域，将水陆殿与玉泉院、华严堂完全分离，使水陆殿四周形成了三面临水卧鱼形的孤岛。明代，秦藩王朱怀埢喜爱这里的山水，奉庵为家祠佛堂，于嘉靖四十二年（1563）动工翻建，对壁塑进行整修，历时5年竣工。清及民国曾三次修葺。现水陆庵占地面积约6800平方米，坐西向东，中轴线上依次为山门3间、前殿5间、中殿3间、大殿5间，两侧有厢房各13间，总建筑面积逾1600平方米。现存明代壁塑人物像3700余尊。这是陕西省年代最久，保存最完整的彩绘泥塑群，具有极高的艺术历史和佛教研究价值。被誉为"中国的第二敦煌"。1996年被公布为第四批全国重点文物保护单位。资料详见《蓝田水陆庵》陕西省文物保护研究院、蓝田县水陆庵文物管理所，文物出版社2018年12月。

俯瞰水陆庵

水陆庵山门

东壁药师佛、释迦佛、阿弥陀佛及胁侍

普贤菩萨、观音菩萨、文殊菩萨

北山墙东南壁药师十二神将、罗汉渡海、释迦降生

卢舍那佛像

上悟真寺 隋、唐、民国，位于蓝田县普化镇。寺依终南山北麓，岩崖峻峭，曲水回环，茂林幽篁，流云飞瀑，自古即有"圣坊仙居"之称。其历史可追溯至西晋以前。隋开皇十四年（594），高僧净业奉诏兴建，正式称名悟真寺。隋末唐初，历经扩建，至唐开元初期，已成为拥有上、下两院，含上方北院、上方南院、橡湾竹林寺、山北玉泉寺、山北水陆道场、河湾口华严院，共六大寺院群落，殿宇庭堂4000多间，僧众1000余人，山场田产5000亩以上的超一流佛教寺院。被尊为"弥陀化身"的净土宗开宗祖师——善导大师在此修行。贞观十五年（641），大师从悟真寺出发，前往玄中寺，师

事道绰大师受净土教。唐贞观十九年（645），道绰大师圆寂后，善道大师重返悟真寺，住持悟真寺的弘法及建设，并著书立说，开宗立教，往返京师，大弘法化。他还写了《弥陀经》10万卷，画净土变相图300铺。3年赢得倾城归信，士女奉者其数无量。经唐末会昌法难，悟真寺被破坏殆尽，此后历朝时兴时废，时至今日原寺已不存。原上方北院处现存寺院，为民国时所建，称上悟真寺。在周围地层中出土唐代汉白玉莲花座残件。

悟真寺与玉山

悟真寺舍利塔

悟真寺出土汉白玉莲花座残件

长安圣寿寺塔　唐，位于长安区五台街道办事处南五台山塔寺沟内。寺始建于隋仁寿年间（601—604），唐大历六年（771）始称南五台圣寿寺。北宋太平兴国三年夏，因该地前后六次出现五色圆相、祥云等瑞象，宋太宗敕额"五台山圆光寺"。后历代多次重修。现寺院占地面积约9000平方米，坐西向东，走势狭长。现存殿宇均系清代和近代建筑。沿塔寺沟前行，由山门3间和前殿3间形成的一个院落；经此向西247米，有大殿5间和僧房5间形成又一院落。大殿北侧有圣寿寺塔，再北约50米有近代高僧印光法师影堂石塔。寺内现存清道光二十九年《观音大士伏龙赋并序》碑及民国三十四年（1945）《莲宗十三祖印光大师遗像》碑。出寺院沿山径盘旋而上，依次可抵观音、灵应、舍身、送灯、清凉等台，各台上均有近代庙宇，景致清幽。圣寿寺塔又名应身大士圆寂塔，传建于隋仁寿年间。现塔为唐代风格，局部有宋代补葺痕迹。塔通高29.5米，底边长7.5米。塔身一、三、五、七层南北两面和二、四、六层东西两面辟券门，层间以砖叠涩出檐，施两排菱角牙子。二层以上壁面作仿木结构，每面3间，以砖隐出倚柱、额枋及斗拱。塔顶平砖攒尖，置七圈铁质相轮，上覆八角攒尖式铁刹。塔内原有木梯供登临，已毁。该塔造型与唐总章二年（669）建造的兴教寺塔相近，铁质相轮式样与铜川宋代重兴寺塔相似，应系唐代重建、宋代修葺之物。因坐落于峡谷中，壁面光洁，鲜见风蚀痕迹。关于应身大士圆寂塔名的由来，传说隋仁寿年间有毒龙化为羽人，在京城以药为饵，毒杀生灵。观音大士遂化身和尚，将其降服。为感铭观音大士普救众生之恩，时人便修建此塔，并祭观音大士为"应身大士"。2006年被公布为第六批全国重点文物保护单位。

长安圣寿寺塔保护标志碑

圣寿寺塔

敬德塔 宋，位于鄠邑区草堂街道办事处，距紫阁峪约400米，亦称宝林寺塔。宝林寺创建于唐贞观年间（627—649），尉迟敬德监修，后世人附会称寺塔为敬德塔。后该寺原塔屡次倒塌，现塔修建于北宋元祐七年（1092）。1988年在第五层西券龛内发现塔铭1方。宝林寺于清同治元年焚毁，仅存此塔。塔为方形七层楼阁式砖塔，高16.98米，底层边长2.8米。塔身底层较高，面西辟券门。二层以上每面作仿木结构3间，砌出倚柱、额枋、平座钩栏；当心间辟券龛，两侧饰菱花假窗。层间叠涩出檐，砌出椽头、菱角牙子；檐下及平座均施四铺作单抄斗拱，补间铺作一朵。目前，此塔保护现状较好。2013年被公布为第七批全国重点文物保护单位。

敬德塔

净业寺 唐、清，位于长安区终南山北麓之凤凰山上。凤凰山山形如凤，地脉龙绵，山势奇古高峻，林壑幽深。净业寺踞处山腰，坐北朝南，北依悬崖，东对青华山，西临沣峪河，南面阔朗。该寺创建于隋文帝开皇元年（581）。唐高祖武德七年高僧道宣律师在终南山仿掌谷（即沣峪）修习定慧，所住之地没有水，就挖一尺，清泉涌出，因此称为白泉寺，成为佛教律宗的发祥地。道宣律师在贞观年间（627—649）住在丰德寺，传说有护法神告曰："彼清官村故净业寺，地当宝势，道可习成。"净业寺的名字由此而来，也说明白泉寺、净业寺同为一寺。据宋敏求《长安志》记述，唐麟德二年（665），诏令道宣于此建石戒坛。乾封二年（667）十月三日，道宣律师圆寂，葬于坛谷石室。唐高宗诏令天下寺院奉供道宣律师画像，并令名匠韩伯通为其塑像。唐穆宗曾赞曰："代有完人，为如来使。龙鬼归降，天神奉侍。声飞五天，辞惊万里。金乌西沉，佛日东举。稽首皈依，肇律宗主。"因道宣长期居住终南山，尊称其所弘的《四分律》为"南山宗"，亦尊称他为"南山律祖"。道宣律师门下有受法传教弟子千人，著名的有大慈、文纲和文纲的弟子道岸、道宗等，后由道宗的再传弟子鉴真将律学传到日本并成为日本律宗祖师。唐时净业寺因道宣弘扬律宗而达极盛，唐代以后，净业寺逐渐衰落。净业寺建筑自南而北依次为3间过庭式天王殿，殿东侧开1偏门；院正北为大雄宝殿，面阔三间，进深二间；大殿后左、右侧有两层木楼寮房各1座；院东为斋堂5间，院西原有禅堂5间。大殿后有石洞3孔，内供观音、普贤、文殊菩萨像，系民国时期西北军将领敬佛所凿。

净业寺环境

净业寺

草堂寺 位于鄠邑区草堂街道办事处草堂营村西北。该寺为佛教三论宗祖庭，寺前身为后秦姚兴所建逍遥园的一部分，鸠摩罗什入居后，更名草堂寺；原址在汉长安城东南，唐时迁建今址，唐中叶曾易名栖禅寺；宋初重修，改称清凉建福院，但草堂、栖禅之称谓，历金、元、明、清仍沿用；清同治元年又遭洪水，几成丘墟；今存殿舍均为近代所建。现寺院占地面积34668平方米，合52亩。现存重要文物有鸠摩罗什舍利塔1座，为唐代所建；碑碣25方，包括唐大中九年（855）裴休撰书、柳公权篆额的《圭峰定慧禅师碑》；明万历十九年（1591）铸铁钟1口；观音殿5间，硬山顶，清代建筑，面宽18.21米，进深9.5米；寺西北角存有烟雾井1口，由此得名的"草堂烟雾"，被誉为"关中八景"之一。1956年草堂寺被公布为第一批陕西省文物保护单位。

草堂寺

草堂寺妙法殿

鸠摩罗什舍利塔 唐，位于鄠邑区草堂街道草堂寺舍利塔院内。鸠摩罗什祖籍天竺（今印度），生于西域龟兹国（今新疆库车），初学小乘学，后来又通大乘学，名震四域。后秦弘始三年（401），应姚兴之邀来到长安，被待以国师之礼，安排在逍遥园内讲经，并与众沙门校译梵文经典，共译出梵文经典97部427卷。这是我国第一次大量翻译外国佛经。另外他还创立三论宗和成实宗两个新宗派。鸠摩罗什于弘始十五年（413）圆寂，终年70岁，依照西域法典，遗骸荼毗（火葬），葬于草堂寺并建造一塔，名为鸠摩罗什舍利塔。该塔属于八角亭阁式塔，选用玉白、砖青、墨黑、乳黄、淡黄、浅蓝、赫紫、灰色8种颜色的大理石及玉石雕刻镶拼而成，因之，俗称八宝玉石塔，上下共十二层，高约2.5米。底座呈方形，每边长约1.7米，周围刻出16组浅浮雕图案。第一层呈圆盘状，沿盘面浮出须弥山及佛像、瑞

鸠摩罗什舍利塔

兽等图案；第二至四层亦均呈圆形，依次雕出水波、二重流云、蔓草花纹等；第四层圆盘上承托八角形塔身，塔身雕刻出倚柱、阑额、板门、直棂窗等，塔顶雕出四角攒尖顶式样，屋面刻出屋脊、瓦陇，檐口做出仿木橡头。塔刹部分由须弥座、受花、仰覆莲及扁圆珠宝构成。整个塔体比例匀称，雕琢相当精致，造型端庄典雅。2001年被公布为第五批全国重点文物保护单位。

仙游寺法王塔 隋，位于周至县马召镇仙游寺西北角。法王塔始建于隋仁寿元年，唐开元年间维修。残高34.65米，底边长8.7米。底层南面辟券门，中为方形塔室，边长约3米，高4.38米，以上各层单壁中空，均南面辟券门，原有木梯可攀。塔身逐层收分，层间叠涩檐下砌两排菱角牙子。塔顶平砖攒尖，塔刹已毁。底层东、北、西三面各嵌碣石2方，东面南侧碣上有线刻人物像。该塔砖缝细密，宛如水磨，虽受地震、兵灾和风雨剥蚀，基座、塔檐及塔刹砖块脱落严重，但仍岿然挺立，是国内保存较好的隋塔之一。因西安市黑河引水工程，1998年仙游寺法王塔保护搬迁，在塔身的搬迁过程中意外发现了天宫、地宫，地宫出土有双面铭文石碑1通、石函1具、熏香炉1件。石函内藏有鎏金铜棺1具，棺内有精美的琉璃瓶，瓶中存有舍利子10颗。该塔现已迁至距原址北约2.8公里的金盆北梁，塔中出

仙游寺原址照片

仙游寺法王塔

土文物、舍利在仙游寺博物馆保存。迁建的法王塔，严格按照文物修复要求，除对残损部位修复外，严格保持原塔风貌。现该塔为7层四棱方形密檐式砖塔，底层是边长9.4米见方的砖筑基座。塔基底部正中为一单室地宫，砖筑，宫室前有短甬道，长2.98米，券顶，高1.62米，宽1米，石室门楣上阴刻花草纹，门两侧阴刻天王像，石室内有盛放舍利的石函。塔身每层均以砖砌出叠涩塔檐，各层朝南均开有门洞，有梯相通，可达顶部。顶部为砖砌逐层递缩的梯形塔刹，塔顶安装避雷针。整个造型极为古朴、庄严。仙游寺法王塔为中国现存的唯一一座隋代砖塔，对研究隋代佛塔建筑以及佛教发展史等方面，具有重要意义。1996年被公布为第四批全国重点文物保护单位。

天池寺塔　明，位于长安区太乙宫街道办事处蛟峪山村中部。天池寺又称龙池寺、普光寺。寺原有前殿、正殿、后殿3座大殿，均坐北朝南，明、清时建筑只剩下正殿。现在前殿东、西两侧建有钟楼和鼓楼，钟楼内悬挂有清康熙六十一年（1722）所铸的铁钟1口。天池寺塔为六棱七层楼阁式砖塔，为明代所筑。塔平面为六边形、每边长2.53米，共7层，通高约20米，一、二、三层六面均为砖雕窗和石门。塔身每层檐下有砖砌斗拱，斗拱上是紧密相连的塔檐，每层边角各系铜铃一颗。塔顶事1米高的嗒刹。2012年对塔进行维修时，在顶层发现舍利一枚、化石两块，现藏于长安博物院。2014年被公布为省级文物保护单位。

天池寺

天池寺塔

二龙塔　唐，位于长安区王莽街道办事处土门峪村西南约731米。该塔为密檐式砖塔，现残存七层，残高18.65米，平面呈正方形，修复后底边长为7.53米，塔南、北两面正中原有登临的砖券门，在历史上遭严重损坏。在近年修葺时，复原了该券门形制，但将券门的下半部直接用砖封堵，致无法入

二龙塔

仰观二龙塔建筑结构

内。据调查，塔壁厚2.16～2.2米。该塔底层较高，二层以上高度锐减，并由下至上逐层收分。每层南、北中间均有券门，每层间叠涩出檐，檐下砌二层菱角牙子，直檐无翼角，出檐较短。《长安县志》记载，该塔内原有木梯，但在清末到民国初毁于兵火。又据当地史料记载，该塔被拆去一层。2019年被列为第八批全国重点文物保护单位。

南五台佛教寺庙群 唐—民国，位于长安区南25公里的五台山上。南五台古称太乙山，这里是观世音菩萨的道场之一，是中国著名的佛教圣地。五台山广袤十里许，有奇峰5座——观音、清凉、文殊、灵应、舍身，合之称为五台。南五台的佛教寺院和遗迹有西林禅寺、弥陀寺、圆光寺、圣寿寺、千佛寺、卧佛殿、紫竹林寺、五马寺、黑虎殿、印光大师影堂塔、甘露寺、五佛殿、莲花洞寺等。其中圆光寺位于南五台大台，此台为观音菩萨应身

南五台与关中平原

之处，寺内遗存明万历年间所铸铁瓦。旧志载：今南山神秀之区，惟长安南五台为最。南五台五峰皆有佛寺，至清代有大小寺庙四十余处，是著名的佛教圣地。

凝灵塔 明，位于鄠邑区石井街道办事处栗峪口村南明阳寺内。明阳寺明正统元年（1436）建，正德十五年（1520）曾重修，原碑记已佚，清同治年间（1862—1874）被毁，现仅存遗址，遗有石塔1座，即凝灵塔。塔原为六面九层，现仅存四层，其上线刻佛像、经文。记有"牛首山明阳寺□□禅师凝灵塔"，为研究佛教在终南山一带发展情况提供了实物资料。现为县级文物保护单位。

（6）宝鸡市佛教寺庙古塔建筑

宝鸡市共有17处佛教寺庙古塔建筑，主要分布在凤县、太白县。其中县级文物保护单位1处，其余录入不可移动文物保护名录的佛教寺庙古塔建筑如兴隆堡三圣宝殿、太白山骆驼寺、大王庙罗汉殿、陈家园金山寺等共16处。

大王庙罗汉殿 清，位于凤县河口镇沙坝村四组大王庙内。罗汉殿位于大王庙北部，坐北朝南，建于高约0.3米的台基上，为硬山式灰瓦顶砖土木结构建筑。面阔三间，进深二间，三架梁，前、后檐均带单步梁。通面阔10.6米，通进深7.8米，建筑面积82平方米。前檐有斗拱，明间为格扇门，次间为格扇窗，门窗均有菱形格花心，裙板上浮雕有荷花、菊花、牡丹、梅花等图案。檐柱高约2.9米，柱径0.24米，金柱高约4米。槛墙为砖包土墙，山

大王庙罗汉殿

墙、后檐墙均为土坯墙。前檐山墙墀头设有砖雕荷花、牡丹和麒麟等。2000年当地村民对屋顶进行翻修，破坏了原有屋脊等。院内残留有屋脊残块、残石碑和3个石吊炉。殿内有石雕罗汉像11尊，均为砂岩质，雕刻粗糙。

五里庙僧人墓塔 清，位于凤县红花铺镇魏家湾村五里庙（自然村）。墓塔兴建于清代同治十年（1871），砂石质，残高2.7米，基座为正方形，用条石砌筑，边长1.6米。塔身平面为六角形，共四层，下大上小，每层有出檐，檐角微翘，棱角分明，顶置仰覆莲座，刹已无存。第一层六面均有铭刻，主要记述了大和尚祖籍、生卒年月等事，并载有广佛、景禅、清风等16个寺庙法师姓名和诗文。该墓塔结构灵巧，塔铭记载历史信息较多，对研究凤县地区宗教文化等方面有较高的历史和艺术价值。现为县级文物保护单位。

塔坝僧人墓塔 元，位于凤县留凤关镇长坪村五组（塔坝）村内。墓塔通高2.2米，砂石质，共5层，最下部为方形基座。塔身由块石构件组成，一层为圆鼓形，二层为腰鼓形，三、四层为圆鼓形，顶部塔刹缺失。二层腰鼓形表面刻满铭文，均为众弟子姓名，上部一周大字"智道德广福慧园明性海妙用□□□真成祖会云禅师"，下部有"陕西凤鸣白水县石匠邓平郭海"的题款，背部有尖拱形佛龛，龛内雕凿坐佛1尊，风化较为严重，面相模糊。根据墓塔造型、风格判断，建造时间应该为元代。

（二）道教文化与道观建筑

道教是中国土生土长的宗教，研究道教发展的历史，秦岭始终是一个不可忽视的地理概念。秦岭还是道教祖庭文化区，道教的一些主要派别如楼观派、全真派、龙门派的祖庭均在秦岭山中。历代于秦岭山中所建道观可考或现存者尚有楼观台、通道观、仙游观、金台观、重阳宫、清凉山、望仙宫、丹阳观、长春观、太一观、四皓庙、玉真观、金仙观、开元观、灵泉观（原华清宫）、白鹿观、太元观、蒉黎观（原蒉阳宫）、化羊宫（亦称化羊庙）、太平观（原太平宫）等数十座。

1. 道教在秦岭的发展概况

道教产生于东汉末期，自汉、魏、隋、唐至宋、元、明、清，秦岭山中的道教香火绵延不绝，终南山、太白山、华山皆是道教名山。黄老道是道教的最早组织形态，《天官历包元太平经》是道教最早的经典，长安地区是道教形成和传播的主要地区。后来发展到推崇春秋时期的老子李耳为始祖，尊《道德经》为根本经典。终南山道教之始一般被追溯到老子入关传经设教之时。终南山西段有楼观台，在周至县东南15公里，相传周大夫函谷关令尹喜最先于此结草为楼，以观星气，故名草楼观，后来简称楼观。老子在楼观南筑台为尹喜授经，故台称说经台，又因位于楼观境内，故亦称楼观台。

南北朝时期，道教有了新的发展。到了唐代，李唐皇室认道教始祖老子为自己的远祖，道教得到了发展的绝佳机会。搜检史籍可知，这一时期位于秦岭里的著名道教宫观有：周至县的白鹤观、宗圣观（即楼观台）、会灵观、玉真公主山庄、玉真仙人祠、终南山祠、万福观、五郡城，蓝田县的韩湘子祠、孙真人祠、白露观、奉天观，鄠邑区的集仙庵，长安区的通仙观，等。隋、唐长安城内究竟有多少道观？《唐会要》称32所，宋敏求《长安志》称48所，清代徐松《唐两京城坊考》认为有46所。而秦岭的终南山中有记载的隋、唐所建道观就有14所，实际应超过这个数字，可见终南山在隋、唐时期称得上是道教名山、洞天福地了。五代、宋时期，有陈抟、吕洞宾、刘海蟾、张无梦、种放等著名道士居华山修道。自五代起,道教中心向东偏移,这与政治中心由长安东迁至河南境内有关。至金、元朝,王重阳及其弟子创立并弘扬全真教,道教发展至顶峰时期。重阳宫位于西安市鄠邑区境内,是道教全真派三大祖庭(陕西重阳宫、北京白云观、山西永乐宫)之一,乃道教全真派祖师王重阳早年修道悟真和羽化遗蜕之所,被誉为"天下祖庭""全真圣地"。重阳宫在元代曾盛极一时,为天下道都,宫域东至涝峪河,西至甘峪河,南抵终南山,北临渭水,殿堂楼阁5000余间,道人近万名,宫观规模为国内道观之首,元世祖时重阳宫奉敕更名为"敕赐大重阳万寿宫"。明清以后屡遭破坏,宫院逐步缩小,宫内碑石毁弃露天,至1949年,仅存老君殿、祖师殿、灵官殿、祖师墓、五塔坟及散落于宫观遗址上的碑石。1962年鄠县人民政府将散落的近40通碑石集至通明阁遗址妥善保存。2001年重阳宫祖庵碑林被公布为全国重点文物保护单位。

秦岭南坡汉中、安康、商洛的道观建筑多建于明、清时期,且秦岭南麓的道观建筑多于北麓。这些道观大多依山而建,总体布局基本采用中国传统的院落建筑样式,以木构架为主要结构,以间为单位构成单座建筑,再以单座建筑组成庭院;且善于应用轴线对称原则,建筑风格多样,与自然环境和谐统一。有些道观建筑内存有壁画,如洞阳宫、子午观、玄帝祠玉皇楼,内容题材多涉及道教仙人、山水、人物生平故事等。

2. 秦岭道观建筑资源

秦岭境内现存的道观建筑共有249处,其中全国重点文物保护单位2处,省级文物保护单位23处,县级30处。

(1)商洛市道观建筑

商洛市共有102处道观建筑,主要分布在商州区、丹凤县境内,其中省级文物保护单位5处,县级15处,其余录入不可移动文物保护名录的道观建筑如于家山村湘子庙、全脉村祖师庙、洞底三官庙、林华村祖师庙等共82处。

塔云山寺 清,位于镇安县柴坪镇关坪村海拔1665米的塔云山上。寺始建于明万历二十五年(1597),清乾隆至光绪年间(1736—1908)多次增建和重修。塔云山旧称讨儿山、塔尔山(谐音),清光绪三年进士晏安澜改今名,寺亦因之。塔云山寺是一处依山势布局、集人文历史和自然景观于一体的道教建筑群落,共有寺观、庙殿、堂馆及道士塔等17处,大致分为南、北两区。南区位于塔云山主峰南侧,两边及北端为陡崖,建筑自南而北折向东,呈曲尺形布局。由山顶而下的南北轴线上依次有金顶(殿)、倚天门、舍身殿、八仙堂、五福楼、念功塔,上下落差约200米;折向东依次有三肖娘娘殿和土地庙、玉皇殿、文官殿、龙王殿及安澜林等。金顶亦称金鼎殿,建于柱状凸起的峰尖之上,坐西向东,三面临崖,形势险厄。殿身由4根石柱插入岩层,以石条筑基铺砌,建筑面积约5平方米,硬山顶,覆铁瓦,置条石门框,额题"慈航济世",两侧楹联为"树长菩提荫庇人天百岁,花开优钵香满世界三千"。屋顶正中置铜质五级脊刹,阳光下金辉耀耀,故有金顶之谓。后人赋有"金顶刺青天,松海云雾间"的诗句。其余殿舍均为规模不等的硬山灰瓦顶建筑,其中八仙堂和五福楼残损较甚,后予修复。存乾隆至嘉庆年间(1736—1820)重修碑、捐资碑共21通,多漫漶。金顶、八仙堂各有石造像1尊,五福楼和三肖娘娘殿有木雕神像13尊,个别稍残。念功塔,为道士成明达"坐化藏身"之所,依崖而建,石结构,六角五层,底周长2米,高5.55米。塔壁凿有祭龛,两侧刻"果满善圆千秋巩固,功高德厚万古流芳"楹联;周壁题有"菩提本是善人栽,培得根深花自开。瑶枝遍满三千界,受福还需造福来"和"半世从未染红尘,自是蓬莱第一人。身古熏名云玉石,念功塔里贮阳春"等诗句,"大清光绪壬辰(1892)年"款。2005年,镇安县文物管理部门曾予维修。安澜林,是一处百年松林,占地约3亩,传为邑人晏安澜所植。北区位于塔云山支峰,北临悬崖,另三面为陡坡,主体建筑有正殿、塔云仙馆及灵官殿残垣等。正殿南向,阔三间,硬山顶,屋面和墙壁残损严重。塔云仙馆为两层楼阁,阔五间;下层中间为过道,两边为厢房;上层屋面东部破损,西部尚好。两建筑于2004年由省文物局立项修缮。整修后的正殿,新塑神像12尊;还修复了灵官殿,新建有山门、狮子楼、道士起居室等。现存清代重修碑、念功塔碑及记事碑十余通,光绪年款铁磬1件。2003年塔云山寺被公布为第四批陕西省文物保护单位。

塔云山寺建筑

塔云山寺环境

朝阳观 清,位于镇安县木王镇月坪村龙头山上。《镇安县志》记载,朝阳观创建于唐贞元十四年(798),初时结草为庵。宋、元时期在原址扩建。明嘉靖十九年(1540),当地民众邀请四川清阳宫道士党道综做主持,对朝阳观展开维修、扩建工程;嘉靖三十四年十二月华州大地震,部分建筑受损,当年重修,嘉靖三十六年竣工。清光绪二十八年当地民众筹资修葺。同治三年重修大殿。同治十三年、民国四年相继修缮。道观占地面积约1500平方米,坐西北向东南,依山势逐步抬高,形成前、后两进院格局。中轴线上依次有前殿、中殿、后殿,两侧有钟楼、鼓楼和厢房。现存明嘉靖三十六年《建真武朝阳观记》碑、清光绪二十八年《重修龙头山朝阳观碑志》和同治十三年、民国十三年修葺碑4通,还有铁磬1件、石香炉3件、泥塑3尊、石佛像1尊、木雕屏风1架、木雕佛像15尊。前殿面阔三间14.3米,进深三间7.85米,单檐悬山灰瓦顶,抬梁与穿斗组合式构架。前檐明间辟门,次间开直棂窗;后檐明间无门,金柱之间设墙,分隔室内外空间。三合土地面,条石压边。门额上部镶嵌"朝阳观"石匾,两侧门框刻楹联两副,一为"四面水绕山环特开福地,千秋民安岁稔永赖神宫",二为"山势端凝已是一方保障,神宫上镇更期万姓清平"。中殿面阔三间14.3米,进深四间12.23米,单檐硬山灰瓦顶,前檐两侧带马头墙。抬梁穿斗组合式构架,两次间梁、枋插入墙体中。前檐明间辟四扇格扇门,次间开圆形雕花直棂窗;后檐明间置青石槛框板门,次间未开窗。后檐上、下金柱间以条砖三面围砌,内置3尊泥塑。后殿面阔三间9.43米,进深三间7.07米,单檐硬山灰瓦顶,前、后檐口带马头墙。明间二缝梁架采用抬梁穿斗组合式构架,檐、枋向两侧置于山墙上。前檐明间辟四扇格扇门,次间设直棂窗;后檐未开设门窗,檐柱与金柱之间砖砌佛龛底座。殿内三合土地面,条石压边。钟楼、鼓楼与前院左右厢房相依而建,对称布置。钟楼、鼓楼为上、下两层,均面阔一间

1.56米，进深一间2.7米，四角攒尖灰瓦顶；底层前檐辟券洞门，二层前后设圆窗，楼内条砖粗墁地面。厢房上、下两层，均面阔一间4.82米，进深一间4.87米，硬山灰瓦顶；上、下层前檐设板门及直棂窗。后院左、右厢房对称布置，均面阔三间5.13米，进深一间3.83米，硬山灰瓦顶，前、后檐口带马头墙。前檐明间辟格扇门，次间开直棂窗，下设木板槛墙；三合土地面，条石压边。2009年，陕西省文物局拨付专款对朝阳观进行了全面整修，2011年竣工。2008年被列为第五批陕西省文物保护单位。

土桥村三圣殿 清，位于山阳县中村镇土桥村的石板坡村，建于清同治十二年，整体建筑古朴雅致，占地面积约3000多平方米。三圣殿主体建筑有前殿、后殿、戏楼，其他建筑还有僧房、客房和伙房20多间。现仅存大殿、戏楼各1座，大殿面阔三间，硬山灰瓦顶，檐下施斗拱与彩画，采用木构架结构，飞檐斗拱，以青砖砌墙，筒瓦骑缝，虎头兽瓦当，硬山顶脊饰有飞禽走兽、名花异卉。殿门前有2棵参天古柏，树围5米，十分壮观。戏楼古朴典雅，造型别致；台基高2米，台口8米，后墙通宽12米，通进深12米，整高约15米；前台4根大柱擎立，飞檐翘首，横额上雕有二龙戏珠，精美壮观；前台宽敞，后台窄长；整体以木板铺棚，楼顶天花用薄木板装嵌成数十块方框，方框内描绘有梅、兰、竹、菊、麒麟、蝙蝠等名花异卉、飞禽走兽彩画；墙壁上彩绘有山川河流、鸟兽虫鱼、花草树木图案和八仙过海、三顾茅庐等人物故事。1981年6月被公布为县级文物保护单位。

大岭观 明—清，位于商南县湘河镇梳洗楼村与小岭观村相邻的大岭上。道观始建于明万历年间（1573—1620），清同治元年八月十五日夜被太平军所焚，同治六年八月二十九日上梁重修。现存正殿1座，占地100余平方米，面阔三间12米，进深8米，硬山顶，七架梁，花脊龙吻，门窗浮雕人物故事、云龙仙鹤图案。右山墙砖上记载："大岭观为前明朝修，本朝同治元年八月十五夜彼发逆焚毁，五年重修。"观内存有纪事碑1通。大岭观修建于此，主要因为这里是关口要隘。《（乾隆）直隶商州志·商南县关隘》记载，此地"可南望荆楚。关废，今有观，名大岭观"。同治八年陕甘巡抚左宗棠路经大岭观时，赠对联1副："鸟道自天开千里轮蹄通豫境，化工凭神造一川淅水达秦观。"横额是"道法无极"。至1949年，大岭观共有房屋97间，规模宏伟。现为商南县文物保护单位。

莲花山老母庙 1926年，位于丹凤县蔡川镇华阳村一组东面的莲花山上。此庙现存正殿1座，坐南面北，砖石木混结构，硬山五脊，灰瓦顶覆面，面阔三间，进深一间，五架梁，梁架基本保持原样，梁下有卷云木雕彩绘驼峰，梁上彩绘大部分完整，为双龙纹、花卉祥云纹。两山墙上部梁架的空间处对称绘有6幅彩绘。檐下木枋上饰有坐斗，斗前为龙首耍头，周围梁上原有彩绘，现多半已模糊不清，依稀可辨有龙纹、花卉等。砖雕画像须弥座式榫头，局部彩绘依然鲜明。明间四扇格扇门，次间两扇格子窗，窗下用青砖砌筑。庙前有石碑2通：一为记事碑，记载老母庙建于中华民国十五年；另一为捐资碑。

（2）汉中市道观建筑

汉中市共有56处道观建筑，主要分布在洋县境内，其中全国重点文物保护单位1处，省级文物保护单位5处，县级4处，其余录入不可移动文物保护名录的道观建筑如花果村北海道观、九天玄女庙、草坝河村玉皇庙等共46处。

洞阳宫 明—清，位于城固县老庄镇红花村西北约7公里处的山上。相传洞阳宫建于北魏时期，宋、元之际，张三丰曾游历终南，踏足于此。明天顺年间（1457—1464）有道徒重建宫观，供奉先师。清乾隆年间（1736—1795）道徒陈本秀重修，并植松杉3000株。宣统三年道徒刘宗德修石梯路

360阶，凿石水缸1口。1937年，道徒魏成新在此修灵官崖、张爷洞、太白庙、黑虎泉等。1985年后，陆续修复山门、娘娘殿、三清殿、十王殿、玉皇殿、魁星楼、祖师殿、土地庙、南天门，添置碑亭等。现洞阳宫占有山地约800亩，分为上、下院，两院之间以石阶相连。存有明、清和近代建筑64间，殿宇依山就势，布局有序，除山门为三间三层外，其余多为面阔三间或五间，单檐硬山或悬山顶，抬梁式构架，辟格扇门，置槛窗，部分建筑带前廊，有新绘彩画、壁画。殿内供奉老君、药王等佛、儒、道人物泥塑像共60余尊，体现了"牟尼、孔、老皆名曰道"的认知和传播理念。另存明至民国时期庙碑15通，明万历二十七年（1599）铸铁钟1口、嘉靖年款香炉1座，以及铁磬、铁瓦等。2008年被公布为第五批陕西省文物保护单位。

洞阳宫

午子观 明—清，位于西乡县城东南12公里的堰口镇午子山上。午子山亦名母子山、武子山。午子观建筑群由上、中、下观组成。据《西乡县志》和观内碑碣记载，午子观曾为汉戚姬进香祈福之地。南宋绍兴五年（1135）重建上观正殿、药王殿、娘娘暖阁、福寿殿。明弘治十年（1497）重修下观；正德二年（1507）重建中观，并立碑十余通；正德七年（1512）增建上观寝宫、雷神殿、元帝殿，并铸雷祖、元帝铜像2尊。清雍正十一年（1733）至乾隆十年（1745）修葺各殿，增刻碑碣13通（方）；光绪元年重修娘娘暖阁。现三观尚存殿宇、房舍61间，主要集中在上观和中观两地。观内还有明、清碑碣30余通（方），明代铜、铁铸像3尊，清乾隆五十年（1785）款铁钟1口，另有摩崖题刻"飞凤山"（传为张飞所书）、"虎头崖"两处。2008年，文物管理部门拨款对午子观进行全面维修。

午子观暖阁

午子观神殿

上观，俗称顶观，位于午子山山顶，依山势而建，由朝圣门、献殿、祖师殿（正殿）、左右偏殿、寝殿（后殿）、娘娘殿、药王殿、魁星殿等组成，共有房舍40余间，建筑面积约1000平方米。存明代铜坐像2尊，分别高1.67米、1.54米；明嘉靖年款铁立像1尊，高1.7米；明、清及民国时期修庙碑碣33通（方）。朝圣门（山门），亦称朝圣楼，依山势筑于甃砖高台上，台正中辟砖券洞门。台上建筑面阔三间7.94米，进深一间6.5米，歇山灰瓦顶，雕花脊。檐下施单翘单昂五踩斗栱。前、后檐明间辟格扇门，次间置槛窗。方砖粗墁地面，前檐明间置垂带踏跺。献殿面阔三间14.1米，进深二间6.88米，硬山灰瓦顶，雕花脊，抬梁式构架。前檐明间辟板门，置垂带踏跺；后檐空透无门窗。室内方砖墁地，室外置条石台明。殿内残留人物壁画与彩画。祖师殿面阔三间10.94米，进深四间9.16米，硬山灰瓦顶，雕花脊，抬梁式构架，七檩前后廊，梁架间以墩斗、驼峰相承，穿插枋采用月梁造。前檐明、次间辟门，后檐明间置槛窗。方砖粗墁地面，置条石踏跺。殿内残留人物壁画与彩画。中观，俗称腰观，位于午子山山腰，坐南朝北，由观门、三清殿、三观堂、四圣殿等组成，建筑面积约600平方米。存乾隆年款铁钟1口，高0.95米；嘉庆年款碑石2通，以及雕刻龙纹的石柱础等。三清殿（正殿），面阔三间12.7米，进深三间9.43米，悬山灰瓦顶，抬梁式构架，十三檩前后廊。前檐辟格扇门、窗，明间设垂带踏跺。室内铺条砖席纹地面，室外置条石台明。三观堂、四圣殿对称布置。2003年被公布为第四批陕西省文物保护单位。

天台山古建群 明—清，位于汉台区武乡镇石堰寺村天台山中，是汉中重要的道教圣地。天台寺始建于明万历年间（1573—1620），在距今约400年的时间里，多次修葺。天台寺建筑群由南向北分布，由低而高。山谷口有石堰寺，路旁有著名的呼吸泉。现存卷拱山门，顶书"呼吸泉"，内有殿堂十余间。南坡是迈向天台山主峰的阶梯，沿途有三宝景阳宫等3座大殿，并有清代石碑3通。大殿前后1里

天台山古建群大殿

余还分布着斗姥宫等5座殿堂。山麓下建有四合院，即灵官殿。灵官殿至黄茂嘴、南天门途中有3座大殿。这些建筑均为天台寺的重要辅助部分。距南天门约500米处是天台山道观主体建筑和景观的集中之所，包括天台山前殿、后殿（药王殿、老君殿）。殿前院中有1株千年唐柏，即"天台山十八景"之一的"晴天夜雨"；院内还有相传为唐代画仙吴道子手笔的《梅花古碑》《夜影神碑》等碑石11通。殿左右尚有配殿及侧殿，殿后是三清殿。距后殿5里是天台山岱顶，建有亭式山门、歇山顶与悬山顶太白殿、八仙殿、玉皇殿、土地庙等。2008年被公布为第五批陕西省文物保护单位。

城固城隍庙 明—清，位于城固县博望镇解放街中段南侧，城固师范西侧。庙始建于明洪武六年（1373），后遭兵燹，隆庆六年（1572）重建，清代修葺。城隍庙坐北朝南，原规模较大，1949年后大部分建筑改作他用，现仅存大殿1座。大殿立于瓷砖台基上，占地面积约250平方米，面阔三间14.4米，进深三间12.4米，周围廊，单檐歇山顶，覆琉璃筒板瓦，屋脊残存琉璃吻兽饰件。檐下置五踩斗栱，平身科明间二攒，次间一攒。原有庙碑已佚。2008年被公布为第五批陕西省文物保护单位。

许家庙魁星楼 清代，位于洋县黄安镇黄安初级中学内。此楼始建于明洪武四年，大成殿为其主要建筑。大成殿为单檐歇山顶，面阔五间。《洋县志》载："文庙前卑隘，康熙四年知县柯栋改建，扩大成殿为五间。"现大成殿高12米，面阔三间18.5米，进深六椽四间12.5米，为明三暗五结构，平面呈长方形，条石台基，土坯墙，前檐墙已改为砖砌。前檐四明柱，殿内前排四金柱，中、后排各二金柱，均裹麻涂漆。檐下当心间平身科斗拱两朵、梢间平身科斗拱各三朵，柱头科斗拱各一朵，均为三跳五铺作，彩绘装饰。殿内中堂三间无柱，两次间金柱承梁架，中堂为大额式建筑，两次间增培内额，由小挑承托。殿顶方椽筒瓦，正脊琉璃缠枝花卉，两端琉璃螭吻。殿前门及窗已失原貌。2008年被公布为第五批陕西省文物保护单位。

雷祖殿 明—清，位于城固县龙头镇龙头村七组。地处高台地，始建时间待考，现存为明清建筑。雷祖殿坐北朝南，三进二院，占地面积约1000平方米。建筑都为砖木结构，穿斗式，花脊，灰筒瓦覆顶。第一进正殿面阔10.5米，进深4.2米，院落面积约30平方米，主要供奉雷祖神；后殿正殿及院落与第一进的式样几乎相同，主供"三清"，两进庙宇一共塑像近20尊。如今雷祖殿仍旧是当地及周边村民祈求风调雨顺、生活平安的主要场所。2011年被公布为县级文物保护单位。

鹰嘴石玉皇庙 清，位于城固县桔园镇升仙村鹰嘴石。玉皇庙清道光二十九年建，坐西朝东，石质结构，面阔一间2.3米，进深一间2.3米，建筑面积约9平方米。该建筑用条石、石板、石柱砌成。屋顶在石板上铺小青瓦。正面墙壁石板厚0.075米，屋顶石板厚0.1米，石柱宽0.38米，六棱脊檩直径0.38米。石刻六棱脊檩上有阴刻楷书"大清道光二十九年四月初三日立"字样。门边石板上有阴刻楷书对联："九重天上一元统，百尺台前万笏朝。"门额上有楷书"玉皇庙"。

喜神庙 清，位于城固县上元观镇新元村二组高庙山上。喜神庙建于清咸丰三年，坐北向南，土木结构，二进院落，由山门、正殿、后殿、东西厢房构成，均为台梁式、小板瓦屋面。正殿为丰都殿，明四柱暗一间，面宽8.7米，通进深11米，廊深2.7米，内供阎王等泥塑彩绘19尊。后殿为三清殿，明三柱暗一间，面阔11.3米，通进深7.9米，廊深3米，内供元始天尊、灵宝天尊、太上老君。庙中还有记事碑1通，圆首，通高1.15米、宽0.5米、厚0.1米。

南河街三圣宫 清，位于留坝县武关驿镇上南河村南河西岸的山坡上，周围为居民区。三圣宫为一座单体建筑，面阔三间，进深五间，平面呈长方形，抬梁式结构，歇山顶，灰板瓦屋子面，花脊，土坯墙，有台基，前带宽廊，正中为一楼阁，脊瓦施花瓣纹。明间开二扇格子门，南山墙上部彩绘三国战争故事场面，廊下南墙墨线绘人物图。廊下保留清光绪七年集资修缮碑1通，清光绪十二年官府立章程碑1通。2018年被公布为第七批陕西省文物保护单位。

南河街三圣宫

南河街三圣宫壁画

（3）安康市道观建筑

安康市共有24处道观建筑，主要分布在汉滨区境内，其中省级文物保护单位4处、县级文物保护单位2处，其余录入不可移动文物保护名录的道观建筑如恒口镇三圣殿、付家碥湘子庙、枫树村五龙道观等共18处。

凤凰山铁瓦殿 明、清，位于汉阴县平梁镇五爱村，海拔2128米的凤凰山上。此处是道教文化重要的传播地之一。铁瓦殿原名离尘寺，始建于明万历二年（1574），清咸丰七年（1857）地方士绅捐制千斤铁瓦覆盖主殿，始改称铁瓦殿。2014年被公布为第六批陕西省文物保护单位。

凤凰山铁瓦殿

宁陕城隍庙 清，位于宁陕县城关镇长安河沙洲上。沙洲呈轮船形，四周环水，地理位置独特。地方志资料记载，宁陕城隍庙始建于清乾隆五十年，嘉庆十八年（1813）宁陕同知胡晋康曾重修、扩建，道光和光绪年间修葺。1989年以来，陕西省文物局陆续拨付专款，对山门、过殿、大殿及东、西厢房等进行维修。庙内现存乾隆五十七年（1792）《修建城隍庙碑》、五十九年（1794）《杨成道施舍山场碑》和道光、光绪年款庙碑5通，还有石狮、石香炉等。庙院坐北朝南，东西宽33.45米，南北长172.45米，总占地面积约

宁陕城隍庙

5700平方米。庙中建筑沿中轴线自南而北依次为戏楼、山门、过殿、大殿、寝宫、后山门，两侧为东西庑、东西厢房、东西偏殿、配殿等。戏楼平面呈长方形，建于高1.7米的台基上，台基外部用条石砌筑。台上戏楼3间，硬山灰瓦顶，楼身面向山门敞开，两侧设墀头墙，背为砖墙；格扇门将戏台分成前、后台，前台进深5.9米，后台进深3.05米。山门面阔三间，进深六椽，单檐硬山灰瓦顶；两山墙镶嵌有城隍庙记事碑和四界碑；门前左右置石狮1对。过殿面阔三间，进深六椽，单檐硬山灰瓦顶；前、后檐明间辟格扇门，次间置槛窗；殿内两侧置有2组石刻雕像。大殿面阔三间，进深六椽，单檐硬山灰瓦顶；前檐明、次间设六扇格扇门，绦环板上雕刻琴棋书画和八仙图案；后檐三间均为墙体。殿内设有天花，正中供奉城隍神像，两侧站立哼哈二将与青龙白虎，山墙绘制有八仙、十殿阎君、十八层地狱等壁画；前、后檐墀头有浮雕。寝宫面阔三间，进深六椽，单檐硬山灰瓦顶；前檐明间设六扇格扇门，次间置槛窗；后檐三间均为墙体；东西配殿位于寝宫背后，分别名观音殿、罗汉堂，均面阔三

间，进深四椽，单檐硬山灰瓦顶；前檐明间设六扇格扇门，次间置槛窗。2003年被公布为第四批陕西省文物保护单位。

洞儿碥太极观 清，位于旬阳市城关镇老城社区。此太极观建筑面积约365平方米，当地人多称其为众神庙。道观建筑原为土木结构，内有石窟，前殿对面设有戏楼，前殿后面依山建有上殿。由于年久失修，土木结构房屋残破严重，近年政府对其进行了维修，改名为太极观。原有石窟保存完整，部分造像经过修复。2012年被公布为县级文物保护单位。

（4）渭南市道观建筑

渭南市共有8处道观建筑，主要分布在华阴市境内，其中全国重点文物保护单位1处，省级文物保护单位3处，县级1处。

西岳庙 明—清，位于华阴市区东约1.5公里的岳庙街道。西岳庙是道教主流全真派圣地，供奉西岳华山兵神金天王。西汉元光元年（前134）建集灵宫于黄甫峪口，东汉时迁到现址，后改称西岳庙，为历代帝王祭祀华山之神的要地。唐开元十二年（724）冬，唐玄宗李隆基召令全国，封华山神为"金天王"，西岳庙改称为"金天王神祠"。北宋建隆二年（961），宋太祖赵匡胤对西岳庙进行了一次大规模的修建，在唐代旧制的基础上进行了大规模扩建，从此每年祭祀遂成定制。元世祖至元二年（1265），制定了每年祭祀华山的制度，并于至元二十八年（1291）春正月加封西岳神为"西岳金天大利顺圣帝"。明嘉靖二十年（1541）、嘉靖四十一年（1562），对倾颓的西岳庙进行了二次修葺，修复后的西岳庙有寝、殿、门、亭凡212间。清代对西岳庙进行过两次比较大的修建，一是在康熙四十四年（1705），二是在乾隆四十二年（1777），因为祭祀西岳神求风调雨匀，屡昭灵应，陕西巡抚毕沅奏称西岳庙岁久倾颓，急需葺治。《洞天记》载："华山，太极总仙之天，即少昊为白帝，治西岳。"华山属西方，归白帝管辖。以金德王也称金天氏少昊为帝，由蓐收为神辅佐。作为西岳华山神庙自然敬奉的是少昊和蓐收，因此庙内有"少嗥之都"和"蓐收之府"2个石牌坊。

西岳庙现存建筑是明清建筑风格的宫殿御苑式古建筑群落。四周城墙建于明代，高10米，南北长525米，东西宽225米。建筑群坐北向南，为长方形重城式大庙，其朝向华山主峰，建筑中轴线与华山主峰在一条线上，主要建筑沿着南北轴线左右对称。整个西岳庙布局严谨，内城外廓，一条中轴线贯穿南北，形成重城式多单元的空间结构，亭、堂、楼、坊相错其间。西岳庙建筑群前后分为六个空间，在由北至南的中轴线上依次排列着灏灵门、五凤楼、棂星门、金城门、灏灵殿、寝宫、御书楼、万寿阁。第一个空间为五凤楼前，即入口部分；第二个空间为五凤楼后面的院落，曾被誉为陕西的小碑林；第三个空间即棂星门到金城门之间的院落；第四个空间的主要建筑有灏灵殿（正殿）等；第五个空间的主要建筑有御书房等；第六个空间的主要建筑有万寿阁、游月坊、望河楼等。整个建筑呈现前低后高的格局，六个空间相互衬托，协调对比，形成一个不可分割的整体。西岳庙整体布局参照了北京故宫的建筑格局，在殿堂的安排上突出中轴线上布置与左右对称的原则，所以最重要的殿堂——灏灵殿居庙宇的中央，体量最大的万寿阁居于庙院的最高处。在中轴线两侧对称设有小型祭祀性建筑，另外在庙院周围设有一周城墙，城墙四角各建一座角楼，与故宫相仿。现存古建筑数量多，规格高，做工精致，保存也比较完整，是五个岳庙中占地面积最大的一座，也是陕西省保存最为完整和规模最大的一组古建筑群。

西岳庙的碑雕石刻，数量多且价值高，如现存的《汉西岳华山庙碑》，明重刻《唐玄宗御制西岳华山铭碑》，还有乾隆御书"岳莲灵澍"石额等，都是研究西岳庙历史的珍贵资料。1988年被公布为第三批全国重点文物保护单位。

西岳庙建筑

西岳庙灏灵殿

西岳庙灵宫

西岳庙围墙与角楼

西岳庙石牌坊

西岳庙万寿阁

玉泉院 清—民国，位于华山镇西岳华山北麓。昔日有泉自山荪亭下"玄峡"流入院内，泉与西岳峰顶镇岳宫"玉井"潜通，故名。传为北宋皇祐年间（1049—1054）道士贾得升为纪念其师陈抟而建，初名希夷祠，后世改作玉泉院。历代屡有翻修，清乾隆四十二年毁于山洪，当年重建，民国时修葺。总占地面积约9000平方米，坐南向北。入山门南行50余米，为"道崇清妙"主体建筑，呈一小院格局，两进，由前、后殿及左、右厢房组成。小院两侧东西延伸，折北，以长廊围成大院。大院内地势南高北低，中部高两旁低。东长廊随地势起伏跌宕，西长廊连接含清殿和无忧亭，东、西、南三面长廊贯通，共长200余米。院北侧有一天然巨石，山荪亭立于石上，风格古朴；亭下一株无忧树，曲屈虬蟠，与亭相映成趣。亭左侧下为希夷洞天石窟。院西部山泉聚成莲池，面积约400平方米，池内筑有石舫；有水道分别流向东北和西北，石亭点缀其间。院内凸石上，留有宋代以来题刻。院落敞阔，环境

玉泉院

幽雅，堪称具有传统特色的道观园林。现存明清碑石多通。前殿，又称道崇清妙观，砖木结构，面阔五间，进深三间，梢间齐檐，明、次间前檐带廊步，硬山灰瓦顶，雕花脊，有吻兽，五架梁，前带单步梁，檐下施彩画。殿内悬挂慈禧太后书"道崇清妙观"御匾、光绪帝书"古松万年"御匾。含清殿，面阔三间，进深二间，前檐带廊，卷棚灰瓦顶。无忧亭，平面呈方形，重檐四角攒尖顶，青灰色瓦屋面。石舫，位于莲池内，长9.34米，宽4.3米；舫内建一歇山顶木构建筑，面阔、进深各一间；岸边有一"之"字形石桥与石舫相接；1916年、1983年两次维修。玉泉院还有历代名人题刻多方，如北宋元祐元年游师雄题刻，明嘉靖壬子年（1552）陈裴题刻，万历十九年钦差巡抚蒋春芳撰、书的《游华山诗碑》，明崇祯十六年（1643）刊刻的《华山诗碑》等。1992年被公布为第三批陕西省文物保护单位。

药王庙 清，位于华州区高塘镇江村北侧。该庙始建于清咸丰九年，民国时有修葺，占地面积约1660平方米，现存砖木结构正殿1座、窑洞4孔。正殿坐东朝西，面阔三间10.4米，进深一间3.65米，歇山灰瓦顶，抬梁式构架。明间辟板门，次间置槛窗，前、后檐上部为土坯墙，窗以下为砖墙，两山为青砖墙。梁上有墨书"大清咸丰九年岁次□□季秋望十二日甲午吉旦阖社督工人李兴全、杨□元创建"题记一则。殿后有窑洞4孔，分别为财神洞、药王洞、娘娘洞、湘子洞。1928年4月1日，中共陕东区特派委员会（简称陕东特委）在此成立，并召开过几次会议，制定了指导渭华起义的纲领性文件《陕东区特派委员会目前工作计划大纲》。现庙前立有起义领导人刘志丹塑像1尊和"渭华起义的革命精神永放光芒"大字。药王庙为研究民间信仰习俗、祠庙建筑提供了实物资料，也是近现代重要的革命遗址。2008年被公布为第五批陕西省文物保护单位。

（5）西安市道观建筑

西安市共有51处道观建筑，主要分布在鄠邑区与周至县，其中省级文物保护单位5处、县级文物保护单位8处，其余录入不可移动文物保护名录的道观建筑如焦庄三官庙、无量庙、镐京观、南正灵官庙等共38处。

楼观台 明、清，位于周至县楼观镇楼观台国家森林公园内。楼观台南依秦岭终南山，又名宗圣

宫、宗圣观、老子祠，是道教祖庭与圣地。楼观台建置较早。传周穆王曾游历至此，建造宫室，名楼观宫。春秋时，周大夫、函谷关令尹喜在此结草为楼，以观天象，因名草楼观。后老子西游入关，遂迎归草楼，并在此著《道德经》五千言，又在楼南高岗筑台授经。又传，秦始皇曾在楼南立庙，汉武帝在楼北建祠。史载，晋惠帝元康年间（291—299）在此广植林木，并迁民300余户维修守护。隋开皇初年曾大加修葺。唐武德二年（619）高祖李渊敕令增建殿宇，并赐地10余顷；武德七年十月，李渊谒老子祠，改楼观台为宗圣宫，次年下诏为道先、儒次、佛后，遂大肆营建；唐玄宗时，以夜梦老子为名，改宗圣宫为宗圣观，再次扩建，使其成为当时规模最大的皇家道观和道教圣地。李唐以降，楼观台屡遭兵燹，宋、元、明、清多次重葺、修缮。清末，宗圣宫废毁，唯说经台（老子祠）和楼观上院尚存。说经台现有建筑部分为明建清修，总占地面积9241平方米，坐北向南，由三进院落组成。沿中轴线自南而北依次为山门、老山门、灵官殿、启玄殿、救苦殿、后山门，两侧有碑厅、配殿、厢房等。现存宋、元、明、清碑碣90余通（方），明嘉靖三十七年（1558）铸铁狮1对，万历十一年铸铁香炉1座，清代道士塔（昆山律师衣钵塔）1座，以及清代石狮和铁钟、磬、狮、炉等。说经台老山门及碑厅，位于第一进院落。老山门，面阔、进深各一间，单檐歇山琉璃瓦顶，檐下饰彩画。山门两侧为碑厅，建于道光五年，面阔各三间，总六间，卷棚灰瓦顶，连山门合宽10.1米，现藏碑碣70通（方）。碑厅前各有一小亭，均为六角攒尖顶，西亭内竖有元赵孟頫隶书"上善池"碑。灵官殿，原面阔一间，进深三间，硬山卷棚勾连搭灰瓦顶，占地面积54平方米；殿内梁架为三架梁，前带单步梁，檐下施斗拱；2006年改为面阔三间，建筑形式则保持原样。启玄殿，又名老君殿，系老子祠正殿，位于第二进院落。其始建于唐武德二年，明万历年间（1573—1620）重修，清代葺缮。占地面积162平方米，坐北向南，面阔三间，进深三间，单檐歇山灰瓦顶，五架梁。前檐明、次间辟格扇门、窗，山墙顶部施砖雕三踩斗拱和云龙图案，外墙壁嵌有历代碑碣10通（方）。殿内中间置有老子泥塑像1尊。殿前两侧原有东、西配殿，东为四子殿，西为太白殿，形制相同，均系清代建筑，均面阔三间，进深一间，单檐硬山灰瓦顶，三架梁。两座配殿于2011年改建为二层楼阁，上、下均为面阔十三间带前廊，卷棚悬山勾连搭顶，建筑形式已完全改变。第三进院落主体建筑为藏经阁，原建筑斗姆阁早年焚毁，1980年将周至县城隍庙后殿整体迁建于此，改称藏经阁。其面阔五间，进深四椽，单檐歇

楼观台

山灰瓦顶，檐下施斗拱与彩画。内藏各种版本的《道德经》及其他道教文物。阁前两侧设有厢房，均面阔七间，进深二椽，单檐硬山灰瓦顶。楼观台碑厅碑石众多，有名者如《重模苏灵芝书唐老君显见碑》，北宋天圣六年（1028）刊立，青石质，圆首龟趺，行书，通高2.9米、宽0.98米、厚0.34米；原碑《老君显见碑》在河北易州，立于开元二十九年（741），苏灵芝撰、书，刊载唐玄宗梦老君显灵后，在楼观山中掘得老君玉像之事及所颁圣旨全文；碑阴附刻苏轼记文。《大唐宗圣观记》碑，原唐碑已佚，现碑为元代重刊，青石质，圆首龟趺，通高3.75米、宽0.93米、厚0.37米。碑文隶书，记载老子李耳至楼观讲经及后世道教在楼观活动等事，欧阳询撰序、书丹，陈叔达撰文；碑阴续刻天宝元年《玄元灵应颂》，记载唐玄宗梦老君显灵后，在楼观山中掘得老君玉像之事及其颂辞。戴旋撰序，刘同昇撰颂，戴旋书丹。《尹尊师碑》，原唐碑已佚，现碑为元代大德元年（1297）重刊，青石质，螭首龟趺，通高4.5米、宽1.26米、厚0.23米，员半千撰、书，记载尹文操生平、道行；碑阴有宋刻"天下第一福地"。《道经碑》，元代，青石质，圆首方趺，通高3米、宽0.97米、厚0.33米，碑阳、阴两面刊老子《道经》全文，碑阴下部附刻宋米芾书"第一山"大字，笔法遒劲。《德经碑》，元代，青石质，圆首方趺，通高2.7米、宽1米、厚0.28米，碑阳、阴两面刊老子《德经》全文，碑侧附刻宋苏轼游楼观诗。楼观台1956年被公布为第一批陕西省文物保护单位，宗圣宫遗址2008年被公布为第五批陕西省文物保护单位。

老子塑像

"上善池"碑刻

赵公明庙 明—清，位于周至县集贤镇赵代村中，又称赵公元帅庙。赵公明，名朗、玄朗，字公明，又称赵玄坛，终南山下周至赵代村人。当地传，赵公禀性勇猛，于终南山擒一黑虎，收为坐骑，仙逝后邑人建庙祀之。东晋干宝《搜神记》和南朝道士陶弘景《真诰》都记有赵公明的神迹，但只限于"司土下冢中事"。元明之际，赵公明的神迹才有完整的记述，认为其掌管招宝、纳珍、招财和利市等四位与财富有关的小神，因而成为华夏正财神。清乾隆本《重修盩厔县志》载，赵代村有赵公庙、赵公墓。今存赵公明庙，系明万历九年（1581）重修，清代及民国时期屡有修葺。现仅存后殿，占地面积约110平方米，坐北向南，砖木石结构，面阔三间12.75米，进深二间9.4米，硬山灰瓦顶，雕花脊，施吻兽，构架为三架梁，前后带单步梁，檐下施斗拱和神话故事彩画。前檐明间设格扇门，次间辟直棂窗；东、西山墙为砖石包土坯垒砌而成，后檐墙为砖砌。殿内供奉木雕赵公明像2尊，顶梁有楷书"大清光绪戊子年庚申月戊辰日吉时立"墨题。原殿内东、西山墙上部隅角有4幅水墨壁画，有学者认为，系明代壁画遗存。另存明万历九年《重修玄坛赵元帅庙碑》1通、清代石狮1尊、石幡座4件。殿宇近年翻修，梁枋已新绘山水、花卉、祥云、龙纹等彩画，东西山墙墨绘26幅大小不等的壁画，内容为神仙、飞天及赵公明生平经历等。2008年其被公布为第五批陕西省文物保护单位。

化羊庙 元—清，位于鄠邑区庞光街道办事处化羊村。化羊庙又称化羊宫、东岳行祠、天齐庙。据传此庙最早修建于北宋真宗年间（997—1022），明宣德元年（1426）至清宣统二年先后七次重修。依山而建的化羊庙，是秦岭深处众多千年古刹名寺中的一座，它东有鸡头山，西有牛首山，南靠秦岭重峦，北面百里秦川，依山傍水，林木森森。庙中现存头天门、戏楼、东岳献殿3座古建筑，另有石羊、石虎、石望柱等文物。其中，东岳献殿是化羊庙的主要建筑，规模宏大，气势壮观。东岳献殿坐南向北，面阔五间，进深6米，明间宽4米，次间宽2.8米，建筑面积108平方米，砖木结构，庑殿顶灰瓦屋面，琉璃剪边，五架梁，露明造，前、后檐下及两山檐均置五踩双昂斗拱。梁柱斗拱等主要构件为明显的元代建筑风格，充分体现了古人的建筑艺术。殿前立有元代石碑1通，高2.37米，上部蒙文，下部汉文，记载了其修建过程。东岳献殿是西安地区现存唯一一座元代建筑，在陕西境内也十分稀有。2019年元代东岳献殿被公布为第八批全国重点文物保护单位。

化羊庙东岳献殿正面

化羊庙元代东岳献殿

清凉山三清殿 明，位于鄠邑区蒋村街道办事处富村窑村南清凉山山坡上。清康熙二十八年（1689）《重修清凉山庙记》碑记载："甘、涝二峪之间，傍大壑峻岭，拾级而登，鸟道百余步，土峰突起，林木丛翳，号清凉山。"明万历年间（1573—1620）于此建造庙宇，现存三清殿1座，位于清凉山口，坐南面北，面阔三间，进深三间，歇山灰瓦顶，清水脊，有勾头滴水，七架梁前后各带单步廊。

清凉山三清殿

前檐明间有四扇格门，次间和后檐各间均为格子窗，山墙外侧上部均雕刻有龙纹图案。清康熙、乾隆中曾两次增修。殿前竖有清乾隆十五年（1750）所立《重修清凉山三清庙记》，高2.24米，宽0.8米，厚0.24米，圆首圭额，碑身无收分，线刻花草纹边栏。三清殿保护状况较好。现为区重点文物保护单位。

太白山太白庙 清，位于周至县厚畛子镇老县城行政村都督门北3.5公里处。太白庙山墙为石块、土坯泥塑，四角包砖。前墙两侧有厚约1.1米砖墙，余为木构。门仅存1扇。屋顶为两面坡，板瓦铺砌，屋檐下有两斗拱，其上雕刻四个云头雕饰，屋檐局部塌毁。前墙北侧被人为拆除，墙体裂缝较多，破坏较严重。西厢房完全塌毁，仅存石墙。墙部正中残留有彩绘，正中绘葫芦形，上插五株香火，两边各为一侍者，北侧鞠躬，手持供品，现存泥塑像5尊，其中2尊保存相对完整，余下残破不堪。一为老母神像。老母呈坐姿，通高0.93米、宽0.39米、厚0.21米，身穿霞衣，头顶有发髻，呈金黄色，左手贴于左膝上，右手放于胸前，手持法器，脚部、头部一侧有残损。另一泥塑断为两部分，通高0.71米、宽0.37米，周身彩绘红、蓝、白、金等色。此像似呈坐状，身着官袍，头带礼冠，右手握一笏板。太白庙为研究清代太白山地区庙宇分布及宗教信仰提供了宝贵的资料。

（6）宝鸡市道观建筑

宝鸡市共有8处道观建筑，分布于眉县、凤县、渭滨区、陈仓区境内，其中省级文物保护单位1处，其余录入不可移动文物保护名录的道观建筑有凤县黄牛铺太白金星庙、凤县连云寺村玉皇殿、凤县张家尧城隍庙、眉县官亭玉皇庙、眉县赵付沟老君庙、陈仓区九天玄女洞、陈仓区四沟岭村五圣祖师庙、陈仓区坪头镇老君庵等。

张家尧城隍庙 清，位于凤县双石铺镇张家尧村明天小学东约30米处的空地上。城隍庙原有建筑大多已经被毁，现只剩1座大殿。大殿始建于清咸丰年间（1851—1861），同治七年重修；坐东向西，土木结构，面阔、进深各三间，五架梁，前后檐带单步梁，柱径0.35米，高约7米，硬山灰瓦顶，前檐施通檩和斗拱。殿内原绘有历史故事壁画，因为常年烟熏，内容难辨。庙中遗存有同治五年

张家尧城隍庙

和同治七年修庙捐资和捐地碑2通。城隍庙北侧间因风雨侵蚀垮塌，村民重新修缮，用红砖更换了山墙，修葺了屋顶。地震、水灾对建筑也有一定影响。不合理的修建使大殿外观与原来的相比有一定的改变。张家尧城隍庙为研究凤县地区清代末期宗教信仰等方面提供了实物资料。

苇子坪太白庙 清，位于凤县留凤关镇苇子坪村三组东北约10米。此处地势北高南低，为缓坡台地。庙北距山根约3米，南距谷峪河约100米，坐北面南。太白庙东西面阔三间11米，南北进深二间8米，占地面积88平方米。砖木结构硬山顶，灰陶矮脊，屋面布灰板瓦，覆灰陶筒瓦，施花草纹勾头滴水。三架梁后带单步梁。前檐已改造，明间施木板门，次间施木格窗。庙内西侧存有7尊木雕像，均为

道教人物及供养人造像。庙内东山墙上镶有长方形石碑1通，名为《李公捐地碑》，内容记述了李永贵捐地给庙上及土地位置、相邻界畔等，年款为大清咸丰元年。庙南侧有2棵树龄1350年的银杏树。庙前存有石狮1个。庙宇前檐及山墙已改造，两山墙头上嵌有砖刻，上雕花卉图案。庙宇梁架结构稳定，保存现状一般。

（三）儒家文庙建筑

在中国传统文化中，儒教，跟佛教、道教并称为"三教"，尊孔子为先师，后人为了与崇尚黄老列庄等道家思想的道教区分，从南北朝开始儒教又被称作圣教，故孔子亦被尊为儒教圣教主。

儒教拥戴神权，认为皇权至上。凡是生活在中国这块古老土地上的各民族、各朝代，都深受儒学影响。汉代董仲舒"罢黜百家，独尊儒术"就是使用儒学教书育人、管理社会。儒家是作为一个阶层存在，是一个群体，儒教则是一种信仰，是儒家人的共同信仰，是宗教文化概念。

唐开元二十七年（739），唐玄宗封孔子为文宣王，自此祭祀孔子的孔庙亦称文宣王庙，简称文庙。文庙是中国古代礼制与奉祀儒教圣教主孔子相结合的圣地。唐肃宗封姜子牙为武成王，并一切仿文宣王庙制，深意就在于"文"与"武"相对，使"文""武"两个系统并立，而文庙就代表了"文"这个系统，也就是说成为文化代表。此后文庙又与科举制度相结合，庙学合一。加上唐代以后道统之学形成，文庙的奉祀形成体系，"四配十二哲"与"两庑"的从祀配享制度成熟，再加上道统因素后，文庙进一步夯实了文化代表的身份。此外值得一提的是唐代以后文庙建制趋向成熟，各项礼制规定逐渐完善，所以这类孔庙除文庙外还有礼制文庙、学庙的称谓。因此文庙就是代表文化，依据礼制建设并与科举相结合的孔庙。

地方礼制文庙，必须是合乎礼制的孔庙，必须有棂星门、大成门等一系列礼制建筑以及"四配十二哲"等完整的配享从祀体系。为了合乎礼制，文庙建筑的平面布局，承袭了我国传统的四合宫殿体系，由南至北分别由万仞宫墙（照壁）、泮池、棂星门、大成门、大成殿、崇圣祠和东、西两侧配殿等组成。其中有些建筑名称是文庙所特有的，如泮池。泮池是架着石桥的半圆形的水池子，来源于《周·辟雍》，原意是周天子设置的四面环水的大学堂，人们踏上泮池，就好像进入了最高学府。在清代，对考取秀才的人称"入泮"。棂星门是一座巍然挺立着四根冲天大柱的牌坊。传说棂星是天上主管文教的神灵，通过棂星门，就可以得到神灵的保佑。另外一个重要建筑就是大成殿。大成殿是文庙的主体建筑，位于全庙的中心，是祭孔正殿。殿内供奉孔子及孟轲、颜回等"四配十二哲"的牌位，显示出孔子之学后继有人，学子济济一堂。作为社会管理体系，每年要举行祭孔活动，大成殿是整个祭孔活动的中心。从在秦岭范围内发现的文庙来看，文庙建筑的布局是合乎古代礼制的，比如洛南文庙沿中轴线由南到北依次为影壁、棂星门、戟门、大成殿及东、西厢房。尽管有些文庙现存建筑不甚完整不能表现文庙完整的建筑布局，但文庙最主要建筑大成殿都保留下来，比如城固县文庙大成殿、洋县文庙大成殿、安康文庙大成殿、汉阴县文庙大成殿等，这些反映中国传统文化的建筑都是珍贵的文化遗产。

洛南文庙 明，位于洛南县城关街道中甫街37号。洛南文庙的主体建筑大成殿始建于明洪武三年，清代、民国及新中国成立后多次维修，最近一次维修、彩绘于2010年。文庙整体坐北面南，沿中轴线由南到北依次为影壁、棂星门、戟门、大成殿及东、西厢房等建筑，占地面积3115平方米。影壁下设须弥座，青石条压底，黄色莲瓣琉璃砖饰座台束腰，青砖砌起，正背墙心有收分；前墙正面内圆外方"二龙戏珠"图案，角饰粉莲。墙心四角镶三角形全开牡丹图案。背墙为内圆外方"鱼龙变化"图案，其他与前墙相同。棂星门为文庙大门，四柱三楼结构，正楼高，左右二楼低，呈"品"字形，正门上端镶装匾额，正背面阴刻楷书"棂星门"，蓝底金字，传说为明朱元璋所题。戟门为参加祭祀的文武官员、地方乡绅更衣净面和放置兵器的场所。砖木结构，三架梁，五脊硬山顶，面阔三间12米，进深二间7.7米，露明造顶，明柱栿平梁，梁两端立侏儒柱，上置扒梁。檐下置平枋，每间置补间斗拱三攒，云文斗耳。大成殿为文庙主体建筑，供奉孔子牌位。砖木结构，五架梁，单檐歇山顶，明七暗五间，通面阔14.85米，通进深5间11米，屋顶覆金黄色琉璃瓦，檐下施彩绘，殿前月台石阶上浮雕龙凤图案。前、后院东、西厢房各9间，三架梁，格子门窗，带廊庑，五脊硬山灰瓦顶，面阔27米，进深7米，廊深1.3米。洛南文庙是秦岭区域保存相对完整的古建筑群，体现了明、清时期的建筑特色，为研究这一时期的相关历史文化提供了第一手资料。1992年被公布为第三批陕西省级文物保护单位。

洛南文庙棂星门

洛南文庙大殿

汉中文庙 明，位于汉台区汉中路街道民主街，现汉中市政府院内。汉中文庙始建于明洪武五年（1372），清朝各代相继增修。1956年，政府拨款修葺，使其状观如旧。现今尚存的有棂星门、泮池、经幢、大成殿、石狮、碑石等。棂星门为牌坊式建筑，共5门，正中门最高最宽，两边门高、宽渐减。棂星门由六根方石柱擎顶，每根石柱下部又由抱鼓石稳定。抱鼓石鼓面或刻栩栩如生的花卉鸟兽，或雕神话故事。石柱上部斗拱并架，错落有致，彩绘醒目，正中嵌

汉中文庙保护标志碑

有一匾，隶书金字"棂星门"。顶为庑殿式，两边门高度依次降低，均覆盖黄琉璃瓦，远远看去，高大宏伟、气势非凡。棂星门左右两侧各有1只雕刻精良的石狮，又给文庙增添了许多威严。棂星

下有方形元宝顶经幢，高约3米。近年汉中市政府拨款维修了棂星门，竖立了散落在院内的石碑，在新修政府客房和新办公楼时，都加了传统屋顶，使之与棂星门、泮池等古迹风格一致，并在泮池周围栽植名贵树木。2014年被公布为第六批陕西省级文物保护单位。

汉中文庙棂星门

汉中文庙棂星门抱鼓石

城固文庙大成殿 清，位于城固县新街北侧，今城固师范附小校园内。此文庙始建于北宋崇宁二年（1103），明万历年间（1573—1620）重修，明末毁于兵燹，清康熙年间（1661—1722）重建，乾隆年间（1736—1796）修葺。原文庙规模较大，现仅存大成殿1座，占地面积约360平方米。大成殿坐北向南，砖木结构，面阔五间30米，进深三间12米，单檐歇山顶，覆黄色琉璃筒板瓦，垂脊与戗脊饰镂空草叶、花卉。檐下施斗拱，柱斗科和角科均出斜拱。前檐明、次间辟格扇门，梢间置槛窗。殿前设三级石踏跺。庙内原有明万历六年（1578）《敕谕儒学碑》1通，高1.54米，宽0.92米；陕西按察司副使李维桢撰文，碑文备载儒学在入学、考试、举贤、请封、处分等方面的规则十六款。碑已迁至五门堰文物管理所保存。2008年其被公布为第五批陕西省文物保护单位。

洋县文庙大成殿 清，位于洋县洋州街道办事处洋县中学院内。此文庙始建于明洪武四年，大成殿为其主要建筑。大成殿为单檐歇山顶，高12米，面阔三间18.5米，进深六椽四间12.5米，为明三暗五结构，平面呈长方形，条石台基，土坯墙，前檐墙已改为砖砌。前檐四明柱，殿内前排四金柱，中、后排各二金柱，均裹麻涂漆。檐下当心间平身科斗拱两朵，梢间平身科斗

洋县文庙大成殿

拱各三朵，柱头科斗拱各一朵，均为三跳五铺作，彩绘装饰。殿内中堂三间无柱，两次间金柱承梁

架，中堂为大额式建筑，两次间增培内额，由小挑承托。殿顶方椽筒瓦，正脊琉璃缠枝花卉，两端琉璃螭吻。整体建筑为清代建筑兼具明代建筑风格。2008年被公布为第五批陕西省文物保护单位。

安康文庙大成殿 元—清，位于汉滨区新城街道办事处文昌社区东井街安康市水利局院内。此文庙始建于元至正元年（1341），由知州唐天骥主持修建，原址在安康老城区。元至正十年（1350）、明洪武五年、明成化四年及清康熙年间（1661—1722）曾多次重葺和修缮，后因屡遭洪涝于清康熙四十五年（1706）迁到现址。庙院坐北向南，原建筑中轴线上有泮池、棂星门、厅房、大成殿、寝殿，两侧有

安康文庙大成殿

东、西厢房，现仅存大成殿。大成殿坐落于条石台基上，以"双槽"柱网布局。面阔五间25.5米，进深四间18.2米，单檐歇山灰瓦顶，六椽栿构架。外檐斗拱为六铺作重栱出三跳，施琴面昂；前后檐当心间置补间铺作二朵，次、梢间各一朵；两山檐置补间铺作各一朵。前檐当心间、次间辟四扇格扇门，其余为砖墙。清代维修时曾于四个翼角下各增设一根方形石柱支撑老角梁。2003年被公布为第四批陕西省文物保护单位。

汉阴文庙大成殿 明—清，位于汉阴县民主街汉阴初级中学校内。此文庙始建于明洪武五年，明、清多次重修，民国二十五年汉阴中学将文庙辟为校舍，后学生人数增多，校址移至文庙内，大成殿便成为学校大礼堂，其他殿宇则在1950年后被陆续改造或拆除。现仅存大成殿，坐北朝南，面阔三间13.8米，进深三间11.9米，周围廊，歇山灰瓦顶，施清水脊。构架为七架梁，前后带双步梁，置四根金柱。前檐明间辟六扇格扇门，次间设菱格窗。四周廊柱共计12根，原为盘龙柱，后改为朱漆廊柱。殿前月台亦被改造，台上增设有水池、石桥（象征原文庙中的泮池）、观花台。水池两侧分别立有乾隆丁酉年（1777）《忠孝碑》和道光十三年（1833）《重修文庙碑记》。大成殿东侧原有清康熙四十二年（1703）修建的黉宫（即学校），前立雍正九年（1731）碑碣2方，上刻"起凤腾蛟，英才蔚秀"，意在办好学校，桃李天下。道光二十二年对黉宫进行维修，并刻碑记，上书"天下事有兴有废，而惟事之关矩典者，则有兴而无废"。黉宫今已不存。2008年被公布为第五批陕西省文物保护单位。

旬阳文庙 明，位于旬阳市城关镇老城社区人民北路6号。此文庙始建于明洪武五年，原址在旬河西岸，成化八年（1472）毁于洪水，由知县杜琳迁建今址，明万历三十三年、四十四年（1616）重修，清雍正、乾隆、嘉庆、道光、光绪年间曾多次修葺、增建，形成现有规模。文庙坐北朝南，依山势布局，总占地面积约2700平方米，分为下、中、上三院，自南而北呈台阶式上升。下院有影壁、礼门、义路，中院有泮池、状元桥、棂星门、名宦阁、学圣祠，上院有月台、大成殿、憩息室、东西庑等。1982年陕西省文物主管部门拨款对其进行维修，1984年辟为旬阳县博物馆。影壁位于文庙最南端，青砖结构，顶覆灰陶筒板瓦，壁面中央饰砖雕图案。棂星门立于长方形砖石台基上，四柱三间三

楼式，单檐庑殿顶，覆灰陶筒板瓦；檐下施品字科斗拱，前后对称，主楼额书"棂星门"。大成殿立于砖石台基上，面阔三间，进深二间带前廊，单檐歇山顶，覆灰陶筒板瓦，屋脊依次饰走兽、垂兽、戗兽、吻兽及具有陕南明清建筑特色的"状元夸官"圆雕四组。构架为彻上露明造，七架梁，檐下施一斗三升斗拱，明、次间平身科各一攒，梁枋、斗拱、雀替皆施旋子彩画，额枋为龙凤雕饰。明间辟六扇六抹格扇门，次间置槛窗。台阶以条石砌筑，地面皆铺方砖。殿前月台围以石栏，柱头刻仰覆莲瓣，栏板刻减地龙纹。台阶中为御道，自上而下分别饰"刘海戏金蟾""二龙戏珠"及"鲤鱼跳龙门"浮雕。憩息室面阔三间，进深一间，硬山灰瓦顶，有脊饰，檐下施斗拱与彩画。内檐门为六扇五抹格扇，外檐门为花门，两边为花窗。憩息室两侧与下院相通处均为月亮门。中院西北角立有明万历

旬阳文庙

旬阳文庙棂星门

三十三年山东右布政使刘卿撰文的《旬阳县重修儒学创建坊牌奎星楼记》碑和万历四十四年旬阳知县陈士龙撰文的《重修儒学碑》。碑石叩有铜声，碑旁有一古柏，需数人合抱，黛色参天，与碑合称"古树铜碑"。1992年被公布为第三批陕西省文物保护单位。

西乡县文庙 清，位于西乡县西大街。此文庙内大成殿建于明洪武二年，清康熙五十六年（1717）增修崇圣祠、明伦堂等。文庙于清同治元年毁于兵祸，光绪三年重修，规模较前更大，计有棂星门、大殿、戟门、斋室、执事室、神器库等40余间，并按孔庙旧制建照壁一堵，嵌以石雕，极尽雄伟。另有泮池一处，筑石栏砖拱桥于其上，人称三步两墩桥。大成殿中供"至圣先师孔子神位"，旁供四大圣贤十二大师，东西庑房供奉六十贤人，其品祭陈设，均有制规。每年八月二十七日，为先师诞辰，此日设祭，群儒毕至。1949年之后，为中共西乡县委机关驻地，建筑大部分经过改建，唯泮池、照壁尚存，五楹大成殿原为陕南各县规模最大的孔庙建筑。现保存文庙照壁与泮池，现为第一批西乡县文物保护单位。

凤州文庙 清，位于凤县凤州村西街民族小学东10米。此文庙是一座清代的单檐庑殿式寺庙建筑，始建于明洪武三年，明崇祯年间（1628—1644）毁于兵乱，后多次重修，现仅存大成殿。大殿建于高1米的砖包台基上，坐北向南，面阔五间，进深三间，歇山灰瓦顶，镂空花脊，五架梁，东西长约

15.8米，南北宽约9.8米，面积约155平方米。檐下有斗拱。檐柱高约4米，柱径约0.3米，柱下有边长约0.5米的浮雕莲纹柱础。殿宇南侧有径0.5~1.1米的古柏5棵。1984年公布为凤县文物保护单位。

（四）秦岭民间信仰、祖先崇拜建筑及纪念性建筑

民间宗教在中华文化中有特定的位置，是信仰领域的重要组成部分，有千千万万群众笃诚信仰，影响着各个地区的民风、民俗以及普通民众的思维方式、生活方式。中国民间宗教信仰，古今掺杂，兼容并蓄，包含的内容复杂多样。民俗信仰主要信奉灵魂、自然神、图腾、祖先神、生育神、行业神等。秦岭境内的民间信仰建筑主要为关帝庙、雷神庙、火神庙、土地庙、泰山庙、黑龙庙、山神庙、马王庙、杨泗庙、祭祖祠堂等，共有707处，主要分布于陕南地区的商洛市、汉中市、安康市境内，其中全国重点文物保护单位2处、省级文物保护单位32处、县级文物保护单位59处。

秦岭里的纪念性建筑资源包括历史上重要人物的纪念性祠堂、庙宇，例如位于汉中勉县的武侯祠，位于留坝县的张良庙，位于西乡县的张飞桓侯庙，位于汉中市汉台区东关的唐代韩愈文公祠，位于宝鸡岐山县的诸葛亮庙，位于眉县的张载祠，等。

1.商洛市民间信仰、祖先崇拜建筑及纪念性建筑

商洛市共有260处民间信仰建筑，其中省级文物保护单位6处、县级文物保护单位45处，其余列入不可移动文物保护名录的建筑有北宽坪老庙、于院村五峰山庙、西新村土地庙等共209处。

二郎庙及关帝庙　金、清，位于丹凤县城西15公里的棣花镇贾塬村东街。二郎，秦、汉时称李二郎，是民间信仰和道教的神祇。一般认为他是与水利、农耕和防患水灾有关的神，明、清时受《封神榜》等作品影响，改李二郎为杨二郎杨戬，戏班奉之为戏神。二郎也被奉为猎神、蹴鞠神、雷神、酒神等。《宋史·高宗本纪》载，绍兴十二年（1142），秦桧"割秦、商之半界金国"；绍兴十六年

二郎庙全景

（1146），再以商地予金。清康熙本《续修商志》载："合议成，割商界金。"今商州棣花东之小河即南宋和金之分界线。为了立标志界，金人于金大安三年（1211）按照喇嘛寺形制，融合汉式建筑，建成棣花镇二郎庙，嗣后历五次重修。清乾隆十八年（1753），地方乡绅筹资于其侧仿二郎庙造型另建关帝庙1座。两庙大小相若，仅细部稍有区别。1933年，徐海东、程子华率领红二十五军先遣部队曾在此驻扎，分别在两庙山墙上墨书"为创建陕西苏维埃而战""建立陕西苏维埃政府"等标语。其时，庙内尚有木牌楼、乐楼、菩萨庙、魁星楼等附属建筑，后被毁。现仅存二郎庙及关帝庙，总占地面积3664平方米。二郎庙坐北朝南，平面略呈方形，立于高约1米的台基上。面阔三间6.8米，进深7米。其当心间较宽，约4米；两次间甚窄，仅1米多。单檐歇山顶，覆黄色琉璃瓦，脊饰吻兽，高约1米。1985年曾进行抢救性维修。二郎庙为秦岭地区鲜见的金代祠庙建筑，为研究金代建筑造型提供了

珍贵实例。1992年被公布为第三批陕西省文物保护单位。

关帝庙位于贾塬村东约100米处，坐北面南，平面略呈方形，面阔三间，明间较宽，两次间甚窄，进深7米有余，占地面积54平方米，砖木结构，平梁构架，歇山琉璃瓦顶，脊饰吻兽，五架梁。2008年被公布为第七批陕西省文物保护单位，现归入二郎庙。成为一古建筑保护群。

二郎庙

关帝庙

四皓庙 明，位于丹凤县商镇商山村一组南约30米的山坡上。庙现存正殿一座，坐北面南，砖木结构，面阔三间9米，进深一间15米，硬山灰瓦顶，抬梁式三架梁，倒塌严重。《中国文物地图集·陕西分册》记载，该祠庙为祭祀汉初"商山四皓"的祠堂，占地约450平方米，中轴线上有戏楼、正殿，两侧有东、西厢房各1座，现均已倒塌，青石碑已佚；现有古柏树11棵。

黑龙庙 清—民国，位于镇安县西口回族镇上河村西南100米，又名黑龙潭。传说黑龙潭水能治百病，并能助人借物，保佑风调雨顺、五谷丰登，故民间立庙祀之。《商洛市道教志》记载，明、清时期，这里建有庙殿19间，供奉黑龙、雷公、电母等神像。现庙建于清代，民国时期重修。庙依山而建，坐东朝西，占地面积648平方米。沿中轴线自西向东依次为前殿、正殿，两侧有南、北厢房。现存《龙泉显应碑》、嘉庆十五年铸铁磬等。前殿面阔三间8.84米，进深三间6.7米，

黑龙庙

硬山灰瓦顶。两山墙顶端伸出屋面作风火墙。大木结构采用抬梁与穿斗组合式构架，九檩八架，四柱前后廊，前廊设鹤颈轩封顶。檐下饰《嘉平积雪图》和《元阳春晓图》水墨画。前檐明间设六抹格扇门，次间置槛窗；后檐明间设屏风门，次间设直棂窗。室内条砖墁地，室外置青石阶条；明间前、后檐设条石踏跺。正殿面阔三间8.84米，进深四间8.3米，硬山灰瓦顶，置脊兽。两山墙顶端伸出屋面作风火墙。大木结构采用抬梁与穿斗组合式构架，八檩七架，五柱前后廊。前檐金柱出双步廊，与后檐形成跌落式组合屋面。前檐明间设六抹格扇门，次间辟花格窗。前廊与室内以踏步相连，高差0.3米。

室内条砖墁地，室外置青石阶条；明间前、后檐设条石踏跺。前廊南、北山墙内另辟砖券通道，通道门额上各嵌1方石碣，南碣署款"民国十五年丙寅季春立"，北碣署款"民国十二年癸亥十月朔日敬立"。檐廊前立《黎民成怀》记事碑1通。2008年被公布为第五批陕西省文物保护单位。

商州郭氏祠堂 清，位于商州区腰市镇上集村。祠堂占地面积约2000平方米，建筑面积约700平方米。整体建筑坐北向南，沿中轴线依次为戏楼、院落、前厅、东西厢房、前殿、后殿。前后殿、前厅均面阔三间11米，前厅、前殿进深9米，后殿进深11米，均砖木结构，硬山五脊，灰瓦顶，琉璃瓦剪边，前厅和后殿檐下饰平身科斗拱。戏楼坐南向北，面阔五间，青砖砌成2米高的台基，台基西梢间辟整间门洞，台面用木板铺就。原为四坡悬山顶，后被人为改变。在整个建筑的墙壁、梁架、檐枋、檐板内外等处，留有大量壁画、绘画、书法、题记，内容涉及郭氏先祖郭子仪平藩及八仙、侍女、农耕牧羊、砍樵打柴、垂钓狩猎、生活宴饮等内容。祠堂内现存石碑13通，记述了郭氏家族迁徙、家谱编撰、祠堂创建、历次维修、购地置业等内容，是商洛境内现存明清建筑中规模较大、保存较好的一处宗祠类建筑。祠堂中的壁画、绘画、题记、碑石、牌匾以及家谱等对于研究郭氏家族迁徙、分布等提供了重要实物资料。2008年被公布为第五批陕西省文物保护单位。

米粮寺 清，位于镇安县柴坪镇米粮寺村东北庙垭山上。寺以当地盛产朝廷贡米而得名，民间祀之，以保丰年。寺建于清康熙至乾隆年间（1662—1795）。嘉庆二十五年《公议米粮寺善后碑记》载，"镇邑之西有米粮寺由来久矣，自前皇以来，上下殿屡加修理"，可见乾隆、嘉庆两朝修葺较频。寺筑于高台上，坐东朝西，占地面积242平方米。现存前殿、后殿、南厢房，北厢房与伙房已毁，尚存基址。寺内有古柏1株，遗存有《重修米粮寺碑》《公议米粮寺善后碑记》碑及石香炉等。前殿，平面呈长方形，面阔三间11.6米，进深四椽6.4米，单檐硬山灰瓦顶，带风火墙，五架梁，后带单步梁。梁枋饰木雕，山墙绘有壁画，前、后檐施彩画。前檐明间辟四扇格扇门，次间置槛窗。后殿，平面呈长方形，面阔三间10.05米，进深四椽6米，单檐硬山灰瓦顶，抬梁式构架。2008年被公布为第五批陕西省文物保护单位。

百神洞黑龙庙 明、清，位于镇安县庙沟镇蒿坪村桂花组北面的高山之上，是借助自然溶洞修建的庙宇建筑群，故称此名。百神洞黑龙庙实际为两座庙宇建筑，南北相距约70米，因在一个地方，又都是一半在外面，一半在自然山洞里，所以当地人将其统称为百神洞黑龙庙。两座庙宇建筑形式基本相同，南边建筑保存较为完整，面阔三间10.8米，进深6米，五架梁，前后带单步梁，片石覆面，格扇门窗尚存；北边建筑屋顶已全部倒塌。在两座建筑中间的崖壁上，镌刻有两幅摩崖题记，其中一幅题记面幅高1.2米，宽0.4米；另一幅高0.9米，宽0.4米，距地面2.5米，字迹模糊不识，辨落款"大清道光□□年"。百神洞黑龙庙在当地影响极大，几乎妇孺皆知，对于研究山区宗教文化的兴衰有一定价值。2014年被公布为第六批陕西省文物保护单位。

商南叶氏宗祠 清，位于商南县过风楼镇八里坡村。祠建于道光十九年（1839），占地420平方米，面向东南，中轴线上依次有厅、堂，两侧各有厢房5间。厅、堂均为砖木结构，面阔、进深均三间，硬山灰瓦顶，有风火墙，五架梁。墙砖模印瘦金体"叶氏宗祠"字样。正堂内绘壁画，檐枋上施彩绘，为人物、耕牛、龙、狮、花草树木等图案。厢房院落由回廊和前厅耳门连通。另存六棱石缸1口，修建宗祠的记事碑1通。碑文述及叶氏由皖迁陕之经历。2018年被公布为第七批陕西省文物保护单位。

商南叶氏宗祠

丁兰寺 清,位于洛南县石坡镇郝坪村北莲花台上,为供奉丁兰的寺庙。丁兰,河内(今河南沁阳)人,东汉孝子,"二十四孝"中"刻木事亲"男主角。丁兰寺坐北向南,由过殿、正殿和东、西厢房组成,占地面积940平方米。过殿面阔三间9.4米,进深二间6米,硬山灰瓦顶,五架梁结。檐下桁头饰彩绘,梁架彩绘已剥落,两山墙内侧梁架孔内饰壁画各6幅,因年久漫漶。正殿面阔三间9.6米,进深二间6.3米,硬山五脊,五架梁前带单步梁,有驼峰及叉手。厢房面阔10.7米,硬山灰瓦顶,三架梁结构。丁兰寺建筑群保存基本完整,特别是正殿用材硕大,梁架保持原建时的式样,没有损坏。寺院门前的一棵千年古柏更给寺院增添了几分沧桑感,在当地群众中具有广泛的影响。2018年被公布为第七批陕西省文物保护单位。

米粮镇张氏宗祠 清,位于镇安县米粮镇八一村三组一处独立的山包上。该建筑坐东面西,土木砖结构,两侧山墙及后墙用青砖砌筑,前墙为土坯墙。现存正堂1座、厢房2座、门楼1座。正堂面宽三间10.7米,进深一间5.2米,硬山顶,五架梁,墙内不用立柱,石板铺地。厢房均面阔二间6米,进深一间3.6米,前墙墙壁上原饰有彩画,现已模糊不清。门楼用石构件套合而成,面宽2.2米,进深2米;门框上镌刻对狮、祥云纹图案,额嵌"张氏宗祠"石匾1块,门柱正面有张氏第五代贤孙德昌、德厚"监修学堂以振家声"的题刻和民国十六年落款;内侧刻有"白塔春云书忍字,红岩秋月照横梁"对联1副;内侧门额上饰有彩画,中间题有"清河郡"字样;外有抱鼓石,鼓面浮雕鹿、鹤等吉祥物和铺首衔环。张氏祠堂为当地保存较完整的祠堂建筑,为一方祠堂建筑的代表作。

2.汉中市民间信仰、祖先崇拜建筑和纪念性建筑

汉中市共有166处民间信仰建筑,主要分布在洋县、西乡县境内,其中全国重点文物保护单位1处、省级文物保护单位7处、县级文物保护单位6处,其余列入不可移动文物保护名录的建筑有石贯沟土地庙、熊杀湾山神龛、瞿鲁营萧何庙、崔氏祠堂等共152处。

勉县武侯祠 明—民国,位于勉县城西3公里处的川陕公路之南,汉江之北。整体建筑占地80余亩,沿南北中轴线对称布局,规模宏伟,主要建筑有山门、乐楼、牌楼、琴楼、戟门、拜殿、大殿、崇圣祠、观江楼、东西配殿等古建筑35座156间,为陕南较大的古建筑群。

山门始建于蜀汉景耀六年（263），历代均有修葺，现在的山门为明代风格。山门平面呈正方形，面积115.57平方米，面阔三间14米，进深9米，台基0.3米，歇山顶，抬梁式结构，重檐二滴水，上、下层四周均有装饰性斗拱，翼角起翘，八卦藻井，旋子彩绘，绿色琉璃瓦屋面，吻兽齐全，板门。正门两边有石狮子2尊。

乐楼位于山门内中轴线6米处，明代风格，平面呈长方形，面阔三间，进深7.9米，面积112.56平方米，台基1.1米。歇山抬梁式重檐二滴水结构，室内有格扇窗将前台与后室隔开。旋子彩绘，正垂脊为镂空雕花行龙，有吻和兽，琉璃瓦屋面，前台两侧为对开四抹头直棂窗扇装修，台口斜柱上有镂空雕刻的人物故事。清嘉庆八年进行修缮，1985年再行维修。

牌楼位于乐楼广场南端中轴线上，现保留明万历时大修后的风格。平面呈长方形，面积58.7平方米。面阔三间为三门四柱式，台基0.25米。明间高于次间，为歇山式顶，次间两边为庑殿式，前、后另有四根斜柱支撑，装饰性斗拱，灰筒瓦屋面。牌楼正面镶嵌着邑人胡炳煊题写的"汉丞相诸葛武乡忠武侯祠"金字匾额，背面为宋丰绥题写的"天下第一流"。雍正十年（1732）果亲王曾维修，1982再次维修。东、西辕门位于武侯祠牌楼东、西两侧，明代建筑风格。平面呈长方形，均面阔三间，进深3.3米，面积各75平方米，台基0.2米。歇山抬梁式三架梁结构，旋子彩绘，绿色琉璃瓦屋面。正间前后均为四扇六抹头直棂窗裙板式格扇门。东辕门内有2幅三国故事壁画。

琴楼位于牌楼正南20米处，平面呈长方形，面积24.09平方米，为高台甬洞式建筑。台高4.8米，长5.8米，宽9.4米。正、背面门洞上方均刻有马永刚所书的"汉丞相诸葛武乡侯祠"，前屋檐下有"高山流水"匾额。东、西两侧辟踏步。琴楼平面呈长方形，面阔三间，歇山顶，三架梁，旋子彩绘，绿色琉璃瓦屋面，有走兽，六抹头直棂窗裙板式格扇门，直棂格扇窗。室内放置晋代石琴和清代木雕琴案，正中墙面有清代《琴室记略》木刻1副，背面有三国故事壁画。

钟、鼓楼位于琴楼东、西两侧，西侧为钟楼，东侧为鼓楼，均为明代风格。两楼平面均呈六边形，面积各18.46平方米，为高台式建筑。台呈六棱形，高3.95米，边长2.6米。钟楼内部原悬挂重1200余斤铁钟。为确保钟楼梁架安全，现将铁钟安放于南侧地面小钟楼内。鼓楼现放牛皮鼓1面（原设置铜鼓）。

戟门为清代风格，平面呈长方形，面阔三间，进深6米，台基0.4米，面积94.09平方米。悬山抬梁式结构，五架梁，旋子彩绘，屋面施绿色琉璃瓦沟滴，正垂脊为镂空花雕，有吻及仙人走兽，檐下为牛筋鼓板装修，山墙两头均有镂空砖雕，砖墙柱各刻对联一副，均为清代墨迹。正间为过厅，上方悬有果亲王等人题匾4方。次间装有栅栏，内陈列有古代十八种兵器。

拜殿位于大殿正前方，清代风格，为卷棚式硬山建筑，平面呈长方形，面阔三间，进深6米，台基0.55米，面积95.25平方米。正间为通道，次间前后安置栅栏，旋子彩绘。屋面施灰板瓦，垂脊。正间放有明万历年间（1573—1620）所铸铁香炉1尊、清光绪二十二年（1896）置供案1张。次间立有名人题诗及历代维修武侯祠记事碑刻16通，殿内悬有清代匾额10方。

大殿位于武侯祠中心部位，清代风格，平面呈长方形，面阔五间，进深11.9米，台基0.55米，面积198.02平方米。歇山顶，抬梁式，五架梁。四周均有斗拱，皆一斗二升，柱间、转角为重拱，和玺彩绘，室外墙壁与檐下，绘有三国故事绘画多幅。正脊有吻，垂戗脊有走兽，蓝色琉璃瓦屋面带沟滴。正面当间为六抹头镂雕花格裙板四扇对开门，裙板阳刻博古图；两次间为六抹头花格裙板对开门；两尽间为六抹头直棂窗裙板对开门。殿后当间轴线门为六抹头直棂窗裙板四扇对开门。四周墙面贴砖上有"嘉庆壬申年造"标记。大殿内有诸葛亮、关兴、张苞、书童等大型立式彩色泥塑像，像龛上方悬有嘉庆皇帝御赐的"忠贯云霄"金匾以及御前侍卫、工部尚书松筠题写的"知性知天"匾额，殿内外柱子上均悬挂于右任等名人书写的对联。殿内山墙两侧镶有木刻《诸葛亮传》全文，殿内像龛背面墙壁上镶嵌有诸葛亮《琴吟自叙》和清光绪年间（1875—1908）外交大臣黎庶昌及郭世芳的题记。

崇圣祠（寝宫），位于大殿后中轴线上，清代风格，平面呈长方形，面阔三间16.55米，进深6米，台基0.5米，面积132.09平方米。悬山顶，抬梁式，五架梁，前后檐带步梁，旋子彩绘，正脊有吻，垂脊有仙人走兽，屋面为灰筒瓦沟滴。当间为六抹头直棂窗裙板四扇门，两尽间为四抹头直棂窗对开，窗下墙裙。

东、西厢房位于拜殿前东西两侧，形制相同，清代风格，平面呈长方形，面阔五间，台基0.3米，建筑面积各131.97平方米。悬山式前檐带回廊。抬梁式，五架梁，外加双步梁。正脊有吻，垂脊有走兽，屋面为绿色琉璃瓦沟滴，旋子彩绘。当间六抹头直棂窗裙板四扇对开门，四六抹头直棂对开窗，窗下墙裙为三角几何纹图案。东、西厢房内神龛上，分别塑有三国蜀汉时期跟随诸葛亮北伐到过汉中的10位武将和10位文臣，东侧为武将，西侧为文臣。

琴台位于祠东南角，清代风格，为高台六角攒尖亭式建筑。台基平面呈长方形，台高2.7米，长9.5米，宽8米。台南面辟有踏步，青砖砌筑。亭平面呈六角形，面积40.81平方米。琴台为抬梁式十字架梁结构，每面有一斗二升装饰性斗拱，苏式彩绘，垂脊有仙人走兽，屋面为绿色琉璃瓦沟滴，装牛肋靠及坐板，坐板下砌有青砖。

东、西配殿位于大殿东、西两侧，清代风格，面阔五间，进深5.8米，台基0.45米，平面呈长方形，面积各173.9平方米。悬山顶前后带回廊，抬梁式七架梁结构，旋子彩绘，正脊为镂空衮龙花脊，有正吻，垂脊有走兽，灰筒瓦勾滴水。前檐正、次间为六抹头直棂窗裙板四扇门，尽间为四抹头直棂花格窗，正面檐下上方均有隔板装修。东配殿现为文昌殿，供奉文昌帝君；西配殿现为八仙殿，供奉八仙。

仿草庐位于大殿西侧西配殿后，清代风格，平面呈圆形，面积3.1平方米。抬梁式十字架梁，六边形立柱，圆形屋顶，屋面盖茅草，施坐板，无彩绘。该建筑建在水池上，水面上架一石拱桥通向草庐。

东、西过门位于东、西厢房北端，清代风格，平面呈长方形，面阔一间，进深1.25米，台基0.2米，建筑面积16.28平方米。歇山式重檐二滴水，门前后为八字照壁，旋子彩绘，有正垂戗脊，屋面盖灰色琉璃瓦沟滴水。前后均为六抹头直棂窗裙板对开门，檐下四周为牛筋鼓板装饰。门头上方绘三国人物故事。

照壁砖雕如意内心，中心砖雕"福"字。服务用房坐东向西，清式风格，平面呈长方形，面阔五间，进深3.3米，台基0.19米，面积132平方米。悬山抬梁式三架梁结构，灰筒瓦沟滴，有正垂脊，前后带回廊。正面为六抹头直窗棂式裙板对开门，后面为格扇窗，吊楣装饰，无彩绘。

官厅位于戟门东侧，清代风格，平面呈长方形，面阔五间，进深5.75米，台基0.12米，面积201.16平方米。悬山抬梁式五架梁结构，前后带回廊，旋子彩绘，正垂脊均为镂空雕刻，并有仙人走兽，屋面盖灰筒瓦沟滴。正间为六抹头直棂窗裙板对开门，次、梢间及后面均为格扇窗。室内天花板吊顶，前后均有三国绘画故事。此处专供历代接待官方拜谒者休息而设。

书房位于琴楼东侧，为附属建筑，清式风格，平面呈长方形，面阔五间，进深6.2米，台基0.17米，面积202.4平方米。悬山抬梁式五架梁，前后带回廊，旋子彩绘，正垂脊均为镂空雕刻，并有仙人走兽，屋面盖灰筒瓦沟滴，吊楣装饰。正间为四扇窗棂格扇门，次、梢间及后面均为格扇窗。

观江楼位于寝宫后中轴线上末端，清代风格，平面呈长方形，面阔一间，进深5.5米，台基4.1米，面积120.84平方米。歇山抬梁式结构，重檐二滴水两层建筑，屋面盖灰筒瓦沟滴。上层为窗棂格扇，窗下部为栏杆装饰。一层四周有斗拱十六攒，吊楣装饰，室内有木楼梯上二楼。一层四周外带青砖花格女儿墙栏杆，苏式彩绘。2013年被公布为全国重点文物保护单位。

勉县武侯祠牌楼正面

勉县武侯祠牌楼背面

勉县武侯祠琴台

勉县武侯祠拜殿

张良庙　明—清，位于留坝县留侯镇庙台子村茶店子组。庙为祭祀大汉开国谋士张良（字子房）的祠庙，因张良曾被封为留侯，故此庙又称汉张留侯祠。相传张良于此辟谷导引轻身。张良庙历代为道家主持，均系道教祖廷周至楼观台道宗所派，是陕南地区道教活动的中心。隋、唐时期，佛教鼎盛，亦侵之。其后，由于道佛之争，张良庙内也随之有僧道盈衰之变化。然而，不论其道昌佛衰或是佛盛道弱，庙内张良之圣像，长期以来均占据圣堂大殿，为历代善男信女所崇敬。留侯镇的张良庙是全国所有祭祀留侯祠庙中规模最大、保存最完整的一处。此张良庙建筑群规模宏大，占地面积4.21

万平方米，总建筑面积3469平方米，包括牌楼、进履桥、大山门、三清殿院、二山门、大殿院、北花园、草亭、云梯、授书楼、第三洞天、南花园共12个部分。这些建筑群又可分为三大部分：一是三清殿，为道家进行宗教活动的场所；二是张良正殿，主要为拜堂；三是南北花园及紫柏峰建筑群，其中中峰授书楼，为紫柏山自然风景区之核心。在这三部分建筑中又以张良正殿为中心，南、北花园置其两侧，遥遥相对。整体布局，既有北方宫殿的恢宏，又有南国园林的秀丽，美不胜收。现存楼、殿、亭、阁、厅、廊、室、舍156间，碑刻39通，摩崖石刻51块，匾额50余方，楹联40余副。现为全国重点文物保护单位。

张良庙牌楼

张良庙建筑

张良庙花园

张良庙碑刻

桓侯庙 年代不详，位于西乡县县城西关。因蜀汉大将张飞封侯西乡，此庙俗称张爷庙。古已有祀，重修于明正德四年（1509），自嘉靖十八年（1539）至民国五年（1916）又多次修葺。庙内为两进三排大殿，门匾题"汉忠显王桓侯庙"。后排大殿中塑桓侯坐像，高9尺5寸，黑脸、短须、豹头、环眼，器宇轩昂。西庑竖有石碑10通，东、西各5通，原存《张桓侯食采处》残碑1通，佚失。

西坝韩氏祠堂 明、清，位于城固县原公镇西坝村村委会西北300米处。祠堂始建于明代，清嘉庆年间（1796—1820）进行了扩修，嗣后屡有修葺。祠堂占地面积1170平方米，坐北向南，为砖土木混合结构,由照壁、牌楼、大门、议事厅、献殿、大殿等组成。大殿面阔三间,进身一间,硬山,瓦顶。祠堂内还存有清代至民国碑石9通,匾额5方。2014年被公布为第六批陕西省文物保护单位。

紫云宫古建筑群 清,位于略阳县城中心最高点高台。紫云宫也叫新江神庙,始建于明末清初,是一处具有氐羌文化特色的古建筑。明《嘉靖略阳县志》载高台原为汉代斩隗嚣台。在高台地下的文化层中掺杂着大量的建筑构件。20世纪50年代初期,紫云宫周围古建筑很多,有正殿(现高台小学教学楼)、文昌殿(现学校办公楼)等古建筑,现存的紫云宫有乐楼(戏楼)、东西厢房、钟楼、鼓楼等。现存建筑占地面积1500平方米,整体坐北向南,为双进式四合院建筑。门楼以北的乐楼与正门紧密相连,钟楼、鼓楼建于两厢北头,并与整个建筑群体融为一体。紫云宫门楼为歇山式重檐二滴水四面坡,砖木结构。整个建筑,所有飞檐翘角下,均有高浮雕叉手柱支撑,雕刻有人物、动物、花卉和民间故事传说等,尤其以戏楼护沿板上民间传说故事最为精美绝伦。檐下所有椽头均以鹅颈式样装饰包裹并加以彩绘,屋檐挡风板着重描绘人物舞乐形象;屋顶有花脊筒瓦勾头、滴水等构件。钟楼、鼓楼的建筑风格与以上有所不同,屋架采用穿斗式、密檐二滴水和攒尖顶手法构筑而成,全部采用高浮雕手法装饰支撑柱,檐板并以人物、花卉、民间传说故事或戏剧故事为主雕,以花鸟博古图案为配雕,屋檐挡风板均为龙兽图腾纹样;从整体结构看,它注重对院内环境的装饰,故民间有院外不见房,院内不见墙之说。紫云宫对研究陕南地区历史上经济、文化及建筑艺术特征有着重大的价值,对进一步了解氐羌文化提供了资料。同时,紫云宫也是一处集雕刻、绘画、装饰风格为一体的艺术品,更是一组具有很高文物价值、艺术价值和研究价值的建筑精品。2003年被公布为第四批陕西省文物保护单位。

白水江江神庙古建筑群 清,位于略阳县白水江镇。这是汉中地区嘉陵江流域保存比较完整的具有羌族文化特色的明清时代的进行祭祀活动的建筑群。整个建筑利用地势高低差而建,平面布局东高西低,共三进式,占地面积2000平方米,建筑面积1600平方米,现共存古建筑51间,包括戏楼、过厅、回廊、中殿、后殿、南北厢房等主体建筑。除古建筑本身外,还有大量的木雕、彩绘、板画。2018年被公布为第七批陕西省文物保护单位。

白水江江神庙古建筑群一

白水江江神庙古建筑群二

东关文公祠 清,位于汉台区东关街道办事处东关后街南侧。此祠大约始建于清代道光、咸丰年间(1821—1861),主祀唐代文学家韩愈。文公祠自建成后,历经数次扩建,于清末民国初期达到鼎盛。文公祠占地面积4660多平方米,清代时已形成三进三院的规模,殿堂、房屋已达百余间,形成了一个前有广场、后有花园的庞大建筑群。广场供斋醮活动使用，花园供游览人群憩息。每逢斋醮等活动时，虔诚的信徒、当地官绅、文人雅士、三教九流云集在此，常有大戏、木偶连台演出，规模宏大，香火盛极一时。现文公祠建筑由玉皇楼、三清殿、玄天殿、文公殿、药王殿、禅房等组成。玉皇楼、三清殿雕梁画栋，宏伟古朴，殿内塑有玉皇、老君、玄女、文公、药王等众神像，彩绘金身，威仪生动。庭院内古柏参天，清静幽雅。文公祠距今已有200多年的历史，且保存完整，反映出汉中当地百姓的宗教信仰。现为县级文物保护单位。

东关文公祠

3. 安康市民间信仰、祖先崇拜建筑及纪念性建筑

安康市共有123处民间信仰建筑，主要分布在汉滨区，其中省级文物保护单位9处、县级文物保护单位5处，其余列入不可移动文物保护名录的建筑有三义庙前殿、老庄沟龙王庙、三沟口泰山庙等共109处。

杨泗庙（旬阳船帮会馆） 清，位于旬阳市蜀河镇后坡南端。庙坐西向东，北依山坡，南临汉江，面对蜀河，为清代船帮会馆，建筑占地面积753平方米，保护范围面积1252平方米。据庙中残碑碑文推断，杨泗庙大约创建于清朝中期。庙中现存建筑有上殿、拜殿、乐楼和门楼。上殿面阔11.1米，进深7.45米，檐柱高4.6米，硬山式顶。上殿前为拜殿，面阔11.1米，进深8.3米，檐柱高4.7米，硬山式顶。

杨泗庙乐楼

拜殿对面为乐楼，高台建筑，面阔10.15米，进深4.79米，柱高7.86米，歇山式顶。乐楼前面两侧有对称的厢房数间，厢房为两层，楼上有廊，为看台。与乐楼相接的是门楼，面阔与上殿、拜殿相同，进深4.5米，檐柱高6.5米，门面为牌楼装饰。门楼两侧封火墙作卧龙状，具有鲜明的南方特色。大

门左侧有石碑1通，字迹已漫漶殆尽。庙内所存同治六年和光绪八年所立的《保护船户利益碑》具有较高的历史价值。门庭北端有两个石窟，石窟外壁嵌有同治十一年所刻《重修朝阳古洞志碑》。古窟前石崖上有明弘治十一年（1498）和万历十一年汉江洪水题刻两处，是重要的水文资料。2008年被公布为第五批陕西省文物保护单位。

岚皋卢氏祠堂 清，位于岚皋县堰门镇堰门村。卢氏为清光绪年间（1875—1908）当地乡绅。祠堂坐北朝南，为一进四合院，东西宽约22米，南北进深约20米，由过厅、天井、正堂和两侧厢房组成。正堂土木结构，面阔三间12.53米、进深两间7.49米，硬山灰瓦顶，抬梁式构架；格扇门窗透雕人物、花卉图案，梁上有光绪年墨书题记。过厅和左右厢房均为砖木结构。过厅高大，通面阔三间13.5米、进深二间7.68米，山灰瓦顶，抬梁式构架；明间设石门框，置板门，门高2.83米、宽0.87米，前有三级踏跺；次间辟槛窗，已被后世改造；厅内柱础石浮雕花卉、瑞兽图案，东西山墙砖砌"福禄喜寿"几何图案。左右厢房各一，均宽4.7米，进深2.23米。天井横宽7米，纵长3.57米。建筑屋顶均采用合瓦覆盖，青砖压脊。2008年被公布为第五批陕西省文物保护单位。

岚皋卢氏祠堂

泗王庙

泗王庙 清，位于紫阳县城关镇环城路社区的神峰山。该庙地处汉江北岸的坡地上，坐北向南，始建于清同治三年，1986年迁建今址。庙为砖木结构，东西宽约30米，南北长约35米，面积约1000平方米，是由大门、东西角楼、左右厢房、天井、大殿组成的四合院式建筑。大殿开间9.6米、进深7.6米，硬山灰瓦顶，抬梁式结构，七架梁，辟格扇门、窗，梁枋及檐下饰园林风光和人物故事彩画。左、右厢房开间12米、进深4.6米，硬山顶，清水脊，合瓦覆顶，抬梁式结构，格扇门、窗，内部相通。过殿开间12.4米、进深4米，硬山顶，清水脊，合瓦覆顶，抬梁式结构，格扇门、窗，与东、西、角楼连为一体。东、西角楼，悬山顶，格扇门、窗，镂空雕花卉纹。泗王庙院内置捐资碑1通。该庙历年多有修葺，对研究清代紫阳县境内建筑的选址布局及宗教文化的传播有一定的价值。现为县级文物保护单位。

棉丰龙头寺无量殿 明、清，位于汉阴县平梁镇棉丰村东北2500米龙头寺。建筑坐北朝南，为砖石仿木结构，面阔7.3米，进深6米，歇山顶，内为穹庐顶。檐部施砖雕斗拱。正面墙壁嵌"嘉庆"款铭文砖。龙头寺外墙贴饰模印动物花卉纹的砖，内方砖铺地。现寺内有嘉庆二十一年款《重修龙头庙功德碑》等。2014年被公布为第六批陕西省文物保护单位。

棉丰龙头寺无量殿

棉丰龙头寺无量殿砖砌斗拱与装饰

泰山庙 清，位于宁陕县太山庙镇太山村。该庙坐南向北，面阔四间，通宽20米，进深15米，占地面积约300平方米，由正殿、厢房、前殿组成。正殿硬山顶，小青瓦覆顶，抬梁式与穿斗式混合梁架结构，五架梁，用材硕大，中间为木板隔断，室内墙体局部有彩绘。土坯砌墙。

泰山庙

泰山庙观音殿

4. 秦岭北麓渭南、西安、宝鸡市的民间信仰、祖先崇拜建筑及纪念性建筑

渭南市共有19处民间信仰建筑，主要分布在华阴市，其中省级文物保护单位4处、县级文物保护单位1处，其余列入不可移动文物保护名录的建筑有郭子仪祠、南洞黄氏祠堂、庙前关公庙等共14处。西安市共有116处民间信仰建筑，主要分布在鄠邑区与周至县，其中全国重点文物保护单位1处、省级文物保护单位5处、县级文物保护单位1处，其余列入不可移动文物保护名录的建筑有西元峪龙王庙、车贺关帝庙、兀家岩药王洞等共109处。宝鸡市共有23处民间信仰建筑，主要分布在眉县境内，如有山神庙、太白庙、关帝庙、雷神庙、龙王庙、圣母庙等，其中省级文物保护单位1处、县级文物保护单位1处，其余列入不可移动文物保护名录的建筑有口坡村贺氏祠堂、齐镇圣母庙、冯家堡冯氏祠堂、马家祠堂等共21处。

周至王氏宗祠 清，位于周至县竹峪镇兰梅塬村中，毗邻兰梅塬城门楼和戏楼旧址。明洪武六年扶风西渠村村民王伯祥携妻、子，迁此拓荒定居，历五世百余年经营，形成名闻远近的"兰梅塬"村落，明代以后添建有戏楼和堡城。据族谱记载，王氏家族至今已传二十四世，明、清两代累官知县知府者三十余人。王氏宗祠始建于明中期，占地面积约870平方米，坐东朝西，由门楼、献殿、祭堂组成。门楼面阔一间4.03米，进深二椽7.1米，硬山灰瓦顶，雕花脊，置吻兽，檐下装饰两朵麻叶头，墙体为土坯甃砖。门楼两侧有后建的左、右厢房。献殿面阔五间15.3米，进深二椽6.45米，硬山灰瓦顶，檐下饰五朵麻叶头。明间原辟格扇门已不存，2008年后重修。祭堂面阔三间12.5米，进深四椽7.95米，硬山灰瓦顶，梁架上施雕花驼峰、叉手，檐下饰三朵麻叶头，额枋饰花鸟虫鱼彩画。明间原辟格扇门已不存，2008年后重修。有《王氏世系图谱》和雍正十年立《王氏禁赌碑记》、同治十一年立《王氏地界碑》2通，另有嘉庆二十三年《王氏祠堂官地及堡内城工所置地记》碑嵌于祠院南围墙上。王氏宗祠是秦岭北麓现存规模较大、记载较详的家族祠堂之一，为研究明、清以来当地王氏家族历史、谱系和社会生活等提供了实物资料。2008年被公布为第五批陕西省文物保护单位。

五丈原诸葛亮庙　清，位于岐山县南部秦岭脚下的五丈原上。五丈原曾是三国时期魏、蜀交战的古战场，因蜀国丞相诸葛亮率军驻扎此地，与魏军首领司马懿对阵，诸葛亮出师未捷陨星于此而著名。该古建群创建于元初，明、清屡经重修增建。1980—1983年陕西省文物局拨款对庙进行全面维修并彩绘。庙区现存古建筑6座，分别是献殿、正殿、三王庙、八卦亭、钟楼、鼓楼，占地面积约1.7万平方米。献殿建于元代至元初年（1264），后历代多次维修，为单檐硬山式建筑。献殿位于诸葛亮庙古建筑群北部，又称拜殿，面阔五间，进深两间，东西长17米，南北宽9.2米，占地面积约170平方米。五架梁，圆椽砖望板，灰布板筒瓦，三角勾头滴水，柱头及补间施一斗三升斗拱，龙首象鼻昂。明间前后檐均有四扇格扇门，次间为格子窗。前后檐口、斗拱、梁架均施彩绘。檐下悬挂黑底金字"五丈秋风"横匾及"三顾许驰驱，三分天下隆中对；六军彰讨伐，六出祁山纲目书"板对1副。殿内两侧山墙上绘《三国演义》故事壁画，有较高的艺术价值。壁画下镶嵌岳飞书诸葛亮前后《出师表》石刻40方，世称其"三绝碑"。前檐下架一根直径0.6米、长16米的杨木通檩，俗称五丈通檩，为庙中三景之一。诸葛亮庙献殿及

诸葛亮庙大门

五丈原与诸葛亮庙

附属物对研究三国时期历史、诸葛亮生平等方面具有一定的价值。献殿基础、梁架结构稳定，保存状况良好。正殿，清光绪年间（1875—1908）重修，后世亦曾多次修缮。正殿位于献殿南侧，是诸葛亮庙的主要建筑，坐南向北，因两侧各带一耳室，故又名三帅殿。正殿面阔三间，进深两间，南北长14米，东西宽11.4米，占地面积约150平方米。六架梁，前后檐带单步梁，明间两侧有两根楸木明柱，一根木纹近似游龙盘柱戏水，一根木纹似金凤欲飞，俗称龙凤柱。圆椽砖望板，灰布板筒瓦，三角勾头滴水，一斗三升斗拱，龙首象鼻昂。前檐明间有四扇格扇门，次间为槅窗，檐口、斗拱、梁架均施彩绘。殿内正中龛内有一尊诸葛亮坐像，塑于清光绪年间。像头戴纶巾，双手置膝，右手持羽扇。龛上悬有3方木匾，从西向东依次为"出将入相""将相师表""北定中原"，龛两侧挂"短兵五丈原，长眠一卧龙"板对1副。大殿门柱两侧书"成大事以小心一生谨慎，仰风流于遗迹万古清高"，门额悬"英名千古"。耳室分别为杨仪、姜维陪殿，各面阔4.2米，进深4米，三架梁，前檐有双扇格扇门。诸葛亮庙正殿对研究诸葛亮事迹和三国文化诸方面有较大价值。该建筑基础、梁架结构基本稳定，保存状况良好。八卦亭建于清光绪年间，位于献殿和正殿中间，平面呈八角形，边长3.3米，中心直径8米，占地面积10.88平方米。八角攒尖顶，建筑工艺精巧，颇具艺术价值。钟楼，建于清道光年间（1821—1850），位于山门与献殿之间西侧，平面呈正方形，边长5米，通高7.3米，占地面积25平方米。重檐十字歇山顶，楼上悬挂大钟，重1350千克，系嘉庆十三年所铸。鼓楼建于清道光年间，位于在山门与献殿之间东侧，与钟楼左右对称，同式同高同大。1983年成立诸葛亮庙文物管理机构。1992年被公布为第三批陕西省文物保护单位。

张载祠 清，位于眉县横渠镇政府西侧。据史料记载，张载祠于元代元贞元年（1295）修建在横渠书院旧址上，后来形成书院、祠堂合二为一的格局，清代曾多次维修。1991年进行维修，现有山门、学堂、大殿、正蒙殿、碑廊、书院楼等建筑，面积约1.4万平方米。祠中现有古柏6棵，其中山门前1棵，院内5棵，树干均粗壮高大，直径1米有余，苍劲挺拔，树龄600~980年；还有明万历戊申年（1608）立《重修张横渠先生祠记碑》、清康熙二十六年（1687）立《重修张横渠先生大振谷口庙记碑》、清乾隆十九年（1754）立《重修宋横渠张子祠宇碑记》、清嘉庆丁巳年（1797）立《许宗鲁和横渠祠诗碑》、道光三年立《重修横渠镇张子祠记》、光绪十年立《重修横渠镇张子祠记》、《白镒谒横渠祠碑》、《张子故里碑》；还有荆门《张氏族谱》复印本及"学达性天"牌匾。张载祠现存遗物是珍贵的文史资料，对进一步研究张载关学思想，弘扬关学具有重要价值。1985年成立张载祠文物管理所。1992年被公布为第三批陕西省文物保护单位。

张载祠大门

张载祠建筑布局

张载祠大殿

北瓦窑坡关帝庙 清，位于太白县鹦鸽镇瓦窑坡村北瓦窑坡（自然村）南端。庙始建于清代，原为菩萨庙，现供奉关帝，遂改为关帝庙，1994年大殿经过维修。庙坐北向南，砖土木结构，面阔三间8.5米，进深二间8米，高约4米，面积约68平方米。四架人字梁，柱高2.4米、径0.2米，硬山灰瓦顶，灰瓦正脊。前檐下梁枋上有人物、花卉等彩绘，四朵柱头铺作，间施补间铺作。中间对开四扇门，两侧栅栏窗。山墙头有花卉砖雕，庙内梁架上有彩绘。庙外台阶上有《创修菩萨庙碑》1通，记载道光二十年当地逢旱祈雨成功之事及创修菩萨庙事宜等，落款为咸丰三年；关帝庙为研究太白县清代庙宇建筑和民间信仰等方面提供了实物资料。2008年被公布为太白县文物保护单位。

北瓦窑坡关帝庙

五朝埝关帝庙 清，位于太白县鹦鸽镇鹦鸽街村五朝埝村（自然村）北端。此庙始建于清代，庙坐北面南，砖土木结构，东西面阔一间5.8米，南北进深二间8.2米，高约4米，面积约47平方米。三架梁带单步梁，柱高2.5米、径0.22米。硬山灰瓦顶，灰瓦正脊，屋顶正中施三垄筒瓦。前檐有人物、花卉等彩绘，施斗拱五朵，正中三踩斗拱，两侧象首耍头，间隔一斗三升补间铺作。中间对开四扇门，两侧栅栏窗。山墙头有花卉砖雕，庙内梁架上有彩绘，山墙上壁画剥落严重，可辨有八仙图、花卉图和三国故事等。五朝埝关帝庙为研究太白县清代庙宇建筑和民间信仰等方面提供了实物资料。庙内现供有关帝塑像，有香火。年久失修和风雨侵蚀对关帝庙的总体结构以及庙内壁画造成一定的破坏。

五朝坡关帝庙

五朝坡关帝庙内壁画

杜家庄岳水宫 清，位于太白县桃川镇杜家庄村一组杜家庄小学西侧。此处地势南高北低，呈缓坡状。岳水宫为一座坐北向南的单体建筑，台基东西长约9.25米，南北宽约8.95米，高0.45米，占地面积约75平方米。始建年代不详，现存建筑为清代所建。面阔三间，进深两间，硬山灰瓦顶，透花屋脊，檐部施勾头滴水瓦，三架梁，前檐带单步梁，圆椽木望板，原有彩绘已斑驳不清。山墙为土坯砖包墙；柱高3.2米，柱径0.33米。殿前还保留

杜家庄岳水宫

有1通清代道光十一年（1831）《公议分认遗粮碑记》碑石。该建筑为研究太白县地区清代时期民间宗教活动和岳水宫的历史沿革等方面有一定参考价值。

池坡村马王庙 民国，位于华阴市孟塬镇池坡村。其仅为一间两面流水硬山顶抬梁式建筑，坐西朝东，南北宽2.83米，东西长5.3米。屋顶仰覆小青瓦，正脊饰砖雕团花。墙体为土坯墙，周边包砌砖。房内南侧山墙上嵌一块《重修马王庙》石碑，长0.64米，宽0.42米，碑文记载民国十一年（1922）村民集资修庙的概况。庙内山墙上可见壁画彩绘痕迹。此庙对研究当地的民间信仰和乡土建筑形制特点具有一定价值。

西王王氏祠堂 清，位于华阴市华山镇西王村。祠堂坐东朝西，门楼已拆除，只剩一座大殿。祠堂面阔三间11.4米，进深四椽9.4米，抬梁式硬山建筑，仰瓦屋面，灰雕屋脊，五架梁带前檐单步梁，三架梁、五架梁上有驼峰，梁上置叉手，梁下施随梁枋和斗口跳。檐下有斗拱。梁上有彩绘。南墙壁内侧嵌一块记事碑。墙体外包青砖，内置土坯，墙高0.6米。梁架保存较好，整体风格犹存，对研究当地清式建筑提供了实物资料。

（五）基督教与教堂

1. 基督教在中国的发展概况

基督教于635年首次传入中国，基督教的聂斯托利派教士叙利亚人阿罗本从波斯来到长安译经传教。聂斯托利派传入中国，被称为景教。唐太宗对该教的入传采取了宽容的宗教政策，并给予了礼遇和恩宠，颁诏准许阿罗本建寺传教。朝廷遂在长安、洛阳等地建立了景教寺，周至大秦寺便为此时所建。由于初唐几代皇帝对景教崇信和保护，该教发展迅猛，一度流行至全国各地，曾创造了一个"法流十道""寺满百城"的辉煌时期。后武宗灭佛时祸及景教，传教士全部被驱逐出境，各地之景教寺均被关闭。13世纪下半叶，蒙古族统一全国建立元朝，原来流行于蒙古、中亚一带的聂斯托利派在中国中原地区恢复活动。由于信徒大多是蒙古人和迁居内地的中亚人，在内地居民中没有根基，所以随着元朝政权的倾覆，其在中国中原地区消失。16世纪，随着新航路的开辟和西方国家殖民侵入，天主教的海外传教事业发展起来。明中叶起，天主教的耶稣会、多明我会等相继来华。万历十年耶稣会士利玛窦来华，逐步深入中原腹地打开传教局面，使天主教在中国扎下根。康熙六十年（1721）开始禁教，时间长达百年。鸦片战争后，签订不平等条约，清政府被迫取消教禁，大批传教士涌入中国，修建教堂，展开传教活动。

2. 秦岭里的教堂建筑

秦岭处于内陆地区，与沿海城市相比基督教教堂建筑较少，大部分位于汉中和安康两地，如勉县褒城天主教堂、勉县庙坪四组天主教堂、勉县庙坪村天主堂、宁强县燕子砭天主堂等。

大秦寺塔　宋，位于周至县楼观镇塔峪村南侧约100米的山坡上，楼观台国家森林公园内。塔为八角七层楼阁式砖塔，又称镇仙宝塔。其所属的大秦寺始建于唐，今已无存。大秦寺塔为宋代建筑，清同治年间（1862—1874）曾对其进行过修补，通高38.26米，底边长4.4米；塔身底层北面辟券门，东、南、西三面作假券门；二至六层各辟二券门，两两相对，上下位置逐层相错；顶层东、南、西、北四面辟门；层间叠涩出檐，隐处阑额、菱角牙子，斗拱刻作三伏云式样，角柱均用砖隐柱做法；塔顶平砖攒尖，置宝珠式塔刹。大秦寺曾是历史上基督教传入中国最早的寺院之一。公元7世纪中叶，基督教聂斯托利派传入中国内地，当时称为景教，因唐代时称罗马为大秦国，所以称该教为大秦景教，称景教寺院为大秦寺。现存塔据考证为宋代建筑。2006年被公布为第六批全国重点文物保护单位。

褒城天主堂　清，位于汉中市勉县褒城镇连峰村东北约30米老街道北边。天主堂始建于清代，坐西向东，布局以天井为中心，由正房、南北厢房、山门、天井组成。这些建筑均为悬山屋顶，抬梁式梁架，筒瓦脊，小板瓦屋

大秦寺塔

面，带滴水勾头。正房为天主教堂，面阔三间12.4米，进深10.7米，廊深1.4米，六格扇门，门额上方为格子窗，梢间均对开木板门。南、北厢房各两间。天井长10.7米，宽8.2米，正中修建一花坛，内有八层塔，用水泥砌成。山门面阔三间，房脊改建为三层，中间房脊略高，于正中立有天主教的十字架。门框宽2.3米，高约3米，两侧有鼓面门墩石，鼓面浮雕麒麟和龙纹，侧面浮雕花草纹；门口台基为五级踏步，长2.5米，高0.15米。该建筑虽然是天主教堂，但却是典型的陕南民居建筑风格，为研究当地宗教历史提供了实物资料。

庙坪天主教堂 清，位于勉县长沟河镇庙坪村村委会东南约12公里处。该教堂宽7米，深11.8米，占地面积约130平方米，坐西北向东南，由教堂和偏殿组成，土木结构，穿斗式，灰瓦顶。教堂正面用青砖砌筑，券拱木板门，两侧竖砌有花饰砖雕，上部两侧开有圆形窗户；其余三面墙为土墙。石条垒砌台基，台基高0.8米。偏房为二层，土木结构，灰瓦顶带滴水，面阔两间6.5米，进深7.3米，台沿高0.5米。

燕子砭天主堂 清，位于宁强县燕子砭镇嘉陵江与燕子河交汇处的青枫坪。此天主堂原为教会购得一套大院改建而成。清光绪二十六年，因抢夺农民粮食抵债，神甫郭西德等被杀，酿成震惊中外的"燕子砭教案"。该教堂占地面积约450平方米，坐东朝西，砖木结构，由前、后院组成，共22间。前院有大门、左右厢房、正房，后院设教堂，为局部仿西式建筑，辟拱形门窗，内墙残留有壁画。前院房屋多数坍塌，后院教堂主体结构完整，墙体有裂缝，现存房屋约19间。

丹江村天主堂 1914年，位于丹凤县龙驹寨街道办事处丹江村。天主堂始建于1914年，西班牙传教士彭琴堂神父由西安来龙驹寨，在西街购地建造教堂传教。1921年，周至县赵连山神父来此教堂开办"敬业小学"教书育人。1946年，耶稣圣心会修女来此堂开设"安德诊所"为人治病。1991年秋，各方人士捐助，重新建造了这座哥特式教堂。教堂长18米、宽10米、高25米，建筑面积180平方米，可容纳数百人参加宗教活动。

罗瑟天主堂 清，位于山阳县城关镇葛条乡龙山河村中。此天主堂建于清晚期，民国时修葺，为砖木结构仿西式建筑，坐西向东，平面呈长方形，面宽10米、长20米。正面辟三尖拱门，上有铁十字架；后为经堂，外有浮雕花卉和十字架。存1887年款铜钟1口，上刻英文及耶稣等人物故事和公元纪年。

安多尼教堂 1941年，位于汉阴县双坪镇西沟村东南80米。教堂为砖木结构仿西式建筑，坐西向东，平面呈长方形，由经堂和院落组成，总长20米，宽15米。正面有哥特式尖顶，上矗铁十字架，经堂内壁绘宗教故事壁画。保存基本完整。

（六）伊斯兰教与清真寺

1.伊斯兰教在中国的发展概况

伊斯兰教传入中国内地的年代，学术界尚无定论，一般认为是在651年从阿拉伯传入中国的泉州、广州等地。据《旧唐书》与《册府元龟》记载，这一年伊斯兰教第三任哈里发奥斯曼派使节到唐朝首都长安，觐见了唐高宗并介绍了伊斯兰教教义和阿拉伯国家统一的经过。阿拉伯帝国第一次正式派使节来华，对后来中阿两国在政治、经济和文化上的广泛交流，以及穆斯林商人的东来都产生了重大影响。从唐永徽二年到南宋末年（1279）的600余年间，是伊斯兰教在中国内地的早期传播时期。唐宋时期来华的穆斯林，保持他们的宗教信仰与生活方式，与当地人通婚，安居乐业，繁衍子孙，由侨民而演变为"土生蕃客",成为中国穆斯林的先民。元代至明代前期,是伊斯兰教在中国内地广泛传播和全面发展的重要时期。穆斯林居住的地方,均修建有礼拜寺。元代礼拜寺的建筑规模和数量远远超过前代。明末清初之际,随着回族的发展,伊斯兰文化同中国传统文化相结合,从而形成了中国伊斯兰教的特点。门宦创始人声誉的不断提高,信仰者日渐增多,门宦也就应运而生,先后形成的大小门宦有33个,按其宗教主张,主要有嘎迪林耶、哲赫林耶、虎非耶和库布林耶,习称"四大门宦"。门宦的特点首先是尊崇该门宦的创始人,称其为"老人家""谢赫",信徒视他们为通向"安拉之道的引领人"。他在世时受到教众的崇敬,殁后要在其墓地修建"拱北"墓庐,信徒每年在其忌日前往拜谒、念经等。其次,各门宦管辖许多教坊。为了管理广大教众,教主便委派"热依斯"为代理人,到各教坊的中心清真寺担任教长,从而形成了层层有隶属关系的教坊制度。第三,有的门宦教主实行世袭制,以"始传者之子孙世世为掌教"。少数门宦倡导传贤制,但教主的继承者也多出自其亲族。在中国,清真寺也曾称为礼堂、祀堂、礼拜堂、真教寺、正教寺、清修寺、回回堂、回教堂等。明中叶前后,中国穆斯林正式以"清真寺"称呼自己的礼拜之地。清真寺建筑一般采用四合院式、宫殿式,也有尖塔圆顶式,主要由大殿、窑殿、宣礼殿、望月楼、经堂、浴室等组成。

2. 秦岭里的清真寺建筑

秦岭境内的清真寺建筑共有13处,均分布于陕南地区,有些清真寺依山而建,其中省级文物保护单位4处、县级文物保护单位2处,其余列入不可移动文物保护名录的有山阳县清真寺、汉中市铺镇清真寺、西乡县静宁寺(清真北寺)等7处。

(1)商洛市清真寺建筑

商洛市的清真寺建筑主要位于镇安县与山阳县。

杨家垭清真寺 清,位于镇安县西口回族镇青树村西北的杨家垭。杨家垭清真寺创建于清乾隆年间(1736—1795),庭院式建筑,坐西向东,平面呈方形,占地约4000平方米,现有房舍14间。礼拜殿为寺内主体建筑,厅房、客房、沐浴房为新建的附属建筑。礼拜殿为砖木结构,硬山灰瓦顶,面阔五间16米,明间进深二间12.9米,次、梢间进深一间6米,廊深1.2米;明间六格扇门,次间格扇窗,檐下施彩绘。杨家垭清真寺是镇安县境内创建较早的清真寺,是当地回民群众重要的宗教活动场所,目前由阿訇负责管理,宗教活动正常开展。2014年被公布为第六批陕西省文物保护单位。

漫川清真寺 清,位于山阳县漫川镇。清朝咸丰、同治年间(1851—1874),有回族马、龚、刘三姓定居漫川,咸丰四年建成清真寺,传诵《古兰经》,进行宗教活动。后经清光绪十三年(1887)、1947年两次维修扩建,形成大殿4间、灶房3间、水房2间、客房7间,总占地面积800多平方米的较大规模。1958年曾遭水毁,仅剩门楼。1988—1992年,政府投资,回民集资,重新修建清真寺。现清真寺占地530多平方米,建筑面积130平方米,围墙60余米。

蒿树垭清真寺 1916年,位于镇安县茅坪镇东茅坪村二组阳坡。清真寺现存大殿、厢房、门楼各1座,占地面积187平方米。大殿坐西面东,平面呈"凸"字形,面阔三间,进深二间,五架梁,正梁上有"中华民国丙辰年修蒿树垭众首士仝立"题记;土木石混合结构,悬山顶,砖砌山墙,前后檐出挑,带廊檐,月梁上有木雕图案,前檐下有卷棚,檐板上线刻鱼形图案装饰,檐口施三角形滴水瓦。厢房坐东面西,面阔三间,进深一间,五架梁。门楼面阔3.6米,进深3.4米,门楣上有木雕装饰。该清真寺南北方建筑风格兼收并蓄,并融入伊斯兰建筑特点,保存较为完整,是研究当地民众宗教信仰的重要实物资料。

寺垭子清真寺 1917年，位于镇安县茅坪回族镇红光村一组。此清真寺平面呈长方形，坐西朝东，院落两进，共有房舍22间。中轴线上依次为门楼、过厅、中殿、大殿，左右有厢房、伙房、浴池等。大殿平面呈"凸"字形，面阔五间18.4米，进深二间20.6米，木板门，顶部用木板隔成双层。中殿与伙房相向，均为面阔五间17.2米，进深一间各9米、7.2米。两厢房面积等大，面阔三间11.3米，进深一间5米。门楼与两厢房相连，面阔8.4米，进深5.3米，五架梁。整体建筑占地544平方米，气势宏大，融汇了南北建筑及伊斯兰建筑风格，是当地回民礼拜的重要的宗教活动场所。

（2）汉中市清真寺建筑

汉中市共有5处清真寺建筑，分布于西乡县、略阳县、汉台区境内，有西乡县城关镇鹿龄寺、静宁寺、清真南寺、汉台清真寺、略阳北关清真寺，其中省级文物保护单位1处、县级文物保护单位2处。

鹿龄寺 清，位于西乡县城北街道办事处西北1公里的牛头山下鹿龄村一侧。鹿龄寺又名巴巴寺，系陕南地区规模最大的伊斯兰教清真寺。据寺内文献记载，此寺系为纪念中国伊斯兰教嘎迪林耶派门宦创始人祁静一而修建。祁静一，经名希拉勒，甘肃河州（今甘肃临夏）八坊人。康熙十三年（1674）他18岁时，师从沙特人和卓·阿卜杜拉学习伊斯兰教嘎迪林耶派教理；康熙二十一年（1682）入西乡潜修，往来于川、陕、甘传播教义；康熙五十八年（1719）于西乡城西之静室内归真。门徒先将其安葬于静室东侧，修建墓庐，依山建悠久亭，后将其归葬河州八坊故里，此地遂建鹿龄寺。后经嘉庆、道光、咸丰、同治、光绪各朝多次增修、重建，益臻完备。原寺区由仙根寺、静思寺、鹿龄寺组成，总占地面积逾6万平方米。现尚存鹿龄寺主体部分，占地约1800平方米，坐北朝南。沿中轴线南起依次为前照壁、木牌楼、圆光门、月台抱厦、礼拜殿、后照壁，两侧为东、西讲堂各3间，院东另辟"刷达"院，即阿訇墓地。总体布局基本属汉族传统寺庙形式（不同于一般清真寺坐西面东的形式），建筑装饰多为阿拉伯文字、几何纹样，以及传统的琴棋书画、松竹梅兰等，采用手法有平雕、浮雕和透雕。砖石建筑全部模仿木结构，雕刻出斗拱、额枋、椽头、垂莲柱、挂落板、花窗等构件式样，精巧、细腻、逼真，具有很高的技艺水平。寺内现存重建、修葺鹿龄寺碑3通，石雕梅花鹿2件，明代仿商、周、汉代铜礼器多件及字画多幅，如明代蓝瑛山水真迹、康熙御书真迹等。前照壁，道光二十九年、光绪二十年两次重建，砖砌，面宽11米，通高10米，单檐歇山顶，檐下施砖雕斗拱。壁面砖雕缠枝牡丹、双龙抱宝、莲子荷花、双龙嬉云图案，壁周砖雕竹、梅、牡丹、石榴、日、月、桥等。有"道光岁次己酉林绥月重建""光绪岁次甲午年季春重建"题记2则。木牌楼，建于光绪十一年，1954年维修。四柱三间，占地16平方米，通面阔8.8米，单檐庑殿顶，檐下施如意斗拱。额悬"鹿龄寺"蓝底金字匾，上款为"光绪十一年乙酉季秋中浣穀旦"，下款为"教下邑贡生穆在涵谨题"，续下款为"一九五四年六月川陕各地教胞培修"。圆光门，仿木结构，青砖砌筑圆券门，青灰瓦盝顶，施琉璃脊、吻等，檐下置砖雕斗拱。抱厦和礼拜殿，勾连搭组合形制。抱厦建于月台上，广、深各一间，单檐卷棚顶与礼拜殿毗连，呈倒"凸"字形。礼拜殿平面方形，面阔、进深各三间，殿内四根高大的金柱托起梁架，形成重檐盝顶的屋顶形式。外檐施七踩斗拱，疏密相宜。各层拱翘呈直角卷杀并斜向出跳，手法独具特色。额枋多为镂空雕饰，华美富丽。殿东、西两侧各有水磨对缝方形砖雕图案，均高1.5米、宽2.5米。东壁为《书斋图》，款识为"大清光绪二十一年潘宪书"；西壁为《松月牡丹图》，题句"月到天心花待露，影动地面松遇风"，款识为"时丁巳岁孟夏月创建，升初谨题，导河（今甘肃临夏）马忠义"。东、西讲堂，均面阔三间，进深一间，单檐硬山灰瓦顶。《重建鹿龄寺碑》，光绪六年（1880）立，记载寺于同治初年遭劫被焚及重建事宜。2003年被公布为第四批陕西省文物保护单位。

鹿龄寺

鹿龄寺砖雕

清真南寺　清，位于西乡县城北街道办事处察院街清真巷内。寺坐西向东，四合院形，由门楼、大殿、南北厢房构成，整体建筑均为抬梁式砖木结构，雕花筒瓦座脊"人"字形小板瓦屋面，滴水勾头有卷草花卉纹饰。门楼为木质对开门，上有匾额题书"清真寺"，落款大清道光六年。大院正中为礼拜殿，正殿面阔明四柱暗一间，悬山式虎殿顶，屋脊正中饰伊斯兰教徽标，廊坊廊柱均已改建。南厢房为抬梁式木架结构，分上、下两层，上、下两层对饰五柱，为明五柱暗一间，上下通面均为木质对开门，上饰几何图案，图案复杂多变，构思缜密。二楼走廊饰竹节形栏杆扶手，廊柱顶部饰镂空浮雕边框。大殿面宽14.2米、进深13.0米、廊深3.5米，南厢房面宽14米、进深7.5米、廊深2.7米，北厢房面宽21米、进深6米、廊深12米。

静宁寺　清，位于西乡县城北街道办事处西关社区北后街南14号。静宁寺俗称清真北寺，是西乡县最早的一所伊斯兰教寺院。该寺始建于明万历元年，清雍正元年（1723）、嘉庆二十一年两次重修扩建，后于道光、咸丰及民国年间又多次维修，占地约3600平方米。1949年之后，有过几次补修，1984年，将其修复一新，大门上嵌明代砖匾"静宁寺"。寺坐西南面东北，由大门、厅房、东西厢房、礼拜殿组成二进院落，硬山灰瓦顶，墙壁上有花卉、人物等砖雕，木雕门窗工艺精致。静宁寺主体为拜殿，高大宽敞，明三暗五，三楹两进，南北配房12间。厢房面宽14.5米、进深5.5米、廊深2.7米，礼拜殿面宽13.9米、进深9.5米、廊深3.5米，厅房面宽18.9米、进深8.5米、廊深2.3米，天井长14.5米、宽8.5米。回廊朱栋，均作雕饰。

汉台清真寺　民国，位于汉中市汉台区东大街东侧。该清真寺创建年代不详，占地面积600多平方米，寺内有男女大殿各1座，洗礼殿1座。该寺重建于20世纪80年代，是汉中市内唯一一座清真寺。

略阳北关清真寺　清，位于略阳县兴州街道北关村。据记载，该寺原来是一座古寺，坐西向东，占地面积5000平方米，有大殿3间，整个建筑依地形建造，次第渐高，一进二院，结构以梁、枋、檐、柱、斗拱组成。屋顶飞檐伸展，房脊纵横，形成倾斜屋面。大殿与望月楼、沐浴门、门楼联成壮观宏伟的群体结构。门楼雕花彩绘，中悬红底金字匾额，竖写"清真寺"三字，首题"大清同治元年九月穀旦吉日"。相传在明洪武年间（1368—1398），回民议定在县城北关象山脚下修草房5间，分别作为穆斯林礼拜大殿和沐浴房、伙房。清咸丰元年,在甘肃鼓浪县及其他回民聚居地区进行募资,又在原基础上扩建了礼拜大殿,落成于咸丰三年。后经清同治、光绪两朝改建,该寺改为土木结构的歇山式殿堂。1920年和1937年又经过两次维修。1981年城区遭受特大洪灾后,泥石流冲毁大殿、二殿,后由县民政局拨款将大殿修复。

（3）安康市清真寺建筑

安康市共有6处清真寺建筑,分布于汉滨区、旬阳市境内,有平利清真寺、旬阳蜀河清真寺、汉滨区清真城内寺、汉滨区老城清真中寺、汉滨区老城清真北寺、汉滨区月亮坝清真寺,其中省级文物保护单位1处。

蜀河清真寺 明—民国,位于旬阳市蜀河镇蜀河街社区。此寺占地面积约2000平方米,基础用大型条石砌筑,高10余米,寺前有数十道石台阶与寺院相连接。整体由过厅、院落、上殿组成。上殿后的祭拜建筑（回民称窑窝）较为华丽,为楼阁式建筑,雕梁画栋,建造精巧。寺内有记事石碑数通。2014年被公布为第六批陕西省文物保护单位。

清真城内寺 清,位于汉滨区老城街道办事处南正社区。寺坐西向东,东临箅子巷,西临鼓楼街,东、北皆为民居。寺内有同治十年款《助修清真古寺碑记》碑1通,高1.7米,宽0.74米;光绪十年《乡饮耆宾拜老先生捐输房地志》碑1通,高1.7米,宽0.79米;光绪二十年款《重建兴安郡清真古寺碑志》碑1通,高2.1米,宽0.82米。现为县级文物保护单位。

蜀河清真寺

二、传统村落、古镇、民居等乡土建筑

乡土建筑是中国传统建筑文化遗产中比重最大、文化内涵最为丰富的一部分,而民居建筑又是其中数量最多的。中国历史悠久,疆域辽阔,自然环境多种多样,社会经济环境不尽相同,在漫长的历史发展过程中,逐步形成了各地不同的民居建筑形式,这些传统的民居建筑深深地打上了地理环境的烙印,生动地反映了人与自然的关系。秦岭境内的民居建筑是典型的北方民居建筑,现存的大量民居建筑对于研究秦岭地区民居的选址、布局、建筑风格、工艺技术、传统建筑理念及地方历史等具有重要参考作用,古镇老街建筑群为研究市县的历史变迁、城市发展、商贸发展提供了重要的实物依据。

秦岭区域的乡土建筑以民居为主,兼有老街古镇建筑群,主要分布在陕南地区。陕南由于特殊的地理位置和历史上移民的影响,成为中原文化、巴蜀文化、湖广文化、荆楚文化等不同地域文化相互碰撞、融合的熔炉,受各地建筑风格的影响,陕南的民居建筑呈现出多元的建筑面貌,这是秦岭区域乡土建筑的最重要特征。这些保留下来的乡土建筑多建于清代,为世家大族或名人的宅院,以砖木结构居多,空间形态主要有"一"字式及其变体、堂厢式、合院式、吊脚式四种类型。

秦岭陕西段范围内的乡土建筑共有1106处，主要分布在商洛市、汉中市、安康市，其中全国重点文物保护单位2处、省级文物保护单位31处、县级文物保护单位29处。

1.商洛市村落、古镇、民居等乡土建筑

商洛市的乡土建筑，以民居为主，主要分布在镇安县、柞水县境内。一般居民建造房屋，先建造上房即形成"一"字形院落，而后根据经济实力和建筑用地逐渐围合，出现曲尺院、三合院和四合院。在商业贸易繁荣的场镇中，或村镇中有足够经济实力和家族积淀的家族则会构造形制较为完整的多院落空间或多进式合院院落。商洛市共有乡土建筑94处，其中省级文物保护单位3处、县级文物保护单位3处，其他列入不可移动文物保护名录的如龙兴村桃子沟民居、陈塬村民居、白杨店村民居等共88处。

云盖寺镇老街民居 明—清。云盖寺镇位于镇安县风凸岭下的小盆地中。云盖寺老街保存较好的民居有87户164.5间。这些民居大部分是南方建筑风格，土木砖结构，房屋两侧有高耸的封火墙。天井式庭院，一进院的较多，也有二进院和三进院的庭院结构，每座院落都比较窄长。临街的门面房一般都建成二层阁楼形式，安装可以方便装卸的实心木板门。小镇街道宽5米左右，长约1200米，保存比较完整。数百年间云盖寺小街兴盛不衰，来此居住谋生的百姓也越来越多，民居建筑渐成规模，所形成的前后两条主街商号作坊众多。经商者以关中人居多，贸易往来涉及四川、河南、湖北、山西等省，著名的商号有益生源、薪泰源、永成源、林记源等，更有乾顺和、李源和、三义成、永盛丰、中盛和、中兴堂、万生堂、聚厚生等八大号。除此而外，还有一大批能工巧匠，如丝匠、染匠、糕点匠、蜡匠、水烟匠云聚于此，创立了林林总总的特色商号，使小镇盛名远扬，呈现出商贸林立，繁盛荣华的景象。2008年被公布为第五批陕西省文物保护单位。

云盖寺镇老街

云盖寺镇老街民居

倪氏民居 清，位于镇安县铁厂镇黄龙铺下川黄龙河北岸。此处早前是镇安县四大家族倪氏的宅居，占地2万余平方米，为一座园林式建筑，至新中国成立时已历四代人，现存房屋39间。现存主体建筑为三进院建筑形式，土木结构，板瓦覆面，硬山顶。前厅面宽五间，两端为左右庭院的偏门，构成了三门并列式庭院结构。三个大门的门额上各嵌一块石质牌匾，正门匾额上刻"径术传家"，东门匾额上刻"云献吉祥"，西门匾额上刻"星联福寿"。前厅两侧为稍间，其上为木阁楼形式，置木梯上下。前厅与正房和东、西厢房形成天井式回廊。院内地面用条石墁铺，并配有地下排水道设施。正房面宽五间，檐廊两端有门道与左、右庭院连通。左、右庭院呈南北向长方形，房屋稍低于正院，组成横向庭院式格局建筑形式。倪氏民居是镇安现存比较完整的清代民居。2008年被公布为第五批陕西省文物保护单位。

倪氏民居

镇安刘氏民居　清，位于镇安县云盖寺镇黑窑沟村。此为刘氏家族迁徙此地后经历代修建而成的居住场所。清乾隆年间（1736—1795），刘氏从安徽移民此地，采取"插草为标"的形式将黑窑沟圈归已有，并开始修建房屋。后历三代至嘉庆十七年（1812）建成第一坐四水归堂的四合院，至同治十一年建成了院落7座。到了民国时期，建筑面积达1.2万平方米，房舍35间。房屋为砖木结构，硬山顶，屋面覆小青瓦，两侧山墙筑封火墙，呈现南方建筑风格。门框、门楣、门墩皆青石制作。门楣上方镶嵌匾额刻字有"耕读传家""乡饮大宾""德浮间生""中天婺焕""玉润珠圆""明经进士""杖国齐眉""种地读书"等，皆为楷书，书法甚精，保存完整。刘氏民居是镇安县四大宅院之一，2008年被公布为第五批陕西省文物保护单位。

竹林关村柯氏民居　1941年，位于丹凤县竹林关镇中街91号。民居原是由门楼、正房及东、西厢房组成的四合院式建筑，现门楼已垮塌。整体建筑坐北面南，砖石土木结构。正房硬山灰瓦顶，砖包土心墙，两山墙带封火墙，面阔三间10米、进深8米，五架梁，木排门，部分结构有改动，现作为门面房经营服装。东、西厢房面阔三间9米、进深3.6米，两厢房之间仅有1.5米宽的院落，用鹅卵石铺地。柯氏民居是竹林关镇老街目前保存较完整的民居建筑。

武关村田氏民居　1919年，位于丹凤县武关镇武关村西北组。现存后堂和临街门面房，均为硬山灰瓦顶，三架梁，前后带双步梁，前后滴水檐瓦保持原貌，檐下施五斗，斗上有龙首昂；面阔五间，通面宽16米，通进深6米，檐廊宽2米。台基为打制石条、方砖砌筑。四周墙体及地面人为改变，主体构件保存完整，基本保存原建筑风格。

代家村庄园　1923年，位于丹凤县龙驹寨街道办事处代家村圪崂组。原建筑由前厅、过厅、正厅及左、右厢房组成。据考证，该庄园为代宏宽于民国时所建，1949年收公划分给四户村民居住。现存前厅、正厅，坐东朝西，砖土木结构。前厅面阔五间，进深二间，硬山灰瓦顶，砖雕花脊，五架梁后带单步梁。明间檐下为砖构枋木门楼，门柱上刻楹联"天地钟灵山川毓秀，祖宗积德兰桂腾芳"，门额上为砖构匾额，字迹被白灰覆盖，无法辨识，檐下施坐斗。正厅面阔五间，进深三间10米，硬山灰瓦顶，五架梁前后带单步梁，明、次间辟木格扇门，梢间辟棂条槅窗。现存建筑原貌保存较好。

富水庄园 1935年，位于商南县富水镇王家庄村西侧。庄园坐北朝南，占地面积约1000平方米。1988年文物普查登记资料显示，该庄园有前厅、过厅、后堂，两侧有左、右厢房，共35间，均为土木结构。现大部分建筑已被拆毁，仅存四合院式建筑一座。该建筑为两层楼阁，二楼有回廊，四周门窗全部为木格式门窗，建筑规模宏大，在当地颇有影响。

永坪村陈氏民宅 民国，位于洛南县三要镇永坪村后坪组。此民宅原为一座四合院建筑，人称永坪地主庄园，1958—1965年曾作为阶级斗争教育馆对外开放。现仅存正房5间，坐北朝南，砖木结构，面阔五间16.4米，进深二间5.5米，抬梁式，三架梁，灰板瓦带滴水，四扇木格门，明间木门枋上楷书"温惠可风"四字。

灵口民宅 民国，位于洛南县灵口镇灵口街村南侧。民宅坐南向北，由正房和厢房组成封闭四合院结构。正房为硬山灰瓦顶，三架梁前带单步梁，面阔五间13.6米，进深三间7.35米，门窗上有浮雕人物、器物、花卉、动物等图案，装饰华丽，工艺精细。东、西厢房对称，均面阔三间9.5米、进深二间5米，门窗均有木雕图案。整体建筑保存较好。

方家庄园 民国，位于山阳县板岩镇合河西坪村中。方氏为清末民初本地乡绅，于民国初年修建此庄园。庄园坐南朝北，平面呈长方形，东西40米，南北25米，皆土木结构，硬山灰瓦顶，门窗雕刻几何花纹。南部正厅3间，左、右设东、西耳房；北部由四排厢房分割为东、西、中三院，每院外开一门。建筑保存完整。

莲花第 清，位于山阳县漫川关镇明清街卜街。此处系南北商贾逗留、南方秀才进京赶考住宿之客栈，故称莲花第。宅院坐东向西，为四合院式，两个天井，共三重14间住房。房屋上木雕广布，门间花格，马头墙彩绘，寓意典故，精镂细刻。地面用方砖铺就。主房与次间整齐协调。后因时代变迁，逐渐改成民居。1947年土改时，宅院中的房屋被分给当地居民。莲花第是漫川关颇具特色的古民居之一。

凤凰街民居 清—民国，位于柞水县凤凰镇凤镇街村老街。此处现存清至民国时期建筑近百座，集中分布在"S"形古街道两旁，延续长度约500米。民居开间基本为二层前铺后宅式四合院布局，均为硬山灰瓦顶，砖土木结构，通脊连檐，抬梁穿斗混合式梁架结构，两山马头墙，山墙共用而又独立成院。凤凰街民居融南北文化之精髓，形成明显的徽派建筑风格。其规模宏大，保存相对完整，雕梁画栋，工艺精湛，堪称民居建筑的典范。2003年被公布为第四批陕西省文物保护单位。

凤凰街民居之丰源钱庄

凤凰街居民保护标志碑

凤凰镇老街

凤凰街民居之孟家大院

孟家大院内部结构

中华沟茅草屋 年代不详，位于柞水县营盘镇中华村一组中华沟内。此屋坐西朝东，面宽5.8米，进深5米，为草木结构，房屋顶为茅草，多为当地山中自生的坚韧茅草，具有防虫保暖的作用。屋面为木板或木条横向搭建，孔隙处用土石混合物涂抹。房屋为二层结构，顶部有阁楼。屋内有灶与木板床，保存完整。茅草屋为陕南地区早期的典型民间房屋形式之一，现已基本绝迹。中华沟茅草屋为研究当地民居的形制产生、发展与演变提供了重要的资料。

油坊村石板房 年代不详，位于柞水县杏坪镇约5公里处的油坊村六组油坊湾通村水泥公路东台地上。石板房坐东朝西，面阔五间，通宽22.4米，进深8.3米，土石木结构。房屋顶部为石板铺就，下部为枕木搭建。五架梁，明间辟木框门，并有木质门墩。墙体均为承重墙，土坯质，外抹白灰，下浇筑水泥。石板房整体保存良好，为当地典型的民居建构形式，至今已不多见。该房屋保存完整，对了解当地民间房屋发展、演变等情况提供了实物资料。

2.汉中市村落、古镇、民居等乡土建筑

汉中市共有510处乡土建筑，以民居为主，主要分布在略阳县、洋县、城固县境内，多为四合院，也存在一些三合院，同时还有一些曲尺形和"一"字形的农舍建筑。其中全国重点文物保护单位1处、省级文物保护单位11处、县级文物保护单位14处，其他列入不可移动文物保护名录的如周宏民居、周桂芳民居、河东店辛氏民居等共484处。

青木川老街建筑群　清—民国，位于宁强县青木川镇金溪河畔。此建筑群依山傍水，绵延860米，又称回龙无场。始建于明成化年间（1465—1487），形成于清，繁荣于民国时期，曾是陕、甘、川三省交界地段繁华的贸易中心，有"鸡鸣闻三省"的美誉。青木川是羌、汉杂居区，自明朝以来，草场坝、回龙场、永宁里、凤凰乡都是它的名号，直到新中国成立初期才定名青木川。青木川地理位置相对较为偏僻，使这里形成一个"世外桃源"。此处的建筑群以民国时期为主，但颇具明清风格。整条街道上的建筑大多雕梁画栋，呈四水倒堂式、吊脚楼式、旱船式或中西合璧式。青木川回龙场老街沿河布局，随河弯而曲，平面呈弧形，现存明、清至民国时期建筑50余座。古街建筑风貌统一，布局完整。单体建筑以民国时期建筑风格为主，土木结构，二至三层，前店后堂，多为闭合式院落。著名的建筑荣盛魁、烟馆、唐世盛、辅友社等都分布在这条街上。街上现存住户123户，街面房屋253间，街面房后边大都是两进的四合院。整条街道两面的建筑物隔一段就设有一壁防火墙，每个院内都设有蓄水的太平池。街道原来都是青石板铺筑，后因损毁，排水不畅，1993年改建成水泥街面。现今古街仍商贸繁荣，农历三、六、九逢集。

　　唐世盛就是老街上的"洋房子"，建于20世纪40年代。这是一座典型的中西合璧式建筑，故称为洋房子。洋房子是当时青木川的商品贸易货栈，被往来于陕、甘、川一带的人视为奇观。洋房子原有4层，顶层被雷击后拆除。该建筑外观上有石拱圆门和圆窗顶，颇有古罗马式建筑风格，里边则是"四水归堂一颗印"的中式四合院落。这座建筑高大、装点奇异，是当地较早的砖木结构建筑。房屋的宅基是工匠们用錾打锤敲斩断石岩开凿的，檐后阴沟、水井、七级石阶的斧凿痕迹现在还依稀可见。房屋坐落在长、大的"Z"字形石基上，用砖砌数丈高的门墙、方柱分割成5间，木楼三层。两侧建有盘鳌坐脊的高楼，与中间"纱帽头"恰成一高耸入云的"山"字形。迎门石刻一联："深院风和燕雀相贺，高斋日丽麟凤时来。"门槛的石条外圆内方，象征容纳天地；高大的木门安有铜环推动，门上面第二层的壁匾上书"复兴之声"，两旁有魏辅唐为抗战捐款的简述和县长吴伯森题词。第三层有泥塑浮雕《鹿鹤同春图》，四层在"纱帽头内"，外塑增福财神、内塑魁星点斗两尊神像，留有两个龙头，张口向外排水。整个墙上或雕或塑的人物、字画、花草、鸟兽皆分类用彩料涂染，显得异彩缤纷。各楼窗户洞开，摆布整齐，院内窗户门楣采用古典装饰。楼道走廊曲栏回绕，正厅两窗中间用大圆板木刻李白《送孟浩然之广陵》和杜甫《清明》两诗，舟帆江水、牧童杏花的雕工非常精细，惟妙惟肖，极富诗情画意。院中高悬当时地方官员赠送的五道金字大匾，"履道崇仁""国栋家梁""望重乡里""崇文尚武""功在千秋"。院中两口大石缸注水养鱼，缸正面皆刻"太平地"三字，背面刻"鱼龙变化"和"鸟语花香"，侧刻年款。石缸是防火的安全设备，碉楼是用来应变架设机枪的。洋房子最早开的是唐世盛绸缎商号，后来用作接待站，招待官府来人。新中国成立前夕门口挂有"宁西人民自卫队部"的标牌，内设办公室，设施有全套沙发、高橱文柜、办公桌、穿衣镜、电话、留声机等专用设备。洋房子虽经过三次改装换修，但整体布局结构保存完整。

　　辅友社位于唐世盛侧，和唐世盛大院前面相连，后院相通，是对外经济交往与活动的中心。辅友社性质原是钱庄，印发银票，在陕、甘、川一带流通。辅友社放贷款的主要对象是当地农民，用于经商、置业和农事生产。当时有规定，置业和经商必须付利息；如果是农事生产则视情况而定，当年丰收要付利息，歉收或遭灾第二年再付或减半付；如果接连遭灾，可免除利息，甚至本息全免。为了青木川经济的发展，魏辅唐实施了有效的管理。

烟馆位于老街下方，建于1940年，为二层阁楼四合院，坐东向西，面阔三间15米，进深近30米，占地面积大约450平方米。采用汉中地区民国后期典型商用建筑式样，前堂后室，中间为厦房，房屋之间走廊连接，土木结构，二层为土墙，悬山顶，屋面施小灰瓦，穿斗式梁架。前檐宽大，室内采用全木装修，门及檐下雕花，正房的六扇格扇门高大，二楼的前廊宽阔。烟馆是魏辅唐经营专供外来客商吸食鸦片的场所，种植、贩卖鸦片虽是魏辅唐组织当地人发展经济的重要手段，但他绝不允许当地人吸食，违者重罚。

荣盛魁坐落在老街中部，是有名的"旱船屋"，由于外形像是一艘巨船，故而得名，它是青木川的标志建筑，也是国内少见的船型建筑物。

荣盛昌始建于清末民初，主营百货。房屋建筑结构精巧，建造考究，属于典型的"四水归堂一颗印"建筑格局。整座建筑风格独特，做工精细，翘檐雕梁，滴水勾头完整，木雕柱础，雕花门扇，破旧窗格内的戏文图谱依稀可辨。当年除主营日常百货外，还经营时髦新鲜先进的外来物品，如印度产"鹰牌"洋油（煤油）、洋胰子（香皂）等，是青木川引进外界商品的重要窗口，见证了青木川商业的百年兴衰。

风雨桥是连接青木川老街和魏氏宅院的桥梁。魏辅唐很重视道路交通方面的建设，当年在河上修建了一座两礅三孔、桥面带石柱、石栏的石拱桥，命名济川桥，后又改建为青石墩三孔木桥。1952年特大洪水把桥冲断，来往行人极不方便。1957年，政府以民办公助的方式，修造了一座能遮风避雨的风雨桥。桥长约30米，在原来的柱墩上用粗壮圆木作桥梁，桥梁上铺厚实木板，板上仿铁路双轨式加压厚板条，再用大铁钉锁钉，两旁廊柱栏杆排列，棚顶上盖瓦坐脊，整个桥像一艘静止的大篷船。原来青木川就有"船形"的说法，有了这座桥就更加形象了。风雨桥经过漫长的时间，水上木结构部分梁腐板朽，政府于2002年将桥依原样改建为水泥桥，更名飞凤桥。

辅仁剧社是1941年在青木川成立的剧社，是将下街关帝庙改建而成。青木川早年流行"打围鼓"，唱板凳戏。剧社除本地逢年过节和庆典活动外，还经常到周边地区演出。青木川的老人现在能吼秦腔的很多，这与当年受到的熏陶是分不开的。

青木川老街建筑群是陕南规模最大、保存最完整的清末民初建筑群，整体设计融合了多种建筑风格，设计精巧，布局严谨，砖、木、石雕做工精细，华丽考究，同时在对主体及局部的设计中，都蕴

青木川老街回龙场

青木川老街盛世唐

青木川老街盛世唐建筑

青木川飞凤桥

涵着能文能武、期盼平安吉祥及传统建筑理念，具有典型的陕南民居特色，为研究秦巴山区社会经济发展提供了难得的活标本。青木川老街建筑群2013年被公布为全国重点文物保护单位。另外青木川古镇还分布有青木川魏氏庄园和青木川辅仁中学早期建筑，均于2008年被公布为第五批陕西省文物保护单位，青木川辅仁中学早期建筑归入近现代重要史迹及代表性建筑。

青木川魏氏庄园 民国。魏氏庄园为魏辅唐的住宅。魏辅唐（1902—1952），原名魏元贵，青木川魏家坝人，中华民国期间加入地方民团，任过团总、区团长、自卫队长、宁强县独立自卫大队长、

青木川魏氏庄园环境

青木川魏氏庄园

青木川魏氏老宅天井

青木川魏氏庄园狮子柱础

川陕甘九县联防办事处副主任等职，统治青木川20余年，同时也极力发展当地经济，兴办教育；1952年以杀人反革命罪被判处死刑并押回青木川执行，1988年翻案撤销当年的刑事判决。魏辅唐的宅院分两处，分别为魏氏老宅和魏氏新宅。魏氏老宅建于1929年，主要为魏辅唐及家人的生活住宅区，占地面积约1000平方米，坐北向南，砖木结构，二进式院落，布局上依据地势，逐渐升高，第二进高出第一进2米，穿斗式土木结构，檐宽廊深，室内装饰精细，雕花、几何图案随处可见，院落用条石铺就。宅院前旧有小桥流水的鱼池，它背依凤凰山，面向龙池山，有"凤凰遥对鱼龙池，神仙居墅度年华"一说。魏氏新宅建于1932年，主要用于处理公务和仓储，占地面积千余平方米，旧有三进，第一进早些年被拆除。它更多地融入了西方建筑风格和近代建筑文化元素，砖木结构，两层，分前院、书堂和后院，由造型一致的两个四合院构成，简洁宽大，宏伟庄严。整个院落上下、前后、左右对称，宅院檐坎、台阶由五六米长的青条石围砌，天井院落全用石板平铺。柱子、楼板、楼梯及扶手均为木制，门窗制作工艺多样，尤为精湛，体现了中国传统建筑的韵味。在正房右边的厨房外有一辅唐泉，其作用是新宅院建成后，用于安全饮水和方便被围困时取水。泉水源头在1公里外的山岩中，用很深的地下暗道引流至此，道上覆土后植树，能供附近200多人饮用。2013年被公布为第七批全国重点文物保护单位。

瞿家大院建筑群 清，位于宁强县青木川镇北约1公里的东坝村，是建于清道光年间（1821—1850）的古建筑群。据碑刻记载，瞿氏一脉源于山西省洪洞县，明成化十三年（1478）移至甘肃武都，八世祖于清康熙四年（1665）移居青木川镇，距今已有355年。清道光年间，瞿氏先祖耗银8000余两修建瞿家大院，形成东院、西院、中院、祠堂等院落，现存房屋53间，占地3290平方米。瞿家大院是典型的四合院式两进院落，传统悬山顶，手工雕花脊，屋面采用"人"字形小板瓦，主体为抬梁式木结构，墙体采用骨架镶嵌木板或土坯结构模式。走廊、窗扇皆雕以人物故事、飞禽走兽、卷草花卉，栩栩如生；门楣、角牙、门墩、柱础也雕有水波纹饰；天井院落用石板铺就，四角各有石缸一口，雨小接存防火，雨大与下水道相通。廊檐台阶用条石砌筑，所有院落呈"回"字形连接，走遍庭院不淋雨、不湿脚；几个院落大小天井、四周屋面的雨水归落一处，此谓"四水归堂"，有聚财之意。整个建筑布局合理、雕工精良，方便家族老幼相互照应，突出儒家治家理念。民国时期，瞿家与魏辅堂结亲，魏家专门修建了一座魏氏庄园，正是受到瞿家大院建筑的启发。附属不可移动文物有家族墓地、瞿家沟栈道、瞿氏山寨遗址、生产消防渠等，另有可移动文物数十件。2018年被公布为第七批陕西省文物保护单位。

瞿家大院门楼

瞿家大院庭院

燕子砭老街民居　清，位于燕子砭镇政府西北角。1000多年前燕子砭便是一个热闹繁华的水旱码头，古名青乌镇。它东南邻渡口，清至民国期间，这里店铺林立，商贸繁荣。现存街道呈东西走向，全长约350米。临街店铺梁架结构保存较好，有少数四合院落，外墙面有所改建，房屋多为两层带木板楼，悬山灰瓦顶，叠瓦脊，门楣上有匾额。梁氏、李氏、魏氏、王氏民居最为典型。燕子砭老街民居为研究燕子砭的历史变迁及居民生产生活情况提供了宝贵的实物资料。

燕子砭老街民居

华阳老街古建筑群　清—民国，位于洋县华阳镇华阳街，地处东河、西河之间。老街道南北走向，总长500米，分为上、中、下街和新街，街道宽2.4～5.3米，沙石路基。两边店铺林立，有客栈、茶馆、药店、铁匠铺等，现存前店后室古店铺148间，均土木结构，功能齐全。老街北段以东约20米处，有华阳戏楼1座，

华阳古镇环境

戏楼前有古井1口。古井石砌方形井台。该街道属于傥骆古道上的繁华集市，是川陕交通东线必经之地，目前历史文化古镇和古代民居风貌尚存，对研究傥骆古道和古代民居有重要的价值。2014年被公布为第六批陕西省文物保护单位。

华阳古镇老街

华阳"傥骆古道"老街牌坊

佛坪何氏民居 清，位于佛坪县城西北部约70公里的岳坝镇岳坝村。民居依山而建，坐东北面西南，为单体复合式建筑，三进组合式院落，面阔五间，底部均有两层条石为基。庭院平面呈长方形，占地面积约为800平方米，纵深33.4米，横23.8米。房屋梁架结构为穿斗式，两层，清水脊，屋面施小青瓦，结构完整，保存较好，属典型的徽派建筑，当地人习惯把它叫作"花房子"。正面由巨型条石、砖雕及飞檐组成漂亮的大门，两边各耸立一面耳墙，四周三进封火墙，飞檐翘壁全部由砖雕砌成墙脊，檐下彩绘花草图案。大门洞由整块巨石雕刻而成，下有石门槛、石门墩。大门正中镶嵌着书有"耕读传家"四个大字的石匾，署"嘉庆壬申年春王正月□□立"款。大门两侧有8幅民间故事砖雕。大门两侧及三重主房顶部均有砖砌、涂成粉色的马头墙，墙边绘瑞草纹。大门内是三进两层木楼，房屋内外均采用木板装修，雕刻历史故事、五福图等图案。最后一进主堂内壁绘有壁画。屋内还摆放着一些老式家具，走道里摆放着旧时的石磨，磨槽由整个圆木挖空而成，直径在1米以上。院内建筑以大门—走道为对称轴，对称排列。屋后有古井1处。2008年被公布为第五批陕西省文物保护单位。

佛坪何氏民居环境　　　　　　　　　　　佛坪何氏民居外墙

谢村民居 清—民国，位于谢村镇东韩村七组。谢村民居是洋县谢村镇东韩村刘氏家族宅第，是清末至民国初陆续建成的民宅建筑群，占据东韩村中部。整体建筑呈南北走向，长方形分布，四周以巷道与邻为界。房屋基本形制为砖木结构，悬山或硬山式屋顶，五架梁，有木板阁楼，部分房屋为歇干檐明柱。整座建筑由九套四合院互相套在一起，总占地面积3365平方米，总建筑面积2114平方米，大小房屋91间。北门以甬道进入，有过道相通的左右两院，庭房、正房各5间，厢房各3间。卵石基础，土坯砌墙，青砖包砌，五架梁铺木板而成阁楼，屋面盖小板青瓦，主脊由脊筒、脊座、脊兽、脊吻组合。院落青方砖墁地，檐坎用条石压边，四边明柱组成回廊。幢头、正面墙体多用磨砖、砖雕，枋、檩、梁、柱均彩绘，花窗，格扇门，院内点缀石缸、石盆、抱鼓石、柱顶石、踏步石均雕花卉图案。东西四院虽互相连在一起，却各有楼门向外，互不相通。房屋结构靠北侧两院略同上，靠南两院略显一般。西面三院屋顶无脊兽，有歇檐无回廊，有过庭，月门与北二院连通，除居住外，还有库房、粮食加工房、院中有厩舍、仓房、厕所等。建筑群整体布局不对称，但结构严谨、完整，独具陕南民居特色。2008年被公布为第五批陕西省文物保护单位。

茅坪老街古建筑群 清—民国，位于洋县茅坪镇茅坪街。茅坪老街南北走向，总长330米，分为上、下街，街道宽2.7~3米，鹅卵石路基，部分路段用黄土铺垫。街道两边店铺林立，有日用百杂店、客栈、茶馆、药店、铁匠铺、烟馆等，现存前店后室古店铺40余座，均土木结构，功能齐全。

2011年被公布为洋县文物保护单位。

瓦子沟村姚家大院　清，位于洋县华阳镇瓦子沟村一组。姚家大院坐西向东，纵向分布，平面呈长方形，土木结构，穿斗式梁架，悬山屋顶，顶施灰布瓦。正房青砖墙基，土坯墙，当心间为六格扇门，门额枋上为"回"字格窗，窗下4幅木雕图案，当心间正上方镶匾，梢间为格子窗。南、北厢房各两间，北厢房屋内地面铺木质防震板，上有木楼板，形成"天楼地震"。台基由石条

茅坪老街

砌成，石条之间由四块雕花石柱将其隔开，院子用石板铺成。2011年被公布为洋县文物保护单位。

察院街罗氏民居　清，位于西乡县城北街道办事处察院街巷14号。此民居坐南朝北，四合院，东西两侧为清砖马头墙，木架结构，前厅为抬梁式，后厅为穿斗式，清水脊，"人"字形小板瓦屋面，滴水沟头有卷草花卉、蝙蝠等浮雕，廊枋、廊檐多施镂空木雕。正厅、东西厢房均施镂空木雕对开门，镂空木雕窗，窗沿下施菱形清砖墙面；正厅门额有匾，上书"德为福基"，无落款；东厢房匾额为"兴学"，西厢房匾额为"务农"，均无落款。前厅面阔四柱三开间，面宽11.5米，进深11米，廊深1米；后厅面阔四柱三开间，面宽11.5米，进深10米，廊深2.7米；东、西厢房面阔均为四柱三开间，面阔9.5米，进深6.5米，廊深1米；天井长7.4米、宽3.4米。该民居整体保存较好，对研究陕南清代民居建筑风格有较高的价值。

上元观衡家大院　清，位于城固县上元观镇乐丰村。此院为四合院，坐北向南，原为衡氏老宅的一部分。宅院通面宽26米，通进深21米，道台东侧为青砖防火墙，墙长31米、高7.5米、厚1米，墙头有青砖筒瓦面。整个建筑均为穿斗式人字脊小板瓦屋面，门窗均镂空花卉，图案造型各异，屋脊为方形筒瓦坐脊，滴水沟头有兽面、花草纹饰，斗拱、廊柱、廊枋、封口檐板上有浮雕，刻云纹卷草、龙等纹饰。廊柱高7.5米，柱径0.45米。柱础面为抱鼓石，底部六面，每面均有花草浮雕。上房通面宽26米，通进深7.3米，廊深4米。东、西厢房通面宽均为13米，通进深6.4米，廊深1米。正厅五柱三开间，面宽12米，通进深6.9米，廊深1米。天井院长9米、宽4.5米，四周均用红条石镶嵌；门楼面宽5米、进深5.8米，门墩石有花鸟鱼草浮雕。该建筑浮雕图案纹饰十分精美，且刻工精湛。

中坝民宅　清，位于留坝县玉皇庙镇大树坝村东3公里。此民宅又名唐家院，建于道光十六年（1836），坐西朝东，为砖木结构，面积319平方米，有3间正房。整体建筑风格为穿斗式，前为廊，台基高0.8米，面阔12.8米，进深6.6米，檐柱高3.7米，柱础及门、窗雕饰彩绘花卉图案。该房主已对房屋进行了修缮。

龚家院民居　清，位于留坝县马道镇龚家院村村委会东北约200米。民居建于清末，坐西向东，平面呈长方形，长34米，宽28米，为硬山顶穿斗式，砖木结构。屋面施灰板瓦，清水脊，土垣墙。整体建筑呈二进四合院式布局，由朝门、门房、厅房、上房和左、右厢房组成，共25间。房屋中有的廊柱雕刻人物、花卉等。

3. 安康市村落、古镇、民居等乡土建筑

安康市乡土建筑以民居为主，主要分布在汉滨区、旬阳市境内。这些乡土建筑有合院建筑、前店后宅建筑和农舍，其中合院建筑最为典型，具有特色性，其又可分为独立式院落和普通的民居院落。安康市的土建筑共有299处，其中省级文物保护单位15处、县级文物保护单位11处，其他列入不可移动文物保护名录的如联坪村张家院子、纸槽沟唐家院子、小北街顾铭信民居等共273处。

石泉储家民居　清，位于石泉县迎丰镇新庄村五两沟北侧的半山上。整座民居占地面积1114平方米，建筑面积954平方米，由大门、东西厢房、天井和正房组成。民居面宽三间，柱径0.244米、高5.1米，廊深2.3米，台基高0.7米，清水屋脊，悬山顶，屋面施小青瓦。墙体下部内外包青砖，上部为土质，门楼屋脊施青花瓷片。外山墙施黑底白花彩绘，屋檐下方方柱有木雕喜鹊报喜、雀上花枝图案，厅房屋梁正中彩绘太极图案，两边彩绘双凤朝阳、花卉、钱纹，并有墨书楷体"万代兴隆"。2018年被公布为第五批陕西省文物保护单位。

石泉老街及城墙　清，位于石泉县县城中段南部。老街分布面积约2万平方米，东西走向，长约500米，宽4.2米，两端各有城门1座，原由县衙和油坊、铁匠铺、染布坊、杂货铺、客栈等商铺作坊及民居等组成，是当时石泉政治、经济、文化、商贸中心。20世纪七八十年代，石泉县城重心北扩，老街渐失去往时的繁华与辉煌，现街道中大部分门面已作为商业用房或供居民居住，其中尚夹杂有大量现代建筑，对老街古建筑风貌造成一定的破坏。

石泉老街及城墙

老街至今已有数百年历史，如今仍保留有梁氏民居及44处不同程度的具有古民居风格的建筑物，对研究石泉县城的历史变迁、商贸发展提供了实物依据。2008年被公布为第五批陕西省文物保护单位。

蜀河古镇　南宋—明、清，位于旬阳市蜀河镇，处于蜀河与汉水交汇处。蜀河古镇在旬阳当地享有"小汉口"之称，街道建筑占地面积约325.03万平方米。老街南北有数条深邃的石阶老胡同与街面连通，小胡同内居民房屋依崖坡负势而建，有阁楼、四合院、小石板房。街西头有著名古迹泗王庙、朝阳洞，中街后坡有陕南地区现存最大且完整的清代黄州会馆，街的东端有气势恢宏的清真寺，南边有三义庙古建暨旬阳解放前夕上关县委、县政府旧址。另外，民国时期遗留的老货栈、客栈、邮电局房屋、书院等保存完整，清嘉庆年间（1796—1820）的石堡遗迹仍依稀可见。虽然老街南边已扩建成新的街区，但老街古朴风貌犹存，老字号门店商贸依然一派繁荣气象。三义庙前殿为清代建筑，位于蜀河镇蜀河中学院内，坐北向南，面阔三间，砖木结构，有砖雕花脊和卧龙状封火墙。殿前还有大型石狮1对、石碑3通、古柏1株。

蜀河古镇

蜀河城墙与城门

蜀河古镇城南书院

蜀河古镇小巷

恒口老街民居 明—民国，位于汉滨区恒口镇。老街兴盛于清乾嘉时期，内外有三圣庙、关帝庙、土地庙等庙宇13处，有基督教、天主教教堂2处，有江西、黄州会馆2处，有"连璧合"（赵氏）、"永和丰"（姚氏）、"三元星"（史氏）等商号铺面作坊89家，有古井5口，有明清风貌的民居建筑700余座，古式天井四合院147个。这些建筑户户相连，总面积3.3万平方米。1932年整修恒口街道路面，将以前的黄泥土路改为街心以青石铺筑，两边用砂土铺筑。1934年在东门外恒河边与关帝庙侧加修东、西二栅栏门，使老街更加古朴典雅。现存下来的明清古街历经风雨，虽有破坏，但主体完整。民居主要以多重天井的四合院居多，有特色的古民居院落共6种，其建造形式吸纳了北京四合院和南方园林建筑的优势，多为串珠式"品"字形和倒天井形。其建筑结构多为穿斗构架，挑檐形式多单层、双层，各式撑拱应有尽有。富有韵律感的重檐式屋顶，瓦饰简洁，青瓦粉墙，临街面墙头上贴满彩瓷片。建筑细部处理古朴大方，颇多装饰，色彩淡雅，门窗花格繁多。昂然翘起的马头墙、风火墙密布街道两边。许多砖墙、屋脊和枋额都装饰有砖、木雕花，绘有精美典雅的人物故事，有的门板上还保留着清代线塑门神。2008年被公布为第五批陕西省文物保护单位。

旬阳孙氏民居 清，位于旬阳市红军镇茨坪村大屋场。民居坐北向南，为砖木结构四合院式建筑，占地面积362平方米。前面设厅房，两侧有门和天井院相通，厅房两端设厢房一直贯通至上房。正面前壁两山作"品"字形封火墙装饰，上房两山同样做"品"字形封火墙装饰。环天井院一周的二层楼建筑相互贯通，形成转角楼。门和窗户有木雕装饰，檐下有彩绘图案。2014年被公布为第六批陕西省文物保护单位。

旬阳孙氏民居保护标志碑

旬阳孙氏民居全貌

旬阳杨氏民居　清，位于旬阳市双河镇卷棚村杨家台子。该民居为砖木结构的两进四合院建筑，坐北向南，面积约800平方米。整座建筑有前厅和后院，房屋山头均有"品"字形封火墙装饰，门窗有木雕装饰。大门的额枋墨书"耕读传家"四字。该民居气势宏阔，有江南民居风格，是研究清代民居建筑的重要实物资料。2014年被公布为第六批陕西省文物保护单位。

旬阳杨氏民居

熨斗古镇　清，位于石泉县熨斗镇长岭村。熨斗镇长约400米，街道宽3.6米，分布面积约1.2万平方米。镇上老街共两段，南北走向和东西走向各一段。东西走向段原两端各有门楼1座（俗称闸子门），现已毁，沿街两侧原分布有油坊、铁匠铺、染布坊、杂货铺、药铺、旅店等建筑以及张氏民宅、古戏楼及57处民居。临街面建筑保存基本完整，保持原有建筑风格，但内院多有改造，对老街原始风貌造成一定破坏。熨斗镇老街是石泉县保存较完整的古街之一，它为研究熨斗镇的历史变迁、集镇发展、商贸发展提供了实物依据，对研究陕南传统民居的布局、工艺具有重要的价值。2008年被公布为第五批陕西省文物保护单位。

熨斗古镇门楼

熨斗古镇老街

太山庙老街 清，位于宁陕县太山庙镇太山村。老街现存多处民居建筑，多为清代晚期营建。保存较好的有王氏民居、雷氏民居、彭氏民居。王氏民居坐西向东，面阔三间，通面宽13.2米、进深7.2米，硬山顶，清水脊带封火墙，青瓦覆顶。前檐为重檐式，带回廊，檐下部为鹅颈顶，抬梁式和穿斗式混合梁架结构，九架梁。雷氏民居坐东向西，面阔三间，通面宽11.6米、进深6.3米，硬山顶，青瓦覆顶，叠瓦压脊，抬梁式梁架，九架梁。雷氏民居整体保存尚好，现代进行了局部改造。彭氏民居坐东向西，面阔四间，通面宽14.5米、进深6.5米，临水岸吊脚楼进深为3.5米。硬山顶，青瓦覆顶，叠瓦压脊，抬梁式梁架，九架梁。建筑整体保存尚好，进行局部改造。老街戏楼坐北向南，平面呈"品"字形，东西长10.6米，南北宽7.5米，前部为歇山顶楼台，四角升起，二层木构架，砖雕化脊，檐下有一周鹅颈式棚顶，四角及横枋上皆饰精美木雕，原彩绘剥落，墙面有少量壁画残存。戏楼后部为硬山顶建筑，两端马头墙及檐下保存有部分水墨彩绘。戏楼主体完整，是陕南地区特色较为鲜明的清代戏楼。2014年被公布为第六批陕西省文物保护单位。

双河口镇老街 清，位于汉阴县双河口镇幸和村。双河口镇位于秦岭南麓，始建于明朝初年，距今已有600余年历史。有两条河在古镇交汇成一条河，它们分别叫楼房河、梨树河，两河口因此得名。街道呈南北走向，长200米，宽2~4米，青石板铺面，北段有石板桥横跨梨树河，连接上、下街。街道

双河口镇老街

双河口镇上的庙宇

两侧皆为民居。该镇是当时上通西安、下达安康的子午古道上繁华的商埠重镇，享有"日出斗金"的美誉，"千茧挑长安，担盐半月还""脚歇双河街，一气出沣口"记载的就是旧时商贾往来之情景。2014年被公布为第六批陕西省文物保护单位。

曹家民居（曹家大院） 民国，位于旬阳市段家河镇薛家湾村。清代一位镇守山海关的将军，在镇守山海关期间屡立战功，威名远扬，年老解甲归田之时，用朝廷赏赐的钱财修建了一座远离市井、易守难攻的精美院落，被乡里人称为曹家大院。大院由四个四合院相连，正中门楣上书写繁体字"山海镇"，一语双关，既正风水，又展示功绩。中间为两个紧紧相连的主体院落，另两个小院分别位于主院的

曹家大院

左、右两侧，四个院子相互贯通，各户厅堂、卧室、厨房、楼口形成"四水归堂"结构。门厅内沿与上正堂的台阶相距较远，而处于该大院核心部位的一号院，从门厅内沿至上正堂的台阶仅一步之隔，寓意"捷足先登""一步登堂"。整个院落首尾相顾、中间贯通，内外相连，院子交界处设有粮仓，并安装有原始报警传声装置——摇铃。院子墙体由砖、石、木构成，地面全部由正方形石砖铺就，虽经数百年风雨侵袭，依然保存完整，极具保护价值。

张氏民居 清，位于汉滨区洪山镇石桥村张家老院子。该民居坐东向西，由门厅、南北厢房、天井和正房组成四合院式建筑，通面宽30米，通进深22米。原由三处院落组成，现仅存一处。建筑均为悬山顶，叠瓦压脊，合瓦覆顶，穿斗、抬梁结构相结合，七架梁；毛石砌基，土坯墙，外有青砖包砌。门厅面阔五间，前有十一步台阶，前檐卷棚顶，檐下有彩绘，木质穿枋上雕刻水榭楼台，两侧有圆形木雕镂空窗，三滴水墀头墙。天井呈正方形，边长6米，条石铺地。两侧厢房各1间，与正房之间有通道，用边长0.25米的方砖铺地。正房面阔五间，前有三步台阶，前檐卷棚顶，两侧扇形枋上雕刻花卉、瑞兽、木板门、直棂窗。

唐家湾陈家花屋 清，位于紫阳县汉王镇西河村。该民居坐西向东，是由厅房、天井、两厢、正房组成的四合院。毛石为基，青砖墙，硬山顶带三滴水马头墙。门厅中部内凹。正房面阔五间，进深6.8米，廊深2.2米，廊柱高3.86米、径0.2米。梁搭墙结构，清水脊，合瓦覆顶，檐部三角形勾头滴水。

黄氏民居 清，位于紫阳县双安镇桐安村沙坪河北岸黄家纸厂的缓坡地带。民居坐西北向东南，北靠山坡，南临沙坪河，东、西皆为坡地；通面宽20米，通进深20米，由前厅、天井、两厢房、正房组成四合院。正房面阔五间，进深6.5米，格子门，直棂窗，檐部横出短挑，形成檐廊。廊深1.8米，有石栏杆。土坯墙，下包青砖，清水脊，合瓦覆顶，悬山顶。梁搭墙结构。

上院子庞氏民居 清，位于紫阳县毛坝镇干沙村。民居为一进式四合院，面阔五间27米，通进深33米，灰瓦覆顶，叠瓦压脊，硬山顶，穿斗式结构。天井为青石板铺面，有青砖修葺封火墙。正门前有屏风，高2.8米，宽3.6米。外墙青砖包砌，内部木板隔墙。厢房及厅房为阁楼式建筑，回廊边

缘有木格护栏。正面外墙顶部饰彩绘。石质正门框，高3.3米，宽1.8米，额题"世衍南州"。正房前有廊，廊宽1.6米，柱围径1.2米、高4.6米，上圆下方镂雕柱础，直径0.46米，高0.4米。该民居为徽派建筑。

铺子朱氏民居　清，位于宁陕县汤坪镇八亩村。该民居坐西向东，东西长约17米，南北宽约16米，由正房、厢房、厅房组成四合院式建筑。正房面阔三间，通面宽15.5米、进深5.5米，悬山顶；厢房面阔两间。该民居是当地较为少见的保存至今的清代四合院式建筑。

黄村坝中间院子　民国，位于石泉县后柳镇黄村坝。黄坝村中间院子现仅有院落和5间正房，占地面积200平方米，为民国时期当地团总熊明康所建，原为三进院落，20世纪60年代拆毁，仅存中间院子。其坐南向北，面阔五间15.8米、进深7.8米。明间前部凹进，门额上有1944年款"耕读世家"木制题刻。建筑以青砖为基，黄土夹杂小石子筑墙，内部无柱，十一架檩架于墙上。梢、尽间内部有楼。悬山顶，灰板瓦覆顶，平出檐挑两层，挑有浮雕图案。距正房北部有石砌平台，形成进深12米院落。

黄荆坝刘氏庄园　1940年，位于石泉县城关镇黄荆坝村内。庄园占地约800平方米，坐西北面东南，由门厅、左右敌楼、东西厢房、正房及偏房组成，由庄园主刘先和于民国二十九年（1940）动工，历时5年修建完工。敌楼三层，四角攒尖顶，一层外墙不开门窗，二层辟仿西式拱券窗，开设有方形射击孔，三层开花格窗。门厅、东西厢房、正房均为两层，青砖、土坯砌墙。偏房一层，土坯墙。合瓦屋面，滴水上有莲花图案，沟头上有牛头图案，木雕精美。整座庄园为中西结合的封闭式建筑。是陕南地区少有的具有防御功能、保存较完整的民宅建筑。其选址合理，布局严谨对称，雕刻精美，题材丰富。

常氏民宅　民国，位于石泉县池河街88号。该民宅建筑坐南朝北，平面呈矩形，面宽两间7.48米，进深三间14.13米，占地面积105.7平方米，上下三层，柱径0.3米、高10.2米。民宅为悬山组合式建筑，合瓦屋面，叠瓦脊，由三座双坡屋面组合而成。西侧建筑室内两间通高，其余两座为三层，穿斗式结构。北面一层两开间均为板门，二、三层木板封护，中开直棂窗。西、南面后期改造为西式门窗。室内各层门窗均残缺不全，木楼梯缺失，室内三层阳台木板楼面、木护栏均有不同程度的残损。

张氏民宅　清—民国，位于石泉县熨斗镇29号。此建筑始建于清代，1946年扩建形成现有规模，坐北朝南，占地面积195.75平方米，由南向北依次为门厅、天井、正房。门厅为院落的入口，面宽两间，进深十三架，通面宽7.05米，通进深9.5米，建筑面积66.98平方米。二层阁楼为硬山式建筑，十四檩中立柱抬梁穿斗混合式，柱径0.18米、高4.18米，合瓦屋面，叠瓦脊，南面开板门、直棂窗，局部改造为西式门；室内木隔墙开板门、直棂窗，两层间施木楼板，北面有木楼梯，南面施有朱红色油漆。正房位于门厅北侧，为硬山二层阁楼式建筑，合瓦屋面，叠瓦脊，通面宽8.65米，通进深10.46米，无立柱，檩置于两端山墙，分隔墙上，与门厅间有天井相隔。室内有一条通往后院的通道。

新庄村左氏民居　民国，位于宁陕县江口回族镇新庄村。民居坐北向南。《中国文物地图集·陕西分册》记载，左氏民宅，俗称左家花屋，建于民国初年，占地约960平方米。中轴线南起依次为大门、过厅、上房、耳房，两侧有厢房，共21间。上房硬山灰瓦顶，抬梁式架构，山墙及檐下施壁画和彩画，前檐格扇门窗透雕人物花卉等。

丰积村陈氏民居　清，位于旬阳市红军镇丰积村。此民居是陕南清至民国时期典型的"四水归堂"式民居建筑，占地面积约1200平方米，由门楼、庭院、生活用房三部分组成。门楼面阔一间4.22

米、进深4.5米，硬山双坡顶，土坯墙。庭院宽敞，有围墙与门楼相连，地面铺青石板。生活用房由门房（也叫庭房）、厢房、天井、上房（也叫正房）四部分组成，第二层为连通的转角板楼，上下自然形成一周檐廊。屋顶为悬山两坡，方条椽，覆以灰色小瓦。墙体主材为块石或土坯，显面处外表包砖。屋架为抬梁式与穿斗式结合。正门门框和门墩用青石打凿，表面光亮，雕刻卷草纹。房间隔断多为木板，其上用镂空花格装饰。檐柱、挑头、角牙、屋脊和正面墙头有木雕、泥塑、彩绘，图案为莲花、卷草、绶带、仙鹤、蝙蝠、白象、"渔樵耕读""福禄寿喜"等。

4. 秦岭北麓西安、渭南、宝鸡市村落、古镇、民居等乡土建筑

西安市共有188处乡土建筑，主要为民居，多建于清代，个别始建于明代，清代维修并扩建，主要分布在鄠邑区与周至县境内。其中省级文物保护单位2处、县级文物保护单位1处，其他列入不可移动文物保护名录的如前程邵氏民居、阎河阎氏民居、翟家沈氏民居等共185处。宝鸡市的8处清代民宅建筑均位于凤县，如凤州马氏民宅、凤州王氏民宅、凤州刘氏民宅、沙江寺民居等。渭南市共有8处清代民宅建筑，主要分布在华州区、潼关县。

穆家堰穆氏民居 清，位于蓝田县九间房镇穆家堰行政村五组，南邻岳敦敬家。该民居坐东向西，面阔三间10.3米，进深三架梁8.3米。屋内分布四排立柱，柱高3.5米、径0.29米。山墙为石块堆筑。地基为石条铺砌，台阶高0.15米。此建筑为硬山顶，两面坡，屋顶灰色板瓦覆盖。屋檐下有雕花云头，镂空雕花。立枋上也为镂空雕刻，内容为缠枝花卉。梁上有一对雕花驼峰。前廊两柱间的梁枋上内、外均有相似的雕刻，上部雕刻各种不同形状的奔马，中部雕刻成竹节状，下部为两个面对面的麒麟。

青坪涂氏民居 清—民国，位于蓝田县灞源镇青坪行政村五组，建筑坐东向西，现存门楼、厢房、正堂。门楼大门为对开两扇木板门。厢房面阔三间，两面坡。正堂面阔三间，为二层阁楼，八扇木板门，格子窗，门宽4.3米、高2.6米，前台1.2米，后台1米。该民居为清代至民国时期关中地区典型建筑，技法高超，样式有特点。

路德民居 清，位于周至县终南镇毓兴村北一街北侧。建筑坐北向南，总长49.5米，现保存较为完整的只有东院一处。此处院落以二门楼正中轴线为对称轴，东、西有厢房，后有正房。正房硬山顶，两层带廊，五架梁，楼阁结构，正脊为透花脊，屋面覆盖灰布瓦，檐头施勾头滴水。明、次、梢间面阔各为3.1米。台基高0.16米。前檐下施六吊柱，吊柱间置木护栏，与插间相连构成二层结构，吊柱柱额雕成覆莲式，木护栏间用棂条拼成步步紧接的花纹，并镶以工字大花，护栏板浮雕缠枝牡丹。东、西厢房各三间，结构相同，为单坡顶抬梁式，带有门庭，屋面施灰布瓦，檐头施勾头滴水。门为四扇满间格子门，镶以"回"字大花，并设有护门，裙板雕如意，门楣雕博古图，格心镂空花卉。南、北二窗相对，为八角形格窗。门楼为单坡顶抬梁式，脊为透花脊，屋顶与东、西厢房屋面相接，构成脊水槽，南面施砖雕假斗拱三朵，正中雕以双龙纹。路德故居保存比较完整，富有清代官宅风格，对于研究清代民居形制有重要的意义。

终南镇民居 清，位于周至县终南镇终南村八组。民居为砖土木结构，坐南面北，为二层阁楼样式。明间宽3.5米，次间宽3米。一层和二层用木板相隔，后部有一楼梯，通向二层。抬梁式，硬山顶，正脊为三层青砖铺砌而成，屋面施灰陶小板瓦，屋檐有三角形莲花纹滴水，屋檐下均有麻叶头装饰。东、西两侧山墙为土坯墙，外包砖，墙厚0.47米。屋面东、西两侧各有一女儿墙，硬山顶，四角

外挑，有砖雕斗拱、吊柱、麻叶头、卷草、博古等图案，雕刻精美，纹饰清晰。内部梁架均保持原貌，因年久失修，檩、椽木质严重腐朽。正门已更换为四扇门。

西马吉王氏民宅　明—清，位于潼关县安乐镇西马吉村四组。上房坐北向南，为面阔三间、进深一间带前廊的灰瓦硬山顶民间建筑，东、西厢房为面阔三间进深一架的双坡硬山屋顶建筑，三合院形式保存完整。经过维修，整体原貌有局部改变，如屋脊由花脊变为素脊，窗户也已变为西式窗。上房梁枋有精美祥云木雕，山墙面有砖雕照壁，四角饰砖雕卷叶花卉；格扇门有木雕花窗，房内有格子天花。该民居是保存相对较好的明清时期建筑。

东吴民居　清，位于华阴市华山镇五东吴村。现大门内原院落布局不清，仅存门房一栋。门房坐北面南，抬梁式硬山建筑，屋面施仰瓦，灰陶花脊，脱落严重。院内建筑面阔三间8米，进深一间4.7米，柱高3.5米、径0.25～0.28米，柱础石高0.25米。脊檩下面墨题"清光绪七年二月十五日巳时上梁大吉大利"字样，清晰可辨。有后廊，廊深1.5米，廊柱高2.5米，柱径0.26～0.28米，柱础石已埋于地面以下。

寺河庄民居　民国，位于凤县平木镇寺河庄村二组。民宅原为四合院，坐北面南，南北长约40米，东西宽约24米，面积约960平方米。现存庭房三间，正房三间，西厢房五间，均为硬山式灰瓦顶砖土木结构建筑。庭房面阔三间12米，通进深二间8米，建筑面积96平方米。前檐明间为格扇门，次间窗户经过改造。门上部的中心垫板上阴刻行书"智水仁山"，两侧垫板透雕荷花、牡丹、花瓶等；窗户上部的垫板上分别阴刻"务本敦伦""诗礼传家"，两端分别透雕福寿图。檐柱高3.8米，柱径0.32米，有柱础石。房脊为长方形透空脊。西厢房面阔五间16米，通进深二间7米，建筑面积112平方米，有双扇门和四格扇门各一，窗有花格窗和方格窗，门窗以上有垫板和通风窗。格扇门上部为菱形花心，裙板上浮雕有凤鸟花草图。前檐有飞椽，小灰瓦屋顶，花脊。前檐墙经过全面改造，山墙为土坯石基墙，上部为砖包土墙，并有两个圆形镜窗；后檐为土坯墙。前檐山墙墀头有砖雕花卉和狮子等图案。

三、秦岭里的会馆与戏楼建筑

明清时期，社会经济快速发展，大量的移民移居秦岭地区，促使此地商品贸易交流频繁。为了应对种种社会和商旅行人的需求，会馆建筑以及以供娱乐的戏楼应运而生。作为一种重要的民间公共建筑，会馆是社会多元文化的重要构成部分。会馆类建筑是中国传统建筑中少有的出现较晚的、民间的、具有公共建筑功能的建筑类型。它无疑是各会馆组织综合实力的最突出体现，也是各会馆体现各自家乡民风民俗的重要手段。为此，各地的客民及商贾在修建会馆时常常不惜重金请来家乡的优秀匠人、技师，购买家乡的建筑材料，按照家乡的建筑风格，在客地构建一个原乡环境，借以展示自身的实力，并确定自己的地位，同时，也满足了商旅寄托思乡之情的精神需求。会馆建筑作为一种特殊的文化象征物异地而建，其建筑风格必然会与当地的文化产生碰撞，促进彼此文化间的交流。这些会馆建筑对深入了解该地区及周边的建筑特征和民俗文化、经贸活动无疑有着十分积极的作用。

秦岭里的会馆大多建于清代，是当时的商贾为了便于聚会议事、祭祀娱乐而筹建的，通常具有

"祀神、合乐、义举、公约"四项基本功能。会馆选址多在交通便利、人口密集的城镇地区，建筑面积较大，一般沿中轴线建设布局，多为四合院形制，以传统砖木架构为主，飞檐斗拱，浮雕与彩绘相结合，建筑风格南北兼具，雄伟壮观中不失秀丽精巧。有的会馆还有壁画作为装饰，如紫阳北五省会馆，壁画内容多为民间故事和神话故事，以工笔手法绘制，用笔细腻传神，山水、草木、竹石、动物惟妙惟肖，人物众多，神态各异。会馆建筑为了适应多种使用功能的需要，还创造出"娱乐与庄重"为一体的空间氛围，因此有些会馆内也设有戏楼，个别会馆还是在戏楼的基础上扩建而成的。戏楼多建在寺庙内，其目的是为了娱神，求得神的保佑，同时，也娱乐大众，是一种交流的手段。一般来讲，戏楼建筑面积较小，以砖木架构为主，砖木雕装饰工艺精美，内容丰富。

秦岭陕西境内的会馆戏楼建筑共有90处，主要分布在商洛市与安康市，其中全国重点文物保护单位2处、省级文物保护单位17处、县级文物保护单位16处。

1.商洛市会馆与戏楼建筑

商洛市共有37处会馆、戏楼建筑，主要分布在商州区、丹凤县、洛南县境内，其中全国重点文物保护单位1处、省级文物保护单位5处、县级文物保护单位9处，其余列入不可移动文物保护名录的会馆、戏楼建筑共22处，如祖师殿戏楼、龙山村陈塬戏楼、白杨店关帝庙戏楼、黑龙口关帝庙戏楼等。

骡帮会馆 清，位于山阳县漫川关镇中街，往南4公里为鄂、陕交界处。当年的漫川镇系鄂、陕、湘、晋、豫五省较著名的物资集散地和水陆交易市场。会馆由陕、晋、豫骡帮共同筹资修建，为客商聚会、议事、祭祀、娱乐的场所。始建于清光绪九年，光绪十三年竣工。会馆东倚后山，西临老街和靳家河，北靠北会馆，南接武昌

骡帮会馆

会馆，地处湖北通往西北的水陆交通要冲。会馆内有光绪二十五年（1899）圆首碑1通。会馆坐东朝西，占地面积3300平方米，由南、北并列两院和南、北戏楼两部分组成。南院为关帝庙，北院为马王庙，中间以墙界隔。戏楼（又称双戏楼）属于两庙，为单檐歇山顶，通高12米、面阔12米、进深11米，建筑形式与关帝庙戏楼基本相同。有木楼梯通往戏台。戏台中间顶部藻井为八角形，总面积260多平方米。戏楼的前面（西面）为进入会馆大院的正门。正门与关帝庙戏楼的正门建筑形式相同，左、右两侧各有一间临街门面房。左街房面阔两间，进深一间，屋面覆盖阴阳板瓦，硬山顶，穿斗式梁架结构，前檐为木装板门，其左侧与山门的山墙连为一体；山墙上部作马头墙式样；室内为上、下两层木阁楼；屋面正脊灰陶花脊高耸；后面与厢房连接。厢房单檐阴阳板瓦，硬山顶，三架梁，屋面与正房后坡屋面相交，形成阴沟两道，正脊为板瓦摆放而成。门房面阔一间，进深一间，单檐仰板瓦小式硬山建筑，七道檩条两端均插入两侧山墙之中。山墙前后做马头墙，中间装置木板门。右街房面阔一间，进深两间，屋面为阴阳板瓦作法；硬山顶，穿斗式梁架结构，装置木板门；室内无墙体，上、下两层木板楼，左檐口作马头墙，屋面正脊及垂脊为高耸花脊；后面与厢房相连。厢房阴阳

板瓦覆面，硬山顶，正脊用板瓦摆放而成。正门两侧与街房连为一体，总面积200平方米。关帝庙由献殿、天井、大殿与两侧厢房组成"四水归堂"式四合院，院前置广场、戏楼和山门。献殿、大殿均面阔三间11米、进深三间9.2米，硬山灰瓦顶，两山墙伸出屋面作马头墙，抬梁与穿斗组合式构架，十一檩前后廊，梁架以驼峰相承，并雕刻花卉、瑞兽、人物等图案；前檐设格扇门、窗，室内青砖粗墁地面，室外置条石台明。戏楼面向庙院，前为空旷场地；楼身上、下两层，平面呈"凸"字形，面阔三间10.97米，进深两间8.83米，歇山式组合屋顶，抬梁式构架；前檐一层设板门，后檐空透，室内条砖粗墁地面。二层置木楼板，凸出部分作为戏台，柱间以木栏杆围挡，内饰八卦藻井。檐额雕三组人物，檐口施鹤颈轩并以木板封堵。梁架有"大清光绪十二年建戏楼，骡帮会馆众弟子创修"等题记。马王庙由拜殿、天井、大殿与两侧厢房组成"四水归堂"式四合院，院前置广场、戏楼和山门，建筑形制、构造、布局与关帝庙一致，唯戏楼体量略大于关帝庙戏楼。马王庙戏楼上、下两层，平面呈"凸"字形，面阔三间12.84米、进深两间9米，单檐歇山灰瓦顶，抬梁式构架。一层前檐明间辟板门，次间设直棂窗，室内条砖粗墁地面。二层木楼板地面，分前、后空间，二者以木板隔墙分隔，凸出部分作为戏台，柱间以栏杆围合，内饰八卦藻井。戏楼内外皆饰木雕人物、双龙戏珠、凤凰朝阳等图案，工艺考究、精细。骡帮会馆建筑规模宏大，讲究对称布局，融合南北风格，是陕南地区具有代表性的会馆建筑群。2008年对骡帮会馆的双戏楼进行整体维修；2010年对骡帮会馆的山门、大殿进行整体维修。2013年被公布为全国重点文物保护单位。

骡帮会馆山门

双戏楼

漫川镇船帮会馆（武圣宫） 清，位于山阳县漫川镇水码头村。船帮会馆是当地的造船户、船家、搬运夫、船夫、南北商贾等议事、聚会、娱乐的地方。修建于清咸丰二年，光绪七年维修；在中轴线上由西至东依次建有山门、戏楼、拜殿、正殿、南北厢房共6座建筑，平面呈长方形，占地面积2800多平方米。正殿砖砌山墙，硬山五脊，工艺独秀，风格独特。临河处建有乐楼，光绪七年发洪水被毁。宣统元年，遭遇特大洪水灾害，冲走水码头临河的半边街道。此船帮会馆几遭兵燹、匪患和洪水侵袭，现存大殿和拜殿各一座。1992年被公布为第三批陕西省文物保护单位。

武昌会馆 清，位于山阳县漫川镇老街道南边的口上。该会馆是明成祖年间（1360—1424）由湖北武汉一带的商贾集资修建的聚会场所，坐东向西，沿中轴线依次分布有前殿、后殿和耳房，建筑面积600余平方米。前殿面阔三间，硬山五脊，五架梁，檐下饰有卷棚；明、次间装置棂窗木格门，两侧山墙的顶部有马头墙，并有砖雕装饰。前殿的右边紧贴山墙筑有耳房一座，耳房面阔一间，明间开门，装置两扇木板实心门，门额上方的方框内楷书"玉壶在抱"四个大字，方框两侧有对称的圆形窗户。此耳房为休闲饮茶场所。前殿门额上方原悬挂"武昌会馆"鎏金石匾，十分醒目气派。后殿面阔三间，硬山五脊，七架梁，进深稍大于前殿，檐下有廊，两侧山墙的顶部同样砌筑马头墙，明、次间装置棂窗木格门，石条镶沿，地面略高于前殿。因此殿明间上方悬挂雕刻"忠烈宫"字样的石匾一块，当地群众又称其为"忠烈宫"。会馆的对面原建有木结构戏楼一座，高25米，占地330多平方米，舞台两侧悬挂鎏金对联"观其像听其音溶云生戏，大则贤小则士各宜存缄"，惜在20世纪60年代被毁，现仅存原放在舞台口两侧的石狮1对。石狮现藏商洛市博物馆。另外存《重修武昌馆》记事碑1通。1992年被公布为县级文物保护单位。

武昌会馆

北会馆 清，位于山阳县漫川关镇街北曲。北会馆是陕西、甘肃、山西的商人集资修建，由于为北方人修建，故名北会馆。据后殿梁架题记记载，此会馆始建于清光绪三年，光绪七年扩建，即成今日规模。现存前、后两座大殿，占地面积380平方米。前殿的前面有方形平台，山墙为长条砖砌筑，墙体中砌有模印"北会馆"字样的墙砖。前殿面阔三间11米，

北会馆

进深10.4米；硬山五脊，正脊和垂脊均有雕饰，显得非常华丽；明间呈"凹"形向内后缩，装置四扇木格子门，两侧次间各装置四扇棂窗，前檐下面装饰卷棚拱板，后檐下有廊和廊柱；两侧山墙前后端砌筑成台阶式马头墙，柱下均有浮雕清晰精美的青石圆形柱础。后殿面阔三间11米，进深12米，高8.2米；明间装置四扇格子门，两侧次间装饰方形棂窗；檐下装饰卷棚拱板，廊深2.6米，前有三级踏步，两侧山墙建筑形式与前殿相同。前面有两株古柏，古柏前有古井一口。据现存会馆内的石碑记载，清末时，在会馆曾设"厘金局"以收取税费，并制定收钱的条文。

山西会馆 清，位于山阳县城关街道办事处西街。此会馆是当年山阳老县城中众多会馆中的一座，规模宏大，融合南北风格。建筑整体坐北朝南，中轴线上依次有戏楼、前殿、后殿。戏楼面阔三

间12米，梁枋上有木雕装饰和彩画。后殿面阔、进深各三间，硬山灰瓦顶，墙砖上模印"山西会馆"字样。

禹王宫（湖广会馆） 清，位于山阳县城关街道办事处东街18号。据《建修湖广会馆引》载，在明末清初之时，山阳由于屡遭战乱，人口大减，到清乾隆年间，清政府积极推行移民政策，各省移民纷纷来山阳定居谋生，而湖广之人更多。这些湖广移民来山阳后，为了有个聚会、议事、祭祀、娱乐的地方，就于乾隆五十八年正式动工建修湖广会馆，会馆正殿主神塑大禹像，所以湖广会馆取名禹王宫。禹王宫采用我国古代传统的木构架结构，青砖砌墙，飞檐斗拱。建筑布局沿中轴线对称，依次为牌楼门、戏楼、广场、前殿、后殿，前、后大殿东、西两侧各有两排六间偏殿。上殿、下殿各三间，砖砌墙，硬山五脊，檐山生起，瓦当项纵，檐下由九十三个鸟拱构成，挑柱之间有麒麟、鹏鸟及鹿、凤相接，木雕别致，风格独特。2003年被公布为第四批陕西省文物保护单位。

龙驹寨船帮会馆 清，位于丹凤县龙驹寨街道办事处西街，丹江北岸。船帮会馆俗称花庙，又名明王宫、平浪宫，占地约5460平方米，坐北向南。现存上殿建于清咸丰九年，戏楼建于嘉庆二十年。上殿面阔、进深各三间，硬山顶，额枋及柱头有彩画雕刻。戏楼俗称花戏楼，砖木结构，南面为砖砌三间五楼式牌坊门，高约12米，歇山琉璃瓦顶，额刻"明王宫"三字；北面为戏台，顶作八藻井，额题"秦镜楼"。两侧为妆楼、屏墙，连戏台通面阔36米，进深9.6米。建筑内外广饰复杂、考究、精美的镂空木雕，内容有山川河流、楼台庭院、车马船舶、鸟兽虫鱼、花草树木等。丹江航道，自春秋战国起即为"贡道"，为建都长安之历代王朝主要补给线，百船连樯，水走襄汉，龙驹寨江岸是水陆换载的著名码头。此会馆堪称陕西现存规模最大、装饰雕刻最精美的会馆建筑。1992年被公布为第三批陕西省文物保护单位。

龙驹寨船帮会馆

龙驹寨船帮会馆砖雕

龙驹寨船帮会馆龙形墙脊

龙驹寨船帮会馆戏楼

丹凤青瓷器帮会馆　清，位于丹凤县龙驹寨街道办事处中街社区城关粮站院内，又名大王庙。传建于元代，清康熙四十六年（1707）、雍正五年（1727）修葺，光绪二十年重修。会馆坐北朝南，现存献殿、正殿和左侧厢房。正殿砖木结构，面阔三间9米，进深一间5米，硬山灰瓦顶，五架梁，檐下饰彩画。会馆内现存光绪二十年《重修神殿碑》一通。2014年被公布为第六批陕西省文物保护单位。

丹凤马帮会馆　清，位于丹凤县龙驹寨街道办事处西关社区北侧西街小学院内。会馆坐北面南，原有前殿、后殿、东西厢房、戏楼、钟鼓楼等建筑，占地面积3200平方米。戏楼、东西两侧的钟、鼓楼在西街小学基建时被拆除，现存中轴线上自南而北依次有前殿、后殿、东西厢房，另有1株古柏。主体建筑均面阔三间，硬山灰瓦顶，五架梁，梁枋上有杂式彩绘。2014年被公布为第六批陕西省文物保护单位。

商南江西会馆　清，位于商南县县城老街。会馆始建于光绪年间（1875—1908），占地900余平方米。建筑为砖木土结构，坐北面南，二进院落布局，沿中轴线依次有门楼、前院、过厅、后院、正殿，东、西有厢房。正殿面阔三间12米、进深8米，五架梁，灰瓦顶，高浮雕花卉纹脊，檐枋彩绘花卉、动物纹图案，明柱下有束腰石柱础，门扇透雕鹿、鹤、松柏、锦鸡、芙蓉纹。过厅三间，五架梁、灰瓦顶、前后带廊。门楼三间，拱形门，门框上有楹联1副。江西会馆是江西商人在商南贸易、议事、聚会的重要场所。2014年被公布为第六批陕西省文物保护单位。

盐帮会馆　清，位于丹凤县城老街中段南侧。盐帮会馆又名紫云宫，光绪三十三年盐商集资建成，坐北朝南，面临丹江。现存献殿、后殿。献殿面阔五间，长15米，进深6米；后殿面阔三间，长9.9米，进深6.5米；均砖木结构，硬山灰瓦顶，五架梁，山墙顶部饰彩画。1987年被公布为丹凤县文物保护单位。

茶房村戏楼　清，位于丹凤县棣花镇茶房村五组李寺全屋东侧。戏楼坐东面西，砖石土木结构，硬山五脊，灰板瓦，面阔三间9.4米，进深两间8米，明间台口宽6米，砖包石心墙。山墙前端有八字墙，墙上端有立檐。戏楼分上、下两层，中间用木板棚架，下层空敞没有分割，正面两侧用砖封住，中间留一通道。该戏楼融合南北建筑风格，是见证该地域多样文化的珍贵实物。

火神庙戏楼　清，位于丹凤县商镇黄岗村四组黄岗小学东侧。此处原有上殿火神庙，后被学校拆除改建为教室。戏楼坐西北面东南，砖土木结构，硬山五脊，面阔三间，进深二间，五架梁前后带单步梁，梁上彩绘云龙纹，木格门窗，石砌台基。檐下枋上饰坐斗，斗上饰龙首耍头，周围有彩绘。

罗家村戏楼　清，位于丹凤县龙驹寨街道办事处罗家村南侧。戏楼坐北面南，砖石木结构，面阔三间8米，进深二间5.8米，三架梁后带单步梁，硬山五脊，灰瓦覆面，檐下饰坐斗和象鼻耍头。山墙前带八字墙，八字墙上带立檐；前墙原貌不存。戏楼地基用石块、石条砌垒。该戏楼梁架整体保存较好，原貌依然清晰，是这一带极少的戏楼建筑。

堡子村戏楼　清，位于丹凤县商镇堡子村一组堡子小学南。戏楼坐西面东，砖土木混合结构，硬山灰瓦顶，经过后期翻修；面阔三间，进深一间，三架梁后带单步梁，梁架保存较好，正梁上带叉手，梁上有墨书题记"大清光绪十四年岁次重修"。檐下明、次间木枋上各饰一坐斗，坐斗前饰龙首形耍头，梁上彩绘云龙纹。木格门窗，石砌台明。砖包土心墙，内墙后期经白灰涂抹。

栖霞观戏楼　清，位于洛南县古城镇南村庙底组东20米处。栖霞观戏楼始建于明嘉靖年间

（1522—1566），清代重修，占地面积88平方米，坐南面北，砖木结构，面阔三间，进深二间，硬山灰瓦顶，三架梁。由于年久失修，戏楼已倒塌，仅存东、西山墙和部分木构件；存民国记事碑1通，无座，首题"盖闻尊崇祀典"，正文简述修庙原因，落款"中华民国二十七年三月二十八日"。存古柏1株，高23米，直径7.73米，周围有青石护栏，流传着很多美丽传说，群众把它当作神树。现为洛南县文物保护单位。

兴隆镇会馆 清，位于洛南县洛源镇政府院内。会馆内原有《重修兴隆镇会馆碑》一通，碑文记载该馆创建于乾隆六十年（1795），嘉庆二十五年重修，该碑现已遗失。据会馆梁上题记记载，该馆于"光绪十九年夏四月十八日复修"。会馆坐北向南，面阔三间11.1米，进深二间12.42米，硬山灰瓦顶。前檐枋至棱格木窗间的木件通饰彩绘和浮雕卷草纹，墀头上部有万字格砖雕和铁莲花纹饰，台阶东、西两侧山墙内侧对称有长方形龟贝纹砖雕，上有对称长方框，西山墙框内浮雕楷书"祥"字，其余字迹被封涂。山墙两侧有燕形、花瓣形铁饰加固墙体。明间柱顶座小斗，斗上升一拱，拱上有耍头，每间檐下辅间饰一斗二升，拱间饰镂空花卉木雕。兴隆镇会馆是洛南县乃至商洛地区比较少见的药材商贸会馆。现为洛南县文物保护单位。

碧霞宫戏楼 清，位于柞水县乾佑街道办事处石镇社区老街西北侧。碧霞宫又名娘娘庙城楼，原为一组规模较大的庙宇建筑群，始建年代不详，道光十年（1830）重修，占地384平方米，坐西朝东。碧霞宫大殿已拆除，仅存戏楼。戏楼平面呈"凸"字形，砖木结构，通面阔、进深三间，歇山硬山勾连搭建，五架梁，楼下辟门道。脊檩有道光十年题记。现为县级文物保护单位。

寨子村戏楼 1967年，位于洛南县古城镇寨子村小学北侧。戏楼与对面坡上的严家祠堂、观戏楼为一组建筑。现祠堂仅存翻修的门楼，戏楼及观戏楼保存基本完整。戏楼坐东向西，砖木结构；中台口宽5.1米，上方有"毛主席万寿无疆"行书字样，再上方有葵花向阳和五星图案；南、北两侧八字墙各宽2.78米，用青砖砌成，上方分别有楷书"团结紧张""严肃活泼"字样，墙上各辟有一木格窗。戏楼前立面上部呈阶梯状向中间收拢，正中央为半圆形。内部前、后台有隔墙，下方墙面绘有图案，上部用木格窗；左、右各辟一门，门上分别有行书"百花齐放""推陈出新"字样。戏台南、北墙上靠近台口处各辟一门，后墙有三个窗口。整个戏台结构严谨，保存较完整。北侧观戏楼，坐北向南，为两层砖土木结构，面阔三间，硬山灰瓦顶；东、西山墙为夯筑，底层及山墙前端为砖砌，内部结构部分被改变；底层明间装四扇格子门，二层为木结构，三间均装四扇格子门，前为通廊。整体建筑除部分木结构变形外，基本保存完整。

中村戏楼 清，位于山阳县中村镇中村街村。戏楼修建于乾隆五十三年（1788），同治十一年重修；坐南朝北，面阔三间10米，进深二间6.4米，硬山灰瓦顶，五架梁，前檐施斗拱与彩画，脊檩上有乾隆、同治年题记两则。

2. 汉中市会馆与戏楼建筑

汉中市共有13处会馆、戏楼建筑，主要分布在洋县境内，其中省级文物保护单位3处、县级文物保护单位2处，其余列入不可移动文物保护名录的会馆戏楼共有8处，如凹口寺戏楼、灌沟寺戏楼、泉西村五泉寺戏楼等。

洋县城隍庙戏楼 明—清，位于洋县洋州街道办事处西街村红卫旅社院内。戏楼始建于明洪武四年，明成化年间（1465—1487）知县韩文增修，规模宏敞，后经战火焚毁大半，清光绪十二年知县陈泽春修复如旧。几经沧桑，现仅存戏楼1座，东厢房五间。戏楼平面呈方形，砖木结构，前歇山后悬山顶。檐下施斗拱，结构严谨，做工精巧，气势宏伟。楼面阔13.5米，进深8.5米，通高9米，分上、下两层。上层正面三个台口，主一次二，四周置屏风，雕人物、鸟兽、花卉、虫鱼等图案。下层是三大间精致的勾栏茶房，周围置木雕屏风，宽敞明亮。其门窗现已改装。整座戏楼宽敞明亮，结构精致，建筑风格独特。戏楼前东边有悬山顶厢房五间，保存基本完整。这里曾是中共洋县地下党重要活动地之一。2008年被公布为第五批陕西省文物保护单位。

紫云宫会馆 清，位于略阳县兴州街道办事处高台村，嘉陵江边的高台上。会馆又名新江神庙。相传建于明末清初的老江神庙因禁船工看戏，工友们遂募资新建此庙。道光二十四年（1844）重修，光绪三十四年修葺。此处初为嘉陵江船帮及当地商会祭祀嘉陵江神的庙宇，清末至民国曾长期作为船工靠岸休息和娱乐的场所；2008年，辟为民俗博物馆。会馆坐北朝南，平面呈长方形，占地面积约5600平方米。现仅存戏楼（大门）、东西厢房和钟楼、鼓楼。戏楼与大门合二为一，上、下两层，平面呈"凹"字形，面阔七间19.11米，进深三间9.05米。大木结构采用穿斗式构架，前檐明、次间构成"品"字形庑殿顶。戏楼位于大门平面正中心，面阔三间，进深两间，一层以青砖墙围合，前檐辟直棂窗，二层以板墙分隔，形成戏台空间，后檐与大门贯通。外部形成歇山式屋顶，与大门构成勾连搭屋面。室内饰八卦藻井，檐下对置反映氐羌族文化的撑拱、雀替，并大量施用鹤颈轩封堵檐口。大门与戏楼均为灰陶筒瓦屋面，雕花屋脊。2003年被公布为第四批陕西省文物保护单位。

东王庙戏楼 清，位于西乡县城北街道办事处东关街160号民居后墙边。戏楼坐南朝北，抬梁式，清水脊，"人"字形小板瓦屋面，面阔明四柱暗一间。东、西两侧为青砖墙体，横梁阴刻双龙戏珠、莲花等图案，挑檐雕刻龙头。戏台分上、下两层，前部左、右施镂空雕花围栏，整座戏台台面用木板镶嵌。戏楼楼台中部用屏风一分为二，前为演艺厅，后为乐器演奏厅。演艺厅面宽7.5米，进深9.5米；演奏厅面宽7.6米，进深11.5米，廊深1.2米。演艺厅梁柱、天花板等上有彩绘戏曲图谱，屏风额首有匾额，上书"德昭公相"，落款道光六年。戏楼下层嵌木质对开门。现为县级文物保护单位。

华阳街戏楼 清—民国，位于洋县华阳镇华阳街三官庙。戏楼始建于清初，面阔三间8.3米，进深二间7.3米，五架梁，前歇山后悬山顶，平面略呈方形，上、下两层。底层高1.5米，单檐单栱，顶施灰筒瓦，昔日为当地群众丰年庆贺处所。1935年红二十五军北上途经华阳，在此楼宣布成立了七个乡苏维埃政权；在石塔河打退敌人进攻后，在戏楼上召开庆功大会。它既为古建筑，又属革命旧址，是进行革命传统教育、爱国主义教育的重要基地。2004年被公布为县文物保护单位。

3. 安康市会馆与戏楼建筑

安康市共有20处会馆、戏楼建筑，其中全国重点文物保护单位1处、省级文物保护单位7处、县级文物保护单位3处，其他列入不可移动文物保护名录的会馆、戏楼建筑如桥亭戏楼、熨斗古戏楼等共9处。

瓦房店会馆群 清，位于紫阳县向阳镇瓦房社区，地处瓦房沟、渚河与任河交汇处的山嘴上。瓦房店一带古为陕南交通要冲，形成于唐代的中国第一条茶马古道即经过这里。宋、元、明、清各代更替兴废，商队往来此地不绝。《重修兴安府志》记载："道咸间，洪杨之变，川江路梗，货物转运多由此取道入川，川、楚、陕、豫、赣、晋各商，列肆于此，懋迁有无。"瓦房店地处川陕要道，在清中后期成为汉江中上游地区重要的水运码头和商品集散地，主要经销茶叶、麻、蚕丝、生漆、桐油、木耳、药材、布匹、瓷器、食盐、酱醋等土特产和日常生活用品。此会馆群系北五省会馆和江西会馆的合称。两馆毗邻，前者保存较好。北五省会馆最初由晋、陕商人发起修建，故又称山陕会馆，后期增建以陕、晋、豫等五省商号捐资最多，遂名北五省会馆。北五省会馆整个建筑平面呈长方形，沿南北中轴线依次建有山门（戏楼）、观戏楼、钟鼓楼、过殿、大殿，形成三进封闭院落，东西宽近20米，南北深65米，占地1300平方米。所有建筑均为砖木结构。瓦房店北五省会馆正殿坐北向南，建筑内部毁坏较为严重，七架梁，硬山顶，砖木结构。正殿东、西两墙有彩绘壁画，壁画内容以桃园三结义、千里走单骑、甘露寺等三国故事和中国古代节孝、神话故事为主，以工笔手法绘制而成，用笔细腻，山水、草木、竹石、动物惟妙惟肖，人物众多，神态各异。壁画题记有"培滋桑生""混池居士""镐京生春笔"和"戊申年端月望后三日"等字样。江西会馆建于3米高台之上，面阔三间，进深一间，三架梁，硬山顶。明间稍窄于次间，中部用砖封堵，设有一门，有石狮分列左、右。次间为观戏池。戏池前沿有石栏，中部石质乌头门，方形门柱顶端圆雕石狮1对，柱正面阴刻楷书联"一双凤眼识破曹氏奸雄，两道蚕眉锁定汉室江山"，枋额浅浮雕二龙戏珠图案。两侧石栏与门相连，高1.15米，方形栏柱顶分别圆雕麒麟、大象等瑞兽，柱正面浅浮雕蝙蝠、瑞草图案。八块石雕栏板，青石质，分别高浮雕团龙、八仙过海等图案，形神兼备，十分精美。在过殿、正殿均发现多幅精描重彩工笔壁画，合计面积约220平方米。其中"戊申年"很可能是光绪戊申年署款，距离同治年间建殿时间有30多年，符合先有殿后有壁画添置的逻辑。壁画场景宏大，虽经百年香烟熏渍，但摸起来仍有凹凸质感，为目前陕西境内发现的最大一处清代建筑壁画，对研究陕南商贸会馆史、建筑史、绘画史及民俗文化均具有重要参考价值。2013年被公布为全国重点文物保护单位。

北五省会馆

北五省会馆壁画分布

北五省会馆壁画一

北五省会馆壁画二

北五省会馆壁画三　　　　　　　　北五省会馆壁画细部一

北五省会馆壁画细部二　　　　　　北五省会馆壁画细部三

江西会馆资料照片　　　　　　　　江西会馆现状

周氏武学馆 清，位于岚皋县孟石岭镇武学村。周氏武学馆的建立年代，一说始建于清康熙年间（1662—1722），一说建于道光三年。周氏为清代当地武术世家，此武馆系道光、光绪年间（1821—1908）周氏两代武举人周守义、周成仲的演武馆，建成后曾兴办武学，招募乡勇团练，演兵习武，一时名闻四方。清朝末年至民国初期，此处演变为周氏族人分炊庄院。武馆坐东北向西南，为三进院式布局，占地面积约2000平方米。中轴线上依次有大门、练武厅、二门、大堂及后花园，两侧对称布置有厢房，计有房舍三十余间。

周氏武学馆

武学馆西南约200米处有一跑马道，长200米，宽2米；东南侧有一练武场，平面呈不规则形，东西约130米，南北约70米，周环2米高的石墙；东南300米处的凸起山包上有五间武堂遗迹。馆内现存石斗1件，正方形，边长0.24米，高0.19米，重25公斤；大小功力石5件，长方形，重60~200公斤。大门面阔一间3.82米，进深1.12米，硬山灰瓦顶，雕花脊，两山斜出"八"字屏墙，中设板门及门枕，前檐置垂带踏跺，檩枋置于山墙内。练武厅面阔五间22.3米，进深三间8.38米，硬山灰瓦顶，山墙做成五岳朝天式风火墙，穿斗式与抬梁式混合构架，十檩前后廊，五架梁横跨前后金柱，檩、梁间以驼峰相承。前廊以穿插枋与大门相连，构成鹤颈一支香轩廊；后廊以木楼板分隔，与东西厢房构成连通回廊。二门上、下两层，面阔五间22.3米，进深三间5.09米，硬山灰瓦顶，山墙做成跌落式风火墙，穿斗式构架，九檩无廊。一层明间辟板门，其余皆饰花格窗；二层各间均设木板隔墙，内饰花格窗。二层前檐悬挑出廊，柱间施镂空人物图案栏杆。大堂上、下两层，面阔五间22.3米，进深五间9.47米，硬山灰瓦顶，叠瓦绞头脊，置五山屏风式马头墙，穿斗式构架，十一檩带前廊。明、次间构成独立空间，前檐明间辟格扇门，次间及后檐明、次间置花格窗。梢间前檐辟板门，后檐对开板门、花格窗。前檐悬挑出单步廊，柱间栏杆相隔。有关地志资料记载，明末清初，随着大批湖广移民落居岚皋，带来了徽派建筑文化。现存周氏武学馆，不仅是陕西境内鲜见的清代武馆实例，也是徽派建筑风格的典型，对研究陕南民居建筑、审美风尚和地方武学的缘起与发展均具有参考价值。2003年被公布为第四批陕西省文物保护单位。

黄州会馆 清，位于旬阳市蜀河镇蜀河社区。该会馆是黄州籍客商所建，原名黄州帝主宫，为湖北省黄州客商聚居的会馆，俗称黄州馆。建筑占地面积1245平方米，保护范围面积1743平方米。据现存清光绪元年碑记云，黄州馆初为黄州"在蜀贸易之诸君倡举而成"，始建于道光年间（1821—1850），开始仅"正殿三间"，祀有帝主神灵。道光二十七年，有乐从者"见正殿虽成，而拜殿未备"，于是"劝捐募善，鸠工庀材，经两载而拜殿之功复竣"。至同治十二年，又"积公房之租税"，并"乞解四方之囊"，"刻桷丹楹"，而"乐楼始成"。会馆坐西向东，背依山坡，南靠汉江，面对蜀河，全部殿宇均为砖木建筑，自前到后，作台阶式上升。建筑虽系分期建造，但以中轴线

黄州会馆

黄州会馆乐楼

为基准，左右对称，层次分明，既与我国传统的宫殿式格局相符，又具有浓厚的南方建筑特色，美观又不失庄重大方。门楼高约10米，门面饰为三重檐牌楼，额枋为石雕，门前和台阶上雕刻精美的石狮和抱鼓。中柱、边柱以及次楼均为砖砌，砖面有阳文楷书"黄州馆"三字。正殿面阔11.65米，进深7.96米，硬山式顶，卧龙封山脊。拜殿在正殿之前，距正殿8.25米，面阔与正殿相同，进深8.2。檐柱高6.2米，中柱高8.3米，亦为硬山式顶，拜殿前还有石栏及阅台，阅台外栏柱头饰圆雕狮、象。乐楼与拜殿相对，为高台建筑，从形式上看，似重檐楼阁。歇山式顶，正脊正中镶嵌瓷瓶，两端有鸱吻，岔脊上用灰泥作汉文装饰。乐楼前台不设山墙，观众可以从正面和两侧观看演出。楼上有金匾1幅，楷书"鸣盛楼"三字，书法严谨俊逸。正面木构件有重叠斗拱及各种禽兽动物图案雕饰。天花板作覆斗状，能起到音响共振作用，上饰八卦图。整个乐楼建造上下错落有致，翼角重叠，十分精巧。另外，乐楼与门楼巧妙衔接，浑然一体，其设计之精心，构筑之巧妙，独具匠心。乐楼前两侧有对称的两层厢房数间，楼上有廊，可作看台。该会馆是陕南目前保存较完整的清代会馆建筑，具有浓郁的南方建筑风格，是研究清代商贸文化、民俗文化及建筑艺术的重要遗存。2003年被公布为第四批陕西省文物保护单位。

石泉江西会馆 明、清，位于石泉县城关镇，基本保存完整。该会馆始建于清代，由江西旅居石泉的商人筹资修建，作为过往客商日常洽谈、交易、会晤场所。新中国成立后收归国有，延续至今。会馆建筑占地面积362.88平方米，平面呈长方形，坐北朝南，由前殿、后殿两大部分组成，前、后殿采取勾连搭连接屋面。前殿面宽三间、进深二间，通宽9.32米、进深15.12米，硬山顶，合瓦屋面，皮条脊，

石泉江西会馆

东、西山墙高出屋面，墙身呈阶梯状，青砖砌成，顶端做防火山墙。北面明间开西式门，南面开西式

板门窗，漆红漆，檐柱下施斜撑，柱径0.42米、高4.4米，支顶檐檩，廊深2.07米。梁架属台梁穿斗混合式，五架梁由两段组成，下置于随梁之上，上承三架梁一端，五架梁与随梁之间施木雕驼墩。台基由石条铺砌，水泥地面。后殿面宽三间，墙体青砖砌成，屋顶为硬山式，合瓦屋面，花瓦脊，北立面冰盘檐封护墙。北面明间开西式窗，室内木板地面，竹席吊顶，整体建筑内部虽有局部更改，但基本保持原貌。江西会馆建筑规模宏大，用料考究，工艺精巧，风格独特。2014年石泉江西会馆和关帝庙被公布为第四批陕西省文物保护单位。

熨斗戏楼　清，位于石泉县熨斗镇熨斗街中段。其始建于道光二十年，初建时为六角形，后遭兵灾焚毁，直到民国三十二年（1943）才在原基础上重建了现存的这座戏楼。20世纪80年代对其前檐柱进行了加固，增加了水泥立柱及横梁，2010年又修旧如旧，对戏楼外部施以彩绘。古戏楼坐北向南，占地面积172.95平方米，面阔三间，进深八架，通面宽13.67米、进深12.65米，柱径0.22米、高4米，砖木结构，歇山两端带硬山顶，合瓦屋，叠瓦脊。台基高出地面2米，条石台阶，水泥地面。东、西山墙顶端三弧相接，南、北面开西式门窗，门窗漆青蓝色，前檐设木板吊顶，雀替漆黄色。原有棍门与前台相隔，现无存。熨斗古戏楼是石泉县仅存的一处古戏楼，为研究熨斗乃至石泉县的民俗、文化、历史变迁提供了实物依据，对研究陕南传统古建筑风格、布局、工艺具有重要的价值。

熨斗戏楼

洞河戏楼　清，位于紫阳县洞河镇洞河新街北侧，镇政府西南300米。戏楼坐北朝南，面阔三间，进深二间，通面宽11米、进深8米，台基高2米，占地88平方米。戏楼为抬梁及穿斗结构，后屋顶为硬山顶，两侧山墙为卷棚风火墙。前台为歇山顶，正脊、戗脊均饰吻兽，并饰镂空图案，檐下饰密集斗拱，枋饰透雕二龙戏珠图案，顶设藻井；后台为硬山顶，抬梁及穿斗结构，七架梁，檐下饰密集斗拱，镂空格子门，门上挡板装饰彩绘图案。洞河戏楼原址位于洞河老街，1986年因修建安康水电站迁建至此。现为县级文物保护单位。

洞河戏楼

西药王庙戏楼　民国，位于汉滨区新城街道办事处金川村村委会西南约1公里的西药王殿。戏楼坐北向南，相传其始建于唐，重建于民国。建筑由两部分组成，前为戏楼，宽5.2米，进深4.6米；后为大殿，宽10米，进深7.2米。大殿硬山顶，戏楼庑殿顶，砖木结构，合瓦覆顶，均损毁严重。现为县级文物保护单位。

4. 渭南市会馆与戏楼建筑

渭南市共有5处会馆、戏楼建筑，分布在潼关县、华阴市、华州区，其中省级文物保护单位2处，其他列入不可移动文物保护名录的有马涧戏楼、红岩戏楼、夫南戏楼。

高塘会馆 清，位于华州区高塘镇。此会馆亦名山西会馆，始建于清雍正四年（1726），系晋商在高塘镇的聚集地之一。会馆坐北朝南，原规模较大，现仅存山门和东、西耳房，占地面积143平方米，山门前有石狮一对。山门上、下两层。面阔一间4.2米，进深四椽5.7米，歇山灰瓦顶，雕花脊，抬梁式构架，五檩用三柱，五架梁上置驼峰，三架梁上施蜀柱、叉手。檐下施五踩单下昂斗拱，角科、平身科均出45度斜昂，梁间以一斗二升交麻叶拱相承。一层辟板门，二层前、后檐设直棂窗、槛窗。前檐山墙高于一层楼面，做筒瓦墙顶，饰砖雕垂花柱、倒挂楣子。室内方砖粗墁地面，室外置青石台明。东、西耳房，均上、下两层，紧贴山门两侧，均面阔一间2.86米、进深一间3.48米，抬梁式构架，三檩分心柱，梁檩间仅施童柱支撑。一层辟板门，二层前、后檐设直棂窗。山墙高出屋面做风火墙，灰陶筒瓦墙顶，饰砖雕垂花柱、倒挂楣子。室内方砖粗墁地面，室外置青石台明。高塘会馆不仅是一处会馆类的古建筑，也是红色革命纪念地。1927年3月—1928年5月，中共地下党刘志丹、唐澍等人在此酝酿、策动渭华起义，以会馆为陕东特别委员会据点和动员群众的集会场所，随后渭华地区苏维埃政府筹备处在此设立，并更会馆名为高塘会馆。2008年被公布为第五批陕西省文物保护单位。

四、秦岭里的古代桥梁建筑

桥梁是架在水上或空中以便通行的建筑物。早期的桥梁形制受天然桥梁的启发，形态较为简易，多为梁桥或浮桥。我国人工建造桥梁的历史可追溯到史前社会新石器时代，它的发展大致可分为四个阶段。第一阶段为西周至春秋时期，此阶段是桥梁的创始阶段，也就是桥梁由天然桥梁转为社会桥梁的阶段。此时桥梁的建造也多是对天然桥梁的简单仿照，虽然简易却是中国古代桥梁的雏形，主要有汀步桥、独木桥、浮桥以及索桥。第二阶段为战国至三国时期，其中秦、汉是主要时期。这一阶段为古代桥梁发展时期，多跨梁式桥和拱桥是—这时期桥梁技术的最大成就。第三阶段以唐、宋为主，包括两晋、南北朝、五代时期，是桥梁发展的全盛时期。隋、唐至宋较之秦、汉国力更为强大，经济更加发达，建筑技术也愈加精进，加之前朝桥梁的修建技术大为提高，为此时打下了坚定的基础，政府和民间也更有能力组织、修建大量质量优良、技术高超、具有美感的桥梁。第四阶段为元、明、清三代。元、明、清时期因为驿路和济运的发展，中国古代桥梁在建造和修缮方面都有突出表现。

秦岭境内现存的桥梁建筑多数建于清代，个别建于元、明时期。但古人在穿越秦岭时，为了翻越深谷、跨过溪流，建造了许多栈桥，由于当时使用的建筑材料多是木质，现在已经不复存在，但留有很多栈桥遗迹，这使我们知道，秦岭山中建桥的历史已经有2000多年。明、清时期我国桥梁建筑修造技艺已十分成熟，实用性与审美性兼顾，石雕艺术精湛，并开始注重对桥梁的修缮和维护工作。此时桥梁建筑以石质拱桥居多，设计结构合理，建造精良，有些至今仍在使用。有些桥梁的军事战略地位较高，在历史上发挥了重要作用。这些保存下来的桥梁建筑不仅是研究古代陆路交通与桥梁建筑艺术的重要实物资料，也为现代桥梁建筑提供了借鉴。

秦岭陕西境内的桥梁建筑共有159处，主要分布在秦岭南麓的汉中市与安康市，其中省级文物保护单位5处。

1. 商洛市古代桥梁建筑

文家庙石拱桥 清，位于镇安县柴坪镇文家庙村。此石桥为三孔石拱桥，建于清乾隆年间（1736—1795），东西走向，跨小仁河上。该桥整体保存较好，现仍在使用，为镇安经木王通往安康的要道。文家庙石拱桥全长22.5米、宽1.85米，中孔拱形，拱券部位及桥身、桥面皆以长1.85米的条石券砌，桥两端各铺设二十一级台阶。现桥边河堤上有乾隆十二年修桥记事碑一通。2014年被公布为第六批陕西省文物保护单位。

2. 汉中市古代桥梁建筑

汉中市共有109处桥梁建筑，主要分布在南郑区、城固县境内，其中市级文物保护单位2处、县级文物保护单位3处，其余录入不可移动文物保护名录的桥梁建筑如武乡镇东河桥、小寨村马堰桥、石堰寺河石拱桥等共104处。

明珠桥 明，位于汉台区西关外二里的古堰渠上。其命名"明珠"，意指它所处的地理位置重要，在交通上起着重大作用。昔日从汉中通往四川的栈道叫蜀栈，又叫南栈；通往关中的栈道叫秦栈，又叫北栈；明珠桥正好介于秦栈与蜀栈的交接点上，沟通了秦蜀栈道，犹如一颗闪亮的明珠，故名。据桥旁碑石记载，明珠桥始建于明嘉靖二十六年（1547），全长12米，宽5米，由三个券洞组成，其设计及施工，显示了我国古代造桥技术的高度。至今，此桥仍具使用价值，载重汽车尚能行驶其上。2000年被公布为市级文物保护单位。

谢孙桥 清，位于洋县谢村镇谢村五、六组交界处。桥为半圆拱厚墩双拱砖石桥，东西走向，跨湑惠渠支渠上，全长7.2米，宽4米，桥面距水面高4米。桥体下部砖砌，上部铺设石板，置青石栏杆，望柱雕莲花图案。2011年被公布为县级文物保护单位。

杨泗村阴湾坝拱桥 清，位于西乡县峡口镇杨泗村阴湾坝拱桥沟口。石桥横跨拱桥沟，南北走向，为半圆单拱石桥，全长8米，宽2.5米，高4.4米，拱跨4米，青石条砌筑。桥面由青石板铺成，桥栏护石高出桥面0.2米，长1.5米，宽0.35米。桥北有残碑1通，字迹漫漶，无法辨识。该桥地处旧时西乡通往镇巴要道，是研究历史时期西乡陆路交通、桥梁建筑艺术等的重要实物资料。

3. 安康市古代桥梁建筑

安康市共有37处桥梁建筑，主要分布在宁陕县境内，其中省级文物保护单位3处、县级文物保护单位2处，其余录入不可移动文物保护名录的桥梁建筑如狮子沟村狮子沟石桥、燕家沟向家桥、谢家老屋石桥、石咀河口石桥等共32处。

宁陕东江口石桥 清，位于宁陕县江口回族镇江镇村村委会西约300米。石桥建于清同治八年，东西横跨在江河之上，东接营盘街，西接盐店街，南北为江河河道。此桥为三孔石梁桥，全长34.6米，宽3.2米，高11米。桥身用长条石构筑，两侧设石栏杆，柱头圆雕兽头、莲花。桥头置石狮1对。此石桥是子午道上的重要桥梁，对研究陕南地区的道路交通史和民间雕刻艺术有着重要价值。2014年被公布为第六批陕西省文物保护单位。

宁陕东江口石桥

宁陕东江口石桥桥头石狮

高桥镇廊桥 清，位于紫阳县高桥镇双河口。桥为清代所建单跨木梁柱廊桥，东、西两座，亦谓双河口凉桥。因于桥面搭建长廊以供休憩，故名，是安康地区沿用至今的具江南风格和地方色彩的传统桥梁。两桥形制相同，长宽有别，跨汉江支流权河上。东廊桥长14.6米、宽3.5米，净跨约10米；西廊桥长16.8米、宽3.1米，净跨约13米。两桥皆为在河道两石堤间设三根大圆木作通梁，叠木成桥；桥上置二十根立柱承托硬山式廊顶，合瓦屋面，叠瓦屋脊；廊屋面阔五间，进深一间。大木结构采用穿斗式构架，五檩两柱，出前后挑廊。桥面铺设木板，柱间置木围栏和长条凳；桥两端设石块垒砌的门楼，墙上饰有彩绘。其中，东廊桥的一侧门楼有额题"利济东流"四字；西廊桥的梁下有墨书题记"大清光绪三十一年乙巳仲夏日穀旦"十五字。2003年被公布为第四批陕西省文物保护单位。

高桥镇廊桥

朱溪河石桥 清，位于紫阳县毛坝镇瓦滩村的朱溪河口。石桥全长21.8米，宽3.9米，距河面高约12米，桥身以打制条石起券，镶边纵联砌筑，圆弧拱单拱，桥身中部隆起，两端铺设石阶四十七级。两侧拱墙中部有块雕龙纹，雕工粗拙。石桥北侧约5米河边有石碑1通。碑青石质，高1.6米，宽0.85米，厚0.13米，圭首，身首一体，碑文阴刻楷体，宣统三年款，主要记载当地因水阻道极为不便，当地董姓等人发起，村民、商人、官吏等多方捐资修建石桥的相关事项，额题"古维新"。

太平桥 清，位于岚皋县佐龙镇黄兴村中部的晓道河上。桥为清代建半圆拱单孔石桥，为岚皋县单跨最大的石拱桥，同时也是安康市现存规模最大的单孔石桥。桥呈东西走向，全长32.2米，最宽处3.8米，净跨约16米，矢高11.1米。桥基采用页岩和卵石垒砌，白灰砂浆勾缝。桥面以条石铺砌，两侧原置望柱、栏板，已残佚。桥两端设漫道和踏跺，呈不对称状。东面漫道纵长3.2米，横宽3.6米，紧邻黄晓公路；西面漫道纵长1.8米，横宽2.5米，毗邻一行人小道。东面有踏跺十四级，西面有四级；每级踏跺高0.14米，纵长0.23米，横宽3.3米。东面踏跺两侧残存条石栏板，长约13.2米，高0.8米，厚0.25米。2008年被公布为第五批陕西省文物保护单位。

太平桥

目连凉桥

目连凉桥 清，位于紫阳县洞水镇目连桥村老目连乡政府北约100米处的目连沟上。凉桥东距洞河约80米，横跨目连沟，桥下为跳鱼洞。桥面长16.8米、宽3.8米，跨度为16.1米，高25米。桥梁为木质结构，由直径为0.35~0.45米、长16.8米的十五根圆木为主桥梁，上铺木板为桥面。长廊梁架为台梁式，九架梁，两侧为1.8米高的木栏杆，栏杆内侧有距桥面高0.5米、宽0.22米、长16米、厚0.05米的木板作长凳。整个桥身无任何装饰。桥西头有乾隆年间（1736—1795）捐资碑1通。

旬阳卷棚桥 清，位于旬阳市双河镇卷棚村。该桥所在地为西岔河谷北岸小沟的入河处。桥东西长5米，南北宽4米，桥基和桥体是用打凿后的巨型石块砌成拱形，底下过水，其上行人。这种早期石拱桥存世甚少，是中国建筑发展的实物见证。2012年被公布为县级文物保护单位。

芙蓉坝桥 1959年，位于岚皋县石门镇芙蓉村东北约150米的凉桥河坝。桥为单跨木梁桥，东西走向，长16.6米，宽3.3米，毛石砌桥基。东桥基下立两根圆柱，柱高3米，上架横木以承桥面。桥上建有悬山顶凉亭，高3.3米，抬梁加穿斗式结构，二十四根立柱分三间四行排列，柱间距3米，高2.3米，中间为1.5米宽的人行道，柱间套木板作桥凳用。桥两侧有高1.2米的护栏。亭顶覆盖青石板。

磨坝河石拱桥 20世纪70年代，位于汉阴县汉阳镇笔架村村委会东南约1公里的老堰。石拱桥四周均为高山，西临通村水泥路。该桥始建于20世纪70年代，东西横跨于磨坝河上，高约15米，桥面宽约2.5米，跨度约为36米，桥体由青石及毛石混合建成，桥面由沙石灰铺面。

4. 宝鸡市古代桥梁建筑

宝鸡市的桥梁建筑有2处，为倒回沟石拱桥与凤州栖凤桥，分别位于眉县、凤县，均建于清代。

倒回沟石拱桥 清，位于眉县营头镇街道村倒回沟西南。桥长13米、宽3.4米、高6.3米，跨度8米多。桥两端为山体，石拱依托桥基，桥基依托山体。在桥北的进林寺内，现存当年修筑石拱桥残碑1方，依据残碑断续记载推测，该石拱桥的修筑年代当为清代。倒回沟石拱桥保存完整，既是眉县境内一处大型石拱桥，在宝鸡地区也比较少见，对研究眉县地区清代的建筑发展有较为重要的价值。

凤州栖凤桥 清，位于凤县凤州镇凤州村西门外的护城壕沟上。石桥相传建于明代，清代修葺。此桥为半圆拱单拱土石桥，东西走向，全长约20米、宽1.2米、高8米，拱高2米。现桥面下约5米为最初之桥基，原桥用长0.28米、宽0.18米的砂岩质石条错缝叠砌，上部用土夯筑加高，并横铺砂石桩。现在的桥面为后来用砂石桩补修加高的，原桥面深埋地下。该桥仍在使用，无护栏，保存较差。栖凤桥对于研究凤县古凤州城建筑格局和凤州城址历史有重要价值。

5. 渭南市古代桥梁建筑

赤水桥上桥 清，位于华州区赤水镇街西200米处赤水河上。赤水河为出于秦岭的南北向河流。桥上桥东西走向，横跨赤水河，为半圆拱联拱双层石桥。下层桥梁建于清康熙六年（1667），因山洪泻沙，淤积河道，导致河床升高，壅塞桥孔，又于清道光十二年在原桥之上砌石加造一桥，二桥叠加，遂命名为桥上桥。20世纪80年代由于河道疏通，使河床下降，下桥暴露出现，呈现出桥上桥的奇异景观。

赤水桥上桥

桥原长70米，后由自然淤积覆盖，现桥长约54米、高7.9米、桥面宽5.45米，上、下桥拱券对位，形制相同，均为九孔，每孔净跨3.4米，拱高3.09米。桥墩用石碌碡垒砌。上桥南侧龙门石雕六个龙头，北侧对称雕六条龙尾，龙头保存较为完整，龙尾仅存一条。桥面用石条铺成，石条尺寸不等，护手墙为近年用砖和水泥砌成。此桥为罕见的双层结构石桥，具有重要的研究和科技价值。现为全国重点文物保护单位。

赤水桥上桥结构

赤水桥上桥石质构件

第四节　秦岭区域古代石窟寺及石刻遗产

石窟寺及石刻是文化遗产资源中的重要类别。秦岭陕西境内古代石窟寺及石刻资源十分丰富，据现有资料统计，此类资源一共有428处（件），分布在秦岭南部和秦岭北麓。北麓的石窟寺资源时间较早、规模较大，比如清华山石窟、悟真寺石窟等。

秦岭古代石窟寺及石刻资源中有不少重要文物（单位），其中国家级文物保护单位3处、省级文物保护单位13处、县级文物保护单位66处、珍贵文物37件，蕴含着丰富的历史文化价值。

下面将对秦岭地区的古代石窟寺及石刻资源进行分类分区说明。

一、秦岭里的古代石窟寺遗产

石窟寺是指就着山势，从山崖壁面向内部纵深开凿的古代庙宇建筑，里面有宗教造像或宗教故事壁画。中国的石窟起初是仿照印度佛教石窟的制度开凿的，约始于3世纪中；之后不断发展演变，逐渐有了自身的特点。中国石窟寺绝大多数属佛教，也有一些属道教或者其他民间宗教。它是研究古代宗教信仰、社会生活、建筑结构、雕刻绘画和佛教、道教史等方面的重要资料。

秦岭陕西境内虽不是我国石窟寺开凿的中心区域，但仍分布有较多石窟寺资源，共计206处，其中秦岭南麓有181处，秦岭北麓有25处。秦岭南麓石窟寺数量远远多于秦岭北麓，其中又以陕南的安康市分布最多。这些古代石窟寺中省级文物保护单位6处、县级文物保护单位15处。

（一）商洛市古代石窟寺遗产

商洛市的石窟寺最早出现于唐代，现存石窟寺多数为清代所建。此地的石窟大多规格不高，虽有多个洞窟，但形制较小，多利用天然洞穴修建，如仙姑洞、白龙洞庙、漫川朝阳洞等，周围环境往往风景秀丽，因此这些洞窟往往集自然、人文景观于一体。石窟中除了红崖庙石窟、千佛洞、砧子石藏经洞等佛教石窟外，还有砚池河村三官古洞、大仙洞石窟寺、仙姑洞等道教石窟，漫川朝阳洞更是秦岭以南道教发祥地。此外，还有不少石窟寄托了当地民众的信仰和自然崇拜，比如娘娘洞供奉泥塑送子娘娘神像祈求送子，黑龙洞石窟为逢旱时乡亲求雨之地。观音崖大士庙等佛教、道教与民间信仰相互融合的石窟则反映出当地宗教信仰的多样性及宗教活动的传播及沿革。

商洛市有古代石窟寺19处，主要集中在山阳县，共有12处；另外商州区有1处、镇安县2处、丹凤县3处、柞水县1处；北部的洛南县和西南部的商南县没有此类资源分布。商洛古代石窟寺中有2处县级文物保护单位，分别为山阳县的千佛洞和大仙洞石窟寺。

商洛市的石窟寺保存状况一般，但仍可从中窥探秦岭南麓地区宗教文化以及石刻艺术的样貌。

千佛洞　清，位于山阳县漫川关镇前店子村土地岭脚下。洞深7.5米、宽5米、高2.6米，由本县僧侣在摩崖红砂石壁上雕造立体佛像千余尊，故名千佛洞。进洞正面是释迦牟尼等三尊石雕佛像，左、右两侧分别是观音菩萨和如来佛。主佛高3尺许，小佛高不过盈尺。小者居多，大者无几，形象逼真，颇为精致。清代两次遭匪盗,至今仅存佛像222尊。在洞外不远处,存有清康熙十九年(1680)修建的竹林寺院和舞榭歌楼,与千佛洞连为一体。现存竹林寺地藏庵一座,殿堂式结构,分前庭后院,砖砌硬山顶,五架梁,马头墙。花脊两端为巨型鱼化龙建饰,中心为花瓶造型。石质门框,两侧镶嵌抱鼓石,直径约0.5米,刻有狮子等图案。后院中有百年丹桂1棵,每年8月丹桂飘香,令人陶醉。现为县级文物保护单位。

大仙洞石窟寺 清,位于山阳县小河口镇袁家沟街道村吃水沟的悬崖绝壁上。石窟寺四周崇山险峻,群峰环绕,风光秀美,传为宋时修凿而成,由龙王洞石窟和观音殿两部分组成。明末,起义军领袖李自成曾游此洞;清嘉庆十六年,德高望重、造诣高深的云游道士陈玉祖入住此洞,并以修炼显灵而名声远扬。同时,此地也是一处红色革命纪念地。1935年红军李先念部、徐海东部将此洞作为战士的休养场所,隐蔽伤病员、保存物资,在这一带发展地下革命组织,为袁家沟口苏维埃革命政府的成立打下了基础。现为县级文物保护单位。

红崖庙石窟 明—清,位于丹凤县龙驹寨街道办事处宽坪村东北一座东西走向的崖壁上。3座石窟呈"一"字等距开凿在红砂岩质的崖壁上,上下错落,上距山顶约100米,下距河床十余米,坐北面南。每座石窟前都建有一座木阁楼,重檐歇山顶,琉璃瓦饰面,阁楼之间用栈道连通。石窟内部平面均呈长方形,窟后壁雕刻石桌,窟顶雕刻莲花八卦藻井,两侧有石供台。原石窟中的石佛像不存,现都为新塑佛像。3座石窟大小相当,存红崖庙地产碑1通。

凤凰山石窟 明—清,位于镇安县青铜关镇东坪村凤凰山北崖石上。石窟坐南朝北,平顶方窟,高1.5米,宽2.52米,深1.2米,后壁开凿三个神龛,造像不存。窟口上方排列十余个圆孔,当为窟檐椽眼。

黑龙洞石窟 清,位于镇安县永乐街道办事处杏树坪村二组金花沟口东南。石窟开凿于半山绝壁上,单窟,面阔1.02米,高1米,进深1米,内造像无存。窟前有光绪三年立青石碑一通,额题"如在其上",碑文记述每逢旱时乡亲来此求雨,每求必应云云。

凤凰山石窟

(二)汉中市古代石窟寺遗产

汉中市的石窟寺最早出现于宋代,现存多数石窟寺雕造于明清时期。石窟寺大部分为人工依山势开凿,有部分利用自然洞穴修建,如西乡县的观音崖石窟寺、略阳县的花岩子观音岩石窟;还有一些是由石或砖砌筑的洞窟,如勉县的千佛洞石窟便是由条石砌成的,洋县的汤家庵千佛洞是以砖砌成双室单佛窟。石窟寺形制不一,有规格较低的单窟石洞,也有建造多个洞窟并建有寺庙或楼观建筑的石窟寺。汉中的石窟寺多数为佛教石窟，且有不少石窟寺主要供奉观音像；也有一些为道教石窟，如洋县祈子山药王洞等；还有一些石窟寺则体现了当地释、道宗教信仰的交融，如宁强县的九台观石窟，原本为道观建筑，但窟内也供奉佛像。汉中一些石窟寺还较好地保留了雕刻塑像和壁画彩绘等，为研究古代社会生活、建筑、雕刻、绘画和宗教信仰等提供了重要资料。

汉中市古代石窟寺共有34处，其中洋县数量最多，共有12处；其次是勉县，有7处；其余各县石窟寺的数量分别是城固县4处、西乡县4处、宁强县3处、略阳县3处、留坝县1处。汉中古代石窟寺中有2处省级文物保护单位，分别为洋县的汤家庵千佛洞和佛爷洞石窟寺；2处县级文物保护单位，分别是城固县的朝阳洞石窟寺和洋县的祈子山药王洞。

现列举汉中市重要的古代石窟寺加以介绍。

汤家庵千佛洞　明，位于洋县八里关镇王河村汤家庵组的山峁上。千佛洞自明嘉靖年间（1522—1566）以砖砌成，坐西向东，双室单佛窟。佛窟前、后室以甬道相连，前室面宽约3米，后室面宽4.8米，进深7.87米，后室高6米。四壁均以长0.355米、宽0.195米的长方形砖砌筑，砖面浮雕佛像164尊。佛像一般高0.24米、宽0.14米，结跏趺坐于莲花座上，戴宝冠，身披璎珞，双手持元宝，造型各异，生动逼真。现浮雕佛像多数已毁。窟壁上有铭文砖纪年，为"嘉靖十四年（1534）六月"。窟内尚存石碑1通，陶香炉1件。这里也曾经是中共洋县地下党武装革命根据地之一。2008年被公布为第五批陕西省文物保护单位。

汤家庵千佛洞

洋县佛爷洞石窟寺　明—清，位于洋县溢水镇深溪村。石窟开凿于峭壁上，分为东北窟和东南窟两处。佛爷洞石窟是陕南为数不多保存较好的石窟寺，具有较高的历史价值。2014年被公布为第六批陕西省文物保护单位。

朝阳洞石窟寺　清，位于城固县小河镇团结村西北8.5公里处的一座沙石质陡崖上。石窟坐南朝北，单窟，始凿于嘉庆十二年。面阔15米，高8米，进深20米。内建寺庙1座，面阔三间通宽11.4米，正殿面阔4.4米、高4米，上面架木板为顶；两边的偏殿各面阔3.5米。殿内共有神像30尊。正殿有神像12尊，正中为一佛二菩萨，原头部均被盗走，现在的佛头为村民后来重新安放。佛像通高为2.2米、宽1米，莲台高0.26米，底座高0.8米、厚0.4米。其余造像高0.5～1米。造像均施彩绘。正殿两边墙壁上绘有十八罗汉壁画，壁画有剥落。西偏殿后墙是土墙；东偏殿以巨石为后墙，上有云状浮雕、彩绘。石窟内有清代至民国碑石六通，圆首方碑，都记载创修、重修朝阳洞等事宜。正殿前有两个彩绘石狮子，高0.9米，身长0.77米。石窟东侧有化签炉1座，高2.2米，宽0.7米。现为县级文物保护单位。

祈子山药王洞　年代不详，位于洋县黄安镇蒙家渡村六组祈子山山顶。洞窟由人工依坡势开凿而成，坐西向东，洞口宽4.6米、高2.4米、进深8米，内设神龛泥塑神像。洞上方原有药王楼，原楼已倾圮，现洞上方新建三层阁楼式仿古建筑，一层北山墙内嵌《补修药王洞序碑》一通，碑文楷书阴刻，

27行，满行14字，记载补修药王洞一事，落款为"大清道光岁次……"。现为县级文物保护单位。

土地梁石窟 清，位于勉县长沟河镇火神庙村土地梁上。石窟坐东北面西南，平面呈方形，面宽0.35～3.6米，高0.36～2.95米，窟内高0.36～3.35米。该石窟内为平顶，南侧除两窟上、下排列外，其余均为单层排列。两窟内有石基坛、石供桌。

土地梁石窟

牛头寺千佛洞石窟

牛头寺千佛洞石窟 明、清，位于勉县老道寺镇叶家沟村牛头寺北约400米处。该石窟由条石砌成，坐北向南，平面圆形，直径5.65米，高3.7米。北面窟门南开，高2.44米，宽1.25米，进深2.3米，门额上由三层条石砌成。窟内正面砌石条三层，其上雕大佛三尊，佛高1.3米、宽0.53米，另雕小佛80尊，分别雕凿在长0.64～1.33米、宽0.25～0.53米的十层条石上，均为坐姿，东西两侧共雕佛像1018尊。洞口嵌晚清诗碣一方，幅宽0.52米、高0.4米，首题"石泉王诗"四字，刊咏千佛洞七言律诗一首。据记载，该石窟于清顺治七年（1650）重修。该石窟为研究当地宗教历史提供了实物资料。

堰沟石窟 年代不详，位于勉县老道寺镇毛家沟村八组。该石窟坐北向南，距地面0.15～0.3米。石窟内有一佛龛，高0.85米，宽0.7米，深0.1米，龛内一佛站在莲花座上，高0.7米，宽0.34米。该石窟为研究当地宗教信仰提供了实物资料。

观音崖石窟寺 清，位于西乡县白勉峡镇五间房村三组的观音崖（又名观音洞）。石窟属天然洞窟由人工加工而成，坐南朝北，宽1.6～4.5米，通高1～3米，深2～3.8米。窟后崖壁上有人

堰沟石窟

工开凿的佛龛，高0.4米，宽0.3米，深0.11米，距地面1.7米。龛内塑高浮雕菩萨像1座，菩萨目视前方，面露微笑，脸颊圆润，盘腿端坐于仰莲台上，双手置于胸前，手印不详。佛龛下0.33米处，有题记两处，现已经无法辨认。该像刻工粗犷写意，有一定的时代特色和审美价值，为研究汉中石窟寺的发展提供了实物资料。

中心村石窟寺 年代不详，位于西乡县白勉峡镇中心村小学宿办楼后的坡脚，距后墙2米处一方形青石条上。石窟券洞形，面朝西，宽0.12米，通高0.15米，深0.02米。窟内高浮雕释迦牟尼佛像1座，

释迦牟尼佛身着袈裟，袒胸，盘腿端坐于仰莲台上，双手置于膝上。石窟侧有一圆雕大理石质石像，像残高0.5米、宽0.37米，身着袍服，腰系丝带，胸前系蝴蝶结，坐在锦墩上，手置膝上，头佚，不可辨识。像背后距底座0.28米处有一龛。

（三）安康市古代石窟寺遗产

安康市古代石窟寺资源较为丰富，共有98处，其中汉滨区石窟数量最多，共有31处；其次是旬阳市有21处；其余各县石窟寺的数量分别是汉阴县11处、石泉县3处、宁陕县4处、紫阳县6处、岚皋县7处、平利县15处。安康境内的石窟集中分布在中东部。

安康古代石窟寺中有3处省级文物保护单位，分别为汉滨区的香溪洞石窟群、宁陕县的石佛台石窟及摩崖石刻、旬阳市的千佛洞石窟；11处县级文物保护单位。安康市石窟时代最早的为唐代万春洞石窟，其后还有五代和宋时候的石窟，多数石窟开凿于明、清。可能与安康地形多山地有关，石窟寺多分布在地势较为险要的山崖处。大部分石窟为人工依山势开凿，也利用自然岩洞稍加人工开凿而成，还有利用古代崖墓修凿而成。石窟寺形制不一，有单体石窟，如汉滨区万春洞石窟、双凤村千佛洞，石泉县千佛洞石窟，岚皋县黄龙洞石窟等；有双窟形制，如汉滨区阳坡洞石窟寺，宁陕县观音砭石窟，岚皋县朝阳洞石窟、千佛洞石窟寺等；还有多窟形制，如汉滨区香溪洞石窟群，石泉县手扒岩石窟寺，岚皋县观音碥石窟寺等。

安康石窟寺多数为佛教石窟，不少石窟窟内石壁上开凿神龛，陈放佛教造像，有的供奉菩萨，有的供奉释迦牟尼与二弟子，还有的供奉三世佛和十六罗汉，内容较为丰富。另外，安康也有一些道教石窟，还有反映民间宗教的石窟，如汉滨区龙王洞石窟、青岩玉皇洞庙等。但这些石窟数量远少于佛教石窟，且里面供奉的神像往往仙佛交融。安康市的石窟寺不少保存状况较好，除了存有造像外，石窟寺内还保留有壁画，如汉滨区佛爷岩石窟、汉阴县朝阳洞石窟、平利县蒋家关石窟寺等。此外，部分石窟寺内部或周围还有摩崖石刻或碑刻。

安康石窟寺数量和种类是秦岭南麓中最多的，丰富的资源为研究陕南地区佛教传播、宗教文化以及古代社会生活、建筑、石刻艺术等提供了重要资料。

香溪洞石窟群　明、清，位于汉滨区新城街道办事处香溪洞风景区。石窟群主要有八窟，分别为香溪洞、纯阳洞、八仙洞、三茅洞、文昌洞、慈航洞、真武洞、祖师洞，并称香溪八洞，相传始建于唐代，自明永乐年间（1403—1424）起成为陕南道教最大的活动中心。该地受到吕洞宾的青睐，成为吕洞宾修道炼丹之地，也是张三丰隐居之地，从而成为历史上久负盛名的

香溪洞三天门

道教圣地，素有"古洞仙踪"之称。香溪洞，坐东向西，拱门平顶；门高2.7米、宽1.67米，洞高2.5米、宽2.82米、进深4.7米。纯阳洞石窟，创建于明代，坐西向东，洞宽3.11米、高2.94米、进深6.18米。八仙洞石窟，创建于明代，之后历代修葺，坐东向西，拱顶，高3.4米，宽4.02米，进深6.85米。三茅洞石窟，创建于明代，之后历代修葺，坐东向西，拱门，平顶，高2.35米，宽2.54，进深3.06米；后有拜龛两级。文昌洞石窟，创建于明代，之后历代修葺，坐东向西，拱门，平顶。慈航洞石窟，创建于明代，之后历代修葺，坐东向西，平顶。真武洞石窟，创建于明代，之后历代修葺，坐西向东，拱顶。此石窟外存石碑两通：其一为《重修真武洞碑记》，碑文记载重修真武洞事，嘉庆二十三年款；其二为《重修真武洞功德碑》，记载重修真武洞捐资者姓名，咸丰十年款。2014年被公布为第六批陕西省文物保护单位。

纯阳洞

八仙洞

旬阳千佛洞石窟 宋—清，位于旬阳市赤岩镇黄泥坪村棕沟脑山梁。石窟坐东北面西南，平顶，山体石质为页岩。石窟平面呈长方形，宽5.7米，深13.8米，高3.75米。窟正壁及两侧现存大小石造像800余尊。正壁分上、下两层，下层台面距地面0.8米，上层台面距地面2.6米；两侧布局对称，各分七层，底层台面距地面0.57米，造像数量与正壁大略相等，其余六层满布小佛像。石窟正壁上层有佛像七尊，弟子两尊。七佛中，正中三佛较大，高1米，两侧四佛略小，高约0.8米。七佛似非一次雕造。中央三佛均为肉髻，宽衣广袖，施禅定印，结跏趺坐。两侧四佛造型与正中3佛略同。七佛均施彩绘，

旬阳千佛洞石窟涅槃像

下为仰覆莲座。两弟子相向侍立于七佛两端，高约1米，左边长者为迦叶尊者，右边少者系阿难尊者。石窟正壁下层有菩萨造像5尊，侍者2尊，均施彩绘。正中菩萨较大，高1.1米，半跏跌坐，高发髻，上戴化佛冠，饰璎珞，着披巾，臂钏赤足，大耳，身穿衣裙，左臂下垂，右手抚膝，神态安详。其左、右两侧四菩萨高约1米，均结跏趺坐。二侍者比诸菩萨略低，右侧为善财童子，上身半裸，微向前倾，身后有飘带，左手作合十状，俗谓金童；左侧为龙女，身穿彩衣，恭敬侍立，双手捧一器皿，俗谓玉女。石窟两侧的底层，各有对称的造像16尊，其中紧靠正壁的6尊为十二圆觉，接着是十六罗汉，靠窟口为一对道教造像和一对天神像。圆觉又称独觉，梵语是"辟支佛"，生在无佛之世，自悟十二因缘的道理而得解脱生死轮回、正入涅槃果位者。此圆觉像高0.85米，结跏趺坐，双手置于膝间，身下为仰覆莲座。其中前五尊头戴风帽，胸饰璎珞，第六尊戴莲瓣法冠，冠上有化佛。第七尊至第十四尊为十六罗汉，形体较圆觉略小。诸罗汉或衣或裸，或静或动，或徒手或持物，各具情态，生动活泼。靠近窟口两侧各有一尊身着铠甲、双手合十的天神立像。天神像与罗汉像之间，各有1尊中国历史人物造像，此造像类似后世的道教造像，疑为近代由窟外移入。石窟两侧第二层至第七层均为小佛像，每层佛龛高0.25～0.35米，各有高0.18～0.2米的小佛像85～95尊，衣着各异，面容不同。千佛洞石窟旧志无载，依石窟和造像特点，推断其为宋代至清代的遗存。该石窟为陕南发现的较早的佛教石窟，从现存碑石看，该石窟与禅宗有密切关系，其对研究中国石窟艺术的发展及佛教史等具有一定的历史价值。1992年被公布为第三批陕西省文物保护单位。

佛爷岩石窟　清，位于汉滨区茨沟镇佛爷岩村西南约300米佛爷庙。石窟坐东向西，南北长约30米，东西宽约10米，依自然山势开凿修建而成。石窟大部分用块石垒砌，草泥灰涂墙，白石灰抹面，局部用青砖修砌。现存石窟五间，窟内墙壁施有彩绘，造像均佚。存页岩质石碑3通，碑文均为阴刻楷书。碑一为圭首捐资碑，嘉庆十一年款。碑二为圭首记事碑，光绪二十四年款。碑三为圆首碑，光绪二十四年款。

双凤村千佛洞　年代不详，位于汉滨区石转镇双凤村。洞窟东靠山崖，西邻八里沟，南、北皆为陡坡。该千佛洞为单窟，依自然山势开凿而成，面阔4米，高约7米，深12米。洞门呈拱形，洞内石壁上残存人工雕刻的痕迹。洞内神台高1.33米，上面残存四尊佛像，其中3尊佛像的头丢失，另一尊弥勒佛像较为完整，残像高0.55～0.76米。神台下有水井一口，井口直径0.57米，井口上方有龙头雕塑一尊，高0.9米，宽0.55米。洞内残存捐资碑1通。残高1.1米、宽0.8米，碑文记载乡民捐资一事，同治六年款。2003年，安康市汉滨区文管理所在此石窟采集到明代石雕头像1件。现为县级文物保护单位。

万春洞石窟　唐，位于汉滨区关庙镇红专村村委会东南约350米。《中国文物地图集·陕西分册》载，石窟为单窟，面宽3米，高3米，进深5米。窟顶部刻"利通明海"四字。窟外两壁有摩崖题记七则，阴刻楷、隶、篆三体，文字漫漶，宋宣和五年（1123）、明嘉靖七年（1528）款。现为县级文物保护单位。

阳坡洞石窟寺　明，位于汉滨区坝河镇斑竹园村，与之相邻有阴坡洞石窟。阳坡洞石窟寺有二窟，系人工开凿。大窟左侧有摩崖一块，文字已漫漶，仅可辨"大明嘉靖"几字，窟外散见残石雕像14尊。现为县级文物保护单位。

石泉千佛洞石窟　明，位于石泉县迎丰镇弓箭沟村村委会西南2.5公里的清山沟。石窟面积210平方米，清乾隆、嘉庆、道光、光绪及中华民国年间多次修葺、增凿。此石窟坐东向西，面宽约30米，高8米，进深7米，单窟，系利用天然岩穴修凿而成。20世纪90年代石窟寺遭到盗掘，21尊佛像头部被盗走，2005年当地村民用水泥复制重塑头像并给所有佛像着彩。造像题材有佛、菩萨、罗汉、弟子、关公、药王、接生娘娘、蚕种娘娘等，通高0.63～0.91米，雕工较细，多为结跏趺、跣足于仰俯莲座上，裹衣广袖。其中一尊佛像脊背刻有"李首能"。还有石碑五通，碑文楷书，年款为乾隆、嘉庆、道光、光绪以及民国，均有不同程度的残损。现为县级文物保护单位。

旱坝太白神洞 清，位于宁陕县城关镇旱坝村。洞窟自清代开始即利用自然洞穴摆佛像祭祀，现原有佛像已毁，但仍是集祭祀与旅游为一体的重要人文景观。洞内呈不规则形，面积1000余平方米。洞门口左右有摩崖石刻两处。其一刻"太白神洞"，高0.85米，宽1.7米，字高0.3米、宽0.33米，为清光绪丙申（1896）贺培芬所刻。贺培芬为江西萍乡人，监生，光绪丙申秋游至此洞而

旱坝太白神洞

题。其二刻"神泻碧空"，高0.7米，宽1.05米，字高0.3米、宽0.18米，由谢荣敬所刻。谢荣敬，安徽怀宁人，优贡生，清宣统二年任宁陕厅同知，同年三月初九游本洞而题字勒石以示不朽。现为县级文物保护单位。

观音砭石窟 清，位于宁陕县城关镇龙泉村。石窟凿于距地面高约12米的山崖上，共有石窟两个，呈东西向分布，西侧石窟因塌方毁坏。东侧石窟高1.2米、宽1.34米、深1.4米，窟内空无一物。石窟东侧有圆首碑两通，碑一文字漫漶；碑二高0.58米、宽0.5米，碑文10行，可见"……红白二喜杀猪无税，过年过节杀猪无税……"字样，光绪二十二年（1896）款。现为县级文物保护单位。

观音砭石窟

手扒岩石窟寺 明—清，位于石泉县后柳镇中坝村的手扒崖山体上。石窟南俯中坝河，后柳至中坝的公路从崖下通过。该石窟寺在自然崖面上开凿而成，有石窟七个，大小形制基本相同，宽3.4米，高2.5米，进深1.8～2.5米，其中三窟上部崖面有柱洞。窟间开凿台阶相连，窟内有神龛、祭台等。该石窟始创于明代，清代历有扩建，塑有泥塑彩绘神像，香火日盛。该石窟寺在20世纪60年代、70年代遭人为严重毁坏，塑像无存，仅留洞窟。

（四）秦岭北麓西安、渭南市古代石窟寺遗产

西安境内古代石窟寺资源有7处，其中周至县数量最多，有4处；其余则蓝田县有2处，长安区有1处。这些古代石窟寺中有1处省级文物保护单位，为长安区的清华山石窟。秦岭中段的终南山既是佛教

名山也是道教名山，西安境内的秦岭山脉更是佛教与道教文化的中心，因此石窟寺中既有佛教石窟，如清华山石窟、悟真寺石窟、百神洞石窟等，建造时代多为佛教兴盛的隋唐时期；也有道教石窟，如玉皇庙十八洞、迎阳洞、吕祖洞、吾老洞，造于道教建筑附近。渭南现存石窟多位于华州区和华阴市。这些石窟寺为了解秦岭地区的宗教信仰提供了资料。

清华山石窟 唐，位于西安市长安区滦镇街道办事处黄峪村西北的清华山卧佛寺内，凿于山顶崖壁下。石窟为单窟，坐南面北，面宽约13米，高2.5米，顶深约2米。洞窟内壁依山雕凿释迦牟尼涅槃像，卧佛面向正北，头东脚西，置于四个并列、总长为11.97米的圆拱龛内。卧佛近圆雕，黄色花岗岩质，整体保存较好，长11.7米，最高处2.51米；佛头长2.26米，宽1.67米，面宽1.5米，左耳长1米；螺髻，从额中分，左边右旋，右边左旋，头顶有顶髻珠，额部白毫如饼，面部丰满，双眼紧闭，鼻翼较宽，略显人中沟，双唇较薄。佛像额部、鼻尖、唇部有后人用水泥补粘。佛头枕方形石枕，石枕外侧中部浮雕变形莲花，四角浅浮雕如意形忍冬，外加边框。右手枕于头下，左手伸直平放于胯部。佛身着通肩大衣，下着裙，裙摆长至脚面。腹部有13块鱼鳞状纹。跣足，双足并拢，脚肥厚，趾丰满。佛像前方有依山凿刻石柱两根，其上有"道光元年本然禅师"题刻字样。石窟前建有卧佛殿，为四开间现代建筑，面阔13米，进深3.6米。2003年被公布为第四批陕西省文物保护单位。

清华山

清华山卧佛像

悟真寺石窟 隋、唐，位于蓝田县普化镇悟真寺东南约500米的山崖上。此石窟宽1.86米、高2.26米、进深1.8米，两侧有小石龛五个，东西排列，宽0.35～0.82米，高0.6～1.35米，进深0.15～0.4米。该石窟应该是悟真寺的组成部分，窟内造像全无，其作用有待进一步研究。

白雀寺南窟 唐，位于华阴市华山镇五方管区仙峪村南秦岭北支华山山脉，仙峪西岸花岗岩质的断崖峭壁上，东隔仙峪与华山西峰相望，高出峪道约300米。洞窟开凿于寺沟南侧悬崖中上部，坐北面南，方形，面阔3米，进深3米，平顶，无浮雕图案。在洞窟周壁凿出佛坛，佛坛宽0.5米、高1米，后壁佛坛高于西壁佛坛约0.1

白雀寺南窟

米。据说原在佛坛上置十八罗汉雕像，19世纪70年代移于山下，现不知去向。根据其建筑特征初步推测，该石窟为唐代所凿。

白雀寺北窟 唐，位于华阴市华山镇五方管区仙峪村南秦岭北支华山山脉，仙峪西岸花岗岩质的断崖峭壁上，东隔仙峪与华山西峰相望，高出峪道约300米，北距仙峪村、陇海铁路约13公里，西侧道旁为深百余米的仙峪峡谷，峪道狭窄，谷壁陡直，地势险要。洞窟开凿于寺沟北侧悬崖中上部花岗岩质壁面上，存有洞窟三个，由西向东分别编号为1、2、3号。1号洞窟，坐北面南，平面为方形，面阔3.4米，进深3.6米，高4米，于西侧壁下部残有彩塑敷彩像底座。

白雀寺北窟

石窟为穹窿顶，顶部雕刻有团花图案，外绕瑞云，方形券门洞，上有天窗。门宽1米、高1.5米，于门侧有攀崖脚窝，可至崖上约15米处的小平面。2号洞窟，西临1号洞窟，距3号洞窟约10米，坐北面南，平面为方形，进深6米，面阔6米，后壁中央木支架上有彩塑佛像残迹，佛头上有泥塑瑞云图案。两侧壁面上凿有2排圆形孔，插入木柱，在木柱上有泥塑瑞云图案，其上有残塑像赤足，可惜塑像已毁。石窟为方形券门洞，上有大窗，门宽1.5米、高2米。3号洞窟，西距2号洞窟约10米，坐北面南，平面呈不规则形状，很小，较高，似1号、2号洞窟的天窗，可能为一废弃的未凿成石窟。根据建造特征分析，可初步判定该石窟为唐代所开。白雀寺南、北窟为关中东部秦岭北麓之首次发现，对研究当时石窟建造风格和佛教文化具有重要的价值。

岭上石窟 北宋，位于华阴市华山镇五方管区仙峪村。此顶峰俗称岭上，距峪口仙峪村、陇海铁路约4公里，西侧道旁为深百余米仙峪峡谷，谷壁陡直，地势险要。石窟凿于陡直的花岗岩质斜壁面上，坐东面西，平面呈长方形，高1.8米，宽2米，进深1.5米，平顶。在后壁中央有一佛龛，宽0.7米，高0.8米，深0.5米，高出窟内地面0.5米。石窟门宽0.9米、高1.6米，有损坏。窟门外的殿廊已毁，仅残存些许痕迹。据石窟的建筑形制推测，该窟大致建造于北宋时期。石窟在关中东部秦岭北麓发现较少，对研究当地的佛教文化传播和发展具有重要价值。

岭上石窟

二、秦岭区域古代石刻遗产

石刻是造型艺术中的一个重要门类，在中国有着悠久的历史，是运用雕刻的技法在石质材料上创作出具有实在体积的各类艺术品，既有文字也有造像，分为摩崖石刻、碑刻、石刻雕像等等，是研究古代社会生活、文学艺术、宗教信仰等方面的重要资料。不论是石刻文字还是石刻造像，所处之地多和古代道路相关。

陕西境内分布有较多古代石刻资源，共计655处（件），其中秦岭南麓有410处（件），秦岭北麓有245处（件）。还有一些石刻藏于文博单位，归为可移动文物。秦岭南麓石刻资源多于北麓，其中以陕南的汉中市分布最多。这些古代石刻资源中有国家级文物保护单位3处、省级文物保护单位7处、县级文物保护单位51处、珍贵文物有37件（组）。

（一）古代摩崖石刻遗产

摩崖石刻有广义和狭义之分。广义的摩崖石刻是指人们在天然的石壁上摩刻的所有内容，包括各类文字石刻、石刻造像，还有一种特殊的石刻——岩画，也可归入摩崖石刻。狭义的摩崖石刻则专指文字石刻，即利用天然的石壁刻文记事。本书采用广义的摩崖石刻定义，即指在山崖石壁上所刻书法、造像和岩画。

陕西境内古代摩崖石刻资源十分丰富，据现有资料统计，一共有232处，其中秦岭南麓有132处，秦岭北麓有100处；资源分布数量最多的是汉中市，其次是渭南市。这些摩崖石刻中全国重点文物保护单位2处、省级文物保护单位5处、县级文物保护单位22处、珍贵文物2件（组），重点文物保护单位多分布在秦岭南麓。

1.商洛市古代摩崖石刻遗产

商洛市古代摩崖石刻共有14处，其中镇安县数量最多，共有9处；其余各县摩崖石刻的数量分别是丹凤县2处，洛南县、山阳县、柞水县各1处。商洛古代摩崖石刻中有2处省级文物保护单位，分别为镇安县的太阳山乾初洞摩崖题刻和五星村岩画；1处县级文物保护单位，为柞水县的界牌湾摩崖题刻。

商洛市的摩崖石刻年代最早的为宋代，多数刻凿年代为明、清，除一处为岩画外，其余均为摩崖题刻，多数刻在自然山体上，是研究区域文化的重要资料。摩崖题刻文字多为记事，部分保存状况良好，可辨别大体内容，主要记述境内修筑道路或庙宇的相关情况，也有记载当地行政区划、建制沿革的，对于了解当时的土地制度、宗教信仰及乡规民约等意义重大。摩崖题刻大多为楷书阴刻，部分行书镌刻，除史料价值之外，也展现了古代的书法艺术；一些文字题刻还辅以纹饰装饰，如南坡摩崖题刻等，在一定程度上体现了石刻艺术之美。

太阳山乾初洞摩崖题刻　宋，位于镇安县云盖寺镇岩湾村一组太阳山乾初洞。洞内现存北宋天禧庚申年（1020）至明弘治六年（1493）摩崖题刻共八方，其中北宋五方，明代二方，无记年一方。其一，位于南壁左上端，宽33厘米，高35厘米，篆书阴刻"太阳山乾初洞"，每字8厘米×10厘米。落款楷书阴刻"天禧庚申夏六月锴题"，每字4厘米见方。其二，宽30厘米，高30厘米，楷书阴刻"宋嘉祐辛丑（1061）九月，奉使符役夫治道，□日功毕。守郧县簿权乾佑县尉宋德元记，张全刊"，竖排5行，每字6厘米×3.5厘米。其三，刊刻于南壁，宽25厘米，高30厘米，楷书阴刻"嘉祐辛丑十月二十八日，县令王衢、县尉宋德元同游仙洞，及门闻异香馥然，□刻方歇。时书手杜全侍行，后壬寅年正月二十日，江夏李育得之传闻谨记其事"，每字3厘米×3厘米见方。其四，刊刻于南壁，宽30厘米，高40厘米，楷书阴刻。上款"留题乾初洞县令王衢"，诗云："宫址漫生草，洞门低枕泉。废兴人目击，何处是神仙。"每字4厘米×3厘米见方。落款"嘉祐辛丑六月就刊于门□"，每字约1厘米见方。其五，刻刊于南壁，宽32厘米，高42厘米，楷书阴刻"仰企吕洞宾，仙中落凡空。白女吞紫□，子到侍郎公。世远千代远，洞在公在中。泃尹曾过此，抚景洒题咏"，每字3厘米×3厘米见方。落款"弘治六年七月吉日进士蒋景云盖寺执事□仙"，每字1.5厘米×1.5厘米见方。其六，刻刊于南壁外侧，高80厘米，宽40厘米，无纪年，楷书阴刻诗歌二首。其一："古寺云盖景，潺潺忽听泉。延惜当时事，何必访神仙。"落款"廪生席有儒"。其二："阅罢云盖景，余兴付清泉。洗濯尘禁后，也是洞中仙。"落款"男生员席时"。每字3厘米×3厘米见方。其七，刊刻于洞口北壁，距地面2米，长方形，高78厘米，宽44厘米，楷书题诗，上款"留题太阳山圣灯龛诗将士郎试秘书省校书郎守京兆府乾佑县令王衢"。诗云："山腹倚空生石广，奸臣曾此炫灯光。庙灵天监无容恶，灯灭奸臣亦自忘。"落款"嘉祐壬寅正月十日县尉宋德元上石杨悟刊"。每字8厘米×7厘米见方。其八，刊于洞口北壁上，距地面2米，长方形，高27厘米，宽22厘米，楷书阴刻"丙寅清明，邑令谭记，同高敦文、张彦、时同"，每字3厘米×4厘米。太阳山乾初洞摩崖题刻大多纪年明确，集中于宋嘉祐年间（1056—1063），记载了地方官"奉使符役夫治道"修筑镇安境内道路之事，对研究北宋镇安交通道路情况有重要参考价值。2008年被公布为第五批陕西省文物保护单位。

太阳山乾初洞摩崖题刻之一

太阳山乾初洞摩崖题刻二

太阳山乾初洞摩崖题刻三

五星村岩画 元—明。岩画位于镇安县茅坪回族镇五星村。岩画绘制在一座崖居内左侧一处打凿不甚规整的壁龛内。壁龛宽0.5米,高1.7米,进深0.4米。岩画绘制的面积不大,用暗红色的颜料描绘,图案有太阳纹、圆圈纹、圆点纹,以及像文字一样的图形。五星村岩画是镇安县境内首次发现,丰富了陕西南部的文化内涵,是研究区域文化的重要资料。2014年被公布为第六批陕西省文物保护单位。

五星村岩画

界牌湾摩崖题刻 明,位于柞水县乾佑街道办事处界牌湾村界牌湾102国道旁乾佑河岸边的山体岩石上。该题刻近似正方形,宽0.9米,高1米,字迹漫漶,但尚可辨认。摩崖为明弘治十七年(1504)四月所刻,距今已有500多年历史。题刻上首阴刻"大明"二字,正文阴刻竖写七行五十字:"西安府咸宁县乾佑镇至火地界,东至踏池东岭,南至西惶峪岭界,北至黄花岭界,西至校卫岭至本里。弘治十七年四月吉日立。" 古无柞水县建制,今柞水县界牌湾以北秦代实行郡县制至清乾隆四十八年的2000多年中,一直隶属中央或雍州、京北(京城)或西安府直辖,或属长安县辖,始终以界牌湾为界。该题刻为柞水县目前发现的唯一一处摩崖题刻,对于研究当地行政区划、建制沿革具有重要价值。

2. 汉中市古代摩崖石刻遗产

汉中市古代摩崖石刻资源较为丰富,现有资料记录,共有76处,集中分布在汉中市北部,以北依秦岭山脉的略阳县、勉县、留坝县、洋县较多,分别有16处、12处、10处、8处;其余各县摩崖石刻的数量分别是汉台区2处、南郑区4处、城固县5处、西乡县6处、宁强县7处、镇巴县4处、佛坪县2处。

汉中古代摩崖石刻中有2处全国重点文物保护单位,分别为汉台区的褒斜道石门及其摩崖石刻、略阳县的灵岩寺摩崖。其中石门重要的摩崖石刻归纳为"石门汉魏十三品",多为国家一级文物。其他重要的摩崖还有城固县的磬山摩崖石刻、勉县的连城山石虎摩崖、略阳县的钟公路摩崖石刻、留坝县的武关河造像龛,均为县级文物保护单位。另外还有略阳县的《郙阁颂》摩崖,城固县的天和六年(571)石造像等。

汉中市摩崖石刻最早出现于汉代,此后有不少刻于唐、宋及明、清,类别大多为摩崖题刻,内容丰富,以记事为主,可通过文字了解当时的社会生活、乡规民俗、道路交通、宗教信仰等,有着重要的史料价值。还有一些题刻内容为诗颂题记，如略阳县的《郙阁颂》记事摩崖、药水窟名胜画图记摩崖石刻、大唐开成题记摩崖等，有一定的文学价值，反映该地区的人文精神。此外，摩崖题刻还充分展现了古代的书法艺术，比如，"石门汉魏十三品"、《郙阁颂》摩崖等展示了汉隶的严整俊逸，罄山"望仙崖""石麟现瑞""逆波横折"摩崖石刻等展示了行书的自然遒劲，罄山"云瀛"摩崖石刻等展示了草书的磅礴洒脱，三汊河朱砂洞碑记摩崖等展示了篆书的端庄凝练。

汉中摩崖石刻中也有摩崖造像，如留坝县的武关河造像龛、洋县的孟浴村摩崖造像、勉县的柳坝村罗汉石摩崖、城固县的天和六年石造像等，或直接在岩石上雕刻塑像，或摩刻浅龛造像，是古代石刻艺术的体现。摩崖造像大多为佛教造像，与佛教信仰相关；也有摩刻其他民间神仙的，比如略阳县白崖摩崖线刻像为镇山寨神像，对研究当地民间宗教信仰具有参考价值。

褒斜道石门及其摩崖石刻 汉一宋。褒斜道形成时间很早，《史记·范雎蔡泽列传》中就有"栈道千里，通于蜀汉"的记载。石门是褒斜道南口的一个人工隧洞，始凿于东汉明帝刘庄永平四年，在生产工具较为低劣、生产力水平较低的情况下，古人采用火焚水激的原始办法，开凿了这条"世界上最早用人工开凿的穿山隧道"，当然是一个空前的壮举和伟业。对有勒石记事传统的民族来说，是一定要撰文作赋来记载这一盛事的。于是，在石门洞壁内和附近山石上，留下了东汉至近代的177方或记述开凿石门盛事、褒斜道和山河堰（与石门为邻的一项古代水利工程）兴衰历史，或为文人骚客、达官显贵经此触景生情而挥毫的摩崖石刻。这些石刻，汇集成一处石刻艺术宝库。这些石刻对褒斜道历史及中国书法艺术研究具有很高价值。

汉中市博物馆修建了"褒斜道石门陈列室"，依据有关资料，缩小制作了"石门"，采集了一些栈道遗物陈列展出，弥补了建造水库造成的遗憾，后人可以在"栈道之乡汉中"领略到昔日栈道的韵味和风姿。这一批摩崖石刻为全国重点文物保护单位。

"石门"摩崖题刻 汉，原镌刻于石门隧道西壁，类似石门隧道的标志牌。现为国家一级文物。

"石虎"摩崖题刻 汉，相传为西汉隐士郑子真所书，石虎为石门隧道对岸的一山峰名。

"玉盆"摩崖题刻 汉，相传为"西汉三杰"之一的张良所书。石门洞南3里的褒河水中，有一白净的巨石，形状似盆，这就是"褒谷二十四景"之一的"浮浪玉盆"。现为国家一级文物。

"衮雪"摩崖题刻 汉。相传为建安二十四年（218）曹操至褒谷口触景生情所题，原镌刻于石门隧道之南的褒河河谷。

"石门""石虎"摩崖题刻

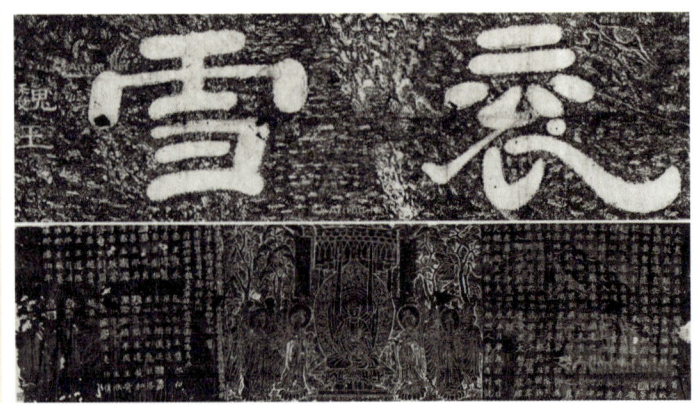

"衮雪"摩崖题刻

石门石刻原位置资料

汉中博物馆"石门十三品"陈列

《石门铭》拓片

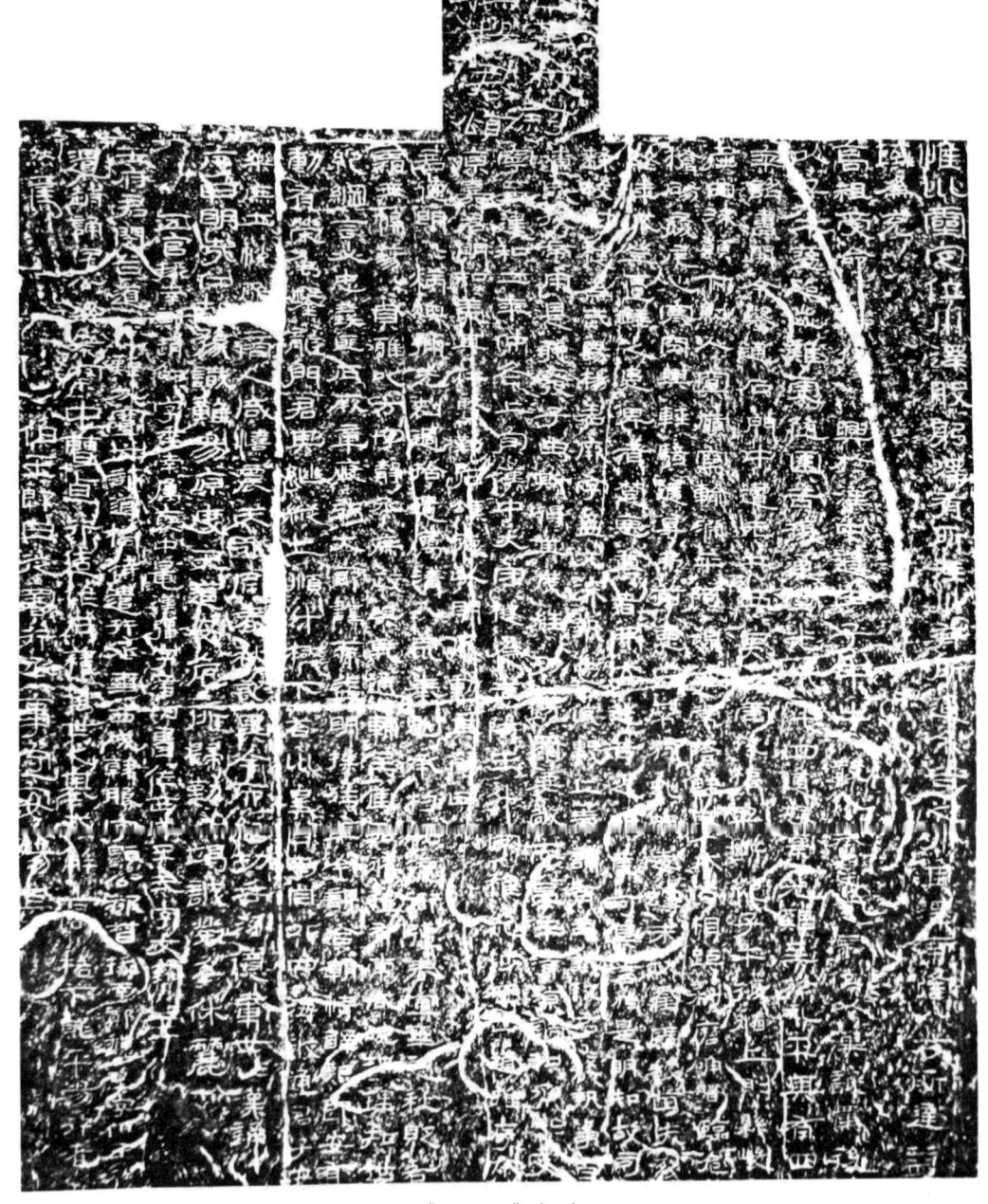

《石门颂》拓片

《鄐君开通褒斜道》摩崖题刻 东汉。简称《大开通》,东汉永平九年(66)镌刻于褒谷石门洞南270米处山崖间,是我国保存较早的一方东汉石刻。该摩崖全面记述了东汉永平六年(63)至永平九年开通褒斜道的经过。此摩崖石刻的书体是我国书法由小篆向隶书过渡的重要实物标本。现为国家一级文物。

《故司隶校尉楗为杨君颂》摩崖题刻 东汉。简称《石门颂》,东汉建和二年(148)镌刻于石门洞西壁,全文共655个字,全面、详细地记述了东汉顺帝时期司隶校尉杨孟文针对当时穿越秦岭的诸条道路只有子午道可行,而最便捷的褒斜道却被废弃不用,南北往来十分不便的情况,上疏请求修复褒斜道,最后终于修通褒斜道的经过。这是研究汉中古代交通重要的实物资料。《石门颂》为汉隶之极作，是隶中草书，它与陕西略阳《郙阁颂》和甘肃成县《西狭颂》，合称为"汉三颂"，并为汉代摩崖石刻之精粹。现为国家一级文物。

《右扶风丞李君通阁道记》摩崖题刻　东汉。简称《李君通阁道记》，镌刻于东汉永寿元年（155），由于石质剥落漫漶，许多字迹已经无法辨识。根据残余的字迹与文献记载可知，李君是四川人，主持修复了褒斜道，造福百姓，后人勒石怀念其美德。该摩崖是东汉通俗隶书的代表作，在书法史上有一定的地位。现为国家一级文物。

《杨淮杨弼表纪》摩崖题刻　东汉。简称《杨淮表纪》，位于《石门颂》南侧。杨孟文之孙杨淮、杨弼，为官清廉，颇有建树。熹平二年（173）二月二十日，与他们同为一郡的共门下玉，在谒归故里路过石门时观《石门颂》，念及杨氏祖孙功德，有感而发，镌刻了这方石刻。《杨淮杨弼表纪》是优秀的汉隶作品。现为国家一级文物。

《李苞通阁道题名》摩崖题刻　三国。该摩崖全文共38字："景元四年十二月十日，荡寇将军浮亭侯谯国李苞字孝章，将中军兵石木工二千人，始通此阁道。"是研究三国时期曹魏灭蜀汉时对褒斜栈道全面复通的重要实物资料。现为国家一级文物。

《石门铭》《石门铭小记》摩崖题刻　北魏。《石门铭》《石门铭小记》摩崖合称《石门铭》摩崖，原位于石门隧道东壁，内容记述的是北魏永平年间（508—512）褒斜道石门通塞、复开和改道的历史。史书对此事记载不详，《石门铭》摩崖成为研究这一历史的实物资料。魏晋南北朝时期，中国书法已由隶书向楷书过渡，《石门铭》摩崖就是这一过渡时期的珍品。现为国家一级文物。

《鄐君开通褒斜道释文及题记》摩崖题刻　南宋。简称《大开通释文》。南宋时，南郑区令晏袤抄录《鄐君开通褒斜道》摩崖全文，并作了较为详细的考证。《大开通释文》原位于《大开通》摩崖之下。现为国家一级文物。

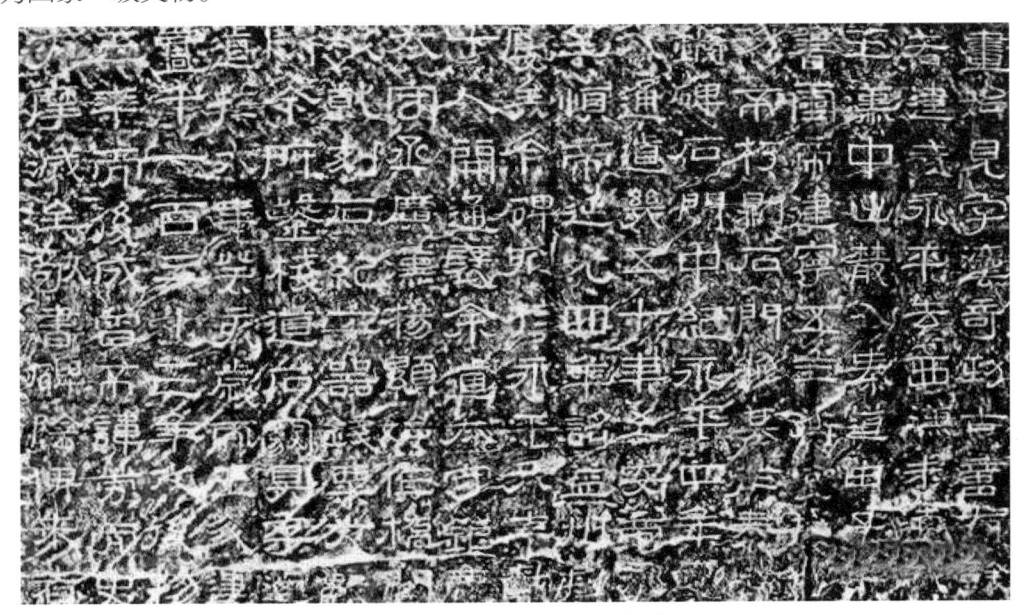

《鄐君开通褒斜道释文及题记》摩崖题刻

《山河堰落成记》摩崖题刻　南宋。该摩崖记载了绍熙四年（1193），山河堰决堤，汉中官方出资修建山河堰的经过，是一方以记事与歌功颂德为主要内容的摩崖。该摩崖在"石门十三品"中体积最大，气势宏伟，高雅不凡，它也是宋代隶书中最有代表性的作品。现为国家一级文物。

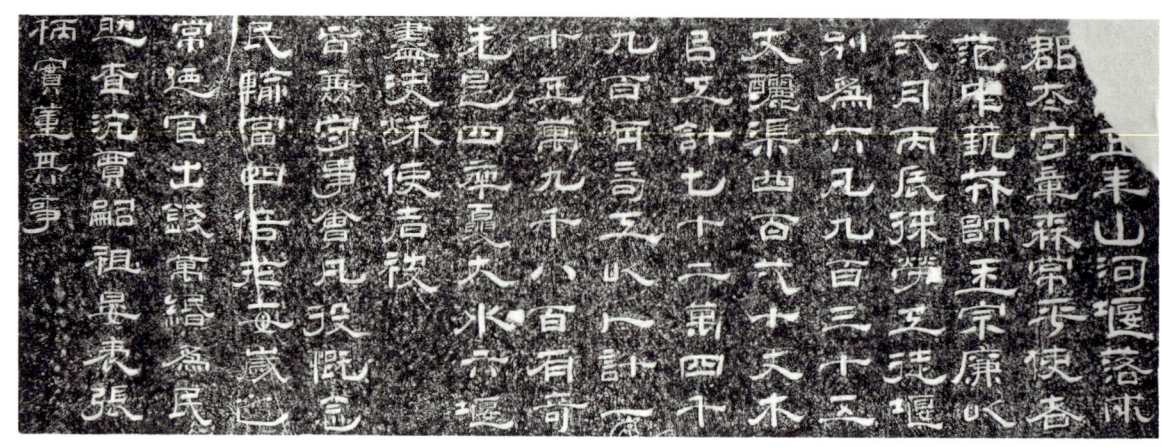

《山河堰落成记》摩崖题刻拓片

《释潘宗伯韩仲元李苞通阁道题名》摩崖题刻 南宋。由于曹魏景元四年、晋泰始六年（270）刊刻的解释石刻的摩崖文字漫漶不堪，南宋庆元元年（1195），南郑区令晏袤对其做了解释，是研究《潘宗伯韩仲元通阁道题名》《李苞通阁道题名》两种石刻的重要资料。现为国家一级文物。

磬山摩崖题刻 清—民国。此石刻位于城固县桔园镇杨家滩村。磬山是城固县历史上的一座名山，其山形似磬，故名磬山。当年文人骚客无不把登磬山作为自己的一大幸事，因此，留下大量的摩崖石刻。现存摩崖石刻七处。"云瀛"摩崖石刻位于磬山南麓，阳刻草书，竖排，宽1.1米，高0.6米，字尺寸0.4米×0.5米，由于自然原因风化严重。"桂林书院"摩崖石刻为阴刻楷书，竖排，宽0.9米，长2.4米，字尺寸0.4米×0.4米。"石门"摩崖石刻位于磬山一处形似门形的悬崖绝壁上，现仅存人工雕凿的踏步两层；该踏步长5米，高0.3米，宽0.5米。"望仙崖"摩崖石刻位于磬山一处门形的悬崖绝壁上，阳刻横排，行书，宽2米，长4米，字尺寸1.2米×1.2米，笔力苍劲，笔法自然，气势博大。"凤鸣高岗"摩崖石刻为阴刻楷书，竖排，长、宽均1.2米，字尺寸0.45米×0.45米。"石麟现瑞"摩崖石刻，行书，竖排，宽0.63米，高2米，字尺寸0.47米×0.45米；字体端庄，手法老道，整个石刻气韵恢宏。"逆波横折"摩崖石刻，阳刻行书，横排，宽1.15米，长4米，字尺寸0.7米×0.95米；字体硕大，遒劲有力，气势磅礴。磬山摩崖石刻现为县级文物保护单位。

"凤鸣高岗"摩崖石刻

"望仙崖"摩崖题刻

连城山石虎摩崖题刻 清，位于勉县褒城镇连峰村与连城山西坡崖壁间。摩崖为浅浮雕下山虎，高1.8米，宽1.2米，虎眉目怒突，回首，尾高扬，线条流畅、活泼，保存较好；其右侧题款"云溪明府为南皮相国门下士，令行有声，善绘事，尤工画虎"，落款"岢光绪己卯仲秋上浣日，画于京师乾清门官舍。煦初王昶乾题"；题诗百余字，记载画者系南皮相国张之万门下士，临邛伍原登等题。此石刻虎图是为了借虎威"镇守边疆"，永保一方平安，取其祥瑞之意。现为县级文物保护单位。

《郙阁颂》摩崖题刻 东汉，原位于略阳以西30里的徐家坪镇白崖村，嘉陵江西沿崖边，现珍藏于略阳县灵岩寺博物馆内。该摩崖高1.7米，宽1.25米，全文19行，共472字，现存220字。摩崖左上方有几道沟槽，因刻石地处拐弯，古代纤夫借此勒绳以省力所致。《郙阁颂》摩崖镌刻于东汉建宁五年（172），为纪念武都太守李翕重修郙阁栈道而书刻，故全称为《汉武都太守李翕析里桥郙阁颂》。《郙阁颂》摩崖的书法自成一家，独具风格，为标准的汉隶八分，长期以来传为书法家蔡邕所书。此摩崖结构严整，章法茂密，俊逸古朴，风格沉郁，体态赫奕，在优美多姿的汉隶中，确为艺术精品，是研究祖国文字、书法和东汉八分汉隶的重要实物资料。早在魏、晋、南北朝时期，其盛名就遍及海内外。两宋至明、清的千余年间，有30余种学术专著将之收录其中，从各个角度进行考证、注释和研究。《郙阁颂》摩崖是一方最有书法研究价值的汉隶瑰宝，它同陕西汉中的《石门颂》、甘肃成县的《西狭颂》并称为我国的"汉三颂"。现为国家一级文物。

《郙阁颂》摩崖拓本

《郙阁颂》摩崖拓本局部一　　　　　　　　　《郙阁颂》摩崖拓本局部二

  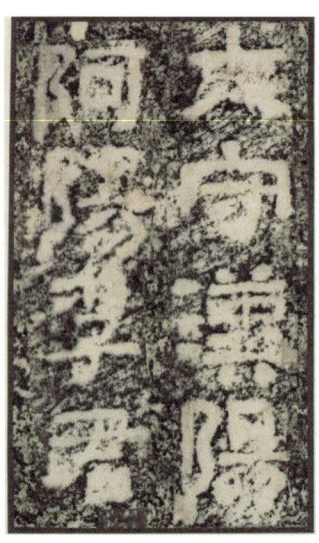 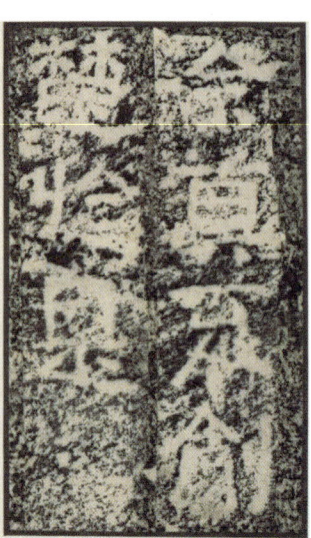

《郙阁颂》摩崖拓本局部三　　　　　　　　　　《郙阁颂》摩崖拓本局部四

《钟公路》摩崖题刻　明，又名《白水石路记》摩崖石刻，位于略阳县白水江镇，当地人称小石碑。摩崖正中刻"钟公路"三个阴文大字，字径60厘米；下款"邑民罗文光等商旅万事通等三百余名叩首镌石"，额画一大圈，内刻一"佛"字。明代御史钟文陆（钟化民），居官勤厉，遍历八府，延问百姓疾苦，百姓称其为钟佛子。明神宗万历十六年（1588）钟御史巡案至徽略要道大河店王家河村一带白水路，见大、小石碑间栈道年久失修，行人难走，应百姓请求，带头捐资并主持维修旧路，使其再次畅通。《白水石路记》《钟公路记》辞文系徽、略官民万历十七年（1589）为纪念钟御史捐资主修白水石路，由郭元桂所撰，摩崖刻石永作纪念。现为县级文物保护单位。

社火坪摩崖造像　明，位于留坝县青桥驿镇社火坪村村委会西南1公里的一个长约8米、高约6米的不规则大石上。造像高于路面约1.5米，为圆拱型单龛，龛面宽0.55米、高0.7米，内浮雕一个坐东北向西南的普贤菩萨像。此像带冠，坐于卧象背上，有背光。造像轮廓较完整，但因人为破坏造像面部已模糊不清，且双臂残损。近年来当地人对造像进行了彩绘。像的左边有摩崖石刻一处，有"大明"等字样可识。

武关河造像龛　唐，位于留坝县武关驿镇武关河村武关河组。造像龛开凿于武关河北岸土坡一块独立的大石头上。石头呈不规则长方体，高2.2米，底宽1.8米，厚1.5米。造像龛共有两窟，分别开凿于石头的两个面上。其中一个石窟为尖顶式，一个石窟为圆顶式。尖顶式石窟高0.8米、宽0.65米，雕刻一佛二菩萨。圆顶式石窟高0.96米、宽0.95米，雕刻一佛二菩萨二弟子。现为县级文保单位。

社火坪摩崖造像　　　　　　　　　　　　　　武关河造像龛

佛儿岩摩崖造像 年代不详，位于留坝县江口镇洪武村北100米。造像凿于距河床高5米的红砂岩崖壁上，分上、下两层，每层四龛，除下层右一龛内雕立姿菩萨，其余龛均雕结跏趺坐佛，须弥坐。佛高0.61~0.73米、宽0.3~0.33米，均手执佛珠合十。崖面还保留有方形和圆形凿孔等庙建遗迹。

"碧镜青莲"摩崖题刻 清，位于留坝县紫柏街道办事处小留坝村青岩湾，316国道东侧青岩湾山石上。在高出国道路面约3米处竖行阴刻楷书"碧镜青莲"，通高约3.2米、宽1.2米，落款为"乾隆庚申（1740）秋七月长白玄礼书"，朱砂描字，字径0.6米。

佛儿岩摩崖造像

"碧镜青莲"摩崖题刻

3. 安康市古代摩崖石刻遗产

安康市古代摩崖石刻共有33处，其中北部的宁陕县数量最多，共有13处；其余各县摩崖石刻的数量分别是汉滨区6处、汉阴县5处、石泉县2处、岚皋县1处、旬阳市6处。

安康古代摩崖石刻中有1处省级文物保护单位，为宁陕县的观音山摩崖题刻；13处县级文物保护单位，分别为汉滨区的佛山沟三世佛摩崖造像，石泉县的莲花石摩崖造像，宁陕县的白杨湾摩崖题刻、猫儿梁摩崖题刻、流石皮摩崖题刻、核桃坪摩崖题刻、观音庙摩崖造像、观音山摩崖题刻、皂矾沟口摩崖题刻、娘娘庙摩崖造像，岚皋县的观音岩摩崖造像，旬阳市的摩崖造像塔、杨泗庙水文题刻。

安康市的摩崖石刻可分为摩崖题刻和摩崖造像两大类，最早的刻于为唐代，明代、清代的数量较多，有些是近现代所刻，多刻于河沟两岸的崖壁或巨石上。

摩崖题刻内容多为地界标识，如宁陕县流石皮摩崖题刻"秦府牧羊山场"、皂矾沟口摩崖题刻"秦府牧羊山坡"、核桃坪摩崖题刻"秦府鱼洞"、黄草坪摩崖石刻"兴隆沟"等表明地点，皂矾沟口摩崖题刻正文还从东、南、西、北方位划分地界。题刻文字还有记事的，如宁陕县曹碑石摩崖石刻内容为购买山林及四界畔事宜，月亮滩摩崖题刻为本地乡民修筑山路及捐资者姓名等。安康有一类较为特殊的摩崖题刻为秦岭其他地区所未见，即水文题刻，用以记录汉江洪峰水位。这种题刻集中分布在旬阳市，有杨泗庙水文题刻、蜀河汉江水文题刻、泥沟街汉江水文刻记等。摩崖题刻文字有隶书、行书、楷书等多种字体，也在一定程度上展示了这一地区的古代书法艺术。

摩崖造像以佛教造像为主，有单体造像，如宁陕县娘娘庙摩崖造像为自在观音像；也有组合造像，如汉滨区佛山沟三世佛摩崖造像、宁陕县观音庙摩崖造像为一佛二弟子，岚皋县观音岩摩崖造像等；另有摩刻佛教建筑的，如旬阳摩崖造像塔。摩崖造像旁多刻有佛像名及年款，可断定佛像种类和时代。虽有一些造像有缺失破损，但仍能看出其浓厚的佛教特点，雕刻细致。这些摩崖石刻对于研究当地的历史、地理、人文艺术有着重要意义。

观音山摩崖题刻 唐，位于宁陕县太山庙镇长坪村。该摩崖石刻刻于观音山蜡烛峰西侧崖壁上，四周均为山崖。《中国文物地图集·陕西分册》记载，该摩崖题刻字框宽0.5米，高约1米，楷书，共4行，字径0.1米，文为"唐武德八年（625），住山沙门真觉大士记，赐山田周五百里，永充香火"。由于自然原因，蜡烛峰西侧崖壁部分垮塌，题刻大部分被毁。2014年被公布为第六批陕西省文物保护单位。

佛山沟三世佛摩崖造像 明，位于汉滨区紫荆镇紫荆村东南约5公里处的龙庙湾山梁上。造像坐西朝东，山崖上共雕刻石造像三尊，内容为一佛二菩萨。造像均高0.85米、宽0.7米，座高0.46米；螺髻，方面垂耳，褒衣广袖，双袂缺，须弥座。另外还有一尊道教三清像，高0.88米，宽0.4米。现为县级文物保护单位。

莲花石摩崖造像 清，位于石泉县池河镇桂花村三组西面汉江岸边。该摩崖造像为花岗岩质，高1.36米，底宽2.1米，厚1.1米，内容包括佛像、经咒摩崖石刻。佛像模糊，可见服饰轮廓，佛像下方可见"南无""阿弥陀佛"字样。现为县级文物保护单位。

白杨湾摩崖题刻 明，位于宁陕县城关镇青龙村。该摩崖题刻刻于白杨湾西的岩石上，宽0.44米，高0.6米，共4行，满行9字，共30字，每字0.06米×0.07米。题刻内容："汉中府金州石泉县奉/分守道委官踏明本县/迤北该管汤坪片崖/差粮地界。"该摩崖题刻对研究明代当地县域划分、差粮管理有一定的参考价值。现为县级文物保护单位。

猫儿梁摩崖题刻 明，位于宁陕县江口回族镇江镇村。该摩崖题刻刻于江河西岸的巨石上，字幅高3.5米、宽0.4米，刻"吉星高照"四字，楷书，竖行，字高0.45米，字距0.6米。现为县级文物保护单位。

流石皮摩崖题刻 明，位于宁陕县江口回族镇新浦村。该摩崖刻于竹山沟东岸的崖壁上。《中国文物地图集·陕西分册》记载，流石皮摩崖"位于沟崖边崖壁，字框宽0.6米，高1米。竖行，行书，阴刻，字径0.25—0.28米，文曰'秦府牧羊山场'六字。该地

猫儿梁摩崖题刻

群山环绕，地势开阔，草木丰茂，为明秦王府圈定牧区"。现为县级文物保护单位。

核桃坪摩崖题刻 明，位于宁陕县江口回族镇冷水沟村。该摩崖题刻刻于冷水沟西岸的崖壁上。《中国文物地图集·陕西分册》记载，核桃坪摩崖题刻"位于山泉洞旁崖壁，面积0.22平方米。竖书1行，字径0.25米，楷书刻'秦府鱼洞'四字。该山泉内常有河鱼涌出"。现为县级文物保护单位。

观音庙摩崖造像 明—清，位于宁陕县皇冠镇南京坪村。造像雕凿于南京坪村南部碑记坪的崖壁上，坐东向西，为一佛二弟子。佛高0.58米、宽0.36米、厚0.17米，螺髻，身着袈裟，有火焰形背光，结跏趺坐于须弥莲花座上，座上刻有"寿"字；两旁立二弟子，高0.25米。造像周围有长方形边栏，边栏外刻"幼看千经佛，永受万民香"对联。现为县级文物保护单位。

观音庙摩崖造像

关二村摩崖题刻 清，位于宁陕县城关镇关二村，刻于渔洞河观音山上。题刻为楷书，刻"山孤白蛇"四字，长约5米，宽约2米，乙巳年款。现为县级文物保护单位。

关二村摩崖题刻

皂矾沟口摩崖题刻 清，位于宁陕县皇冠镇油坊坪村，刻于村南皂矾沟口崖壁上。题刻共26字，高1.2米，宽0.9米，阴刻楷书，额题"秦府牧羊山坡"，字径0.14米，正文为"东至琵琶岭，南至清泥垭，西至文王庙，北至水岩关"，字径0.1米。该摩崖题刻对研究清代当地的畜牧发展、生活状况等有一定的价值。现为县级文物保护单位。

娘娘庙摩崖造像 年代不详，位于宁陕县广货街镇沙沟村，刻于雷家沟脑的花岗岩山崖上。佛龛坐西向东，高1.34米，宽1.05米。龛内为自在观音像，通高1.24米，头戴宝冠，方面，垂耳，面相丰腴，褒衣博带，胸饰璎珞，盘龙座。座高0.45米、宽0.75米。现为县级文物保护单位。

观音岩摩崖造像 清，位于岚皋县石门镇小沟村北约2公里的观音岩。造像开凿于观音岩壁上，上距岩壁顶端10米，下距地面1.7米，坐北向南。拱形龛内凿观音及二侍者。造像龛高0.45米、宽0.35米、深0.08米。观音造像高0.4米、宽0.16米，头戴莲花冠，褒衣广袖，双跏趺，带蒂莲花座；侍者高0.15米，均站姿，双手合十，左侧侍者残损严重。造像下题刻高0.15米、宽0.18米，阴刻楷书，内容为"大安平下氏弟子□□□□周氏法心叩首，雕数观音一尊□□一座，匠师林海秀，嘉庆九年十月十日吉旦"。现为县级文物保护单位。

娘娘庙摩崖造像

观音岩摩崖造像

欧家湾摩崖造像 唐，位于旬阳市吕河镇欧家湾。该塔为一摩崖浮雕塔，楼阁式，通高2.15米，分作三级，各级高度与面阔自下而上逐渐缩小。第一级高0.9米，中阔0.6米，凸起0.35米；第二级高0.8米，中阔0.45米，凸起0.2米；第三级高0.45米，中阔0.3米，凸起0.15米。各级檐部挑出，第一级向外挑出两层，作四重檐；第二级向外挑出三层，作三重檐；第三级向外挑出四层，作两重檐。塔顶大体与旁边碥路相接，塔底距旬河水面约15米。摩崖面以塔为中心，两边均呈不规则四边形，通阔5.5米，高1～2.5米，表面平整，有明显凿磨痕迹。该摩崖造像塔上不远处有两处石窟。这种摩崖造像塔在陕南地区属首次发现，有重要的历史价值和考古价值。现为县级文物保护单位。

杨泗庙水文题刻 明，位于旬阳市蜀河镇街西头杨泗庙前左侧石崖上。该题刻所在地为蜀河与汉江汇合的倒漾水缓地带。题刻仅"弘治十一年"五字，单行竖书，字框高0.26米、宽0.06米。经过考

欧家湾摩崖造像塔

证，此题刻可能是明万历年间（1573—1620）补作的。由于没有留下直接的洪峰水位标志，故水位依例以字框高度的中线为准。由此测知弘治十一年此地汉江最高洪峰水位比1983年8月1日最高水位高0.48米。这一石刻是安康地区迄今发现的最早的汉江洪峰水位记录，弥补了地方文献资料的缺失。现为县级文物保护单位。

4. 渭南市古代摩崖石刻遗产

渭南境内古代摩崖石刻根据现有资料记载共有46处，集中分布在华阴市，共42处；其余则在华州区，有4处。这些古代摩崖石刻中有1处县级文物保护单位，为华州区的白崖湖摩崖石刻。

杨泗庙水文题刻

渭南摩崖石刻主要位于地势险要的华山主峰及其峪谷之中，绝大多数为摩崖石刻，文字较短，或标注相关历史地理信息，或展现华山一线的自然人文风貌，或为名人游记，或刻录特殊事件，还有展现社会生活和人文精神内涵的，具有重要的历史、文学价值。这些摩崖石刻大多年代不详，能确定时代的多是元、明、清时期的题刻。这些摩崖石刻的书法意义突出，对于研究古代石刻书法艺术方面意义重大。

白崖湖摩崖题刻　明—清，位于华州区柳枝镇张家山村。此处有一巨石，巨石在一处低洼的农田旁，上宽下窄，呈倒梯形状，宽约8.03米，高约6米，石上方生长有一株古柏。古柏高约5.6米，树干围长1.15米，俗称石上柏，树龄已有400年，虽扎根石中，仍生机盎然。史载，北宋熙宁五年，南山崩裂，地下水涌出，在此形成一个大湖泊，即名白崖湖。湖水边风光秀丽，景色宜人，此石形状奇异，构成"华州八景"之一的"移山灵湫"。后因气候变化和饮水灌溉，湖水干涸，而石与柏仍存。石面向西南处可见摩崖石刻七处，其中有明代袁宏道与友人朱非二的题记"山高水小，水落石出"，还有明华州知州邓承藩常与友人郭宗昌、王承之登石赋诗，后人遂以公名命石，为邓公石。此摩崖石刻多为历史文化名人题记，具有重要的历史文化价值。现为县级文物保护单位。

"济时灵雨"摩崖题刻　清，位于华州区杏林镇高家岩村西南2.5公里的太平峪内原龙王庙北20米东侧的砂质崖壁上。该地原有龙王庙1座，因西临五龙山，又称为五龙庙。现庙周围有五个泉眼，当地人称五眼泉，水源旺盛。石刻幅宽2.6米、高1.5米，刻"济时灵雨"四个大字，自左向右排列，单字呈方形，边长0.56米，阴刻楷体，字体方正，字口清晰，雄泽有力；其下自右向左竖行阴刻"光绪庚子（1900）宜辅旱饥，辛丑（1901）春仍不雨，二月二十七日章伸史念宋等祷于五龙庙，越二日而雨，终君万家欢，敬报神府。署州牧嘉勒石"，隶书。现所有刻字均涂有红色油漆，色泽艳亮。该石刻不仅反映了1900年前后，华县地区旱饥成灾的历史事实和当地老百姓祷雨的传统习俗，有史料价值，而且石刻字体苍劲有力，实乃一艺术杰作。

华山摩崖石刻　华山是"五岳"之西岳，也是一座文化名山，位于华阴市境内。华山既以山势险峻著称，也以历史悠久而闻名，自唐以来，有不少文人墨客留下墨宝，是一笔留给后人的财富。惊叹华山"奇险天下第一山"的峭拔险秀之余，山崖上千余处摩崖石刻亦是一道独特的风景。将华山上的重要摩崖石刻列表如表2-4：

表2-4 华山重要摩崖石刻

序号	名称	地点	年代	保护状况
1	"斩平崎岖"摩崖题刻	南峰仰天池西侧	不详	完整
2	"通天路"摩崖题刻	南峰仰天池西侧	民国	完整
3	"云屏"摩崖题刻	南峰仰天池西侧路东	不详	完整
4	"擎天捧日"摩崖题刻	南峰仰天池西侧路东	不详	完整
5	"万象在旁"摩崖题刻	南峰仰天池西侧路东	清	完整
6	"天地奇观"摩崖题刻	南峰仰天池西侧路东	清	完整
7	"水光接天"摩崖题刻	南峰仰天池西侧路东	清	完整
8	"仙天外景"摩崖题刻	南峰仰天池北侧	清	完整
9	"峻极于天"摩崖题刻	南峰仰天池东侧	不详	完整
10	"参天"摩崖题刻	南峰仰天池北侧	不详	完整
11	"沐浴日月"摩崖题刻	南峰仰天池	不详	完整
12	"凌秀"摩崖题刻	南峰仰天池西侧	不详	完整
13	"最高峰"摩崖题刻	南峰仰天池北侧	不详	完整
14	"太华绝顶"摩崖题刻	南峰仰天池北侧	民国	完整
15	"洗手摩天"摩崖题刻	南峰仰天池西侧	不详	完整
16	《李经野等人记游》摩崖题刻	南峰仰天池北侧	不详	完整
17	"俯抚群峰"摩崖题刻	南峰仰天池北侧	民国	完整
18	"惊心动魄"摩崖题刻	南峰仰天池北侧	不详	完整
19	"高与天齐"摩崖题刻	南峰仰天池东侧	不详	完整
20	"太华骏顶"摩崖题刻	南峰仰天池北侧	不详	完整
21	"俯视诸峰"摩崖题刻	南峰仰天池北侧	不详	完整
22	"冲宵崖"摩崖题刻	南峰仰天池	不详	完整
23	"真道"摩崖题刻	南峰仰天池北侧	不祥	稍残
24	"晋夏庞继元、鲁荷蒋子韬游此"摩崖题刻	南峰仰天池北侧	不详	完整
25	"一览群山小"摩崖题刻	南峰北坡道路南侧	不详	完整
26	"俯视一切"摩崖题刻	南峰坡北道路南侧	不详	完整
27	"览胜怡心"摩崖题刻	南峰坡北道路南侧	不详	完整
28	二仙龛	东峰迎阳洞西	不详	完整
29	"云梯"摩崖题刻	东峰北部路东	不详	完整
30	"振衣千仞"摩崖题刻	中峰东侧崖壁上	不详	完整
31	"砥柱中天"摩崖题刻	中峰东侧崖壁上	不详	完整
32	"只手擎天"摩崖题刻	中峰东侧崖壁上	清代	完整
33	"亲恩配天"摩崖题刻	中峰东侧崖壁上	不详	完整
34	"玉女峰"摩崖题刻	金锁关南	不详	完整
35	"山河永寿"摩崖题刻	华山老君犁沟	民国	完整

"砥柱中天"摩崖题刻

"振衣千仞"摩崖题刻

"天地奇观"摩崖题刻

"洗手摩天"摩崖题刻

"云梯"摩崖题刻

"峻极于天"摩崖题刻

"参天"摩崖题刻

"沐浴日月"摩崖题刻

"水光接天"摩崖题刻

"亲恩配天"摩崖题刻

"真道"摩崖题刻

"只手擎天"摩崖题刻

"山河永寿"摩崖题刻

5. 西安市古代摩崖石刻遗产

秦岭西安境内古代摩崖石刻共有42处,集中于秦岭北麓,分布情况为蓝田县14处、长安区12处、鄠邑区10处、周至县6处。这些摩崖石刻中有1处县级文物保护单位,为蓝田县的佛爷腰摩崖造像。

西安市的古代摩崖石刻多刻于唐、宋、明、清时期。在那时今西安南部分布着很多高等级的寺院、道观,因此不少摩崖石刻集中分布在寺院、道观建筑附近。同时,在蓝田县、长安区及周至县的部分地区,摩崖石刻、造像还与秦岭古道的开辟有关。西安市的大部分摩崖石刻为题刻,以丰富的记事内容为主,可通过文字了解历史沿革、当时的宗教信仰、地域文化、社会生活等,有着重要的史料价值。一些题记还有文学价值,尤其是游历题记,彰显出古代的人文精神。此外,摩崖题刻还展现了古代的书法艺术。摩崖造像和岩画反映了古代的雕刻工艺和绘画技法。

佛爷腰摩崖造像 唐,位于蓝田县普化镇悟真峪内的佛爷腰山顶,与悟真寺相对。造像为佛龛式,龛高6米、宽5.6米、深3.6米,内刻一佛二菩萨,主佛为释迦牟尼座像。造像通高4.8米,其中佛高2.6米,须弥座为莲花座,高2.2米,长2.4米,宽1米。二菩萨为立像,右为文殊菩萨,高2.9米;左为普贤菩萨,高3.1米。佛像面部丰满,大耳垂肩,头上有肉髻、螺发,跣足结跏趺坐,右手下垂搭于莲台之上,左手置于胸前。普贤菩萨头戴云纹花鬘,身着帔帛,左手持宝珠,右手持如意,作敬腰状,衣褶流畅自然。文殊菩萨造型与普贤相同。佛爷腰摩崖造像,采用圆雕的手法,使造像显得圆润丰腴。虽未见题记,但从造像风格和雕刻技法上看,应为唐代中期造像。现为县级文物保护单位。

流峪河摩崖题刻 年代不详,刻位于蓝田县九间房镇峪口行政村一组南300米处流峪河东岸山崖石壁上,西距流峪河9米,距101省道25米。该摩崖共分为三部分,阴刻楷书,中部有长方形刻框,刻框内摩崖题刻共10竖行,刻框外侧摩崖题刻共13竖行,内容多为地名、人名,在刻框的左上角0.4米处另有一处摩崖题刻。该摩崖为蓝田东南部山区现存的一处重要的题刻,为研究当地古代武关道的相关情况提供了重要的文字资料。

徐家山佛教岩画 清,位于蓝田县蓝关街道办事处徐家山村一组以南5公里拐沟河谷东岸的崖壁上。该岩画为一佛二菩萨，整体高1.9米、宽0.7米，左侧菩萨已漫漶，仅存半躯主尊与右侧胁侍菩萨。主尊结跏趺坐于仰覆莲座上，身着红色通肩大衣，因漫漶，仅存右侧身躯及部分莲座，手印不详。右侧前方胁侍菩萨保存较好，身躯微左倾，跣足立于覆莲座上；天衣轻薄，露上身，缠披帛，下着长裙；宝髻高盘，墨色勾染，右后侧露出簪饰，后有墨线勾勒的圆形头光；颈部用红色线条勾绘有项饰璎珞，臂缠臂钏，左臂垂于身前侧，左手持长梗莲蕾靠于左肩，右臂曲肘于胸侧，做手印菩萨头部略左倾垂，面相饱满。整幅画像上方有一方形孔为建筑遗痕。壁画下方较为平坦的石壁上凿有圆孔，为建筑立柱孔。在此平台下的石壁上仍有数个圆形或方形小洞，应为上下攀爬所修栈道的栈孔，其中靠东南部的一个栈孔里还残存一小截石桩。该处佛教岩画对研究当时当地佛教的画像艺术及民间宗教信仰等问题提供了一定的实物资料。

汤峪河摩崖题刻 明、清，位于蓝田县汤峪镇汤峪河上游两岸岩石上。此处题刻共发现七处，最南端一处位于汤四村以南约5公里的骡子道沟内，最北端一处位于汤一大槽口。摩崖石刻多位于栈道上方，有明确纪年的摩崖石刻最早的为明嘉靖四十一年，石刻字数从3字到56字，分布面积0.2～2.4平方米，内容有捐资修路、游历、地名、勘界等。其中汤四滩子坟摩崖石刻记载了明嘉靖四十一年汤峪与长安县的地界，明确了当时汤峪地区的四至范围。汤峪河摩崖石刻规模虽然不甚宏大，但是记载了当地明代以来修路、勘界等重要事件，对研究汤峪河上游地区明清时期的社会风俗、交通状况、历史地理变迁等提供了重要资料。

蓝田关摩崖题刻 明，位于蓝田县蓝桥镇蓝桥河村东侧，摩崖刻于蓝田关附近的巨石之上，花岗岩质，共三处，间距0.4～1米，自左至右内容分别为：横书"雪拥处"，竖书"拾玉臼杵处"，横书"抱柱处"，字径0.1～0.17米，落款均为"西蜀罗文思"。笔力秀美遒劲。"雪拥处"典故出自韩愈诗"雪拥蓝关马不前"，其余两则出自民间传说。

悟真峪摩崖题刻 北宋，位于蓝田县普化镇上悟真寺西北约1公里处。该摩崖刻在一面宽1.6米、高2.31米、进深4.4米的崖窟内壁上。题刻幅宽0.85米、高0.5米，记载北宋诗人苏舜钦游悟真寺之事，景祐元年款。门楣幅宽0.25米、高0.22米，门楣内侧记载苏元丰等人游悟真寺事，建中靖国元年（1101）款。

南五台摩崖石刻 北宋、明、清、民国，位于长安区南五台山上，共登记摩崖石刻12处，其中北宋2处、明代3处、清代3处、民国4处。由于南五台山是一处历史悠久的佛教名山，这些摩崖题刻歌咏了南五台秀美的自然风光，反映了南五台作为佛教圣地的历史，对于研究南五台佛教庙宇的兴建和发展具有重要的价值。同时，这些摩崖石刻书体俊美，点缀于山崖之上、庙宇之间，更增添了南五台浓郁的历史文化氛围。南五台兴于隋，盛于唐，经过1000多年的风雨沧桑，许多文物古迹已湮没或毁坏。在灵应台发现两处保存较好的北宋摩崖题刻，一处纪年是大中祥符七年（1014），一处纪年是政和四年（1114），这是南五台现存带有纪年的最早实物资料，记载了灵应台庙宇修缮之事，弥足珍贵。

喇嘛洞摩崖题刻 隋、唐、五代，位于长安区引镇街道办事处十里庙村嘉午台破山寺内。石刻幅长1.01米、宽0.56米，字迹由右至左共7竖行，内容为唐贞观元年住持性空所立界碑。

紫阁峪摩崖石刻群 唐—清，位于鄠邑区紫阁峪村。此处现存摩崖石刻十处。第一部分位于鄠邑区太平旅游区管委会紫阁峪村，刻于紫阁峪东岸大石上，所在地当地人称为神堂子。石刻幅宽0.11米、高0.33米，距地面约1.5米，隶书阴刻，可见"迂叟来"三字。迂叟为司马光别号，司马光在熙宁三年（1070）九月至熙宁四年（1071）三月任永兴军宣抚使，永兴军驻地为西安。此当为司马光在任期间游历紫阁题刻。第二处摩崖石刻位于鄠邑区太平旅游管委会紫阁峪村村民吴勤俭家北约100米处，有三处题记，刻于紫阁峪东岸一块大石的不同位置上。其一位于大石的中部下方，幅宽0.45米，高0.3米，楷书阴刻，"寒泉"两字，涂有红色颜料；外有边框，长0.59米，高0.32米。其二位于大石的左上方，幅宽0.78米，高0.58米，距地面约1.5米，楷书阴刻，共5列，每列3～4字，部分风化严重，实难辨认。其三位于大石的右上方，幅宽0.8米、高1.2米，距地面约1.5米，楷书阴刻，正文3列，年款2列。此处摩崖石刻为当地石刻的分布与研究提供了实物资料，对于古代紫阁峪人文地理信息的研究有重要意义。

紫阁峪摩崖石刻群之一

立碑子摩崖题刻 明—清，位于周至县骆峪镇碾子坪村南约4.5公里，西骆峪河西岸崖壁上，当地俗称立碑子。摩崖石刻共有两部分。其一位于南侧，长0.72米，宽0.4米，文字共5行，每行5～11字，记录了明嘉靖年间（1522—1566）当地村民出资修桥的事件。其二位于北侧，长0.6米，宽0.21米，共2行，内容为"清嘉庆二十年修"。摩崖石刻位于古傥骆道沿线，为研究古傥骆道明清时期的修建历史提供了重要资料。

"朱公碥"摩崖题刻 明—清，位于周至县厚畛子镇钓鱼台村黄泥包黑河北岸花岗岩崖壁上，下距河面约100米。题刻幅宽1.8米、高0.8米，楷书阴刻"朱公碥"三字。"朱"字0.37米×0.26米，"公"字0.36米×0.28米，"碥"字0.37米×0.35米，字凹槽宽0.06米。无年款、人名。据传该题刻是为纪念此人修路而刻。此处现可见石条铺筑的路面，宽2.5米。该摩崖题刻对研究明清时期雕刻艺术、交通等方面有重要价值。

狐狸沟南摩崖题刻 清，位于周至县陈河镇六合村狐狸沟4公里处的崖壁之上，摩崖石刻距地面约5米，其上文字共10列，每列4字，字尺寸0.08米×0.12米，内容应为该县古代行政区划的范围。摩崖所处周围山高林密，杂草丛生，因此石刻表面风化较为严重，部分文字已漫漶，难以辨识。该摩崖石刻为研究当地古代的行政区划和历史地理的沿革提供了宝贵的参考资料。

狐狸沟北摩崖题刻 清，位于周至县陈河镇六合村狐狸沟7公里处的临河崖壁之上，高出河床约7米，东距狐狸沟观音庙20米。其上刻有零散文字，字尺寸0.08米×0.1米。因风化严重，表面文字大部分已经剥落，依稀可见"分水有上/梅山至二姓界"几个字。据内容判断，此石刻类似界碑。该摩崖石刻为研究当地古代的历史地理和行政区划提供了一定资料。

6.宝鸡市古代摩崖石刻遗产

宝鸡境内古代摩崖石刻共有12处，其中太白县4处，凤县5处，眉县、陈仓区、岐山县各1处。这些摩崖石刻中有2处省级文物保护单位，分别为凤县的心红铺摩崖石刻、陈仓区的钓鱼台璜石题刻（为钓鱼台的组成部分）；1处县级文物保护单位，为凤县的南天门摩崖题刻。

宝鸡市的摩崖石刻年代最早的为宋代，多数为明、清；除一处为摩崖造像外，其余均为摩崖石刻。因受自然侵蚀，这些刻石大多数保存状况一般。摩崖题刻主要为记事，从中可窥探此区域过去的历史和社会生活。并且摩崖题刻字体多样，时代稍早的题记书法朴拙，清代题记书法刚劲有力，书法意义突出。这些石刻对于研究秦岭北麓宝鸡地区的社会生活、宗教信仰、道路交通、书法艺术等方面有一定的价值。

心红铺摩崖石刻 明、清，位于凤县三岔镇心红铺村西南约1公里，距地面高2~15米的崖壁上，从北自南分布有六处七方题刻。第一处北距心红铺村约500米，行书，横刻"长虹饮涧"四字，每字长0.35米、高0.3米，年款和题记为"乾隆五年（1740）长白方裕题"。第二处在第一处南约15米处，存有两方刻石，南侧竖刻"大手笔"三字，行书，为"岐山月（重）题"；北侧横刻"幽丽奇处"四字，年款和题记为"乾隆四年（1739）三月析津朱闲圣题"。第三处在第二处南约50米处，横刻"心红峡"三字，为"岳礼书"。第四处，南距三岔村约2.5公里，位于经修整过高2.5米、宽0.7米的崖壁上，竖刻行书"云栈第一佳处"六字，落款为"□□书"。第五处，南距三岔村约2.2公里，行书竖刻"千流飞雪、万叠堆青"八字。第六处，南距三岔村约2公里，在心红峡河西岸巨石上，横刻"翠峰排秀"四字，魏体，年款题记为"嘉靖壬午

"大手笔"摩崖题刻

（1522）仲春文岗题"。题记均涂红，个别石刻年款题记因年久风化难以辨识。这些石刻对于研究凤县连云栈道的历史和当时的文化现象具有重要价值。2014年被公布为第六批陕西省文物保护单位。

"心红峡"摩崖题刻

"长虹饮涧"摩崖题刻

南天门摩崖题刻 清，位于凤县凤州镇仓平村凤岭山南天门。凤岭是连云栈道上一个重要山峰，也是凤州镇、双石铺镇、三岔镇三镇交会处。此处石刻是先于石上刻字，后将其镶嵌于山岩内。石刻高0.87米、长2.2米，由两块石板组成，碑文楷书"声闻帝座"，为光绪戊子（1888）仲春抚陕使皖怀叶伯题。"声闻帝座"题刻所在崖壁崩塌掉落地面，断为两半。另有两通碑刻：《朝阳寺碑》，碑首残；"使君活我"碑，散落于山坡。此处题刻对于研究凤县栈道历史具有重要价值。现为县级文物保护单位。

钓鱼台璜石题刻 宋、清，位于宝鸡市陈仓区天王镇钓鱼台村钓鱼台伐鱼河中的一天然巨石上。

巨石砂岩质，上大下小，顶部平坦，状若莲座，上有楷书题刻两组。第一组为北宋题刻，位于巨石的下部，有大字3行，共11字，字尺寸0.4米×0.3米，还有小字4行，共22字，字尺寸0.2米×0.12米，内容分别为，"孟沂李／寅王宗／元皇祐庚寅"，"令孟沂□县尉／李寅泰□黄祐／庚寅八月七日／秋赛至此"。第二组为清代题记，位于巨石中部，有1米见方的大字1行，即"孕璜遗璞"四字，上下款各为6字，0.1米见方，内容为"乾隆五十九年"及"钱塘徐文博书"。北宋题记书法朴拙，清代题记书法刚劲有力。该题刻对研究钓鱼台历史及古代书法、石刻艺术具有较高的价值。现为省级文物保护单位。

"孕璜遗璞"题刻

青峰山中峰摩崖题刻 明，位于太白县鹦鸽镇高码头村西北约30公里的山坪处。摩崖刻写在高约20米山体的崖面上，楷书，从左至右横书"云开锦绣"四个大字，雄浑刚劲，笔法有力，字尺寸约0.65米×0.45米，落款原有竖书小字1行，已经漫漶。《宝鸡县文物志》载："大字相传为唐尉迟敬德所书，小字为明代道士沈自彰所题。"据此推断，题刻可能为明代人所为。

青峰山中峰摩崖题刻

（二）古代碑刻遗产

我国拥有丰富的碑刻资源，因其种类、形制复杂，各地的划分标准不一，有的将其归入不可以移动文物，有的将其列入可移动文物收藏于文博单位。

陕西境内的古代碑刻资源十分丰富，根据现有资料统计，共计327处（件），其中秦岭南麓有211处（件），秦岭北麓有116处（件）；资源分布数量最多的是汉中市，其次是西安市和安康市。这些碑刻中有国家级文物保护单位1处、省级文物保护单位2处、县级文物保护单位18处、珍贵文物18件。

1. 商洛市古代碑刻遗产

商洛市的古代碑刻共有35处，其中山阳县统计的数量最多，共有26处；其余则镇安县1处、商南县2处、洛南县6处。商洛的古代碑刻中有2处县级文物保护单位，分别为商南县的《塞翁亭碑》和山阳县的《花翎碑》。

商洛市现存碑刻多为清代所刻，基本为竖碑，多数为青石质圆首，文字多为楷书，也有少量行书，有一定的史料参考价值。根据碑上文字内容，可将其分为六类。第一类为记事碑，数量最多，主要记载建筑创建修葺之事，如《创建三官庙碑》《重修大悲寺碑》《新建戏楼碑》《群子沟筑路碑》《重修水济舟桥碑》等，记述修筑庙宇、乡土建筑、道路、桥梁等的缘由、经过及捐资人姓名。碑刻中提到的不少建筑已毁，且未见遗存，只留下石刻记载。除上述内容外，记事碑中也有记录特定事件的，如《益相家训碑》记载本地儒生益相训教子弟勤俭居家、不废耕读等事迹，《奖功心勤碑》记邑民李登元等15人修路功德，《保甲章程碑》记本地建立乡、百、甲、牌户册及保甲团练章程一事等。第二类为乡规民约碑，如《大坪乡规碑》《严禁赌博碑》《整饬吏治碑》《西里三甲条规碑》等。第三类为地界碑，如《白杨坪界碑》立于陕鄂交界处。第四类为公文碑，如《观音村谕碑》奉谕刊山阳知县卢氏所颁更定纳捐等章程。第五类为告示碑，如《山阳晏正堂告示碑》刊山阳县知县令禁聚赌、偷窃林木、稼禾等告示。第六类为墓碑，如《花翎碑》，为程㺟大儿子程功铨的墓碑等。这些碑刻为研究商洛市的古代社会状况、宗教信仰、民风民俗等提供了历史实物资料。

《塞翁亭碑》 清，位于商南县城西10公里处的试马八年制学校院内。碑刻于清乾隆三十八年，圆首，高1.8米，宽0.75米，厚0.23米。碑阳写"塞翁亭"三个大字，行书。碑阴小楷，多为建亭捐钱者姓名、数目。保存完整。现为县级文物保护单位。

《花翎碑》 清，位于山阳县高坝店镇陈家湾村南侧的地中间。碑立于清光绪丁亥年（1887），青石质，由碑帽、碑身、碑座套合而成。《花翎碑》是程㺟的大儿子程功铨的墓碑。《山阳县志》载："程功铨邑东高坝店人，方伯程㺟长子，以门荫捐分山西，光绪三年任襄垣县知县。性疏旷，怠于逢迎，告终养，绝意仕进，优游林下。"碑通高6米、宽1米，石质细腻光洁；碑座龟头高昂，形象生动，活灵活现，龟背上竖立碑身。碑阳为："诰授奉直大夫刑部郎中赏戴花翎以直隶州补用题补山西太谷县正堂调署襄垣县正堂程公镜堂大人讳功铨之碑"；碑阴饰以高浮雕云龙纹，龙形凶猛，张牙舞爪，线条雄健有力，刻工娴熟；碑帽中部刻"圣旨"二字，字外饰立体透雕二龙戏珠，碑帽背面高浮雕双凤朝阳，精雕细刻，形神兼备。此碑是山阳境内清代墓碑中雕刻精美、等级较高者。现为县级文物保护单位。

2. 汉中市古代碑刻遗产

汉中市古代碑刻共有102处（件），其中略阳县统计的数量最多，共有37处；其次是西乡县，共有24处（件）；其余则南郑区6件、城固县5件、洋县1件、勉县1处、宁强县12处（件）、镇巴县13件、佛坪县3处。不少碑刻被划为可移动文物，存于当地文物管理所或博物馆。

汉中古代碑刻中有4处县级文物保护单位，分别为西乡县的金洋堰碑刻群、宁强县的《双株银杏碑》、佛坪县的《女儿坝禁赌碑》和《禁诈乡民碑》；有2件国家一级文物，分别为城固县的《杨从仪墓志铭》、洋县的《彭杲墓碑》；有3件国家二级文物，分别为城固县的《重修五门堰碑记》《百丈堰新建高公桥碑记》和《重修六堰碑记》；2件国家三级文物，分别为城固县的《唐公湃水利碑》、宁强县的《龙洞记碑》。

汉中市最早的碑刻是刻于唐贞观三年（629）的《释迦牟尼造像龛碑》，其他多为宋代和明、清所刻，而以清代碑刻最多。碑刻的形制绝大多数都为竖碑，也有部分为碣，如《贾家庄清溪小引碣》、磨坝村《关山坝碑碣》、海棠沟村《兴隆庙碑》等；也有墓志，如《杨从仪墓志铭》《彭杲墓碑》《吴忠嗣墓志铭》。

根据碑刻内容，大体可分七类。第一类记事碑，数量最多，有记述修筑各类建筑、公共设施、道路的碑刻，如《重修五门堰碑记》《百丈堰新建高公桥碑记》《唐公湃水利碑》《何家堰修路碑》等；有记录特定事件的，如《小寨子村组建民团防匪碑》记述了当地组建民团防匪患一事，《知州德政碑》内容为褒扬知府体恤民情、课减税赋之德政，《特授碑》记录当地群众捐资助学之事，《瓦场里王氏碑亭》记载王氏先祖迁徙情况及历代先祖姓名，等。第二类内容为告示公约，如《州正堂示碑》《光绪告示碑》《知府告示碑》《清嘉庆十二年马步青畜税案碑》《猫儿沟宋代中书门下牒兴州碑》等。第三类内容为诗歌题记，如《洪钟乾明寺题诗碑》《圣水寺东青龙泉碑》《龙洞记碑》《贾家庄清溪小引碣》等，具有较高的文学人文价值，其中《杨芳行书诗碑》等还具有一定的书法艺术价值。第四类为乡约民规，如《护林条约碑》《女儿坝禁赌碑》《禁诈乡民碑》等。第五类为与逝者相关的墓志、墓碑、神道碑，如《杨从仪墓志铭》《彭杲墓碑》《刘公莹墓碑》《马超墓神道碑》等。第六类为标记地界或方位碑，如《柿子坝指路碑》《界规碑》等。第七类为祈福避邪而立的碑，如《铁佛寺泰山石敢当石雕》。这些碑刻为研究汉中市的古代社会状况、宗教信仰、民风民俗、文学艺术等提供了实物资料。

《女儿坝禁赌碑》 清，原存于佛坪县栗子坝乡女儿坝小学内，现存岳坝镇原栗子坝乡政府院内。碑的内容是禁止赌博的法令文告。该碑青白石质地，细腻光滑，高0.52米，宽0.765米，厚0.1米，精美巧薄，完整无损；周边饰单线回纹，优美古雅，肃穆庄重。碑文右起竖排，计17列，187字，通篇楷书，笔力苍劲，刀工精准，书法雅气扑面而来；唯正文末尾字为草书，日期"初三"亦是草书；左侧上有方篆文"洋县之印"印章一枚。此碑为洋县知县林授昌于咸丰元年立。据考证，在全国无数碑刻中，保存如此完整、阐明赌博危害、坚决禁止赌博陋习的碑刻，实属罕见，具有较强的教育、警示意义和较高的文物价值。现为县级文物保护单位。

《禁诈乡民碑》 清，位于佛坪县十亩地镇十亩地村三组古墓岭庙内。该碑又称《条例碑》，大理石质地，圆首，高1.73米，宽0.8米，厚0.115米。碑首有"永垂不朽"四字，横排。碑义楷、行兼用，竖排右起计23列，1536字，为清代同治五年洋县知县范荣光准立刊定，为革除地方官吏流弊的文告条例碑。此碑立于古墓岭庙院，可供庙前大道所经行人和香客吏差观读。该碑保存完整，具有较高的时政文物价值。现为县级文物保护单位。

《杨从仪墓志铭》 南宋，位于城固县宝山镇。墓志砂石质，高2.27米，宽1.1米，厚0.18米，长方体带铆，铆桩长0.31米、宽0.17米、高0.1米。墓志先前断为五块，黏合后完整。墓志完整地记载了杨从义的生平事迹，其中记载的史料有许多在史书中没有记载，弥补了史书的不足，对于研究南宋抗金史有重要的价值。现属于国家一级文物。

《彭杲墓碑》 南宋，出土于洋县纸坊街道办事处西岭村彭杲墓。墓碑青石质，高1.585米，宽0.875米，厚0.115米，圆首，从右向左阴刻楷书49行，满行80个字。记载了彭杲一生事迹。该碑对研究南宋抗金史有一定的史料价值。现属于国家一级文物。

《重修五门堰碑记》 明，位于城固县。碑为汉白玉质地，长方体，上部带铆。此铆原为放碑帽使用，现碑帽已遗失。碑的一周有5厘米的云纹作边，右下侧缺损呈三角形，碑座不知。碑字30行，满行72字，局部缺失。现为国家二级文物。

《百丈堰新建高公桥碑记》 明，位于城固县。碑为圆首方身，碑首以阴线刻三朵云龙纹，两云龙纹中间有四个大字，模糊不识，碑首题"百丈堰新建高公桥碑记"，碑文20行，满行45字，基本完整。碑文一周阴刻云龙纹，碑文字迹模糊，亟须保护。现为国家二级文物。

《重修六堰碑记》 明，位于城固县。碑汉白玉质，高1.17米，宽0.82米，厚0.235米，碑上带铆，铆高0.22米、宽0.1米、厚0.1米；碑文23行，满行62字，右下角缺损。碑一周饰有6～7厘米的云龙纹。现为国家二级文物。

《唐公车湃水利碑》 清，位于城固县博望镇钟楼办事处解放街城隍庙内。碑为青石质，圆首方身，碑首与碑身连为一体。碑首刻"唐公车湃水利碑"，碑文共42行，满行32字，记载了五门堰灌溉的历史等。

《龙洞记碑》 北宋，出土于宁强县阳平关唐渡龙门洞。碑通高1.4米、宽0.8米，石灰石质，圭首；款题"宣和四年（1122）十二月十二日眉山苏元老在廷记"。该碑对研究宁强县域历史、人文有较高的价值。现为国家三级文物。

3. 安康市古代碑刻遗产

安康市古代碑刻资源共有75处（件），其中白河县数量最多，共有33处；汉滨区4处（件）、石泉县9处、紫阳县10处、岚皋县7处、平利县6处、镇坪县4处、旬阳市2处。一些碑刻资源为碑刻群，归纳为一处计算，如香溪洞玉皇阁碑刻群、天台寺碑刻、九台山石刻等。

这些古代碑刻中有1处省级文物保护单位，为岚皋县的《双丰桥禁赌碑》；6处县级文物保护单位，分别为汉滨区的香溪洞玉皇阁碑刻群，旬阳市的《洵阳县东界碑》《关口龟碑》，白河县的《重修福禄宫记事碑》《朱子白鹿洞规碣》《重修黄龙洞关帝庙碑》；2件国家二级文物，分别为汉滨区的《宋故赠武略大夫绥德府君王公之墓石碑》和《宋故太硕人绥德府君王公妻马氏之墓石碑》；1件国家三级文物，为汉滨区的《鲁许氏墓志》。

安康市的碑刻大多刻于清代，形制基本为竖碑，零星几处碣和墓志。根据碑刻文字内容，大体可分五类。第一类为记事类，数量最多，内容丰富，有记述修筑各类建筑的，如《莲花寺碑》《药王洞碑刻》《重修黄龙洞关帝庙碑》《双兴寺捐资碑》《建修武圣宫碑》《重修福禄宫记事碑》等；记录修建公共设施的碑刻，如《碑子湾修路碑》《松河口江汉公渡碑》《八里碥修路碑》《修西岱顶山路碑》等；表彰人物列举其事迹的，如《残割肝医母碑》《宦姑滩义渡碑》等。第二类为公约或乡规民约，如《双丰桥禁赌碑》《公应杂税碑》《铁厂沟禁山碑》《兵营抚恤章程碑》《朱子白鹿洞规碣》等。第三类为地界碑，如《洵阳县东界碑》。第四类为与宗教相关的碑石，如天台寺碑刻和九台山石刻中诸多关于道教内容的碑刻，《玄帝庙碑》《关口龟碑》中含有道教神仙思想。第五类为墓碑墓志，如《宋故赠武略大夫绥德府君王公之墓石碑》《宋故太硕人绥德府君王公妻马氏之墓石碑》《鲁许氏墓志》。

但碑刻内容并不是单一的，往往融合多重信息，只选取碑刻最主要文字信息分类。这些碑刻为研究安康市的古代历史地理、社会状况、宗教信仰、民风民俗等提供了实物资料。

《双峰桥禁赌碑》 清，位于岚皋县孟石岭镇双桥村村委会北15米处。此处原有两座造型古朴的石拱桥，建于道光三十年，一座保存完整，另一座被水冲毁后被公路桥取代。桥头四郎庙内、外墙壁上保存有清道光

《双峰桥禁赌碑》与四郎庙

三十年所刻碑石六通,室内四石相接,庙门两边的外墙上各刊一石;每石大小相同,均幅宽1.65米、高0.83米,楷书连载戒赌文一篇,禁赌条款十款,禁止种种不法行径等条款十三条,建桥记一篇,后附建桥执事人等名目,共存正文150行,满行21字。此碑刻内容之丰富,为安康现存同类碑石之少见,其中条款,刊满三石,从不同角度反映了清末当地的各种社会问题,具有重要的科学、史学和民风价值。现为陕西省文物保护单位。

香溪洞玉皇阁碑刻群 明、清,位于汉滨区香溪洞风景区南天门玉皇阁前。此处石刻群共有碑刻四通。碑一为《重修香溪洞慈航洞碑记》,长方形,高0.52米,宽1.09米,厚0.06米,碑文记载历代官员、文人捐资修葺香溪洞慈航洞之事及捐资人姓名,计18行,满行14字,杨逢春撰文,张化全书丹,民国三十年(1941)款。碑二为《游香溪洞碑记》,高1.9米,宽0.79米,圆首,碑首浅浮雕双龙戏珠图案,额题"八景之一",碑文18行,满行48字,安康知县林杨光撰,记"安康八景"之一香溪洞的自然景观等,宣统三年款。碑三为《重修香溪洞碑》,高1.83米,宽0.72米,圆首,碑首饰双龙戏珠图案,额题四字,不可辨,碑文记载陕西兴汉总兵董绍祖等文武官吏70余人重修香溪洞事宜,计11行,满行52字,雍正九年款。碑四为《香溪洞八宫二观建醮碑》,圆首,阴刻双龙戏珠浅浮雕图案,碑文记载王琛□邀人捐资造像事宜,计9行,满行31字,明万历元年款,碑文多漫漶。此碑刻群现为县级文物保护单位。

《洵阳县东界碑》 明,位于旬阳市仙河镇仙河口村,竖立在汉江北岸石滩中的一块巨石之上。碑高1.46米、宽0.61米、厚0.12米,圆首。碑中竖书"洵阳县东界"五字,楷书,字径35厘米,笔势浑圆,书法雄健。碑左侧刻"嘉靖贰拾年捌月吉日",右侧刻"吕关巡检司立"。此碑当时作为陕西洵阳与湖北郧西两县的界碑,具有一定的历史价值。现为县级文物保护单位。

《关口龟碑》 明,位于旬阳市关口镇政府东侧汉江北岸。碑为螭首龟趺,首佚,碑阳阴刻楷书"新建回复滩祖师殿显灵碑记"。碑文记述建祖师殿的缘由及经过。落款为"大明嘉靖九年(1530)岁次庚寅孟夏月下浣一月吉日立"。该石碑对于研究明代洵阳汉江航运及宗教等方面的历史,具有一定的参考价值。现为县级文物保护单位。

《宋故赠武略大夫绥德府君王公之墓石碑》 南宋,出土于汉滨区建民镇上许家台王诚宋墓。碑通高1.11米,碑身高0.95米、宽0.655米、厚0.14米,圆首素面。碑文楷书,14行,满行24字。文字通达,字体秀丽,主要记载墓主生平。墓主王诚,字师心,政和元年(1111)六月二十日病逝于上党,葬于绥德祖坟。其子王彦。《宋史》载有王彦者两人,均在金州抗金。一个在绍兴九年(1139)以前,与岳飞同时代,带领八字军抗金,曾在安康参加过著名的绕风岭战役;另一个在绍兴十年(1140)后,绍兴三十二年(1162)仍在金州抗金,隆兴二年(1164)移师建康,继续与金作战,其所处时代与碑载较吻合。同时由墓碑可知在南宋时安康属石泉县管辖,可补史书记载之不足。现为国家二级文物。

4.渭南市古代碑刻遗产

渭南境内的古代碑刻重要的有16处,多名人碑刻,为重要的文化遗产资源。这些碑刻主要分布在华阴市,共有14处,集中在华山西岳庙中;其余2处,均在华州区。

华阴市的碑刻内容主要有三类。一是记录修建庙宇的,如《重刊宋修西岳庙金天王庙碑》《重修西岳庙碑》《救修西岳庙碑》等。二是文人雅士游览华山创作的题记诗篇和华山图,如《陈抟书碑》

《邢汴登华岳诗碑》《太华全图碑》等。三是记述拜祭祈求华山神灵或西岳华山的相关事件的，如《西岳华山神庙碑》《诏示岳镇河渎碑》《乾隆御书碑》《祭华山碑》等，对研究民间宗教信仰和朝廷祭祀自然天地情况具有一定价值。（见表2-5）这些碑刻都与华山密不可分，展示了秦岭北麓的人文精神和社会风貌。其中时代最早的是刻于唐代的《西岳华山神庙之碑》，碑文极尽笔墨手法之能事，尽情讴歌华山神庇佑之德，颂扬皇帝修庙之功，因而此碑又被称为《华岳颂碑》。该碑文独有的碑文艺术魅力、文学艺术涵养，千百年来深得人们的推崇与赞许，一直被作为颂碑的楷模。

表2-5 西岳庙重要碑刻

序号	名称	类别	地点	时代
1	《西岳华山神庙碑》	石刻	华阴市华山西岳庙	唐代
2	《华山铭碑》	石刻	华阴市华山西岳庙	唐代
3	《陈抟书碑》	石刻	华阴市华山西岳庙	北宋
4	《诏示岳镇河渎碑》	石刻	华阴市华山西岳庙	明代
5	《重刊宋修西岳庙金天王庙碑》	石刻	华阴市华山西岳庙	明代
6	《邢汴登华岳诗碑》	石刻	华阴市华山西岳庙	明代
7	《明嘉靖复制唐玄宗御制西岳华山铭碑》	石刻	华阴市华山西岳庙	明代
8	《乾隆御书碑》	石刻	华阴市西岳庙街道办事处	清代
9	《重修西岳庙碑》	石刻	华阴市西岳庙街道办事处	清代
10	《敕修西岳庙碑》	石刻	华阴市华山西岳庙	清代
11	《祭华山碑》	石刻	华阴市华山西岳庙	清代
12	《查弼纳祭西岳华山碑》	石刻	华阴市华山西岳庙	清代
13	《田文镜祭华山碑》	石刻	华阴市华山西岳庙	清代
14	《额尔登布祭华山碑》	石刻	华阴市华山西岳庙	清代
15	《太华全图碑》	石刻	华阴市华山西岳庙	清代
16	《周长发祭华山碑》	石刻	华阴市华山西岳庙	清代

《华山铭碑》 唐，位于西岳庙西南角。此碑为唐玄宗御制，现四周以铁栏合围，断裂的碑石尽显历史沧桑。《开天传信记》载，《华岳碑》乃玄宗自书制碑，"高五十余尺，阔丈余，厚四五尺，天下碑莫比也。其阴刻扈从太子、王公以下百官名氏。制作壮丽，镌刻精巧，无伦比焉"，故有"天下第一碑"之称。碑文中唐玄宗加封华山神为金天王，这也是华山神第一次在人间拥有了官位。这通碑从立好之后，完整矗立了100多年，到了唐末的黄巢起义，农民起义军一把火将西岳庙点燃，引着了此碑外部的木结构碑楼，此时一场暴雨从天而降，冷热相激，碑石炸裂，经1000多年风吹雨淋，自然侵蚀，形成今天的样子。现存残碑，人称五岳石，长3.1米，宽1.6米，高2.1米。残碑四周为线刻异兽，碑侧尚可看清线刻的飞天，裙带飘舞，栩栩如生。碑身还留有唐玄宗的四个亲笔字"驾如""阳孕"，原文是"仙驾如闻""阴阳孕育"。碑座为两块巨石组成，中间用生铁铸连，四周是身高1.6米的金甲力士浮雕。金甲力士是佛教里的神，从中可以看出唐代佛、道相融的印痕。此碑对研究唐代文化具有重要意义。

《西岳华山神庙碑》

《西岳华山神庙碑》碑额文字

《华山铭碑》

《重修西岳庙碑》

《陈抟书碑》

《诏示岳镇河渎碑》

《乾隆御书碑》

《祭华山碑》

《重刊朱修西岳庙暨大王庙碑》

《那外登华岳诗碑》

5. 西安市古代碑刻遗产

西安境内古代碑刻资源较为丰富，共有79处（件），其中周至县的数量最多，共有67处（件），主要为楼观台保存的碑刻；其余长安区10处、鄠邑区2处。

这些古代碑刻中有2处县级文物保护单位，分别为鄠邑区的《增修大悲禅院碑》、周至县的《大元重建丹阳观记碑》；1件国家一级文物，为周至县的《吴道子画碑》；2件国家二级文物，分别为周至县的《舍利塔下铭碑》和《永垂千古碑》；5件国家三级文物，分别为周至县的《佛坪厅暨丙汛公义举碑》《重修文庙文昌宫碑记》《重修城隍庙碑记碑》《佛坪厅重修文庙并增置乡贤名宦祠碑记》《重修佛坪厅佛殿暨火神诸殿序碑》。

西安境内的碑刻大多刻于元、明、清，也有一些为唐代，形制以竖碑为主。一些位于寺庙中的唐代碑刻内容涉及佛教或与隋唐佛教的兴盛相关，而大量元至清代碑刻位于道观庙宇建筑中，这与元代到清代道教在秦岭的兴盛有关。这些道教碑刻尤以周至县楼观台为甚，其中保存的大量碑刻都和修建楼观宫殿或道教信仰有关，展现了丰富的内涵，是研究秦岭地区道家文化的重要载体。其他记事碑、游记题咏碑、书法刻石、墓碑、墓志等也展示了这一地区古代社会生活的某些侧面，为研究西安境内的宗教信仰、民风民俗、文学艺术等提供了历史实物资料。

《增修大悲禅院碑》 清，位于鄠邑区石井街道办事处直峪口西山坡上的大悲寺内。该碑为青石质地，高2.35米，宽0.7米，碑文17行，满行62字。鄠邑区理学名儒王心敬（丰川）撰文书丹，雍正十二年（1734）六月东石井村生员杨景、太学生吴梁书立石。修复后立于大悲寺院内西侧。碑文主要记载大悲禅院增修事宜。该碑石文字精美，具有较高的书法价值。现为区级文物保护单位。

《大元重建丹阳观记碑》 元，位于周至县竹峪镇丹阳村丹阳观院内。碑青石质，长方形，首座皆佚，高1.58米，宽0.7米，厚0.13米。碑阳22行，满行36字；碑阴16行，满行30字；皆楷书。此记事碑记载了当地群众和道观道人重建丹阳观的过程和捐资人相关情况，有一定的史料价值。现为县级文物保护单位。

《吴道子画碑》 唐，现保存于周至县仙游寺博物馆内。碑为青石质，长方形，长1.05米，宽0.55米，厚0.11米。1998年迁建仙游寺时于法王塔基座东侧偏南部发现此碑，为奉安佛舍利之用。此碑正面为两乐伎盘腿而坐，呈奏乐状，左吹箫，坐莲花座；右弹琵琶，坐蒲团。画面线条简练流畅，人物生动传神，整个画面呈衣带舒卷自然、飘舞之状，有"吴带当风"之神韵。两人物右下侧均隐约可见一人面向乐伎跽坐。画面中间竖书"佛弟子息惠宗惠昌一心供样"一列，此部分疑为刻制画碑时所添加。画碑四面及背面不平整，画面有水锈，部分斑驳。据宋苏轼诗文记载，此碑和另外15块画碑原镶嵌于法王塔北30余米的逼水塔上；清代和民国《周至县志》上记载，原逼水塔上16块画碑在明末失踪。1998年发现的此画碑，为研究唐代画圣吴道子在终南山一带的绘画创作及唐、宋、明、清时期仙游寺佛教文化提供了重要的实物资料。现为国家一级文物。

《舍利塔下铭碑》 隋、唐，现保存于周至县仙游寺博物馆。碑铭青石质，正方形，双面刻字，边长0.63米，厚0.1米。碑阳魏体楷书，11行，满行11字，共113字；碑阴行楷，16行，满行16字，共248字。碑四面有蔓草纹饰。此碑1998年迁建仙游寺时发现于法王塔地宫，碑双面铭文分别记载了隋仁寿元年建塔安置舍利和唐开元四年至十三年（716—725）出舍利维修佛塔之事。法王塔《舍利塔下铭碑》不仅在我国古代石刻制度发展史上具有重要地位，而且对断定法王塔时代具有证史价值。现为国家二级文物。

《永垂千古碑》 清，保存于周至县佛坪厅旧城文物管理所院内碑廊。碑为汉白玉质，长方形，圆首，通高2.03米、宽0.96米、厚0.1米。碑文楷书，25行，满行40字，共448字。碑身两侧阴刻菊花纹。此碑主要记载了在道光甲申年（1824）建佛坪厅时在营署西建火神庙、马神庙的过程及佛坪厅各官员捐款钱数。现为国家二级文物。

《佛坪厅暨丙汛公义举碑》 清，保存于周至县佛坪厅旧城文物管理所院内碑廊。碑为汉白玉质，长方形，圆首无座，通高1.44米、宽0.75米、厚0.13米。碑文楷书，18行，满行34字，共539字。碑首线刻二龙戏珠，碑身两侧线刻卷草纹。此碑主要记载了汉中镇宪杨谕以祖居同人分宜相恤立义举以赈困穷，根据入伍年限长短等确定帮扶银两数额，并同佛坪营统领刘有才等共议捐款章程等事宜。现为国家三级文物。

《重修文庙文昌宫碑记》 清，保存于周至县佛坪厅旧城文物管理所院内碑廊。碑为汉白玉质，长方形，螭首龟趺。碑首高0.82米、宽0.9米、厚0.25米，碑身高2.17米、宽0.9米、厚0.175米，碑座高1.325米、宽0.96米、厚0.33米。碑文楷书，11行，满行50字，共641字。碑首高浮雕二龙戏珠，篆书"皇清"二字。碑文记载了自道光四年佛坪厅治建成就先修建了文庙，但由于原址阴湿，不几年就倒塌，此次迁文庙于城之东北隅；文庙的布局及规模为：中为大成殿三楹，后为崇圣祠三楹，东西两房各七楹，门左右为二楹，左为更衣室，右为礼乐器库，门前棂星门，前为泮池，池有桥，桥南为屏墙，庙西为名宦乡贤诸祠；还详细记载了开工及竣工时间。现为国家三级文物。

《重修城隍庙碑记碑》 清，现保存于周至县佛坪厅旧城文物管理所院内碑廊。碑为汉白玉质，长方形，螭首须弥座。碑首高0.795米、宽0.89米、厚0.197米，碑座高0.7米、宽0.8米、厚0.271米。碑阳楷书，15行，满行46字，共314字，记载了修建城隍庙的原因、地址等事宜。碑首高浮雕双凤朝阳，两凤鸟相对而望。碑阴楷书，20行，满行50字，共895字，记载了佛坪厅同知陈书、营守备邢致中、城守营马德、营经制外委胡学贵、营外委董兆熊等主持、捐款人名及捐款钱数。现为国家三级文物。

《佛坪厅重修文庙并增置乡贤名宦祠碑记》 清，保存于周至县佛坪厅旧城文物管理所院内碑廊。碑为汉白玉质，长方形，螭首龟趺。碑首高0.91米、宽0.93米、厚0.27米，碑身高2.01米、宽0.905米、厚0.21米，碑座宽0.98米、高0.23米。碑文楷书，16行，满行52字，共664字，记载了原文庙建于城之东南隅，由于地势阴湿而倒塌，道光十七年番政举号并商议重修文庙并增置乡贤、名宦祠等事，还记载了此次修建文庙的布局、规模等及修建过程、完工时间。碑首高浮雕加圆雕二龙戏珠，碑额竖篆书"皇清"二字。现为国家三级文物。

《重修佛坪厅佛殿暨火神诸殿序碑》 清，保存于周至县佛坪厅旧城文物管理所院内碑廊。碑为汉白玉质，长方形，螭首须弥座。碑首高0.811米、宽0.86米、厚0.251米，碑身高1.88米、宽0.86米、厚0.24米。碑文楷书，14行，满行43行，共507字。碑阳记载了佛坪地名的来历，修建龙神、虫神、火神庙诸庙宇等事宜，碑阴记载捐款人姓名及捐款数目。碑首高浮雕二龙戏珠，篆书"皇清"二字。现为国家三级文物。

《丹阳观记碑》 清，位于周至县竹峪镇丹阳村丹阳观院内。碑为青石质，长方形，顶座皆佚。高1.53米，宽0.7米，厚0.12米。碑文楷书，碑阳20行，满行37字；碑阴18行，满行32字。此记事碑记载了清康熙年间（1662—1722）丹阳观的破败景象和当地乡贤、道人共同出资对其进行维修的情形及建成后面貌。

《重修仙游寺记碑》 清，现保存在新仙游寺院内。碑为青石质，螭首方趺，通高3.1米、宽0.76米、厚0.115米。碑文楷书，19行，满行56字，共1077字。碑额浮雕两螭缠绕，中撰"皇清"二字。碑文为清道光年间（1821—1850）周至县令吴曾贯撰写，以相互问答的散文体描述了仙游寺的历史和周围的自然景观，记述了守真和尚主持重修仙游寺的情况。行文流畅活泼，语言精练，清新俊逸。碑文系晚清著名书法家张玉德手书，书效欧阳询，而其清瘦险峻又超过了欧阳氏。由富平人刘义明、朱良贵所刻，运笔流利，很有功力。此碑书文并茂，对研究仙游寺历史、书法流变有一定的史料价值。

《重修说经台记碑》 民国，位于周至县楼观台，竖于说经台东碑厅。碑圆首方趺，高2.57米，宽0.91米，王骧撰，贾仑书，刘毓麟刻字。额篆书"重修说经台记"六字；碑文楷书，21行，满行50字。碑身完整，字迹清楚。

平山书"道德"刻石 此刻石位于周至县楼观台，刻在说经台老子祠《正书道德经碑》之《德经碑》碑阴。碑面正中书"道德"二大字，字径0.5米，左下刻"平山书"三小字，均为楷书。碑面完整，字迹清楚。

《道德经碑》 位于周至县楼观台，竖于说经台老子祠山门内东侧。此碑疑为元代镌刻，《陕西金石志》载其附于《篆书道德经碑·经碑》之后。此碑共两通，均为螭首方趺，分《道经碑》和《德经碑》。《道经碑》高3米、宽0.97米、厚0.33米，额楷书"道经"二字。碑文为帖式，上、下分8段，每段38行，满行10字，楷书，共2854字。碑右侧刻楷书7字，其下款刻"说经台上石"，"虚斋书"。碑阴摹刻宋米芾书"第一山"三个行书大字。《德经碑》高2.7米、宽1米、厚0.28米，额楷书"德经"二字。碑文亦为帖式，上、下分7段，每段38行，行10字，楷书，共2437字。碑末刻"终南山古楼观立石于道祖说经之台"。碑石右侧刻宋苏轼留言一段，碑阴刻平山正书"道德"二字。碑刻字迹清楚，保存完整。其余保存碑刻见表2-6。

表2-6　西安市楼观台古代重要碑刻

序号	名称	地点	时代	保护状况	备注
1	《大唐宗圣观记碑》	楼观台说经台碑厅	唐代	完好	
2	《大唐尹尊师碑》	楼观台说经台碑厅	唐代	完好	
3	《唐老君显见碑》	楼观台说经台西碑厅内	唐代	完好	
4	《玄元灵应颂碑》	楼观台说经台碑厅	唐代	完好	此碑刻于《大唐宗圣观记碑》碑阴
5	赵孟頫"上善池"刻石	楼观台说经台西亭内	元代	完好	
6	《苏轼楼观题记碑》	楼观台说经台西碑厅内	宋代	完好	此碑刻于《唐老君显见碑》碑阴
7	薛绍彭书《留题楼观》诗刻石	楼观台说经台老子祠大殿	宋代	完好	
8	薛绍彭书《题楼观南楼》诗刻石	楼观台说经台老子祠大殿	宋代	完好	
9	薛绍彭书《土工部题楼观》诗刻石	楼观台说经台老君殿	宋代	完好	
10	《奉圣旨给地公据碑》	楼观台宗圣宫三清殿遗址	宋代	完好	
11	《终南山宗圣宫主石公道行记碑》	楼观台说经台西碑亭	元代	完好	
12	《终南山楼观宗圣宫提点成公先生墓志》	楼观台说经台老子殿	元代	完好	
13	《篆书道德经碑》	楼观台说经台老子祠西碑亭内	元代	完好	此碑左右并列，共有2通
14	《楼观先师传碑》	楼观台宗圣宫遗址内	元代	完好	
15	《终南山古楼观宗圣宫之图》	楼观台宗圣宫遗址内	元代	完好	
16	《古楼观系牛柏记》	楼观台宗圣宫遗址内	元代	完好	此记刻于《终南山古楼观宗圣宫之图碑》碑阴
17	《大元尹宗师碑》	楼观台宗圣宫遗址内	元代	完好	
18	《建元始台玉清宫记》	楼观台说经台东元始台道观遗址内	元代	完好	
19	《大元重建会灵观记碑》	楼观台说经台东会灵观遗址内	元代	完好	
20	《大元重建文始殿记碑》	楼观台宗圣宫遗址内文始殿旧基前	元代	完好	
21	《楼观大宗圣宫重修说经台记》	楼观台说经台东碑厅	元代	完好	
22	《二仙图》刻石	楼观台说经台老子殿	元代	完好	
23	"天下第一福地"刻石	楼观台说经台西碑厅	元代	完好	此刻石见于《大唐尹尊师碑》碑阴

续表

序号	名称	地点	时代	保护状况	备注
24	《楷书道德经碑》	楼观台说经台老子祠	不详，疑为元代	完好	《道经》《德经》各1通
25	米芾书"第一山"刻石	楼观台说经台老子祠	元代	完好	刻于《楷书道德经碑·道经》碑阴
26	平山书"道德"刻石	楼观台说经台老子祠	不详	完好	刻于《楷书道德经碑·德经》碑阴
27	"文始之殿"刻石	楼观台宗圣宫遗址内文始殿旧基前	元代	完好	刻于《大元重建文始殿记碑》碑阴
28	《太上老君养生诀》刻石	楼观台说经台老子祠	明代	完好	上句刻于《篆书道德经》第二碑左侧，下句刻于《楷书道德经·道经》碑右侧
29	《万圣洞石碑（匾）》	楼观台说经台大殿	明代	完好	
30	《鹤洲楼观题咏》刻石	楼观台说经台老君殿西山	明代	完好	
31	《宗圣宫铜章石兽铭碑》	楼观台宗圣宫内	明代	完好	
32	《重建三清殿记碑》	楼观台宗圣宫三清殿遗址前	明代	完好	
33	《重建吾老洞殿宇记》	楼观台吾老洞道院	明代	完好	
34	《说经台创建救苦殿记》	楼观台说经台救苦殿前	明代	完好	
35	秦聚奎《题咏》刻石	楼观台说经台老子殿西山墙上	明代	完好	
36	《终南山游记自序》刻石	原刻石已佚，楼观台文管所存有原拓片，1982年按原石拓片摹刻	明代	完好	
37	《司理史公命建碑亭小记》刻石	楼观台说经台老子殿东山墙上	明代	完好	
38	《重建五祖七真殿宇记碑》	楼观台宗圣宫	明代	完好	
39	《梁一亮任职公文》刻石	楼观台说经台老子祠东碑厅内	清代	完好	
40	《楼观大宗圣宫重修说经台记》	楼观台说经台东碑厅	清代	完好	碑阴刻道光五年黄蕴锦题诗一首
41	《说经台重修记碑》	楼观台说经台东碑厅	清代	完好	
42	《吾老洞四址山图》刻石	原在楼观台吾老洞道院，现嵌于说经台老子殿东山墙外	清代	完好	
43	《说经台梁公道行记碑铭》	楼观台说经台西碑厅墙上	清代	完好	
44	《众善舍斋文序碑》	楼观台说经台前院东侧	清代	完好	
45	周至知县任张来泰住持吾老洞告示刻石	原立于楼观台吾老洞道院，现嵌于说经台老子殿东山墙外	清代	完好	
46	《重修古楼观说经记》刻石（横式）	楼观台老子祠西碑亭	清代	完好	
47	《老子墓残碑》	楼观台古楼观老子墓	清代	完好	
48	《重修楼观碑记》	楼观台说经台西碑厅东墙上	清代	完好	
49	《重修楼观台宗圣宫记碑》	楼观台说经台前东侧亭内	清代	完好	碑阴为线刻《楼观台全景图》
50	《重修楼观台记碑》	楼观台说经台东碑厅内	清代	完好	
51	《尹喜墓碑》	楼观台宗圣宫遗址内	清代	完好	
52	《新建楼观台碑厅记碑》	楼观台说经台西碑厅内	清代	完好	

续表

序号	名称	地点	时代	保护状况	备注
53	《朱还虚律师增修说经台记碑》	楼观台说经台东碑厅	清代	完好	
54	"洞天福地"刻石	楼观台说经台	清代	完好	刻石共四块
55	黄蕴锦《楼观题咏》刻石	楼观台说经台东碑厅	清代	完好	题诗刻于清雍正十三年《重修说经台记碑》碑阴
56	《重修宗圣宫紫云楼并说经台记》	楼观台说经台东碑厅东山墙	清代	完好	

6.宝鸡市古代碑刻遗产

宝鸡境内古代碑刻资源共有18处，其中凤县数量最多，共有7处；其他眉县3处、太白县4处、陈仓区2处、岐山县2处。

这些碑刻中有1处省级文物保护单位，为陈仓区的磻溪宫碑刻；4处县级文物保护单位，分别为凤县的《陈仓古道碑》（包含在褒斜道陈仓古道栈道遗址内）、《废丘关义学碑》和《陕军行德政碑》、《重葺废丘关义学劝树蚕桑合记碑》、《留凤关记碑》（此三碑在同一处），以及凤县的《安河寺裁决告示碑》。

宝鸡境内碑刻刻立年代集中在清代，形制基本都为竖碑。根据碑文内容，大体可将其分为五类。第一类为记事碑，数量最多，内容丰富。有记述修筑各类建筑的，如《重修汉丞相诸葛武侯献殿碑》《天王村增修药王庙碑》《重修萧公祠正殿碑》等；记录修建公共设施的，如《两堡水利碑》等；记述个人经历、家族历史，如《李启兰道碑》等；记录特殊事件的，如《废丘关义学碑》《陕军行德政碑》等。第二类为告示碑，如《除弊安民告示碑》《安河寺裁决告示碑》等。第三类为乡规民约碑，如《蒿谷堆村正风规事碑》《公议分认遗粮碑》，展现当时的社会情况。第四类为地界标志碑，如《陈仓古道碑》《宝鸡县西南界碑》等。第五类与宗教信仰相关，如《大德九年八棱碑》刻录与佛教有关的内容，《磻溪宫碑刻》刻录大量道教内容。这些碑刻都拥有重要的历史、文学价值。

磻溪宫碑刻 元，位于陈仓区磻溪镇杨家店村原小学院内。据载磻溪宫建筑已毁，现存《丘长春内传碑》等碑刻及经幢。丘长春（1141—1227），名处机，字通密，道号长春子，登州栖霞（今山东栖霞）人，道教全真派第五代宗师。《丘长春内传碑》立于元世祖忽必烈至元十八年（1281）二月。碑为白石灰岩质，圆首，碑座埋在地下。碑身高2.57米、宽1.19米、厚0.34米，四面楷书刻文，记载丘长春修全传道，在金、元上层统治集团内活动的一生。"门下法孙天乐子李道谦斋沐谨编并题额"，袁志安书，方志正等立石。碑首高浮雕六螭垂首，衬以波涛，中圭额篆"全真第五代宗师长春演道主教真人内传"。老子《道德经》经幢立于元成宗铁木耳大德三年（1299），石灰岩质。经幢通高2.75米，上围2.08米，下围2.32米，楞面上宽0.26米、下宽0.29米。幢首刻八仙造像，幢身为八棱柱形，周身环刻楷书《道德经》全文。幢座为重叠八棱形座。落款为"大德三年岁次己亥仲冬戊寅壬辰"。《道德经》经幢和《丘长春内传碑》在原址存放。这两件石刻在研究陈仓地区元代、清代民间宗教信仰、传承，以及地名沿革等方面提供了资料。1992年被公布为第三批陕西省文物保护单位。

《陈仓古道碑》 清，位于凤县留凤关镇连云寺村三组内水泥路东。石碑镶嵌于废弃民居西山墙内，为砂岩质，圆首，无座，首身一体，通高1.6米、宽0.86米，碑文为"乾隆四十九年三月/对面古陈仓道/分巡陕西汉兴道兼管水利驿传事务丰吉立"，字涂刷为红色。石碑所立位置正对连云寺村至瓦房坝沟口。此沟内即为"明修栈道、暗度陈仓"之陈仓道。《陈仓古道碑》对于研究古陈仓栈道在凤县的分布有一定的价值。此碑是陕西省重点文物保护单位褒斜道陈仓古道栈道遗址的组成部分。

《废丘关义学碑》 清，原位于凤县留凤关村关岭子村西约40米处的留凤关中学操场上，现位于留凤关镇政府院内。石碑为青石质，圆首龟趺，碑首高0.22米、宽0.64米、厚0.19米，两侧饰蔓草纹，中间为花瓣和花朵，方额楷书"皇清"二字。碑身高1.18米、宽0.64米、厚0.19米，两侧为花纹边栏，首题"废丘关创立义学记"，碑文楷书，11行，满行40字，记述了留凤关中学的创建史，年款为"大清乾隆五十年四月穀旦"。碑座下部埋于土中，长1.2米，宽0.76米，暴露高度0.23米。此碑对于研究清代凤县的教育办学状况及历史沿革具有较为重要的价值。石碑保存一般，碑身略有风化，碑座风化较为严重。现为县级文物保护单位。

《陕军行德政碑》《重葺废丘关义学劝树蚕桑合记碑》《留凤关记碑》 清、民国，此三碑均位于凤县留凤关镇关岭子村西北约100米处的关岭寺门前，镶嵌在寺门前墙体中，南侧《陕军行德政碑》，北侧《重葺废丘关义学劝树蚕桑合记碑》，中部为《留凤关记碑》。《陕军行德政碑》刻于民国时期，青石质，碑首高0.85米、宽0.7米，上方阴刻两面交叉军旗，长方形额内篆书"防军□德政碑"；碑身高1.42米、宽0.67米，厚度不详，碑文12行，满行36字，记述了陕西陆军第三混成团张伯良部剿灭山林"土匪"之"功德"，落款"中华民国十年岁次辛酉瑞阳月吉日立"。《重葺废丘关义学劝树蚕桑合记碑》，石灰岩质，圆首；碑首高0.2米、宽0.75米，饰阴线花草纹；碑身高1.27米、宽0.75米。首题"重葺废丘关义学劝树蚕桑合记"，碑文共15行，满行39字，落款"大清道光十一年岁次辛卯孟夏月日三岔驿丞□巡检李丙□题并书"，内容记载了修葺义学及保护桑树林木等事宜。《留凤关记碑》为青石质，圆首；碑首高0.32米、宽0.77米，两侧阴刻二龙戏珠，方额内书"留凤关记"；碑身高1.08米、宽0.77米。碑文内容记述了废丘更名关为留凤关一事，落款为"同治元年岁在壬戌夏六吉旦/总统汉南诸军陕西布政使丰城毛震寿识/凤县知县豆水郭建本敬立……"这几方石碑对于研究清代凤县的教育制度及留凤关的历史沿革和民国驻军编制状况具有较为重要的价值。现为县级文物保护单位。

《安河寺裁决告示碑》 清，位于凤县河口镇安口村安河寺院内。此碑为砂岩质，长方形，高1.8米、宽0.76米、厚0.1米。碑上部横刻"恩垂千古"四个楷书大字，首题为"钦命陕西分巡陕安兵备道兼管水利驿站事务随带加二级军功……"此碑记述了原陕安道孙饬裁决董光显等人状告地方摊派苛捐杂税，经审理后，没有告示于众人，于是冯启元上书请示新任陕安道。新任官员复查案卷后，对原已审结的案件进行梳理，要求大家对集市交易按照以前旧有规章制度办，并对原有规章制度重新作了说明。具体规定：第一，对境内饲养、买卖家猪不是赢利性质的活动进行免税，但对市场买卖的猪要纳税；第二，对途经该地的官差不再负担马匹等费用；第三，不准给地方增添负担和其他开支，借机摊派等；第四，对社粮和烧酒等活动做了规定；第五，说明了修理桥梁等事情；最后，要求大家遵照留坝县断案结束，不得再议，其他事项照旧办理，结案完事，并立碑告示于众，严格执行。字体为楷书，共16行，满行51字。年款为"大清道光十六年"。该碑是宝鸡地区首次发现的对已裁决案件进行刻石告示的碑石，为研究清代案件审理、民间集市交易规程等提供了实物资料。现为县级文物保护单位。

《酒奠梁碑》 民国，位于双石铺镇与留凤关镇交界的酒奠梁村南约2公里的山梁上。山梁地势较平坦，四周均为山坡，310国道从碑东侧穿过，碑石立于路旁西侧。2002年宝鸡市公路管理局为此碑石建一攒尖四面坡亭子。亭子台基高0.6米，边长约3.5米，东、西两侧建有四级水泥踏步。碑石为花岗岩质，圆首，通高约2.04米、宽1.07米、厚约0.18米，碑首有一直径约0.2米的圆镜面，内刻篆书"经济"二字，碑面刻楷书"酒奠梁"三个大字，赵祖康题，落款为民国二十五年。碑背面原为横向刻槽，2002年被磨平，复制了碑正面的内容。在石碑的南侧约

《酒奠梁碑》

6米处，有一通宝鸡市公路管理局立的卧碑，碑文记述了310国道的修筑和扩建史，胥培才撰文，宋志贤书丹。《酒奠梁碑》是凤县地区抗日战争时期公路交通建设的真实反映，具有极其重要的史料价值和书法艺术价值。

《柴关岭碑》 民国，位于宝鸡市凤县南星镇与汉中市留坝县留侯镇交界处的山巅路旁小亭内。此处为梁顶，南北两侧向下呈陡坡状。亭子东距316国道（凤县段）约5米，西距断崖约10米。石碑为砂岩质，圆首，碑首高0.23米、宽1.1米、厚0.19米，正中竖刻"柴关岭"三个大字，碑阳右为"民国廿五年十月"，左下部为"赵祖康题"。在小亭南约3米处有一通1996年立的《柴关岭碑亭碑》，碑文记述了柴关岭公路修筑的艰辛过程及《柴关岭碑》题款者赵祖康的生平事迹。《柴关岭碑》对于研究民国时期凤县的道路交通状况具有一定价值。石碑保存较好。

柴关岭

《柴关岭碑》

《重修汉丞相诸葛武侯献殿碑》 清，位于岐山县五丈原诸葛亮庙山门西侧。此为一通圆首连体石灰岩质碑石，螭首龟趺；碑首高1.25米，碑身高2.57米、宽0.86米、厚0.25米。碑阳碑题为"重修汉丞相诸葛献殿碑记"，碑文共14行，满行58字，内容为"筑围墙，求大木，购砖瓦，择日兴工，诸事毕，举……新刻《出师表》文嵌之壁间。工即竣，登侯堂读侯文窃叹汉祚虽移，犹留此一祠之地与日月而终……"落款为"知陕西凤翔府岐山县事西蜀灌县胡升猷撰并书，大清光绪七年岁在辛巳十二月初一日立石，富平刘好仁刻石"。碑阴碑题为"武侯祠碑阴记"，内容记述"辛巳冬献殿工成，刻石记矣……乃命武生李永吉添修正殿二间，改修小亭一座，并修东西道院，墙外栽树木数百株……"落款为"大清光绪十年岁次甲申清和月知县事胡升猷撰文，邑贡生李敷容书丹"。该碑石在研究诸葛亮庙的历史和发展承袭方面有重要的价值。保存较好。

五丈原诸葛亮庙前、后《出师表》石刻 清，此石刻镶嵌于诸葛亮庙武侯献殿东西两侧山墙内壁上。石刻共有40块，石灰岩质地，正方形，边长0.63米。内容为南宋抗金名将岳飞草书的诸葛亮前、后《出师表》全文。表文前有一通长1.67米、宽0.56米的刻石，上镌明太祖朱元璋楷书的"纯正不曲、书如其人"八个大字，正上方钤"洪武御书"篆体印一方。此《出师表》为岳飞于南宋绍兴八年（1138）路过南阳武侯祠时所书，表后有袁保恒、左宗棠、方玉润、胡昇猷等人的跋语。从胡昇猷跋语可知，此表为清光绪四年身为岐山县令的胡昇猷在重修五丈原诸葛武侯庙时重新勾勒上石的。该《出师表》石刻书艺流畅，气势磅礴，具有极高的书法艺术价值，备受后人推崇。

《出师表》石刻一

《出师表》石刻二

（三）古代石刻雕像遗产

石刻雕像既包括人物雕像，也包括雕造的动物石刻，它们展现了古代丰富的石刻艺术。石刻雕像依照其保存方式的不同，分为不可移动文物和可移动文物，部分雕像被文博机构保管，成为馆藏文物。

陕西境内的古代石刻雕像共有45处（件），其中秦岭南麓有30处（件），秦岭北麓有15处（件）；县级文物保护单位有4处，珍贵文物有12件（组）。

1.商洛市古代石刻雕像遗产

商洛市古代石刻雕像共有10处（件），其中山阳县4处，商南县4处（件），镇安县、洛南县各1处，部分现藏于文博单位成为馆藏文物。商洛古代石刻雕像有2处为县级文物保护单位，分别是商南县的石对狮和石对佛。境内现存石刻雕像多为明、清时期雕造，以佛教造像为主，大多数造像所处寺庙已毁，因而只留有几尊石刻雕像，如大坪石造像、叶家湾石造像、相当河石佛像等。现存造像保存状况良好，雕刻时代风格明显。另有部分动物造型石刻雕像，如五里桥石羊，雕琢精细，神态生动。这些石刻雕像展现了商洛市明、清时期的石刻艺术。

2.汉中市古代石刻雕像遗产

汉中市古代石刻雕像共有13处（件），其中城固县3件、勉县3处、略阳县5处、佛坪县2件。部分现藏于文博单位成为馆藏文物。汉中古代石刻雕像中有国家一级文物1组，为城固县西汉石虎（2件）；国家二级文物1件，为城固县东汉石兽；国家三级文物1件，为城固县原公镇南朝石造像。

境内石雕像年代最早的为西汉，时代较早的多为珍贵文物，藏于博物馆。分布在户外的石刻雕像因原址毁坏，大多雕刻年代不详，以佛教造像为主，如菜马河村弥勒佛石像、金花庙石佛像、石雕菩萨立像等，多数损坏，但仍为研究古代石刻工艺及宗教信仰提供了实物资料。还有将军庙石刻造像，雕刻七尊将军石像，展现了精湛的雕刻技艺。另有部分动物造型石刻雕像，如西汉石虎、东汉石兽、张鲁女墓石雕、铁佛寺石雕、石雕披发蹲狮，多有辟邪之用，雕琢精细，神态生动。这些石刻雕像对研究汉中市石刻艺术和民间宗教信仰等有一定价值。

石虎 西汉。此石虎为2件，为城固县博物馆馆藏文物。青石圆雕，头残肢缺，仅余躯干，呈倒"S"状，右边石虎略大。石虎曾被砸碎，后黏合。该石刻为不多见的汉代艺术品，雕塑雄浑、传神。现为国家一级文物。

石兽 东汉。石兽为城固县博物馆馆藏文物。青石圆雕，为多种动物的混合体，正面分别为人面、虎面或狐面的造型；从侧面看，似一头伏卧的小胖猪；从正后面看，像一只蹲伏的蛤蟆或静伏的蝉。此物为镇墓、辟邪之用，想象丰富，造型独特。现为国家二级文物。

石造像 南朝，自城固县原公镇征集。石像高0.5米、宽0.35米、厚0.14米，圆拱形龛，圆宝顶，外沿饰七尊小坐佛。龛内浮雕一佛二菩萨二弟子，主尊结跏趺坐，坐下方雕一对石狮子，拱护神灯；龛两侧上部各有一小佛龛，龛底一周阴刻十个供养人，背部题记可辨。现为国家三级文物。

3.安康市古代石刻雕像遗产

安康市古代石刻雕像共有7处（件），其中岚皋县2处，旬阳市2处（件），汉滨区、石泉县、紫阳县各1处（件）。

境内石雕像年代均为明、清时期，大多为宗教造像，有佛教造像，如石泉县石佛寺石佛像、旬阳万佛寺石造像；也有道教造像，如紫阳县龙王庙梁石造像、镇坪县石造像。散落在外的石刻雕像大多原址毁坏，仅留石刻雕像。这些石刻雕像展现了安康市的石刻艺术以及民间佛教、道教信仰。

石雕像　明、清，位于汉滨区河西镇二里坡村四组。目前尚存残石雕像12尊，集中放于当地新建的二里坡寺庙中。现为县级文物保护单位。

罗汉石造像　明。此造像抢救于旬阳市香炉沟万佛寺遗址，搬入博物馆收藏。这一组罗汉造像共16尊。罗汉均坐于覆莲座上，像高0.8～0.96米，座高0.1～0.125米，有的半跏趺坐手捧经卷，有的结跏趺坐手执法器，有的袖手沉思，有的手抚胸前安然自得，有的身微倾若有所思……各具情态。这组石造像保存完整，精工雕作，具有很高的艺术和历史价值。现为国家一级文物。

4.秦岭北麓西安、渭南、宝鸡市古代石刻雕像遗产

渭南境内古代石刻雕像共有3处，均在华阴市，为动物造型石雕。这些石刻雕刻技法地域特征明显，具有代表性的是华阴市沟西村石羊等。这些石刻为研究关中东部地区民间雕刻艺术发展演变提供了实物资料。

西安境内古代石刻雕像共有6处，其中蓝田县1处、长安区4处、鄠邑区1处。石刻雕像中有县级文物保护单位1处，为鄠邑区弥陀寺石佛造像。西安境内石雕像年代、类型不一，有佛教造像、人物雕像以及动物雕刻等，有的古朴，有的精细。这些石刻雕像展现了秦岭分水岭周围地区的历史文化、社会面貌、民间宗教信仰和石刻艺术。

宝鸡境内古代石刻雕像共有6处，其中眉县2处（件）、太白县2处（件）、凤县1件、岐山县1件，多数收藏于文博单位，为馆藏文物。石刻雕像中有国家一级文物1件，为隋代汉白玉观世音菩萨像；国家二级文物2件，分别为唐文殊菩萨石造像、唐代石佛像；国家三级文物1件，为汉代圆雕石熊。各类宗教造像和动物造型石刻时代风格明显，展现了精湛的石刻技艺。

弥陀寺石佛造像　唐，位于鄠邑区石井街道办事处阿姑泉村弥陀寺。弥陀寺创建于唐代，同治元年殿宇被毁，同治七年各堡善信重修，为双香门道场，由在家居士管理，有土地五十多亩，后庙宇佛像全毁。现又复修佛殿三间，改为佛教道场，存一尊坐佛像，为唐代所造。佛头曾被毁坏，身部保存完整，高1.5米，宽0.5米，青石质地，着通肩大衣，双手合掌于胸前。另有佩戴胸饰璎珞的菩萨造像，下着裙，腰系带，跣足屈膝而坐。造像雕刻精细，形态逼真。现为鄠邑区文物保护单位。

（四）其他古代石刻遗产

除上述摩崖石刻、碑刻、石刻雕像之外，陕西境内还有一些其他古代石刻资源，现有资料统计共43处（件），这些石刻资源或缺少相关资料难以归类，或形制特别、数量较少，因此将它们单独罗列。

这些石刻资源，有建筑构建，如石框、石额、石柱、门墩石等；有生产生活用具，如石油槽、石马槽、石碾、石缸、熏炉等；有与宗教相关石刻，如石函、供桌、经幢等。它们都与人们的日常生活、民风民俗、精神信仰等密切相关，有着丰富的历史文化价值。

石旗杆　清，石旗杆有两根，位于商洛市山阳县高坝镇高坝街道中部，立于程豫（当地人称程五老爷）府宅前。石旗杆竖立于清同治年间（1862—1874），以青石雕刻精细打磨而成，是商洛境内唯一完整保存的石旗杆。两根石旗杆形制完全一样，均为八棱柱，相距13米，高16米，直径0.19米，分

上、中、下三部分。下部是旗杆座，又由两部分组成，地平以下为一块边长1.6米的方形巨石，巨石中部凿成方形深孔，石旗杆深深插入方孔中，牢牢地固定在地面上。巨石顶部与地面齐平，地平以上旗杆座部分，为四块高1.5米、精雕细凿的石刻，从前、后、左、右四个方向围住旗杆。每块石刻外侧造型为一条弯曲的立龙，上端龙头高昂，左、右两面均饰以高浮雕图案纹饰，图案内容各异，手法洗练，线条流畅。石旗杆中部为八棱柱杆体，在中上部有两层石刻透雕斗状饰物，精巧无比。在旗杆的上部顶端为一圆形石刻杆帽。整个石旗杆挺拔高耸，雕凿精细，具有一定的历史、艺术、科学价值。现为山阳县文物保护单位。

石函 隋、唐，在1998年迁建仙游寺时发现于法王塔地宫，现保存于周至县仙游寺博物馆。石函青石质，方形，长0.58米，宽0.58米，厚0.4米，为奉安佛舍利之用。函盖盝顶形，略小于石函口沿，上部及四沿雕刻花草纹饰。石函内有深约30厘米见方的石槽，用于放置盛放舍利的鎏金棺。石函四周分别刻以人物画，均为乐舞场面，每组二至三不等，共十个人物，有的吹奏乐器，有的手舞足蹈，有的手捧果品香花，为礼佛场景。雕刻笔法速写味较浓，风格朴实，线条简练流畅放松，人体形态、动作把握很准，体现了一种朴实美。法王塔地宫石函的发现，在舍利瘗埋制度史上具有重要的意义，为隋、唐地宫制度、舍利瘗埋供养制度发展与演变及佛教中国化的研究提供了新的资料。现为国家一级文物。

"垂裕后昆"石匾 清，征集自宁陕县四亩地镇柴家关小学。石匾汉白玉质，长2.02米、宽0.94米。匾文浮雕楷书，字体浑厚，苍劲有力。边框浮雕如意、凤、鹊、荷、梅等图案。该石匾雕刻细腻，工艺上乘。现为国家三级文物。

"加钦卫守府"石额 清，位于旬阳市博物馆。石额长1.08米、宽0.59米、厚0.08米。正面阴刻楷书"加钦卫守府"五字，左、右两边饰半浮雕龙纹，中间上部饰半浮雕火珠纹，其下部饰海波纹，制作精良。由落款可知，石额主人于清光绪三年会试兵部候选"首备"，此前一年中丙子（1876）科武举，为正五品武官，且经过殿试获得皇帝钦点的二甲或三甲进士，获荣宠而受之。现为国家三级文物。

第五节 秦岭区域近现代重要史迹及代表性建筑

根据《中华人民共和国文物保护法》分类，近现代重要史迹和代表性建筑资源主要分为革命史迹资源和近现代乃至当代各个特定历史时期的建筑资源，前者包括革命战争遗迹、革命活动纪念地、革命人物故居、革命人物墓葬、革命标语，后者包括工业遗产、代表性建筑、历史文化名城、农业遗产等。

秦岭在陕西分布的范围内文化遗产资源近现代重要史迹及代表性建筑遗存较为丰富，共有543处，分布在商洛市、汉中市、安康市的全境，以及秦岭北麓的渭南市2区2县、西安市南部区域、宝鸡市南部区域。其中渭南地区分布的革命史迹中渭华起义旧址群是全国重点文物保护单位，其重要性不言而喻。

一、革命史迹遗产

革命史迹资源，是指近代以来中国共产党领导我国各族人民经过新民主主义革命与社会主义革命，获得民族独立过程中留下的革命活动遗址、遗迹和纪念建筑等。陕西省是全国红色文化资源最丰富的地区之一，涵盖了中国革命的各个时期，数量多、分布广、影响大。秦岭区域主要的革命史迹有红二十五军创建的鄂豫陕革命根据等。秦岭由于独特的地理环境，在中国革命的发展过程中，作出了特别的贡献。此处不仅是川陕革命根据地、鄂豫陕革命根据地的重要组成部分，而且是红二十五军、红四方面军、红二十九军等战斗生活的地方。特别是红二十五军作为红军的组成部分，转战于秦岭的崇山峻岭中，冲破了国民党军重兵围追堵截，在秦岭区域创建了鄂豫陕革命根据地。1934年冬，国民党军对鄂豫皖苏区进行"围剿"。中共鄂豫皖省委根据中共中央指示，率红二十五军离开鄂豫皖苏区开始长征。1934年在丹凤县庾家河街召开常委会议，决定改鄂豫皖省委为鄂豫陕省委，创建鄂豫陕革命根据地，旧址现位于丹凤县庾岭镇庾家河街道。红二十五军主力号召群众打土豪、分田地，建立革命政权。1935年鄂陕边区苏维埃政府在山阳县小河口袁家沟成立，标志着鄂豫陕革命根据地的建成。苏维埃政府机关驻袁家沟口街"逢源和"商号。鄂陕边区苏维埃政府是鄂豫陕革命根据地的最高政权组织，旧址位于山阳县小河口镇袁家沟村老街，是一座四合院。

1935年夏季，红二十五军开辟了以华阳为中心的新区，促进了太白山以南、汉中以北的游击战争。司令部设在华阳余家大院内，成为当时苏区的军事政治中心。同年，红二十五军从华阳东返途中，在佛坪县长角坝上沙窝村开展革命活动。上沙窝红军旧址便折射出了革命斗争的鲜活历史。1935年7月，红二十五军得到中共中央率中央红军北上的消息后，决定全军北上，配合中央红军行动。红二十五军在留坝县击溃了盘踞在江口的反动民团，指挥部设在江口罗家大院，广泛宣传红军的政策和主张，进行土地革命，成立了江口苏维埃政权，同时对部队进行了扩充和整编。位于留坝县的红二十五军军部旧址目前依然保持完整，该旧址经过修缮现已建成陈列馆。

红二十五军主力北上后，1935年9月，中共鄂陕、豫陕两特委在商南梁家坟召开联席会议，决定两特委合并为中共陕南特委，统一领导鄂豫陕革命斗争，合编各武装力量，成立红七十四师。他们依靠人民群众，坚持游击战争，先后取得了青铜关、华阳、双石铺等战斗的胜利。1936年1月，红七十四师司令部设在碗牛坝高家坪高家祠堂，在当地开展革命斗争，宣传革命思想，对汉中境内的红色革命发展起到了非常重要的作用。1937年8月，红七十四师开赴三原，编入八路军一一五师。红二十五军在艰苦的环境中进行了卓绝的斗争，为中国革命的胜利作出了重要的贡献，在中国革命历史上谱写了光辉的篇章。

商洛市的近现代重要史迹主要是红二十五军在长征途经商洛时建立的鄂豫陕革命苏区，第二次国内土地革命战争在红岩寺镇、曹坪镇等地开展活动留下的遗迹。文物遗迹也集中这些区域。解放初期一些工商业旧址，现在遗存较少，营盘镇供销社等现在还得以保存，实属不易。

汉中市的革命史迹资源主要有川陕革命根据地遗址。1932年12月徐向前率领的红四方面军主力自鄂豫皖根据地战略转移，突破重围，自陕入川后在川陕党组织和川东游击队配合下创建川陕革命根据地，1933年成立了中共川陕省委和省苏维埃政府。汉中的地下党组织积极配合红军主力开展土地革命斗争，建立了县级苏维埃政权组织，留下了中共陕南特委旧址、陕南军委旧址、碑坝石刻标语群、坝溪红江县第五区苏维埃政府旧址,以及陕南战役的奇袭猫儿洞、巧夺蟒蛇滩等战斗遗址。

相比其他地区,秦岭北麓的渭南市革命史迹主要集中在华州区和华阴市。西安境内革命史迹主要集中在蓝田县。

现将主要的红色革命资源介绍如下。

(一)革命活动与战役纪念地

革命活动与战役纪念地,主要包括革命时期的重大事件遗址、遗迹和重要机构、重要会议旧址、活动地。秦岭境内的革命活动与战役纪念地共有73处。

1.商洛市革命活动与战役纪念地

商洛市各项革命史迹资源分布在丹凤县、洛南县、山阳县、商南县、商州区、柞水县、镇安县。有省级文物保护单位1处,为丹凤县的红三军军部革命旧址。

中共商洛县委、县政府旧址 1946年,位于距商州区北宽坪镇唐渠村约1公里处的半山上。此处为1946年李先念创建鄂豫陕边区三分区所属商洛县委、县政府所在地。旧址占地面积800多平方米,原有建筑13间,砖木结构,坐东南向西北,现存有土木结构房屋4座13间。现为区级文物保护单位。

西沟河区苏维埃政府旧址 1935年,位于镇安县原西沟乡政府院内。1934年冬,红军第二十五军长征途中经过此地,于西沟河关帝庙召开群众大会,宣传革命,并将西沟河武装改编为抗捐军;1935年成立西沟河区苏维埃政府,抗捐军改为游击队。关帝庙后来改为乡政府所在地,存大殿三间,坐北面南,土木结构,硬山顶,土坯墙,面阔三间10.1米,进深一间6.2米,台基高1.8米;梁架为五架梁,明、次间用土坯墙体间隔。该旧址对研究镇安近现代革命史具有重要意义。

中原军区工事旧址 1946年,位于镇安县米粮镇树坪村一组后山顶上。中国人民解放军中原军区转战秦岭南麓时曾利用白塔寨的地势和已有的寨墙,修建工事,据守于此。旧址位于一处突兀的山顶上,地势险要,易守难攻。寨址南北长84米,东西宽31米。石砌寨墙,残高9米,残宽1.5米。寨门东南向,高2米,宽1.5米。寨墙上留有炮眼、枪眼、垛台等。现旧址内有石砌房间6间,大部分已经坍塌。

火纸厂农民协会旧址 1946年,位于镇安县茅坪回族镇峰景村万家山阮家沟口半山坡上,较为隐蔽。1946年,成立火纸厂农民协会,协会在此地进行活动,1947年农民协会又迁往毗卢寺活动。旧址今存房屋3间,土坯垒筑,墙体保存较好。

红三军军部革命旧址(竹林关革命旧址) 1932年,位于丹凤县竹林关镇政府新建办公大楼后的杨泗庙内。杨泗庙为一组规模较大的庙宇建筑群,创建于清光绪二十二年。1932年10月红军第三军转战于此地,军部设于平浪宫,并在此召开由军长贺龙主持的重要会议。1992年被列为第三批陕西省文物保护单位。

庾家河会议及战役旧址 1934年,此两处遗址均位于丹凤县庾岭镇。1934年12月,红二十五军长征途经庾家河,与中共鄂豫皖省委在此召开会议,决议创建鄂豫陕革命根据地,取消鄂豫皖革命根据地。会议期间,国民党尾追袭来,红二十五军在军长程子华、副军长徐海东指挥下,在村后七里阴岭击溃敌军。这次会议为红军实现战略转移,开辟鄂豫陕革命根据地奠定了坚实基础。会议旧址坐东向西,土木结构,临街3间,正房3间,立有庾家河会议旧址纪念碑。庾家河战役旧址位于庾岭镇街坊村北七里阴岭之巅。七里阴岭呈东西走向,高约120米。遗址随山势东西分布,东西长200米,南北宽60米。

庾家河会议旧址纪念碑

庾家河战役纪念地

王沟村革命旧址　1946年,位于丹凤县商镇王沟村。在解放战争时期,李先念领导中原解放区进行自卫战争,从中原突围进入商洛,曾在王沟村二组薛正军家暂住。1946年,李先念同志奉命率部到鄂、豫等地区坚持游击战争,连以上干部会在王沟村召开。李先念也曾在这里暂住养伤并暂避国民党的追捕。该民居为砖木结构,硬山顶,面阔三间10.3米,进深一间8.6米,五架梁。

中共豫鄂陕边区党委成立大会旧址　1946年,位于丹凤县商镇丰地沟。中共豫鄂陕边区党委成立大会旧址所在地又名封地沟,现存土木结构房舍3间,坐北面南,土木结构,三架梁,硬山灰瓦顶,土坯墙,通面阔30米,进深一间5.4米。1946年,中国人民解放军中原军区司令员李先念在此主持召开了豫鄂陕边区党委成立大会,会议组建了边区党委和政府机构。这次会议的召开标志着豫鄂陕革命根据地建成并进入巩固和发展时期。另外还有一间李先念办公、居住的房屋,进深4.2米,面宽3.2米,目前仍然保存原貌,保存较好。

刘家花屋区苏维埃政府旧址　1935年,位于商南县清油河镇团坪村刘家湾组。旧址现存瓦房五间,占地面积260平方米。1935年5月,中共豫陕特委书记率红二十五军二二五团三营八连至两岔河、沙坪一带进行革命活动,在此成立了苏维埃政府,健全了苏维埃政府的领导班子。该处旧址是商南县保存较好的革命教育基地。现为县文物保护单位。

商洛游击司令部旧址　1935年,位于商南县清油河镇团坪村五组。1935年6月,中共豫陕特委书记率红二十五军二二五团三营八连至两岔河、沙坪一带开展活动。在此期间,从区农民自卫队中选拔骨干,在刘家花屋成立了游击队,游击队的司令部即设于此。现为县文物保护单位。

七盘磨苏维埃政府旧址　1935年,位于商南县清油河镇七盘磨村南侧。旧址有房屋3间,坐北面南,面阔12米,进深8米,砖木结构,灰瓦覆顶,局部出现倒塌,保存基本完整。1935年,红军第二十五军在此建立了地方苏维埃政府。1947年10月,豫鄂陕边区党委第二特委首次扩大会议在此召开,会议重点研究武装建立政权等工作。现为县文物保护单位。

会仙台农协旧址　1928年,位于洛南县高耀镇会仙村会仙小学院内。1928年春,西北工农革命军进驻洛南后,刘志丹率领一批党、团员深入部队驻地附近,宣传组织农民进行革命活动,于同年在此地成立了会仙台农民协会。旧址现存一民居院落,院内有房屋9间,保存基本完整。现为县级文物保护单位。

双关农民协会旧址 1928年,位于洛南县高耀镇双关村党员活动室院内。1928年10月刘志丹率领西北工农革命军以及农协会会员进驻鸡头关(双关),开展打土豪、除恶霸、开仓分粮救穷人等革命活动,并在此召开了农民协会大会,推动了革命活动的广泛开展。旧址现存三座民居房屋,保存较好。

许权中旅旅部驻地旧址 1928年,位于洛南县三要镇三要街西段。1928年5月,在中共陕西省委和中共陕东特委的领导下,渭华武装农民与中国共产党领导的许权中旅起义部队——西北工农革命军,在以华县(今华州区)高塘、渭南塔山为中心的渭华地区,发动了中国共产党成立以来最震撼西北的一次大规模武装起义。在渭华起义之后,西北工农革命军许权中旅进驻洛南,旅部设于今三要镇三要街,部队就地进行休整。该地曾是商洛地区革命活动的中心区域。该旧址对研究当时西北工农革命军在商洛地区的革命活动提供了重要资料。旧址现存民房3间,坐北面南,面阔12.5米,进深一间4米。

鄂陕干部训练班旧址 1935年,位于山阳县杨地镇店垭子村。1935年,为培养红军骨干,提高红军的政策水平和军事素质,鄂陕抗捐军第四游击师在此举办干部训练班,红二十五军军长为干部训练班学员授课。这次培训活动为提高红军的政策水平和军事素质起了积极的作用。旧址现存前、后两排砖土木结构房舍6间,保存基本完整。

袁家沟苏维埃政府旧址 1935年,位于山阳县小河口镇袁家沟村。1935年正月,红军二十五军西征进入山阳小河口地区,当地农民纷纷要求加入红军,红二十五军接受农民的要求,成立了"鄂陕抗捐军第四游击师",同时在袁家沟口成立了鄂陕边区苏维埃政府和中共山阳西区委员会,领导当地农民开展革命斗争,进行土地革命。后在袁家沟口的桃园岭山隘与国民党十路军警备旅进行战斗,红军大获全胜,缴获了大批武器弹药。这次战斗,红二十五军和鄂陕抗捐军第四师军威大振,谱写了鄂陕边区克敌制胜的光辉一页。旧址现存一完整民居院落,有房屋14间,中间是天井,为"四水归堂"式民居建筑。现为县文物保护单位。

袁家沟口苏维埃政府旧址资料照片

袁家沟口苏维埃政府旧址

老林苏维埃政府旧址 1936年,位于山阳县南宽坪镇湖坪老林村。1936年,山阳县南部苏维埃政府在此地关帝庙成立。1946年,中国人民解放军中原军区师部亦设于此,发动群众,组建地方革命武装,坚持革命斗争。旧址现存关帝庙正殿三间,面阔12.5米,保存基本完整。现为县文物保护单位。

大沙河苏维埃政府旧址 1934年,位于柞水县红岩寺镇大沙河村二组。1934年,红军第二十五军陈先瑞部长征途经此地,在大沙河村建立苏维埃政权。旧址为清末民居,占地面积约750平方米,房舍大部分已倒塌，现仅存正房两间、厢房四间，比较完整。

谷子沟苏维埃政府旧址 1935年，位于柞水县红岩寺镇本地湾村三组谷子沟。1935年红军第二十五军长征途经此地，在本地湾村建立苏维埃政府，设立有办公场所，建立了审判厅等机构，并建立了以此为中心的苏区根据地，区委、区政府设在谷子沟石家大院。旧址为清末民居，坐北朝南，现存房屋3栋，共有11间，皆土木结构，悬山顶，青石板覆顶，占地面积约700平方米。现为县级文物保护单位。

鲁家寨战役旧址 1934年，位于镇安县米粮镇三义村二组西南约2公里的一座孤立突起的山顶上。1934年，红军第二十五军长征途经镇安，在此地与国民党地方民团作战，并占领此寨。鲁家寨战役是红军进入镇安后的首次战役。战役旧址平面呈椭圆形，东西约50米，南北约30米。片石垒砌寨墙，残高6米、宽4米，其上有垛台。东、西面各辟一寨门，高2.8米，宽3米。

朱家寨战役旧址 1934年，位于镇安县青铜关镇丰收村二组庙梁。1934年秋，徐海东率红军第二十五军长征途经此地与当地民团激战，红军攻破朱家寨，取得胜利。朱家寨东西长200米，南北宽30米，寨墙由片石垒砌，残高2米。

唐澍牺牲纪念地 1928年，位于洛南县保安镇碾子沟村八道河九组。唐澍（1903—1928），河北易县人。1924年入黄埔军校第一期，同年加入中国共产党，先后参加并领导了清涧起义和渭华起义。渭华起义之后，任西北工农革命军总司令。1928年革命军退驻洛南，总司令部驻保安街。保安街革命军遭到攻击，革命军大部阵亡，激战中唐澍牺牲于碾子沟，被当地群众葬于此处。1989年唐澍遗骨迁葬商洛地区烈士陵园。现唐澍牺牲地为洛南县文物保护单位。

九泉山战役旧址 1934年，位于洛南县三要镇三要村九泉山顶。九泉山战役是1934年红二十五军入陕进驻洛南后的第一战。九泉山位于三要街南约150米处，山势险要，易守难攻，是兵家必争的战略要地。九泉山战役是1934年红二十五军入陕进驻洛南后的第一线。在九泉山东、西两个山峰制高点上建立有军事工事，上面有指挥洞十余个，残存最深的深5米多、宽3米、长1.5米。战壕纵横分布，大体共三层，每层间距10余米，残存最长30余米、高0.6米。

漫川关战役旧址 1932年，位于山阳县漫川关镇。1932年11月，中国工农红军第四方面军主力两万余人在战略转移途中进抵山阳漫川关以东地区云岭村，被国民党军五个师四万余人四面包围于云岭、碾子坪、康家坪、板庙、万福间十余里的峡谷之中。红四方面军在总指挥徐向前、政委陈昌浩率领下向敌兵力薄弱的北部突围。经过三天两夜激战，杀开一条血道，全军从张家庄北山垭口胜利突围。部队处境险恶，战斗非常惨烈。漫川关战斗关系着红四方面军生死存亡。1998年中共山阳县委、山阳县人民政府于漫川关镇街道村修建"漫川关战斗纪念碑"，以资纪念。

漫川关战役旧址

上关县革命旧址 1947年，位于山阳县漫川关镇前店子村千佛洞，包括洞前的地皇殿和戏楼。这些建筑保存基本完整。1947年9月，人民解放军攻克山阳县城，之后国民党发动反扑，在此情况下，县政府转移到漫川关千佛洞，在此建立了"上关县政府"，在湖北郧西县上津和山阳漫川关一带领导革命斗争。

2. 汉中市革命活动与战役纪念地

汉中市各项革命活动纪念地资源分布在汉台区、南郑区、城固县、洋县、西乡县、勉县、宁强县，其中城固县的国立西北联合大学旧址为全国重点文物保护单位，洋县的红二十五军司令部旧址为陕西省重点文物保护单位。

国立西北联合大学旧址 1937—1946年。国立西北联合大学，简称西北联大，是抗日战争时期创立的一所综合性大学。国立西北联合大学旧址包括国立西北联大工学院旧址和国立西北联大法商学院旧址。西北联大法商学院旧址位于城固一中内，当时在这里办学长达8年之久，为国家培养了大批急需人才。西北联大工学院旧址位于城固县古路坝镇。西北联大工学院由国立北平大学工学院、国立北洋工学院、国立东北大学工学院、私立焦作工学院四所工学院组成，被分置在城固县古路坝村的天主教堂内，利用教堂的部分房子办学。1937年7月7日卢沟桥事变爆发，日本帝国主义发动了大规模侵华战争。不久，北平、天津相继失陷。为了保存抗战期间的中国高等教育事业，1937年9月10日，依据设立临时大学的教育部令，国立北平大学、国立北平师范大学、国立北洋工学院三所国立大学和北平研究院迁至陕西西安，组成国立西安临时大学。不久，"西安临大"又迁至汉中，成立了国立西北联合大

国立西北联合大学旧址环境

国立西北联大工学院旧址结构

国立西北联大学法商学院旧址

国立西北联合大学旧址修缮完成后

学，全校在城固校本部举行开学典礼。学校分置在南郑、勉县、城固三县六地。1939年8月起，各校开始独立设置。这里地处深山，生活条件极为艰苦，但是却云集了一大批在国内外享有盛名的教授，培养了众多国家急需的人才。1946年西北联大工学院迁址西安。旧址有部分建筑留存，房内有当年西北联大工学院办学时所用的大柜和桌椅等，院内还有1通《七七抗战烈士纪念碑》。国立西北联合大学法商学院旧址存有当年教学楼1座，面积约6000平方米，为砖木结构、两层楼阁式建筑，平面整体呈"回"形，屋顶上覆盖小灰瓦。国立西北联合大学旧址修缮工作于2021年全部完成。现为第八批全国重点文物保护单位。

中央军校第一分校城北部分旧址　1938—1944年，位于汉台区武乡镇石堰寺村一组，今汉中市疗养院办公区院内。中央军校全称为中国国民党陆军军官学校，因其校址设在广州东南的黄埔岛，史称黄埔军校。黄埔军校是第一次国共合作的产物，作为中国近现代历史上第一所培养革命干部的新型军事政治学校，影响深远，作用巨大，名声显赫。抗日战争全面爆发后，中央军校于1938年迁往汉中，分别在汉中城北和城南设立军校学生训练驻地。1944年分校任务结束，共培训学生四期，分别是第十四、十六、十七、十八期，为抗日前线输送将士数千人。该处属于汉中城北的部分。中央军校第一分校城北遗址虽然规模不大，但是目前汉中市仅存的、修建最早的抗日战争时期的防空工事，校内所建的防空工事保存较好，现已编入汉中市人民防空工程体系。旧址内存有"梅园"刻字碑，字体端庄，苍劲有力。此校址为研究汉中抗日战争历史和进行爱国主义教育提供了实物证据。现为县级文物保护单位。

中央军校第一分校城北部分旧址

中央军校第一分校城北部分防空洞

中央军校第一分校城南部分旧址　1938—1944年，位于南郑区圣水寺东院。该处是中央军校第一分校汉中城南部分，分布于汉江南岸，东起山口子，西至塘坎子，沿班公堰主干渠一线，包括圣水寺等各庙、观、寺、祠。旧址为清代修建的悬山式土木结构四合院古建筑，建筑面积约360平方米，至今保存基本完整。

中共陕南特委代表会议旧址　1927—1930年，位于南郑区梁山镇爱国村龙岗寺院内。1927年10月中共陕西省委通过了《陕南工作大纲》，决定暂时将陕南划为一个区域，设立一个特别委员会，在省委的督促下，负责组织陕南县委以下的各级党部与指挥工作。特委由正式委员3~5人，候补委员2人组成，省委决定3人成立主席团，执行并决定一切工作。1930年8月，中共陕西省委特派员到此地开展党的地下工作，秘密在县城各学校吸收进步师生入党，建立党支部，同时积极联络隐蔽在各地的共产党。经过筹备和省委的批准，正式恢复成立陕南特委，并在龙岗寺庙内召开了中共陕南特委第一次代表会议，洋县、城固、勉县、南郑、西乡、宁强、凤县等地派来的多名党的代表和团员、学生代表参加了会议。会议选举产生了中共陕南特别委员会，决定部署了发展组织开展游击战，农村包围城市、武装夺取政权的斗争策略。在中共陕南特委的领导下，陕南各级党组织广泛发动群众开展革命斗争，培训游击干部，领导地方游击武装斗争等。

黎坪垦殖区管理局旧址 民国，位于南郑区元坝镇黎坪国家森林公园内。黎坪垦殖区办公旧址占地2300平方米，坐北朝南，为两进院建筑，前院由大门、正房、办公房组成，后院由礼堂、住房、厨房组成。大门为砖木结构，土坯墙，歇山顶，面阔三间长12米，进深5米；门洞为砖砌拱券，宽2.6米，两侧置抱鼓石，木板门。房屋为一层砖木结构楼房，悬山顶，外有回廊，面阔七间29.4米，进深6.5米，廊深1.6米，柱径0.2米。青石块垒砌高台，台高1.5米。办公房为砖木结构，土坯墙，歇山顶，格扇窗，面阔四间14.5米，南两间进深14.2米，北两间进深6.8米。现存安汉遗物10件。垦区以黎坪为中心，辖黎坪场区、元坝场区、冷水场区和庙坝场区。旧址在2021年完成修缮工作。2014年被列入第六批陕西省文物保护单位。

黎坪垦殖区管理局旧址保护标志碑　　　　　　黎坪垦殖区管理局办公旧址

红江县第五区苏维埃政府旧址 1932—1933年，位于南郑区碑坝镇坝溪村李子垭。1932年红四方面军在徐向前等的带领下，由鄂豫皖西征南下经汉中入川，创建了川陕革命根据地和川陕省苏维埃政府，全面领导工农民众打土豪、分田地。1933年在碑坝建立了中共红江县坝溪区委和川陕省红江县坝溪区苏维埃政府，办公地点设在坝溪武庙。苏维埃政府的建立，对人民武装力量的扩大起了很大作用，使碑坝地区成为川陕苏区的牢固大门。同时在碑坝设立县经济委员会（县财政局、工农银行），并办起了工农纸场、铧场，大兴集市，印制货币，发展工农业生产，为苏维埃政权的巩固和发展起到了积极的作用。现为县级文物保护单位。

小河口会议旧址 1932年，位于城固县小河镇。1932年12月，红军第四方面军进抵小河口，并在小河口召开部分师级以上干部会议，讨论了行动方针，宣布成立前敌委员会。这次会议对川陕革命根据地的创建有积极的影响。小河口会议旧址已经经过全面维修，现存一民居院落，保存一段长2米、高2.2米、厚0.36米的院墙，院门为砖砌拱门。院内房屋为硬山灰瓦顶砖房。2018年被公布为第七批陕西省文物保护单位。

小河口会议旧址一

小河口会议旧址二

红二十五军司令部华阳旧址 1935年，位于洋县华阳镇红石窑村。1935年3月，徐海东、程子华率领红军第二十五军北上抗日抵达华阳镇，在华阳镇东南石塔河与敌交战，取得胜利，在华阳街三官庙戏楼坝召开祝捷大会。之后，红军在此地建立了红石窑、常家坝等七个乡的苏维埃政府，并成立了华阳游击队，开辟了华阳革命根据地。红二十五军司令部设红石窑村余家院，政治部设罗家坝罗家大院，后勤部及鄂豫陕省委驻华阳街。旧址现存坐北面南的正房、厢房12间。院内外墙壁有墨书标语两条。现为第三批陕西省重点文物保护单位。

红二十五军司令部华阳旧址

茅坪红二十五军旧址 1935年，位于洋县茅坪镇。1935年2月26日，中共鄂豫陕省委响应中央关于红军主力进行战略转移的决定，率红二十五军从根据地南部向西挺进，到达洋县茅坪。以华阳为中心的洋县北部广大地区，地处秦岭腹地，群山交错，地势险要，物产丰

红二十五军司令部华阳旧址墨书标语

富，群众基础较好，便于作战、防御，适宜开展游击活动，是发展苏区的好地方。因此，红二十五军在洋县茅坪镇成立了洋县茅坪游击队，开展革命活动。红军在洋县播下的游击战争革命火种，在人民心中燃起了永不熄灭的火焰。茅坪红二十五军旧址现仅存房屋1间，屋顶为灰瓦。2018年被列为第七批陕西省文物保护单位。

茅坪红二十五军旧址标志碑

茅坪红二十五军旧址

红二十五军政治部华阳旧址 1935年，位于洋县华阳镇高峰村五组罗家坝罗家大院。罗家大院始建于清代，整座建筑坐北朝南，平面呈长方形，土木结构，土坯墙，穿斗式梁架，悬山屋顶，屋顶清水脊施灰布瓦，由门厅、正房、东西厢房构成。门厅面阔3.6米，进深3.3米；正房面阔五间21.5米，进深7米；两根廊柱，廊进深1.1米；门额枋上方为格子花窗，有匾，字迹已无法辨识；东厢房面阔四间13.8米，西厢房面阔三间9.5米，进深均为6米，墙体现已经改由红砖砌成。该建筑结构完整，功能齐全。该处是红二十五军政治部旧址。1992年被列为第三批陕西省文物保护单位。

红二十五军政治部华阳旧址

鸡公田起义旧址 1932年，位于西乡县私渡镇红安村。第二次国内革命战争时期，陕南特委为了开创陕南根据地，决定于1932年10月7日在陈浅伦同志领导下，袭击驻私渡河的敌军，胜利后将部队开到私渡河红安村的鸡公田宣布起义。惜因当日突降大雨，起义部队未能及时赶到，故决定起义延迟一天。由于防范不严，消息走漏，起义部队突遭反动民团袭击，致使部分起义领导人被俘遇难，陈浅伦脱险后返汉。鸡公田起义虽然失败了，但它是陕南人民武装革命斗争的开端，揭开了创建红二十九军的序幕，并为以后红二十九军的创建，积累了斗争经验。使陕南人民看到了革命的曙光。旧址原为一小庙，坐北朝南，位于山间小盆地一高台上，四周青山环抱，双溪环绕。2014年被列为第六批陕西省文物保护单位。

鸡公田起义旧址

钟家沟玄天观会议旧址 1932年，位于骆家坝镇钟家沟村玄天观内。1932年10月，红四方面军主力撤离鄂豫皖革命根据地，向西实施战略转移。经过两个多月的艰苦转战，摆脱了敌人的围追堵截，到达陕南。12月红军先头部队到达西乡县的廷水、私渡河、钟家沟、贯子山、峡口、骆家坝一带。当时，红军总部驻扎钟家沟。红四方面军在西乡驻定后，总部决定在西乡、城固、镇巴、石泉、紫阳、安康等县建立陕南革命根据地，各部队按照总部的部署，立即开展了创建革命根据地的群众工作。正当创建根据地的工作全面展开的时候，部队得到情报，四川军阀正集中主力在成都内江一带进行混战，川北防务异常空虚。红四方面军总部立即研究了这一情况，毅然决定抓住有利时机，乘虚挺进川北，集中力量向川北发展，创建以川北为中心的川陕革命根据地。为统一部队的思想，1932年12月15日，红四方面军在西乡县钟家沟的玄天观召开了全军团以上干部会议。这次会议，就以陕南为中心创建革命根据地还是以川北为中心建立川陕革命根据地问题，作出了英明的抉择，是确定全军重大战略方针的一次重要会议，是一次具有历史转折性的会议。2018年被公布为第七批陕西省文物保护单位。

钟家沟玄天观会议旧址

红二十九军军部旧址 近现代，位于西乡县私渡镇潘坝村，骆家坝镇回龙村、骆镇村、张家坝村，包括竹园子陈浅伦烈士故居、马儿岩红二十九军军部旧址、红二十九军革命烈士纪念碑暨烈士陵园、回龙村刘传璧烈士故居、张家坝中共西乡特别支部旧址。其中马儿岩红二十九军军部旧址位于西乡县骆家坝镇西10公里处的回龙村。原来建有庙宇一座，庙宇四周古树林立、藤攀葛绕。祖师殿建在峰巅，分前、后两院，有偏殿、回廊等。1932年，陈浅伦同志以马儿岩的苏维埃政府为中心，召集农民群众700余名进行革命斗争。同年12月，红四方面军进陕入川时，又协助建立川陕边区游击队，并配备了武器、弹药等。从此，奠定了革命基础，更进一步扩大了势力范围，于1933年1月正式成立了中国工农红军第二十九军。由于马儿岩地处深山，在西乡、城固两县的交界处，南有巴山屏障，东南部有大片森林，利于隐蔽。红二十九军军部和政治部驻扎在马儿岩，余部分别驻扎在周边要道上，退能守、进能攻，在战略上占有主动权，成为陕南革命根据地的中心。红二十九军成立后，领导广大人民群众积极开展武装斗争和土地革命斗争，引导和推动了陕南的武装革命斗争。在红二十九军领导下革命形势蓬勃发展，引起了反动政府及地方豪绅的极端仇视。于是，反动势力收买了红二十九军内部不纯分子进行了反革命政变，分四路包围袭击了马儿岩。陈浅伦、李艮等同志突围后，第二天在骆家坝的边界梁上被害，这就是震惊陕南的"马儿岩事变"。由于反动势力和混入内部的不纯分子的叛变，致使红二十九军领导人全部遇难，使这支革命队伍濒于灭亡，剩余少部分战士在王大舜的领导下，在巴山一带继续进行游击斗争，后来编入红四方面军。尽管红二十九军存在的历史很短，但是在我国民主革命斗争历史中，特别是在陕南人民的革命斗争历史上写下了光辉的一页。2018年被公布为第七批陕西省文物保护单位。

红军第二十九军纪念碑

川陕省赤北县第五区苏维埃政府旧址　1933—1934年，此又称楼房坪区苏维埃政府旧址，位于西乡县大河镇楼房村中心小学校内。旧址占地约160平方米。1933年2月，红四方面军从四川通江带领十多名武装战士，来到楼房坪，在楼房坪召集有200余名群众参加的大会，进行了思想动员，讲明政策，宣布"川陕省赤北县第五区苏维埃政府"成立。同时，建立了五个基层政权——村苏维埃，即楼房坪、漩涡村、三郎村、郎家坪村、大河村苏维埃。基层组织的建立加快了革命宣传。楼房坪川陕省赤北县第五区苏维埃政府虽然仅存两年，但作为"红色交通线"上的必经之地，对川陕革命根据地的不断发展壮大起着重大作用。现公布为第七批陕西省文物保护单位。

川陕省赤北县第五区苏维埃政府旧址

红四方面军后方医院旧址　1933年，位于西乡县大河镇石马村曲江洞。1933年红军四方面后方医院设于此。旧址为高出谷底约60米的天然溶洞，洞口面宽约5米、高约5米，洞内高约15米，面积约220平方米。

连峰山防御工事旧址　1935年，位于勉县褒城镇连峰村北2公里。1935年，徐向前率红军四方面军某部与国民党地方部队在此作战。现存人工挖筑环形战壕，周长约500米，宽1.2~3米，深1.3米。

勉县飞机场旧址（抗日战争时期后备机场）　1944—1975年，位于勉县勉阳街道办事处仓台村。史料记载，抗日战争后期，国民党军队胡宗南部进驻汉中，于1944年在勉县修建保密飞机场，以备急用。当年冬征集汉中、褒城、勉县、宁强、略阳民工5000多人，占用本县仓台村土地200多亩修建机场，于1945年建成。机场建有两条辅跑道，各长1200米；主跑道一条，长1500米；两个机窝，各占地544.6平方米；两边引跑道各长500米，辅跑道两旁还建有指挥塔两座，塔台各占地542.9平方米。由机场通往桑园子修简易公路2.7公里，与川陕公路相接。机场建成后，因抗日战争胜利而未使用。中华人民共和国成立后，中国人民解放军汉中军分区派部队在此防守。1960年将其改为汉中军分区农场，逐步将机窝、塔台、部分跑道拆除，开垦种植，其余为一些单位修建仓库和当地农民修建住宅占用。

勉县飞机场旧址

王家院子红军修械厂旧址 1935年，位于宁强县巴山镇茅坪沟村三组王家院子（又名玉皇观）。王家院子原为王氏祖宅，始建于清代。1935年，红军进入宁强，在关口坝街建立宁强县第一个苏维埃政权，红四方面军在王家院子设立修械厂。修械厂坐东向西，土木结构，土坯墙，穿斗式建筑，悬山屋顶，屋顶施灰布瓦，叠瓦脊，面阔三间，当心间为对开门，木板墙，格子花窗；二层当心间和梢间为木板墙，格子花窗。现存房屋为当地村民居住用房。

密峰岭战斗旧址 1935—1937年，位于佛坪县西岔河镇磨石沟。磨石沟密峰岭为一处山中险要之地。1935年初至1937年年底，红军陕南抗日第一军多次驻扎在磨石沟。同时红二十五军、红七十四师三过佛坪时，都与国民党军在磨石沟进行过多次战斗。在磨石沟密峰岭上，当年的战争遗迹，虽经岁月的侵蚀，但依然依稀可辨。

上沙窝红军旧址 1935年，位于佛坪县长角坝镇上沙窝村。1935年3月下旬，程子华、徐海东率领红二十五军从洋县华阳东返，因县城袁家庄有敌驻军，便经岳坝大古坪翻山而过，直插龙草坪，在长角坝上沙窝村宿营。在此期间红军将地主粮食分给群众，红军战士还帮群众砍柴、担水、打扫院子，和当地群众亲如一家，受到当地群众的欢迎。部队之后翻越天华山，经宁陕进入商洛地区。旧址为陕南民居，土木结构，墙面泥抹，土地面，木门窗，屋顶青瓦，已经过文物保护工程维修。2018年被公布为第七批陕西省文物保护单位。

上沙窝红军旧址

上沙窝红军旧址纪念展览

蜂子岭战斗旧址 1935年，位于勉县新铺镇新铺湾村七组。旧址现存人工挖筑壕堑，长6米，宽3.3米，深1.6米。1935年2月，红四方面军发动陕南战役，攻占宁强县城，向勉县、汉中进击，与驻汉国民党守军在新铺湾蜂子岭进行战斗。红军部队突然发起猛攻，一举占领新铺湾西面的蜂子岭，消灭了敌人有生力量。战斗结束缴获了大量武器弹药，使红军的装备得到了补充，红四方面军军威大振。

蜂子岭战斗旧址

红二十五军军部江口旧址 1935年，于留坝县江口镇河西村。1935年7月，红二十五军在长安县沣峪口召开紧急会议，决定继续西征北上与陕甘红军会合。红二十五军由周至佛坪老县城、太白县进入留坝县境内，经松坪子、梨子坝、田坝到达江口。在江口击溃了当地的反动民团，没收了地方豪强的钱粮财物分发给当地的穷苦百姓。红军在江口时，广泛宣传红军的政策和主张，进行土地革命，分

红二十五军军部江口旧址一

田地，建政权，对部队进行了整编，壮大了队伍力量，后离开江口，翻越柴关岭进入凤县，继续向北挺进。旧址为一清代末年修建的民居院落，坐北朝南，青砖铺地，背靠青山面对褒河，四周筑有土围墙，院内占地面积840平方米。院内有上房3间，东厢房3间，西厢房2间，均为土木结构，六合雕花门窗，式样简朴典雅。另外，在许家山山顶处，现存战壕坑七个，长约2.5米，宽约2.2米，深0.9米。

红二十五军军部江口旧址二

红二十五军军部江口旧址纪念展览

碗牛坝红七十四师司令部旧址　1936年，位于洋县金水镇碗牛坝村。旧址包括司令部、政治部旧址，战场遗迹和烈士墓。红七十四师司令部旧址现存土坯房，屋顶有灰瓦覆盖。1936年1月，红七十四师在师长陈先瑞、政委李隆贵的带领下，攻克了宁陕和佛坪两座县城后，来到洋县碗牛坝。红七十四师在碗牛坝驻扎下来作短期休整，其间红军一方面耐心宣传红军是穷人的军队，另一方面号召穷人组织起来打土豪分田地，抗捐税；战士们主动帮助百姓上山砍柴、挑水，不拿群众的东西，深受群众爱戴欢迎。同时，还发动一批贫苦农民组建了碗牛坝农会，推选有威望的人担任农会主席、委员。2018年被公布为第七批陕西省文物保护单位。

碗牛坝红七十四师司令部旧址

碗牛坝红七十四师司令部旧址保护标志碑

青木川辅仁中学早期建筑　1942年，位于青木川镇回龙场老街后小山坡上。辅仁中学的早期建筑1942年开始修建，1947年竣工落成，首任校长为魏辅唐，后为刘甲三，新中国成立后改为青木川中

青木川辅仁中学早期建筑礼堂大门

青木川辅仁中学早期建筑大礼堂

青木川辅仁中学早期建筑校门

学，现仍为学校。现存大门、大礼堂、宿办楼。大门呈笔架形，寓意多出人才；大礼堂为抬梁式砖木结构，前廊宽阔，室内置大舞台，可容纳千人集会；师生宿办楼共两层，砖木结构，拱形门窗，含西式建筑风格。校内另存《重修文昌宫碑》1通。辅仁中学为研究民国时期当地教育发展状况提供了实物资料。2008年被公布为第五批陕西省文物保护单位。

3. 安康市革命活动与战役纪念地

安康市各项革命活动纪念地共12处，分布在汉滨区、宁陕县、紫阳县和旬阳市。其中以宁陕县资源数量最多共6处，其余旬阳市4处、紫阳县2处。

枧沟苏维埃政权旧址 1935年，位于汉滨区中原镇联合村。1935年5月，在红二十五军的直接领导、帮助下，枧沟苏维埃政权成立，成为汉滨区第一个也是唯一一个红色基层政权。据资料记载，枧沟苏维埃政权范围包括原流芳、元潭、沙坝、回龙、中原、枧沟等部分地区。虽然在同年10月枧沟苏维埃政权便遭到国民党原安康县政府所辖地方保安队血腥镇压，但它对革命真理的

枧沟苏维埃政权旧址纪念展览

传播和对革命火种的培育起到了十分重要的作用，使更多的人民大众觉醒，并投入到革命武装斗争中，为革命的最终胜利创造了条件，积蓄了力量。在中国革命战争时期，汉滨人民在中国共产党的领导下，开展了大量的革命斗争活动。从1932年到1938年，产生了安康军特支和陕南抗日第一军两支革命队伍，并积极配合红三军、红二十五军、红七十四师在汉滨开展武装斗争，建立地方革命政权，宣传救国救民真理。2018年被公布为第七批陕西省文物保护单位。

紫荆陕南抗日第一军旧址 近现代，位于汉滨区紫荆镇紫荆村。自1935年冬至1937年春，紫荆陕南抗日第一军仿效红二十五军在陕南开辟革命根据地的做法，相继在秦岭南麓的安康、商洛和汉中结合部十余县边界地区开展游击战争，打土豪分财物，救穷人，为劳苦群众谋福祉，写标语、发传单，宣传革命、宣传抗日，发动群众，

紫荆陕南抗日第一军成立地纪念碑

历经大小战斗二十余次。1936年12月12日西安事变发生后，中共西北特别支部将该部队交由中共中央代表罗瑞卿同志接管。1937年年初，这支武装已经发展到千余人，奉命离开陕南，进驻甘肃庆阳驿马关，编为红十五军团警卫团，团长何振亚、政委李雪三、参谋长沈启贤，任弼时同志曾率领中央代表团前往慰问。"七·七"事变爆发后，该团主力编为国民革命军第八路军一一五师三四四旅警卫营，东渡黄河，开赴抗日前线。2018年被公布为第七批陕西省文物保护单位。

陕南人民自卫救国团全胜寨旧址 明—民国，位于岚皋县民主镇枣树村。全胜寨由四个大型堡寨组成，海拔在1300米至1500米之间，山寨群体规模宏大，错落有致，首尾呼应，长达几公里的山寨城墙和作战战壕全都由山石砌垒而成，几百间石砌房屋遗址清晰可见。以全胜寨为中心，周边有兴隆寨、八家寨、磨盘寨、祖师寨、药箭寨、穆王寨、青龙寨、松林寨、平安寨，组成了一个山寨群体，周边山寨统一由全胜寨指挥，自理民事。1929

陕南人民自卫救国团全胜寨旧址地貌

年，中国共产党早期革命先驱李还山回到岚皋明珠坝无瑕河，在全胜寨购军械，招募壮丁，成立自卫团，自任自卫团总团长，凿山开石，大规模扩建全胜寨，建成了由前寨、主寨、后寨组成的一整套防御体系，以抵抗官兵、土匪骚扰。1931年"九·一八"事变后，自卫团改名陕南人民自卫救国团。李还山在此组织民众2000余人，依托全胜寨固若金汤的防御工事抵抗安康城防1万余人的围剿，三次战斗歼敌多人，大获全胜，成为以少胜多的经典战例。2018年被公布为第七批陕西省文物保护单位。

陕南人民自卫救国团全胜寨旧址寨堡一

陕南人民自卫救国团全胜寨旧址寨堡二

宁陕县四亩地党支部旧址 民国，位于宁陕县四亩地镇四树坪村。1938年11月中共安康地委书记刘文彬按照省委指示，亲赴宁陕县四亩地主持建立起了宁陕县第一个党的地下支部。这一支部隶属中共安康地委领导。支部初建立时，只有两名党员，其主要任务是根据省、地委指示，发展武装力量。在此期间，支部在传播马列主义，宣传党的抗日政策，组织群众、武装群众、领导群众开展游击战等方面做了大量工作。2018年被公布为第七批陕西省文物保护单位。

陕南人民抗日第一军军部旧址 1936年，位于宁陕县龙王镇龙王街中部。陕南人民抗日第一军是土地革命战争时期由中共西北特别支部领导的一支人民军队，主要由国民革命军第十七路军所属的陕西警备第二旅起义人员组成。这支部队根据红七十四师的建议，成立了陕南游击纵队，下设三个中队。陕南游击纵队进入陕南后，学习红军，在镇安、柞水、宁陕、石泉、汉阴、安康等县广阔山区开展游击战争。1936年8月，中共西北特支指示部队立即举行第二次起义，并以西北各界救国联合会的名义，组建陕南人民抗日第一军，军部设于宁陕县龙王镇。西安事变后，陕南人民抗日第一军编为红十五军团警卫团，后编为国民革命军第八路军一一五师三四四旅警卫营，开赴了抗日前线。

猴子坪苏维埃政府旧址 1935年，位于宁陕县广货街镇猴子坪村龙王庙。猴子坪是鄂豫陕特委和红七十四师经常休整的地方。1935年12月，红七十四师取得青铜关伏击胜利后来到猴子坪，建立了宁陕县猴子坪苏维埃政府。猴子坪苏维埃政府直接由鄂豫陕特委领导，下辖丰富、沙洛两个乡七个自然村，是最活跃的一个乡政权。猴子坪苏维埃政府在丰富乡龙王庙办公，壁上写有"猴子坪苏维埃政府"。猴子坪苏维埃政府领导农民群众建立抗捐军，在宁陕、镇安、柞水等县进行抗捐、抗税，打富济贫活动。苏维埃政府领导坚强，人民群众觉悟高，1936年年初，红七十四师在这里建立了联络站，负责接待过往红军，安排救治伤病员，帮助红军侦察敌情，支援前线。中共鄂豫陕特委书记郑位三，红七十四师师长陈先瑞和参谋长方升普、政治部主任曾焜等领导人，都多次在此居住、开会、休整。

柴家关红二十五军司令部旧址 1935年，位于宁陕县四亩地镇柴家关村蒋家院子。1935年2月，红二十五军经华阳、佛坪向东翻越天华山到达宁陕县四亩地柴家关休整，在此期间，书写革命标语，向群众宣传红军的主张和政策。同时到各村各户，调查了解社会情况，帮助贫苦农民排忧解难，担水劈柴，犁田栽秧，支援春耕生产，在群众中产生了深远影响，受到群众的欢迎和爱戴。当时位于柴家关街道145号的红二十五军军部医院女护士曾继兰因病去世，安葬于下关村干沟口。现在每年都有群众、学生自发到红军女战士墓祭奠。

四亩地汉南交通站旧址 1939—1940年，位于宁陕县四亩地中街。1939年秋，中共陕西省委为了加强同汉中地下党的联系，利用四亩地已建立了党组织的有利条件，决定在此建立汉南交通

四亩地汉南交通站资料照片

站。交通员在四亩地街边上摆摊经商，同时，以到各地买卖物品等为掩护，来往于汉中与省委之间，同时也参与四亩地党支部的活动。汉南交通站在1939年至1940年担负了省委与汉中地下党的联络任务，为陕西省委与汉中地下党的密切联系作出了很大的贡献。

小川乡农协会旧址 1935年，位于宁陕县金川镇小川村何家院子。1935年10月6日，中共鄂豫陕特委在鄂陕、豫陕边区收拢地方武装和红二十五军掉队的伤病员，在商南县碾子坪成立了红七十四师。10月中旬，特委率红七十四师由商南县碾子坪出发，沿着鄂陕交界的崇山峻岭西进，经山阳，到镇安、柞水、宁陕等县，建立新的根据地。11月，师政委李隆贵在该师的游击区——宁陕县黄金乡、竹山乡、小川乡、丰富乡、沙洛乡和镇安的月河乡建立了菩萨店区苏维埃政府，机关驻镇安县月河乡菩萨店，辖宁陕县的竹山、黄金、小川、丰富、沙洛五个乡和镇安、柞水县部分地区，建立了行使乡苏维埃政府职权的竹山、黄金、小川三个乡农民协会。西安事变后，红七十四师离开陕南，乡农协会也停了活动。

东城门楼中原军区布告 1950年位于紫阳县东城门两侧墙上。东城门楼建成于明万历元年，为八角形三层石瓦建筑，工艺精细，结构精妙，十分坚固。1949年5月，中共西北局城市工作部派人来紫阳做解放的先遣地下工作，工作组7月到达紫阳，通过开展地下工作，为紫阳的解放扫除了障碍。1949年11月30日，人民解放军五十五师进军紫阳，仅用十个多小时便清除了县内的国民党武装，全面解放了紫阳。为了宣传中国共产党和中国人民解放军的政策，1948年10月10日，由中原军区司令员刘伯承、政治委员邓小平签署了紫阳解放的布告。布告全文幅宽3.7米、高3.37米，纵排直行，每句4字，计有1575字。此布告于1950年9月被墨书于东城门的两侧墙上，一直保留至今。2008年被公布为第五批陕西省文物保护单位。

中共安康地委机关芭蕉口旧址 1940年，位于紫阳县向阳镇芭蕉乡钟林村芭蕉乡中心小学院内。遗址处有《抗日战争时期中共安康地委机关遗址碑记》，青石质，圆首方跌，通高1.9米、宽0.93米；碑阳楷书阴刻，记述抗日战争时期，安康市委将原芭蕉口小学作为中共安康地委机关及刘文彬、刘华组织动员学校爱国师生积极抗日等事迹。

仙姑碥革命旧址 1927年，位于旬阳市小河镇棋盘村的一座山崖上。旧址面积2564平方米，其北侧为悬崖，下为旬河，地势险要。1927年6月，刘伯承领导泸顺起义之后，取道川北大竹、达县进入陕西紫阳县，又经旬阳县小河镇到达西安。刘伯承在这一历程中，途经旬阳小河仙姑碥庙下的崖路时化险为夷，后作"灵爽式凭"四字匾额托人赠予旬阳小河仙姑碥庙，落款为"中国童子军军长刘伯承"。

石家院子红三军会议旧址 1932年，位于旬阳市铜钱关镇铜钱关村石家院子。旧址为一小院落民居，有民房两处，土墙垒筑，房屋顶用石板覆盖。院落地处陕鄂交界地带，两侧临河沟，周围青山环抱，森林密布。1932年冬，贺龙部队的红三军千余人从湖北洪湖出发北上，绕豫陕川边境向湘鄂边缘地区战略转移。经镇安县茅坪进入旬阳县，然后进入安康艾家河，又经周家河口渡过汉江向东又进入旬阳县南区的吕河口，经神河、七里关、赤岩至铜钱关，驻扎于石家院子休整。在此期间，集合召开大会，向群众宣讲革命道理。

潘家河苏维埃区政府旧址 1935年，位于旬阳市双河镇潘家河。旧址为一座土墙石板房，计3间，面积64平方米。房屋土墙上保留有八条墨书的红军标语，字径10~20厘米，全部横书，无标点符号，笔画遒劲有力。1935年2月，中国工农红军第二十五军一支队伍首次到达旬阳潘家河建立苏维埃区政府，迅速将革命火种引向双河口、小河口、水泉坪一带。中共鄂陕特委领导的游击武装在旬阳打击敌人，组织发动群众，并先后建立了九个地方苏维埃乡政府，发动群众进行广泛的革命活动。当时的潘家河苏维埃区政府是红色政权的中心。

上关县人民民主政府旧址 1948年，位于旬阳市蜀河镇小河墩三义庙。旧址现存土墙瓦房四幢，共16间，面积510平方米。1948年3月，中共上关县委解放了旬阳蜀河地区，同时组建了蜀河区民主政府。同年豫陕鄂党委发起旬白战役，白河获得解放。因斗争需要，中共上关县委、县政府由湖北郧西上津迅速移驻旬阳蜀河。县委、县政府合署办公地点设于蜀河三义庙，并立即全面部署指挥解放旬阳全境的战略任务。当时，中共上关县辖七个区级民主政府：蜀河、双河（今旬阳市东区）、关防、上津、夹河、漫川、宽坪（今湖北省郧西县区域）。各区人民政府相继建立农会、商会、工会、妇女部、武委会、翻身队、区干队和儿童团等组织，直至旬阳全境解放。

牛蹄岭战役遗址 1949年，位于汉滨区县河镇牛岭村北约500米的牛蹄岭。遗址东西长约200米，南北宽约100米，附近为松树林，有解放战争时期国民党军队挖的战壕和临时指挥所。战壕面向南，宽约1.5米，残深1米。当地村民在此地发现过弹头。2018年被列为第七批陕西省文物保护单位。

牛蹄岭战役旧址环境

牛蹄岭战役纪念碑

4. 渭南市革命活动与战役纪念地

渭南市各项革命活动与战役纪念地资源共7处，分布在华州区和临渭区。华州区资源最多，共6处，其中渭华起义旧址为全国重点文物保护单位，另有3处陕西省文物保护单位，1处县级文物保护单位。临渭区的塔山战斗指挥部旧址为县级文物保护单位。

渭华起义旧址 1927年，位于华州区高塘镇高塘中学。旧址原为清代建筑玄君庙，后为高塘书院。1927年，中共华县县委在此成立。1928年3月，中共陕西省委根据中共中央的武装起义方针，决定在陕西省渭南、华县地区组织武装起义。4月下旬，在国民党西北军新编第三旅进行兵运工作的共产党员刘志丹、唐澍和旅长许权中率该旅由潼关向华县高塘镇进发，途经华县瓜坡镇时宣布起义。起义部队进驻高塘镇后改编为西北工农革命军，辖四个大队、一个骑兵队，近1000人，刘志丹任军事委员会主席，唐澍任总司令。5月1日，渭南县、华县万余农民在中共陕东特委领导和西北工农革命军、陕东赤卫队的支持下，于渭南崇凝及其附近地区举行起义，成立了崇凝区苏维埃政府和陕东赤卫队。接着，西北工农革命军在陕东赤卫队的配合下占领集镇，惩办反动官吏、土豪劣绅，在高塘、崇凝、塔山等地建立了四十多个区、村苏维埃政府。6月上旬，西北工农革命军、陕东赤卫队在人民群众支援下，打退国民党军向高塘、崇凝一带的两次进攻。之后，国民党军三个师再次发动进攻，西北工农革命军和陕东赤卫队进行英勇抗击后退入秦岭，向洛南县转移。7月初，在洛南县两岔河、保安镇地区遭国民党军和地主武装的袭击，大部被打散，唐澍牺牲，刘志丹等少数人员分散转入隐蔽斗争。渭华起义是土地革命战争时期，中国共产党在陕西省渭华地区发动国民党军西北军和农民举行的武装起义。渭华起义是中国西北地区发生最早、规模最大、影响最深的一次暴动，也是在全国有重大影响的重要起义之一，掀起了西北地区的革命高潮。渭华起义对西北地区后来革命运动的发展，特别是创建西北红军和革命根据地，产生了重大影响和积极作用。渭华起义"坚定信念、听党指挥、不怕牺牲、矢志奋斗"的革命精神，是中国共产党宝贵精神财富的重要组成部分。1981年，在旧址南面的高台上修建了烈士纪念塔，邓小平题词"渭华起义烈士永垂不朽"。在旧址处立有习仲勋题词碑，碑上刻有"渭华起义的革命精神永放光芒"。1988年5月，在纪念渭华起义六十周年之际，在旧址上建成渭华起义纪念馆并正式对外开放，近年又修建了新的陈列大厅和中心广场。现为第六批全国重点文物保护单位。

渭华起义旧址保护标志碑　　　　　　　　　　渭华起义旧址习仲勋题词

渭华起义旧址　　　　　　　　　　渭华起义旧址纪念馆

江村药王庙　1928年，位于华州区高塘镇江村北部。旧址为一处清代的药王庙，一条南北向村公路从药王庙大门西侧约100米经过。药王庙面积约为1660平方米。单檐歇山顶建筑，面宽10.4米，进深3.65米，房高4.5米，两柱间距4米。1928年4月中共陕东特委在此药王庙成立，并召开几次重要会议，制订了指导渭华起义的纲领性文件——《陕东区特派委员会目前工作计划大纲》。现药王庙前有刘志丹塑像1座。这一旧址对研究渭华起义的历史有重要价值。2008年被列为第五批陕西省文物保护单位。

渭华地区苏维埃政府筹备处旧址（高塘会馆）　1928年，位于华州区高塘镇北村街道高塘会馆内。渭华地区苏维埃政府筹备处在此召开了高塘地区苏维埃成立大会，刘志丹、唐澍等人在大会上演讲革命道理，会后西北工农革命军和渭华地区的农民举行了万人庆祝会。此处旧址对于研究华州区的清代商贾会馆建筑布局和革命史迹有着较高的价值。2008年被公布为第五批陕西省文物保护单位。

渭华地区苏维埃政府筹备处旧址

堡子底三教堂渭华起义旧址　1928年，位于华州区高塘镇堡子底村中。三教堂因儒、道、佛三教一起供奉而得名，始建于清雍正年间（1723—1735），总长54米，宽20米，占地1080平方米，有山门，前、中、后殿及娘娘庙各1座。清末民初当地群众在此办起小学。华州区中共党团组织在高塘地区诞生后，此地为中共陕东区特派委员的办公地址。渭华起义时，这里又是渭华起义活动的中心之一。1987年陕西省文物局拨专款对主体建筑进行了

堡子底三教堂渭华起义旧址

维修，王云同志题写匾额"中共陕东特委旧址"，悬挂在大门上方。此处归入渭华地区苏维埃政府筹备处旧址，2008年被公布为第五批陕西省文物保护单位。

崇凝镇老爷庙苏维埃政权诞生地　1928年，位于临渭区崇凝镇崇凝村。此处是陕西省第一个苏维埃政权诞生地。老爷庙，也称崇凝大庙，坐北朝南，原有庙宇、戏台，连同庙前广场，面积有10多亩。其中古戏楼建在庙前广场最南端，坐南朝北，四角挑檐。1928年5月1日，陕东特委和渭南数千名群众和学生，在老爷庙召开了"五一"国际劳动节纪念大会，宣布成立崇凝区苏维埃政府，即陕西省第一个苏维埃政权，成立陕东赤卫队，会场周围张贴着醒目的标语。"五一"大会宣告了渭华农民起义的全面暴发，揭开了渭华起义的序幕。现存老爷庙为硬山顶梁式建筑，砖木结构，通高约8米，面阔三间宽9.1米，进深二间深8米，面积约80平方米，整体结构完整。由于屋面破损，木构件部分朽蚀，2017年，政府对其进行了抢救性维修保护。2018年公布第七批陕西省文物保护单位。

崇凝镇老爷庙保护标志碑　　　　　　　　　崇凝老爷庙建筑

郭家庄小庙革命旧址　1933年，位于华州区高塘镇郭家村北。小庙建于清代，原为马王庙，坐北面南，面阔三间，梁架结构，内有清代壁画4幅。1933年，刘志丹率领红二十六军南下，创建渭华蓝洛革命根据地，遭敌重兵围攻后，带领部分骨干在这一带坚持斗争。

塔山战斗指挥部旧址　1928年，位于临渭区桥南镇桥南村塔山。灵台寺建于唐贞观年间（627—649），寺后有塔7座，象征七星。渭华起义时，这里曾是陕东农民赤卫队驻地，中共陕西省委还在此开过重要会议。陕东农民赤卫队在塔山修有工事，还在塔山周围的清明山、楼台寺、凤凰山搭起100多间席棚，贮存很多粮食、盐和药品，还挖有水井，存有石磨。1928年春，渭华起义领导人刘志丹将陕东农民赤卫队改编为西北工农革命军塔山支队，在塔山设立指挥部，与前来"围剿"的国民党军队激烈作战，唐代寺庙及塔被国民党军队全部烧毁。塔山上现存石洞、石磨和水井等遗迹。现为县级文物保护单位。

5. 西安市革命活动与战役纪念地

西安市各项革命活动纪念地资源共11处，分布在长安区、蓝田县和周至县。其中长安区5处、临潼区1处、蓝田县4处、周至县1处。

西安事变旧址——五间厅　1936年，位于西安临潼区华清池内。五间厅建于清朝末年，是一座砖木结构的厅房建筑，南依骊山，庭院平坦，树木葱郁，因由五个单间厅房相连所以称为五间厅。五间厅是园中的主要建筑物，赤色大柱高擎于厅的前廊檐，与周围的三间厅、望河亭、飞虹桥、飞霞阁相映成趣。1936年10月、12月蒋介石两次入陕，均以华清池为"行辕"，下榻五间厅，在此策划高级军事会议。五间厅由西往东依次是：秘书室、蒋介石卧室、蒋介石办公室、会议室、侍从室。蒋介石坚持"攘外必先安内"的错误国策，强迫张学良、杨虎城两位将军率东北军、十七路军进攻红军。张、杨两位将军为促蒋抗日救国，在此谏阻蒋介石放弃内战政策，联合红军抗日，蒋介石断然拒绝。于是，张学良、杨虎城联合行动，在1936年12月12日发动兵谏，在院内进行了激战。蒋介石在寝室听见枪声，从后窗逃走，越后墙而过，匿身于西绣岭虎斑石处，后被搜山部队发现。目前，五间厅的玻璃窗、墙壁上还保留兵谏发生激战时的弹痕。这一事件就是历史上著名的西安事变，华清池五间厅也是西安事变的发生地。旧址目前保存五间厅各房间办公用的桌子、椅子、床、沙发、茶具、火炉、地毯、电话等，均按原貌复制摆放。现为全国重点文物保护单位。

西安事变旧址——五间厅

西安事变旧址——兵谏亭

葛牌镇红二十五军军部旧址　1935年，位于蓝田县葛牌镇葛牌街。1935年2月，程子华、徐海东率领红军第二十五军进驻葛牌地区，2月5日与国民党四十二师一二六旅交战。嗣后，建立了葛牌镇区苏维埃政府和地方游击队，领导农民进行抗粮、抗税等斗争。同年7月撤离。旧址内有院落，现存坐东面西的二层木结构楼房一座，共有房舍14间，悬挂有"红二十五军军部旧址"标志牌。现为全国重点文物保护单位。

葛牌镇红二十五军军部旧址

葛牌镇红二十五军军部旧址塑像群

葛牌镇红二十五军军部旧址史实陈列馆

葛牌镇区苏维埃政府旧址　1935年，位于蓝田县葛牌镇葛牌街中部街西。葛牌镇区苏维埃政府是红军长征入陕在关中地区建立的第一个红色政权。旧址坐西朝东，长26.3米，宽10米，原有房舍8间，均为土砖木结构，已拆毁重建。1935年，鄂豫陕边区葛牌镇区苏维埃政府曾设于此，2002年在原址上改建蓝田县葛牌镇区苏维埃政府纪念馆。纪念馆坐西朝东，为四合院形式，仿清建筑式样。门房为面阔七间的两层楼房，两侧各有五间厢房；上房面阔七间，皆为硬山顶。馆内陈列着有关的文献、照片和实物。

葛牌镇区苏维埃政府旧址

葛牌镇区苏维埃政府纪念馆

葛牌镇革命旧址　1935年。葛牌镇革命旧址包括中共鄂豫陕省委扩大会议旧址和文公岭战斗旧址。中共鄂豫陕省委扩大会议旧址位于蓝田县葛牌镇葛牌街村南部中段街西。旧址为清末四合院建筑，内有砖木结构房舍8间。1935年2月红二十五军进驻葛牌地区。4月中旬，中共鄂豫陕省委扩大会议在此召开。会议提出了粉碎国民党"围剿"和加强根据地建设的任务，改鄂豫皖省委为鄂豫陕省委。会议为红二十五军沿着正确的路线前进和根据地建设奠定了基础。文公岭战斗旧址位于蓝田县葛牌镇南侧的文公岭上。1935年2月5日，国民党四十二师一一六旅旅长柳彦彪带两个团向葛牌镇进攻。红二十五军闻讯后，抢先占领九间房与葛牌镇交界处的文公岭，与一一六旅进行激战，从早上到中午，歼敌五个营，其余皆溃逃。这就是著名的文公岭战斗。此次战斗的胜利为红军建立蓝田、柞水、山阳等地的苏维埃政府奠定了基础。2008年被公布为第五批陕西省文物保护单位。

文公岭战斗旧址地理环境

文公岭战斗雕塑作品

6. 宝鸡市革命活动与战役纪念地

宝鸡市革命活动纪念地资源有3处，分别位于凤县、渭滨区和太白县。其中位于凤县的两当兵变策源地旧址为省级文物保护单位，太白县的红二十五军指挥部旧址为县级文物保护单位。

两当兵变策源地旧址　1929—1932年，位于凤县凤州镇凤州村。旧址凤县刘家老宅是一处院落民宅，坐东向西，房屋土坯垒墙，灰瓦覆顶。刘家老宅是当年习仲勋等共产党人在凤县开展革命工作策划组织两当兵变时的秘密集会地点，是两当兵变策源地旧址。1929年至1931年，中共陕西省委先后派共产党员到国民党第十七路军警备第三旅第二团一营做兵运工作。1931年，习仲勋等人以公开身份作掩护，通过秘密会议、散发传单、张贴标语等方式，揭露军阀勾结帝国主义对人民的掠夺、蒋介石政府祸国殃民的反动罪行，对青年农民进行革命教育，并积极物色对象，发展共产党员，建立党组织。1932年3月，在习仲勋等人的积极努力下，一营地下党的力量日趋雄厚，兵变条件基本成熟。1932年4月1日晚，在部队移防到达两当县城后，习仲勋和刘林圃在县城北街的骡马店内主持召开营党委扩大会议，部署兵变的行动方案。经过习仲勋等人艰苦卓绝的准备工作，一声枪响划破两当县城的天空。兵变发生后部队改编为中国工农红军陕甘游击队第五支队。2018年被公布为第七批陕西省文物保护单位。

两当兵变策源地旧址

两当兵变策源地纪念馆

黄柏塬红二十五军指挥部旧址　1935年，位于太白县黄柏塬镇皂角湾村二组原许家大院内。指挥部旧址平面呈长方形，面积约4000平方米。1935年7月，徐海东率领红二十五军长征途中，驻于此地的许家大院。大院坐西朝东，现存门庭1间和建筑3间。门庭内北山墙上有墨书标语。院内建筑坐南面北，面阔三间，檐墙为竹排骨架外覆草拌泥，屋顶布灰板瓦。现当地村民将原门庭辟为红军标语纪念馆。现为县级文物保护单位。

黄柏塬红二十五军指挥部墨书标语

（二）革命人物故居

革命人物故居就是革命时期的烈士、名人等曾居住、生活、工作等的地方。据统计，秦岭境内的革命人物故居分布在六个地市，共20处。其中汉中市革命人物故居数量最多，共7处，渭南市、西安市分别为4处、3处，而商洛市、安康市、宝鸡市均为2处。

1. 商洛市革命人物故居

商洛市的革命人物故居分别是位于商州区的梁坪李先念养伤处和洛南县的尤振岐故居。

梁坪李先念养伤旧居 1946年，位于商州区黑龙口镇梁坪村老虎沟口北老虎台上。旧居有土木结构房屋1座，草泥抹顶，面阔两间6.68米，进深4.2米，占地面积大约30平方米。1946年秋，中共中央中原局、军区司令李先念率中原西路突围部队途经此地，曾在这里养伤。当时国民党部队围追堵截，李先念部根据党中央"就地分散，建立鄂、豫、陕革命根据地"的指示精神，与当时鄂豫陕省委书记汪锋在此召开了多次会议，休养1月有余后，又由此转战陕南各地。

2. 汉中市革命人物故居

汉中市有革命人物故居7处，其中南郑区的何挺颖烈士故居被列为陕西省文物保护单位，洋县的席氏民居、王克明故居为县级文物保护单位。

何挺颖烈士故居 近现代，位于南郑区汉山街道办事处何家湾村。何挺颖（1905—1929），中国工农红军高级指挥员。1925年12月加入中国共产党，并在北伐战争中担任北伐军某团指挥员。1927年9月，何挺颖参加了毛泽东同志发动的秋收起义，并跟随毛泽东向井冈山进军。1928年3月上旬，秋收起义的前敌委员会改组为师委，何挺颖担任书记。5月，朱德、陈毅率领南昌起义的部队和湘南暴动的

何挺颖烈士故居

农民武装上井冈山与毛泽东会师，成立了中国工农红军第四军，何挺颖任三十一团党代表。何挺颖在毛泽东、朱德领导下，多次带领部队英勇战斗，屡立战功，为建设和保卫井冈山根据地作出了重大贡献。1929年1月，何挺颖在江西大庚（今大余）岭战斗中身负重伤，不幸牺牲，年仅24岁。何挺颖烈士故居建于清末，整体布局呈四合院，土木结构，雕花格扇门窗。故居中陈列着何挺颖曾用过的木桌、衣柜、竹椅等遗物。现为陕西省文物保护单位。

陈浅伦故居 1906—1933年，位于西乡县私渡镇潘坝村竹园子。旧居处在山间小盆地，坐东朝西，四周青山环绕，现存3间土木结构瓦房，归入红二十九军军部旧址管理。陈浅伦（1906—1933），1925年春考入汉中省立第五师范学校。1927年春参加中国共产党组织创办的西安中山学院农民运动班学习，11月回西乡县进行反帝反封建的革命活动。1928年9月到上海，同年冬加入中国共产党。1931年6月，回到陕西，后任中共陕南特委书记。1932年10月，领导鸡公田武装起义，建立了川陕边游击队。1933年2月，领导组建中国工农红军第二十九军，任军长。1933年4月，红二十九军军部在马儿岩遭敌包围，陈浅伦指挥部队奋勇突围，因寡不敌众不幸被捕，在磨子坪英勇就义，年仅27岁。

席中瑶故居 近现代，位于洋县洋州街道办事处纸坊街村三组。席中瑶（1913—1935），1930年春加入中国共产党。多次变卖家产，作为党的活动经费。1933年建立以铁冶河为中心的城（固）洋

（县）佛（坪）边区游击队，并担任党代表，在铁冶河地区播下了革命的火种。1933年年底，调任中共陕南特委宣传部部长。1934年2月，他按特委指示改组洋县县委，并担任县委书记。1935年3月就义于汉中北校场。其故居建于清光绪年间（1875—1908），占地面积约450平方米，坐北向南。中轴线上有照壁、上房，两侧有厢房、耳房，共十余间。大门开在东侧，照壁饰砖雕图案，房屋门窗均有花卉木雕。现仅存大门、东西厢房及照壁。原有木匾三块，现存两块，分别草书"勤能补拙""静以修身"。现为爱国主义教育基地，洋县文物保护单位。

王克明故居 近现代，位于洋县洋州街道办事处东咀村七组。王克明（1912—1935），别名德三，1912年出生在洋县西南坝，1931年加入中国共产党，中共洋县县委成立后，被选为县委委员。1932年3月，王克明主持在西南坝土地庙召开农民大会，成立了洋县农民抗日救国会，会员达1100多人，并健全了组织机构，在全县范围展开了轰轰烈烈的宣传抗日，抵制日货，抗捐、抗税，使西南坝成为全县农民抗日救国活动的中心，成为党团结农民抗日救国的革命群众组织。1934年，王克明担任中共陕南特委组织部长，兼任中共洋县县委书记，担任了中共陕南特委书记。1935年，因为夜以继日的忘我工作，王克明终因积劳成疾逝世，为革命为人民献出了他年轻的生命。王克明故居坐西向东，面阔三间11米，进深3.8米，土坯墙，抬梁式梁架，悬山顶，小灰瓦屋面。王克明墓位于东咀村，墓前立有墓碑，上刻王克明生平简介，碑文楷书，现为爱国主义教育基地，洋县文物保护单位。

刘彩凤故居 近现代，位于勉县勉阳街道办事处马营社区居委会四组老箭道街南面，东距居委会约1000米。该民居现存两间，坐北朝南，面阔8.3米，进深11米，土木结构，灰瓦顶，台梁式。刘彩凤（1920—1941），今勉阳镇马营社区人，1937年加入共产党所领导的爱国青年组织——中华民族解放先锋队。1938年3月加入中国共产党，任女师支部宣传委员，积极宣传抗日民族统一战线，1941年为葬父回县，被县长王慕曾下令逮捕，是年4月4日深夜被杀害。刘彩凤埋葬于定军山陵园内，墓前有一墓碑。

陈锦章故居 近现代，位于宁强县大安镇烈金坝村六组。陈锦章（1898—1935），金牛驿（今烈金坝）人。1926年毕业于上海艺术大学，1927年年初在家乡建立汉中地区第一个党小组——中共大安小组，并任组长，从事革命工作多年。党小组号召民众"打倒卖国军阀，铲除恶绅地痞，改良农工待遇"，组织学校师生宣传劳工神圣，破除封建陋习。1930年11月，陈锦章被选为中共陕南特委委员，参与组建汉中左翼教职员联盟，积极推广新文化书籍，编印和发行进步刊物，宣传革命思想。1935年红军占领宁强时，陈锦章带着弟弟陈文华率先参加红军，宣传红军政策。在他们的带领下，宁强1300多名进步青年参加了红军。红军撤离宁强时，陈锦章动员全家三代十一人放弃安逸生活，举家踏上长征之路。最终，参加长征的十一口人，只有陈锦章的妹妹幸运到达了延安，其他人均在长征途中牺牲或失散。新中国成立后，陈锦章、陈文华、陈文芳被授予革命烈士称号。陈锦章故居原为四合院，占地面积约800平方米，现存正房、西厢房，土木结构，穿斗式，灰板瓦，清水脊。正房面阔五间，明檐柱，施柱础；明间为六扇木板门，砾石垒砌台沿；西厢房面阔三间；东厢房新建。

3. 安康市革命人物故居

汉阴书院及三沈故居 清，位于汉阴县城关镇新街。"三沈"为新中国文化巨匠、新文化运动先驱、北大著名教授、国学大师沈尹默、沈士远、沈兼士三兄弟。沈氏三贤青少年时代曾生活于汉阴，昆仲三峰并峙、三星齐辉，是我国近现代文化史上的一段佳话。"三沈"身处我国社会文化发生剧变的时代，成长于陕南灵秀之地汉阴，成名于中国高等学府之翘楚北京大学，学贯古今、融汇中外，在中国传统文化研究与教育领域作出了不可磨灭的贡献，不仅享誉当时，而且深为后人钦仰。三沈故居包括汉阴书院（三沈纪念馆）、三沈故居。2008年被公布为第五批陕西省文物保护单位。

汉阴书院及三沈故居

汉阴三沈纪念馆

何振亚故居　近现代，位于宁陕县龙王镇绿烟村。何振亚（1913—1978），1932年何振亚投军之时，正是"九·一八"事变之后，全国抗日救亡呼声高涨，加之红二十五军、红四方面军和红三军经过陕南的影响，使他提高了政治觉悟，清楚了斗争方向和道路。1935年，何振亚所在旅开入西安城整训的途中，由何振亚先行率九连全部，于长安县引驾回举行起义，将部队拉入秦岭深山，进行游击活动。1936年6月，何振亚领导的起义部队，被中共西北特支命名为陕南人民抗日第一军，何任军长，与红七十四师并肩作战。1937年年初，何振亚率领陕南人民抗日第一军1000余人挥师北上，与红十五军团会合。2月在甘肃庆阳西峰镇，正式编为红十五军团警卫团，投入到抗日战争的烽火之中。全国解放后，1955年授予少将军衔。1978年10月24日，因病在北京逝世。

4. 渭南市革命人物故居

王劲哉故居　近现代，位于渭南市临渭区阳郭镇康坡村。王劲哉故居是一座土木结构的老式房屋，坐北朝南，东西长10余米，南北长20余米，东面为客厅，西边为卧室，布局井然有序，院子东门里整齐排列一排厢房。王劲哉（1897—1968），少年进入西北陆军讲武堂学习，1925年，追随孙中山先生，加入于右任、胡景翼领导的陕西靖国军并任连长。1929年，王劲哉入杨虎城部十七路军任营长。1930年在乾县剿匪中，王劲哉因战功卓著升为团长。1932年十七师师长孙蔚如部驻甘肃，攻打定西城时，王劲哉搭云梯攻城，口叼大刀，三上三下，城上敌匪慌忙弃城逃走，被赞为像老虎一样。从此，"王老虎"的威名，响彻秦陇大地。王劲哉在14年浴血抗战中率国民革命军一二八师屡建奇功。他作战英勇，敌人对这个绰号"老虎"的师长既恨又怕。国民政府曾给两位"抗战殉国"的将领追封陆军二级上将，授一级青天白日勋章，一位是壮烈殉国的张自忠将军，另一位就是被出卖后落入日军手中的王劲哉将军。从日军手中神奇脱身的王劲哉在抗战胜利后，奔赴延安，成为中国共产党特别党员。新中国成立后，他先后在渭南军分区，陕西省政府、政协工作。现公布为第七批陕西省文物保护单位。

薛汉卓故居　近现代，位于临渭区桥南镇箭峪村。薛汉卓（1908—1928）是渭华起义的发起人之一，早年参加地下党。渭华起义失败后以教师身份隐藏，一次开会时被叛徒出卖，后死于监狱中。其故居坐西面东，原有建筑较多，多数拆除，现留有上房1座、腰房1座。上房两层，面阔五间18米，进深三橡7米，梁架为三架梁前檐带单步梁。腰房两层，原面阔五间，三间拆除，留两间，面阔6米，进深三橡7米，梁架为三架梁前檐带单步梁，土坯墙。

5. 西安市革命人物故居

李先念旧居　近现代，位于蓝田县灞源镇青坪行政村四组村民陈树材家老房内。1946年9月30日，解放军中原军区司令员李先念返回延安时途经灞源，由中共蓝田地下组织护送在此居住，并在此召开了区长、游击队长以上干部会议。旧址原有草房三间，面阔三间，面积约60.5平方米。

汪锋故居　近现代，位于蓝田县九间房镇街子村后。故居保护面积380平方米。按照"保护为主、抢救第一、合理利用、加强管理"的工作方针，按照20世纪50年代当地群众建房的风格，根据汪老家人回忆和村里老先生王乾生提供的汪锋故居平面图，对故居进行了大面积维修。汪锋同志投身革命创建西北革命根据地，党中央委派汪锋同志到十七路军和杨虎城将军谈判，促成西安事变和平解决，为形成抗日民族统一战线作出贡献。新中国成立后汪锋同志领导地方工作和对台统战工作等。汪锋故居公布为第七批陕西省文物保护单位。

汪锋故居一

汪锋故居二

6. 宝鸡市革命人物故居

路易·艾黎和乔治·何克旧居　近现代，位于凤县双石铺镇双石铺村白家坪自然村东约10米处。院落东西长约30米，南北宽约15米，面积约450平方米。路易·艾黎（1897—1989），新西兰人，毕业于英国牛津大学。1937年，艾黎在上海与福斯特、斯诺、胡愈之、沙千里、章乃器等人发起组织中国工业合作社（简称"工合"）设计委员会，艾黎为召集人，并起草了"工合"发展计划。1938年8月，在武汉成立中国工业合作协会，后迁到重庆。该组织是抗日战争时期

路易·艾黎和乔治·何克旧居

旨在发展生产、支持抗战的工业企业联合团体。1939年，艾黎来双石铺建立工合医院。1940年4月，在此建立了机械、纺织、采矿、采木、人力发电、粮食加工、缝纫等合作社，制造枪弹及军用被服支援抗日。此外，还创办了工合小学及工合培黎工艺学校，招收沦陷区的贫困家庭子女及革命遗孤入学，

为抗日培养人才。"工合"组织在全国许多地方设立办事处，还在延安、茂林等地设有合作社。抗日战争后期，国民党打击"工合"进步力量，艾黎于1944年秋将培黎技校迁往甘肃山丹县。旧居为四孔土窑洞，东西排列，保存较完整。中间两孔窑洞前建有两间接檐式转木结构的两面坡灰瓦房，中间用封闭式廊房相连，两侧各有一孔土窑洞。路易·艾黎旧居为研究凤县乃至宝鸡地区在抗日战争时期国际友人支援我国人民抗日战争的历史提供了重要实物资料。现公布为第七批陕西省文物保护单位。

（三）革命人物墓地及墓园

革命人物墓地及墓园是指革命时期具有重要影响的烈士墓地、陵园或者重要人物的墓地。秦岭境内的革命人物墓地资源分布在6个地市，共59处，大多数位于安康市、商洛市和汉中市。

1. 商洛市革命人物墓地及墓园

泉源张孝模等七位烈士墓 1946年，位于商州区黑龙口镇泉源村，为1946年反"围剿"战斗中牺牲的张孝模等七位烈士墓地。墓地顺地势而建，坐东北向西南，前低后高，呈两排分布，前排一座，后排六座，封土均为圆丘形，周边用毛石砌护。整个墓区用砖墙围护，正面辟门楼，竖"张孝模七位烈士墓"，有墓碑一通。

九虎山战役烈士墓 1946年，位于商州区阎村镇王家沟组九虎山腰。1946年7月，中国人民解放军晋冀鲁豫野战军某部与国民党军在九虎山发生战斗。战斗中连长西海等30余名解放军战士壮烈牺牲，被当地群众就地安葬。墓地现存封土1座，呈圆丘形，坐西面东，直径3米，高1.5米。墓前有"西海烈士墓"墓碑1通，北侧建立纪念塔1座。塔为空心三级砖混结构，底边长为3.02米，通高约9米，正面自上而下镌刻"革命烈士，永存不朽""九虎山战斗遗址""九虎山战斗史略"。

商洛烈士陵园 1950年，位于商州区城关街道办事处和平组（城北金凤山腰）。此陵园始建于1950年，有烈士墓23座，其中22座集中于陵园中部形成烈士墓区。墓区坐北向南，自北向南分为4排，排间距2.5米，同排横向间距3米。墓葬形制、规模基本相同。墓冢多呈长方形，墓前均立有墓碑。墓碑为大理石质地，大小一致，高2.1米，宽0.85米，厚0.1米。碑文主要记述了每位烈士生平事迹及何时作战牺牲等。

农丰村九烈士墓 1953年，位于镇安县西口回族镇农丰村。1946年吴望生等九人在西口建立游击队，同年10月19日，在与国民党自卫队作战中被俘牺牲。1953年，地方政府在此建立烈士墓。墓地坐东向西，面积750平方米，存石砌坟丘九座。墓前竖纪念碑1通，额题"万古不朽"，正中题"革命烈士老李黄骆井吴蔡张刘孙光荣纪念碑"。

三联村烈士墓 1946年，位于镇安县庙沟镇三联村东边的山坡上。1946年7月3日，中原解放军突围经过庙沟乡，攻打嘉庆寨时五名战士壮烈牺牲。中华人民共和国成立后，当地政府和群众在此地修建了5座烈士墓，墓前立有碑楼1座。碑楼高1.4米、宽0.76米，题有"为人民利益而死，就比泰山还重"字样。墓碑高0.8米、宽0.46米，正面额题"永垂不朽""革命烈士万岁"。碑文为："成千成万的先烈，为着人民的利益，在我们的前头英勇地牺牲了，让我们高举起他们的旗帜，踏着他们的血迹前进吧。烈士之墓。"

丹凤县革命烈士陵园 1957年，位于丹凤县龙驹寨街道办事处北凤街。陵园坐北面南，占地约4600平方米。其内埋葬徐宝珊等35位烈士，建有烈士纪念塔、六角亭等，亭内立《中共鄂豫陕省委书记徐宝珊同志纪念碑》。徐宝珊（1903—1935），原名许惟豫，湖北汉川人。1926年加入中国共产党，曾参加南昌起义，与程子华、徐海东等人共同领导了红二十五军的长征，创建了鄂豫陕革命根据地，并任中共鄂豫陕省委书记。1935年5月病逝于龙驹寨。2000年9月，丹凤县革命烈士陵园被陕西省国防教育委员会命名为省级国防教育基地。

商南烈士陵园 1960年，位于商南县县城东北角。陵园占地面积1600平方米。1960年修建，于后又有四次大的修缮。整个陵园分中园和后园，以栅门相隔，后园前建有浩气亭，过浩气亭便是烈士陵地。这里共安放着210位烈士忠骨。现为县级文物保护单位。

郝世英墓 1949年，位于洛南县景村镇富刘村。郝世英（1915—1949），1938年加入中国共产党，暴露后被迫出逃。1939年在我党领导的三十八军，任西北民主联军三十八军十七师独立营营长、十九团一营营长、副团长等职，参加了许多著名战役。1949年2月6日在商南县十里铺战斗中光荣牺牲，年仅35岁。其墓坐南向北，由围墙、碑楼、墓冢、生平简介碑等部分组成。

石治民墓 1957年，位于洛南县保安镇保安街西1.5公里的纸厂院墙后。石治民（1918—1946），陕西丹凤红岩乡人。1946年任洛华游击队队长，10月，在金堆城与国民党十七师八十四旅二五一团作战时，壮烈牺牲。1957年，洛南县人民委员会在保安街东竹林村为其修建陵墓，并立碑纪念。该墓坐北向南，墓冢封土形制为圆丘形，底径2.32米，高2.1米。有砖砌碑楼，内置墓碑1通。墓碑长方形青石质，宽0.56米，高1.12米；两侧有砖刻挽联"为人民血战疆场，英烈千古壮河山"，横额"为民先锋"。墓碑正中刻"石治民烈士之灵墓"。

马坤娃墓 1935年，位于洛南县保安镇瓦子坪村四组。马坤娃为河南林关桥人，1933年12月参加革命，红七十四师侦察员。1935年农历八月因公在瓦子坪村木石沟殉难。其墓坐南向北，墓冢封土形制为人鼻形，长3.68米，宽2.75米。砖砌碑楼内置墓碑1通，圆首，青石质，宽0.58米，高1.1米；墓碑两侧挽联均已脱落；墓碑正中刻"马坤娃烈士之灵墓"。

山阳县烈士陵园 1964年，位于山阳县城关街道办事处九寨村旱屏小区后坡。陵园占地面积7000平方米，安葬着在国内革命战争中牺牲在山阳的45名烈士。

红岩寺革命烈士陵园 2007年，位于柞水县红岩寺镇红岩村一组杨家山。烈士陵园长约20米，宽约10米，占地面积200平方米。大门坐东北面西南，砖混结构，面阔三间，庑殿顶。院内用大理石砌一横碑，上书"人民英雄永垂不朽"八个大字。碑后共分三排，有十四烈士墓，分别埋葬着梁易贤、黄云凤、张友清、黄国安、方继田、彭军有、陈宏、阮自忠、程洪庆、徐光照及无名烈士墓。墓前均有碑。墓碑均为大理石质，尺寸相同，高1.05米，宽0.6米，厚0.04米。

2. 汉中市革命人物墓地及墓园

高峰村红军墓 1935年，位于洋县华阳镇高峰村。墓冢坐北朝南，圆丘形，是红二十五军当年留下的伤员——绰号"麻子排长"的墓。其生平不详，1936年负伤后牺牲葬于此。墓冢直径2.5米、高1米，无碑。墓旁有红杉1株，高25米，树径0.3米。现为县级文物保护单位。

华阳革命烈士纪念碑 1988年，位于洋县华阳镇华阳街村的烟家岭山岇上。此碑是为纪念1935年红二十五军在华阳创建革命根据地时牺牲的烈士，以及在第一次和第二次国内革命战争、抗日战争、解放战争中牺牲于洋县的及洋县籍的革命烈士而建。纪念碑坐北朝南，台阶从烟家岭坡底向上三组共计228级，两边有护栏，象征228位烈士用鲜血铺就的革命道路。纪念碑通高19.35米，碑座方形，两层，碑身方柱形，庑殿顶，上覆黄琉璃筒瓦。现为县级文物保护单位。

土门关烈士陵园　1946年，位于洋县桑溪镇龙岗村五组土门关。陵园坐南向北，长20米，宽14米。陵园门楼为硬山顶，琉璃瓦屋面，高3米，宽1.5米，进深1.45米。陵园正中为纪念碑。碑为砖混结构，高4.65米，宽1.65米，厚1.35米，正面楷书"革命烈士纪念碑"，背面碑文记述英雄事迹。1946年8月中旬，新四军李先念部、八路军王震部中原突围赴延安途中路经此地，有6名战士因病离队，后被当地土豪杀害，他们均未留下姓名，由当地村民收遗体葬于此，落款为"公元一九八九年十一月二十六日夏历岁次己巳年十月二十九日立"。纪念碑正面有柱联"未酬壮志身先死，留取丹心照汗青"。陵园内有墓冢6座，分为两排，前排墓冢2座，后排墓冢4座。墓冢均呈人鼻形，宽1.2米，长3.5米。为县级文物保护单位。

新瓦烈士陵园　1966年，位于西乡县两河口镇两河口村。陵园始建于1966年，重修于1996年，坐北向南，整体呈不规则倒梯形，四周有红砖砌成的围墙，高2～3米。内有墓冢两座，形制相同，均呈人鼻形，面阔2.4米，进深4.5米，高1.6米。墓冢前各镶1碑，圆首青石质，碑文均为阴刻描红手写体。东面正中为"马廷臣同志之墓"，题款为"为革命、为祖国、为解放两河口而英勇就义，革命烈士"，落款为"两河口公社各界人民，一九六六年十月一日立"。西边墓碑正中为"彭启生同志之墓"，题款"革命烈士"，落款与马廷臣墓相同。两墓相距0.6米。

南关社区抗日阵亡将士纪念碑　1939年，位于西乡县城北街道办事处南关社区南河堤公园内。碑坐北朝南。底座呈梯形状，下底长1.7米、宽1.7米，上底宽0.9米、长0.9米，高1.2米。碑座上立青石质碑，长0.5米，宽0.5米，高4.5米。刻隶书"抗日阵亡将士纪念碑"，左、右两侧刻隶书对联"争民族之生存成仁取义，垂馨香拾竹帛万古千秋"，落款为刘霞举撰。1939年7月7日，西乡各界在南河坝举行抗战二周年纪念暨抗日阵亡将士纪念碑落成大会竖立该碑，新中国成立后被拆除，碑刻保存于西乡县文化馆。2007年7月7日，抗日战争70周年纪念时重立该碑于原址，摹刻原碑文。该碑是讴歌西乡地方有志之士积极投身抗战报国、军民同仇敌忾、抗击侵略的重要实物资料。

西乡县革命烈士陵园　1951年，位于西乡县北街道办事处附溪村北山公墓。革命烈士陵园位于公墓区的正中，依山而建，气势宏伟，庄严肃穆。原址位于西乡县城北马路东段，中华人民共和国成立后，全县人民为缅怀为无产阶级革命事业英勇献身的先烈，于1950年修建西乡县革命烈士纪念塔，将诸位烈士事迹志于塔上。1951年奠基动工，1953年4月5日竣工落成，以示革命烈士永垂不朽。牌楼大门上檐浮雕"革命烈士陵园"，两侧配联"生的伟大，死的光荣"。纪念塔体为四方立柱式砖石结构，高14.1米，背面嵌碑《西乡县人民斗争史略》，东面题词"永远纪念为人民事业而牺牲的烈士们！"西面题词"为中国人民解放事业而牺牲的先烈们永垂不朽！"塔基四面分别嵌石碑，碑文是时任西北军政委员会办公厅主任张养吾撰写的《西乡县革命烈士纪念塔序》《西乡县各界修建革命烈士纪念塔经过》，北面刻着在土地革命、抗日战争、解放战争和抗美援朝中牺牲的210多位英烈姓名。1986年3月再次整修时，拆除陵园门楼新修二层办公楼，大门改为栅栏式，并增录在对越自卫反击战中牺牲的烈士。陵园内苍松翠柏，肃穆生辉。1985年4月25日，经西乡县人民政府批准公布西乡县革命烈士陵园为西乡县第一批县级文物保护单位。

广坪烈士陵园　1983年，位于宁强县广坪镇广坪村居民区后一小山坡上。陵园占地面积约1300平方米，正前立革命烈士纪念碑。纪念碑坐北朝南，砖混结构，高约10米。陵园内安葬着1950年广坪剿匪战斗中壮烈牺牲的李体壁、曹延琳、李怀宝三位烈士。

3. 安康市革命人物墓地及墓园

祁同志烈士墓 1946年，位于汉阴县双河口镇梨树河村西南约2.5公里处的汪家纸厂。祁同志墓坐南向北，前有墓碑。碑圆首，高0.73米，宽0.43米，厚0.07米，额题"永志不忘"。2007年汉阴县人民政府对墓地进行整修，新立圆首墓碑1通。祁同志曾任工农红军新四军排长，1946年农历十月初八在汉阴县八区梨树乡战斗中光荣牺牲。

梓中村红军战士墓 1933年，位于汉阴县漩涡镇梓中村东约3公里处的张家垭。红军战士墓坐西向东，是为了纪念1933年红四方面军第三十三军某部战士在汉阴县梓龙村活动时被恶霸杀害光荣牺牲而建。墓前有碑。墓碑宽0.6米、高1米、厚0.11米，无年款。2007年汉阴县人民政府对墓地进行整修，新立圆首墓碑1通，墓碑宽0.7米、高1.33米、厚0.5米。

李家湾红军墓地 1935年，位于宁陕县四亩地镇泰山坝村。该墓地南北长约300米，东西宽约100米，共有红军墓十余座，均为圆丘形。1935年，红军第二十五师某部在此与国民党地方部队遭遇，激战中18位红军战士牺牲，后葬于此地。现为县级文物保护单位。

六里村红军墓 年代不详，位于宁陕县金川镇六里村。红军墓坐北向南，人鼻形封土，前用块石垒砌，前宽2.6米、高1.35米。1935年红军七十四师三名战士长征途中经过此地，被当地土豪劣绅杀害，新中国成立后当地百姓重新安葬3名无名烈士于此地。现为县级文物保护单位。

三烈士陵园 1986年，位于宁陕县江口回族镇江镇村东约500米的塔儿沟梁。1946年8月，中国人民解放军中原军区委派政治部主任吴祖贻，干部张文津、毛楚雄自镇安赴西安与胡宗南部谈判，途经此地时，被胡部六十一师一八一团扣押暗杀。三烈士原合葬于江口中学东侧，1986年迁于今址。陵园坐西向东，面积1924平方米。墓葬封土青砖包砌，径7米，高3米。陵园建有纪念碑和陈列室。纪念碑座宽1.946米、高1.986米，分标示烈士牺牲和建立陵园时间。碑身方柱形，高10米，正面楷书刻"张文津吴祖贻毛楚雄烈士纪念碑"。现为县级文物保护单位。

襄渝铁路洞河烈士陵园 1971—1972年，位于紫阳县洞河镇洞河村洞河中学教学楼东侧。陵园坐北向南，东西40米，南北20米。陵园正中有水泥灌浇门柱左、右对立，上刻"为有牺牲多壮志，敢教日月换新天"。

三烈士陵园

陵区内自北向南分布墓葬六行，每行四至五座，均为人鼻形封土。封土前宽0.8米、南北长2.2米，前均有石灰岩质墓碑1通；碑阳楷书阴刻，记述墓主姓名、籍贯、生前所在部队及工作情况等。该陵园安葬烈士有：武会鹿、王天运、张重学、翁西民、刘运等，均为5806部队战士，三线建设时期，于襄渝铁路修建过程中牺牲。陵园现可见墓地23座，另有部分墓地已被耕地覆盖或砌入石坎之中。

甘家院烈士陵园 现代，位于紫阳县高滩镇大坝村的川主庙。陵园坐西北向东南，呈长方形，长35米，宽23米，周围用砖砌墙。园内有三阶，35座墓，墓碑用水泥筑成。据碑文记载，该陵园里安葬的都是在20世纪70年代在修建襄渝铁路时牺牲的战士。他们来自全国的各个省市地区。

襄渝铁路向阳烈士陵园 1974年，位于紫阳县向阳镇政府西北800米。陵园是为纪念在修建襄渝铁路紫阳段时牺牲的铁道兵、学兵连学生及民兵等修建。陵园共四阶，上阶正中立纪念碑1座，混凝土灌浇筑成，隶书阴刻"革命烈士永垂不朽"。陵园内共有墓冢35座。每座墓冢封土前宽0.8米、南北长2.2米，前均竖石灰岩质墓碑1通，碑阳楷书阴刻，记述墓主姓名、籍贯、生前所在单位及工作情况等。

东山烈士陵园 2002年，位于紫阳县城关镇兴田村。陵园坐西向东，自西向东共四阶：第一阶为花圃；第二阶正中立纪念碑1座，题"革命烈士永垂不朽"；第三、四阶为墓地，每阶两行，每行22座墓冢，前立花岗岩碑，记述墓主姓名及所在部队。

毛坝襄渝铁路烈士陵园 现代，位于紫阳县毛坝镇瓦滩村的银盘梁。陵园坐西向东，呈长方形，南北宽28米，东西长25米，依山势西高东底呈阶梯状。陵园中埋葬烈士28位，正中立纪念碑，题"革命烈士永垂不朽"。陵园大门位于东部，额题"烈士陵园"，两侧书"为有牺牲多壮志，敢教日月换新天"。

谭家梁革命烈士陵园 2004年，位于岚皋县城关镇方垭村东380米的谭家梁。始建于1979年，原建在城关镇东新村东坡上，2004年迁至方垭村谭家梁。陵园总长31米，宽18.2米，占地约565平方米，有烈士墓29座及烈士纪念碑1座。烈士纪念碑底座分上、下两层，碑长1.02米、宽0.42米、高4.7米，正面楷书"革命烈士永垂不朽"，背面记述烈士事迹。陵园中安葬着在1949年解放岚皋时牺牲的解放军排长李植有、班长陈来、吴家谢，副班长陈家贵，战士刘焕章、邓耀先、张先贵，以及在修建襄渝铁路时牺牲的解放军、民兵、西安学生连的同志。烈士墓及墓碑形制、大小基本相同。墓碑为大理石质，高0.7米，宽0.47米，碑文楷书阴刻烈士生平。

旬阳红军墓 1935年，位于旬阳市红军镇碾子沟。墓冢原为石块垒砌，封土呈人鼻形，数十年来，群众一直祭拜红军老祖墓。1935年7月，由程子华、徐海东率领的红二十五军奉命离开鄂豫陕革命根据地北上与陕甘宁红军会师，鄂豫陕边区各游击队遂整编为红二十五军七十四师，在陕南坚持开展游击战争。1935年10月，第六游击师一部，在九龙山佛爷庙（今红军镇政府区域）与国民党地方武装遭遇，在激战中红军高忠宽指导员和一位姓崔的战士光荣牺牲。两位红军战士牺牲后，当地农民将烈士安葬，并给烈士撰文立碑。此后传该墓"红军得道显圣"，能为穷人消灾、治病，因而尊之为"红军老祖墓"。近年，当地政府对其进行了维修，将原墓冢用大理石包砌，周围环境整修一新。整修后的墓冢高3.2米、宽2.5米、长6.3米，有宽敞的祭祀台，总占地面积245平方米。现为陕西省重点文物保护单位。

赵长江烈士墓 民国，位于旬阳市仁河口镇桥上村肖家沟脑。墓冢用小石块垒砌，高1.3米，占地面积5平方米，保护范围30平方米。1932年冬，红三军一支部队转战路过旬阳，战士赵长江负伤掉队，于旬阳仁河口肖家沟隐身落户。但他没有忘记红军本色，1935年的2月，当红二十五军一支队伍来到旬阳北区活动时，他积极参与，进行革命活动，联络地方穷苦农民组成四十多人的红军游击小分队，本人任队长，坚持斗争。为了壮大分队的武装力量，他决定收编镇安县土匪武装，但被土匪在肖家沟杀害。2018年被列为第七批陕西省文物保护单位。

李兆众烈士墓 1941年，位于旬阳市城关镇鲁家台社区黄坡岭。墓地占地面积16平方米，墓冢为砖砌筑，东南向，墓前镶嵌墓碑1通，封土高1.8米、宽3.4米。李兆众（1916—1941），1938年7月加入中共地下党，任工委组织委员。不久，赴延安抗大学习。1940年8月从延安返回旬阳，积极开展地下工作，同时积极组织地下党和进步青年准备开展武装暴动。在秘密活动中被旬阳国民党政府发觉，于1941年2月19日被捕，虽经严刑拷打，受尽非人折磨，但他革命意志坚定，始终未向敌人屈服，保护了党的机密，于1941年2月21日在旬阳县城东临岩寺英勇就义，年仅24岁。现为县级文物保护单位。

4. 渭南市革命人物墓地及墓园

薛自爽烈士墓 近现代，位于渭南华州区高塘镇堡底村北千家堡塬南部断崖下。薛自爽（1898—1928），原名卓茂，1926年8月加入中国共产党，同年赴三原农运讲习所学习，后在华州、长安、户县等地领导农民反霸斗争，一度入狱，宁死不屈，被誉为"陕东闯将"，为渭华起义创造了群众基础。国民革命军驻陕总司令于右任亲改其名为自爽。后参加渭华起义，担任陕东赤卫队副大队长，在箭峪口战斗中受重伤不下火线，壮烈牺牲。墓碑为2007年东阳乡政府新立，碑宽1.54米、高3.9米、厚0.4米，以纪念薛自爽烈士。

胡景翼墓 民国，位于华阴市华山镇。胡景翼（1892—1925），字笠僧，又作励生，陕西富平人，著名爱国将领。清光绪三十四年入健本学堂，结交井勿幕、郭希仁等。宣统二年加入中国同盟会。胡景翼墓呈正方形，水泥基座，上砖砌矮花墙，边长5.7米，占地32.49平方米，中间为民国十四年立墓碑1通，上书"中华民国陆军上将延威将军胡公笠僧之墓"。墓后花墙上镶吴昌硕篆盖、于右任撰并书墓志。原墓碑民国十七年"胡上将军笠僧之墓"置于墓旁，由宋伯鲁题字。2014年被公布为第六批陕西省文物保护单位。

华山烈士陵园 1950年，位于华阴市华山镇。陵园坐西面东，总占地面积8000平方米。陵园始建于1950年，原名革命公墓，共土葬坟茔235座，安放骨灰320份。烈士墓分列于陵园南、北、西三面，中间于年2004年修建天福堂1座，安放烈士骨灰。另陵园东北、东南角分别有刘允丞、胡景翼革命先烈墓塔1座。

5. 西安市革命人物墓地及墓园

刘景伯墓 近现代，位于周至县马召镇东火村。刘景伯（1919—1949），马召乡人，1940年加入中国共产党。1946年年底，以马召小学校董的身份为掩护，积极发展党员，壮大马召地区党组织的力量。国民党秦岭中部警备司令部残部于1949年6月再次进驻马召一带，大肆屠杀共产党员和进步人士；6月21日刘景伯主持召开党组织紧急会议，让其他同志暂时隐蔽，自己留下坚持工作，会后被捕。国民党将刘景伯拖至马召西门外活埋，牺牲时年仅31岁。新中国成立后，政府将刘景伯遗骨葬于马召镇北烈士墓。

6. 宝鸡市革命人物墓地及墓园

扶眉战役烈士陵园 1953年，位于陕西眉县常兴镇，陇海铁路、西宝高速、西宝中线横穿而过。在解放战争中，人民解放军坚决执行毛主席"向全国进军的命令"，向未解放的广大地区全面大进军，1949年5月28日胜利解放西安。国民党不甘心失败，纠集马鸿逵、马步芳，反扑西安，阻我军西进。7月10日，杨得志第十九兵团进至马军对面之乾县、礼泉以北高地，构筑工事，准备进攻。卫戍西安解放军第六十一军则向南山秦岭之敌佯动，以便迷惑敌人，掩护主力运动，并钳制马军及秦岭胡军，保障解放军主力侧翼的安全。7月11日拂晓，扶眉战役打响。激战两昼夜，除部分残敌越秦岭溃逃外，解放军歼敌四个军，共计4.3万余人，解放县城8座。扶眉战役是西北战场在解放战争中空前的大胜利，也是全国解放战争中西北战场最大的一次战役。

扶眉战役纪念碑

（四）革命标语

革命标语是指在建筑上面留存下来的革命时期的宣传口号。秦岭境内的革命宣传标语分布于商洛市、汉中市、安康市和宝鸡市，共10处。其中汉中市数量最多，共7处，其余3地市各1处。

歪风沟革命标语　1936—1937年，位于商洛市山阳县南宽坪镇李家湾村歪风沟。1936—1937年，山阳县南部苏维埃政权在此地活动，墨书标语于土地庙后墙。标语幅宽3.2米，3行16字，内容为："只杀民团首领，不杀团丁，不出一切苛捐杂税。"无署款。部分文字已剥落。

佛坪县红军标语　位于汉中市佛坪县陈家坝镇、袁家庄街道、岳坝镇狮子坝村、长角坝镇。中国工农红军第二十五军暨七十四师转战陕南时路过佛坪，先后在陈家坝、袁家庄、栗子坝乡狮子坝村、长角坝乡上沙窝村驻扎，留下了许多革命遗迹。上沙窝原纸厂屋后竹笆墙上留有标语1幅，从左到右书写，因年久残缺不全，仅能看清的字迹有"红军□□农穷人的军队"，后署名为"红七十四师政治部"。红二十五军副军长徐海东将军转战陕南时，曾在长角坝乡上沙窝村陈礼斗家住宿，后在陈礼斗家耳房山墙上写标语1幅。现墙皮剥落，内容残缺，能看清的字迹为"没收地主阶级的土地分给穷人耕□□"。狮子坝村可辨字迹为："红军是反帝国主义□□□""红军是民族解放的先锋！""红四方面军挺进陕南□□第一师和第十七师大部！"

花石岩红军标语　1935年，位于安康市宁陕县新场镇花石村南部。该标语为1935年红军第四军途经此地时书写。标语幅长5米、高0.35米，楷体，墨书，共23字，字径0.3米，文为："红军是抗日抗捐分土地的军队。红四军第六团政治处宣。"该标语对研究抗日战争时期红军行军路线、作风、当地生活状况等有一定的价值。现为县级文物保护单位。

二、秦岭区域近现代历史时期遗存以及当代文化名城、文化街区

秦岭地区的特定历史时期的遗存十分丰富。汉中市为历史文化名城，其管辖的城固县也是历史文化名城。汉中市此类资源数量多、种类丰富，近现代建筑资源约占60%，农业遗存约占20%，其中洋

县的谢村民居为省级文物保护单位。

商洛市特定历史时期建筑资源主要分布在镇安、丹凤、洛南、山阳县境内。具体来看，镇安县特定历史时期遗存和建筑资源4处；丹凤县18处、商南县4处、洛南县19处、山阳县30处、柞水县7处，其中柞水凤凰街民居为省级文物保护单位。

安康境内的特定历史时期的遗存共计61处，其中近现代建筑52处，约占总数的85%，农业遗产8处，约占13%。其中汉滨区的汉滨文安楼为省级文物保护单位。

秦岭北麓的渭南、西安和宝鸡市也都有特定历史时期遗存及建筑资源分布，其中宝鸡市的毛泽东同志塑像为省级文物保护单位。

（一）近现代史迹

陕西境内具有代表性的近现代史迹共计12处，主要分布在汉中市、安康市、商洛市、宝鸡市。

1. 商洛市近现代史迹

上台子铜矿洞 1958年，位于镇安县回龙镇双龙村六组（上台子）山上。1958年大炼钢铁时期，在此地开采铜矿石，至20世纪80年代铜矿资源枯竭，铜矿基本废弃。目前，该矿洞仍保持原貌，因山体内部被掏空，矿洞口悬于山体外部，十分危险，随时有坍塌的可能。该矿洞废弃已久，现有铜矿遗址1处，保存状况良好。据传此矿洞唐宋时已开，一直延续至20世纪80年代。在山头四周和顶部都发现矿洞口。

龙泉村造纸作坊 1961年，位于丹凤县土门镇龙泉村厂上二组，为现代造纸作坊。作坊主张荣祥自19岁从事造纸至今已30余年。此作坊生产火纸的原料来源于山上的毛竹。其工艺是将竹子浸泡半年，然后上炉蒸煮半月，再用水轮打浆，入池捞纸，再经过打捆、晾干、打磨等十多道工序才能进入市场。近年来，因造纸成本大、工期长，其收入不及外出务工，张荣祥准备放弃作坊，此项传统工艺将面临失传。现存作坊设备有浸泡池、蒸煮炉、水轮打浆设备、捞纸池、切割打磨机等，均基本保存完整。手工火纸制造工艺在当地历史悠久，今已逐渐消失。

营盘镇供销社旧址 20世纪70年代，位于柞水县营盘镇营镇村二组营盘老街中段东侧。供销社建筑坐东朝西，悬山灰瓦顶，砖石结构。面阔十一间，通面宽41.2米，进深6.2米。中辟拱券门与过廊，门上有额匾，被白灰覆盖。台基为水泥浇筑，高1.2米。该建筑整体形制较大，坚固实用。该供销社修建于20世纪70年代，为了解当时中国的生产生活方式提供了一定的历史信息。

2. 汉中市近现代史迹

朱儿坝修建宝成铁路碥道遗址 1954年，位于略阳县徐家坪镇朱儿坝村朱儿坝组，嘉陵江东岸江边崖壁上，东距横马公路约40米处。碥道为20世纪50年代初修建宝成铁路时所建，沿嘉陵江南北走向，全长约65米，宽约1米。现无人使用。此碥道为研究宝成铁路修建、通行状况提供了实物资料。

嘉陵江公路大桥 1957年，位于略阳县兴州街道办事处象山脚下，横跨于嘉陵江上。此桥是1957年由苏联专家设计修建的石灰石质平桥，东西走向，通长280米，宽13米，两边人行道各宽2.75米，距水面高20米。主桥上部结构为三孔高10米、跨径50米的钢筋混凝土下承式系杆拱；东引桥长50米，桥下为南环路和309通道；西引桥长16米。现桥面用水泥抹平，有石灰质石条砌成双桥墩三组。此桥为研究桥梁发展史和建材使用史等提供了重要的信息资料。

马桑坪跃进桥　1958年，位于略阳县兴州街道办事处马桑坪村，横跨于大地沟上。此桥为两略路连接桥，南北走向，通长12米，宽9.3米，距水面高4.5米；单拱，直径为4米；桥面原用青石条铺砌，现桥面用水泥抹平，桥墩石块垒砌。该桥为研究桥梁发展史和建材使用史等提供了重要的信息资料。

共青团嘉陵江隧道　1960年，位于略阳县兴州街道办事陕西略阳钢铁有限责任公司铁运部，东距林业局约200米，北距宝成铁路约260米处。隧道为石条砌成，呈南北走向，长588米，宽5.8米，隧道高7.7米，拱高2.7米，顶部有"共青团嘉陵江隧道"八字，字径0.45米，字幅长12.3米。该隧道是略钢运输原材料的重要路线之一。

汉中市邮政所旧址　民国，位于汉台区东大街中段路北。该建筑是汉中市邮政局办公场所，坐北朝南，面阔三间，二层砖混结构。建筑前廊及外观采用中欧结合式样。汉中市邮政局前身为清末创建的汉中市电报局，民国时为汉中市邮政所。邮政所建筑为汉中地区第一座砖混式现代建筑，影响较大。

铺镇供销社　20世纪70年代，位于汉台区铺镇联丰村镇东街。此建筑为砖混结构，呈转角折尺型，楼分两层，面阔十三间，其中北侧面阔六间20.5米，西侧面阔六间21米，进深一间6.5米。二楼顶部有标语"发展经济，保障供给"，两侧角部皆有太阳花图案。该楼做过供销社国营食堂，一楼现为供销社原职工及家属承包的商店门面。

沔县县立初级中学旧址　1942年，位于勉县勉阳街道办事处边寨村（现勉县二中）。该学校初创于1938年。1942年县政府筹款在今勉阳街道办事处边寨村南征地90亩，以乾、坎、艮、震、离、坤、巽、兑为准，建八卦形校舍八幢，环立周围，中央建三层木楼1栋，名武侯堂，县立初级中学1942年秋迁入，更名为武侯中学，冬复名县立初级中学。1942年，著名书法家于右任赴川过县，曾为县立初级中学写校牌。1959年改为沔县第二中学。近年在原建筑格局的基础上，将原有的平房改建为三层砖混结构的楼房，武侯堂建筑风格未变。

西乡铁牛　清，位于西乡县城南旧河堤西端。铁牛铸于清道光十五年，又名金牛镇水。铁牛面对牧马河，背依西乡县城，横卧于河堤上。铁牛高1.1米、长1.67米，座宽0.75米，系合金铸造，块状拼接，重约2吨，体呈青色，日照闪闪发光，虽经多年风雨侵蚀，但无斑锈，色泽如新，堪称能工巧匠之杰作。牛体空心卧式，

沔县县立中学奠基碑

昂首西顾，作怒视狂涛而喜庆安澜像，造型准确，神态逼真，铸工精细，显示了100多年前西乡地方冶炼技术的高超。铁牛胸前有铭文"金牛镇水"，款识"道光乙未（1835）六月中伏日铸"，铁牛上原有一亭，早已塌毁，现仅存铁牛。铁牛体现了古代人民为抗击水灾，保卫家园，团结一心，勤劳、勇敢的精神。2014年被公布为第六批陕西省文物保护单位。

3.安康市近现代史迹

凤江人民公社旧址 20世纪50年代,位于汉阴县漩涡镇中银村。凤江人民公社旧址主要为20世纪50年代建筑,占地面积3000余平方米,取凤凰山与汉江名各一字而得名凤江。房屋建筑始建于民国中期,解放后陆续建设完善了财政所、供销社、卫生院、粮管所、储蓄所等机构设施,一直是当地政府机构驻地,也是原凤江乡人民政府驻地,于2021年机构改革时撤乡并于漩涡镇管辖。2018年被公布为第七批陕西省文物保护单位。

凤江人民公社旧址

凤江人民公社农田

蜀河电报局旧址 清,位于旬阳县蜀河镇。电报局建于1910年,电报设备为德国制造,是安康市第一家现代通信机构。20世纪30年代初,蜀河镇还有商号69个。早在清同治九年蜀河就设厘金局,清宣统元年(1909)又设厘金卡,民国三十年设税务稽征处。可见,电报局的建设得益于当地经济的繁荣。2018年被公布为第七批陕西省文物保护单位。

蜀河电报局旧址

石泉造纸作坊 民国,位于石泉县后柳镇长安村。该遗址分布面积2万平方米,是石泉县境内目前发现的唯一一处造纸作坊,规模较大,保存较完整。2008年被公布为第五批陕西省文物保护单位。

纸坊沟造纸作坊 民国,位于汉滨区大河镇青树村东约800米的纸坊沟。作坊坐西朝东,南北长50米,东西宽20米。该作坊利用流芳河水力进行造纸加工。作坊现有房屋6间,另有泡料池、泡浆池、过浆池、打纸锤、压纸架、漂纸池、造纸水车等。造纸水车由木料加工而成，保存完整，高2.2米，水轮直径2.2米、宽0.7米，引水渡槽长2米、宽0.49米。该作坊历经四代，沿用至2007年，已有近百年历史。

张滩奠安塔 民国，位于汉滨区张滩镇奠安村西约700米。此塔始建于1913年，1917年建成，为方形七层楼阁式砖塔，通高28米，底边长5.6米。塔身底层西面为正门，额题"奠安塔"；二至五层每面辟券门；六、七层正面辟券窗，其余各面辟圆窗。层间叠涩出檐，檐角上翘，饰浮雕角兽。攒尖顶，置宝瓶式塔刹。第四层每面门额均嵌一石匾，分别刻"博厚高明""亦孔之固""永奠安康""中天一柱"等。塔内嵌碣两方，长0.55米，宽0.54米，1913年款，碣文楷书，记创建奠安塔缘由及捐赠人姓名。2018年公布为第七批陕西省文物保护单位。

安康文安楼 1936年，位于汉滨区老城街道办事处大北社区鼓楼街安康市群众艺术馆院内。此楼坐北向南，系当地耆绅顾大任等创建的安康图书馆，题名"文安楼"，取"文以安邦"之意。抗日战争期间，文安楼改为《兴安日报》报社，明为报社，实为抗日联络点，是重要的地下

张滩奠安塔

情报站，为祖国的革命事业作出了巨大贡献。其占地面积约400平方米，楼为两层，平面呈长方形，庑殿顶，覆灰陶筒瓦，抬梁式九架梁，青砖砌成仿西式券拱墙体，置木板梯，东、西、南三面设回廊，辟木窗门。1978年维修屋顶，2004年重修四角设铜制风铃。2008年被公布为第五批陕西省文物保护单位。

安康文安楼

安康文安楼保护标志碑　　安康文安楼建筑结构

华夏龙脉群雕　2007年，华夏龙脉群雕位于宁陕县江口回族镇双河村西汉高速秦岭一号隧道与二号隧道之间。雕塑群全长260米，宽3米，采用圆雕和浮雕相结合的手法。雕塑群浮雕部分高5.5米，圆雕高为7米，最高点为8.5米。雕塑群以自然山形贯穿，犹如秦岭山脉之连绵起伏，节奏明快，层次丰富。雕塑群表现了十个重要历史时段，人物形象近百人，其中圆雕人物二十七个，运用的历史典故有十八个之多，同时还将秦岭中重要的古代交通线路进行了艺术勾画。华夏龙脉雕塑群是一部概括蜀道开拓和历史演讲的史诗作品，艺术地浓缩和表现了中华民族不畏艰难，不屈不挠改造自然的斗争史。

蒲河林场旧址　1950—1960年，位于宁陕县四亩地镇太山坝村。林场建筑坐北向南，南北长22米，东西宽18米，砖木结构，正房为面阔五间的二层楼阁式建筑。东西厢房各三间，其中西厢房已毁坏。门楼为砖砌的拱门，上饰五角星。蒲河林场是新中国修建的第一批林场，主要负责伐木、护林、防火等事宜。该林场对研究中国林业的发展、管理等有一定的价值和意义。

4.秦岭北麓西安、渭南、宝鸡市近现代史迹

毛泽东同志塑像　1968年，位于渭南市渭滨区姜谭路西段公路中央的圆坛上。塑像为合金钢浇铸，由四部分焊接而成，表面刷成黄铜色。塑像呈站立姿，高7.1米，面向东方，身穿大衣，仰首远望前方，表情温和慈祥，挥右手致意，左臂背后，手握五角星帽。底座为方形，上小下大，高9米，周长7.1米，象征党的生日。后期于底座表面贴红色、黑色花岗岩。底座西侧下部题记"秦川机床厂革命委员会敬塑　一九六八年十二月二十六日"，正面中部题"毛泽东同志塑像1893—1976"，可见正面题记是在毛泽东同志逝世后附上的。底座周围设圆形青石勾栏，勾栏内环绕底座的斜面上均

毛泽东同志塑像

匀分布九颗水泥堆塑的五角星，勾栏外为环形平台，前、后有台阶，两侧外围种植低矮柏树，四角安装路灯。这尊毛泽东同志塑像是陕西境内保存最好的塑像。现为陕西省文物保护单位。

史务英烈祠 1922年，位于周至县翠峰镇史务村委会办公室西侧。坐北向南，面阔三间9.52米，进深三架7.9米，抬梁式，硬山顶，屋面铺灰陶板瓦，前檐有莲花纹滴水，檐檩下有三朵麻叶头装饰，梁架及山墙内壁上方有彩绘图案。明间开四扇格扇门，次间原有直棂窗，现仅存西侧，东侧改建为两扇对开木板门。土坯墙，外包砖。祠堂内上方有一牌匾，正中书"须眉如生"四字，内容分列左右："二等嘉禾章国务院道尹存记周至县知事程为史务团庚申四月架沟剿匪因公殉命诸义士建立中华民国十一年中秋上浣穀旦。"1920年1月，史务村民团攻进架沟匪巢，击毙、摔死土匪百余名，救人质四五十名，团丁阵亡十五人。民国十一年建英烈祠祭祀阵亡团丁。此匾在"文革"期间，被以红纸糊裱书写毛主席语录而得以保存至今。史务英烈祠是周至西部地区现存极少的民国时期英烈祠之一，对研究当地近代人物、地方武装等有一定的意义。

凤县工合旧址 1939年，位于宝鸡市凤县双石铺镇双石铺村。"工合"是中国工业协会的简称是当年为了支援前线而兴起的一股独特的经济力量。1939年4月，工合双石铺事务所成立，《凤县志》记载，1940年4月，双石铺工合生产合作社发展到23个，社员361名。双石铺工合业务涉及机器、纺织、制革、耐火砖、陶器、军鞋、采矿、织布等，大批军需民用物资出自双石铺。路易·艾黎到达双石铺后，创办培黎工艺学校、工合医院等。依靠群众支援抗日前线的双石铺，被称为模范工合城。

凤县工合旧址

（二）历史文化名城、名镇、名村以及历史文化街区

历史文化名城和历史文化街区是指保存文物特别丰富、具有重大历史文化价值和革命意义的城市或街区。秦岭区域有国家级历史文化名城1个，为1994年第三批公布的汉中市；中国历史文化名镇4个，分别是2010年第五批公布的汉中市宁强县青木川镇和商洛市柞水县凤凰镇，2014年公布的第六批安康市旬阳县蜀河镇和安康市石泉县熨斗镇；省级历史文化名城4个，分别是1993年第二批公布的渭南市华阴市、汉中市城固县、汉中市勉县，2022年第五批公布的安康市旬阳市；省级历史文化名镇共6个，分别是2019年第一批公布的渭南潼关县秦东镇、商洛山阳县高坝店镇、商洛山阳县漫川关镇，2020年第三批公布的安康市旬阳县红军镇、安康市紫阳县焕古镇，2022年第五批公布的西安市周至县厚畛子镇；省级历史文化名村5个，分别是2019年第一批公布的渭南潼关县桐峪镇善车口村，2020年第三批公布的渭南市潼关县秦东镇四知村和安康市紫阳县向阳镇营梁村，2022年第五批公布的西安市蓝田县灞源镇青坪村、安康市汉滨区紫荆镇紫荆村；省级历史文化街区共有23片区，分别是2019年第一批公布的渭南市潼关县古城水坡巷，2020年第二批公布的汉中市东关正街历史文化街区、汉中市西汉三遗址历史文化街区，2020年第三批公布的安康市汉滨区东关片区、安康市紫阳焕古集镇老街、安

康市石泉县城关文化街区、安康市旬阳县蜀河历史文化街区、安康市汉阴双河口老街历史文化街区、商洛市山阳县漫川关镇历史文化街区、商洛市丹凤县棣花镇历史文化街区、商洛市柞水县凤凰镇历史文化街区，2021年公布的第四批安康市旬阳市下城街历史文化街区、安康市旬阳市府民街历史文化街区、安康市白河县城关历史文化街区、安康市石泉县后柳老街历史文化街区、安康市恒口示范区（试验区）老街历史文化街区、渭南市华阴市岳庙街历史文化街区、渭南市华阴市环西岳庙历史文化街区、汉中市城固县文庙历史文化街区、汉中市城固县中山街新街（簧宫正路）历史文化街区、汉中市城固县钟楼历史文化街区、汉中市勉县故城历史文化街区、汉中市勉县菜园街历史文化街区。择其主要简介如下。

国家级历史文化名城汉中市　汉中市位于陕西南部，总面积约2.7万平方公里。1994年1月经国务院批准，汉中市被列入第三批国家历史文化名城。汉中优越的地理位置、悠久的历史积淀、丰富的文化资源、优美的生态环境，使其素有西北小江南、汉家发祥地、中华聚宝盆的美誉，也被称为天府之国。

汉中拜将坛韩信塑像

汉中历史文化悠久。公元前312年，秦惠文王设汉中郡。公元前206年，汉高祖刘邦在这里称王崛起，奠定了汉朝400年基业，正所谓汉中开汉业。从文化资源上来讲，汉中演绎了萧何月下追韩信、登坛拜将、明修栈道暗度陈仓等典故。以张骞墓、拜将坛、古汉台、武侯墓、武侯祠、褒斜栈道、摩崖石刻、张良庙、蔡伦封地、定军山、古阳平关、山河堰、张鲁城、饮马池为代表的"两汉三国"历史遗存驰名中外。汉中是丝绸之路开拓者张骞出生成长、走向世界的地方，汉中亦是古茶马贸易的起点。汉中产茶始于商周，至今已有3000多年历史，北宋时期汉中因"茶课"成为当时朝廷三大财源城市之一，明代时每岁以汉中茶叶3万担易边马3万匹，汉茶创造了辉煌的历史并影响深远。从地理环境上来讲，汉中是蜀汉之间的咽喉要地。一代名相诸葛亮屯兵定军山下，北伐曹魏，写下了鞠躬尽瘁、死而后已的壮丽篇章。

目前，全市有世界文化遗产1处，世界灌溉工程遗产1处（汉中三堰：山河堰、五门堰、杨填堰），全国重点文物保护单位20处，省级文物保护单位69处，省级风景名胜区7处，自然保护区10处，国家级森林公园4处，省级森林公园4处。

汉中城隍庙琉璃照壁

汉中文庙

中国历史文化名镇汉中宁强县青木川镇 青木川镇位于陕西省西南角，宁强县西部，陕、甘、川三省交界处，襟陇带蜀，素有"鸡鸣三省"之誉，因川道内有一颗青木树，故得名青木川。青木川始建于明朝中叶，成型于清朝后期，鼎盛于民国年间，距今已有500余年历史。现有回龙场老街建筑群、魏氏庄园2个全国重点文物保护单位，辅仁中学早期建筑、瞿家大院2个省级文物保护单位。2010年青木川镇被列为全国第五批中国历史文化名镇，2019年魏氏庄园入选第四批中国20世纪建筑遗产名录。

青木川镇建筑

青木川镇

中国历史文化名镇旬阳市蜀河镇 蜀河镇位于旬阳市以东53公里处。2014年被公布为第六批中国历史文化名镇。蜀河镇为古蜀国所在地，汉时置县，中兴于明代，繁华于清朝中末期。其地理位置优越，是鄂、陕、川三地物资的重要集散中转之地。物流畅通，各地商贾纷至沓来，在此地修建会馆，古蜀河便逐渐发展成为汉江上游的商业重镇，被称为小汉口、汉江小都会。著名的会馆有黄帮黄州馆、陕帮三义庙、回帮清真寺、江西帮万寿宫、武帮武昌馆、船帮杨泗庙，还有本地帮的火神庙等，更有诸多井形巷道，这些都反映了文化的融合。其中黄州馆为传统宫殿式格局，并具有浓厚的南派建筑风格。黄州馆全部建筑均为砖木结构，虽是分期造作，但以中轴线为基准，左右对称，层次分明，风格统一谐调，旖旎美观，庄重大方，分别建有门楼、乐楼、拜殿和正殿。杨泗庙位于蜀河镇古渡口上崖，坐西向东，北依山坡；据庙中残碑推断，该庙建筑年代不晚于清乾隆年间（1736—1796）。其虽名为庙实为船帮会馆，因其内供奉船工始祖杨四爷，故取名"杨泗庙"。因汉江滩多险急，各类船只到此停驻，至杨泗庙祭拜杨四爷以求来往平安，一帆风顺。因杨泗庙是船帮乞求神佑之地，故其戏楼又名"明德楼"。每年农历六月初六，举办杨泗庙会，院内搭台唱戏，上演汉剧等各种地方戏剧，热闹非凡；同时，又是当地群众物资交流场所。

蜀河镇街区　　　　　　　　　　　　蜀河镇建筑

中国历史文化名镇商洛市柞水县凤凰镇　凤凰镇位于商洛市柞水县社川河畔，坐落在社川河、皂河沟、水滴沟三河出口交汇处，是柞水县闻名的商贸古集镇，更是人文灵气的富镇，2010年被公布为中国历史文化名镇。凤凰古镇历史悠久，距今已有1400多年的历史，文化底蕴深厚，旅游资源丰富。古镇的四合院等古建筑大体呈现徽派建筑风格，较具地方特点，至今保存完好。据《柞水县志》记载，凤凰镇始建于唐武德七年，唐宋时名三岔河口（社川河、皂河、水滴沟在此交汇），元代称社川河乡都，明成化十五年（1479）后称社川里、上孟里，清嘉庆年间（1796—1820）改名为凤凰嘴（因其西南有山名凤凰山而得名），1941年更名为凤凰镇。明景泰三年（1452）至1961年属陕西省镇安县，同年9月划归柞水县。

凤凰古镇

清顺治初年，豫、鄂、川等地客商看中凤凰镇水运交通发达的优势，来此经商并安居。道光年间（1821—1850）因凤凰嘴至西安的骡马道辟就，货运至此而后通过水运发往湖北等地，商旅往来多云集于凤凰嘴，此地形成固定的集市。嘉庆年间凤凰镇街广建街房门面百余间，广招商客和手艺人，疏通汤（峪）谷（城）骡马驿道、金钱河水路航运，开通商流、人流、物流，商业活动一时繁荣至极。在清末民国初年，凤凰镇商埠字号、店铺钱庄遍布，形成了32个大的商号，成为秦岭以南、连接长江水系和黄河水系的重要商贸集镇：北方的山货土特产经马帮和人驮转至此，再经水路南下；而江南的丝绸、大米又经水路在此下码头，而后从旱路翻越秦岭送入关中。后来随着水运的枯缩和公路交通的改善，凤凰镇逐渐失去了昔日的作用，尽管如此，在凤凰镇及周边地方，依然保留着许多老作坊和老手艺，如造纸坊、铁匠铺、丝织店等，当地人的生活中还依稀保留着古老的痕迹。

中国历史文化名镇安康市石泉县熨斗镇　　熨斗镇位于安康市石泉县西南，依山傍水而建，富水河将其环抱其中。古镇街道以青石铺筑，两旁的店铺鳞次栉比，幢幢木屋砖舍依山分布，重重叠叠，错落有致，处处透着恬淡之美。熨斗古镇距今有1400多年的历史，是川楚古道上的一座驿站古镇，昔日商贾云集，商贸繁荣时有老字号十多家，如源茂盛、天成祥、天成福、天成和、义顺和、金盛堂、义顺鑫、德懋鸿、昆泰丰、长兴久、荣寿堂等，大多是药铺和旅店，生意十分红火，名播川陕湖广。现存沿街古街多是明清时期所建，吊脚楼"让出三尺地，多占一份天"最有特色。据载，明清时期，每逢集日，熨斗街上川陕客商云集，商贸兴隆，古戏楼上演的汉剧韵味悠长，使人流连忘返。

石泉县熨斗镇

省级历史文化名城汉中市城固县　　城固县在秦岭南坡，地处汉江上游、汉中盆地东部。汉江自西向东穿城固流过，湑水河经由北部升仙谷口向东南汇入汉江，两水交汇形成城固所在的湑水河平坝地区。城固有2300多年建城史，1993年被公布为第二批陕西省历史文化名城。城固历史悠久、文化底蕴深厚，早在旧石器时代便有人类聚居于此，至汉唐时期，民勤耕织而善种植，物产丰富，经济发达。城固境内保存有世界文化遗产张骞墓以及五门堰、杨填堰等世界灌溉工程遗产，这些遗产的

城固县张骞墓

存在使城固县成为秦岭以南区域唯一拥有世界文化遗产的城市和世界灌溉工程遗产的县级城市。在地理文化格局上，城固是汉江文化走廊与秦蜀古道体系中的重要节点城市，在漫长的历史进程中，经过历代多次的人口迁移，其中以明清时期为盛，最终形成了巴蜀文化、秦陇文化、荆楚文化和中原文化的交汇区域，城市具有了多元文化交融的显著特点。从历史文化构成与发展脉络来看，城固是汉中历史文化体系的重要组成部分，城固地域文化也是汉中盆地地域文化的重要构成板块。同时，城固作为汉中的东翼，在汉中盆地的"两汉三国"文化体系中，汉文化价值地位突出。尤其以张骞为代表的西

汉丝路文化、以李固为代表的东汉文化以及以五门堰、杨填堰为代表的水利堰渠文化，集中体现了城固两汉文化的核心内涵。作为陕西省历史文化名城，城固地处秦岭、汉江以及秦蜀古道三大重要标志性历史文化空间，在全省历史文化体系构成中，具有独特而显著的历史价值与地位。

城固县五门堰

省级历史文化名城勉县　勉县位于陕西省南部、汉中市西端、汉江上游，北依秦岭，南连巴山，中为汉江流域平川地带。从新石器时期勉县沿汉江区域就有先民活动的痕迹，历史悠久，境内有全国重点文物保护单位2处、省级文物保护单位5处。勉县最突出的历史文化是军事文化、三国诸葛文化。勉县所处的汉中盆地位于汉水流域的上游，而汉水在三国时期是魏、蜀、吴三方交接地区，是多方争夺的战略焦点，战事频发，诸葛亮以勉县作为北伐的军事指挥大营。同时，勉县是古时秦蜀相通的重要关口，扼守了多条古道，易守难攻，是兵家必争之地。勉县城址变迁频繁，《勉县历史文化名城保护规划（2020—2035）》将白马城、勉县故城、城关镇均确定为研究对象，综合考虑历史上古城外围与城市发展紧密联系的地段，结合现状建设情况，确定勉县历史城区范围包含推测白马城、勉县故城范围及与勉县故城外重要标志性节点万寿塔所在片区，总面积为47.13公顷。历史城区内现存省级文保单位古阳平关、万寿塔，潜在工业遗产三粮液酒厂，重要近代水利工程汉惠渠。

勉县故城　　　　　　　　　　　　勉县武侯墓

省级文化名城渭南市华阴市　华阴春秋设邑，战国置县，已有2300多年历史，自古有"三秦要道、八省通衢"之称，是中原通往西北的必经之地，1993年被公布为陕西省历史文化名城。华阴市是天下杨氏的发源地，有"天下杨氏出华阴，华阴杨氏归东宫"之说，隋朝开国皇帝隋文帝杨坚即为华阴人，战国时大纵横家公孙衍、东汉两袖清风的名臣杨震均诞生于此。华夏五岳祭祀圣地之一的华山

华山与西岳庙

华山脚下玉泉院

是人们崇敬和拜谒神祇的重要场所。

省级历史文化街区渭南市潼关县古城水坡巷 2019年渭南市潼关县古城水坡巷被公布为第一批陕西省历史文化街区。20世纪50年代，因修建三门峡水库，处于渭河下游的老潼关被划入淹没区，整个县城南迁至10公里外的吴村。在建设新潼关县城时，由于建筑材料短缺，群众只得拆掉城墙、关楼，承载着老潼关厚重历史的城砖，被不断地运往新县城，垒成了院墙，埋进了房基，唯有老潼关南门附近一条800余米的水坡巷留存下来。水坡巷北依砚台山，南靠麒麟山，地势较高，不在当时设定的水位线下，因此得以完整地留存至今。穿过水坡巷的门洞，可见一条鹅卵石铺就的街巷，顺着山坡的倾斜度，蜿蜒曲折自西向东延伸。这条巷道是老潼关南大街的第一条巷道，也是当时的官道。水坡巷的建筑多建于明清时期，此地当时为达官、商贾聚集之地，也有在潼关的屯兵将领居住于此。巷道两侧院落，均面巷而建，鳞次栉比。水坡巷沈氏民宅门前有一棵古槐树，树冠凌空横跨巷道，被称为龙槐，传说是乾隆皇帝亲手所栽。跟乾隆有关系的还有水坡巷内的一口唐代古井。水坡巷内还有许多跟潼关保卫战有关的遗迹。相比国内许多古城老街，水坡巷是一条完全没有商业气息的巷道，因此显得古朴静谧。

水坡巷街区与古槐

水坡巷建筑

汉中东关正街历史文化街区 东关正街位于汉中老城外，西起东门桥，东至梁州路，全长约800米，核心保护区13.07公顷。2020年4月被公布为陕西省第二批历史文化街区。东关正街是清代中叶以来依靠汉江水运发展起来的以商业、手工业和居住为主的街区，20世纪50年代以前，此处是汉中乃至陕南最大、最繁华的商业区，其影响与辐射力达与其相邻的川、鄂、甘省区。20世纪50年代之后，随着公路交通发展，城市中心区西移，其商业地位减退，街区随之冷落衰败。

东关正街的形成于明代，是明清汉中古城土城部分的核心地带，因为汉江水运的发展带动了街区内商业、手工业等行业的繁荣。嘉庆年间（1796—1820），汉中府城的附郭街区已经拓展到相当规模，特别是东关一带。街区内有1处全国重点文物保护单位——汉中东塔，又称净明寺古塔。1953年汉中市人民政府拨款维修古塔时，发现塔顶有压角铁狮子1对，上铸有"（南宋宁宗）庆元四年（1198）洋州（今洋县）城西街李子照谨舍"文字，这说明此塔最迟在南宋庆元四年已建起。该塔整体造型端庄朴素、姿态秀丽、高耸云表，昔日与饮马池构成了汉中八景之"东塔西影"。

东关正街主要街巷骨架为东西向的东关正街和东关后街，并以此延伸出许多南北向支巷，整体格局呈鱼骨状分布。东关的空间结构组织上属于传统街巷的布局方式，以商业和居住为主。街巷两侧的传统院落与道路垂直向南北方向展开并相连成片。街区公共空间有室内和室外两种，室内公共空间主要为茶馆等，街区内的老人在此休闲娱乐。室外有几处由临街建筑退后形成的小区域与树木绿化共同构成的小空间，也成为可供人们平时下棋、聊天的场所。沿街建筑界面富有韵律节奏，建筑多为一到两层院落式布局，或前店后寝，或下店上寝，建筑结构以穿斗式土木结构为主，还有部分穿斗式与抬梁式结合的建造方式，十分具有当地特色。

西汉三遗址历史街区　西汉三遗址历史街区位于汉中市老城区东南角，核心保护区6.78公顷，是汉中历史悠久的传统街区，也是汉中历史文化名城的精髓所在。2020年4月被公布为陕西省第二批历史文化街区。街区保护范围内有3处省级文物保护单位，分别是汉台遗址、拜将坛遗址、饮马池遗址。除此之外还有丁字街、饮马池巷、汉台街等一些传统街道，它们基本保持了清末民初传统街巷格局和尺度，建筑保存完整，具有传统陕南民居风貌特色，部分传统商业业态依旧存在。

西汉三遗址历史文化街区是原汉中府衙所在地，汉台遗址、拜将坛遗址、饮马池遗址三个文物古迹成三足鼎立之势。

汉台遗址曾是刘邦驻跸汉中的行宫遗址，是典型的秦汉宫廷模式。1958年以古汉台为馆址，成立了汉中博物馆。1986年12月15日被原汉中市（今汉台区）人民政府公布为第一批县级重点文物保护单位；1992年4月20日被公布为陕西省重点文物保护单位。拜将坛遗址是汉代刘邦拜韩信为大将的古坛场遗址，外观呈覆斗形，经过明代正德年间（1506—1521）、清代康熙年间（1622—1722）、1941年、1985年和2007年五次大的修缮，形成了今天的面貌和规模。2000年8月被公布为汉中市文物保护单位；2008年6月，被公布为陕西省文物保护单位。饮马池遗址又名东湖，与汉王刘邦进驻汉中有关，是刘邦经常饮马的地方，也是城内一泓碧水。1986年12月被原汉中市（今汉台区）人民政府公布为县级重点文物保护单位，2000年8月被公布为汉中市文物保护单位，2018年被公布为陕西省文物保护单位。

拜将坛　　　　　　　　　　饮马池

西汉三遗址历史文化街区所处的自然地势与特殊形制造就了此区域南北纵横、宽窄不等、高低起伏的数十条街巷，犹如一张密密匝匝相互交织的网，将拜将坛遗址、汉台遗址、饮马池遗址三个历史遗迹以及此区域的各个角落串联在一起。街区的部分街巷虽然已经过整修，但仍然较好地保存着传统街巷格局，特别是沿丁字街和饮马池巷一线较好地保留了明清及民国时期的具有陕南建筑风格的民居建筑，较为完整地展现了原有的古城布局、院落结构和历史风貌。沿街巷建筑多为一到两层，以前店后宅、下店上寝为主，建筑结构以穿斗式土木结构为主，还有穿斗式和抬梁式结合的建造方式，极具陕南当地特色。

（三）农业遗产

古村落与农业文化遗产包括近现代以来代表性的古村落和具有重大意义的农业遗产、遗迹等。秦岭域内的古村落和农业遗产资源共23处，分布在六地市。其中汉中市资源数量最多，共11处；安康市次之，共8处；其余四地市均有1处。

1.汉中市农业遗产

汉中境内的古村落与农业遗产资源共11处，是秦岭境内农业资源分布数量最多的地区。这些农业遗产分布在汉台区、南郑区、城固县、洋县、西乡县、勉县。其中勉县分布数量最多，共4处；汉台区和洋县次之，各2处；南郑区、城固县和西乡县均为1处。其中洋县的溢惠渠和茅坪堰均为县级文物保护单位。

石门水库大坝　1979年，位于汉台区河东店镇河东店村的褒河河谷。水库于1969年开工，1973年开始蓄水，1979年竣工。大坝高88米、宽350米，是中国第一个双曲拱坝。石门水库灌溉汉台区、勉县、城固等县，灌溉面积有52万亩。石门水库大坝给汉中带来了经济效益和社会效益，在汉中发挥了举足轻重的作用。

溢惠渠　1958年，位于洋县溢水镇尹家泉村。1957年6月溢惠渠由陕西省水建公司第四施工所承建，1958年1月完工。总干渠长4.2公里，东西干渠长9.1公里，有斗渠9条，历年维修，使用至今。堰头设计为滚水坝，用料为打毛方石。坝长60米、宽5米、高3米。东岸有管理用房1座。灌溉面积7400亩。现为县级文物保护单位。

马鞍堰堰头　1958年，位于西乡县峡口镇左溪村五组，东北距县城21.5公里，以堰自流引水，穿越马鞍山而定名。马鞍堰流经原贯山、杨河、堰口三个区，干渠全长1.84公里，开支渠八条，是西乡县最大的水利灌溉工程。马鞍堰自1958年6月23日破土动工，1960年8月因国民经济建设计划调整而暂停，1966年7月复工，1971年通水18公里，1975年通水48.6公里，1980年全面竣工。堰坝东西走向，长45米，高4.5米，呈梯形状，顶部宽4米，下部宽约7米；堰坝东侧有斗闸门一座，泄洪闸一个，进水闸两个。马鞍堰保存基本完整，至今仍发挥极为重要的水利灌溉作用，是研究西乡水利建设、水文地质等重要的水利设施实物证据。

墓下村无坝堰　1960年，位于勉县金泉镇墓下村一组。1958年建坝，1960年建成。该坝为滚水坝，呈南北走向，由毛石砌筑而成。坝长300余米，宽15米左右。坝南端有一进水闸和排沙闸，有效灌溉面积1.1万亩。据记载，此处原无坝，引汉江水，后因汉江河床降低，上水困难，才修筑此坝。

汉惠渠　1941年，位于勉县武侯镇莲水村七组。汉惠渠修筑于1938—1941年，由李仪祉测绘设计、工程师刘嘉瑞主持修建。拦河滚水坝为混凝土建筑，引水渠为土渠，全长31公里，可灌溉农田10万亩，现今仍在扩修沿用。堰头存1941年刻《汉惠渠碑》，由时任陕西省政府主席的蒋鼎文撰文，张绍谨书丹。

幸福渠 1966年，位于勉县阜川镇高桥沟村。此渠原名养惠渠，引养家河水，是一条沿山渠道。该渠于1958年动工，1961年通水，1966年竣工，国家投资187.2万元，社队投劳力200多万人次。该渠长34.71公里，砌护15.5公里；斗渠36条，长64.48公里，砌护3.7公里；隧洞12处，长2607米；渡桥1座，长200米；饮水流量3.5立方米，设计灌溉面积2.5万亩。渠首枢纽工程在阜川镇关峡。渠成后使原镇川、胡家渡、阜川、元墩一带2万多亩旱地成为水田。

2.安康市农业遗产

安康市境内的古村落与农业遗产资源共8处，分布在汉阴县、紫阳县、岚皋县。

凤堰梯田 清—今，位于汉阴县漩涡镇。连片梯田共有1.2万余亩，距今逾250年，是清代中叶吴氏移民秦岭山地后，以吴氏族人为主修建的。凤堰梯田是目前秦巴山区发现的面积最大、保存最完整的清代梯田，是农耕文化的活化石。梯田依山傍水分布在海拔500～650米，级数均在300级左右，梯级层高0.3～1米，级宽3～15米，最长达600余米，阡陌相连，高低错落，层层叠叠。梯田依靠黄龙、茨沟、冷水和龙王四条沟的溪水自流灌溉，潺潺流水四季不绝。2013年被陕西省水利厅命名为省级水利风景区，2014年被农业部命名为"中国美丽田园"。现文物保护范围包括凤江梯田和堰坪梯田，集"山、水、田、屋、寨、村、庙、农"为一体，融"浑厚、雅致、奇趣、清新、壮美"于一身，是农业民族智慧的结晶，是天人合一、人与自然和谐的典范，也是山地农业技术知识体系的集成、农业生物的基因库，展示了独具特色的自然与文化景观。凤堰梯田是一处典型的、具有重要意义的农业文化遗产。2019年被公布为第八批全国重点文物保护单位。

凤堰梯田一

凤堰梯田保护标志碑

凤堰梯田二

凤堰梯田三

凤堰梯田吴家花屋

龚家油坊堰 民国，位于汉阴县汉阳镇双坪村村委西约2.5公里的龚家河。该渠依山而筑，东临龚家院子，西接龚家河，呈东西走向，长约230米，宽约0.8米，深约1米，由青石垒砌，石灰勾缝。堰渠倚崖壁为单石坎，有圆形石栈桩支撑基础；田边为双石坎，石坎宽0.5～0.8米，高1～3米。堰渠保存较好，原为油坊、造纸坊所用，现仍被用于灌溉农田。

双乳镇安良水库 1960年，位于汉阴县双乳镇玉河村东南约4公里，南、北两面皆为山梁。该水库为东西走向，为拦截卜良沟修建而成，始建于1958年，1960年竣工。堤坝为土石混合结构。该水库在电力、水产养殖及灌溉等方面都发挥了重要作用，现仍在使用。

古家村梯田 清，位于岚皋县官元镇古家村、龙板营村境内。此梯田系清代湖广、四川移民垦殖巴山老林，在岚皋西部山区大河流域所建的一处最大人工梯田，现存水平梯田约3万平方米。梯田沿大河北部山坡东西向延伸约2公里，由下至上梯次分布，宽40～500米，级数20～60级。梯田用泥土起垄护坎，每层有许多单田水平相连，单田长25～50米、宽5～20米，高0.3～0.8米。梯田利用北部山坡溪水自流灌溉。周围山坡和梯田中央有刘氏、邱氏、田氏等家族墓地，立有嘉庆、道光、同治等款墓碑，碑文记述了家族迁徙立业情况。梯田中心有邱家院落，残破严重，从穿斗式梁架和木板隔墙式样判断，其始建年代应该在清代中后期。梯田垄坎和灌溉水系完整，当代村民继续使用。

3. 渭南市农业遗产

箭峪水库　1969年，位于临渭区桥南镇箭峪村南300米的箭峪口内。该水库为区办自流灌下小型水库，控制流域面积30.1平方公里。坝高59.6米，总库容314万立方米，设施面积3.6万亩。1969年12月，渭、华两县联合成立指挥部，共同施工，一年后由渭南一县施工。1979年年底，水库连同灌区配套工程基本完成，共移动土石150万立方米，开石20万立方米，灌区配套工程，包括干、支、斗渠129条，长106公里。该水库现仍为灌溉所用。

4. 西安市农业遗产

涝惠渠　1947年，位于鄠邑区涝峪口土门子村。此渠于1943年开工修建，1947年完成。1931年户县曾调民工修建白公河，但因水资源缺失，不能灌田，只能排涝；1943年省政府筹款修建涝惠渠灌溉工程，在涝峪口土门子村以上河道狭窄处筑坝设闸，依山凿隧，引涝河水到河东，1947年9月，渠首及干渠工程基本竣工，并在土门子拦河坝举行了放水典礼，解决了河东各村的灌溉问题。渠首坝（即零号滚水坝）系峪口之首分水坝，是涝惠渠的枢纽工程，为我国著名水利专家李仪祉先生亲自勘测设计并建造。涝惠渠总引水5.2立方米每秒，分东西两灌区，原设计灌地10万亩，因经费不足，下段干、斗渠工程未修，到1955年只灌到4万余亩，后因河源水量有限，灌溉面积压缩到2万余亩。70多年来，涝惠渠以其完善的基础设施和优质的供水服务为灌区农田的增产丰收、农村的繁荣稳定、县域经济的快速发展起到了积极的推动作用。

第六节　秦岭地区工业遗产资源

秦岭地区由于其特殊的地理位置与地理环境，自近代起就有采矿厂和纺织、酿酒、火柴等工业作坊。特别是新中国成立以后，国家从整体战略上考量，利用秦岭地区的特殊地理位置及环境优势，布局建设了一批具有特殊意义的工业项目，主要涉及铁路建设、能源矿业等领域。

陕西省文物局与陕西省工业与信息化厅联合组织，于2008年至2013年间实施的陕西省工业遗产普查项目调查统计，秦岭地区的工业遗产主要分布于西安市、宝鸡市、渭南市、汉中市和商洛市的秦岭山区和浅山地带。这些地区涉及工业遗产的企业数量约有80家，随着时代的变迁和经济建设的快速发展，许多具有工业遗产价值的工业遗存已经遭到毁坏或消失，失去了列为工业遗产名录进行保护的现实条件和意义，例如1968年筹建的秦岭发电厂一期。因此对这些列入工业遗产调查名录进行了复核。以位于秦岭地区的深山与浅山地带为地理基准，在对秦岭地区的重点工业遗存进行现场调查的基础上，依据工业遗存的历史和文化价值、经济和社会价值，结合遗存目前的实际保护状况，补充和筛选出了以下工业遗存。这些工业遗存有的已被列入国家工业遗产保护名录，比如宝成铁路。被列为工业遗存的有13处，当前都具有作为工业遗产的价值，是陕西大秦岭地区工业产生与发展的重要历史见证。

一、铁路建设

宝成铁路 1952—1958年。宝成铁路是首批被列入中国工业遗产保护名录的工业遗产。宝成铁路全长669公里，北起宝鸡，南行达成都，与成渝、成昆两线衔接，是沟通中国西北、西南的第一条铁路干线。1952年7月1日在成都动工，1954年1月宝鸡段开工，1956年7月12日南北两段在黄沙河接轨通车，1958年元旦全线交付运营。全线隧道304座，大、中、小桥1001座，全线最长的是新会龙场隧道，长4245米。宝成铁路是新中国第一条工程艰巨的铁路。宝成铁路由宝鸡出发后先后需要跨越秦岭、巴山和剑门山，均是地势险要地段，因此工程相当艰巨。宝成铁路进入秦岭

1958年1月宝成铁路通车照片

山区后沿清姜河盘旋迂回，通过秦岭时，从杨家湾车站到秦岭大隧道直线距离只有6公里，但升高却达680米，即每公里上升110米。为了把坡度改为每公里只升高30米，能够使火车通行，铁路线只能设计成反复迂回盘旋式，在6公里的直线距离内盘绕了27公里，在任家湾和杨家湾之间的线路以30‰的大坡度急速爬升。为了克服地势高差，过杨家湾站后就以三个马蹄形和一个螺旋形（"8"字形）的迂回展线上升，线路层叠三层，高度相差达817米，即为著名的观音山展线，所以在观音山站可以看到三层铁路重叠的场面。再经2364米长的秦岭大隧道穿过秦岭垭口，即进入嘉陵江流域并到达秦岭站；越过秦岭后线路即用12‰的下坡道沿嘉陵江而下至四川广元，秦岭至略阳间先后14次跨过嘉陵江。从开工到交付运营间先后发生严重的滑坡58次，崩坍272次，整治工程量及难度都相当大。整个宝成铁路工程打穿上百座大山，填平数以百计的深谷，单填土石方就有6000万立方米，按高、宽各1米算，可绕地球赤道一周半以上。这条铁路是突破改变"蜀道难"的第一条铁路，为发展西南地区经济创造了重要条件。宝成铁路建成后，由于坡度大、隧道多，进行了电气化改造。第一期工程是宝鸡至凤州段91公里电气化改造，1961年完成；1975年全线完成电气化改造，是我国第一条电气化铁路。宝成电气化铁路的建成，拉开了中国铁路现代化建设的序幕，从此，电气化铁路伴随着祖国经济建设和改革开放的步伐进入了高速发展期，短短20余年间，就成为继俄罗斯、德国、日本等国之后第九个拥有1万公里电气化铁路的国家。宝成铁路主要承担西南、西北两大地区间的物资交流，是中国铁路网的骨架，对于沿线工、农业经济的发展起了重要作用。随着铁路建设的发展，利用废弃的铁路隧道，建成了宝成铁路博物馆。

穿越于秦岭山中的宝成铁路

宝成铁路穿越秦岭隧道

利用废弃铁路隧道建成的宝成铁路博物馆一

利用废弃铁路隧道建成的宝成铁路博物馆二

襄渝铁路陕西段 1970—1973年。襄渝铁路是三线建设重大建设项目，工程代号为2107。襄渝铁路东起襄樊，西抵重庆，全长915.6公里。襄渝铁路建设于1970年初开展大会战，施工高潮时动用人力83万人次，1973年10月全线建成通车。襄渝铁路陕西段经过紫阳、安康、旬阳，256公里路段需修建隧道177条、桥梁117座，地形险峻，工程艰巨，是襄渝铁路修筑最艰难的地段，建设者付出了巨大的劳动，甚至献出了宝贵的生命。

襄渝铁路的建设者资料照片

建设中的襄渝铁路资料照片一

建设中的襄渝铁路资料照片二

阳安铁路 1970—1972年。阳安铁路是三线建设项目之一，工程代号为1101。铁路西起阳平关东至安康，全长356.7公里，是一次建成的电气化铁路。1970年完成设计，分段施工，高峰时参加筑路的队伍近50万人次，1972年全线建成通车。

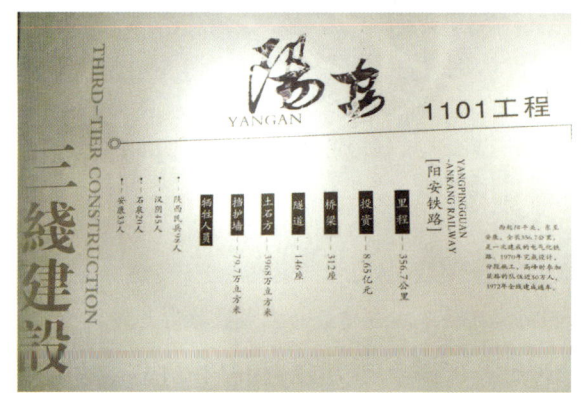

阳安铁路概况图

阳安铁路修建资料照片

二、工业生产遗产

洛南三线军工企业群遗址 20世纪60年代，位于洛南县卫东镇附近，由5家迁建于20世纪60年代的电子器件及电子器材的军工厂组成。这5家电子厂主要分布于洛南县卫东镇及周边几条山沟中，企业已于90年代全部迁出，工厂旧址移交给洛南县管理。现在原址仍保存有大量完整的生产及生活设施。

洛南军工企业群遗址废弃的生活设施——卫东百货商店

军工企业当年的生产设施

第二章 秦岭区域文化遗产资源调查

军工企业当年的厂房

军工企业当年的居住区

丹凤县葡萄酒厂 1911年。陕西丹凤葡萄酒厂始建于1911年，1951年公私合营。酒厂由意大利传教士安西曼与南阳客商华国文师徒共同创办，采用意大利传统酿制技艺，在天赋神韵的陕西丹凤龙驹寨始酿，并创立陕西省龙驹寨协记美利葡萄酒酿造公司。丹凤葡萄酒厂是中国最早的两家百年葡萄酒企业之一（另外一个是山东张裕酿酒公司），是陕西为数不多的百年工业品牌，也是中国第一家葡萄酒出口企业，中国第一瓶干红葡萄酒的诞生地。丹凤葡萄酒厂目前仍在正常生产，还保存有100年前的橡木桶。

丹凤县葡萄酒厂保存的100年前的橡木桶

三、矿产及水电开发

石泉水电站 1970—1974年，位于石泉县汉江上游。1970年11月开工建设，1972年8月水电部批示成立石泉水力发电厂筹建处，1974年6月陕西省电管局决定成立石泉水力发电厂，同年11月第一台机组正式并网发电，1975年9月电站全部建成发电，1979年11月电站总体验收合格。1987年12月西北电管局决定成立安康水电总厂，将电厂更名为安康水电总厂石泉水电站，1992年5月西北电管局撤销安康水电总厂，成

石泉水电站

立石泉水力发电厂。水电站目前仍在生产使用。

略阳钢铁厂 1966年，位于陕、甘、宁"金三角"地带的略阳县境内。此处交通便捷，川甘公路从厂区经过，铁路专用线与宝成铁路略阳站接轨。略阳钢铁厂是陕西省较早建成的钢铁厂之一，前身是略阳冶金矿山公司，后改制成立陕西略阳钢铁有限责任公司。略阳冶金矿山公司始建于1958年，1962年在国民经济调整中奉命停建，1965年3月冶金工业部批准阁老岭铁矿设计任务书，同时做出建设年产12万吨生铁略阳铁厂的决定。略阳钢铁厂于1966年开始建设，1969年炼铁投产，结束了陕西省不产铁的历史。该厂保留并仍然在使用一条运矿石索道。该索道建于1971年，长6.2公里，运行近40年，且仍在使用。

略阳钢铁厂专用铁路线

略阳钢铁厂矿石索道

金堆城钼业公司露天矿 1958年，位于渭南市华州区。金钼集团的前身是筹建于1958年的金堆城钼矿。陕西省647地质普查队地质员赵亨等人于1955年在秦岭中勘探发现了世界特大型钼矿床，1958年作为国家重点项目开工建设。金堆城钼矿先后隶属于冶金工业部和陕西省冶金局，后几经调整，于2000年划为陕西有色金属控股集团的全资子公司，2005年改制为金堆城钼业集团有限公司，注册地为陕西渭南华州区金堆镇。金堆城钼业集团的大型露天矿床目前仍在开采，开采作业面规模较大。

金堆城钼矿矿场

钼矿开采作业点之一

潼关金矿 宋—今，位于渭南市潼关县秦岭地区。该地区有金、银、铅、石墨、大理石、蛭石等多种矿物资源，分布范围较广，藏量比较丰富。据发现的北宋崇宁三年（1104）矿洞石刻推断，大约

900年前此地就有人开始开采金矿石。在潼峪、蒿岔、太峪、东桐峪等峪道都发现有矿洞遗址，仅麻峪就有72孔。历代官府屡禁庶民开采利用。《潼关县新志》记述，西潼峪佛头崖下有铜矿，官府曾经开采，因矿苗未成熟而终止。清代还有矿师勘查，立石标记。又载，西南牛角岭有煤矿，民国十年有人集资开采，因资竭而辍，但不知其是否有煤矿。1958年，群众在东桐峪河浪铁砂发现砂金，1965年陕西省地质局派出勘探队在潼关县秦岭山区对矿产资源进行普查，经普查、初查、详查，确定此地确实有金矿石。1975年筹建潼关县金矿。现一直开采。

第三章　秦岭区域非物质文化遗产

非物质文化遗产是一个国家和民族历史文化成就的重要标志，它不仅对于研究人类文明的演进具有重要意义，而且对于展现世界文化的多样性具有独特作用，是人类共同的文化财富。根据联合国教科文组织的《保护非物质文化遗产公约》定义：非物质文化遗产指被各群体、团体，有时为个人所视为其文化遗产的各种实践、表演、表现形式、知识体系和技能及其有关的工具、实物、工艺品和文化场所。为使中国的非物质文化遗产保护工作规范化，国务院发布《关于加强文化遗产保护的通知》，并制定"国家＋省＋市＋县"四级保护体系，要求各地方和各有关部门贯彻"保护为主、抢救第一、合理利用、传承发展"的工作方针，切实做好非物质文化遗产的保护、管理和合理利用工作。作为现存文化的记忆，非物质文化遗产与物质文化遗产具有同等的重要地位。以民间文学、民间音乐、民间舞蹈、传统戏剧、曲艺、竞技、民间美术、传统手工技艺、传统医药、民俗活动等文化表现形式或文化空间传承的非物质文化遗产，不仅是我们国家和民族的骄傲，也是全人类的共同财富。

陕西是中华民族的重要发祥地之一，有5000多年的辉煌历史。"秦中自古帝王州"，从公元前11世纪开始，先后有周、秦、汉、唐等十三个朝代在此建都，文化积淀深厚，为世人瞩目。悠久的历史、深厚的文化底蕴和独特的地理位置，孕育产生了源远流长、丰富多彩、特色鲜明的民族民间文化，使陕西成为全国非物质文化遗产的重要代表地区。陕西省级非物质文化遗产代表项目，都具有浓郁的地方特点，有的展现陕西传统文化和民族民间文化创造力的杰出价值；有的扎根于相关社区的文化传统，世代相传，具有鲜明的地方特色；有的具有促进陕西地域文化认同、增强社会凝聚力和社会稳定的作用，是文化交流的重要纽带；有的出色地运用传统文艺和技能，体现出高超的水平，具有见证文化传统的独特价值。

按照地理区分和历史传承来看，秦岭地区分为秦岭北麓和秦岭南坡的陕南地区。陕南地区主要以商洛、安康、汉中地区为代表，其人口主要以历史上的全国性移民迁入为主，形成了独特的地域文化特色。商洛、安康地区，自春秋战国时期就是秦楚文化交汇之地。"秦风楚韵"源远流长。汉中地区，处于秦蜀之间的过渡地带，可以说是两汉文明的发源地。这里群山环抱，自古就是兵家必争之地。晋元康元年（291），因为饥荒陆陆续续有十多万灾民逃亡汉中，其中包含了大量的鲜卑、羌、氐等少数民族百姓。明朝初年汉中安置流民，这场大迁徙和民族融合持续了上千年，在这块神秘的土地上形成了独特的风俗文化。关中的南部也就是秦岭的北麓地区，气候温和，水草丰美，是原始农业较为发达的地区。"被山带河，四塞以为固"的地形优势，使关中地区成为十三朝帝王建都所选，可谓"龙起之地"，是周、秦、汉唐以来的典型封建文化地区。其中关中古戏是这片土地上人们世代生活的映照，蕴含了太多关中人的文化智慧和生活态度。古音古意，大秦之声的秦腔，是中国汉族最古老的戏剧之一。高亢磅礴的华阴老腔，扎根于生活，虽无京戏华丽繁复的行头，也无昆曲雅致绝美的唱词，但是，几条木凳，腿一跷，弦一拨，胡一拉，凳一砸，用尽全力一声吼，一出好戏就此开场；震耳欲聋，苍茫大气，让人热血沸腾，深深震动。"三尺生绡做戏台，全凭十指逞诙谐"，华州区皮影戏是中国乃至世界上最古老的民间艺术。

另外，还有剪纸、皮影、泥塑、秦绣、木雕、布艺、麦秸画、马勺脸谱等等，极具个性和地域风情。以皮影、泥塑为代表的关中地区手工艺，传承了数千年。独特的地理环境、悠久的历史传承、深厚的文化底蕴，使陕西的秦岭区域成为非物质文化遗产的重要代表地区。多年来，在保护传承的工作体系中，已经建立起来国家级、省级、市级、县区级四级非物质文化遗产保护名录，下面择其重要的非物质文化项目进行介绍。

一、商洛市非物质文化遗产

商洛市地处陕西省东南部，秦岭东段南麓，几千年的深厚文化积淀，形成种类繁多、特色鲜明的非物质文化遗产。截至目前，商洛市已公布非物质文化遗产保护名录157项10大类，包括民间文学14项，传统美术13项，民间山歌、曲艺11项，传统体育、游艺与杂技7项，传统手工技艺68项，民俗26项，传统舞蹈6项，传统音乐10项，传统医药4项。其中商洛花鼓、洛南静板书等4项被列入国家级非物质文化遗产名录；商洛民歌、漫川大调等35项被列入陕西省非物质文化遗产名录。

位于陕、豫、鄂三省交界的商洛，地域文化底蕴浓厚，素有"戏剧之乡"的美誉，商洛的戏剧主要包括秦腔、商洛花鼓、商洛道情、洛南静板书等。根据资源分布区域来看，洛南县非物质文化遗产种类最为丰富，省级非物质文化遗产数量约占全市非遗总量的23%；镇安县和柞水县次之，镇安县非物质文化遗产以戏曲为主，柞水县则以手工艺资源为主；商州区非物质文化遗产主要包括戏曲、手工技艺、民俗文化等；山阳县饮食及民俗文化突出；丹凤和商南二县的省级非物质文化遗产项目较少，主要是饮食和民俗资源。

（一）民间山歌、戏曲、诗歌资源

民歌是生活的反映，是社会历史的记录，是由千千万万劳动人民集体创造的一部反映自己生活的史诗。戏曲主要是由民间歌舞、说唱和滑稽戏三种不同艺术形式综合而成。它起源于原始歌舞，是一种历史悠久的综合舞台艺术样式。经过汉、唐到宋、金才形成比较完整的戏曲艺术，由文学、音乐、舞蹈、美术、武术、杂技等综合而成，有360多个种类。它的特点是将众多艺术形式以一种标准聚合在一起，在共同具有的性质中体现其各自的个性。诗歌是用高度凝练的语言，形象表达作者丰富情感，集中反映社会生活并具有一定节奏和韵律的文学体裁，用言语表达的艺术就是诗歌。商洛市的民歌、戏剧资源有国家级民歌、戏剧资源共4项，同时也是省级非物质文化遗产。以下为部分资源介绍。

商洛民歌 商洛民歌中很大一部分反映了劳动人民在封建社会中受压迫的生活状况。流行在柞水县的《卖佃工》和《穷人记》，表现了劳动人民无休止的劳动换来的却是维持不了生计的穷困生活。商洛民歌不仅倾诉了劳动人民的苦难和不幸，同时也记载了劳动收获的喜悦。《闪扁担》《打樱桃》《倒插杨柳也生根》等均从不同侧面表现了劳动人民对劳动的热爱和对丰收的欢庆。

商洛孝歌 孝歌又名"鼓盆歌"，相传源于战国时期。《庄子·至乐》载："庄子妻死，惠子吊之，庄子则方箕踞，鼓盆而歌。"后人演绎为民俗，长歌当哭，达观看待生死。商洛孝歌于明代中叶由江淮移民与荆襄流民传入，经与当地民歌融合，具有了秦地特点。孝歌内容十分丰富，举凡天文、地理、历史、人生无所不包。传统唱腔可分为三大部分，即"开路歌""阴歌""还阳"，俗称三部曲。孝歌的主要内容是劝孝，对传扬孝道文化大有裨益。孝歌的音乐是民歌的一种，有开发利用价值。

商南民歌　商南县地处陕、鄂、豫三省八县的结合部，山川秀美，气候温和，物产丰富，民风淳厚，被称之为北方的南方、南方的北方。特殊的地理环境孕育了特殊的地域文化，形成既丰富多彩又别具一格的商南民歌。其主要特点是汇南北体裁为一体，融秦楚风格于一炉，形式多样，曲调鲜活，内容丰富。商南民歌中，数量最多的首推情歌，尤其是传统情歌，大胆表露爱情至上思想，反映青年男女对礼教的抗争。其次是劳动歌，多将情感与劳动密切结合，托物寄情，触景生情，体现劳动生活中的苦与乐。第三是仪式歌，包括茶歌、酒歌、喜歌、挽歌、贺彩歌。商南民歌的演唱方式多为清唱，伴奏乐器有鼓、锣、钗、小锣，一般不用管弦乐。鼓是墩子鼓，锣是苏锣，钗是大叶子钗，小锣是扔起来敲的。整个场面文文雅雅。每年春节，城乡组织花灯表演，是商南民歌传承和普及的最佳时机。玩灯与贺彩的歌词和曲调基本都是传统的。

商洛花鼓　商洛花鼓民间又称花鼓子、地蹦子，盛行于陕西省商洛市7县（区），尤以商州、丹凤、镇安和柞水最为流行。清光绪三年湖北郧阳遭受水灾，大批灾民进入商洛地区，带来了郧阳流行的花鼓戏，后逐渐改用商洛地区方言演唱，并吸收了许多商洛的民歌小调，最终形成商洛花鼓。商洛花鼓传统的唱腔音乐结构形式单一，音乐曲调流畅优美，历史年代久远，在戏曲发展演变历史的研究中具有"活化石"的作用。现为国家级非物质文化遗产。

商洛道情戏　商洛道情是一种古老的戏曲剧种，是陕西道情的始祖，源于道教徒化缘时的诵经调，自道教有史以来便广为流传，民间利用这一形式进行戏剧表演，流传至今。商洛道情千余年来扎根民间，与当地广大的劳动人民生存发展息息相关，是人民群众一种主要娱乐方式。商洛道情剧目繁多，最著名的是《一文钱》，被西安电影制片厂拍成电影，流传到东南亚各国。

商州皮影戏　皮影也叫皮影戏或灯影戏，是用灯光照射以兽皮或纸板做成的人物剪影以表演故事的曲艺。皮影剧目、唱腔多同地方戏曲相互影响，由艺人一边操纵皮影一边演唱，并配以音乐。皮影戏表演的特点是以声带画，声画统一，注重唱功和人物造型，同时大量采用布景，以构成多幕多景。由于流行地区、演唱曲调和剪影原料不同，皮影戏又可分为许多类别和剧种，商州道情演出形式就是其中一种。商州皮影戏发源于明末清初，内容以神话故事为主，唱腔以商州道情为主，板路有"慢板""二六""紧板""尖板""滚板"等。商州皮影是适合山区群众自娱自乐的文艺演出形式，有着深厚的传统文化内涵。保存比较好的有北宽坪镇白家山村白安治皮影和红门河乡磨沟庙村王建良皮影。

镇安花鼓　镇安花鼓是流传在镇安县境内的地方戏曲，也称二棚子戏，早在清道光年间（1821—1850）就已经盛行于"塘匠班子"之中，经常活动于家庭院落、田间地头。经过几百年的传承和发展，今已成为较有特色的地方剧种。20世纪60年代末至21世纪初，镇安剧团探索性地对镇安花鼓的传统表现形式进行了大胆的创新和发展，先后创作、移植上演了《换猪》《借亲配》《刘海戏金蟾》《牧童与小姐》《凤凰飞进光棍堂》等大、中型花鼓戏二十余部，通过对原始语言道白到音乐表现再到舞台表演进行系统完善和归类，极大地丰富了花鼓戏的艺术表现力，使其以全新的艺术面孔展现在观众面前，从而也使这一古老的地方剧种焕发出新的艺术魅力。

镇安渔鼓 镇安渔鼓是道情的一个分支，起源于明末清初，最早形成于云盖寺黑窑沟。那里的先民们用渔鼓伴唱当地流行的民歌和花鼓小调，从而形成了这一独特的民间曲艺曲种，至今已有400余年的历史。渔鼓的表演分为坐唱和站唱两种形式，镇安渔鼓以坐唱为主。常用曲调有"开腔"和"流水"等，唱词基本为七字句，"开腔"为四句体，用于所有曲目的开头。后面是"流水"的正文，均为上、下句结构。流传的传统曲目有《开篇渔鼓》《十把扇子》《王祥卧冰》《张孝打凤》等。

镇安汉剧 据《汉剧史考》记载，镇安汉剧起源于湖北襄阳。以地理位置而言，襄阳居汉水之中，上起汉中，下达汉口，此剧沿汉江发展，故称汉剧。又因其最初流行于陕、鄂边境的广大山区，故又山二黄。民国初，"三合""四喜""五福"三大班在镇安崛起，西安"鸣盛社"和"庆义社"的艺人大量进山，镇安便成为汉剧的主要基地。汉剧有两大声腔——西皮和二黄。西皮刚劲有力，明快爽朗，长于表现喜悦和激昂情绪；二黄则比较深沉浑厚，节奏平稳，适于表现悲愤哀怨、严肃惋惜之情。

洛南静板书 洛南静板书流行于清道光年间（1821—1850），是洛南县土生土长的民间曲艺，是采用乐器伴奏的韵文说唱形式。新中国成立前，这种艺术形式多是盲艺人求生糊口的手段，主要以求神、谢土地和为农户红白喜事助兴取乐为主。洛南静板书的说唱形式简单方便，内容都是群众喜闻乐见的，以唱七字句韵文的传统曲目为主。传统剧目内容有神话传说、历史演义、公案传奇、忠臣孝子、男情女爱等。洛南静板书根据地域、口语特点可以分为东路、西路、北路三种不同的演唱风格。

漫川大调 漫川大调是流传在山阳县漫川镇的地方戏曲，其曲调委婉缠绵，其中既带着陕西腔调，如秦腔、道情、碗碗腔、眉户，又夹杂着河南、湖北韵味的地方小曲，还有京韵大鼓、江南丝竹等多种曲调元素。漫川大调的曲目达30多种，唱腔有月头、月尾、慢诉、紧诉、滚调、吹调、落红怨、三朵花、哭五更等，变化颇多，拖腔优雅飘逸。演唱时，一人弹三弦，一人用筷子敲打小瓷碟伴奏，一人主唱，多人伴唱。

八仙鼓 八仙鼓是流传在山阳县城关地区的民间器乐，气势磅礴，不仅是社火鼓，还兼收了秧歌鼓、行军鼓等多种打击乐旋律和韵味，变化多端，博大精深，具有很高的艺术和文化价值。

柞水渔鼓 柞水渔鼓又称柞水渔鼓道情，伴奏乐器渔鼓又称道筒，是终南山道教文化的产物。民间传说，老子在终南山北麓楼观台写下《道德经》，在此开坛传道，柞水是道教传向陕南地区的首站。宋代时，民间艺人伐竹截筒做成渔鼓，打渔鼓，唱道情，讲道文，表演戏文唱本，延伸了传经布道的领域，产生了柞水渔鼓这一具有浓郁地方特色的曲种，其可考证历史已有270余年。明末清初，湘、鄂、皖、粤诸省移民纷纷迁入商洛，与柞水土著人姻娅相通，促进了不同地域文化的交流与发展，使柞水渔鼓曲种得到了升华和完善，逐步形成了具有独特风格的柞水渔鼓音乐体系，并流传分布于陕南各地，成为一种陕南地区人民群众情有独钟、喜闻乐见、流传广泛的民间艺术形式。

（二）手工艺技术资源

陕西有着丰富的传统手工技艺文化资源，挖掘、保护、利用它们对繁荣和发展陕西文化，满足群众的文化需求有重要作用。陕西传统手工技艺文化资源分布广泛，相当数量的传统手工技艺被列入各级非物质文化遗产名录，得到保护。这些手工技艺资源包括各种饮食资源、手工制作技艺资源等。商洛市的手工技艺资源共计75项。

黑龙口豆腐干制作工艺　黑龙口位于商洛市商州区西北26公里，地处中纬度，属暖温带山地气候，适合豆类作物生长。黑龙口豆腐干已有数百年的制作历史，其外形美观，口感细腻劲道，豆香醇厚。制作过程：精选优质黄豆，去沙、洗泥、晒干后，脱皮（经脱皮处理后做出来的豆腐颜色好，这也是黑龙口豆腐与众不同之处），夏天用水泡2小时，冬天泡4~6小时，然后用石磨或打浆机打浆，再用沸水杀浆（杀浆也是黑龙口豆腐的不同之处，这样做可以使豆腐的精丝好、口感好），杀好的浆用木桶捂20分钟后开始过渣，滤掉渣的豆浆烧熟，点卤，降温30分钟，至浆80℃以下时，挑豆皮，待浆中出现米粒状后，让其生长30分钟（这个过程主要用眼看，以经验判断），然后拿勺搅匀，水和豆腐花分离，水变清，把水舀出，用方形纱布把豆花包成长宽各9厘米的方形，将包好的豆包用木板压20分钟，然后打开再添豆花，再包好，再压20分钟，晾凉。盐水以3∶10的比例勾兑烧开，烧开后把豆腐放进去卤制，用文火煮40分钟，将煮过的豆腐块晒一天，再用盐水煮40分钟进行二次卤制，再晾晒2天，即成豆腐干。

丹凤葡萄酒酿造技艺　丹凤葡萄酒始于1911年，由意大利传教士安西曼、南阳客商华国文等始酿，他们联合当地省议员马骧等绅士名人筹银7000余两，在龙驹寨黄巷子十家院办起当地历史上第一家葡萄酒企业——陕西省龙驹寨协记美利葡萄酿造公司。近百年的酿酒历史，其独特的生产工艺更以优良品质、独特风格荣获国际国内多项大奖，曾被指定为人民大会堂特供酒和陕西省接待外宾指定用酒。

商南草鞋制作技艺　商南草鞋由当地盛产的龙须草、葛麻编织而成，新中国成立前后，几乎家家会编，人人都穿。俗语云"麻绳打草鞋，一代传一代"，形象地概括了商南草鞋的全民性及其工艺的大众化。商南草鞋选用的材料必须是老草。每年霜降之后，将生长在山上的龙须草或生长两年以上的葛藤割回，晒干备用。编织之前，将干草（或麻）用水泡透，再用木棒槌锤软。草鞋形式有两种，一种叫偏耳鞋，类似凉鞋，一般在夏、秋穿或淌水穿；另一种叫满耳鞋，类似布鞋，一般在冬、春防寒穿。商南草鞋简单、美观，穿着舒适、透气，上山淌水，便捷、防滑，还可以防治脚气，有利健康。

洛南手工挂面　洛南县手工挂面历史悠久，是一种老少咸宜、物美价廉的食品。洛南手工挂面以白、细、韧、筋、爽、香，口感爽滑筋道，味道香绵而闻名，盛产在洛南东路三要、高耀和西路保安等地。制作洛南手工挂面所需器具有：长型大木案、大瓷盆、木架子、面梁子、面筷子、面窖子、面坠子、面尺子、切面刀等。洛南挂面多以当地小麦加工制作而成。制作时要经过淘麦、磨面、和面、醒面、擀面、盘面、分条、拉面、切面、包面等十多道工序。

漫川菜肴"八大件"　漫川地处陕、鄂交界，饮食比较讲究。"八大件"即一席八个菜的统称。在"八大件"未上桌前，先上四个压桌碟，从头到尾都不撤换，喻义四季有余。如果是给上了年纪的人祝寿，当中还要加一道卤水拼盘，表明晚辈对老人的崇敬和孝顺。四个压桌碟依次为：豌豆凉粉，用当地盛产的豌豆磨成粉制作，洁白如玉、晶莹剔透、顽筋不断，夹在筷子上尽管晃动却不碎；鱼花茄子，将茄子去皮刀刻成鱼鳞状斑块，蒸熟后配佐料汁浇之，清香爽口；干炸野鱼，选用靳家河的小野鱼油炸，酥而不焦，连刺带肉一起食之，味道非常鲜美；青菜豆油，漫川温暖，四季有青菜，凉拌豆油是可口的素菜。四个压桌碟以后，便是主角"八大件"登场。其为刀尖丸子、红烧肘子、肚子扣碗、炒红薯粉、鸡蛋卷子、红薯丸子、蹄子扣碗、豆豉腊肉。漫川菜肴"八大件"的特征是：色有红、黄、绿、白之分，味有清、香、淡、雅之别，讲究色、香、味俱美，一碗有一碗的风味，一道有一道的讲究。从用料制作，烹饪上桌到待客过程都具有文化价值。

杏坪皮纸制作技艺　捞皮纸是柞水县杏坪镇传承最久、影响最深刻的民间传统手工技艺。杏坪镇位于柞水县东南部金井河与社川河交汇处，有优质的水源和大量的构树，为生产皮纸提供了有利条件。该镇的金口村，明清以降一直是个造纸村，全村二三百户人家，民国鼎盛时，几乎家家都有造纸作坊。近几年，由于土纸市场萧条，大部分青年人外出打工赚钱，仅剩造纸作坊50多家。杏坪皮纸的主要原料是构树皮。这种树皮皮质密，韧性好，成浆率高，成型的纸张色白、细腻、薄厚匀称，无污点，经久耐用。制造皮纸的工具比较简单，主要有蒸锅、纸槽、木碓、簾子、晒纸架等。制造皮纸的工序却比较复杂，需要经过选树、剥皮、蒸煮、洗晒、砸泥、成浆、捞纸、焙纸等十多道工序。其中许多工序都关乎纸品的质量，工序时间长短，制纸材料精粗优劣，全凭工匠的经验判断。杏坪皮纸主要用于写字、绘画、装裱、包装以及密封酒罐等。

柞水洋芋糍粑制作技艺　糍粑，旧称年糕，寓意吉祥如意，本为糯米制成的美食。柞水盛产洋芋，洋芋糍粑已成为当地有名的美食。它风味独特，色、香、味俱全。制作洋芋糍粑，第一道工序是选洋芋。选料以7月份以后收获的为佳，要选用粗皮、个圆的。第二道工序是将洋芋蒸熟，火候要恰到好处，待熟后去皮。也可以刮掉生皮后，再蒸熟。第三道工序最为关键，将蒸熟的洋芋晾至20℃～30℃，然后放入大石臼（当地人用花岗岩开凿的一种凹形石器）中用木杵春捣，要使劲地不断春捣，直到洋芋黏糊糊地成为胶泥一般方可，砸的时间越长，食用时口感越好。最后一道工序是将泥状的洋芋自然冷冻备用。洋芋糍粑的吃法按照各人口味不同而多种多样，它本身色、香、味、形、神、韵俱佳，若佐以红油辣子、姜、蒜等，犹如红莲、白莲盛开，甚是养眼开胃；若佐以浆水酸菜，撒入葱花、蒜苗做成酸汤，你会想到古人"清水出芙蓉"和"白毛浮绿水"的诗句；若佐以柞水地方"土蜂蜜"做成甜食，不但有清透如润玉之观感，而且那股凉甜、嫩滑、清爽的口味会使人口齿留香，余味不绝。洋芋糍粑亦能浇汤，加入各类鲜嫩青菜，清淡，简易，营养价值高；还能煎炸做成薯饼、薯球下酒或作为饭后甜点、夜宵。

柞水"十三花"宴席制作技艺　这是柞水民间招待贵客众多宴席之一，是在民间祭祀活动中传承几百年的具有地方特色的宴席。县志记载，唐垂拱元年（685），名医孙思邈深入秦岭采药，在今营盘镇药王村栖身，一边采药，一边坐诊行医。有一年当地病疫泛滥，儿童染疾拉痢疾不止，孙思邈在山上挖了十三种中草药，用当地的萝卜、豆腐、石腊菜、香椿等煎熬成十三种菜肴，让患病儿童食用，治好了所有患病者。当地百姓为纪念这位名医，于清朝末年，在药王村修建了药王庙，每年二月十五和十月十五，要举办大型庙会活动，四川、河南、甘肃等地中医及周边群众纷纷来此朝拜孙思邈，庙中则置办"十三花"宴席供朝拜者食用。久而久之，"十三花"宴席流传于民间，成为当地人宴请招待贵宾的主要宴席。"十三花"宴席的特色是：开席前，桌上要摆出四荤、四素、四干果和一个"花开富贵"的拼盘，形成十三道菜；宴席开始则以"鸡、蹄、肘、肚"四道菜为大炒、小炒，蒸碗子为辅，又要为食者上十三道菜，宴席中间还要加四道衬盘；宴席结束上主食时，要撤下桌面十三道菜，重新端上四个凉菜、四个蒸碗（条子肉）、一个汤，主食一般为米饭。"十三花"做工精细，选料讲究，佐料配用中草药，很受人们喜爱。

（三）民间文学

民间文学资源是指民众在生活文化和生活世界里传承、传播、共享的口头传统和语辞艺术，包括神话、史诗、民间传说、民间故事、民间叙事、谚语、谜语等。商洛市的民间文学资源——洛南县仓颉造字传说既是国家级民间文学资源，同时也是省级非物质文化遗产。

仓颉造字传说 仓颉造字传说在洛南县流传已久，众多古籍文献资料均有记载。《帝王世纪》载："黄帝史官仓颉，取象鸟迹，始作文字"。又有史料载："仓颉为帝，南巡狩，登阳虚之山，临于元扈、洛汭，灵龟负书，丹甲青文，仓帝受之。遂穷天地之变，仰观奎星圆曲之势，俯察龟文、鸟羽、山川，指掌而创文字。"《荀子·解蔽》又云："好书者众矣，而仓颉独传着壹也。"古籍中所说的元扈山，即位于洛南西北眉底乡南境，与洛河之北的阳虚山对峙。洛汭之水，则是指发源并流经洛南境内，在洛阳注入黄河的洛河，俗称南洛河。又据古洛南县志记载，历朝历代的达官文人，风闻仓颉造字在洛南，前来元扈山下瞻仰拓印者络绎不绝，拓印洗笔把崖下的石潭都染黑了。后因当地民众不堪其扰，纵火焚毁了刻字的石壁。这些"阳虚鸟迹""灵龟负书""墨染黑潭""火烧石壁"等等遗迹和典故，就构成了仓颉造字故事的基本素材和主要部分。

沉香传说 沉香传说是流传在洛南县境内的民间故事，围绕江南才子刘彦昌与华山三圣母缔结姻缘后皇榜高中，被皇上派往洛州任知县，发生的一系列天上人间、悲欢离合的故事，主要有刘峪遇蟒、宝莲灯保平安、仙桥送子、书堂山学艺、劈山救母、保安的故事、牛皮洞的故事等。

柞水祖师山庙会传说 柞水祖师山本名云台山，位于柞水溶洞风景区的东甘沟村。之所以称祖师山，民间传说，清咸丰年间（1851—1861）有个叫罗时义的青年，浪迹云台山下，给一位孔姓财主放牛，白天放牛干活，晚上苦读药书，用自采自制的中草药治好了一些骨伤患者，方圆数百里地的群众纷纷到东甘沟村请他治病，经他治好的病人有数千人之多。罗时义病逝后，按照其生前的叮嘱，将其安葬在云台山上。多年后，四川有一大户兄弟六人，只守一根独苗，不料这孩子12岁时因病而亡，下葬那天，一个叫罗时义的人，声称小孩并没有死，随身取出药丸，喂进小孩嘴里，这个小孩竟奇迹般复活。刘家六兄弟万分感动，大办宴席，表示感谢，可此时罗时义已不知去向。兄弟六人多方打听，才知罗时义是柞水云台山上一位已故多年的名医。刘姓兄弟制作全副銮驾，雕塑神像，从四川运送至云台山罗时义坟前，称罗时义为罗祖师。明末清初罗祖师成仙之说越传越神，甘肃、湖北、河南等地患者，凡有病者都不远千里，到祖师山寻医问药。当地群众为纪念这位行医济善的民间郎中，捐料捐物，在云台山建起了祖师庙。云台山附近医德高尚、医术较好的民间郎中，每逢初一、十五都会登山住庙坐诊，为百姓治病。

（四）舞蹈、美术资源

舞蹈是中国传统文化的表现形式之一，是中国传统文化的重要载体。舞蹈艺术是传达或表现文化的一种特殊的方式。舞蹈，是通过有节奏的、经过提炼和组织的人体动作和造型，来表达一定的思想感情的艺术。民间美术是由人民群众创作的，以美化环境、丰富民间风俗活动为目的，在日常生活中应用、流行的美术。民间美术是组成各民族美术传统的重要因素，为一切美术形式的源泉。商洛市的舞蹈、美术资源共计24项。

商州狗娃咪 "拐个弯，东龙山，狗娃咪，吹得欢。"这首民谣在商州广为流传。狗娃咪，也称狗娃哨，棕黑色，胶泥烧制，形象稚趣可爱，最大两寸多高，最小仅有半寸，吹起来声音清脆响亮，既是儿童玩具，又是具有欣赏价值的工艺品，造型多为小狗、小猫、小马、小兔、小狮、小猴、人骑狮、人骑狗等，统称狗娃咪。民谣中的东龙山，即今商州城东丹江北岸的东龙山村，是制作狗娃咪的主要产地，东龙山很多人都会捏制。经过民间艺人大胆的夸张变形，狗与狮昂首挺胸，四腿分立，既憨态十足，又骁勇雄健，分黑、红两色，显得洒脱、淳朴、粗犷，充满乡土气息。加之它脆亮的哨音，别说小孩，就连大人也爱不释手。

商州花灯 花灯也就是灯笼，多于传统节日、婚寿节庆之时悬挂。商州花灯流传悠久，以荷花灯、动物造型灯为主。每当农历正月十四夜，街道上挂起各色各样花灯，孩子们也提着各种花灯，人们纷纷走出家门，放鞭炮，赏花灯，尽享节日欢乐；孩子过生日，也习惯送灯。彩灯的制作材料有细铁丝、皱纹纸、白麻纸、皮纸、彩金纸、泡沫板、胶水、弹簧等，制作工具有剪刀、钳子、镊子、烙铁。制作过程是先用细铁丝做骨架，用白麻纸或透亮的皮纸打底子（包糊骨架），然后装饰。

商州花灯——龙灯

镇安蜡花 镇安蜡花是一种传统的民间手工艺术。蜡花是以蜡为原料制作的观赏花，晶莹透亮，逼真生动。蜡花制作始于宋朝，人们用蜡做成七台的蜡花，摆在供桌最醒目的位置上，作为祭祀和纪念故去亲人的贵重物品；也作为庙会、读谱、祭祖等活动时的饰品，一直在民间流传。蜡花制作，以黄蜡、矿蜡为主料，用火微化，以模具提取花瓣。

洛南剪纸 洛南剪纸分布全县各乡镇，尤以石坡、石门、麻坪、柏峪寺等地突出。作品运用象征的手法，剪出淳朴、深厚、粗犷、夸张、明朗、变形的装饰造型，大多表现出传统图案与现代美工相辅相成的特色，极具艺术感染力。剪工细腻，刚柔相济，包含着古老传统的民族意识，凝聚着劳动人民的思想情感和美学理念。洛南剪纸的代表性作品有《十二生肖》《八仙过海》《福禄寿》《献寿图》《迎奥运》《喜鹊闹春》《双凤图》《喜开花》《鱼戏莲》《八仙过海》《四大美女》《寿》《春夏秋冬》《红楼梦》等。现为陕西省非物质文化遗产项目。

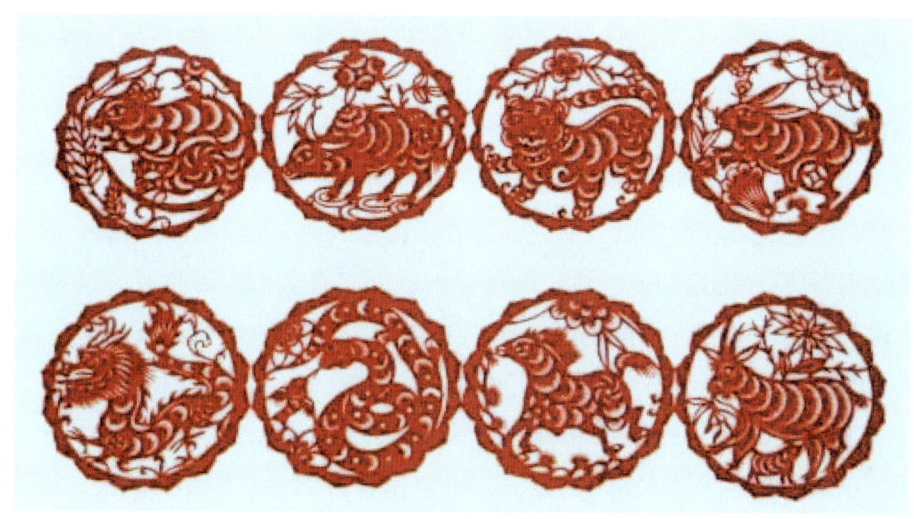

部分十二生肖剪纸

（五）竞技、体育、杂技、民俗资源

传统体育、游艺与杂技为非物质文化遗产的一个大类，大略分为竞技、表演、竞技表演三类，有地域性、多样性、民族性和民俗性等特点。民俗又称民间文化，是指一个民族或一个社会群体在长期的生产实践和社会生活中逐渐形成并世代相传、较为稳定的文化事项，可以简单概括为民间流行的风尚、习俗。本次资源调查中，将传统体育、游艺与杂技和民俗资源归为一类统计。商洛市的省级竞技、体育、杂技和民俗资源共计7项。

镇安元宵灯会 元宵灯会是深受镇安人喜爱和欢迎的一项传统民俗、游艺和祈福活动，主要分布于镇安县云盖寺镇、高峰镇、永乐镇、木王镇、青铜关镇等。流传在镇安县境内的元宵灯会，有"满架灯"和"举架灯"之分。传统灯会所用的狮子、龙灯、彩船、牌灯、云朵竹马、大头和尚戏柳翠、蚌壳、鹭鸶各种花灯，都是民间艺人手工扎制。镇安习俗"三十晚上的火，十五晚上的灯"，意思就是在每年农历正月十五皓月高悬，人们要点起彩灯万盏，以示庆贺。灯会集中体现了先民们的善良与智慧，也凝结了人们的乡愁。

丹凤高台芯子 高台芯子是流传在丹凤县城龙驹寨及其周边地区的民俗及传统体育竞技艺术，起源于宋元时期的社火，是一种民间杂技艺术。搭高台芯子的材料有方桌、芯桩、三米长的抬杠两根、麻绳、芯杆，其中芯杆是最关键部分。艺人运用力学原理，根据造型要求，精心设计好，用铁棒打造成内架，固定在方桌上，然后把小孩绑上去，化好装，穿上戏服，用以装扮各类造型的芯子，最后将木扛绑在桌沿下，由四人抬着向前走。在桌子上塑的芯子有单芯子、双芯子、众芯子。单芯子是一个人物，双芯子是两个人物，众芯子是指三人及三人以上。在绑扎中可用一层、两层、三层的表现形式。在技巧上也有转芯子、吊芯子和肩芯子、背芯子，有一定的灵活性和随意性。

商南花灯 商南花灯自明成化年间（1465—1487）商南建县便开始流传，延续至今，是仪仗灯与狮子、旱船、竹马、踩云、小车、地蹦子等各项杂耍艺术形式的总称。整个灯节，要经过出灯、卧灯、发灯和化灯几个大的程序。当节目、道具、排练齐备后，约定开始的时间称为出灯。出灯仪式上将全部节目汇集在一个大场上，依次作龙盘、狮舞、船动、马跑等表演，灯火齐明，高唱出灯彩词。这实际上是彩排和预演。接着便转场走向各家各户。花灯是活跃于山区的一种喜闻乐见、经久不衰的艺术。商南花灯别树一帜，既有江南水乡的细腻委婉，又有秦岭地区的奔放粗犷，深受人们欢迎。

谷雨公祭仓颉仪式 祭祀仓颉流传于秦岭山中洛河源头的洛南县境内。洛南人民为纪念造字始祖，传承民族文明，便在造字之地——洛南保安许庙村为仓圣立庙，并于每年谷雨日，举行祭祀活动。洛南祭祀仓颉，大约在春秋时期就已有之。起初以民祭为主，地方团体组织，区域涉及洛南、商州、蓝田、渭南、华阴等方圆几百里之地。每年谷雨这天，香客们提着供品，从四乡八镇来到许庙村，祭拜上供。供品多面食蒸制，上盘花鸟虫鱼，栩栩如生。这种形式延续几千年。清光绪三年，洛南县令允桢于县城东街仓圣祠，首开谷雨公祭仓颉典礼。从此，祭祀活动由民祭上升为公祭，不仅规模扩大，规格提高，而且形成了一整套祭祀程序。后历任县令均有公祭。

洛南担芯子 担芯子是社火艺术的一种形式。在洛南，每到春节都要耍社火，每耍社火，都有高跷、芯子。芯子有抬芯子、背芯子、担芯子三种，其中担芯子比较普遍。民国以前，洛南社火芯子都是抬芯子或背芯子。抬芯子是把特制的铁杆插于桌上，再把装扮人物造型的少儿固定在铁杆上，每桌表示一组故事，由四人抬着亮相。背芯子的制作方法与抬芯子略同，只不过是把芯子由人抬变成人背而已，但背芯子一般只能背一个人，不能表达复杂的故事组合。担芯子是新中国成立后产生的新的艺术形式，是把两个装扮芯子的少儿分别固定在扁担的两头，由一名身强力壮的青年身穿彩服，肩挑扁担，跟着鼓点踏步子，两个芯子亦可以系在扁担的两头，使表演更加生动。表演的故事有牛郎织女、嫦娥奔月、梁山伯与祝英台等。

二、汉中市非物质文化遗产

汉中非物质文化遗产分布广泛、种类多样，既有体现历史文化的故事传说及民间戏曲，又有贴近百姓生活的各种民俗活动。蔡伦造纸传说、洋县佛教音乐、汉调桄桄等国家级非物质文化遗产极大地提高了汉中的知名度。截至目前，汉中市已公布非物质文化遗产保护名录92项，包括9大类。其中民间文学6项，传统美术6项，民间山歌、曲艺7项，传统体育、游艺与杂技1项，传统手工技艺45项，传统舞蹈10项，传统音乐4项，传统医药5项，民俗8项。汉中国家级非物质文化遗产有蔡伦造纸传说、镇巴民歌、洋县佛教音乐、汉调桄桄、洋县架花焰火技艺、洋县悬台社火等。

汉中市非物质文化遗产分布并不均衡，其中洋县分布的非遗项目数量最多，其次为城固、勉县、南郑，留坝、佛坪非遗项目数量相对较少。从类型上看，城固县非遗项目种类较多，汉台区、南郑区、西乡县、略阳县、留坝县次之，洋县、勉县、宁强县、佛坪县非遗项目种类不多，但洋县传统手工艺、传统戏剧资源较为发达，镇巴县的民间音乐略胜其他县区。相比陕南其他区域特有的自然风光，汉中地区的民俗文化更具有特色。汉中是两汉、三国文化的发源地，而蔡伦造纸传说、张骞传说等无不体现着汉代文化特色。镇巴民歌、汉调桄桄、洋县悬台社火等地方表演艺术作为国家级非物质文化遗产项目，不仅具有欣赏价值，也是汉中地方文化的体现。

（一）民间山歌、戏曲、诗歌资源

汉中市的民歌、戏剧资源共计22项，其中国家级非遗项目3项，同时也是省级非物质文化遗产，另有省级非遗民歌、戏剧资源11项，市级民歌、戏剧资源11项。以下为部分资源介绍：

端公戏 端公戏俗称坛戏，是一种巫师组班装旦抹丑、巫步神歌、踊踏欢唱的陕西地方小戏。因其行头简单，一包袱可携，所以又叫打包袱。端公戏本为古代巴蜀巫师（端公）跳神的歌舞，后来发展为民间歌舞剧，属地方小剧种，一般为男女二人演唱，多表现男女爱情内容，故又称对对戏，适宜排演小型剧目。其唱腔朴实柔和，表现形式活泼洒脱，唱词幽默风趣，艺术风格独特，具有浓郁的汉中地方特色。

汉中曲子 汉中曲子是一种表演形式比较完备的传统戏曲艺术，一要上台，二要化妆，三是唱、做、念、打齐全。除大量演出一些与汉中百姓生活息息相关的小戏外，还能演"袍带"大戏。在其发展过程中，音乐唱腔、舞台布景、乐队伴奏都有很大的改进和发展，角色也有了生、旦、净、末、丑等行当。由于汉中曲子深受广大群众喜爱，其他剧种和各地戏班在大型演出时，都要应观众请求加演汉中曲子戏。

汉中孝歌 汉中孝歌源自明代天启年间（1621—1627），是由官迁至陕南的湘、鄂、川籍移民带来的，流传在汉中、安康、商洛各市县。丧礼孝歌有三个程序，即"开路歌""唱孝歌""还阳"。孝歌的基本唱腔有"三起头"和"正板"两部分。"三起头"是七言三句的开头歌段；"正板"是七言多句，曲调是"三句头"首句韵重复和变化重复。

汉调桄桄 汉调桄桄又称汉调秦腔、南路秦腔、桄桄戏，是明代末年关中秦腔传入汉中地区与当地方言和民间音乐结合而形成的梆子声腔剧种，主要流行于陕西南部的汉中、安康一带，并曾流传到川北、陇东、鄂北等地。汉调桄桄剧目丰富，传统剧目有700多个，其中本戏560多本，折子戏170多出，其中《刘高磨刀》《镔铁剑》《夕阳山》《水灌晋阳》《红缨披》等百余种剧目为汉调桄桄所独有，《帝王珠》《无影剑》《呢喃阁》《草坡面理》等剧目在其他剧种中已经失传或残缺。汉调桄桄的唱腔属板腔变化体，既有秦腔的高亢激越之美，又体现出陕南地方音乐优雅柔和的特点。旦角唱腔高昂，讲究唱"硬三眼调"；花脸擅用"犟音"，声高八度，多以假声演唱，尾音拖腔较长，人称"老少配"。唱腔的板路包括二流、慢板、尖板、拦头等多种，且有软、硬、快、慢之分。软为表现悲凉情绪的苦音，硬为表现欣悦情绪的欢音，快为快板，慢为慢板。汉调桄桄的伴奏有文、武场之别：文场原以盖板二弦为主奏乐器，后改为板胡，另有京胡、海笛、三弦等与之配合；武场使用尖鼓、平鼓、钩锣、铙钹、梆子、牙子、木鱼等打击乐器。汉调桄桄的表演追求大幅度夸张，有"箍桶""撒莲花""耍椅子""棍架子""吊毛盖""变脸""换衣""揣火"等许多独特的技巧，还有不少刀枪、棍棒、拳脚、腾翻的特有身段。民国以前，汉调桄桄演出时，生、净均不穿靴，常穿草鞋演出；旦角面部搽粉，头上插花即可出场。汉调桄桄演出服饰和化装虽简单，唱功却十分讲究，当地人习惯于夜听十里大调，且听远不听近，名为"燕过梁"。

春倌说春说唱艺术 春倌说春是汉中、安康和川北、陇东的部分地区流行的一种传统民间说唱艺术。在冬、春季节由春倌走村串户说唱，一般为单人表演；有时进入街道或住户密集的村庄时，采取双人对唱、接唱和联唱，演唱效果更好。每演完一户，春倌送给一副春帖，户主会给春倌"封礼"——粮食或钱。这种表演不受场地限制不用乐谱，有说有唱，说唱兼备。唱本师传徒承，唱词内容十分广泛，时常即景编词，遇啥人说啥话，"到什么山唱什么歌"。语言风趣诙谐，演唱合辙押韵。因为演唱内容紧跟时代，唱词随时随景更换，因此，往往是脑子灵、反应快、有文化、言辩能力强的人，才能成为一个好春倌。

洋县佛教音乐 洋县佛教音乐分布于汉中盆地东缘洋县城乡，它是陕西佛教音乐中的出类拔萃者，是我国西部宗教音乐的代表，被誉为佛教音乐的"油花花"。洋县佛教音乐有1400余年的历史。它从南北朝之时开始形成，经历了唐、宋的成熟期，至明代和清代上半叶达到鼎盛。洋县佛教音乐乐曲繁多，达1000余首，均记载在洋县智果寺明代御赐经卷中，保存至今。目前保存下来能供演唱、演奏的曲子依然有200首之多，分别为经韵、鼓吹乐曲、锣鼓乐曲，尤以鼓吹乐曲为盛。洋县佛教音乐所用的主要乐器为管子和鼓。在中国佛教音乐史中，像洋县佛教音乐这样具有地方特征又同御赐鼓吹乐班、同御赐经卷联系在一起传承的，实属罕见。而且，在佛教乐曲大多失传的今日，洋县却保存着众多的佛教乐曲，为我们研究汉水上游地域文化、民俗、宗教及人们的审美取向等提供了宝贵的资料。

洋县皮影戏 皮影传入洋县，形成了独一无二的洋县碗碗腔，已有300多年历史。该地方剧种角色、布景皆用上等牛皮刻制，主要在夜间用油灯、汽灯、电灯光反照特制透明细纱幕形成影像而观赏，老百姓俗称灯影。小铜碗是主要击节乐器伴奏。洋县皮影吸取了外地弦板、灯碗腔朴实柔和之长，完善自身曲调，其唱、白、吐字均以洋县方言为基础。此剧结构完整，行装简单，既具有弦板、灯碗腔色彩，又脱离弦板、灯碗腔而自成体系，成为具有鲜明地方风格的剧种。

洋县杖头木偶戏　洋县杖头木偶是以汉调桄桄和秦腔为唱腔、以杖头木偶进行表演的戏曲剧种，分布在洋县城乡。洋县木偶戏是以演员操纵木偶人物表演、演员唱奏的地方梆子戏。洋县杖头木偶表演的绝活颇多，主要有担水换肩、耍纱帽、武官脱帽、文官脱帽、脱衣服、耍梢子、耍靴子、吹胡子等，由桄桄艺人操纵木偶完成，非常精妙逼真。木偶制作形制分为暗杆、明杆两种。

（二）手工艺技术资源

汉中市的手工技艺资源共计72项，其中国家级非物质文化遗产1项，同时也是省级非物质文化遗产。另有省级非物质文化遗产26项，市级非物质文化遗产45项。

汉中龙江龙舞道具制作技艺　汉中龙江龙舞道具制作是一种古老的汉族传统手工技艺。传说龙能行云布雨、消灾降福，象征祥瑞，所以以舞龙的方式来祈求平安和丰收就成为全国各地汉族的一种习俗。龙江在古褒国境内，早在120万年前就有人类活动的南郑梁山龙岗寺与龙江隔江相望，近在咫尺。《诗经·周南·汉广》中所载的游女所游之处的汉庙堆就指今日龙江镇境内的孤山。龙江自古地处汉江、黑龙江（今褒河）环抱之中，夏、秋之季，常遇洪涝、干旱之灾，故当地人有敬天畏龙之习。当地汉族百姓敬龙舞龙习俗久远，制作龙舞道具也随之应运而生。早期常在寺庙、沿江举行祭祀活动，多由寺庙主持或氏族长辈牵头，村民多以稻草、柳条、芦节叶、龙须草，布料等扎制所舞之龙。

汉中张氏摩崖石刻拓印技艺　汉中是汉王朝的发祥地和三国诸葛亮的运兵之地。这里曾发生过"萧何月下追韩信""明修栈道、暗度陈仓"的历史故事；有历史上最早人工开凿的石门隧道；有历代名人留下的近180品摩崖石刻，其中《石门铭》、《石门颂》、"衮"、"雪"等"石门十三品"被誉为"国之瑰宝"。因"石门十三品"的历史文化内涵，引得无数文人墨客前来临摹拜谒，学艺者众多，便有了摩崖拓印之术。摩崖石刻坚硬且临空临水与大自然山体相连，凹凸不平，因此摩崖拓印不同于平板石刻拓印，非搭架操作不可。张氏第五代传人张晓明，因得祖上真传，反复实践，研究出"一拓双页"的绝活，达到了张氏家族拓印技艺的高峰。张氏拓片，保留了摩崖石刻的原真性，为金石、书法文化提供了必学范本，具有很高的历史鉴赏价值、学习价值。

汉中棕箱及棕制品制作技艺　汉中棕箱是陕西传统名优特色产品，系以杉木、松木、樟木等优质木材作里衬，外用精选棕片包裹，最外层用头发丝或染色的棕丝细绳编织而成。棕片是棕榈科常绿乔木的箨皮，即棕树叶簇的叶柄基部包围树干的红褐色纤维网鞘，也称包干纤维，它是棕树的主产品，纤维丰富，质地坚韧，拉力强，耐摩擦，耐水湿，抗腐性强。汉中地处北亚热带，盛产棕片、杉木、樟木。棕箱用当地棕片，剪去棕板、棕毛，纯用网状棕布片和细棕丝编织于木箱外层的工艺实用品。其生产要经过选料、制木箱、捻棕丝绳或头发绳、包裹棕片，再以棕丝绳与发丝编织成各种图案等15道工序。箱子上的图纹以陕南秀丽的山水风光、花鸟虫鱼、英雄人物、书法名句等为主，并配以精美的电镀金属包角、包口、箱锁、箱扣、提环等，使产品更坚实耐用、古朴大方，有天然之美。汉中棕箱具有防潮、防鼠咬、防虫蛀等特点，适于贮存衣物、皮毛、丝绸麻布及书籍文献等，可使其不长霉、不生虫、不掉毛、不回潮、不变质、不褪色。汉中棕箱制作技艺始于清代，盛于民国和新中国成立初期，是汉中地区诸县农家重要的副业。其规格较多，四大规格为一套。大者长达3尺，小者仅及尺余，亦有制成尺寸依次缩小装入一箱内的套箱，风格各异，携带轻便。

龙骨水车营造技艺　龙骨水车营造技艺，古书上都叫翻车。《后汉书》记载，这一灌溉机械是东汉末年发明的，最初是利用人力转动轮轴灌水，后来由于轮轴的发展和机械制造技术的进步，发明了以畜力、风力和水力作为动力的龙骨水车，并且在全国各地广泛使用。龙骨水车营造技艺入选陕西省非物质文化遗产。

汉中藤编技艺　藤编是汉中传统的工艺制品。汉中山区野青藤资源甚多，采割后经水煮、剥皮、漂白后，编制成各种藤制品，主要有座椅、六棱八仙桌、屏风、书架、盘、筐、篮、箱、沙发、柜、躺椅、提箱、果盒等。藤制品上的图案多样，有木瓜心、米字格、菱形格、菊花、牛眼、寿桃、日月同辉、二龙戏珠、孔雀开屏等。汉中藤编工艺精美，造型美观，式样高雅，色泽别致，舒适凉爽，轻巧耐用，久享盛誉。入选陕西省非物质文化遗产名录。

上元观红豆腐制作技艺　红豆腐制作是城固县历史悠久的传统手工技艺。城固县的上元观镇位于美丽的汉江之滨，这里多是旱地，每年出产大量优质黄豆，加上这里独特的水质，制得的豆腐乳香而不腻、辛而不辣，余味悠长，具有健脾开胃，帮助消化，防止肠胃病的作用，深受周围老百姓喜欢。又由于，上元观的豆腐乳是加入红曲制作而成的，所以在当地被称作红豆腐。在上元观镇，自古以来家家户户都会自制这种风味独特的小吃。《城固县志》记载，明代中期上元观红豆腐、升仙村橘子、垣山黄姜等城固地方特产远销安康、广元等地。在当时交通运输不便的条件下，上元观红豆腐能远销外地，其知名度之高、技艺之成熟、生产规模之大可想而知。

原公土席杂烩制作技艺　原公杂烩，食材精美，选料考究，荤素搭配。素菜类，必备的有干黄花、木耳；荤菜类，必备有鱼丸、饷皮、酥肉。原公杂烩，讲究清汤清水，不见一丝浑浊。原公老厨把做汤不叫烧汤或熬汤，而叫了一个很特别的名字——吊汤。猪骨头、鸡骨头熬汤，油大沫多很浑浊，厨师用动物血去浊法让它变清。经过厨师调制过的汤变得清澈透亮，再经过秘籍绝招——调制酸汤，食客品之酸酸爽爽，解腻消渴，余味悠长。原公杂烩上桌前还要做一些装碗美饰，将已蒸好的原公杂烩从蒸笼里取出，厨师用敏捷利落的身手迅速翻扣在早已备好的大汤碗里，然后撒上葱花、蒜苗、菱形蛋皮，清汤一浇，一窝热气腾腾、清香四溢、五彩斑斓的原公杂烩就可以上桌了。这形、色、汤、味，无不让人拍手叫绝。原公清汤杂烩的制作技艺现已列入陕西省非物质文化遗产保护名录。

架花烟火爆竹制作技艺　此技艺起源于唐代的宫廷烟火，共有几十个品种，与之相配伍的其他烟火品种有200多个。这些烟火多以历史故事、戏剧人物为内容，按照世代相传的秘方配制而成，制作中严格遵循古老的工艺流程。"大唐宫廷杆架双背剑"是其中的精品。洋县架花主杆上的烟花一般可安装为12楼、24楼、48楼。比如24楼的烟花主杆高度达20米，周围散布24根用火药引芯连接的小杆。燃放时需按一定顺序，先后穿梭点燃主杆与小杆上的烟花，并在主杆与小杆内外场地组合配置其他烟火。洋县架花烟火的火药配方准确科学，制作工序合理规范，烟花组合缜密和谐。洋县架花烟火的制作工艺、烟花形制和奇特的燃放形式为国内、国际所仅见，它为研究火药、烟火的发展历史提供了宝贵资料，具有很高的学术研究价值、历史文化和科技价值。

蔡伦造纸传说与洋县传统造纸技艺　传说起源于2世纪初的东汉早期。东汉永元年间（89—104），时任朝廷尚方令的蔡伦由洛阳抵长安，经子午道至龙亭故县（今陕西省洋县龙亭镇）寻找造纸的原料，试验造纸的方法，终于在元兴元年研制出了用树皮、废麻头、烂渔网及破布作原料的植物纤维纸。龙亭乃是他的造纸试验地之一。他在龙亭造纸的事迹，经过他在龙亭居住时的养子、龙亭蔡氏家族后裔及当地乡亲的传播，逐渐传开，经过1700年的世代传承，流传至今。蔡伦发明造纸术和植物纤维纸一事，最早见于东汉《东观汉记》及南朝范晔《后汉书》，洋县龙亭的石碑、方志也都有记载。龙亭及县域内一些地方，至今还有以蔡伦造纸法进行生产的民间构纸及龙须草纸、竹纸作坊和遗址，这些作坊和遗址，几乎每一个都有生动的传说。由于龙亭不但是蔡伦造纸的试验地，又是他的封地和葬地，这就更促进了传说的衍生。龙亭的人文地理环境、造纸遗迹以及与之相关的地方风物，都成为蔡伦造纸传说的驱动力，也增强了传说的可信度。蔡伦造纸传说发生于洋县龙亭及周边地区，后逐渐以龙亭为中心向周边地区辐射。据初步调查，蔡伦造纸传说在龙亭有数十个之多，分为攻克技术难关、寻找造纸原料、推广造纸、经营造纸、造纸贸易等类，大部分情节记述了"挫、捣、炒、焙"等技术环节。由于传说固有的发明创造的首创精神和文学艺术魅力，因而吸引着人们，百听不厌，世代相传。龙亭地区流传的这些蔡伦造纸传说，印证着我国古代四大发明之一造纸术的起源，意义非凡。洋县传统造纸原料为构树皮，又名楮皮、谷皮，产地为秦岭及汉江支流龙溪河。洋县传统造纸技艺采用了109道工序，其中23道为主要工序，复杂程度可见一斑。1万斤干燥构皮可造10捆构纸，每捆10把，每把5刀，每刀100张，共计5万张纸。在洋县传统造纸技艺中，捣浆搅拌、捞纸晒纸是重点步骤。在搅拌时，要将捣好的纸浆加入抄纸池，用竹竿上下用力搅拌，使池水晃荡，同时用竹竿击打池水，直至穰绒浮出水面，最后将穰绒推至池子的另一端。在晒纸时，应以左手掐住湿纸一角，右手持棕刷护持，将湿纸贴到烘墙上面，一张叠压一张纸上，但不能全部覆盖，须在上端露出几厘米的空档，且只能上下刷动，以防起皱。

洋县传统造纸技艺　　　　　　　　　　造纸鼻祖蔡伦塑像

谢村黄酒酿造技艺　这种黄酒酿造技艺分布在洋县县城以西25公里处的谢村村，是以"摊饭"工艺、使用祖传秘方药曲和当地物产阳糯米、特质水酿制而成的民间黄酒。洋县谢村黄酒起源于商、周，形成于唐、宋，清代及民国时期进入了繁荣期。谢村黄酒可以储存17年不腐，是谢村先民智慧的结晶，是陕西传统文化创造力的证明。

洋县黄家营土布纺织技艺　黄家营土布是以汉江上游所产棉花为原料、以祖传家用的纺车、织布机进行纺织的一门传统民间手工技艺，分布于洋县黄家营镇及其周边地区。黄家营土布纺织技艺诞生于明洪武年间（1368—1398），清康熙之时（1662—1722）非常繁荣，民国时达到鼎盛，20世纪50年代黄家营土布纺织与加工依然坚挺，60年代以后衰落。洋县黄家营土布纺织技艺是研究汉水上游经济贸易史、纺织史和传统民俗变迁的宝贵资料，是凝聚了中国古代劳动人民智慧和艺术的结晶。

洋县黄家营土布纺织技艺

洋县蓑衣编制技艺 蓑衣是劳动人民用蓑草编织成的用来遮雨的雨具。常见的蓑衣一般使用棕片缝成，棕片不透水也不透风。蓑衣分上衣与下裙两块，并配合斗笠使用，可遮风避雨，可遮羞掩丑。在旧社会里，人们干活、行路，甚至狩猎，都用蓑衣当"护身服"。由于秦巴山区雨水多，外出农耕少不了使用雨具，于是洋县蓑衣应时而生。洋县蓑衣起源于秦汉，流行于唐宋，没落于当今。洋县蓑衣和其他棕叶编制的蓑衣不同，它以龙须草为原料，用古老的结绳勾线手法，将一根根的草茎，制成外形仿民居屋顶似的流线样式，内层加勾针式的毛衣，不仅美观，而且极具保暖效果。晴天不用时，将蓑衣卷起挂在门梁上，极像一条刚从河里收获的大鱼。

洋县龙亭蔡家灯影制作技艺 蔡家灯影自清乾隆元年（1736）从关中传入洋县境内，清末民初已达鼎盛时期，20世纪60年代逐渐衰落，80年代又开始恢复，直至21世纪步入抢救、保护、振兴阶段，从形成至今已有280多年历史。洋县灯影戏是群众喜闻乐见的综合性民间戏曲艺术形式之一，其表演形式与木偶戏相似却又不尽相同。它有戏箱轻巧人员少的特点，每个班社五到七人即可演出一本戏。艺人分工为四大类：签手、拦门、笛手、坐槽，称为"四柱"。洋县灯影在整个陕西民间艺术中占有十分重要的位置，对丰富和完善陕西省戏曲艺术史，将会产生一定的推动作用。

费家窑砖雕瓦塑技艺 费家窑砖雕瓦塑由东周瓦当、汉代画像砖等发展而来，是在青砖上雕出山水、花卉、人物等图案，是古建筑雕刻中很重要的一种艺术形式。砖雕主要用来装饰寺、庙、观、庵及民居的构件和墙面，有时也雕刻成工艺品。

西乡牛肉干制作技艺 西乡牛肉干是西乡县传统、名贵的清真风味食品，中国国家地理标志产品。牛肉干外呈咖啡色，精肉呈桃红色，切面有光泽；食之芳香可口，咸淡适中，酥而不绵，余味悠长，营养丰富，蛋白质含量高达87%以上。西乡牛肉干传统制法分三个阶段：取皮整形、腌制烘烤、配料煨煮，16道工序，历时15天精制而成。制成后久储不坏，便于携带。

宁强福兴老字号王家核桃馍制作技艺 王家核桃馍传人讲，天津的一个都督兵败领罪后，他的儿子带厨师逃来宁强，在王家做了上门女婿，他的厨师在王家做厨子，主要制作海味酱菜、糕点等。时间一长，厨师熟悉了宁强的情况，就将宁强盛产的核桃及当地制作核桃馍的方法融进了自己制作的糕点中。这就是宁强核桃馍的雏形。王家原来的厨师跟着天津来的厨师学艺，生产酱菜和糕点的同时，一边改进核桃馍的工艺，一边扩大生产，经过代代相传，定型为如今的色、香、味俱全的产品。王记福兴老字号核桃馍，小如瓷盏，色橙黄，味浓郁，入口香酥，尤其难得的是放置累日逾旬色味如初，既是餐桌上的美食，又是馈赠亲友的佳品。宁强王记福兴核桃馍，虽然名声大，但产量少，分布范围小。因其生产、制作工艺独特，愈显珍贵难得。

略阳菜豆腐节节制作技艺　菜豆腐节节是略阳县一种最常见的汉族特色面食，如同汉中城固的面皮，宁强的核桃馍、麻辣鸡，镇巴的腊肉一样，备受当地居民的青睐。做菜豆腐节节，要先将豆浆煮开，再掺上浆水菜点出豆腐，再下入节节子（当地以玉米面配白面擀制成的一种短面条），并配蒜辣子、泡菜等小菜食用。其味酸甜可口，清香宜人。

佛坪神仙豆腐制作技艺　神仙豆腐起源于何时无记载。佛坪民间传说，早在神农氏尝百草时，因其腹内饥饿，偶然发现一种树叶可以制成豆腐状的食品，认为是神仙所赐的救饥食物，就称该种树叶为神仙叶，制成的食品叫作神仙豆腐。神农氏将辨识此种树叶及豆腐制作技法，广传与佛坪百姓。制作神仙豆腐的原材料是秦岭里一种树的叶子。神仙豆腐色泽淡雅如翡翠，呈半透明状，口感舒适，有去火、清凉解毒之功效，适宜夏季食用，长期食用保健效果显著，而且可防治因肝炎、肺热引起的各种疾病。

（三）茶文化资源

茶文化是在饮茶活动过程中形成的，包括茶道、茶德、茶精神、茶联、茶书、茶具、茶画、茶学、茶故事、茶艺等等。茶文化是茶艺与精神的结合，精神通过茶艺表现出来。茶文化的精神内涵即通过沏茶、赏茶、闻茶、饮茶、品茶等活动与中国的文化内涵和礼仪相结合，形成的一种具有鲜明中国文化特征的文化现象。茶文化资源包括不同品种的茶叶、茶叶制作技艺等。汉中市的茶文化资源仅1项，为略阳罐罐茶传统手工技艺，是省级非物质文化遗产。

略阳罐罐茶传统手工技艺　略阳县位于秦岭西段南坡，"比其地为用武之区曰略，象山之南曰阳"而得名，古为白马氏之东境，白马氏族即古羌族。传说，罐罐茶乃古羌族的遗风。略阳罐罐茶的分布地域性极强，一方水土，一方习俗。略阳罐罐茶是汉中市略阳县的传统茶点，有水泡茶、油炒茶、面罐茶等种类，后者最具特色。人们用小罐盛水，放入茶叶，置火上煮熬，边煮边放入面糊，再加上清油，调以茴香、藿香、生姜、食盐、核桃、肉丁、鸡蛋花等调味品及佐料，清早或有客人来时，人们就煮茶以当早点而食用，提神暖胃，爽口宜人。

（四）舞蹈、美术资源

水兽舞　水兽舞是一种形态独特的龙舞，起源疑与后汉的"迎五气"民俗活动有关，流行于城固县胥水河两岸，以原公镇和博望街道石家坝村承传较好。它是由一条老黄龙和四条颜色各异的小龙组成的群舞，因而群众又称其"五条龙"或"老龙盘柱"。由于小龙的造型独特，具有似龙、似兽的外形，当地人称其为水兽、独角兽或麒麟。

贯溪地围子　这是西乡县的民俗舞蹈。贯溪村劳动人民长期以耕织、渔猎为职，人们崇拜生产劳动，便模仿动物姿态和生产劳动中的典型动作，民间舞蹈随之产生。贯溪独特的地理条件和人文环境，形成了本地十分独特的民俗文化和民族风情，并世代相传，经久不衰，起到凝聚民心、维系团结、怡情乐性的教化作用。

勉县五节龙　五节龙是勉县的民俗舞蹈，表演分平地和高台两大段。平地表演包括举龙、二龙出水、翻滚游江、缠腰戏耍，高台表演包括卧台翻滚、彩虹飞驾、高台吸水等。

勉县板凳龙　中国许多地区都流行板凳龙这种民间舞蹈。其表演形式大多是用一条农家常用板凳饰作彩龙（木刻或扎纸彩绘），二至三人手持板凳扎制的短龙有规律、有节奏地舞出各种花样。一般认为板凳龙这种民间舞蹈起源于汉代，由"舞龙求雨"的宗教活动演变而来，并附有大致相似的民间传说。

勉县对鼓　对鼓是腰鼓的一种特殊表演形式。每逢春节，这种鼓舞就会出现在社火队中，与"龙舞""狮舞""跑竹马""彩莲船"等民间舞蹈一起活跃在街头场院。对鼓流传于汉江南岸巴山脚下的勉县镇川、阜川、刘家山、岳家台子等地。这种鼓舞阳刚中含着几分阴柔、内秀，热烈中透出几分委婉、风趣。该舞原来为三人一组表演，1955年后，增添为六人两组表演，增加了艺术感染力。对鼓的伴奏除了鼓手击打腹前的扁平小鼓外，另设堂鼓、云锣、大钹、马锣、小镲等场外伴奏，烘托气氛。鼓手一般头扎三角形的英雄巾，身穿中式对襟秧歌彩服，外套马夹，下身穿镶有缝彩边的灯笼裤，脚蹬麻布草鞋。扇牌手脸画白眼窝扮丑相，套羊皮背心，斜背一串铜铃，其他均与鼓手服饰相同。

汉中民间木版图画　汉中民间木版图画按其表现形态可归为三种：木版年画，春帖，纸马、龙票。木版年画包括各式各样的门神、灶王、龙王、财神等家宅诸神像，春节时张贴，表达美好愿望，烘托节日气氛。汉中民间木版年画的起稿雕版，跟印刷和成品销售为上、下游两个行当。春帖有大、小两种，以墨色刷印到色纸上，兼有年历、节气表、年成形势预报，张贴壁间，具备生产生活提示功用。帖上的《春牛图》即发布来年气候及年成形势预测的中心图像，其历法推算、绘图、版式设计及雕版靠掌握核心知识和传统技能的"春官"运作。春帖每年农历九月初印制完毕，九月十三日召开春官年会，会首分发春帖给各位春官，农历十月至腊月和开年后正月里，春官们分头沿村挨户送往各家。纸马、龙票是各种刻印有图像和纹式的神像、符篆或纸币，民众用在谒庙祀神和祭奠时焚烧。

城固泥塑　城固泥塑是一种传统民俗工艺品，已有3000多年历史，具有历史悠久、技术含量高、覆盖面广、题材广泛等特点。它起源于新石器时代，形成于汉代，盛行于南北朝，民国以后进入曲折发展时期。城固泥塑技艺主要分布在以原公镇为中心的陈村一带。城固泥塑按形象分有人物、动物、生活用品和装饰品等，按题材分主要有文学、历史、戏剧、神话等，同时还有反映现实生活的作品，堪称陕南农耕生活的缩影和民俗生活的大观园。

宁强羌族刺绣　这是一种流传于宁强羌族的刺绣工艺。宁强羌族刺绣除了独特的民族风格外，很重要的一点是它具有很强的观赏性和实用性，不仅色彩绚丽夺目，而且牢固耐用。羌族刺绣有"十字挑绣""串挑绣""编挑绣"三种主要针法，完全保持了羌绣的民族传统工艺和特色，比四川羌绣保留的原始元素多。绣品主要有挂饰系列（图腾壁挂、镜框壁挂、吉祥香包等）、厨房系列（桌布、围裙等）、日常生活系列（鞋垫、拖鞋、童帽、头帕等），另有茶杯垫、靠枕套等。

略阳羌族羊皮鼓舞　羊皮鼓舞又名端公舞，是秦巴山区的巫师（端公）在民间祭祀活动"开坛"时表演的一种巫舞。在略阳农村最常见的庙会活动祭祀中，表演者头包红布或戴面罩、脸谱，饰以黄表纸花、纸带，身着满大襟老粗布长袍，腰系白色麻制百褶裙，在羊皮鼓的咚咚作响下轻盈起舞。羊皮鼓舞主要流传在嘉陵江上游的略阳县，20世纪50年代初略阳民间艺人马云秀、童连生首先演出双人鼓舞，风格、节奏、律动仍保留了原有氐羌色彩，但删除了祭祀内容，规范了羊皮鼓的舞蹈语汇，使之成为娱乐性的表演节目。羊皮鼓舞作为羌族舞蹈的组成部分，也是羌族文化的灵魂，经过收集、整理、筛选、加工，也由单一的祭祀活动演变为舞台表演艺术，受到了社会的认可和公众的称赞。随着人类的进步和社会的发展，略阳羊皮鼓舞逐渐演变，现在已发展成了一种群体性舞蹈。

（五）传统医药

传统医药是优秀传统文化的重要载体，在促进文明互鉴、维护人民健康等方面发挥着重要作用。传统医药是整体保健知识、技能和实践的总和，因其保健和治疗的作用而受到社会承认和接受。传统医药的基础是理论、信仰和经验，它们来源于不同的文化并世代相传和发展。

史氏腰椎间盘整复手法　腰椎间盘整复手法是陕西省非物质文化遗产保护项目。腰椎间盘整复手法是中医正骨法的分支，不开刀，不吃药，不扎针，很快解除病人的痛苦，是传统医学简便验廉的集中体现，具有非常宝贵的医学价值。这一疗法是中医成就的集中体现，是传统医学的活化石。

（六）竞技、体育、杂技、民俗资源

汉中市的竞技、体育、杂技和民俗资源中洋县悬台社火艺术既是国家级竞技、体育、杂技和民俗资源，同时也是省级非物质文化遗产。

扫五穷　扫五穷又称扫五魔、扫五群，即扫除邪、怪、灾、病、贫五魔，是一种鲜见的民俗文化现象，它分布在中国汉水上游的陕西省汉中市洋县及其周边地区城固县、西乡县一带及甘肃靖远。这一民俗寄托了中国劳动人民祛邪、避灾、祈福的美好愿望。

洋县悬台社火艺术　洋县悬台社火又称洋县高芯子社火，是洋县城乡所特有的一种春节民俗活动。它源于商周时代，经过长期发展，至清雍正年间（1723—1735）从当地众多的社火品种中脱颖而出，成为洋县社火中最具影响力的一支，至今已有300多年的历史。清末民国至新中国成立初期，洋县悬台社火达于鼎盛。洋县社火汇集各种民间社火精华，以戏剧角色站在高台梁架上为表演形式，以人抬肩扛为主要运载方式，所用的梁架有五六层，高达12米左右，由数十人抬扛而行，显得威武雄壮。悬台社火脸谱采用夸张的艺术手法，化妆所用颜料为民间特制，不伤皮肤。游演之中，悬台社火以比高下、换折子为尚，极尽火爆热闹之能事，引得万人空巷，由是成为参与人数最多的一种民间艺术活动。洋县悬台社火融合传统戏剧、舞蹈、音乐、美术及杂技艺术诸多元素，是研究汉水上游民俗及民众文化心理、生存状态的宝贵资料，具有重要的历史文化研究价值和深远的影响。

午子山三月三庙会活动　此庙会位于西乡县午子山，每年三月三日举办。庙会上有民俗表演，还有祈福大会、登山比赛，每年吸引众多省内外游客来逛庙会

勉县武侯墓清明祭祀活动　武侯墓位于勉县城南4公里处的古战场定军山下，是中国历史上杰出的政治家、军事家，三国蜀汉丞相诸葛亮的墓地。武侯墓庙是祭祀诸葛亮的场所，世代延续，逐渐形成了如今以扫墓、祭祀为主，融合踏青、郊游、娱乐、商贸等活动的盛大清明庙会，每年有数十万人云集于此。南宋乾道八年（1172），诗人陆游途经勉县，见此盛况，写了"定军山前寒食路，至今人祠丞相墓"的诗句，佐证了勉县武侯墓清明庙会的盛景。武侯墓清明庙会是因祭祀诸葛亮而渐渐兴起的民间自发性群体聚会，庙会期间有官方或民间举行的祭祀、扫墓、文艺演出、广场艺术表演、秦腔表演等活动，还有各类工艺品、纪念品、服装、风味小吃、茶馆、农资器具贸易等。

三、安康市非物质文化遗产

安康市地处秦巴腹地、汉水之滨，与湖北、四川、重庆接壤，历史悠久，人文厚重。商、周时代，这里曾是巴、蜀、庸、楚、秦诸文化的交汇之地。秦、汉时期，为汉中郡治所在地。西晋太康元年取"万年丰乐，安宁康泰"之意，始称安康。多元的文化交相辉映，造就了绚丽多彩、鲜活质朴的安康文化。安康地域文化受荆楚文化、巴蜀文化、汉水文化、移民文化影响，兼收并蓄、多元包容，形成了底蕴丰厚、特色鲜明的非物质文化遗产。截至目前，安康有国家级非遗项目4个，分别为汉调二簧、紫阳民歌、平利弦子腔和旬阳民歌；市级非物质文化遗产保护项目127个，包括10大类。其中民间文学30项，民间美术8项，民间山歌、曲艺7项，传统体育、游艺与杂技2项，传统手工技艺45项，民俗9项，传统舞蹈15项，传统音乐10项，传统医药1项。安康曲子、旬阳八步景等38项被列入陕西省非物质文化遗产名录。

（一）民间山歌、戏曲、诗歌资源

汉调二簧 汉调二簧又称陕二簧、山二簧，是陕西第二大剧种，流行于陕西的安康、汉中、商洛、西安及四川、甘肃、湖北的部分地区。它源自陕南汉江流域的山歌、牧歌、民歌，清代初叶受秦腔影响，并吸收昆曲、吹腔、高拨子等曲调，糅合当地方言，形成了独立的声腔剧种。原来用双笛伴奏，笛以竹作"簧"，故称二簧；为与京二簧区别，又称土二簧。汉调二簧传统剧目丰富，仅安康一地就有1200多种，已挖掘整理出本戏420

汉调二簧戏楼

本、折子戏517本。这些剧目的题材多取自《东周列国志》《三国演义》《封神演义》及其他历史故事和民间传说，其中的代表性剧目有《文姬辨琴》《胡笳十八拍》《战蚩尤》《尝百草》《黄天荡》《清风亭》《二度梅》《打龙棚》《梁红玉》等。汉调二簧在发展中曾形成安康、汉中、商洛、关中等流派，名角辈出。其角色共分末、净、生、旦、丑、外、小、贴、夫、杂十个行当，表演讲究细腻精道，唱腔真假嗓并用，悠扬婉转。生、老旦一般用真声演唱，旦用假声演唱，净则使用虎音。其唱腔以西皮、二簧为主，西皮用于表现愉快、爽朗的情绪和场面，二簧用于表现悲哀、肃穆的情绪和场面，演唱中根据剧情需要交替使用，产成甜音、苦音之分。伴奏乐队的文场使用胡琴、二胡、月琴、三弦、阮、唢呐、笛子、喇叭等乐器，武场则使用牙板、梆子、暴鼓、尖鼓、锣、铙钹等。汉调二簧的脸谱样式众多，比京剧和秦腔更为考究，目前收集到的有450多个。汉调二簧形成较早，各地其他皮簧声腔剧种都与之存在渊源关系，它对川剧、徽剧、京剧等的形成和发展有着不可忽略的影响。

安康小场子　安康小场子是安康特有的民间舞蹈。它在秦巴山区、汉水中游长期流传，深受观众喜爱，与各地流传的地蹦子、地围子、打花鼓子、跑场花鼓等民间小对对戏很有相似之处。不同的是安康小场子必须在一张八仙桌上表演，这也正是安康小场子较其他表演形式独妙之处。表演者在大方桌这个特定的小舞台上说唱、歌舞，形成了独特的形式和风格。

汉江号子　汉江号子是生活在汉江沿岸的船工们在生产斗争中劳动情绪的直接体现，它不仅有着统一劳动步调、统一意志的组织作用，同时也起着鼓舞船工工作、调剂船工精神的作用。因为水上劳动的艰苦以及复杂的条件与环境，根据上水、下水、扯篷、活锚、推船、靠岸、过滩等步骤形成了一整套能适应各种劳动条件的号子。汉江号子基本上可以分为上水行船号子、下水行船号子、离岸、靠岸及其他号子五种类型。

安康花鼓子　安康花鼓子是安康本地喜庆祝福、自娱自乐最为广泛、经济的表演形式。花鼓子多在嫁娶、祝寿时表达祝福，营造喜庆氛围。丧鼓子多在丧白事时奏唱，以述说逝者生前故事，表达悲伤之情，营造悲伤氛围。有人称它是"三六九赶场，见客发货"。在安康地区花鼓子最显著的特点是曲式结构、旋律线相同，但其发音腔调各有不同。花鼓子在安康地区南起镇坪，北至宁陕，东到白河，西到石泉，当地的百姓艺人们都在唱着同一首花鼓子，却用自己别样的腔调抒发各自的千百种情怀。

八岔戏　八岔戏又称七岔戏、花鼓戏、小调戏、岔口，是流传在安康汉滨区的一个新创的地方戏曲剧种。它来自"四民"：剧目来自当地民间故事、传说；表演来自民间歌舞；唱腔来自民间小调；伴奏锣鼓来自民间鼓乐。它处于民间地方戏曲形成的顶端，内容十分丰富。八岔戏以语言通俗、曲调优美、故事生动而深受群众热爱，声腔唱段遍及全区各个角落。

道情戏　道情是中国传统曲艺品种的一个类别，源于唐代的《承天》《九真》等道曲，南宋始用渔鼓、筒板伴奏，故又称道情渔鼓。至清代，道情同各地民间音乐结合形成了同源异流的多种形式。道情多以唱为主，以说为辅，有坐唱、站唱、单口、对口等表演形式。

安康曲子　安康曲子亦称念曲子引，属于传统坐唱戏曲，流传于陕西安康、汉中地区，由民间小曲发展而成。清代多为文人自娱，故安康曲子有室内雅乐之称。安康曲子演出形式为坐唱，只唱不说，没有表演，分1人唱、2人对唱和众人同唱等。伴奏以三弦为主，辅以月琴、琵琶、扬琴、二胡、笛子等，还有牙子板、碰铃等打击乐，气氛热烈。在旬阳一带尤为盛行，如旬阳、城关、蜀河、小河等地，每当逢年过节，红白喜事，乃至饭后茶余，或厅堂，或场院，三四人合作，弹三弦，打小碟，或念白，或唱曲，别有一番情趣。

汉阴皮影戏演技　汉阴皮影戏以汉调二簧为主体唱腔，为陕南独有。李兴儒皮影戏演技是陕南移民文化的典型代表，是通过劳动和生活实践创造出来的一种具有浓郁乡土气息的汉族民间艺术，是汉民族珍贵的文化遗产之一。皮影演技吸收了汉阴皮影戏精华，历经数百年创造、升华、完型、改革的漫长艺术道路，形成了其规范的程式、鲜明的个性特征和独特的表现风格，特别是共融南北、吸收其他艺术门类营养。

紫阳民歌　这是流传在紫阳县境内的一种具有浓郁陕南地方色彩的民间歌曲，因道教南派创始人紫阳真人张伯端而得名。我国最早的诗歌总集《诗经》中"周南"和"召南"中25首歌谣的流传地主要就在包括今紫阳在内的汉水上游。紫阳民歌在朝代更迭的过程中，伴随着人们种种生活习俗的形成发展而逐渐成熟，于明清达到鼎盛。紫阳民歌藏量极为丰富，所发现曲目总数已达5028首，编印成册的有828首，体裁包括号子、山歌和小调几大类，其中又包含了社火歌曲、风俗歌曲、宗教歌曲、曲子等不同歌种。由于积蕴深厚，传唱广泛，2006年紫阳县被文化部命名为"民歌之乡"。紫阳民歌流传久远，其歌词借喻巧妙，风趣幽默，有较高的文学价值；所用方言似川、似楚，韵味独具；其旋律优美婉转，高腔唱法中游移于调式音级间的色彩性颤音唱法具有独特的价值。紫阳民歌的传承直接依托于各种民俗活动，反映出丰富的民俗文化内容。代表性曲目有《郎在对门唱山歌》《唱山歌》《洗衣裳》《南山竹子》等。紫阳民歌对丰富中华民族音乐宝库，弘扬中华民族音乐文化有不可低估的作用。

弦子腔 弦子腔又名平利弦子戏。清嘉庆二十四年，民间莲花落艺人李敬模、李增模兄弟俩，在原有莲花落皮影戏的基础上，首创用专制弦胡伴奏演唱，改莲花落为小牙子板掺花子击打拍节，每个唱段融入本地山歌调子和劳动号子，作为喊腔结尾落拍，故名弦子腔。这一表演形式以平利县为中心，流行于毗邻的镇坪、旬阳、白河、汉滨、岚皋和湖北竹溪、竹山、房县及重庆巫溪、巫山等地。弦子戏声调以平利地方语音为基础，音乐属板腔体，唱腔音乐中的民间说唱特色，每段唱腔末尾必接"丢腔干白"和"喊腔号子"，专用弦胡伴奏和小牙子掺花击打拍节，都是弦子戏有别于其他剧种的独有特征。平利弦子腔是经过190余年磨合锤炼，形成的一个独特的剧种，起源于民间，贴近平民心声，折射出不同时期的历史文化信息，是社会文化发展及人民群众精神文化生活面貌的一个缩影。

旬阳民歌 旬阳民歌是旬阳市地方民歌之一，历史悠久，曲调丰富，种类繁多，风格迥异，它同其他民间艺术形式一样，是旬阳璀璨的民间艺术瑰宝中一枝绽放的奇葩，也是底蕴深厚的旬阳民间文化遗产不可或缺的重要组成部分。

旬阳八步景 旬阳八步景是一种剧名，有过八种叫法，如八步景、八布景、八不就等，这样有趣的八种叫法，它们既可以独立成名，亦能浑然一体，读起来朗朗上口。这种剧是从古流传至今的影戏剧种之一，利用皮影和人物表演方式演绎诸多人物及人间悲欢离合的故事。

（二）手工艺技术资源

安康的手工技艺资源包括各种饮食资源、手工制作技艺资源等，如野生山核桃工艺品制作技艺等。

野核桃工艺品制作技艺 野核桃（俗称山核桃）是非人工种植、生长在海拔700米以上、果核不能直接食用的一种乔木植物所结的果实，皮厚、个大、褶皱多、坚硬、造型奇特、纹路优美。利用核桃雕琢工艺品属于微型雕刻艺术，它起源于唐宋时期，盛行于明清，由竹雕笔管、牙雕扇坠、骨雕牙签发展而来。核桃雕刻利用野生山核桃纹路多、变化多样、凹凸起伏、棱条宽、色泽重的特点，经过艺人精选、裁汰、定型、磨、刨光、粘接、细雕等几十道手工工艺程序，制成各种艺术品，是具有地域文化的手工工艺品。

白火石汆汤制作技艺 白火石汆汤是中国最古老的烹饪菜肴中的"活化石"，也是汉阴传承保留时间最长的一道菜。清乾隆七年（1742）从湖南长沙移民来汉阴的李氏第四代李训发，在月河中拾到色白如玉、晶莹剔透的卵石，拿回家玩，突发奇想，漂亮的白色河卵石常年躺在河水中，任凭流水冲刷，鱼虾抚摸，泥沙磨砺，又耐高温，不怕火烧，熔点很高，何不将烧红的白色河卵石放入高汤中，将小肉丸汆熟？这样制作出的肉丸不仅异样香酥，而且汤汁特别鲜美，比常规方法烧的肉丸汤好得多。

汉阴炕炕馍制作技艺　炕炕馍又叫烙芝麻饼，是汉阴民间的一种传统食品，是北方面食馕和石子馍等制作技艺传到秦岭南麓，与当地饮食文化相结合而产生的一种小吃。炕炕馍的形状有长、圆两种。圆炕炕碗口大小，形似满月，边厚中薄；长炕炕比手掌稍大，形似神牌。口味有咸甜之分。饼上面沾满芝麻，每间隔指许，剁有似断非断的一道道刀印。传统炕炕馍的制作与一般的芝麻饼有相同之处，但所不同的是发面里的油酥很有讲究，一般人难谙其窍，是汉阴名炕炕馍师傅的专利。油酥制作得好，饼子才能酥脆喷香，耐贮藏不变质。汉阴炕炕馍，便于久存，易于携带，既是风味小吃，又可当作主食。

紫阳蒸盆子制作技艺　蒸盆子是最早发源于紫阳县汉王镇的著名传统小吃，传说始于汉初，先是汉江艄公歇脚欢聚时的荟菜，后来发展为除夕团圆饭上的压轴大菜，选材考究，做工精良。作为地方饮食文化的代表，紫阳蒸盆子有优美的传说，有悠久的传承历史，被勤劳的紫阳人在中国最重要的节日——春节中，作为紫阳人精神生活的承载，被赋予了团圆、富裕、希望等美好的含义，穷有穷做法，富有富做法，但都反映了人们对生活的热爱和希望，反映了紫阳人积极向上的生活态度。

岚皋神仙豆腐制作技艺　岚皋神仙豆腐是当地一种风味独特的食品，有着悠久的历史。相传清朝末年，蔺河乡有一个叫草鞋垭的地方，遭遇了百年未见的旱灾，庄稼颗粒无收。危急关头，一对笃信佛教的老年夫妇夜梦观世音菩萨，菩萨告诉他们，山中有一种带豆腐气味的树叶，用草木灰一点，可以制成豆腐食用。从梦中醒来的这对夫妇立即将这个好消息告诉众乡亲。大家如法炮制，制成了色香味美的绿色豆腐，度过了灾荒，后来大家给它起了一个神奇而美丽的名字——神仙豆腐。制作神仙豆腐的主要原料是生长在秦巴山区的一种特有落叶灌木——腐卑。腐卑是一种营养价值很高的野生食用淀粉植物，又称神仙叶、豆腐木、凉粉叶树、豆腐柴、豆腐叶、观音橘，当地人大都叫腐卑为神仙叶，神仙豆腐也因此得名。一般每公斤腐卑的鲜叶，可制作五六公斤神仙豆腐。神仙豆腐成品成墨绿色块状、方形，如凉粉，似豆腐，绿若翡翠，状如凝脂，细软柔嫩，散发着一股特有的青草鲜香。

"蜀河八大件"饮食文化及制作技艺　旬阳人重视饮食，并将饮食与营养健康、生活常识、生活礼仪等有机结合，形成独具特色的饮食文化，也称食俗。最具代表性的食俗文化要数"蜀河八大件"。全套"蜀河八大件"为八凉八热，八荤八素。开席便有八个凉菜，四荤四素，中间置一拌凉菜的大盘，将凉菜适量放入中间空盘，再将调好的拌菜汁子浇上，搅拌均匀便可食用，称之为和菜。四素一般以时令菜蔬搭配，或青，或黄，或绿，或白，颜色较清爽；四荤多以牛肉、动物肝脏等杂碎入品，颜色较为深沉。热菜共八道，也是四荤四素，但有一个显著的特色就是四荤四素的热菜分为四汤四炒。

果酒酿造技艺——旬阳拐枣酒酿造技艺　拐枣，学名万寿果、万韦果、金钩子、鸡距子、木蜜、梨枣等，是生长在两湖、江西、云贵、秦岭以南等高山地形的一种稀有果树的果实，外形如正楷"万"字，营养丰富，含数十种人体所需的抗病元素，如锌、硒、铁等，因此被冠以"万寿果"的美称，长期食用可延年益寿。旬阳属拐枣最佳适生区，栽培历史悠久，资源丰富，所以当地农户素有自酿拐枣酒的习惯。酿造拐枣酒，要将采摘回来的拐枣清洗干净后粉碎，再加入秘制土曲，经过三四个月的发酵后拌入干净的麦糠，然后用柴火蒸馏。拐枣酒是以陕南山区千百年来形成的传统酿造方法酿造而成的果香型营养白酒，属于纯天然饮品，无任何添加剂。陕南山区每逢冬腊月就会出现沟沟冒炊烟，家家飘酒香的盛况。

（三）茶文化资源

紫阳毛尖传统手工制作技艺　紫阳毛尖是我国清代十大名茶，其品质特征为条索紧结、卷曲或挺直；显毫，色泽翠绿，洁净；香味为嫩香和栗香，滋味鲜醇，持久回甜；汤色嫩绿，清澈明亮，叶底嫩绿明亮，肥壮匀齐；富硒、防癌、抑癌、抗衰老。其创制时间有典籍记载为清道光年间（1821—1850），全手工制作，干燥方式是晒干、阴干和木炭火烘干。

（四）民间文学

安康市的民间文学资源共计35项，其中省级非物质文化遗产资源5项，市级非物质文化遗产资源30项。

巴山乡村婚礼知客司礼仪词　巴山乡村知客司礼仪词，基本上属地缘传承。其传承方式一是家庭式传承，子承父艺，世代相袭；二是拜师学艺，师徒传承；三是自学，或曰"偷师学艺"，一些人在多次参加域内的民俗礼仪活动中，听知客司礼仪词，默记于心，再加之有一定的编创能力，自学成才。婚礼知客司礼仪词历史悠久，内容丰富，地方色彩浓郁，雅俗共赏，当为民间文学挖掘、研究的重点。

龙安茶传说　此传说源于岚皋县花里镇龙安寨脚下的龙安村。相传明朝正德年间（1506—1521），岚皋县花里镇龙安村一座山上住着一位老婆婆，她养了一只母鸡，母鸡每天中午下一个蛋，从未落过窝。一天中午，老婆婆听到母鸡叫声后出去捡蛋，窝里竟然是空的，她感到很奇怪。第二天母鸡下蛋，她便躲在窗台后面往外瞄，看见四方水井边的灌木丛中窜出一条两米长的白蛇，张口就把鸡蛋吸进喉咙，然后在通往水井的石板小路上身子跃起又落下，反复摔打，直到把鸡蛋摔破消化后才走。老婆婆决定惩罚这个"偷蛋贼"，就到河边找到了与鸡蛋大小、形状非常相似的鹅卵石，第二天等鸡一下蛋，她便迅速用鹅卵石换下鸡蛋。果然白蛇又来把"蛋"吸了进去，照例在石板小路上甩动，可这回它肚子里的"蛋"就是摔不碎，白蛇又痛又累，躺在地上喘气。第二天中午，奇迹出现了，老婆婆发现白蛇和昨天一样，又来偷鸡蛋，而四方水井边的灌木丛却稀稀拉拉的。老婆婆断定是蛇吃了树叶后才消化掉肚子里的石头。一天，老婆婆肚子胀得难受，就到水井旁边摘了一些灌木叶子，塞进嘴里嚼，一会儿肚子就不胀了。她意识到这叶子不光能消食化积，还有生津解渴、醒脑提神、泻火明目的作用。第二年春天，一位收购山货土特产的商贩听到这则奇闻后，到老婆婆门前的水井边看了看生长在此处的灌木，告诉大家这灌木的叶子名叫"茶"，一位读过私塾的长者将此茶定名为龙安茶。龙安茶传说源于劳动人民口头创作、口头流传，经过不断修改、加工而成，具有生动的故事性和较强的艺术性，长期以来丰富着当地群众的精神生活。

女娲的传说　平利县的女娲山又叫中皇山。《山海经》和《华阳国志》等多种史籍记载，中华民族的始祖女娲诞生并生活在陕西平利县女娲山一带。女娲山遗址位于平利县老县镇，为新石器时代、战国、南北朝、唐、清时代遗址，是传说中"三皇"之一的女娲氏治所。遗址面积达10万余平方米，以女娲庙为中心，分别有皇巡宫、女娲祠、玉皇宫、舍利院、太子坟、金房古道、女娲泉等建筑群，但历经战乱和自然损毁，现仅存遗迹。平利女娲山有关女娲传说文化遗存记录年代较早，文献记录相对集中，文化影响较为显著，传播时代久远，文化内涵十分丰富。

（五）舞蹈、美术资源

安康彩莲船　彩莲船属道具舞蹈，有着浓厚的民族风味。因船前甲板或后甲板有一盆莲花或牡丹而得名。其形与汉江中的大船相似（楸子船，老鸹船）。彩莲船是汉滨城乡年节庆典必不可少的娱乐形式，也是拜客迎祥的上选。其浓郁生动的舞蹈、喜闻乐见的演唱深深根植在民众之中，是汉滨区最具代表性的民间艺术之一。彩莲船形制称谓多样，但安康彩船独树一帜，其工艺、审美取向在很大程度映射出汉滨人文、地域特色。其花鼓、小调、唱词对白生动传神，涉及人们生活的方方面面，在民俗、文学、地域风情研究上具有较高价值。

安康火龙　安康火龙极具地方民俗文化特色。它之所以与众不同，广受欢迎就在于其不仅有激烈、震撼的舞龙表演，而且非常注重和观众的互动，观众手持提前专门制作的"火筒"烟花去烧龙，烧得越猛，龙舞得越欢，更寓意来年的风调雨顺。同时，舞火龙还蕴含着团结、协作、坚韧的精神，催人奋进。

安康火龙

翻天印　翻天印是汉滨区春节期间社火表演的一种形式，以耍狮子为主，跑竹马和彩船表演为辅，是元宵节"正灯"时玩的传统节目。"儿童扮社虎，老幼聚观。元宵皆剪纸为灯，插竹为架，鼓乐喧天。"这是清康熙三十四年（1695）知州王希撰写的《风俗志》中对安康翻天印的记载。

石泉火狮子　火狮子俗称耍狮子，是一种流传于石泉县的地方传统文艺表演。耍狮子分文耍、武耍两类。文耍表演时，引狮郎手执绣球，武士打扮，侧翻入场，以绣球逗引狮子，动作以模拟狮子生活习惯为主，如表演舔毛、搔痒、打滚、翻动、欢跳亲昵、护抚幼狮、与幼狮逗趣玩耍等动作，以表现狮子灵巧温顺性格。

蜀河双彩车　双彩车早在清朝中期就开始盛行于蜀河镇。20世纪30年代，旬阳镇民间艺人李天福等人改为二人并坐的蜀河双彩车，在民间社火中承担着重要角色。双彩车因风趣幽默的表演、精彩生动的故事情节，年年节庆举办，代代相传，是旬阳市民间舞蹈的一个典型，更是旬阳市民间舞蹈艺术的精髓，长期以来一直是旬阳及周边县市一种影响较大的民间舞蹈艺术，被誉为"民间舞蹈的活化石"。

旬阳道情皮影戏　旬阳处于南北交界地带，特殊的地理位置造就了南北兼容的文化。旬阳道情皮影是一种安康市传统民间艺术，与关中道情曲种同为一系，都以板腔体为主，兼一当地小调和其他地方戏曲牌，是由说唱音乐过度为"影戏"的剧种之一。

（六）竞技、体育、杂技、民俗资源

安康市的竞技、体育、杂技和民俗资源共计15项，其中省级竞技、体育、杂技、民俗资源4项，市级资源11项。

汉滨区赛龙舟风俗 沿汉江的汉滨区、岚皋、紫阳、石泉、旬阳、白河等地均有赛龙舟习俗。汉滨区是赛龙舟习俗的主要传承地，最具代表性和典型性。安康的先民为巴人，巴人喜水乐船，巴族对"龙型"器物有崇拜之意。东汉时，龙舟竞渡传至安康后，便被安康先民接受、传播、创新、发展。由于安康特定的地理、水情、文化基因，使得安康赛龙舟习俗形成三个显著的特点：一是龙舟宽而短，跷头跷尾圆底，俗称黄瓜底子，与其他地域窄而长的龙舟不同。二是竞赛形式多样，分"夺标赛"和"划对头"两大类。夺标赛分上水赛、下水赛、对岸赛、环绕赛、夺标赛、抢鸭赛、抢猪尿泡赛七种，"划对头"是指选定一个对手，比赛定输赢。三是增设有挠手，挠手边指挥边表演，集号令指挥与观赏美感于一体。

汉滨区赛龙舟风俗

石泉庖汤会 石泉庖汤会流行于石泉熨斗镇。年末的秦巴山区杀猪声此起彼伏，这是属于陕南秦巴山区的传统——杀年猪，喝庖汤。在冬深之后，家家户户都会杀年猪，犒劳一年的辛苦，杀完年猪后，再吆喝上亲朋好友，吃新鲜猪肉，喝庖汤。这样的民俗，在熨斗这座千年古镇得以留存。石泉庖汤会为省级民俗类非物质文化遗产。"吃庖汤，薰年俗"渐渐发展成为石泉重要的民俗文化。庖汤会不仅增进邻里乡亲的团结和谐，更突出了辞旧迎新的喜庆祥和氛围，彰显了山地农民豁达、积极向上、热爱生活的态度和精神。

宁陕城隍庙会 宁陕城隍庙地处宁陕县城北5公里处，坐落在老城村北门外长安河沙洲之上。城隍庙院内绿树成荫，古松、古柏、竹林郁郁葱葱，与殿堂楼阁相映成趣。宁陕城隍庙会始于清乾隆年间（1736—1795），一直延续到了民国末年。1994年庙会活动恢复，现已连续举办17届。庙会会期一般从农历四月初七至初九，共三天，初八为正会，民间俗称"四月八"庙会。庙会以民间信仰活动和传统文化活动为主，成为陕南地区城隍信仰的核心活动场所，对当地文化和社会经济发展产生了积极的影响。

四、渭南市非物质文化遗产

渭南市秦岭地区非物质文化遗产资源丰富,多为散落民间的一些文化珍品,比如某种衰微的戏曲唱法,或者是正在消亡的手工技艺,或者是渐行渐远的文化习俗,或者是留存于民间一隅的特色饮食,还有诸多类似的内容。在中国,不少的地方戏曲剧种都是从皮影戏中派生出来的,而皮影戏所用的幕影演出道理,以及表演艺术手段,对近代电影的发明和现代电影美术片的发展也起到了重要的先导作用。

(一)民间山歌、戏曲、诗歌资源

华州区皮影戏 皮影是一种用兽皮或纸板剪制形象并借灯光照射所剪形象以映照到荧幕上的戏曲形式。华州是皮影发源地。其皮影以上等牛皮为原料,刀工精细,线条明畅,设色艳丽,所雕帝王宫殿、佳人绣阁、才子书房、军营帅帐、桌椅门窗、花木怪石,无不逼真;文臣武将、才子佳人、工农兵商子、男女老少皆形象生动,惟妙惟肖;是中国皮影的上乘之作,具有极高的观赏和收藏价值。老腔是陕西省非常古老的汉族戏曲表演形式,分老腔、时腔两个剧种。表演时,先搭好台子,撑好"亮子",然后借助灯火,以竹签挑拨用皮革雕成的人物进行舞台表演。

皮影

皮影戏虽然种类繁多，但区别主要在声腔和剧目方面，至于影人制作和表演技术则大同小异。影人一般是先将牛皮、驴皮或羊皮刮去毛血，加工成半透明状后再刻制上彩，其雕绘工艺讲究刀工精致、造型逼真。影人一般分头、身、四肢等几部分，均为侧影，头部附有盔帽，身部、四肢皆着服饰，涂油彩后用火砖烘烤压平即成。演出时将影人的头插于身部，身与四肢相接，同时在身部和两手安上三根竹扦，即可操作演出。除了人物造型外，还要刻制一些砌末道具和景物造型，以便配合表演。道具主要为影窗，俗称亮子，一般高3尺、宽5尺，最高不过4尺，宽不过6尺，以白纸作幕，以便单人操作。其次为油灯一盏，用以映射影人表演动作。皮影戏是我国重要的民间传统艺术，近年来由于现代影视艺术的冲击，观众减少，演出市场日益缩小，许多皮影戏面临消亡的危险，亟待抢救与保护。华州碗碗腔皮影戏（曾名时腔），形成于清初，因其主要流传于关中东府渭南华县、华阴一带，所以也称其为东路碗碗腔。该剧种唱腔板式齐备，伴奏细腻幽雅、婉转缠绵，表现形式丰富多彩，皮影选料考究、制作精细、造型优美。清乾隆至嘉庆年间（1736—1820），戏剧家李芳桂等文人、举子，为碗碗腔皮影著有"十大本"等许多传统剧目，至今流传，并被其他剧种移植、改编搬上舞台，久演不衰，为陕西的戏曲艺术作出了巨大的贡献。皮影班、社多由五六人组成，行动方便，不择场地，长年可活动于村镇、宅院，在广阔的农村扎下了牢固的根基。

华阴眉户　华阴眉胡又称迷胡、曲子、清曲，广泛流传于陕西、山西、甘肃、宁夏等地。眉户的起源有两说，一说它源出陕西的眉县、鄠邑区，因地而得名；一说它源出陕西的华阴、华州，因曲调悦耳动听而被称为迷人的戏，简称迷戏，俗称迷胡。眉户是在民歌连唱的基础上由地摊说唱逐渐过渡到舞台演出的，主要有两种表演形式：一种仍保留地摊演唱的曲艺形式，唱本多系折子戏，一唱到底，很少说白；另一种采用舞台演出形式，有白有唱有表演，曲牌的选用比较自由。眉户是特色鲜明的地方戏曲剧种，是陕西地方戏第二大剧种，曲调丰富，流传区域广，在我国戏曲文化中占有重要地位，华阴是其最早和最有影响的发源地之一。华阴眉胡常以"地摊子"坐场形式演出，主要是演唱叙事性的套曲，俗称板凳曲子，也叫清唱曲子。清唱曲子受宋代弹词、赚词及元曲杂剧的影响，在保持"地摊子"基本表演形式的前提下，部分开始向"高台"表演转化，逐渐形成戏剧形式的华阴眉胡。华阴眉胡的唱腔细腻柔媚，富有抒情性，包含了众多的曲牌，有"大调七十二，小调三百六"之说。新中国成立前后，华阴境内"地摊子"型的清唱眉胡班社多达上百个，其中赵坪、南营、康营等村的自乐班社至今已有上百年的历史。华阴的几位主要迷胡艺人受聘于陕西省迷胡剧团，大大提升了剧团的艺术水准，为这一戏曲剧种的发扬光大作出了巨大贡献。

华阴老腔　华阴老腔是华阴市双泉村张家户族的家族戏，用自家的木凳、自制的琴弦，以及口耳相传了千年的唱词唱腔来演出。其声腔具有刚直高亢、磅礴豪迈的气魄，追求自在、随兴的感觉，落音又引进渭水船工号子曲调，采用一人唱众人帮合的拖腔，民间俗称为拉波；伴奏音乐不用唢呐，独设檀板的拍板节奏，均构成了该剧种的独有之处，具有突出的历史和文化价值，世代流传，久演不衰。华阴老腔正宗传人张全生的儿子张喜民、张新民、张军民、张拾民，保存着老腔自乾隆年间传下来的百余个戏本。这种独一无二的、震撼人心的老腔，以这样的原生态，被原封不动地搬到了舞台上，以最原始的风貌出现，得到了最广泛的认同。老腔的主要价值体现在剧史的本源性、传承上的封闭性、剧种上的独存性、取材风格的张扬性、音乐体系的自律性、审美对象的广泛性、语言风格的原声性。相传早在西汉时期，该地粮仓漕运直通都城长安，带头船工为了统一大家的动作，一边喊着船工号子，一边用木块敲击船帮，这就是老腔的由来。老腔与其他剧种相比，年代较早，尤其是音乐显得古朴悲壮、沉稳浑厚、粗犷豪放，为古老之遗响，所以称为老腔。精彩唱词有"女娲娘娘补了天，剩块石头就成了华山。太上老君犁了地，豁出条犁沟就成了黄河"，"喊得那巨灵劈华山呐，喊得那老龙出秦川呐，喊得那黄河拐了弯呐"。老腔的主旋律是船夫号子的音乐化，是艺术源于生活的见证，唱腔亢奋激越，充满阳刚之美，因而具有独特的审美价值和民族精神价值。2006年入选首批国家级非物质文化遗产名录。2016年登上央视春晚，表演新编歌曲《华阴老腔一声喊》。

（二）手工艺技术资源

潼关万盛园酱菜制作技艺 万盛园酱菜是陕西省的地方传统名产，属于潼关酱菜古老品牌的代表。它诞生于潼关县黄河岸边，受当地独特的水土条件养育，经过几代酱业老前辈的潜心钻研，形成了完整的酱菜酿造工艺，产品咸中带甜、酥脆香醇，驰名中外。该产品创始于明末清初，民国时得到较快发展，1915年潼关万盛园酱菜和贵州茅台酒同去参加巴拿马国际食品博览会，一举成名，名扬四海。潼关万盛园酱菜选料考究，制作工艺纷繁复杂。选料必须选用当地生产的青笋（铁杆笋），腌制酱菜所需面酱，必须用当地酿制的上乘面酱。制作工艺分三个部分：一是选料，对青笋进行刮皮、剁节；二是盐水浸泡存放和拔盐；三是入乏酱腌制，将笋段浸泡于四道乏酱，最后入优质面酱封存。潼关万盛园酱菜历史悠久，工艺独特，是我国酱菜中的珍品，被授予陕西省名牌产品称号。

潼关肉夹馍制作技艺 潼关广泛流传着肉夹馍与李世民的故事。传说在唐初，秦王李世民路过潼关时，品尝过潼关肉夹馍后赞不绝口，由此潼关肉夹馍便闻名天下。潼关肉夹馍最具特色，馍干、脆、酥、香，肉肥而不腻。除此之外，吃潼关肉夹馍时一定要配鸭片汤。

（三）民间文学

少华山传说 截至目前，搜集整理出的少华山传说共有72个，整体被列入渭南市非物质文化遗产保护名录。这些传说的历史源远，内容广泛，涵盖了神话、民间逸闻趣事、历史故事等。少华山传说主要在华州、华阴两地流传。这些传说歌颂了劳动人民勤劳勇敢、诚实守信、团结友善的优良品质，彰显的是祖宗的智慧、文化的基因，寓意深刻，具有很高的文学价值和现实教育意义。

劈山救母传说 二郎神杨戬作为民间信仰和道教的神祇，自古以来，有着大量传说，甚至影响至地名、山名。劈山救母只是他许多传说中的一个，作为二郎神担山赶日传说的一个分支，在古代并不是特别重要的设定，现存《西游记》《二郎宝卷》《唐三藏西游厄释传》等都记载了他劈开桃山救出母亲的神话故事。

（四）舞蹈、美术资源

潼关南街背芯子 潼关南街背芯子是产生于古潼关南街辖区内的传统民俗舞蹈。古潼关与晋、豫接壤，依山傍水，历史上水陆交通发达，异常繁华。南街芯子就是这里勤劳朴实而又充满生活热情的当地劳动人民，用自己聪明才智创作的社火艺术，早在初唐时期甫一演出就走红，在当地及周边地区久负盛名。古以木制骨架为装饰艺术，后以铁制骨架为各种装饰艺术的"芯"，可承载一至数名小孩子。孩子在骨架上做各种动作表演，高、险、奇、巧是其特色，深受广大群众及外国友人的喜爱。

潼关踩高跷 踩高跷是陕西省传统民俗舞蹈之一，一般都在年节及重要的庆典活动中演出，规模可大可小，多则一二百人，少则十数人，形式较为灵活。在人物扮演方面，一般分文跷和武跷两大类，均仿照传统戏剧中的帝王将相和才子佳人。

潼关古战船 潼关古战船是潼关县具有地方特色的民间舞蹈，旧时多在正月二十三及二月二演出。正月二十三是民间传统的休息日，当地有"正月二十三，老驴老马歇一天"之说。二月二在民间称为"龙抬头"日，当地会举办规模盛大的庙会。在庙会上表演"竹马""战船"以示群众祈风调雨顺、五谷丰登的意愿。旧时表演都在晚上，指挥者手提小锣，小锣一响三眼枪、鞭炮声齐鸣，火焰漫天（旧时群众祈祷敬神的方式），有浓厚的民间傩仪和传统世俗遗风。

（五）竞技、体育、杂技、民俗资源

东峪孝歌 孝歌是流行于华州区西南山区的传统民俗文化，高塘镇东峪孝歌具有一定的代表性。孝歌，又称哭歌、丧歌、白事歌，体现了山区人民行孝和社祭文化，承载着山区人民对重大历史文化信息等的原始记忆。山区人民唱"孝歌"除了祭亡人外，还传递着山区人民非常重要的孝敬哀悼之意。山区人民通过唱孝歌这一礼仪活动，构建尊老、敬老、爱老的美德。这种美德规范不仅显示了山区人民对不孝敬老人恶习的修正，而且也表示了对人性的极大关注。

蕴空山庙会活动 蕴空山位于华州区大明镇和高塘镇交界处的里峪口。蕴空山庙会又称蕴空禅院庙会，始于东汉，是以地方民间信仰为主要内容的民间群众性活动和民间文化活动，是关中东部地区著名的庙会之一。蕴空山庙会保留了众多地方民间艺术、体育竞技、民间工艺活动，这些活动不但承载着各种表演艺术形式，而且保护了地方传统文化。

华山拳 华山拳是陕西省的传统拳术之一。早年有"少林、武当、华山、峨眉、昆仑铸成中华武术"之说，因此它又是中国武术五大支柱之一。华山拳拳法独特，集养性、健身、防身之术于一体。

华山红社火 华山红社火又称为华阴血故事社火，其历史渊源已经无从考证，但这种以"鲜血"为主角的表演多与古时血祭有关。血祭与人牲有关。人们认为，只有把最珍贵的东西奉献给地母、农神、山神，让他们喝人血、吃人肉，神灵们才会最大限度地消灾赐福。血故事社火以"血"为主角，在一定程度上再现了古时的这类文化现象。红社火表演的特色在于除了静态的定妆造型之外，还有动态的表演场面。所有的演员都会在表演的前一天祭神、敬神，以求活动过程平安。发展至今，华山红社火早已不只是对原始文化生态的单一展现，而更多的是一种对人类的警示与训诫，尽管"白刀子进红刀子出"的场面格外惊险恐怖，但这种"血淋淋"的场面，更为直接地让人们感受到了假恶丑的"报应"，警示人们即使是在科技昌明的今天，在道德底线不断被突破的转型时期，人们对自然和社会还是要心存敬畏，假、恶、丑永远会被无情鞭挞，而真善美从来都不会过时、过气。

华山庙会活动 自古名山都有朝山庙会，华山庙会于阳春三月，万物皆生时节举办，取意于华山之神拯救万物，普降甘露之意。三月十五日是华山庙会的正日，这一天西岳庙举行盛大拜岳大典，玉泉院等道观、院亦有诵经参拜山神的活动；华山脚下从早到晚人山人海，香烟缭绕，最为热闹。这一天也是人们登山朝拜之期，人们从西岳庙、云台观、玉泉院至南峰之巅，往来交错于峻岭遂古之间。

五、西安市

（一）民间山歌、戏曲、诗歌资源

蓝田普化水会音乐　水会音乐是千余年来流传在蓝田县普化镇一带专门用于佛事、善事、祭祀的民间吹打音乐。据史料记载，可容纳千名僧侣的蓝田悟真寺水陆庵在唐代已是官方和民间举办大型佛事的重要地点。在水陆道场等大型佛事活动中，会吹鼓乐助兴营造气氛，蓝田普化水会音乐这一形式便由僧人和民间乐手传承至今。蓝田普化水会音乐分为行乐和坐乐两类，因演奏所涉事由严肃、庄重，故从不用于喜庆婚俗场合。水会音乐质朴、清越、雅致、细腻，与激越、粗放的秦腔形成鲜明对照，常见曲目有《清江颂》《小曲子》《三联子》《八板》《宫调》《老钉缸》等。蓝田水会音乐手抄传谱原有80多种曲牌，其记谱法为唐代燕乐半字谱，这也是它历史久远的实证。蓝田水会音乐从乐队乐器构成、曲目、记谱法等方面显示了很高的历史价值和学术研究价值，抢救传承这一民间特有的音乐形式，对于丰富群众文化生活、构建和谐社会、促进社会发展有重要价值。

蓝田华胥上许道情　上许道情约起源于清同治年间（1862—1874），至今已有百年历史，经过了一大批优秀艺人的不断改良，吸收了碗碗腔的素材，形成了其妩媚、优雅、风格独特的诱人韵味。

眉户曲子戏　眉户曲子戏主要流布于鄠邑区和眉县等地，它萌芽于明代正德年间（1506—1521），形成于清代初年，丛萌芽至今已有500余年的历史。眉户曲子戏采用清曲坐唱的方式演出，演员不化妆，俗称地摊子，多在节庆、庙会、红白喜事等场合演出。演唱时以三弦为主要伴奏乐器，板胡、笛子、四页瓦和撞铃为辅助乐器，有时还加入碟子。眉户曲子戏的唱腔音乐属曲牌连缀体，有"七十二大调，三十六小调"之说。大调较为古老，曲体结构复杂，旋律富于变化，拖腔悠长委婉，演唱难度大；小调多为民歌小曲，结构精短，旋律流畅。眉户曲子戏演唱时往往根据内容来选择一些音乐情绪与之相适应的曲调，而后将这些曲调有机地加以组合，使之能完整地表现一种场景或人物的心理状态。传统曲目已知的有《皇姑出家》《寡妇验田》《秦琼观阵》《王大娘顶缸》《雁塔寺祭灵》等150余种，按其题材内容可分为风俗、演义、传奇、灵怪和开篇小曲等五大类。

（二）手工艺技术资源

长安沣峪口老油坊榨油技艺　长安沣峪口老油坊作为中国西北地区现存规模最大、保存最完整的一座手工榨油作坊，它延续了清朝时期"立式"（中国现存古代榨油术多为"卧式"）榨油方式，其榨油技艺有30多道工序，不依赖任何现代机械设备，堪称地方民间手工榨油技艺的"活化石"，是这一地区手工业的缩影。

（三）民间文学

华胥传说　华胥氏是我国母系氏族部落的一位杰出的女首领，传说她是女娲和伏羲的母亲。华胥氏年轻有为，与族叔风偌率族人逐水草而居，过着浪漫的游牧生活。相传华胥氏外出，在雷泽湖边（今山东鄄城）中无意中看到一个特大的脚印，好奇的华胥用她的脚踩了一下，感应受孕，怀胎12年后，生下伏羲。《春秋世谱》中载："华胥生男为伏羲，女为女娲。"《山海经》中说："大迹在雷泽，华胥履之而生伏羲。"正是由于华胥氏生养了伏羲、女娲，再由伏羲、女娲结合成婚，才繁衍出了中华民族。

刘海金蟾传说　刘海戏金蟾，金蟾吐金钱。传说刘海（原名刘海蟾，号海蟾子）修道于终南山下今鄠邑区大重阳万寿宫玉蟾台而成财神。刘海与金蟾传说内容丰富，主题多样，形成了终南山刘海金蟾信奉丰富而独特的人文历史样态。

（四）舞蹈、美术资源

周至牛斗虎　周至牛斗虎是活跃于陕西省的汉族民间舞蹈之一，源于道教圣地——楼观台脚下楼观镇八家庄村。早年在村东的井庙内木匾上就记载着"乾隆年间八家庄耍牛斗虎"字样。现今牛斗虎舞蹈仍主要分布在周至县楼观镇八家庄村及周边地区。虎的动作有四大势、八小势、二十四个平阳势。四大势有趟虎势、搜山势、望山势和捕食势，八小势为立、卧、坐、缩、滚、上山、下山和跳涧势，二十四个平阳势贯穿于整个舞蹈之中，分别刻画老虎的勇武、精明和顽皮情态。牛也有犀牛望月、趟叉舔背、吃草、缩叉、挖耳等动作，将牛的稳健、壮美和朴实描绘得惟妙惟肖，表现得淋漓尽致。

周至龙灯　周至龙灯是以神话传说为背景的民间社火，起源于东汉初年，兴盛于唐宋，世代传承至今已有1000多年历史。周至龙灯表现风格粗犷豪放，在烟火的烘托下，场面壮观，龙舞格外娇娆。这一活动主要分布在二曲镇、广济镇、辛家寨镇、楼观镇等地。不同的河流、不同的区域有不同颜色和性格的龙，有不同的供奉的仪式，不同的表演套路。周至龙灯比较有名的要数北庵巷和王婆寺的龙灯，套路有金龙出龙门、金龙嬉水、金龙大翻身、二龙戏珠、四海龙王相聚等十几种。龙灯活动议程有：请龙神、舞龙灯、送龙神等。周至龙灯制作一般先扎骨架，再用红布连接龙头、龙身和龙尾，最后进行绘画、修饰。舞龙的道具有各种排灯、鸡灯、鱼灯、虾灯、蝉灯、花鼓灯、五角星灯等，还有刷套路用的龙门、龙柱等等。

（五）竞技、体育、杂技、民俗资源

终南山钟馗信仰民俗　钟馗是中国民间传说中能打鬼驱除邪祟的神，是中国传统文化中的"赐福镇宅圣君"。旧时中国百姓家里常挂钟馗像辟邪除灾。据古籍记载及专家学者考证，钟馗为今西安秦岭中段终南山下周至县终南镇终南村人，当地现存终南钟馗故里庙。钟馗生的豹头环眼、铁面虬鬓，相貌奇异，然而却是个才华横溢、满腹经纶的人物，平素正气浩然，刚直不阿，待人正直。春节时钟馗是门神，端午时钟馗是斩"五毒"的天师。钟馗是中国传统道教诸神中唯一的万应之神，要福得福，要财得财。

六、宝鸡市非物质文化遗产

（一）民间山歌、戏曲、诗歌资源

眉县曲子　眉县曲子又称眉户戏，也叫曲子戏，是陕西地方戏曲之一，属于秦腔流派的支脉，最早流行于眉县和今鄠邑区，因此也叫眉户。据《武功志》记载，明朝正德年间（1506—1521），陕西武功状元康海编撰的曲子小戏首先传到眉县风池村，从此曲子戏便在这里生根、发芽、开花、结果，